中国版权年鉴 2021

CHINA COPYRIGHT YEARBOOK

中国版权年鉴编委会 编

中国人民大学出版社
·北京·

2020 年 5 月 27 日，中央宣传部副部长梁言顺在京主持召开推进使用正版软件工作部际联席会议第九次全体会议，研究部署推进使用正版软件工作。（国家版权局供图）

2020 年 10 月 11 日，由北京市委宣传部主办、北京广播电视台承办的“表演的力量——《视听表演北京条约》生效庆祝活动”云录制节目在北京卫视播出。中央宣传部副部长梁言顺，北京市委常委、宣传部部长杜飞进出席录制活动并致辞。世界知识产权组织总干事弗朗西斯·高锐发来视频祝贺。（国家版权局供图）

2020 年 4 月 26 日，广东省佛山市召开创建全国版权示范城市工作动员会，动员部署佛山市创建全国版权示范城市工作。广东省委副秘书长、省委宣传部副部长、省新闻出版局（版权局）局长王桂科，佛山市委副书记、市长朱伟等出席会议。（广东省版权局供图）

2020 年 4 月 26 日，广西壮族自治区版权局在南宁举办 2020 年世界知识产权日广西版权“走出去”座谈会。广西壮族自治区党委常委、宣传部部长范晓莉出席座谈会并讲话。（广西壮族自治区版权局供图）

2020年4月28日，《视听表演北京条约》生效庆祝活动在京举办，十三届全国政协文化文史和学习委员会副主任、中国版权协会理事长阎晓宏（右六），中宣部版权管理局局长于慈珂（左六），北京市委宣传部副部长、市新闻出版局（版权局）局长王野霏（左五），世界知识产权组织中国办事处顾问邓玉华（右五）等为条约生效庆祝标识揭牌。（北京市版权局供图）

2020年6月24日，辽宁省推进使用正版软件工作联席会议召开全体会议。辽宁省政府副秘书长佟昭、省委宣传部副部长邵玉英、省教育厅二级巡视员刘怀民、省国资委二级巡视员李育林、省市场监管局副局长刘升等出席会议。（摄影：田大鹏）

2020年7月21日，贵州省2020年软件正版化工作推进会议在贵阳召开。贵州省委常委、宣传部部长卢雍政出席会议并讲话。（摄影：张颂）

2020年8月27日至28日，云南省版权局在昆明举办2020年云南省软件正版化暨版权工作培训班，全省16个州市版权管理部门负责人、企事业单位版权工作从业者等320余人参加培训。（摄影：张成）

2020 年 8 月 29 日，中国版权协会文字版权工作委员会在京成立。十三届全国政协文化文史和学习委员会副主任、中国版权协会理事长阎晓宏（左三），中宣部版权管理局局长于慈珂（右三）等出席。（中国版权协会供图）

2020 年 9 月 7 日，中国版权协会在京主办纪念《著作权法》颁布 30 周年暨中国版权协会成立三十周年座谈会。大会由十三届全国政协文化文史和学习委员会副主任、中国版权协会理事长阎晓宏主持，中央马克思主义理论研究和建设工程咨询委员会委员、原新闻出版总署署长（国家版权局局长）龙新民，原新闻出版署署长（国家版权局局长）于友先等出席并讲话。（中国版权协会供图）

2020年9月16日至17日，国家版权局在京举办2020中国网络版权保护与发展大会。（版淘科技供图）

2020年9月18日，山东省潍坊市召开创建全国版权示范城市动员会议。中宣部版权管理局局长于慈珂，山东省委宣传部副部长、省新闻出版局（版权局）局长钟华，潍坊市委副书记、市长田庆盈等出席会议。（山东省版权局供图）

2020 年 9 月 21 日至 25 日，世界知识产权组织成员国大会第 61 届系列会议在瑞士日内瓦举行，十三届全国政协文化文史和学习委员会副主任、中国版权协会理事长阎晓宏当选《视听表演北京条约》首届缔约方会议主席。（国家版权局供图）

2020 年 9 月 22 日至 25 日，国家版权局在河南郑州举办 2020 年国有企业软件正版化培训班，并向全国版权示范单位（软件正版化）授牌。（国家版权局供图）

2020 年 9 月 27 日，由国家版权局主办，江西省版权局、景德镇市人民政府协办的 2020 年版权示范工作培训班在江西省景德镇市开班。中宣部版权管理局局长于慈珂、副局长赵秀玲，江西省委宣传部副部长黎隆武，景德镇市委常委、常务副市长黄金龙等出席。（国家版权局供图）

2020 年 10 月 21 日至 22 日，“2020 中国 · 北京国际版权授权大会”在京举办，200 余家文化企业及相关机构参加。（北京国际版权交易中心供图）

2020年10月28日至31日，国家版权局在陕西省西安市举办2020年第一期版权执法监管工作培训班与2020年政府机关软件正版化工作培训班。（陕西省版权局供图）

2020年11月3日，在北京市版权局及北京市司法局指导下，首都版权协会正式成立知识产权纠纷人民调解委员会。北京市委宣传部副部长、市新闻出版局（版权局）局长王野霏，市司法局副局长、人民调解协会会长马燕等出席会议。（首都版权协会供图）

2020年11月6日，世界知识产权组织、国家市场监督管理总局、全国打击侵权假冒工作领导小组办公室在中国国际进口博览会期间举办打击侵权假冒国际合作论坛。（国家版权局供图）

2020年11月11日至12日，国家版权局在山东省潍坊市举办2020年第二期版权执法监管工作培训班。（国家版权局供图）

2020年11月12日至14日，国家版权局主办、中国新闻出版传媒集团承办的2020年版权热点问题媒体培训班在京举办。来自近40家中央及在京媒体的相关编辑、记者及法务人员参加培训。（国家版权局供图）

2020年11月20日，中国文字著作权协会与贵州省版权局、省文化和旅游厅在贵阳签署《关于共同促进苗族英雄史诗〈亚鲁王〉版权推介运用的合作框架协议》。（中国文字著作权协会供图）

2020年11月25日至26日，国家版权局在四川省成都市举办2020年第三期版权执法监管工作培训班。（国家版权局供图）

2020年11月27日，国家版权局在四川省成都市举办2020年涉外版权管理工作培训班，中宣部版权管理局局长于慈珂出席并讲话。（国家版权局供图）

2020年11月27日至28日，中国版权协会、成都市版权局主办的“2020成都数字版权交易博览会”在四川省成都市举办。十三届全国政协文化文史和学习委员会副主任、中国版权协会理事长阎晓宏（左），中宣部版权管理局局长于慈珂（右）等出席开幕式。（国家版权局供图）

2020年11月28日，第十二届全国大学生版权征文活动颁奖仪式在四川省成都市举办，为优秀论文奖、优秀指导老师奖、优秀组织奖获得者颁奖。颁奖仪式由国家版权局主办，中国人民大学国家版权贸易基地与成都市版权局承办。中宣部版权管理局局长于慈珂（右一）颁发优秀论文特等奖。（中国人民大学国家版权贸易基地供图）

2020年12月2日，中国音像著作权集体管理协会主办的中国国际著作权集体管理高峰论坛在京举行，全国人大法工委、最高人民法院民三庭、中宣部版权管理局、文旅部市场管理司、世界知识产权组织中国办事处、国际唱片业协会、英国录音表演协会等机构的相关负责人200余人出席。（中国音像著作权集体管理协会供图）

2020年12月9日，世界知识产权组织版权保护优秀案例示范点（吴江丝绸产业）调研项目成果结项专家论证会在江苏省苏州市召开，就《版权保护助推吴江丝绸纺织产业高质量发展调研报告（征求意见稿）》听取专家意见。（江苏省版权局供图）

2020年12月16日，吉林省版权局在桦甸市组织召开全省农村版权保护试点工作经验交流会，全省各市（州）党委宣传部版权管理部门及全省首批农村版权服务工作站的负责人参加会议。（吉林省版权局供图）

2020年12月28日，重庆市版权局在南岸区举办2020重庆市数字版权项目推介大会。大会以“数字版权赋能新经济”为主题，探讨数字版权创造、保护、运用等方面的新思路、新做法。重庆市委宣传部副部长、市版权局局长李鹏，重庆市数字版权企业及文化投资类企业相关负责人等150余人参加活动。（重庆市版权局供图）

2020 年 12 月 29 日，安徽省版权局线上举办 2020 年全省版权执法监管工作培训。此次培训围绕“版权执法监管工作”和“版权行政执法实务问题”等主题进行授课，约 750 人参训。（摄影：李建军）

2020 年 12 月 29 日，湖南省版权保护协会（反盗版联盟）第四届会员代表大会在长沙市召开。大会选举产生了由 117 名理事组成的新一届理事会，版权相关领域近 300 人参加会议。（湖南省版权局供图）

中国版权年鉴

2021

（总第十三卷）

中国版权年鉴编委会　编

中国人民大学出版社
·北京·

图书在版编目（CIP）数据

中国版权年鉴. 2021 / 中国版权年鉴编委会编. --
北京：中国人民大学出版社，2022.3
ISBN 978-7-300-30399-4

Ⅰ.①中… Ⅱ.①中… Ⅲ.①版权-中国-2021-年
鉴 Ⅳ.①D923.41-54

中国版本图书馆 CIP 数据核字（2022）第 035899 号

中国版权年鉴 2021
（总第十三卷）
中国版权年鉴编委会　编
Zhongguo Banquan Nianjian 2021

出版发行	中国人民大学出版社		
社　　址	北京中关村大街 31 号	**邮政编码**	100080
电　　话	010－62511242（总编室）		010－62511770（质管部）
	010－82501766（邮购部）		010－62514148（门市部）
	010－62515195（发行公司）		010－62515275（盗版举报）
网　　址	http：//www.crup.com.cn		
经　　销	新华书店		
印　　刷	涿州市星河印刷有限公司		
规　　格	210 mm×297 mm　16 开本	**版　　次**	2022 年 3 月第 1 版
印　　张	34.75 插页 55	**印　　次**	2022 年 3 月第 1 次印刷
字　　数	1 040 000	**定　　价**	300.00 元
广告经营许可证	京海工商广字第 0086 号		

《中国版权年鉴 2021》编纂委员会

陈小华　海南省委宣传部副部长
林　涛　中国摄影著作权协会总干事
罗　军　西藏自治区党委宣传部副部长
周　青　四川省委宣传部副部长、省新闻出版局（版权局）局长
周亚平　中国音像著作权集体管理协会副理事长兼代理总干事
胡勇政　湖北省委宣传部副部长
查结联　安徽省委宣传部副部长、省新闻出版局（版权局）局长
钟　华　山东省委宣传部副部长、省新闻出版局（版权局）局长
敖　然　中国音像与数字出版协会常务副理事长兼秘书长
夏　祯　山西省委宣传部副部长、省新闻出版局（版权局）局长
徐　炯　上海市委宣传部副部长、市新闻出版局（版权局）局长
栾国栋　吉林省委宣传部副部长、省新闻出版局（版权局）局长
蒋祖烜　湖南省委宣传部常务副部长、省新闻出版局（版权局）局长
程宁博　陕西省委宣传部副部长、省版权局局长
谭福森　河南省委宣传部副部长、省新闻出版局（版权局）局长
黎隆武　江西省委宣传部副部长、省新闻出版局（版权局）局长

《中国版权年鉴 2021》特约编辑

（以姓氏笔画为序）

马　达　内蒙古自治区党委宣传部版权管理处二级主任科员
王　成　云南省委宣传部版权管理处副处长
王大树　广东省委宣传部版权和印刷管理处副处长（主持工作）
王丹若　中国文字著作权协会总干事助理、办公室主任
王亚军　宁夏回族自治区党委宣传部版权管理处处长
王军湘　湖南省委宣传部二级巡视员
王金根　海南省委宣传部版权处三级调研员
王威伟　工业和信息化部信息技术发展司软件产业处处长
车廷毅　天津市委宣传部版权管理处处长、二级巡视员
史文霞　中国电影著作权协会副秘书长
付成久　青海省委宣传部版权管理处副处长
朱严政　中国音乐著作权协会副总干事
朱宝祺　中国摄影著作权协会副总干事
许　炜　中央宣传部版权管理局社会服务处处长
闫富东　湖北省委宣传部版权管理处处长
严庆荣　浙江省委宣传部版权处处长
杜中伟　河北省委宣传部版权管理处二级调研员
杨志云　山西省委宣传部版权管理处处长
吴进科　重庆市委宣传部版权管理处处长

吴晓军　四川省委宣传部版权管理处处长
邹国平　黑龙江省委宣传部版权管理处处长
冷文波　北京市委宣传部版权管理处处长
张卜元　河南省委宣传部版权和印刷发行处副处长
张志远　吉林省委宣传部版权管理处处长
张松柳　陕西省委宣传部版权管理处处长
张新革　新疆维吾尔自治区党委宣传部版权管理处处长
陈　晔　江苏省委宣传部版权管理处处长
郑良斌　中央宣传部版权管理局办公室主任
赵　杰　中央宣传部版权管理局执法监管处处长、二级巡视员
赵　靖　上海市委宣传部版权管理处处长
赵明明　广西壮族自治区党委宣传部版权管理处四级调研员
胡　萍　中央宣传部版权管理局国际事务处处长
侯庆凯　辽宁省委宣传部版权管理处处长
耿为华　山东省委宣传部版权管理处处长
耿慧茹　最高人民法院知识产权审判庭正处级法官助理
徐　梅　贵州省委宣传部版权管理与印刷发行处一级调研员
常　夷　中国版权保护中心办公室副主任
曾　晋　中国版权协会副秘书长
谢青民　甘肃省委宣传部版权管理处处长
谢振芳　福建省委宣传部版权管理处处长
阙米秋　江西省委宣传部版权管理处处长
赫英欣　安徽省委宣传部版权管理处处长
德　吉　西藏自治区党委宣传部出版处副处长

《中国版权年鉴 2021》编辑部

主　　编：于慈珂
副 主 编：汤兆志　白连永　于　波
编辑部主任：李方丽
策划编辑：王宏霞
责任编辑：王　喆　徐海艳　张　月　刘　阳
执行编辑：姜　倩　刘艳花　邢　璐
装帧设计：迟海玉

编纂说明

一、《中国版权年鉴》由国家版权局组织编纂，中国人民大学国家版权贸易基地与中国人民大学出版社编辑出版，是我国唯一全面系统反映全国版权创造、运用、保护、管理和服务基本概貌的大型专业性工具书。本年鉴于 2009 年创刊，逐年编纂，连续出版，每年一卷，2021 年卷为第十三卷。

二、本卷年鉴主要汇辑 2020 年全国版权保护与版权产业发展的综合概况、动态信息、文献资料和统计数据。

三、本卷年鉴采用分类编辑法。根据 2020 年我国版权创造、运用、保护、管理和服务的基本情况与主要特点，采用类目、分目和条目三个层次的结构，以文章、条目、条文和图表的形式表述。全书共设 11 个类目，分列 26 个分目或次分目。

四、本卷年鉴在延续前十二卷编纂总体框架下，为实现年鉴的整体性和在有限篇幅里反映高度密集有效信息，对年鉴内容进行了必要的补充及调整，使之方便读者查阅。

1. 专文：刊载全国政协文化文史和学习委员会副主任、中国版权协会理事长阎晓宏文章《〈著作权法〉颁布 30 年：历史、经验与反思》，中南财经政法大学文澜资深教授吴汉东等署名文章《我国〈著作权法〉第三次修订之评析》。

2. 版权工作概览：全面记录 2020 年我国各级版权主管部门、版权司法审判机构及版权管理与社会服务组织开展的版权工作概况。

3. 版权要闻：刊载由国家版权局公布的 2020 年中国版权十件大事，翔实记载 2020 年全国版权相关立法、司法、行政管理、宣传教育、交流研讨、社会管理与服务、国际交流与合作、产业发展等方面的动态信息及港澳台版权信息。

4. 版权产业与版权贸易：刊载《2019 年中国版权产业的经济贡献》、《中国网络版权产业发展报告（2020）》和《2020 年中国网络版权保护报告》，以及反映 2020 年我国新闻出版、广播电视、电影、动漫、软件等版权产业基本状况与发展趋势的产业报告。

5. 典型案件选编：刊登 2020 年全国著作权司法保护典型案件、2020 年度全国打击侵权盗版十大案件、“剑网 2020”专项行动十大案件、2020 年部分省（自治区、直辖市）著作权司法保护典型案件。

6. 法律法规及规章文件：汇辑《中华人民共和国著作权法》，《最高人民法院关于审理著作权民事纠纷案件适用法律若干问题的解释》《最高人民法院关于审理侵害信息网络传播权民事纠纷案件适用法律若干问题的规定》等司法解释，《国家版权局关于规范摄影作品版权秩序的通知》《国家版权局关于进一步做好著作权行政执法证据审查和认定工作的通知》等规范性文件，以及《上海市知识产权保护条例》《深圳经济特区知识产权保护条例》。

7. 年度表彰：刊登 2020 年“中国版权金奖”获奖名单，2020 年度查处重大侵权盗版案件有功单位及个人，2020 年度全国版权示范单位、示范单位（软件正版化）和示范园区（基地），以及 2020 年（第十二届）全国大学生版权征文获奖名单。

8. 理论研究：集中展示 2020 年全国版权领域的理论研究成果。对 2020 年中国著作权法理论研究现状进行了梳理和回顾；刊登 2020 年度著作权热点问题研究十佳论文导览及 2020 年度著作权学术论文摘要；对 2020 年出版的版权相关图书进行了简要介绍。

9. 统计资料：收集 2020 年与版权登记、版权保护、版权管理和版权贸易有关的统计数据，以及新闻出版业、广播影视业和软件业的统计资料。

10. 名录：刊登版权主管部门、版权公共服务机构、版权协会、著作权集体管理组织、版权代理公司、国家级版权交易机构及知识产权教学与研究机构最新的通信联络信息。

11. 索引：采用内容分析和主题词检索的方式，按汉语拼音字母顺序编制本卷内容的主题索引。

五、本卷年鉴中所载内容除特别说明外，均按时间先后顺序排列；涉及各省（自治区、直辖市）的内容，均以全国行政区划为序。因组稿条件有限，本卷年鉴未包含香港、澳门特别行政区和台湾省的版权工作概况及相关统计数据。

六、本卷年鉴配备双重检索系统：书前刊有详细目录，书后备有内容索引。

七、本卷年鉴中统计资料由中央宣传部版权管理局、中国新闻出版研究院、工业和信息化部运行监测协调局、国家广播电视总局广播影视发展研究中心等单位提供。

八、本卷年鉴在组稿和编辑过程中，得到了中央宣传部版权管理局、工业和信息化部信息技术发展司、中国新闻出版研究院、国家广播电视总局广播影视发展研究中心、中国人民大学知识产权学院、地方版权局版权管理处及其他版权相关单位的大力支持和帮助，在此一并谨致谢意。

九、因为编辑部人员的水平和能力所限，本卷年鉴中定存有疏漏与错误之处，诚请版权界同人和广大读者给予批评、指正。

目　录

专　文

版权工作概览

版权要闻

典型案件选编

法律法规及规章文件

年度表彰

理论研究

统计资料

名　录

索　引

版权

专文

ZHUAN WEN

《著作权法》颁布30年：历史、经验与反思

阎晓宏*

30年前的9月7日，《中华人民共和国著作权法》正式颁布，拉开了中国特色社会主义版权事业新的帷幕。30年间，中国著作权法律制度从无到有，逐步完善，取得了举世瞩目的成就。如今，《著作权法》第三次修改工作已到最后阶段，中国版权事业必将在新时代开启新的篇章。

自2004年4月出任国家版权局专职副局长，到2017年卸任，我有幸亲历了这30年中的"半程"，回顾参与版权管理工作的点滴往事，回顾《著作权法》在立法、修法、执法与实施过程中所经历的曲折往复，深知其中的艰辛与不易，更为中国版权事业取得的长足进步感到骄傲和自豪。

一、历史回顾与总体评价

评价30年来《著作权法》的发展，著名作曲家、中国音乐著作权协会终身荣誉主席王立平跟我讲过这样一句颇为中肯、到位的话，他说："30年，我们干了一件大家都不熟悉的事情。"

1979年1月，在时任国务院副总理邓小平的率领下，中国政府高级代表团访问美国。在双方签订《中美高能物理合作执行协议》时，美方提出还需要签署一个关于版权的协定，作为附件。

为履行中美双方科技与经贸有关磋商及协议作出的承诺，中方访美代表团回国后立即向中央反映了版权保护的问题。同年4月，国家出版局将一份关于起草版权法并逐步加入国际版权公约的报告呈递给时任国务院副总理耿飚，并转送给时任中共中央秘书长兼宣传部部长胡耀邦。胡耀邦批复："同意报告。请你们赶快动手，组织班子，草拟版权法。"《著作权法》起草工作由此启动，拉开了中国建立现代著作权法律制度的帷幕。

事实上，对于什么是版权，不仅代表团是陌生的，在很长一段时间里，国内管理者、从业者也是陌生的。我对两件事印象很深：一个是在国家出版局被誉为"小百科"的汪衡也不清楚什么是版权；另一个是在我国《著作权法》出台之前，世界知识产权组织在南京曾举办过一个版权培训班，接受培训的多为出版社社长，当讲到版权是作者的权利时，全场哗然。对于出版社而言，这与其长期以来的观念是相悖的。

这两个例子从一个侧面反映了当时社会对版权的普遍认知。1910年，清政府曾颁布中国第一部著作权法《大清著作权律》，中华民国北洋政府和中华民国国民政府也分别于1915年和1928年颁布了《北洋政府著作权法》和《中华民国著作权法》，但上述法律并没有得到有效实施。我国版权事业是从"一无所知""摸着石头过河"一步步发展起来的，我国著作权法律体系建设也是伴随着改革开放开始起步的。

由于著作权保护牵涉利益主体众多，社会关系复杂，起草过程中不可避免地伴随着分歧与争议，《著作权法》的制定自1980年开始历经十余年的漫长过程。经过不懈努力，《著作权法》于1990年9月7日由第七届全国人大常委会第十五次会议审议通过，并于1991年6月1日起正式施行。自此我国版权事业迎来了一个新时代。

《著作权法》从起草到颁布实施，很多工作是前所未有的、开创性的，这是在党中央、国务院高度重视和强力支持下，在司法部门、行政部门、科研院校和众多版权产业实体从业者的共同努力下取得的成果。

中国版权事业30年风雨兼程，值得铭记的，先后还有很多领导或参与过版权工作的老领导、老前辈：中共中央书记处原书记、中共中央政法委员会原书记、最高人民法院原院长任建新，全国人大常委会原副委员长许嘉璐，中央政治局原委员、国务

---

* 阎晓宏，全国政协文化文史和学习委员会副主任，中国版权协会理事长，原国家新闻出版广电总局副局长，国家版权局原副局长。本文原载于《中国出版》杂志2020年第21期。

院原副总理吴仪，国家副主席、中央政治局原常委、国务院原副总理王岐山，中央政治局常委、全国政协主席汪洋，版权部门老领导宋木文、刘杲、沈仁干、石宗源、龙新民、柳斌杰、蔡赴朝……以及我国第一代知识产权学者、著名法学家、知识产权专家郑成思，中国知识产权法学科奠基人之一、中国人民大学法学院教授郭寿康，中国知识产权高等教育与研究的先行者、中国人民大学教授刘春田、吴汉东，著名音乐家王立平、谷建芬，著名作家陈建功、张抗抗，等等。他们见证了中国版权事业的起步与发展，在推动版权法律制度建设方面发挥了重要作用。

二、重要成果与发展经验

《著作权法》制定之初，我国尚处于计划经济时代，这部法律不可避免地带有计划经济的烙印，但我们应该看到，《著作权法》颁布 30 年来，我国版权面貌发生了根本性转变：版权意识从几乎没有到成为共识；版权制度从无到有，逐步完善；版权产业从小到大，成为国民经济支柱；版权贸易从弱变强，实现较快发展。

因此，我们首先要总结和肯定的是，《著作权法》在保护著作权人合法权益、推动文化繁荣发展、创造社会财富、提升国家核心竞争力等方面所取得的重要成果。

（一）立法方面，构建了较为完备的著作权法律体系

我国用不到 20 年的时间，构建了一套较为完备的版权法律体系，为版权事业发展奠定了坚实的法律基础。其基本内容，可以概括为“一法六条例”（一部法律、六部行政法规）。

“一法”即《著作权法》。作为我国著作权法律制度中最重要和最基本的法律，《著作权法》在规范著作权行为中起着统领作用。

“六条例”是国务院根据《著作权法》相关规定，先后制修订的管理条例，包括《实施国际著作权条约的规定》（1992 年 9 月 25 日发布，1992 年 9 月 30 日起施行）、《计算机软件保护条例》（2001 年 12 月 20 日发布，2002 年 1 月 1 日起施行）、《中华人民共和国著作权法实施条例》（2002 年 8 月 2 日发布，2002 年 9 月 15 日起施行）、《著作权集体管理条例》（2004 年 12 月 28 日发布，2005 年 3 月 1 日起施行）、《信息网络传播权保护条例》（2006 年 5 月 18 日发布，2006 年 7 月 1 日起施行）、《广播电台电视台播放录音制品支付报酬暂行办法》（2009 年 11 月 10 日发布，2010 年 1 月 1 日起施行）。

同时，为了与国际衔接，我国先后加入了 6 部国际著作权条约，包括《保护文学和艺术作品伯尔尼公约》《世界版权公约》《保护录音制品制作者防止未经许可复制其录音制品公约》《与贸易有关的知识产权协定》《世界知识产权组织版权条约》《世界知识产权组织表演和录音制品条约》。

2020 年 4 月 28 日，《视听表演北京条约》正式生效。在 9 月 21 日，刚刚迎来该条约生效后的首届缔约国大会，我本人也有幸当选大会主席。

2012 年 6 月 26 日，《视听表演北京条约》在世界知识产权组织保护音像表演外交会议（在北京举办）上成功缔结。该条约作为新中国成立以后首个在中国签署，并且以我国城市命名的国际条约，意义重大。它不仅首次明确了对影视演员、音乐人等视听表演者的保护，还打破了由美国、欧盟等发达国家和地区制定国际规则的惯例，中国和其他发展中国家在参与条约制定中发挥了重要作用。《视听表演北京条约》涉及的知识产权领域虽然比较窄，但在国际知识产权进程中，具有重要意义。

应该说，中国用短短 30 年，完成了发达国家数百年走过的制度变迁之路。中国在版权保护领域形成了集“一法六条例”以及地方性法规、部门规章、司法解释等于一体的，既符合中国国情又与国际规则相衔接的法律体系，为保护中外著作权人的合法权益提供了法律依据。这是一个了不起的成就。

（二）执法方面，营造了良好的国内国际环境

从 20 世纪 90 年代中期起，我国打击侵权盗版等违法犯罪行为的力度不断加大，我国版权工作的重点也从法律制定逐步发展到法律执行，版权司法保护与行政保护并行的新阶段。

2005 年，我到国家版权局工作前后，国内受侵权盗版问题困扰，盗版书刊、盗版光盘影碟一度猖獗。当时的美国电影协会（MPAA）主席丹·格里克曼每次来北京，第一件事就是在路边摊儿买盗版光盘，然后到国家版权局投诉。

那时社会公众的版权意识也很薄弱。在国家版权局 2005 年举办的一场公益活动上，作为嘉宾的冯小刚与主持人张国立有过一段关于正版与盗版的经典对话。冯小刚谈到，尽管他尽可能压低了价格，但人们在 8 元一张的正版光盘与 5 元一张的盗版光盘之间，往往还是会选择盗版。张国立紧接着向台下观众提问，买正版还是买盗版？现场出现了戏剧性的一幕：“买盗版”的声音远远高过“买正版”的声音。

这就是当时国内版权环境的真实写照。这时，我国已加入世界贸易组织，中美商贸联合委员会谈判，乃至中美两国首脑会谈，知识产权特别是著作权保护问题都是一项重要议题。我国面临着内外部的双重压力，既关系到要全面履行在知识产权领域中所承担的权利与义务，又关系到我国版权产业自身的健康发展。

中国政府是负责任的政府，坚决履行国际承诺，对非法侵权盗版活动予以坚决打击。作为行政管理部门，国家版权局更是责无旁贷，真查、严打，坚持对侵权盗版保持高压态势，坚决保护权利人合法权益，维护市场秩序。

2006年初在全国开展的查处违规光盘复制企业专项行动，就是一项重要成果。为了贯彻落实党中央、国务院关于打击侵权盗版、保护知识产权的一系列指示，原新闻出版总署高度重视、态度坚决，与各地公安等有关部门形成合力，精心部署了此次行动。最终，18个省（自治区、直辖市）的48家光盘复制企业被清查，14家确有违规复制行为的企业依法受到行政处罚，6家企业被吊销复制经营许可证，8家光盘复制单位被责令停业整顿。由于执法有力，当时负责此次专项治理行动的印刷发行司司长王岩镔，破例成为当年4月举行的第17届中美商贸联委会代表团的一员，带着具有中国特色的版权执法治理经验踏上赴美磋商之旅。

在版权保护问题上，美方最为关注的，还有软件著作权的保护。对此，党中央和国务院高度重视。2005年至2017年间，时任国务院副总理吴仪、王岐山、汪洋，均多次听取推进软件正版化工作汇报，亲自督办推进软件正版化相关工作。针对版权工作经费紧张的情况，吴仪特别协调财政部予以支持和解决；针对软件正版化工作进展缓慢的问题，王岐山曾专门抽出时间与12个省的省长直接通话，对推进软件正版化工作提出明确要求；汪洋在一年之内四次召开打击侵权盗版和假冒伪劣领导小组会议，每一次都专门安排听取软件正版化的工作汇报。

软件正版化工作取得显著成效，一组数字是有力的证明。我国软件著作权的登记总量从2005年的不到3万件，到2017年突破50万件；我国软件产业总产值从2005年仅有75亿元，到2017年底突破5万亿元。至2019年，我国软件著作权登记量已达到148.44万件，同比增长34.36%；软件业务收入达到7.18万亿元，同比增长15.4%。

快捷有效的版权执法，为软件企业提供了健康的发展环境，对软件产业的推动作用也是巨大的。一个典型案例是江苏国泰新点公司由于其软件屡遭盗版，利润曾一度降到谷底，2013年犯罪团伙被打掉后，公司盈利一下子上升到4 000多万元，现在该企业的纯利润过亿。

不得不提的，还有已经连续开展16年的打击网络侵权盗版专项行动——“剑网行动”。针对网络环境下的侵权盗版现象，“剑网行动”不仅查办了境外权利人和权利人组织投诉的案件，也查办了一大批侵犯国内权利人的侵权盗版案件。譬如《番茄花园》软件网络盗版案，追究了侵权者的刑事责任，起到很大的震慑作用，在规范网络秩序方面发挥了重要作用。

此外，通过探索建立知识产权法院，实现知识产权专门化审判也成为一大特色。以最高人民法院知识产权法庭为首，北京、上海、广州的知识产权法院和2017年以来在江苏南京、苏州，湖北武汉，四川成都，浙江杭州等地成立的21家知识产权法庭，每年审理数十万各类知识产权案件，其中70%左右都是著作权案件。一批具有社会影响力的案件成为范例和标杆，充分展示了我国对知识产权保护的重视。

（三）市场层面，版权运营和管理发生重大变化

版权作为内容产业的基础，给人们带来精神文化享受的同时，也给经济发展带来贡献。

2007年开始，中国国家版权局与世界知识产权组织合作，委托中国新闻出版研究院开展中国版权产业经济贡献调研。调研结果显示：2006—2014年，中国版权产业取得较快发展，对国民经济的贡献率持续增长。版权产业行业增加值从2006年的1 489.33亿元增长至2014年的46 287.81亿元，翻了一番多；对中国GDP贡献的比重从6.39%增长到7.28%，提高了0.89个百分点。到2018年，中国版权产业的行业增加值已达到6.63万亿元，占GDP比重达到7.37%，中国版权产业在国民经济中的比重稳步提升，总体规模进一步壮大，版权的经济价值进一步凸显。

日本学者梅田久曾说：“20世纪是专利的时代，21世纪是版权的时代。”认识版权的价值，就是要认识到版权在文化传播发展中的地位是基础性、资源性、战略性的。

在这一点上，党中央、国务院高瞻远瞩。党的十八大以来，以习近平同志为核心的党中央把创新摆在国家发展全局的核心位置，实施创新驱动发展战略，并且高度重视知识产权工作，将知识产权作为创新驱动发展的关键支撑。习近平总书记强调，

要完善知识产权运用和保护机制，让各类人才的创新智慧竞相迸发。党的十九大报告指出，要“倡导创新文化，强化知识产权创造、保护、运用”。版权资源的创新、使用、保护、管理进入新阶段。

2020 年是《国家知识产权战略纲要》（以下简称《纲要》）收官之年。《纲要》自 2005 年启动、2008 年正式发布实施，迄今为止已经 15 年，“到 2020 年，把我国建设成为知识产权创造、运用、保护和管理水平较高的国家”这一目标，已基本实现。

作为《纲要》实施 10 年评估工作的专家组成员，我深切感受到，国家知识产权战略实施的效果是显著的。作为市场主体的文化企业在观念上发生了巨大转变，普遍将版权作为重要的资产，通过对版权资源的保护、管理和运营获得收益。我们也进行了很多前所未有的尝试，比如建设全国版权示范城市，建立版权研究基地和版权贸易基地，创办中国国际版权交易博览会，联合世界知识产权组织共同开展“中国版权金奖”评选活动，等等。从被动、薄弱，到主动、强大，我国版权工作在一些领域已经由“跟跑者”变为“领跑者”。

过去 30 年，是《著作权法》从无到有、逐步完善的 30 年，也是版权事业蓬勃发展、取得重大进步的 30 年。成绩取得，实属不易。如果看不到这一点，只看到版权工作存在的问题，我认为第一是不客观的，第二也无助于版权事业的进一步发展。

三、直面问题与挑战

党的十九届四中全会审议通过了《中共中央关于坚持和完善中国特色社会主义制度 推进国家治理体系和治理能力现代化若干重大问题的决定》，从 13 个方面总结了我国国家制度和国家治理体系的显著优势，为我们战胜前进道路上的各种风险挑战奠定了坚实基础。此次抗击新冠肺炎疫情斗争取得重大胜利，就充分展现了党的领导和我国社会主义制度的显著优势。

如何在中国特色社会主义制度框架内，推进国家治理体系和治理能力现代化，值得每个行业去思考。

就版权工作而言，在看到成绩的同时，也要清醒地认识到，我们与新形势下的发展要求、与人民的期待还有不小差距。版权工作要直面技术发展带来的新情况、新挑战，立足于我国实际，做出及时和必要的调整，在下一步工作中对差距和不足加以改进。

（一）关于当前形势的认识和判断

第一，要处理好保护与创新的关系。《著作权法》出台后，经历了以立法为主的版权法律制度建立阶段和以执法为主的版权法律实施阶段。这两个阶段的工作重点都是加强版权保护，这是由当时的主要矛盾——侵权盗版猖獗、版权保护不足所决定的。

进入新时代，版权工作的重点发生了一个很大转变：文化领域不断涌现出优秀创作、优秀作品，尊重版权成为社会风尚，我国的版权制度发展已经从以版权保护为主过渡到保护与创新并重的新阶段。那么，一提到版权首先想到的还是保护，这种惯性思维就是一个很大的问题。应该看到，保护与创新是版权工作的一体两面，只有在加强版权保护的同时，又能将创新成果加以推广和应用，才能形成一个良性的发展环境。

第二，要处理好与国际衔接和立足我国实际的关系。客观上讲，在《视听表演北京条约》之前，我国加入与著作权相关的国际条约大都是被动的。最具代表性的就是《与贸易有关的知识产权协定》，不签署这个协定，中国就加入不了世界贸易组织。因此，与国际规则衔接，是我们在改革开放进程中必须跨越的门槛。

在经济全球化背景下，与国际规则相衔接仍然是一种必然选择。但同时应该看到，经过 30 年发展，我们在某些领域已经超越国际平均水平甚至处于领先地位，比如互联网应用、大数据等，这为我们参与国际规则的制定提供了有力支撑。我们既要坚持与国际规则相衔接，也不能甘于人后，要立足我国实际、立足新时代去思考，我们在哪些领域可以实现超越和引领，积极主动地参与国际规则的制定。

第三，要厘清版权“轻”与“重”的关系。对于“轻”与“重”，针对美国国会部分议员指责中美贸易逆差，全国人大常委会原副委员长成思危有过这样一个形象的对比：中国一船一船的货物拉到美国卸下来，其价值却抵不过一个装有美国微软操作系统的手提袋。

尽管人们的版权意识有了很大提高，但对于版权价值的认识还不够科学和充分。以前我们一讲版权就与“轻资产”联系在一起，现在不能这么看。版权是文化产业发展最核心的资源，我们的从业者在这个问题上的认识还要再提高一步。

（二）关于版权立法的审思

《著作权法》第三次修改进程已进入到全国人大常委会审议的最后收官阶段。

我国曾经分别于 2001 年和 2010 年对《著作权

法》进行过两次修改。从立法进程上看，已经滞后于时代发展变化，并且这两次修改均基于特定时期的特殊背景，难免具有局限性。适应我国实际发展需要，对《著作权法》做出主动、全面、系统的调整，势在必行。

因此，业界对于《著作权法》第三次修改的呼声很高。这就要求我们面对我国版权法律制度存在的局限与不足，不能抽象地讲“大修中修小修”，也不能简单地讲“可修可不修的不修”，这样的观念会让法律与实践脱节。

此次修法是在《著作权法》实施30年，以及我国进一步扩大对外开放的背景下进行的，其核心问题是如何平衡权利和权利的使用。“利益平衡”是《著作权法》的基本精神，《著作权法》第三次修改不应回避问题和矛盾，而要从实际出发，着眼于解决现实中遇到的突出问题。在立法中把握好“度”，妥善处理好创作者、传播者、使用者以及社会公众利益之间的基本平衡，就是一部良法。

《著作权法》第三次修改工作是令人期待的，从目前的进展来看有两个突出亮点：一是在指导思想上突出法律要“管用”；二是着眼于抓住主要矛盾，比如在作品界定问题上强调它是智力成果，这也是很大的突破。

（三）关于版权执法的思考

进入新时代，版权工作整体上进入到“鼓励创造、有效运用、依法保护、科学管理”的新阶段，版权保护已经不再是版权工作唯一的主要矛盾。但保护知识产权作为我国一项长期的战略任务，仍然需要版权执法工作进一步完善体制机制，进一步提升专业化水平，在保护创新、创造良好的发展环境方面有所作为。

加强版权执法，包括行政执法与司法保护两个层面。司法保护是我国版权保护最基本也是最强有力的法律救济手段，在版权保护中发挥着主导性作用；行政执法作为中国特色版权保护制度的一个显著特点，优势在于便捷及时、成本低、见效快。特别是在我们加入世界贸易组织之初，版权保护力度不够，行政执法可以最大限度地发挥作用。2006年查处违规光盘复制企业专项行动在很短时间内清查了18个省（自治区、直辖市）的近50家光盘复制企业，这种效率只有行政执法能实现。当时的做法也符合我国作为发展中国家尚处于转型期、市场经济又不完善的实际情况。

随着市场经济越来越完善，司法保护与行政保护并行的双轨执法体制如何更好地作用于当下，我认为应该倡导刑事司法优先，因为其威慑力更大，执法效能更高。特别是在当前环境下，很多网络侵权把服务器设在境外，网络版权执法难度较大，虽然罚款数额提高了，但行政执法力度远远不如追究刑事责任。在加强知识产权（包括版权）刑事司法方面，应当有专门的执法队伍。

无论行政执法案件还是刑事案件，都应注重案件量刑标准的平衡问题。同等情况，不能有的判得轻，有的判得重，这需要在法律的基础上建立一种平衡机制，建立案件的信息共享数据库。

此外，鉴于作品数量巨大，各类作品在使用中矛盾纠纷层出不穷，在今后相当长的一段时期内，著作权案件将是数量最大的知识产权案件。在这样的背景下，一方面要加强知识产权法院的建设；另一方面要加强民事纠纷调解。大量的案子在事实认定清楚的基础上，可以在法院、行政管理部门或行业组织及第三方机构的指导下进行调解。这样的做法有两个好处：一个是可以有效降低诉讼的时间和经济成本；另一个是可以最大限度地化解矛盾，对于构建和谐社会具有重要意义。

（四）关于作品的再定义

2020年《中华人民共和国民法典》的颁布，是中国法治进程中具有里程碑意义的事件，将对我国经济社会发展产生深远影响。《民法典》系统地将知识产权纳入其中，著作权在其中主要体现为“作品”两个字。对著作权而言，作品的界定极其重要，我想专门再讲一下这个问题。

1709年英国女王颁发了《为鼓励知识创作而授予作者及购买者就其已印刷成册的图书在一定期限内之权利法》，该法案第一次明确了著作权保护的主体是作者，客体是作品。这个概念非常重要，因为没有作品就没有著作权，著作权的各种权利都由此延伸而来。

随着技术的发展和时代的变迁，作品数量呈井喷式增长。以文学作品为例，20年前，我国每年出版的小说只有不到600种，而今天仅在阅文平台上生产的网络小说每年就高达600万部。再比如，现在普通公众用手机拍摄出来的作品，可以媲美20年前用专业相机和胶卷拍摄的摄影作品。

相比以前作品的稀缺性，现在的作品无论从数量还是种类上看都大大超出想象。怎样定义作品？什么样的作品应该被纳入著作权保护的范畴之内？这是进入新时代，我们需要面对的一个重要问题。

目前《著作权法修正案（草案）（二次审议稿）》对作品的界定有了新的表述：“具有独创性并能以一

定形式表现的智力成果”。这一定义强调了三个特点：具有独创性，以一定形式为载体，并且是一种智力成果。

按照这三个标准，二审稿对作品有了质的规定，其意义在于可以厘清海量的各类作品中，哪些能够构成著作权法意义上的作品，从而把最优质的作品纳入到著作权保护的客体之中。

同时这样区分的好处是，可以将纳入著作权保护的作品基于自愿原则分成两种类型：一种是需要得到许可并支付报酬的作品；一种是不需要得到许可和支付报酬，鼓励广泛传播的作品。这种法律设定既符合权利人的诉求，也可以减少纠纷、诉讼，降低社会成本，可以说充分体现了人文精神，非常有意义。

对于创作者而言，对作品的再定义所带来的变化是，强调质量是最重要的。一个作品能否成为著作权法意义上的作品，最核心的问题不是它的篇幅多长或规模多大，而是与其他同类作品相比，是否具有独创性，是否称得上智力成果。

对于文化单位来讲，这也意味着，未来最核心的工作、最需要重视的问题是怎样获取和掌握优质资源，因为优质的版权资源（即作品）才是文化产业与事业发展的基础。这里需要注意的一个倾向是，不要盲目去追逐所谓的大 IP，作品的价值并不是价格越高越好，成本过高是无法实现投入再生产的。应该着力关注的是如何掌握那些有潜力的新作品，就像找到“冒尖儿”的竹笋一样，挖掘到优质版权。

（五）关于新技术带来的新问题

《著作权法》诞生之时，作品只有图书一种形态。1877 年，爱迪生发明了一台能录制声音并回放的机器——留声机，通过震动原理将声音固定在留声机上，从而产生了一种新的作品形式。之后随着技术的发展，以声、光、电、磁为介质的作品日益增多，丰富了作品的形式与内容。互联网的出现，又催生了无介质但可以在网络中重复使用与阅读、观看、收听的网络作品，且发展势头汹涌澎湃。

从作品的产生来看，技术始终推动着《著作权法》向前发展。著作权保护的主体是创作者，但是客体一直在发生变化，不仅包括影视、图书、音乐、计算机软件等版权产业的核心领域，还包括建筑外观设计、装饰品设计，甚至地毯图案等，可以说今天的著作权已经无所不在。

只要技术发展没有终止，创造没有终止，版权的法律制度就会一直处于不断的创新和突破之中。因此，对待新技术带来的新问题，应该用开放的、发展的眼光去看待，而不是轻易地去否定或下结论。从这个角度审视社会公众比较关注的话题，比如人工智能、体育赛事算不算作品，应不应该受到版权保护，我觉得一方面要遵循现行法律法规，另一方面又不能被现有的思维所局限。

社会需求与数字技术发展催生了现行的著作权的多种权利，今后也必然会催生其他的权利。如果一个作品本身是稀缺的、创新的，凝聚了人类智慧，同时又有很高的经济价值，即便不纳入著作权保护的范畴，也肯定会有别的法律加以保护，否则鼓励创新就是一句空话。

2021 年，我国即将开启“十四五”新征程，向第二个“百年目标”进发。伟大的时代，呼唤一部与时俱进的良法。期待《著作权法》第三次修改工作尽早完成，中国版权事业将会在新的起点之上，开创新局面，取得新成就。

我国《著作权法》第三次修订之评析

吴汉东　刘　鑫*

著作权法是知识产权法律体系中法律主体最为复杂、法律内容最为丰富、国际法律变动最为频繁的一项法律制度，相关的立法与修法工作在各项知识产权法律制度中无疑也是最为重要和艰巨的。改革开放之初，我国著作权立法与专利、商标立法几乎同时起步，但其制定过程却远不如专利与商标的立法进程顺利。由于最初草案争议较大，《中华人民共和国著作权法》（以下简称《著作权法》）经过了长达11年的广泛征求意见才最终于1990年颁布①。21世纪初，我国为融入世界贸易体系，完成"入世"任务，于2001年第一次修订《著作权法》②。2009年世界贸易组织专家组针对我国《著作权法》第4条不符合《保护文学和艺术作品伯尔尼公约》（以下简称《伯尔尼公约》）和《与贸易有关的知识产权协定》（以下简称《知识产权协定》）所作出的裁定，则直接推动了我国《著作权法》2010年的第二次修订③。但无论是2001年的第一次修订，还是2010年的第二次修订，都是在国际社会外部压力下的一种被动性制度调整。为此，我国于2012年便开启了《著作权法》第三次修订的进程，旨在实现著作权立法由被动向主动性制度安排的转变，构建符合本国国情、引领国际潮流、彰显时代诉求的中国《著作权法》。然而，强烈的制度变革诉求也引发了社会各界的广泛关注与激烈争论，修订草案自2012年第一次公布以来，几易其稿，专家学者、业界代表纷纷为《著作权法》第三次修订建言献策。在此，笔者将以最新的法律修订版本为基础，从时代背景、目标取向及重点内容三个方面，试对我国《著作权法》的第三次修订加以评析。

一、《著作权法》第三次修订的时代背景

作为知识产权法律体系中的重要组成部分，著作权法的历史演进过程是有规律可循的，即著作权法是随经济社会的发展而改变、随科学技术的进步而演变、随公共政策的调整而转变的④。我国著作权立法虽起步较晚，两次修法的动因也相对被动，但这并不意味着我国《著作权法》脱离于经济、科技、政策三大要素的影响。从1990年的法律创制到2001年和2010年的两次法律修订，我国著作权法的每次制度变革都是基于特定历史时期的经济社会发展需要、科学技术保障诉求、公共政策价值导向而展开的。目前，正在进行的《著作权法》第三次修订也不例外，同样受到经济、科技、政策三大要素的影响，须在经济全球化的国际环境中、技术现代化的现实情景中以及文化强国建设的中国场景中，完善相关法律原则与规则，实现我国《著作权法》与新时代发展需求及未来愿景的契合。

（一）经济全球化的国际环境

经济全球化是20世纪下半叶以来世界经济发展的重要趋势，直接影响着当今世界的经济格局与未来走向。在全球化的经济发展框架下，各国经济不再是封闭、孤立的，而是相互依赖、相互渗透的。而这也要求各国消除贸易壁垒，保证商品在国家间的自由流通，建构起相对统一的国际市场。世界贸易组织是促进贸易自由化的关键国际组织，在推进经济全球化的过程中扮演着重要的角色，致力于削

---

* 吴汉东，中南财经政法大学知识产权研究中心名誉主任、博士生导师、文澜资深教授；刘鑫，中南财经政法大学知识产权研究中心博士研究生。本文原载于《东岳论丛》杂志2020年第1期。

① 相关论述，参见顾昂然．新中国第一部著作权法概述［J］．中国法学，1990（6）；魏启学．中国颁布著作权法［J］．工业产业，1990（4）．

② 相关论述，参见沈仁干．谈我国著作权法的修改［J］．知识产权，2001（6）；刘波林．关于按TRIPS协定的要求改进我国著作权制度的建议［J］．知识产权，2001（3）．

③ 相关论述，参见丛立先．违禁作品著作权问题辨析：兼评我国《著作权法》第4条的修改［J］．法学，2011（2）；苏如飞．WTO裁决与我国《著作权法》的修改［J］．中南林业科技大学学报（社会科学版），2010（1）．

④ 吴汉东，刘鑫．改革开放四十年的中国知识产权法［J］．山东大学学报（哲学社会科学版），2018（3）．

减关税、化解贸易障碍。不仅如此，世界贸易组织还将包括著作权在内的知识产权保护纳入国际贸易体系，并形成了一项专门的知识产权国际公约，即《知识产权协定》[①]。我国《著作权法》2001年和2010年的两次修订，也都是为融入世界经贸体系、与《知识产权协定》相接轨而进行的；但由于修法动因的被动性，这两次修法并未将我国在经济全球化大潮中的诉求充分反映出来，甚至还有一些超出我国本身需要的内容被强加进来。近年来，随着经济社会的持续发展，我国日益成为经济全球化进程中的重要力量，著作权等知识产权在经济增长中的贡献率逐步上升，推进著作权相关商品或服务的国际贸易、加强著作权国际保护、提高著作权保护水平也成为我国自身经济发展的需要，而不再是向国际社会之外部压力妥协的结果。著作权法随经济社会的发展而改变，面对经济全球化的国际环境，著作权法的制度设计也必然会发生变化，而我国《著作权法》第三次修订正是对此的重要回应[②]。

（二）网络技术革命的现实情景

网络技术是人类历史上继语言和文字的产生、造纸和印刷术的发明以及电报、电话和广播的使用之后，出现的第五次信息革命。在网络传输的条件下，社会公众可以自主进入网络，在自己选择的时间和地点独立接触网络传输中的作品，而作者能否最终控制作品在网络中的合理传输，就成为一个亟待解决的问题。进言之，在网络传输中，网络服务商以及技术措施的介入则使得上述问题更加复杂。可以说，第五次信息革命推动了著作权制度从“印刷版权”到“电子版权”再到“网络版权”的转变[③]。网络技术不仅改变了著作权主体的界定标准，也颠覆了著作权客体的利用方式，在以“用户创造内容”为特征的网络环境下，网络用户代替产业模式中的商业机构成为作品的创作与传播主体，使以往的权利配置模式难以继续适用，而网络用户的创作与传播动机的多元化，也使这种作品以及作品的利用方式不同于以往，获取经济收益并非创作与传播的唯一目的，其中更多的是一种自我表达和社会交往等非经济需求[④]。不仅如此，网络技术还使著作权侵权责任的范围和认定机制发生变化，即由传统的直接侵权责任转变为新型的间接侵权责任，并以连带责任的形式为网络服务提供者设置了独立负担之责任[⑤]。著作权法随科学技术的进步而演变，面对网络技术革命对现行著作权规则的严重冲击，如何通过法律的完善，使之适应网络技术发展的需要，无疑是我国《著作权法》第三次修订所面临的重大课题[⑥]。

（三）文化强国建设的中国场景

文化强国建设是我国社会主义强国建设的题中之义，也是我国在新时期一项非常重要的国家战略。“建设社会主义文化强国”的倡议提出于党的十七届六中全会，并于党的十八大被再次强调[⑦]。习近平总书记在论及文化强国建设时，则进一步从战略高度指出意识形态在其中的突出位置，并要求在文化体制改革、文化事业与产业的发展中，把握好意识形态属性和产业属性、社会效益和经济效益的关系[⑧]。申言之，文化强国建设的重点即在于，积极促进文化体制改革，大力扶持文化事业与产业发展。而著作权法作为文化事业与产业发展的法律保障，对于文化强国战略的推进具有至关重要的作用。如若没有先进的著作权制度，就不可能有文化事业与产业的蓬勃发展，文化强国也就无从谈起[⑨]。因而，为保证我国文化强国建设顺利进行，必须为其提供相对健全、完善的著作权法律规范作为制度支撑。值此我国《著作权法》第三次修订之际，文化强国战略的政策导向对于法律修订工作的影响不仅会体现在指导思想层面，更会渗透到具体的制度设计之中。著作权法是随公共政策的调整而转变的，而我国文化强国建设这一政策号召的提出，也必然会使《著作权法》在第三次修订中做出一系列的制度调适，从而为我国文化强国建设的持续推进提供坚实的法律保障。

① 吴汉东．国际化、现代化与法典化：中国知识产权制度的发展道路［J］．法商研究，2004（3）．
② 富田彻男．市场竞争中的知识产权［M］．廖正衡，金路，等译．北京：商务印书馆，2000：14．
③ 卢海君．传播权的猜想与证明［J］．电子知识产权，2007（1）．
④ 熊琦．Web2.0时代的著作权法：问题、争议与应对［J］．政法论坛，2014（4）．
⑤ 吴汉东．论网络服务提供者的著作权侵权责任［J］．中国法学，2011（2）．
⑥ 冯晓青．我国著作权法第三次修改的必要性与修订草案探微：兼论修订草案“总则”部分的完善［J］．邵阳学院学报（社会科学版），2014（4）．
⑦ 佟斐．国内建设社会主义文化强国的研究述论［J］．思想理论教育导刊，2013（11）．
⑧ 孙绍勇，陈锡喜．习近平文化强国战略的意识形态逻辑论析［J］．思想教育研究，2017（6）．
⑨ 刘春田．《著作权法》第三次修改是国情巨变的要求［J］．知识产权，2012（5）．

二、《著作权法》第三次修订的目标取向

我国《著作权法》第三次修订不同于之前的著作权立法与修订，这是一次无国际压力，主动、全面的修法①。无论是我国1990年的著作权立法，还是进入新世纪以来的两次著作权修法，都在很大程度上受到国际社会外部压力的影响，并不是完全立足我国本土国情的制度安排，其中一些规定甚至采用了超过我国当时需要的高水准保护模式②。随着我国综合国力的不断增强，现有著作权保护强度已逐步与我国经济、科技、文化发展水平相吻合，成为激励创新与促进发展的有力工具。因此，在我国当前正在进行的《著作权法》第三次修订中，相关法律原则与规则的完善无疑是完全基于自身需要的，但这并不意味此次法律修订无须考量外部因素。面对经济全球化的国际环境、技术现代化的现实情景以及文化强国建设的中国场景，我国《著作权法》的第三次修订必须兼顾多方诉求，并由此呈现出多元的目标取向：不仅要为参与建构著作权全球治理提供中国应对方案，为适应新一代信息技术发展提供现代制度产品，还要为中国特色先进文化产业提供法律保障机制。

（一）为参与建构著作权全球治理提供中国应对方案

为参与建构著作权全球治理体系提供中国方案，是我国《著作权法》在第三次修订中回应经济全球化、著作权法国际化发展趋势的重要目标取向。长期以来，面对美欧等发达国家为实现文化成果利益化而积极推行的著作权国际保护战略，我国都是在被动地接受与妥协，从最初的著作权立法到之后的两次修法无一不受制于人③。而造成这种情况的原因，则在于我国经济社会发展水平远落后于美欧等发达国家，却又不得不参与到经济全球化的国际竞争中。解决之策在于，在应对著作权强保护挑战的同时，把握机遇发展自己，建设创新型国家④。经过改革开放四十年的奋发图强，我国综合国力持续提升，文化产业、著作权相关国际贸易日渐繁荣。在著作权法国际化进程中，我国也不再是著作权国际规则的被动接受者，而成为著作权全球治理的主动参与者。目前，美欧等发达国家因对现行包括著作权在内的知识产权国际保护体制不满，开始通过签订双边协定、诸边协定等形式进行机制转换，使著作权全球治理体系呈现出多极化倾向⑤。因此，我国更应积极参与到这一全新的著作权全球治理框架之中，适应经济全球化进程中的著作权法国际化发展趋势，并以我国《著作权法》第三次修订为契机，为建构著作权全球治理的新体制提供中国应对方案，彰显中国著作权制度模式的软实力影响，不断提升我国在著作权全球治理中的话语权，发出促进著作权国际规则发展的“中国声音”，提出推进著作权国际保护新秩序构建的“中国决策”，在著作权全球治理框架下书写我国《著作权法》的光荣与梦想。

（二）为适应新一代信息技术发展提供现代制度产品

为适应新一代信息技术发展提供现代制度产品，是我国《著作权法》在第三次修订中应对新一代信息技术变革与产业革新的关键目标取向。20世纪中后期，以网络技术为代表的科技革命席卷全球，开启了网络著作权的新时代，尤其是进入21世纪以来，网络技术的应用日趋广泛，相应的网络著作权产业也应运而生。从最初的Web1.0到当前的Web4.0，网络信息传播的即时性与交互性与日俱增，文字作品在线创作、音乐作品在线传播等传统作品类型在网络环境下的新型应用形式层出不穷，直接推动了新兴商业运营模式的产生⑥；网络游戏产业的蓬勃发展，也带来了游戏软件、游戏画面等网络游戏内容的著作权保护与运营问题⑦；而网络直播平台的不断增多，则引发了体育赛事直播乃至电子竞技直播的著作权保护与运营问题⑧。近来，人工智能技术的飞速发展，使人们原有的生产生活方式发生了颠覆性的变化，文学艺术作品可以由人工智能在没有人干预的情况下自由创作；相应地，

---

① 徐炎.《著作权法》第三次修改草案第二稿评析［J］. 知识产权，2013（7）.

② 刘鑫. 从类型化到法典化：我国知识产权立法的发展与变革：以《民法总则》第123条为切入点［J］. 电子知识产权，2018（4）.

③ 曲三强. 知识产权保护的国际化趋势［J］. 法治研究，2010（4）.

④ 郑成思. 国际知识产权保护和我国面临的挑战［J］. 法制与社会发展，2006（6）.

⑤ 杜颖. 知识产权国际保护制度的新发展及中国路径选择［J］. 法学家，2016（3）.

⑥ 梅夏英，姜福晓. 数字网络环境中著作权实现的困境与出路：基于P2P技术背景下美国音乐产业的实证分析［J］. 北方法学，2014（2）.

⑦ 崔国斌. 认真对待游戏著作权［J］. 知识产权，2016（2）.

⑧ 王迁. 论体育赛事现场直播画面的著作权保护：兼评“凤凰网赛事转播案”［J］. 法律科学，2016（1）.

人工智能生成内容的著作权认定问题也随之而来①。在新一代信息技术的影响下，我国涌现出一系列的新兴著作权产业，为经济社会的快速发展提供了新的增长点。与此同时，为保证这些新兴著作权产业持续健康发展，我国著作权法律制度也应与时俱进，在《著作权法》第三次修订中充分预测未来的技术、经济与社会关系走向，以敏锐的时代洞察力提出具有前瞻性的制度设计②，为适应新一代信息技术发展提供现代制度产品，实现我国《著作权法》向“＋互联网”“互联网＋”“人工智能＋”的现代化法律转型。

（三）为中国特色先进文化产业化提供法律保障机制

为中国特色先进文化产业化提供法律保障机制，是我国《著作权法》在第三次修订中贯彻文化强国战略，推进中国文化产业发展繁荣的重大目标取向。对于文化产业的发展乃至文化强国的建设，著作权法都是其中至关重要的法律支撑与政策杠杆。从文化产品创作到文化产品贸易，再到文化产业发展，著作权法都贯穿始终，尤其是在当今知识经济时代，世界各国特别是创新型国家，都是将著作权政策运作与文化产业扩张放在同等重要的战略地位。这是因为，一个国家的著作权优势往往意味着该国的文化实力优势，而国际社会中的著作权竞争在本质上也就是文化产业的竞争③。由此，我国要建设文化强国，不仅要把握文化的时代性、民族性与包容性，更应以较为完备的著作权法律制度作为基础。易言之，我国文化强国战略的核心内容，即在于以著作权法为保障建设有中国特色的先进文化产业④。因而，在我国正在进行的《著作权法》第三次修订过程中，为文化强国建设和中国特色先进文化产业发展提供法律保障机制无疑是制度完善的一大任务。唯有如此，中国特色先进文化的产业化进程才能在我国《著作权法》的激励与保障中有序运行，并以完善的著作权保护机制推进经济发展、促进文化交流，从而实现中国文化产业“走上去”、中国文化传播“走出去”的发展战略，使我国的文化软实力得以充分彰显，也使我国真正从“文化大国”转变为“文化强国”。

三、《著作权法》第三次修订的重点内容

从2012年我国《著作权法》第三次修订启动至今，社会各界的激烈讨论与巨大分歧使法律修订工作一直未能完成。但无论是最初大刀阔斧的制度改革，还是几经博弈后稍显保守的法律修改，我国《著作权法》的第三次修订都不应是简单的法律条文的变更、删除或补充，而应是围绕“高质量发展”之著作权运行要求的一种体系化变革⑤。易言之，要实现我国《著作权法》全面且有序的修改完善，应当以著作权运行的“高质量发展”要求为指引，从高水平著作权创造、高效益著作权运用以及高标准著作权保护三个维度着手，展开法律修订工作。因此，可以说，我国《著作权法》第三次修订的重点也体现在著作权创造、运用和保护三个层面，其具体领域则分别为“权利的产生”、“权利的利用”以及“权利的救济”，而这三大机制的完善无疑就是我国《著作权法》第三次修订的重点内容之所在。

（一）著作权创造层面：权利产生机制的完善

在著作权创造层面，我国《著作权法》第三次修订的重点应在于对权利产生机制的完善，即通过对《著作权法》中权利客体与内容相关规定的修改，促进我国文化创新与著作权产业发展，从而为实现制度运行中的“高水平著作权创造”奠定基础。具言之，我国《著作权法》第三次修订中，权利产生机制的完善重点主要体现在如下两个方面：

1. 客体范畴界定中列举式与概括式的有机结合

著作权客体即作品，是作者享有著作权的基础条件，同时也是著作权立法中需要合理界定的关键问题。在著作权客体范畴的界定方面，目前主要有“列举式”与“概括式”两种形态。其中，前者是通过对作品类型的系统列举来界定著作权客体范畴，表述清楚、明确、直观是其特点，但其中不免有遗漏之处，容易造成定义的不稳定性；而后者则是通过对作品形态与属性的抽象描述来界定著作权客体范畴，高度抽象、表述简要是其优点，但关键问题在于概括是否准确恰当且具有最大包容性⑥。我国《著作权法》长期以来都是参照国际公约的规定，采

① 熊琦．人工智能生成内容的著作权认定［J］．知识产权，2017（3）．
② 刘银良．百尺竿头，何不更进一步?：评著作权法第三次修改［J］．知识产权，2013（2）．
③ 吴汉东．文化大发展大繁荣与版权战略实施［J］．中国版权，2013（3）．
④ 徐坚．论文化强国的中国道路［J］．国际问题研究，2015（5）．
⑤ 卢海君．论著作权法的体系化：以《著作权法》第三次修订为中心［J］．社会科学，2019（6）．
⑥ 吴汉东．中国知识产权理论体系研究［M］．北京：商务印书馆，2018：44-46．

用“列举式”立法规定了作品类型①，并在此基础上设置兜底条款为新作品形式留下了制度空间。在我国《著作权法》第三次修订的过程中，最初采用的是“列举式”与“概括式”相结合的方式，即在原有规定的基础上增加关于作品定义的条文，并在该条统领下对列举的作品例示展开增进、修改。然而，在最新的法律修订版本中，对于作品定义的“概括式”条文却不翼而飞，仅对原有作品例示作出简要修改，即将“实用艺术作品”纳入《著作权法》的作品类型范畴，利用“视听作品”替换“电影作品和以类似摄制电影的方法创作的作品”。诚然，兜底条款在一定程度上可以缓解“列举式”立法的弊端，但其却并不足以应对司法实践中因作品抽象定义缺失所导致的困境。因此，在著作权客体范畴的界定上，我国《著作权法》第三次修订还是应当借鉴美、日等主要国家的通行做法，采取列举式与概括式相结合的方式，从具体与抽象两个方面对作品的定义与类型进行更为准确与恰当的界定。

2. 权利内容规定中人身权与财产权的适当划分

著作权的内容，即著作权的具体权项。按照权利属性的不同，著作权的内容一般划分为著作人身权与著作财产权两类。其中，著作人身权强调对作者精神利益的保障，一般无期限限制（发表权除外），同时也是与作者不可分离的，不可被任何人剥夺；而著作权财产权则关注作品的经济价值，其与所有权在权能上有诸多相似之处，是可以转让和继承的。基于二者法律性质的巨大差异，大陆法系国家的著作权立法中一般都将它们分开规定。例如，《德国著作权法》采用两个小节的形式分别对著作人身权和著作财产权进行规定；《法国知识产权法典》直接将二者区分为“精神权利”与“财产权利”，用两章予以规定；《日本著作权法》则进一步在体例上采用“总则—著作人身权—著作财产权”的三分模式，并主张作者人格权与一般人格权同样受法律保护。我国现行《著作权法》在对著作权内容进行规范时，将著作权的人身权与财产权规定在同一条文中，其中前四项为人身权利，后十三项为财产权利②。为将著作人身权与著作财产权进行充分区分，我国在《著作权法》第三次修订的最初版本中对二者分别进行了规定。然而，最新的修订版本却又回到了原点，仍采用了原有以同一条文规定的形式，仅对著作财产权的个别条款进行了完善，如：扩大了复制权范围，将数字化手段纳入其中；增加了出租权的客体范畴，在原有视听作品基础上增加了录音作品；完善了广播权的规定，将有线与无线方式播放的内容予以统一。但是，从长远发展来看，我国《著作权法》第三次修订还是应参考大陆法系中的主要立法例，将著作人身权与著作财产权分开规定更为适宜。

（二）著作权运用层面：权利利用机制的完善

在著作权运用层面，我国《著作权法》第三次修订的重点应在于对权利利用机制的完善，即通过对《著作权法》中合理使用、法定许可等权利限制机制的改善，促进文化传播，满足人民群众的文化需求，从而为实现制度运行中的“高效益著作权运用”创造有利条件。具言之，在我国《著作权法》第三次修订中，权利利用机制的完善重点主要体现在如下两个方面：

1. 增设合理使用的抽象判断要件

合理使用作为著作权权利限制机制的关键内容，发轫于英美法系判例法实践，经过了长期的制度演变才为成文法所接纳，并逐步成为各国著作权法中的一项重要制度。顾名思义，合理使用即社会公众可以在合理的范围内使用作品，而不被认为是侵犯著作权，从而实现著作权私人享有与公众知识获取之间的平衡。在著作权立法中，合理使用制度设计的核心问题在于对使用作品“合理性”的界定。为此，《伯尔尼公约》设置了“三步检验法”，即要求公众在利用作品时，一是不得妨碍著作权人对其作品的正常使用，二是不能对著作权人的合法利益造成不合理损害，三是不得超过使用目的的必要范围。《美国版权法》则从司法实践出发，针对作品使用是否合理的判断问题，给出了更为细致的四项考量因素③。而我国《著作权法》却采取了列举模式对合理使用进行规范，即试图以穷尽列举的方式对著作权合理使用的范围进行有效界定，并未在《著作权法》文本中明确设置合理使用的判断标准④。这种

① 参见《伯尔尼公约》第2条、《世界知识产权组织版权条约》第1条、《知识产权协定》第9条的相关规定。

② 参见《中华人民共和国著作权法》第10条。

③ 《美国版权法》第107条规定：“任何特定案件中判断对作品的使用是否属于合理使用时，应考虑的因素包括：（1）该使用的目的与特性，包括该使用是否具有商业性质，或是为了非营利的教学目的；（2）该版权作品的性质；（3）所使用的部分的质与量与版权作品作为一个整体的关系；（4）使用该作品对版权作品之潜在市场或价值所产生的影响。”

④ 参见《中华人民共和国著作权法》第22条。

僵化的列举模式并不能有效应对新技术所引发的新问题。虽然兜底条款为制度适用留下余地，但《著作权法》中合理使用具体判断标准的缺失无疑加剧了司法应用的难度，甚至带来“同案不同判”的问题。为此，我国《著作权法》在第三次修订之初，已将“三步检验法”加入合理使用条款中作为判断要件，以完善我国的著作权合理使用制度。然而，在最新的法律修订版本中，这一规定却又不知所踪，还是以原本的列举式立法对合理使用的范围进行框定，行为模式不完全罗列所造成的实践分歧也将继续存在。因此，我国还是应当借鉴国际立法经验，在《著作权法》第三次修订中引入抽象性的合理使用判断要件，与原有的列举式立法相配合，建构起更为科学，也更具可操作性的合理使用判断标准。

2. 优化法定许可的配套保障机制

法定许可作为著作权权利限制机制中的一个重要内容，是法律所设定的一种特殊著作权许可模式。在该许可模式下，对于作品的使用可以不经著作权人许可，但应向作者支付报酬，并指明作者姓名、作品名称等相关内容。而该许可模式的适用范围也是严格法定，如我国现行《著作权法》中的法定许可就被限制在“报刊转载”“录音制品制作”“作品播放”“录音制品播放”“教科书编写”五个领域之中①。法定许可制度设立的目的在于限制著作权的行使范围，使作者权益和社会公益得到有效协调，但这并不意味着在法定许可制度框架下可以对作者权益的保护有所忽视。因为在实践中真正影响法定许可制度运行效果的因素往往是对于作者权益保护的不力，尤其是付酬机制可操作性的不足常常导致作者的作品被法定许可使用后却难以获得合理报酬。为此，我国《著作权法》第三次修订一经启动，便在修订草案中增加了关于法定许可事前登记备案的规定，并专门对著作权集体管理组织根据授权向使用者收取使用费、向作者转付报酬、作品来源公示等职能加以明确，从而使法定许可中的作者权益尤其是作者的获酬权得到有效保障。虽然在最新的法律修订版本中，未经法定许可事前登记备案之规定、有关著作权集体管理组织的规定篇幅有所减少，但对于著作权集体管理组织向使用者收取使用费、向作者转付报酬等职能仍然是我国《著作权法》第三次修订的重要内容。这无疑是对法定许可配套保障机制的一种优化，对于强化法定许可中作者权益的保护更是大有裨益。

（三）著作权保护层面：权利救济机制的完善

在著作权保护层面，我国《著作权法》第三次修订的重点应在于对权利救济机制的完善，即通过对现行权利救济机制的优化与重构，建立起遏制侵权的长效机制，营造有利于著作权产业发展的法治环境，从而为实现制度运行中的“高标准著作权保护”提供法律支撑。具言之，我国《著作权法》第三次修订中，权利救济机制的完善重点主要体现在如下两个方面：

1. 增加对于技术措施的保护规定

技术措施是在数字环境中维护著作权人利益的一种技术性手段。然而，随着防护技术的产生，破解防护技术的规避技术也相伴而生，因而在数字环境中，要想使著作权人利益得到充分保障，就必须对技术措施予以有效保护，防止其被随意规避②。技术措施作为数字技术为著作权人权益所提供的技术保障，在实践中被广泛应用。为避免技术措施被任意破解、规避，各国纷纷在著作权法中认可了著作权人采取技术措施的行为，并设置了禁止他人随意规避技术措施的法律规定。不仅如此，《世界知识产权组织版权条约》《世界知识产权组织表演和录音制品条约》等国际公约也相继要求缔约国对技术措施加以保护③。为此，我国《著作权法》第三次修订的最新版本中，专门增加了对于技术措施的保护规定，在法律上允许著作权人以保护著作权及相关权利为目的而采取技术保护措施，并规定任何人未经许可不得以直接或者间接的方式故意避开或者破坏技术措施。与此同时，还专门设置了“教学研究”“盲人感知”“国家机关执行公务”等可以规避技术措施的例外情形，以及故意避开或者破坏技术措施所应承担的民事与刑事法律责任。

2. 调整著作权侵权损害赔偿机制

著作权侵权损害赔偿是一项重要的著作权权利救济措施，但损害赔偿数额的认定却是一个争议不断的世界性难题，我国长期以来的著作权司法实践也饱受这一问题的困扰。尤其是当前我国著作权侵权行为频发、情形严重的局面，进一步加剧了我国从严调整著作权侵权损害赔偿机制的现实诉求。从国外的立法经验看，面对此种情形，大多数国家的做法都是提高法定的损害赔偿数额，并对严重的侵

① 参见《中华人民共和国著作权法》第 23 条。
② 王迁．论禁止规避技术措施的范围［J］．法学家，2016（6）．
③ 参见《世界知识产权组织版权条约》第 11 条、《世界知识产权组织表演和录音制品条约》第 18 条。

权行为处以超出实际损失数倍的惩罚性赔偿。我国也不例外，调整著作权侵权损害赔偿机制的方式无非也是提高法定赔偿上限和引入惩罚性赔偿两种。但必须注意的是，赔偿数额的提高本身并不是目的所在，调整著作权侵权损害赔偿机制的真正目的在于赔偿数额准确反映出著作权的市场价值①。而适当应用惩罚性赔偿，则是为了惩戒恶意侵权行为与威慑潜在侵权行为②。为此，我国《著作权法》第三次修订之初，便在综合考虑经济社会发展水平的基础上，将著作权侵权的法定赔偿上限提高到 100 万元人民币；与此同时，适当引入了惩罚性赔偿，对两次以上故意侵权的，处以 1 至 3 倍赔偿数额。而最新的《著作权法》修订版本，则针对近年来我国互联网内容产业的蓬勃发展、著作权市场价值不断攀升的现状，进一步将著作权侵权的法定赔偿上限提高至 300 万元人民币，并将惩罚性赔偿的适用条件修改为“故意侵犯著作权或者与著作权有关的权利且情节严重的”。除此之外，最新的法律修订版本还针对著作权侵权损害赔偿中举证难的问题增加专门规定，即在权利人已经尽力举证，但与侵权行为相关的账簿、资料主要由侵权人掌握的情况下，可以责令侵权人提供相应的账簿、资料；如果侵权人不提供或者提供虚假的账簿、资料，人民法院可以参考权利人的主张及其提供的证据确定赔偿数额。

四、结语

《著作权法》第三次修订是我国著作权法律制度走向成熟的重要一步，也是完善我国知识产权法律体系的当务之急。我国现行《著作权法》中诸多规定严重滞后于时代，无法适应当前国际化、现代化的发展趋势，《著作权法》的第三次修订势在必行。但巨大的立法争议与激烈的利益博弈却使法律修订的进程一再放缓，甚至停滞不前。面对国际著作权贸易与国内著作权产业的强烈诉求，我国《著作权法》第三次修订已不能再等，须紧跟时代潮流，立足本土国情，为我国著作权产业的发展提供助力，为我国著作权市场的繁荣提供保障，从而实现我国由“著作权大国”向“著作权强国”的历史性转变。

① 徐小奔. 知识产权损害的价值基础与法律构造 [J]. 当代法学，2019 (3).

② 吴汉东. 知识产权损害赔偿的市场价值基础与司法裁判规则 [J]. 中外法学，2016 (6).

版权工作概览

BAN QUAN GONG ZUO GAI LAN

2020年全国版权工作

2020年全国版权行政管理工作

中央宣传部版权管理局

2020年是全面建成小康社会和“十三五”规划收官之年。一年来，国家版权局以习近平新时代中国特色社会主义思想为指导，全面贯彻党的十九大和十九届二中、三中、四中、五中全会精神，增强“四个意识”、坚定“四个自信”、做到“两个维护”，认真落实中办、国办印发的《关于强化知识产权保护的意见》，坚持守正创新，统筹做好疫情防控，扎实推进版权工作，为实施创新驱动发展战略、推进社会主义文化强国建设积极做好版权支撑。

一、加强顶层设计，不断完善版权法规体系

（一）积极推进著作权法修改

充分发挥版权管理部门熟悉版权工作相关主体利益诉求和版权工作现状的优势，主动作为，积极推进著作权法修改。2020年11月11日，第十三届全国人大常委会第二十三次会议审议通过了《全国人大常委会关于修改〈中华人民共和国著作权法〉的决定》。《著作权法》的修改，标志着版权法律制度体系不断完善，必将对加快版权强国建设产生积极深远的影响。

（二）研究出台规范版权秩序措施

针对社会关注的版权热点领域，先后制定发布了《关于规范摄影作品版权秩序的通知》《关于进一步做好著作权行政执法证据审查和认定工作的通知》等规范性文件，推动解决版权执法中的难点问题。完善新业态新领域版权保护制度，会同国家标准委制定发布电商平台知识产权保护管理标准，研究加强体育赛事转播知识产权保护。

二、加大监管力度，不断提升版权保护水平

（一）开展打击侵权盗版“剑网”专项整治

会同国家互联网信息办公室、工业和信息化部、公安部开展“剑网2020”专项行动，严厉打击视听作品、电商平台、社交媒体、在线教育等领域的侵权盗版行为，着力规范网络游戏、网络音乐、知识分享等平台的版权传播秩序，持续巩固网络文学、动漫、网盘、应用市场等专项治理成果，不断提升版权管网治网能力，维护清朗的网络空间秩序。专项行动期间，各地共删除侵权盗版链接323.94万条，关闭侵权盗版网站（APP）2 884个，查办网络侵权盗版案件724件，其中刑事案件177件、涉案金额3.01亿元，调解网络版权纠纷案件925件，网络版权环境进一步净化。加强对网络视频、音乐、文学及网盘等领域主要网络服务商版权的监管，推动互联网企业全面履行主体责任。公布8批71部重点作品版权保护预警名单，为院线电影复工复产提供版权保障。

（二）指导推进查办大案要案

以案件查办为版权执法监管工作重中之重，指导各地积极查办各类侵权盗版案件。会同全国“扫黄打非”工作小组办公室、公安部、最高人民检察院等部门联合挂牌督办59起侵权盗版大要案件，解决地方在案件查办中存在的问题。加大执法办案奖励力度，对2019年度在查处重大侵权盗版案件工作中做出突出贡献的有功单位和有功个人进行奖励。

（三）加大版权监管工作力度

认真落实党中央决策部署，有序推进相关任务的落实，加大版权执法工作力度。2020年11月15日发布有关著作权行政执法证据审查和认定工作的规范性文件；加大实体市场执法力度，增加办案频次，建立按季度公开发布实体市场执法行动信息制度；会同市场监管总局制定发布《关于加强侵权假冒商品销毁工作的意见》，会同司法部修订《行政执法机关移送涉嫌犯罪案件的规定》，做好相关法规规章的落实工作。

三、完善长效机制，不断巩固软件正版化工作成果

（一）加强统筹协调和联合监管

充分发挥联席会议制度优势，组织召开了推进使用正版软件工作部际联席会议第九次全体会议，系统总结软件正版化工作阶段性成效，研究部署重点工作。联席会议办公室加强统筹协调，联席会议各成员单位根据职责分工，进一步细化工作要求，相互支持、密切配合，共同推进软件正版化工作，树立国家保护知识产权良好形象。

（二）推动党政机关和重要行业软件正版化工作规范化

加强对各地区各部门软件正版化工作政策指导，进一步推动各地区各部门落实《政府机关使用正版软件管理办法》和《正版软件管理工作指南》等软件正版化工作政策要求，指导各地区各部门进一步完善软件正版化工作机制，规范正版软件采购、使用管理、监督检查、考核评议、年度报告等工作制度。持续深入推动党政机关、金融机构、国有企事业单位，以及文化、教育、卫生、交通、能源、新闻出版等重要行业软件正版化工作制度化规范化。

（三）开展软件使用情况年度核查

认真落实党中央决策部署，部际联席会议办公室在继续加强部际联席会议联合督查的基础上，首次聘用第三方机构对 20 家中央和国家机关、10 家中央企业、15 家金融机构，以及 7 个省（自治区、直辖市）软件使用情况进行年度核查并公布核查结果。

四、加强服务监管，不断夯实版权社会服务基础

（一）认真做好著作权登记

对全国著作权登记工作进行问卷调研，初步掌握全国各地作品登记审查标准及相关登记信息的公示、查询和发布，涉外著作权合同登记备案，著作权质押登记，新技术运用等相关情况，为下一步加强和完善著作权登记工作奠定良好基础。2020 年，我国著作权登记总量达 503.9 万件，同比增长 20.37%。其中，作品著作权登记 331.6 万件，同比增长 22.75%；计算机软件著作权登记 172.3 万件，同比增长 16.06%。

（二）加强著作权集体管理组织监管

一是指导中国音乐著作权协会、中国音像著作权集体管理协会和中国娱乐行业协会出台卡拉 OK 领域版权许可“二合一”机制实施方案，及时稳妥处理卡拉 OK 领域版权秩序波动问题，研究推动解决自助点歌系统版权问题。二是适应集体管理组织与行政机关脱钩的新形势，部署相关著作权集体管理组织的检查和核查工作，协调相关部门就换届、年检等事宜形成监管合力，推动集体管理治理体系建设。三是指导中国音像著作权集体管理协会出台 2020 年版权费用阶梯型减免机制，帮助中小企业应对新冠肺炎疫情影响。

（三）加强境外著作权认证机构管理

配合北京市公安局完成 6 家境外著作权认证机构驻华代表处的年检备案工作。召开境外著作权认证机构驻华代表处通气会，要求境外著作权认证机构驻华代表处适应形势变化，突出工作重点，强化服务意识，规范内部管理，依法开展工作。

五、创新工作方式，不断推动版权产业高质量发展

（一）深化全国版权示范创建

公布 2019 年度全国版权示范单位、示范单位（软件正版化）和示范园区（基地）名单，加强对示范创建工作的指导和管理。开展 2020 年版权示范创建工作，批复山东省潍坊市和江苏省南通市创建全国版权示范城市，启动湖南省长沙市全国版权示范城市建设相关工作。

（二）推进国家版权创新发展基地试点

进一步落实党中央和国务院关于粤港澳大湾区建设、长三角一体化发展以及自由贸易区建设等战略决策，发挥版权创新属性，提升版权工作能级，在深圳前海和上海浦东设立国家版权创新发展基地，着力于试点和前沿，为其他地区探索可复制经验。

（三）建设全国版权展会授权交易体系

指导和支持相关地方和单位举办“中国·北京国际版权授权大会”、数字版权交易博览会，在资源、人员、结构和媒体等方面增加投入，打造全国版权展会授权交易体系，运用社会力量，促进版权转化运用，推进版权产业高质量发展。

（四）开展“中国版权金奖”评选

开展 2020 年“中国版权金奖”评选表彰工作，经过申报和评选，产生包括作品奖、推广运用奖、保护奖、管理奖等在内的 20 个“中国版权金奖”，对在版权推广、运用、保护和管理方面做出突出贡献的单位和个人进行了表彰，有效激励了全社会版权创造运用热情。

（五）开展版权产业调研

继续开展中国版权产业对国民经济贡献的调研。

调查显示，2019 年中国版权产业的行业增加值为 7.32 万亿元人民币，占全国 GDP 的 7.39%。依托网络版权产业研究基地，研究网络产业发展趋势，发布 2019 年度网络版权产业发展报告。调查研究成果为科学制定版权产业发展政策提供了帮助。

六、拓展交流合作，不断提高版权涉外能力

（一）持续加强多双边交流合作

一是继续巩固和加强与世界知识产权组织（WIPO）等多边国际组织的良好合作关系。通过在线方式参与世界知识产权组织各项成员国会议，与其合作开展吴江丝绸产业版权优秀案例示范点调研，举办版权产业国际风险防控培训班，参与世界贸易组织相关贸易政策审议工作。二是启动批准《马拉喀什条约》国内程序；推动新中国成立以来第一个在我国缔结、以我国城市命名的国际知识产权条约《视听表演北京条约》于 2020 年 4 月 28 日生效，推动中国代表当选该条约首届缔约方会议主席。三是巩固和拓展以合作共赢为核心的新型版权双边关系。进一步巩固与欧、英、日、韩等国家和地区的版权对话机制，在线举办中英版权政府间会谈；大力推动“一带一路”涉外版权工作，与蒙古、沙特等国探讨版权合作；继续推进海峡两岸暨港澳地区版权交流与合作，与香港地区就版权发展情况保持密切沟通。

（二）着力提升版权国际话语权

一是积极参与国际版权规则制定。积极推进世界知识产权组织《保护广播组织条约》《保护传统文化表现形式条约》谈判进程；配合商务部参与世界贸易组织《与贸易有关的知识产权协定》（TRIPS）理事会会议相关版权议题磋商。二是积极参与双边经贸磋商和自贸协定谈判。配合商务部开展《区域全面经济伙伴关系协定》（RCEP）相关审核签署工作，开展《全面与进步跨太平洋伙伴关系协定》（CPTPP）版权条款研究工作；配合中央财办、商务部参与中美经贸磋商；配合商务部参与中韩自贸协定第二阶段谈判和中日韩自贸协定谈判相关工作。三是在国际版权应对中强化斗争意识。配合外交部、国家知识产权局等妥善处理世界知识产权组织相关事宜中的涉台涉港问题。

（三）不断提高涉外版权保护水平

一是与日、韩、英等重点国家合作，搭建国际版权交易渠道，为开展双边版权业界交流合作营造良好氛围。二是开展版权海外风险防控问题研究，与世界知识产权组织以及日、英等国家合作开展海外风险防控等，为对外版权贸易保驾护航，切实维护中国版权企业海外利益。

（四）做好国际版权课题研究

有针对性地开展版权国际应对宏观策略及具体问题、《马拉喀什条约》实施、民间文艺版权保护等研究工作，进一步提升我国国际版权应对能力和理论积累。

七、广泛宣传教育，不断增强版权社会影响力

（一）加强主题宣传

一是围绕“4·26”世界知识产权日主题宣传，统一协调全国各级版权部门，围绕“强化版权治理，优化版权生态”主题，以网络环境下版权保护和产业发展为主要内容，结合疫情防控形势，以“4·26”全国知识产权宣传周为重点宣传时段，通过新闻发布会、宣传画、宣传视频，发布全国打击侵权盗版十大案例，配合著作权法修正案审议，宣传疫情防控的版权力量等相关活动，多角度、多层次进行宣传报道，全方位扩大版权工作的社会影响，积极引导版权正面舆论，提高全社会的版权保护意识。二是举办“2020 中国网络版权保护与发展大会”，发布《2019 年中国网络版权保护年度报告》及 2019 年度全国打击侵权盗版十大案件，集中宣传版权保护成果，营造尊重版权的良好氛围。三是举办第十二届全国大学生版权征文活动，吸引 27 个省（自治区、直辖市）和香港、澳门地区共 309 所高校参加，实现持续扩大版权影响的既定目标。汇编出版《中华人民共和国著作权法律文件汇编》《2019 年软件正版化工作汇编》，编辑出版《中国版权年鉴 2019》，评选发布中国版权十件大事，从不同角度宣传版权工作，扩大版权工作影响。同时，充分运用好国家版权局网站、微博、微信公众号等传播形式，加强版权工作宣传，及时解读政策措施。

（二）强化对外宣传

一是利用国家版权局英文网站，坚持贴近国际关切、贴近国外受众，及时有效地将国内版权最新动态介绍给国外受众，发出权威声音。二是围绕《视听表演北京条约》生效，开展一系列庆祝宣传活动，通过线上、线下、文字、海报、视频、展览等方式全面、真实、立体地展现中国版权事业成就以及中国为国际版权治理做出的贡献。三是利用会议、会谈、会见等场合开展对外宣传。认真了解外方关注点，寻找与我国版权工作实际的契合点，主动讲好中国版权制度建设与版权保护的故事。

2020 年全国版权司法保护工作

最高人民法院知识产权审判庭

2020 年是“十三五”规划收官之年，也是全面建成小康社会决胜之年。一年来，人民法院坚持以习近平新时代中国特色社会主义思想为指导，深入践行习近平法治思想，全面贯彻落实党的十九大和十九届二中、三中、四中、五中全会精神，增强“四个意识”、坚定“四个自信”、做到“两个维护”，夯实审判基础，强化司法职能，服务保障大局，注重改革创新，为加强创新成果保护，激发文化创作活力提供有力司法服务。

一、发挥审判职能，妥善审理著作权案件

2020 年，全国法院共新收一审、二审、申请再审等各类知识产权案件 525 618 件，审结 524 387 件，分别比 2019 年上升 9.1%、10.2%。地方各级人民法院共新收民事一审著作权案件 313 497 件，与 2019 年 293 066 件相比，同比上升 6.97%，占全部知识产权民事一审案件的 70.71%。其中，著作权合同纠纷 4 380 件，著作权权属、侵权纠纷 309 104 件，确认不侵害著作权纠纷 12 件，确认不侵害计算机软件著作权纠纷 1 件。新收行政一审著作权案件 12 件，比 2019 年减少 4 件；新收侵犯知识产权刑事一审案件 5 544 件，包括侵犯著作权类一审刑事案件 288 件，占全部侵犯知识产权刑事一审案件的 5.19%，同比上升 37.14%。其中，侵犯著作权刑事案件 273 件，同比上升 42.93%；销售侵权复制品刑事案件 17 件，比 2019 年增加 9 件①。2020 年，最高人民法院受理著作权案件 111 件（未包含计算机软件及集成电路布图设计②），占全部案件的 2.1%③。一年来，人民法院审结的具有较大社会影响的著作权案件有：福州大德文化传播有限公司与宁乡县皇家贵族音乐会所著作权权属及侵害著作权纠纷案，优酷网络技术（北京）有限公司与北京百度网讯科技有限公司侵害作品信息网络传播权纠纷案，中文在线数字出版集团股份有限公司与北京京东叁佰陆拾度电子商务有限公司侵害作品信息网络传播权纠纷案，北京完美建信影视文化有限公司与南宫市广播电视台侵害著作权纠纷案，孙德斌与上海教育出版社有限公司侵害著作权纠纷案，北京百慕文化发展有限公司与宋城演艺发展股份有限公司、丽江茶马古城旅游发展有限公司侵害著作权纠纷案，浙江盛和网络科技有限公司、上海恺英网络科技有限公司与苏州仙峰网络科技股份有限公司侵害著作权及不正当竞争纠纷案，河南省银都影视制作有限公司与优酷信息技术（北京）有限公司侵害作品信息网络传播权纠纷案，深圳市腾讯计算机系统有限公司与上海盈讯科技有限公司侵害著作权及不正当竞争纠纷案，邱怀喃、邱怀芬、曾君富与贵州省博物馆、贵州省人民出版社有限公司、西安美术学院、贵州省铜仁市石阡县人民政府著作权权属及侵害著作权纠纷案，马振予等 4 人侵犯著作权罪案，等等④。

二、着力疫情防控，确保著作权审判稳妥有序

2020 年，面对突如其来的新冠肺炎疫情，人民法院充分利用“智慧法院”建设成果，通过在线诉讼服务、互联网庭审等方式最大限度方便当事人远程诉讼，确保著作权审判稳妥有序。最高人民法院切实落实疫情防控工作要求，率先进行在线庭审，下发做好涉疫情防控知识产权案件审理工作通知，指导地方法院妥善处理涉疫情重点案件。湖北省法院及时出台司法文件，回应疫情防控司法需求。陕

① 数据来源：2020 年知识产权司法保护白皮书中关于审判工作概况的数据摘录。

② 数据来源：《最高人民法院知识产权案件年度报告（2020）》序言：计算机软件 457 件，集成电路布图设计 7 件。

③ 数据来源：《最高人民法院知识产权案件年度报告（2020）》序言：最高人民法院 2020 年全年共新收各类知识产权案件 5 390 件。

④ 案例来源：最高人民法院公布的 2020 年知识产权 10 大案例和 50 件典型案件。

西省法院着力保障新冠肺炎疫情防控措施下著作权集体管理市场秩序，下发《关于妥善审理卡拉 OK 著作权纠纷案件的通知》，要求着力保障疫情防控期间案件审理秩序。北京市各级法院不断加快推进审判体系和审判能力信息化建设，开展了各具特色的“云庭审”“云审判”，确保疫情防控与著作权审判工作两不误。甘肃省法院在疫情期间妥善审理了中国音像著作权集体管理协会著作权权属、侵权纠纷系列案，既考虑到加强保护知识产权权利人合法权益的司法政策，又充分考虑到疫情对 KTV 行业的冲击，严格落实“六稳六保”政策，切实保护了音像著作权人的合法权益，取得了良好的社会效果。

三、加强保护力度，提升著作权案件审判质效

2020 年，人民法院进一步发挥审判职能，加强保护力度，提升著作权案件审判质效，依法保护文化创意成果，促进文化创新和新型业态健康有序发展，有效服务经济社会发展大局。最高人民法院出台《关于审理侵害知识产权民事案件适用惩罚性赔偿的解释》，明确了惩罚性赔偿构成要件的认定、计算基数和倍数的确定等，加大对恶意侵权的惩罚力度。完善诉讼证据制度，正确适用证明责任，制裁举证妨碍行为，减轻权利人举证负担。通过发布指导性案例、公报案例、典型案例和年度报告等形式，传递加强保护力度、提升审判质效的积极信号。大力加强互联网法院知识产权审判功能建设。加大对维权合理开支的支持力度，降低权利人维权成本。不断发挥知识产权专门化审判优势，缩短审理周期，提高案件审判效率。在上海高院审理的李海鹏等 9 人侵犯乐高玩具著作权案中，犯罪金额高达 3.3 亿余元，人民法院根据相关法律规定，依法判处主犯李海鹏有期徒刑六年，并处罚金人民币 9 000 万元，对八名从犯判处有期徒刑四年六个月至三年不等，并处相应罚金，充分体现了人民法院加强刑事保护，严厉打击和震慑侵犯知识产权刑事犯罪的司法导向。在贵州省高级人民法院审结的汪坦、曹向东等人侵犯著作权刑事案件中，人民法院严厉打击大量假冒名家字画送拍的著作权犯罪行为。在《纳西情歌》著作权受侵害案中，浙江高院运用经济分析方法，确定赔偿数额 70 万元，是目前全国单首音乐作品赔偿额最高的案件。

依法审理涉及“红色经典”著作权纠纷案件，加强“红色经典”和英雄烈士合法权益保护，尊重历史，尊重经典，以鲜明态度保护红色文化资源，传承红色文化基因，规范不良传播行为。加强传统文化保护，依法审理涉及中医药、古籍点校、民间文学、非物质文化遗产、中华老字号等案件，保障我国传统文化传承和发扬。

四、强化审判指导，促进著作权裁判规则统一

最高人民法院参与包括著作权法在内的法律修订工作，针对审判遇到的新问题、新要求，出台网络知识产权侵权、电商平台知识产权保护、加强著作权及相关权利保护等司法解释和规范性文件。最高人民法院出台《关于全面加强知识产权司法保护的意见》《关于加强著作权和与著作权有关的权利保护的意见》《关于涉网络知识产权侵权纠纷几个法律适用问题的批复》等指导意见和司法政策，充分运用司法手段加强著作权保护，为企业创新发展提供有力保障。最高人民法院审判委员会讨论《关于加强著作权和与著作权有关的权利保护的意见》时，邀请全国人大代表、全国政协委员列席并发表意见，《意见》受到代表、委员高度评价。清理修改 3 件涉及著作权的司法解释，确保著作权在审判实践中得到准确适用。在 2020 年“4·26”期间，最高人民法院召开新闻发布会，发布了《中国法院知识产权司法保护状况（2020 年）》以及 13 件涉及著作权的典型案例。北京高院发布《关于侵害知识产权及不正当竞争案件确定损害赔偿的指导意见及法定赔偿的裁判标准》，统一知识产权损害赔偿问题的裁判尺度。陕西高院研究制定《关于知识产权侵权案件确定损害赔偿若干问题的指导意见》，提出了裁量性赔偿计算方法、约定性赔偿计算方法等新的赔偿计算方法，并将知识产权贡献率从专利法领域拓展应用至著作权法、商标权法等其他知识产权领域，方便当事人选择适合个案的、更为合理的损害赔偿依据。云南高院面对涉歌厅的侵害作品放映权纠纷中当事人逐步以可信时间戳方式代替传统的公证保全方式取证的情形，以及大量小权利人退出音像著作权集体管理组织自行维权的问题，统一该新类型证据的审查判断标准、小权利人自行维权的裁判标准。

五、妥善审理新型案件，促进新兴业态规范发展

近年来，互联网、人工智能以及电子商务等方面的案件大量涌现，创新领域的权利义务边界亟须通过司法裁判予以明晰。对此，人民法院加强网络著作权保护，充分运用互联网技术，及时高效处理

数量迅猛增长的网络著作权案件。妥善审理人工智能、大数据、体育赛事和网络游戏直播等新类型案件，促进新兴业态规范发展。细化“通知—删除”规则适用标准，平衡著作权人和网络服务平台之间的权利义务关系。依法审理网络游戏、网络直播、短视频等新类型案件，推动版权产业发展。打击虚构版权牟利行为，维护图片版权市场法治秩序。开放司法区块链平台，支持网络著作权人上传作品、保存证据，预防和惩治网络抄袭。支持当事人通过区块链技术固定、保存、提交证据，减轻当事人举证负担。建立“云上物证室”，运用3D扫描技术建立电子物证管理系统，便利当事人举证、质证。北京法院通过新浪网诉凤凰网、NBA诉爱奇艺及PPTV等一系列涉体育赛事节目视频直播著作权案的审理，明确体现独创性智力劳动成果的体育赛事节目视频可以作为类电影作品予以保护；通过相关案件的审理明确体现独创性劳动的百科词条、延时摄影、回文诗以及游戏形象、舞蹈设计等可以作为作品予以保护。在涉互联网直播等新兴业态纠纷案件处理中，合理划分相关行为主体的责任边界，反对以创新之名，行侵权之实，促进新兴业态健康有序发展。杭州知识产权法庭在涉及网游《蓝月传奇》著作权侵权纠纷中，创新性适用“先行判决＋临时禁令”模式，对被告未按保全裁定要求停止侵权的行为进行民事制裁，罚款100万元。

六、积极多措并举，构建著作权大保护格局

最高人民法院加强与中宣部、中央网信办、国家版权局等有关部门的沟通交流，贯彻落实《关于强化知识产权保护的意见》推进计划，努力推动知识产权“大保护”格局。指导长三角地区三省一市高级人民法院和知识产权行政部门签署合作备忘录，推动知识产权司法与行政一体化保护，分步骤规范和指引不同程序、不同法院之间开展协同合作，从机制层面推动提高案件审理效率。江苏高院与省委宣传部版权管理处联合召开诉调对接工作座谈会，推动将音乐电视作品著作权案件等交由江苏版权调解中心、娱乐业协会等组织调解，成功化解知识产权纠纷2 701件。湖北省法院知识产权审判庭与省委宣传部版权管理处联合组织召开涉KTV著作权许可与保护座谈会，着力实现涉KTV著作权侵权纠纷案件裁判标准的统一。内蒙古法院延伸司法服务，参与社会管理，针对知识产权审判实务中发现的问题，及时形成司法建议，促进市场主体规范经营，有效避免知识产权诉讼风险。

七、推进诉源治理，促进著作权审判繁简分流

推进著作权类型化纠纷案件的诉源治理，积极探索在涉著作权简单案件中适用小额诉讼程序。江西法院面对著作权、商标权纠纷案件猛增局面，通过综合分析该类案件所具有的标的额普遍不大、侵权事实较为明显的特点，对症下药，以“保护知识产权、鼓励创新运用、普及法律知识、规范经营行为”为导向，不断加大调解力度，力促以调解、撤诉方式化解纠纷，努力实现案结事了。鹰潭中院针对该市涉KTV著作权纠纷案件数量增长迅速的现状，借助文化行政主管机关协商平台促使KTV经营者与中国音像著作权集体管理协会签订《著作权许可使用服务合同》。天津市第一中级人民法院与天津市娱乐场所协会签署《关于建立音乐作品等著作权侵权纠纷多元化解工作机制的意见》，聘请娱乐场所协会调解员作为特邀调解员参与相关案件诉前、诉中调解，以加强诉源治理，引导更多纠纷通过非诉方式解决。浙江法院强化涉KTV著作权、电商平台等案件的诉源治理，适用小额诉讼程序，扩大独任制适用范围，着力降低当事人诉讼成本，涉KTV著作权纠纷案件数量下降逾六成。宁波北仑人民法院全年共适用普通程序独任制审结56件知识产权案件，平均审理天数仅为37.32天。武汉法院积极推进著作权繁简分流改革，确定侵害作品放映权案件、侵害作品信息网络传播权案件适用“两表指导、审助分流”快审工作机制，推广涉KTV侵害著作权案件裁判文书简化。安徽合肥高新区人民法院成立多元调解办公室，建立特邀调解员名册制度，对部分案件事实清楚、所涉金额较小的著作权侵权案件进行诉前调解。

八、运用智慧法院建设新成果，探索著作权审判新机制

最高人民法院建成司法链平台，支持当事人在网络平台上进行数据存证和验证，使举证、质证更加便利有效。北京、杭州、广州互联网法院等充分运用人工智能等新技术，通过在线诉讼审理知识产权案件，有效克服新冠肺炎疫情对传统庭审模式的影响，被人民群众称赞是立案“不打烊”，审理“云端见”，执行“不掉线”。广州互联网法院发挥区块链存证、人工智能、大数据等技术优势为司法审判赋能加速，在蔡皖豪诉盈科美辰旅行社侵害作品信息网络传播权纠纷案中，依托“著作权审判ZHI系

统”实现仅35分钟就完成庭审并当庭宣判，充分体现互联网司法前沿技术与机制探索实践的成果。

九、深化司法公开，传递著作权保护法治力量

人民法院深化司法公开，通过多种渠道传递著作权保护法治力量。以“4·26”知识产权宣传周为依托，通过召开新闻发布会，发布典型案例，开展知识产权“进企业、进学校、进商场”活动，强化著作权司法保护的普法和宣传，在社会公众中营造鼓励创新创造、尊重知识产权的良好文化氛围。最高人民法院在2020年“4·26”期间召开新闻发布会，发布知识产权司法保护新进展和新成就。江西省法院通过官方网站、微信公众号、抖音号等渠道开展知识产权专题宣传活动，宣传著作权司法保护工作。西藏自治区高院和拉萨中院在世界知识产权日发放5 000余册商标法、著作权法等方面宣传手册，解答群众相关问题100多个，大力宣传知识产权保护。

2020年地方版权工作

北　京　市

一、版权社会服务工作

（一）开放版权，配合防疫抗疫工作

防疫抗疫期间，指导协调首都版权协会发出《关于疫情防控期间丰富人民群众居家精神文化生活的倡议》，组织会员企业及时开放优质版权资源，开设防疫抗疫专栏专题，通过提供优质内容资源，丰富人民群众居家精神文化生活，支持配合正面宣传报道。

（二）主动作为，提升出版业国际传播能力

为发挥首都全国文化中心示范作用，加强国际传播能力和对外话语体系建设，根据北京市委宣传部领导安排，由版权管理处牵头，根据中央有关部门决策部署和市委、市政府要求，结合近几年出版行业发展态势，修订管理办法，完成征集评审并及时进行结项验收。管理办法现定名为《北京市提升出版业国际传播能力奖励扶持项目管理办法（试行）》，于2020年8月13日正式印发。新《办法》紧紧抓住内容、渠道、翻译等出版“走出去”关键环节，聚焦重点企业、重点项目、重点平台，突出数字出版新兴业态，奖励和扶持在京注册企业从事面向国外的版权输出、实物出口、翻译、交流推介、渠道建设等业务与项目。2020年度共有123个项目入围奖励扶持名单，奖励扶持金额共计1 710.10万元。

二、版权宣传工作

（一）创新推出版权宣传系列活动

围绕“4·26”世界知识产权日、“4·28”《视听表演北京条约》生效日、“6·26”《视听表演北京条约》缔结日等重要时间节点，创新推出版权宣传系列活动。

一是组织各类线上宣传活动。面对防疫期间特殊要求，召开线上新闻发布会，发布2019年北京市版权保护状况，并通过各类新媒体渠道广泛推出版权知识挑战赛、条约纪念征文、网上倡议等活动，面向京津冀科研院所组织版权保护线上培训，聚焦影视行业版权保护，举办“版权大讲堂”等。

二是投放版权宣传公益广告。通过市属媒体及17家区级融媒体，集中推送国家版权局及北京市版权局制作的各类版权宣传公益广告，并利用地铁、公交媒体和楼宇媒体开展为期2个月的户外宣传，营造了尊重版权、保护版权的良好社会氛围。

（二）宣传解读《视听表演北京条约》

一是举办户外宣传展示活动。为庆祝《视听表演北京条约》于2020年4月28日正式生效，以线上宣传互动为主、以非聚集性户外宣传展示活动为辅，在颐和园举办《视听表演北京条约》户外宣传展示活动，并与《北京日报》联合发起“《视听表演北京条约》正式生效，保护表演者权益从我做起”倡议。

二是举行“表演的力量——《视听表演北京条约》生效”庆祝活动。在疫情防控常态化背景下，于2020年8月底在北京广播电视台云录制。时任中共中央宣传部副部长梁言顺，中共北京市委常委、宣传部部长杜飞进出席录制活动并致辞；时任世界知识产权组织总干事弗朗西斯·高锐发来视频祝福。该活动于2020年国庆期间在北京卫视、北京文艺频道播出，并通过央视、《人民日报》、《北京日报》、腾讯等宣传平台进行线上线下联动宣传，取得良好宣传效果。

三是举办《视听表演北京条约》线上课堂。为持续做好《视听表演北京条约》生效后的宣传推广，结合防疫工作要求，联合中国人民大学国家版权贸易基地于2020年7月10日至24日推出条约解读培训线上课堂。三期线上课堂总访问量达56万，取得良好的社会反响。另外，通过在“学习强国”平台投放相关题目和知识的方式，大力宣传《视听表演北京条约》。

四是出版发行《视听表演北京条约》系列解读图书。由北京联合出版公司出版发行权威版权专家编写的《〈视听表演北京条约〉释义》《视听表演保护与版权产业的发展》等解读图书，扩大条约宣传的普及范围。

五是参加2020年中国国际服务贸易交易会。依托服贸会平台，打造《视听表演北京条约》展区，集中进行宣传展示。为扩大条约生效的影响力，此次展示以国际化、现代化为宗旨，采取“图文、影音资料展示＋实物展示＋互动触屏＋直播活动”的多角度、多内容的展示形式，以丰富的图文影音资料和有分量、有故事的实物展品生动讲述条约背后的故事。同时，邀请各级版权管理部门和世界知识产权组织相关负责同志、版权专家以及视听产业代表和表演者，围绕条约生效的重要意义和深远影响录制了专题展播内容，并通过广播电视、政务新媒体平台、协会微信公众号、微博、抖音、快手、微信直播等新媒体平台进行同步直播，获得良好的社会反响。

（三）强化技术支撑，搭建版权保护平台

联合北京互联网法院规范互联网版权秩序，主动对接行政、司法确权标准，共同建立数字版权区块链确权机制、线上调解诉非分流机制和侵权风险智能评估监管（诉源治理）机制，完成“版权链—天平链—区块链”服务平台对接，推动行政调解直接对接法院受理平台，指导企业利用技术手段防控版权风险。为解决因用户上传侵权作品造成平台连带承担侵权责任的诉讼问题，推出了在互联网平台植入事前监管技术和确权服务等模式，进一步推动先进技术应用和平台机制建设，及时有效化解社会矛盾。

三、版权执法监管与软件正版化工作

（一）加强版权执法监管，打击侵权盗版

一是制定印发《关于加强版权保护的意见》。为贯彻中共中央办公厅、国务院办公厅印发的《关于强化知识产权保护的意见》精神，落实市领导关于加强协同联动、有效提升版权执法能力的具体要求，制定印发《北京市版权局关于加强版权保护的意见》，以进一步增强行政、司法部门沟通协作，推动建立“严、快、大、同”的版权保护格局。

二是启动“剑网2020”专项行动。完成专项行动动员部署，协调各成员单位推动有关工作，全面开展网络版权监测、数字指纹技术运用、专项行动调查取证等工作项目。北京网络版权监测中心运用联合监测机制，对网络版权状况实施全方位、多侧面监测，主要监测领域包括重点自媒体平台、热门影视作品、漫画、游戏、新闻等。2020年初开展网络版权监测以来，总计发现侵权数据约1 190万条，发起“通知—删除”维权行动的超过830万条，下线率约93%。“剑网行动”期间，按照“剑网2020”专项行动工作重点确定的重点领域开展网络版权监测，通过监测发现侵权数据约760万条，发起“通知—删除”维权行动的超过305万条，下线率约94%。

三是加强版权纠纷调解工作。指导支持北京版权调解中心与北京互联网法院协作上线北京版权矛盾纠纷多元化解调解平台并开通案件受理线上通道，指导支持首都版权协会于11月份成立人民调解委员会，全面加强版权纠纷调解工作力度。截至10月底，北京版权调解中心共受理行业调解、行政调解、朝阳法院及北京互联网法院委托的信息网络传播权、合同纠纷、著作权权属、侵权纠纷等各类案件共计5 803起，累计涉案金额达6.4亿余元人民币，累计完结处理案件5 713起，调解成功为权利人挽回经济损失达2 526万余元。

四是加强版权示范体系建设。加大版权工作站建设和版权示范单位、园区（基地）评定、推广力度，围绕版权创造、版权保护、产业发展、版权管理等领域，全面推进北京市版权示范体系建设。2020年，新建14家版权工作站，为14家版权密集型园区挂牌市级版权示范园区（基地），为21家企业挂牌市级版权示范单位，推荐北大方正等5家单位获得国家版权示范单位称号。同时，与北京版权保护中心、首都版权协会联手开展现场调研和专项督导，分类引导、监督版权示范园区（基地）健全版权监管制度，规范作品登记服务，提升维权服务能力，助推北京市文化企业、文化园区（基地）的版权开发、运用和保护水平不断提升。

（二）强化落实，推进软件正版化

一是加强组织领导。2020年初，北京市使用正版软件工作联席会议办公室以视频会议的形式组织召开了2020年全市软件正版化工作推进会，设置106个分会场，共有232个单位437人参加。市委常委、宣传部部长杜飞进出席会议并讲话，要求各单位提高政治站位，增强做好软件正版化工作的使命感紧迫感；坚持问题导向，增强工作针对性实效性；完善长效机制，以规范化建设推动常态化、制度化、信息化。

二是广泛宣传培训。着眼于提高培训工作的针对性和实效性，实施分级、分层、分类培训。组织开展市区党政机关、市属国有企业、市卫生健康系统、市教育系统软件正版化培训工作。各地区、各单位先后举办培训活动56场，共3 000余人参加，把课堂讲解与实地答疑、思想教育与业务培训相结合，切实提高业务素养、升华思想认识、理顺工作脉络。

三是优化服务管理。坚持“人防”与“技防”并重，实现正版化工作精细化管理，正在研发的软

件正版化检查服务系统将正版软件纳入资产的生命周期管理，从源头上解决软件风险预警问题，规避存在盗版软件的法律风险，让事前预警和监管前置成为可能。同时，协调中望龙腾公司以“免费授权＋远程支持”的工作模式，为市属国企免费提供工业设计类软件使用权限，解决企业用户软件使用过程中商务咨询、安装部署、授权激活、技术培训等诸多迫切的应用需求，帮助企业正常有序复工复产。

四是严格督查考核。分门别类制定年考核标准，力求内容更细致、权重更合理、标准更量化、针对性更强。从9月中旬开始至12月底，严格查阅年度计划报告、制度建设、宣传培训、日常管理、软件台账、软件采购合同等资料，现场运用国家版权局检查工具（网络版）上机检查等步骤，对10家市级党政机关进行重点抽查，对48家（每区随机抽查3家）区级机关、138家市属国企、90家（每区随机抽查3家）市区两级卫生健康系统进行全覆盖式督查，确保督查考核工作程序规范有序、标准严格统一、结果公平公正。

（赵晓鹏）

天　津　市

一、打击网络侵权盗版

按照国家版权局等四部门《关于开展打击网络侵权盗版“剑网2020”专项行动的通知》要求，2020年7月至11月，天津市版权局会同市委网信办、市通信管理局、市公安局、市文化市场行政执法总队等五部门开展了为期4个月的“剑网2020”专项行动。专项行动期间，市区两级相关部门协同配合，再次对天津市51 040家备案网摸底调查，查找出457家文化网络企业网站和18家许可数字出版的企业网站。文化执法部门共出动执法人员1 174人次，开展网络巡查100家次、实地检查巡查356家次，约谈网络文化企业负责人30余人次，共查办网络侵权盗版行政案件12起，关闭网站6家，行政罚款13.2万余元。公安机关查办侵犯著作权刑事案件3起，缴获侵权复制品20余万册，依法对8名涉案人员采取刑事强制措施。持续跟踪督办国家版权局移交的天津市5起版权刑事案件，案件办理均有较大进展。

（一）按时启动，全面部署

6月12日，接到《国家版权局等关于开展打击网络侵权盗版“剑网2020”专项行动的通知》（国版发电〔2020〕3号）后，市委宣传部领导高度重视，市委常委、市委宣传部部长陈浙闽对开展“剑网2020”专项行动提出明确要求。7月8日，天津市版权局等5部门联合印发《关于开展打击网络侵权盗版“剑网2020”专项行动的实施方案》。7月14日，召开全市“打击侵权盗版‘剑网2020’专项行动启动会”，市委宣传部副部长、市新闻出版局（市版权局）局长石刚出席会议，并提出具体工作要求。市区两级专项行动协调小组成员单位共计85人以视频会议的形式参加此次专项行动启动会，天津市“剑网2020”专项行动正式启动。

（二）联合检查，加强监管

8月31日至9月9日，天津市“剑网2020”专项行动成员单位组成联合检查组，组织开展4次网站检查活动，分别对天津市津南融媒体中心、今日头条天津运营中心、天津女性网、视觉中国等4家网站及图书大厦、新华书店课本中心等2家具有网店销售图书功能的书店开展随机抽查，检查情况良好，无侵权盗版问题。

（三）开展培训，源头治理

9月22日，天津市“剑网2020”专项行动协调小组举办线上网络版权保护培训会，各区委宣传部、各区融媒体版权负责人以及区文化市场执法支队、海河传媒集团、各影院、网络出版服务单位、市重点网站、微信公众号等自媒体相关负责人共计200余人参加线上培训。会议邀请天津市高级人民法院法官张军强和律师王一涵以《涉网络平台著作权侵权热点问题研究》为题进行讲解培训，培训对进一步构建规范有序的网络版权环境，提高网站等经营者的版权意识起到很好的促进作用。

二、完善版权公共服务体系

（一）开展2020年版权示范单位评选工作

为进一步激发天津市创新创造能力，树立版权产业标杆企业，天津市版权局启动“天津市2020年版权示范单位”推荐工作，评选出4家单位为天津市的“版权示范单位”，并推荐天津市8家已获得市级版权示范单位称号的企业参加全国版权示范创建评选。

（二）组织参加“中国版权金奖”评选活动

按照国家版权局开展“中国版权金奖”的评选要求，天津市版权局组织市16个区版权局、高检、高法、公安、海关、软件协会、出版传媒集团及海河传媒集团等单位组织申报评选工作，经版权处初审、专家评审，推荐百花文艺出版社等8个候选单位参加“中国版权金奖”的评选。

（三）天津市三家版权服务工作站挂牌成立

为落实《天津市版权工作“十三五”规划》要

求，完善版权公共服务体系，促进文化创意产业发展，7月，天津市首批三家版权服务工作站挂牌成立。版权服务工作站在市版权局的指导下，向园区内的入驻企业提供版权咨询、版权宣传、协助申办作品登记、版权纠纷调解等服务工作。为进一步规范版权服务站的工作，制定了《天津市版权服务工作站工作指南》，明确版权服务工作站的工作职责，版权服务工作站为园区企业发展提供高效便捷的版权服务，激发文创行业自身活力，加速推进版权资源优势向版权产业优势转化，打通文创产业版权工作中的“最后一公里”，持续为天津市优化良好营商环境加油助力。

（四）增设第四家作品登记初审机构

增加“天津青年创业园”为作品登记初审机构，方便园区权利人办理作品登记，提升版权公共服务能力，促进版权产业发展。

（五）“天津市作品著作权登记系统”投入使用

为解决作品登记数量激增问题，提高作品登记工作效率，满足权利人要求，建设并投入使用“天津市作品著作权登记系统”，强化版权服务功能。为建设完善作品登记线上操作平台，组织召开作品登记初审部门和终审部门参加的5次平台试运行碰头会议，实现全市作品登记业务全部网上办理。

（六）加强作品登记的意识形态管理

组织召开10次作品登记机构工作会议，进一步强调作品内容的审核，强化意识形态管理。为进一步规范作品自愿登记工作，健全意识形态管理、档案管理等制度，起草印发《天津市作品著作权登记工作管理办法》。

（七）作品登记数量位居全国第四

随着天津市营商环境的持续优化，经济增长持续向好，天津市版权产业逐步回暖，作品数量激增。截至12月底，2020年天津市作品著作权登记共计21.34万件，同比增长266.91%，总量位居全国第四，为企业节约作品登记成本约6 688万元。

（八）强化版权管理

为规范图书版权输出，完善版权输出指导和跟踪服务，提高天津市图书版权输出质量和数量，提升中国文化的国际传播力和影响力，结合天津市版权工作实际需要，制定印发《天津市图书版权输出合同备案制度》《天津市出版外国图书合同登记的相关规定》，规范版权行政管理。截至11月26日，累计办理涉外版权合同登记397份，处理涉外网络游戏软件认证业务11件次，处理境外委印业务8件次。

三、系列工作举措获国家相关部门好评

（一）获得肯定，荣获奖励

为加强版权执法监管工作，彰显查处侵权盗版案件先进典型的引领示范作用，国家版权局通报奖励2019年度查处重大侵权盗版案件的有功单位和有功个人。天津市9个单位和14名个人荣获奖励，其中市委宣传部版权管理处获得有功单位奖，李文卫获得有功个人奖。

（二）做好日常版权监管

及时关注国家版权局发布的重点作品版权保护预警名单，全年共转发6批预警名单，通知市重点监管网站，要求网站抓好落实。通知各区区委宣传部及市文化市场行政执法总队，加强对名单的监测，确保不发生侵权问题。经过检查及日常浏览，天津市网站等无涉及预警名单内容。

（三）签订知识产权刑事保护合作框架协议

4月24日，市版权局与市检察院、市知识产权局签订三方框架协议，形成司法、行政知识产权联合保护的大格局，有效加强行政与司法之间的衔接与协作，统一执法标准，完善法律监督，探索司法和行政相结合的版权保护新模式，进一步提升天津市知识产权保护力度。

（四）完成侵权盗版出版物的认定

完成3个批次共7种涉嫌侵权盗版出版物的认定，并出具认定意见。

（五）完成2019年“双打”工作考核

2020年初，完成国家“双打办”、市绩效办对“剑网2019”专项行动、2019年推进软件正版化工作的绩效考核，版权工作获得满分，受到检查组的好评。

（六）完成优化营商环境条例落实

按照市政务服务办公室、市知识产权局的相关工作要求，统计全市版权产业数据信息，起草完成《完善版权社会服务，营造一流营商环境》的工作汇报，组织提供佐证材料及数据资料，积极协助市政务服务办完成全国营商环境考核。

（七）组织开展2020年天津市大学生版权征文活动

联合市教委、团市委三部门在线“云”启动天津市大学生版权征文活动暨版权宣传专项直播讲座，邀请天津大学教授、博士生导师俞风雷开设专题直播辅导讲座。全国大学生版权征文活动组委会办公室共计收到天津市的有效稿件86篇。天津市荣获全国一等奖一项、全国二等奖一项、全国三等奖一项、全国优秀奖一项。

四、开展版权工作调研

（一）对全市 16 个区的版权工作情况进行调研

为着力解决天津市 16 个区版权局转隶后基层版权工作开展中存在的问题，提高基层版权工作者的工作能力，进一步提升基层版权工作规范化、标准化和社会化服务水平，于 6—7 月对全市 16 个区的版权工作情况进行调研。调研工作采取专项座谈、实地走访和现场培训等方式，在摸清底数、了解实情、倾听诉求的基础上，通过法律讲解、政策宣讲、职能阐释和技能培训等方法，帮助基层版权管理者厘清工作思路，提高专业技能，提升工作水平，受到各区版权管理工作者的欢迎。

（二）完成天津市版权产业专题报告

为推进天津市版权产业发展，调研并起草《推动天津版权产业发展，增强版权产业整体实力和竞争力》专题报告，分析天津市版权产业发展现状及存在问题，梳理发展优势，提出对策措施，为进一步推进天津市版权产业发展，完善版权服务体系打好基础。

（三）组织召开各区版权管理工作专项培训

根据调研中发现的问题，通过电视电话会议形式，对 16 个区开展政策宣讲及业务培训，就作品登记工作、版权产业服务等方面，普及著作权法律知识，解答工作中的困惑，解决一些实际问题，天津市 16 个区版权保护及管理工作得到有效提升。

五、推进使用正版软件

（一）加强推进软件正版化工作指导

按照国家推进使用正版软件工作部际联席会议的工作要求，结合天津市软件正版化工作实际，制定《天津市 2020 年推进使用正版软件工作计划》，并印发全市。同时指导市级机关和各区版权局制定本单位、本系统和本地区的软件正版化工作计划，有序开展相关工作。

（二）开展推进软件正版化工作调研

开展对 16 个区的推进软件正版化工作调研指导，全面了解各区转隶以来软件正版化工作开展情况，通过专项座谈和现场指导两种方式，搜集目前存在的问题、短板和困难，结合各区实际，提出指导意见与建议。

（三）组织开展推进软件正版化工作培训

采用视频会议方式，举办全市 16 个区的软件正版化工作培训，解读软件正版化工作相关政策措施，并提出工作要求。与河西、宝坻、红桥等区联合，现场授课，实地讲解，切实解决问题、培训技能、增长经验、巩固成果，不断提升天津市软件正版化工作水平。

（四）开展“回头看”检查，巩固工作成果

8 月，按照国家版权局《2020 年推进使用正版软件工作计划》中“对 2019 年检查发现问题较多的地区和单位开展‘回头看’”的工作要求，对天津市问题较多的市发改委、市教委、市住建委、市规划和资源局、市水务局、市生态环境局、市医保局、市粮食和物资局等 8 个单位进行了“回头看”检查。通过听取整改工作情况汇报，查阅相关资料，使用正版软件检查工具现场检查计算机等方式，按照逐一整改、对账销号的要求，对各复检单位的正版软件检查工具安装情况、正版软件安装使用情况、使用正版软件责任落实及软件资产管理情况逐一进行检查，做到国家检查中发现的问题件件有结果、条条有落实，进一步确保整改工作真实有效，巩固既有工作成果。

（五）扩大推进范围，加强重点工作引导

进一步加强对重点领域的软件正版化工作推进，指导市教委、市交通运输委和市卫生健康委等部门开展推进本系统软件正版化工作。结合天津市教育系统整体需求，市教委申请专项经费用于教育系统软件正版化建设工作。全年采购操作系统和办公软件 2.58 万套，满足了计算机软件正版化、国产化的使用需求，同时为以后计算机设备的更新预留了使用授权空间。强化与市工商联的工作沟通协调，市工商联采取以点带面、辐射全市商会的方法，将推进软件正版化工作逐步纳入市区两级工商联工作评价体系。

六、推动版权产业复工复产

（一）为企业服务，统筹推进疫情防控和复工复产

开启“电话调研＋视频会议＋网上办公”的“互联网＋”办公模式，全力助推天津版权行业精准复工复产。组织各区版权管理部门、版权行业等相关单位，开展了 6 场次网络视频业务培训，在疫情期间强化版权学习。

（二）积极推进各区结合企业复工复产需要制定 2020 年版权工作计划

按照 2020 年中宣部版权管理局的主要工作计划要求，结合各区疫情防控和复工复产实际需要，制定全市及各区版权工作计划，确保重点工作切实围绕中心服务大局。

（三）开辟“绿色通道”专门办理抗疫主题作品的登记

疫情期间，“天津市作品著作权登记系统”试运

营上线，开辟“绿色通道”专门办理抗疫主题作品的登记服务，复工复产成效显著。疫情期间，天津市2020年第一季度作品登记45 749件，位居全国第二。

（四）天津市出版单位复工复产

全市版权贸易有序恢复，版权输出明显回升。疫情期间，天津科技出版社和天津电子出版社联合推出抗击疫情刊物的版权输出，《新型冠状病毒感染的肺炎防控指南（漫画版）》已经翻译成10个语种，制成电子书输出到海外市场。

七、加强版权普法宣传

（一）做好新闻宣传

以“强化版权治理，优化版权生态”为主题，组织开展天津市“4·26”知识产权宣传周版权宣传活动。以传统媒体和新媒体为宣传主阵地，以区域为单位积极组织开展各具特色的“线上＋线下”宣传活动，全市共计在重要户外场地投放15 000张宣传海报，借助1 400多辆公交车车载屏幕、7个重点公交车站、7 000余块地铁宣传屏、滨海国际机场及交通中心电子屏循环播放主题宣传视频，累计超过1 000万人次观看版权主题宣传短片，中央和市级媒体共计刊发、转发天津版权宣传工作报道30条次。

（二）开展社会宣传

开展“版权宣传进社区”活动。1月17日，与梅江天涛园社区居民开展“送温暖·送文化·普法律”共建活动，宣解著作权法。4月22日，深入南开区C92文化创意产业园，开展送温暖、送服务活动。4月27日，联合中国版权协会举办“天津版权网络论坛”，市委宣传部副部长、市新闻出版局（市版权局）局长石刚，市交通运输委员会党委委员、副主任刘道刚等参加在线研讨。版权宣传有声有色，在社会上形成“尊重知识，保护版权”的共识。

（陈　果）

河　北　省

一、工作体制机制建设

河北省“扫黄”办、财政厅、新闻出版局、版权局联合印发了《河北省“扫黄打非”工作举报奖励办法》，将侵犯著作权行为列为举报奖励重要内容。建立完善知识产权评估机制，印发了《河北省版权局关于印发〈河北省级版权资产评估机构指导名录（第一批）〉〈河北省级版权资产评估专家指导名录（第一批）〉的通知》。印发了《河北省版权局关于加强版权服务站管理的通知》，对各地建立版权服务机构从事作品版权登记工作的条件、完成时限提出了要求。投入资金对河北省版权服务平台进行了提档升级改造，加强版权服务工作信息化、数字化、数据化、智能化建设。实现全省版权服务机构全覆盖，作品版权登记数量爆发式增长，提升了行政效率，降低了行政成本，方便了人民群众。

二、版权行政执法工作

（一）深入开展“剑网2020”专项行动

省公安厅、省网信办、省通信管理局联合发文，部署2020年“剑网”专项行动。专项行动期间，全省共开展各类执法检查2 021次，出动执法人员检查10 978人次，检查各类经营场所11 231家次，网上主动巡查网站和自媒体151 477家次，屏蔽、过滤、删除违法有害信息146 537条，约谈自媒体515家次，依法查处违法违规网站361家，依法处置各类违法违规账号群组112个，查办各类违法违规案件63件，移交公安、国安等部门信息线索415条。

（二）认真组织开展规范摄影作品版权秩序等专项行动

印发《关于开展规范摄影作品版权秩序专项整治行动方案》，要求全省版权主管部门加强对摄影作品版权市场的监督管理，开展规范摄影作品版权秩序专项整治行动，净化版权市场。

（三）结合“双打”工作做好侵权盗版案件查处

2020年，全省共查办各类侵权盗版案件27件，其中行政案件17件（办结15件，其中应公开的13件全部依法公开，行政案件公开率100%），刑事案件10件（办结5件）。2020年，全省版权保护工作在国家知识产权局、中央宣传部、国家市场监管局组织的知识产权保护工作检查考核中获得优秀等级，得到了省委书记王东峰的批示肯定。版权管理处及河北省有关单位获2019年度查处重大侵权盗版案件有功单位奖，版权管理处宋凯英及其他单位有关同志获全国查处侵权盗版有功个人奖，受到国家版权局的通报表彰。

三、软件正版化工作

一是加强政府机关和企业单位软件正版化业务培训。先后组织专家为唐山市、石家庄市栾城区等地的政府机关和张家口农村商业银行股份有限公司、河北国有资产控股运营有限公司等企业有关人员开展软件正版化业务培训，参训人员达到200余人。

二是落实推进使用正版软件工作联席会议办公室印发的《关于组织开展软件正版化督导检查工作的通知》。9—10月份，检查组抽查了10家省直机关、6 家省级国有企业、4 家金融机构、2 家医院、2 家院校、2 家交通行业企业以及邯郸市和沧州市 24 家市县级机关。

三是积极引导各地采购和使用国产软件。全省有 99 个市、县政府以场地授权模式完成国产办公软件全覆盖工作，衡水市的部分县级政府和定州市还以场地授权模式完成了国产操作系统全覆盖，实现了国产操作系统的部分替代工作。省、市、县三级政府共采购操作系统、办公和杀毒软件 23 万余套，采购金额 4 121 万余元。河北省的软件正版化工作与北京、天津等兄弟省份名列全国第一方阵，连续 3 年得 5 分满分成绩，受到国家版权局的充分肯定。

四、版权社会服务工作

一是推动全省版权服务机构建设，2020 年实现了版权服务机关全省全覆盖，为河北省作品版权登记提供了组织保证；二是积极组织开展全省作品登记人员业务培训，实现了全省所有版权服务机关从业人员全员培训并全部合格；三是作品登记数量再创新高，全年共完成版权作品登记 25 967 件；四是扎实开展涉外著作权登记，全年共完成涉外著作权登记 253 件；五是版权示范单位创建工作成绩突出，河北教育出版社、宁晋工笔画艺术学校、承德市"21 世纪避暑山庄"文化旅游管理处等 3 家单位被国家版权局授予"全国版权示范单位"称号；六是巩固廊坊全国版权示范城市创建工作成果，指导廊坊市积极开展版权产业统计工作、软件正版化工作、案件查办工作，使廊坊市版权工作向纵深发展。河北省推荐的作品《古剑奇谭》（软件）获 2020 年"中国版权金奖"。

五、版权宣传工作

2020 年全国知识产权宣传周期间，河北省版权局把互联网当作宣传主战场，充分发挥网络、云端等新技术新业态的功能和作用，强化宣传效果。同时，充分利用传统媒体开展版权宣传，城网、河北新闻网等有关新闻单位制定融媒体宣传方案，充分运用网站、客户端等自有平台和微信、微博、今日头条、抖音等第三方平台，按需制作推出新媒体产品，实现多平台发布。在河北新闻网组织版权宣传周视频访谈，采用网络直播的形式，向网民普及版权知识，省内其他主流新闻网站也组织了链接播放，视频访问量超过了 10 万。在各大媒体发布"抗疫战役·有你有我"优秀原创作品征集活动启事，得到广大网民热烈响应。开展版权知识移动端有奖竞答活动，与"绿书签"购书优惠活动相结合，增强了活动传播力和吸引力，共有 15 000 多人参与线上答题。

（杜中伟）

山 西 省

一、版权行政执法监管工作

山西省下发了《关于开展山西省打击网络侵权盗版"剑网 2020"专项行动的通知》（晋宣明电〔2020〕4 号），与省通信管理局、省公安厅、省互联网信息办公室于 2020 年 7 月至 11 月联合开展第 16 次打击网络侵权盗版专项治理"剑网行动"，成立了山西省"剑网 2020"专项行动领导小组。在牵头组织、搜集线索、宣传发动、涉刑移送、协助取证、吊销许可、注销备案、停止接入、刑事侦查、内容管理等方面互相配合。此次专项行动以查办案件为重要抓手，高度关注权利人和群众反映强烈的网络侵权盗版问题，针对摄影作品、视听作品、电商平台、社交平台、在线教育以及其他重点领域六个方面开展专项整治行动。行动开展以来，山西省陆续查办了侵犯《热血江湖》网络游戏著作权案、某电子商务公司售卖侵权盗版软件案等一系列侵权盗版重大案件。行动开展以来，全省共查办较大网络侵权盗版案件 8 起。2019 年查办的圣城家园网侵犯著作权案件在 2020 年 4 月入选 2019 年度全国打击侵权盗版十大案件。

二、版权宣传教育工作

结合疫情防控的有关要求，以线上宣传为主，紧紧围绕版权保护宣传主题，于"4·26"知识产权宣传周期间，组织全省各市宣传部版权管理部门广泛开展版权宣传活动，努力在全社会营造"尊重知识、崇尚创新、诚信守法"的良好舆论氛围。

（一）传统媒体宣传

协调山西广播电视台和太原、大同、忻州、阳泉、朔州、晋城、运城、长治等地方广播电视台滚动播放版权公益宣传片。《山西日报》《太原日报》《大同日报》《阳泉日报》《忻州日报》《朔州日报》《长治日报》《太行日报》等通过多种方式全面开展版权宣传活动。

（二）网络媒介宣传

"学习强国"学习平台山西频道、"新华 e 在线"山西中小学教育学习平台开设版权专栏，向社会公众、广大党员干部和中小学师生广泛进行版权知识和法律法规宣传。全省各市充分利用微信公众号、今日头条等多种线上媒介组成网络矩阵宣传版权法律法规、政策措施。太原新闻网开设《版权太原》专栏，集中报道版权相关信息。

（三）新兴媒体宣传

太原、晋城、晋中等市利用街头广告栏、户外大屏、高铁站宣传屏等传媒设施，将版权公益广告、海报等宣传资料集中投放。晋中、长治、吕梁、晋城等市利用抖音短视频等新媒体宣传著作权法律法规。太原市通过编写《小学生漫画版权读本》H5版本，联合太原移动、《太原晚报》举办有奖问答、版权新闻专访等活动，形式多样地开展宣传活动。大同市通过大同在线短信平台，发布30 000条宣传短信。

此外，各市还编印版权法律法规系列漫画、宣传海报和宣传资料向企业、学校、书店、社区、媒体、乡村、执法部门投放。部分市、县举办版权宣传周启动仪式，现场设版权咨询台、发放版权宣传册、受理版权登记，摆放展板，悬挂条幅，张贴海报。

三、软件正版化工作

按照推进使用正版软件工作部际联席会议的工作要求，始终坚持紧跟国家部署、狠抓机制建设、注重使用管理、力求质量过硬的工作原则，全面开展政府机关和省属国有企业使用正版软件责任落实、采购安装、建章立制、自查整改、检查督查等方面的工作，确保全面落实工作要求、有效保证工作质量。

（一）严格督促检查

省推进使用正版软件工作领导小组组织各成员单位带队，分8个组对全省94个省级党政机关、人大、政协、法院、检察院、民主党派、人民团体的软件正版化工作进行了认真检查，主要检查以下三个方面的内容：一是软件正版化工作机制、软硬件采购制度、软件管理制度、考核评议制度等制度建设和责任落实情况；二是正版软件台账、软件采购合同和软件授权协议等的日常管理维护情况；三是计算机软件安装情况。企业软件正版化工作方面，由省国资委牵头、省版权局参与，对全省省属国有企业正版化工作进行了全面督促检查。检查内容在参照政府机关的基础上，加入了对工业软件的要求。

（二）组织自查检查

由省推进使用正版软件工作领导小组办公室下发专门通知，要求省级政府机关、省属国有企业和各市严格依照《政府机关使用正版软件管理办法》《正版软件管理工作指南》《山西省政府机关使用正版软件工作考核办法》等文件的要求，逐项自查本市、本单位的责任制度、日常管理、软件配置、软件台账、安装维护等方面的工作。各单位自查检查的常态化有力地保证了软件正版化工作质量。在此基础上，要求各市、各单位于年底形成年度报告并填报《软件正版化工作情况统计表》，书面报送至省推进使用正版软件工作领导小组办公室。省委宣传部认真汇总全省数据后，形成全省使用正版软件工作年度报告，并提交国家版权局。

（三）统筹安排推进

山西省软件正版化工作还十分注重与信息化工作相结合。按照山西省高标准打造“数字化政府”和“一朵云、一张网、一平台、一系统、一城墙”的工作要求，统筹做好软件配置工作。在新采购的符合安全可控标准的办公电脑中，全部预装了符合标准的操作系统、办公软件和杀毒软件，并将安装资源全部上传至云平台，为软件正版化工作提供了有效保障。

11月底至12月初，第三方检查机构和推进使用正版软件部际联席会议督查组两次对山西省省政府办公厅等6家省直机关和焦煤集团等4家国有企业使用正版软件情况进行了全覆盖检查。检查组反馈显示，山西省推进使用正版软件工作情况较好，在此次接受检查的10余个省份中排名第二。

四、版权公共服务

（一）加强版权工作能力建设

开展2020年全省版权执法工作培训，在全国各省版权部门中率先宣传解读2020年11月11日新修订的《著作权法》，近150名市、县两级版权执法人员参加培训。组织50余个省直机关和7个省属国企软件正版化工作负责人参加了国家软件正版化工作培训。疫情期间，组织全省版权执法人员参加国家版权局和中国版权协会举办的线上版权培训课程达10余次，提升版权管理水平和版权工作人员业务素质。

（二）超前服务预防侵权

充分发挥作品版权登记在预防纠纷、厘清权属等方面的有效作用，全面加强作品版权登记工作。山西省版权保护中心全年完成作品版权登记1 486件；同时，山西省软件著作权登记数量迅速增长，登记增长量和增长幅度连续数月稳居全国前列。

（三）加强版权示范创建工作

在修订《山西省版权示范城市、示范单位和示范园区（基地）创建管理办法》的基础上，全年创建全国版权示范单位1个，创建省级版权示范单位11家、省级版权示范基地1个。创新政策手段，对全国版权示范单位给予一次性奖励。

（四）积极参与知识产权法制建设

省委宣传部版权管理处为省人大提供的《著作权法》修改意见，在全国人大常委会最后一次审议《著作权法》时被采纳。

（五）注重通过调解方式化解著作权纠纷

针对《山西票庄考略》以及《钢铁是怎样炼成的》《大尉的女儿》的中文译本等省内重点作品被侵权事件，版权处积极对接权利人和侵权方了解侵权细节，说明著作权法的相关规定并依法进行调解处理，在节约行政和司法资源的同时，有效实现了定分止争，保护了重点作品权利。

（郝子谋）

内蒙古自治区

一、版权公共服务

（一）延伸服务触角，健全服务体系

依托各级版权管理部门、新时代文明实践中心和志愿者队伍，先后建立版权服务机构 156 个。内蒙古自治区全区版权服务机构服务触角延伸到了盟市、旗县、园区、企事业单位等领域，不断满足人民群众对版权保护的新需求，较好解决了服务群众“最后一公里”问题。

（二）开通绿色服务，登记量稳步增长

为解决疫情期间线下服务不便的问题，指导自治区版权工作站网络平台开通“绿色通道”，为抗击疫情作品进行专门登记服务，引起较强社会关注，《中国新闻出版广电报》3 月 13 日在重要版面刊发题为《疫情阻断“面对面” 版权服务“不断线”》的文章。通过开启优质作品专题登记等便民措施，2020 年全区完成版权作品登记 3 560 件，作品登记数量较上年度增长 152%。

（三）开展宣传培训，普及版权知识

按照国家版权局相关要求，围绕全国版权宣传活动主题，印发知识产权宣传周版权宣传活动方案和通知，组织全区开展版权宣传活动，发放宣传资料 3 万余份，销毁侵权盗版和非法出版物 72 825 件，线上线下答复群众咨询 4 000 余人次，先后 2 次开展在线版权讲座和有奖知识问答，6 次组织全区参加国家相关机构举办的版权在线培训和讲座，组织社会公众参加第三届全国知识产权公益广告作品征集活动，联合教育厅组织全区高校参加了第十二届全国大学生版权征文活动，积极参与推荐申报 2020 年“中国版权金奖”评选活动。

二、软件正版化工作

（一）加强机制建设，强化工作落实

加强部际联席会议成员单位协调配合，坚持巩固部际联席会议工作制度。针对部分成员单位负责人和联络员发生变动的实际情况，印发《关于调整内蒙古自治区推进使用正版软件工作联席会议成员的函》，第五次调整完善成员单位工作职责，保持了工作机制的完整性和连续性，形成以联席会议为主导，相关管理部门密切协作，自治区、盟市、旗县层级推进的工作格局。

（二）推广管理系统，提升工作效能

制定《内蒙古自治区 2020 年推进使用正版软件工作计划》，在全区范围推广使用软件资产管理系统，推动正版软件管理实现信息化、网络化、标准化、规范化，努力提高科学管理水平和效能，以“互联网＋”的方式建立健全正版软件管理长效机制。

（三）配合工作督查，推动整改落实

2020 年 12 月 2 日至 4 日，国家推进使用正版软件工作部际联席会议派出联合督查组对自治区软件正版化工作进行督查，于 12 月 4 日召开督查情况反馈会。针对督查组提出的宝贵整改意见，自治区立即开展整改工作，举一反三，制定措施，加强督导，集中解决，对相关问题单位印发《整改通知书》，责令其限时整改，并将督查结果直接运用于相关单位年度绩效考核。

（四）细化分解指标，以考核促提升

结合自治区正版化工作实际，第四次修改《软件正版化评分细则》，形成平时监控加年终评价的综合考核体系。2020 年 9 月 25 日，自治区党委政府年度考核工作领导小组办公室印发《2020 年度绩效考核指标》，连续六年将软件正版化工作列入党政班子实绩考核，且考核范围逐步扩大，指标权重逐步上调，推进力度逐步提升。

（五）聘用专业机构，加强督查力度

2020 年推进使用正版软件工作联席会议成员单位组成 18 个督查组，对 74 家自治区直属单位、12 个盟市及 40 个以上旗县区进行全覆盖检查。在总结上年成功经验的基础上继续采取购买社会服务的方式，运用第三方专业机构的技术优势，配合开展软件正版化工作检查，极大提高了工作效率。全年共检查 74 家自治区直属机关、12 个盟市 235 家单位以及 16 家国有企业，23 家教育、医疗、金融机构，现场检查计算机设备共计 3 400 台。

（六）加强工作指导，推动覆盖延伸

指导自治区国资委、银保监局等行业主管部门按照《内蒙古自治区推进企事业单位使用正版软件工作规划（2017—2021）》推动正版化继续向国有企事业单位延伸。截至 2020 年底，已有 8 家国企完成软件正版化覆盖，3 家国企完成计划任务，10 家国企计划纳入明年考核序列。

（七）组织宣传培训，提高工作能力

针对软件正版化工作专业性强、易懂难精的情况，组织开展全区软件正版化工作培训，覆盖范围包括各盟市和部分旗县、自治区直属机关、国有企业、高等院校和医疗机构，并将参加培训作为正版化考核的一项重要内容。2020 年，自治区本级已组织 3 次正版化业务培训，参训单位达 186 家，参训人员 350 余人。

三、版权执法监管

（一）开展专项整治，启动"剑网行动"

2020 年 6 月，国家版权局等四部委启动"剑网 2020"专项行动，自治区版权局迅速开展协调部署工作。7 月 1 日，自治区版权局、党委网信办、通信管理局、公安厅四部门联合印发《内蒙古自治区开展打击网络侵权盗版"剑网 2020"专项行动的通知》（内版权发电〔2020〕1 号），各级版权执法部门迅速响应，制定行动方案，成立领导小组，召开部署会议，使专项行动在自治区顺利开展。为进一步提升专项行动领导力，7 月 16 日，自治区版权局、党委网信办、公安厅、通信管理局在呼和浩特联合召开"剑网 2020"专项行动电视电话会议，自治区党委宣传部常务副部长、版权局局长吴振清主持会议，全区 12 个盟市版权工作负责同志参加会议。这次会议对案件查办、案件督办等工作进行了专题部署，进一步强化多部门联动，形成打击网络侵权盗版工作合力。专项行动中，自治区版权局靠前指挥，督办呼和浩特市文化市场综合行政执法局查处了保罗装饰壁纸侵权案，取得良好的办案效果和示范作用。

（二）开展日常执法，打击侵权盗版

联合市场监管、公安等部门开展打击侵权假冒工作，严厉打击侵犯著作权等违法行为。2020 年全区版权执法部门查处侵权盗版案件 28 起，共处罚金 10.7 万元。

（三）加强业务指导，规范执法行为

加强对基层工作指导力度，要求各级版权执法部门切实履行主体责任，依法依规规范行政行为。

一是规范案件报送、奖惩和考核工作。将查处侵权盗版案件有功单位和有功个人推荐与信息报送工作相结合，对于未及时报送案件信息的单位和个人，不推荐参加国家版权局的评优活动。

二是加大版权执法督查力度。协调自治区市场监管局，将"剑网"专项行动列入全区打击侵权假冒工作督查内容，于 11 月前完成对全区 12 个盟市的督查工作。对区内出版物市场进行明察暗访，开展印刷、复制、销售企业专项检查。

三是推进版权行政案件信息公开。要求各级版权部门对于按照一般程序查办的版权行政处罚案件，在做出行政处罚决定以及行政处罚决定变更或者撤销之日起 20 个工作日内，将案件信息在网上依法进行公开，并在年底对信息公开工作进行专项检查。

（四）加强宣传培训，提升监管能力

根据疫情防控形势要求，将版权宣传阵地由线下转移到线上，结合"剑网"专项行动各项要求，建立集版权执法宣传、投诉举报、作品预警为一体的常态网络宣传机制。在自治区版权公共服务平台开设版权执法监管专栏，定期发布打击侵权工作进展情况，受理侵权投诉举报。11 月，组织开展内蒙古自治区版权执法工作培训，全区 14 个盟市版权执法工作负责同志参加培训，通过培训进一步提高全区基层版权执法人员的理论水平和业务能力。

（马　达）

辽　宁　省

一、版权执法监管

（一）组织开展"剑网"专项行动

省版权局与省公安厅、省通信管理局、省网信办联合开展打击网络侵权盗版"剑网 2020"专项行动，高度重视广大权利人和人民群众反映强烈的网络侵权问题，提升版权执法管网治网能力，推进构建版权社会共治工作格局，营造良好的网络版权保护环境。共排查网站 12 000 余家次，查处案件 81 件，依法删除侵权盗版链接 52 个，关闭侵权网站 23 家。全省公安机关立案 10 起，破案 8 起，抓获犯罪嫌疑人 10 余人，总涉案金额 4 350 余万元。

（二）部署重点作品版权保护预警

根据国家版权局统一要求，通过全省版权工作微信群、省内主要网站、省内重点院线影院等，及时部署和督导各市及省内主要网站，对央视联欢晚会、热映影视作品、重大赛事等 8 批次 71 个重点作品予以版权保护预警。

（三）加强对重大案件查办督促指导

一是与省公安厅密切协作，通过加强信息共享、业务指导和提请国家部委挂牌督办，推动公安部门查办网络侵权盗版案件。2020 年，共提请 3 起重大侵权盗版案件作为中宣部版权局等四部门挂牌督办案件，其中包括公安部门 2 起案件。全省公安部门在 2020 年成功侦办 10 起侵权盗版案件，如丹东市公安局振兴分局食药侦大队根据举报，查获苏某利用微店销售盗版课件 10 000 余部共计 5 120G，收缴违法所得 15 万元。经进一步侦办，将犯罪嫌疑人上线黄某抓获，查扣侵权教学课件 10 万余部内存 20 余 T，该案涉及辽宁、山东、湖北等 10 余个省份，涉案课件总价值 500 余万元。案件于 2020 年 9 月移送检察机关审查起诉。

（四）组织开展查处案件有功奖励推荐

为进一步加大执法监管工作力度，严厉打击侵权盗版行为，激发群众投诉举报侵权盗版行为的主动性，按国家版权局工作要求，组织开展全国 2019 年度举报、查处侵权盗版案件有功奖励推荐工作。根据国家版权局公布的 2019 年度全国查处侵权盗版案件有功单位、有功个人名单，辽宁省共有 6 家单位获评有功单位，10 人获评有功个人。

二、软件正版化工作

（一）发挥联席会议制度优势，提升工作合力

一是强化部署，明确任务。省委宣传部（省版权局）认真履行联席会议办公室职责，制定《辽宁省推进使用正版软件工作联席会议工作规则》《辽宁省推进使用正版软件工作联席会议办公室工作细则》《辽宁省 2020 年推进使用正版软件工作计划》印发各成员单位，开展宣传培训，调研督查，聘请第三方机构对省级党政机关软件正版化工作进行全覆盖检查，巩固扩大软件正版化的工作成果。

二是各成员单位密切协作。联席会议各成员单位履职尽责，密切协作，不断提升软件正版化工作的整体效应和工作合力。省国资委持续推进省属国有企业软件正版化工作，专门印发督促各市国资委加快推进市属国有企业软件正版化工作的通知。省审计厅组织各级审计机关充分发挥审计监督职能，积极推进软件正版化审计工作融入年度预算执行审计项目。省工商联利用网站、微信等多种渠道宣传有关政策，发出民营企业使用正版软件倡议。省教育厅利用层级化培训体系，深入开展宣传培训，推进工作不断深入。省住建厅要求各住建企业将此项工作摆在突出位置，明确一把手为第一责任人。辽宁银保监局持续完善工作机制和管理制度，积极推进银行机构信息系统兼容国产软件。

（二）发挥督促检查效能，巩固扩大工作成果

一是开展省级机关全覆盖检查。2020 年 10 月下旬到 11 月中旬，省版权局委托第三方对 79 家省级党政机关进行了全覆盖检查。检查结果表明，各单位能够认真贯彻落实《正版软件管理工作指南》等相关政策措施要求，完善制度建设，规范使用管理。辽宁省省级党政机关整体操作系统正版化率达 96%，办公软件正版化率达 95%。对检查中发现的问题，跟踪督导相关单位进行整改，目前已全部整改到位。

二是开展市县级机关督查。督查组随机抽查了 14 个市的 26 个市直机关、66 个县区机关共 370 余台电脑安装使用软件情况，查阅了各受检单位软件正版化工作管理制度、软件资产台账、年度报告等基础材料。通过抽查发现部分市、县级机关单位存在正版软件采购数额不足、正版软件使用管理制度落实不到位等问题。

（三）线上线下并举开展培训

受新冠肺炎疫情影响，线上线下并举开展培训。通过编写培训手册、制作小视频等在线上推送和电话受理咨询、召开座谈会等方式，传达中央决策部署和省委工作安排，强化业务指导，突出国产优先。

（四）进一步拓展工作覆盖面

省市国资委和版权局密切配合，通过入企调研督导，召开座谈会、现场推进会等方式，以建立完善工作机制、提高正版化率、优化营商环境、保障国家信息安全等为重点内容，加快省属市属国企软件正版化工作进程。2020 年，省属国企共采购正版软件 600 余套，省属国企总部正版化率达 70%，各市属国企共采购正版软件 3 200 余套，各市属国企正版化率大幅提升。积极推进省内金融、民营企业以及建筑设计、教育、医疗卫生、交通等重点行业企业软件正版化工作。

三、版权产业发展

（一）精心组织参加国际版权贸易展会

第 27 届北京国际图书博览会（BIBF）以“云书展”形式于 2020 年 8 月 26—30 日在线上举办。为充分利用好北京图博会这一国际平台，持续提升辽版图书海外市场影响力，省版权局组织辽宁展团精心准备、积极参展。辽宁省共有 23 家单位参展，上传版权推介图书 2 000 余种，推出重点活动 48 场，实现版权交易成果 144 项。辽宁省作为全国十个设有实体展台的省份之一，接受了中宣部部长黄坤明等领导的在线视察指导，展会组织工作受到中宣部进出口局表扬，中共辽宁省委宣传部荣获优秀组织奖，辽宁出版集团荣获优秀展商奖。

（二）积极拓展渠道开展版权服务

主动联系文联、作协、书画院等单位和文化艺术团体，为优质作品提供有针对性的版权服务，推动优质资源进入流通环节。新冠肺炎疫情暴发后，为抗疫题材作品开通快捷办理登记服务的绿色通道，并在展会和版权贸易活动中重点推介。省版权局与北方国家版权交易中心通过签订合作协议合作办理登记业务。交易中心通过数字化平台——线上版权登记系统，提供更加便捷的登记服务，并充分发挥区域辐射优势，通过作品登记拓展相关业务的运营发展，实现版权全产业链版权资源的有效集聚，促进版权产业发展。

2020年，共办理作品自愿登记12 072件，著作权合同备案登记19件，审核出版境外图书著作权合同登记251件。

（三）扎实开展版权示范创建活动

经逐级推荐、严格把关，向国家版权局推荐东软集团等8家单位为版权示范单位、大连水务集团为软件正版化示范单位、北方国家版权交易中心为版权示范基地（园区），进一步示范引领全省版权产业发展。

四、版权宣传教育

（一）组织开展集中宣传活动

根据国家版权局统一部署，以“强化版权治理，优化版权生态”为主题，以4月20日至27日为重点宣传时段开展版权集中宣传活动。全省版权部门上下联动，因应疫情情况，结合各地各部门实际，积极创新宣传举措，线上线下共同发力，机关、企业、社区等各方力量群策群力，通过投放宣传品、宣传片，策划制作版权宣传小视频在网络平台推送，举办座谈会等方式，广泛宣传中央和省委关于加强知识产权保护的部署要求，宣传阐释《著作权法》等版权相关法律法规，营造浓厚的尊重版权社会氛围。

（二）开展新修《著作权法》学习宣传

在第十三届全国人大常委会第二十三次会议通过《全国人民代表大会常务委员会关于修改〈中华人民共和国著作权法〉的决定》后，及时组织召开版权工作座谈会，学习《全国人民代表大会常务委员会关于修改〈中华人民共和国著作权法〉的决定》，同时，组织媒体进行广泛宣传。

（三）发出开展“学雷锋·辽宁版权服务月”活动倡议

在第57个学习雷锋纪念日（2020年3月5日），向各市版权局发出开展“学雷锋·辽宁版权服务月”活动倡议。活动以版权核心产业特别是文创企业、文联和作协部门创作群体等为重点对象，以版权知识答疑解惑、搭建业界交流平台为重点内容。

（田大鹏）

吉 林 省

一、版权执法监管

全省版权管理部门坚持日常监管与专项治理相结合，对各类侵权盗版行为予以严厉打击，收到较好的效果。2020年全省版权行政执法部门累计向国家版权局上报行政执法案件11起，行政处罚8.88万元，与公安机关联合行动33次，向公安机关移交案件线索3件，司法机关判决案件1次，国家版权局向吉林省移交案件1起，国家版权局等四部委联合督办案件1起，省版权局向市州版权执法部门移交案件线索并督办案件5起。

（一）明确任务分工，统一协调部署行动方案

为有效落实国家版权局等四部门印发的《关于开展打击网络侵权盗版“剑网2020”专项行动的通知》要求，部署吉林省“剑网2020”专项行动，省版权局、省网信办、省通信管理局、省公安厅等四部门联合印发了《吉林省2020年打击网络侵权盗版专项治理“剑网行动”工作方案》，对全省“剑网2020”专项行动进行统一部署，并启动专项行动。

（二）强化监管措施，有效规范网络版权秩序

为适应不断变化的工作形势和新环境，落实好“剑网”专项行动的各项工作任务，针对吉林省网络产业发展现状，省版权局积极主动开展调查研究，认真分析吉林省涉网侵权行为的特点、类型，进一步明确了各级执法机关的重点工作方向，并对全省专项行动进行了任务分解，分别采取有针对性的措施予以落实。

一是通过重点领域巡查进行主动监管。全省版权管理部门按照省版权局的工作要求对省内主要新闻信息类网站进行定期巡查监控，梳理存在的问题及侵权行为风险点，对相关负责人进行约谈，指导其进行整改，规范使用他人新闻作品的行为，建立起授权使用作品的良性秩序。

二是组织开展重点城市互联网视听网站和微信公众号专项治理。按照国家版权局工作要求，吉林省版权局组织各有关文化市场综合执法机构对省内重点城市的互联网视听网站和微信公众号进行了专项治理。指导长春市文化市场综合执法支队查办了长春知语文化传媒有限公司擅自从事互联网视听节目服务案件，对涉案人处以警告、责令改正擅自从

事互联网视听节目服务的行为，并关闭了网站。对“长春在线”微信公众号利用个人微信公众号采取假冒方式以新闻单位驻地方机构名义开展活动、转载主流媒体新闻作品的行为进行了查处，责令当事人立即停止侵权行为，并对其处以罚款人民币 5 000 元的行政处罚。进一步规范了网络版权秩序。

三是积极督导查办涉电商平台侵权案件。省版权局积极发挥查处侵权盗版案件的主体作用，指导长春市文化综合执法支队进行了案件查处。

二、软件正版化工作

2020 年，吉林省调整了推进使用正版软件工作联席会议制度，中共吉林省委常委、宣传部部长石玉钢担任总召集人，联席会议办公室设在省版权局。联席会议办公室不断加强与各成员单位的协调配合，明确了各部门责任分工，按照年初制定的工作计划，全面组织完成了全省软件正版化各项工作任务。

（一）加强组织协调，安排部署全省软件正版化工作

年初，省版权局在广泛征求各成员单位意见建议的基础上，制定了《吉林省 2020 年推进使用正版软件工作计划》，并印发给全省各级政府及有关部门，部署本年度全省软件正版化工作，明确工作目标任务，指导各级政府开展软件正版化工作。省内各市、县级政府成立的软件正版化工作领导机构按照省推进使用正版软件工作联席会议的统一部署和具体工作要求，结合本地实际情况，研究制定本地区软件正版化工作实施方案，健全、完善软件正版化工作机制，明确各成员单位的责任分工和工作任务，有针对性地组织开展软件正版化工作。

（二）加强督促检查，完善软件正版化长效工作机制

为巩固机关软件正版化工作成果，省版权局对省级政府机关软件正版化工作进行了持续跟进督导，指导全省市县级政府机关建立和完善软件正版化长效工作机制。省版权局专门派出工作组实地检查调阅了有关软件资产管理台账、软件正版化管理制度等文件资料，对于检查中发现的问题，现场及时反馈，并提出整改要求。

（三）落实整改采购要求，确保机关单位正版软件全覆盖

2020 年，全省各级党政机关单位、国有企业和其他行业共采购正版操作系统 475 套、采购金额 60.88 万元；采购通用办公软件 112 240 套、采购金额 3 598.7 万元，其中国产办公软件 112 100 套，采购软件的国产率达 99.88%，全省正版软件国产化程度不断提高。

（四）加强宣传培训，提高软件正版化工作水平

吉林省推进使用正版软件工作联席会议办公室高度重视宣传培训工作，制定了切实可行的宣传培训计划，通过举办专题培训，创新和强化软件正版化宣传手段，不断扩大软件正版化社会工作影响和工作范围，进一步提高各级党政机关及企事业单位对软件正版化工作的认识和业务能力，增强使用正版软件的积极性和主动性。

三、版权示范创建工作

培育全省版权保护示范单位和示范园区（基地）一直是吉林省版权社会服务工作的重点任务。对获得全省版权保护示范称号的单位、园区（基地），省版权局在作品登记方面开通绿色通道，要求全省各级版权管理部门在版权执法保护、版权公共服务、版权教育培训等方面给予政策支持和资助鼓励。

截至 2020 年底，全省已成功创建 17 个版权保护示范单位、1 个版权保护示范园区（基地）。版权示范创建工作的持续开展，有效发挥了其在版权创造运用、带动区域经济转型发展、提升城市和单位创新能力、促进版权产业发展的引导作用。2020 年 4 月，吉林省吉动文创动漫游戏产业园被评为全国版权示范园区（基地）。

四、农村版权保护试点工作

2020 年是中宣部的工作创新年，结合吉林省“解放思想再深入、全面振兴新突破”教育实践活动，吉林省版权局紧紧围绕乡村振兴战略，主动寻找版权保护服务“三农”的发力点，推动智慧农业、创意农业发展，激发和保护农民“大众创业、万众创新”热情，依托新时代文明实践中心，设立农村版权保护服务工作站，开展农村版权保护服务试点工作。2020 年，省版权局在全省设立了首批 8 个农村版权服务工作站。农村版权服务工作站成立以后，涌现出许多农民作品版权保护和推广运用工作创新亮点，长春市、吉林市、白城市对区域内的版权创新案例进行了积极跟进和宣传推广，这些版权创新亮点已经在区域内形成星火燎原之势，为农业农村的高质量发展持续赋能，为新农民的成长创业提供了崭新思路。这是新时代吉林省拓宽版权服务范围的积极探索，在全国属于首创。

2020 年 12 月 16 日，省版权局在桦甸市组织召开了全省农村版权保护试点工作经验交流会。全省各市（州）党委宣传部负责版权管理工作的领导和同志以及全省首批农村版权服务工作站的负责人参加了会议。会议代表集体参观了桦甸市公吉乡山妹

子农民画公司、桦甸市惠民村镇银行和新时代文明实践中心。桦甸市、磐石市、通榆县在会上作了农村版权保护工作站工作经验介绍。会上进行了农事月历的公开展示发布。

在面向农村开展版权服务工作方面，2020年，吉林省版权局还首次面向全省乡村学校少年宫的校长开展了版权培训活动。通过培训，具备条件的乡村学校少年宫积极行动起来，策划开展版权宣传教育活动，搜集整理校内符合要求的学生作品，推荐进行版权登记。

五、版权宣传教育工作

版权宣传培训工作担负着对内提高公众版权意识、引导正确舆论，对外展现版权工作成就、树立工作形象的重要任务，是版权社会服务工作的重点任务。2020年，全省版权管理部门通过开展“4·26”世界知识产权日主题宣传活动、制作播放版权公益宣传片、配合“剑网行动”开展专题宣传、公开发布指导性案件等方式，不断拓宽宣传渠道，提高了宣传工作的效率，宣传效果显著。在全省各级版权管理部门的共同努力下，社会公众版权认知度得到了提升，尊重知识、尊重创作、尊重版权的良好社会氛围逐步形成。

2020年，吉林省版权局在版权宣传工作中创新引入了主题采访。在大量的前期走访调研考察的基础上，省版权局选取了全省农村版权推广运用工作突出的桦甸市和磐石市，邀请人民网、中华工商网、法制日报社、科技日报社等单位组成记者团进行了采访报道，发表了一系列主题宣传文章，引起了热烈反响。

六、作品登记工作

作品自愿登记是版权管理部门的一项基础性社会服务工作，吉林省版权局对此项工作非常重视，始终把作品登记作为促进创新创作、提升全社会版权法律意识的重要举措来抓。2019年，全省作品登记量达到5 600件，出版外国图书合同登记24件。2020年，全省作品登记数量达到12 363件，出版外国图书合同登记107件。

（李冰锐）

黑龙江省

一、版权执法工作

黑龙江省全面贯彻落实中共中央办公厅、国务院办公厅《关于强化知识产权保护的意见》精神，坚持版权日常监管和专项整治相结合，坚持网上网下相保护，不断规范和完善版权秩序。2020年，黑龙江省共开展执法检查2 559次，出动检查执法人员14 050人次，取缔违法窝点3个，对9起图书、软件等侵权盗版案件予以行政处罚（调解）或移送司法机关。2家执法单位和11名执法人员荣获国家版权局2019年度查处侵权盗版案件有功单位及有功个人奖项。

全省各级版权行政管理部门对出版物及计算机软件市场开展检查，加强日常监管。开展打击网络侵权盗版“剑网2020”专项行动，版权、网信、公安、通信管理等部门召开了工作协调推进会，并将教育、商务、文旅、广电等行业主管部门也纳入到“剑网2020”专项行动中。各单位分工负责，密切配合，形成合力，推进工作有序开展。关闭违法违规网站，累计配合关闭各类违规网站7个；组织省内互联网接入企业对所接入网站发布的信息进行拨测，累计拨测页面链接数量近49万条，封堵18 770条有害URL页面；哈尔滨市依法查办“716”“805”“来OFFER”等侵权复制品案。

二、软件正版化工作

为进一步明确职责，充分发挥联席会议制度优势，黑龙江省推进使用正版软件工作联席会议研究制定《黑龙江省2020年推进使用正版软件工作计划》，召开省推进使用正版软件工作联席会议联络员工作会，进一步加强制度建设，强化督促检查，完善长效机制，持续深入推进软件正版化。重新确认联席会议18家成员单位的成员和联络员。加快推进省国有企业软件正版化工作，省版权局、省国资委联合印发《关于推进省属出资企业软件正版化工作的通知》，指导省国资委出资企业摸清采购底数，落实软件安装使用、长效机制建设等工作。召开省国资委出资企业软件正版化推进会，要求有关企业结合省国资委出资企业软件正版化工作实际，贯彻落实中央和省委、省政府有关强化知识产权保护工作的要求，建立软件管理长效机制，加大督导检查工作力度，加强宣传教育，增强企业依法经营意识，省国资委出资企业本部基本完成软件正版化工作。

三、宣传培训工作

围绕“强化版权治理，优化版权生态”活动主题，结合疫情防控情况，灵活运用互联网资源，以4月20—27日为重点宣传时段，黑龙江省开展了系列版权宣传活动。创新宣传形式载体，制作宣传周公益宣传片、海报和H5作品，借助省市广播电视、网络媒体、平面媒体、手机客户端等平台对国家和省里素材进行重点宣传，全省上下联动，形成全方位立体式的宣传报道格局。“学习强国”黑龙江平台、黑龙江宣传公众号、“文明龙江”公众号同步发声，为宣传周营造声势；省市媒体积极响应，市（地）媒体和平台积极转发，营造了浓厚的宣传氛围。

2020 年，全省举办版权业务云端培训，围绕文学、艺术和科学领域作品的著作权法律保护进行专题讲座，组织各市（地）版权工作人员在线学习观看。依托中国人民大学和中国版权协会线上讲座平台，组织全省版权工作人员参加版权线上培训 7 期。举办版权工作业务培训班，培训人员 240 余人。通过培训强化了责任意识，提高了相关人员业务能力，增强了全省各地各部门做好工作的自觉性和主动性。

四、版权示范工作

按照国家部委要求，开展全国版权示范单位核查工作。对 42 家省级重点版权示范单位进行实地核查，确保版权示范创建工作可持续发展。2020 年，哈尔滨工程大学出版社有限公司、黑龙江琪鹤源文化创意有限公司、伊春永达工艺品有限公司等 3 家企业被国家版权局批准授牌为全国版权示范单位。

五、社会公共服务

开展作品登记和合同备案工作。共受理审核作品著作权登记 909 件，涉外合同备案 210 件。在 2020 年首届黑龙江冰雪非遗节展会上设立版权工作服务站，针对展会构建版权咨询、普法、调解等快速处理渠道。

六、组织北京国际图书博览会参展工作

组织省出版集团和省内 13 家图书出版单位参加第 27 届北京国际图书博览会网上展会，展示书目 1 000 余种，组织网上宣传活动 29 场。充分展示了黑龙江省的版权风采，为出版单位搭建了一个与国际交流合作的平台。

七、版权征文活动

省委宣传部、省委教育工委、省教育厅和团省委组织开展了第一届全省大学生版权征文活动，推动版权进校园，强化大学生版权保护意识。活动共产生奖项 75 个，获奖作品择优推荐参加国家版权局第十二届全国大学生版权征文活动。中共黑龙江省委宣传部荣获第十二届全国大学生版权征文活动“优秀组织奖”。

（闫　石）

上　海　市

一、版权行政监管

（一）突出长效机制，实现版权保护综合治理

充分发挥版权综合治理机制作用，主动联合市“扫黄打非”办公室、市公安局、市检察院等部门有效推进案件集中查处，积极配合做好作品版权认证、案件协调等工作。积极联合市公安局成功侦破陈某等人非法复制发行图书侵犯著作权案。

（二）精心部署实施“剑网 2020”专项行动

联合市公安局、市通信管理局、市委网信办、市文旅局执法总队等单位，制定“剑网 2020”专项行动上海实施方案。此次“剑网 2020”专项行动聚焦疫情期间与广大网民密切相关的网络视听、网络游戏、在线教育等热点问题，重点开展视听作品、电商平台、社交媒体、在线教育等领域专项整治工作。行动期间，市版权局联合多方力量，充分发挥市网络版权综合治理机制的作用，坚持他律与自律相结合，综合运用约谈、预警、责令整改等工作方法，加大对网络侵权盗版行为的行政监管力度，加强“两法衔接”，对构成犯罪的侵权盗版案件，及时移交公安机关立案查处。同时，强化企业主体责任，督促企业完善内部版权管理机制，做好自查自纠工作。鼓励权利人积极投诉举报，依法主动维权。

（三）聚焦重点，有效开展网络版权主动监管

为从源头防控影视剧作品被侵权盗版的风险，以国家版权局公布的重点影视剧作品名单为监测重点，包括《囧妈》《2020 年央视春晚》《八佰》《夺冠》等 53 部作品，以及《安家》《猎狐》《2020 年东方卫视春晚》等 9 部上海地区同期热播作品、49 部主流视频平台版权作品和在线教育平台“作业帮”网课等，覆盖了电影、电视剧、综艺节目、动漫、在线教育等领域。针对上述重点监测作品，加大线索搜集力度，及时向执法部门移送侵权线索。累计监测网络传播链接 107.81 万条，其中上海地区平台共监测到 3.83 万条，重点作品侵权链接通知下线率达到 90%，有效净化了上海地区网络版权环境。

（四）落实企业主体责任，开展自查自纠工作

组织哔哩哔哩、PPTV、SMG、喜马拉雅、东方 IC、我图网等上海主要互联网企业开展自查自纠工作，针对发现的问题，及时要求企业作出整改。为有效整治国内知名电商平台侵犯沪版图书著作权行为，联合市“扫黄打非”办、市公安局等部门，现场指导上海人民出版社、上海社会科学院出版社等单位进行维权，并赴淘宝等知名电商平台进行调研，寻求建立工作协作机制。此外，积极协助兄弟省市文化执法部门，合力整治针对沪版图书的盗版行为。如针对沪版图书《盗墓笔记》被侵权案，指导权利人上海文化出版社积极协助宁夏银川文化执法大队做好侵权取证工作，推进案件从严从快查处。

二、版权管理与公共服务

（一）自贸区版权服务中心有效开展工作

中国（上海）自贸区版权服务中心成立一年来，围绕版权快速登记、建立服务信息库等展开工作，累计为上海自贸区、临港新片区内的创新主体办理作品登记19万余件，其中快速登记作品近2万件。结合区域版权登记信息和产业统计数据，建立重点服务企业名录，对其经济活动、版权作品情况、创作团队等要素进行实时梳理和动态更新，实现精准服务。开设“自贸区版权”微信公众号，汇编《自贸区版权》刊物，开展“版权进园区、进企业、进广场、进楼宇”宣传活动。

（二）改造升级作品登记平台

2020年，全市作品登记总量达318 906件，同比增长9.3%。登记量最大的是美术作品（183 460件），占登记总量的57.5%；其次是摄影作品（49 483件），占登记总量的15.5%；第三位是文字作品（27 013件），占登记总量的8.5%。以上三种类别的作品登记量共占登记总量的81.5%。共有2 208个权利主体进行了作品登记，其中企业登记主体1 407个，占比63.7%；个人登记主体801个，占比36.3%。作品登记数位列全市前十位的区分别是浦东新区、宝山区、普陀区、闵行区、奉贤区、静安区、青浦区、黄浦区、虹口区和崇明区。其中浦东新区登记量为216 999件，占登记总量的68%，高居全市榜首。

疫情期间为8 000余件新创作的抗疫主题作品开辟版权登记“绿色通道”。完成上海版权综合服务平台（一期）建设，整合了与作品登记相关的转让、许可合同备案等业务。按照“一网通办”要求，规范作品登记工作业务流程，实现数据协同，进一步提升作品登记工作的服务水平。

（三）推进上海影视版权服务中心建设

上海影视版权服务中心通过举办线上“影视版权讲堂”、成立法律援助团、编发《上海影视版权观察》等方式，提高企业的版权意识，提供公司运营、员工权利、纠纷调解等方面的法律服务。为更好服务影视企业，在上海影视版权服务中心增设服务点，提供版权登记快速办理通道。

（四）开展区版权工作站评估工作

新增徐汇区（上海西岸）版权工作站，全市共有版权工作站20个。为推动工作站进一步规范化运作，提升版权公共服务能级，从人员、经费、建章立制等基础建设，到为企业提供培训、促进版权转化应用等版权服务，以及开展版权宣传等，对各区版权工作站工作绩效进行评估，并将评估结果纳入市政府对各区营商环境考核指标体系。同时，为进一步推动区域文化产业和版权产业发展，开展了各区版权产业调查研究，指导工作站根据区域文化产业特点有针对性地开展特色服务。

（五）做好第三届进博会版权保障服务工作

会同进博局完善知识产权保护，起草版权保护工作方案。联合中国版权保护中心、中国音乐著作权协会等单位组建进博会现场工作组，配备版权专业工作人员11名，具体负责版权业务咨询指导、投诉处理、纠纷调解、宣传报道等现场服务。

（六）履行行政审批职能

1—9月，共完成各类行政审批工作1 663件，其中，境外图书出版合同登记1 257件。积极开展投诉咨询工作，全年共受理电话咨询百余次，解答权利人的各类政策法律咨询，为权利人维权提供法律帮助。

三、版权产业发展

（一）扎实推进版权示范创建培育工作

不断健全版权示范工作机制和流程，落实组织申报工作的属地化管理。2020年，认定6家上海版权示范单位和3家版权示范园区（基地）为第8批上海版权示范单位、示范园区（基地）。指导优秀版权企业申报上海市知识产权创新奖、全国版权示范单位，其中华东师范大学出版社有限公司获得市政府和世界知识产权组织联合颁发的首届上海市知识产权创新（保护）奖，创智天地园区被评为全国版权示范园区（基地）。上海外语教育出版社有限公司等8家单位被认定为2020年上海版权示范单位，上海蓝天经济城被评为2020年上海版权示范园区（基地）。普元信息技术股份有限公司等2家单位被授予“2020年度全国版权示范单位”称号，上海游戏电竞产业孵化基地被授予“2020年度全国版权示范园区（基地）”称号。

同时，上海市开展了第1～7批上海版权示范单位、示范园区（基地）的自查工作，及时掌握各示范主体发展现状。

（二）大力实施版权产业扶持政策

一是积极配合市文创办做好文创资金（版权产业类）项目申报、评审等工作。2020年共资助15家企业18个项目，包括9个图书版权“走出去”项目和11个版权保护及应用项目，资助总金额100万元。

二是开展2019年度版权优秀项目推荐。“2019年上海IP授权训练营”“金山农民画版权维护”“SMG纪录片全流程版权管理服务”“紫竹版权企业金融服务信息平台”等项目获评版权优秀项目。

三是实施上海翻译出版促进计划。《战“疫”天使日记》《封锁》《图说中国瓷器简史》《上海纪事：社会空间的视角》4 种图书的英文版获得 2020 年“上海翻译出版促进计划”翻译资助。2020 年，共收到 16 家单位申报的 26 个项目。其中，6 个项目已出版外文版图书，20 个项目为翻译样稿，涉及英语、韩语、日语、保加利亚语、阿拉伯语、土耳其语、瑞典语、俄语、乌克兰语、泰语、老挝语、越南语、西班牙语、马来语等 14 个语种，涵盖文学、医学、经济学、教育、历史、生活、文化等类别。

四是组织申报“中国版权金奖”。拓展工作思路，扩大申报范围，优化申报流程，形成部门联动，从源头上挖掘、鼓励更多优秀企业参与申报。经组织评议，共向国家版权局推荐 5 家企业及作品。上海电影集团《攀登者》最终脱颖而出，荣获“中国版权金奖”。

（三）组织参加线上展会，积极推动版权转化运用

2020 年 9 月 26 日，第 27 届北京国际图书博览会（BIBF）网上展会正式开幕。此次书展创新办展形式，首次设立了上海分会场，形成线上线下相结合，图书版权交易与精品图书展示相结合的展会新格局。上海分会场主要设置主题出版、精品图书、“走出去”图书三大板块，遴选了近 2 000 种精品力作，集中展示了近几年来上海在主题出版、重大出版工程和“走出去”等方面的优秀成果。

（四）有效开展版权产业统计

一是开展上海版权产业统计。继续与市统计局、上海海关、国家外汇管理局上海市分局加强对接，完成上海版权产业数据收集工作。指导上海知识产权研究所对数据进行科学、严谨的统计、分析，开展上海版权产业（2018）统计与分析工作。统计数据显示，2018 年，上海核心版权产业增加值为 2 459.78 亿元人民币，比 2017 年增加 203.56 亿元人民币，实际增长速度 9.02%。

二是开展上海版权贸易统计。2020 年上海共引进各类版权 1 658 种，其中，图书版权 1 451 种，录音制品 28 种，录像制品 17 种，电子出版物 6 种，软件 27 种，电影 4 种，电视节目 125 种。共输出各类版权 1 502 种，其中，图书版权 594 种，电影 1 种，电视节目 907 种。抗疫类题材作品输出成一大亮点，新冠肺炎疫情暴发初期，上海出版单位快速响应，全面整合资源，积极推进防疫抗疫出版物的版权输出工作。例如，上海世纪出版集团的《张文宏教授支招防控新型冠状病毒》《全球公共卫生治理中的国际机制分析》等 9 种图书累计实现了英文、意大利文、西班牙文、印地文等 20 个语种 29 种输出，上海交通大学出版社的《查医生援鄂日记》累计输出包括英语在内的 9 个语种。上海文化广播影视集团将《在一起》《城市的温度》等十余部优秀抗疫主题电视剧、纪录片、宣传片等节目输出国外，在美国、加拿大、法国、新加坡、马来西亚等国家的电视台播放。

四、版权宣传教育

（一）发布年度十大版权典型案例

以案说法，挖掘宣传报道的重点亮点，集中展示上海在打击盗版侵权、强化版权治理方面所取得的最新成果，向市民大力普及版权保护知识和相关法律法规，提高社会公众对版权的关注度。

（二）加强市区联动，加大宣传覆盖面和影响力

组织各区版权工作站开展形式多样的宣传活动。普陀区版权工作站开展了知识产权金融服务专题活动，既有市、区两级科技相关政策解读，又有知识产权金融专题讲座与实务操作。嘉定区版权工作站制作动画宣传片《鼠宝真棒》和《森林版权登记》，创作快板《版权关联你我他》，进入企业社区宣讲。杨浦区版权工作站举办线上沙龙和“服务之星”评选活动。虹口区版权工作站联合虹口区市场监管局，利用智慧社区服务运营平台，将版权宣传海报进行公益投放，共计 1 083 个广告点位，覆盖 163 个社区。

（三）创新方法手段，开拓线上宣传阵地

精心制作贺岁片版权保护公益宣传片，在地铁、楼宇、火车站等人流密集区域集中播放，广泛宣传版权保护法律法规。与市检察院等部门合作，开展典型侵犯著作权案件庭审直播。尝试在年轻人高度聚集的文化社区平台 B 站开设官方账号，开展“守护原创，拥抱绿色”主题月活动，发布公益宣传海报、公益宣传片，链接“文化产业版权保护与管理”等公益直播课，开展“版权保护大家说”原创作品征集活动，特邀版权专家讲解版权保护法律法规，受到广泛关注。

（戴 怡）

江 苏 省

一、版权产业发展

（一）世界知识产权组织版权保护优秀案例示范点（吴江丝绸产业）调研项目工作取得阶段性成果

调研项目正式开展一年多来，先后设立了省、

市、区、镇四级创建机构，落实配套人员和资金保障。完善了市、区两级对丝绸等相关版权企业的产业扶持政策，开通了吴江区丝绸企业申报省级版权示范单位绿色通道。苏州市吴江区着力实施了十大重点工程，打造了三大版权工作站，上线绸都版权交易网，规模以上丝绸企业基本建立版权管理制度，版权作品产业转化全面推进，版权助推丝绸产业高质量发展取得积极成效。项目组多次赴吴江开展驻点调研，推进丝绸企业建立版权保护机制，增强版权保护意识，对吴江丝绸产业基础数据、吴江版权工作现状进行全面分析，在征求国家版权局和专家学者意见建议的基础上完成了《版权保护助推吴江丝绸纺织产业高质量发展调研报告》。12月9日，国家版权局和世界知识产权组织联合召开世界知识产权组织版权保护优秀案例示范点（吴江丝绸产业）调研项目成果结项专家论证会，充分肯定了调研项目的实施和调研项目成果。

（二）着力推动优秀版权作品产业转化

为深入贯彻落实省委省政府关于建设知识产权强省、文化强省的决策部署，进一步推动版权创造和运用，鼓励内容原创和衍生开发，促进优秀版权作品产业转化，加快版权产业高质量发展，2020年创新性开展"优秀版权作品产业转化重点培育项目"遴选活动，以此来推动传统产业提质增效和转型升级。活动共收到申报项目186个，经过资格审查、项目初审、专家评审、技术性复审和评审委员会终审，共有36个项目获得通过，涉及投资人民币6亿元，销售额达22.08亿元。

（三）加大江苏国家版权贸易基地建设力度

江苏国家版权贸易基地采取了创新性的构架和市场化运作，目前基地成员单位有11家，全年贸易总额17.87亿元，同比增长4.6%。江苏版权服务平台注册用户共达6 800多个。运用区块链、时间戳、数字指纹、大数据及人工智能等先进技术研发建设了监测取证中心，有效解决了著作权人举证取证难题。版权纠纷调解中心成功调解版权纠纷193件，结案标的360余万元。图书版权管理平台Coplat1.0版累计管理涉外图书合同680多件。

（四）有力推进全省版权示范创建

持续开展全省版权示范城市、示范单位、示范园区（基地）的创建工作，指导各地发展地方特色版权产业，形成南通家纺、吴江丝绸、南京网络文学、扬州毛绒玩具、泰州壁纸、苏州刺绣、连云港水晶等一批地域特色明显、知名度高的版权密集型产业。全省共有3个城市荣获国家版权局"全国版权示范城市"称号，1个城市（南通）获批创建全国版权示范城市，20家园区（基地）和单位获批创建全国版权示范园区（基地）和单位（其中软件正版化3家）。对照《江苏省版权示范城市、示范单位和示范园区（基地）创建和管理办法》，开展省级版权示范单位、示范园区（基地）创建工作，组织对11个地市的21家单位和1个园区（基地）进行考核验收，其中17家单位和1个园区（基地）通过了验收，被认定为江苏省版权示范单位和示范园区（基地）。

（五）发布2018年度版权产业经济贡献率调查报告

连续7年开展版权产业经济贡献率调查，2018年江苏版权产业的行业增加值为7 997.50亿元，占江苏省当年GDP的8.58%。其中，核心版权产业的增加值占当年江苏省GDP的比重为6.04%，相互依存的版权产业增加值比重为2.05%，部分版权产业增加值比重为0.48%，江苏省版权产业的高质量发展在推动经济发展中发挥着越来越重要的作用。

（六）大力推动版权输出

精心组织第27届北京国际图书博览会网上展会江苏分展场，认真做好《习近平谈治国理政》外文版等总书记著作对外宣传推介工作，举办"抗疫"图书主题日、"大运河"图书主题日和《武汉71日》（英文版）新书发布会暨电子书全球上线仪式等10多场线上线下国际文化和版权贸易洽谈活动。中宣部部长黄坤明通过视频连线的方式调研江苏分展场参展情况和江苏出版业改革发展情况。

二、版权执法监管

全省共立侵权盗版案件390起，其中行政处罚127起，刑事案件40起，调解案件223起。国家四部门联合督办案件7起，国家版权局督办案件2起，省局挂牌督办案件6起。全省13个设区市和3个省管县（市）实现查办版权案件全覆盖，查办侵权盗版案件的数量和质量都实现了新的突破。南京《韩剧TV》APP侵犯影视作品著作权案、徐州"5·10"侵犯图片作品著作权案被列为2019年度全国打击侵权盗版十大案件，省委宣传部版权管理处等26个单位和60名个人被评为2019年度全国查处侵权盗版案件有功单位和有功个人。组织评选江苏省2019年度打击侵权盗版十大案件，充分发挥典型案例的示范引导和警示震慑作用。连续三年开展"江苏省打击网络侵权盗版集中办案周"行动，摸排疑似案件线索4 000余条，筛查整理出侵犯著作权案件线索67条。与省公安厅、省互联网信息办公室、省通信管理局联合开展“剑网 2020”专项行动。积极与省检察院、省公安厅、省网信办、省“扫黄打非”办、省通管局等相关部门协调配合，在案件信息共享、督查督办、技术支持等方面共同推进网络空间版权环境治理。与爱奇艺、腾讯等视频平台，网易、美国电影协会北京代表处、韩国著作权委员会北京代表处等作品权利人机构，微信、支付宝等支付平台，字节跳动、百度等广告平台建立沟通协查机制，累计发出协查函 30 余次，协调涉案信息 500 余条，畅通了案件办理渠道。

三、软件正版化工作

根据推进使用正版软件工作部际联席会议第九次全体会议精神，制定完善《江苏省推进使用正版软件工作计划》，严格对照国家推进使用正版软件工作部际联席会议印发的《正版软件管理工作指南》，落实软件采购、安装使用、升级维护、监督检查、资产管理和考核追究等制度。认真落实《政府机关使用正版软件管理办法》和全国打击侵权假冒工作检查考核要求，省审计厅结合部门预算执行项目和部分相关审计项目，对党政机关软件采购资金管理使用和软件资产管理情况进行审计监督，审计结果报送省推进使用正版软件工作领导小组。省推进使用正版软件工作领导小组办公室对 10 家省级机关、8 家省属企业和南京市、苏州市 20 个党政机关进行现场核验，以查促整，做好补缺工作。2020 年 3 月，江苏省国信集团有限公司等 3 家单位荣获“全国版权示范单位（软件正版化）”称号。

四、版权公共服务

2020 年全省新建 13 家基层版权工作站，调整关闭 6 家，总数已达 183 家，专兼职工作人员 400 余人。举办全省作品登记培训班，进一步提升全省作品登记工作能力。全年完成作品登记 28.19 万件，登记量较同期增长 14.35%。接受查档申请 2 346 批次，涉及作品 2 867 件。进一步完善作品登记系统功能，优化更新省内登记查重数据库，有效阻止重复及侵权作品登记，保障作品登记工作有序开展。作品著作权登记系统累计注册用户达 6.25 万个。境外图书出版合同登记工作实现线上全流程操作，登记图书进口合同 586 份。

五、版权宣传教育

一是全面部署版权宣传活动。制作设计版权保护、软件正版化宣传公益视频、音频和海报，深入部分优秀版权企业，策划拍摄《我与版权的故事》系列宣传片，重点宣传习近平总书记关于知识产权的重要论述，省委、省政府贯彻落实习近平总书记重要论述的具体举措，以及全省版权工作的做法和成效。统筹各类宣传阵地，加强内容策划，创新宣传方式，拓宽宣传渠道，扩大宣传活动影响力，引导正面舆论氛围，提高全社会的版权意识。

二是积极开展版权进园区活动。4 月 25 日在苏州市吴江区盛泽东方纺织城举行 2020 年江苏省暨苏州市版权宣传周现场活动。各地版权主管部门积极开展版权宣传进园区活动，把版权宣传和推动产业发展相结合，普及版权保护知识，提升企业版权创造、保护、运用、转化的能力。

三是普及推广版权知识。在全省各地电视台、网络、户外大屏等平台投播版权保护视频公益广告，在全省收听率较高的电台播放音频公益广告，在公交地铁站点、公共阅报栏、学校、社区等公共场所投放版权保护公益海报，在微博、网易、凤凰、央视频、江苏视频快报等客户端推出《我与版权的故事》9 个系列宣传片，“4·26”世界知识产权日版权宣传周活动期间全省版权宣传线上活动累计点击量超 3 100 万次。

（霍耀东）

浙　江　省

一、打击侵权盗版

一是参与《浙江省第 19 届亚洲运动会知识产权保护规定》草案草拟工作。为加强对第 19 届亚洲运动会知识产权的保护，维护亚运会知识产权权利人的合法权益，根据浙江省政府 2020 年立法计划安排，由浙江省市场监管局、浙江省版权局、杭州市亚组委及相关部门组成立法工作小组，开展立法草案草拟工作；经过前期调研、召开专家认证会等，现已形成《浙江省第 19 届亚洲运动会知识产权保护规定》，2020 年 10 月以省政府规章形式出台。

二是根据国家版权局《关于开展 2019 年度举报、查处侵权盗版案件奖励工作的通知》精神，推荐浙江省 9 家单位、2 名个人为 2019 年度查处侵权盗版案件有功单位、有功个人。

三是根据国家版权局、工业和信息化部、公安部、国家互联网信息办公室《关于开展打击网络侵权盗版“剑网 2020”专项行动的通知》（国版发电〔2020〕3 号）精神，浙江省版权局与浙江省互联网信息办公室、浙江省公安厅、浙江省通信管理局及时下发了《浙江省打击网络侵权盗版“剑网 2020”专项行动实施方案》。“剑网 2020”专项行动期间，全省共查处网络侵权盗版案件 4 件，移送司法机关

2件，行政处罚共18万元。

四是及时做好有关侵权作品鉴定工作。对义乌市公安部门提供的有关侵权作品及相关证据材料，做好侵权鉴定工作，有效配合公安部门打击侵权盗版和制售假冒伪劣商品行为。

五是做好国家2020年“双打”考核组对浙江省考核的各项准备工作。“双打”考核与浙江省版权局打击侵权盗版及软件正版化两项工作有关，前期主要做好列出考核清单、汇总资料、完善台账、信息沟通等工作，考核结果将记入浙江省社会治安综合治理考核总分。

二、推进使用正版软件

一是做好2020—2022年度省级预算单位办公软件集中采购工作。由浙江省版权局建议，浙江省财政厅同意，对省级预算单位办公软件采用续签方式进行集中采购，浙江省版权局和浙江省财政厅、浙江省政府采购中心多次沟通，形成了《2020—2022年度办公软件项目协商采购文件》，编制了年度采购资金预算，通过集中谈判确定标的，签订采购框架协议，印发相关文件。采取“办公软件场地授权”方式为省级预算单位提供国产正版办公软件，这一做法不仅从源头上解决了办公软件正版化问题，还提高了财政资金的使用效益，经过3年时间的实际运行，进一步完善了制度规则，使办公软件集中采购制度得到优化和巩固。

二是下发了《2020年浙江省推进使用正版软件工作计划》。2020年浙江省软件正版化的工作重点是进一步加强制度建设，完善长效机制，强化日常督促检查，巩固扩大工作成果，为树立国家良好形象、营造创新创造环境、推动国产软件发展和保障信息安全做出新贡献。包括：完善工作机制，突出制度管理；注重分类推进，巩固提升成果；强化督促检查，严格落实责任；夯实工作基础，确保有机融合；加强市场监管，维护市场秩序；加强宣传培训，营造良好氛围。

三是组织召开了省使用正版软件工作联席会议第二次全体会议暨全省软件正版化工作部署会。会议传达学习了2020年国家推进使用正版软件工作部际联席会议第九次全体会议精神，总结了2019年浙江省软件正版化工作并讨论了2020年浙江省使用正版软件工作计划，同时对2020年全省软件正版化年度重点工作进行了部署。

三、宣传展示版权保护成果

一是组织版权主题宣传活动，举办浙江省第八届“知识产权杯”创意设计大赛。印发了《关于组织开展2020年浙江省知识产权宣传周版权宣传活动的通知》，要求各市在世界知识产权宣传周期间开展以“强化版权治理，优化版权生态”为主题的版权宣传系列活动。启动浙江省第八届“知识产权杯”创意设计大赛，该项赛事已成为浙江省版权主题宣传的一个重要品牌，活动旨在激发创新活力，推动浙江省创意设计产业持续发展，强化公众知识产权意识，营造全社会关注、尊重和保护知识产权的良好氛围。受新冠肺炎疫情影响，大赛颁奖典礼及获奖作品展于2020年11月中旬举行。

二是指导浙江版权服务中心与浙江理工大学艺术与设计学院共同策划了“以‘艺’抗疫”为主题的系列创作活动，并发起网络展览。通过网络，组织“宅”在家里的大学生密切关注疫情防控工作的点点滴滴，积极投入主题创作，用艺术的力量为防疫做贡献，积极向大学生们传达中央、省委、高校关于防控新型冠状病毒肺炎疫情的重要指示和信息。为激励与疫情相关正能量作品的创作热情，浙江版权服务中心为61件优秀作品提供了免费版权登记服务。

四、强化版权社会服务功能

一是积极做好中国特色社会主义新时代党的宣传工作史版权工作。

二是组织浙江省出版社和有关数字出版单位参加了第27届北京国际图书博览会“云”书展。浙江省展团在博库书城设线下分展场，3 000余种精品图书亮相本届图博会。

三是积极推进版权示范单位创建活动。建立版权保护示范制度，有效发挥版权示范引领作用。2020年3月，经浙江省版权局推荐，国家版权局授予浙江省咪咕数字传媒有限公司、华语之声传媒有限公司、宁波创源文化发展股份有限公司、浙江中胤时尚股份有限公司等4家单位为全国版权示范单位。义乌市市场监管局获“中国版权金奖·管理奖”。

四是设立海宁市版权服务工作站。2020年4月10日，浙江省版权局设立海宁市版权服务工作站，下设“海宁市许村家纺版权服务中心”和“海宁国际影视版权服务中心”两个分站，重点服务家纺、影视行业，兼顾受理皮革、经编等其他行业版权登记服务，同时，做好调解版权纠纷、查处侵权盗版、宣传版权知识等工作。

五是做好浙江省人大代表建议答复工作。对浙江省人大代表徐增武提出的《关于取消版权登记费用的建议》，浙江省版权局作为承办单位，主动与人大代表取得联系，听取意见建议，并就浙江省版权产业特点特色、作品自愿登记工作沿革、目前运行模式及前期工作情况等给予书面答复。徐增武对省版权局的办理态度、办理结果均表示满意。

六是做好浙江省政协十二届三次会议第 123 号提案的答复工作。浙江省工商联在省政协十二届三次会议提出的第 123 号提案《关于加强知识产权保护鼓励技术创新的建议》，认真分析了浙江省在知识产权保护和鼓励技术创新方面所面临的困难和问题，并提出了很好的意见和建议。浙江省版权局对该提案高度重视，认真研究，并对下一步的版权工作在法律完善、版权保护、行业自律、人才建设等方面提出了改进和完善的意见。

七是做好《玉环剪纸》一书涉嫌侵权信件的回复工作。2020 年初，接到举报《玉环剪纸》涉嫌侵权的信件后，浙江省版权局高度重视，及时要求相关方面提供原始情况，确认许阿林在《玉环剪纸》一书中提供的剪纸作品拥有署名权。

八是做好作品自愿登记等工作。截至 2020 年 12 月 31 日，已登记一般作品 32 590 件，核准登记出版境外图书合同 451 件，办理涉外图书、音像制品、电子出版物制作合同登记 837 件，计算机软件著作权合同备案 335 件。

（严庆荣）

安　徽　省

一、版权执法监管

安徽各级版权主管部门坚持把全面加强版权保护作为工作主基调，持续加大版权执法监管力度。全年共开展执法检查 4.07 万次，出动执法人员 11.32 万人次，立案查处侵权盗版案件 84 起。15 个单位和 24 名个人荣获国家版权局查处重大侵权盗版案件有功单位和有功个人称号。

（一）开展打击侵权盗版专项整治

安徽省版权局与省公安厅、省委网信办、省通信管理局共同印发《安徽省版权局等关于开展打击网络侵权盗版“剑网 2020”专项行动的通知》，明确工作目标、重点和要求，于 6 月至 10 月开展安徽省打击网络侵权盗版“剑网 2020”专项行动，全省共删除侵权盗版链接 11 条，收缴侵权复制品 539 件，查办网络侵权盗版案件 14 起。为护航疫情防控期间的网络教学，开展打击侵权盗版教材教辅专项整治，出动执法人员近 3 000 人次，检查经营场所近 1 400 家次，没收盗版教材教辅近 300 册。

（二）加大案件查办力度

安徽省各级版权主管部门坚持日常监管与专项治理行动相结合，抓住重要时间节点和重点范围领域，大力查办侵权盗版案件。全年共办结侵权盗版案件 76 起，案件办结数比 2019 年增长超过 20%。办理国家版权局等部门挂牌督办案件 6 起，与江苏等省合作查处案件 3 起；1 起案件入选国家版权局等四部门发布的“剑网 2020”专项行动十大案件。创新开展版权执法实践交流活动，安排办案经验丰富的执法人员前往查处案件较少的 5 个市实地指导督办，收到良好成效。

二、软件正版化工作

2020 年，安徽省持续深入推进软件正版化工作，全年全省政府机关、医疗卫生机构和各类企业共新购正版软件 14 万多套，采购资金超过 1.1 亿元。

（一）完善工作机制

安徽省委常委、省委宣传部主要负责人担任省软件正版化工作联席会议总召集人，高度重视软件正版化推进工作。省委宣传部作为联席会议牵头单位，发挥牵头引领作用，统筹安排和组织推进全省软件正版化工作；各成员单位认真履行工作职责，共同制定全省软件正版化工作实施方案，共同参与、一同谋划，更加明确各自的主体责任和重点工作任务，积极主动开展推进工作。

（二）巩固政府机关软件正版化工作成果

全省政府机关全年新增拥有自主知识产权的各类办公软件 10.8 万余套，采购资金 7 000 多万元。省直各单位认真开展自查清理和整改，新购各类正版软件 2 万多套，确保省直机关及所属单位全面使用正版软件。对淮北、亳州、宿州、阜阳、淮南等 5 市政府机关开展了软件正版化工作全覆盖检查，采用“四不两直”的方式，检查了 60 家单位 800 台计算机的软件使用情况。

（三）扩大企业软件正版化覆盖范围

全省全年省属企业和部分市属企业、医疗卫生机构、银行业中小金融机构等共 450 多家企业完成软件正版化工作，采购正版软件 3.2 万余套，采购资金 4 000 多万元。率先启动市级国有企业和国家级知识产权示范企业软件正版化推进工作，推进合肥、芜湖、马鞍山 3 市 50 家市属企业和全省 71 家国家级知识产权示范企业开展软件正版化工作。

三、版权社会服务

安徽省版权局持续推进作品登记、版权示范创建等工作，提升版权社会服务能力，推动版权产业发展。

（一）加强作品登记工作

安徽省版权局督促指导省版权交易中心持续优化提升作品登记服务水平，主动与版权密集度高的单位和园区（基地）加强沟通联络，提供上门登记服务。全省全年登记作品84 758件，连续第五年实现总登记量翻番增长。首次开展全省优秀著作权登记作品遴选活动。

（二）规范著作权集体管理监管

安徽省版权局建立卡拉OK领域著作权集体管理活动监管协调机制，加强与著作权集体管理组织等各方沟通联系，推动各方协作配合，逐步规范卡拉OK领域版权授权行为。

（三）推进版权示范创建工作

安徽省版权局在积极培育和申报全国版权示范单位、示范园区（基地）的同时，做好全省版权示范单位、示范园区（基地）的培育和认定工作。安徽广播电视台、安徽天同人合文化传播股份有限公司、安庆市五千年文博园投资有限责任公司被国家版权局授予“全国版权示范单位”称号，安徽叉车集团有限责任公司被授予“全国版权示范单位（软件正版化）”称号，合肥高新创业园被授予“全国版权示范园区（基地）”称号。安徽日报报业集团等47家单位、园区（基地）被授予“全省版权示范单位”“全省软件正版化示范单位”“全省版权示范园区（基地）”称号。

（四）拓展相关服务领域

安徽省版权局首次在长三角国际文化产业博览会和中国黄山书会上设立版权工作站，开展作品登记、版权宣传和法律咨询等服务。开展了首次全省版权产业经济贡献调研活动。

四、版权宣传培训

安徽省版权局紧密结合版权工作实际，积极开展版权宣传培训工作，提升社会公众版权意识和版权工作人员能力素质。

（一）做好版权重点宣传

安徽省版权局通过报纸、网站、移动客户端等多种形式，认真做好日常版权宣传工作。《中国新闻出版广电报》《中国知识产权报》全年15次重点宣传安徽版权工作。于年初上线的“安徽版权网”，全年发稿近1 000篇，总浏览量达2 000万。重点开展“4·26”知识产权宣传周版权宣传活动，组织全省各级广播电视台播放版权保护宣传片3 000多分钟，并对荣获“全国版权示范单位”称号的4家企业开展集中宣传。创新举办全省优秀抗疫摄影作品线上展，集中展示抗疫摄影作品上千件，凝聚“众志成城抗疫情”的版权力量。联合省教育厅开展全国大学生版权征文活动，组织全省各高校报送参赛论文500余篇，省版权局荣获全国大学生版权征文活动优秀组织奖。举办首届全省大学生版权征文比赛，评选出优秀作品120篇。

（二）加强版权专业培训

安徽省版权局面向全省版权执法监管队伍开展版权执法监管工作培训，参训人员约750人。开展11场次1 000多家政府机关和行业企业参加的软件正版化培训会议。面向全省新闻工作者开展新闻战线版权知识网上培训，观看数超过1.2万人次。

（胡　子）

福　建　省

一、版权执法监管与案件查办

2020年，全省版权执法部门共开展执法行动3 804次，出动执法人员29 486人次，查办各类侵权盗版案件86起，其中行政处罚39起，刑事判决3起。国家四部门联合挂牌督办的三明庄某等制售盗版幼儿教辅案、莆田“5·22”销售盗版幼儿教辅案终审判决生效；“非凡网络”“土豆游戏机”等7起涉嫌侵犯著作权案已移送公安机关侦办。福建省办案数量与质量在全国位居前列，省委宣传部版权管理处等31家单位、39名个人分别获得2019年度全国查处侵权盗版案件有功单位和有功个人奖。组织省、市、县三级版权主管部门和市、县文化市场综合执法部门的业务骨干120余人参加2019年全省版权执法培训班，进一步提升基层版权执法人员业务素质和执法水平。6—10月，省版权局、省公安厅、省委网信办、省通信管理局根据国家版权局等四部门通知要求，联合开展福建省第16次打击网络侵权盗版“剑网2020”专项行动，以五大重点领域为重点，以案件查办为抓手，通过集中整治和分类引导，充分运用约谈、预警、处罚、责令整改、通报曝光等工作方式，严厉打击网络侵权盗版行为；健全“两法衔接”工作机制，加大行政处罚和刑事打击力度，进一步净化了网络版权空间，维护了网络版权秩序。行动期间，查办网络侵权盗版案件52起，查办数量居全国第三位，约谈网站平台101家次，取消违法网站许可或备案、关闭违法网站910家，处置假冒仿冒网站97个，指导应用商店下架违法违规APP 552款，注销违规自媒体账号 1 367个，清理各类网络违法违规信息234万余条（其中侵权盗版等有害信息 10 万余条）。

二、软件正版化工作

2019 年底至 2020 年 6 月，省版权局牵头推进使用正版软件厅际联席会议成员单位，开展省直机关软件正版化年度考核工作，组织对 25 家省级政府机关开展软件正版化“回头看”工作，对考核检查结果进行通报，督促推动有关单位做好落实整改。7 月，组织召开省推进使用正版软件工作厅际联席会议第七次全体会议，传达贯彻国家推进使用正版软件工作部际联席会议第九次全体会议精神，对厅际联席会议成员单位和人员组成进行调整，增加省网信办、省教育厅、省交通厅、省卫健委等作为成员单位，审议通过《福建省 2020 年软件正版化工作实施方案》，部署加快推进省属企事业单位和能源、医疗、教育、交通、新闻出版等特定行业、重点领域软件正版化工作。9 月底，组织开展 2020 年全省软件正版化工作培训班，邀请中宣部版权管理局相关业务负责人授课，组织厅际联席会议成员单位联络员、各设区市版权局处（科）室负责人、省级机关各单位、省属参公事业单位及省属、福州市属国有企业软件正版化工作业务部门负责人约 230 人参训。年底，牵头开展省直机关 2020 年度使用正版软件工作考核检查工作和省属国有企业“十三五”软件正版化验收工作，要求省直单位及时总结报送本单位软件正版化工作和推动直属事业单位开展软件正版化工作情况，各地市和省属国有企业按时做好本地区本单位 2020 年度软件正版化工作总结和数据统计工作，2020 年底至 2021 年初将对 54 家省直单位、17 家省属国有企业集团及部分权属企业进行现场检查。

三、版权公共服务

针对新冠肺炎疫情的影响，为确保版权作品登记工作有序开展，版权部门优化公共服务，采取“网上办、不见面”模式，坚持无接触开展作品登记申请、作品审核及证书发放工作，通过微信、QQ、电话、邮件等多种形式接受咨询并回复群众信息，实现“一趟不用跑”。在疫情期间，承诺将审核时限缩短至 15 个工作日之内，基本上做到 10 个工作日内完成作品登记工作；对台湾居民申请登记作品在一周内审核完成；对外贸产品转内销的企业和因有急用申请加急登记的权利人直接开通“绿色通道”，集中力量加班审核，做到一周时间内完成全部登记。进一步规范版权作品的审核流程，建立作品登记每月例会制度和通报制度，加强版权信息化、智能化基础设施建设，升级改造作品自愿登记系统，进一步提高了服务水平，激发了权利人登记积极性。全省著作权登记作品数量大幅增长，全年登记数量超 15 万件，比 2019 年增长 4 万件，位居全国第五。与福州市中级人民法院建立行政司法版权纠纷调解机制，福建省版权局、福建省版权协会被聘为特约调解组织，2020 年参与调解版权纠纷案件 110 多件。

四、版权示范创建活动

进一步总结“德化经验”，加强对长乐纺织产业、仙游古典家具产业版权保护的支持和指导，为申报世界知识产权组织版权优秀案例示范点打基础。加强对现有全国版权示范城市、示范单位的指导，提高创建水平，确保质量。厦门安妮股份有限公司被国家版权局确定为全国版权保护新技术研究推广站，福州智永信息科技有限公司、仙游县鲁艺古典家具有限公司 2 家企业荣获“全国版权示范单位”称号。广泛组织、积极动员推荐 9 件（个）作品/单位参评 2020 年“中国版权金奖”，7 家单位（园区）申报全国版权示范单位（园区）。12 月初，指导厦门市承办第六届全国版权示范城市联盟年会，中宣部版权管理局局长于慈珂出席会议，全国 16 个示范（创建）城市代表参会，会议认真学习贯彻习近平总书记 11 月 30 日在十九届中央政治局第二十五次集体学习时的重要讲话精神，围绕“优化版权生态，繁荣产业发展”主题进行经验交流，进一步推动版权示范创建活动。

五、版权宣传活动

结合疫情防控工作实际，采取线上为主、线下为辅的形式，积极协调传统媒体和新兴媒体，多渠道、多角度开展版权宣传活动。在“4·26”知识产权宣传周期间，各级广播电视台、电台、报刊紧扣活动主题，充分运用口播、动态新闻、深度报道、背景链接等多种形式，刊播国家版权局、省版权局制作的版权知识系列宣传片 849 条次，报道知识产权宣传周各地举办的活动消息近 200 条；省电视台各频道连续 8 天在新闻联播后的黄金时段播放公益宣传片，《新闻启示录》栏目制作“7·13”私服案件专题，介绍典型案件，以案说法。《福建日报》连续刊登版权公益广告，专栏刊发近年福建省版权工作综述。同时，利用“学习强国”、今日头条、抖音、微信、微视、微博等新兴媒体，开展线上分众化精准宣传。头条号版权专题整体阅读量达 3 296 万，短视频播放量达 190.2 万；“学习强国”福建平台发布版权宣传专题 9 条，阅读量达 68 万次；省通信管理局向全省干部群众手机端发送版权宣传短信

3 663万多条，广泛宣传版权作品登记和版权保护等有关知识。各地积极在城乡公共场所和楼宇、户外LED显示屏刊播各类版权公益广告，发放版权宣传手册和版权宣传纪念品，印制发放“护苗2020·绿书签行动”宣传海报3.5万余张、绿书签6万余张、宣传品2.5万余件；组织销毁各类侵权盗版及非法出版物61.5万余件，进一步提高了公民申报版权、保护版权、用好版权的意识。

（郑开辟）

江　西　省

一、版权执法工作

为打击侵权盗版，维护群众权益，省版权局以案件查办为抓手，与省公安厅等多部门通力合作、密切配合，查办一批具有影响力的大案要案，版权执法工作取得了新成效。

（一）重大案件查办力度进一步加强

新余“7·13”侵犯著作权案、上饶“7·2”手机游戏侵犯著作权案等2起案件在国家四部委联合挂牌督办；南昌“2·15”侵犯著作权案、南昌“0791DJ音乐网”侵犯音乐作品著作权案、九江“11·2”侵犯影视著作权案、鹰潭“3·21”侵犯网络影视作品案等大案要案顺利办结。

（二）执法力度持续加大

2020年度全省的案件查处数量进一步提升，全年共办结侵权盗版案件129起（含4起刑事案件），全省11个设区市案件查办实现全覆盖。

（三）版权执法成果丰硕

2020年4月，省版权局推荐的江西九江陆某等侵犯网络文学著作权案入选2019年度全国打击侵权盗版十大案件，江西版权案件连续3年入选全国打击侵权盗版十大案件。2020年12月，江西南昌“0791DJ音乐网”侵犯音乐作品著作权案入选国家“剑网2020”专项行动十大案件。2020年8月，国家版权局表彰查处侵权盗版案件有功单位和有功个人，江西17个单位（含专案组）和49名个人（含专案组）获国家版权局表彰。江西省委宣传部版权管理处连续4年获国家版权局查处侵权盗版案件有功单位一等奖。

二、软件正版化工作

（一）部署开展软件正版化工作

制定《2020年江西省推进使用正版软件工作实施方案》，在全省范围内部署开展2020年度江西省推进使用正版软件工作。

（二）举办线上专题培训和讲座

10月22日，省版权局举办2020年度版权执法监管和软件正版化工作线上培训。省直各单位、各省出资监管企业软件正版化工作负责同志，各地版权管理、版权执法工作人员共400余人在线参加。为庆祝第20个“世界知识产权日”，省版权局联合北京金山办公软件有限公司举办了线上软件正版化管理工作的专题讲座，共170余人参加。

三、版权公共服务

（一）指导景德镇市版权示范城市创建工作

围绕景德镇创建中部第1个、国家第13个全国版权示范城市，积极指导景德镇市设立陶瓷版权快速维权中心，在全国版权示范园区（基地）——景德镇市陶溪川文创街区设立便捷的陶瓷版权登记“绿色通道”，就地快速办理登记、领取证书。

（二）推荐陶溪川文创街区参评2020年“中国版权金奖”

2020年10月，省版权局推荐陶溪川文创街区参评“中国版权金奖”，荣获“中国版权金奖·推广运用奖”。

（三）开展第二届版权输出奖评选表彰工作

经申报推荐、资格审查、专家评审、联席会议审定和社会公示等程序，并经省政府同意，共11个版权输出项目获“第二届版权输出奖”，进一步鼓励和推动了全省版权“走出去”工作。

（四）组织参加第27届北京国际图书博览会

9月，第27届北京国际图书博览会在线上召开。省版权部门组织全省各出版单位参展，售出最新图书版权437种，开展一系列商务洽谈，举办了36场国际版权推介活动，实现了48个项目的版权输出，达成了28个项目版权输出意向，同时获得了多项“走出去”荣誉。

四、版权宣传工作

2020年“4·26”世界知识产权日版权宣传周期间，省版权部门围绕“强化版权治理，优化版权生态 ”宣传主题，以网络环境下的版权保护和产业发展为主要内容，结合江西省发展实际，以“文化强省，版权护航”为主线，通过“线上＋线下”的方式开展了系列版权宣传活动。

（一）举办版权知识竞赛活动

4月20—26日，举办江西省版权知识竞赛活动，共3 000余人参加比赛。

（二）开展版权征文大赛活动

4月9日，开展江西省版权征文大赛活动。活动由江西省知识产权学院的专家学者评审出一、二、三等奖若干名，并为获奖者颁发了荣誉证书和文创奖品。

（三）发布版权公益宣传片及海报

版权公益宣传片展现当前疫情条件下的版权保护，突出表达“防控疫情，保障生命安全；维护版权，守卫创新源泉”的主题。

五、开展“剑网 2020”专项整治行动

“剑网 2020”专项行动是国家版权局等四部委联合开展的第 16 次打击网络侵权盗版的专项行动。根据国家版权局等四部委工作部署，结合江西省工作实际，6—10 月省版权部门在全省范围内开展江西省“剑网 2020”专项整治行动。专项行动取得了三个方面的成效：

一是突出了网络案件查办。聚焦网络重点领域，开展版权专项整治，在专项行动期间全省共办结网络版权行政案件 51 起、刑事案件 3 起。

二是建立了联防联动机制。8 月，省版权局协调省公安厅、省“扫黄打非”办、省互联网信息办、省文化和旅游厅、省通信管理局、省知识产权学院等相关单位业务部门召开江西省“剑网 2020”专项行动协调会。各单位对全省网络侵权盗版案件的特点、现状进行了交流，就网络案件办理中遇到的难点、堵点进行了协调，并提出了意见和建议。

三是加强了网络游戏治理。针对网络游戏版权热点问题，省版权部门在全省范围内对网络游戏产业及其版权保护情况进行调研，建立相关产业信息档案，对出现的游戏版权问题深化了工作思考。

六、版权作品登记

2020 年江西省作品著作权登记 23 268 件，再创历史新高。对一批弘扬传统文化、讲好江西故事、记录脱贫攻坚伟大历程、讴歌人民美好生活和伟大抗疫精神的作品，如音舞诗画《山那边里格水那边》、画作《纹枰论道》、木雕《富贵呈祥》、电影剧本《神山情》、抗疫歌曲《你是怎样的人》等优秀作品，进行了版权登记。

（何宏勇）

山 东 省

一、版权执法监管

扎实开展“剑网 2020”专项行动，查处网络侵权盗版案件 22 起，刑事移交 4 起，关闭侵权网站 16 家。山东淄博“标准文献网”侵犯标准作品著作权案、山东滨州“4·20”销售盗版图书案、山东蓬莱刘某某制售盗版图书案等 3 起案件列入国家版权局、全国“扫黄打非”工作小组办公室等四部门联合挂牌督办案件。山东威海优乐工艺品有限公司制售侵权盗版玩具案、山东济南“6·16”侵犯网络游戏著作权案、山东济南一品书苑图书有限公司销售侵权盗版图书案等 3 起案件列入国家版权局挂牌督办案件。其中，山东淄博“标准文献网”侵犯标准作品著作权案入选“剑网 2019”专项行动十大案件，山东菏泽“3·12”侵犯著作权案入选 2019 年度全国打击侵权盗版十大案件。在国家版权局查处侵权盗版案件通报表彰中，有 21 家单位获有功单位称号、45 名个人获有功个人称号，奖金总额为 39 万元，位居全国前列。其中，山东省委宣传部版权管理处获有功单位一等奖。

二、软件正版化工作

软件正版化长效工作机制不断完善，由省委常委、宣传部部长担任省软件正版化工作联席会议总召集人，充分发挥各成员单位职责职能，综合运用法律、行政、经济、技术等手段推进软件正版化工作，提升联合监管效能。在巩固扩大党政机关软件正版化工作成果基础上，有序推进事业单位和企业软件正版化工作，国产软件使用数量不断增加，软件保护环境明显改善。采用场地授权服务模式，投入财政资金 160 余万元，为省直机关统一配置金山 WPS 国产办公软件，有效解决省直单位新增计算机配置办公软件问题。加大“版权大数据服务平台”的推广应用，科学化、规范化、信息化管理水平进一步提升。督查力度不断加大，委托第三方专业机构对全省软件正版化工作进行全面督查，共涉及省级机关 80 余家、省属国有企业 20 余家，检查计算机 8 000 多台。

三、版权社会服务

积极完善数字版权服务平台建设，健全各市、重点园区（基地）的版权登记服务网络体系，大力加强对版权服务工作站的管理与服务，著作权登记工作规范化、标准化、信息化水平不断提高，作品登记数量、质量稳步上升。进一步加强图书出版、影视剧等涉外版权合同的登记备案工作，有效推进作品的传播和保护。2020 年，全省著作权作品登记达 20 余万份，同比增长 100.56%。共办理引进输出图书版权合同 600 余份。

四、版权产业发展

深化版权示范城市、示范单位、示范园区（基地）创建工作，加强对已授予称号的示范城市、单位和园区（基地）的后续管理，充分发挥版权示范创建工作对版权产业发展的引领带动作用，形成了以点带面的建设格局。2020年，成功创建全国版权示范单位、示范园区（基地）6家，培育公布山东省版权示范单位、示范园区（基地）34家，潍坊市获批创建全国版权示范城市，潍坊市文化市场综合执法支队荣获“中国版权金奖·保护奖”，版权示范创建工作走在全国前列。《山东省版权产业经济贡献》完成编辑出版。2020年9月，在全国版权示范工作培训班上，山东省代表作了题为《高点定位，精心培育，开创版权示范创建工作新局面》的典型发言。

五、版权宣传培训

以“4·26”知识产权宣传周为切入点，以国家版权局确定的“强化版权治理，优化版权生态”为主题，以4月17日至27日为重点宣传时段，上下联动，全省集中开展版权宣传活动28场次。利用“学习强国”平台展播了《版权十个为什么》《保护版权 从我做起》《“剑网”在行动》《正好，正版好》《尊重新闻版权》《风筝谣》等公益宣传片和微电影。在国家版权局网站、山东宣传网站、“学习强国”山东平台等刊发宣传报道、播放视频20余篇次。积极组织开展第十二届全国大学生版权征文活动，举办线上版权公益讲座，实时在线观看人数超6万人次。2020年9月，在济南举办了全省版权执法暨软件正版化工作培训班，参训人员150人次，进一步提高了版权工作人员的专业素养和业务能力。

（蒋全坤）

河 南 省

一、跟进学习习近平总书记关于知识产权保护工作的重要讲话精神

2020年，河南省版权局把学习贯彻习近平新时代中国特色社会主义思想作为首要政治任务，及时跟进学习宣传习近平总书记关于知识产权保护工作的重要讲话精神。8月21日，举办“版权服务进企业”活动，邀请来自省高法、河南财经政法大学等的近10名专家深入解读习近平总书记关于知识产权保护的重要讲话精神，组织版权纠纷调解中心、律师事务所、公证处等社会组织为企业现场解疑释惑，提供版权服务，受到企业广泛欢迎。12月15日，邀请专家教授结合新修订的《著作权法》，深刻解读习近平总书记在十九届中央政治局第二十五次集体学习时关于知识产权工作的重要讲话精神。

二、版权执法监管

（一）切实加强日常监管

河南省高度重视印刷复制、发行电影等版权产业阵地管理，通过抽样检查、现场督导、源头追溯等手段，强化对印刷复制源头企业、出版物仓储物流运输企业、出版物批发零售经营商家、电影院等场所的日常监管。积极发挥版权行业组织、社会团体、专业版权机构、权利人和广大群众的社会监督作用，进一步畅通和拓展投诉举报渠道，构建打击侵权盗版的社会共治体系。2020年，河南省共开展执法行动10 942余次，出动执法人员66 950人次，立案40起，移送司法机关7起，捣毁窝点12个，有效发挥了日常监管执法作用，严厉打击了侵权盗版行为。

（二）严肃查处大案要案

坚持以大案要案查办为抓手，充分发挥部门间联动机制，推动实现执法资源的有效整合，对群众反映强烈、社会舆论关注度高、侵权易发多发的重点领域和区域，集中力量、重拳出击，确保整治到底、震慑到位。2020年，河南开封“6·10”涉嫌制售侵权盗版图书案、河南安阳“11·21”涉嫌销售侵权盗版图书案等被国家版权局等四部门列为挂牌督办案件，开封谭某某等涉嫌销售侵权盗版教辅案入选国家“剑网2020”专项行动十大案件。

（三）版权执法挺进互联网主战场

2020年，河南省版权管理部门开展网络执法1 066次，出动执法人员6 193人次，行政立案11起、刑事立案49起，收缴侵权盗版制品157 086件，抓获犯罪嫌疑人37名，有力打击了网络侵权盗版犯罪，维护清朗的网络空间秩序，营造良好的网络版权环境。

一是加强领导，周密部署。根据国家版权局文件精神和要求，结合河南省实际，新增省“扫黄打非”办公室、省文化和旅游厅为联合发文单位，研究制定了河南省《关于开展打击网络侵权盗版“剑网2020”专项行动的通知》，从工作目标、工作重点、工作分工、工作步骤和工作要求等方面提出了明确要求，做到有章可循、有规可依。同时，将“剑网2020”与“昆仑2020”“净网2020”“雷霆9号”等重大活动、专项行动有机结合，凝聚强大合力，尤其是借助“2020年国家网络安全宣传周”和“第29届金鸡百花电影节”在郑州举办的契机，邀请国内知名专家学者共话网络版权保护、共商网络安全建设，引发社会对打击网络侵权盗版的广泛关注。

二是多措并举，力求实效。公安、网信、通信部门积极运用大数据、云计算等技术，从海量的人流、物流、信息流、资金流中及时发现侵权盗版线索，加大情报甄别、研判力度，及时跟进、精准打击。同时，注重发挥“12318”、互联网违法和不良信息举报中心作用，动员社会力量，加大举报处置力度。

三是建章立制，实现常态监管。参照国家版权局发布重点作品版权保护预警名单的做法，联合网信部门及时发布河南省预警提醒，推动执法关口前移。加强正面宣传报道，并适时曝光一批网络侵权盗版典型案例，形成震慑，营造浓厚的打击整治氛围，推进构建版权社会共治工作格局。

三、软件正版化工作

2020 年，河南省省级政府机关、国有企业集中开展软件正版化工作，经过 5 个多月的努力，操作系统正版率提高了 7.65 个百分点，办公软件正版率提高了 25.41 个百分点，制度建设实现了全覆盖。11 月 13 日，部际联席会议督查组对河南省软件正版化工作给予了肯定，标志着河南省软件正版化工作取得了新进展新成效，为营造保护知识产权环境、保障国家信息安全、维护政府形象做出了积极贡献，基本达到了国家要求，整体通过了国家核查。

（一）加强组织领导，凝聚最大合力

充分发挥联席会议的统筹协调作用，通过联席会议制度，及时传达贯彻党中央、国务院和推进使用正版软件工作部际联席会议以及省委、省政府有关保护知识产权工作、软件正版化工作的重要部署，集思广益、群策群力，协调商议重大难题，统筹解决突出问题，形成了各司其职、齐抓共管的工作格局。2020 年，按照省委常委、宣传部部长、河南省推进使用正版软件工作联席会议总召集人江凌指示精神，省联席会议办公室联合省政府办公厅、省审计厅等成员单位，聘请第三方技术机构对省级政府机关和国资委监管企业进行了全覆盖检查，涉及计算机 8 294 台，提出整改意见 3 类 124 项。下发软件正版化工作文件、通知 5 个，集中开展为期 2 个月的电话咨询、上门服务工作，实地督查 2 次，召开整改促进会议 2 次。

（二）狠抓制度落实，实现常态管理

各级政府机关和国有企业全面落实国务院办公厅《政府机关使用正版软件管理办法》，严格落实《正版软件管理工作指南》等文件精神，结合自身实际，制定完善了软件采购、安装维护和日常管理使用等一整套制度，推进软件正版化工作实现了制度化、规范化、常态化、长效化。

（三）强化督导检查，确保工作实效

为巩固扩大软件正版化工作成果，河南省推进政府机关和国有企业督查全覆盖。一是突出事前严防、事中严管、事后严处，及时通报督查情况、反馈突出问题、督促整改落实，并适时开展“回头看”。二是进一步加大考核力度，制定了《河南省政府机关使用正版软件工作考评办法（试行）》，对全省政府机关每年开展考核，还将软件正版化工作纳入了意识形态工作专项巡视，全面推进软件正版化工作。

四、版权普法宣传与社会服务

随着版权保护意识不断提升和版权产业不断发展，群众对版权服务效能要求越来越高。为满足社会需求，河南省积极贯彻新发展理念，不断深化管理能力，提升服务水平，努力做好版权产业发展的“护航员”。

（一）充分发挥版权示范单位、示范园区（基地）引领作用

严格按照《全国版权示范城市、示范单位和示范园区（基地）管理办法》，切实加强对河南省版权示范单位、示范园区（基地）的管理和服务，调动其积极性、主动性和创造性，发挥其在作品的创作与传播、版权保护、版权贸易等方面作用，以及在诚信守法、依法经营、带动版权相关产业发展方面的示范引领作用，进而充分发挥版权工作赋能经济、文化、科技和社会发展的积极作用。

（二）广泛组织开展版权宣传教育培训

坚持集中宣传和日常宣传相结合、线上宣传和线下活动相配合的方式，推动版权宣传工作长流水、不断线。在“4·26”世界知识产权日前后，围绕“强化版权治理，优化版权生态”主题，以《著作权法》第三次修订、中央政治局第二十五次集体学习以及河南省委办公厅、省政府办公厅印发《关于强化知识产权保护的实施意见》等为契机，通过报纸、广播、电视和“学习强国”平台、县级融媒体中心及微信微博、抖音快手等媒体宣传的方式，以及文艺、宣讲、图片展等形式，全方位、多角度、多渠道开展版权宣传，并推动版权普法宣传进学校、进机关、进企业、进社区、进广场。9 月 22—25 日，组织省国资委监管国有企业参加国家版权局在郑州举办的全国国有企业软件正版化工作宣传培训活动。11 月 11—13 日，举办全省版权执法培训班。省推进使用正版软件工作联席会议成员单位、“剑网行动”各成员单位和各省辖市也都结合各自实际，大力开展版权宣传，积极举办版权执法、软件正版化等培训班，有力营造了全省上下重视版权的良好

氛围。

（三）推动版权输出，传播中华文明

疫情期间，着眼医疗废物处置，河南省及时组织编写出版了多语种医疗废物应急管理与处置知识读物，并向199个国家和地区免费输出版权，为全球抗疫提供了中国智慧、中国方案，联合国环境规划署专门发函致谢。推动《中国三十大发明》的法文版等5种语言的版权输出，传播了中华文明。

（焦艳娜）

湖　北　省

一、领导部署

2020年，湖北省委宣传部（省版权局）高度重视版权工作，省委常委、宣传部部长许正中多次作出重要批示，提出具体工作要求。10月19日，许正中对版权保护工作批示：重点抓、抓重点，持久抓、抓持久；保护好知识产权，才有创新创造动力，才有高品质发展，才有文化软实力；要树立几个正面典型，营造社会氛围，登几个反面案例，产生教育震慑效果。11月20日，许正中对省版权局呈报的“剑网2020”专项行动总结批示：要不断总结经验，既搞专项行动也抓常态监管，既靠人防也重技防，既正面引导也形成震慑。12月14日，许正中对省版权局呈报的关于91资源网系列网站侵权案结案情况的报告批示：工作很有成效，应大力宣传，凝聚共识，形成震慑。

为落实省2020年知识产权战略实施工作，省版权局以“双打”“剑网”等专项行动为抓手，严厉打击各类侵权盗版尤其是互联网领域侵权盗版行为，大力推进软件正版化工作，强化版权社会服务，关注重点难点问题，持续推进版权秩序治理，各项工作取得一定成绩。在国家版权局组织的2019年度查处重大侵权盗版案件奖励工作中，先后有14个单位、13名个人分获有功单位奖、有功个人奖。在省“双打”办考核中，省委宣传部被表彰为先进单位。

二、“剑网”专项行动

按照国家版权局等四部门的通知要求，湖北省版权局与省委网信办、省公安厅、省通管局、省“扫黄打非”办联合印发了“剑网”专项行动工作方案，明确目标任务和措施要求。行动期间，五部门建立联络员制度，定期通报工作情况，讨论解决难点热点问题。

（一）加强重点案件督办

会同省“扫黄打非”办、省公安厅、省检察院对襄阳南漳大众书社销售侵权图书案进行联合督办，现场督办黄石“2·15”侵犯影视作品著作权案、浠水91系列网站侵犯影视作品著作权案等案件。其中，浠水91系列网站侵权案已于11月30日一审判决，16名被告分别被判处有期徒刑以上刑罚，并处罚金180余万元；襄阳南漳大众书社销售侵权图书案被告人刘某已于10月被襄阳市中级人民法院判处刑罚，并处罚金11万元。

（二）加大违规网站处置力度

“剑网2020”专项行动期间，省版权局联合省通管局、省网信办积极配合各相关部门，加大违法违规网站处置力度，关闭违法违规网站516个，其中涉及侵权盗版网站42个，下架侵权假冒APP 10款，有力维护了清朗的网络空间秩序，营造了良好的网络版权环境。

（三）提高案件成案率落地率

组织专班对权利人举报信息、国家版权局移转线索和网站巡查线索、热门网站流量排名等信息进行综合分析，筛查出有效线索后及时移转市州版权部门和公安部门初查，符合立案条件的及时督促立案查办。“剑网2020”专项行动期间先后移送案件线索19个，大部分已经立案并查处。全年全省各级版权执法部门共立案查办版权侵权案件71件，其中行政处罚59件，责令关闭或整改2件，罚款70万多元。

（四）加大典型案件曝光力度

对典型案件予以曝光，发挥强大震慑作用。配合省知识产权局于11月5日在《湖北日报》刊发专版，宣传了湖北省版权执法管理工作情况，同时对2019年浠水91系列网站侵犯影视作品著作权案进行曝光。12月10日，又通过《湖北日报》专题报道了案件判决情况。

三、常态化工作机制

（一）突出重点网站监管

各级版权行政执法部门联合网信、通管等部门加强对重点网站的主动监管，发挥内容主管部门的优势，将荆楚网、汉网、长江网、大楚网等一批有影响的重点门户网站和斗鱼、风行等省内13家持证互联网视听节目经营网站纳入主动监管范围，通过定期自查和不定期抽查，督促经营主体完善版权管理机制，自觉遵守版权法律法规。

（二）加强网上主动巡查监测

依托省通信管理局大数据监测平台，发挥真相科技区块链和鲸版权网络监测等社会资源作用，结合国家版权局重点作品版权预警名单，对辖区内备案的网站进行网上巡查，查找网络侵权盗版案件线索，共排查网站 10 多万个，提取相关链接 4.7 万条。

（三）强化经营性网站主体责任

将排名热度靠前的网站按照视听作品、电商平台、社交平台、在线教育等分门别类拟制监管名单，建立信息联络员制度，强化企业法人职责，督促企业完善版权监控管理机制，防止侵权盗版问题发生。

（四）规范网站基础信息管理

“剑网行动”期间，省通管局积极开展网站备案信息自查自纠工作，下发并公示空壳网站 138 批次，处理空壳网站 2.5 万余个。

四、软件正版化工作

按照国务院软件正版化工作联席会议要求，进一步巩固党政机关软件正版化工作成果，扎实推进党政机关及所属企事业单位软件正版化工作，加速推进国有企业软件正版化，积极推进重点行业、重点领域软件正版化工作。全年先后印发了《2020 年推进软件正版化工作部际联席会议精神》《湖北省 2020 年推进使用正版软件工作计划方案》《关于做好 2020 年推进软件正版化有关工作的通知》等文件。突出督查检查，按照“谁主管、谁负责”的原则，采取市州自查、省级抽查的方式，目前全省已完成督查政府机关和企事业单位 471 家，检查计算机 30 040 台次。指导省国资委先后对 16 家省级国有企业进行了软件正版化全覆盖督查和指导，确保省属国有企业软件正版化工作落到实处。省级国有企业总部基本完成了软件正版化工作任务，二级、三级出资企业在逐步推进。

五、版权社会服务工作

（一）加大宣传力度

以“4·26”世界知识产权日为契机，通过《抖音》APP 组织版权线上宣讲直播访谈，宣传普及版权知识，相关视频播放量达 380 多万次。举办著作权专题研讨会，联合中南财经大学知识产权研究中心，组织专家学者深入探讨著作权法修订相关内容，为专项行动提供理论支撑。组织“WPS 抗疫杯”版权征文活动，先后征集各类抗疫主题作品近 2 000 件，评选出优秀作品 20 余件。利用《湖北日报》等传统纸媒和荆楚网、大楚网等网络媒体发布专项行动通知，制作并投放“剑网”专项行动专题宣传片，浏览播放量近百万次。

（二）做好培训工作

9 月 16 日组织召开版权管理工作培训班，以软件正版化、版权执法、版权社会服务等三个板块为重点，对省使用正版软件工作领导小组成员单位、各市州（县市区）版权部门、各市州（县市区）文化市场执法人员共 400 多人进行了培训。开设“湖北版权线上公益课堂”，针对网络侵权热点难点问题，邀请知名专家学者线上授课，网络课堂累计教学达 1 万人次，取得良好的社会效果。开通“湖北版权保护”微信公众号，围绕重点任务，主动发布湖北省版权管理工作情况，关注人数 2 000 多人，单篇阅读量 1 600 多人次。

（三）开展版权示范工作

组织开展全国版权示范推荐工作，武汉斗鱼网络科技有限公司等 3 家单位、武汉智谷科技开发建设有限公司分获国家级版权示范单位和示范园区称号。组织开展全省版权示范创建工作，经专家评选授予劲佳包装有限公司、三峡日报社等 10 家单位“省级版权示范单位”称号，授予宜昌云计算孵化器等 2 家园区“省级版权示范园区”称号。

（四）做好版权登记工作

抓住版权登记系统接入湖北省政务服务平台的有利契机，大力推广版权登记“一网通办”，畅通登记渠道，为权利人提供优质高效便捷的版权登记服务。2020 年全省一般作品登记量 50 474 件，出版外国图书合同登记 263 件，其他版权合同备案 21 件，较上年增长 10%。

六、著作权集体管理工作

（一）积极筹备反盗版联盟

举办企业反盗版工作座谈会，了解企业维权工作情况，收集案件线索，加强版权行业自律，提高版权维权效率。在省版权保护协会下筹备反盗版专委会，提升集体维权能力。

（二）加强与著作权集体管理组织的沟通

为维护 KTV 行业版权秩序，加强与中国音集协湖北许可办的沟通，及时发布信息，明确 KTV 版权收费主体，与省法院等共同召开 KTV 经营场所、VOD 生产商、文化娱乐协会、小权利人等参加的座谈会，就收费主体、收费标准等进行协商。

（张　威）

湖　南　省

一、版权服务抗疫大局

（一）做好主题宣传

支持湖南省文明委开展“潇湘家书”活动，完善稿件征集启事，明确活动投稿版权条款。做好

《潇湘家书——抗疫篇》主题出版版权服务，宣传抗疫事迹。协助陕西省委宣传部查寻部分作者联系方式，协调涉湘作品使用版权许可事宜，支持兄弟省市开展主题宣传工作。

（二）助力复工复产

通过实施加急核查登记、开辟邮寄受理“绿色通道”等措施，加急办理抗疫主题作品登记，支持省内印刷企业境外委托印刷业务，扎实开展著作权合同备案工作。分别办结引进外国图书合同备案248件、境外委托印刷著作权人授权证明备案56件。

二、执法监管规范市场秩序

（一）统筹安排周密部署

7月，湖南省版权局、湖南省通信管理局、湖南省公安厅、湖南省互联网信息办公室等四部门联合印发《湖南省打击侵权盗版“剑网2020”专项行动实施方案》，启动2020年湖南省打击网络侵权盗版专项整治工作。

（二）推进大案要案查办

协调推动长沙“6·19”案件进入司法审判阶段，稳步推进邵阳电影盗录侵权案查办工作，指导公安部门立案侦查芒果TV热播剧被侵权等案件。年内，全省共办结了岳阳“8·1”侵犯著作权案、邵阳侵犯图书著作权系列案、永州星耀影业有限责任公司侵犯影视作品著作权案等一批重大版权案件。其中，岳阳“3·25”侵犯网络游戏著作权案入选国家版权局“剑网2020”十大案件。

（三）开展互联网巡查

据统计，2020年全省共巡查网站、微博、微信账号7 920家，主动监管网站1 543家，删除涉嫌侵权作品852件，检查私人影吧77家，提请关闭侵权盗版网站、公众号332个，收缴侵权盗版制品5 301件。全年立案查处案件89起（含刑事案件8起），有效震慑了各类侵权盗版行为。

三、监督检查巩固软件正版化成果

（一）充分发挥联席会议机制效用

制定印发了《湖南省2020年推进使用正版软件工作计划》。召开年度工作部署会，督促成员单位落实工作要求，形成工作合力。

（二）广泛开展专项监督检查

对湖南省市场监督管理局等8家政府机关的软件正版化工作情况开展专项检查。持续开展政府机关软件正版化审计监督工作。协同省国资委等行业企业主管部门，对省属国有等行业企业开展调研指导，巩固拓展金融、新闻出版等行业企业软件正版化成果。将市州正版化工作纳入全省“平安建设”考核体系，提升督促实效。

据统计，2020年全省各级政府机关新投入采购资金2 497.04万元，采购软件38 418套。全省有107家企业完成软件正版化检查整改。年内共检查政府机关705家次，组织专题培训55班次，2 201家政府机关和企事业单位的6 798人次参加了培训。

四、版权服务推动产业发展

（一）支持重点园区建设

深入学习贯彻落实习近平总书记考察湖南讲话指示精神，把版权行政服务放在支持马栏山园区建设第一线。先后两次召开现场办公会，推动马栏山视听节目国际版权交易中心建设，设立马栏山版权基层工作站等版权延伸机制，推动全省作品登记服务大厅落户园区，指导园区开展全国版权示范基地创建工作。

（二）全面实施作品著作权免费登记

将作品著作权登记作为落实中办、国办《关于强化知识产权保护的意见》的一项重要措施，研究改进作品著作权登记体制，委托湖南出版物产品质量监测中心具体承担。全面实施免费登记，有效减轻了申请人的经济负担。全年实现登记量8 198件，实现年增长50%的目标。

（三）夯实版权工作基础

推进版权社会服务体系建设，完成湖南省版权保护协会提前换届工作。积极开展全国版权示范创建工作，指导长沙市申报全国版权示范城市。立项研究省级社科课题“5G条件下的版权保护和版权交易”，协同有关部门做好区块链技术版权应用、版权交易场所建设等规划工作，为今后版权工作开展提供遵循。

五、宣传培训优化工作环境

（一）大力开展版权社会宣传

紧紧围绕“强化版权治理，优化版权生态”这一主题，制定了《关于做好2020年全省知识产权宣传周版权宣传活动的方案》，精心部署开展“4·26”版权主题宣传。借助《湖南日报》、湖南卫视等主流媒体和县级融媒体，策划实施专题报道220余期。突出线上宣传活动，滚动播出版权宣传标语10万多次，播放宣传片、宣传海报20多万次，社会宣传取得新的突破。

（二）加强版权人才队伍建设

成功举办全省版权行政执法暨全省软件正版化工作培训会、省属监管企业正版化培训会，突出实务操作，聘请省内外名师授课，大大提升了版权宣传培训工作的针对性、实效性。

（三）积极做好版权评优推荐

全省 10 个单位和 29 名人员（含专案组个人）因版权执法工作成绩突出，获评 2019 年度全国查处侵权盗版案件有功单位和有功个人。湖南山猫吉咪传媒股份有限公司、湖南盘子女人坊文化科技股份有限公司等 2 家企业获评全国版权示范单位。

（张荣涛）

广　东　省

一、版权工作机制建设

一是积极推动《广东省版权条例》地方立法。

二是推动落实版权行政执法职责。协调落实版权主管部门、各市县文化市场综合执法机构的版权行政执法职责，办案效能得到提升，年度打击网络侵权盗版案件数量位列全国第一。

三是完善版权执法协作机制。建立重大案件督办、执法协作、版权十大案件评定公布、信息报送等制度，并对重大督办案件进行办案经费补贴。建立电影版权保护联动机制，构建管理、执法、运营、宣传于一体的电影版权保护工作格局。召开珠三角地区版权保护协作会议，巩固珠三角版权保护协作成果。部署建立粤东、粤西、粤北版权执法协作机制。指导广东省版权保护联合会建立版权调解工作机制，化解版权侵权纠纷，构建版权社会共治格局。

广州市制定发布《关于进一步加强版权行政执法与监管工作的通知》，修订《广州市作品登记政府资助办法》，强化版权行政执法和作品登记资助力度。东莞市修订完善《东莞市版权局版权示范单位和示范园区认定办法》等实施版权工作“1＋3”政策文件，不断推进版权示范创建工作；制定《东莞市版权纠纷人民调解委员会诉调对接工作制度》，切实提升版权纠纷调解工作水平。

二、版权执法监管

一是开展专项治理行动。联合省通信管理局、省公安厅、省互联网办开展打击网络侵权盗版“剑网 2020”专项行动。专项行动期间，省内相关版权执法监管部门共查处网络侵权盗版案件 68 宗，将 156 家网站列为重点监管网站，进一步规范网络版权秩序，净化版权市场环境。通过压紧压实意识形态工作责任制，保障版权领域意识形态安全，守好意识形态安全“南大门”。

二是开展集中办案行动。首次组织开展打击网络侵权盗版集中办案行动，共推动查办侵权盗版典型案件 17 宗，通过“以案代训”的方式提高执法人员办案水平。举办全省版权行政执法培训班，提升版权执法监管能力水平。

三是版权保护工作方法不断创新。联合省公安厅、省检察院、省“扫黄打非”办、省委网信办、省工业和信息化厅、省电影局、省广电局等单位对重大版权案件进行挂牌督办，推进重大案件快速查办。联合省“扫黄打非”办评定 2020 年度“广东省版权十大案件”并向社会公布，以案说法，提高社会公众版权保护意识。

四是积极履行省知识产权战略实施工作联席会议成员单位职责。参与制定广东省《关于强化知识产权保护的若干措施》，参与做好中央对广东省的知识产权保护工作实地检查考核迎检工作。

五是版权保护工作成绩突出。全省各级版权行政执法监管部门全年立案查处各类侵权盗版案件 249 宗，网络版权专项治理取得明显成效。佛山市版权局荣获国家版权局与世界知识产权组织共同评定的“中国版权金奖·保护奖”。在国家版权局 2020 年度查处侵权盗版案件有功单位及有功个人奖项评定中，广东省共获得 37 项荣誉，创历年新高。其中，广州市文化广电旅游局文化市场综合执法监督处、广州市海珠区版权局、珠海市文化广电旅游体育局综合执法一支队、佛山市版权局、佛山市文化广电旅游体育局、汕尾市版权局、汕尾市文广旅体局、茂名市委宣传部获得国家版权局“2020 年度查处侵权盗版案件有功单位”荣誉称号。

珠海市联合文化执法、公安等部门建立行政执法协调联动工作机制，提高办案成效。汕头市借助版权基层工作站，积极探索快速维权的版权管理模式。佛山市建立市版权行政执法与司法保护联席会议制度，加大侵权盗版打击力度；佛山市版权保护协会被国家知识产权局列为“首批能力建设知识产权仲裁调解机构”。东莞市建立举报线索快速传递制度和案件线索信息处理制度等日常管理制度，“3·18”非法出版物窝点案被国家版权局重点督办。中山市循“9·27”侵犯图书著作权案深挖扩线，破获 8 宗刑事案件，涉案金额达 420 余万元。江门市院线高清电影盗录侵犯著作权案入选国家版权局“剑网 2020”专项行动十大案件、全国院线电影盗录传播十大典型案例。潮州市县两级版权管理和执法队伍按照属地管理和“谁主管、谁负责”的原则，明确责任边界，加强协调联动，形成打击侵权盗版全市“一盘棋”的工作局面。汕尾市成立市网络整治专项行动工作领导小组，把全市网络整治专项行动的日常开展情况纳入市委宣传部每周意识形态研判会内容。

三、软件正版化工作

一是全面加强软件正版化工作的组织领导。2020年11月，召开广东省推进使用正版软件工作联席会议全体会议，省委常委、秘书长、宣传部部长张福海出席并作讲话。全省各地市均召开了推进使用正版软件工作联席会议全体会议，发挥各成员单位职能，形成工作合力。

二是开展软件正版化宣讲培训。省版权局为5家省直单位及11个地市开展软件正版化培训及宣讲，举办全省政府机关和企业软件正版化培训班。全省各地市共举办政府机关和企业软件正版化工作培训班约50期。

三是精心部署推进使用正版软件工作。省联席会议办公室印发推进使用正版软件工作重点推进单位名录，确定254家重点推进单位，并开展现场抽查验收工作。

四是切实巩固软件正版化工作成果。将软件正版化工作纳入全省"法治广东建设"考核体系，对各地市政府机关软件正版化工作进行考评；对全省省级政府机关和省国资委监管企业进行全覆盖检查；对佛山和清远两市市委各部委、市直各单位、市各人民团体进行全覆盖检查。

广州市出台《广州市加快软件和信息技术服务业发展的若干措施》，提升自主创新能力，扶持软件产业发展壮大。深圳市对使用盗版软件逾期未整改或情节严重的企业进行立案查处。

四、版权社会服务

（一）深入开展版权宣传工作

根据中宣部相关要求，结合重要时间节点，开展版权宣传活动。举办广东省"4·26"版权宣传周暨"绿书签行动"主题活动，在"学习强国"广东平台开设"4·26"版权宣传周专栏。编印《版权基础知识读本》和《版权资产管理常识》，免费提供学习。举办第二届广东省大学生版权知识演讲大赛，推动版权知识进校园。组织参加第十二届全国大学生版权知识征文比赛并荣获"优秀组织奖"。

广州市整合宣传资源，创新宣传方式，以"版权进园区、进企业""版权知识竞赛演讲""网络直播授课"等多种形式开展宣传教育活动。汕头市谋划将党史学习教育和《著作权法》学习宣传贯彻活动结合起来在全市推广；汕头市版权局联合省版权基层工作站（汕头站）编印《中华人民共和国著作权法名词灯谜》，把版权宣传与优秀传统文化有机结合。佛山市举办"2020南粤版权保护和产业发展论坛"、设计与版权保护分享系列活动等，与青岛、邯郸、泉州等地的童装产业基地签订四地童装版权保护合作协议。东莞市上线"ACTIF（中国国际漫博会）品牌运营中心云平台"，直接对接项目超过1 500个；打造"版权五进""版权宣讲会"等重点宣传服务品牌，组织开展"版权进机关""版权企业行""版权与我共成长"等系列活动。广东省版权保护联合会组建"知识产权大律师版权服务团"，创办"广东省版权保护大讲坛"。

（二）积极开展版权示范创建工作

组织开展"广东省版权兴业示范基地"和"广东省最具价值版权作品"评定工作，向国家版权局推荐参评全国版权示范单位、示范园区（基地）单位。广州酷狗计算机科技有限公司、奥飞娱乐股份有限公司、广东可儿玩具有限公司和佛山市顺德区孔雀廊娱乐唱片有限公司等4家单位获评2020年"全国版权示范单位"，金蝶软件园获评2020年"全国版权示范园区"。至此，全省有全国版权示范城市2个（获批创建全国版权示范城市1个），全国版权示范单位（含软件正版化）11个，全国版权示范园区（基地）3个，国家版权贸易基地1个，全国展会版权示范单位1个，国家版权创新发展基地1个；另有广东省版权兴业示范基地116家，广东省最具价值版权产品66个。

深圳市建立国家版权创新发展基地建设工作协调机制，推动成立深圳市前海智慧版权创新发展研究院；组织举办第九届深圳版权金奖典礼，加大市级版权示范单位培育力度；探索版权证券化先行先试，助力轻资产、重创意、强服务的文创企业拓宽融资渠道，实现文化金融创新。东莞市举办知识产权金融创新成果发布会，诞生全国首单专利、商标和版权混合质押融资协议，建设运营滨海湾版权产业服务中心。

（三）有序开展作品登记工作

全省共有作品登记代办机构35个，版权基层工作站17个，省级版权交易中心1个，省级及市级版权协会、版权保护中心8个。全省全年在国家版权保护中心登记的计算机软件著作权数量达24万件，占全国登记总量的13.8%，继续保持全国第一。稳妥做好作品登记内容审核和导向监管工作，全省全年共办理一般作品著作权登记6.4万件。为激励与疫情防控相关正能量作品的创作热情，实施省内疫情防控主题作品和医务工作者创作作品免费登记制度，推广通过网络办理版权在线登记，压缩疫情防控主题作品登记审核办理时限，运用版权助力抗疫。

广州市在新冠肺炎疫情期间延长著作权人申请办理作品著作权登记政府资助的期限，全年受理作品版权登记政府资助申请同比增长 59.64%。东莞市确立“创新之都、版权强市”时间表和路线图，将软件著作权登记情况纳入全市“倍增企业”考核指标，推动版权产业成为应对疫情影响、促进经济转型升级的新亮点。

（易瑾媛）

广西壮族自治区

一、版权执法监管工作

广西壮族自治区版权局以开展“剑网 2020”专项行动为抓手，组织全区版权主管部门、文化市场综合执法机构等有关单位查办各类侵权盗版案件，严厉打击线上线下侵权盗版行为，有力地维护了正常的版权秩序。2020 年，全区共出动执法人员 5 万余人次，开展执法行动 9 000 多次，立案查处各类侵权盗版案件 78 起（当年办结 60 起），移送司法机关案件 6 起，关闭侵权盗版网站 57 家，删除侵权盗版链接 551 条，捣毁侵权盗版地下窝点 7 个，收缴侵权盗版制品 20.4 万余件。

（一）着重开展视听作品版权专项整治

全区深入开展院线电影网络版权专项保护，加大对影院偷拍盗录行为的打击力度，严厉打击短视频领域存在的侵权盗版行为。贵港市查办了“佛系客站”网站、“星象云影视”网站侵犯他人信息网络传播权案，这两家网站非法在线播放《八佰》《我在时间尽头等你》等国家版权局重点保护预警名单中的影视作品，被依法处罚。来宾市关闭了 10 家侵犯影视作品著作权的网站。

（二）大力开展社交平台版权专项整治

全区着力整治微信、微博等重点社交平台版权秩序，深入开展新闻作品版权保护工作，着力整治通过非法转载、“洗稿”等方式侵犯主流媒体新闻作品版权的行为，关闭了一批恶意侵权的社交平台账号。桂林市对“桂林城事”“临桂人家”“广西资讯”“平乐老乡圈”等 13 个存在大量抄袭、违规转载新闻作品等问题的自媒体账号采取停止更新的限制措施，清理违规稿源信息 72 条。北海市共检查属地网站 2 581 家次，微信公众号 31 554 个次，关闭了 30 个违规社交平台账号。

（三）巩固重点领域版权治理成果

全区开展了网络文学、网络音乐、网络游戏网站和微信公众号等互联网平台版权专项检查。严厉打击网络游戏私服、外挂等侵权盗版行为；加大音乐版权保护力度，推动完善网络音乐版权授权体系；严厉整治知识分享领域存在的抄袭改编、复制数据库等侵权行为，强化对知识分享平台的版权监管。百色市开展了全市范围内的网站、微博、微信公众号等互联网平台集中专项整治工作，督促各平台自查自纠。河池市共清查辖区内各类网站 376 个，网络游戏公司 2 家。贺州市共检查辖区内网站 50 多家、新媒体平台 20 多个，取缔了 1 个违规的微信公众号。来宾市关闭了 4 家侵权音乐网站。

（四）统筹线上线下，坚持对传统市场的版权治理

全区在加大力度打击网络侵权盗版活动的同时，坚持加强对印刷复制、出版物发行活动的版权监管，以开展校园周边文化市场整治、印刷复制企业执法检查等为抓手，严厉查处印刷、销售侵权盗版出版物的违法行为，收缴了一大批盗版图书、光盘等侵权复制品。如玉林市查办了 8 家文印店非法盗印中小学教材案，收缴了数百本盗版中小学教材，有效地维护了正常的教材发行秩序。

（五）建章立制，从源头规范自媒体的行为

一些市高度重视建立预防机制，从源头上防止自媒体领域盗版现象的产生。桂林市召集全市自媒体进行集中约谈和版权政策法规培训，组织他们签署了《桂林市自媒体行业自律公约》，引导全市自媒体规范运营，杜绝版权违法行为，取得了很好的效果。

2020 年 8 月和 10 月，国家版权局先后作出《关于奖励 2019 年度查处重大侵权盗版案件（第一批）的决定》《关于奖励 2019 年度查处重大侵权盗版案件（第二批、第三批）的决定》，广西 6 个单位（专案组）获得有功单位奖励，2 名个人获得有功个人奖励。

二、软件正版化工作

（一）加强组织领导，落实主体责任

广西版权局积极履行自治区使用正版软件工作领导小组办公室职责，加强对全区软件正版化工作的领导，印发了《关于加强和推进软件正版化工作的通知》《关于推进全区国有企业软件正版化工作的通知》，推动各有关单位提高思想认识、加强组织保障、明确工作职责和目标任务、建立完善常态化工作机制，并通过采取规范采购、加强软件资产管理、加强监督检查、开展宣传培训等措施，把推进软件正版化工作的主体责任落实到工作的每一个环节。同时把软件正版化工作纳入落实《中国共产党宣传工作条例》和意识形态工作责任制督查范围，明确

要求全区各党政机关和社会组织担负起主管单位职责，推动下属各企事业单位及本系统本行业软件正版化工作，从而形成了主管单位牵头抓、行业内各单位密切配合的工作格局。

（二）协调提供正版软件，克服疫情不利影响

广西版权局充分发挥联系软件企业较多的优势，于2020年3月协调了国内主流软件厂商北京金山办公软件公司和广州中望龙腾软件公司，在新冠肺炎疫情期间为全区免费提供授权期为3至5个月的正版软件，帮助各行业企事业单位克服疫情带来的不利影响，满足各单位使用正版软件的需求，为全区加快复工复产、恢复正常生产生活秩序提供了支持。

（三）组织集中采购，实现降本增效

2020年7月，广西版权局联合自治区国资委，依托自治区级国有产权交易机构北部湾产权交易所集团公司，建设了广西正版软件集中采购平台，组织全区各国有企业集中采购了2.2万余套办公软件和操作系统软件。通过集中采购，自治区直管各国有企业集团总部基本全面完成了软件正版化工作目标，同时降低了采购成本，实现了降本增效。柳州市、钦州市、崇左市版权主管部门牵头组织本市机关单位进行了集中采购，进一步改进和巩固了机关软件正版化工作。全区各机关、企事业单位共采购三类通用软件6.3万余套，采购金额4 750余万元。

（四）开展年度考核，督促整改提高

2020年9月起，广西版权局开展了全区软件正版化工作年度考核，以软件正版化工作制度建设和责任落实情况、软件资产管理情况、软件安装使用情况为检查重点，运用国家版权局配发的网络版正版软件检查工具等技术手段，检查了32家自治区级机关和210家市级机关。对在考核中发现的问题，考核组均向被检查单位作了反馈，并提出有针对性的整改意见，督促和帮助它们整改提高。全区14个市版权主管部门都开展了年度督查考核工作，共检查市级和县级机关单位1 551家。

（五）积极开展培训，营造良好氛围

全区开展了线上线下多种形式的培训，营造了推进软件正版化工作的浓厚氛围，提高了各单位的相关工作能力。广西版权局先后举办了自治区国有企业软件正版化工作推进会、区直事业单位和群团组织软件正版化工作培训班。多家区直机关和多个市县版权主管部门也开展了相关培训。全区共举办软件正版化工作培训班183次，参训单位2 699家次、参训人员9 276人次。

三、版权社会服务工作

（一）建设广西作品著作权登记网上申报系统

2020年下半年，广西作品著作权登记网上申报系统正式开通运行，为全区各地著作权人登记作品著作权提供了很大的便利。然而，由于2020年作品著作权登记仍以传统的现场登记和邮寄登记为主，受疫情影响显著，全年登记量为1 755件，比2019年减少了41.56%。

（二）大力发展版权贸易

2020年4月26日，广西版权局在南宁举办“2020年世界知识产权日·广西版权‘走出去’座谈会”，围绕广西版权“走出去”主题，总结经验，分析问题，研究部署下一步工作。自治区党委常委、宣传部部长范晓莉出席座谈会并讲话。全区各有关单位贯彻落实座谈会精神，充分利用中国—东盟版权贸易服务网等渠道，大力发展版权贸易，进出口数量均稳步增长。全年引进出版物版权586种，比2019年增长了122.81%；输出出版物版权613种，比2019年增长了14.79%。其中，广西科学技术出版社的2种抗疫图书《老年人新型冠状病毒肺炎防护手册》《打败新型冠状病毒——要让孩子知道的卫生好习惯》版权输出到香港地区市场及美国、印度、越南、缅甸、尼泊尔等海外市场。人民网、《中国新闻出版广电报》、中国版权服务官微、《广西日报》等媒体对此作了报道。

（三）指导广西版权保护协会做好各项工作

广西版权局认真履行主管单位职责，全面检查了协会的资金使用、行业自律和整体运行情况；指导和督促协会建章立制，修订了协会章程，制定了《广西版权保护协会办公室工作人员管理制度》等文件，提高了协会工作的规范化、制度化和科学化水平。2020年3月5日，广西版权保护协会微信公众号“广西版权”正式开通运营。全年发布相关信息30多期近百条，传播了版权知识，促进了全社会增强保护版权的意识。

四、版权宣传教育工作

2020年4月下旬，广西全区版权主管部门围绕“强化版权治理，优化版权生态”的主题，在全国知识产权宣传周期间开展了版权集中宣传活动。通过各种渠道，线上线下联动，向公众普及版权知识，提升全民版权意识，取得了良好的宣传效果。

一是设置宣传点，张贴悬挂宣传品，发放宣传资料。如南宁市在主要街道、社区等人流量大的地方张贴版权宣传海报3 172张，悬挂版权宣传横幅3 132条；北海市发放宣传资料2万余份，制作宣传

板报 39 块，参加现场宣传活动人数达 8 000 多人。

二是通过报纸、电视等传统媒体开展宣传。《广西日报》、广西广播电视台等自治区级媒体，以及全区各市报纸、广播电视等市级媒体都开展了版权宣传。广西广播电视台广西卫视频道在宣传周期间，每天滚动播放国家和自治区版权宣传公益广告 10 次；北海电视台每天 3 个频道 36 个时段播放版权宣传公益广告。

三是通过网站、微信公众号、微博等网络媒体开展宣传。广西版权局在广西文明网、八桂书香网上开设了 2020 年全国知识产权宣传周专栏，推送专栏文章、图片 100 多篇（幅）；南宁新闻网、《南宁云》APP 开设了 2020 年版权暨“绿书签”宣传活动专栏，集中登载版权宣传片，专栏点击量达 2.1 万次，视频点击量达 22.3 万次；柳州市在柳北之音、我爱鹿寨、风情三江、品质城中、精彩柳南等微信公众号、抖音号、微博上投放版权宣传片和海报；河池市在魅力金城江、微观宜州、看环江等微博和微信公众号上开设了版权宣传专栏。

四是利用楼宇电视、户外电子屏、车载电视等公共资源开展宣传。南宁市、柳州市、桂林市、北海市、来宾市在商场、广场和繁华街区的户外电子屏、公交车移动电视以及书城电子屏上循环播放版权宣传片；防城港市、河池市在企事业单位、居委会的室内电子屏上滚动播放版权宣传标语。

五是和有关单位联合开展活动，形成宣传合力。全区各地版权部门科学筹划，充分整合利用各种资源，突出宣传融合。如柳州市版权部门与市场监管局联合开展了为期 7 天的知识产权保护网络有奖答题活动，单日参与人数超过 3 000 人，在全社会营造了“尊重知识、崇尚创新、诚实守信”的良好氛围。

（赵明明）

海 南 省

一、软件正版化工作

（一）取得的工作成效

（1）政府机关软件正版化工作成果持续巩固。2020 年，各项工作抓稳抓细，督查培训形成常态化机制，制度台账日趋完善，日常管理更加规范，正版软件授权数量基本全覆盖，正版使用率进一步提高，成果得到深入巩固。截至 2020 年底，海南省各级党政机关持有操作系统软件授权 6.56 万套、办公软件授权 7.63 万套、杀毒软件授权 6.55 万套，实现了正版软件全覆盖。

（2）国有企业软件正版化工作加快推进。2019 年底以来，省版权局、省国资委联合对 18 家省属重点企业开展全面督查，又组织多轮自查，并指导推动问题整改。省国资委根据各单位软件缺口数量，组织集中签约采购。2020 年，省国资委监管二级以上企业采购操作系统 1 234 套，办公软件 7 193 套，工业设计软件 80 套，采购经费 560.5 万元，升级及维护经费 207.7 万元，实现通用软件和工业设计软件正版化全覆盖，软件正版化工作基本完成。

（3）金融机构软件正版化工作进展顺利。截至 2020 年底，省辖区内银行业法人机构共 43 家，含大型商业银行、中小金融机构、村镇银行、财务公司等，累计完成 31 家，采购操作系统 63 套、办公软件 1 859 套、杀毒软件 39 套，采购经费 45.92 万元，升级及维护经费 724.2 万元；本地证券期货机构共 5 家，累计完成 2 家，采购操作系统 114 套、办公软件 29 套，采购经费 121.58 万元，升级及维护经费 45.36 万元。

（4）行业单位软件正版化工作推进有序。截至 2020 年底，文化、旅游、勘察设计、教育、医疗卫生等行业单位已纳入软件正版化推进范围。其中省属经营性国有文化单位共 13 家，累计完成 6 家；省属国有旅游文化事业单位共 16 家，累计完成 4 家；勘察设计行业企事业单位共 4 家，累计完成 2 家。教育和医疗卫生行业单位软件正版化工作正式启动，已完成制定推进计划、调查摸底和业务培训。

（5）民营企业软件正版化态势良好。2020 年，省工商联制定《民营企业使用正版软件工作方案》，号召动员民营企业积极使用正版软件、抵制盗版软件，将软件正版化纳入市县工商联工作评价指标和“四好商会”建设认定指标，软件正版化工作态势良好。

（二）采取的工作措施

（1）充分发挥联席会议协调各方、凝聚力量的作用，全面研究部署省使用正版软件工作并统筹推进。召开省使用正版软件工作厅际联席会议第五次全体会议，省委常委、宣传部部长肖莺子出席并讲话，审定印发《2020 年海南省推进使用正版软件工作计划》，并督促各市县、各单位抓好落实。

（2）抓好督查整改，以查促改，倒逼有关单位形成常态化规范化管理机制。对 2019 年软件正版化督查考核存在问题的省直机关开展“回头看”，共检查 30 家单位，并督促整改。做好部际联席会议软件正版化督查迎检工作，印发迎检通知，指导各单位自查整改，全面部署安装网络版软件检查工具。完成全省政府机关使用正版软件工作督查考核，共抽查党政机关300多家次、检查计算机2.1万台次。多次组织开展省属国有企业软件正版化督查和“回头看”，共检查计算机约2 000台次。开展省属经营性文化企事业单位软件正版化督查，共核查13家单位，检查计算机近2 000台次。各市县、各单位也相应开展督查检查及考核，通过督查考核，推进问题和隐患整改，促使各市县、各单位形成常态化、规范化管理机制。

(3) 定期开展宣传培训，着力增强各单位负责人和联络员的业务能力，努力提升计算机使用人的使用正版软件意识。召开2020年海南省政府机关使用正版软件工作培训会议，共135人参训；各市县、各单位也广泛开展教育培训，通过印发规章制度文件、OA网宣传、举办培训班等方式，传达宣传软件正版化有关政策措施以及业务知识。

(4) 强化工作责任意识，组织签订承诺书，推动落实软件正版化工作主体责任。一是推动各级党政机关、企事业单位以及行业单位普遍建立使用正版软件工作责任制度，成立领导机构和工作机构，明确各自职责，强化市县政府、省直机关、企事业单位主要负责人作为第一责任人，组织、督导、检查、考核本市县、本单位软件正版化工作的责任。二是组织各级党政机关、企事业单位以及行业单位与工作人员全员签订使用正版软件承诺书，层层落实责任，逐级传导压力，将软件正版化工作落实、落细、落到个人。

(5) 抓好源头管控，做好备案审查，把住正版软件的入口关。一是推行新购计算机软硬件备案管理制度。按照厅际联席会议办公室要求，各级党政机关应于计算机软硬件采购完成后10个工作日内，向本级著作权主管部门报备，各单位履行报备手续纳入海南省政府机关使用正版软件工作考核项目。二是加强省版权局、省公共资源中心沟通合作，自2020年9月起，省公共资源中心每月底将当月各级党政机关采购的计算机软硬件明细抄送给省版权局，省版权局对单位违规采购软硬件的行为予以通报。

(6) 推进集中采购，提高软件采购效率，加快软件正版化工作进度。2020年，省国资委根据省属企业的需求，以海南省信息产业投资有限公司为牵头单位，组织企业采取集中谈判、集中签约和分别付款的方式采购操作系统、办公软件、工业设计软件。信投公司充分发挥资产投资公司的优势，为省属企业提供账务分期、延迟付款、软件租赁等多种灵活的采购方式，有效缓解企业软件采购的资金压力，大大加快了省属企业软件正版化的进度。

二、版权普法宣传

一是组织完成2020年海南省知识产权宣传周版权宣传活动。在省图书馆、省博物馆、全省新华书店以及各市县公共图书馆、市民文化广场、政务服务中心、商场、超市等人流密集区域集中开展现场咨询活动，张挂宣传横幅、放置宣传海报（易拉宝）、印发宣传小册子，全省累计接受版权现场咨询约5 000人次，张挂版权宣传横幅500余条，制作宣传海报（易拉宝）200多个，发放宣传小册子40 000多份；组织工作人员、志愿者200多人次，走进企业、单位、社区、学校进行版权知识宣传普及讲座10余场，发放宣传手册2 000多份。

二是在海南广播电视总台和各市县电视台每晚黄金时段反复播放公益宣传片。海南广播电视总台所属5个地面频道累计播放112条次，总播放时长约6 720秒；海口广播电视台所属3个频道累计播放42条次，总播放时长2 520秒；其他市县电视台累计播放266条次，总播放时长15 960秒。在书香海南、这里是儋州、我爱五指山、家园琼海等约20个公众号（客户端、APP）链接播放公益宣传片和公益海报。

三是在海口汽车总站、汽车东站候车大厅、海口港室外宣传屏幕播放公益宣传片，每次间隔30分钟，全天播放24条次；在海口市内800辆公交车电子屏滚动刊播2020年国家版权局公益海报，每辆车播放约600条次。南海网、凯迪网等网站在显著位置设链播放公益宣传片，共设置播放链接10余条。

三、版权执法监管

（一）组织开展“秋风2020”专项行动，开展出版物市场专项整治

省“扫黄打非”办牵头组成检查组，先后两次对全省小学、初中、高中校园教材教辅使用情况开展检查，共检查114所学校456个班级和342家校园周边出版物个体经营场所。联合省文旅厅综合执法局、省邮政管理局等有关成员单位，对全省印刷复制、邮政寄递企业落实“五项制度”及“画像法”运用情况开展专项检查，覆盖全省11个快递主流品牌的203家邮政快递企业、114家印刷复制企业。积极组织出版物市场专项整治，注重深入一线暗访检查，多部门联合行动，密切协作，重点对书店、报刊亭、文具店等出版物经营销售场所和游商摊点进行不间断检查。截止到11月，暗访检查天数累计200天，涉及全省18个市县、90多个乡镇，检查书

店、音像店、报刊亭、印刷复制企业、文具店、流动摊贩、网站媒体等各类出版物经销主体 3 500 余家次，共收缴非法出版物 3.8 万余册（本）。

（二）组织开展海南省打击网络侵权盗版“剑网 2020”专项行动

按照国家版权局等四部委通知要求，召开专项行动工作协调会，印发专项行动实施方案，组织各市县开展拉网式巡查，指导各级版权执法部门查处网络侵犯著作权案件。

一是专项行动期间，全省共巡查互联网企业 482 家，影院 8 家，电商平台 13 家，社交平台（公众号）269 家，网吧 147 家，在线教育平台 1 家，电脑、电视专卖店 7 家，实体书店（音像店）16 家，印刷复制企业 12 家，发现问题线索 30 余条。

二是立案查处 2 起网络侵权盗版案件，分别为魅力社网站（域名：989pa.com）涉嫌通过信息网络擅自向公众提供他人的作品、表演、录音录像制品案和漂亮头条网站（域名：piaoliang.com）通过信息网络擅自向公众出版他人图片案。前者已完成行政立案和刑事立案，并抓捕嫌疑人移交检察机关提起公诉；该案件已于 2020 年 12 月 21 日列入中央宣传部版权管理局、全国“扫黄打非”工作领导小组办公室、公安部食品药品犯罪侦查局、最高人民检察院第四检察厅联合督办事项。后者已立案，正调查取证。

三是举办 2020 年海南省版权执法骨干培训暨“剑网 2020”专项行动总结会。邀请省公安厅网警总队业务专家讲授办理网络侵权案件的技巧和手段，对全省开展“剑网 2020”专项行动情况进行总结分析，就各市县在版权执法过程中存在的问题提出解决办法和指导意见。

四、积极做好版权社会服务工作

2020 年，海南省共登记各类作品 192 件，审核备案涉外图书版权贸易合同 151 个、软件版权 5 个，引进图书版权 95 种、软件版权 1 种。

（王金根）

重 庆 市

一、版权执法工作

2020 年，重庆市严格考核机制，加大执法办案力度。

一是将版权执法纳入对区县和市级部门全面从严治党考核指标，纳入“打击侵犯知识产权和制售假冒伪劣商品专项行动”考核指标，进一步压实各级版权行政执法部门主体责任。市版权局每半年召开一次全市各区县版权执法工作推进会，对版权执法案件查办情况进行总结，对下一阶段结案数量、查办时限、办案质量等提出要求，并按季度向区县党委常委、宣传部部长通报案件查办情况。

二是建立重大侵权盗版案件挂牌督办机制，对区县重大案件进行挂牌督办。牵头开展“剑网重庆”专项行动，2020 年共办理侵权盗版行政处罚案件 23 件、刑事案件 2 件，移送公安 2 件，关闭违法违规账号和僵尸账号 7.6 万余个。

三是建立全市重点作品版权预警机制，发布首批重点图书版权保护预警名单，涉及渝版图书 90 余个品种。加强联动机制，形成版权治理整体合力。

四是强化与公安、检察院、法院、文化执法总队案件会商机制，多次召开重点案件协调会，就案件管辖、证据标准、取证要求及侵权认定等进行充分沟通，规范办案程序，提升办案效率。

五是会同市文化旅游委、两江新区（自贸区）人民法院建立“诉源治理保护版权，共同优化营商环境”工作机制，加强知识产权司法保护和行政保护衔接，进一步深化诉调对接，促进信息共享，强化行业整治。

六是加强与四川省版权部门的执法协作，共同签署《成渝地区双城经济圈版权保护和创新战略合作框架协议》，互换互认重点图书版权保护名录，联合主办“川渝互联网版权保护与数据竞争研讨会”，合力查处川渝两地侵犯美术作品著作权等案件，建立跨区域执法协作机制。加强队伍建设，扎实开展执法骨干培训。

七是采取“线上＋线下”结合的方式，举办 2020 年“剑网行动”专项执法暨区县融媒体中心版权管理专题培训班，围绕著作权行政执法实务等内容，对市版权局、两江自贸区法院、市文化市场综合行政执法总队等负责同志进行专题培训。

八是组织各区县宣传部分管部长、文化执法大队负责人学习新修《著作权法》，160 余人参加现场培训，300 余人参加线上同步培训。

二、软件正版化工作

全市软件正版化工作不断向行业纵深拓展。

一是市联席会议总召集人，重庆市委常委、宣传部部长多次听取软件正版化工作情况汇报，并对进一步提升工作效果作出明确要求。各区县也分别建立了以区县党委常委、宣传部部长担任总召集人的联席会议制度。市经济信息委、市司法局、市规划自然资源局等 17 个部门将下属事业单位全部纳入软件正版化工作计划，统筹推进。

二是将软件正版化工作纳入对区县和市级部门全面从严治党考核指标，纳入全市法治政府建设工作要点、全市宣传思想工作要点，进一步提升各区县、各部门抓好工作的责任感紧迫感。

三是继续加大检查力度，2020 年 9 月至 11 月，市版权局派出 4 个现场检查组 18 名工作人员，对 12 个区县、15 个市级部门、5 个市属国有重点企业（含下属三级以上企业），以及教育、医疗、科技、新闻出版等市级行业的 9 个单位进行了现场核查，并对上一年度检查发现问题较多的单位开展“回头看”。共完成 615 家党政机关和 116 家市属三级以上国有企业的检查，检查计算机 32 455 台。对问题突出的区县和单位提出针对性整改建议，并将检查通报印发给各区县、各部门对照自查，举一反三，不断巩固软件正版化工作成果。对重庆市正版软件资产管理和日常监管平台进行升级改造，有效提升党政机关、企事业单位正版软件资产管理水平。

四是全市软件正版化工作基础台账进一步完善，工作触角延伸至乡镇（街道）、事业单位以及国有企业分子公司等基层单元，基本建立了责任明确、分级管理的软件正版化工作动态管理体系。截至 2020 年 12 月底，各级党政机关、企事业单位通过正版软件监管系统上传计算机台账信息 258 246 条，工作资料 52 690 份，覆盖单位用户数同比增加 59.93%，登记计算机数同比增加 53.72%，正版化工作档案数同比增加 50.54%。

五是全市各区县、各部门使用国产软件意识进一步增强，采购使用国产软件比例进一步提高，市级部门新采购的办公软件均为国产办公软件，各市属国有企业采购的杀毒软件和设计类软件均为国产软件。各区县利用统一采购的价格优势，加大了对国产软件的采购力度，国产操作系统套数占比达 83.39%，采购国产办公软件 39 108 套，采购金额 1 555 万元，分别占比 99.35% 和 98.23%，为保障党政机关和国家重要信息系统高效稳定运行、维护国家网络信息安全发挥了重要作用。

三、版权产业发展

充分发挥市级版权孵化平台的功能作用，积极开展版权示范培育工作，组织策划一系列有影响力的版权产业推广活动，着力构建“政、产、学、研”一体化推进的版权产业发展新格局。

一是加强版权孵化平台建设。在市属高校设立一批版权研究基地，利用其专业团队，系统梳理版权产业对地方经济发展贡献情况。与保税港区共建版权贸易基地，以版权授权展会服务、版权对外推广服务、版权贸易中介服务为载体，小切口、多渠道做实版权贸易。

二是发挥重庆市原创音乐和艺术版权孵化中心的资源优势，助力重庆音乐半岛和艺术湾区建设。依托西部（重庆）科学城软件正版化服务中心的技术力量，为推进全市软件正版化工作提供专家智库、第三方实验室、专业技术服务等。成立重庆市版权协会，建立版权保护自律和信息沟通机制，调动社会力量积极参与版权共治。

三是积极开展版权示范创建工作。成功培育 2 个全国版权示范园区、6 个全国版权示范企业以及 8 个市级版权示范园区、25 个市级版权示范企业，在版权创造、保护、运用等方面充分发挥了示范引领作用。

四是加大版权项目推广力度。以“数字版权赋能新经济”为主题，举办首届重庆市数字版权项目推介会，邀请网易、B 站、鲲鹏等企业的地区负责人以及长安软件科技、猪八戒、江小白等本土企业的杰出代表作主旨演讲和项目推介，助推数字版权产业高质量发展。举办首届重庆高校“版权杯”文化创意设计大赛，活动共收到 48 所高校 1 316 人次递交的 1 019 件参赛作品，参与活动的网络投票达 124 万票，活动官方网站访问量达 400 万次，进一步激发了在校大学生创新活力，搭建了原创与市场、高校与地方交流协作的平台。

四、版权社会化服务

2020 年，重庆市多措并举，推动作品登记量质同升。立足著作权登记服务经济社会发展的功能定位，搭建多元作品转化平台，前移版权保护和服务关口，促进登记作品的孵化、运用。

一是创新工作举措。2020 年，重庆市实现作品登记量质同升，1—12 月登记作品 17.1 万件，同比增长 8.57%，位居全国前列。

二是创新服务模式。积极探索完善版权服务体系，将版权保护和服务关口前移，变被动服务为主动上门，将版权公共服务触角延伸到工作一线。疫情期间，通过数字服务平台无接触开展版权登记申请受理、作品审核及证书发放工作，登记作品 3 668 件。开通抗疫作品登记服务通道，主动发掘一批疫情防控主题优秀作品。将文化产业龙头企业和文创名人作为服务重点，对焦行业痛点，开展作品登记、法律服务、版权交易、教育培训“四个上门”服务，发挥版权对提升产品附加值和提升企业竞争力的重要作用。在全市区县融媒体建设中，通过问卷调查、座谈、走访等形式，开展区县融媒体版权保护专项调研，形成调研报告，指导区县融媒体中心版权工作。在服务科技创新发展、助力科研诚信建设中，与市科技期刊协会签订版权战略协议，为全市 70 余家科技期刊单位和 300 余名科技人才提供版权公共服务。

三是创新宣传培训形式。抓住版权宣传月这一重要节点，广泛开展形式多样的宣传活动，让版权保护成山城“热辣”话题，光明网、《法制日报》、《中国新闻出版广电报》等中央媒体对此进行了集中报道。开展版权知识云竞答。联合西南政法大学、重庆理工大学等高校建立版权知识题库，依托华龙网开展 3 轮版权知识云竞答，共有 120 名网友获奖，总浏览量超过 8 万人次。开展重点企业风采展示活动。在新重庆客户端、华龙网、重庆文艺网显著位置开设版权宣传活动专栏，对 100 家重点版权企业开展网络成果展、版权微访谈、“双十佳”评选等系列活动，网页访问量达 252 万人次，其中 28.2 万人参与网络投票。开展宣传咨询服务。与区县宣传部联合制作版权宣传手册，覆盖多家企业和多个乡镇、街道的基层群众。开展版权培训。组织各区县版权管理部门、网信办、文化市场综合行政执法大队（支队）等 480 余人通过“线上＋线下”方式参加为期 5 天的专题培训。

五、版权宣传氛围营造

打好全媒体组合拳，版权宣传月活动反响热烈。围绕“强化版权治理，优化版权生态”主题，以网络环境下的版权保护和产业发展为主要内容，组织开展重庆版权宣传月活动。从 3 月至 5 月，以华龙网为主要载体，联动各区县融媒体平台，通过开设版权月网络宣传专栏，组织版权执法骨干微访谈、版权企业成果展以及版权知识网络竞答等系列活动，调动市民广泛参与，不断将版权宣传氛围推向高潮，社会反响热烈。做实品牌活动，“尊重版权、保护原创”理念深入人心。坚持“创新性思考、系统性谋划、项目式推动”的工作思路，以活动为抓手，持续开展版权宣传。

一是开展“十佳版权创新企业”“十佳版权创业先锋”评选活动。通过网络投票和专家评审相结合的方式，评选出重庆课堂内外杂志有限责任公司等 10 家企业为 2020 年重庆市“十佳版权创新企业”，万物有灵（重庆）文化创意有限公司董事长潘鹏宇等 10 名个人为 2020 年重庆市“十佳版权创业先锋”，活动共吸引 252 万人次浏览活动官方网站，28.2 万余人参与网络投票，进一步激发了广大版权企业干事创业的热情。

二是开展“普及版权·服务基层”主题活动。组织近 100 家版权相关单位进区县、进园区、进企业、进高校，开展版权作品登记、版权项目推介、版权企业交流、数字版权平台建设分享等，普及版权保护知识，推动原创 IP 价值转化。

三是举办重庆版权大讲堂。该讲堂每月 1 期，首届举办 12 期，邀请业界专家学者、版权企业负责人等，就新修《著作权法》亮点新意、版权授权运营与开发、版权产业发展与模式创新等话题进行专题讲解，通过网络媒体以视频方式多渠道传播，进一步加大版权宣传普及力度，增强了市民版权保护意识。

四是开展青少年版权知识普及活动。举办“IP 创未来”青少年艺术版权活动季、“世界最美童画·讲好中国故事”——“一带一路”青少年人文艺术交流活动、金山意库儿童艺术节等活动，增强青少年尊重版权、保护原创的意识。

六、版权对外合作

2020 年，重庆市共向日本、俄罗斯、波兰、塞尔维亚等 12 个国家输出图书版权 73 种，输出图书版权数量是引进图书的 2.3 倍，版税收益 9 300 美元。版权输出类别涵盖文学、社科、学术、少儿、科技等多个领域，并开发出了合作出版、版本合作、选题合作等多种国际合作出版输出方式。《脱贫之道》《大国小康路》等国内重要图书已向英国、日本、波兰、爱沙尼亚等地转让版权，《快递中国》《乌度屏风里》等图书版权首次输出到巴基斯坦，开启了与“一带一路”沿线西亚国家的合作关系。

（吴进科）

四　川　省

一、版权宣传培训

全省各级版权管理部门围绕“4·26”知识产权宣传周开展各类线上线下宣传活动。指导开展“版权你我他·法律云课堂”活动，在四川发布客户端和微博进行线上直播，邀请高校教授和专业律师讲解版权热点问题；委托制作以“版权你我他，全民来闯关”为主题的 H5 互动小游戏产品，让版权科普宣传更加亲民和更具趣味性；组织评选“四川省 2019 年度十佳版权登记作品”，发布四川省 2019 年“扫黄打非”暨著作权保护典型案件。宣传周期间制作版权保护宣传横幅、标语、展板、展架近 2 000 个，发放版权宣传资料 100 余种、20 万余份，在人流密集区域张贴保护版权主题宣传海报 5 万余张，主动接受群众答疑咨询2万余人次，宣传活动相关稿件覆盖人群超过1 000万，点击量达到150万次。开展新修订《著作权法》宣传活动及作品著作权登记宣传月活动，宣传新修订《著作权法》，针对作品登记工作进行专题宣传、业务指导和经验交流，切实提高版权登记工作质量水平。共组织开展2次全省版权执法监管、233次省市县软件正版化培训，提升版权工作人员执法能力，推动软件正版化工作安排落地落实。

二、版权执法监管

加强执法监管力度，开展执法行动18 516次，出动执法人员74 600人次，查办侵权盗版案件21起，指导成都、自贡、南充等地及省版权协会积极调解侵权盗版纠纷近400起。积极部署"剑网2020"专项行动，将日常巡查和专项行动相结合，以网络文化市场为重点，针对大型网站和专门从事音乐、电影、软件、游戏、图书等内容传播的网站，通过网上监管与网下清查相结合的方式，加大互联网版权行政执法案件查处力度。组织开展打击在影院盗录影片等侵权违法行为的专项行动，有力遏制了侵权盗版案件蔓延势头。牵头成立"四川达州何某涉嫌盗录院线电影案"案件督办领导小组，强化案件沟通协调，加快案件办理进度。发布4期川版图书版权保护书目，对126种重点图书进行版权保护。

三、软件正版化工作

发布《2020年四川省推进使用正版软件工作计划》，督促各市（州）报送本地区推进使用正版软件工作计划，巩固联席会议制度，增强工作合力，进一步推动软件正版化工作规范化。拓展工作领域，对20家省级政府机关、16家省属国有企业和6个市级政府机关开展软件正版化工作调研指导，查阅被调研单位制度建设和责任落实情况、软件日常使用管理情况，现场核查计算机软件安装使用情况，巩固软件正版化工作成效。

四、版权社会服务

印发通知开展全省"版权社会服务质量提升年"活动，全面提升版权基层治理、产业服务、创新发展能力。推荐省版权事务中心参评并成功获得国家版权局和世界知识产权组织颁发的2020年"中国版权金奖·管理奖"。完成首次"四川省版权产业经济贡献调研"课题，摸清全省版权产业底数。与重庆市版权局共同签署《川渝版权合作框架协议》。完成作品版权登记16.3万件；完成版权贸易合同备案840件，其中引进418件，输出422件。积极开展示范创建，支持优秀出版项目"走出去"，成功创建省级版权示范单位10个、省级版权示范园区1个，推荐1家企业争创全国版权示范单位，35个项目获得2020年版权"走出去"专项资金补助。指导省版权协会成立知识产权纠纷人民调解委员会，开展版权纠纷调解工作。配合国家版权局在成都成功举办2020年全国第三期版权执法监管、涉外版权培训班和第十二届全国大学生版权征文活动颁奖仪式，指导成都举办2020年数字版权交易博览会。

（李晓曦）

贵州省

一、软件正版化工作

2019年底，省推进使用正版软件工作领导小组召开全省软件正版化工作会议，对2020年全省软件正版化工作进行安排部署。会后，省版权局将软件正版化工作作为版权工作的重中之重，按照既定安排扎实开展各项工作。

一是扎实开展需求摸底工作。2020年初，在新冠肺炎疫情期间，多次在微信工作群下发通知，对40多家省直机关的正版软件采购需求进行摸底，并在省级层面与金山WPS供应商进行多次价格协商，形成省级机关采购阶梯价格，指导各单位开展软件采购工作。

二是主动对接考核机制建设工作。3月，省版权局按照全省软件正版化工作推进会议要求，积极主动对接省委网信办和宣传部相关业务处室，将软件正版化工作纳入网络安全和意识形态责任制考核，并配合相关部门拟定网络安全责任制考核扣分细则。

三是深入开展省级检查工作。5月，省版权局拟写关于开展贵州省2020年软件正版化工作检查的请示，获部主要领导同意后，于5月18日正式启动全省软件正版化检查工作。此次检查聘请第三方社会服务机构负责具体实施，共覆盖省直机关42家，检查计算机5 000余台，反馈检查报告接近40份。

四是扎实推进见成效。7月，省推进使用正版软件工作领导小组召开全省软件正版化工作会议，省委常委、宣传部部长卢雍政出席会议并作重要讲话，要求提高到讲政治的高度抓好软件正版化工作。2020年，贵州省在部际联席会议核查中，实现省直政府机关和省属国有企业范围操作系统、办公软件、杀毒软件和工业软件正版化率全部100%。

二、版权行政执法

（一）版权行政执法常抓不懈

省版权局始终将打击侵权盗版案件作为一项重

要工作，不断加大侵权案件打击力度。2020 年贵州省著作权行政处罚案件 10 件，较 2019 年（10 件）数量持平。惠水“4·14”侵犯电影著作权案犯罪嫌疑人范某于 6 月 3 日被惠水县人民检察院批准逮捕，并在当天送入惠水看守所羁押。9 月，黔南州惠水县人民法院依据《刑法》第 217 条，判处范某犯侵犯著作权罪，判处有期徒刑 2 年，并处罚金 10 万元。此案入选中宣部版权管理局 2020 年打击电影侵权盗版十大案例。

（二）积极组织开展“剑网 2020”专项行动，开展版权重点监管工作

“剑网行动”中贵州省持续加大过程监管力度。运用科学技术手段对院线电影、热播网络剧、贵州台电视节目、微信公众号及微博等进行监测，并根据业务需要出具监测报表及报告。全年共监测贵州台电视节目 24 档，微信公众号 27 个，微博号 6 个，今日头条号、抖音号等共计 10 个，卫视综艺 4 个，院线电影 20 个，网络剧 15 个，短视频监测标的 300 个，课堂视频 5 个。审核数据共 27 万余条，检索个人网站共 60 万余次，检索 APP 共 1.2 万余次，检索微信、微博共 1 000 余次，检索搜索引擎共 2 万余页，监测到疑似盗版链接 1.6 万余条，出具日报表 800 余份，监测报告 100 余份，发送邮件（包括下线函、监测报表、监测报告）2 000 余封。其中，贵州省贵阳市在省“剑网行动”工作领导小组的指导下，上报处置各类有害信息样本 2 200 余个，管控、协调关闭违法违规网站 20 余家，约谈违规网站 6 家次，责令更正错误信息网页近 100 个；每日关注贵州本地重点微博客、博客信息 9 000 余条，巡查境内外网站、论坛各类信息 1 万余条，累计巡查各类信息 480 余万条。

在中宣部版权管理局组织的 2019 年度查处重大侵权盗版案件有功单位与有功个人评选中，省版权局徐梅、南明区文化市场综合行政执法大队黎万里和铜仁市文化市场综合行政执法支队孙秒荣获“有功个人”称号，版权管理处及贵阳市文化市场综合执法支队、安顺市文化市场综合行政执法支队、铜仁市文化市场综合行政执法支队荣获“有功单位”称号。

三、版权宣传普及

一是借理论研究促宣传。举办“2020 创意黔行”——贵州省大学生版权保护征文活动，先后向贵州大学、贵州民族大学、贵州师范大学等多所贵州本土大学下发关于开展主题征文活动的通知，动员和邀请在校学生开展版权理论研究。征文活动共收到投稿 40 余篇，评出特等奖 2 篇、一等奖 3 篇、二等奖 4 篇、三等奖 2 篇。此次征文活动是贵州省第一次组织版权群众性活动，体现出贵州省版权工作开展在群众意识层面的进步，为更好开展版权工作营造了良好的氛围。贵州省版权局荣获第十二届全国大学生版权征文活动“优秀组织奖”，贵州大学谢光明同学获优秀论文三等奖。

二是借版权活动周促宣传。2020 年，省版权局以版权活动周为契机，举办了丰富多彩的线上版权知识系列讲座活动，专家学者关于版权的精彩授课在社会大众中引起了广泛的反响。在此期间，省版权局积极参与省人民政府新闻办组织的《2019 年贵州省知识产权保护与发展状况》白皮书新闻发布会工作，并就贵州省 2019 年工作成效进行总结，提出从 6 个方面谋划开展 2020 年版权管理工作。省版权局在答记者问环节的相关回答得到了省内多家主流媒体的宣传报道，进一步宣传了贵州省版权工作的特色亮点和工作思路。

三是借奖项申报促宣传。按照国家版权局关于“中国版权金奖”的申报要求，省版权局深入分析全省版权工作特色，深入挖掘全省版权资源，向各地市州下发通知，要求组织相关单位和社会团体积极进行申报，并有针对性地对部分版权特色企业提供业务指导。

四、版权社会服务

一是持续做好作品版权登记工作。2020 年，贵州省作品登记中心共审核通过作品登记 13 万件。

二是拓展社会服务新思路。2020 年 7 月，贵州省委宣传部、省版权局组织实施了“激活价值 注力攻坚”多彩贵州民族民间文化版权服务工程，登记民族民间文化作品 5 000 余件，服务企业 80 多家，并对外推介了一批拥有版权的民族民间文创产品，让民族民间文化创意企业通过版权运营实现创意变现，让民族民间文创作品拥有原创标签，将“纸上图画”转化为“现实效益”。2020 年 8 月，省民族民间文化创意企业整体以“贵版”品牌参加服贸会北京文博会展出，取得较好的社会效益和经济效益。通过助力贫困地区开展版权登记服务活动，一方面有助于提升著作权人版权保护意识，另一方面对省民族民间文化作品资源进行搜集整理，为发展相关扶贫产业奠定基础。

三是发挥示范带动作用。组织推荐全国版权示范单位。贵州中云版权科技有限公司、贵州蝉之翼文化创意发展有限公司获评 2020 年度“全国版权示范单位”。

（徐　梅）

云 南 省

一、版权执法监管

云南省版权局始终把版权行政执法作为打击侵权盗版的重要手段，坚持日常监管和专项行动相结合，重点突出大案要案查处和重点行业专项治理，加大侵权行为惩治力度，营造和维护了合法有序的版权环境。

（一）不断完善行政执法机制

2020年4月17日，中共云南省委宣传部与云南省文化和旅游厅联合印发《云南省版权行政执法监管工作方案》，通过建立全省版权行政执法联动工作机制、挂牌督办案件、成立专案组跨区域办案、开展联合巡查等方式，不断完善和优化版权行政执法机制，解决全省各州（市）办案专业人员不足、办案效能不高、技术力量薄弱、案源渠道较少、执法力度不够等一系列问题，进一步提高了全省版权行政执法效能。2020年全省立案查办侵权盗版案件30起，结案24起，移交公安机关侦办案件2起。

（二）开展“剑网”专项行动

省版权局联合省网信办、省通信管理局、省公安厅、省文化和旅游厅等部门在全省范围内开展打击网络侵权盗版“剑网2020”专项行动，重点突出打击视听作品、电商平台、社交平台、在线教育等领域的侵权盗版行为，着力规范网络游戏、网络音乐、知识分享等平台的版权传播秩序，持续巩固网络文学、动漫、网盘、应用市场等专项治理成果。截至10月底，全省互联网管理部门共清理网上违法违规信息3 600余条，关闭违法违规账号14个，约谈网站及账号持有人20家（人），移送线索63件次，查处网络侵权案件7起，进一步净化了网络版权环境。

（三）加大侵权盗版行为打击力度

2020年11月，省版权局联合省文化和旅游厅综合执法监督局2次开展版权案件巡查工作，对昆明、玉溪、大理、丽江、西双版纳5个州市的文化市场进行突击检查，发现案件线索8起，发现营业性私人影吧领域存在较大侵权盗版风险。2020年云南省各级文化执法机构共出动38 176人次，开展市场巡查5 599次，检查场所5 143家，没收非法音像制品18 310张（盘）、非法出版物50万件册，收缴、下架各类侵权盗版和有害书籍4 704册，处置网络有害信息2.8万余条，取缔关闭网站7个，有效打击和震慑了侵权盗版等违法行为。省委宣传部版权管理处被国家版权局表彰为2019年度查处重大侵权盗版案件有功单位。

二、软件正版化工作

（一）定期召开联席会议

2020年6月11日，召开云南省2020年推进使用正版软件工作联席会议全体会议，省委常委、宣传部部长、联席会议召集人赵金主持会议，16家成员单位分管领导和联络员参加会议。会议强调了推进使用正版软件工作的突出地位和特殊重要性，要求各成员单位充分发挥职能职责，要在全面推进软件正版化工作规范化、常态化和制度化基础上，全面推动全省正版化与信息化深度融合，构建软件正版化工作新体系，努力推进云南省软件正版化工作取得新成效新进展。会议肯定了联席会议各成员单位在抗击新冠肺炎疫情、复工复产工作中，积极发挥职能作用，协调金山、中望CAD等软件公司，免费授权省内所有企业和医院使用，为全省复工复产提供支持的举措。

（二）开展软件正版化督查检查工作

按照国家版权局软件正版化工作检查标准和流程，云南省推进使用正版软件联席会议办公室会同联席会议各成员单位和第三方技术公司组成9个软件正版化工作专项检查组，于2020年7月至11月，对昆明、玉溪、红河、楚雄、大理、丽江6个地区的州（市）级党政机关开展软件正版化全覆盖检查工作；对云投集团、云天化集团、能投集团、设计院集团、富滇银行等5家企业软件正版化工作完成情况进行了达标验收检查；对云南大学、云南财经大学、昆明医科大学、昆明冶金高等专科学校、云南交通职业技术学院等5所省直高校和云南省妇幼保健院、云南省第一人民医院、昆明医科大学第一附属医院、昆明医科大学第二附属医院、昆明医科大学第三附属医院等5家医院进行了检查调研。全年共计实地检查单位309家、计算机12 000余台。通过督查检查，进一步推动了党政机关和企事业单位的软件正版化工作开展。

（三）积极推广应用国产软件

2020年4月，通过现场对合同服务项目和产品功能进行逐一检查和完成性审核，完成全省党政机关国产办公软件升级服务集中采购项目验收。截至2020年12月31日，全省党政机关使用金山办公软件数量已达52万套。利用软件正版化工作培训班和重要宣传节点等时机，邀请国产软件商代表作国产软件介绍，鼓励各地各单位优先采购国产软件产品及服务，国产软件在全省安装使用量呈稳步上升趋势。

三、版权社会服务

（一）改进作品登记工作方式

从 2020 年起，将作品登记工作纳入云南省新闻出版产业技术中心职能中，配备 2 名专职工作人员。制定《云南省版权服务工作站管理办法（试行）》，分 2 批建立 17 个版权服务工作站，通过云南版权登记线上系统为著作权人提供“零距离”的作品登记便捷服务，作品登记的质量和效率得到大幅度提升。截至 2020 年 12 月 31 日，共登记作品 11 129 件，全年登记总量首次突破 1 万件，是 2019 年登记总量的 10 倍以上，超过 2020 年前云南省所有作品登记的总和。

（二）创新开展版权示范创建工作

印发《云南省 2020 年版权示范创建方案》《关于开展版权示范创建的通知》等文件，动员省属文化企业、各州（市）版权管理部门相关单位和企业积极参加示范创建。经过 6 个月的创建期，通过对 37 家申报单位进行考评验收，确定云南音像出版社、云南网际科技有限公司、云南出版融媒体有限责任公司 、昭通市广播电视台 、富源县融媒体中心、保山市广播电视台、建水县成林紫陶文化艺术有限公司、文山市第一时间知识产权咨询服务部、大理福致科技有限公司、丽江滇绣唐卡文化艺术有限公司、临沧融媒体新闻社等 11 家单位为版权示范单位，云南广播电视集中集成播控中心、云南成名广告文化产业经营开发有限公司、建水紫陶文化产业园区等 3 家单位为版权示范园区，并从中择优选择 3 个单位（园区）参加国家级的版权示范创建评选。

（三）认真做好涉外著作权合同登记

严格按照国家版权局关于版权贸易合同登记的要求，做好全省涉外著作权合同登记工作。截至 2020 年 12 月 31 日，对全省 232 种图书合同进行审核，对其中 65 份合同中版权授权不清晰及合同条款明显有失公允的地方给予建议，并责令出版社补全资料文书，督促其取得外方合法授权，避免了合同履行中的法律纠纷。

四、版权宣传培训

（一）持续提升宣传高度

2020 年 4 月 20 日，省版权局在 2020 年云南省知识产权宣传周活动启动暨新闻发布会上，向在场的 40 多家媒体记者介绍了 2019 年云南省版权工作所取得的成效。

（二）积极开展集中宣传活动

在“4·26”知识产权周版权宣传活动期间，省版权局联合省委教育工委开展了 2020 年云南省大学生版权征文活动，评选出获奖作品 52 篇，并推荐优秀作品参加第十二届全国大学生版权征文活动，其中 1 篇作品获得全国二等奖，省版权局获优秀组织奖。

（三）不断加大宣传广度

结合版权管理工作实际，省版权局制作 1 条版权宣传公益广告、7 幅版权宣传海报，丰富了云南省版权宣传资源。同时，建立与 16 州市版权管理部门和省级主流媒体的宣传沟通机制，形成全省宣传资源共享、新闻线索共用、版权宣传共商的大宣传局面。省版权局与云南网开展全年版权宣传深度合作，策划推出一个专栏（《版权工作在云南》）、一个图解（“一图读懂云南版权工作”）、一组动态视频海报（《我为云南版权工作打 CALL》）、一场征文比赛（版权主题大学生征文比赛）、一个展播活动（版权一线的云南战“疫”作品展播）、一个小游戏（趣答版权知识小游戏）、一场线下活动（“云南版权知识进校园”）等“七个一”系列策划。2020 年在云南网各平台发布原创稿件 40 余篇，国内各大主流媒体纷纷转载。云南网官方微信、微博同步开通版权宣传专题，受到了网友的关注和热烈讨论，有效扩大了版权宣传的覆盖范围和社会影响。

（四）版权培训工作突出针对性、实用性和可操作性

2020 年 8 月 26 日至 28 日，省版权局举办了“2020 年云南省软件正版化暨版权工作培训班”，来自全省各州市的版权管理和执法部门骨干，省属国有企业、医疗卫生和教育单位信息化部门负责人共计 300 余人参加培训，聘请省内专家学者就如何开展好软件正版化、著作权作品登记、版权行政执法等工作进行了授课，全省从业人员的业务能力水平得到较大提升。

（王　成）

西藏自治区

一、工作部署

（一）强化制度措施，加强制度建设

一是为迅速开展“剑网 2020”专项行动，自治区版权局组织召开由自治区网信办、自治区通信管理局、自治区公安厅、自治区文化执法支队等部门参加的专题会议，制定并印发了《西藏自治区版权局关于开展打击网络侵权盗版“剑网 2020”专项行

动的通知》，安排部署“剑网2020”专项行动工作，明确目标任务。

二是为充分发挥版权示范单位在诚信守法、依法经营、带动版权产业发展方面的示范作用，提升单位自主创新能力，推动版权保护工作更好地为全区经济、文化、科技和社会发展服务，制定并印发了《西藏自治区版权示范单位评选管理暂行办法》。

三是切实巩固政府机关软件正版化工作成果，制定并印发了《西藏自治区推进使用正版软件工作联席会议制度》。

四是建立了信息报送机制，按季度向国家版权局、自治区“双打”办等部门报送版权部门查办案件统计信息。

（二）畅通网民举报渠道

健全和完善涉侵权类信息处置机制，通过设立免费举报电话（0891－6329729），广泛宣传投诉举报方式，安排专人受理投诉举报，发动权利人、相关行业协会和群众积极举报，加大对有效举报的奖励力度，切实解决版权行政执法案源不足的问题。

二、版权执法监管

（一）加大对政务新闻媒体的日常巡查力度

认真贯彻中央关于推动媒体融合发展的重要部署，加强主流媒体版权保护工作，推动主流媒体不断提高传播力、引导力、影响力、公信力。7月，自治区版权局、自治区互联网信息办公室等部门赴林芝市、昌都市等加强对基层一线和网站平台的指导检查，及时发现存在的问题和风险点并督查整改落实。

（二）开展在线教育版权专项整治

自治区版权局加大“学习强国”学习平台版权保护力度，对“学习强国”西藏学习平台开展了检查和版权保护知识方面的指导。严厉打击非法传播“学习强国”学习平台的文字、图片、音频的行为。

（三）加强版权执法监管，有效整治侵权盗版行为

自治区版权局协助自治区“扫黄打非”办公室等相关部门深入全区各地（市）开展联合专项行动。重点对出版物经营场所、互联网服务营业场所等开展了清查工作。检查图书发行单位40家、音像店10家，收缴非法（含盗版）图书110册，下架影响青少年身心健康书籍10本，收缴无证销售图书30余本，现场整改51家，限期整改27家，停业整顿5家，移交相关部门1家。同时，配合拉萨市执法支队等相关部门做好自治区藏医院《西藏天文气象历书》侵权盗版案件的涉案线索收集、调查取证和依法依规查处等工作，收缴侵权盗版《西藏天文气象历书》280册。

（四）深入开展图片市场版权整治工作

严厉打击未经授权传播他人图片的侵权盗版行为，进一步规范图片市场版权传播秩序。组织“剑网行动”工作小组成员单位对银凯摄影、天艺摄影等8家照相馆进行了检查，要求照相馆对未经许可使用他人图片的行为进行整改，并召开照相馆负责人及从业人员会议，开展现场版权专题宣传，发放宣传册100余份。

（五）加大音乐版权保护力度

自治区版权局协同自治区文化厅、拉萨市文化综合执法大队等对中国音像著作权集体管理协会西藏联络处开展规范卡拉OK版权许可工作进行了了解和掌握。召集歌舞娱乐行业负责人沟通座谈，进行版权保护指导和服务，从建设知识产权强国的高度，加强法制宣传，明确行业义务。

（六）开展视听作品版权专项整治

组织“剑网行动”工作小组深入自治区电信公司、数码广场等了解掌握交互式网络电视（IPTV）运营情况，检查了智能电视机顶盒（OTT）销售点6家，加大流媒体软硬件版权监管，严厉打击通过流媒体软硬件传播侵权盗版作品行为。

三、版权宣传教育

（一）扩大版权宣传覆盖面

首次将国家版权局版权保护宣传片译制成藏汉双语并配音，在西藏卫视藏语频道黄金时段、拉萨广播电视台、西藏日报微信平台、《拉萨日报》进行刊播宣传；在《西藏日报》的客户端、微信公众号、中国西藏新闻网刊播、推送知识产权相关视频、稿件10余条；中国西藏新闻网播放的藏汉语版权宣传片点击量达到了1 436次；《拉萨日报》正版刊登版权保护公益广告3期，半版3期；拉萨广播电视台连续10天在3个频道播出版权宣传片50余次，中国西藏林芝新闻网、微林芝、网信墨脱等媒体开展滚动宣传10余次，受众达800余人次；日喀则市电视台推送了《关于知识产权那些事，你应该了解》等知识产权公益宣传片；阿里地区普兰县在中国西藏新闻网推送的开展“4·26”世界知识产权日暨“绿书签行动”宣传活动阅读量为950次。以上举措有效扩大了版权宣传活动覆盖面。

（二）开展版权“六进”宣传活动

一是充分利用“4·26”世界知识产权日、版权宣传周等时间节点，以“拒绝盗版，从我做起”为宣传口号，开展“绿书签行动”，向拉萨市第二中学

800 多名学生发放了“绿书签”，举行了签名活动，解答了学生的提问，并发放了《作品登记基本知识》300 册。

二是在各地（市）书店、部分学校等张贴打击侵权盗版藏汉双语海报 6 000 多张。

三是印制了《西藏自治区软件正版化工作文件选编》等学习资料，分发给各地（市）版权局及文化执法大队，用于指导其日常版权执法工作。

四是深入西藏天佑德青稞酒业有限责任公司、拉萨市南创教育科技有限公司开展版权保护宣传，通过发放宣传册、提供咨询服务，为支持原创、保护版权建言发声，指导企业进一步提高版权保护意识。

（三）贴心服务促进版权宣传工作

为切实做好版权保护宣传服务工作，扩大版权宣传覆盖面，积极参与抓典糠噗梅朵美术作品侵权案，为著作权人提供贴心指导服务。协助拉萨市知识产权局有效调解了 1 起美术作品侵权案件，得到了著作权人的好评，自治区版权局获赠“诚心为民办实事 秉公执法促发展”锦旗。自治区版权局出版处被评为 2019 年度查处重大侵权盗版案件有功单位。

（四）多措并举强化版权业务培训

选派各地（市）从事版权执法监管的一线人员参加了中央宣传部版权管理局举办的 2020 年第一期版权执法监管工作培训班；自治区版权局举办了 2020 年全区“扫黄打非”暨版权执法监管业务培训班、西藏自治区软件正版化工作培训班。

四、版权社会服务

（一）推进著作权作品自愿登记工作

在 2019 年启动著作权作品登记工作的基础上，对作品登记审查标准，相关登记信息公示、查询和发布，著作权质押登记等进行清理规范。充分运用国家监管平台，完善著作权登记机制，提高著作权登记信息化和标准化水平。进一步优化作品登记服务，切实做好版权保护宣传引导工作，最大限度方便权利人登记作品，2020 年登记作品 12 件。

（二）首次开展版权示范单位评选工作

积极探索创建版权示范单位，制定《西藏自治区版权示范单位管理暂行办法》，开展了版权示范单位评选等相关工作，在版权相对集中的单位成立版权资产管理机构，促进版权产业发展，充分发挥其示范带动作用，评选西藏天利经济文化发展有限公司、拉萨市南创教育科技有限公司、西藏天佑德青稞酒业有限责任公司为西藏自治区版权示范单位，推荐西藏天佑德青稞酒业有限责任公司参评全国版权示范单位。

五、软件正版化工作

（一）安排部署，落实责任

根据国家推进使用正版软件工作部际联席会议第九次全体会议精神，为切实巩固自治区政府机关软件正版化工作成果，召开自治区推进使用正版软件工作联席会议，安排部署软件正版化工作，明确目标任务。研究并通过《2020 年度全区推进软件正版化工作计划》，并下发各地（市）版权局贯彻和落实。

（二）推进企业软件正版化工作

根据《西藏自治区推进企事业单位使用正版软件工作规划（2018—2021 年）的通知》精神，积极与自治区国资委、工商联等相关单位沟通协调，召开联络员会议，征求对《关于推进自治区国有企业办公软件正版化工作的实施方案》《关于做好我区部分民营企业使用正版软件工作的通知》的意见，安排部署全区国有企业软件正版化工作。同时，为确保推进国有企业办公软件正版化工作取得实效，联合自治区国资委等成员单位，深入自治区国资委监管的国有企业开展调研，对企业正在使用的计算机操作系统、办公软件、杀毒软件进行抽查，指导自治区国有企业深入开展推进办公软件正版化各项工作。

（三）做好软件正版化督查工作

根据自治区推进使用正版软件工作厅际联席会议制度和《2020 年度全区推进软件正版化工作计划》工作要求，创新工作机制，强化督查措施。充分发挥第三方专业机构和技术手段优势，积极协调高驰信息科技有限公司做好督查，起草了《全区各级政府机关软件正版化工作督查方案》，自治区联席会议办公室对林芝市、拉萨市部分单位软件正版化工作进行了专项督查，累计检查 10 个单位、50 台计算机。

（四）开展软件资产审计监督工作

根据《关于进一步加强自治区各级政府机构计算机软硬件采购源头管理的通知》《西藏自治区行政事业单位软件资产管理暂行办法》《关于加强政府机关使用正版软件审计监督工作的通知》等文件精神，积极协调自治区统计局开展了政府机关软件采购资金管理使用和软件资产管理情况审计工作，进一步加强了自治区行政事业单位软件采购和资产管理，确保软件资产安全完整，建立了自治区软件正版化审计监督工作机制。

（周祥祎）

陕　西　省

一、版权行政执法监管

（一）深入开展“剑网2020”专项行动

根据《国家版权局等关于开展打击网络侵权盗版“剑网2020”专项行动的通知》（国版发电〔2020〕3号），省版权局召开陕西省专项行动成员单位协调会议，与省通信管理局、省公安厅、省网信办联合印发《关于开展打击网络侵权盗版“剑网2020”专项行动的通知》，针对广大权利人和人民群众反映强烈的网络侵权问题，加大版权执法监管力度，严厉打击视听作品、电商平台、社交平台、在线教育等领域侵权盗版行为，着力规范网络游戏、网络音乐、知识分享等平台版权传播秩序，持续巩固网络文学、动漫、网盘、应用市场等专项治理成果，不断提升版权管网治网能力，推进构建版权社会共治工作格局，维护清朗的网络空间秩序。发布2020年陕西省重点作品版权保护预警名单，加大院线电影版权保护力度。深入开展打击侵权假冒工作，加强重点市场监管，与省市场监管局、省检察院等成员单位联合开展打击侵权假冒督查工作。

（二）加大版权案件查办力度

印发《关于进一步做好2020年版权执法案件查办工作的通知》，对2020年全省版权执法工作提出具体要求，将任务量化到各市（区），并作为年底“双打”考核的重要指标，全年共查处各类版权案件23起，移交刑事审判案件3起，抓获犯罪嫌疑人7人。其中西安市“8·23”网络销售盗版教辅书籍案，收缴盗版图书12.8万册，西安市灞桥区人民法院以侵犯著作权罪对5名犯罪嫌疑人依法判处一年十个月至四年二个月不等的有期徒刑，该案参加了国际保护知识产权协会（AIPPI）中国分会组织的2020年度版权热点案件评选。规范全省音乐版权秩序，组织中国音集协、省高级人民法院、西安市中级人民法院，相关版权专家学者、律师、KTV代表以及部分人大代表召开座谈会，就卡拉OK音乐版权问题进行研讨。通过调解方式处理达索公司软件版权侵权纠纷，化解了双方矛盾，达成了谅解，探索了案件解决新思路。积极协调省财政厅开展省级政府采购供应商销售盗版及不合规软件专项整治活动，从源头抓起，坚决遏制盗版软件流入党政机关和事业单位，营造良好的软件版权市场秩序。充分发挥查办案件奖励机制作用，积极组织开展全国打击侵权盗版有功单位和有功个人申报工作，激励各地各部门查办侵权盗版案件的积极性。省委宣传部版权管理处获评国家版权局打击侵权盗版有功单位，版权管理处处长张松柳、西安“11·2”侵犯著作权案专案组、西安赵某某等侵犯网络游戏著作权案专案组分获有功个人奖。

（三）加强版权行政执法培训

2020年10月27日至28日，国家版权局在西安举办2020年第一期版权执法监管工作培训班，中宣部版权管理局局长于慈珂出席会议并讲话，省委宣传部常务副部长王吉德出席会议并致辞，相关版权专家及兄弟省市一线执法办案同志进行办案经验交流。来自15个西部省市的200余名版权执法人员参培。省版权局也同步进行了版权执法工作培训，来自全省各市（区）的40余名版权执法人员参培。

二、软件正版化

（一）加强组织领导，完善工作机制

2020年7月2日，省推进使用正版软件工作联席会议第二次全体会议在西安召开，省委常委、省委宣传部部长、省推进使用正版软件工作联席会议总召集人牛一兵主持并讲话。会议深入学习习近平总书记来陕考察重要讲话精神，传达国家推进使用正版软件工作部际联席会议第九次全体会议精神，总结2019年软件正版化工作，审议通过《2020年陕西省推进使用正版软件工作实施方案》，安排部署全年重点工作，省审计厅、省卫健委、省委教育工委等单位相关负责同志作交流发言。

（二）加强督导检查，巩固扩大成果

积极开展软件正版化工作“回头看”，印发《关于做好软件正版化工作督查整改“回头看”工作的通知》，就做好全年党政机关和企事业单位软件正版化工作进行了具体安排，对2019年被督查的52家单位进行整改和跟踪问效。将软件正版化工作纳入全省意识形态工作责任制落实情况督查内容，开展实地检查考核，进一步巩固提升软件正版化成果。

（三）加强宣传培训，提升业务水平

2020年9月，省版权局在西安举办全省党政机关事业单位软件正版化工作培训班，省委宣传部副部长、省版权局局长程宁博出席会议并讲话。会议传达学习了国家推进使用正版软件工作部际联席会议第九次全体会议精神和省推进使用正版软件工作联席会议第二次全体会议精神，邀请省财政厅业务人员和相关专家等就软件正版化工作政策进行讲授和解读，共110余人参培。2020年10月29日至30日，国家版权局在西安举办内蒙古、山西、陕西三省区政府机关软件正版化工作培训班，省直机关80

余家单位参加了培训，为迎接软件正版化全覆盖检查做好充分准备，达到了预期效果。

三、版权产业发展

（一）推进陕西版权贸易与保护平台建设

按照省委宣传部“大基础、大平台、大运行”总体构想，依托西部国家版权交易中心和省版权保护中心，整合省内外版权市场资源和资本力量，借助云计算、大数据、区块链、人工智能等核心技术，全力推进陕西版权贸易与保护平台建设，努力将其打造为立足陕西、面向全国、辐射“一带一路”沿线国家的版权综合服务平台，打通“版权确权、版权授权、版权评估、版权金融、版权维权”脉络，构建涵盖文学艺术、广播影视、新闻出版、动漫游戏等领域的版权交易体系，该平台获得2020年度省文化产业发展专项资金扶持。2020年4月26日，陕西版权贸易与保护平台建设启动仪式在西安举行，省委宣传部副部长、省版权局局长程宁博出席启动仪式。6月，成立了以省委宣传部常务副部长、省电影局局长王吉德为组长，省委宣传部副部长、省版权局局长程宁博等为副组长，全省文化系统15家单位相关负责同志为成员的平台建设工作专班。9月，组织相关人员，由省委宣传部副厅级干部沙庆超带队，赴北方国家版权交易中心、青岛国际版权交易中心、中广天择公司、马栏山版权交易中心等国内重点版权贸易平台考察调研，学习借鉴先进经验。9月22日，召开了陕西版权贸易与保护平台建设工作推进会，听取业内专家和成员单位意见建议，进一步明确任务，完善平台建设方案。12月14日，省委宣传部第33次部务会会议审议通过了《陕西版权贸易与保护平台建设方案》。12月底，陕西版权贸易与保护平台核心载体“丝路版权网”基本建成。

（二）开展全国版权示范单位和“中国版权金奖”的培育和申报工作

2020年3月30日，接到国家版权局《关于授予北京北大方正电子有限公司等全国版权示范单位、示范单位（软件正版化）和示范园区（基地）称号的批复》，由省版权局推荐的西安交通大学出版社有限公司和西部电影集团有限公司获评全国版权示范单位。10月，经单位申报、省局推荐、网上公示等程序，推荐陕西太白文艺出版社有限责任公司、陕西数字基地出版传媒集团有限公司、智秦数字出版集团有限公司3家单位申报全国版权示范单位。根据国家版权局2020年“中国版权金奖”评比工作安排，经广泛动员、深入挖掘、组织申报、评审考核和网上公示等程序，分别推荐荣信教育文化产业发展股份有限公司、陕西师范大学出版总社有限公司、西部电影集团有限公司，电视剧《白鹿原》《大秦帝国》《黄土高天》参评“中国版权金奖·推广运用奖”和“中国版权金奖·作品奖”。

（三）组织第27届北京国际图书博览会网上参展工作

2020年9月26日至30日，第27届北京国际图书博览会（BIBF）网上展会举办。针对突发疫情带来的全新参展方式，省版权局全盘谋划，周密安排，牵头组织陕西新华出版传媒集团、西安交通大学出版社、陕西师范大学出版总社和西安出版社4家单位顺利完成了参展工作。参展期间，通过BIBF官方平台及天猫、快手、腾讯会议等，举行分享会、推介会、洽谈会等50余场，上传参展图书上千种，重点图书300余种，开展展览展示、研讨座谈、文化交流等活动60余场。其中《种子的奇幻之旅》《在西北局的日子里》《陕西古代文明》等图书推介收效显著，与国外多家出版社达成输出输入协议和翻译意向，签署合作协议和出版协议。

四、版权社会服务

（一）广泛开展知识产权宣传周活动

围绕“4·26”世界知识产权日主题，通过正面引导与警示教育相结合、主题宣传与工作推动相结合、版权宣传与助力抗疫相结合等“五个结合”，推动全省知识产权宣传活动取得明显成效。2020年4月26日上午，省委宣传部、省版权局，西安市委宣传部、西安市版权局，西咸新区党工委宣传部联合举办世界知识产权日版权主题宣传活动。程宁博出席会议并讲话，沙庆超发布了2019年度陕西省打击侵犯版权典型案件，启动了“陕西版权”微信公众号上线，协调苏州浩辰软件股份有限公司向全省企业捐赠正版软件5 000套，助力企业复工复产。活动现场首次全程采用“5G＋VR”的方式进行全方位直播，通过云直播平台、《腾讯会议》APP、抖音、快手等多平台传播，在线观看人数约15万人，人民网、凤凰网、今日头条、《陕西日报》、西安电视台等30余家中央、省市媒体对活动进行了现场报道、转载报道和实时报道，产生了广泛的社会影响。4月26日下午，由省委宣传部、省版权局、西安市委宣传部、西安市版权局指导，西安交通大学、陕文投集团联合主办，西部国家版权交易中心、陕西省版权协会、西安交通大学知识产权研究院、西北大学知识产权学院联合承办的“为绿色未来而创新”主题宣传活动在陕文投集团举行，程宁博出席。活动现场举行了陕西版权贸易与保护平台启动仪式，启动了“万夫观影”评论平台和“96426”知识产权服务热线。同时，各市县（区）党委宣传部门也开展了一系列内容丰富、形式多样的宣传活动，其中西安市的“六进”主题活动、汉中市和韩城市的版权宣传进校园活动、华阴市的老腔说唱版权宣传活动等收到了良好效果。

（二）提升版权社会服务能力和水平

根据《陕西省版权服务工作站管理办法（试行）》，持续扩大作品登记代理机构试点范围，通过严格考察，新增陕西省动漫游戏行业协会、中国图书进出口西安公司、陕西西咸新区秦汉新城影视发展有限公司3家版权服务工作站，不断优化版权社会服务覆盖面，提升版权宣传服务、纠纷调解、法律维权等方面水平。同时，加强对版权服务工作站的考核，对工作成绩突出的沣东文创产业园和陕西动漫产业平台版权服务工作站，以及4名先进个人进行了通报表彰。积极开展版权作品登记和合同备案工作，全年共登记各类作品20 128件，同比增长25.9%。其中美术类作品8 613件，占比42.8%；视听类作品7 758件，占比38.5%；其他类作品共计3 757件，占比18.7%。完成版权合同备案209件。

（三）建立健全版权工作专家队伍

为进一步增强版权工作的科学性、权威性和有效性，聘请30名从事版权相关理论研究与运用、版权行政执法监管、版权社会化服务、软件正版化工作的相关专家，建立陕西版权工作专家库，并颁发聘任证书。组织省内相关高校参加国家版权局举办的第十二届全国大学生版权征文大赛，获得优秀组织奖2项，优秀指导老师奖1项，一等奖2项、二等奖1项、三等奖2项。

（张　亮）

甘 肃 省

一、版权登记工作

新修订的《著作权法》第十二条第二款规定：“作者等著作权人可以向国家著作权主管部门认定的登记机构办理作品登记。”在甘肃省委宣传部领导下，省版权局积极推进版权登记工作，探索形成了委托丝绸之路国际知识产权港公司开展作品登记的新模式。支持知识产权港公司运用人工智能、大数据、区块链、云计算等技术完成了甘肃版权综合服务平台一、二期建设，实现了版权登记网络化、智能化、移动化，极大提升了版权登记效率。省版权局对平台登记作品进行终审，把好内容关。2020年，甘肃省版权登记数量15 271件，全国位次从2019年的第29位提升到第18位。

二、版权示范工作

在甘肃省版权局指导下，2019年，读者出版集团与丝绸之路国际知识产权港公司荣获“全国版权示范单位”称号，实现了甘肃版权示范创建工作“零”的突破。2020年4月，出台《甘肃省版权示范城市、示范单位和示范园区（基地）创建工作方案》，明确了指导思想、创建时间、创建条件、申报程序、考核验收等事项，对版权示范创建工作作出部署。11月，按照单位申报，市州、主管部门初审推荐，省级主管部门资质审查、材料审核、实地调研验收，部务会研究审定的程序，授予甘肃省物产集团有限责任公司、甘肃土木工程科学研究院有限公司、甘肃集优品网络科技有限公司3家单位“甘肃省版权示范单位”称号，并推荐其参评“全国版权示范单位”。甘肃土木工程科学研究院有限公司、甘肃集优品网络科技有限公司荣获2020年“全国版权示范单位”称号。版权示范创建活动极大地提升了全社会的依法经营意识和版权保护意识，减少了版权领域的矛盾纠纷和不稳定因素。

三、软件正版化工作

版权正版化跃上新台阶，成为推动加强版权创造、保护和管理的一种长效机制。采取制定2020年度推进使用正版软件工作计划、举办培训、实地督查考核、适时进行通报、制度管理与技术管理相结合等方式，扎实推进甘肃省党政机关及企事业单位软件正版化工作。省级党政机关及事业单位正版化率得到有效巩固，省属国有企业基本实现“十三五”末软件正版化目标，市州党政机关软件正版化率逐步提高。一以贯之倡导使用优秀国产软件，全省上下使用正版国产软件、使用正版版权产品的意识进一步增强。

四、打击侵权假冒工作

打击侵权假冒工作取得新成效，成为整治版权领域侵权盗版突出问题、加强行业监管的利器。组织开展“剑网2020”专项行动，查办4起网络侵权盗版案件。进一步加强版权行政执法监管，加大版权行政执法力度，全年查处版权侵权案件12起，网上网下侵权盗版行为打击到位、震慑到位。采取加强工作协调沟通、加大著作权侵权案件督办力度、指导举办全省版权行政执法培训、召开迎考协调会等方式，全方位做好迎接全国“双打”考核和知识产权保护考核工作，展示了甘肃省保护著作权的努力与成效。

五、化解版权领域矛盾纠纷工作

依据法律法规化解版权领域矛盾纠纷的能力得到新提升，法律咨询服务成为调节著作权权利人和使用人权利纠纷、稳定和谐社会的新途径。充分发挥熟悉著作权相关法律法规、专业能力强的优势，及时对群众反映的版权矛盾纠纷提出法律上和专业上的解决意见，指导版权纠纷得到合法合理合情解决。依法依规处理了一起省长信箱关于版权纠纷的转办件，权利使用人对处理意见非常满意。

六、版权宣传培训工作

大力加强版权宣传培训，版权意识能力得到新提高。利用“4·26”世界知识产权日版权宣传周活动、软件正版化与版权行政执法培训、版权专题培训、专题新闻发布会等时机，大力开展版权宣传。运用“富民兴陇”讲堂举办“文化自信与甘肃版权产业发展”专题培训班，甘肃省版权战线有关领导及工作人员、省委党校3个主题班次全体学员、省市县相关文化企业负责人约4 000人参加培训。举办“首届中国敦煌科幻创作邀请赛”专题新闻发布会，推动甘肃题材优秀版权作品创作生产。

（谢青民）

青 海 省

一、“扫黄打非·新风”集中行动

根据全国“扫黄打非”工作部署，制定印发了《关于开展“扫黄打非·新风”集中行动的通知》，明确集中行动的工作目标、工作任务和工作要求。集中行动期间，严厉打击网络淫秽色情信息、非法有害少儿出版物信息、新闻敲诈和假媒体假记者站假记者、侵权盗版行为等问题，对出版物印制销售环节和印刷经营秩序进行了集中整治，印发政治性有害出版物查缴目录9批220种。检查出版物印刷企业300余家次，查缴非法报纸、期刊2 000件、侵权盗版出版物8万余件。

二、打击网络侵权盗版“剑网2020”专项行动

根据国家版权局、国家互联网信息办公室、工业和信息化部、公安部联合印发的《关于开展打击网络侵权盗版“剑网2020”专项行动的通知》要求，制定印发了《青海省开展打击网络侵权盗版“剑网2020”专项行动实施方案》，对全省开展“剑网行动”作出了安排和部署，明确要求各市、州紧密围绕工作重点积极组织开展视听作品、电商平台、社交平台、在线教育专项整治，巩固重点领域版权治理成果，突出查办网络侵权盗版案件。

三、软件正版化工作

加强组织领导，狠抓工作落实。制定印发了《青海省2020年推进使用正版软件工作实施方案》，组织召开了全省软件正版化工作会议，对进一步加强制度建设，强化督促检查，完善长效机制，巩固扩大工作成果，全面推进青海省软件正版化工作规范化、常态化、制度化和信息化进行了安排部署。加强督促检查，巩固工作成果。组成联合检查组赴海东市、海南州、海北州、西宁市对软件正版化工作进行了督查考核，对各地各单位存在的问题分别进行了反馈。组织开展了全省软件正版化督查考核，并将考核情况进行了通报。加强源头管理，规范软件采购。对19家省直机关及事业单位拟采购的1 424套软件进行了审核把关。加强宣传培训，营造良好氛围。组织全省版权监管人员以及文化市场综合执法人员积极参加中国版权协会举办的网上专题讲座4场，协助海东市、黄南州、省监狱管理局、省司法厅、省交通运输厅、省生态环境厅、省工业和信息化厅、长宁监狱等单位举办软件正版化工作培训8期，受训人员1 000余人次，有效提升了软件正版化工作人员的能力和水平。

四、版权宣传培训工作

结合“4·23”世界读书日暨“书香青海”阅读活动启动仪式集中开展版权宣传周活动。通过展出展板、发放海报宣传资料、利用网络媒体等方式，集中展示宣传青海省开展打击侵犯知识产权和制售假冒伪劣商品专项行动、推进全省软件正版化、版权保护工作取得的成果。宣传周期间，青海卫视、青海经济、青海都市每天循环播出国家版权局制作的版权公益宣传片，青海新闻网、大美青海客户端、《青海日报》客户端同时转载了公益宣传片和海报，利用线上线下全媒体资源，多角度多渠道共同推进版权宣传，在全社会营造了“尊重知识、崇尚创新、诚信守法、保护版权”的良好氛围，增强了公众的版权保护意识。

五、版权日常监管工作

印发《青海省2020年版权工作要点》和《省委宣传部2020年“双打”工作实施方案》，对版权监管工作进行了安排部署。开展评先推优工作。经过在全省范围内评选，向国家版权局推荐报送了2019年度查处侵权盗版案件有功单位1家和有功个人2名以及2020年“中国版权金奖”评选表彰作品1件。开展版权咨询服务工作。联合省教育厅组织开展了第十二届全国大学生版权征文活动，转发了关于规范摄影作品版权秩序的通知，上报了2019年度版权统计年报，进行著作权作品登记53件，接待来人（来电）版权咨询500余人次。开展执法检查。据不完全统计，全省共出动执法检查人员1.4万余人次，检查出版物市场经营单位8 700余家次，查办著作权行政处罚案件3件，责令整改96家次，查缴各类侵权盗版出版物8万余件，罚款1.8万元，没收违法所得3 100元，有效净化了全省出版物市场。

（付成久）

宁夏回族自治区

一、知识产权领域改革

2020年，宁夏认真落实知识产权领域“放管服”改革政策措施，以《宁夏回族自治区政务服务事项目录清单》为基础，认真梳理政务服务事项，不断强化“互联网＋”版权保护监管工作。将版权管理工作纳入2020年全区宣传思想文化工作要点，联合宁夏知识产权局对贯彻落实《关于强化知识产权保护的意见》《关于推动2020年知识产权强区工作的实施意见》制定具体措施，制定下发了《宁夏版权局2020年工作方案》《宁夏回族自治区版权服务工作站管理办法（试行）》，为规范自治区版权登记工作，提升版权治理水平，促进全社会版权创作、运用和保护奠定了基础。

二、版权执法监管

（一）不断加大版权执法监管力度

把严格保护作为版权工作主基调，强化保护力度、拓展保护范围、突出保护重点、讲求保护实效。把网络版权保护作为主战场，不断完善版权保护体系，提升版权执法效能。充分发挥行政执法的特点和优势，加大惩处力度，尤其对重复、恶意侵权行为，提高违法成本，坚决杜绝只没收不处罚、轻处罚的现象，保持打击侵权盗版高压态势。全年开展执法行动50次，出动执法人员250人次，实体市场执法行动51次，实体市场出动执法人员287人次，查处办结了固原市经济开发区状元书店侵犯著作权案等5起侵权盗版案件，行政处罚金额1.8万元。

（二）深入开展“剑网”“秋风”专项行动

一是联合部署，有效推进。2020年，按照国家版权局等四部门和自治区“双打”领导小组的统一部署，制定下发了《关于开展“剑网2020”专项行动的通知》，强化“双打”“剑网”“秋风”专项行动的精准打击力度，对专项行动的目标、重点任务、行动步骤进行了部署。

二是开展视听作品版权专项整治。自治区版权局联合银川市委宣传部、银川市文化市场综合执法支队开展院线电影版权保护调查，对银川市金凤凰电影院新华街店等12家影院（占全区影院20%）进行重点调查。

三是加强流媒体监管力度。指导宁夏网络电视台加强聚合版权保护措施，开展集中打击治理“黑广播”“伪机站”等违法犯罪行为，没收卫星数字电视综合接收器385套，立案查处3起，屏蔽黑名单音乐685条，黑名单网页游戏312条。

四是强化版权源头管控。自治区版权局联合自治区“扫黄打非”办公室、新闻工作者协会对8家媒体和出版单位版权保护及规范管理情况开展执法检查和调研。

五是加强属地及区外APP双向管理。每季度对APP安全情况进行检测，发现问题APP 161款，处置高危应用584款。对14款APP在信息安全保护等方面问题完成整改，将3款APP在应用商店下架。关闭仿冒政府网站5个，约谈发布“标题党”网站6个，发送知识产权保护宣传短信35万条。

六是打击网店售卖盗版行为。对全区属地网上出版物销售网店进行摸底，严厉打击网店销售盗版图书等行为。

七是开展在线教育版权专项整治。对宁夏日报报业集团“学习强国”学习平台版权保护情况进行调研，提出版权保护建设性意见。大力整治在线教育培训中的侵权盗版乱象。

三、软件正版化工作

（一）巩固软件正版化工作机制

2020年7月，召开了自治区推进使用正版软件工作联席会议第五次全体会议，传达了推进使用正版软件工作部际联席会议第九次全体会议精神，通报了2019年全区软件正版化工作情况和2020年推进使用正版软件工作情况，印发了《2020年软件正版化工作实施方案》。

（二）进一步规范党政机关软件正版化管理

对4个市县8个党政机关单位进行了检查，抽查计算机75台，及时下发整改通知书限期整改，并及时跟踪问效，确保整改工作落实到位、取得实效。

（三）持续推进企事业单位软件正版化工作

2020年9月，自治区版权局抽调自治区工业和信息化厅、财政厅、审计厅、市场监管厅、国资委、机关事务管理局等成员单位人员组成检查组，对24家企事业单位安装、使用正版软件情况和长效机制建设情况进行了执法检查，共检查了 252 台计算机，其中宁夏农垦集团有限公司等 9 家单位计算机操作系统和办公软件正版率达到 100%。

（四）稳步推进银行系统软件正版化工作

2020 年 7 月，印发了《关于做好银行系统推进使用正版软件工作的通知》。10 月 28 日至 29 日，自治区版权局与银保监局对黄河农村商业银行、宁夏银行、石嘴山银行等 3 家银行软件正版化工作进行了督查，抽查了 30 台计算机，其中宁夏银行软件正版率达到 90%。

四、版权社会服务

结合宁夏工作实际，进一步完善版权社会服务体系，创新工作方式方法，提升版权服务与管理能力，著作权登记工作规范化、标准化、信息化水平不断提升，作品登记、涉外著作权合同登记程序明显规范，全年登记作品 461 件，涉外著作权合同登记备案 3 件，版权引进图书 3 种，版权输出 20 种。2020 年 4 月，针对宁夏作品登记需要和服务工作不平衡不到位的情况，开展了著作权登记工作调研，先后到吴忠、固原、盐池、隆德等市县进行版权保护工作调研，对部分市县在推进版权保护工作中的难点和问题，包括版权登记、软件正版化以及版权执法等问题进行了交流和答疑，并对黄河出版传媒集团公司、宁夏智慧宫文化传媒有限公司、隆德张氏砖雕有限公司、盐池县萍之绣手工刺绣坊等 4 家企业在发展历程中版权保护、制度建设等做法及企业的版权登记工作进行指导，促进宁夏版权产业平稳健康快速发展。

（一）设立版权服务工作站

2020 年，宁夏版权行政管理部门坚持“创新、协调、绿色、开放、共享”的新发展理念，把建立健全版权社会服务体系作为版权保护的重要任务，进一步提升知识产权公共服务效能，根据出台的《宁夏回族自治区版权服务工作站管理办法（试行）》，批准在 2 家版权资源密集，在各自的领域有较强的品牌效应和产业号召力，具有自身原创能力强、覆盖面广等优势的企业单位和五市分别设立了版权服务工作站，并颁授了“宁夏版权服务工作站”牌匾。版权服务工作站的设立，将更好地推进宁夏版权登记工作。积极做好著作权登记数据统计、报送工作，及时公布了 2019 年自治区著作权登记情况。

（二）支持著作权集体管理组织开展服务

依据《著作权集体管理组织条例》，各市、县（区）管理部门认真履行版权管理职能，各级文化市场行政执法机构支持协会在自治区合法开展工作。加强对卡拉 OK、茶座、音乐餐厅、唱吧等娱乐行业版权监管，加大歌曲内容审核力度，打击侵权盗版行为，提升行业依法经营意识。

五、组织保障

2020 年，宁夏认真履行知识产权战略实施工作部门联席单位职责，加强知识产权战略谋划和实施。贯彻落实《关于强化知识产权保护的意见》，6 次提出具体措施，深入推进自治区知识产权战略实施。加大对版权领域业务培训，举办执法监管培训班，参训人员 100 人。举办三期党政机关软件正版化工作培训班，参培单位 108 个，参训人员 362 人次。结合全国“4·26”知识产权宣传周，印制宣传海报、宣传折页 2 万份，下发全区各市、县（区）在机关、街道、社区、企业、车站、市民大厅等场所进行张贴，营造知识产权保护氛围。充分发挥主流媒体的宣传作用，在全区各主流媒体每日滚动播放版权保护公益宣传片。公布了宁夏打击侵权盗版案件，通过曝光典型案件，以案说法，发挥震慑教育作用，形成了严厉打击侵犯知识产权等犯罪行为的高压态势。积极组织各地开展“六进”活动，让群众树立版权创新理念，达到共同尊重知识产权、保护知识产权的目的。

（郝　辉）

新疆维吾尔自治区

一、版权执法监管工作

一是强化日常监管，组织区内各地常态化开展执法检查。各地版权部门开展执法行动 2.2 万次，出动执法人员 3.5 万人次，检查各类文化市场 2 万余次，立案查处侵权盗版案件 25 件，收缴侵权盗版图书、光碟 6 000 余册（张），罚款 19 万元。

二是加大打击力度，向公安机关移送涉嫌犯罪案件 1 起，调解处理著作权纠纷 3 起，督办各地案件 2 起，案件信息公开 25 件。

三是开展专项整治。开展打击网络侵权盗版“剑网 2020”专项行动，严厉打击视听作品、电商平台、社交平台、在线教育等领域的侵权盗版行为，各地共检查网站 1 058 家、微信公众号 1.4 万个，微博、自媒体账号 1 500 余个，下发网站整改通知书 98 份，约谈违规网站 3 家，对 4 个微信公众号负责人予以警告，封堵传播盗版电影网站 3 家，下架侵权新闻 53 条。年内，区内 4 家单位获 2019 年度全国查处侵权盗版案件有功单位荣誉，3 人获全国查处侵权盗版案件有功个人荣誉。

二、软件正版化工作

制定印发《2020年新疆维吾尔自治区推进使用正版软件工作计划》《开展软件正版化考核的通知》，对全区14个地州市、158家自治区级机关事业单位及国有企业单位软件正版化工作进行了考核评定，推动全区党政机关、企事业单位投入7 258万元新购置正版软件，巩固拓展了软件正版化工作成果。加强软件正版化工作日常监管，注重技术应用，推广使用“正版软件管理系统”，通过平台管理，在线统计、分析、检查，加强对全区各单位软件正版化工作动态监管。加快推进国有企业软件正版化工作。协调自治区审计部门对政府机关采购正版软件资金使用、资产管理进行审计监督，促进了软件正版化工作落实。

三、版权宣传培训工作

结合“4·26”知识产权宣传周版权宣传活动，组织全区版权部门开展以“强化版权治理，优化版权生态”为主题的知识产权宣传周版权宣传活动。制作发放宣传册34 000余份，制作公益海报40 000余份、宣传展板1 000余块、横幅2 500余条，并通过网络和微博、微信、抖音、新闻客户端等新媒体推送版权保护公益宣传片，总阅读量超过50万人次。通过新疆广播电视台各频道和新疆广播电台《新疆新闻联播》《新广早新闻》《新闻夜班车》等栏目播出以“知识产权与健康中国”“强化版权治理，优化版权生态”为主题的版权宣传片，累计播出800余条次。自治区版权局与自治区高级人民法院共同召开“强化知识产权保护，助力脱贫攻坚”座谈会，开展知识产权案件公开庭审周活动。举办全区版权执法监管暨软件正版化工作视频培训会议，培训各地版权工作人员300人次。指导伊犁州、喀什地区、区内部分厅局开展软件正版化工作培训8期，培训800余人次，增强了版权工作人员素质。

四、版权社会服务工作

开展作品登记工作。核查申请登记作品的内容导向、权属证明，确保登记的作品导向正确，合法合规。全年共核查办理作品登记756件，其中美术作品429件，文字作品195件，音乐作品106件，工程设计图、产品设计图作品22件，地图、示意图作品1件，录像制品3件。办理出版外国图书授权合同备案8件。接待咨询群众600余人次。引导出版单位与周边国家、“一带一路”沿线国家开展版权交流合作，申报实施“丝路书香工程”等对外版权输出、合作出版项目65个，对8种引进出版外国图书进行了合同登记。

（张新革）

2020年版权公共服务机构与社会服务组织工作

中国版权保护中心

一、版权登记业务

（一）版权登记业务水平和工作效率提升

中国版权保护中心（以下简称“中心”）坚持将版权登记作为公共服务职能的核心业务，把有效应对连年迅猛增长的登记需求作为政治任务，以全面优化重塑登记业务体系为目标，以巡视整改为强大动力，以重点关注和推动中国著作权登记业务平台（三期）上线为核心抓手，以互联网化的思路重新构建登记业务平台，不断优化调整与三期平台相适配的登记业务流程、工作标准、操作规范和岗位设置，及时协调解决新旧系统、业务和运营前后衔接等问题，保障各项登记业务不受平台切换影响平稳流畅过渡，及时整合调整有关部门职责分工，建设版权服务呼叫中心、邮件处理中心和档案管理中心，登记工作效率和管理水平大幅提升，为进一步提高登记工作数字化水平，切实落实巡视整改要求打下了良好基础。

（二）版权登记数量总体稳中有增

2020年，中心共办理计算机软件著作权登记1 722 904件，同比增长16.1%，再创历史新高；完成作品著作权登记256 105件/系列，涉及作品289 992件，同比下降10.22%；办理著作权质权登记57件，涉及主债务金额2.6亿元；办理著作权合同备案3 039件/系列，涉及作品8 507件，变更登记1 401件；完成数字作品版权登记47 029件；完成出版境外音像制品合同登记1 056件。此外，办理软件登记事项变更或补充登记37 445件，办理软件登记档案查询107 099件，办理其他作品著作权登记档案查询2 857件。同时，继续按要求做好全国作品登记信息统计工作，2020年审核通过并公告作品登记信息3 362 655件，同比增加13.34%。

（三）版权登记大厅服务持续提升

在抓好疫情防控的同时充分发挥各地版权登记大厅支持和服务相关行业复工复产的作用，针对社会需求和反馈，专门召开班子会研究版权登记大厅对外运营工作，广泛征求意见，充分分析研判，在做好防护措施、实施严格的来人登记审核准入管理制度的条件下，2月18日率先启动北京天桥版权登记大厅对外运营，京外各大厅后续也陆续恢复运营，有力带动了版权相关企业的复工复产。全年根据疫情形势变化，及时调整大厅运营管理方案，通过门户网站和微信公众号加强与服务对象的信息沟通和互动，同时组织制定《区域版权登记大厅系列服务规范和工作标准（试行）》，在疫情防控和登记服务两个方面都坚持执行统一标准和要求，进一步提升了服务地方和产业的专业能力水平。

全年，北京天桥大厅办理软件著作权登记4.36万件，其他作品登记6万件/系列，接待来人超过7万人次。京外5处大厅软件著作权登记业务受疫情影响（须从北京派出审查员）部分时间未开展，其他作品著作权登记业务量相比上年都有较大增长。

二、DCI体系新技术研发集成工作

全面深入推进与重要集团级机构企业及互联网大平台关于DCI体系建设应用的战略合作，陆续与中央广播电视总台上海总站、新华社中国图片集团及新华网、阿里巴巴、华为等签署了共建DCI体系的战略合作协议。结合巡视整改工作，研究制定了《推进DCI体系新技术研发集成工作方案》，在关键处、要害处着力，加快推进DCI体系新技术研发集成相关工作取得重大进展。

与华为、阿里巴巴分别签订共建DCI技术研究与应用联合实验室的合作协议，向国家新闻出版署申报了新闻出版业科技与标准重点实验室，系统集成华为2012泊松实验室和阿里巴巴达摩院的人才资源和技术科研力量，大大强化了DCI体系建设的技术力量支撑，DCI体系建设应用进入了一个新的实质性阶段。

三、版权资产管理业务体系建设

持续完善以标准为引领，以文化企业版权资产管理服务平台为基础，以咨询服务、培训与维权为配套的全流程版权资产管理服务体系。在服务平台搭建方面，将版权资产管理体系应用与互联网相结合，完成“版权开放服务平台”项目立项并启动一期建设，为企业用户设计搭建集版权资产管理、版权贸易、金融服务、知识服务等于一体的综合服务平台。在标准建设方面，形成《版权资产管理体系要求》草案并获批推荐性国家标准建设项目立项；形成《版权资产评价指标体系》草案并申报2021年国家标准建设立项；完成《版权资产元数据标准》

《版权资产合同信息化管理》两项行业标准征求意见稿，逐步健全版权资产管理标准体系。同时，更新《版权资产管理咨询服务工作手册》及业务宣传材料，完成涉及软件、原创动漫等领域企业的咨询服务项目，得到积极评价。在示范应用方面，进一步深化与北京市政府、陕西省铜川市耀州区政府等地方政府合作，推动版权资产管理服务体系的应用实践，检验、完善中心在多年积累基础上形成的综合性版权服务能力，进一步围绕地方和产业实际需求建立完善可复制、可推广的服务模式，提升版权工作服务社会经济发展的能力。

四、版权法律服务

充分发挥国家版权公共服务机构的职能作用，为著作权法的修改建言献策、贡献力量。推动加强版权保护有关政策研究和业务梳理，围绕版权法律服务核心业务需求，建立版权保护政策文件库、案例资料库、培训素材库“三库”。制定完善版权鉴定各工作环节标准文件模板，进一步提升了版权鉴定工作规范化、专业化水平，全年接受委托出具鉴定报告 56 份，为一些重要案件的判定提供了有力支撑，为打击盗版提供了专业的法律支持。进一步加强网络监测维权技术支撑，深化与重点维权平台的合作，持续在服务方案专业性、质量和处置效果上下功夫，服务领域进一步扩大，删除率再次提高。全年共处理侵权链接 443 862 条，删除链接 426 752 条，删除率达 96.15%；快速维权处理侵权链接 13 673 条，删除链接数 11 889 条，删除率达 86.95%。

五、综合版权服务业务

持续深化版权综合服务与版权产业价值链紧密融合，进一步推动线上线下资源整合，不断加强业务资源、服务项目和营销工作的整合协调以及工作流程的衔接。运营的“中国版权服务”微信公众平台总订户数超过 50 万，在疫情防控条件下创新推出线上课程，联合 WIPO 专家组织“版权产业学院——知产大观” 5 期线上直播系列课程，与总公司合作推出版权登记相关问题要点解析等 4 期线上直播课程，累计观看人数达到 5.4 万人次；组织力量为“数字驱动，渠道重塑——第八届深圳国际 IP 授权产业博览会”提供版权综合服务支撑；推动做好影视版权产业联盟的相关工作，不断推进版权综合服务整体输出；为出版影视文化等领域的多家机构提供定制化培训授课。同时，进一步发挥标准制修订和宣贯推动引领版权保护和服务的作用，加速推进《数字版权唯一标识符》国家标准和涉及电子证书、DCI 标应用、网络著作权维权、版权资产管理的多项行标、体系化标准研制工作取得新成果。继续推动做好中国 ISRC 中心的日常工作，全年发放 ISRC 编码 60 219 件。

（张　凝）

中国版权协会

一、组织建设与规章制度建设

中国版权协会（以下简称“协会”）根据国家有关社团管理规定，以及中央巡视组，中宣部人事、党务、纪检等部门的有关管理要求，采取多项措施加强协会组织建设，促进协会健康有序发展。协会现有会员单位 435 家，涵盖版权相关党政机关、各行业协会，版权学术组织，出版企业，互联网、软件企业，影视传媒企业，版权服务、实业企业等多个领域。

针对中央巡视组和中宣部关于整顿检查部属社团的工作部署，协会领导高度重视，专门召开理事长会议研究贯彻落实措施，认真梳理存在问题，积极开展自查自纠，切实做到立行立改，加强完善管理制度。认真贯彻执行中央八项规定精神，严格遵守党政机关干部（含离退休干部）兼职取酬的规定，现党政机关和事业单位在协会兼职的有关领导均未在协会取酬。

根据中宣部工作要求，中国版权协会修改完善了财务管理制度、合同管理制度、工资及劳务报酬管理制度、报销管理制度、差旅费管理制度、内部审计管理规定、行政管理制度、文件管理制度、内部控制制度等各项制度，并编制了《中国版权协会管理制度汇编》，细化了管理办法。在制度落实方面，严格按照社会组织分类标准和具体办法开展业务，明确内部分工，落实相关工作第一责任人和具体责任人，确保协会工作有序开展。

协会加强队伍建设，定期举办秘书处及二级机构人员培训活动，邀请版权行业专家围绕版权相关知识，如版权法律制度体系、版权发展历史与现状等问题对内部人员进行培训。

2020 年，中国版权协会整体运行情况良好，协会不断提升服务水平，得到广大会员单位的认可与支持。

二、培训与研讨等相关工作

培训工作是协会为会员单位提供的一项重要服务内容，协会每年举办一至两期面向会员的免费培训班，邀请立法、司法、行政、教学等单位的领导和专家，以及版权产业界的领军人物，围绕版权产业的热点、难点问题，结合版权工作的实际情况，为会员单位组织培训和讲座。鉴于新冠肺炎疫情原因，线下培训工作无法按计划开展，为满足会员单位实际需求，协会共举办了十期线上专题讲座，分别邀请了华东政法大学教授王迁、中宣部版权管理局局长于慈珂、最高人民法院民三庭副庭长林广海、中国版权协会理事长阎晓宏、北京金山办公股份有限公司董事长葛珂、爱奇艺 CEO 龚宇、人民网董事会秘书李奇、中国出版集团党组副书记刘伯根、中国对外翻译有限公司总经理于洋、掌阅科技股份有限公司创始人兼总裁张凌云作为主讲嘉宾。专题讲座从第五期开始并入“远集坊”，成为“远集坊”创新与发展系列讲座。

2 月起，秘书处开始收集会员单位关于新冠肺炎疫情期间的工作意见及建议，涉及培训、宣传、政策咨询、业务指导等方面，秘书处根据情况逐一落实。2 月 24 日，制作完成《中央有关部委并北京等 5 省市支持企业防疫、复工政策汇编》；3 月 4 日，制作完成《复工防疫须知》，均由会员部发送至各会员单位。为抗击疫情，弘扬民族有声文化遗产，协会携手会员单位华韵文化，制作完成了京剧抗疫曲目《梨花新颂》。

由中国版权协会主办、人民出版社承办的“新作品·新阅读”读书活动之“揭秘中国疫苗——与新冠病毒疫苗专家面对面”活动，在互联网直播平台与广大读者见面，在线访问量高达 600 万。

协会携手抖音发起了“全民知识守护者”活动。活动通过短视频宣传普及知识产权知识，吸引了网友的广泛参与与关注，话题页播放量突破 3 亿，成为知识产权宣传周的一大亮点。

2020 年是《中华人民共和国著作权法》颁布 30 周年。9 月 7 日，协会在京主办纪念《著作权法》颁布三十周年暨中国版权协会成立三十周年座谈会。来自版权界的 80 余位新老版权人齐聚一堂，共同回忆《著作权法》在立法、修法、执法与实施等发展过程中所留下的珍贵记忆。中央马克思主义理论研究和建设工程咨询委员、原新闻出版总署署长（国家版权局原局长）龙新民，原新闻出版署署长（国家版权局原局长）于友先等出席大会并讲话，协会理事长阎晓宏主持会议。中共中央书记处原书记、中共中央政法委员会原书记、最高人民法院原院长任建新，第十二届全国人大常委会委员、教科文卫委员会主任委员、原新闻出版总署署长（国家版权局原局长）柳斌杰，中宣部原副部长、原国家新闻出版广电总局局长（国家版权局原局长）蔡赴朝，原新闻出版署副署长（国家版权局原副局长）刘杲，著名音乐家王立平、谷建芬向此次座谈会发来了贺词。国家版权局原副局长、中国版权协会原理事长沈仁干，全国妇联副主席、北京知识产权法院党组成员、副院长兼政治部主任宋鱼水，中国作家协会副主席、国务院参事、著名作家张抗抗，世界知识产权组织中国办事处主任刘华，著名历史学家阎崇年，著名画家史国良，著名作家郑渊洁，著名表演艺术家杜镇杰等出席座谈会。

在国家版权局的指导下，协会每年定期举办中国版权年会，至今已举办十一届。2020 年 12 月 10 日，协会在珠海市举办 2020 年中国版权年会。年会上举办了主题为“版权赋能：推动文化高质量发展”的“远集坊”高峰论坛。中国出版传媒股份有限公司董事、总经理李岩，华为技术有限公司监事、首席法务官、首席合规官宋柳平，著名作曲家、指挥家李海鹰，腾讯影业副总裁、腾讯动漫业务部总经理邹正宇，辽宁出版集团党委书记、董事长杨建军，北京金山办公软件股份有限公司董事长葛珂，励讯集团高级副总裁张玉国等多位嘉宾围绕主题发表精彩演讲，分享运用版权推动文化高质量发展过程中的心得与经验。年会上同时举行了“中国版权链”启动仪式、《2020 年最具版权价值排行榜》发布仪式以及《远集坊：阅读的态度》新书发布会等多项精彩活动。

面向中小学生，协会开展了第一届全国中小学生版权征文活动。通过阅读版权相关书籍，让中小学生学习版权知识，了解版权制度的诞生与发展，重视版权保护，激励优秀版权作品的创作。

为普及版权知识，协会组织编写了《版权我懂》一书，已由浙江教育出版集团出版。该书循序渐进地从身边的小故事中讲述版权保护的法律知识，使青少年认识版权保护的重要意义，树立起版权保护意识，进而促进文学、艺术和科学作品的创作，繁荣文化产业。

为庆祝纪念《视听表演北京条约》正式生效，协会受中宣部版权管理局、北京市委宣传部委托，整理编辑《难忘的历程——视听表演北京条约：从缔结到生效》纪念画册。

协会与成都市版权局联合主办了主题为“版权新生态、数字新经济”的 2020 成都数字版权交易博览会。考虑防疫问题，此次博览会采用“线下＋线上”的方式举办展览，展会期间超过 2 万人次观众到场参观，近 300 万人次观众线上观展，近百家媒体对展会进行了相关报道，50 余家企业达成合作签约。

三、国家版权局委托项目

受国家版权局委托，协会承办了“2019 年中国版权十件大事”评选活动。该活动由协会面向社会征集备选材料，邀请全国司法、立法、行政、学术、行业著名专家进行评选，并在各大媒体上对评选结果进行宣传，扩大版权工作影响，提升全社会版权意识。

为进一步提升我国版权国际应对整体能力，中宣部版权管理局委托协会开展版权海外风险防控研究的组织和研究工作。协会组织版权领域专家学者、版权各行业中具有“走出去”成功经验和有海外版权交易需求的企业代表等进行座谈研讨，听取各企业在“走出去”过程中版权保护方面的诉求，介绍海外版权保护中的有关案例和经验，汇总分析了多家企业“走出去”过程中遇到的实际问题和解决方式，形成相关报告材料，以帮助我国企业有效做好版权海外风险防控。

四、国际及海峡两岸版权交流

9月21日至25日，在瑞士日内瓦举行的世界知识产权组织成员国大会第61届系列会议上，协会理事长阎晓宏当选为《视听表演北京条约》首届缔约方会议主席。这是我国代表首次在世界知识产权组织担任版权领域条约缔约方会议主席职务。《视听表演北京条约》于2012年6月26日在北京召开的世界知识产权组织保护音像表演外交会议上成功缔结，2020年4月28日生效。此次会议为条约生效后的首届缔约方会议，已批准、加入该条约的34个国家参加会议。

协会与海峡两岸商务协调会、台湾著作权保护协会形成了互访机制，并已在北京、西安、银川、长春等地成功举办了十一届海峡两岸版权保护研讨会。两岸版权交流的这一形式已经形成了务实合作的有效机制，成为推动两岸版权交流的一个很好的平台。2020年因疫情原因，互访暂停。

五、二级委员会工作情况

2020年，根据会员的实际需求，协会在原有两个二级委员会——艺术品版权工作委员会、软件工作委员会的基础上，新设立了两个面向社会和市场的二级委员会：网络游戏版权工作委员会、文字版权工作委员会。

艺术品版权工作委员会继续开展中国艺术品鉴证备案服务，通过高新技术和行业资源推出为艺术品建立“身份证”信息的服务。截至11月，共为89位艺术家的5 323幅作品进行了鉴证备案，总计5 000余位知名艺术家加入鉴证备案行列，15万余幅作品进入鉴证备案数据库，全面保障了艺术家权益。艺委会与雅昌艺术网结合鉴证备案业务开展网上保真拍卖专场，2020年共举办网上鉴证备案当代书画保真专场拍卖20余场。9月，艺委会在协会的支持下设立了北京市版权登记工作站，为艺术家及艺术机构提供版权登记业务；艺委会积极开展艺术品的确权、交易、维权等相关服务，通过加入北京互联网法院及北京市版权局的区块链，成为艺术品确权、交易的区块链节点。同时，艺委会为会员提供全方位的版权维权、交易服务，与多家艺术机构、知识产权机构达成了版权授权、交易、维权合作，跨地区多维度地为我国艺术品版权构建版权保护和交易的服务平台。

软件工作委员会在新冠肺炎疫情期间，积极参与协会倡议和组织的各项活动，支持社会各界使用正版软件复工复产，金山办公累计免费提供超过400万个商业协作版云办公账号。3月，软工委向推进使用正版软件工作部际联席会议办公室提交了《2020年关于推进使用正版软件工作的建议》，提出推动软件正版化与信创工作相结合，在正版化工作中倡导使用信创产品，在信创工作中坚持使用正版软件；提出开展教育行业软件正版化专项行动，将推进教育行业软件正版化纳入软件正版化工作重点，加快实现教育机关所属事业单位、高校、中小学软件正版化等创新性建议并被采纳。9月，为更好推动国产软件生态体系中的应用创新，促进生态链的正版化工作，软工委举办了“融思聚信，创享未来——软件安全应用创新座谈会”。来自工业和信息化部、国土资源部、国家网信办、教育部、文化和旅游部等部门的多名专家与会。12月，组织召开“新时代·新挑战·新使命——2020软件版权座谈会”，共同探讨严峻形势下，如何通过加强软件版权保护鼓励创新、优化市场环境，如何将信创产业与软件正版化长效机制相融合，巩固扩大正版化工作成果，如何抓住新时代带来的新机遇，承担起新时代赋予的新使命，推动软件产业向高端、高新、高价值发展。

网络游戏版权工作委员会于8月2日正式成立。9月12日，游戏版权委员会与上海交通大学知识产权与竞争法研究院联合发布了《网络游戏知识产权保护白皮书》，并召开网络游戏知识产权保护问题研讨会，针对网络游戏规则的法律保护、网络游戏侵权法律责任承担、云游戏权利保护等热点问题，进行深度探讨与研究，在游戏版权行业引起积极反响。11月4日，游戏版权委员会赴上海开展集体调研。4日上午，协会理事长阎晓宏、副理事长孙悦以及来自腾讯、三七互娱、盛趣、字节跳动、快手、虎牙、斗鱼、雅昌文化、中视瑞德、冠勇科技等会员单位的30余位代表参加了此次调研。调研团队参观了中国首个综合电竞体验馆——腾讯电竞V-Station体验馆（上海）。4日下午，举办中国版权协会网络游戏版权工作委员会2020年工作座谈会。

文字版权工作委员会于8月29日正式成立。人民教育出版社、人民文学出版社等传统出版单位和阅文集团、百度公司、北京字节跳动公司等互联网单位，共计 26 家发起单位参加了成立大会。委员会成立后启动了第一项工作，由阅文集团牵头，联合掌阅科技、人民教育出版社等内容权利方，与以腾讯 QQ 浏览器、百度搜索、百度浏览器、搜狗浏览器和搜狗搜索为代表的搜索引擎方，共同发起“阅时代·文字版权保护在行动”联合倡议。8 月 29 日成立仪式之后，文字版权工作委员会举办了以“文字作品使用、传播与保护”为主题的研讨会。

六、举办“远集坊”讲座及相关活动

协会和国家版权创新基地在 2017 年共同创立了一个文化交流平台，取名“远集坊”。截至 2020 年 10 月 18 日，共举办远集坊文化讲坛 32 期。

2020 年，协会举办“远集坊”文化讲坛 6 期，“远集坊”创新与发展系列讲座 10 期。王蒙、叶小文、朱永新、高洪波等 17 位主讲嘉宾为“远集坊”带来了高屋建瓴、别开生面的精彩演讲，200 余位特邀嘉宾光临“远集坊”并与主讲嘉宾积极互动，发表了他们的真知灼见。

1 月 11 日，协会在京举办“远集坊·2020 年迎春茶话会”。多期远集坊主讲嘉宾、特邀嘉宾，中宣部、国家网信办、中央广播电视总台、新华社、人民日报社等有关部门负责同志，与来自协会会员单位的 300 余位嘉宾参加。协会理事长阎晓宏出席活动并致辞。著名历史学家阎崇年，中华诗词学会会长、故宫博物院原院长郑欣淼，全国政协常委、全国政协副秘书长、民进中央副主席朱永新，著名作家、慈善家郑渊洁，樊登读书创始人樊登，全国政协委员、著名网络文学作家唐家三少等“远集坊”主讲嘉宾以及中国残疾人联合会原副理事长王智钧发表了新春感言和祝福。

协会对第 18～26 期“远集坊”文化讲坛进行了回顾与总结，并在征求了各位主讲嘉宾的同意后，携手河北教育出版社出版了《远集坊：阅读的态度》一书。从书中可以看到各位主讲嘉宾从不同的角度，阐述了他们深入研究问题的观点与心得。

“远集坊”得到了各主流媒体和新媒体的大力支持。自首期讲坛起，“远集坊”坚持制作短视频，凝聚精华，广泛传播，在腾讯、爱奇艺、抖音、快手、优酷、网易、搜狐、咪咕、火山、西瓜视频等多家新媒体平台进行同步直播，每期活动在线观看人数稳定在 50 万人以上。

（曾　晋）

中国音乐著作权协会

一、会员发展与服务

（一）*发展新会员*

2020 年中国音乐著作权协会（以下简称“音著协”）发展新会员数为 602 人（家），其中词作者 161 人、曲作者 408 人、继承人 18 人、其他 2 人、出版公司 13 家，会员总数达到 10 633 人（家）（见图 1、图 2）。

在新发展的会员中，较有影响力的公司会员有哇唧唧哇娱乐（天津）有限公司、深圳启韵文化传媒有限公司、上海郑来君音乐工作室等；较有影响力的个人会员有陈楚生、王铮亮、李建衡等。

（二）*慰问和救助会员*

2020 年初，全球暴发了新冠肺炎疫情。在疫情暴发初期，音著协一方面向全体会员发出慰问短信并通报协会办公情况，另一方面了解全体会员特别是湖北会员受疫情影响情况。之后，音著协还组织员工捐款，由会员部代表协会对受疫情影响严重的会员进行慰问。

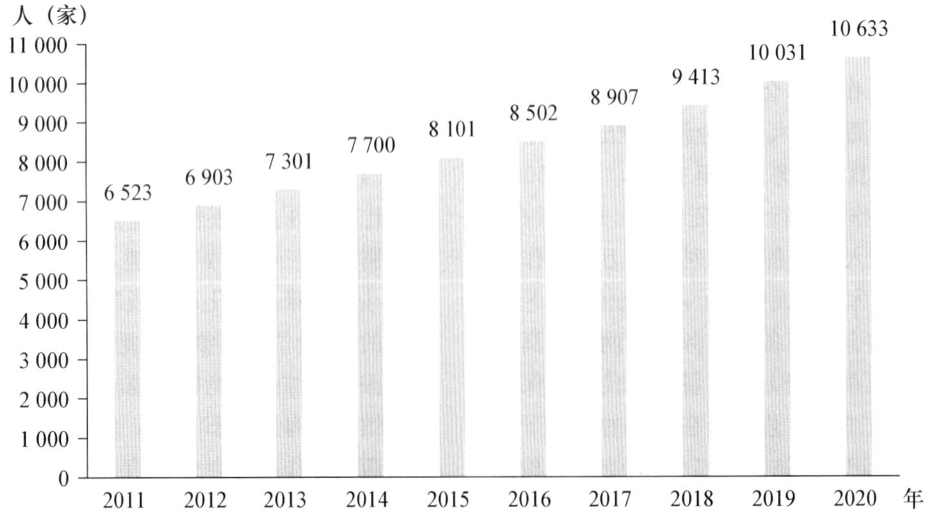

图 1　2011—2020 年音著协会员增长图

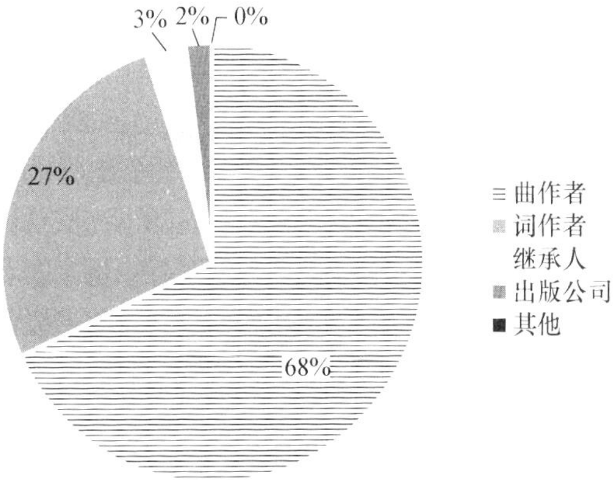

图2　2020年音著协新会员构成图

（三）整理和展示会员抗疫歌曲

为抗击疫情，音著协众多会员纷纷创作和制作以“抗疫”为主题的歌词、歌曲，音著协通过官网、微信公众号、《音著协》APP对部分作者的作品进行了宣传展示。下半年，音著协着手将这些作品汇集整理，并编辑成册，以记录音乐创作者的热血心声和家国情怀。

二、音乐作品版权信息管理

（一）音乐版权信息管理大数据系统

作为中国大陆地区唯一的音乐作品著作权集体管理组织，音著协通过全球最大的中文音乐作品版权信息系统DIVA（Documentation Innovation Visionary Art）对海量的音乐作品进行版权管理。DIVA可凭借其强大而完善的数据库处理会员信息、作品资料及版税分配等工作内容。

DIVA主要是通过ISWC（国际标准音乐作品编码）和IPI（权利人识别编码），实现在世界范围内对音乐著作权人作品的识别与保护。当会员加入音著协时，音著协会在DIVA系统中为每一名会员建立一个专属的IPI编码，其中包含会员的姓名、身份证号码、住址、入会身份（词曲作者、继承人或其他著作权人）、创作并公开发表的作品等个人信息。ISWC编码则是经国际标准局批准，在数字音乐和网络环境下，对一首音乐作品在世界范围内给予有效辨识、版权保护的“身份证”号码——音著协是ISWC编码在中国大陆的唯一代理机构，它记录了某首音乐作品的名称、词曲作者、权益人和权利比例等内容。这些都是附着在一首音乐作品上的重要版权信息。

截至2020年底，DIVA数据库系统内音乐作品总数为1 269万余首。

（二）歌曲信息大数据系统

随着网络数字化时代的高速发展，对音乐的需求呈爆发式的增长。为减少词曲作者因登记作品不及时给自身分配带来的影响，音著协着手开发了基于互联网技术的歌曲信息大数据系统，及时获取更多的音乐作品信息，配合完善会员的登记资料。2020年，基于对该技术引擎的建设和维护，音乐作品库新增了200余万首歌曲。音著协对于这些音乐作品资料予以整理，利用技术手段补全DIVA版权信息数据系统中的歌曲信息，用以辅助著作权使用费的分配。

三、音乐作品使用许可

2020年，音著协许可使用费总收益约为人民币4.08亿元（含海外收益约人民币1 050万元），较2019年增长约1%（见图3、图4），自2009年起保持了连续12年的许可收入增长趋势。截至2020年底，音著协历年许可使用费总额达到约人民币25.86亿元，参与分配金额约21.33亿元。

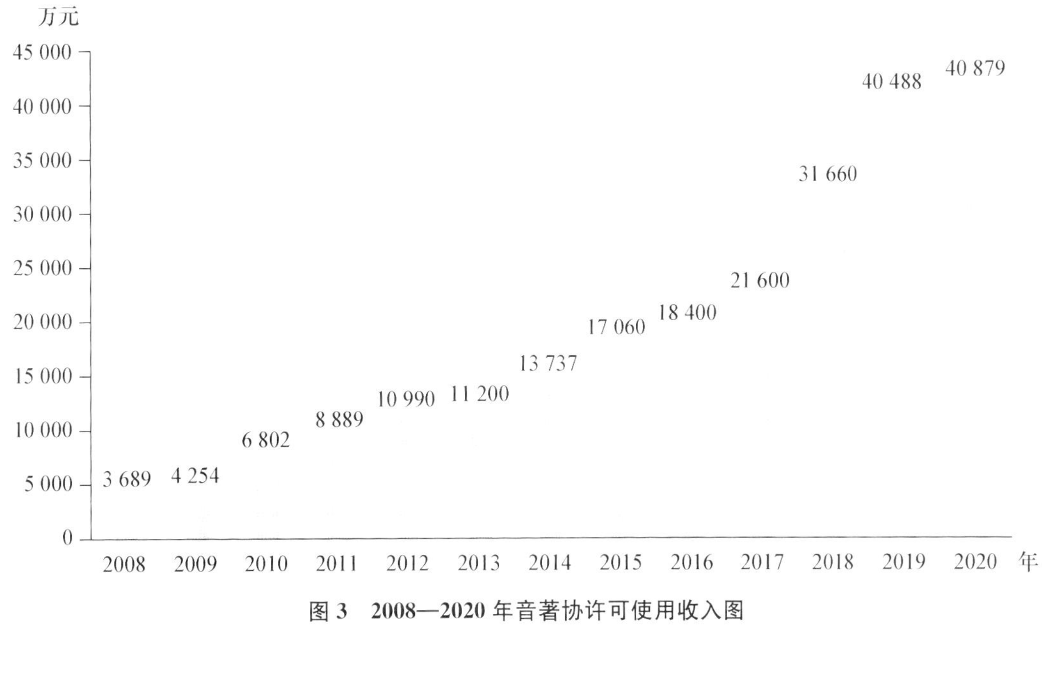

图3　2008—2020年音著协许可使用费收入图

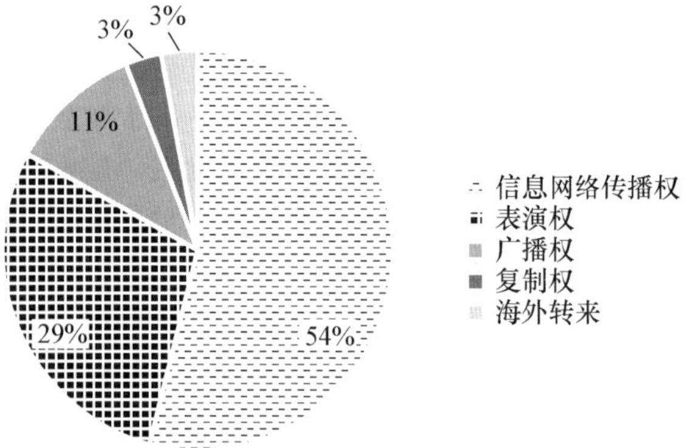

图 4　2020 年音著协许可收入构成图

（一）表演权许可工作

2020 年音著协表演权许可使用收入约人民币 11 722 万元，较 2019 年增长约 32.4%。

在音著协的各项许可收入中，表演权许可业务受疫情冲击比较严重。演唱会、音乐会等演出市场极为萧条，上半年甚至基本为零，许多公开场所也一度停业，而其他各权利项的许可业务中，由于疫情的原因也均导致了不同程度的客户流失、收入损失。面对这种困难，音著协许可业务部门逐一与相关使用者充分沟通协商，取得相互理解和支持，并根据实际情况针对性地出台了一些优惠措施，加上对新许可客户持续拓展，成功稳定了许可工作的大局。

现场表演方面，许可使用费金额约人民币 574 万元，较 2019 年减少约 58%。受疫情的影响，2—8 月演出市场全面停滞。

背景音乐方面，许可使用收入约人民币 4 400 万元，较 2019 年减少约 14%。鉴于音著协因疫情因素施行的优惠措施，整体许可态势仍然保持着上升趋势。截至 2020 年底，获音著协合法使用音乐许可的 4 星及以上酒店近 500 家，包括多家业界顶尖的酒店集团，在酒店行业已经逐渐实现了广泛的许可覆盖。2020 年音著协开拓了体检中心、健身房、办公楼等领域的背景音乐许可。此外，已有 150 个品牌的专卖店同音著协达成了许可合作协议，基本覆盖了业界知名的商业品牌。

卡拉 OK 方面，许可使用收入约人民币 6 700 万余元。

（二）广播权许可工作

2019 年，音著协广播权许可收入约人民币 4 542.7 万元，较 2019 年减少约 20%。其中，广播电台缴纳许可使用费 1 015.2 万元，电视台缴纳许可使用费 3 527.5 万元。由于网络业态的高速发展，传统广播权许可业务受到了一定的冲击，加之我国仍有大量广播电视组织仍处于侵权使用音乐的状态，疫情影响了音著协许可谈判及维权工作的推进，广播权许可使用收入有所下滑。

截至 2020 年底，已同音著协达成许可付酬协议的电视台有 51 家，电台 71 家，共计 122 家。

（三）复制权许可工作

2020 年，复制权许可使用收入约人民币 1 296 万元，较 2019 年减少约 40%。这主要由于 2019 年是新中国成立 70 周年，这期间爱国主义主题歌曲的广泛使用使得许可数额激增，而 2020 年音著协复制权许可业务回归常规状态。

（四）信息网络传播权许可工作

2020 年音著协信息网络业务许可继续保持较高的许可使用收入水准，总额达到人民币 2.21 亿元，与 2019 年基本持平。

至 2020 年，与音著协达成许可使用合作的大型网络音乐平台包括腾讯音乐（QQ 音乐、酷狗音乐、酷我音乐、全民 K 歌等）、网易云音乐、苹果音乐、字节跳动（今日头条、抖音等）、快手等，基本涵盖了我国最主要的音乐使用平台。音著协多年来在互联网领域开拓推广的音乐著作权许可合作模式已经成为名副其实的网络音乐正版化“主渠道”。

四、音乐作品许可使用费分配

2020 年共进行 13 次分配，涉及许可使用收入金额约人民币 2.24 亿元，扣除增值税后约为 2.11 亿元，音著协管理费比例约占 16.55%（见表 1）。

表 1　2020 年音著协音乐作品著作权许可使用费分配表　　单位：万元

期数	分配号	许可金额（扣增值税后）	分配金额（扣管理费后）
第一期	M192（2019 年下半年复制权许可使用费分配）	1 016	851
	P181（2018 年现场表演许可使用费分配）	969	715
	B181（2018 年互联网许可使用费第一次分配）	2 445	1 956
第二期	P182（2018 年背景音乐许可使用费分配）	3 229	2 584
	2018 年机械表演许可使用费分配	1 141	982
	K181-182（2018 年卡拉 OK 许可使用费分配）	1 933	1 547
	B183-184（2018 年网络许可使用费第二次分配）	1 472	1 314

续表

期数	分配号	许可金额（扣增值税后）	分配金额（扣管理费后）
第三期	M201（2020年复制权许可使用费第二次分配）	362	302
	B185-186（2018年互联网许可使用费第三次分配）	2 481	2 098
第四期	P183（2018年广播权许可使用费第一次分配）	1 887	1 509
	P184（2018年广播权许可使用费第二次分配）	1 669	1 429
	O191（2019年海外转来许可使用费分配）	729	692
	B187-188（2018年互联网许可使用费第三次分配）	1 781	1 581

五、诉讼维权

2020年，音著协共办理民事诉讼案件185件。通过诉讼方式获得判赔、调解及和解金共计人民币346万余元。

重点案例：

表演权：华润万家宁波鄞州店侵权案、宁波乐购天一店侵权案、北京沃尔玛百货有限公司宣武门分店侵权案、北京盒马鲜生大成路店背景音乐侵权案、董酒悠董2017天王天后（张家港站）大型演唱会侵权案、蔡琴“琴暖羊城”经典金曲演唱会现场表演侵权案等。

广播权：南昌广播电视台侵权案、贵州广播电视台侵权案、湖南广播电视台广播传媒中心侵权案、广州市广播电视台侵权案、江西广播电视台侵权案、杭州文化广播电视集团侵权案等。

复制权：米兔早教故事机侵权案等。

信息网络传播权：华为音乐侵权案、小米音乐侵权案、咪咕音乐侵权案等。

六、国际事务

2020年，在国际作者和作曲者协会联合会（CISAC）的国际版权保护体系下，音著协已与76家海外同类组织签订了相互代表协议。

七、信息公开及宣传

2020年，音著协继续通过网站、微信公众号、《理事工作简报》、《会讯》、年报等形式，向会员、使用者、政府、社会公众通报具体工作，主动做到公开、透明。

音著协官方APP应用程序《音著协》于2020年5月29日正式上线，该APP是我国集体管理领域内的第一个手机APP应用程序。通过《音著协》APP，会员可使用手机便捷地完成入会申请、个人信息变更、音乐作品登记、著作权使用费分配查询等操作，业界相关人士也可及时了解协会的各类公示信息和工作动态。

（张　群）

中国音像著作权集体管理协会

2020年，中国音像著作权集体管理协会（以下简称“音集协”）实现卡拉OK版权使用费收入22 167万元，其他版权使用费收入1 660万元，共计收取版权费23 827万元，会员数量达357家，授权音乐电视作品18.8万首。音集协的工作获得了领导机关和社会的肯定，在岁末荣获国家版权局颁发的“中国版权金奖·管理奖”。

一、贯彻执行卡拉OK行业“二合一”许可模式

卡拉OK市场是著作权纠纷频发、多发、高发的热点领域。为维护卡拉OK经营市场的秩序安定，中宣部版权管理局与文化和旅游部市场管理司在相关工作会议上多次强调要通过著作权集体管理的方式解决卡拉OK版权问题，同时明确了由音集协代表中国音乐著作权协会开展卡拉OK领域“二合一”版权许可工作的基本原则。音集协一直在工作中坚决贯彻并认真落实这一基本原则，并与娱乐行业协会充分协商、紧密合作，于2020年1月出台了《歌舞娱乐行业著作权许可业务实施方案》，随着该方案的公示和实施，卡拉OK市场一度混乱的局面得到了根本性的扭转。同年10月，经中宣部版权管理局与文化和旅游部市场管理司共同协调，音集协与VOD企业就卡拉OK曲库的音像及音乐作品许可达成框架协议，实现了在VOD领域依法推动“二合一”版权许可模式。

2020年因受疫情的严重影响，歌舞娱乐行业遭受重创。为落实疫情防控举措，减轻因疫情带来的影响，支持歌舞娱乐行业复产复工，音集协秉承“二合一”的基本原则与代表使用者的中国文化娱乐行业协会协商建立了卡拉OK版权许可联席会议机制，共同制定卡拉OK经营行业在疫情后的版权使用费减免政策，深受卡拉OK经营者的欢迎，也同时得到了广大权利人和社会各界的肯定性评价。2020年，音集协根据疫情期间卡拉OK版权费的减免方案，共为卡拉OK经营者减免版权使用费合计9 000余万元。

二、法律诉讼事务

2020年，音集协与全国各地各级别的法院积极沟通，加大了司法实践对著作权集体管理的理解和支持。上海、湖南、山西、陕西、浙江、河北、湖北、甘肃、宁夏等地法院均陆续作出参照音集协对卡拉OK收费标准以包房数为基数计算侵权赔偿的生效判决；浙江、陕西、山西、福建等地的高级人民法院在2020年出台了本省辖区内针对卡拉OK著作权纠纷案件的裁判指导意见。全年通过诉讼方式打击侵权卡拉OK场所、促成和解案件1 367件，收取著作权使用费4 765万元，占本年度收取著作权使用费总额的20.71%，有力地促进了版权收费工作，维护了会员合法权益。

同时，音集协积极为已经获得许可的卡拉OK经营者处理非会员商业诉讼案件。通过司法实践引导以集体管理的方式解决卡拉OK版权问题，按照音集协卡拉OK正常许可标准确定判赔额，得到部分法院的支持。2020年音集协处理本类案件3 130件，涉及33个商业主体，向会员分配侵权诉讼赔偿款687万元。

另外，音集协还根据会员举报，对涉嫌侵权的互联网平台进行了广泛取证，并用信息技术手段对侵权行为进行监测，取证数量达3 000多首，监测侵权链接超过1.5亿。对于侵权的互联网平台，音集协通过向国家版权局行政投诉、向应用商店投诉、向法院起诉、召开新闻发布会等形式打击侵权互联网平台。音著协的维权工作引起了社会对短视频平台使用录音制品版权保护问题的广泛关注，提高了社会的互联网版权保护意识，维护了音像权利人的合法权益。

三、著作权许可业务

2020年，音集协基于非营利性的制度要求，对全国31个省（自治区、直辖市）许可业务团队进行优化，设立了许可业务办公室，所有许可业务人员直接归属音集协总部管理，并制定相应激励机制和管理制度。组织机构的调整和人员的优化，激发了许可业务人员的积极性，在疫情严重影响市场的情况下，卡拉OK许可收费工作仍取得了良好的成绩。2020年音集协与全国7 973家卡拉OK场所签订许可合同，签约总金额合计230 067 953元，其中较2019年新签约率为48%，场所续约率为52%。

2020年，卡拉OK市场全部商用版VOD点唱设备生产商及大部分家用版VOD点唱设备生产商均与音集协签订了卡拉OK复制权许可协议，实现版权费收入962万元。另外实现迷你KTV版权许可费收入92万元，IPTV许可费收入82万元，教科书法定许可收入7万元。

2020年，音集协与中国文化娱乐行业协会协商在版权许可、行政协调、司法沟通、市场宣传等方面合作建立了联动机制，与全国超过三分之一的省份的70多家地方娱乐行业协会建立了务实的合作关系，在受疫情影响的艰难情况下，探索出了一条开展著作权集体管理的新思路。

2020年，音集协积极争取会员授权，开展互联网许可业务，与短视频巨头企业字节跳动公司和《彩视》APP达成许可协议，针对短视频、直播等权利人无法有效管理其权利的媒体平台，通过著作权集体管理组织统一收取和分配使用费的方式，实现了互联网领域音像著作权集体管理的“零”的突破，获得权利人的支持和好评。同时，音集协对市场流量和规模较大但侵权行为较为严重的短视频平台快手进行积极维权，通过行政投诉、民事诉讼、新闻媒体舆论监督等手段打击侵权，督促快手取得音集协许可。音集协还积极关注手机内置音乐、智能音箱等智能硬件使用音乐的问题，与多家手机厂商进行了交涉和谈判。

四、降低管理费比例

2020年5月15日，音集协采取“现场+视频”的方式在北京召开第二届理事会第九次会议。根据会议通过的分配方案，并基于2019年度卡拉OK著作权许可收费的大幅度增长，音集协向音著协转付表演权使用费6 749万元，会员分配金额也从2018年的4 900万元提高到2019年的9 516万元，增加了94%，均创历史新高。卡拉OK著作权使用费的管理费扣除比例从2018年的30%降低到2019年的25%，创历史新低。

另外，音集协向会员分配2019年度的VOD著作权使用费1 137万元、2018—2019年度的“迷你歌咏亭”著作权使用费255万元、2018—2019年度的智能电视著作权使用费204万元。根据理事会通过的分配细则，上述项目的分配，由音集协秘书处扣除5%的管理费。音集协还对2020年3月期间入会的40家会员进行了补偿分配著作权使用费316万元，转付教科书法定许可的著作权使用费6万元。

五、向服务型集体管理组织转型

为促进会员作品在卡拉OK市场上快速传播，

2020年音集协通过合作VOD商、智能电视K歌平台、海外合作平台投放会员新歌近1.5万首，还免费为会员制作歌曲的卡拉OK版本1 832首。为更好推广会员作品，音集协通过大数据著作权管理平台对线下KTV卡拉OK点播数据进行统计，设立卡拉OK排行榜“金麦榜”。

音集协利用自身优势和资源对会员提供这些服务，获得了权利人的信任，带动了权利人加入集体管理组织的积极性。2020年音集协共发展会员115家，会员总数达357家，会员总数同比增长44.5%，涉及权利人841家，创历史新高；新增授权曲目52 865首，授权曲目达188 781首，同比增长38.2%。同时，音集协获得授权的作品的含金量也大幅增加，在市场头部作品中，会员作品占比超70%。

六、参与《著作权法》修订

在2020年全国人大审议《著作权法》的收官之年，音集协加大了工作力度，通过与百家唱片公司联名呼吁为录音制作者增加两权、召开由多位国内有影响力的专家参加的专题研讨会、直接参加全国人大修改《著作权法》座谈会、和国际唱片业协会联合表达诉求等方式，向全国人大表达协会的诉求。在音集协对立法机关的建言中，对2020年《著作权法修正案（草案）（二次审议稿）》中第45条关于录音制品制作者广播权、表演权的表述提出具体修改意见，全部得到了全国人大的采纳；对第17条关于视听作品权利归属的部分意见获得采纳。音集协积极参与《著作权法》的修订，为录音制作者获得广播和表演的获酬权做出了贡献。

七、著作权大数据平台建设

2020年，音集协建设的著作权大数据管理平台顺利通过技术鉴定，并启动试点工作。通过和各点唱系统生产商（VOD）协商及研发，在不增加场所负担的前提下，最终完成了将著作权大数据管理平台无缝搭建在VOD点唱系统上的建设目标，做到了为卡拉OK场所提供一站式的版权内容及功能服务，实现了卡拉OK曲库权属查证、先许可后使用、按使用情况付费、点唱数据实时上传等功能设计，经过反复测试后初步具备了全面落地实施的条件。2020年已有5家VOD系统与大数据系统完成对接。

（简　巍）

中国文字著作权协会

一、著作权使用费整体收转分配情况

中国文字著作权协会（以下简称“文著协”）是向著作权人转付报刊转载和教科书等法定许可使用文字作品著作权使用费的法定机构，法定许可稿酬收取和分配工作是文著协工作的重中之重。文著协采取主动查找作者、主动核实作者信息和转载信息、主动发放转载稿酬的“三主动”方法，向作者转付报刊转载和教科书选文稿酬，确保把每一笔稿酬发放到真正的权利人手中。文著协制定了严格的稿酬转付流程，给作者的每一笔稿酬都有使用明细单。文著协每个月进行一次较大范围的稿酬转付工作，同时，个别作者的申领稿酬随时处理。

此外，文著协大力开展汇编权、信息网络传播权、表演权等集体管理授权，以及版权代理、国际版权贸易和维权工作。

2020年，文著协全年共收取著作权使用费2 244万元，首次突破2 000万元，比2019年的1 931万元增长16%，比2018年增长114%。文著协收取的著作权许可使用费连续多年呈梯度增长，整体呈现出良性的发展态势。其中，信息网络传播权、汇编权等集体管理业务占著作权使用费总额的75.4%，报刊转载和教科书法定许可业务占24.15%。

（一）著作权使用费分配情况

2020年，文著协完成著作权使用费分配和转付共计33次，向会员和其他权利人转付和分配著作权使用费1 210万元，惠及作者1 730余人次，涉及文章5 000多篇次。

（二）为会员上门送稿酬

2020年春节前夕，文著协拜访了高士其、李四光、艾青、严文井等会员的权利继承人，为他们送去稿酬和新春祝福。

（三）发放样书

2020年，文著协向会员和权利人发放样书共计3 000余册。著作权使用费分配转付金额和样书发放数量同比均有较大幅度增长。

（四）提供著作权使用费清单

文著协非常重视向会员和权利人提供准确翔实的著作权使用费清单。文著协通过信件、邮箱、微信等方式向权利人提供著作权使用费明细清单，让权利人对自己的版权收入一目了然，增强了与作者的互动，提高了作者的满意度，受到权利人的肯定。

二、会员发展工作

2020年，文著协新增229位权利人信息，更新了作者信息212条，会员总数已达10 200人。文著协通过定期分配、转付著作权使用费，加深了与会员的关系，许多权利人纷纷主动填写入会申请表要求加入协会，许多老会员陆续寄来新的作品备案，主动要求入会合同延展。

三、法定许可稿酬收转业务

2020 年，文著协继续利用各种机会，面向报刊社、出版单位开展著作权法定许可工作宣讲，调研教科书出版机构和文摘类报刊社执行著作权法法定许可制度的情况，与有关机构商谈签署法定许可著作权使用费收转协议，收取文摘类报刊和教科书出版社交纳的转载和选文著作权使用费，并向会员和权利人转付、分配。2020 年，文著协与语文出版社、湖南教育报刊集团、江西教育传媒集团、福建海峡文艺出版社、《特别关注》、《现代快报》、《半月选读》杂志社等机构签订法定许可著作权使用费转付协议、网络转载稿酬转付委托协议共计 20 份。

12 月下旬，经文著协多次沟通，首都版权协会将多年收取的北京地区报刊转载著作权使用费 150 余万元上交文著协。

四、著作权集体管理业务

（一）信息网络传播权

2020 年，文著协继续与北京世纪卓越信息技术有限公司（亚马逊中国）、东方网、《现代快报》以及部分微信公众号运营机构合作，通过数字新媒体平台授权推广会员作品，收取著作权使用费，为会员创造更多的收益。

2020 年，文著协继续为中宣部“学习强国”学习平台提供专业的著作权服务，先后三次提交“学习强国”学习平台使用作品申领稿酬清单，共计 521 篇作品，经过平台审核后，发放稿酬共计 136 篇次。通过文著协的努力工作，保障了平台对文字作品的正常运营，获得会员和有关权利人的一致好评。很多作者和会员主动挑选优秀作品，委托文著协授权该平台使用和传播。

（二）汇编权

汇编作品是很多文化公司和出版单位的主要产品线。在各类汇编作品中，教辅类图书占很大比重。多年来，文著协通过切实履行报刊转载和教科书选文稿酬转付的法定职能，获得很多经典作家、翻译家的独家授权，发展了众多高质量会员。通过授权推广会员作品、主动查找作者译者，与很多权利人建立了稳固的关系。文著协通过集体谈判、“一揽子”授权以及为出版单位主动组稿等形式，将很多会员从烦琐的单篇单部作品授权业务中解脱出来，节省了会员的时间和精力，扩大了会员优秀作品的传播范围，解决了出版单位的版权法律风险，同时也提高了会员的版权收益。经过多年的实践，将会员作品汇编权纳入集体管理范畴，是文著协集体管理工作的一大创新，获得了会员和出版单位的认可和好评。

2020 年，文著协与人民出版社、中国少年儿童新闻出版总社、接力出版社、外语教学与研究出版社、江苏人民出版社、译林出版社、浙江少年儿童出版社、上海教育出版社、上海外语教育出版社、湖南文艺出版社、西南师大出版社、北京学而思有限公司等逾百家出版社和民营文化公司签订了 279 份协议，“一揽子”解决近 350 种图书选用文章汇编权的授权和稿酬提存转付问题，涉及巴金、茅盾、郭沫若、铁凝、高洪波、金波、葛翠琳、毕淑敏、冰波等著名作家的文章共计 5 000 多篇次，为会员和其他权利人收取著作权使用费近 1 690 万元。

（三）表演权

2020 年，文著协组织翻译了数十部俄罗斯经典剧目和当代剧作家的优秀剧目，向多家院团推荐，与北京人民艺术剧院等院团就引进俄罗斯经典话剧《我可怜的马拉特》《车库》《两个人的车站》《高级病房》，将话剧《青春禁忌游戏》改编为音乐剧和黄梅戏等进行多次沟通协商，达成合作意向。

文著协在为多家文化公司和出版单位解决汇编作品的授权时，也解决了制作音频的表演权和信息网络传播权的“一揽子”授权，为会员收取应得的版权收益。

五、版权代理工作

2020 年，文著协为接力出版社代理引进了俄罗斯著名儿童文学作家、俄罗斯儿童基金会主席、国际儿童基金会联合会主席阿·利哈诺夫的《木马》和《最后的寒冷》以及俄罗斯儿童文学作家达舍夫斯卡娅的童话小说《剧院老鼠特奥的船长梦》三部作品的版权，向俄罗斯输出了《乌龟一家去看海》和《云朵一样的八哥》两部作品的版权。代理输出商务印书馆的《吃货辞典》在俄罗斯出版，并举办网上首发式，受到中俄媒体很大关注。

2020 年，文著协与台湾南一书局、香港时信出版公司、新加坡名创教育出版公司等教育出版机构签订了 6 份境外中文教材授权合同，解决了境外中文教材使用多位中文作家作品的版权授权和稿酬转付问题。

六、中俄现代与经典作品互译出版项目

受疫情影响，中俄双方承担任务的出版社进度缓慢。截至 2020 年底，中方已出版“俄罗斯文库”中的文学作品 56 种，俄方已出版“中国文库”中的文学作品 38 种，双方总计 94 种。

2020 年 12 月 19 日，首届“俄中文学外交翻译奖”颁奖典礼在北京举行。“中俄互译出版项目”成果之一，北大俄语系教授赵桂莲翻译的《阳光闪耀》一书荣获叶利钦总统中心和俄罗斯出版与大众传媒署支持、俄罗斯翻译研究院设立的首届“俄中文学外交翻译奖”二等奖。文著协总干事张洪波、俄驻华大使杰尼索夫、中国作协副主席吉狄马加、中国教育国际交流协会会长刘利民，中国俄罗斯文学研究会、北京十月文艺出版社和首都师范大学的领导以及获奖作者和责编代表参加颁奖典礼。

七、会员权益维权工作

（一）教科书法定许可维权

2019年，文著协就语文出版社出版发行的九年制义务教育《语文》教科书中使用会员文字作品拒不支付报酬一事，多次沟通未果，代表会员金波向法院提起诉讼。2020年，文著协多次与该社详细沟通侵权的后果和影响，以及文著协法定职能的设计初衷，最终双方就三套九年制义务教育《语文》教科书选文付酬达成和解。语文出版社向文著协支付了自2001年至2019年出版发行的三套九年制义务教育《语文》教科书选用文字作品的著作权使用费180多万元，涉及作者309人，文章562篇。

（二）日常维权

文著协通过电话、电邮、微信等多种形式常年免费为权利人和使用者提供版权法律咨询服务，义务审查图书出版合同、委托创作合同、委托翻译合同、授权改编合同等版权合同，出具维权意见书；通过举办十余场线上沙龙、讲座、研讨等，宣传新修改的《著作权法》和文著协的法定职能与业务工作。

在文著协的协调帮助下，贺敬之、葛翠琳、谈宜斌、姜长斌等会员顺利解决了他们遇到的法律问题。江西省作协主席、文联主席陈世旭，陕西西安市作协副主席穆涛等知名作家主动签订了《文字作品著作权集体管理合同》，加入文著协。

八、版权公共服务与版权研讨

（一）继续为“学习强国”平台提供专业版权服务

根据与中宣部宣传舆情研究中心签署的协议，文著协继续向“学习强国”学习平台授权会员作品，根据稿酬转付流程，为会员和其他作者转付稿酬，向多位作者解答该平台的情况，反馈工作中出现的新问题新情况，并提出解决建议。很多作者愿意通过协会向该平台授权作品。

（二）为《著作权法》修订建言献策，对新《著作权法》及时解读

2020年6月16日、10月20日、11月2日，全国人大宪法和法律委员会、教科文卫委员会、全国人大常委会法制工作委员会等多次组织座谈会，征求对《著作权法修正案（草案）（审议稿）》的意见。文著协总干事张洪波、副总干事梁飞应邀参会并发言，提交协会书面建议和国际复制权组织联合会（IFRRO）的建议。同时接受全国人大法工委的委托，协调邀请“童话大王”郑渊洁参加评估座谈会。文著协提出的一些意见在修法中得以吸纳。

在11月11日全国人大常委会审议通过了关于修改著作权法的决定后，文著协领导通过撰文、参与研讨培训和接受媒体采访等机会，应内蒙古自治区党委宣传部、安徽科技期刊协会、广西师范大学出版集团、中国三峡出版传媒集团等单位邀请，作了多次新《著作权法》解读专题讲座，并集中向会员通报新《著作权法》的亮点，以及维权新策略。

（三）版权专业研讨

2020年，文著协应邀参加线上线下版权专业研讨活动十余场，如创意产业知识产权海外布局与风险防控研讨会、2020年第四届中华文化海外传播大连论坛、中国网络版权保护与发展大会、成都数字版权交易博览会、首届中国国际著作权集体管理高峰论坛、中欧互联网知识产权保护与创新大会等，有力地宣传了新《著作权法》，提升了文著协的影响力和权威性。文著协还派员参加了中宣部版权管理局组织的版权产业国际风险防控培训班和涉外版权管理工作培训班。

（四）“民间文艺版权保护”项目调研工作

文著协接受中宣部版权管理局的委托，在2020年开展了“民间文艺版权保护”项目调研工作。文著协制定了周密翔实的调研方案，组织专家调研座谈会，走访有关机构和专家，陪同中宣部版权管理局领导实地走访调研贵州有关项目和企业、村落，了解民族民间文艺作品的传承、行政保护、权益维护、发展模式和市场授权开发等情况，根据调研情况，最终形成正式调研报告上报，按时按要求高质量地完成了相关调研任务。

九、国际交往

2020年，文著协与吉尔吉斯斯坦创新与知识产权局达成合作协议。文著协领导以线上会议的形式，参加了国际复制权组织联合会（IFRRO）亚太委员会年会、欧亚权利人协会联合会主席团会议、太平洋俄罗斯文学节、俄中文学外交翻译研讨会等国际会议并发言。

十、对外宣传

2020年，文著协通过参加全国人大常委会法工

委组织的多次修法座谈会、在媒体撰文、接受媒体访谈、参加线上线下研讨和举办讲座等形式，提出对《著作权法修正案（草案）》的意见建议。在2020年11月11日全国人大常委会审议通过关于修改《著作权法》的决定后，文著协领导接受新华社、《人民日报》（海外版）、《中国新闻出版广电报》、《新京报》、财新传媒、北京头条等媒体采访，为《中国新闻出版广电报》《中国出版传媒商报》《中国知识产权报》《中国市场监管报》《北京青年报》《新京报》《中国专利与商标》等媒体撰文，及时解读新修改的《著作权法》，宣传版权保护知识，从建立版权社会信用体系角度评析郭敬明、于正道歉事件，产生了较好的普法宣传效果。

2020年“4·26”世界知识产权宣传周期间，文著协举办了阅读类教辅版权授权网络直播讲座，发布了文著协“2019年度阅读类教辅授权十大作者榜单”和“2019年度阅读类教辅授权十大使用者榜单”。

文著协通过官网、新浪微博、微信公众号等媒介，定期推送文章，介绍党和国家政策、协会日常工作和主要成绩，追踪研究版权热点前沿问题，逐渐形成了立体宣传格局，并通过群发短信、邮件、微信群等与会员建立互动。

（王丹若）

中国摄影著作权协会

一、会员发展与会员服务

2020年，中国摄影著作权协会（以下简称“摄著协”）继续壮大会员队伍，稳步扩大权利代表性。摄著协连续五年保持会员数量稳步增长，截至2020年12月，会员总数达到21 342人，成为名副其实最具权利代表性的集体管理组织。2020年，摄著协无惧疫情影响，在稳步发展会员的同时优化会员服务，在官网、微信公众平台上，加大对会员问询的信息反馈，成为联系会员为会员做好服务的有效平台，在会员中赢得广泛的赞誉，进一步博得广大会员的信任。

二、普法宣传与行业自律

为配合第20个世界知识产权日，纪念《著作权法》颁布30周年，深入贯彻落实习近平总书记关于文艺创作和知识产权保护创新的重要讲话精神，摄著协和中国文联摄影艺术中心联合于4月22日召开了主题为“加强行业自律，尊重摄影创作”的网络座谈会，摄影家代表、版权专家代表、相关机构代表隔空交流，就如何在新时代做好摄影维权工作、开展摄影版权普法宣传、努力在摄影业界营造“加强行业自律，尊重摄影创作”的氛围展开讨论。

三、配合国家修法，延长摄影作品著作权保护期

摄著协自2008年成立以来，把提高摄影家法律地位、提升摄影版权保护水平放在重要位置，努力推动修改《著作权法》。摄著协以全国人大在2006年批准我国加入《世界知识产权组织版权条约》（WCT）为依据，多年来在不同学术会议和修法会议上，尤其是通过全国人大和全国政协会议提出修法建议，坚持不懈推动延长摄影版权保护期限。经过12年矢志不移的努力，2020年11月11日全国人大审议通过的新《著作权法》终于将摄影作品著作权保护期从原来的“作品首次发表后50年”延长至“作者终生及其死后50年”，与文字作品、美术作品等相同。

四、打击网络侵权行为

2020年摄著协继续加大打击网络侵犯会员作品版权的工作力度，全年向侵权网络媒体发函72件，提交法院调解案件近40起，提起诉讼10起，其中法院判决结案3起，法院调解结案4起，经法院和解结案3起，获得赔偿12万余元。这些案件的共同特点是网络分布范围广，造成社会负面影响严重，对权利人造成严重伤害。

五、推进教科书法定许可规定落实

教科书法定许可稿酬收转是摄著协重要业务工作之一。多年来，摄著协严格按照法律规定，以严肃认真和实事求是的态度，与出版社就教科书使用摄影作品稿酬转付工作进行耐心细致的商谈，敦促相关出版社按照法律规定配合摄著协做好这项工作。十年来，摄著协努力启发一些出版社改变其无视法律规定，以拖延、拖尾等不负责任的做法拒不履行法律规定，不向摄影著作权人付酬的观念和做法，通过坚持不懈的努力，拔除这种长期形成的不敬畏法律规定、不尊重权利人创作劳动的顽疾，把法律规定真正落到实处，使摄影著作权人在教科书中的获酬权得到落实。

六、拓展国际版权保护交流合作

摄著协自2019年5月加入国际作者和作曲者协会联合会（CISAC）以来，积极发展与国际相关版权组织的交流与合作。2019年11月，摄著协与西班牙视觉艺术家协会（VEGAP）签署版权相互代表协议后，于2020年4月收到挪威视觉艺术家版权协会（BONO）和巴西视觉艺术权利协会（AUTVIS）发来的相互代表协议文本，于9月分别收到丹麦视

觉艺术版权协会（VISDA）、匈牙利视觉艺术家版权管理协会（HUNGART）、捷克作者版权保护协会（OOA-S）和厄瓜多尔视觉艺术家管理协会（ARTEGESTION）发来的相互代表协议文件。2020年，摄著协与6家国际组织签订版权相互代表协议，通过坚持不懈的努力，进一步拓展了与相关国际组织的版权交流与合作。

（林　涛）

中国电影著作权协会

一、参与立法、司法和行政管理机关相关活动

（一）参加《著作权法》修法征求意见座谈会

2020年10月，中国电影著作权协会（以下简称“影著协”）应邀参加全国人大法工委召开的听取《著作权法修正案（草案）（二次审议稿）》的意见和建议的会议，发言并提交书面意见。

（二）应邀就北京市高级人民法院关于侵害知识产权相关指导意见提建议

3月，影著协应邀研读《北京市高级人民法院关于侵害知识产权及不正当竞争案件确定损害赔偿的指导意见及法定赔偿的裁判标准（征求意见稿）》，并回复书面意见。

（三）参加著作权集体管理组织工作会议

11月16日，影著协参加了中宣部版权管理局组织召开的著作权集体管理组织工作会议。一方面，各著作权集体管理组织接受监管，汇报2019年及2020年工作情况；另一方面，版权管理局下发《关于依法对著作权集体管理组织进行检查和核查的通知》，要求著作权集体管理组织做好相关自查和配合工作。影著协因近年未开展业务不列入检查和核查范围。

（四）参加中宣部版权管理局主办的其他相关会议和活动

7月，参与国家版权局与世界知识产权组织合作开展的“中国版权金奖”相关奖项的推荐工作。9月，参加国家版权局主办的“2020中国网络版权保护与发展大会”。11月，参加“2020年版权产业国际风险防控培训班”。

二、与权利人、使用者及相关机构的交流与调研

（一）发挥桥梁作用，沟通立法、司法和行政管理部门与权利人

2月，向会员单位转发《关于征求“剑网2020”专项行动重点工作意见的函》，并广泛征求从业人员的意见。6月，通过电子邮件形式，就《著作权法修正案（草案）》征求会员单位意见。7月，向会员单位征集材料，使其积极参与国家版权局与世界知识产权组织合作开展的“中国版权金奖”相关奖项的评选工作。10月就《著作权法修正案（草案）（二次审议稿）》征求会员单位意见。多次与相关著作权人沟通作品使用授权许可问题。

（二）与出版社交流图书使用电影海报、截图等素材的版权问题

继2019年多家出版社人员咨询电影相关的图片使用问题后，2020年又接到出版社影评类书籍使用影视相关图片的咨询邮件。影视作品相关图片使用逐渐增多，且使用者已经具有一定的版权意识。但是，使用者的版权预算经费十分有限，甚至达不到法定许可的付酬标准，致使相关许可使用最终无法达成。

（三）协助综艺制片方解决影片片段使用问题

某著名网站投资制作的网络综艺节目中使用大量影视片段，希望影著协帮忙解决版权授权问题。鉴于这种授权模式尚不成熟，市场尚未形成报价体系，影视作品片段涉及的权利人众多，相关权利约定不规范，相关权利人无法取得联系等情况，制片方很难短时间内自行解决授权问题。经过多次反复沟通，双方初步达成一致。以制片方已经获得的影视片段许可协议为基础，确定授权许可费标准，通过暂存转付的方式，解决相关影视作品的许可使用。这一尝试有助于使用者便捷地获取授权，但后续的使用费标准确定以及使用费的分配转付还需根据实际情况进行调整。

（四）参与其他业界节展活动

影著协通过作为支持单位等方式参与2020成都数字版权交易博览会、2020首届中国国际著作权集体管理高峰论坛等活动，加强与各界的交流。

（五）与海外机构的交流

影著协通过邮件等方式与澳大利亚、哥伦比亚、加拿大、波兰等国的相关机构进行交流。

三、版权管理相关工作

2019年底，应“学习强国”学习平台要求，影著协派员到学习平台版权组提供驻场服务，参与学习平台日常版权管理工作。同时，为学习平台梳理千余部过保护期的影片、会员新片宣传片，为学习平台设计影视作品版权资产管理方案等。

（史文霞）

版权要闻

BAN QUAN YAO WEN

十大事件

2020年中国版权十件大事

［编者按］ 2021年2月5日，国家版权局在官网发布了国家版权局评选出的“2020年中国版权十件大事”。

一、著作权法律制度进一步完善

2020年是《中华人民共和国著作权法》颁布30周年，多部法律颁布、修改，进一步完善了著作权法律制度。2020年5月28日，第十三届全国人大第三次会议表决通过《中华人民共和国民法典》，为加强知识产权工作提供了重要制度遵循。2020年11月11日，第十三届全国人大常委会第二十三次会议表决通过关于修改《中华人民共和国著作权法》的决定，完善了作品、权利等相关概念和制度，加大了对侵权行为的惩治力度，强化了著作权主管部门的执法手段。2020年12月26日，第十三届全国人大常委会第二十四次会议表决通过《中华人民共和国刑法修正案（十一）》，提高了侵犯著作权犯罪的法定刑期，加大了对侵犯著作权行为的打击力度。

二、《视听表演北京条约》生效

2020年4月28日，世界知识产权组织《视听表演北京条约》生效。《视听表演北京条约》于2012年6月26日在北京缔结，是新中国成立以来第一个在中国缔结、以中国城市命名的国际知识产权条约。该条约旨在全面保护表演者对其表演享有的精神权利和经济权利，其缔结和生效全面提升了国际社会对表演者权利保护的水平，将有力促进视听表演产业发展。在世界知识产权组织成员国大会第61届系列会议上，中国版权协会理事长阎晓宏当选为《视听表演北京条约》首届缔约方会议主席，这是中国代表首次在世界知识产权组织担任版权领域条约缔约方会议主席职务。

三、“两高”发布一系列著作权相关司法解释和文件

2020年，最高人民法院、最高人民检察院出台了《关于加强著作权和与著作权有关的权利保护的意见》《关于全面加强知识产权司法保护的意见》《关于依法加大知识产权侵权行为惩治力度的意见》《关于办理侵犯知识产权刑事案件具体应用法律若干问题的解释（三）》《关于审理涉电子商务平台知识产权民事案件的指导意见》《关于知识产权民事诉讼证据的若干规定》等一系列文件。这些知识产权司法解释和文件，强化了知识产权司法保护工作，充分体现了“两高”强化知识产权保护的坚定态度。特别是《关于加强著作权和与著作权有关的权利保护的意见》，对依法加强创作者权益保护、大力提高案件审理质效等方面作出了明确规定。

四、国家版权局强化版权行政执法监管

2020年，国家版权局重视版权制度建设，强化版权行政执法监管，加大版权保护力度。2020年5月，国家版权局发布《关于规范摄影作品版权秩序的通知》，加大图片领域版权整治力度，规范摄影作品版权秩序，推动构建摄影作品版权保护长效机制。2020年11月，国家版权局发布《关于进一步做好著作权行政执法证据审查和认定工作的通知》，减轻权利人维权负担，完善著作权行政执法工作机制，提升著作权行政执法效能。

五、江苏扬州“幽灵机”盗录院线电影案判决

国家版权局、工业和信息化部、公安部、国家互联网信息办公室联合开展“剑网2020”专项行动，针对群众反映强烈、社会舆论关注的网络侵权盗版问题和侵权盗版多发的重点领域开展集中整治，删除侵权盗版链接323.94万条，关闭侵权盗版网站（APP）2 884个，查办网络侵权盗版案件724件。专项行动推动了网络侵权盗版大案要案的查办进度，江苏扬州“幽灵机”盗录传播院线电影案在专项行动期间一审判决，主犯马某予被判处有期徒刑六年，

并处罚金 550 万元，另有 27 名被告人被刑事处罚，有效惩戒了困扰业界的“幽灵机”盗录传播院线电影违法行为。

六、2020 年中国版权金奖评选结果公布

2020 年 12 月 2 日，国家版权局公布 2020 年“中国版权金奖”评选结果。《三体》等 6 部作品获“作品奖”，“学习强国”学习平台等 5 家单位获“推广运用奖”，最高人民法院民事审判第三庭第五合议庭等 5 家单位获“保护奖”，北京市版权局版权管理处等 4 家单位获“管理奖”。“中国版权金奖”是我国版权界最高奖项，由中国国家版权局与世界知识产权组织于 2008 年联合设立，旨在表彰、鼓励我国在版权创作、保护、运用和管理中做出突出贡献的单位或个人，推进中国版权事业进步、版权产业发展。

七、北京市高级人民法院再审改判体育赛事节目著作权案

2020 年 9 月，北京市高级人民法院对新浪公司与天盈九州公司、乐视公司侵犯著作权及不正当竞争纠纷案作出再审判决，认定涉案中超赛事节目构成类电作品，撤销二审判决，维持一审判决。体育赛事节目著作权问题与体育产业发展密切关联，业界多年来存在不同看法。此案自 2015 年诉至法院，一审和二审均引起广泛关注。此案再审判决尘埃落定，体现了人民法院对体育赛事节目著作权问题的态度，将对蓬勃发展的体育产业带来深刻影响。

八、我国版权产业快速发展

2020 年 12 月 30 日，中国新闻出版研究院发布 2019 年中国版权产业的经济贡献调研结果：2019 年中国版权产业的行业增加值为 7.32 万亿元人民币，占 GDP 的比重为 7.39%。其中，核心版权产业的行业增加值达到 4.59 万亿元人民币，占全部版权产业的比重达 63%。版权产业在国民经济中的比重稳步提升，总体规模进一步壮大。2020 年 9 月 16 日，国家版权局网络版权产业研究基地发布的《2019 年中国网络版权产业发展报告》显示：2019 年中国网络版权产业市场规模达 9 584.2 亿元，同比增长 29.1%。网络版权产业继续保持稳定增长，内容质量不断提升，产业结构更加合理。

九、近 300 名影视从业者和网络作家联名抵制抄袭剽窃

2020 年 12 月，近 300 名知名影视从业者和网络作家发布联名公开信或倡议书，呼吁媒体平台抵制抄袭剽窃，引发社会广泛关注。2020 年 12 月底，郭敬明、于正分别就此前的抄袭行为向庄羽、琼瑶进行公开道歉，庄羽、琼瑶分别表示接受道歉并提出相关倡议。此事件反映了业界和民众对净化版权环境的诉求，引发了对尊重版权、抵制抄袭的广泛讨论，提升了全社会尊重版权、尊重创作的意识。

十、卡拉 OK 领域版权秩序进一步规范

近年来，国家版权局联合有关部门持续加强对著作权集体管理的监管，不断规范卡拉 OK 领域版权秩序，保障权利人和使用者的合法权益。2020 年 1 月，中国音像著作权集体管理协会等单位联合发布《歌舞娱乐行业著作权许可业务实施方案》，完善卡拉 OK 领域著作权许可和收费分配机制，坚持以著作权集体管理方式解决卡拉 OK 领域版权问题。为应对新冠肺炎疫情影响，有关协会发布《2020 年卡拉 OK 领域著作权许可使用费实施方案》，减免卡拉 OK 场所著作权许可使用费，帮助相关企业平稳恢复经营，巩固卡拉 OK 领域版权市场秩序。

动态百条

◆立　法

【《视听表演北京条约》2020年4月28日生效】 2020年4月28日，新中国成立以来第一个在我国缔结、以我国城市命名的国际知识产权条约——《视听表演北京条约》生效。《视听表演北京条约》于2012年6月26日在北京缔结，是联合国专门机构——世界知识产权组织管理的一项旨在保护表演者权利的国际版权条约。根据条约生效条款，其将在30个成员国批准、加入3个月后生效。2020年1月28日，印度尼西亚成为该条约关键的第30名成员，这一备受瞩目的国际版权条约得以在4月28日生效。世界知识产权组织总干事高锐先生称其为国际知识产权保护的一个重要里程碑。

作为条约缔结地，中国在推动《视听表演北京条约》缔结和生效方面开展了富有成效的工作。2012年，由国家版权局和北京市人民政府联合承办的世界知识产权组织保护音像表演外交会议在北京召开，中国政府积极协调、推动《视听表演北京条约》顺利缔结，得到世界知识产权组织及参会的156个成员国、6个政府间组织、45个非政府组织的高度赞赏。2014年4月24日，第十二届全国人大常委会第八次会议批准了《视听表演北京条约》，中国成为该条约的第五个成员国。多年来，中国与世界知识产权组织一直密切合作，通过多种方式和渠道宣传、推广条约的重要意义，就国际层面加大表演者权利保护，促进电影、音乐等文化产业发展达成更多共识，吸引越来越多的国家相继批准、加入了《视听表演北京条约》。

（资料来源：国家版权局）

【《民法典》颁布，涉知识产权条款52条】 2020年5月28日，十三届全国人大三次会议表决通过了《中华人民共和国民法典》，国家主席习近平签署第45号主席令予以公布。《民法典》共7编 1 260条，各编依次为总则、物权、合同、人格权、婚姻家庭、继承、侵权责任和附则，自2021年1月1日起施行，现行婚姻法、继承法、民法通则、收养法、担保法、合同法、物权法、侵权责任法、民法总则同时废止。

《民法典》中涉及知识产权及技术合同的相关规定共52条，分别为：第123条规定民事主体依法享有知识产权；第440条和第441条对知识产权出质问题作出了规定；第501条对商业秘密泄露和不正当使用的法律责任作出了规定；第600条对出卖知识产权标的物与知识产权归属问题作出了规定；第843～887条对技术合同的相关问题作出了规定；第1062条规定，夫妻在婚姻关系存续期间所得的知识产权收益，属于夫妻共同财产；第1185条规定，故意侵害他人知识产权，情节严重的，被侵权人有权请求相应的惩罚性赔偿。

（资料来源：年鉴编辑部综合）

【深圳出台条例强化知识产权保护】 2020年6月30日，深圳市第六届人大常委会第四十二次会议举行第二次全体会议，会议表决通过了《深圳经济特区知识产权保护条例修正案》等多项法规。《深圳经济特区知识产权保护条例修正案》是在2019年实施的知识产权条例的基础上进行修订，以鼓励和保护创新。

针对赔偿数额低的问题，新条例在依照国家法律规定的幅度确定惩罚性赔偿数额的基础上，结合深圳实际，规定6种侵权情形从重确定惩罚性赔偿数额，以强化针对性和可行性。包括与权利人之间的代理、许可关系终止后未经权利人同意继续实施代理、许可行为构成侵权并造成严重后果的，在人民法院作出认定侵权行为成立的裁决后再次实施相同侵权行为等。

针对举证难的问题，新条例明确举证妨碍规则，规定被告方无正当理由拒不提供其所掌握的相关证据或者提供虚假证据的，人民法院可以推定主张权利方关于该证据的主张成立。

（资料来源：《中国新闻出版广电报》，
作者：徐平 周钱）

【国务院修改《行政执法机关移送涉嫌犯罪案件的规定》，涉知识产权条款】 2020年8月7日，国务院总理李克强签署国务院令，公布《国务院关于修改〈行政执法机关移送涉嫌犯罪案件的规定〉的决定》，自公布之日起施行。

为加强知识产权保护，在第三条增加一款作为第二款，对知识产权领域涉嫌犯罪案件移送作出特别规定，具体内容为："知识产权领域的违法案件，行政执法机关根据调查收集的证据和查明的案件事实，认为存在犯罪的合理嫌疑，需要公安机关采取措施进一步获取证据以判断是否达到刑事案件立案追诉标准的，应当向公安机关移送。"上述规定进一步明确了知识产权领域行政执法机关向刑事司法机关移送涉嫌犯罪案件的标准和程序。

此外，根据《监察法》《公职人员政务处分法》等规定进行相应修改。一是鉴于《公职人员政务处分法》将"行政处分"修改为"处分"，对第十五条、第十六条、第十七条中的"行政处分"作了相应修改。二是为了明确向监察机关移送公职人员违法案件的情形和程序，增加一条，作为第十八条。三是根据《监察法》第十一条、《刑事诉讼法》第十九条第二款规定，对违法行为的表述等作了修改；考虑到此种情形下移送案件的依据涉及《刑法》《刑事诉讼法》《监察法》，补充了移送案件的法律依据。

（资料来源：新华社）

【最高法出台《关于涉网络知识产权侵权纠纷几个法律适用问题的批复》】 2020 年 8 月 24 日，最高人民法院审判委员会第 1810 次会议通过了《关于涉网络知识产权侵权纠纷几个法律适用问题的批复》，该批复自 2020 年 9 月 14 日起施行。

《批复》共有六条，对网络知识产权侵权案件中，知识产权权利人提出保全申请、网络服务提供者和电子商务平台经营者承担连带责任、网络服务提供者和电子商务平台经营者处理网络用户和平台内经营者提交的不侵权声明、恶意提交不侵权声明适用惩罚性赔偿、免除知识产权权利人善意提交错误通知的责任等问题进行了明确规定。同时，《批复》明确规定：批复作出时尚未终审的案件，适用批复；批复作出时已经终审，当事人申请再审或者按照审判监督程序决定再审的案件，不适用该批复。

（资料来源：《人民法院报》，作者：孙航）

【"两高"出台司法解释加大知识产权刑事司法保护力度】 2020 年 9 月 13 日，《最高人民法院、最高人民检察院关于办理侵犯知识产权刑事案件具体应用法律若干问题的解释（三）》发布，自 2020 年 9 月 14 日起施行。

《解释》共十二条，主要规定三方面的内容：一是规定了侵犯商业秘密罪的定罪量刑标准，根据不同行为的社会危害程度，规定不同的损失计算方式，以统一法律适用标准；二是进一步明确假冒注册商标罪（"相同商标"）、侵犯著作权罪（"未经著作权人许可"）、侵犯商业秘密罪（"不正当手段"）等的具体认定，以统一司法实践认识；三是明确侵犯知识产权犯罪刑罚适用及宽严相济刑事政策把握等问题，规定从重处罚、不适用缓刑以及从轻处罚的情形，进一步规范量刑标准。

《解释》明确了具有下列情形之一的，可以酌情从重处罚，一般不适用缓刑：对主要以侵犯知识产权为业的；因侵犯知识产权被行政处罚后再次侵犯知识产权构成犯罪的；在重大自然灾害、事故灾难、公共卫生事件期间，假冒抢险救灾、防疫物资等商品的注册商标的；拒不交出违法所得的。同时，对认罪认罚的，取得权利人谅解的，具有悔罪表现的，以不正当手段获取权利人的商业秘密后尚未披露、使用或者允许他人使用的，可以酌情从轻处罚。

《解释》第十条规定，对于侵犯知识产权犯罪的，应当综合考虑犯罪违法所得数额、非法经营数额、给权利人造成的损失数额、侵权假冒物品数量及社会危害性等情节，依法判处罚金。罚金数额一般在违法所得数额的一倍以上五倍以下确定。违法所得数额无法查清的，罚金数额一般按照非法经营数额的百分之五十以上一倍以下确定。违法所得数额和非法经营数额均无法查清，判处三年以下有期徒刑、拘役、管制或者单处罚金的，一般在三万元以上一百万元以下确定罚金数额；判处三年以上有期徒刑的，一般在十五万元以上五百万元以下确定罚金数额。

（资料来源：央广网，作者：王启慧）

【《中华人民共和国著作权法》第三次修改通过】 2020 年 11 月 11 日，第十三届全国人民代表大会常务委员会第二十三次会议表决通过了《全国人民代表大会常务委员会关于修改〈中华人民共和国著作权法〉的决定》，新法自 2021 年 6 月 1 日起施行。修改后的《著作权法》完善了网络空间著作权保护的有关规定，调整了"作品"的定义，将"电影作品和以类似摄制电影的方法创作的作品"的表述修改为"视听作品"，网络视频等新类型作品将获得有力的法律保护；增加侵权法定赔偿额下限，大幅提高法定赔偿额上限，权利人的实际损失、侵权人的违法所得、权利使用费难以计算的，由人民法院根据侵权行为的情节，判决给予五百元以上五百万元以下的赔偿；明确惩罚性赔偿原则，对于故意侵权，情节严重的，可以在按照权利人的实际损失、侵权人的违法所得或参照权利使用费确定数额的一倍以上五倍以下给予惩罚性赔偿；明确权利人为保护著作权和与著作权有关的权利，可以采取技术措施；等等。

（资料来源：新华网）

【最高法印发《关于加强著作权和与著作权有关的权利保护的意见》】 2020年11月16日，最高人民法院印发了《关于加强著作权和与著作权有关的权利保护的意见》。

《意见》指出，要依法加强创作者权益保护，坚持创新在我国现代化建设全局中的核心地位，促进智力成果的创作和传播，发展繁荣社会主义文化和科学事业。同时，要积极推进案件繁简分流试点工作，着力缩短涉及著作权领域类型化案件审理周期。完善知识产权诉讼证据规则，允许当事人通过区块链等方式保存、固定和提交证据，解决知识产权权利人举证难问题。依法支持当事人的行为保全、证据保全、财产保全请求，综合运用多种民事责任方式，使权利人在民事案件中得到更加全面充分的救济。

此外，《意见》还对全面适用署名推定规则、妥善审理新类型案件、销毁侵权复制品及材料和工具、充分填补权利人损失、准确认定侵权故意以及引导当事人诚信诉讼等问题作出了具体规定。

（资料来源：最高人民法院）

【最高法发布《关于知识产权民事诉讼证据的若干规定》】 2020年11月16日，最高人民法院发布《关于知识产权民事诉讼证据的若干规定》，该司法解释于2020年11月18日起施行。

该司法解释共33条，弘扬诉讼诚信，引导当事人依照法律及司法解释的规定，在知识产权民事诉讼中积极、全面、正确、诚实地提供证据。在坚持“谁主张、谁举证”的基础上，该司法解释对民事诉讼法规定的人民法院“确定当事人应当提供的证据及其期限”进行了细化，进一步明确掌握证据一方当事人的举证义务，督促各方当事人积极举证，确保人民法院能够准确查明案件事实。同时，司法解释还对妨碍证明作出专门规定：人民法院依法要求当事人提交有关证据，其无正当理由拒不提交、提交虚假证据、毁灭证据或者实施其他致使证据不能使用行为的，人民法院可以推定对方当事人就该证据所涉证明事项的主张成立。

此外，该司法解释也对知识产权民事诉讼中的证据保全、司法鉴定、商业秘密保护等问题作出了规定。

（资料来源：新华社，作者：罗沙）

【最高人民法院通过关于修改十八件知识产权类司法解释的决定】 2020年12月23日，最高人民法院审判委员会第1823次会议通过了《最高人民法院关于修改〈最高人民法院关于审理侵犯专利权纠纷案件应用法律若干问题的解释（二）〉等十八件知识产权类司法解释的决定》，该决定自2021年1月1日起施行。其中，版权相关的修改有《最高人民法院关于审理著作权民事纠纷案件适用法律若干问题的解释》《最高人民法院关于审理侵害信息网络传播权民事纠纷案件适用法律若干问题的规定》。这两部司法解释主要根据近几年来相关上位法的变动内容，对其条文中的有关表述统一进行了修订，以减少新旧法衔接时期法律适用过程的阻碍。

（资料来源：年鉴编辑部综合）

【《刑法修正案（十一）》通过，对侵犯著作权罪条款进行修改】 2020年12月26日，第十三届全国人民代表大会常务委员会第二十四次会议通过了《刑法修正案（十一）》，该修正案于2021年3月1日起施行。其中，对涉及侵犯著作权罪的修改主要体现在两个方面。一是提高法定刑，取消拘役刑，将法定最高刑从7年上调至10年。二是对著作权进行全面保护，包括：（1）增加侵权作品的类型。将“美术作品”纳入保护范围；将“电影、电视、录音作品”统称为“视听作品”，以便把网络直播、网游动画等纳入保护范围。除此以外，为了能够顺利保护未来可能出现的新型作品类型，《刑法修正案（十一）》还将“法律、行政法规规定的其他作品”作为兜底条款纳入条文中。（2）增加侵权行为的类型。将“通过信息网络向公众传播”“复制发行录有表演者表演的录音录像制品”“故意避开或者破坏技术措施”等作为侵权行为纳入条文中，加大保护力度。

（资料来源：年鉴编辑部综合）

【《上海市知识产权保护条例》发布】 2020年12月30日，上海市第十五届人民代表大会常务委员会第二十八次会议通过了《上海市知识产权保护条例》，该条例自2021年3月1日起施行。

《条例》涵盖专利、商标、版权、地理标志、商业秘密、集成电路布图设计、植物新品种等各类知识产权，提出率先探索建立知识产权统一管理和执法的体制，并在管理引导、专利快速审查、评议和预警、对外转让审查、信用体系建设等方面提出了系统性的制度设计和要求。同时，《条例》明确了知识产权“严保护、大保护、快保护、同保护”的工作原则，例如要加大侵权赔偿力度，对情节严重的故意侵权行为，依法判令承担惩罚性赔偿责任。

此外，在提出加强知识产权行政保护、司法保护工作举措的同时，《条例》还积极引入社会共治机制，推动形成司法保护、行政保护、仲裁、调解、行业自律等协同机制。

（资料来源：《新民晚报》，作者：郭剑烽）

◆ 司　法

【《匆匆那年》著作权侵权案终审判决百度网盘未侵权】 2020 年 1 月 6 日，北京焦点互动信息服务有限公司南京分公司（以下简称“焦点公司”）诉北京百度网讯科技有限公司（以下简称“百度公司”）侵犯信息网络传播权纠纷一案最终结果对外披露，江苏省高级人民法院（以下简称“江苏高院”）终审撤销一审判决，判令百度公司未侵犯焦点公司的信息网络传播权，驳回焦点公司全部诉讼请求。

《匆匆那年》是 2014 年 8 月在搜狐视频平台热播的电视剧。2017 年，焦点公司以百度公司侵犯其信息网络传播权为由，将后者起诉至江苏省南京市中级人民法院（以下简称“南京中院”）。焦点公司认为，百度网盘以秒传、离线下载、分享三种形式传播《匆匆那年》影视作品，并通过百度网盘向互联网用户提供该作品的在线播放服务，经焦点公司提供《匆匆那年》剧集 MD5 值（一种文件信息摘要算法值）进行投诉，百度公司未在服务器中删除涉案作品，因此请求法院判定百度公司构成侵权，并赔偿 300 万元。百度公司辩称，其经营的百度网盘是向用户提供互联网信息存储空间服务，焦点公司没有任何证据证明在百度网盘中存在涉案侵权作品，且百度网盘是由用户自行对其中的资源进行管理、分享和下载，不具有广泛传播性；焦点公司的《告知函》不属于有效通知，焦点公司采用 MD5 值进行投诉，不能准确定位侵权内容，故百度公司未侵犯焦点公司涉案影视作品的信息网络传播权。

2018 年 10 月，南京中院作出一审判决，认定百度公司不构成直接侵权，但构成帮助侵权，应删除涉案作品，并赔偿原告经济损失及合理开支 50 万元等。该案一审判决是法院首次明确要求网盘需要根据权利人提供的影视作品 MD5 值，查找并删除网盘服务器中所有用户存储的同一文件。

百度公司不服一审判决，向江苏高院提起上诉。江苏高院二审认为，网盘用户存储涉案作品的行为及百度网盘为用户提供存储空间均不构成对涉案作品信息网络传播权的侵权。焦点公司仅投诉百度网盘中存有涉案作品，但未投诉任何具体的作品传播行为，未提供任何作品分享链接，不能视为向百度公司发出了有效的侵权通知。因此，不能认为百度公司怠于履行“通知—删除”义务，不构成帮助侵权。

（资料来源：中国知识产权资讯网，作者：柯克）

【《淘气包马小跳》侵权案被判赔偿 1 100 万元】
2020 年 1 月 9 日，北京市海淀区人民法院对北京信合精英文化发展有限公司（以下简称“信合精英”）起诉安徽少年儿童出版社、时代传媒等被告未经许可出版发行《淘气包马小跳》（漫画升级版）一案作出判决，被告须停止侵权，并赔偿信合精英经济损失 1 100 万元。该案是北京市图书侵权类案件中，单案判赔数额最高的案件。

涉案作品由信合精英根据杨某同名系列故事书《淘气包马小跳》委托他人所创作，信合精英是涉案作品的著作权人。信合精英曾与安徽少年儿童出版社签署《图书出版合同书》，随后信合精英与安徽少年儿童出版社、杨某签署《解除协议》，确认出版合同已解除。此后，安徽少年儿童出版社、时代传媒未经信合精英许可，在杨某授权下继续出版涉案作品，且数量巨大。

法院经审理认为，杨某是《淘气包马小跳》文字作品著作权人，但并非涉案作品的著作权人，安徽少年儿童出版社、时代传媒在杨某授权下出版发行涉案作品，三方共同侵害了信合精英对涉案作品享有的复制权和发行权，而中关村图书大厦因已提供侵权图书的合法来源，不应承担赔偿责任。因此，法院判决四被告停止侵权，安徽少年儿童出版社、时代传媒、杨某连带赔偿信合精英经济损失 1 100 万元及合理开支 31 万余元。

（资料来源：《北京商报》，作者：郑蕊）

【电影《九层妖塔》二审维持字体侵权，7 字赔 14 万元】 2020 年 1 月 13 日，“京法网事”微信公众号消息称，北京知识产权法院对电影《九层妖塔》字体侵权案作出二审判决：驳回上诉，维持原判。

向某红认为梦想者电影（北京）有限公司（以下简称“梦想者公司”）等四公司制作的《九层妖塔》电影中的道具《鬼族史》图书、《华夏日报》报纸中使用了自己创作的书法作品“鬼”“族”“史”“华”“夏”“日”“报”，其行为未经许可，未署名，侵害了自己享有的署名权、复制权，故诉至法院。一审法院经审理判决四被告向原告向某红公开赔礼道歉，并共同赔偿原告向某红经济损失十四万元。梦想者公司不服，诉至北京知识产权法院，北京知识产权法院维持了原判。

电影《九层妖塔》的制作过程中，在制作电影道具时形成了涉案作品的复制件，并且在电影拍摄过程中，将涉案作品固定在电影胶片上并能够再现涉案作品，亦形成了涉案作品的复制件，属于复制行为。该行为未得到权利人的许可，即侵犯了著作权中的复制权。

电影中再现涉案作品受保护的文字外观并不是为了说明道具名称，而是传达其艺术美感，通过再现涉案作品受保护的美学表达和艺术价值，烘托电影的时代氛围。使用的七个单字均构成独立的书法美术作品，不能以涉案作品在整个《九层妖塔》电影中所占比重大小作为判断是否适当的依据。向某红在自己的《著作权登记证书》中并未表明其作品具有未经其许可即可进行商业性使用的意思表示，因而不能否定使用者未经授权进行使用的过错。

电影中未以适当方式表明向某红的作者身份，侵犯了向某红的署名权，应当承担民事责任。依据“由于作品使用方式的特性无法指明”进行的署名权抗辩，只有在合法使用但未署名的情况下才有意义。对于侵权使用他人作品的，不能支持以作品使用方式的特性无法指明作者名称为由而不侵犯署名权的抗辩理由。并且，在电影作品和以类似摄制电影的方法创作的作品中，以片头、片尾字幕或者片中标注的方式表明作者身份是常见的署名方式，不存在无法指明作者身份的情况。另外，2010 年《著作权法》第十五条中规定的“编剧、导演、摄影、作词、作曲等作者享有署名权”的目的并不是用于限定享有署名权的作者范围，该条中的“等”字应当理解为指不完全的列举，即该条并不限制电影作品创造过程中涉及的编剧、导演、摄影、作词、作曲之外的作者享有署名权。

（资料来源：北京知识产权法院）

【浙江审结本省首起贩卖盗版电子书侵犯著作权罪案】 2020 年 1 月 13 日，浙江省台州市椒江区人民法院（以下简称“椒江法院”）一审审结浙江省首例贩卖盗版电子书的侵犯著作权罪案件。多名被告人以营利为目的，未经著作权人许可，通过信息网络向公众传播他人作品，数量达 2 896 册，情节特别严重，其行为已构成侵犯著作权罪。椒江法院一审判决被告人廖某等 4 人有期徒刑一年三个月至三年三个月不等；判决被告人高某、周某有期徒刑一年六个月、一年五个月，缓刑两年。该案一审判决已生效。

浙江省台州市椒江区人民检察院公诉称，2017 年 6 月，被告人廖某使用朋友高某提供的域名，注册了一个名为“Kindle 阅读爱好者”的微信公众号。之后，他自行架设服务器，并购买了一套电子书推送系统。在未取得著作权人许可的情况下，廖某通过淘宝网购买、网络下载等方式取得电子书籍后，陆续向服务器添加，以实现向公众号会员推送电子书籍的目的。其行为侵犯了浙江大学出版社、浙江少年儿童出版社等 57 家出版单位 2 896 册图书的著作权。

经椒江法院审理查明，廖某在“Kindle 阅读爱好者”公众号设置了 30 元/年和 60 元永久两种会员制度，以收取会员费的形式牟利。为推广公众号，廖某先后招揽了周某、刘某等人作为客服，通过微信、淘宝等方式销售会员账号。至案发，上述公众号已有 2 300 多个注册会员，廖某通过销售会员账号、收取会员费获利共计 9.6 万余元。

2017 年 10 月，杨某得知廖某在做的生意“一个月能赚一两万的钱”，于是开始加入贩卖盗版电子书的行列。他在微信上注册了“Kindle 电子书同步推”“Kindle 电子书同步推送服务”公众号，并将廖某提供及自行下载的未经授权许可的电子书提供给 1 000 多个注册会员下载阅读。至案发，杨某共获利 6 万余元。

（资料来源：中国知识产权资讯网，作者：姜旭）

【“阿柴枸杞”表情包美术作品著作权维权获赔 28 万元】 2020 年 2 月中旬，广州市越秀区人民法院（以下简称“越秀法院”）就原告海豚创品（广州）科技有限公司诉被告上海某服饰股份有限公司及其多个子公司侵害著作权纠纷一案，判决被告停止侵害“阿柴枸杞”表情包美术作品著作权并赔偿原告损失 28 万元及诉讼费 13 832 元。一审判决后，被告没有上诉，及时支付了全部的赔偿款。

“阿柴枸杞”表情包美术作品是设计师西风（艺名）的作品，深受国内外网友喜爱。2019 年初，西风将该作品授权给该案原告用于生产、销售服装并有权提起维权。2019 年 4 月，西风的微博粉丝在被告上海某服饰股份有限公司（上市公司）的服装品牌专卖店看到印有“阿柴枸杞”的 T 恤并告知西风。2019 年 6 月，越秀法院正式立案，原告要求被告停止侵权并赔偿原告 100 万元，同时提交财产保全请求。

越秀法院经审理查明并认为，涉案作品《阿柴枸杞 2018 日常篇四（10）》是 Q 版小柴犬型作品，其构图及表达具有独创性，并能以某种有形形式复制，属于著作权法保护的美术作品，西风享有涉案作品的著作权；原告提交的公证书及时间戳购物取证证据等均可以证明被告在全国多个地方销售涉案 T 恤。法院据此判决被告停止侵权并赔偿损失。

（资料来源：中国知识产权资讯网，作者：苏熳娜）

【全国首例：某平台上传游戏短视频被判赔偿 496 万元】 2020 年 2 月 18 日，广州互联网法院通报了一则案件，广州互联网法院对原告腾讯公司与被告某文化传媒有限公司、广州某网络科技有限公司侵害作品信息网络传播权及不正当竞争纠纷一案作出了一审宣判。

法院判决被告某文化传媒有限公司立即停止在某视频平台上传播包含《王者荣耀》游戏画面的短视频，并赔偿腾讯 496 万元。

法院称，某文化传媒有限公司在其运营的某视频平台开设了《王者荣耀》专区。该公司在平台页面的明显位置主动推荐了《王者荣耀》的游戏短视频，并与数名游戏用户签订《游戏类视频节目合作协议》，共享收益。

腾讯公司认为，《王者荣耀》游戏的连续画面构成类电作品，某文化传媒有限公司的上述行为侵害了腾讯公司的作品信息网络传播权。

法院认为，某文化传媒有限公司通过引诱用户上传案涉短视频，获得了巨大的商业利益，构成对腾讯公司作品信息网络传播权的侵害。

另外，广州某网络科技有限公司为某视频平台提供分发、下载服务，扩大了侵权行为的影响，构成共同侵权。

（资料来源：快科技，作者：城池）

【虎牙擅播《盗墓笔记》案历时四年再审审结】 2020 年 2 月 20 日，北京市高级人民法院再审审结了历时 4 年的北京爱奇艺科技有限公司（以下简称“爱奇艺”）诉珠海多玩信息技术有限公司（系虎牙平台、YY 网站的运营公司，下以“虎牙平台”代称）侵犯著作权及不正当竞争纠纷一案，法院认定虎牙平台采取了合理措施，对主播侵权行为不存在主观过错，不构成帮助侵权，适用“通知—删除”规则，遂驳回了爱奇艺的再审申请。

该案争议焦点在于虎牙平台主播未经授权，擅自播放爱奇艺享有独家信息网络传播权的电视剧《盗墓笔记》，虎牙平台是否应承担侵权责任。法院在对于被告虎牙平台的注意义务认定中，充分考虑了直播行为的特性，以及由此给直播平台带来的注意侵权的困难性。法院经审理后认为，鉴于直播行为的随意性、即时性，且客观上涉案直播视频并非属于热门直播，故直播平台不易知晓涉案直播视频的播放情况，并进而知晓其侵权情况，因此被告直播平台不具有应知过错。此外，考虑到直播平台内容的多样性，虽然涉案作品《盗墓笔记》在正式上线前已进入国家版权局公布的重点影视作品预警名单，但仍不应不适当地加重被告直播平台的事前注意义务。

（资料来源：《中国知识产权报》，作者：李杨芳）

【玩家架设《诛仙》《笑傲江湖 OL》“私服”被判刑四年】 2020 年 2 月 26 日上午，成都高新区人民法院以远程视频方式，开庭审理了一场《诛仙》《笑傲江湖 OL》被侵犯著作权纠纷案。

《诛仙》是完美世界公司根据同名仙侠小说改编开发推出的角色扮演类网络游戏。2013 年，刘某某在网上发现可供免费下载的《诛仙》游戏服务器端程序，随即下载后存放于其通过网络租用的服务器上，同时搭建网站向玩家提供《诛仙》游戏客户端程序，开始运营《嘟嘟诛仙》游戏。之后刘某某大肆发布广告、招揽玩家，“私服”游戏规模愈加壮大。他还搭建了工作室，招聘了大专生唐某等技术人员，收集玩家需求后对游戏任务、升级途径和方式等参数作出修改，使升级和完成任务的速度均快于原游戏公司的官方服务器。覃某则在刘某某的安排下搭建游戏充值平台收取玩家充值款。2017 年，刘某某等人以相同方式，获取了完美世界公司另一款网络游戏《笑傲江湖 OL》的服务器端程序，并架设《嘟嘟笑傲江湖》游戏“私服”。短短几年间，刘某某等人通过两款“私服”游戏收取玩家充值款高达 2 000 余万元，其中，刘某某一人获利 1 000 余万元，另两人获利百万余元。

经公安机关委托专门鉴定机构鉴定，刘某某等人运营的网络游戏《嘟嘟诛仙》《嘟嘟笑傲江湖》与完美世界公司的网络游戏《诛仙》《笑傲江湖 OL》相同率分别高达 92.7%、95.1%，存在实质性相似。2018 年 8 月，成都高新区人民检察院依法决定对刘某某、覃某、唐某进行批捕，并于 2019 年 4 月向成都高新区人民法院提起公诉。

法院认为，刘某某等人以营利为目的，未经著作权人同意，使用其服务器端程序架设网络游戏服务器，并向公众提供他人享有著作权的客户端程序以运营游戏的行为，属于《中华人民共和国刑法》第二百一十七条“复制发行他人享有著作权的计算机软件作品”规定之行为，且违法所得数额巨大，情节特别严重，构成侵犯著作权罪，依法应判处三年以上七年以下有期徒刑并处罚金。法院于庭审当天作出判决，三名被告人犯侵犯著作权罪，判处主犯刘某某有期徒刑 4 年，并处罚金 1 000 万元，从犯唐某有期徒刑 2 年 6 个月，并处罚金 130 万元，从犯覃某有期徒刑 2 年 4 个月，并处罚金 140 万元。这是四川法院判决的首例罚金达千万的侵犯著作权案件。

（资料来源：封面新闻，作者：宋潇）

【全国首例微信截图生成软件开发商被判侵权】 2020 年 2 月 27 日，广东省深圳市南山区人民法院审结了全国首例认定开发、运营虚假微信截图生成软件构成著作权侵权和不正当竞争的系列案，对应用软件设计元素作品认定的难点问题以及互联网企业经营模式反不正当竞争法保护的新型问题提供了解决范式。

原告腾讯科技（深圳）有限公司（以下简称“腾讯科技公司”）开发了微信软件，并授权原告深圳市腾讯计算机系统有限公司（以下简称“腾讯计算机公司”）进行运营。被告深圳市某网络科技有限公司（以下简称“某网络公司”）运营的“某截图”网站以及《某截图》《某对话生成器》等 9 款手机应用软件可以让用户通过自行编辑生成包括微信首页、微信对话、微信红包、微信转账、微信钱包、好友申请等一系列与微信场景界面相同或实质性近似的虚假界面截图。

原告认为，被告的行为侵犯了其著作权并构成不正当竞争，起诉要求被告立即停止侵权、消除影响并赔偿损失。而被告则辩称，其开发的《某截图》等系列软件是一款图片编辑软件，不构成著作权侵权或不正当竞争行为。

深圳市南山区人民法院经审理认为，涉案微信表情、微信支付图标、微信红包详情页、微信红包气泡、微信图标在颜色与线条的搭配、比例，图形与文字的排列组合等方面均体现出一定的个性化选择和独创性表达，具有审美意义，构成美术作品，受著作权法保护。被告未经许可，在其经营的“某截图”网站及涉案 9 款应用软件中均提供了与两原告享有权利的作品完全相同或仅有细微差别的图案，使前述软件的用户可以在其选定的时间和地点获得与涉案美术作品相同或实质性近似的页面，侵害了原告依法享有的信息网络传播权，应当承担相应的民事责任。同时，被告作为软件的开发、运营者，利用了两原告享有的竞争优势和独创性的智力成果，向消费者提供了一款虚假截图的制作、生成工具，其行为违反了诚实信用原则和公认的商业道德，具有反不正当竞争法意义上的不正当性，严重损害了两原告的竞争利益，亦损害了消费者的合法利益以及正常的市场竞争秩序。

法院判决被告某网络公司立即停止在涉案应用软件中侵害原告腾讯科技公司、腾讯计算机公司信息网络传播权的行为，立即停止在涉案应用软件中的不正当竞争行为，并向两原告赔偿经济损失及合理开支共计 75 万元。

（资料来源：中国知识产权资讯网，作者：姜旭）

【广州互联网法院上线网络著作权纠纷全要素审判“ZHI 系统”】 2020 年 3 月 30 日，广州互联网法院在全国率先上线网络著作权纠纷全要素审判“ZHI 系统”。“ZHI 系统”是广州互联网法院将互联网、大数据、人工智能、区块链等技术与网络著作权司法保护深度融合的产物。该系统具有五大亮点。第一，三级多元解纷。系统融合自行协商、社会调解、司法救济三级解纷理念，能为当事人适配和解、调解、诉讼 3 种解纷方式，并为双方当事人提供在线沟通功能，协商数据实时记录、全程记录留痕，为法官裁判提供参考。第二，一键批量立案。利用 5G 及断点续传技术，拓宽数据传送频道宽度，打破数据上传时空限制，提升诉讼服务体验。截至上线时，最多可实现 5 000 件批量案件诉讼材料一键上传。第三，链上存证核验。系统对接“网通法链”可信电子证据平台，实现作品上链存证，24 小时云端取证，在线核验证据，帮助权利人解决确权与取证难题，为数字作品提供全生命周期保护。第四，AI 智能比对。基于深度学习算法的“智能电子证据比对”功能，可针对图片、文字等不同作品类型适配不同比对模型，实现侵权作品的相似性比对分析，辅助法官加快侵权事实认定过程，解决侵权客体比对难题。第五，文书智能生成。依托知识图谱逻辑框架，实现书状、证据材料等关键要素的自动抽取、信息回填、要素比对、机器归纳，并在比对全国类案数据库的基础上，自动生成与案情匹配的裁判文书初稿。

（资料来源：《中国新闻出版广电报》，作者：赵新乐）

【二审改判户外广告字体不侵权】 2020 年 4 月 1 日，广州知识产权法院通报称，该院二审审结一宗涉及计算机字库中的字体著作权纠纷案，最终认定广州华美医疗美容医院有限公司（以下简称“华美公司”）使用涉案字体不构成侵犯著作权。

2015 年 4 月 21 日，广东省版权局颁发作品登记证书，载明作品名称为张某某锐谐体，作品类别为美术作品，作者及著作权人为张某某，首次出版/制作日期为 2011 年 12 月 1 日。字体样本中包含有“第”“十”“二”“届”“国”“际”“广”“州”等文字。华美公司于 2017 年 10 月在经营场所外墙发布一则户外广告，印有“第十二届国际（广州）整形美容节”“广州华美整形外科扩业升级”等文字。经比对，华美公司确认除“国”“际”“州”三字外，其余文字与张某某主张权利作品基本一致；对于“国”“际”“州”三字，张某某认为华美公司仅改变部分笔画结构，但没有改变该字体特点。

一审法院认为，华美公司作为案涉广告的发布方，未经张某某授权，在广告中使用与“张某某锐谐体”字库中的“第”“十”“二”“届”“国”“际”“广”“州”构成实质性相似的文字字体，已构成对张某某著作权的侵害，依法应当承担赔偿损失的民事法律责任，判决华美公司于判决生效日起十日内向张某某支付经济损失及合理支出共 4 000 元，驳回张某某的其他诉求。

华美公司上诉至广州知识产权法院。广州知识产权法院二审指出，二审争议焦点是“第”“十”“二”“届”“国”“际”“广”“州”八个张某某锐谐体汉字是否构成著作权法所保护的美术作品。法院指出，计算机中文字库运行后产生的单个汉字，只有具备著作权法意义上的独创性时才能认定为美术作品，鉴于字库字体本身同时兼具审美与实用工具的双重特性，字库字体创作的目的是为了满足计算机使用汉字的需要，因此，字库字体属于作品性和工具性紧密结合的智力成果，在将字库字体作为美术作品进行保护时，其独创性应当具备较高的独特审美要求，应当明显有别于已有的公知字体，对于独创性的判定应当进行个案分析。该案中，张某某锐谐体汉字表现的形态与公知领域的美术字的基本笔画相比并不具有鲜明特色，不符合较高独特审美的独创性要求，尤其是“十”“二”“广”三个笔画少的、结构简单的汉字，故涉案八个张某某锐谐体汉字不受著作权法保护。

广州知识产权法院据此判决：撤销一审法院作出的民事判决，驳回张某某的全部诉讼请求。

（资料来源：《羊城晚报》，作者：董柳　肖晟程）

【广东高院发布网络游戏领域知识产权案件审判指引】 2020 年 4 月 12 日，广东省高级人民法院发布《关于网络游戏知识产权民事纠纷案件的审判指引（试行）》，对网络游戏纠纷案件的权益保护、侵权认定和赔偿原则作出明确规定，特别是对诉讼禁令的审查条件、游戏主播跳槽等较受关注的话题都予以明确回应。

《指引》中有 9 条涉及诉讼禁令，在最高人民法院相关规定基础上进一步发展和细化。《指引》细化了诉讼禁令的审查条件，明确管辖权异议一般不影响诉讼禁令的审查；法院采取诉讼禁令前，要充分听取双方当事人意见，除了审查权利效力稳定性外，还应审查被申请人侵权成立是否具有较大可能性；对不立即采取措施的，应充分考虑网络游戏的类型、上线时间、传播速度、传播范围、营利能力、市场份额以及被诉侵权行为是否仍在持续、是否可能导致难以弥补的损害等因素。《指引》还明确了侵权责任认定及赔偿数额确定的参考因素，指出对恶意侵权且情节严重的，可依法实施惩罚性赔偿。

（资料来源：新华社，作者：毛一竹）

【上海知识产权法院、上海市第三中级人民法院发布知识产权审判白皮书】 2020 年 4 月 15 日，上海知识产权法院与上海市第三中级人民法院共同召开新闻发布会，发布了两院知识产权司法保护状况白皮书，并公布了 30 个典型案例。这是上海知识产权法院连续第五年发布知识产权司法保护白皮书，也是上海市第三中级人民法院第一次发布知识产权刑事司法保护白皮书。白皮书均以中英文公布。

白皮书显示，2015—2019 年，上海知产法院共受理各类案件 10 111 件，收案数逐年上升，年均增长率为 11.05%，尤其是 2019 年收案数同比增长 20.75%；共审结各类案件 9 177 件，年均增长达到

19.78%。上海三中院共受理知识产权刑事案件137件，审结134件。

作为集中管辖技术类案件的知识产权法院，上海知产法院受理的案件中新类型案件多，审理了一批涉及人类基因测试技术、药品发明专利、微生物基因专利等前沿科技的案件以及全国首例电子竞技游戏赛事网络直播侵权案、全国首例视频刷量行为构成虚假宣传案、全国首例视频聚合盗链绕开片前广告行为构成不正当竞争案、全国首例被告同时实施纵向垄断协议和滥用市场支配地位纠纷等案件，这些案件涉及新技术、新产业、新业态、新商业模式。

刑事司法保护白皮书显示，上海三中院审理的知识产权刑事案件中，利用互联网实施侵犯知识产权犯罪特点明显，私自架设游戏服务器供玩家使用并从中获取收益、使用深度链接的非法手段免费播放未经授权的视频并通过广告收费、利用云盘分享下载再转码生成链接盗版播放影片等犯罪手段较以往更具隐秘性、多样化。

从知识产权刑事保护效果看，上海三中院从定罪从重、量刑从严两个方面体现严格保护的要求，近七成被告人被判处实刑，判处三年以上有期徒刑的占33.46%。在依法判处自由刑的同时，加大财产刑处罚的力度，综合考虑犯罪的违法所得、非法经营数额、给权利人造成的损失、社会危害性等情节，加大罚金判处力度，剥夺犯罪分子的非法获利和再犯能力。

白皮书显示，上海知产法院、上海三中院审结了一批涉及知名作品、知名品牌、知名企业等有较大社会影响的案件，如涉“葫芦娃”“黑猫警长”“阿凡提”等角色形象著作权纠纷案，涉迪士尼《赛车总动员》系列动画电影及动画形象著作权侵权、不正当竞争纠纷案，涉老字号“吴良材”商标侵权及不正当竞争纠纷案，涉“星巴克”随行杯外观设计专利权侵权纠纷案，以及涉《流浪地球》电影被盗版侵犯著作权案等。

（资料来源：央广网，作者：周洪　陈颖颖）

【荔枝FM擅播《平凡的世界》被判赔偿50余万元】 2020年4月15日，北京市海淀区人民法院对荔枝FM擅播《平凡的世界》读物一案作出判决，支持了原告路茗茗的全部诉讼请求。

因认为路遥创作的小说《平凡的世界》未经其许可被制作成有声读物在“荔枝FM”平台上传播，路遥之女路茗茗以侵害作品信息网络传播权为由将“荔枝FM”的运营者广州荔支网络技术有限公司（以下简称“荔支公司”）诉至法院，要求其赔偿经济损失及合理支出共计50余万元。

法院经审理认为，荔支公司虽抗辩称“荔枝FM”平台上的142集涉案图书有声读物系其主播用户“平凡的世界小说”上传，但其提交的该用户个人后台注册信息中，缺少真实姓名、身份证号、身份证照片、主播手持身份证照片等关键身份信息，且未提交该主播用户的注册IP地址、注册时间、上传IP地址等相关证据，无法形成完整的证据链条证明涉案图书有声读物系该主播用户上传。据此，法院认定荔支公司通过“荔枝FM”在线提供涉案图书有声读物，使相关公众可以在个人选定的时间和地点获得该作品，侵害了路茗茗对涉案图书享有的信息网络传播权。法院综合考虑涉案作品的独创性程度、文学价值、知名度以及荔支公司侵权行为的侵权恶意程度、涉案作品有声读物播放量等因素，对路茗茗的全部诉讼请求予以支持。

（资料来源：海淀法院网）

【广州互联网法院发出首份“云游戏”诉讼禁令】 2020年4月16日，广州互联网法院针对深圳市腾讯计算机系统有限公司（以下简称“腾讯公司”）起诉某云平台著作权侵权及不正当竞争纠纷案中所提出的诉讼行为保全申请作出裁定，某云公司应立即在“某惠云电脑”删除《英雄联盟》游戏的全部，立即停止借助《英雄联盟》游戏宣传、推广、介绍“某惠云电脑”。该禁令是国内首例“云游戏”案禁令。

《英雄联盟》是由利奥公司开发的一款多人在线竞技类游戏（MOBA），腾讯公司享有该游戏在中国大陆地区的独家代理权。腾讯公司向法院起诉称，某云平台未经授权将游戏《英雄联盟》的美术作品及连续动态游戏画面实时传输给不特定用户，并借助《英雄联盟》游戏宣传、推广、介绍涉案云平台等行为，涉嫌构成著作权侵权及不正当竞争。

在诉讼过程中，腾讯公司向法院申请诉讼行为保全。经审查，广州互联网法院认为，某云公司未经授权在“某惠云电脑”云平台界面向游戏用户展示《英雄联盟》游戏的相关美术作品，并通过云平台提供《英雄联盟》游戏，使任何游戏用户均能在其个人选定的时间和地点发出操作指令获取相应的游戏动态画面，涉嫌侵犯《英雄联盟》游戏相关作品的信息网络传播权。此外，因《英雄联盟》具有较高的知名度，某云公司明知《腾讯游戏许可及服务协议》规定其仅可为非商业目的使用腾讯游戏服务，却违背诚实信用原则，在未经授权的情况下预装腾讯公司享有著作权的涉案游戏，并用于商业目的。同时，某云公司借助《英雄联盟》游戏宣传、推广、介绍涉案平台的行为，可能会使公众混淆其与腾讯公司的关系，涉嫌不正当竞争。

法院认为，如不采取行为保全措施，将使侵权后果迅速扩大，对腾讯公司造成难以弥补的损害，遂在腾讯公司提供全额担保的情况下，裁定某云公司立即删除涉案云平台内《英雄联盟》游戏的全部内容，并停止借助《英雄联盟》游戏宣传、推广、介绍涉案云平台。

（资料来源：中国知识产权资讯网，作者：姜旭　何卓岚）

【最高法首次发布知识产权法庭年度报告】 2020年4月16日，最高人民法院发布《最高人民法院知识产权法庭年度报告（2019）》《〈最高人民法院知识产权法庭裁判要旨（2019）〉摘要》。

最高人民法院知识产权法庭于2019年1月1日揭牌成立，成为世界范围内首个在最高法院层面设立的专门化知识产权审判机构，行使统一审理全国范围内专利、垄断等技术类知识产权上诉案件的终审职能。

报告显示，最高人民法院知识产权法庭2019年全年受理各类技术类知识产权案件1 945件，其中民事二审案件962件，行政二审案件241件，管辖权异议上诉案件481件，其他类型案件261件；共审结各类知识产权案件1 433件，其中民事二审案件586件，行政二审案件142件，管辖权异议上诉案件446件，其他类型案件259件。实体案件的平均审理周期为73天，管辖权异议案件的平均审理周期为29.4天。

《〈最高人民法院知识产权法庭裁判要旨（2019）〉摘要》从36个典型案例中提炼出40条裁判规则，反映了该法庭在技术类知识产权领域处理新型、疑难、复杂案件的司法理念、审理思路和裁判方法，为进一步统一技术类知识产权案件裁判标准、提高审判质效提供了规则指引。

最高人民法院知识产权法庭裁判规则库（“知己”裁判规则库）同日上线。这是中国首个专注于收录、整理、发布技术类知识产权案件裁判规则的数据库。

（资料来源：中国新闻网，作者：张素）

【江苏警方破获一起特大电视剧侵权案】 2020年4月17日，江苏镇江警方向社会通报，经过3个多月的奋战，成功破获一起特大侵犯知识产权案，抓获犯罪嫌疑人4人，捣毁盗取视频资源非法网站3个，查获侵权电视剧8 000余部，冻结涉案资金100多万元。

2019年12月25日，北京某影视网络公司向镇江市公安局网安支队报案称，自2019年12月11日以来，镇江市一台网络服务器大量盗取公司付费点播视频文件，并向外传播，给公司造成巨大经济损失。

镇江警方经过调查发现了一种利用“视频盗链”技术非法窃取网站付费视频的地下黑色产业链。犯罪嫌疑人张某、李某、罗某、吴某在非法获取网站视频后，通过自己注册的不法网站，以低于市场价格进行售卖，或通过提供免费观看，以流量赚取广告代理费。在掌握大量证据后，润州公安机关兵分四路，分别赴江苏无锡、海南海口、湖南衡阳和福建南平进行收网抓捕。

（资料来源：江苏新闻广播，作者：王德俭　宫照峰　戈太亮　沈中一）

【杭州两份禁令禁止擅自利用《英雄联盟》等多款游戏】 2020年4月20日，杭州互联网法院发出两份行为保全裁定，裁定被申请人广州某科技有限公司（以下简称“广州某公司”）停止一切针对涉案游戏《英雄联盟》《穿越火线》《地下城与勇士》《逆战》《QQ飞车》实施的侵害作品信息网络传播权行为以及针对申请人深圳市腾讯计算机系统有限公司（以下简称“腾讯公司”）实施的不正当竞争行为。

法院经审查认为，因被申请人不具有在“××游戏”网站及各平台上线使用涉案游戏的权利依据，故其将涉案游戏置于其云服务器中供公众访问的行为，侵害相关作品信息网络传播权的可能性极大。被申请人借助涉案游戏宣传推广其游戏平台，客观上增加了涉案平台的流量和商业机会。被申请人提供可供选择的游戏低画质试玩服务，客观上可能影响涉案游戏的正常运营。综上，被申请人构成不正当竞争的可能性大。

从行为保全的必要性和紧迫性考虑，若不责令被申请人立即停止涉案行为，将可能对申请人的权益造成难以弥补的损害，相对于不采取行为保全措施给申请人带来的损害，采取行为保全措施给申请人带来的损害明显较小，且申请人已提供960万元足额担保。据此，杭州互联网法院作出前述行为保全裁定。

（资料来源：中国知识产权资讯网，作者：姜旭）

【上海浦东法院发布自贸区文创产业知识产权司法保护状况白皮书】 2020年4月21日，上海市浦东新区人民法院举行“云”新闻发布会，发布了自贸区文创产业知识产权司法保护状况白皮书以及2019年度知识产权司法保护十佳案例。

截至2019年底，上海浦东法院共受理涉自贸区文创产业知识产权案件19 856件，审结19 737件。从审理情况来看，相关案件在总体上呈现出四大特点。一是诉讼内容生态化，受理的与文创生态产业链条相关的知识产权诉讼显著增加。二是纠纷形态网络化，涉互联网案件占90%以上。三是案件事实技术化，涉及新技术的文创纠纷频出。四是维权模式商业化，反映出文创企业的维权意识显著增强。

在白皮书中，上海浦东法院还以附件形式发布了15件上海自贸区文化创意产业知识产权典型案例，涉及图书出版业、网络出版业、电影业、视频业、游戏业、赛事直播业六个文化创意产业领域。

会上，上海浦东法院还发布了2019年度知识产权司法保护十佳案例，包括全国首例同人作品著作权侵权及不正当竞争纠纷案、上海首例知识产权侵权惩罚性赔偿纠纷案等“首例”案件，以及“美卓”商标侵权顶格判赔案、“米高梅”企业字号不正当竞争纠纷案等。

（资料来源：中国知识产权资讯网，作者：孙芳华　陈卫锋）

【广州知识产权法院加强涉新技术知识产权保护】 2020年4月21日，广州知识产权法院出台《关于全面加强诉讼禁令（行为保全）措施适用意见》及《关于审查知识产权纠纷行为保全案件工作指引（试行）》。

《意见》规定，对具有较高知名度或较高市场价值的知识产权，涉及创新度高的技术类知识产权，涉及人工智能、生物医药等科技核心领域、战略领域、前沿领域的知识产权，以及被申请人属于恶意侵权、重复侵权或者以侵权为业的，应当加大行为保全的适用力度。

《工作指引》规定，审查知识产权纠纷行为保全申请，应立足于保护知识产权的需求，对知识产权予以严格、充分、及时的保护，达到制止侵权、保护创新的目的；应综合考虑权利属性及稳定性，考虑申请人、被申请人、社会公众利益，做到宽严适度、整体平衡；应注重受理、审查、裁判标准统一，注重权利保护，尤其是对创新程度高、关键领域关键技术的保护。

（资料来源：《中国新闻出版广电报》，作者：徐平）

【“非誠勿擾”美术作品著作权侵权案华谊兄弟终审获胜】 2020年4月26日，北京知识产权法院线上公开宣判了“非誠勿擾”美术作品著作权侵权纠纷案，驳回上诉人金阿欢、永嘉县非诚勿扰婚姻介绍所（普通合伙）（以下简称“非诚勿扰婚介所”）的上诉请求，维持原判。

2008年12月18日，由华谊兄弟公司等多家单位出品的电影《非诚勿扰》在全国公映。电影公映前，出品单位的电影宣传海报中使用了经过艺术加工处理的“非誠勿擾”四字作为电影标题。电影海报中署名编剧/导演冯小刚，美术指导石海鹰，并有“© 2008 华谊兄弟传媒股份有限公司 Media Asia Films（BVI）Ltd. 版权所有寰亚电影”标识。

2009年2月16日，金阿欢向商标局申请注册“非誠勿擾”商标，核准使用在第45类交友服务、婚姻介绍所等服务上。非诚勿扰婚介所是注册于2013年2月25日的普通合伙企业，金阿欢是合伙人之一。非诚勿扰婚介所于2015年12月1日注册了域名为fcwrppls.cn的网站宣传婚恋交友服务，在该网站上使用了金阿欢的“非誠勿擾”注册商标。

一审法院判令金阿欢赔偿华谊兄弟公司经济损失2万元，非诚勿扰婚介所在1万元范围内承担连带赔偿责任；金阿欢、非诚勿扰婚介所赔偿华谊兄弟公司制止侵权的合理开支31 010元；驳回华谊兄弟公司其他诉讼请求。金阿欢、非诚勿扰婚介所不服一审判决，上诉至北京知识产权法院。

北京知识产权法院经审理认为，涉案“非誠勿擾”构成美术作品，应受著作权法保护。华谊兄弟公司通过与冯小刚、石海鹰的委托创作协议，取得“非誠勿擾”美术作品的著作权，系“非誠勿擾”美术作品的著作权人。金阿欢、非诚勿扰婚介所未经许可，以商业目的擅自使用“非誠勿擾”美术作品的行为，并非合法的商标性使用行为，也非著作权法规定的合理使用行为，侵害了华谊兄弟公司对涉案“非誠勿擾”美术作品的著作权。一审法院认定事实清楚，适用法律正确，北京知识产权法院判决驳回上诉人金阿欢、非诚勿扰婚介所的上诉请求，维持一审判决。

（资料来源：京法网事，作者：杨洁）

【飞幕平台上传《我的团长我的团》供听音识剧被判侵权】 2020 年 5 月 6 日，北京互联网法院发布消息称，上海箫明企业发展有限公司（以下简称“上海箫明公司”）因开发运营的《飞幕》APP 中提供了“听音识剧”功能，被依法享有《我的团长我的团》电视剧信息网络传播权的西安佳韵社数字娱乐发行股份有限公司（以下简称“西安佳韵社公司”）以侵害作品信息网络传播权为由诉至北京互联网法院。北京互联网法院一审判令被告立即停止侵权并赔偿原告经济损失 60 000 元。

“听音识剧”功能是指在用户播放相应影视剧、电影作品的声音时，可以识别并播放对应作品的片段。北京互联网法院经审理认定，被告将涉案作品剪辑并上传至服务器中的行为，受到著作权法所规定的信息网络传播权的规制。其中，“提供作品”并不是以实际提供了多少作品为判断依据，而是以提供作品的可能性为准。被告虽然针对网络用户的每次识别行为，仅提供一分钟的片段，但实质上已经将涉案作品置于网络服务器中，整部涉案作品的任何一个节点均可被识别并播放，供公众可以在其选定的时间和地点，通过被告 APP 获得涉案作品。因此被告行为构成侵权。

北京互联网法院指出，该案明确了将他人作品进行剪辑并进行分段播放的行为，未经权利人许可构成侵害信息网络传播权。被告运营的 APP 曾获得上海市促进文化创意产业发展政府资金扶持，主张其行为符合文化产业创新需求。但该案突破被告的“创新”外在表现形式，进一步明确了在广泛的信息网络中“提供作品”的标准。

（资料来源：《南方都市报》，作者：封聪颖）

【图解影视作品《三生三世十里桃花》《军师联盟》被判侵权】 2020 年 5 月 11 日，北京知识产权法院审结一起关于《三生三世十里桃花》《大军师司马懿之军师联盟》的“图解电影”信息网络传播权案件，认定被诉图解电影行为侵权。

优酷网络技术（北京）有限公司（以下简称“优酷公司”）享有热播影视作品《三生三世十里桃花》《大军师司马懿之军师联盟》的信息网络传播权。深圳市蜀黍科技有限公司（以下简称“蜀黍科技公司”）运营的《图解电影》APP 和“图解电影”网站为在线图文电影解说软件，宣传“十分钟品味一部好电影”，在其网站上提供了《三生三世十里桃花》《大军师司马懿之军师联盟》“图解电影”图片集。优酷公司认为蜀黍科技公司侵犯了涉案作品的信息网络传播权，故诉至法院。

一审法院经审理，“图解电影”被诉侵权行为成立，并判令蜀黍科技公司赔偿损失。蜀黍科技公司不服，向北京知识产权法院提起上诉。

北京知识产权法院经审理认为，虽然被诉侵权的静态图集改变了涉案影视作品的表现形式，但并不意味着改变了类电作品的形态就不是使用作品的行为，且蜀黍科技公司亦不属于合理使用的情形。故二审法院认为，一审判决认定事实清楚，适用法律正确，应予维持，驳回了蜀黍科技公司的上诉请求。

（资料来源：北京知识产权法院）

【《人民的名义》被诉侵权案终审判决不侵权】 2020 年 5 月 26 日，李某诉周某森关于《人民的名义》侵权一案终审判决。北京知识产权法院驳回李某上诉，维持一审原判，即《人民的名义》在人物设置、人物关系、故事情节等独创性表达方面，与涉案作品存在实质性差异，不构成侵权。

原告李某主张其根据自身长期的检察工作经历，于 2008 年 6 月开始创作小说《生死捍卫》，于 2010 年 9 至 11 月在《检察日报》连载，并于 2010 年 11 月由海南出版社出版。2017 年 1 月，周某森撰写的小说《人民的名义》由北京某集团有限公司出版发行。原告经对比分析发现，小说《人民的名义》在人物设置、人物关系、关键情节、一般情节、场景描写、语言表达等方面存在大量抄袭、剽窃原告的《生死捍卫》一书，且没有给原告署名，侵犯了原告享有的著作权。

一审法院经审理后认为，涉案两部小说在李某主张的破案线索的推进及逻辑编排、角色设置、人物关系、情节、具体描写五个方面的表达上不构成实质性相同或者相似，故判决驳回李某的全部诉讼请求。李某上诉至北京知识产权法院。北京知识产权法院经审理认为，李某请求保护的文字描写中的一部分属于常用词汇、固定搭配等日常文字表达，并不属于著作权法的保护范畴；《人民的名义》与《生死捍卫》在故事结构、18 处人物设置、50 处具体情节、78 处文字描写中的独创性表达层面存在明显差异，并未构成实质性相似。法院最终驳回上诉，维持原判。

（资料来源：中国新闻网，作者：高凯）

【擅用《拳皇》游戏形象被判赔偿 80 万元】 2020 年 6 月 1 日，北京市海淀区人民法院审结了

《拳皇》游戏角色被擅用于电影侵权案，权利人胜诉并获赔 80 万元。

原告乐玩新大地（北京）科技有限公司（以下简称“乐玩公司”）诉称，经授权，乐玩公司享有《拳皇》97 版和 98 版游戏以及涉案游戏的人物角色等在中国大陆地区的相关著作权权利，还享有以自己的名义依法维权的权利。三被告未经许可，在制作、发行的电影《三流女侠》中使用了涉案游戏的 4 个经典人物形象“不知火舞”“蔡宝奇”“陈国汉”“二阶堂红丸”，侵害了乐玩公司享有的复制权、改编权、摄制权及信息网络传播权。此外，原告认为三被告对涉案电影中的对应角色进行误导性命名，并以“不知火舞重操旧业”对其影片进行宣传，构成不正当竞争。故原告诉至法院，请求判令三被告停止被诉侵害著作权及不正当竞争行为，消除影响并连带赔偿乐玩公司经济损失 300 万元及合理开支 10 万元。

法院经审理后认为，涉案电影是以摄制电影的方法将乐玩公司享有权利的 4 个角色形象美术作品固定在相应载体上，后又通过爱奇艺网站进行传播，该行为构成对摄制权及信息网络传播权的侵害。对于乐玩公司有关其改编权及复制权受到侵害的主张，法院未予支持。三被告以“不知火舞重操旧业”对电影进行宣传，并利用“陈国汉”“蔡宝奇”“二阶堂红丸”的角色名称或形象特征将其电影人物命名为相近的“陈胖子”“蔡主任”“唐唐”，法院认为其系擅自使用与具有一定影响的涉案游戏角色相同或近似的名称，违反了《反不正当竞争法》第六条第一项之规定，属于足以引人误认为与涉案游戏及其角色存在特定联系的混淆行为。

最终，法院一审认定三被告的行为构成侵害著作权及不正当竞争，判决三被告刊登声明消除影响，并连带赔偿乐玩公司经济损失 70 万元及合理开支 10 万元。

（资料来源：《中国新闻出版广电报》，作者：何璐）

【三毛遗属诉《见字如面》版权案一审胜诉】 2020 年 6 月 5 日，北京互联网法院一审公开宣判三毛遗属诉《见字如面》版权侵权案，认定《见字如面》节目使用涉案书信的行为不属于合理使用，侵犯了涉案书信的修改权、复制权、表演权及信息网络传播权，《见字如面》著作权人赔偿原告经济损失及合理开支共计 6.263 6 万元。

原告诉称，在腾讯视频平台播出的《见字如面》第二季第十期节目中，表演嘉宾朗读了三毛父亲陈嗣庆写给三毛的书信《过去·现在·未来》。书信作者陈嗣庆的法定继承人，即作家三毛的三姐弟，以前述行为未经其许可，侵犯了涉案书信的修改权、复制权、表演权、信息网络传播权为由，将涉案节目的三著作权人北京实力电传文化发展股份有限公司、上海腾讯企鹅影视文化传播有限公司、黑龙江广播电视台诉至北京互联网法院。三被告则辩称涉案行为系为介绍、评论该书信及说明相关主题而适当引用书信的部分内容，构成合理使用。

北京互联网法院经审理认为，涉案节目使用涉案书信的行为超出了适当引用的必要限度，不属于合理使用。从使用目的看，涉案节目使用涉案书信的目的并非单纯对涉案书信进行介绍、评论或者说明其他问题，而是通过朗读书信的方式展现书信的内容，以达到较好的节目效果并最终吸引观众。从引用程度看，涉案节目使用涉案书信的程度较高，基本涵盖涉案书信的大部分实质内容。涉案节目在使用涉案书信的同时还对涉案书信进行了修改，这不仅会影响三原告获得经济利益，还侵犯了涉案书信的修改权这一包含作者人格利益的权利，造成了对著作权人合法权益的损害。

（资料来源：中国知识产权资讯网，作者：侯伟）

【8 家 KTV 诉音集协一审宣判：音集协未滥用市场支配地位】 2020 年 6 月 6 日，北京法院网官方微博发布消息称，北京知识产权法院一审审结广东地区 8 家 KTV 公司诉中国音像著作权集体管理协会（以下简称“音集协”）垄断纠纷八案，一审判决驳回原告的诉讼请求，并向音集协发送了司法建议函。

8 家 KTV 公司认为被告音集协要求 KTV 公司与其指定的合作单位广州天合文化发展有限公司签约，并提出收取签约费等不合理的签约条件，构成《中华人民共和国反垄断法》第十七条第一款第（四）项、第（五）项规定的滥用市场支配地位的垄断行为；同时违反了《著作权集体管理条例》第二条、第二十三条及第二十四条的规定。

北京知识产权法院经审理认为：第一，原告与著作权集体管理组织即被告音集协之间并不存在人身关系或财产争议，原告以被告违反《著作权集体管理条例》相关规定为由提起诉讼，不属于人民法院受理民事诉讼的范围；第二，根据被告音集协的法律地位及 KTV 行业运作模式等情况，认定被告音集协在相关市场具有市场支配地位，但现有证据不足以证明其实施了限定交易、附加不合理的交易条件等涉案被诉滥用市场支配地位的垄断行为。因此，法院判决驳回原告的诉讼请求。

（资料来源：北京知识产权法院，作者：范晓玉）

【北京朝阳法院发布《文化产业知识产权审判白皮书》】 2020年6月12日，北京市朝阳区人民法院召开新闻通报会，发布《北京市朝阳区人民法院文化产业知识产权审判白皮书》及文化产业知识产权审判十大典型案例。

朝阳法院调研发现，近5年受理的涉文化产业知识产权纠纷案件中，合同类纠纷占比达48.3%，其中，内容创作生产类别占比最高，达60.3%，涉诉合同纠纷包括委托创作合同纠纷、著作权许可使用合同纠纷、著作权转让合同纠纷等多种类型，可见内容生产仍然是文化产业的核心，且知识产权成果流转日渐频繁。朝阳法院在案件审理过程中发现，违反授权范围约定、超出约定授权期限、变更合同约定、约定标准模糊等是较为常见的问题。

据统计，2015—2019年，朝阳法院审结的涉文化产业著作权权属、侵权纠纷中，涉诉权项几乎涵盖了著作权法规定的全部17类权项，其中，主张复制权、署名权、发行权的分别占比23.8%、23.2%、15.5%，而同时主张多项著作权权项的案件比重则达到42.4%，著作权复合侵权行为多发。

（资料来源：北京市朝阳区人民法院）

【用户在B站上传《我不是药神》纯音频被判侵权】 因用户在哔哩哔哩网站（B站）上传《我不是药神》电影的纯音频，上海宽娱数码科技有限公司（以下简称“宽娱公司”）被优酷信息技术（北京）有限公司（以下简称“优酷公司”）以侵害信息网络传播权为由诉至北京互联网法院。2020年6月24日，北京互联网法院一审认定，宽娱公司应当知晓网络用户利用其网络服务侵害优酷公司信息网络传播权的行为，构成帮助侵权。

该案争议焦点在于提供涉案音频是否属于提供涉案电影的行为，被告是否构成帮助侵权。法院经审理认定，涉案音频是涉案电影作品独创性表达的重要部分，被诉行为属于提供涉案电影的行为，落入涉案电影信息网络传播权的控制范围。涉案音频系具有极高知名度的涉案电影的完整原声，且上传时间在涉案电影经院线上映后还未正式登陆优酷网之前，正值涉案电影的热播期，被告应当知晓涉案音频为未经许可提供；从时长、标题以及所在位置来看，涉案视频应能被明显感知，被告应当能知晓涉案音频在其网站传播，但未尽到相应注意义务。

综上，法院判决宽娱公司于判决生效之日起十日内赔偿优酷公司经济损失60 000元和合理开支5 000元。该案判决明确指出，电影音频属于电影独创性表达的重要部分，提供全片音频仍是使用电影的一种形式，他人在使用前必须得到权利人的授权，否则将承担侵权后果。

（资料来源：北京互联网法院）

【未经授课人许可在线传播授课视频被判侵权】 因认为被告广东天才星网络科技有限公司（以下简称“天才星公司”）未经许可，擅自在其运营的《步步高乐问》APP中在线传播并销售涉案钢琴教学视频，授课人肖某主张视频授课内容构成口述作品，以天才星公司侵犯其口述作品的信息网络传播权与发行权为由诉至法院，请求判令天才星公司停止侵权、赔礼道歉、赔偿损失及合理支出。2020年6月28日，北京互联网法院审结该案，认定天才星公司的涉案信息网络传播行为构成侵权。

法院认为，原告在涉案教学视频中的关于钢琴教学的授课，系基于其对钢琴弹奏基本知识及弹奏技巧的理解和研究，经独立构思并在教学过程中口头表达出来，具有独创性，应为受中国著作权法保护的口述作品。乐临门公司享有涉案教学视频录制画面的录像制作者权，但其使用他人作品制作形成录像制品，或许可他人发行、以信息网络传播的方式使用时，应当取得著作权人的许可。

被告将涉案教学视频放置在《步步高乐问》APP上传播的行为，仅通过《框架协议》取得了录制者的许可，未取得口述作品著作权人即原告的许可，侵害了原告对涉案口述作品享有的信息网络传播权，依法应承担停止侵害、赔偿损失等民事责任。该案并不涉及转移作品的有形物质载体，未侵犯原告涉案口述作品的发行权，故对原告主张被告的涉案销售行为侵犯其发行权的主张，法院不予支持。最后，法院判令被告赔偿原告经济损失24 000元、合理支出10 000元。

（资料来源：《中国新闻出版广电报》，作者：张连勇 郑成凤）

【湖南高院司法裁判指引卡拉OK行业健康有序发展】 2020年6月28日，中国音像著作权集体管理协会（以下简称“音集协”）诉湘潭市岳塘区鑫弘东方海岸娱乐会所（被告）一案终审审结。该案是继上海、山西、浙江、福建、黑龙江等地人民法院作出同类型判决之后，再次判决侵权卡拉OK场所应按照音集协许可使用费标准支付赔偿款的生效裁判，是依法适用《著作权集体管理条例》规制卡拉OK领域的著作权纠纷、尊重卡拉OK行业著作权使用的市场交易价格、合理裁决著作权侵权赔偿标准的典型案例。

湖南省高级人民法院认为，根据音集协举证及法律规定，有理由推定音集协管理市场相对较多的作品，有权利按照国家版权局公告的许可使用费标准与被许可人协商收取使用费。在音集协诉卡拉OK场所侵权案件中，以包厢作为标准计算侵权赔偿是有一定合理性的。同时，湖南省高级人民法院也对音集协提出注重加强集体管理组织有序运行、加强与音像节目使用者的沟通协商、有效解决权利人与使用者之间的海量作品使用许可与被许可存在的争议和问题等相关建议。

（资料来源：《中国新闻出版广电报》，作者：赵鹏）

【斗鱼因主播未经授权在直播间演唱《小跳蛙》被判赔】 据北京市高级人民法院2020年6月30日披露，因为12名主播未经授权在直播间演唱《小跳蛙》59次，斗鱼被北京互联网法院一审判定侵权，于判决生效之日起7日内赔偿原告麒麟童公司经济损失37 400元和律师费支出12 000元。

法院认为，虽被告通过平台指引的方式公示了预防侵权的措施和侵权投诉的渠道，但对于瞬时发生的直播侵权行为，事后侵权投诉难以发挥制止侵权的作用。被告在应当意识到涉案直播行为存在构成侵权较大可能性的情况下，未采取与其获益相匹配的预防侵权措施，对涉案侵权行为主观上属于应知，构成侵权，应承担相应的民事责任。

（资料来源：《中国知识产权报》，作者：侯伟）

【北京互联网法院发布涉网图片类著作权案件调研报告】 自2018年9月建院以来，北京互联网法院共受理著作权案件4.9万余件，其中涉图片类占比超过一半以上，且诉讼请求、证据组合方式等方面呈现出明显的一致性，类型化特点明显。2020年7月7日，北京互联网法院对外发布了涉网图片类著作权案件的调研报告。调研报告中提到，当前图片使用人版权保护意识不足、获取授权渠道不畅是侵权纠纷多发的主要原因。部分图片权利人将维权诉讼作为经营方式之一，通过诉讼获取商业利益、促进版权交易的目的较为明显。

北京互联网法院建议，应建立专门的集约化线上图片交易市场，推动版权公示和交易机制的变革，版权行政管理机关可探索将区块链技术运用到版权登记、权属公示、交易备案、许可费提存等各环节，形成完整、透明的公示制度。北京互联网法院还联合北京市版权局发出倡议，倡导图片权利人、图片行业组织、图库经营单位、网络服务提供商、图片使用者、著作权服务机构尊重图片版权，共建、共治、共享图片行业良好版权生态，坚持“先授权、后使用；无授权、不使用”的规则意识，自觉使用正版图片，抵制使用盗版图片。

（资料来源：《法治日报》，作者：徐伟伦）

【苏宁体育诉电信“中超赛事节目”侵权案：单场判赔50万元】 2020年7月9日，杭州互联网法院就苏宁体育与浙江电信、杭州电信、浙江广电新媒体侵犯“2019赛季中超联赛第八轮：广州恒大VS北京国安”赛事节目信息网络传播权及不正当竞争纠纷一案进行公开宣判，认定涉案赛事构成以类似摄制电影的方法创作的作品，浙江电信及杭州电信、浙江广电新媒体公司未经授权播放赛事节目的行为构成侵权，判令被告依法赔偿苏宁体育经济损失及合理费用共计50万元。

（资料来源：《新京报》，作者：陈维城）

【被告因在线直播西甲联赛一审被判赔偿100万元】 2020年7月16日，上海聚力传媒技术有限公司（PP体育）（以下简称“上海聚力公司”）获悉上海市浦东新区人民法院一审判决，法院认定涉案西甲联赛节目构成类电作品，判决深圳新感易搜公司赔偿上海聚力公司经济损失及合理开支共计100万元。

原告上海聚力公司诉称，其经相关权利人授权，依法享有2015/2016、2016/2017赛季西班牙足球甲级联赛的独占性权利，包括但不限于以任何方式通过任何媒体向公众传播、同步直播、转播等。原告经调查发现，被告深圳新感易搜公司在其运营的《云图TV》IPAD客户端和网页端上提供涉案足球赛事节目的在线直播服务，故认为被告的上述行为侵犯了原告对涉案足球赛事节目的著作权并构成不正当竞争，遂将其诉至上海浦东法院，请求法院判令被告赔偿原告经济损失及合理开支共计300万元。

法院经审理认为，涉案足球赛事节目符合中国著作权法对类电作品“摄制在一定介质上”即固定性的要求，可以作为著作权法意义上的类电作品加以保护；涉案足球赛事节目在国际范围内具有很高的知名度，在球迷心中具有相当大的吸引力，被告在其 IPAD 客户端和网页端对涉案足球赛事节目进行了选择、编辑、推荐，从作品播放中获得经济利益，其在提供服务的过程中亦未尽到相应的审核义务，存在过错，应承担相应侵权责任，侵犯了原告对涉案足球赛事节目“应当由著作权人享有的其他权利”。法院认为，同一行为不能进行法律上的重复评价，在已认定被告的涉案行为已构成著作权侵权的情况下，不再进行反不正当竞争法上的评价。

（资料来源：《中国知识产权报》，作者：孙芳华）

【百度网盘因传播无版权影视作品被判侵权】 2020 年 7 月 27 日，广州知识产权法院审结上海翡翠东方传媒有限公司广州分公司（以下简称“翡翠广州分公司”）诉百度网盘侵犯作品信息网络传播权一案。

原告翡翠广州分公司发现百度网盘的用户将非法获取的《食为奴》资源上传至百度网盘中，再将储存在百度网盘中的视频资源，通过离线下载、秒传、分享等功能传播给其他百度网盘用户。翡翠广州分公司将百度公司告上法院。

广州市天河区人民法院一审认定百度公司不构成直接侵权，也不构成帮助侵权。翡翠广州分公司不服一审判决，上诉至广州知识产权法院。

广州知识产权法院认为，在用户实现离线下载的过程中，百度网盘对用户提供的下载链接进行解析并在网盘存储的文件中进行匹配，使用户直接获得涉案影视作品而不发生真实的数据传输，使用户可以在其个人选定的时间和地点获得涉案影视作品。这一行为超过了存储服务的范畴，侵犯了翡翠广州分公司对涉案影视作品享有的信息网络传播权。

百度网盘用户通过分享功能可以将涉案影视作品在信息网络中进行传播，使其他用户可以在其个人选定的时间和地点获得涉案影视作品，构成信息网络传播权侵权。在案证据显示，百度公司在明知的情况下仍为存储于百度网盘服务器中的涉案影视作品提供分享技术支持，并为获得涉案影视作品分享链接的用户提供该作品，构成帮助侵权。

广州知识产权法院二审判决，认定用户通过上传或秒传方式获得涉案影视作品链接，百度公司为其提供在线播放服务并不侵权；但是用户通过离线下载或者分享方式获得涉案影视作品链接，百度公司分别构成直接侵权和帮助侵权。法院判决，百度公司赔偿翡翠广州分公司经济损失 50 万元。

（资料来源：《中国知识产权报》，作者：姜旭）

【某科技公司因游戏模拟器抄袭被判赔 150 万元】 2020 年 7 月 29 日，杭州互联网法院对原告杭州网易雷火科技有限公司（以下简称“网易雷火公司”）诉吕某某、林某、杭州某科技公司侵犯著作权及不正当竞争纠纷一案宣判，判决杭州某科技公司停止侵权，赔偿网易雷火公司经济损失及合理开支 150 万元。该案系杭州互联网法院首例涉游戏模拟器知识产权侵权案，判决对《率土之滨》游戏给予著作权保护。

《率土之滨》游戏是网易雷火公司自主研发、运营的策略类游戏，游戏武将战法文字内容中根据三国历史故事并结合三国类开荒战法游戏规则创作而成具有独创性的部分符合著作权法文字作品的要求，故构成著作权法意义上的文字作品。法院判决，杭州某科技公司开发运营《率土模拟器》抄袭《率土之滨》游戏相关文字内容及图片，侵犯网易雷火公司的著作权，赔偿因侵犯涉案文字作品造成的经济损失及合理开支共计 50 万元，因侵犯涉案美术作品造成的经济损失及合理开支共计 100 万元；构成不正当竞争的请求，因缺乏事实与法律依据，不予支持。

（资料来源：《中国新闻出版广电报》，作者：黄琳）

【浙江杭州：全国首例“先行判决＋临时禁令”案宣判】 2019 年 4 月 26 日，浙江省杭州市中级人民法院创新性适用“先行判决＋临时禁令”救济模式，对（2018）浙 01 民初 3728 号案进行处理。2020 年 7 月 29 日，后续判决结果公布，法院判令被告仙峰公司承担 1 000 万元损害赔偿，100 余万元律师费用。同时，因仙峰公司拒不履行临时禁令，对其处罚款 100 万元。

原告为上海恺英网络科技有限公司（以下简称“恺英公司”）、浙江盛和网络科技有限公司（以下简称“盛和公司”），皆系知名网络游戏《蓝月传奇》的著作权利人。二原告认为被告苏州仙峰网络科技股份有限公司（以下简称“仙峰公司”）运营的《烈焰武尊》抄袭了《蓝月传奇》，遂提起侵权诉讼，要求停止侵权，并主张 3 000 万元损害赔偿。

2019年4月26日宣判的先行判决认定侵权成立，判令仙峰公司立即停止侵权。仙峰公司不服提起上诉，后经浙江省高级人民法院审理驳回其上诉，维持原判。

杭州中院继续对该案损害赔偿责任部分进行审理。仙峰公司自行提交的数据显示，在法院认定的侵权期间内，其运营《烈焰武尊》游戏的总流水金额达9 300余万元，扣除渠道分成及税之后的收入金额达4 700余万元。以该金额为初步依据，经综合考虑仙峰公司开发运营《烈焰武尊》游戏所支出的授权成本、推广成本、人工成本、维护成本等，结合源自《蓝月传奇》的独创性表达在《烈焰武尊》游戏中所占比例及其对仙峰公司利润的贡献率等因素，杭州中院综合确定了1 000万元的判赔金额。

2019年4月26日先行判决的同时，杭州中院还作出了诉中临时禁令，责令仙峰公司立即停止自行或授权其他主体复制、通过信息网络传播《烈焰武尊》手机游戏。但收悉上述裁定后，仙峰公司并未立即停止相应行为。根据其自述，仙峰公司在2019年6月21日前一直在持续运营带有涉案侵权内容的《烈焰武尊》游戏。杭州中院作出罚款决定，对仙峰公司罚款100万元。

（资料来源：杭州市中级人民法院）

【全国首个行政与司法部门联合打造的诉非分流云联机制发布】 2020年7月29日，北京互联网法院与首都版权协会通过“线上+线下”的方式，联合发布“e版权”诉非分流云联机制。这是全国首个行政与司法部门协作构建的诉讼与非诉调解线上线下衔接联动工作机制。

该机制将司法诉讼与调解等非诉讼纠纷解决机制相结合，把非诉讼纠纷解决机制放在前面，通过构建分层递进、衔接配套的纠纷解决体系，从源头上减少诉讼增量。此次合作特别加入了“法官线上参与指导调解”“和解协议优先在线司法确认”等创新机制。此外，诉非分流云联机制还将实现电子平台诉讼风险智能评估，以及非诉调解平台与人民法院调解平台数据对接、共享。

签约双方将立足各自在知识产权领域纠纷化解的优势和职能，依托信息化、智能化建设，实现线上互联互通、深度联动，推动解决涉著作权纠纷案件频发所带来的司法与社会问题，共同打造版权保护社会共治的创新模式。

（资料来源：《中国新闻出版广电报》，作者：王坤宁　李婧璇）

【北京市法院三年来审结知识产权案件超13万件】 2020年7月30日，北京市第十五届人民代表大会常务委员会第二十三次会议对北京市政府关于深化“放管服”改革，持续优化营商环境议案办理暨相关专项工作情况报告，关于服务业扩大开放综合试点工作情况的报告和北京市高级人民法院关于优化营商环境工作情况的书面报告开展专题询问。报告显示，北京市法院三年来审结知识产权案件132 332件，同比增长188.83%。为全面提高审判质效，北京市法院还着力缩短办案周期，推动诉讼全流程提速，降低纠纷解决成本，研发运行“立体化线上立案系统”，实现网上立案24小时“不打烊”，一审商事案件、执行实施案件全部可以网上立案，京津冀法院在全国率先实现跨域立案全覆盖。

（资料来源：中国新闻网，作者：陈杭）

【全国首例涉5G云游戏侵权案宣判】 2020年8月12日，杭州互联网法院对全国首例涉5G云游戏侵害信息网络传播权及不正当竞争纠纷两案宣判。法院一审判决广州某科技有限公司停止侵权，即停止在“点云菜鸡”网站和“菜鸡”云游戏平台上提供上述游戏，删除与上述游戏有关的用户数据，并赔偿腾讯计算机公司、腾讯科技公司合计258万元。

腾讯计算机公司、腾讯科技公司是涉案五款游戏《英雄联盟》《穿越火线》《地下城与勇士》《逆战》《QQ飞车》的合法运营方和维权方。广州某科技有限公司未经授权将涉案游戏置于其云服务器中供公众在网页版、移动端以及PC端使用“菜鸡”云游戏平台获得涉案游戏，同时其将用户流量复制到其平台上，利用涉案游戏为“菜鸡”云游戏平台做引流宣传，限制二原告的涉案游戏画质、功能及信息链接等。广州某科技有限公司侵犯了二原告就涉案游戏享有的信息网络传播权。

法院认为，涉案五款游戏对相关故事背景、场景设置、情节设定的选择与安排类似于电影剧本的创作，随着玩家操作形成的一系列有伴音或者无伴音的连续动态画面，类似于电影的摄制和成像过程，游戏创作完成后亦可存储在一定介质上，并可借助计算机等数字播放硬件设备予以传播，应当以类似摄制电影的方法创作的作品予以保护。

被告在未经许可的情况下直接采用技术手段对二原告提供的产品和服务进行干预和限制，包括限制营销宣传、资讯广告、周边商品交易等。此举未有用户知情并主动选择，具有不正当性和可责性，显然会对腾讯平台普遍使用的游戏运营模式和盈利方式造成干扰和影响，进而挤压了腾讯平台的商业机会和盈利空间，直接导致二原告对相关游戏的合法利益受损，构成不正当竞争行为。

（资料来源：封面新闻，作者：粟裕）

【北京知识产权法院召开短视频著作权案件审判情况通报会】 2020 年 8 月 19 日，北京知识产权法院召开短视频著作权案件审判情况通报会。数据显示，该院建院 6 年来，共受理涉及短视频的著作权侵权案件 45 件，且均为二审案件。从涉及的视频类型和行为来看，短视频侵权类型可分为三种：一是将他人制作的短视频放到网络上传播；二是利用他人作品制作短视频；三是将他人制作的视频重新组合后进行传播。北京知识产权法院审判监督庭庭长张晓霞提到，网络主播与网络平台如何承担侵权责任，在司法实践中是需要具体问题具体分析的一个环节。

（资料来源：《新京报》，作者：王巍）

【PP 视频擅播《东方 110》电视节目被判侵权】 2020 年 8 月 31 日，上海知识产权法院审结 PP 视频擅播《东方 110》电视节目一案，认定涉案权利作品构成类电作品，应受著作权法保护，上海聚力传媒技术有限公司（以下简称“聚力公司”）未经授权擅自在其运营的“PP 视频”网站以及《PP 视频》手机移动客户端提供《东方 110》电视节目的在线传播服务，侵犯了看东方（上海）传媒有限公司（以下简称“看东方公司”）对涉案权利作品享有的信息网络传播权，判令聚力公司赔偿经济损失及合理开支共计 102.25 万元，维持了上海市普陀区人民法院的一审判决。

该案中，法院明确了法制新闻类节目同样能够作为电影作品或类电作品受到著作权法保护。法院不仅认定聚力公司构成侵权，并且全额支持了看东方公司的诉请金额，判赔额已经超过了 2010 年《著作权法》法定赔偿 50 万元的限额，体现了司法机关加大打击侵权力度的决心。

（资料来源：中国知识产权资讯网，
作者：孙芳华）

【金羽杰公司告波司登公司羽绒服侵权：法院认定羽绒服非美术作品】 2020 年 9 月 9 日，北京知识产权法院二审审结了北京金羽杰服装有限公司（以下简称“金羽杰公司”）诉波司登羽绒服装有限公司（以下简称“波司登公司”）生产、北京市波司登贸易有限公司（以下简称“北京波司登公司”）销售的羽绒服著作权侵权及不正当竞争纠纷案件，认定涉案羽绒服未侵犯金羽杰公司的著作权，不构成不正当竞争，驳回了金羽杰公司的全部诉讼请求。

2018 年初，金羽杰公司向北京市西城区人民法院提起诉讼，认为波司登公司生产、北京波司登公司销售的两款羽绒服侵犯其著作权及构成不正当竞争。

一审法院经审理认为，金羽杰公司主张权利的服装成衣上的设计多是为实现方便穿脱、轻便保暖、便于使用等服装的基本功能而存在，服装成衣之上的艺术美感无法与其功能性进行分离，公众很难将上述服装成品视为艺术品加以购买或珍藏，故而金羽杰公司主张权利的两款服装仅系实用品，不能作为美术作品受到著作权法的保护。但是，这两款服装的设计图、样板图属于著作权法保护的图形作品。综上，一审法院认为，金羽杰公司可以对其服装设计图和服装样板图主张著作权，而对其加工生产的羽绒服无法依据著作权法进行保护。

关于波司登公司和北京波司登公司的行为是否侵犯金羽杰公司两款服装设计图、服装样板图的复制权和发表权，一审法院认为，在案证据无法证明被告能够接触到原告的服装设计图和服装样板图，且被告提交的部分服装设计图等图形与原告的服装设计图、服装样板图并不构成实质性相似，不构成平面复制；由于服装设计图和服装样板图均属图形作品，尽管有证据证明被告生产了与图形类似的成衣，但按照工程设计图或者产品设计图施工或者生产不受著作权法保护的工程或者产品，不属于著作权法意义上的复制。至于发表权问题，并无证据表明被告将原告的服装设计图、服装样板图公之于众，故该主张难以成立。

关于金羽杰公司认为波司登公司和北京波司登公司的行为构成不正当竞争，一审法院认为，并无证据表明金羽杰公司主张权利的服装、设计图、样板图具有一定影响，已经与其形成了较为稳定的对应关系，从而引人误认为被告的商品为原告的商品或者与其存在特定联系，故不属于中国《反不正当竞争法》第六条第四项规定的情形。在案证据尚不能证明波司登公司和北京波司登公司的行为违反了法律和商业道德，亦无证据证明其对市场竞争秩序造成了损害，也无法适用《反不正当竞争法》第二条的规定。

综上，一审法院认为波司登公司和北京波司登公司的行为未构成对金羽杰公司著作权的侵犯，亦不构成不正当竞争，驳回了金羽杰公司的诉讼请求。

金羽杰公司不服一审判决结果，向北京知识产权法院提起上诉。二审中，金羽杰公司对一审法院著作权部分的相关认定无异议，主张波司登公司和北京波司登公司对其构成不正当竞争。北京知识产权法院终审判决，驳回了金羽杰公司的上诉请求，维持原判。

（资料来源：中国知识产权资讯网，
作者：祝文明　唐蕾）

【《神武》侵权案重审：网易获赔 1 000 万元】 2020 年 9 月 21 日，广州知识产权法院对广州网易计算机系统有限公司（以下简称“网易公司”）与被告广州多益网络股份有限公司（以下简称“多益公司”）、第三人徐某著作权侵权及不正当竞争纠纷一案作出了重审判决，认定《神武》与《梦幻西游》不构成不正当竞争，但第三人多益公司董事长徐某曾创作的《梦幻西游门派技能法术装备特技介绍》为网易公司的法人作品，多益公司构成著作权侵权，赔偿网易公司 1 000 万元。多益公司随后发出声明，称已向最高院提出上诉。

2015 年 2 月，网易公司起诉多益公司，指控多益公司《神武》游戏涉嫌侵权其《梦幻西游》产品。2016 年 9 月，广州知识产权法院作出一审判决，认定《神武》端游以及手游侵犯网易公司《梦幻西游》著作权及构成不正当竞争，责令被告停止侵权及不正当竞争行为，并赔偿网易 1 500 万元。当时该判赔金额创下了国内同类案件的最高纪录。

多益公司提起上诉，认为《神武》的各种游戏元素和系统均为徐某研发创新，多益公司对《神武》具有自主知识产权。

2017 年 12 月 21 日，广东省高级人民法院裁定发回重审。2020 年 9 月 21 日，广州知产法院重审认为，该案争议焦点在于：原告是否享有《梦幻西游》软件著作权；被告是否侵犯《梦幻西游》《梦幻西游 2》软件著作权；涉案文字作品的著作权归属；被告是否侵犯涉案文字作品著作权；被告行为是否构成不正当竞争；被告的责任承担。

关于被告行为是否构成不正当竞争，法院认为，对《反不正当竞争法》一般条款的适用应当秉持谦抑的司法态度，对竞争行为保持有限干预和司法克制理念，严格把握一般条款的适用条件，以避免不适当干预而阻碍市场的自由竞争。鉴于原告未能按《反不正当竞争法》第二条的规定举证证明被诉行为构成不正当竞争，故对其该项主张不予支持。

法院最终认定《神武》与《梦幻西游》不构成不正当竞争，但第三人多益公司董事长徐某曾创作的《梦幻西游门派技能法术装备特技介绍》为网易公司的法人作品，多益公司构成著作权侵权，赔偿网易 1 000 万元。

（资料来源：《南方都市报》，
作者：诸未静）

【扬州四人侵犯《流浪地球》等 8 部电影著作权获刑】 2020 年 9 月 25 日，扬州市中级人民法院一审公开开庭审理由最高人民法院指定管辖、扬州市人民检察院提起公诉指控被告人马某予、马某松、文某杰、鲁某犯侵犯著作权罪一案，依法当庭作出判决。

经审理查明，从 2016 年 6 月开始，被告人马某予、马某松以营利为目的，未经著作权人许可，使用高清技术手段复制盗版电影，制作水印进行技术加密，并组织人员向下线影院销售，从中牟取利益。2017 年初，被告人马某予、马某松拉拢文某杰、鲁某等人入伙，逐步形成了人数较多、重要成员基本固定的组织。

2018 年 9 月，被告人文某杰、鲁某分别脱离该组织。被告人文某杰拉拢他人继续采用前述手段实施复制发行盗版电影的行为。被告人鲁某从文某杰处获取盗版影片，招募他人销售盗版影片，从中牟取利益。2019 年春节前，被告人马某予、马某松、文某杰等人分别采用前述手段，复制发行《流浪地球》等多部春节档盗版影片，导致上述影片在互联网流传。

截至 2019 年 2 月，马某予、马某松复制发行盗版影片 400 余部，非法经营数额共计人民币 777 万余元，马某予违法所得 404 万余元，马某松违法所得 55 万余元。文某杰复制发行盗版影片 120 余部，非法经营数额 186 万余元，违法所得 103 万余元。鲁某销售盗版影片，非法经营数额 814 万余元，违法所得 536 万余元。

根据各被告人犯罪的事实、性质、地位、作用和社会危害性，法院以犯侵犯著作权罪，判处被告人马某予有期徒刑 6 年，并处罚金 550 万元；判处被告人马某松有期徒刑 4 年，并处罚金 60 万元；判处被告人文某杰有期徒刑 4 年，并处罚金 120 万元；判处被告人鲁某有期徒刑 5 年，并处罚金 550 万元。

（资料来源：江苏广电扬州中心站，
作者：王泽坤　扬法宣）

【体育赛事直播第一案再审落槌：新浪中超直播节目构成类电作品】 2020年9月27日，“国内体育赛事画面著作权第一案”再审落槌。北京市高级人民法院对北京新浪互联信息服务有限公司（以下简称“新浪公司”）与北京天盈九州网络技术有限公司（以下简称“天盈九州公司”）、乐视网信息技术（北京）股份有限公司（以下简称“乐视公司”）著作权及不正当竞争纠纷案作出再审判决，认定涉案中超赛事节目构成类电作品，撤销北京知识产权法院作出的二审判决，维持北京市朝阳区人民法院一审判决。

北京高院再审认为，涉案赛事节目是极具观赏性的对抗性的足球赛事节目，为适应直播、转播的要求，涉案赛事节目在制作过程中，大量运用了镜头技巧、蒙太奇手法和剪辑手法，在机位的拍摄角度、镜头的切换、拍摄场景与对象的选择、拍摄画面的选取、剪辑、编排以及画外解说等方面均体现了摄像、编导等创作者的个性选择和安排，具有独创性，不属于机械录制所形成的有伴音或无伴音的录像制品，符合电影类作品的独创性要求。二审法院认定涉案赛事节目的独创性高度较难符合电影类作品的要求，系认定有误，应予以纠正。

法院指出，根据2010年《著作权法》规定，被诉直播行为既不属于信息网络传播权也不属于广播权调整的范围，应适用《著作权法》第十条第一款第十七项“著作权人享有的其他权利”，对新浪公司认为上述行为亦构成不正当竞争的主张，不予支持。

（资料来源：《中国知识产权报》，作者：孙芳华）

【《芈月传》小说被指侵犯同名剧本著作权纠纷案终审判决】 2020年9月28日，北京知识产权法院二审审结东阳市乐视花儿影视文化有限公司（以下简称“花儿影视公司”）与蒋某男、浙江文艺出版社有限公司（以下简称“浙江文艺出版社”）、北京中关村图书大厦有限公司（以下简称“中关村图书大厦”）之间的《芈月传》小说被指侵犯同名剧本著作权纠纷案，判决驳回上诉，维持原判。

2016年7月，花儿影视公司向北京市海淀区人民法院提起诉讼，称由蒋某男创作、浙江文艺出版社出版、中关村图书大厦销售的小说《芈月传》侵犯其对同名电视剧剧本享有的著作权，请求法院判令蒋某男和浙江文艺出版社立即停止出版、发行《芈月传》小说，判令蒋某男和浙江文艺出版社连带赔偿其经济损失2 000万元，判令中关村图书大厦立即停止销售《芈月传》小说，判令蒋某男、浙江文艺出版社、中关村图书大厦赔偿其合理支出50万余元。海淀法院经审理，驳回了花儿影视公司的全部诉讼请求。花儿影视公司不服一审判决，向北京知识产权法院提起上诉。

北京知识产权法院二审认为，该案涉及的焦点问题如下：一是合同抗辩相关事实审查与“接触加实质性相似”规则适用先后顺序的确定；二是合同是否是界定双方权利归属的依据取决于蒋某男是否是《芈月传》剧本创作的唯一作者的认定；三是是否应当对《芈月传》小说完成时间进行证明责任的分配；四是关于合同是否约定小说和剧本著作权归属之认定；五是被诉侵权小说是否是合同约定范围之认定。

法院认为，在双方有合同约定的前提下，小说与剧本的权利归属取决于合同的约定，一审法院未适用“接触加实质性相似”规则而是先审理合同约定的内容是正确的；根据事实查明，蒋某男是《芈月传》剧本的唯一作者，在蒋某男既是剧本作者也是被诉侵权小说作者的前提下，双方权利的边界应当依据合同进行确定；在蒋某男提出合同抗辩后，剧本和小说创作完成时间不具有要件事实之属性，尚不涉及证明责任分配的问题，花儿影视公司认为在剧本和小说创作时间无法查清时应当由蒋某男承担举证不利后果的上诉理由不能成立；通过对双方有分歧的“小说”和“改编”两个概念含义的解释，可以认为双方合同明确约定了蒋某男享有《芈月传》小说作品的权利；根据查明事实，被诉侵权小说是合同约定的作品，蒋某男授权浙江文艺出版社出版发行《芈月传》小说是其行使权利的结果。

综上，北京知识产权法院认为，蒋某男因创作完成《芈月传》小说而享有著作权，浙江文艺出版社出版、发行及中关村图书大厦销售《芈月传》小说不构成侵权。一审法院对此认定正确，北京知识产权法院予以维持。

（资料来源：《中国知识产权报》，作者：吕可珂）

【虚构图片版权起诉被罚10万元】 2020年9月，天津自由贸易试验区法院在审理一起侵犯摄影作品信息网络传播权案件中，对原告虚构作品版权进行诉讼的行为开出10万元“罚单”，这也是天津自由贸易试验区法院自修改后的《最高人民法院关于民事诉讼证据的若干规定》实施以来，开出的首张虚假陈述“罚单”。

2020年6月，原告某网络图片公司以被告未经许可，在微信公众号使用了其享有著作权的摄影作品为由，将被告诉至法院。在案件审理过程中，原告主张案外人胡某系涉案摄影作品的著作权人，其经胡某授权取得了该摄影作品的复制权、发行权、信息网络传播权和单独以原告名义进行维权、提起诉讼的权利。原告并未向法庭提交作品原图或著作权登记证书等可以证明其权利主体身份的证据，而根据被告提交的证据可以证实涉案摄影作品由俄罗斯籍水下摄影师 Alexander Safonov 于 2008 年在南非的海洋中拍摄。法院经审查认为，原告作为经营图片的专业公司，在没有取得原图授权的情况下即以获得授权为由主张权利，属于虚假陈述，严重干扰了诉讼秩序，应予处罚，故依据《最高人民法院关于民事诉讼证据的若干规定》第六十三条的规定，作出上述处罚决定。

（资料来源：中国知识产权资讯网，作者：侯伟）

【湖南首家知识产权仲裁院成立】 2020 年 10 月 19 日，湖南省首家知识产权领域专业仲裁院——长沙仲裁委员会知识产权仲裁院正式揭牌成立。揭牌仪式上，长沙仲裁委员会为新聘的 60 余位知识产权仲裁员颁发聘书，并组织仲裁员进行集体宣誓。

长沙仲裁委员会知识产权仲裁院由长沙仲裁委员会与湖南省知识产权协会签约共建，是贯彻落实湖南省委、省政府关于知识产权保护工作决策部署的重要举措。双方将在聚才引智、创新服务、专家资源等方面加强合作，以切实提高知识产权仲裁保护整体效能，不断完善知识产权保护运用能力，共同打造全省乃至全国知识产权仲裁保护新高地。

（资料来源：《中国知识产权报》，作者：周闯　鲁鹏）

【《仙语》剽窃《梦幻西游》，二审被判赔偿 1 500 万元】 2020 年 10 月 29 日，广州知识产权法院通报，依法对上诉人广州思锋信息科技有限公司（以下简称“思锋公司”）、广州四三九九信息科技有限公司（以下简称“四三九九公司”）与被上诉人杭州网易雷火科技有限公司（以下简称“雷火公司”）著作权侵权及不正当竞争纠纷一案进行公开宣判，认定《仙语》游戏剽窃《梦幻西游》，判决驳回上诉，维持原判，思锋公司和四三九九公司赔偿雷火公司 1 500 万元。

二审法院纠正一审对涉案游戏分项保护的审判思路，将涉案游戏作为整体予以评析判断，符合广东省高级人民法院发布的《关于网络游戏知识产权民事纠纷案件若干问题的审判指引（试行）》整体保护的精神，并参考在先生效案例将其认定为类电作品。《仙语》中部分文字、美术表达及游戏设计与《梦幻西游》对应内容相同或实质性相似，构成对《梦幻西游》的剽窃。思锋公司和四三九九公司的导量行为构成不正当竞争。

（资料来源：《羊城晚报》，作者：董柳　郑志柱　侯洁　罗厚胤）

【大麦机顶盒擅播电影再审被判赔】 北京市高级人民法院就中影寰亚音像制品有限公司（以下简称“中影寰亚公司”）起诉银河互联网电视有限公司（以下简称“银河互联网公司”）等侵犯作品信息网络传播权纠纷一案作出再审裁定，认定银河互联网公司擅自通过其经营的大麦盒子机顶盒在线播放影片《血溅梦京城》的行为，侵犯了中影寰亚公司对该片享有的信息网络传播权，驳回了银河互联网公司的再审申请，维持了一审法院和二审法院作出的银河互联网公司构成侵权、赔偿 1.5 万元的判决。该案再审裁定明确了互联网机顶盒的法律属性，对此类案件的审理起到参考作用。

2014 年 8 月，中影寰亚公司与北京奇艺世纪科技有限公司（以下简称“奇艺公司”）签订《电影非独家许可使用协议》，将《血溅梦京城》等 106 部作品的信息网络传播权授权给奇艺公司。2015 年，中影寰亚公司发现大麦盒子未经授权提供了涉案影片的播放服务，将银河互联网公司起诉至北京市丰台区人民法院。

丰台法院经审理认为，涉案影片通过大麦盒子中的集成播控平台进行播放，在涉案影片点击播放过程中，未显示水印或播放内容来源，亦未显示播放页面发生跳转或显示跳转至其他相关网站的链接地址。银河互联网公司提交的证据不足以证明涉案影片来源于其他网站的服务器。此外，银河互联网公司亦未能充分举证证明大麦盒子属于奇艺公司许可使用协议的授权范围。一审判决银河互联网公司侵犯了中影寰亚公司的信息网络传播权，应承担停止侵权、赔偿 1.5 万元的法律责任。北京知识产权法院二审维持一审判决。银河互联网公司又向北京高院申请再审。北京高院结合在案证据，经审查后驳回了银河互联网公司的再审申请并作出上述裁定。

（资料来源：中国知识产权资讯网，作者：姜旭）

【涉 NBA 赛事版权纠纷二审有果】 2020 年 11 月 11 日，北京市高级人民法院审结了一起历时 6 年之久的涉美国职业篮球协会（NBA）赛事的版权纠纷。

美商NBA产物股份有限公司（以下简称“NBA产物公司”）是NBA篮球赛事节目和视频知识产权等权属的权利人，上海众源网络有限公司（以下简称“上海众源公司”）未经授权通过PPS软件和网站向用户提供大量NBA赛事的直播视频和相关节目，其行为涉嫌构成著作权侵权和不正当竞争。北京爱奇艺科技有限公司（以下简称“爱奇艺公司”）作为上述网站和软件的运营方，应同样承担侵权责任。NBA产物公司于2014年10月11日将两家公司诉至北京市第一中级人民法院。

北京一中院经审理认为，根据《著作权法实施条例》第五条规定，涉案NBA篮球赛事直播节目连续画面属于录像制品，二被告未经授权通过互联网实时直播或转播涉案NBA篮球赛事直播节目等行为，不仅侵犯了原告对涉案直播截屏享有的信息网络传播权，还构成对NBA产物公司的不正当竞争，判决上海众源公司与爱奇艺公司共同赔偿经济损失等共计360万元。

一审判决后，原被告双方均上诉至北京高院。北京高院经审理认为，涉案NBA篮球赛事节目构成中国著作权法保护的类电作品，上海众源公司未经授权直播涉案NBA篮球赛事节目的行为侵犯了NBA产物公司对该赛事节目享有的“著作权人享有的其他权利”。但现有证据不能证明被诉侵权行为由爱奇艺公司与上海众源公司共同实施，爱奇艺公司不应承担连带责任。北京高院考虑到NBA产物公司在二审诉讼中增加了诉讼开支等因素后，酌情将上海众源公司需支付的赔偿金额增至380万元。

（资料来源：《中国知识产权报》，作者：姜旭）

【郑渊洁实名举报的特大盗版案宣判：11人获刑】 2020年11月27日，郑渊洁实名举报的特大盗版案在淮安市中级人民法院公开宣判。两被告公司被判罚金总计100万元，11名被告人被判处1年至4年不等的有期徒刑，并处个人罚金总计629万元。

2018年10月，郑渊洁独家授权的北京皮皮鲁总动员文化科技有限公司发现，在京东、天猫、拼多多等网站上，欣盛公司、宏瑞公司低价销售郑渊洁系列图书。同年12月，皮皮鲁公司在北京市方圆公证处的见证下，从欣盛公司、宏瑞公司的网店购买了11套皮皮鲁系列图书，经鉴定，其中10套属于盗版。于是，郑渊洁委托皮皮鲁公司向全国“扫黄打非”办公室实名举报。

经查，自2017年4月以来，王某等人为了牟取更多利润，以上述两家公司为掩护，取得销售图书许可，购买盗制的书籍印刷文稿并进行印刷。欣盛公司、宏瑞公司和王某、李某等11人印刷、销售侵犯著作权书籍100余万册，被侵权出版社21家，总码洋9 000余万元，涉案金额1 000余万元。案发后，欣盛公司、宏瑞公司及王某、李某等11人均认罪认罚，王某、李某、吴某等人分别退赃。

2019年12月28日，淮安市检察院依法对欣盛公司、宏瑞公司和王某等11人以涉嫌侵犯著作权罪等罪名提起公诉。

（资料来源：央视新闻，
作者：毛成坤　韩磊　陈一凡）

【四维图新诉奇虎等公司侵犯著作权二审胜诉，获赔千万】 2020年12月3日，北京知识产权法院对数字地图商北京四维图新科技股份有限公司（以下简称“四维图新公司”）诉北京奇虎科技有限公司（以下简称“奇虎公司”）等三被告侵犯电子地图著作权一案二审宣判，撤销一审判决书，改判奇虎公司、秀友公司向四维图新公司公开赔礼道歉、消除影响，奇虎公司、秀友公司、立得公司连带赔偿四维图新公司经济损失1 000万元及合理支出50万元。

四维图新公司诉称，此前与秀友公司签署《合作协议》约定，四维图新公司为秀友公司提供地图及相关数据，用于秀友公司自有网站、APP在线及离线地图应用。未经四维图新公司书面同意，秀友公司不得以任何形式擅自转发或转卖四维图新公司的数据产品。在履行过程中，秀友公司超出约定向奇虎公司提供导航电子地图，奇虎公司将之用于旗下360网站及APP的地图服务。立得公司同样从秀友公司处获得导航电子地图，且未经许可将相关地图送审测绘局。此外，三公司对外宣称奇虎公司所用电子地图数据来自四维图新公司，并已获合法授权，此举系虚假宣传，侵害了四维图新公司的合法权益和潜在商业机会，构成不正当竞争。四维图新公司要求法院判决三公司立即停止侵权行为，刊登致歉声明，消除不良影响，并赔偿经济损失1亿元和合理开支100万元。

一审法院认为，该案导航电子地图不构成著作权法规定的地图作品，奇虎公司、秀友公司、立得公司的行为不构成虚假宣传，也不构成不正当竞争，判决驳回四维图新公司的全部诉请。四维图新公司上诉至北京知识产权法院。

北京知识产权法院认为，该案导航电子地图对地物、地貌、信息点的选择取舍，对地物、地貌的绘图颜色、标注，以及绘制方式的选择取舍都体现了独创性，构成地图作品，受著作权法保护。法院确认秀友公司与奇虎公司的合作，侵害了四维图新公司的署名权、复制权、改编权和信息网络传播权；立得公司未经许可将地图送国家测绘部门审查并获批的行为，侵害了四维图新公司的复制权。此外，法院认为三公司未经许可使用涉案导航电子地图数据的行为，构成不正当竞争，但由于该行为已适用著作权法进行保护，故不再以反不正当竞争法重复保护。法院还指出，奇虎公司标注地图数据，秀友公司、立得公司发布的声明的行为不构成虚假宣传。

（资料来源：《南方都市报》，作者：刘苗）

【“乐拼”仿冒“乐高”，终审被处罚金 9 000 万元】 2020 年 12 月 29 日，上海市高级人民法院对“乐拼”仿冒“乐高”案作出终审判决，驳回李某等人的上诉，维持原判。李某以侵犯著作权罪被判处有期徒刑 6 年，并处罚金 9 000 万元；其余 8 名被告人分别被判处有期徒刑 4 年 6 个月至 3 年不等，并处相应罚金。

在未经乐高公司许可的情况下，李某伙同闫某等 8 人，购买新款乐高系列玩具，通过拆解研究、电脑建模、复制图纸、委托他人开制模具等方式，设立玩具生产厂，专门复制乐高拼装积木玩具产品，然后冠以“乐拼”品牌，通过线上、线下等方式销售，赚取大量收益。经中国版权保护中心版权鉴定委员会鉴定，“乐拼”的“Great Wall of China”“PRIMITIVE TRIBE”“FAIRY TALE”“TECHNICIAN”玩具分别与乐高公司的“Great Wall of China”“THE FLINTSTONES”“DISNEY PRINCESS”“ALL Terrain Tow Truck”玩具基本相同，构成复制关系；“乐拼”的 *NINJAG Thunder Swordsman* 图册与乐高公司的 *NINJAGO Masters of Spinjitzu* 图册相同，构成复制关系。司法会计鉴定意见书还显示，2017 年 9 月 11 日至 2019 年 4 月 23 日期间，李某等人生产销售的侵权产品数量达 424 万余盒，销售金额合计 3 亿余元；相关仓库待销售的侵权产品数量达 60 万余盒，产品价值合计 3 050 万余元。

乐高公司被侵权拼装玩具是否属于美术作品是该案争议焦点之一。上海高院二审认为，被侵权的拼装立体模型共计 663 款，这些立体模型所承载的表达，均系乐高公司独立创作，具有独创性及独特的审美意义，故拼装完成的立体玩具均属于中国著作权法所保护的美术作品范畴。

（资料来源：《中国知识产权报》，作者：侯伟）

【海南自由贸易港知识产权法院揭牌办公】 2020 年 12 月 31 日，海南自由贸易港知识产权法院正式揭牌办公，最高人民法院党组书记、院长周强，海南省委书记沈晓明出席调研座谈会并讲话。周强强调，要认真学习贯彻习近平法治思想，深入贯彻落实习近平总书记关于海南自由贸易港建设和加强知识产权保护工作的重要讲话精神，充分发挥审判职能作用，全面加强知识产权司法保护，为建设海南自由贸易港、推进海南全面深化改革开放提供有力司法服务。

周强和沈晓明共同为海南自由贸易港知识产权法院揭牌，并调研法院建设，召开座谈会，听取海南省高级人民法院院长陈凤超工作汇报，与全国人大代表杨莹、陈飘，全国政协委员侯丰、潘惠丽等进行交流，听取意见建议。海南省委常委、政法委书记刘星泰主持座谈会。最高人民法院党组成员、政治部主任马世忠，最高人民法院审判委员会专职委员刘贵祥，海南省委常委、秘书长孙大海，海南省人大常委会副主任、党组副书记许俊出席座谈会。最高人民法院、海南高院有关部门负责同志和海南自由贸易港知识产权法院干警参加座谈会。

（资料来源：人民法院新闻传媒总社，作者：孙航）

◆ 行政管理

【江西吉安网络侵犯影视作品著作权案告破】 2020 年 1 月 16 日消息，由中宣部版权管理局、全国“扫黄打非”办公室等四部门以及江西省“扫黄打非”办公室、江西省公安厅治安总队联合挂牌督办的吉安“5·28”涉嫌侵犯影视作品著作权案告破。

2017 年 10 月，“剑网 2017”专项行动向吉安市文广新局移交了一条涉嫌侵犯影视作品著作权案线索，涉案嫌疑人为吉安市峡江县的陈某。吉安市文广新局组织吉安市文化市场执法支队迅速选调精干专业力量，组成前期调查组专项行动小组。

在初步确认涉案证据后，由吉安市文化市场执法支队与吉安市公安局网络安全支队联合成立专案组共同办案。在取证过程中，办案人员发现涉案嫌疑人只是整个侵权行为的一个销售环节，虽然其本人为峡江人，但其侵权销售的对象和数据信息来源均不在吉安本地，且涉嫌侵权网站服务器位于国外。经反复研究，确定改变办案思路，以嫌疑人微信公众号为案件查证的突破口。联合专案组的同志经常通宵达旦地在网上监控寻觅，敏锐地抓住线索，牵藤索瓜，追根溯源，取得了隐藏于幕后的河南省平顶山市两家公司网络侵权的实时证据。

由于被侵权对象主要为欧美电影版权，吉安市文化市场执法支队多次与相关版权方沟通，取得了专业组织对涉及 7 家电影制作公司 1 280 部影片侵权证据的鉴定意见。

案件经峡江县人民法院审结，3 名涉案人员中，陈某犯侵犯著作权罪，判处拘役 6 个月，缓刑 10 个月，并处罚金 7 000 元；程某犯侵犯著作权罪，判处拘役 5 个月，缓刑 9 个月，并处罚金 6 000 元；李某犯侵犯著作权罪，判处拘役 4 个月，缓刑 9 个月，并处罚金 6 000 元。

（资料来源：《中国新闻出版广电报》，作者：张席贵　刘秋华）

【2020 年甘肃省版权工作会议在兰州召开】 2020 年 1 月 19 日，2020 年甘肃省版权工作会议在兰州召开，会议回顾总结了 2019 年全省版权工作，通报了全省软件正版化工作检查考核情况，并对 2020 年全省版权工作作出全面安排部署。

会议指出，2019 年，全省持续推进软件正版化工作，着力加强和改进作品登记工作，大力开展版权宣传，积极开展打击网络侵权盗版“剑网”专项行动，全省版权工作取得全面进步。2019 年全省软件正版化工作持续推进，省级党政机关软件正版化成果得到有效巩固，操作系统软件和办公软件的平均正版率分别为 94％和 90％；国资监管企业软件正版化工作稳步推进；市（州）、县（市、区）党政机关软件正版化工作力度不够，与要求有一定差距。一些单位存在正版化意识淡薄、动作迟缓、日常监管不严，未按要求预装和采购软件、专业知识欠缺、大量采购使用国外高价软件等问题。

会议强调，做好 2020 年版权工作，要聚焦工作重心，完成好四大重点工作。一是不断提升国产软件使用率，持续推进软件正版化工作。二是理顺版权执法工作体制机制，夯实版权执法监管基础，协调推进版权行政执法，构建版权执法监管多元化社会共治新格局。三是进一步加强改进版权登记工作，支持著作权集体管理组织依法开展服务，进一步加强版权宣传服务工作，着力提升版权社会服务水平。四是加强对全省版权产业发展的宏观指导，开展版权示范创建活动，培育版权创新龙头企业，组织相关版权企业参加版权展会，着力促进版权产业发展。

（资料来源：中国甘肃网，作者：李红军）

【深圳印发文件优化营商环境，强化知识产权保护和运用】 2020 年 1 月 23 日，深圳市优化营商环境改革工作领导小组办公室印发《深圳市 2020 年优化营商环境改革重点任务清单》，内容包括深圳市将加强国家知识产权服务业集聚发展示范区建设，开展实施中小企业知识产权培育工程，为中小企业提供知识产权专业托管服务，提升知识产权创造能力。建设涵盖专利、商标、版权的全门类知识产权服务大厅，推进知识产权申请便利化等。在建立知识产权快速协同保护体系方面，深圳市将进一步完善行政执法与刑事司法相衔接的信息共享平台。检察机关与审判机关、司法行政机关、行政执法单位等部门及时协调解决知识产权类案件法律监督和司法审判、行政执法监督衔接配合工作中遇到的问题，不断建立完善知识产权领域（专利、商标、版权）行政执法、司法审判数据共享机制。

（资料来源：《中国新闻出版广电报》，作者：徐平）

【北京市政府工作报告重点工作分工方案涉知识产权保险】 2020 年 2 月 17 日，北京市人民政府印发《2020 年市政府工作报告重点工作分工方案》。方案中提到要开展知识产权保险试点。提高金融服务民营小微企业能力，完善续贷受理中心功能，建成运营首贷服务中心，推进供应链融资，采取措施缓解科创企业股权债权融资困难，开展知识产权保险试点。加强对高精尖重点产业的综合金融服务。推动新三板深化改革措施加快落地，做好企业赴科创板等境内外上市工作，提高直接融资比重。

（资料来源：中国知识产权资讯网）

【内蒙古首次编制版权作品登记年度统计报告】 2020 年 3 月 9 日消息，《内蒙古 2019 年版权作品登记统计》发布，填补了内蒙古版权作品登记年度统计报告的空白，实现了“零”的突破。该项工作在自治区党委宣传部（自治区版权局）委托和指导下进行，由内蒙古知识产权服务中心（自治区版权服务工作站）承担完成。统计报告对自治区作品登记情况、作品登记分布情况、盟市级以上版权服务工作站（机构）作品登记情况、权利归属登记分布情况、著作权人作品登记分布情况等进行了统计分析。经统计，2019 年自治区作品登记数量实现再翻一番的新突破，全区全年作品登记量达到 1 411 件，同比增长 128.69%，呈现出数量质量同步快速增长的良好趋势。统计报告的编制，为提升全区版权公共服务质量、加强版权管理工作提供了第一手参考依据。

（资料来源：国家版权局官网）

【江苏扶持优秀版权作品产业转化】 2020 年 3 月 20 日，江苏省委宣传部、省版权局、省电影局、省文旅厅、省广电局、省作家协会联合印发《关于开展 2020 年江苏省优秀版权作品产业转化重点培育项目遴选推荐工作的通知》。

《通知》明确将重点扶持价值导向积极向上，富有创新性、艺术感染力和社会效益的原创作品，同时其衍生产品已产生一定市场经济价值，其开发推广具有示范性和引领性，对产业转型升级和提质增效有积极影响的项目。将对入选项目给予专项资金、版权保护等 5 项扶持政策：一是入选项目将纳入江苏省优秀版权作品产业转化重点培育项目库；二是在同等条件下，支持入选项目优先申报省级现代服务业（文化旅游、新闻出版、广播电视）发展专项资金扶持；三是支持入选项目优先参加江苏（南京）版权贸易博览会、中国国际版权贸易博览会，并给予适当参展经费补贴；四是对入库项目及其作品、产品，由江苏国家版权贸易基地进行展示推介，进一步促进版权作品成果转化，拓展产业链；五是入库项目涉及作品和产品将列入江苏省重点版权保护名录，版权执法过程中予以重点保护。

（资料来源：《中国新闻出版广电报》，作者：赖名芳）

【国家版权局发布新入选的全国版权示范单位等名单】 2020 年 3 月 30 日，国家版权局批复授予北京北大方正电子有限公司等 41 家单位“2019 年度全国版权示范单位”称号，授予中海石油（中国）有限公司等 28 家单位“2019 年度全国版权示范单位（软件正版化）”称号，授予上海创智天地园等 8 家单位“2019 年度全国版权示范园区（基地）”称号。

国家版权局要求各省（区、市）版权局指导相关单位积极落实《关于强化知识产权保护的意见》等文件精神，加强对版权示范创建工作的指导和管理，推动版权的保护和运用，促进区域经济、文化、科技和社会事业全面发展。

（资料来源：《中国新闻出版广电报》，作者：赖名芳）

【国家版权局与全国“扫黄打非”办发布 2019 年度全国打击侵权盗版十大案件】 2020 年 4 月 24 日，国家版权局联合全国“扫黄打非”工作小组办公室，发布了 2019 年度全国打击侵权盗版十大案件，涵盖新闻出版、影视、图片、文学、动漫等领域。十大案件分别是：(1) 北京中兴华睿科技发展有限公司侵犯新闻作品著作权案；(2) 上海“补时点播影院”侵犯影视作品著作权案；(3) 江苏南京《韩剧 TV》APP 侵犯影视作品著作权案；(4) 广东珠海向荣玩具厂卡通玩具侵犯著作权案；(5) 上海陈某等侵犯影视作品著作权案；(6) 山西长治“圣城家园网”侵犯著作权案；(7) 江苏徐州“5·10”侵犯图片作品著作权案；(8) 安徽肥西谢某等侵犯著作权案；(9) 江西九江陆某等侵犯网络文学著作权案；(10) 山东菏泽“3·12”侵犯著作权案。

（资料来源：国家版权局官网）

【2020 年北京市软件正版化工作推进会召开】 2020 年 4 月 24 日，北京市召开 2020 年全市软件正版化工作推进会，北京市委常委、宣传部部长杜飞进出席并讲话。

会议通报了 2019 年全市软件正版化工作成绩，在中宣部对北京市市级政府部门软件正版化工作全覆盖检查中，北京市操作系统软件正版率、办公软件正版率、使用预装操作系统计算机比例均位居全国第一。

会议指出，成绩的取得得益于北京市软件正版化工作在实践中摸索形成的特色模式。各责任部门要切实提高政治站位，增强做好软件正版化工作使命感紧迫感，坚持问题导向，增强工作针对性实效性。要不断完善长效机制，以规范化建设为先决条件，努力促进软件正版化工作的常态化、制度化、信息化，以新担当新作为推动工作再上新台阶，继续保持全国“塔尖”地位，努力建设知识产权保护首善之区。

市级党政机关各部门、各区、各市属国有企业集团总部、卫生健康系统、教育系统有关负责同志参加视频会议。

（资料来源：《北京日报》，作者：赵鹏）

【佛山召开创建全国版权示范城市动员会】 2020 年 4 月 26 日，佛山市召开创建全国版权示范城市动员会，深入学习习近平总书记关于加强知识产权保护的重要论述，动员部署佛山创建全国版权示范城市工作。会上，广东省委宣传部版权和印刷管理处处长杨基炫宣读了《国家版权局关于同意佛山市创建全国版权示范城市的函》。

广东省委副秘书长、省委宣传部副部长、省新闻出版局（省版权局）局长王桂科强调，省委宣传部已把支持佛山高质量创建全国版权示范城市纳入 2020 年工作要点，全力支持佛山开展全国版权示范城市创建工作。希望佛山高质量开展创建工作，进一步加大版权保护力度，推进版权与产业融合，争当全省乃至全国地级市版权工作的领头羊。

佛山市委常委、宣传部部长郭长勇就佛山创建全国版权示范城市工作进行部署安排。他强调，未来两年，佛山将以项目化的方式，高质量推进全国版权示范城市创建工作。要促进转化运用，推动版权集聚产业高质量发展。激发创作活力，促使版权创作量质提升。严格版权保护，营造良好的营商环境。优化服务供给，展现佛山版权工作成效，为佛山争当地级市高质量发展领头羊做出贡献。

会议还印发了《佛山市创建全国版权示范城市工作实施方案》。

（资料来源：《佛山日报》，作者：黄碧云）

【推进使用正版软件工作部际联席会议第九次全体会议在京召开】 2020 年 5 月 27 日，中央宣传部副部长梁言顺在京主持召开推进使用正版软件工作部际联席会议第九次全体会议。

会议认为，2019 年联席会议在加强源头监管、规范使用管理、开展联合检查、扶持产业发展、做好宣传培训等方面，各成员单位相互支持，密切配合，取得了很好的效果。政府机关、国有企业、金融机构软件正版化工作得到有效巩固，进一步树立了国家保护知识产权良好形象，促进了软件产业高质量发展，增强了网络信息安全。各地区各部门进一步调整充实软件正版化工作机制，北京等 26 个省（区、市）委常委、宣传部部长担任省（区、市）软件正版化工作领导小组组长或联席会议总召集人，为做好此项工作提供了有力的组织保障。

梁言顺就做好 2020 年推进使用正版软件工作提出五点要求。第一，进一步巩固完善制度，充分发挥软件正版化工作机制的优势和作用。要加强联席会议成员单位协调配合，以政府机关和国有企业软件正版工作为重点，督促指导各地区各部门进一步完善软件正版化工作机制和检查考核制度。第二，进一步提高标准要求，巩固扩大软件正版化工作成果。要创新工作思路、提高工作标准，在巩固政府机关、中央企业和金融机构软件正版化工作基础上，拓展软件正版化工作推进范围。第三，进一步做好统筹协调，加快推进重要行业和重点领域软件正版化工作。要加强与重要行业和重点领域主管部门协调配合，加快推进能源、医疗、教育、交通、新闻出版等特定行业和重点领域软件正版化工作。第四，进一步加强督查考核，确保各项重点工作落地落实。要坚持“人防”与“技防”并重，充分发挥技术手段优势。采用联席会议联合督查、随机抽查与聘用第三方机构开展软件使用情况核查相结合的方式，进一步加强督查考核工作。第五，进一步强化宣传引导，不断营造尊重软件价值良好环境。要加强软件正版化工作政策宣讲和工作成果发布，发挥先进典型的示范作用，积极营造使用正版软件良好氛围。

工业和信息化部总工程师田玉龙、商务部部长助理李成钢、国务院国资委秘书长彭华岗、中国证监会副主席赵争平、全国工商联副主席樊友山、国家市场监管总局总工程师韩毅、国家机关事务管理局副局长王永红、国家知识产权局副局长周晖国、中直管理局副局长李洁鸿，以及联席会议各成员单位相关部门负责同志等出席会议。会议审议通过了联席会议 2019 年工作总结和 2020 年工作计划。

（资料来源：国家版权局官网，作者：赖名芳）

【知识产权保护运用列入海南自贸港建设重点任务】 2020 年 6 月 1 日，中共中央、国务院印发了《海南自由贸易港建设总体方案》。《方案》明确，海南自由贸易港在建设过程中将加大知识产权侵权惩罚力度，建立健全知识产权领域市场主体信用分类监管、失信惩戒等机制。加强区块链技术在知识产权交易、存证等方面应用，探索适合自由贸易港发展的新模式。《方案》提出，减少跨境服务贸易限制，建设海南国际知识产权交易所，在知识产权转让、运用和税收政策等方面开展制度创新，规范探索知识产权证券化。同时，增强金融服务实体经济能力，支持金融机构在依法合规、有效防范风险的前提下，在服务贸易领域开展保单融资、仓单质押贷款、应收账款质押贷款、知识产权质押融资等业务。支持涉海高新技术企业利用股权、知识产权开展质押融资，规范、稳妥开发航运物流金融产品和供应链融资产品。

（资料来源：《中国知识产权报》）

【广东佛山启动优秀版权作品申报】 2020年6月7日，广东佛山启动2020年优秀版权作品申报工作，申报时间为6月10日至7月10日，被认定为佛山市优秀版权作品的，每件最高资助达4万元。

根据《佛山市版权示范单位、园区、基地和优秀版权作品认定资助办法》，被认定为佛山市优秀版权作品的，按照作品类别进行资助。其中摄影作品、工程设计图、产品设计图、地图、示意图等图形作品和模型作品，每件资助1万元；文字作品、口述作品、音乐、戏剧、曲艺、舞蹈、杂技艺术作品、美术作品，每件资助2万元；计算机软件，每件资助3万元；电影作品和以类似摄制电影的方法创作的作品、建筑作品，每件资助4万元。

此外，佛山市优秀版权作品还可优先推荐参评“广东省最具价值版权产品”和“中国版权金奖”，支持其申报知识产权质押融资风险补偿项目，纳入佛山市版权重点保护名录。

（资料来源：《中国新闻出版广电报》，作者：徐平）

【国家版权局发布通知规范摄影作品版权秩序】 2020年6月11日，国家版权局发布《关于规范摄影作品版权秩序的通知》，对摄影作品相关版权问题进行了厘清，推动构建摄影作品版权保护长效机制。

《通知》主要包括七方面内容。一是明确构成摄影作品的要件具有独创性，并强调以新闻事件为主题的摄影作品不属于时事新闻，受《著作权法》保护。二是针对实践中存在的篡改摄影作品标题或作品原意等问题，强调对作者人身权的保护，并重申著作权集体管理组织的法律地位和法定职责。三是规定图库经营单位义务，特别针对图库经营单位的虚构版权、虚假授权、不正当维权等行为进行规制，并就实践中存在的对著作权保护期届满及著作权人放弃财产权的摄影作品进行收集整理形成的图库，明确指出图库经营单位不得以版权许可使用费名义收取费用。四是规定网络服务商义务，强调要切实履行好“通知—删除”义务。五是强调教科书法定许可中摄影作品作者的获酬权。六是鼓励各方开展合作、形成合力，共同推动摄影作品版权秩序进一步规范。七是重申行政投诉的材料要件，强调权利声明、水印不能单独作为著作权权属的证据，以解决行政执法实践中存在的摄影作品著作权权属认定标准过于宽松的问题。

（资料来源：《中国新闻出版广电报》，作者：赖名芳）

【北京市知识产权局组织召开知识产权保险试点工作片区座谈会】 2020年6月19日，北京市知识产权局组织召开北京市知识产权保险试点工作片区线上座谈会。

会上，中关村知识产权促进局负责人就知识产权保险试点工作启动以来工作组为加快推动政策落地，开展试点工作宣传培训及其他有助于推动试点工作顺利开展的相关工作情况进行了汇报总结，并就试点工作现有成效向各区相关部门提供简报说明。

在交流环节，各区相关负责人对目前所在区推进知识产权保险试点工作的情况进行了说明，并围绕试点工作的具体内容、在实施过程中遇到的问题和下一步工作重点展开了讨论。各区负责人表示将密切配合知识产权保险试点工作，建立联动机制，实现专人对接，及时报送。积极稳妥推进北京市知识产权保险试点工作有效开展，力争形成北京经验，支撑全国科技创新中心建设。

（资料来源：北京知识产权局网站）

【国家版权局等四部门启动“剑网2020”专项行动】 2020年6月，国家版权局、工业和信息化部、公安部、国家互联网信息办公室等四部门联合启动打击网络侵权盗版“剑网2020”专项行动，这是全国持续开展的第16次打击网络侵权盗版专项行动。

“剑网2020”专项行动于2020年6月至10月进行，针对网络版权保护面临的新情况新问题，聚焦5个重点领域：一是开展视听作品版权专项整治，深入开展院线电影网络版权专项保护，严厉打击短视频领域存在的侵权盗版行为，严厉打击通过流媒体软硬件传播侵权盗版作品行为；二是开展电商平台版权专项整治，加强对大型电商平台的版权监管工作，严厉打击网店销售盗版图书、音像制品、电子出版物、数据库及盗版网络链接和存储盗版作品的网盘账号密码等行为，严厉整治网店设计、经营中使用盗版图片、音乐、视频等行为；三是开展社交平台版权专项整治，加大新闻作品版权保护力度，进一步规范图片市场版权传播秩序，关闭一批恶意侵权社交平台账号；四是开展在线教育版权专项整治，加大“学习强国”学习平台版权保护力度，大力整治在线教育培训中存在的侵权盗版乱象，切断盗版网课的灰色产业链条；五是巩固重点领域版权治理成果，严厉打击网络游戏私服、外挂等侵权盗版行为，推动完善网络音乐版权授权体系，强化对大型知识分享平台的版权监管力度，继续巩固网络文学、动漫、网盘、应用市场、网络广告联盟等领域取得的工作成果。

（资料来源：《中国新闻出版广电报》，作者：赖名芳）

【知识产权证券化被列入自贸区第六批改革试点经验复制推广计划】 2020 年 7 月 7 日，国务院发布《关于做好自由贸易试验区第六批改革试点经验复制推广工作的通知》。《通知》指出，自贸试验区所在地方和有关部门结合各自贸试验区功能定位和特色特点，全力推进制度创新实践，形成了自贸试验区第六批改革试点经验，将在全国范围内复制推广。根据《通知》，此次共有 37 项改革试点经验复制推广，其中 31 项在全国范围内复制推广，6 项在特定区域复制推广。

其中在全国范围内复制推广的改革事项涉及“知识产权证券化”。《通知》明确，依托上海、深圳证券交易所构建知识产权证券化交易体系。根据知识产权数量、公司资产规模、利润水平、行业领先度等因素选取标的企业。对基础资产现金流的质量、稳定性、权属状况严格把关，试行将知识产权相关债权资产实现真实出售。

（资料来源：国家知识产权局官网）

【北京版权局与北京互联网法院发布图片版权保护倡议】 2020 年 7 月 7 日，北京互联网法院通过“线上＋线下”的方式，召开“e 版权”诉源共治体系新闻发布会，联合北京市版权局发起了“规范图片版权市场 共促产业健康发展”倡议，并与北京版权保护中心签署战略合作协议，以更高水平的版权服务和管理工作保护创新、激励创新。综合运用行政、司法、技术、社会治理等多种力量，引导图片行业健康规范发展，产业蓬勃兴盛。

双方呼吁各方携手为构建健康、多元的文化创作环境和规范、完善的图片版权保护体系共同努力，共促图片产业健康发展；同时将进一步实现系统治理、依法治理、综合治理、源头治理，把机制和技术力量转化为治理效能。以区块链技术应用为支撑，探索建立行政司法协同、多方参与、技术驱动、机制创新的“e 版权”诉源共治体系。

（资料来源：“版人版语”公众号，作者：王坤宁　赵新乐）

【国办印发意见支持将双创示范基地企业信息纳入全国知识产权质押信息平台】 2020 年 7 月 23 日，国务院办公厅印发《关于提升大众创业万众创新示范基地带动作用进一步促改革稳就业强动能的实施意见》。《意见》提出，加强创新创业金融支持，着力破解融资难题，提出支持将双创示范基地企业信息纳入全国知识产权质押信息平台。

《意见》强调，支持将双创示范基地企业信息纳入全国知识产权质押信息平台。在有条件的区域示范基地设立知识产权质押融资风险补偿基金，对无可抵押资产、无现金流、无订单的初创企业知识产权质押融资实施风险补偿。《意见》同时明确，该项工作由国家发展改革委、人民银行、银保监会、国家知识产权局按职责分工负责。

（资料来源：《中国知识产权报》综合新华社消息）

【17 部门共同印发意见，多项知识产权举措支持中小企业发展】 2020 年 7 月 24 日，工业和信息化部联合国家发展和改革委员会、科学技术部、财政部、国家知识产权局等 17 个部门共同印发《关于健全支持中小企业发展制度的若干意见》，提出完善支持中小企业发展的基础性制度、坚持和完善中小企业财税支持制度、坚持和完善中小企业融资促进制度、建立和健全中小企业创新发展制度等 7 方面 25 条具体措施。

《若干意见》明确，健全中小企业知识产权保护制度。完善知识产权保护法律法规和政策，建立健全惩罚性赔偿制度，提高法定赔偿额。实施中小企业知识产权战略推进工程，加强知识产权服务业集聚发展区建设，强化专利导航工作机制，完善支持中小企业开发自主知识产权技术和产品的政策，提升中小企业创造、运用、保护和管理知识产权能力。优化中小企业知识产权维权机制，建设一批知识产权保护中心。构建知识产权纠纷多元化解决机制，强化中小企业知识产权信息公共服务，推进知识产权纠纷仲裁调解工作。提高知识产权审查效率，减轻中小企业申请和维持知识产权的费用负担。

同时，《若干意见》提出，鼓励金融机构创新产品和服务，发展便利续贷业务和信用贷款，增加小微企业首贷、中长期贷款、知识产权质押贷款等，开展供应链金融、应收账款融资，加强银税互动。探索建设中小企业海外服务体系，夯实中小企业国际化发展服务机制，在国际商务法务咨询、知识产权保护、技术性贸易措施、质量认证等方面为中小企业提供帮助。

（资料来源：国家知识产权局官网）

【福建省推进使用正版软件工作厅际联席会议第七次全体会议召开】 2020年7月24日，福建省委宣传部召开福建省推进使用正版软件工作厅际联席会议第七次全体会议。

2019年，福建省共开展软件正版化检查925家次，举办各类软件正版化培训班41次，参训单位1 425家次；省、市、县三级党政机关新采购操作系统、办公和杀毒三类正版化软件授权6.35万个，采购金额1.08亿元，历年累计授权许可数65.04万个；2019年，省、市两级完成软件正版化问题整改的国有企业435家，历年累计完成813家。

2020年，福建省将实施版权严格保护，以操作系统、办公、杀毒和工业设计等软件为重点，持续深入推进全省软件正版化工作。福建省将推动党政机关做好软件正版化工作“回头看”自查整改，对存在问题及时补缺补漏，推动省属国有企业完成软件正版化整改收尾，推动金融机构进一步完善软件正版化长效机制，深入推进民营企业软件正版化，加快推进市县企事业单位软件正版化，分步推进能源、医疗、教育、交通、新闻出版等特定行业和重点领域软件正版化工作。同时，要健全基层组织机构，推进各地加快完成软件正版化工作机构调整，完善检查机制和考核评议制度，强化软件资产管理；加强采购监督管理，做好软件采购服务，规范软件使用管理，推动软件正版化与信息化、信息安全相结合，全面开展督促检查，严厉打击软件侵权盗版行为，依法查处软件行业垄断和不正当竞争行为，大力开展宣传培训。

（资料来源：《福建日报》，作者：李珂）

【川渝版权部门携手打造西部版权产业发展高地】 2020年7月30日消息，重庆市版权局与四川省版权局签订了川渝版权合作框架协议。框架协议立足推进川渝两地版权产业高质量发展，内容主要包括10个方面，旨在促进川渝两地版权跨区联动、务实合作、共同发展，打造西部版权产业发展高地。

川渝版权部门建立川渝版权产业发展联盟，开展“企业牵手强版权”活动，将川渝地区建设成为全国领先的版权产业示范区；发挥两地在版权领域的比较优势，互相支持发展版权授权交易，促进线上版权交易市场繁荣发展；共同打造一批富有巴蜀特色、具有国际影响力的高质量版权创作主体，推动川渝版权“走出去”；建立版权行政执法跨区联动协作机制，完善侵权盗版案件线索移送、调查取证、案件协查、联合办案等工作制度；合作开展版权纠纷调解，支持版权调解机构开展业务交流。

此外，两地版权部门还互换互认重点作品保护预警名单，加大入选名单作品的版权保护力度；共享版权教育科研资源，深化版权执法、作品登记、软件正版化工作培训合作；定期开展版权示范单位互访交流活动，促进版权要素流动、服务联动、资源整合；相互推介宣传优秀版权登记作品、优秀版权创新企业、优秀版权创业先锋；充分利用两地版权宣传平台，互学互鉴管理经验，联动宣传系列版权活动。

（资料来源：《重庆日报》，作者：赵迎昭）

【山东开展专项检查打击图片侵权盗版】 2020年7月消息，山东省按照国家版权局统一部署，开展针对图片侵权盗版的专项检查，进一步规范摄影作品版权秩序。

山东省摄影作品占著作权作品登记总量比重较大，数量呈逐年增长趋势，仅2019年就高达7万份。随着网络时代发展，摄影作品大量应用在网络传播中，图片侵权盗版现象已经成为不容忽视的问题。与此同时，一些图库经营单位的不合法、不正当维权行为引起社会广泛关注。自2019年起，山东省将摄影作品版权整治纳入了“剑网行动”中。2020年起，按照国家版权局《关于规范摄影作品版权秩序的通知》，结合实际部署开展专项检查行动。

（资料来源：《大众日报》，作者：赵琳）

【国家版权局赴潍坊考察全国版权示范城市创建工作】 2020年8月6日至7日，中宣部版权管理局局长于慈珂率考察组，赴潍坊市就全国版权示范城市创建工作进行考察。

考察组实地考察了潍坊市青州农民画院、山东全影网络科技股份有限公司、山东省泰山教育创新研究院、山东云计算版权保护中心、潍坊国家农业开放发展综合试验区、潍坊天成飞鸢风筝有限公司、潍坊市民间艺术品版权保护中心、中国棉纺城、昌邑市版权工作站等版权相关单位。8月7日上午召开会议，听取山东省版权局和潍坊市人民政府创建工作情况汇报，对潍坊市创建全国版权示范城市工作给予了充分肯定。

考察组认为，潍坊市委、市政府高度重视版权示范城市创建工作，加大政策扶持，强化资金保障，突出责任落实，形成齐抓共管工作格局；加强体制创新，重点培育打造网络版权服务平台，率先开展“版权进乡村”行动，提升版权管理服务水平和能力；突出转化运用，努力提升城市品牌和影响力，积极助推版权产业发展。

（资料来源：山东省版权局）

【国务院批复同意北京市建设国家服务业扩大开放综合示范区，涉知识产权】 2020 年 9 月 7 日消息，国务院批复原则同意《深化北京市新一轮服务业扩大开放综合试点建设国家服务业扩大开放综合示范区工作方案》。

批复指出，北京市人民政府要立足首都城市战略定位，服务国家重大战略，在风险可控前提下，精心组织，大胆实践，在扩大服务业对外开放、建设更高水平开放型经济新体制方面取得更多可复制可推广的经验，为全国服务业开放发展、创新发展提供示范引领。

根据《工作方案》，北京市将聚焦重点优势产业和重点示范园区，努力探索服务业开放发展的新业态、新模式、新路径，逐步形成与国际先进规则相衔接的制度创新和要素供给体系，打造国家服务业扩大开放综合示范区。《工作方案》提出 4 类 26 项主要任务，其中提到了知识产权工作相关举措，包括：研究建立完善数字贸易知识产权相关制度；在中关村国家自主创新示范区特定区域开展技术转让所得税优惠政策试点；探索建立公允的知识产权评估机制，完善知识产权质押登记制度、知识产权质押融资风险分担机制以及质物处置机制；加强知识产权审判领域改革创新，完善知识产权司法保护制度；推进知识产权保险试点；等等。

（资料来源：中国政府网）

【潍坊争创全国版权示范城市】 2020 年 9 月 21 日，山东省潍坊市政府召开创建全国版权示范城市新闻发布会。会上据相关负责人介绍，近年来，潍坊市不断提升版权管理和保护水平，坚决打击侵权盗版行为，版权工作取得丰硕成果，多项工作走在了山东省前列。尤其是 2020 年将“争创全国版权示范城市”写入市政府工作报告，已成为潍坊市建设现代化高品质城市的重要抓手。

据介绍，潍坊市先后印发了《潍坊市创建全国版权示范城市工作实施方案》，成立了市创建全国版权示范城市工作专班及办公室，落实了部门（单位）创建责任分工，创建各项工作加快推进。新建立开通了山东省教育版权数据运营中心、山东省婚纱摄影版权数据运营中心、山东省书画艺术品版权数据运营中心等 3 个省级版权数据运营中心，建立了市软件正版化工作联席会议制度，部署开展了打击网络侵权盗版“剑网 2020”专项行动，学习考察了河北廊坊、青岛即墨、广东佛山和东莞等先进地区在创建全国版权示范城市方面的经验做法，开展了一系列密集有序的版权宣传和版权活动。2020 年 8 月上旬，国家版权局对潍坊市申请创建全国版权示范城市进行综合考核，9 月，复函同意潍坊市创建全国版权示范城市，潍坊市进入创建行列。

（资料来源：中国知识产权资讯网，
作者：侯伟）

【四川印发通知要求严厉打击在影院盗录等行为】 2020 年国庆节前夕，四川省版权、电影管理部门印发《关于严厉打击在影院盗录影片等侵权违法行为的通知》，要求全省各地各有关单位进一步规范电影市场秩序，坚决遏制侵权案件蔓延势头，坚决制止在影院盗录等侵权违法行为。

《通知》要求，全省各地版权、电影主管部门要认真贯彻执行《著作权法》《电影产业促进法》等法律法规，严格落实属地管理责任，加强对电影活动的日常监督管理，切实抓细抓好院线电影版权保护工作。要加强辖区内影院检查，发现问题要责成限期整改，对问题严重或一时整改不了的，依照有关规定作出停业整顿的决定。

《通知》要求，各电影院线公司要组织对所属影院进行全面巡查，存在问题的要立即整改。要加强技术防范，认真落实网络实名预约、进出场安全检查等管理要求。要提高从业人员版权保护意识，加强员工教育培训，进行法律风险和举报责任提醒。《通知》还明确，将对各地工作落实情况进行专项检查。

（资料来源：《中国新闻出版广电报》，
作者：赵新乐）

【湖南全面实施作品著作权免费登记制度】 湖南省版权局决定自 2020 年 10 月 23 日起，全面实行作品著作权免费登记制度。凡是户籍或居住地在湖南的公民以及在湖南省注册的法人、非法人单位或者其他组织，均可申请对其创作的作品进行免费登记。登记的范围涵盖了除计算机软件以外的一般作品，包括：文字作品，口述作品，音乐、戏剧、曲艺、舞蹈、杂技等艺术作品，美术、建筑作品，摄影作品，电影作品和以类似摄制电影的方法创作的作品，工程设计图、产品设计图、地图、示意图等图形作品和模型作品，以及法律、行政法规规定的其他作品。湖南省版权局负责全省作品著作权登记管理工作。

（资料来源：红网，作者：蔡娟）

【2020年广东省推进使用正版软件工作联席会议全体会议召开】 2020年11月8日，2020年广东省推进使用正版软件工作联席会议全体会议在广州召开。会议传达了推进使用正版软件工作部际联席会议第九次全体会议精神，通报了推进使用正版软件工作部际联席会议2019年以来软件正版化工作检查情况、2019年以来广东省推进使用正版软件工作情况以及下一阶段的工作安排，审议通过了《广东省推进使用正版软件工作联席会议工作制度》及《广东省省级政府机关使用正版软件工作检查办法》。

会议认为，2019年以来，省联席会议各成员单位在加强协调服务、完善长效机制、落实采购经费、强化源头监管、开展督促检查和考核评议等方面做了大量深入细致的工作，取得了显著成效，有力推动了全省软件产业的高质量发展。国家检查组对广东省级政府机关和省国资委监管企业软件正版化工作进行了检查，检查的成绩位居全国前列。国家版权局在年度工作通报中对广东省2019年软件正版化工作给予了充分肯定。

（资料来源：《南方日报》，作者：龚春辉　易瑾媛）

【《电子商务平台知识产权保护管理》国家标准发布】 2020年11月9日，由国家知识产权局同市场监管总局牵头、多部门共同参与制定的《电子商务平台知识产权保护管理》国家标准发布，自2021年6月1日起实施。

《电商平台知识产权保护管理》国家标准是在《电子商务法》框架下研究形成的国家推荐性标准。该标准结合中国电子商务领域发展实际，充分借鉴电子商务平台知识产权保护已有经验。标准对范围、规范性文件、术语和定义、电子商务平台管理、电子商务网络信息平台要求、组织知识产权管理、一致性测试等7方面内容提出明确要求。标准的制定，有利于引导电子商务平台相关各方加强知识产权保护管理，增强知识产权保护意识，优化电子商务领域营商环境，展现我国加强知识产权保护的决心和能力。

（资料来源：《中国市场监管报》，作者：钟知）

【甘肃首次启动省级版权示范创建工作】 2020年11月19日消息，甘肃省级版权示范城市、示范单位和示范园区（基地）创建工作正式启动，旨在打造一批在版权创造、运用、保护和管理方面有代表性和影响力的城市、单位和园区（基地），引领和推动全省版权产业快速发展。此次省级版权示范创建工作在甘肃尚属首次。

甘肃省版权示范创建工作以年为单位开展，从2020年起进入常态化，每年10月31日前为创建期，11月1日至30日为考核评估期。创建工作由甘肃省版权局根据创建条件具体组织实施和考核验收。创建期满后，考核验收合格的城市、单位和园区（基地）将在作品登记、公共服务建设等方面享受政策支持，并建议所在地人民政府给予物质奖励、政策资金支持。同时，每年省版权局考核验收后，推荐一定数量的优秀省级版权示范城市、单位和园区（基地），参加国家版权局组织的全国版权示范城市、单位和园区（基地）评选活动。

甘肃省版权局对通过审核的版权示范城市、单位和园区（基地）创建者进行不定期巡检，各地版权行政管理部门对本辖区的版权示范创建者进行不定期检查考核，不合格的将被取消创建资格。

（资料来源：《中国新闻出版广电报》，作者：田野）

【国家广电总局出台意见：媒体融合应重视版权开发】 2020年11月26日，国家广播电视总局印发《关于加快推进广播电视媒体深度融合发展的意见》的通知，从总体要求和目标任务、打造具有强大影响力和竞争力的新型主流媒体、全面加强内容建设与供给、强化先进技术创新引领等9个方面提出意见，推动广电媒体融合走向深入，其中对版权保护和开发利用进行了详细规定。

《意见》指出要充分开发利用版权，加强对品牌、版权和数据等无形资产的合理开发、规范使用，防范侵权盗版。保护原创积极性，保护开发内容创意、工作室团队、播音员主持人等核心资源。加强媒体资产智能化、规范化开发利用，统筹建设高效信息发布和交易平台，综合利用区块链等先进保护技术，创新完善收益分享制度，进一步激发原创积极性。

（资料来源：《中国知识产权报》，作者：李杨芳）

【北京市版权局召开2020年版权保护工作总结会】 2020年12月7日，北京市版权局召开2020年版权保护工作总结会，总结全年版权工作情况，部署2021年重点工作内容。

北京市委宣传部副部长、北京市版权局局长王野霏为获评“2019年度全国版权示范单位”的北京北大方正电子有限公司、北京版淘科技有限公司、北京中视瑞德文化传媒股份有限公司、北京银行股份有限公司授牌。北京市版权局有关负责人为荣获“2020年度北京市版权保护示范单位、示范园区（基地）”称号的中国人民大学文化科技园等35家单位授牌。示范单位（园区）代表以及北京市获国家版权局2019年度重大侵权盗版案件有功单位有功个人表彰奖励的代表作典型发言。

王野霏在总结讲话中首先传达了习近平总书记在中央政治局第二十五次集体学习时关于加强我国知识产权保护工作的重要讲话精神。他要求，首都版权工作要深入贯彻落实习近平新时代中国特色社会主义思想和习近平总书记关于知识产权保护工作的重要讲话精神，持续加强新修订的《著作权法》和《视听表演北京条约》的普法宣传，以良法善治保障新业态新模式健康发展；要加快推进版权示范体系建设，规范基本版权服务工作，提升服务水平；要推广应用区块链等新技术手段，创新机制，持续优化版权营商环境。

东城、朝阳、海淀、丰台、大兴区委宣传部有关负责同志，首都版权协会以及版权示范单位、示范园区（基地）负责人参加会议。

（资料来源：首都版权协会）

【国家版权局在上海浦东设立“国家版权创新发展基地”】 2020年12月9日消息，国家版权局批复在上海市浦东新区设立“国家版权创新发展基地”。这是国家版权局近年来设立的第二个国家版权创新发展基地。2019年9月，国家版权局在深圳市前海深港现代服务业合作区设立首个国家版权创新发展基地。

2020年11月12日，习近平总书记在浦东开发开放30周年庆祝大会上明确赋予浦东新区打造社会主义现代化建设引领区、更高水平改革开放的开路先锋、全面建设社会主义现代化国家的排头兵的战略任务。浦东新区是我国创新发展的先行者，也是上海市建设国际经济中心、金融中心、贸易中心、航运中心、科技创新中心的核心承载区。浦东新区版权资源丰富，版权生态良好，在优化版权交易模式，促进版权价值转化，探索版权金融创新，辐射长三角、长江经济带和全国，推进版权产业国际化等方面具备独特的比较优势。

国家版权局在批复中要求浦东新区认真落实习近平总书记在浦东开发开放30周年庆祝大会上的重要讲话精神，准确把握浦东新区新的历史方位和光荣使命，抓住自由贸易试验区建设和长三角一体化发展机遇，强化版权创造、保护、运用，创新版权工作体制机制，推进版权产业高质量发展，为建设社会主义版权强国积累经验、探索新路。

（资料来源：国家版权局官网）

◆ 宣传教育

【“版权力量”助力新冠肺炎疫情防控阻击战】 2020年1月24日，中宣部、国家广播电视总局紧急行动，精选《外交风云》《外科风云》《急诊科医生》《那座城这家人》《大江大河》等10部优秀电视剧，分别协调这些电视剧作品的版权方——浙江华策影视股份有限公司、得闲影业（北京）有限公司、东阳市乐视花儿影视文化有限公司、北京爱奇艺科技有限公司等向湖北广播电视台、武汉广播电视台捐赠播出版权。经湖北省广播电视局协调，这些电视剧在湖北省17个市州地面频道落地。

1月30日，国家广播电视总局宣传司又紧急调配100余部优秀动画片、纪录片、广播剧，免费支援给湖北广播电视台。在广电总局宣传司组织下，中国广播电视社会组织联合会、中国广播剧研究会、广东省广播电视局积极协调部分相关作品的版权方火速驰援。央视动漫集团、湖南卫视、深圳卫视、广东卫视等国内重要广播电视制作播出机构积极参与，踊跃捐赠动画片、纪录片的播出版权。

各大视频平台也纷纷捐赠旗下的内容版权。1月24日，体育视频直播平台PP体育通过官方微博宣布开放版权，即日起至2月8日，PP体育所有体育直播赛事供全国观众免费观看，观众可通过移动APP端、PC端、OTT端（聚体育）免费收看英超、欧冠、意甲、德甲、法甲等全部体育直播赛事。1月28日，爱奇艺通过其官方微博发布声明称，将向武汉等疫情严重的地区捐赠人民币1 000万元，同时捐赠旗下优秀电视剧《破冰行动》和《飞行少年》的播出版权。视频平台哔哩哔哩（B站）也启动了紧急援助武汉行动，不仅向湖北省捐赠人民币1 000万元，还将《但是还有书籍》《未至之境》《历史那些事》《璀璨薪火》等多部优秀纪录片版权赠与湖北广播电视台，授权其在湖北省内播出。

（资料来源：《中国新闻出版广电报》，
作者：赵新乐　张雪娇　朱丽娜）

【2020年重庆市版权宣传月启幕】 2020年3月18日，为期一个月的2020年重庆市版权宣传月正式启幕。活动以“严格版权保护 推进创新发展”为主题，采取“线上+线下”的宣传模式，旨在进一步加大版权保护宣传力度，提升全民版权保护意识，展示全市版权企业创新创造成果。

线上活动依托市级互联网平台，开设版权月专栏网页，通过H5、短视频、专家访谈、企业和个人专访等全媒体呈现形式，深入且生动地宣传全市版权工作亮点、普及版权保护常识、展示版权工作相关案例，为活动营造氛围。组织评选全市“十佳版权创新企业”“十佳版权创业先锋”。增设版权保护知识有奖竞答。全市从事传统及数字出版、游戏、动漫、影视制作、文创设计、软件开发等行业的近百家企业现场展示丰硕成果。版权保护中心、市公安局、市检察院、市文化市场综合行政执法总队、重庆海关、两江新区人民法院将组织人员现场开展咨询服务。

（资料来源：《工人日报》，作者：李国）

【国家版权局就做好2020年全国知识产权宣传周活动发出通知】 2020年3月31日，为庆祝第20个世界知识产权日，国家版权局下发通知，要求各地做好2020年全国知识产权宣传周相关工作。

根据通知，国家版权局将围绕“强化版权治理，优化版权生态”的主题，以网络环境下的版权保护和产业发展为主要内容，自4月中旬起集中开展版权宣传活动。国家版权局将在宣传周期间发布“2019年度打击侵权盗版十大案件”，发挥典型案例的震慑教育作用。各地版权局将着重梳理本地区查处侵权盗版案件情况，以案说法，积极开展版权执法工作宣传。国家版权局将通过“学习强国”学习平台、国家版权局官方网站、新浪微博“@国家版权局”、微信公众号“国家版权”等网络平台全面跟踪报道宣传周期间举办的各项活动。

（资料来源：《中国新闻出版广电报》，作者：赖名芳）

【《中国版权年鉴2019》正式出版】 2020年3月，由国家版权局组织编纂，中国人民大学国家版权贸易基地和中国人民大学出版社编辑出版的《中国版权年鉴2019》正式出版发行。《中国版权年鉴》是中国唯一全面系统反映全国版权创造、运用、保护和管理基本概貌的大型专业性工具书。本年鉴于2009年创刊，逐年编纂，连续出版，每年一卷，2019年卷为第十一卷。《中国版权年鉴2019》全书共设12个类目，41个分目或次分目，全面记录了2018年中国各级版权行政管理部门、版权司法审判机构及版权公共服务机构与社会服务组织的版权工作概况；翔实记载了2018年全国版权相关立法、司法、行政管理、宣传教育、交流研讨、社会管理与服务、国际交流与合作、产业发展等方面的动态信息及港澳台版权信息；刊载了2018年中国新闻出版、数字出版、广播电视、电影、动漫、软件、网络游戏等九大版权相关产业发展报告；对2018年版权司法保护与行政执法典型案件进行了深入分析；对2018年中国著作权法理论研究成果进行了梳理，并特别转载了反映版权界热点问题的9篇学术文章；对2018年国外版权法律制度发展的最新动向进行了回顾，包括立法与行政、司法判例及业界动态；收录了2018年与版权登记、版权保护、版权管理和版权贸易有关的统计数据，以及新闻出版业、广播影视业和软件业的统计资料。

（资料来源：《中国版权年鉴》编辑部）

【“文化产业版权保护与管理”公益直播课举行】 2020年3月至5月，为助力新冠肺炎疫情防控、推动文化企业复工复产，中国人民大学国家版权贸易基地策划组织了4期共24讲以“文化产业版权保护与管理”为主题的公益直播课。直播课由知识产权专家学者、法官、律师及企业法务负责人担任主讲嘉宾，聚焦出版、音乐、网络游戏、网络文学、在线教育、博物馆运营、短视频等行业方向，以及新型作品认定、著作权法修改、网络聚合、侵权责任承担、赔偿数额确定等问题，累计观看量超过13万人次，观看人群覆盖产业界、学术界、法律实务界以及相关政府管理部门。

（资料来源：中国人民大学国家版权贸易基地）

【国内首部原创知识产权动画《智慧岛传奇》发布上线】 2020年4月10日，由知识产权出版社策划制作的国内首部原创知识产权动画《智慧岛传奇》正式上线。《智慧岛传奇》是一部益智、冒险题材的系列图文动画，由26集动画片、26集音频故事以及由动画片改编出版的6本图书绘本组成。该图文动画以小学生奥天、灵兮为主要动画角色，以普及人类知识产权知识，保护人类智慧成果为主题，通过图文和动画片生动有趣地讲述知识产权的相关知识，让观众了解知识产权，引起青少年乃至全人类对知识产权的重视。

（资料来源：中国知识产权资讯网，作者：李铎）

【国家版权局发布版权宣传公益海报及宣传片】 2020 年 4 月 16 日，国家版权局对外发布 2020 年版权宣传公益海报及宣传片。4 幅海报的主题分别为："春风送暖——保护创新创作""夏花绚烂——优化版权生态""秋实累累——繁荣产业发展""冬寒凌厉——强化版权治理"，体现了版权领域的创造、运用、保护与管理。

（资料来源：《中国新闻出版广电报》，作者：赖名芳）

【2019 年中国知识产权发展状况新闻发布会在京举行】 2020 年 4 月 23 日上午，国务院新闻办公室在北京举行 2019 年中国知识产权发展状况新闻发布会。国家知识产权局局长申长雨、副局长何志敏，中宣部版权管理局局长于慈珂出席发布会并答记者问。

围绕《视听表演北京条约》的缔结和生效，于慈珂表示，这是中国版权事业的里程碑，是惠及全球表演者的新起点，将全面提升国际社会对表演者的保护水平，推动视听表演者权利保护和视听产业发展。

于慈珂介绍，中国政府在推动《视听表演北京条约》缔结和生效过程中，利用多边和双边场合，多方斡旋，积极协调，开展了富有成效的工作，得到世界知识产权组织的高度赞赏。

于慈珂表示，国家版权局将继续与世界知识产权组织合作，积极推动更多的国家批准和加入《视听表演北京条约》，也将以《视听表演北京条约》的生效为契机，不断完善著作权保护体系，推动包括视听表演在内的版权产业的高质量发展。

（资料来源：国家版权局官网）

【中国版权协会与抖音联合发起"全民知识守护者"活动】 2020 年 4 月 26 日，中国版权协会与抖音联合发起"全民知识守护者"活动，通过短视频宣传普及知识产权知识。这是中国版权协会与新媒体平台抖音的首次深入合作。根据"全民知识守护者"活动倡议，该活动邀请网民通过抖音短视频形式，分享"做知识守护者的决心、从事知识产权行业的初心、传播版权维权知识的爱心、成为知识创作者的信心"，吸引了网友的广泛参与和关注。截至 4 月 26 日，"全民知识守护者"话题页播放量已高达 2.6 亿，成为全国知识产权宣传周的一大亮点。

该活动邀请了阎崇年、何家英、史国良、杨再春、罗振宇、樊登等近 20 位名家一同发声，呼吁全民参与到保护知识产权的行列中来。全国政协文化文史和学习委员会副主任、中国版权协会理事长阎晓宏也参加了此次活动。他提出，激励创作必须保护版权，因为有创作才能有阅读，才能有电影、音乐、美术等其他的文化产品，才能给公众带来精神文化的享受。

（资料来源：中国知识产权资讯网，作者：窦新颖）

【《视听表演北京条约》生效宣传活动举行】 2020 年 4 月 28 日，《视听表演北京条约》正式生效。当天，由北京市委宣传部（北京市版权局）主办、首都版权协会承办的条约系列宣传庆祝活动在北京颐和园拉开帷幕。世界知识产权组织总干事高锐发表视频致辞，中国版权协会理事长阎晓宏等为《视听表演北京条约》标识揭幕。

与会人员纷纷在《〈视听表演北京条约〉正式生效 保护表演者权利从我做起》的倡议书上签名，号召社会公众尊重表演者权利，文明观演，未经授权不使用、不传播表演作品。颐和园东堤设置了 120 块宣传牌，全面宣传展示《视听表演北京条约》的基本内容、核心理念、生效历程等，户外宣传展示持续到 5 月 5 日。

（资料来源：《中国新闻出版广电报》，作者：王坤宁　李婧璇）

【文著协发布"2019 年度阅读类教辅授权十大作者榜单"】 2020 年 4 月 28 日，中国文字著作权协会举办"阅读类教辅版权授权网络直播讲座"，并发布文著协"2019 年度阅读类教辅授权十大作者榜单"和"2019 年度阅读类教辅授权十大使用者榜单"。

文著协副总干事梁飞介绍，2019 年，在阅读类教辅领域，文著协共向 108 家出版机构、文化公司发放许可 288 份，涉及图书 473 种，为文字作品著作权人收取著作权使用费 941 万元。

作品入选阅读类教辅图书授权费用最高的"2019 年度阅读类教辅授权十大作者"为陈伯吹、金近、贾兰坡、孙幼军、严文井、高士其、管桦、李四光、汪曾祺、金波。这十位作者 2019 年度的著作权使用费总额超过了 400 万元，且有单一作者一年著作权使用费超过 100 万元，"十大"中最后一位会员也超过 20 万元。

策划阅读类教辅品种最多的"2019 年度阅读类教辅授权十大使用者"为北教小雨、翰墨怡香、华樾、学而思、书香文雅、天淘、超码、开心教育、勤为径、博文斯创等文化公司，这十家公司支付的著作权使用费总额可观，超过了550万元。

（资料来源：中国新闻网）

【重庆4所高校设立版权研究基地】 2020年5月9日，重庆市版权研究基地成立授牌仪式在重庆师范大学举行。

重庆市在重庆师范大学新闻与传媒学院、西南政法大学知识产权学院、四川美术学院当代视觉艺术研究中心、重庆理工大学知识产权学院4所高校所属院系设立重庆市版权研究基地，鼓励高校在版权理论研究、版权产业统计、版权项目孵化、版权人才培养等方面大胆探索，勇于创新。此次新成立的4家版权研究基地各具特色。重庆师范大学新闻与传媒学院作为全国首批部校共建新闻学院，研究团队在数字版权人才培育、数字版权管理规划、版权数据调查与科学研究、版权政策咨询与服务等方面特色鲜明。西南政法大学知识产权学院依托于全国知名的西南政法大学民商法学院，在知识产权法学研究、知识产权咨询服务、知识产权管理和知识产权评估等方面专业基础雄厚。四川美术学院当代视觉艺术研究中心拥有国内外著名的策展人与批评家，在艺术创新、视觉传达、艺术设计及研究领域成果丰硕。重庆理工大学知识产权学院是西南地区最早建立的知识产权学院，拥有国家知识产权专家库专家、全国知识产权领军人才等专家团队，设置有知识产权管理硕士点，在产教融合协同育人方面特色鲜明。

（资料来源：《中国新闻出版广电报》，作者：赵新乐）

【广东举办全省版权和印刷工作会议暨行政执法培训班】 2020年5月28日至29日，广东省版权和印刷工作会议暨行政执法培训班在东莞市举办。会议传达了广东省委常委、宣传部部长陈建文的批示精神，对2019年全省版权和印刷工作进行总结，并部署2020年重点工作。广东省委副秘书长、省委宣传部副部长、省新闻出版局（省版权局）局长王桂科出席会议并讲话，东莞市委常委、宣传部部长杨晓棠出席会议并致辞。东莞市版权局、惠州市新闻出版局、广东新华印刷有限公司、佛山市版权保护协会等4家单位代表作经验交流发言。

工作会议结束后举办了版权和印刷行政执法培训班。暨南大学、广州市文化广电旅游局、广州知识产权法院、中国印刷技术协会等单位的版权和印刷专家学者，在培训班上讲授了版权行政执法的基本理论、印刷复制业政策法规、网络版权行政执法的程序与规范、版权侵权判定的标准等内容。广东省各地市党委宣传部及文化市场综合行政执法机构负责人、东莞市各镇街分管新闻出版版权工作的负责人参加了会议和培训。

（资料来源：《中国新闻出版广电报》，作者：徐平）

【《版权工作在云南》专栏在云南网上线】 2020年6月消息，由云南省版权局指导、云南网主办的网络专栏《版权工作在云南》正式上线。专栏以深入学习宣传贯彻习近平新时代中国特色社会主义思想为指导，紧紧围绕党的十九大关于"加快建设创新型国家，倡导创新文化，强化知识产权创造、保护、运用"的要求进行打造，不断加大云南版权行政管理、版权产业发展的宣传普及力度。

《版权工作在云南》栏目内容分为"新闻""示范创建""版权服务""政策解读""经典案例"和"版权作品"等版块，展现云南省版权工作的最新动态、版权示范单位和示范园区的创建情况，宣传版权服务及其在助推文化产业发展中的积极作用。同时，宣传普及版权相关法律法规政策，分享业内维护版权的经典案例，鼓励相关人士学法懂法用法，保护好自身版权利益。专栏设置了版权登记线上入口，链接至云南版权登记系统，打通版权社会服务与咨询的平台，方便著作权人对作品著作权进行便捷在线登记。专栏还特别开设了"版权作品"版块，主要展示在云南省版权登记系统登记成功的精品作品，包括文字、摄影、美术、录音、口述、音乐、戏剧、曲艺等形式的版权作品，供广大网友欣赏。

（资料来源：云南网，作者：赵琳　杨兴中）

【安徽启动首届全省优秀著作权登记作品遴选活动】 2020年6月，由安徽省版权局、省经济和信息化厅主办，安徽省文化投资运营有限责任公司承办，安徽省文学艺术界联合会、安徽出版集团、安徽新媒体集团、省广播电影电视联合会、省动漫协会、省软件行业协会等协办的首届安徽省优秀著作权登记作品遴选活动正式启动。此次活动面向安徽省公民、法人及其他组织进行过著作权登记的文学作品、影视动漫作品（含电影、电视剧、纪录片、动画片等）、音乐戏剧作品、摄影作品、美术作品和计算机软件作品，旨在遴选一批创作导向鲜明、文化内涵深厚、设计独特、产业转化“双效俱佳”的原创优秀作品，引导全社会提升版权意识和版权创造、保护、运用能力，推动全省版权产业高质量发展。获奖作品除颁发获奖证书和给予奖励外，还将列入安徽省版权保护重点作品名录和省版权交易中心授权推广名录，给予重点保护和推介。

（资料来源：安徽省版权局，作者：胡子）

【北京倡议业界统筹做好疫情防控和打盗维权】 2020 年 7 月 6 日，北京市新闻出版局、北京市文化市场行政执法总队和京版十五社反盗版联盟向全体成员单位和出版发行企业发出倡议书，希望各单位、企业坚定信念，密切配合，排除万难，主动作为，统筹做好疫情防控和打盗维权工作，积极协助配合主管部门和执法机关摸排线索、搜集信息、反映情况，共同消除风险点、切断盗版链，推动首都出版物市场健康有序发展。

倡议书要求，各单位、企业要把各项防控措施严格执行到位，加强源头管理，强化责任担当，提前做好工作部署；加大内部监督管理力度，确保出版物内容和质量符合国家有关规定；完善编辑工作流程，严格选题、编排、校审、印制、装订等各环节把控；严把出版物印制发行管理关口，做好出版从业人员管理，保障出版物印制发行过程标准、规范，确保各项工作按期有序完成；积极参与盗版侵权治理，全力配合执法部门维护出版物市场环境，及时做好权利人主体衔接、案件线索调查和图书鉴定等工作，加大对通过互联网平台进行出版物印制发行活动的监督巡查，坚决打击侵权盗版行为。

（资料来源：《中国新闻出版广电报》，作者：李婧璇　王坤宁）

【重庆市版权局启动“普及版权·服务基层”活动】 2020 年 8 月 18 日，由重庆市版权局主办的“普及版权·服务基层”主题活动启动仪式在重庆荣昌区举行，此次活动旨在提升全民版权保护意识，促进版权创意转化，是推动重庆市版权创造、保护、运用的一项创新载体，也是实现区县与高校版权保护战略合作的务实举措。

启动仪式现场，四川美术学院作为参与高校同荣昌区人民政府签订了《版权合作框架协议》。重庆市版权局有关负责人介绍，此番四川美术学院与荣昌区紧紧抓住重要战略机遇，协力开展版权各方面工作。一是加强版权创新合作，建立“高校＋区县＋基地＋企业”合作模式，提高荣昌陶艺、荣昌夏布等传统工艺品质；二是做好版权人才培养，打造工艺大师创作室，设立教学实训基地，培养一批具有研究和创新能力的艺术版权人才；三是加快版权成果转化，打通版权产业上下游产业链条，传播推广优质作品，创作出高品质、高效益和高附加值的版权产品。

（资料来源：《中国知识产权报》，作者：侯伟）

【河南开展“版权服务进企业”主题活动】 2020 年 8 月 21 日，河南省委宣传部、省版权局、郑州市委宣传部在郑州阿帕斯科技有限公司开展了“版权服务进企业”主题活动。10 余家互联网、文化企业代表和版权协会、版权纠纷调解中心、律师事务所、公证处等社会组织参会。

会议指出，各级版权管理部门要提升保护企业版权的服务能力和水平，优化营商环境，助推企业创新发展。一是加大对版权案件查处力度。针对企业反映强烈的网络侵权问题，要重点开展“视听作品版权专项整治”“电商平台版权专项整治”“社交平台版权专项整治”“在线教育版权专项整治”“巩固重点领域版权治理成果”5 大行动。二是加大版权社会服务力度。结合《著作权法》修改，进一步健全著作权登记制度。组织知识产权仲裁、调解组织、公证机构和专家学者、律师等，深入企业开展版权服务，普及法律知识，解决实际问题等。三是加大版权宣传表彰力度。进一步加大典型选树力度，深化宣传教育活动，引导更多企业树立“尊重版权、鼓励创新”的意识。

河南省审判业务专家、省高法民事审判第三庭审判长赵筝围绕《民法典》和《著作权法》作解读报告，通过典型案例，讲解了企业如何保护版权，版权管理部门如何开展版权保护、执法工作。版权专家现场解答了与会企业的问题，版权管理部门开展了版权运营、版权保护等方面的咨询服务和版权登记服务。

（资料来源：大河网，作者：刘晓明）

【2020 年全球创新指数发布 中国排名蝉联第 14 位】 2020 年 9 月 2 日，世界知识产权组织（WIPO）发布 2020 年全球创新指数（GII）。中国排名居第 14 位，与上年持平，部分指标稳居全球领先地位。

新发布的指数显示，前 10 名分别是瑞士、瑞典、美国、英国、荷兰、丹麦、芬兰、新加坡、德国、韩国。中国排在第 14 位，仍是前 30 名中唯一的中等收入经济体。

在创新投入和创新产出两大核心指标方面，中国的表现出色。中国以排名第26位的创新投入，创造了排名第6位的创新产出，其创新成就可与荷兰、英国、美国等高收入经济体相提并论。

GII显示，随着中国等亚洲经济体逐年在创新排名中取得显著进步，创新核心区域逐渐东移。“正如中国、印度和越南所示，对创新的不懈追求会随着时间的推移得到回报。”康奈尔大学前院长兼管理学教授苏米特拉·杜塔说，“GII已被这些国家以及全球其他国家的政府用来提高其创新绩效”。

在专利、商标、工业品外观设计等知识产权指标上，中国继续保持世界领先地位，并在生产率增长、创意产品出口等多个指标方面居世界前三。同时，中国在研发投入、市场成熟度等方面的排名均有所上升。在全球品牌价值指标方面，中国排名超出预期，列第17位。世界领先的5 000个品牌中，有408个来自中国，总价值达16万亿美元，其中9个品牌跻身世界前25位。

（资料来源：国家知识产权局政务微信）

【2020年知识产权领域诚信体系建设培训班在福建厦门顺利举办】 2020年9月21日至24日，由国家知识产权局主办、知识产权出版社承办的2020年知识产权领域诚信体系建设培训班在福建厦门成功举办。此次培训班采取“线上＋线下”相结合的模式，来自国家知识产权局信用体系建设有关部门、各地方知识产权管理部门的相关负责人共百余人参加培训。

培训班上，来自国家发展改革委、海关总署、市场监管总局以及中小企业协会、信用管理有限公司的领导专家们就信用体系建设政策文件解读、行业领域信用体系建设进展等进行专题授课。同时，以信用为基础的知识产权分级分类监管试点代表分别就北京市知识产权局、福建省知识产权局、浙江省知识产权局以及深圳市南山区知识产权促进中心的试点工作情况进行了经验分享。与会人员就知识产权信用体系建设下一步工作内容、工作重点进行了深入的交流讨论。

（资料来源：国家知识产权局官网，作者：崔玲）

【2020年版权示范工作培训班在景德镇举办】 2020年9月27日至28日，2020年版权示范工作培训班在江西省景德镇市举办。该培训班由国家版权局主办，江西省版权局、景德镇市人民政府协办。来自全国版权管理部门的代表以及版权示范单位的代表共百余人参加了培训。

在9月27日举办的开班仪式上，中宣部版权管理局局长于慈珂作了开班动员讲话。对于下一步工作，于慈珂说，版权示范工作要落实中央决策的新要求，把握版权工作的新形势，继续夯实基础，总结经验，补齐短板，开拓创新，重点在完善制度、健全机制、优化结构、强化管理等方面不断提升版权示范工作的效能。

开班仪式结束后，于慈珂和中宣部版权管理局副局长赵秀玲为2019年度全国版权示范城市、示范单位、示范园区（基地）代表授牌。

（资料来源：《中国新闻出版广电报》，作者：隋明照）

【2020年甘肃省软件正版化工作培训班在兰州开班】 2020年10月15日，2020年甘肃省软件正版化工作培训班在兰州开班。甘肃省推进使用正版软件工作领导小组办公室主任、省委宣传部副部长、省新闻出版局（省版权局）局长王成勇出席并讲话。中宣部版权管理局办公室郑良斌受邀为学员授课。全省各州市党委宣传部分管副部长及版权科科长、省直机关软件正版化工作责任人、部分省属企业软件正版化工作责任人参加培训。

此次培训主要任务是增强甘肃省软件正版化工作责任人履职尽责意识，增强业务知识，增强工作能力，提升工作质量。在邀请专家授课之外，培训班还为每人配发了一本甘肃省使用正版软件工作领导小组办公室编印的《软件正版化工作手册》，汇集了1999年到2017年间，国家和省级部门颁发的47个相关法律法规、规章制度和工作指南，希望为学员带来更丰富和可操作的培训内容。

（资料来源：甘肃省版权局）

【江苏省推进使用正版软件工作培训班在无锡举行】 2020年10月20日，江苏省推进使用正版软件工作培训班在无锡举行。来自省级机关、省属国有企业、设区市和省管县推进使用正版软件工作机制成员单位、无锡市党政机关和市属国有企业的代表共360余人参加了培训。

会上，江苏省推进使用正版软件工作领导小组办公室通报了2019年以来工作情况和下阶段重点工作安排，中宣部版权管理局办公室负责人郑良斌就软件正版化工作相关政策要求与业务规范进行辅导授课，并为2019年度全国版权示范单位（软件正版化）江苏省国信集团有限公司授牌。南通市委宣传部、省盐业集团分别作了交流发言。

（资料来源：现代快报网，作者：张然）

【首届重庆高校“版权杯”文化创意设计大赛落幕】 2020年10月29日，首届重庆高校“版权杯”文化创意设计大赛决赛在重庆西永微电园举行。此次大赛由重庆市版权局、重庆市教育委员会主办，重庆师范大学版权研究基地等单位承办。大赛以“强化版权治理，优化创新生态”为主题，旨在通过大赛和对优秀作品进行巡展等活动，提升社会版权保护意识，壮大高校版权创新主体，打造重庆版权文化品牌。

组委会共收到来自48所市内高校1 020件有效参赛作品。作品积极回应了“成渝双圈·创新热土”“智造重庆·开放新都”“山水重庆·美丽之城”“书香重庆·文化故地”“纪念《中华人民共和国著作权法》颁布30周年”等5个主题和重庆市版权局、重庆市生态环境局等14家命题定制单位的设计主题。最终，产品设计类、平面设计类、动画视频类、新媒体设计类等4个参赛类型各评选出一等奖1名、二等奖2名、三等奖3名共24部获奖作品和30部优秀奖作品，同时还评选出10个优秀组织奖（单位）、10个优秀指导奖。

（资料来源：新华网，作者：李海岚）

【2020年版权产业国际风险防控培训班在沪举办】 2020年11月4日至5日，中国国家版权局与世界知识产权组织（WIPO）联合在上海举办2020年版权产业国际风险防控培训班，旨在增强中国版权产业的国际风险防控能力和国际运营能力，提升中国文化软实力和对外传播力。同时，加强涉外版权法律专业人才培养，提高版权相关企业妥善化解版权风险意识。

全国政协文化文史和学习委员会副主任、中国版权协会理事长阎晓宏和中宣部版权管理局局长于慈珂、世界知识产权组织中国办事处主任刘华于11月5日为来自部分省（自治区、直辖市）版权行政管理部门、版权协会、著作权集体管理组织以及出版、影视、游戏等版权相关企业的80余名学员颁发了由主办方签署的培训证书。

（资料来源：国家版权局官网）

【全国版权执法监管工作培训暨经验交流会在潍坊举行】 2020年11月11日，全国版权执法监管工作培训暨经验交流会在潍坊举行，中宣部版权管理局局长于慈珂出席，潍坊市副市长马清民致辞。来自全国16个省市的版权管理部门、文化执法机构负责人共280人参加会议。会上，来自全国版权管理、文化执法、政法、网信等部门机构的9位专家学者，围绕版权执法监管工作进行为期两天的集中授课。这是国家版权局首次在地级市举办全国规格的版权执法监管工作培训。

（资料来源：《潍坊晚报》，作者：郭超）

【2020年版权热点问题专题培训班举行】 2020年11月12日至14日，由国家版权局主办、中国新闻出版传媒集团承办的2020年版权热点问题专题培训班在北京举办。来自近40家中央及在京媒体的相关编辑、记者及法务人员参加培训。

国家版权局原巡视员许超讲述了中国著作权法制建设与发展；中国新闻出版研究院副院长范军分析了中国版权产业对经济发展的贡献；国家版权局网络版权产业研究基地秘书长张钦坤围绕近年来中国网络版权产业发展变化的轨迹进行深入阐释；人民网法务部主任滕力从媒体融合中的版权问题切入，提醒从业者在媒体融合中要注意保护自己的版权，更不能侵犯别人的版权；北京市高级人民法院知识产权庭法官亓蕾以案说法，引导大家分析思考；华东政法大学教授王迁将版权相关国际条约及其新发展中容易混淆的问题逐个进行分析。

版权热点问题专题培训班创办于2010年，每年举办一至两期。培训对象主要是中央及在京主流媒体的编辑、记者，在引导和支持中央主流媒体策划、采写、编辑、报道各类版权相关新闻和议题中发挥了重要作用。

（资料来源：《中国新闻出版广电报》，作者：赵新乐）

【2020年广东省版权登记业务培训班在广州举行】 2020年11月23日至24日，广东省宣传事务中心在广州举行2020年版权登记业务培训班，广东省内各地市30多家作品登记代办机构负责人和业务人员参加培训。

此次培训课程紧贴版权登记工作需要，安排了《著作权法》修法内容学习，北京立方（广州）律师事务所律师吴让军结合修法背景和典型案例，深入浅出地为大家进行了讲解。培训班还邀请到广州互联网法院法官陈艳玫，结合丰富的司法实践经验，围绕案件审理要点、版权登记审查重点、版权维权注意事项等，作了“互联网时代的著作权协同保护”专题授课。广东省宣传事务中心结合统计数据，深入分析了全省版权登记服务情况，督促各代办机构进一步强化服务效能。在学习讨论环节，参训人员与授课老师围绕拓展版权登记系统应用、做好版权纠纷调解服务等内容进行了座谈交流。

（资料来源：广东省宣传事务中心）

【第十二届全国大学生版权征文活动颁奖仪式在成都举行】 2020年11月28日，第十二届全国大学生版权征文活动颁奖仪式在成都举办。此次颁奖仪式由国家版权局主办、四川省版权局和四川省教育厅支持、中国人民大学国家版权贸易基地和成都市版权局承办。中宣部版权管理局局长于慈珂，四川省委宣传部副部长、四川省版权局局长周青，四川省教育厅副厅长彭翊，成都市委宣传部副部长、成都市版权局局长师江，中国人民大学副校长顾涛，以及高校师生代表、法官、企业负责人、媒体代表近200人出席颁奖仪式。颁奖仪式由中国人民大学国家版权贸易基地主任白连永主持。

本届征文活动共收稿3 267篇，其中包括本科生论文2 471篇，研究生论文796篇，参与人数相比2019年翻了一番，共计309所高校参与，覆盖国内27个省、自治区、直辖市和香港、澳门特别行政区，以及德国。此次活动得到了各高校与各省市版权局、教育厅的支持，多省组织省赛或联合教育厅发文。经过形式审查、软件查重和专家评审，最终评选产生特等奖论文3篇，本科生组和研究生组一等奖论文各10篇、二等奖论文各20篇、三等奖论文各30篇，优秀奖论文30篇，优秀指导老师奖20名，优秀组织奖20个。

本次颁奖仪式还设有主旨演讲和学术交流环节，青年学子、专家学者、企业法务、资深法官等围绕网络直播中的著作权法律问题和新技术背景下的著作权法律问题进行深度探讨和学术交流。

（资料来源：中国人民大学国家版权贸易基地）

【“中国版权英才计划”启动】 2020年11月28日，“中国版权英才计划”在第十二届全国大学生版权征文活动颁奖仪式上正式启动。

该计划围绕“一条主线、两个方向、三条路径、多方联动”的思路培养人才。其中，“一条主线”指的是所有的工作围绕“培养中国顶尖的版权精英人才”进行；“两个方向”指的是培养的版权专业人才包括学术人才和实务人才两个方向；“三条路径”是指平台组织开展更有针对性的理论学习，包括各种直播课、公开课、研讨会、沙龙等各种学习和交流活动，有针对性地指导学生参与最前沿的理论研究，联合相关企事业单位为在校大学生提供实习实践机会等；“多方联动”意味着人才的培养需要各高等院校、版权管理部门、法律实务部门、行业龙头企业等相关机构的融合联动。

该计划已吸引了中国人民大学知识产权学院、中南财经政法大学知识产权研究中心、华东政法大学知识产权学院、南京师范大学法学院、北京互联网法院、人民教育出版社、北京阳光知识产权与法律发展基金会等10家单位加盟。

（资料来源：《中国知识产权报》，作者：姜旭）

【吴汉东、刘春田获评“中国版权事业终生成就者”】 2020年12月10日，在由中国版权协会主办的2020年中国版权年会上，全国政协文化文史和学习委员会副主任、中国版权协会理事长阎晓宏向著作权领域的两位知名学者吴汉东、刘春田颁发荣誉证书，授予他们“中国版权事业终生成就者”荣誉称号。会上，李岩、王晓晖、张辅评、傅杰三、唐家三少、魏玉山、舒婷等10人被授予“中国版权事业卓越成就者”称号。

年会上还颁发了由中国版权协会评选的多个奖项，以表彰和弘扬版权从业人员和单位的开拓创新精神、艰苦奋斗历程和成功经验。其中，腾讯、百度、商务印书馆等15家单位或个人获得年度突出贡献奖；《平易近人：习近平的语言力量（外交卷）》《隐秘的角落》等30个作品获得年度最佳内容创作奖；吾皇万睡、腾讯音乐人平台、有道精品课K12课程等30个项目或案例获得年度最佳版权实践奖；科达猎鹰系统、中国画《雪夜坚守》等15个产品获得年度最佳创意产品奖。

（资料来源：《中国新闻出版广电报》，作者：赖名芳）

【郭敬明和于正就抄袭事件道歉】 2020年12月21日，琼瑶、庄羽、王兴东、汪海林、余飞、宋方金、白一骢等111位作家、编剧、制片人发表联名公开信，称“有抄袭劣迹”的于正、郭敬明都曾因抄袭被判侵权，但在法院作出判决后拒绝执行法院的道歉判决，未对自己的违法行为做出任何检讨，呼吁严厉打击和惩处有抄袭剽窃违法行为的编剧、导演，媒体平台应弘扬时代正气，不给抄袭剽窃者提供舞台。截至12月22日，联名抵制的人数增加至156位。

2020年12月31日凌晨，郭敬明就自己小说《梦里花落知多少》抄袭庄羽作品《圈里圈外》一事在微博上道歉，表示将把《梦里花落知多少》的版权收入全部赔偿给庄羽，而庄羽表示接受道歉，建议双方共同用版税收入成立反剽窃基金。随后，关于《宫锁连城》侵犯《梅花烙》著作权一事，于正向琼瑶致歉，表示受到了“血一般的教训”，并将继续以琼瑶为榜样，“创作出更多老百姓喜闻乐见的故事”，琼瑶回应称，于正“知错能改，善莫大焉”。

（资料来源：《中国知识产权报》，作者：高云翔）

◆ 交流研讨

【“第十届中国知识产权新年论坛”圆满落幕】 2020年1月11日至12日，由《中国知识产权》杂志主办的“第十届中国知识产权新年论坛暨2020中国知识产权经理人年会”在北京召开，论坛设计了获奖经理人酒会、高峰趋势论坛、管理实务论坛、四场平行分论坛、颁奖晚宴、中知法官论坛以及服务业联盟年会等共10场专题活动。

此次论坛暨年会以“突破与升级：国际化发展的中国路径”为主题，重点探讨在国际化的视野下，中国企业创新与知识产权发展的新路径，吸引了来自中国、美国、德国、韩国、日本等国家和地区的政府知识产权机构代表、专家学者、知识产权服务机构代表，以及来自数百家企业的知识产权经理人前来参会，总参会人数超过700人。

1月11日，中国知识产权法学研究会会长、中国人民大学教授刘春田，最高人民法院知识产权审判庭副庭长林广海，最高人民法院知识产权法庭副庭长王闯，北京市高级人民法院民三庭庭长杨柏勇，腾讯集团法务副总裁江波，Haug Partners事务所合伙人Matthew Ryan，爱奇艺法律部法务总监胡荟集，思保环球（CPA Global）业务创新负责人Anthony Brennand，美国奥睿律师事务所驻上海代表处合伙人马宇峰，Boehmert and Boehmert事务所合伙人Eva Liesegang，阅文集团法务维权总监朱睿龙，商汤科技知识产权高级经理刘婵，北京紫光展锐科技有限公司法务部副部长杨洁静，上海必利专利评估技术有限公司创始人兼CEO陶冶，未来电视有限公司首席法律顾问杨幸芳等出席并发言。

会议揭晓了2019年度中国杰出知识产权经理人、2019年度中国知识产权经理人明日之星、2019年度中国杰出企业知识产权管理团队、2020年国际知识产权事务所推荐榜、2019年度中国新锐知识产权服务团队以及2019年度中国新锐知识产权服务团队的评选结果。

（资料来源：《中国知识产权》杂志网络版）

【中国知识产权法官讲坛暨网络游戏知识产权司法保护研讨会线上召开】 2020年4月26日，由中国法学会审判理论研究会知识产权专业委员会（秘书处设在重庆市高级人民法院）和西南政法大学共同主办，西南政法大学知识产权学院、重庆市高级人民法院知识产权审判庭和四川省高级人民法院知识产权审判庭承办的中国知识产权法官讲坛暨网络游戏知识产权司法保护研讨会在线上召开，30余位来自司法审判领域、学术机构、产业部门的发言嘉宾及百余位参会嘉宾通过腾讯会议参与了此次活动。

最高人民法院知识产权审判庭审判长秦元明，中国知识产权法学研究会会长、中国人民大学教授刘春田出席研讨会开幕式并发表主题演讲。开幕式由重庆市高级人民法院副院长孙海龙主持。秦元明在发言中指出，尽管从全国范围来看，网络游戏案件在知识产权案件中所占的比重较低，但是因为游戏市场涉及的利益范围广，冲突较多，故涉及网络游戏画面的案件裁判标准不统一问题已越发得到关注。刘春田结合著作权法修改的内容，对视听作品概念的引入、赔偿额度的提高及行政执法等问题予以系统深入的阐述。

研讨会共分为五节，与会专家就网络游戏及其司法保护、固定性是否为网络游戏连续动态画面构成类电作品的要件、网络游戏中的利益平衡与合理使用、如何有效制止网络游戏侵害行为等话题进行交流研讨。

（资料来源：知产财经，作者：金乐）

【“国家版权交易中心联盟2020春季年会”云会议召开】 2020年4月26日，“国家版权交易中心联盟2020春季年会”线上云会议召开。

会议发布了“守正创新、从我做起”的倡议，各界人士纷纷为正版代言，为共建网络正版绿色生态贡献力量。会议还举行了“为绿色未来而创新”高端对话，对话由国家版权交易中心联盟理事长李蘅主持，著名音乐家李海鹰、新浪高级副总裁邓庆旭、国家版权贸易基地（上海）董事长任义彪、深圳报业集团总经理王跃军围绕“正版保护”“版权授权”“创新发展”等话题进行讨论。

当天云会议上举行了授牌仪式，新浪网、深圳国际版权交易中心、喜马拉雅、澳门国际版权交易中心等作为理事单位正式加入国家版权交易中心联盟；与会嘉宾还共同见证了北京国际版权交易中心与新浪网的合作签约，双方达成共识，在新浪网开设专区，普及中国版权产业的政策法规、宣传报道版权新闻事件、披露典型版权案件、推荐正版内容，共同打造中国版权产业的标杆品牌。联盟为新浪网及旗下内容平台提供确权、监测、法律维权等服务，双方发挥各自优势，共享资源、促进发展。

（资料来源：新浪财经）

【《著作权法》第三次修改热点问题在线研讨会召开】 2020 年 5 月 16 日，由华东政法大学知识产权学院主办的《著作权法》第三次修改热点问题研讨会在线上召开，来自最高人民法院，北京、上海、江苏三省（市）高级人民法院，上海浦东新区人民法院等司法机构，中国人民大学、中南财经政法大学、中国社会科学院、清华大学、中国政法大学、西南政法大学、对外经济贸易大学、中山大学等国内高校和研究机构的 20 多位知名学者和资深法官，以及 100 余位嘉宾参加会议。

会议就 4 月 30 日中国人大网公布的《中华人民共和国著作权法修正案（草案）》进行了深入讨论。

中国人民大学知识产权学院院长刘春田认为，《著作权法》的修改应当坚持四点基本原则，即反映技术进步的要求、落实著作权的私权属性、贯彻落实法治和宪法的原则要求以及加强对创作者权利的保护。草案现行规定仍有可完善之处，例如草案第三条作品“有形形式复制”的表述，草案第十二条汇编、演绎作品“双重授权”的规定，草案第四条将“不得滥用权利影响作品的正常传播”纳入“权利滥用条款”之中等，都有待进一步规范。

中南财经政法大学学术委员会主任、资深教授吴汉东指出，中国《著作权法》立法工作一方面需要“立足主动，尽可能动”，主动适应数字经济和国内文化产业发展的需求，另一方面需要实现“本土性”“趋同性”“先进性”三个目标。草案对著作权客体、权利、限制和保护的核心规定仍存在完善空间。例如在权利部分，建议将“广播权”和“信息网络传播权”合并为统一的“公开播放权”，防止权利过分细化产生的相互冲突。

最高人民法院知识产权审判庭审判长秦元明形象地把《著作权法》比作产品，将法官比作最大的用户，并指出草案须进一步解决司法实践中的核心关切。例如草案虽然新增对作品定义的规定，但就是否可以直接使用此定义对未明确列举的作品类型加以保护，法条并未加以明确。草案对于“权利滥用条款”中影响作品正常传播的新增规定，缺乏现实案例支撑，可能在司法实践中将缺少适用价值。

此外，与会专业人士还就以下问题进行了重点探讨：第一，应当明确“视听作品”的定义，以回应技术发展对新型作品保护的要求；第二，“广播组织信息网络传播权”值得商榷；第三，“合理使用制度”应当更加关注具体条文立法语言和立法技术的完善；第四，“权利滥用条款”或引发《著作权法》立法重点的错误偏移。

（资料来源：《经济日报》）

【广播组织权法律保护问题研讨会在京举办】 2020 年 5 月 26 日，中国人民大学国家版权贸易基地联合国家版权局网络版权保护研究基地在京举办广播组织权法律保护问题研讨会。围绕 2020 年 4 月 30 日公布的《中华人民共和国著作权法修正案（草案）》中第四十五条对广播组织权的调整进行研讨。国家版权局原巡视员许超、中国人民大学知识产权学院副院长郭禾、最高人民法院知识产权审判庭审判长秦元明、北京市海淀区人民法院知识产权庭庭长杨德嘉、上海市浦东新区人民法院知识产权庭庭长徐俊、世界知识产权组织中国办事处顾问邓玉华等专家学者，以及来自中国移动、中国联通、中国电信、百度、腾讯、苏宁、咪咕、国广东方等企业的代表出席会议。

相关产业界代表对第四十五条的规定提出一些困惑，包括如何区分广播电视节目及载有节目的信号，在实践中如何划分二者财产权益；“禁止权”到“许可权”的转变将如何影响实践中的授权操作；如何厘清“转播”和“通过信息网络向公众传播”的具体含义及二者关系等。

草案第四十五条将广播组织权的客体由“广播、电视”改为“载有节目的信号”，有专家对此持肯定态度，认为符合客观实际，能够保护广播组织者的投资利益；但也有专家并不赞同，认为对广播电视节目的录制、复制等后续使用行为与节目本身密切相关而非信号，若强调广播组织权的唯一客体是信号，将面临法律逻辑上的冲突。

在“禁止权”到“许可权”的转变问题上，有专家认为采用许可权模式与现行著作权法中著作权人、其他邻接权人的权利模式相一致，也与相关国际条约的表述相一致，实践中更有利于广播组织权的保护。但也有专家认为对转播权以外的录制权、复制权、信息网络传播权采用许可权模式，会直接导致广播组织分割著作权人的利益，徒增权利流转环节，很有可能打破现有的利益平衡。

对于广播组织权的具体权利内容，尤其是新增的“通过信息网络向公众传播”，有专家对这一新增权利内容表示认可，认为纳入了现行著作权法无法规制的网络转播权，一定程度上缓解了实践中适用《反不正当竞争法》第二条的原则性规定保护网络转播的窘境。但也有专家认为，支持将转播的方式延伸至信息网络，但应限于网络实时转播；对赋予广播组织信息网络传播权，尤其是赋予许可性的积极权利，应当慎重。有专家指出，广播组织可根据现行著作权法赋予的禁止录制权，制止他人以信息网络传播形式利用其载有节目的信号，充分利用法定权利，无须另外规定。

（资料来源：中国人民大学国家版权贸易基地）

【专家热议录音制作者广播权和公开表演权】

2020 年 6 月 9 日，中国音像著作权集体管理协会举办了关于 2020 年 4 月 30 日公布的《中华人民共和国著作权法修正案（草案）》第四十三条相关问题的研讨会，业内多位知名专家学者及音乐产业代表就录音制作者广播权和公开表演权相关话题进行深入讨论。

北京工商大学教授刘筠筠介绍，多国已经赋予了录音制作者广播权和表演权。在中国，2018 年广播电视实际创收 5 639.61 亿元，而本土录制的音乐产业产值只有 35.16 亿元，音乐产业收入不到广播电视收入的零头。在刘筠筠看来，此时再不赋予录音制作者播放权已不太切合中国实际情况。

太合音乐集团高级副总裁刘鑫表示，录音制作者投入大量智慧与精力，却无获酬权利，导致收入渠道单一，这对音乐公司和录音制作者来说是一个缺失。从从业者角度来看，无论是推动正版化还是解决录音制作者经济收入，广播权和公开表演权应该是必然需要存在的权利；从实践的角度来说，也希望该两项权利可以使未来中国音乐版权更加完整，与国际接轨，在国际上可以获得相应权益价值。

同济大学上海国际知识产权学院院长单晓光也认为，录音制品具有一定的独创性，无论技术如何变化，它的智力投入并没有发生变化，甚至可能因为新技术手段的应用而更复杂，投入更大。数字技术使音乐作品的传播方式发生了本质变化，对原有录音制作者的四项权利有很大影响，若不对权利进行调整，就不能适应新技术的发展，产业很难健康有序发展，更难与国际接轨。在这样的背景下，赋予录音制作者广播权和公开表演权不但从理论上合理，从经济上、政治上来讲也都很有意义。

在中国人民大学知识产权学院副院长郭禾看来，当前法律制度的状态已不适应现在的产业发展，造成了制约。中国广播电台、电视台每年的广告收入和唱片业行业收入的差异对比，直接反映了著作权法对唱片业录音制作者的保护不利。从现有国情、利益平衡、国际立法等层面来看，理应增加此条款。广播电台播放录音制品付酬是国际通行做法，中国当年对此项权利作出保留是基于十多年前的状况，既然进入了新时代，就应该用新时代的眼光看待。

中央财经大学法学院教师李陶则认为，第四十三条只明示了广播权的获酬权而没有明示机械表演的获酬权，建议将第四十三条中向公众传播改为公开播送，并从如何收取和分配录音制作者广播和公开表演的获酬角度，建议引入强制性集体管理、完善和落实二合一收费模式、完善和落实费率的协商和纠纷解决机制。

（资料来源：中国知识产权资讯网，作者：窦新颖）

【江苏省版权纠纷调解工作座谈会在南京召开】

2020 年 6 月 30 日，江苏省委宣传部（省版权局）、省高级人民法院和省司法厅在南京召开江苏省版权纠纷调解工作座谈会，来自各地法院、执法机关、调解机构、江苏国家版权贸易基地、紫金山版权律师联盟等的相关负责人和权利人企业代表等 38 人出席会议。

江苏版权纠纷调解中心主任乔顺民作了工作汇报，江苏国家版权贸易基地秘书长郑礼贵介绍了该基地取证中心的建设运营情况，与会代表对江苏版权纠纷调解中心成立一年多来所取得的成效表示肯定，并围绕如何进一步完善版权纠纷调解机制、推进法院系统与调解机构的有效对接、实施调解协议司法确认程序、版权纠纷调解模式全省推广、时间戳与区块链等新技术证据在司法实践中的应用、化解纠纷调解中所遇困难和问题的有效举措等议题提出意见建议。江苏省高院民三庭副庭长汤茂仁强调，法院有关部门要注重发挥版权调解工作机制优势，依托专业调解机构做好诉前调解工作，江苏版权调解中心要注重提升专业能力，法院部门要通过培训等举措给予必要支持，不断增强版权调解工作公信力。

（资料来源：江苏省版权局）

【创意产业知识产权海外布局与风险防控研讨会顺利举办】 2020年7月10日，世界知识产权组织中国办事处和中国人民大学国家版权贸易基地联合主办创意产业知识产权海外布局与风险防控研讨会。世界知识产权组织中国办事处顾问邓玉华、中国人民大学国家版权贸易基地主任白连永出席研讨会并致辞。中国人民大学知识产权学院教授张广良、中国文字著作权协会总干事张洪波、华东政法大学知识产权学院副教授陈绍玲、阅文集团法务总监朱睿龙、小米集团法务部政策研究对外负责人蓝琳，以及来自知识产权服务机构、创意企业、高等院校的代表近200人参与线上研讨。

关于如何加强创意企业IP保护，邓玉华建议企业加强法律学习，做好权利清算和资产管理；强化权利运用，最大程度释放市场价值；巧用国际制度，构建快速高效的国际保护机制；增强维权意识，多种途径解决知识产权争议。

陈绍玲强调，创意产业知识产权海外布局既要重视国际条约层面，包括马德里商标国际注册、PCT专利申请等，也要关注特定国家的特殊法律制度。

蓝琳以MiLook为例分享了创意设计保护的实践经验，介绍了小米集团从外观设计专利权、著作权、商标权三方面构建的立体化知识产权保护体系。

朱睿龙系统介绍了阅文集团的业务情况、网络文学出海经营模式、海外知识产权保护及困境。

张洪波结合自身经验分析了版权海外输出的技巧。他认为，版权输出应注意版权引进和输出并举；了解海外政策法规、习惯与海外市场需求；熟悉对方，知己知彼；善于商务谈判，善于整合资源，参与海外推广营销；注重多种知识产权应用，打造中国品牌，输出中华优秀传统文化；要有跨界人才，具备谈判能力，并了解海外营销和知识产权的多元开发。

张广良针对企业在海外遭遇知识产权纠纷时应如何应对提出了七项具体建议，包括进行知识产权布局、组建专业团队、制定诉讼策略、搜集有效证据、注重商业谈判技巧、善用知识产权护航国际市场与国内政策等。

（资料来源：中国人民大学国家版权贸易基地）

【潍坊市赴广东学习考察全国版权示范城市创建工作】 2020年7月12日至16日，潍坊市创建全国版权示范城市工作专班赴广东佛山、东莞两市学习考察全国版权示范城市创建工作。

考察组听取佛山市、东莞市有关负责人介绍两市在版权组织领导、政策扶持、资金保障、行业协会发展、著作权一门式调解、社会化服务宣传等方面的经验做法，还实地考察了有关版权企业，广泛了解了其在陶瓷、文创、工业设计等方面版权创新和运用的情况。

（资料来源：山东省版权局）

【云游戏版权保护与云游戏未成年人防沉迷自律公约研讨会在京召开】 2020年8月6日，5G云游戏产业联盟在京召开云游戏版权保护与云游戏未成年人防沉迷自律公约研讨会。与会代表就联盟草拟的《云游戏版权保护自律公约》和《云游戏平台防沉迷自律公约》等内容进行了探讨。中国信息通信研究院、国家广播电视总局广播电视科学研究院及腾讯、阿里云、华为、百度、小米、京东云、咪咕互娱等48家联盟会员单位代表参加研讨。

中国信息通信研究院5G数字文创研究中心副主任、5G云游戏产业联盟秘书长林瑞杰表示，目前中国云游戏行业内版权使用和授权流程尚不规范，长此以往将对本行业造成不可弥补的损害，不利于行业可持续发展。此外，近年来因未成年人沉迷网络游戏引起的社会矛盾凸显，社会各界都在呼吁切实保护未成年人身心健康、防范网络沉迷，因此，切实履行网络游戏运营企业、云游戏运营企业的社会责任尤为重要。2020年6月初，由5G云游戏产业联盟依据著作权相关法律法规及国家新闻出版署《关于防止未成年人沉迷网络游戏的通知》等要求拟定了两个自律公约。希望通过公约的制定和发布，以及技术和标准等手段，推动云游戏在版权保护和未成年人防沉迷工作方面，切实解决社会和行业主管部门关切，引导云游戏产业健康良性快速发展。

（资料来源：《中国新闻出版广电报》，作者：赖名芳）

【涉KTV著作权侵权案审判实务沙龙在杭州举办】 2020年8月28日，浙江省高级人民法院知识产权审判庭在杭州举行第三期“浙知沙龙”。沙龙围绕涉KTV著作权侵权案件的审判实务问题，针对KTV著作权侵权案件的原告主体资格、损害赔偿数额以及诉源治理等内容，通过线上线下相结合的方式开展深入研讨。来自中国音像著作权集体管理协会、中国文字著作权协会、华东政法大学、厦门大学等单位的专家学者、律师、业界代表和使用者代表以及浙江、江苏、上海三地法院的法官代表受邀参加。

据浙江高院知识产权审判庭庭长蒋中东介绍，近年来，浙江法院涉 KTV 著作权侵权的案件数量居高不下，2019 年上半年，浙江全省法院受理非集体管理组织会员等小权利人作为原告起诉的一审著作权侵权案件数量达到 3 500 件，占同期知识产权一审案件总量的 23%。对此，浙江高院在充分调研后下发了《关于统一涉 KTV 著作权侵权纠纷案件裁判标准的通知》，从促进著作权集体管理制度健康发展的角度要求严格审查此类案件原告主体资格，正确区分作品类型并降低赔偿数额。2019 年下半年涉 KTV 著作权侵权案件收案量同比下降 55%，2020 年以来，在整体知产案件数量呈负增长的情况下，KTV 著作权侵权案件数量降幅更为明显。

（资料来源：中国法院网，作者：余建华　钟一鸣）

【知识产权纠纷多元化解决机制国际研讨会在京举办】 2020 年 9 月 6 日，2020 年中国国际服务贸易交易会（以下简称“服贸会”）期间，由北京市知识产权局和世界知识产权组织中国办事处主办、首都知识产权服务业协会和首都版权产业联盟协办的知识产权纠纷多元化解决机制国际研讨会在北京国家会议中心举办。来自多家国外驻华机构的代表以及来自国内政府部门、知名律所及企业、涉外知识产权服务机构等单位的代表参加会议。此次研讨会采用线上和线下结合的方式，是本届服贸会的重要活动之一。

国家知识产权局、北京市知识产权局和世界知识产权组织中国办事处的领导出席研讨会并致辞。多位演讲嘉宾围绕新形势下知识产权纠纷解决领域内的新特点、新问题进行研讨，为提升知识产权纠纷解决能力，探索知识产权仲裁发展的新方向，构建知识产权纠纷多元化解决机制建言献策。

（资料来源：中国知识产权资讯网，作者：李星仪）

【纪念《著作权法》颁布三十周年座谈会在京举办】 2020 年 9 月 7 日，由中国版权协会主办的纪念《著作权法》颁布三十周年暨中国版权协会成立三十周年座谈会在京举行。80 余位新老版权人齐聚一堂，共同回忆《著作权法》在立法、修法、执法与实施等发展过程中所经历的珍贵记忆。中央马克思主义理论研究和建设工程咨询委员、原新闻出版总署署长、国家版权局局长、党组书记龙新民，原新闻出版署署长、国家版权局局长、党组书记于友先等出席大会并讲话。会议由全国政协文化文史和学习委员会副主任、中国版权协会理事长阎晓宏主持。

龙新民、于友先在座谈会上肯定了《著作权法》颁布对中国版权事业蓬勃发展的积极意义，赞扬了中国在国际知识产权合作中的重要贡献。他们在讲话中回忆了《著作权法》诞生和发展中的亲身经历，共同畅想了中国版权事业灿烂的明天。

中宣部版权管理局局长于慈珂说，《著作权法》的颁布标志着中国版权事业新时代、新篇章的开启。《著作权法》颁布 30 年间，在党中央、国务院对版权事业的高度重视下，在版权从业者的共同奋斗下，中国版权制度从无到有、逐步完善，版权事业取得了举世瞩目的巨大成就。中国版权协会与《著作权法》同年诞生，全面参与了中国版权事业的开创与建设。中国版权事业将会在新的起点之上，开创版权事业新局面，取得更加辉煌的成就。中国的版权工作者们也将会认清职责、不辱使命，抓住新机遇、贡献新作为。

座谈会上，张抗抗、阎崇年以及原国家新闻出版广电总局政策法制司司长王自强，全国人大教科文卫委员会文化室原主任朱兵，最高人民法院知识产权审判庭副庭长林广海，中国社会科学院法学研究所研究员李顺德，人民教育出版社党委书记、社长黄强，掌阅科技股份有限公司创始人、总裁张凌云等从立法、司法、学术、产业发展等不同角度，回顾立法、修法与实施中的珍贵记忆，讲述了《著作权法》对他们创作和国家社会文化发展的重要作用。

（资料来源：《中国新闻出版广电报》，作者：赖名芳）

【涉外知识产权维权服务论坛在京举办】 2020 年 9 月 7 日，“2020 年中国国际服务贸易交易会涉外知识产权维权服务论坛”在国家会议中心举行。此次论坛由北京市知识产权局主办、北京市知识产权维权援助中心（国家海外知识产权纠纷应对指导中心北京分中心）承办。国家知识产权局知识产权保护司司长张志成、北京市知识产权局党组书记杨东起出席活动，并共同为国家海外知识产权纠纷应对指导中心北京分中心揭牌。论坛上，北京市知识产权局就中共北京市委办公厅、北京市人民政府办公厅 2020 年 8 月 22 日印发的《关于强化知识产权保护的行动方案》进行了现场解读。北京海外知识产权保护联盟30余名来自京津冀地区的企业、服务机构的代表、专家等共同发出了《海外知识产权服务协同共进倡议书》。外向型企业和知识产权服务机构代表80余人参加了此次活动。

张志成在致辞中指出，中国政府高度重视知识产权保护工作。为深入贯彻落实中央决策部署，国家知识产权局积极推动知识产权涉外纠纷应对机制建设，多措并举、加强央地合作，在机制建设、中心建设和平台建设等方面取得了阶段性进展。北京在知识产权涉外纠纷应对工作方面率先开展了创新性工作，形成了具有北京特色的涉外知识产权维权服务工作模式。北京知识产权维权援助中心入选首批国家海外知识产权纠纷应对指导中心10家地方分中心建设单位，这必将有利于在更高起点、更高目标上为北京“走出去”企业提供专业指导和公共服务，助力北京市各方面更好应对涉外知识产权纠纷。

大韩贸易投资振兴公社北京代表处律师韩春花、小米集团法务负责人刘振、美国科文顿·柏灵律师事务所合伙人冉瑞雪、中国贸促会专利商标事务所有限公司专利诉讼与咨询处副处长柳冀、北京海外知识产权保护联盟秘书长高非等分享了政府、社会组织、企业、知识产权服务机构等多方主体在普及公共服务产品、优化维权服务渠道、提高企业海外知识产权风险防范和纠纷应对能力等方面的有益经验和工作举措。

（资料来源：人民网，作者：林露）

【北京市人大常委会教科文卫办公室开展知识产权综合立法调研】 2020年9月9日，北京市人大常委会教科文卫办公室赴中国人民大学文化科技园（国家版权贸易基地）开展知识产权综合立法版权专题调研。北京市人大常委会副秘书长、教科文卫办公室主任刘玉芳，市委宣传部副部长、市版权局局长王野霏及有关单位代表参加。中国人民大学副校长朱信凯、人大文化科技园公司总经理白连永接待了调研组一行。

调研组一行实地察看了人大科技园，重点参观了中国人民大学出版社、书报资料中心、泰勒·弗朗西斯出版集团、英国安德鲁·纳伯格联合国际有限公司北京代表处、芝加哥大学中国中心等园区、企业和机构，并在园区召开了知识产权综合立法版权专题调研座谈会。

座谈会上，北京市人大常委会教科文卫办公室与市版权局、市知识产权局、市文化市场综合执法总队、北京版权保护中心、首都版权协会、海淀区融媒体中心和3家代表性文化企业就北京市知识产权综合立法有关问题进行交流。

王野霏指出，建立保护知识产权的首善之区要凝聚力量、达成共识，加强属地责任，形成版权保护的合力；版权问题既是法律问题、经济问题，也是科技问题，互联网环境下的版权保护工作离不开法律保障和技术支持。他建议在北京市知识产权综合立法中安排版权促进相关工作机制，设置版权质押促进、专项奖励制度、鼓励技术应用等条款。

刘玉芳在总结中肯定了近年来北京市版权保护工作取得的成绩，指出北京正加快进入以知识经济、数字经济为主体的高质量发展阶段，给知识产权保护和促进工作提出了新的更高要求。一方面，要进一步强化部门协同和社会共治，与时俱进，充分调动各方力量共同打造知识产权首善之区；另一方面，要进一步加强知识产权综合立法，聚焦北京突出的实际问题，充分发挥地方立法先行先试的创制作用，为推进知识产权治理体系和治理能力现代化提供坚强法治保障。

（资料来源：中国人民大学国家版权贸易基地）

【《著作权法修正案（草案）（二次审议稿）》第十七条相关问题研讨会举办】 2020年9月12日，由中国新闻出版传媒集团主办的《著作权法修正案（草案）（二次审议稿）》第十七条相关问题研讨会在京举办。14位著作权领域的知名专家学者、法官、律师及著作权集体管理组织代表集中探讨了立法中对于视听作品是否需要分类，其权利归属应该如何界定等相关问题。

2020年8月8日，第十三届全国人大常委会第二十一次会议对《著作权法修正案（草案）（二次审议稿）》进行审议并向社会公众公开征求意见。二审稿第十七条第一款规定：“视听作品中的电影作品、电视剧作品的著作权由组织制作并承担责任的制片者享有，但编剧、导演、摄影、作词、作曲等作者享有署名权，并有权按照与制片者签订的合同获得报酬。”对此，中国人民大学知识产权学院副院长郭禾指出，条款中“视听作品中的电影作品、电视剧作品”的表述会引出对作品定义的争论，实践中会产生诸如“是否只有用摄制的方式制作出来的才叫电影作品”一类的疑问。中国音像著作权集体管理协会副理事长兼代理总干事周亚平表示，对于制片、创作的负责人来说，创作电影和创作电视剧没有太大区别，视听作品法律意义上的作者应该是制片者；按一审稿第十五条修订，会更有利于行业发展。北京市高级人民法院审判长、调研组组长亓蕾则指出，在“制片者”之前加上“组织制作并承担责任”的限定，让著作权权利归属的认定更加复杂，可能对司法审判造成认定困难，还可能增加当事人的举证负担，因此没有必要增加这一限定。

相比较草案一审稿，二审稿第十七条第二款是新增内容，规定：“前款规定以外的视听作品构成合作作品或者职务作品的，著作权的归属依照本法有关规定确定；不构成合作作品或者职务作品的，著作权的归属由制作者和作者约定，没有约定或者约定不明确的，由制作者享有，但作者享有署名权和获得报酬的权利。制作者使用本款规定的视听作品超出合同约定的范围或者行业惯例的，应当取得作者许可。”对此，华东政法大学教授王迁认为，对作品类型和权属的规定比较复杂，不利于视听作品的传播，特别不利于保障交易安全。国家版权局原巡视员许超分析说，二审稿第十七条是为解决视听作品的权属问题而制定的，对于视听作品不应划分过细，而对于电影电视剧以外的视听作品，对职务作品、合作作品的著作权归属的判定方式应进行改变。他建议 2010 年《著作权法》第十五条只需将“电影作品和以类似摄制电影的方法创作的作品”和其他视听作品统一简称为“视听作品”，并引入约定优先原则，有合同则依照合同约定，无合同则依照法律推定权属。

中国音乐著作权协会副总干事刘平对二审稿第十七条所作出的修改持肯定意见。他认为，该条款是针对 2010 年《著作权法》第十五条在实践当中产生的诸多弊端而采取的对应措施，虽然在学理上尚不完美，但它应是问题导向式的修法结果，是为了解决实践操作当中存在的问题而修改的。

（资料来源：中国文艺网，作者：马李文博）

【2020 中国网络版权保护与发展大会在京召开】

2020 年 9 月 16 日至 17 日，国家版权局在北京主办 2020 中国网络版权保护与发展大会，会议主题为“强化网络版权治理，优化网络版权生态”。中宣部版权管理局局长于慈珂、副局长汤兆志，世界知识产权组织北京办事处代表等来自版权管理部门、司法机关、互联网产业界、版权学术界以及法律实务界的代表参会。大会共设 4 个主题分会，针对不同领域的版权问题进行研讨。

9 月 16 日上午，“新媒体平台版权保护与治理机制”主题分会召开。会上，中国信息通信研究院受国家版权局委托发布了《2019 年中国网络版权保护年度报告》。6 位嘉宾结合工作实践，围绕新媒体版权保护与发展的热点议题，开展广泛深入的讨论，其中，新媒体平台对侵权行为的监管责任以及“通知—删除”规则是多位嘉宾关注的主题。

9 月 16 日下午，在“网络游戏行业新业态版权综合治理”主题分会上，与会嘉宾认为，游戏及其衍生产业的核心竞争力依然是优质内容。在内容版权的争夺下，如何尊重版权、保护版权，规范直播行为，推动整个行业的有序健康发展，仍是亟待探讨的议题。在促进网络游戏直播行业的自律健康发展方面，需要行业协会、游戏开发商、游戏直播平台、游戏主播等各方主体的共同努力，特别是要在国家法律和政策规定的框架下，做好行业规范自律。

9 月 17 日上午，在“打造电商领域版权保护多元共治机制”主题分会上，与会嘉宾围绕打造电商领域版权保护多元共治机制深入探讨。中宣部版权管理局国际事务处处长胡萍提到，《电子商务法》自 2019 年 1 月 1 日起正式实施，经过各方共同努力，效果有目共睹。电商领域的知识产权保护机制不断完善，网络售假制假的行为在一定程度上得到有效遏制，电商环境进一步得到净化。鉴于网络制假售假具有跨行业、跨地域的特殊特点，要从根源上铲除网络制假售假行为，需要电商平台经营者、权利人、消费者，以及行业协会和政府机关共同参与，齐抓共管，形成多元共治的机制。

9 月 17 日上午，在“数字音乐产业生态版权治理与创新发展”主题分会上，与会嘉宾围绕版权治理和创新发展两个核心，分析了目前中国数字音乐产业发展中取得的成就和核心动力，系统探讨了在当今形势之下如何推动平台和产业链各个平台协同发展，探索数字音乐的新业务和新生态，推动整体产业持续向好发展。

（资料来源：“版人版语”微信公众号，年鉴编辑部综合）

【湖北省版权保护协会召开反盗版工作座谈会】

2020 年 9 月 18 日，湖北省版权保护协会在湖北省版权局召开反盗版工作座谈会，来自湖北省广播电视台、知音传媒、武汉出版社、长江日报报业集团、小米、好未来、真相科技、华著盛阅等单位或企业的代表参加座谈。

湖北省广播电视台版权媒资经营管理中心主任冷智宏表示，目前新媒体平台上有关内容产品的保护仍存在侵权举证难、取证难等困境。长江日报报业集团法务事务室主任王建军认为，目前传统媒体正在由广告收益向版权收益过渡，为了更好地保护合法权益，应该从行业整体环境着手构建一个良性的产业链。他希望版权协会能够促进业内从业者的合作，建立起传统媒体行业的知识产权调解委员会二级版权协会，从而形成行业内良性产业链。

除传统媒体外，从事互联网教育、科技、网络文学等与会人员在会上分享了所遭遇的侵权行为和维权困境。博易创为法务高级总监王获认为，移动互联网迅猛发展在助力产业发展的同时，也在为侵权盗版提供便利条件，侵权行为高发、侵权线索排查和取证难、判赔较低等一直困扰着企业。好未来教育集团总法律顾问魏嘉表示，线上教育在维权时同样面临立案难、个人和团伙侵权行为多发、对侵权行为的取证较为复杂等难题。小米集团法务总监沈冲表示，小米面对手机应用市场里的侵权行为，只能通过后台代码推算进行检索监控，由于侵权行为较为隐秘，带来维权成本高、治理困难等不利因素。真相科技CEO石松认为，应该加强对版权检索工具的开发，实现正向流转和反向打击，同时可将版权协会工作具体到人和任务，这对于推动版权维护工作的开展有重要意义。

湖北省委宣传部版权管理处处长闫富东表示，由于版权作品分散、种类繁多，涉及行业面多而广，给版权数据统计造成了较大困难，版权行政主管部门难以精准掌握全省版权资源情况，因此进一步完善省内版权登记数据，加强与省版权保护中心的工作联通，将是未来版权协会工作重点之一。

（资料来源：中国知识产权资讯网，作者：张威）

【《著作权法》第三次修改热点问题研讨会在武汉举行】 2020年9月23日，在湖北省委宣传部的指导下，由湖北省版权保护中心和中南财经政法大学知识产权研究中心联合主办，湖北省版权保护协会、湖北省知识产权研究会、湖北省法学会知识产权法学研究会共同承办的"《著作权法》第三次修改热点问题研讨会"在武汉举办。中南财经政法大学学术委员会主任、资深教授吴汉东，湖北省高级人民法院副院长周佳念出席会议并致辞。来自湖北版权学术界，省、市、区三级法院系统和版权法律服务领域的专家学者、知识产权审判法官和律师参加了研讨。

会议最后，吴汉东对参会人员意见进行总结，并从中提炼出四项共识。

一是《著作权法修正案（草案）（二次审议稿）》将作品范围扩大为"文学、艺术和科学等领域"，超出了《伯尔尼公约》的相关规定，也不利于司法实践。建议仍将作品范围限定在文学、艺术和科学三个领域。

二是二审稿将符合作品特征的其他智力成果列为受法律保护的作品类型，不仅与《民法典》相关规定难以衔接、与二审稿其他条款发生冲突，而且将使法院难以统一裁判标准。建议仍将此兜底条款限定为法律、行政法规规定的其他作品。

三是二审稿关于视听作品的分类和权属规定过于烦琐，不利于法律的理解和适用，也并没有穷尽解决所有问题。建议舍弃对视听作品的二级分类，同时对视听作品的权利归属回归到一审稿的规定。

四是著作权的权利限制应当奉行法定主义原则，不宜采用开放化模式，同时建议在对合理使用的列举中增加对文本数据的分析与挖掘，为中国大数据产业的发展提供法律保障。

（资料来源：今日湖北网）

【2020北京出版高峰会议聚焦媒体融合发展和版权运营】 2020年9月28日，在2020北京国际图书博览会举办期间，2020年北京出版高峰会议第二期在云端举行，1.2万余人次线上观看。本届高峰会议以"融合发展 智慧共赢"为主题，来自国内外出版传媒界从业者，围绕数字时代出版业如何融合发展、智慧创新，版权如何变现、多元运营以及如何加强版权保护等内容进行了深入交流与讨论。

因受新冠肺炎疫情影响，本届图书博览会以线上"云书展"的方式举行，对此，中宣部进出口管理局局长王志成表示：首先，出版交流要充分拥抱新技术，切实推动文明交流互鉴；其次，出版业要加快融合步伐，切实为人民群众提供更加充实、更为丰富、更高质量的出版产品和服务；再次，出版精品要走出去、走进去，不断促进中外民心相通。

（资料来源：中国知识产权资讯网，作者：姜旭）

【卡拉OK行业版权保护座谈会召开】 2020年10月16日，中国文化娱乐行业协会与中国音像著作权集体管理协会在武汉共同举办卡拉OK行业版权保护座谈会。中宣部版权管理局、文化和旅游部市场管理司有关负责人出席会议；中国文化娱乐行业协会、中国音像著作权集体管理协会有关负责人以及全国主要的音视频点播系统企业（VOD）、大型连锁歌舞娱乐场所代表和部分地区文化娱乐行业协会代表参加了会议。会议现场举行了中国音像著作权集体管理协会和与会各企业就卡拉 OK 曲库音像及音乐作品的授权签约仪式。

在座谈会上，据与会的音视频点播系统企业反映，某大数据公司号称拿到了海量音乐作品制作曲库的独家授权，要求卡拉 OK 场所安装其大数据系统并支付版权使用费，同时其承担反担保。音视频点播系统企业也同时在多地法院遭到管理音乐作品的集体管理组织的诉讼和投诉，并在协商的过程中被要求与该大数据公司对接，协助其收取版权使用费，导致实际谈判无门。针对情况，与会代表展开热烈讨论，纷纷对行业的有序健康发展建言献策。针对大家的意见，中宣部版权管理局有关负责人表示，卡拉 OK 行业在经营过程中必然要使用大量的音乐作品，不仅涉及词、曲权利人，也涉及类电影作品著作权人和录音制作者。无论是 VOD 企业还是 KTV 场所经营者，都必须依法取得著作权人的授权并支付使用费。实践证明，在卡拉 OK 领域，“二合一”机制是解决 VOD 企业以及 KTV 经营企业版权问题的有效制度模式，也是行业管理部门及业界的强烈呼声。同时，著作权集体管理机构是非营利性社会管理组织，未经批准任何单位不得介入著作权集体管理活动。

（资料来源：中国音像著作权集体管理协会）

【视听表演北京条约版权生态高质量发展论坛举行】 2020 年 11 月 21 日，视听表演北京条约版权生态高质量发展论坛在首届中国（北京）国际视听大会（CIAC）上举行。中国版权协会理事长、《视听表演北京条约》首届缔约方会议主席阎晓宏等出席论坛。

阎晓宏表示，《视听表演北京条约》对表演者的声音和形象予以全面保护，适应了新技术发展的需求，结合《著作权法》第三次修改，必将对表演者起到更大的激励作用，从而推动文化高质量发展。同时，条约的生效说明中国已经从被动适应国际条约，进入到主动参与国际规则制定的行列，有利于中国的国际形象和国际影响力的提升，也是习近平总书记倡导的构建人类命运共同体理念的具体实践。

中宣部版权管理局局长于慈珂表示，将以《视听表演北京条约》生效为契机，持续加强视听行业的版权工作：在国内、国际层面展开宣传，推动更多国家加入和批准《视听表演北京条约》，扩大其适用范围和影响力；结合《著作权法》第三次修改和配套法规的修改制定工作，进一步推动《视听表演北京条约》的实施；加强版权执法、社会服务、国际合作等相关工作，大力促进视听产业健康发展。

论坛上，中国社会科学院知识产权中心主任管育鹰就如何进行视听表演保护展开分享，北京知识产权法院审判委员会委员冯刚围绕《视听表演北京条约》与新修改的《著作权法》等进行论述。

（资料来源：《中国新闻出版广电报》，
作者：王坤宁　张君成）

【第六届全国版权示范城市联盟年会在厦门举行】 2020 年 12 月 3 日，第六届全国版权示范城市联盟年会在厦门举行，年会以“优化版权生态，繁荣产业发展”为主题。中宣部版权管理局局长于慈珂，福建省委宣传部副部长、省版权局局长肖贵新，厦门市副市长林建出席会议。

于慈珂在讲话中指出，要准确深刻认识版权和版权工作的性质、规律、特点，服务服从国家战略和工作大局，实施创新驱动战略，推进文化繁荣发展，建设创新型国家、社会主义文化强国。要充分发挥示范城市、示范城市联盟的作用，共同推动版权工作高质量发展。

肖贵新说，福建省现有全国版权示范城市 1 个，作品登记数量居全国前列，作品登记项目被列入全国一体化在线政务服务平台。此次在厦门召开年会，希望厦门把握机遇，积极探索版权治理体系和治理能力现代化，在全省版权工作中发挥示范带头作用。

林建表示，以此次年会为契机，厦门把加强版权工作、建设示范城市纳入全市长远发展规划；积极探索版权工作的新机制、新做法，形成一批可复制、可推广的创新成果，打造两岸版权交流交往的活跃平台；加强宣传引导，营造有利于版权事业、产业发展的良好舆论氛围和社会环境。

（资料来源：厦门网，作者：翁华鸿　林珽璟）

【世界知识产权组织版权保护优秀案例示范点调研项目成果专家论证会召开】 2020 年 12 月 9 日，国家版权局和世界知识产权组织中国办事处在苏州市吴江区召开“世界知识产权组织版权保护优秀案例示范点（吴江丝绸产业）调研项目”成果结项专家论证会，就调研项目课题组撰写的《版权保护助推吴江丝绸纺织产业高质量发展调研报告（征求意见稿）》听取专家意见建议，对调研项目实施的下一步工作作出部署安排。

世界知识产权组织中国办事处主任刘华，中宣部版权管理局副局长赵秀玲，江苏省委宣传部常务副部长、省新闻出版局（版权局）局长、省电影局局长焦建俊出席会议并讲话。苏州市吴江区委副书记、代区长王国荣致辞。江苏省新闻出版局（版权局）副局长李贞强，苏州市委常委、宣传部部长金洁出席。

与会领导和专家对吴江丝绸产业版权保护优秀案例示范点调研项目的实施和调研项目成果给予充分肯定，认为该项目是深入贯彻落实习近平总书记关于“深度参与世界知识产权组织框架下的全球知识产权治理”重要指示的实际行动，项目既促进了吴江丝绸纺织产品质量和文化内涵的提升，又促进了企业创新能力和创造活力的提升，充分彰显了版权制度在促进中华优秀传统文化传播和丝绸纺织产业高质量发展中的独特作用和价值。大家认为，吴江丝绸产业版权保护工作创造的“自下而上”的独特工作经验，形成的政府、社会、企业、作者等共同推进版权保护的立体工作模式，是版权社会共治的典型案例，也是版权与文化和产业深度融合的典型案例，具备了“以点带面”的全球示范效应，是中国参与世界知识产权组织框架下的全球知识产权治理、讲好中国版权故事的优秀案例。

与会领导和专家对进一步修改完善调研报告、切实做好吴江经验的宣传推广提出了意见建议。

（资料来源：《中国新闻出版广电报》，作者：袁学术）

【中国版权年会暨“远集坊”高峰论坛在珠海举办】 2020年12月10日，由中国版权协会主办的2020年中国版权年会暨“远集坊”高峰论坛在珠海举行。全国政协文化文史和学习委员会副主任、中国版权协会理事长阎晓宏出席大会并致辞。

阎晓宏在致辞中表示，对版权界来说，2020年是极不平凡的一年。11月30日，习近平总书记在主持中共中央政治局第二十五次集体学习时关于加强知识产权保护工作的重要指示和论述，是我们推动版权工作发展的行动指南，为版权的创造、保护和运用指明了前进方向、提供了根本遵循，也为著作权工作注入了强大思想动力。4月28日《视听表演北京条约》正式生效，11月11日第十三届全国人大常委会第二十三次会议表决通过了关于修改《中华人民共和国著作权法》的决定，最高人民法院出台了关于加强著作权保护的指导意见……，这些都意味着著作权的创作、运用和保护得到了空前重视。

广东省委宣传部副部长杜新山受广东省委常委、秘书长、宣传部部长张福海委托，向年会的举办表示祝贺。杜新山说，广东省委、省政府高度重视知识产权保护工作，将知识产权保护作为落实新发展理念、实施创新驱动发展战略、构建新发展格局、打造国际一流营商环境、推动高质量发展的重要举措。

在主题为“版权赋能：推动文化高质量发展”的“远集坊”高峰论坛上，中国出版传媒股份有限公司董事、总经理李岩，华为技术有限公司首席法务官宋柳平，作曲家李海鹰，腾讯影业副总裁、腾讯动漫业务部总经理邹正宇，辽宁出版集团董事长杨建军，北京金山办公软件股份有限公司董事长葛珂等8位嘉宾作了主旨演讲。

年会上，中国版权协会与国家对外文化贸易基地（深圳）联合发起了“2020年最具版权价值排行榜”评选活动。“中国版权链”启动仪式及《远集坊：阅读的态度》新书发布会等活动同期举行。

吉林省委宣传部副部长、省版权局局长姚玉和，四川省委宣传部副部长周青等，以及中国版权协会会员代表，著作权人、权利人组织及版权企业代表，版权教学科研、法律事务等领域的代表共300余位嘉宾出席年会。超过103万人通过新媒体平台在线观看了年会直播。

（资料来源：《中国新闻出版广电报》，作者：赖名芳）

【国际保护知识产权协会中国分会版权热点论坛在京举办】 2020年12月12日，由国际保护知识产权协会（AIPPI）中国分会主办的2020年度AIPPI中国分会版权热点论坛在京举行。论坛上发布了2020年度AIPPI中国分会版权十大热点案件，对AIPPI 2021杭州大会进行了推介，来自司法机关及版权业界、学界的专家学者就热点版权问题进行了观点分享。

AIPPI中国分会会长、国家知识产权局原局长田力普在致辞中说，《著作权法》第三次修改已于2020年完成，此次修改涉及的内容多、修改力度大，对中国未来著作权保护将产生深远的影响。他介绍，2020年AIPPI中国分会版权十大热点案件评选对包括版权行政、刑事保护等方面的版权保护现状进行了立体展示，案件评选也得到了版权管理部门的支持。

中宣部版权管理局局长于慈珂在致辞中说，2020年版权界见证了许多重大事件，在“十四五”期间，特别是在实施“十四五”规划起步之年的2021年工作中，我们将更加有效实施《著作权法》，加强版权保护工作顶层设计，强化版权全链条保护，提高版权保护工作法治化水平，从各方面全方位加强版权保护工作，为激发创新活力、推动构建新发展格局、建设社会主义文化强国提供版权新动能。

AIPPI 中国分会版权十大热点案件通过“专家评选+网络投票”的方式评选产生，案件在版权保护、法律理论与实务层面具有一定典型性和关注度。十大案件分别是：国内首例 MOBA 类游戏短视频侵权案、FPS 类游戏地图著作权案、人工智能生成作品著作权侵权及不正当竞争案、新浪中超赛事直播节目著作权案、听音识剧 APP 案、《芈月传》小说抄袭剧本侵权案、《拳皇》与《三流女侠》著作权侵权案、淮安“2·22”重大侵权盗版少儿出版物刑事案、仿冒“乐高”玩具刑事案、京游科技（北京）有限公司未经著作权人许可通过信息网络向公众传播作品案。

论坛环节，嘉宾们就法院加强著作权和邻接权保护的新举措、互联网版权司法保护趋势、著作人格权保护、云模式下新型版权侵权行为治理等热点话题进行了观点分享，多位嘉宾结合自身所在领域实践阐述了对 2020 年新修《著作权法》的理解。

（资料来源：《中国新闻出版广电报》，作者：隋明照）

【中南财经政法大学举办研讨会聚焦网络游戏版权保护】 2020 年 12 月 19 日，由中南财经政法大学知识产权研究中心主办的“《著作权法》修改与网络游戏产业生态发展研讨会”在湖北武汉召开，中南财经政法大学学术委员会主任、资深教授吴汉东出席会议并致辞，10 余位来自立法、司法、学界以及实务界的专家进行了研讨交流。

研讨会围绕两个分项主题展开。分项主题一是“新修《著作权法》下网络游戏的版权保护”，由中南财经政法大学知识产权学院副院长黄玉烨担任主持人兼评议人。全国人大法工委民法室副处长孙艺超介绍了《著作权法》第三次修改的相关情况，并透露下一步将进行《著作权法实施条例》的修订工作；华中科技大学法学院副院长熊琦认为，新修《著作权法》会为网络游戏客体界定提供便利，明确网络直播类行为权属，同时，技术措施入法有助于网游著作权人保护游戏生态；杭州市中级人民法院知识产权庭副庭长张书青认为，新修《著作权法》仍然保护的是独创性表达，对网游影响较大的是作品类型划分；北京市高级人民法院知识产权庭审判员曹丽萍重点结合新修《著作权法》第十七条阐述了对网络游戏画面权利人认定的看法；上海市浦东新区人民法院知识产权庭庭长徐俊呼吁“版权司法应运用版权基本原理回应产业实践的迫切需求”，他以“换皮游戏”等网游产物为例提醒大家关注网络游戏类视听作品的非画面保护；西北政法大学副教授焦和平则以“网络游戏直播的合理使用认定”为题，从法教义学以及利益衡量角度进行了分析。

分项主题二为“网络游戏产业生态发展与游戏版权保护问题”，由中南财经政法大学知识产权研究中心主任曹新明担任主持人兼评议人。艾瑞咨询集团互娱研究部研究总监郭成杰用多组数据介绍了网络游戏产业发展现状及趋势；中视瑞德文化传媒有限公司副董事长王旗介绍了网络游戏监测维权如何实现，并提醒大家关注“中国版权链”；厦门大学知识产权研究院教授龙小宁从经济学分析的视角阐述了对游戏直播收益等网游新增利益如何分配的看法；中国政法大学创新与竞争研究中心主任陶乾提醒从业者在游戏立项、开发、运营环节要将版权意识贯穿始终，保护自己版权的同时不侵犯他人的版权；上海市协力律师事务所高级合伙人傅钢结合多起网游案例分析了网游产业发展中的重要动态和热点问题；中南财经政法大学知识产权研究中心副教授徐小奔阐述了对泛娱乐与泛游戏的理解，并指出泛游戏模糊了作品类型之间的界限；江苏省高级人民法院法官宋健认为对网游的版权保护重点要落在激励创作上。

（资料来源：《中国新闻出版广电报》，作者：隋明照）

【中国人民大学国家版权贸易基地举办六期互联网版权沙龙】 2020 年 6 月至 12 月，中国人民大学国家版权贸易基地举办了六期互联网版权沙龙，聚焦版权领域热点和难点问题，邀请知识产权法学者、法官、律师及产业界代表等共同参与研讨。沙龙由中国人民大学知识产权学院提供学术支持。

第一期沙龙聚焦网络游戏直播的法律定性问题。与会专家就游戏画面的作品属性、游戏直播画面是否构成类电作品、游戏玩家的法律定性、游戏直播行为涉及哪种权利的使用、游戏直播行为是否构成合理使用等问题进行探讨。

第二期沙龙进一步分析了网络游戏直播平台著作权侵权责任认定，与会专家讨论了网络游戏直播的合理使用空间，以及当网络游戏直播平台直播游戏构成著作权侵权时，其侵权责任该如何认定，并为网络游戏直播平台如何避免著作权侵权提出可操作性建议。

第三期沙龙关注科技创新对著作权法律制度带来的影响与挑战，聚焦《著作权法修正案（草案）（二次审议稿）》中关于邻接权、著作权限制、作品定义及类型等具体问题。

第四期沙龙关注互联网新型不正当竞争法律问题，与会嘉宾概括了网络直播、网络账号群控、数据爬取中的不正当竞争行为，阐释了大数据背景下的数据权属和使用问题，具体分析了互联网不正当竞争行为的体系化规制。

第五期沙龙以2020年新修《著作权法》为主题，与会嘉宾探讨新法中有关视听作品、著作权集体管理制度、合理使用制度、广播组织权等具体内容。

第六期沙龙围绕大数据运用中的法律问题，与会专家指出大数据时代下大数据确权、规范、监管的法律发展需求，详细分析了企业数据利益的法律形态，结合域外立法和典型案例，深入探讨企业数据资源的法律保护。

（资料来源：中国人民大学国家版权贸易基地）

◆ 社会管理与服务

【人民版权启用新域名并接入“天平链”】 2020年1月1日，人民版权正式启用新域名“peoplec.cn”，并接入北京互联网法院“天平链”电子证据平台，成为首家打通版权存证、侵权监测、线上版权交易、司法维权全链条的媒体版权平台。

相较同类产品，人民版权以区块链为基础，提供了版权保护的全链条解决方案。同时，人民版权首创了“梯度化司法综合服务”，向用户提供电子数据存证函、电子律师函、电子司法鉴定报告/电子公证书、线上调解、互联网法院诉讼五个梯度的服务，构建了以电子证据为核心的全链条司法服务体系。除上述两点，人民版权还可与人民云链、人民云视等人民在线自主研发的产品模块相组合，形成媒体融合“人民方案”的“1+5+N”架构，最大程度地满足地方融媒体中心在舆论引导和社会治理方面的需要。

（资料来源：人民网）

【首都版权产业联盟更名为首都版权协会】 2020年1月14日，首都版权产业联盟第二次会员大会在京召开，选举产生了第二届常务理事会和监事会。北京市委宣传部副部长、北京市版权局局长王野霏当选为理事长，首都版权产业联盟秘书长韩志宇当选为副理事长（驻会），首都版权产业联盟副秘书长、北京版权调解中心主任冯华当选为秘书长，北京市委宣传部二级巡视员卢志鹏当选为监事长。同时，经审议，首都版权产业联盟与北京版权保护协会合并并更名为首都版权协会。

（资料来源：中国知识产权资讯网，作者：窦新颖）

【上海市影视版权纠纷调解中心挂牌】 2020年1月20日，上海市影视版权服务中心与上海知识产权法院合作签约，上海市影视版权纠纷调解中心挂牌。在此之后，不仅法院可以将掌握的案源发给中心，出现版权纠纷的影视单位、机构、个人也可以向中心申请调解。调解中心成立了由律师、影视行业工作者等权威人士组成的法务团队，从接受调解开始，20个工作日内可得出调解结果。调解成功后，当事人可以向法院申请，要求法院出具司法确认书或调解书，进入民事调解或撤诉流程；调解不成功的，将被归档处理，由法院再立案审理。

（资料来源：《解放日报》，作者：施晨露）

【中国插画版权登记平台上线】 2020年4月2日，深圳市插画协会与中国版权保护中心正式上线了中国插画版权平台（CICP）。CICP的核心内容包含“插画数字作品版权登记”“授权管理”“插画版权产业研究”三大板块。此外，CICP还为插画师们提供了在全球插画组织联盟、国际插画博览会、全球插画产业大会等行业平台展现作品的机会，以及与英国插画师协会、日本平面设计师协会、法国插画师协会等国际插画组织进行合作的机会。

（资料来源：《广州日报》，作者：轩惠　陈柳艳）

【浙江海宁市版权服务工作站成立】 2020年4月10日，浙江省海宁市版权服务工作站正式揭牌成立。该站由浙江省版权局授权设立，海宁市新闻出版局主管，下设海宁市许村家纺版权服务中心和海宁国际影视版权服务中心两个分支机构。

海宁市版权服务工作站提供版权受理、初审、转报登记、发证服务，调解版权纠纷，查处版权违法违规行为，开展版权保护宣传。该工作站的工作重点是家纺、影视领域的版权，同时提供音乐、美术、摄影、计算机等领域的版权登记服务。

（资料来源：《中国新闻出版广电报》，作者：黄琳）

【佛山发布著作权纠纷一门式和解机制】 2020年4月23日，佛山市著作权纠纷一门式和解机制正式发布。佛山市著作权行政、司法机关及行业协会将协作配合，实现著作权案件一门通办、一门完成，提高纠纷处理效率，推动简易案件快速处理。

在著作权纠纷一门式和解机制中，佛山市版权局负责委托佛山市版权纠纷人民调解委员会参与诉前和解，协调有关行业主管部门和行业协会，为调解工作提供便利；禅城法院负责提供案件信息，对调解员进行业务指导及提供文书模板，争取其选择诉前和解方式先行解决纷争。此外，对未能达成和解的，法院将立案受理，进入诉讼程序。

（资料来源：金羊网，作者：周哲）

【天津市首家知识产权刑事案件研究中心成立】 2020年4月24日，天津市首家知识产权刑事案件研究中心在天津市版权局、天津市人民检察院第二分院、天津市知识产权局的共同促进下成立。在成立仪式上，天津市人民检察院第二分院与天津市版权局、天津市知识产权局共同签署了《知识产权刑事保护合作框架协议》，并为11名受聘研究员颁发了聘书。

（资料来源：《中国新闻出版广电报》，作者：韩萌萌）

【数字内容正版化公示查询系统发布】 2020年4月26日，由中国音像与数字出版协会指导、中国新闻出版研究院主办的数字内容正版化公示倡议活动在“云端”举办，同时发布了“国家知识服务平台——数字内容正版化公示查询系统”。

数字内容正版化公示查询系统可向出版社、代理商、采选机构等数字内容版权相关方开放信息登记，实现有效的正版化传播全流程管理。该系统提供出版社登记服务、授权查询服务、代理商认证服务、机构采选校验服务、授权统计分析服务等功能，并为采选机构招投标服务提供投标者正版化授权证明，避免采购中数字内容版权风险。

（资料来源：《中国新闻出版广电报》，作者：王坤宁）

【联合信任版权保护平台与16家单位签约】 2020年4月29日，以“行业联合、共建信任”为主题的联合信任版权保护平台战略发布会暨合作签约仪式在京举行。会上，中国摄影著作权协会、中国音像著作权集体管理协会、国家版权交易中心联盟、部分省市版权协会以及视觉中国、全景网络、中视瑞德等16家单位与该平台进行了共建签约。

联合信任版权保护平台是由北京联合信任技术服务有限公司发起，与版权行业组织、企业、学术机构等共同建设的版权保护公共服务平台，从作品产生、传播、使用、维权等全生命周期的保护需求入手，以现代密码学技术、大数据、人工智能等手段，针对不同场景和需求提供服务，满足版权所有者和使用者对作品确权、使用监测、证据固定、信息对称等多维度的需求。

（资料来源：《中国新闻出版广电报》，作者：赖名芳）

【全国首单知识产权海外侵权保险落地广州】 2020年5月14日，广州市黄埔区、广州开发区联合中国人民财产保险股份有限公司广州市分公司、中国贸促会知识产权服务中心广东分中心，在广州科学城会议中心举办了知识产权海外侵权责任保险战略合作协议签约仪式。签约仪式上，人保财险广州市分公司向金发科技、京信通信两家企业签发知识产权海外侵权责任保险保单，提供了725万元的出海风险保障，迈出国内企业海外维权里程碑式的一步。

另外，人保财险还计划建立海外知识产权纠纷风险数据库，编制发布海外知识产权纠纷风险防控和预警报告，整合协调海外知识产权纠纷应对资源，建设指导企业解决海外知识产权纠纷的专家库、国际专业调解团队、海外律师团队，为“走出去”企业提供应对海外知识产权纠纷的实务培训，以协助企业解决实际问题。

（资料来源：《羊城晚报》，作者：丁文雄　李爽）

【《2019年度中国软件著作权登记情况分析报告》发布】 2020年5月15日，中国版权保护中心正式发布《2019年度中国软件著作权登记情况分析报告》。《报告》显示，随着中国软件产业结构持续优化，以及软件在中国经济转型发展的重要阶段中应用领域的不断扩展，2019年中国软件登记数量再度突破历史高点，同比增长超过30%。

根据《报告》，2019年我国共登记软件著作权1 484 448件，同比增长34.36%，增速连续5年保持在30%以上，登记量连续3年递增超过30万件；2019年我国有超过360个城市登记了软件著作权，登记数量过万的城市数量达到27个，同比上一年度增加了6个；2019年我国各领域软件登记数量均呈现不同程度的快速增长、种类逐渐增多的特点。其中，教育软件、医疗软件、物联网软件、信息安全软件等类别的登记增幅均超过35%，高于我国整体增速。我国5G软件登记数量增长幅度已达到681.88%，成为我国增长最快的软件类别之一。

（资料来源：央视网）

【广东首家知识产权金融服务中心正式揭牌】 2020年6月18日，广州开发区金融服务超市、广州开发区知识产权金融服务中心揭牌成立，标志着广东省首家知识产权金融服务中心正式投入运营。该中心拟与广州开发区金融服务超市共同运营，全面整合金融和知识产权要素，设立知识产权质押登记代办窗口，为知识产权质押融资、知识产权资产证券化提供知识产权评估、技术转化对接，为科技企业提供"一站式"的知识产权金融服务。

同时，由政府参与设立的广州市黄埔区、广州开发区知识产权质押融资风险补偿资金池也正式上线，其主要用于补偿合作机构对民营及中小企业开展知识产权质押融资服务时所产生的部分风险损失。

（资料来源：金羊网，作者：丁玲）

【音集协：卡拉OK场所复工起三个月内著作权使用费五折】 2020年6月23日，中国音像著作权集体管理协会发布了《2020年卡拉OK著作权许可使用费实施方案》，提出采取扶持性、阶梯式收费模式，就卡拉OK场所及迷你歌咏亭自正式复工之日起三个月内的著作权许可使用费，在本地区实际收费价格的基础上给予五折优惠。

根据《实施方案》，停业期间，中国音像著作权集体协会免收卡拉OK场所以及迷你歌咏亭运营商的著作权许可使用费。而卡拉OK场所及迷你歌咏亭正式运营第四个月至2020年底，应足额缴纳著作权许可使用费。

（资料来源：《北京周报》，作者：郑蕊）

【江苏国家版权贸易基地取证中心成立运营】 2020年6月30日，江苏省版权纠纷调解工作座谈会在宁召开。江苏省委宣传部、省高院、省司法厅相关领导，部分设区市中级人民法院民三庭法官，南京市部分基层法院、江苏版权纠纷调解中心、江苏版权保护中心、江苏国家版权贸易基地、紫金山版权律师联盟相关负责人及权利人企业代表参加了此次座谈会。

江苏国家版权贸易基地取证中心运用区块链、可信时间戳及数字指纹比对等先进技术搭建了线上取证服务平台，专业合规、便捷有效、成本可控地解决著作人在版权纠纷中的难题。

（资料来源：新华报业网）

【贵州启动民族民间文化版权服务工程】 2020年7月7日，中共贵州省委宣传部、贵州省版权局举办"激活价值 注力攻坚——多彩贵州民族民间文化版权服务工程"启动活动。该工程旨在通过版权登记摸清贵州省民族民间文化版权产业基本现状，提升全行业版权意识，切实推动贵州省民族民间文化版权事业健康发展。为切实实施好此次服务工程，贵州省委宣传部前期还完成了对纳雍、沿河、丹寨等9个县区近20家民族民间文化版权企业的调研。

（资料来源：《中国知识产权报》，作者：陆青剑）

【全国首单知识产权资产评估责任险落地无锡】 2020年7月，中国人民财产保险股份有限公司无锡市分公司与江苏中都国脉知识产权运营有限公司签订知识产权资产评估职业责任保险合同，为中都国脉提供合计200万元人民币的风险保障。在保险期限内，中都国脉如发生知识产权资产评估风险，无锡人保财险将在保险责任和保额范围内为其承担合计200万元的赔偿。

这是目前国内首单知识产权资产评估职业责任保险。该险种主要面向知识产权资产评估机构，保障内容涵盖评估机构因知识产权资产评估而产生的经济损失和法律调查费用。

（资料来源：无锡市知识产权局，作者：刘娟）

【《电竞通用赛事授权规范》发布】 2020年8月1日上午，在上海市委宣传部和浦东新区区委宣传部的支持下，由中国音像与数字协会设立的中国游戏产业研究院在上海揭牌，同时发布了我国电竞行业首个授权类团体标准《电竞通用赛事授权规范》。

《电竞通用赛事授权规范》主要内容包括：电竞赛事版权通则、权利的授予和行使、商业合作授权、宣传与推广授权、电竞赛事实况直转播授权和赛事授权的监管等。其核心要点在于：明确提出游戏厂商须分步骤、分阶段推动研发独立的电竞赛事产品版本，通过电竞赛事评级制度实现对电竞赛事的有效管理。

（资料来源：东方网，作者：包永婷）

【中国版权协会网络游戏版权工作委员会在北京成立】 2020 年 8 月 2 日，中国版权协会网络游戏版权工作委员会在京成立。该工作委员会隶属于中国版权协会，是由网络游戏版权领域相关企业、单位与个人自愿加入的公益性群众团体。

中国版权协会理事长阎晓宏在成立大会上指出，成立网络游戏版权工作委员会及时必要，具有权威性、代表性和示范意义。版权产业领域宽广，游戏在版权产业中占据重要位置。希望网络游戏版权工作委员会积极搭建桥梁，凝聚行业力量，加强价值引领，积极解决新型版权问题，通过行业自律与行业规范形式，加强网络游戏版权保护，建立良性行业秩序。

（资料来源：新华社）

【音数协发布《〈游戏版权侵权投诉处理规范〉团体标准征求意见稿》】 2020 年 8 月 10 日，中国音像与数字出版协会发布《〈游戏版权侵权投诉处理规范〉团体标准征求意见稿》。《规范》的主要内容包括内容结构及适用对象、规范性引用文件、术语及定义、侵权投诉处理流程、投诉发起、版权确权、侵权判定、侵权处理等 8 个方面，并附有相关示例及模板。《规范》属于推荐性团体标准，与现行法律法规和强制性标准不矛盾，供音数协会员企业和社会自愿使用。

（资料来源：《中国知识产权报》，作者：李杨芳）

【浙江瑞安 12 家企业获版权作品质押授信意向签约金】 2020 年 8 月 17 日下午，由浙江省瑞安市委宣传部（市新闻出版局）和招商银行瑞安支行主办的市版权质押银行授信签约仪式在南方喜文化创意园举行。

为缓解中小微企业融资难问题，瑞安市招商银行推出“中小微企业特色抵押贷”。该授信贷款办理手续简单，企业提交贷款资料后，招商银行根据每个企业或个人的版权作品质押物评估总值，核定“特色质押贷”贷款额度，5 个工作日即可得到贷款审批结果。

活动现场，易品智和文化创意有限公司、梵简文化传媒有限公司、毕昇木活字文化创意有限公司、亿和文化传媒有限公司、瑞安喜好剪纸馆等 12 家省市级成长型文化企业和中小微企业获得版权作品权质押授信 650 万元意向签约金。

（资料来源：瑞安市融媒体中心，作者：钱枫枫）

【著作权大数据管理平台开始公测】 2020 年 8 月 21 日，中国音像著作权集体管理协会在京召开著作权大数据管理平台试点工作线上线下交流研讨会。会上，音集协代理总干事周亚平宣布，著作权大数据管理平台当天开始在部分地区进行公测，同时向权利人、卡拉 OK 曲库设备商——VOD 企业以及文化娱乐行业协会、卡拉 OK 经营者等广泛征求意见，以进一步完善平台管理的各个环节。

该平台投入使用后，将会根据卡拉 OK 场所包房的实际开台情况，采取“有使用才有付费”的合理计费方法。该平台可以与市场现有的所有联网点唱设备实现无缝对接，消费者在点唱的同时，演唱曲目及对应权利人等信息将自动上传至数据管理平台后台，著作权人可以在平台后台查看自己作品的点唱数据，集体管理组织则会根据数据向权利人转付使用费。这样做可以推进正版歌曲得到合理付费，同时使得实时点唱数据更加透明，让权利人和使用者感受到著作权集体管理制度在卡拉 OK 作品传播中的作用。

对于广大消费者最关心的曲库曲目问题，该数据管理平台不仅包括音集协管理的环球、索尼、华纳、滚石、福茂、相信、杰威尔、太合、华谊、中唱等众多国内外知名音乐厂牌原人原唱的经典 MV 在卡拉 OK 领域的放映权，还包括音著协管理的海量音乐作品表演权，涵盖了周杰伦、林俊杰、蔡依林等歌手的经典曲目。

（资料来源：《中国新闻出版广电报》，作者：赖名芳）

【中央广播电视总台版权交易中心在沪启动建设】 2020 年 8 月 22 日，在习近平总书记发表关于宣传思想工作“8·21”重要讲话两周年之际，中央广播电视总台版权交易中心在上海启动建设，新时代城市高质量发展研究院同时筹备启动。中宣部副部长、中央广播电视总台台长慎海雄与上海市委副书记、市长龚正出席并致辞。总台版权交易中心拟打造集查询、确权、授权、交易、结算、维权于一体的版权交易平台。

（资料来源：央广网，作者：陈雯　魏然　吴琼　志玮　慧升　洪敏　恩友　殿甲）

【海南国际知识产权交易中心开业】 2020 年 8 月 28 日，海南国际知识产权交易中心正式开业。海南国知中心总经理赵军介绍说，海南国知中心将积极推动建设知识产权交易生态体系。目前，围绕知识产权运营、保护、第三方服务、数据服务、证券化探索等方面，该中心已与国内外多家企业、机构签署了60余份战略合作协议。同时，一方面，海南国知中心将创新知识产权单位许可权模式，通过标准化条款和公开交易，降低交易成本，提高交易效率，在地理标志产品、戏剧与电子竞技版权、通信等领域，优先进行标准化授权，助力“三农”、通信科技，服务文化艺术市场；另一方面，海南国知中心还将积极探索区块链技术在知识产权存证、交易中的落地应用，推动已建成的多链社区实现知识产权上链、存证，并将继续搭建“IP多链联盟”。

（资料来源：新华网，作者：王存福）

【中国版权协会文字版权工委在京成立】 2020年8月29日，中国版权协会文字版权工作委员会在京正式成立。该委员会是由文字作品版权领域相关单位和机构自愿组成的公益性群众团体，受中国版权协会直接领导，是中国版权协会的二级委员会。

成立大会上，全国政协文化文史和学习委员会副主任、中国版权协会理事长阎晓宏表示，希望文字版权工委及各发起单位在理论和实践中不断探索，使已经获得授权的作品发挥最大价值。面对一些侵权现象，文字版权工委要积极开展维权工作，在事实认定清楚的基础上协调化解矛盾。

会议审议通过了《中国版权协会文字版权工作委员会章程》，并选举产生主任委员1名，副主任委员11名，秘书长1名。

成立大会现场，阅文集团牵头，掌阅科技、人民教育出版社与腾讯QQ浏览器、百度、搜狗浏览器和搜狗搜索共同发起“阅时代·文字版权保护在行动”联合倡议，旨在通过与平台方联动，切断盗版网站内容传播链条，将正版保护机制推向全新高度，进一步推动文字内容产业良性有序发展。

（资料来源：《中国新闻出版广电报》，作者：孙海悦）

【国家广电总局广科院开展数字版权管理（DRM）服务认证工作】 为规范和引导视音频内容产业链的各方按照广播电视和网络视听行业数字版权管理相关标准开展视音频内容数字版权管理系统规划设计、集成研发、生产制造、建设运营以及版权维权等，经国家认证认可监督管理委员会批准，广电总局广播电视科学研究院获得了在“娱乐、文化和体育服务”领域开展第三方自愿性服务的认证资质，研发设计了数字版权管理（DRM）服务认证规则，面向视音频内容运营机构、DRM系统集成商、DRM设备制造商、DRM系统运行维护机构、数字版权信息管理服务机构、盗版监测和版权维权服务机构等开展DRM服务认证。

截至2020年8月底，广电总局广播电视科学研究院已完成数码视讯、江南天安、永新视博、数字太和、安视网、上海海思6家企业认证工作，累计发放服务认证证书10件。

（资料来源：国家广播电视总局）

【首家软件正版化服务中心成立】 2020年9月3日，重庆市软件正版化服务中心揭牌仪式暨正版软件推介会在中国西部（重庆）科学城举行，重庆市软件正版化服务平台正式上线运行。该中心是在重庆市版权局、重庆市经济信息委共同指导下建立的，由重庆赛宝工业技术研究院（工信部电子第五研究所西南分所）具体承担软件正版化服务中心日常运营工作。

中国工程院院士倪光南发表主旨演讲，他认为，重庆市软件正版化服务中心的成立，能够快速整合重庆软件行业优势资源，提供专家智库及专业实验室等技术支撑系统，为重庆软件正版化提供权威公正的“一站式”全生命周期专业服务，对促进重庆大数据智能化发展和数字经济示范区建设将起到先导性、标杆式的引领作用。

（资料来源：《中国新闻出版广电报》，作者：隋明照）

【北京推出国内首个版权领域行政司法协同治理平台】 2020年9月6日，北京版权保护中心“版权链”与北京互联网法院“天平链”对接建成的“版权链—天平链”协同治理平台正式启用，这是中国首个版权领域的行政司法协同治理平台。

“版权链”由证书链、维权链和交易链组成，三组链相辅相成，共同构成了版权产业的可信数字基础设施。版权证书链用于存储数字版权登记证书，提供可信的版权资产确权服务；版权维权链用于存储版权监测数据，提供侵权线索和电子存证服务；版权交易链用于版权数字资产发行和版权交易凭证存储。

“天平链”解决了电子证据存证、认证、验证难题。“天平链”上应用单位提供电子数据存证服务，存入的数据都可获得存证编号，诉讼中当事人提交该存证编号和原始电子数据，“天平链”后台可自动验证该电子数据的完整性和存证时间，并将验证结果直推法官。

（资料来源：中国新闻网，作者：于立霄）

【首届中国国际版权服务大会在京举办】 2020年9月6日，由中国出版协会、北京市委宣传部、中国新闻出版传媒集团、北京市贸促会、首都版权协会联合主办的首届中国国际版权服务大会在京举行。中国出版协会理事长、原国家新闻出版总署署长柳斌杰在大会上作题为《版权经济的核心价值》的主旨报告，北京市委宣传部副部长、北京市新闻出版局局长王野霏，中国新闻出版传媒集团董事长马国仓，中国出版协会常务副理事长兼秘书长刘建国出席论坛并致辞。大会以“5G时代的全媒体版权经济”为主题，特别设置了版权访谈板块，围绕版权服务焦点话题，与会嘉宾一同探讨了文化产品、文化服务中的版权现状，就如何建立版权保护的快速反应机制等话题展开了深入交流。

（资料来源：《中国新闻出版广电报》，
作者：孙海悦　李美霖）

【北京市软件资产智能管理平台启用】 2020年9月7日，2019年度北京地区正版软件行业影响力企业表彰大会暨北京市软件资产智能管理平台发布会在京举办，北京市软件资产智能管理平台正式启用，这标志着北京市软件正版化工作进入智能管理新阶段，实现了北京市软件资产管理规范化、常态化、制度化和信息化。

北京市软件资产智能管理平台是北京市软件正版化监督管理的重要工具。平台开通单位软件资产盘点汇总、正版化材料线上上报等软件资产管理服务，提供软件版权备案认证、内部自行立项检查、“反钓鱼”存证、申请免检、软件侵权预警等软件工作确权维权服务功能，助力提升工作效能和监管水平。

（资料来源：《中国新闻出版广电报》，
作者：王坤宁　李婧璇）

【江西景德镇昌南新区举行版权服务站授牌仪式】 2020年9月16日，江西景德镇昌南新区版权服务站授牌仪式在景德镇名坊园服务中心举行，景德镇市文广新旅局向昌南新区文体教育局授予了“景德镇市版权服务站昌南新区站点”的牌子。景德镇市文广新旅局党组成员、副局长洪唯真，昌南新区三级调研员罗志伟，文体教育局局长李胜宝、副局长汪镇松出席授牌仪式。

（资料来源：大江网）

【国家版权局网络版权保护研究基地与CBA联盟签订合作备忘录】 2020年9月17日，由国家版权局指导，国家版权局网络版权保护研究基地和清华大学法学院知识产权法研究中心在中国网络版权保护与发展大会期间联合举办了闭门会议。会议现场，国家版权局网络版权保护研究基地聘任了基地首批名誉顾问、专家顾问，并与CBA联盟就赛事节目版权保护签署了合作备忘录。

（资料来源：新华网）

【中国音像著作权集体管理协会2019年度年报发布】 2020年9月28日，中国音像著作权集体管理协会发布了2019年年报。根据年报，2019年音集协全年收取著作权使用费2.76亿元，较2018年度同比增长44%；卡拉OK运营及管理成本扣除比例为25%，创历史新低；新发展会员56家，会员总数达到247家；授权音乐电视作品数量达13.591 6万首；向6 683家卡拉OK场所发放许可。此次年报还披露了2019年度著作权使用费的分配情况、各类法律事务的处理情况以及音集协在促进著作权法发展方面所做的工作。

2019年，为了实现公平合理分配，音集协积极推动了著作权大数据管理平台的探索与运用。经建设，平台已于2020年8月21日在部分地区启动公测。除此之外，2019年音集协还加强建设许可团队，陆续在全国31个省、自治区、直辖市建立了直接管理的许可业务办公室，并在2019年下半年启用电子合同签约系统，优化签约流程，实现高效办公。

（资料来源：中国音像著作权集体管理协会）

【全国首个县级形象推广与版权管理中心在陕西铜川市耀州区揭牌】 2020年9月29日，全国首个县级形象推广与版权管理中心在陕西省铜川耀州区大数据产业园揭牌。中国版权保护中心副主任张有立，耀州区委副书记、区长张大军，区委副书记秦洁，区委常委、宣传部部长郗晓红出席揭牌仪式。张有立、张大军共同为耀州区形象推广与版权管理中心揭牌。耀州区委常委、副区长冯保华主持揭牌仪式。

（资料来源：中国经济网，作者：李威）

【2020瓷博会设立版权工作站】 2020年10月18日至22日，2020中国景德镇国际陶瓷博览会在江西省景德镇市开幕。作为中部地区首个获批创建的全国版权示范城市，景德镇市通过此届瓷博会进

一步深化版权服务示范作用，在瓷博会现场设立版权工作站，邀请省版权保护中心的工作人员和业界专家，现场就版权相关知识和法律法规等内容进行宣讲并答疑解惑。此外，现场还提供版权登记流程讲解、作品登记、审核等综合服务。有关执法人员还进驻展会对侵权问题进行现场行政执法。

（资料来源：中国知识产权资讯网，作者：纪昭瑢）

【北京142家企业投保知识产权保险】 2020年10月20日，北京市知识产权保险推进暨政银保企签约活动在京举行。会上，北京市11家制造业单项冠军企业、11家重点领域中小微企业代表与人保财险北京市分公司完成投保签约，并领取了保费补贴。北京市知识产权局与北京农商银行签订了合作协议，共同推动双方在北京市知识产权质押融资领域加强合作。交通银行北京市分行、北京银行中关村分行等机构联合发布了北京市知识产权金融合作倡议书，携手推动北京知识产权金融创新服务生态建设。北京市142家科技型企业已投保知识产权保险1 660件。

2020年1月起，北京市知识产权局、市金融监管局、市科委、市经济和信息化局、市财政局、中关村管委会和北京银保监局等七部门共同开始开展北京市知识产权保险试点工作。试点以来，北京市知识产权局会同各部门，指导保险公司推出包括专利执行险、专利被侵权损失险及其组合险的保险产品。同时组织银行、保险公司等金融机构以知识产权金融为切入点，组建知识产权金融服务包，进一步扩大保险试点工作覆盖范围，打造知识产权保险“北京模式”。

（资料来源：《中国知识产权报》，作者：杨柳）

【2020中国·北京国际版权授权大会召开】 2020年10月21日至22日，由中宣部版权管理局指导，国家版权交易中心联盟主办的“2020中国·北京国际版权授权大会”在北京召开。美国电影协会、韩国文化著作权协会、中国民族文化艺术基金会、中广联合会有声阅读委员会、工业和信息化部工业文化中心等200家境内外文化产业的头部机构和企业参加。

开幕式上，中宣部版权管理局局长于慈珂重申了国家版权局2020年会以网络环境下的版权保护和产业发展为主要内容，以鼓励查办网络侵权盗版案件为重点，促进版权保护，助推产业发展。于慈珂强调，国家版权局会不断加强版权创作、保护和运用，大力优化版权社会服务，完善版权授权交易体系，推动版权产业快速发展。

（资料来源：光明网，作者：孙满桃）

【宁夏首个版权服务工作站成立】 2020年10月27日，宁夏首个版权服务工作站在银川经开区育成中心正式挂牌成立。宁夏版权服务工作站负责宣传贯彻著作权法律法规，帮助有关企事业单位建立版权管理与保护制度，配合版权行政管理部门和执法部门进行版权调查和统计工作，在指定区域开展版权相关服务，免费承担对一般作品登记提交的申请（包括电子版）进行初审及咨询等工作。

（资料来源：中国新闻网，作者：于晶）

【甘肃媒体版权保护中心揭牌成立】 2020年10月28日，在2020甘肃媒体融合创新与发展论坛上，甘肃媒体版权保护中心正式揭牌成立。中心由甘肃新媒体集团和丝绸之路国际知识产权港联合成立，每日甘肃网负责运营，是全省首家实现媒体版权确权、侵权监测、存证固证、运营交易、维权保护全链条的媒体版权服务平台。该中心主要以《甘肃日报》、甘肃日报报业集团各子报、甘肃新媒体集团各平台内容资源为依托，面向全省各级各类媒体机构开展媒体版权保护、运营、维权等服务，形成媒体版权保护联动机制，构建媒体版权确权、用权、维权共同体。

（资料来源：《甘肃日报》，作者：薛砚　东知布）

【海南国际知识产权交易中心挂牌专利商标版权数量超10万件】 截至2020年10月底，在海南国际知识产权交易中心挂牌的专利、商标、版权等数量超10万件，该中心已与国内外多家头部企业、机构围绕知识产权评估、担保、法律维权、数据服务、证券化业务等方面签署了60余份合作协议，初步建成了比较完整的围绕知识产权交易的生态体系。

（资料来源：《中国知识产权报》，作者：陈凯姿）

【于慈珂调研上海音乐版权服务平台】 2020年11月5日下午，中宣部版权管理局局长于慈珂在上海虹口区委常委、宣传部长吴强等领导的陪同下，调研了国家音乐产业基地上海音乐谷及纽班文化等入驻企业。由上海音乐谷、牛班音乐、上海国家版权贸易基地及冠勇科技等单位联合发起建设的上海音乐版权服务平台，面向词曲作者及音乐人，基于区块链、人工智能等技术，提供全链路的音乐版权存证、监测维权等版权服务。

于慈珂对上海虹口区政府、音乐谷对音乐版权的重视表示肯定，指出音乐版权产业发展潜力很大，在目前热门的网络短视频、网络直播中广泛、高频使用，提出立足长三角，打造面向全国的音乐版权服务平台，具有长远意义，希望各方重视，积极推动。

（资料来源："版人版语"公众号）

【重庆首个原创音乐版权孵化中心成立】 2020年11月7日下午，由重庆市版权局主办，南岸区委宣传部、华龙网集团、重庆市原创音乐版权孵化中心承办的重庆市原创音乐版权孵化中心授牌（展演）暨重庆版权大讲堂开讲仪式，在南岸区龙门浩老街龙门剧场举行。该中心是在重庆市版权局的指导下，由华龙网集团、酷豆音乐、拍手影视成立。

活动中，重庆版权大讲堂正式开讲。该讲堂每月举办1期，首届计划连续举办12期，邀请业界专家学者等就版权保护法律法规、版权授权运营与开发、版权产业发展与模式创新等话题进行专题讲解。

（资料来源：人民网—重庆频道，作者：赵迎昭）

【2020年成都数字版权交易博览会开幕】 2020年11月27日，2020年成都数字版权交易博览会在成都西博城正式拉开帷幕。本届数交会为期两天，主题为"版权新生态、数字新经济"。开幕式上，中国数字版权产业联盟正式成立，中国数字版权产业联盟"斑马链"签约入驻了四川省区块链基础设施"蜀信链"。此外，枣庄国家版权贸易基地与中国数字版权产业联盟、天府新区管委会与成都中版国信数字版权科技有限公司还分别进行了现场签约。

大会期间举办了数字版权产业与发展论坛、数字版权圆桌会议、数字版权在线课堂等活动，探讨在信息技术快速更迭的互联网时代，版权保护及版权管理体系的改革发展、版权交易模式的创新与实践运用、科技赋能版权领域的创新发展以及数字版权建设助力数字经济发展等话题。

（资料来源：《成都日报》，作者：王嘉）

【重庆原创音乐版权孵化基地落户大渡口】 2020年12月10日，由重庆市版权局、重庆市大渡口区委区政府主办，重庆市大渡口区委宣传部、重庆市大渡口区文旅委、重庆市原创音乐版权孵化中心、华龙网集团承办的重庆市原创音乐版权孵化基地授牌仪式暨音乐展演在大渡口区步行街举行，重庆市原创音乐版权孵化基地正式落户大渡口区。活动当天，大渡口区政府与华龙网集团签署《重庆市原创音乐版权孵化中心服务大渡口区钓鱼嘴音乐半岛建设战略合作协议》。

（资料来源：《重庆日报》，作者：赵迎昭　刘一叶）

【中国版权协会启动"中国版权链"】 2020年12月10日，在珠海举行的2020中国版权年会上，"中国版权链"正式启动，全国政协文化文史和学习委员会副主任、中国版权协会理事长阎晓宏出席启动仪式。

"中国版权链"可基于区块链去中心化、防篡改、可溯源的特性，提供"一站式"区块链版权服务解决方案。在版权确权环节，"中国版权链"能直接关联数字内容版权方，简化传统版权方向监管部门申请版权认证的流程，快速实现版权登记，作品产生就能上链进行确权存证；在侵权监测存证环节，"中国版权链"可为版权方提供全平台、全时段的侵权监测服务，一旦发现侵权行为，就可一键实现证据固证上链，从而有效降低举证成本；在司法维权环节，"中国版权链"可实现电子证据与司法系统互联互通，司法机关可通过专门的入口对电子证据进行核验，方便用户举证和法官核验证据。

（资料来源：《中国新闻出版广电报》，作者：赖名芳）

【广州将打造全国首家版权金融服务中心】 2020年12月16日，在中国游戏产业年会"游戏IP化与文创产品分论坛"上，中国新闻出版研究院与广州市文化金融服务中心就广州版权金融服务中心达成系列合作。中国新闻出版研究院为广州版权金融服务中心提供政策研究支持、平台支持、学术支持，在规划设计、宣传推广、平台搭建、渠道推介等多方面与广州版权金融服务中心开展合作。

"黄埔版权投资基金"于当日同时启动，目标规模100亿元。该基金由广州市文化金融服务中心、黄埔文化（广州）发展集团有限公司、广州开发区金融控股集团有限公司等10家机构、企业和黄埔区文化特色银行共同筹建，适用于版权抵质押、版权股权投资的创新金融产品，以进一步完善游戏、动漫等文化产业发展的金融链条。

（资料来源：《中国新闻出版广电报》，作者：王坤宁）

【影视版权发展与研究智库在沪成立】 2020年12月18日，由上海市影视版权服务中心联合上海市影视制作业行业协会、上海市影视摄制服务机构共同打造的“影视版权发展与研究智库”在上海成立，来自影视制作、金融、视频平台、电影节电视节组委会、授权业务公司等不同领域的30名首批专家入驻智库。

该智库以服务中心为依托，以影视版权发展与研究、授权与衍生为重点，以版权创造与开发、版权评估与投资、人才培养与扶持为辐射，通过逐步完善影视版权推广与监测服务咨询体系、影视版权价值评估与转化服务咨询体系、影视版权监测与维权服务咨询体系等，促进智库成果的转化应用。

（资料来源：《中国知识产权报》，作者：李伟）

【2020年文著协收取版权费首次突破2 000万元】 2020年，中国文字著作权协会为文字作品著作权人收取使用费2 236万元，首次突破2 000万元，相较2019年增长了15%。除人民教育出版社、江苏教育出版社、《读者》、《青年文摘》等几十家教育出版社、文摘类报刊持续向文著协交纳法定许可著作权使用费外，语文出版社、《特别关注》、《现代快报》、《半月选读》等也开始交纳该笔费用。首都版权协会也将北京地区报刊转载使用费150余万元交给了文著协。

通过主动查找作者、主动核实作者信息和主动发放著作权使用费的“三主动”方法，文著协在2020年年度内向会员和其他著作权人转付和分配著作权使用费累计达1 210万元，惠及作者1 730余人次，涉及文章近5 000篇，样书3 000余册。除此以外，文著协还代表会员就教科书选文使用费起诉了个别出版社，并最终帮助会员达成和解，既节省了作者的维权成本，又避免出版单位遭遇更多的诉讼。

（资料来源：《中国知识产权报》，作者：窦新颖）

◆ 国际交流与合作

【中国图书亮相马斯喀特国际书展】 2020年2月22日，为期10天的第25届马斯喀特国际书展在阿曼国际会展中心开幕，来自32个国家的946家出版发行机构在此聚集，人民天舟首次赴阿曼参展。

人民天舟是由人民出版社、天舟文化股份有限公司和中国少年儿童新闻出版总社共同设立的对外专项出版企业。此次书展上，人民天舟为当地读者准备了3 000余册阿语、法语、英语书籍和极具中国特色的文创产品。其中，《平“语”近人——习近平总书记用典》（阿语版）、《以习近平同志为核心的党中央治国理政新理念新思想新战略》（阿语版）等主题图书讲述了中国领导人的执政理念，展示了当代中国的发展面貌；科普图书《漫画十万个为什么》系列（法语版）等少儿图书带领青少年读者遨游奇妙知识世界。

（资料来源：《中国新闻出版广电报》，作者：王坤宁）

【中国出版界向伊朗捐赠新冠肺炎防治读物版权】 2020年3月4日消息，日前，中国多家出版社向伊朗同行捐赠了多部新冠肺炎防控主题图书的版权。《张文宏教授支招防控新型冠状病毒》《新型冠状病毒肺炎防控指南漫画版》《新型冠状病毒感染防护》这三本有关新冠肺炎防治的书籍成功进入伊朗市场。阿里·哈卡巴赞是伊朗一家儿童出版社的负责人，也是此次防疫主题图书的出版商之一。他说：“新冠肺炎疫情的暴发是一个世界性的事件，现在伊朗形势也很严峻，每个人都有义务在疫情防控上发挥自己的作用。中国合作方给我发来4本图书供选择，我选了其中的两本。这两本书内容简短易懂，重点也都涉及，适合普及知识。我们打算把它们翻译成电子书籍，由卫生部审批以后再提交给卫生部下属机构、各个大学及相关防疫组织，由他们在网上向公众推广。”

（资料来源：国际在线，作者：雷湘平　李惠中）

【湖北战“疫”图书实现多语种版权输出】 2020年3月10日，《新型冠状病毒肺炎预防手册》英语版在北美地区正式上市，由美国西蒙·舒斯特出版公司发售。2020年3月14日，《新型冠状病毒肺炎预防手册》韩语版也正式出版。《新型冠状病毒肺炎预防手册》由湖北科学技术出版社出版，由钟南山院士作序，从认识冠状病毒、理解传播风险、早发现早治疗、个人预防措施、场所卫生要求和传染病相关知识等方面，图文并茂地为大众解答在抗击新冠肺炎疫情中的疑惑。该书收到了全球多个国家和地区的近百个版权贸易合作意向，已经达成了至少12个语种的版权输出协议，包括英语、韩语、意大利语、德语、法语、西班牙语、泰语、希腊语、波兰语、葡萄牙语等。

（资料来源：《中国新闻出版广电报》，作者：汤广花）

【人民出版社输出三本抗疫图书版权】 2020年3月17日消息，近日，人民出版社与美国圣智学习集团盖尔公司和加拿大皇家柯林斯出版集团分别签订了《中国疫苗百年纪实》《最美逆行者》《战“疫”日记》三本图书英文版的输出版权协议。这三部图书均为人民社新近出版的纪实类作品。美国圣智学习集团盖尔公司和加拿大皇家柯林斯出版集团有关负责人表示，中国抗疫图书英文版可以帮助全球读者通过“中国故事”，了解借鉴中国经验。

（资料来源：《中国新闻出版广电报》，作者：史竞男）

【苏少社原创抗疫绘本实现5国版权输出】 2020年3月25日消息，春节期间，江苏凤凰少年儿童出版社召集一批优秀中青年作家、插画家，策划了“童心战‘疫’·大眼睛暖心绘本”（6册）。该套图书以儿童的视角，聚焦战“疫”过程中不同家庭、不同生命之间发生的感人故事，通过文学化、艺术化的表达与呈现，引导儿童正确认识、应对危机和困境，感悟人间大爱，收获成长。该图书已经取得尼泊尔、黎巴嫩、越南、印度、美国等5国的海外版权，可以尼泊尔语、阿拉伯语、越南语、印地语、英语等5种语言在海外推广。另外，苏少社也已和英国、澳大利亚等多国出版商达成了版权输出意向，并根据国际儿童读物联盟（IBBY）主席张明舟的倡议将这套图书版权无偿赠送给IBBY的80个国家分会及其他国外出版机构、组织或平台，免费提供给世界各国儿童阅读。

（资料来源：《中华读书报》，作者：桂琳）

【《青少年知识产权问答》以六种语言出版并在世界范围内发行】 2020年4月1日消息，中国国家知识产权局（CNIPA）和世界知识产权组织（WIPO）联合编写的《青少年知识产权问答》一书以中文、英文、法文、俄文、阿拉伯文和西班牙文等六种语言版本出版并在全世界范围内发行。该书由WIPO中国信托基金提供支持，知识产权出版社和北京君策知识产权发展研究中心负责具体编辑和出版工作。

《青少年知识产权问答》采用问答形式，通过128道问答题，涵盖了知识产权制度的一般规则、专利、版权、商标基础知识，以及其他知识产权形式如地理标志、集成电路布图设计、植物新品种、传统文化及遗传资源保护等。该书六种语言的电子版均可从WIPO官网免费下载。

（资料来源：中国知识产权资讯网，作者：李铎）

【广东多家出版社输出抗疫图书版权】 2020年4月8日，广东省出版集团旗下多家出版社向美国、加拿大、印度、日本等国家输出多本抗疫图书版权，分享中国抗疫经验。广东科技出版社出版的《新型冠状病毒感染防护》已发行英文版、韩文版、波斯文版，哈萨克文版、俄文版、意大利文版、西班牙文版、德文版、葡萄牙文版等11个版本也在出版计划中；广东教育出版社出版的《写给孩子的新型冠状病毒科普绘本》版权已输出到加拿大、俄罗斯、日本、泰国、老挝、印度尼西亚、马来西亚、越南等多个国家；新世纪出版社出版的《预防新型冠状病毒——有趣有用的健康科普知识》已与美国、阿联酋和越南的3家出版社签署了版权输出合约。

（资料来源：《中国新闻出版广电报》，作者：徐平）

【“走进中国战舰丛书”实现10个语种版权输出】 2020年4月20日消息，由华东师范大学出版的重大军事题材纪实文学作品“走进中国战舰丛书”已实现英语、德语、俄语、意大利语、葡萄牙语、土耳其语、印地语、格鲁吉亚语、乌克兰语、乌尔都语10个语种9个国家的版权输出。

该丛书以辽宁舰、“和平方舟”号医院船、海口舰等明星舰艇为观察坐标，书写了人民海军及舰艇装备70多年艰苦卓绝的发展历程，讲述了一代代海军官兵和国防军工战线创新发展理念、接续奋斗追梦的故事，诠释了中华民族从近海走向深蓝的强国强军之路。该丛书已入选2020年度国家出版基金项目和2019年上海文创基金项目，自2019年12月出版以来，受到国内外媒体的广泛关注。

（资料来源：《中国新闻出版广电报》，作者：金鑫）

【广西教育出版社多部抗疫图书版权输出海外】 2020年7月17日消息，近日，广西出版传媒集团旗下广西教育出版社就“病毒的故事”儿童主题教育绘本（共3册）与阿联酋指南针出版社达成出版意向，双方成功签约阿拉伯语版权输出协议。“病毒的故事”儿童主题教育绘本共3册：《病毒来了》普及了关于病毒的轻科普知识；《病毒防护网》传达了健康生活观念；《再见了，病毒小怪兽》展现了对疫情和生命的反思。

“病毒的故事”儿童主题教育绘本阿拉伯语版权的输出，能够帮助阿拉伯地区儿童更科学、理性、从容地认识及面对新型冠状病毒，思考人与自然和谐共生的关系，积极引导全球共同抗击新冠肺炎疫情。

（资料来源：《中国新闻出版广电报》，作者：朱丽娜）

【《查医生援鄂日记》英文版首发输出九个语种版权】 2020年8月18日上海书展最后一日，《查医生援鄂日记》英文版全球首发。《查医生援鄂日记》由上海交通大学医学院附属仁济医院主编、查琼芳撰写，收录了2020年1月24日至3月31日期间67篇查医生日记，完整记录了上海第一批援鄂医疗队68天的抗疫经历。该书中文版于2020年4月在国内出版，并入选了中宣部2020年主题出版重点出版物选题目录。

该书已实现包括英语、越南语、日语、法语、西班牙语等9个语种的版权输出。经多方评估，上海交通大学出版社最终选择了Naturalogic出版社（Naturalogic Publishing Inc.）负责出版英文版。英文版翻译工作由著名翻译家、上海外文学会会长叶兴国教授完成。

（资料来源：澎湃新闻，作者：陈少颖）

【第十届北京国际电影节落幕】 2020年8月29日，为期8天的第十届北京国际电影节在京落幕。为避免人员聚集，本届北影节北京市场招商展会的现场全部在线上。共有超430家展商参加“云上北京市场”，海外展商来自德国、法国、伊朗、以色列、菲律宾等20多个国家和地区，共计展出影视项目616个。在8月28日举办的北京市场签约仪式上，共有21个重点项目、46家企业现场签约，110个项目在北京市场签约发布，总金额达到330.89亿元人民币，同比增长约7%，再次打破纪录。

（资料来源：《中国新闻出版广电报》，作者：郝天韵　李雪昆）

【AR图书《熊猫日记》系列版权输出海外】 2020年9月9日消息，日前，英国Inception公司获得了安徽少年儿童出版社《熊猫日记》启蒙图画书系列AR图书双语版的全球制作和发行权。据出版方安少社相关负责人介绍，英国Inception公司将以安少社的纸质书为基础，在该系列首推的“春天的故事（10册）”电子版中加入AR技术，列入其独立开发的Bookful APP中，并在全球范围内推广发行给百万以上的订阅用户。

安少社对外合作部主任古红霞表示，以往的版权输出多为纸质书，鉴于疫情防控的特殊原因，安少社决定输出电子内容版权，并融合新技术，为国外读者带来耳目一新的阅读体验。《熊猫日记》的成功会带给国内出版社更多的信心，鼓励其在未来继续通过融合新技术讲好中国故事，让更多优秀原创作品有机会走到世界读者面前。

（资料来源：《光明日报》，作者：李苑　柳洁）

【腾讯音乐受邀参加世界知识产权组织大会】 2020年9月16日，为期三天的世界知识产权组织（WIPO）全球数字内容市场会议召开，聚焦全球数字技术在创意产业领域的最新发展，腾讯音乐娱乐集团CEO彭迦信受邀参会。

彭迦信介绍，基于十多年对中国数字音乐市场的深度耕耘，以腾讯音乐为代表的数字音乐平台创造了在线音乐和以音乐为中心的社交娱乐服务的双轮驱动发展模式，持续探索数字化商业新模式，创造出例如数字专辑、TME live等新商业模式，为未来全球内容格局发展打造了新的价值增长点。另外，以腾讯音乐为代表的数字音乐平台还通过开放平台，在收入、宣发等层面给予内容创作者以扶持，借助对创作者的资源投入，促进内容产业孵化出更大的价值。通过实施这些举措，中国的数字音乐平台推动了整体音乐产业的发展，也为内容出海、全产业链打通等议题提供了参考性经验。

（资料来源：中国知识产权资讯网，作者：姜旭）

【阎晓宏当选世界知识产权组织《视听表演北京条约》首届缔约方会议主席】 2020年9月21日至25日，在瑞士日内瓦举行的世界知识产权组织成员国大会第61届系列会议上，中国版权协会理事长阎晓宏当选为《视听表演北京条约》首届缔约方会议主席。这是我国代表首次在世界知识产权组织担任版权领域条约缔约方会议主席职务。

阎晓宏的当选是中国国力和影响力在全球不断上升的体现，也是我国积极参与全球版权治理，主动承担国际责任的体现，有利于加强中国与世界知识产权组织各成员国之间的沟通和交流，增强发展中国家在国际事务中的代表性和发言权，为推动形成更加公正合理的国际版权秩序提供中国方案，贡献中国力量和中国智慧。

（资料来源：国家版权局）

【第 27 届北京国际图书博览会版权贸易创新高】 2020 年 9 月 30 日，第 27 届北京国际图书博览会 5 天展期告一段落，常态化的贸易和交流继续在“云”上进行。2020 年，创办 34 年的北京国际图书博览会首次移师线上，全面创新办展方式。本届图博会云书展吸引了 97 个国家和地区的约 1 400 家展商线上注册，展示了 3.8 万余种中外版权图书、30 多万种实物贸易图书，参展国家和地区数超过往年。其中，“一带一路”沿线国家和地区达 31 个，新展商数量达 200 家，国际出版企业 50 强中有 25 家注册参展。据初步统计，自图博会线上平台开放以来，共达成中外版权贸易协议（含意向）6 788 项，同比增长 13.2%，版权贸易创新高。其中，达成各类版权输出与合作出版意向和协议 4 395 项，同比增长 14.45%；达成引进意向和协议 2 393 项，同比增长 10.99%。

（资料来源：《人民日报》，作者：张贺）

【北京国际音乐节严格版权保护】 2020 年 10 月 20 日，第二十三届北京国际音乐节闭幕。在全球抗击新冠肺炎疫情的大背景下，2020 年北京国际音乐节购买了大量版权，为观众带来了超过 240 小时的音视频节目，涉及各类音乐作品多达 2 000 余段。

此次音乐节大量采购正版音乐用于线上播放，除了在国内起到示范作用外，也是对全球音乐产业的自觉支持。北京国际音乐节的这一举措获得了包括拿索斯中国（Naxos China）、环球音乐（Universal Music Group）、索尼音乐（Sony Music）等知名音乐内容提供商的支持。在此次音乐节新闻发布会上，环球音乐集团、德意志唱片公司和拿索斯音乐集团的负责人通过视频的方式表达了敬意与祝愿。

（资料来源：《北京青年报》，作者：郭佳）

【法兰克福书展在线上成功举行】 2020 年 10 月 18 日，第 72 届法兰克福国际书展闭幕。受新冠肺炎疫情影响，本届书展绝大多数活动转至线上举行。据主办方介绍，为期 5 天的书展多频道各类线上活动共计 260 小时。截至 2020 年 10 月 16 日，已有来自 180 多个国家和地区的约 14.8 万名用户观看了各类线上节目。同时，书展有来自 103 个国家和地区的约 4 400 家参展机构通过网络平台进行了商务拓展和推介活动。来自中国大陆的 120 多家出版机构参加了书展。

（资料来源：新华社，作者：左为　沈忠浩）

【腾讯视频与日本 NBC 环球娱乐达成战略合作】 2020 年 10 月 19 日消息，腾讯视频宣布与日本 NBC 环球娱乐有限责任公司达成战略合作，NBC 环球娱乐将在日本独家发行 2020 年腾讯视频最受欢迎的中国剧集。通过此次合作，日本 NBC 环球娱乐的中国影视剧内容资源能够得到有效丰富，与此同时，腾讯视频的优质国产剧集也能通过日本 NBC 环球娱乐触达更多当地用户。

自 2017 年始，腾讯视频已向海外输出了 80 余部影视剧、20 余部综艺节目、多部纪录片与国漫动画，覆盖超过 200 个国家及地区。

（资料来源：《经济参考报》）

【爱奇艺输出多部短剧版权】 2020 年 10 月 21 日消息，爱奇艺近日对外宣布，其迷雾剧场多部短剧作品已经实现在全球多个国家和地区发行。具体而言，迷雾剧场中的短剧《隐秘的角落》已经被日本电视台 WOWOW 引进，为其首部全权引进的中国电视剧，将于 2021 年初首播；《十日游戏》已在新加坡电视台 Singtel 播出，《在劫难逃》《沉默的真相》也即将在该台陆续播出；《十日游戏》《隐秘的角落》《沉默的真相》等将在中国香港特区、澳门特区的主流电视台以及韩国等相继亮相。此外，《隐秘的角落》还获得了韩国釜山国际电影节主办的第二届“亚洲内容奖”5 项提名，入围最佳亚洲电视剧、最佳技术成就奖等多个奖项。

（资料来源：中国知识产权资讯网，作者：窦新颖）

【世界知识产权组织中国办事处一行访问上海市知识产权局】 2020 年 11 月 4 日，世界知识产权组织中国办事处主任刘华一行访问了上海市知识产权局。上海市知识产权局局长芮文彪接待了来访客人，双方就深化知识产权领域合作开展了深入交流。刘华介绍了 WIPO 中国办事处的工作情况，她高度评价了上海在知识产权领域取得的成绩，希望双方在现有良好合作的基础上，进一步加强和拓展与上海在知识产权领域的友好合作，为上海加快打造国际知识产权保护高地提供支撑。WIPO 中国办事处高级顾问吕国强、顾问邓玉华，上海市知识产权局国际合作交流处负责人等参加会见。

（资料来源：上海市知识产权局）

【《区域全面经济伙伴关系协定》全面提升区域内知识产权整体保护水平】 2020 年 11 月 15 日，区域全面经济伙伴关系协定（RCEP）签署。此次签署

RCEP的共有东盟10国和中国、日本、韩国、澳大利亚、新西兰15个国家。

RCEP知识产权章共包含83个条款和过渡期安排、技术援助2个附件，是RCEP协定内容最多、篇幅最长的章节，也是我国迄今已签署自贸协定所纳入的内容最全面的知识产权章节。涵盖了著作权、商标、地理标志、专利、外观设计、遗传资源、传统知识和民间文艺、反不正当竞争、知识产权执法、合作、透明度、技术援助等广泛领域。既包括传统知识产权主要议题，也体现了知识产权保护发展的新趋势。过渡期和技术援助相关规定，旨在弥合不同成员发展水平和能力差异，帮助有关成员更好地履行协定义务。

总的来看，RCEP知识产权章在世贸组织《与贸易有关的知识产权协定》基础上，全面提升了区域内知识产权整体保护水平，在充分尊重区域内不同成员发展水平同时，为本区域知识产权的保护和促进提供了平衡、包容的方案，将有助于促进区域内创新合作和可持续发展。

（资料来源：商务部中国自由贸易区服务网）

【首届上海国际网络文学周聚焦网文产业化和国际化】 2020年11月16日，由上海市新闻出版局指导，上海市出版协会、阅文集团主办，浦东新区区委宣传部支持的“2020首届上海国际网络文学周”在上海浦东正式开幕。本届活动以“开放文学力量 网聚时代精彩”为主题，邀请了来自英国、意大利、波兰、新加坡、巴基斯坦、菲律宾等国的作者、译者，以及韩国、泰国网络文学企业代表共同参与。文学周开幕当天，主办方发布了《2020网络文学出海发展白皮书》，首次披露网络文学海外市场分析及用户画像。当下，中国网络文学出海正经历从内容到模式、从区域到全球、从输出到联动的不断升级。根据《2020网络文学出海发展白皮书》，网络文学出海呈现三大趋势：翻译规模扩大、原创全球开花以及IP协同出海。

开幕式上，主办方还揭晓了一系列海外热门作品奖项。其中，最受欢迎原创作品由*My Vampire System*、*Hellbound With You*获得，作者分别为英国作家JKS Manga和菲律宾作家KazzenlX。

（资料来源：中国知识产权资讯网，作者：姜旭）

【2020成都中日韩企业版权产业发展峰会在蓉开幕】 2020年11月26日，2020成都中日韩企业版权产业发展峰会在成都开幕。此次峰会由国家版权交易中心联盟、日本CODA、东亚文化中心、12426版权监测中心和成都市版权协会等单位联合主办，分享中、日、韩版权产业发展情况及授权经验，深化与日韩两国在文化创意产品、创意服务贸易领域的交流与合作，聚焦出版、动漫、游戏、设计、文博、文创等版权相关产业领域，打造集版权交流、合作、展示为一体的国际平台。

（资料来源：中国新闻网，作者：单鹏）

【中国国际著作权集体管理高峰论坛在京举行】
2020年12月2日，由国家版权局指导、中国音像著作权集体管理协会主办的中国国际著作权集体管理高峰论坛在京举行，这是新修《著作权法》公布后，首个专注研讨著作权集体管理相关问题的国际高峰论坛。全国人大法工委、最高人民法院、中宣部政研室、中宣部版权管理局、文化和旅游部市场管理司等部门相关负责人，世界知识产权组织中国办事处、国际唱片业协会、英国录音表演权协会等国际组织代表，以及音乐权利人代表、卡拉OK从业者、互联网平台企业代表、部分高校专家学者等200余名嘉宾出席论坛。与会嘉宾就新修《著作权法》视野下集体管理制度的发展和完善将对国内外著作权集体管理的发展态势、理论建设、制度创新、司法实践等产生哪些影响，以国际视野和顶层思维进行了前瞻性的讨论和分析。论坛上还举办了“2020年度版权保护奖”颁奖仪式、音集协与北京字节跳动集团战略合作协议签约仪式、卡拉OK歌曲“金麦榜”启动仪式。

（资料来源：《中国新闻出版广电报》，
作者：赖名芳）

【中新签署关于经典著作互译出版的谅解备忘录】 2020年12月8日上午，在以视频形式举办的第十六届中新双边合作机制（JCBC）会议上，中新双方国家领导人共同宣布签署《中华人民共和国国家新闻出版署与新加坡共和国文化、社区及青年部关于经典著作互译出版的谅解备忘录》等事项，以贯彻落实习近平总书记在亚洲文明对话大会上提出的“中国愿同有关国家一道，实施亚洲经典著作互译计划”重要倡议精神，中宣部副部长张建春代表国家新闻出版署在备忘录上签字。按照备忘录约定，双方商定启动“中新经典著作互译出版项目”，以支持两国经典和重要著作的互译和出版。这是自“亚洲经典著作互译计划”启动以来，中国与亚洲国家之间签署的首份关于经典著作互译出版的备忘录，对向外译介中国精品力作，推动中外文明交流互鉴具有积极意义。

（资料来源：《中国新闻出版广电报》，作者：章红雨）

【2020 中欧互联网知识产权保护与创新大会召开】 2020 年 12 月 8 日，由中国产学研合作促进会反侵权假冒中心和 IP Key 中国共同主办的 2020 中欧互联网知识产权保护与创新大会在北京召开。来自中国政府部门、欧盟驻华代表团、欧盟知识产权局，以及英国、德国、美国、韩国、日本等驻华机构，高校、科研机构、各行业协会、企业的 200 余名代表参会。与会嘉宾围绕加强电商领域知识产权保护、加强中欧知识产权合作、加大海关知识产权保护力度、做好行政执法和司法衔接等议题进行了交流。

（资料来源：中国知识产权资讯网，作者：冯飞）

◆ 产业发展

【津辽两地出版集团签署合作协议】 2020 年 1 月 7 日，天津出版传媒集团与辽宁出版集团在津签署战略合作框架协议，天津市委常委、宣传部部长陈浙闽出席签约仪式，天津出版传媒集团党委书记、总经理杨红杰与辽宁出版集团党委书记、董事长杨建军分别代表双方签字。双方将在内容资源、产品平台以及渠道市场等方面实现互联互通，推动天津出版传媒集团及其旗下出版社成为首批入驻北方国家版权交易中心的企业，进行文字、图片、音视频、动漫、游戏、AR、VR、H5 等全媒体制作和 IP 联合开发，拓展全版权运营，进一步展开在纸张采购、按需印刷、图书购销、文创数字产品营销和仓储物流等方面的深入合作。同时，双方还会开展教育信息化服务项目，通过需求定制、平台复制、本地化运维服务，生成、管理并应用区域教育大数据，打造具有示范效应的标杆案例，推动优质资源开发，促进实践服务全面落地天津。

（资料来源：《中国新闻出版广电报》，作者：韩萌萌）

【中国软件产业年会举行】 2020 年 1 月 8 日，由中国软件行业协会主办，以“软件定义的时代——数字、融合与生态”为主题的 2020 中国软件产业年会在京举行。

据工信部信息技术发展司发布的数据显示，2019 年 1—11 月我国软件产业收入达 6.46 万亿元，同比增长 15.5%。工信部信息技术发展司司长谢少锋表示，我国软件产业发展呈现出 4 个特点：软件规模和效应快速提升，产业的集聚效应日益显现，技术创新能力明显增强，融合支撑的作用日益显现。截至 2019 年 11 月，软件著作权登记量已突破 124.5 万件，月登记量较 2018 年同期增长近 5 万件，重点企业研发投入的强度超过 20%，如云计算、智能语音、人工智能、开发框架等众多开发产品加速赶超世界一流水平。

此次年会还举行了高峰论坛，探讨在当前智能化引领、数字化转型背景下如何充分发挥软件驱动下的数字变革作用，推动经济发展的质量变革、效率变革和动力变革等。孙家广、廖湘科、李伯虎等 8 位中国工程院院士在会上发表演讲。

（资料来源：《中国新闻出版广电报》，作者：赖名芳）

【喜马拉雅主播数破千万 2019 年主播现金分成 16.34 亿元】 2020 年 1 月 16 日，音频分享平台喜马拉雅宣布，其主播数量已突破 1 000 万，2019 年主播们从喜马拉雅平台共获得 16.34 亿元现金分成。

喜马拉雅打造基于音频的生态经济生态圈，从流量、分成、资本三方面为主播赋能，使得主播可以通过知识付费、广告、直播、有声书等多元模式实现商业变现。与此同时，喜马拉雅也积极在音频生态上下游产业进行资本赋能，抛开过去先有纸质出版物后有音视频介质的传统模式，开创视听一体、相互赋能的融媒体出版新业态，吸引了央视新闻、《人民日报》评论版、《半月谈》、《南方都市报》、封面新闻等 5 000 多家媒体机构入驻。数据显示，喜马拉雅已与阿里、百度、腾讯、华为等头部企业达成合作，90%以上的智能音箱都已接入喜马拉雅的内容。同时，喜马拉雅也加大了对汽车、智能家居等终端的布局，与特斯拉、保时捷、捷豹、路虎、宝马、奥迪等头部汽车企业展开了深入合作。

（资料来源：中国知识产权资讯网，作者：侯伟）

【广电总台和体育总局合作加强体育知识产权保护】 2020 年 1 月 19 日，中央广播电视总台和国家体育总局在北京签署战略合作协议，双方将共同构建可持续发展的中国自主、自有、自办赛事体系，加强体育知识产权保护，强化国家体育公共服务。

根据协议，双方将创办《中国席位》《体育榜样》等一批覆盖中国全部夏季、冬季奥运项目的独家节目，打造《体育风云人物评选》等一系列大型活动，等等。国家体育总局局长苟仲文在致辞中指出，国家体育总局与中央广播电视总台的深度合作，能够促进双方优势互补、资源整合、协同发力，共同推进体育事业健康发展。中宣部副部长、中央广播电视总台台长慎海雄在签约仪式上致辞时表示，战略合作的达成，将为受众带来更加丰富多彩的自主赛事和精彩内容。

（资料来源：《中国新闻出版广电报》，作者：郁思辉　王梦）

【京东京纪圈发布 2019 年度 IP 授权合作报告】 2020 年 1 月，京东京纪圈发布了 2019 年度 IP 授权合作报告。根据京东大数据，IP 授权业务在 2019 年发展迅速，授权市场合作需求激增：京纪圈有效 IP 数同比增长 100%，帮助版权方达成合作案例超 100 例，帮助 IP 触达商家近 20 万个，IP 授权领域呈授权形式多样化和授权元素定制化的发展趋势。

报告显示，随着授权行业的发展成熟，授权已不再是简单地将 IP 形象工业化后的二维产品呈现，而是针对商品 IP 化后的营销传播及售卖提供立体化的解决方案。京纪圈依托京东大数据及丰富的商家资源，将 IP 商业信息通过京东内部渠道资源推送给商家，使得版权交易更直接、更便利、更精准，为 IP 授权产业融入电商作出行业示范。

（资料来源：《中国新闻出版广电报》，作者：王坤宁）

【阅文公布 2019 财报，版权运营收入增长 341.0%】 2020 年 3 月 17 日，阅文集团公布了 2019 全年业绩。报告显示，阅文 2019 年总收入 83.5 亿元，同比增长 65.7%；毛利润 36.9 亿元，同比增长 44.3%；净利润 11.1 亿元，同比增长 21.9%，高于此前市场预期。2019 年阅文集团来自版权运营及其他的收入同比增长 283.1%，至 46.4 亿元。其中，版权运营业务收入达 44.2 亿元，同比激增 341.0%。这部分收入的增长，得益于阅文在 2018 年 9 月收购新丽传媒，合并了新丽传媒的整年业务。报告期内，新丽传媒推出的《芝麻胡同》《惊蛰》《庆余年》《精英律师》等多部剧集收视率在全国同时段排名中均名列前茅。

（资料来源：《中国青年报》，作者：沈杰群）

【腾讯音乐发布 2019 年财报】 2020 年 3 月 17 日，腾讯音乐娱乐集团发布了 2019 年第四季度以及全年未经审计的财务报告。数据显示，2019 年全年，腾讯音乐总营收同比增长 34.0%，至 254.3 亿元，营业利润同比增长 126.7%，至 46.2 亿元。

2019 年，腾讯音乐在保护音乐版权、支持内容原创和探索商业模式创新等方面采取了较为有力的措施，集团付费流媒体模式的战略转型初见成效：在线音乐服务付费率在 2019 年第四季度提高到 6.2%，超越 2018 年同期的 4.2%。此外，2019 年第四季度，腾讯音乐在线音乐付费用户达到 3 990 万，同比增长 47.8%，比上一季度净增 450 万，达到上市以来最高增速，腾讯音乐独特的“在线音乐＋社交娱乐”的双驱动发展模式进一步得到市场验证。

（资源来源：中国知识产权资讯网，作者：姜旭）

【阅文集团与腾讯音乐合作开拓网络文学有声作品市场】 2020 年 3 月 18 日，阅文集团宣布与腾讯音乐娱乐集团达成战略合作。腾讯音乐娱乐集团将把阅文平台上的文学作品制作为长音频有声读物，双方可以在各自平台上向全球发行这些有声作品。这也是阅文集团进一步深化 IP 全产业链运营，推动内容在不同场景下融合变现的重要布局。

阅文集团首席执行官吴文辉表示，通过与腾讯音乐娱乐集团合作，不仅有利于丰富阅文集团的有声读物库，积极扩大内容用户群，也是阅文优质版权内容在商业模式上的创新。双方携手开发有声作品市场，会吸引更多作家在阅文平台上创作，巩固阅文在内容原创领域的领先地位。

（资料来源：《中国新闻出版广电报》，作者：赖名芳）

【知乎付费用户数增长 4 倍】 2020 年 3 月 18 日，互联网内容平台知乎宣布，截至 2020 年 2 月底，知乎付费用户数同比增长 4 倍。截至 2020 年 3 月，知乎为用户提供了超过 5.7 万个知识服务产品，包括 2 000 多场盐选专栏，近 1 万场知乎 Live，3.4 万本优质电子书和讲书，以及共计约 1.1 万本国内外一线杂志。

知乎副总裁、会员事业部负责人张荣乐在接受记者采访时表示，知乎付费用户的快速增长主要得益于两个方面：一是会员和问答社区的良性融合，挖掘和发挥了社区的“蓄水池”作用，为会员业务源源不断地输送了优秀创作者和用户；二是知乎在内容品类上更加聚焦，进一步发挥图文类内容优势，在庞大的内容领域中切准了与自身契合度最高的细分区域。

（资料来源：中国知识产权资讯网，作者：侯伟）

【趣头条 2019 年营收超 55 亿元 版权运营亮点多】 2020 年 3 月 18 日，趣头条正式发布了 2019 年第四季度财报及全年财报。财报显示，该公司第四季度营业收入 16.58 亿元，同比增长 25%，高于公司预期；2019 年全年收入为 55.7 亿元，同比增长 84.3%。

另外，2019 年，趣头条在推进内容建设的同时，也进一步完善了产品矩阵。米读小说及米读极速版的双兵作战模式使得米读持续在免费阅读市场占据较大份额。以趣直播为代表的创新业务自 2019 年 1 月上线后，迅速打开一片市场，成为细分领域的后起之秀。

迄今为止，趣头条已覆盖了资讯、网文、短视频、游戏、直播等多个领域，该公司计划丰富泛娱乐内容生态，为用户带来更多乐趣。

（资料来源：中国知识产权资讯网，作者：姜旭）

【掌阅牵手百度实现内容优势与技术优势互补】 2020 年 3 月 25 日，掌阅科技发布公告，对引进百度战略投资一事进行了确认和补充，即掌阅科技拟定增募资不超 7 亿元，用于数字版权资源升级建设项目，由百度旗下公司认购。根据公告，掌阅科技拟与百瑞翔投资及其母公司百度集团在内容采购及开发、人工智能、大数据、软件应用、在线教育、智能硬件等多领域展开深度战略合作，共建数字阅读新生态。

掌阅科技在公告中表示，其作为数字阅读垂直领域的领先企业，借助百度的流量生态和互联网基础设施赋能，能够在内容拓展方面达到强强联合的效果。

（资料来源：《中国新闻出版广电报》，作者：王坤宁　李婧璇）

【网易云音乐与滚石唱片达成战略合作】 2020 年 3 月 31 日，网易云音乐宣布与滚石唱片达成战略合作，双方将在音乐版权、艺人发掘培养、音乐 IP 深度开发、原创音乐、音乐演出、在线 K 歌等音乐上下游领域展开深层次、多样化的合作，共同打造华语音乐全新的“黄金时代”。

未来，除在音乐版权方面进行合作外，双方还会在演出、直播、K 歌等音乐上下游领域展开全方位的合作，挖掘、培养优质的华语音乐和原创音乐人，深度开发、运营音乐 IP，为用户提供更加丰富的音乐内容，为音乐作品提供更多曝光机会。

（资料来源：中国知识产权资讯网，作者：窦新颖）

【中国移动与 CBA 达成版权合作】 2020 年 4 月 8 日，中国移动咪咕公司与 CBA 联盟举行主题为“AI 拼”的 5G 战略合作“云”签约仪式，双方决定围绕 5G 进行战略合作升级，成立 5G 联合实验室。通过此次合作，未来 5 年时间里，中国移动会成为 CBA 官方合作伙伴，其旗下的咪咕公司会成为 CBA 数字媒体战略合作伙伴、“5G+”全场景独家合作伙伴，获得 CBA 全部联赛、全明星周末的互联网转播权以及运营商独家 IPTV 转播权。

合作期内，中国移动咪咕公司将携手 CBA 联盟打造“5G+”全场景技术应用，为广大球迷带来更优质的 CBA 科技观赛体验。与此同时，双方还将联合制定基于 5G 的 CBA 赛事制作技术标准，创新线上线下产品形态，共同开发中国篮球市场。

（资料来源：中国知识产权资讯网，作者：侯伟）

【B 站获索尼 4 亿美元战略投资】 2020 年 4 月 9 日，哔哩哔哩（B 站）宣布获得索尼 4 亿美元的战略投资。同时，双方还将在动画和移动游戏等多个领域展开合作。

根据协议，索尼将通过旗下一家全资子公司以约 4 亿美元的总对价认购 B 站新发行的 1 731.069 6 万股 Z 类普通股，届时索尼将通过其子公司持有 B 站约 4.98%的股份。此轮融资是 B 站自上市以来，继腾讯、阿里后引入的又一重要战略投资人。

（资料来源：中国知识产权资讯网，作者：侯伟）

【掌阅科技 2019 年盈利 1.61 亿元 版权产品业务同比增长 9 成】 2020 年 4 月 10 日，掌阅科技发布了 2019 年度报告。2019 年掌阅科技实现营业收入 18.82 亿元，同比减少 1.09%；归属于上市公司股东的净利润 1.61 亿元，同比增加 15.57%。2019 年度公司数字阅读平台收入为 15.84 亿元，占营业收入比例达 84.14%。

此外，随着各大互联网生态对内容采购需求不断加大，加上各大免费阅读平台不断扩大对版权内容的采购力度，上游内容生产型公司迎来更大的市场机遇。掌阅科技表示，2019 年其与头部互联网平台建立了开放互惠的合作关系，通过向第三方平台内容授权、出售 IP 衍生价值等形式，实现了版权产品业务收入 2.62 亿元，同比大幅上涨 91.17%。目前，掌阅内容分发主要面对三类客户，即免费阅读、巨头的互联网生态以及衍生生态。

（资料来源：《证券时报》）

【蜻蜓 FM 抢占夜听场景升级内容服务】 2020

年4月23日，蜻蜓FM举行了“423听书节”。当日，平台宣布全面升级夜间场景内容服务，发布冯唐、蒋勋、卫斯理等知名大咖的夜听IP及全新夜听单产品。根据易观发布的《2020中国夜听经济发展分析》，2019年，在线娱乐产品在20:00的活跃用户数超6亿，音频行业夜听用户规模达2.17亿。在智能设备普及的过程中，音频收听已成为人们不可或缺的一部分，加上AIoT终端不断加快铺设音频全场景化硬件基础的进程，音频消费还会逐渐从手机拓展到多场景，夜听经济市场前景广阔。

除了打造夜听IP内容之外，蜻蜓FM还对夜听场景进行了细分。结合用户的具体使用场景，推出“睡前一小时”“路上一小时”“运动一小时”“熬夜一小时”四个场景。另外，蜻蜓FM与百度小度、首汽约车、咕咚运动、Costa咖啡合作首发夜听单产品，为不同场景下的用户定制个性化的音频内容，从内容的收听平台转型为综合性内容服务平台。

（资料来源：中国知识产权资讯网，作者：侯伟）

【《中国电视/网络剧产业报告（2020）》发布】 2020年4月26日，在“新挑战与新教育——中国电视剧发展北京论坛”上，清华大学新闻与传播学院教授尹鸿发布并解读了《中国电视/网络剧产业报告（2020）》。

针对2019年影视企业首次出现负增长、影视行业投资规模下降等新发现象，尹鸿指出，“应该说，行业还是处在比较严峻的状态中，整个电影电视互联网的制作行业仍然处在深度调整时期”，但同时整个市场的需求依然旺盛，互联网正在推动行业发展，市场体系重建初具规模。“相信经历了疫情的劫难之后，电视和网络剧产业会更加意识到‘内容为王’，优质内容是‘最耀眼的王冠’。”

《报告》认为，讴歌新中国、新时代成就，弘扬优秀传统文化，表现善风美俗将是新时代中国电视剧及网络剧发展的三大主题。同时，未来剧集市场将呈现以下七大趋势：行业导向和行业调控继续强化；影视行业将继续面临深度调整；电视和网剧数量持续下降；头部内容严重稀缺；台网合作将更加紧密；主旋律重点剧、头部商业古装剧、高强度类型剧、专业化职业剧成为“四驾马车”；网络自制剧在形态、类型、产品方面会更创新，如互动剧、短剧、迷你剧等。

（资料来源：《中国新闻出版广电报》，作者：李婧璇　王坤宁）

【第26届北京电视节目交易会线上开幕】 2020年4月26日，第26届北京电视节目交易会（2020·春季）正式拉开帷幕。本届春交会以“云端推介，推动电视剧平稳提质”为主题，首创线上办会，利用云会展的优势，实现线上、线下的相互融合，发挥业界沟通、互动、交流的桥梁纽带作用。

开幕当天，春交会参展项目共1 185个，其中电视剧755部，网络剧84部，电影19部，纪录片、电视节目59部，动画片52部，网络文学作品216部。已注册2 730人，其中展商1 917人、买家399人、专业观众333人、媒体81人。

针对北京电视剧行业的发展，北京市广播电视局局长杨烁提出，要贯通疫情防控和长远发展，打好管理服务“组合拳”；贯通内容生产和科技创新，彰显北京模式“京气神”；贯通广播电视和网络视听，构建网上网下“同心圆”；贯通广播电视网络视听事业和产业，高质量打造“北京新视听”。

（资料来源：《中国新闻出版广电报》，作者：王坤宁　李婧璇）

【网络文学盗版损失连续3年呈走低态势】 2020年4月26日，艾瑞咨询中国网络文学盗版损失模型最新核算数据显示，中国网络文学盗版损失连续3年保持走低态势。2019年中国网络文学总体盗版损失规模比2018年下降3.3%，其中，PC端网络文学盗版损失规模比2018年下降24.7%，但移动端盗版损失规模比2018年上升10.4%，呈现反弹迹象。

在盗版传播借技术发展不断加快的大背景下，正版网络文学企业也在不断提高维权效率，增强自己的防御能力。2019年阅文集团不断加大监测处置方面的投入，全年总计下架侵权盗版链接近2 000万条，数量较2018年增长近一倍。此外，在国家的有力打击下，大批大型盗版网站也逐渐被关停。

（资料来源：《中国新闻出版广电报》，作者：赖名芳）

【《中国互联网络发展状况统计报告》显示网络音乐、视频等内容产业增长迅速】 2020年4月28日，中国互联网络信息中心（CNNIC）发布第45次《中国互联网络发展状况统计报告》。《报告》显示，截至2020年3月，我国网民规模为9.04亿，互联网普及率达64.5%，网络音乐、网络文学、网络游戏、网络视频增长迅速。

其中，网络音乐用户规模达6.35亿，较2018

年底增长 5 954 万，占网民整体的 70.3%；手机网络音乐用户规模达 6.33 亿，较 2018 年底增长 7 978 万，占手机网民的 70.5%。网络文学用户规模达 4.55 亿，较 2018 年底增长 2 337 万，占网民整体的 50.4%；手机网络文学用户规模达 4.53 亿，较 2018 年底增长 4 238 万，占手机网民的 50.5%。网络游戏用户规模达 5.32 亿，较 2018 年底增长 4 798 万，占网民整体的 58.9%；手机网络游戏用户规模达 5.29 亿，较 2018 年底增长 7 014 万，占手机网民的 59.0%。网络视频（含短视频）用户规模达 8.50 亿，较 2018 年底增长 1.26 亿，占网民整体的 94.1%。

（资料来源：年鉴编辑部综合）

【阿里巴巴知识产权保护核心技术通过好莱坞严苛认证】 2020 年 4 月消息，阿里巴巴一项名为"隐形视频水印"的反盗版技术通过了好莱坞视频水印评估测试公司 Cartesian 的认证。

为了防止电影被盗版，国内引进好莱坞大片时必须使用其认可的"视频水印"技术，摄像机偷拍的电影镜头、用手机录屏的侵权画面等在非法发布时都将自动触发预警并被追溯盗版源头。由于通过这项技术认证的公司在全球范围内屈指可数，国内公司引进好莱坞高清片源时，需要向国外公司缴纳高达数百万元的年度水印技术使用费。

除打破国外技术垄断外，"隐形视频水印"技术获得权威机构认证对维护网络空间安全也有重要意义。随着国家将网络安全纳入顶层设计，各行各业对第三方产品有了更多的安全顾虑。自主研发"隐形视频水印"技术，能避免在技术上受制于人以及第三方产品带来的安全威胁和信息泄露隐患。

（资料来源：中国知识产权资讯网，作者：祝文明）

【IFPI 发布《全球音乐报告：2019 年数据与分析》】 2020 年 5 月 4 日，国际唱片业协会 IFPI 发布《全球音乐报告：2019 年数据与分析》，对 2019 年全球音乐行业及 50 余个独立国际市场进行了全面评估，深入分析了音乐唱片行业的发展趋势及影响行业发展的主要因素。

《报告》显示，2019 年全球唱片业收入达到 202 亿美元，较 2018 年同比增长 8.02%，连续第 5 年实现增长。其中，流媒体（数字音乐）表现强劲，整体流媒体业务收入达到 114 亿美元，较 2018 年同比增长 23.91%，首次占比达到唱片行业总收入的一半以上。我国音乐唱片市场在 2019 年继续保持快速扩张，市场总规模达到 5.90 亿美元，较 2018 年同比增长 16%，位于全球音乐唱片市场的第 7 位。其中，流媒体业务在我国音乐唱片市场的收入结构中仍然占据主导地位，占比达行业整体收入的 90% 以上。

同时，表演权收入及其变化趋势成为《报告》越来越重视的一项内容。2019 年，全球唱片业表演权收入总额从 2018 年的 26 亿美元下降到 25 亿美元，这一小幅缩减并非由市场疲软等负面原因导致，而是因为全球最大的两个独立音乐市场（美加地区和欧洲地区）在 2018 年补缴了往年表演权欠费，并提前预付了部分 2019 年的表演权许可费。在排除上述非常规因素后，2019 年全球所有地区的表演权收入皆呈现出正增长。在过去 5 年中，全球音乐唱片市场表演权收入的年复合增长率达到 7.2%，表演权收入在音乐唱片行业收入结构中的地位日趋重要。2019 年我国音乐唱片市场表演权总收入达到 2 560 万美元，较 2018 年同比增长 43.6%，在全球市场中排名第 20 位。

（资料来源：中国知识产权资讯网，作者：李杨芳）

【蜻蜓 FM 与中文在线达成版权合作】 2020 年 5 月 8 日，音频分享平台蜻蜓 FM 宣布与国内领先的正版数字内容提供商中文在线战略签约，蜻蜓 FM 取得中文在线旗下 17K 小说网与四月天小说网的数字版权作品授权，双方将围绕数字版权作品授权、音频作品推广资源、AI 主播专区联合运营等方面展开合作，探索文学嫁接音频新模式。

蜻蜓 FM 副总裁陈强表示，在过去几年的合作中，蜻蜓 FM 携手中文在线对有声读物的运营以及会员付费、全场景生态付费等变现模式进行了充分开发，打造过多个有声书 IP 爆款。随着 5G 与物联网设备的普及，双方将合作共建有声阅读全场景生态，让用户无论是在户外、家庭还是工作时都可以收听有声书，阅读优质文学作品。在提升用户体验的同时，共同创造蜻蜓 FM、中文在线甚至整个内容行业的收入增长极，推动有声书行业的可持续发展。

（资料来源：中国知识产权资讯网，作者：侯伟）

【网易云音乐与华纳版权战略合作】 2020 年 5 月 12 日，网易云音乐宣布与华纳版权（WCM）达成战略合作，网易云音乐将获得华纳版权 130 万首音乐词曲版权，双方预计在曲库内容、在线 K 歌、音乐 IP 开发等音乐产业上下游领域展开全方位合作。

在线音乐平台目前竞争的核心是音乐版权。知名乐评人、音乐视频社交APP菠萝BOLO首席执行官郝舫曾表示，音乐行业价值回归和增值在全世界已经是很显然的态势，其重要标志之一就是版权价格的增长和付费用户渗透率的不断提升，这个进程才刚刚开始。随着版权意识和付费产品体验的大幅度改进，音乐付费的黄金时代一定会到来。

（资料来源：澎湃新闻）

【甘肃演艺集团与知识产权港签署版权战略协议】 2020年5月19日上午，甘肃演艺集团与丝绸之路国际知识产权港有限责任公司战略合作签约仪式在兰州举行，丝绸之路国际知识产权港甘肃演艺集团知识产权综合服务站同时揭牌。

知识产权港依托知识产权全链条服务体系和优势资源，将在五个方面与甘肃演艺集团展开广泛合作：一是共建知识产权确权服务平台，为甘肃演艺集团开展版权登记、商标申报和维护、（外观）专利申请等确权服务；二是共建知识产权维权机制，为甘肃演艺集团提供“一站式”知识产权维权保护服务；三是共建版权资产管理平台，集中对甘肃演艺集团有关版权进行确权认定、运营管理、预警分析、维权保护、资产评估、营销推广等，让甘肃演艺集团优质版权资产真正活起来、动起来、用起来；四是共同建立版权运营体系，为甘肃演艺集团优质知识产权开展投资孵化、价值评估、授权转让、项目申报等服务；五是为甘肃演艺集团提供知识产权方面的人才培养。

（资料来源：《甘肃日报》，作者：施秀萍）

【2019年国内品牌授权商品零售额达992亿元】 2020年5月20日，中国玩具和婴童用品协会品牌授权专业委员会发布《2020年中国品牌授权行业发展白皮书》。白皮书从品牌IP授权商、被授权商、渠道商、品牌授权生态圈、授权产品市场总体状况、授权产品质量等多维度，对我国品牌授权行业现状和发展趋势进行了调研分析。

根据白皮书，2019年我国年度品牌授权商品零售额达992亿元，同比增长15.9%，年度授权金额为38.2亿元。2019年开展了授权业务的被授权商集中在玩具游艺、服装配饰及食品饮料、礼品纪念品等行业。除了商品生产行业，文旅、商业地产、餐饮、公园游乐园、演出演艺、教育等机构也加入到品牌授权阵营中来。此外，据白皮书调研统计，从2019年整体产品销售情况来看，授权产品销售额普遍高于无IP授权的同类产品，消费者普遍可以接受有IP的授权产品价格高于同类产品，有超过一半的消费者在授权产品或主题体验上的消费金额为每年1 000元至3 000元。

（资料来源：《中国知识产权报》，作者：纪昭瑢）

【阿里影业发布2020财年业绩报告】 2020年5月28日，阿里影业发布截至2020年3月31日的前12个月财务业绩。报告期内，公司收入达到28.75亿元，同比下降5%；经调整息税摊销前亏损（经调整EBITA）为7.22亿元。

受到疫情影响，阿里影业许多合作伙伴陷入困境。因此，一方面，对部分存在回收风险的应收账款以及投资项目，阿里影业在2020财年计提了大额减值拨备；另一方面，阿里影业面向行业推出帮扶举措，例如淘票票为影城春节档电影垫付近5 000万元票款、凤凰云智免去新开影城6个月的服务费等。

报告期内，淘票票、凤凰云智的市场地位得到巩固并保持稳定增长；灯塔已经服务电影行业3/4的片方，两年来合作影片票房累计超600亿元；云尚制片自2019年上线以来，已经服务了超过100个影视剧组；阿里鱼所引领的综合开发业务在财年内收入同比上涨117%，继续保持三位数高速增长，并不断开拓衍生品和非票市场空间。过去一个财年期间，票房排名前20的国产电影中，阿里影业参与了12部，包括《我和我的祖国》《中国机长》《烈火英雄》《少年的你》等影片；所出品及发行的票房合计近150亿元，占同期大盘票房近三分之一；内容宣发及参投业务收入10.61亿元，同比增幅10%。

在剧集项目方面，报告期内，阿里影业完成了11部剧集项目的开机拍摄，并参与到了《长安十二时辰》《鹤唳华亭》等头部剧集的出品中。此外，阿里影业还在2020年3月收购了银河酷娱，致力于打造综艺节目制作团队，构建“电影＋剧集＋综艺”的全品类项目的制作能力。

（资料来源：新浪财经）

【网易6月11日港股上市 每股售价最高126港元】 2020年6月1日，网易宣布于6月11日上午9点在香港首次公开发行1.714 8亿股新普通股并开始交易。新股代码为“9999.HK”，发售价上限为每股126港元。同时，代表公司普通股的美国存托股将继续在纳斯达克上市并交易。完成此次上市后，网易公司香港上市股份与纳斯达克上市的美国存托股可完全转换。

此次发行募集资金净额被网易计划用于全球化战略及机遇：通过继续丰富海外市场（如日本、美国）的在线游戏内容、增强网易的全球研发及游戏设计能力，改善网易在全球的影响力；通过继续投资、牵手国际游戏开发商、IP及内容所有者，探索全球的机遇；在海外市场发展网易智能学习及其他创新业务。

（资料来源：证券日报网，作者：李乔宇　吴文婧）

【网易华为就“数字娱乐”达成战略合作】 2020年6月3日，网易与华为在杭州正式签署战略合作协议。双方以“云＋AI＋5G＋终端”新一代信息技术发展为合作契机，围绕“数字娱乐”创新，就新技术和生态进行深度合作，共同推动游戏、音乐和教育业务发展。

此次双方战略合作研发的新技术将优先运用于网易旗下《逆水寒》等多款游戏。与此同时，双方还会围绕云游戏系统方案及搭建渲染、基于5G场景的云计算技术、AR/VR技术、HMS生态构建，全场景智能娱乐终端生态等进行深入交流和创新。未来，网易将与华为在游戏、音乐、教育、新闻、5G、云出海等多重生态应用中开展深入合作，实现优势互补、互惠互利、协同发展。

（资料来源：钛媒体）

【阅文集团推出新版权合同】 2020年6月3日，阅文集团新管理层发布面向作者签订的“单本可选新合同”，取消单一格式合同，并对此前充满争议的旧合同进行了10余项修改。

“单本可选新合同”根据不同的授权方式可分为三类四种。三类授权合同分别为基础协议、授权协议和深度协议。在基础协议、授权协议下，作者可对每部作品自主选择是否授权及授权方式，并享受不同的权益和资源。其中，授权协议对作品的授权期提供了甲版（按著作权完整期限）和乙版（按完本后20年）两种选择，并分别匹配不同的权益；而在基础协议中，即便作者完全不授权，也可享受平台提供的创作支持和发表作品等各类服务。深度协议则会对作者的更多发展诉求进行多样化的权益安排。此外，针对作者群体广泛关心的著作权、免费阅读模式等问题，“单本可选新合同”进行了明确：作品是否加入免费模式由作者确认，著作人身权属作者，平台与作者属合作关系并提供多种福利权益等。

（资料来源：《中国知识产权报》，作者：姜旭）

【阅文集团发布“正版联盟”公告 承担作家所有维权成本】 2020年6月5日，阅文集团发布“正版联盟”公告，公布一系列打击盗版成果，并推出五大举措打击盗版。公告强调对网络文学侵权盗版“零容忍”，联合各合作渠道支持正版内容并展开集中巡查与净化。同时，阅文已对全网相关侵权盗版行为取证，后续将针对“笔趣阁”系列盗版网站和其他侵权盗版行为发起维权行动。

阅文承诺，将承担全部维权成本，长期不懈地开展维权行动，并邀请作家和行业加入正版联盟。

（资料来源：新浪财经）

【当当云阅读会员总数突破600万】 2020年6月，当当云阅读会员业务“悦读卡”在上线一年之际会员总数突破600万，付费会员总数突破50万。

悦读卡是当当云阅读2019年6月上线的一项会员服务。用户以包月、包季或包年的形式开通会员后，可以免费借阅、收听当当云阅读APP上的电子书、有声书和网文，并在当当云阅读APP、小程序、当当阅读器上同步享受会员权益。此外，这项针对数字内容的会员服务还融合了当当网的纸书业务，购买会员卡的用户可以免费获得纸书的免运费券、图书满减券。

“付费会员模式，是当前众多主流互联网产品主打的模式。一次付费、全站免费、灵活选择、频繁使用、长期留存，无论对平台方还是用户，都是非常好的选择和体验。具体到悦读卡，从我们的数据看，很好地促进了用户阅读习惯的养成，可以让用户在零成本的压力下更加灵活地探索并发现自己的阅读兴趣，去体验不同的内容形态，提高阅读频次。”当当云阅读会员业务负责人介绍，大数据显示，使用悦读卡服务后，当当云阅读用户平均阅读时长与前一个月相比增长了67%，月人均阅读频次增长233%。

（资料来源：《中国新闻出版广电报》，作者：刘蓓蓓）

【2019年广播电视行业总收入超8 100亿元】 2020年7月8日，国家广播电视总局发布2019年全国广播电视行业统计公报。公报显示，2019年全国广播电视行业总收入8 107.45亿元，同比增长16.62%。其中，财政补助收入801.97亿元，同比增长3.48%；广播电视和网络视听业务实际创收6 766.90亿元，同比增长19.99%；其他收入538.58亿元，同比增长0.19%。

公报从广播电视节目制作播出情况、广播电视传输覆盖情况、广播电视行业收入情况、广播电视机构和从业人员情况、广播电视产业基地（园区）情况这5个方面进行统计。2019年全国广播节目制作时间801.87万小时，与2018年基本持平；播出时间1 553.40万小时，同比增长1.75%。电视节目制作时间345.58万小时，同比下降3.40%；播出时间1 950.99万小时，同比增长1.35%。截至2019年底，全国开展广播电视和网络视听业务的机构约4.7万家。其中，广播电台、电视台等播出机构2 591家，从事广播电视节目制作经营机构约3.3万家。全国广播电视从业人员99.44万人，同比增长1.57%。全国首次纳入试点统计范围的国家级广播电视和网络视听产业基地（园区）共有41个，入驻广播电视和网络视听相关企业4 015家（含补充统计的广播电视相关工业制造业企业），就业人员12.74万人。产业园区总收入约1 120亿元，应交税金约82亿元。

（资料来源：《中国新闻出版广电报》，作者：张雪娇）

【第十六届中国国际动漫游戏博览会闭幕】 2020年7月20日，中国国际动漫游戏博览会（CCG EXPO 2020）落下帷幕，为期五天的展会迎来客流总量8万余人次，官方直播流全网在线观看总量超1 000万。

虽受到疫情的影响，但是不少展商还是增设展台、扩大规模，给观众们呈上了更多、更用心的“首展”“首发”。另外，各类防疫提示还与动漫游戏展品进行了结合：戴着口罩、各司其职的“中国超级英雄”，正在冲洗双手的Q版孙悟空旁印着“勤洗手”的标语，情态各异的三个和尚头顶着“少集聚”提示，用宝葫芦放风的葫芦娃示范了“勤通风”……

与往年相比，CCG EXPO 2020在直播方面的呈现更为丰富，公众活动和专业活动均在百度贴吧、快手、腾讯视频等多个平台开设了直播。

（资料来源：人民网，作者：曹玲娟）

【《中国电影蓝皮书（2020）》《中国电视剧蓝皮书（2020）》发布】 2020年7月27日，第二十三届上海国际电影节举行了第七届全球电影产业链发展论坛之《中国电影蓝皮书（2020）》《中国电视剧蓝皮书（2020）》的首发式。《中国电影蓝皮书》和《中国电视剧蓝皮书》是由北京大学影视戏剧研究中心与浙江大学国际影视发展研究院合作推出的报告。

根据蓝皮书，2019年电影市场总票房642亿元，同比增幅5.4%，呈现出“整体增速放缓”却“电影成果颇丰”的两级现象；2019年的电视剧市场，一方面有关新中国成立70周年献礼剧题材丰富、精品迭出，另一方面受到2018年演员纳税风波、收视率造假等事件的影响，影视行业仍处在深度调整和规范管理升级中。在资本市场中，电影第一股华谊兄弟营业利润为−375 797.29万元，比上年同期下降337.09%；电视剧第一股华策影视首次出现年度亏损，亏损金额高达14.67亿元。根据国家广播电视局的数据统计，2019年，全行业全年备案剧集905部3 440集，较2018年分别下滑22.2%和24.8%；上线剧集351部，较2018年下滑21%。

根据蓝皮书，2019年中国电影产业青年导演群体崛起、“想象力电影”集中爆发等显示出中国电影业初具新貌，但中国电影业依旧存在对进口大片依赖严重等需要改进的问题。蓝皮书建议，在后疫情时代，影视行业需要切准观众的心理需求，发展中小成本影视剧生产，尤其要大力发展网络电影和网剧，扩大观众内需，将疫情带来的危机转为生机。

（资料来源：中国知识产权资讯网，作者：纪昭瑢）

【第十八届中国国际数码互动娱乐展览会收官】 2020年8月3日，为期4天的第十八届中国国际数码互动娱乐展览会（China Joy）在上海落下帷幕。本届展览共有400多家游戏企业参展，聚焦科技创新和应用，新增展示5G云游戏、硬件设备等数字娱乐产业的新技术。

其中，中国国际数字娱乐产业大会发布了2020年上半年中国游戏产业报告，腾讯、网易、盛趣、完美世界等企业探讨了新时代我国数字娱乐产业发展新成就。全球云游戏产业大会探讨了云游戏的发展，盛趣、高通、顺网等企业展示、发布了云游戏。同时，China Joy还集中展示了一批正能量、寓教于乐的国产游戏精品。由上海市委宣传部、上海市新闻出版局指导的第二届原创艺术类精品游戏大赛评出了《江南百景图》《力力普的工坊》等11款获奖作品。

（资料来源：《中国新闻出版广电报》，作者：金鑫）

【2019年全国财政决算公布 涉版权相关行业】 2020年8月10日，财政部公布2019年全国财政决算。2019年中央本级支出决算中，新闻出版电影预算数为78.76亿元，决算数为78.03亿元，完成预

算的 99.1%，执行中收回部分以前年度结余资金，抵减了支出。

2019 年电影财政决算为 2.99 亿元，为 2018 年决算数的 86.7%；版权管理财政决算为 0.18 亿元，为上年决算数的 450%。2019 年国家电影事业发展专项资金收入预算数为 12.96 亿元，决算数为 11.93 亿元，为预算的 92.1%，电影票房收入增长低于预期是主要原因。2019 年国家电影事业发展专项资金支出预算数为 12.23 亿元，决算数为 12.23 亿元，完成预算的 100%。

在广播电视板块，2019 年电视财政决算为 9.68 亿元，为预算数的 92.6%，为 2018 年决算数的 54.4%。广播电视预算数为 72.39 亿元，决算数为 72.92 亿元，完成预算的 100.7%。基本建设支出有所增加。

财政部公布的 2019 年地方一般公共预算支出决算表显示，2019 年新闻出版电影支出决算数为 102.98 亿元，为上年决算数的 105.6%。其中版权发行方面支出最多，为 40.51 亿元。

（资料来源：《中国新闻出版广电报》，作者：赖名芳）

【腾讯音乐与 Kobalt Music 等顶尖平台达成战略合作】 2020 年 8 月 13 日，腾讯音乐娱乐集团宣布与 Kobalt Music、Cooking Vinyl、Genie Music、GMM Grammy、芒果 TV 等企业正式达成战略合作。即日起，以上厂牌及视频平台的优质内容将全面上线腾讯音乐娱乐集团旗下 QQ 音乐、酷狗音乐、酷我音乐、全民 K 歌等平台。同时，腾讯音乐娱乐集团还将与相关厂牌开启全面创新的价值共创合作模式，构建更为丰富立体的音乐内容服务生态。

2020 年，腾讯音乐娱乐集团进入内容共生元年，先后与丰华唱片、Being Group、CoMix Wave Films Inc.、果然娱乐、Sony/ATV、摩登天空等海内外厂牌达成战略合作。除音乐内容之外，腾讯音乐娱乐集团还推出了在线演出品牌 TME live，进一步满足用户更加立体化及场景化的音乐娱乐体验，持续发力长音频领域，继续加大对原创音乐人的扶持力度。

（资料来源：中国知识产权资讯网，作者：姜旭）

【芒果超媒 2020 年上半年实现净利 11 亿元 会员收入大增 80%】 2020 年 8 月 26 日晚间，芒果超媒发布 2020 年半年度业绩报告。数据显示，芒果超媒 2020 年上半年实现营业收入 57.74 亿元，同比增长 4.9%；实现归属于上市公司股东的净利润为 11.03 亿元，同比增长 37.3%，数额直追 2019 年全年。公司 2019 年实现净利润 11.56 亿元。

报告期内，芒果 TV 会员业务在多个爆款剧综 IP 的助力下，迎来高速增长。半年报显示，2020 上半年，公司有效会员数已达 2 766 万，较年初增长 50.57%，会员收入 14.18 亿元，同比增长 80.4%。

上半年，芒果超媒广告收入实现逆势飘红。公司广告收入达 17.98 亿元，同比增长 5.83%。报告期内，综艺类项目广告签单量上涨近 50%，《乘风破浪的姐姐》招商数据刷新多项纪录，节目广告客户总数超 40 家，是近两年综艺项目品牌数量之最。

报告期内，公司推出“大芒计划 2.0”，在爆款综艺、电商零售和品牌营销方面形成“IP+KOL+品牌”的变现模式，向直播带货领域“进军”，融合“人货场”三方优势，打造网红带货生态圈。同时，公司在 IP 衍生开发上不断发力，推出线上商城“芒果好物”，核心是与芒果 TV、湖南卫视播出的节目联合推出同款好物，例如最近与《乘风破浪的姐姐》中的数位艺人联合，打造综艺带货新趋势。

（资料来源：《证券时报》，作者：邢云）

【横店影视 2020 年上半年净亏损 3.06 亿元】 2020 年 8 月 28 日下午，横店影视公布了半年报。数据显示，公司上半年实现营业收入 9 812.17 万元，同比下降 92.92%，归属于上市公司股东的净利润为−3.06 亿元，同比减少 276.9%，经营活动产生的现金流量净额为−1.24 亿元。

横店影视主营业务为院线发行、电影放映及相关衍生业务，采用资产联结为主、签约加盟为辅的经营模式。上半年，受到疫情冲击，影视行业停摆，曾被看作“现金奶牛”的院线受到了极大的冲击。半年报显示，横店影视在 2020 年第二季度，旗下所有影院处于停业状态，无新增影院及银幕、无票房收入。亏损状况在意料之内，货币资金同比下降 33.53%，截至 2020 年 6 月 30 日，横店影视的货币资金为 1.92 亿元，同期，横店影视无短期借款和长期借款。

疫情冲击下，政府对横店影视给予了一定补贴。7 月 15 日横店影视公告显示，公司自 1 月 1 日至 7 月 15 日，累计收到与收益相关的政府补助资金 5 131.89 万元（未经审计）。

（资料来源：《新京报》，作者：张妍頔）

【米读与快手合作探寻网文 IP 孵化新模式】
2020 年 9 月 3 日，移动内容平台趣头条旗下的网络文学产品米读宣布，已与快手就短剧 IP 开发达成战略合作，双方将充分发挥各自平台的内容和资源优势，共同探索网络文学和短视频平台的创新合作模式，打造爆款 IP。

在具体合作模式上，由米读为快手提供平台原创热门小说 IP 改编而成的短剧内容，在快手小剧场抢先独播；快手则给予独播剧更多的流量支持及宣发助力，共同推进短剧 IP 开发模式的顺利推广。

米读 CEO 杨骥表示，此次与快手的合作模式是在行业内的一次全新尝试，开辟了免费网文平台的 IP 孵化新思路，有效解决了传统 IP 孵化模式中开发周期长、投入成本高等痛点。米读已初步搭建出一个流量积累与内容生态营造并行的新模式，并将逐步推动 IP 产业的良性循环，进一步放大 IP 价值。

（资料来源：中证网，作者：任明杰）

【《京津冀新视听战略合作协议》签署】 2020 年 9 月 8 日，为推动京津冀三地广播电视和网络视听协同发展，北京广电局、天津广电局、河北广电局共同签署《京津冀新视听战略合作协议》，以举办 2022 年北京冬奥会、推进"5G＋8K"超高清视频产业发展、智慧广电建设等为契机，贯彻落实京津冀协同发展、媒体融合发展、雄安新区建设等国家战略，推动横向联合、纵向联动，强化三地在广播电视网络视听领域的全面合作，探索从设立中国（京津冀）广播电视媒体融合发展创新中心，建立重大主题活动三地广播电视、网络视听联动机制等十大方面构建具有京畿特色的新视听发展格局。

（资料来源：国家广播电视总局官网）

【重庆市南岸区携手网易打造百亿级数字文创基地】 2020 年 9 月 9 日，重庆市南岸区政府与网易公司举行了战略合作暨重点项目签约仪式。根据协议，双方将在重庆经开区共同打造网易文创数字经济产业园，积极整合文化创意、新媒体、游戏等上下游产业，打造集总部结算、软件研发、新媒体运营等功能于一体的百亿级数字文创产业基地。

园区负责人鞠小东表示，2020 年内园区就将引进 40 家游戏业界的头部企业，未来三年内有望引进 300 家以上优质游戏企业入驻，届时重庆将成为国内重要的游戏产业基地。

（资料来源：《重庆日报》，作者：白麟）

【网易云音乐与贝塔斯曼音乐集团达成合作】
2020 年 9 月 14 日，网易云音乐宣布已与音乐公司贝塔斯曼音乐集团达成战略合作，双方将在音乐版权、音乐 IP 深度开发、音乐演出、在线 K 歌等音乐上下游领域开展合作。

2020 年以来，网易云音乐频频在版权领域加码，相继与吉卜力工作室、滚石唱片、华纳版权、环球音乐等达成合作。此次达成合作的贝塔斯曼音乐集团成立于 2008 年，拥有全球 300 万首歌曲的录音及词曲版权。届时网易云音乐将获得包括艾薇儿、小红莓、Jason Mraz 等国际歌手在内的录音版权，以及 Bruno Mars、Bebe Rexha 等音乐创作者的词曲版权。

（资料来源：《北京商报》，作者：卢扬　郑蕊）

【巴萨官方频道落户爱奇艺体育】 2020 年 9 月 15 日，爱奇艺体育宣布与世界顶级足球豪门巴塞罗那足球俱乐部达成合作伙伴关系，巴萨官方频道正式落户爱奇艺体育，向爱奇艺体育输送丰富的独家视频内容。

据介绍，爱奇艺体育巴萨官方频道设置五大版块，分别为"巴萨·独家呈现""球星专区""赛场聚焦""场外故事""比赛回眸"，包括巴萨最新比赛资讯、赛事集锦、一线探班采访、球员生活等独家内容。巴萨官方频道是爱奇艺体育与巴塞罗那足球俱乐部整体战略合作的一部分，也是爱奇艺体育丰富内容生态的全新尝试。

（资料来源：中国知识产权资讯网，作者：窦新颖）

【《2019 年中国网络版权产业发展报告》发布】
2020 年 9 月 16 日，由国家版权局主办的 2020 中国网络版权保护与发展大会在京召开，国家版权局网络版权产业研究基地在会上发布了《2019 年中国网络版权产业发展报告》。

报告显示，2019 年中国网络版权产业市场规模达 9 584.2 亿元，同比增长 29.1%。市场盈利模式主要包括用户付费、版权运营和广告收入这三类。其中，广告及其他收入达 5 057 亿元，占 52.7%；用户付费规模达 4 444 亿元，占 46.4%；版权运营收入规模达 83.2 亿元，占 0.9%。从市场结构来看，2019 年网络新闻媒体和网络游戏依然为中国网络版权产业的核心业态，二者市场规模合计占比 63.7%。网络视频类业态迎来了新一轮高速增长，网络长视频（不含动画）、网络短视频和网络直播的整体产业份额接近 29%。

另外，报告还从九个细分行业维度，对数字阅读、网络长视频、网络动漫、网络游戏、网络音乐、网络新闻媒体、网络直播、网络短视频、虚拟现实/增强现实产业的发展状况和亮点进行了梳理总结；从新市场、新业态、新机遇、新出海、新使命这五方面对2020年中国网络版权产业发展进行了展望。

（资料来源：国家版权局官网）

【太合音乐与西班牙音乐公司达成版权合作】 2020年9月23日消息，太合音乐集团近日宣布与西班牙音乐厂牌Disrupción达成长期合作，在中国市场代理、销售Disrupción旗下多个不同风格类型的版权音乐作品，进一步扩充曲库版权资源。同时Disrupción将以联盟成员身份加入由太合音乐集团发起的E-Werk电子音乐联盟，打造产业链业务闭环，共同推动中外优秀音乐厂牌、艺术家进入全球市场。作为此次合作的启动项目，由E-Werk代理发行的Joy Ginger新EP（迷你专辑）《春涧》首发上线，反响良好。

Disrupción加入E-Werk电联后，双方重点围绕版权分发、内容营销、演出合作、粉丝运营等方面展开探索，全方位发掘、培养中外音乐家们的创造性与职业潜能。太合音乐方表示，未来太合音乐集团将继续通过E-Werk电联向国际音乐产业推广具有代表性的当代华语音乐艺术家，深化交流合作，扩大文化视野，加速推动国内外版权音乐的流通，为全球用户创造优质、多元的内容和服务。

（资料来源：中国知识产权资讯网，作者：侯伟）

【《2019—2020中国出版业发展报告》发布】 2020年10月15日消息，《2019—2020中国出版业发展报告》一书由中国书籍出版社出版，为中国新闻出版研究院推出的第16部年度出版业发展报告。

《2019—2020中国出版业发展报告》包括主报告，图书出版、图书市场、期刊出版、报纸出版、数字出版、印刷业、出版物发行业等7个分报告，图书出版选题、出版单位社会效益考评、出版上市企业、全民阅读、“出版＋VR/AR”、民营策划与发行企业、出版物市场治理、新闻出版标准化、出版专业教育、出版研究、出版“走出去”等11份专题报告，以及港澳特区和台湾地区出版业发展报告、中国出版业大事记。

报告认为，2019年我国出版业呈现以下特点：主题图书异彩纷呈，内容结构不断优化；出版政策深入拓展，考评体系逐渐形成；产业升级稳步推进，科技创新引领发展；公共服务提质增效，脱贫攻坚势头良好；“一带一路”热点频现，对外交流跨上台阶。2020年初暴发的新冠肺炎疫情虽然给出版业的未来发展带来了新的不确定因素，但并未改变发展的大趋势。

报告建议，未来要进一步促进出版业高质量发展，加强出版单位社会效益考评，助力农村儿童阅读，积极推动文化扶贫，加速出版业融合发展，加大“走出去”力度。

（资料来源：《中国新闻出版广电报》，
作者：左志红）

【阅文影业升级为阅文影视】 2020年10月19日，腾讯影业、新丽传媒、阅文影视在上海举办联合发布会。为了更好地布局影视领域，阅文影业正式升级为阅文影视。在腾讯新文创战略的纵深推进下，三家公司首次以整体影视生产体系亮相，成为腾讯和阅文深度布局影视业务、强化数字内容业务耦合的“三驾马车”。

腾讯影业、新丽传媒、阅文影视这“三驾马车”通过“自制＋主投主控＋联合开发”的形式展开合作。其中，腾讯影业主要聚焦主投主控，更多地扮演枢纽的角色；新丽传媒持续坚持精品化战略，聚焦头部项目的制作；阅文影视则基于阅文集团庞大作家群体、海量作品储备、优质版权积累形成的内容优势，协同联动包括新丽传媒、腾讯影业、腾讯动漫等在内的腾讯资源，向影视行业优秀的平台、制作公司、创作者开放合作，系统推进网文IP的影视化，同时也更多地参与到外部的关键作品当中。

发布会现场，由腾讯影业发起，新丽传媒、阅文影视全程助力的“青年导演培养计划”也正式公布，为影视行业储备优质后备力量。

（资料来源：《齐鲁晚报》，作者：任磊磊）

【2020中国数字音乐产业发展峰会召开】 2020年10月23日，以“潮·来——数智之声”为主题的2020中国数字音乐产业发展峰会在杭州召开。会上，中国数字音乐谷正式开园、国家音乐产业基地未来工程实验室落地萧山园区、全国首个5G音乐标准发布等重磅内容相继宣布。

会上，钱江世纪城管委会与中国音像与数字出版协会音乐产业促进工作委员会达成园区共建合作，与杭州华音悦听文化传播有限公司达成运营合作。钱江世纪城管委会与北京摩登天空文化发展有限公司、北京一起智能文化传媒有限公司达成项目合作，两家企业落地萧山园区，同时，钱江世纪城还与咪咕音乐有限公司达成全面合作意向。

中国音像与数字出版协会、中国音数协音乐产业促进工作委员会、浙江国家音乐产业基地、咪咕音乐有限公司联合发布中国首个5G音乐标准——《基于5G数字音乐超高清音质技术要求》，重点从音频格式、技术参数、生产流程、适配环境等层面提出了5G时代数字音乐音质技术要求。

在主会场论坛上，音乐行业组织负责人、行业专家学者及音乐企业领军人物聚焦“科技推动音乐产业集聚区的产业升级”“科技为构建良好的音乐版权生态保驾护航”“数字时代的音乐复合型人才培养”等热点议题进行深入探讨。同期举办的分会场论坛则围绕“数字音乐时代的原创音乐发展策略”“数字音乐的跨界融合与发展”等主题展开，并对中国数字音乐谷数字音乐产业扶持发展政策进行深入解读。

（资料来源：央广网，
作者：魏炜　曹文君　张文杰）

【腾讯云发起“松竹行动”破解图片行业版权难题】 2020年10月28日，腾讯云发起“松竹行动”，通过发布正版图库直通车、正版曲库直通车等产品降低正版素材使用门槛；同时，借助区块链技术，打造至信链数字版权保护解决方案，为内容创作者提供更好的著作权保护，让创作者更专注、高效地进行内容创作。

在正版图库直通车产品上，用户可以搜索、购买多家图库的图片资源，无须跨平台搜索。所有图片均提供专属电子授权文档，用户可以在广告营销创意、自媒体配图、线下印刷等多类场景使用。正版图库直通车支持单张付费、包年包月会员等多种购买方式。单张图片使用成本仅相当于传统版权图片均价的1/15；包月、包年会员费分别为69元和699元，用户可不限量下载使用会员库图片。正版曲库直通车则依靠腾讯音乐娱乐集团（TME）等内外部合作伙伴的版权音乐曲库资源，为视频、直播、游戏、电商、H5等内容创作者与平台方提供合规的音乐素材服务和在线授权解决方案。开发者可通过API接入正版曲库直通车，使用过程中按量付费即可。

另外，为了解决原创作品确权难、侵权事实认定难度大、维权成本高、维权周期长等问题，腾讯云借助区块链技术打造了至信链数字版权保护解决方案，内容平台接入这一方案即可为创作者提供保障。在确权环节，作者在平台上发表内容时即可实现上链存证，在区块链上固化了作者对文章的权利关系。上链存证后作者可获取到至信链出具的电子存证证明书，权属证据也将实时同步到至信链上的多家公信力机构，如司法鉴定中心、公证处、版权协会等。

（资料来源：中国知识产权资讯网，作者：冯飞）

【抖音发布《2020抖音创作者生态报告》】
2020年10月29日消息，抖音于10月28日发布《2020抖音创作者生态报告》。数据显示，过去一年里，抖音新增加1.3亿创作者，其中青年群体占比超过六成。

此外数据还显示，抖音日活量达到6亿，曝光过亿的创作者人数有6.6万人。2020年里新成长为百万粉丝创作者人数超7 000人，其中85%是从普通人成长起来的原生创作者。

（资料来源：DoNews，作者：程梦玲）

【快手正式向港交所递交招股书 营业收入快速增长】 2020年11月5日，快手正式向香港联交所递交招股申请。香港联交所公布的快手科技招股书显示，2020年上半年快手实现营业收入253亿元人民币，比2019年同期大幅增长48%。

自2017年始，快手营收保持了陡峭的增长曲线。从2017年的83亿元人民币增至2018年的203亿元人民币，再进一步增至2019年的391亿元人民币。直播、线上营销服务以及其他业务（包括电商业务、网络游戏及其他增值服务）构成了快手的主要收入来源。

快手直播收入保持增长的同时，占总体营收比例逐渐降低，线上营销服务和其他业务的收入增长迅速。招股书显示，2020年上半年，快手线上营销服务收入达到72亿元人民币，较上年同期增长222.5%。此前三年，快手线上营销服务收入占总收入的比例分别为4.7%、8.2%、19.0%，该比例在截至2020年6月30日的六个月间进一步提高至28.3%。与此同时，2018年开始起步的快手电商业务高速增长。据艾瑞咨询，在截至2020年6月30日的六个月，快手以商品交易总额（GMV）计全球第二大直播电商平台。招股书显示，平台促成的GMV由2018年的9 660万元人民币增至2019年的596亿元人民币，并由2019年上半年的34亿元人民币增至2020年上半年的1 096亿元人民币。快手电商业务的发展主要得益于平台的社交黏性，及由此带来的社区信任。招股书披露，2020年前6个月，快手用户的平均月复购率超 60%。

强互动、高黏性、可信赖的社区生态系统，是快手直播业务、线上营销业务、电商等业务高速增长的基础。据招股书，截至 2020 年 6 月 30 日的六个月，快手应用上有近 80 亿对用户互相关注，快手应用日活跃用户日均使用时长超过 85 分钟，日均访问次数超过 10 次，快手应用上的内容创作者占平均月活跃用户比例约 26%，内容社区活跃度在中国头部视频内容社交平台中排名第一。招股书披露，截至 2020 年 6 月 30 日的六个月，快手的中国应用程序加小程序平均日活跃用户、平均月活跃用户分别为 3.02 亿、7.76 亿。

（资料来源：《新京报》，作者：白金蕾）

【京版集团与京演集团开展战略合作】 2020 年 11 月 11 日，北京出版集团与北京演艺集团签署战略合作协议，双方共同打造综合性文化产品平台，携手推进全国文化中心建设。

此次战略合作协议的签署，是双方贯彻落实十九届五中全会精神的具体举措，也是出版行业和演艺行业“聚圈、扩圈、跨圈”统筹联动的创新实践。经过充分酝酿和协商，双方通过建立定期沟通机制，互相转化开发文艺产品，进行少儿文化产品合作，就作品资源、版权合作、IP 开发等方面开展多层次、多形式、多领域的交流与合作，并加强活动、场地等方面软硬件资源共享，力求发挥双方在各自领域内的最大优势，达成业态融合。

（资料来源：《中国新闻出版广电报》，作者：王坤宁）

【PP 体育与华为视频达成深度合作】 2020 年 11 月 12 日，PP 体育与华为视频宣布将达成深度合作，双方在技术资源共享、体育生态内容、体育硬件等领域展开全产业链深度合作。PP 体育平台上的优质赛事版权内容、自制节目等在华为视频 APP 中以专区形式呈现。双方 APP 的会员权益也会双向打通，用户使用一个会员账号可以在 PP 体育和华为视频 APP 的 PP 体育专区享受会员权益。双方还将借助 AI、5G、音视频硬件和视频编解码等多项技术升级，联合推动提升体育直播视听效果。此次双方的合作，不仅覆盖手机端，还扩大到包括平板、OTT 盒子和智慧屏等在内的华为全线终端产品。在发布会上，PP 体育还宣布首次推出粤语会员包，为喜欢粤语的球迷提供部分场次的特约粤语解说赛事观看权益。

2020 年 PP 体育一直在探索“体育＋X”的运营路径，通过“体育＋内容”“体育＋娱乐”“体育＋零售”“体育＋流量”等方面进行产业融合，先后与咪咕建立联运平台，与新华社打通内容资源，与微博达成战略合作加强球迷互动。

（资料来源：深圳新闻网，作者：吴艳）

【2020 粤港澳大湾区知识产权博览会交易额达 128.5 亿元】 2020 年 11 月 19 日，2020 粤港澳大湾区知识产权交易博览会圆满收官。本届知交会线上参展机构达 2 469 家，是上届的 8 倍多，国际化程度进一步提高，有来自 35 个国家的国外展商 134 家，港澳台展商 41 家；促成知识产权意向交易 128.5 亿元；实现专利和商标交易金额共计 17.23 亿元，同比增长 15.97%；地理标志产品达成交易 11.1 亿元，同比增长 23.20%；版权达成交易金额 1.44 亿元；知识产权拍卖成交金额达 2 970 万元，同比增长 17.39%，拍卖项目成交率达 100%，专利拍卖溢价率最高达 30%，商标拍卖溢价率最高达 35%。同时，本届知交会展示知识产权展品 1.7 万件，展示知识产权产品 5 486 件。

（资料来源：中国新闻网，作者：王坚）

【2020 微信知识产权保护大会发布版权保护报告】 2020 年 11 月 25 日，腾讯主办的微信知识产权保护大会在成都举办。大会现场，微信法务团队发布了《2020 微信品牌保护报告》和《2020 微信版权保护报告》，披露了微信在品牌保护和版权保护方面的举措和成果。

在版权保护方面，微信版权保护团队处理侵权信息超 12 万条，其中包括文字抄袭类侵权超 6 万条，影视作品侵权 3 万条，在线教育音视频、盗版教材书本与软件超 2 万条，图片素材侵权类超 1 万条，平均每月处理版权侵权信息超 1 万条。作为微信生态的新版图，微信视频号也已完成版权保护系统搭建，解决争议超 5 400 起，打击版权侵权视频超 2 000 条。

（资料来源：人民网—四川频道）

【大湾区数字版权发展投资基金成立】 2020 年 11 月 25 日，深圳报业集团与中信出版集团在深圳签署战略合作协议，双方将联合发起设立深圳大湾区数字版权发展投资基金。

根据协议，双方会立足深圳地缘优势，发挥各自资源优势，把握我国版权产业和数字经济发展的政策先机，推动“版权＋数字”的深度融合，并共同发起设立深圳大湾区数字版权发展投资基金，为繁荣发展文化事业和文化产业、提高文化软实力贡献力量。

（资料来源：《中国新闻出版广电报》，作者：徐平）

【中国网络短视频版权监测报告：热门影视剧等成侵权热点】 2020年11月27日，2020成都数字版权交易博览会在成都西博城正式拉开帷幕。在数字版权产业融合与发展论坛上，12426版权监测中心发布了《2020中国网络短视频版权监测报告》，从短视频行业趋势及监管动态、短视频版权监测、短视频侵权风险、短视频版权保护技术等多个角度展示了中国网络短视频产业发展及版权保护现状及面临的问题。

根据报告，热门影视剧、综艺节目、体育赛事成为短视频侵权的热点，侵权链接主要来源于新闻资讯类平台、综合视频平台和短视频平台三类网络平台。短视频涉嫌侵权的形式主要包括直接搬运、音乐侵权、二次剪辑创作、字体侵权、网络主播带货侵权等。

2019年1月至2020年10月，12426版权监测中心接受权利人及监管部门委托，对10万多名原创短视频作者、国家版权局预警名单及重点影视综等作品的片段短视频进行监测，覆盖作品量超过1 000万件，累计监测到3 009.52万条疑似侵权短视频，涉及点击量高达2.72万亿次。报告显示，其中，独家原创作者被侵权率高达92.9%，维权成功率超过95%。

（资料来源：中国新闻网，作者：陈静）

【中国音集协与北京字节跳动达成音乐版权合作】 2020年12月2日，在由国家版权局指导、中国音像著作权集体管理协会主办的以著作权集体管理为主题的国际高峰论坛上，音集协与北京字节跳动网络技术有限公司签署了战略合作协议，双方建立战略合作伙伴关系。

音集协与字节跳动此次达成战略合作，打通了线上和线下作品传播渠道，目的是强化日益丰富的互联网场景下的音乐版权保护，同时兼顾用户享受音乐的便利和自由。

（资料来源：中国知识产权资讯网，作者：侯伟）

【人民文学出版社与字节跳动联袂打造泛知识视频和直播节目】 2020年12月3日，人民文学出版社与北京字节跳动战略合作协议签约仪式在北京举行。双方表示将从内容创作、品牌合作、数字阅读、技术运营等领域进一步加深合作。

据人民文学出版社社长臧永清介绍，为深化全民阅读，满足更多读者的多元化需求，人民文学出版社将与字节跳动一起，在3年内扶持100位知名作者入驻今日头条、抖音、西瓜视频、番茄小说等字节跳动旗下的多个产品，共同打造泛知识视频和直播节目。

签约仪式现场，双方还启动了旨在扶持更多泛知识创作者的“书房计划”。字节跳动媒体合作副总经理王晓详细介绍了“书房计划”：字节跳动将通过技术、流量等多维度扶持方式持续引入泛知识内容创作者，与更多优质内容生产机构一起助力泛知识创作者，打造泛知识全系列品牌活动，为全网用户带来更为丰富多彩的云端知识盛宴。

（资料来源：《中国新闻出版广电报》，作者：李婧璇）

【《2020年中国游戏产业报告》发布】 2020年12月17日，《2020年中国游戏产业报告》在2020年度中国游戏产业年会上发布。《报告》显示，2020年中国游戏产业收入2 786亿元，同比增长20.71%，海外收入首次过千亿元；手游、电竞收入增长，端游、页游收入均呈下降之势。

《报告》显示，2020年，中国游戏市场实际销售收入2 786.87亿元，比2019年增加了478.1亿元，同比增长20.71%，保持快速增长；2020年，中国自主研发游戏国内市场实际销售收入2 401.92亿元，比2019年增加了506.78亿元，同比增长26.74%；2020年，中国游戏用户数量保持稳定增长，用户规模达6.65亿，同比增长3.7%。同时，国内自主研发游戏在海外市场表现优异，保持高速增长，营销收入154.50亿美元，比上年增加38.55亿美元，同比增长33.25%。美日韩仍是中国自主研发游戏的主打市场，营收合计占海外总收入的60.27%。

2020年，中国移动游戏市场实际销售收入2 096.76亿元，比2019年增加了515.65亿元，同比增长32.61%；2020年，中国移动游戏用户规模达6.54亿，同比增长4.84%；2020年，中国客户端游戏市场实际销售收入559.2亿元，比2019年减少了55.94亿元，同比下降9.09%；2020年，网页游戏产品开服量减少，整体市场持续下降。中国网页游戏市场实际销售收入仅为76.08亿元，比2019年减少了22.61亿元，同比下降22.9%，同比增速呈现逐年下降的趋势。

2020 年，中国电子竞技游戏市场实际销售收入 1 365.57 亿元，比 2019 年增加了 418.3 亿元，同比增长 44.16%；2020 年，中国电子竞技游戏用户规模达 4.88 亿，同比增长 9.65%，用户数量保持稳定增长。

从《报告》可以看出，中国移动游戏市场实际销售收入持续上升，客户端游戏市场和网页游戏市场继续萎缩。

（资料来源：《中国新闻出版广电报》，作者：王坤宁）

【《2019—2020 中国数字出版产业年度报告》发布】 2020 年 12 月 21 日上午，由中国新闻出版研究院数字出版研究所编写的《2019—2020 中国数字出版产业年度报告》在第十届中国数字出版博览会上发布。

《报告》显示，2019 年，国内数字出版产业整体收入规模为 9 881.43 亿元，较上年增长 11.16%。其中，互联网广告、移动出版、在线教育、网络游戏依然稳居收入榜前 4 位，互联网广告、移动出版、在线教育继续保持快速发展态势。与之相对的是，2019 年，互联网期刊、电子图书、数字报纸的总收入为 89.08 亿元，相比 2018 年的 85.68 亿元，增长幅度为 4.0%，增长幅度呈下降态势。

《报告》显示，2019 年新兴板块继续保持良好发展势头。其中，移动出版收入规模为 2 314.82 亿元，在线教育收入规模为 2 010 亿元，网络动漫收入规模为 171 亿元，三者占数字出版收入规模的比例为 45.50%。移动出版在数字出版领域的主力军地位稳固，在线教育已成为数字出版产业中发展最为强劲的部分，网络动漫整体保持着良好的发展态势。2019 年网络文学行业市场规模达到 201.7 亿元，网络文学作品累计规模达 2 500 万余部，网络文学作者数量达到 1 936 万，网络文学用户超过 4.5 亿。

（资料来源：《中国新闻出版广电报》，作者：章红雨　尹琨）

【中文在线与中国新闻出版研究院达成战略合作】 2020 年 12 月 22 日，中文在线数字出版集团股份有限公司与中国新闻出版研究院战略合作签约仪式暨中文在线成立二十周年庆典在京举办。十二届全国人大教科文卫委员会主任委员、中国出版协会理事长柳斌杰，十三届全国政协文化文史和学习委员会副主任、中国版权协会理事长阎晓宏，中国音像与数字出版协会第一副理事长张毅君，北京市委宣传部副部长、北京市新闻出版局局长王野霏等出席仪式并致辞。

根据战略合作协议，双方将围绕技术与产品、知识产权保护、行业人才发展、重点项目产研结合等多方面开展合作，共同推动数字经济发展，推进出版行业数字产业化、产业数字化的转型进程，推动互联网、大数据、人工智能和实体经济深度融合以及海外版权推广合作等，为实现党的十九届五中全会提出的“2035 年建成文化强国”的远景目标贡献新力量。

（资料来源：《中国新闻出版广电报》，作者：尹琨）

【喜马拉雅与小米达成版权合作】 2020 年 12 月 29 日，喜马拉雅与小米宣布达成战略合作，双方将在音频内容和智能硬件等领域相互赋能。

据介绍，喜马拉雅和小米强强联合后，喜马拉雅会向小米开放海量 IP 内容，为小米的内容生态提供丰富资源。喜马拉雅热门内容《小猪佩奇》《郭德纲相声》《蔡康永的 201 堂情商课》《易中天品三国》《三体》等均已上线小米小爱音箱。

在逐步建立起音频生态圈的同时，喜马拉雅专注建设智能生态，加大对汽车、智能家居、智能音箱、智能穿戴等硬件终端的布局，希望通过布局智能硬件把声音从手机端拓展到更多便利性的场景，成为连接上下游的“中枢系统”。小米产品则拥有广泛应用场景，使得喜马拉雅内容能够触达居家、车载等更多场景的小米用户。

（资料来源：中国知识产权资讯网，作者：侯伟）

【腾讯与阅文集团启动“文化遗产新文创计划”】 2020 年 12 月 29 日，腾讯联合阅文集团发起“世界文化遗产新文创计划”。该计划将以联合国教科文组织纳入的文化遗产为原型，号召中国网络文学作家，深入挖掘文化遗产的内涵与故事创作短篇文学作品，并以新文创模式，邀请导演、编剧和短视频创作者以短剧、动漫、音乐等多种数字内容形态进一步开发该文学作品，立体化展现世界文化遗产的魅力。

腾讯集团副总裁、阅文集团首席执行官、腾讯影业首席执行官程武表示：“在世界文化遗产地深受疫情影响的背景下，今年腾讯联手联合国教科文组织发起 Next Idea 腾讯新文创大赛，以‘我的

(World) Idea 就是 Next Idea'为主题，短短数月就收到了近 7 000 篇网文作品，也创下了大赛举办 9 年来之最。”

（资料来源：中国青年网）

【2019 年中国版权产业 GDP 占比增至 7.39%】

2020 年 12 月 31 日消息，中国新闻出版研究院完成《2019 年中国版权产业经济贡献》的调研报告。报告显示，2019 年中国版权产业的行业增加值为 7.32 万亿元，同比增长 10.34%；占 2019 年 GDP 的比重为 7.39%，比上年提高 0.02 个百分点。中国版权产业在国民经济中的比重稳步提升，总体规模进一步壮大。

从 2016 年至 2019 年，中国版权产业的行业增加值已从 5.46 万亿元增长至 7.32 万亿元，产业规模增幅 34%；从对国民经济的贡献来看，中国版权产业占 GDP 的比重由 2016 年的 7.33%增长至 2019 年的 7.39%，提高了 0.06 个百分点，占比呈稳步提升的态势；从年均增速来看，2016 年至 2019 年间，中国版权产业行业增加值的年均增长率为 10.3%，高于同期 GDP 0.4 个百分点。

调研显示，随着我国深入推进供给侧结构性改革，新闻出版、广播影视、软件、广告与设计等业态加快数字化转型，推动了核心版权产业快速发展。2019 年中国核心版权产业的行业增加值达到 4.59 万亿元，同比增长 10%，占全部版权产业的比重达 63%，对版权产业发展的支撑引领更加明显。

2019 年我国版权产业的城镇单位就业人数为 1 628.60 万人，占全国城镇单位就业总人数的比重为 9.49%；中国版权产业对外贸易稳中提质，2019 年中国版权产业的商品出口额为 3 653.30 亿美元，占全国商品出口总额的比重为 14.62%，连续多年在全国商品出口总额中的比重稳定在 11%以上。

（资料来源：《中国新闻出版广电报》，作者：赖名芳）

港澳台版权信息

【香港海关打击侵权物品系列行动】 2020年1月5日、1月12日、1月19日，香港海关于中区采取执法行动，打击售卖侵权物品的流动小贩摊档，共检获约2 200件怀疑侵权物品，估计市值31万元。

根据《商品说明条例》，任何人销售或为售卖用途而管有冒牌物品，即属违法，一经定罪，最高可被判罚款50万元及监禁5年。

根据《版权条例》，任何人士销售或为售卖用途而管有侵犯版权物品，即属违法，一经定罪，最高可被判每件侵权物品罚款5万元及监禁4年。

此外，香港海关还于2020年5月10日至24日在中区采取执法行动，打击售卖侵权物品的流动小贩摊档，共检获约2 300件怀疑侵权物品，估计市值约40万元；于2020年5月14日采取执法行动，打击网上售卖盗版香港中学文凭试教学笔记；于2020年5月20日在旺角采取特别行动，打击售卖侵权物品活动，检获约5 000件怀疑侵权物品，估计市值约50万元；于2020年10月15日展开代号"灵机"的特别行动，打击售卖盗版电子游戏，共检获173套载有怀疑盗版电子游戏的游戏机套装及97张怀疑冒牌游戏机记忆卡，估计市值约30万元，并拘捕15人。

（资料来源：香港海关总署）

【粤港保护知识产权合作专责小组推进2020年度合作项目】 2020年4月24日，粤港保护知识产权合作专责小组订立2020年度合作项目。该专责小组的粤方组长为广东省市场监督管理局（知识产权局）局长，成员包括广东省市场监督管理局（知识产权局）、广东省版权局、广东省公安厅、广东省商务厅及海关总署广东分署的官员；港方组长为香港知识产权署署长，成员包括香港知识产权署、香港商务及经济发展局和香港海关的官员。

2020年度合作项目涵盖以下六个领域：加强粤港澳大湾区知识产权合作；加强粤港知识产权保护合作；推进粤港知识产权贸易合作；推进粤港知识产权交流研讨；强化粤港知识产权引导服务；开展粤港知识产权宣传教育。重点合作项目包括：继续推动粤港知识产权贸易发展，以促进科研成果转化运用；继续推动以仲裁或调解解决知识产权的争议；举办2020年粤港澳大湾区高价值专利培育布局大赛，以及就知识产权诉讼及司法保护、商标及版权等领域举办交流活动。

在知识产权跨境保护合作方面，粤港执法部门通过情报交流、信息资源共享、联合行动、专案合作等协作机制打击跨境侵权行为。

（资料来源：香港知识产权署）

【香港《2020年版权（修订）条例》刊宪并即日生效】 2020年6月26日，香港《2020年版权（修订）条例》（以下简称《修订条例》）刊宪并即日生效。

《修订条例》优化了《版权条例》（第528章）中与阅读残障人士有关的版权豁免。虽然香港目前没有遵守《马拉喀什条约》的义务，但《修订条例》会优化现时的版权豁免，使之符合《马拉喀什条约》的标准，令阅读残障人士可早日受惠。

《修订条例》优化了现行《版权条例》中容许制作特别版本（便于阅读格式版）供阅读残障人士作个人使用的豁免或允许作为，包括：扩大现行《版权条例》中"阅读残障"的定义，容许有知觉障碍或阅读障碍（包括读写障碍）的人士使用为阅读残障人士提供的版权豁免；表明某些类别的版权作品的语音形式（例如有声书）可用于制作便于阅读格式版，供阅读残障人士作个人使用；容许版权作品便于阅读格式版在符合某些条件下进行跨境交换，供阅读残障人士作个人使用。《修订条例》亦就现行与阅读残障人士有关的版权豁免作出其他修订，比如使条例用词与《马拉喀什条约》更相符。

（资料来源：香港知识产权署）

【香港商贩贩卖盗版光碟被判处监禁18个星期】 2020年7月25日，香港一商贩因售卖盗版光碟，违反《版权条例》，在九龙城裁判法院被判处监禁18个星期。

2018年5月10日，香港海关在旺角进行反盗版行动，搜查一间售卖盗版光碟的店铺，拘捕一名55岁男商贩，共检获约4 000只盗版光碟。该名被捕商贩在保释候查期间弃保潜逃，于2020年7月24

日被警方截获，随即被海关根据《版权条例》起诉，并于2020年7月25日在九龙城裁判法院答辩。

根据《版权条例》，任何人士销售或为售卖用途而管有侵犯版权物品，即属违法，一经定罪，最高刑罚为监禁4年及每件侵权物品罚款5万元。香港海关表示，监禁判刑具相当阻吓作用，对售卖侵权物品及管有侵权物品作商业用途有清晰明确的警示，同时亦反映了相关罪行的严重性。

（资料来源：香港海关总署）

【澳门海关联同澳门经济局举办保护知识产权讲座】 2020年9月28日，澳门海关联同澳门经济局到劳校中学举办保护知识产权讲座，向学生讲解相关法律知识，呼吁学生支持原创，拒绝盗版。讲座出席嘉宾包括澳门海关副关长周见雳、澳门海关知识产权厅厅长谭燕雯、澳门经济局知识产权厅厅长郑晓敏、劳校中学校长郑杰钊及教育暨青年局延续教育处处长黄志勇等。

澳门海关自2017年2月开展“保护知识产权校园宣传计划”以来，持续到澳门各间学校进行巡回宣传及举办讲座，已向澳门40多间中学，超过3万名学生进行推广。此次讲座在做好防疫措施的情况下进行，约300名学生及教职员参与，有1 300名学生同步观看视像直播。讲座上，澳门海关知识产权厅厅长谭燕雯透过短片及执法个案，介绍海关在打击侵权行为方面的工作和成果，以及执法时依据的法律，并应近年网上购物的趋势，教导学生如何避免购入侵权商品，保障自身权益。澳门经济局知识产权厅厅长郑晓敏则分别就著作权、商标、专利、设计及新型等不同的知识产权类别，向学生作详细讲解。

2020年11月23日，澳门海关还在培华中学举办了保护知识产权讲座。

（资料来源：澳门海关）

【澳门海关向澳门工会联合总会成员举办保护知识产权讲座】 2020年10月8日，澳门海关在沙梨头工联大厦向澳门工会联合总会成员举办讲座，宣扬保护知识产权的重要性。

澳门海关于2016年9月建立社区打假联络机制，至2020年10月已有13个团体加入，社区网络不断扩大。澳门工会联合总会是海关社区打假联络机制成员之一，多年来一直积极配合海关在知识产权范畴方面的普法工作，并就社区侵权情况为海关提供资讯。讲座上，澳门海关知识产权厅厅长谭燕雯向90名澳门工会联合总会成员介绍了澳门海关在知识产权方面的执法情况及相关的法律规定，并解答有关知识产权方面的问题。

（资料来源：澳门海关）

版权产业与版权贸易

BAN QUAN CHAN YE YU BAN QUAN MAO YI

2019 年中国版权产业的经济贡献

中国新闻出版研究院

一、2019 年中国版权产业经济贡献的综合分析

（一）版权产业经济贡献持续增长，增加值突破 7 万亿元

2019 年我国经济运行保持总体平稳态势，为版权产业持续发展打下良好基础。2019 年，中国版权产业的行业增加值突破 7 万亿元，已达 73 203.75 亿元人民币，比 2018 年增长 6 862.27 亿元人民币，增长 10.34%[①]；版权产业占 GDP 的比重为 7.39%，比 2018 年提高 0.02 个百分点。

"十三五"时期，中国版权产业坚定不移贯彻新发展理念，版权产业规模跃上新的台阶，行业增加值及占 GDP 比重稳步提升。2016 年至 2019 年间，中国版权产业的行业增加值从 54 551.46 亿元人民币增长至 73 203.75 亿元人民币，增长 34.19%；版权产业在 GDP 中的比重从 7.33% 提高至 7.39%，提高 0.06 个百分点（见图 1）。

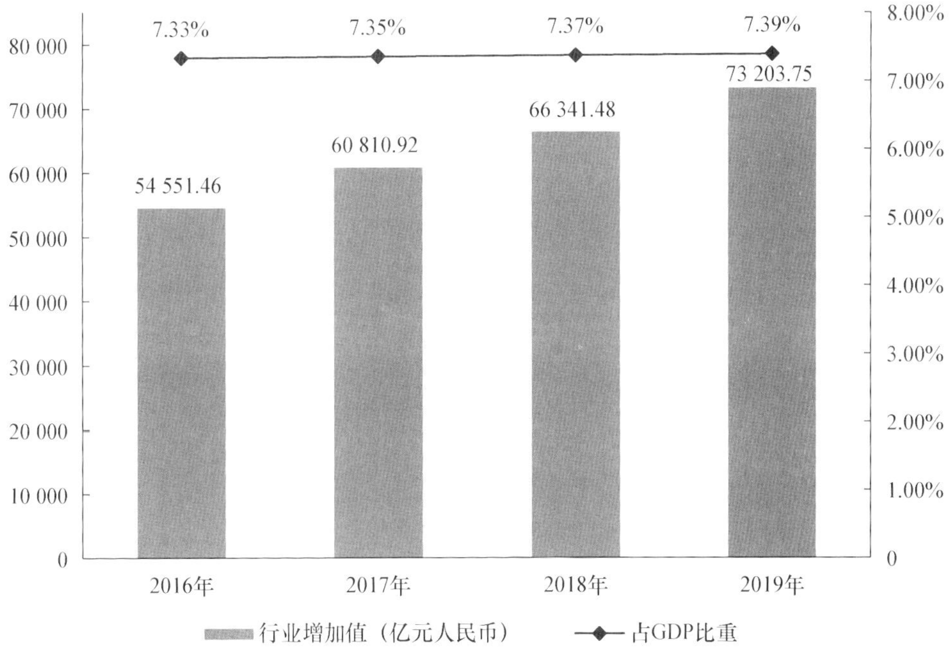

图 1　2016—2019 年中国版权产业的行业增加值及占全国 GDP 比重

"十三五"期间，中国版权产业行业增加值的年均增长率也高于全国 GDP，为推动我国经济持续健康发展做出积极贡献。2016 年至 2019 年间，中国版权产业行业增加值的年均增长率为 10.30%，同期全国 GDP 的年均增长率为 9.90%[②]，版权产业增加值的年均增长率高于 GDP 年均增长率 0.40 个百分点（见图 2）。

---

① 本报告中的增长速度均为名义增速，即未扣除价格因素。

② 全国 GDP 年均增长率为名义增速，根据《中国统计年鉴—2020》中 2019 年和 2018 年现价 GDP 数据计算得出。

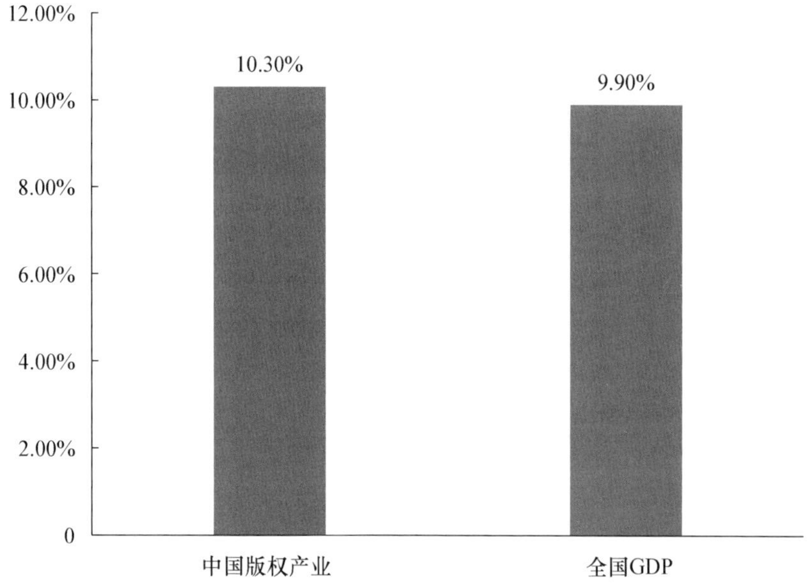

图 2　2016—2019 年中国版权产业行业增加值的年均增长率与全国 GDP 的年均增长率的比较

（二）版权产业结构不断优化，核心版权产业发展较快

“十三五”时期，随着我国深入推进供给侧结构性改革，着力推动经济高质量发展，中国版权产业的经济结构不断优化，核心版权产业发展动力进一步增强。

2019 年，中国核心版权产业的行业增加值为 45 874.56 亿元人民币，比 2016 年增长 34.70%；核心版权产业在全国 GDP 中的比重为 4.63%，比 2016 年提高 0.05 个百分点。2016 年至 2019 年间，中国核心版权产业行业增加值保持了 10.44%的年均增长率，高于版权产业年均增长率 0.14 个百分点，高于全国 GDP 年均增长率 0.54 个百分点（见图 3）。

核心版权产业的持续较快发展带动中国版权产业的结构调整稳步推进。2019 年，中国核心版权产业行业增加值在版权产业中的比重已达 62.67%，比 2016 年提高 0.24 个百分点（见图 4）。

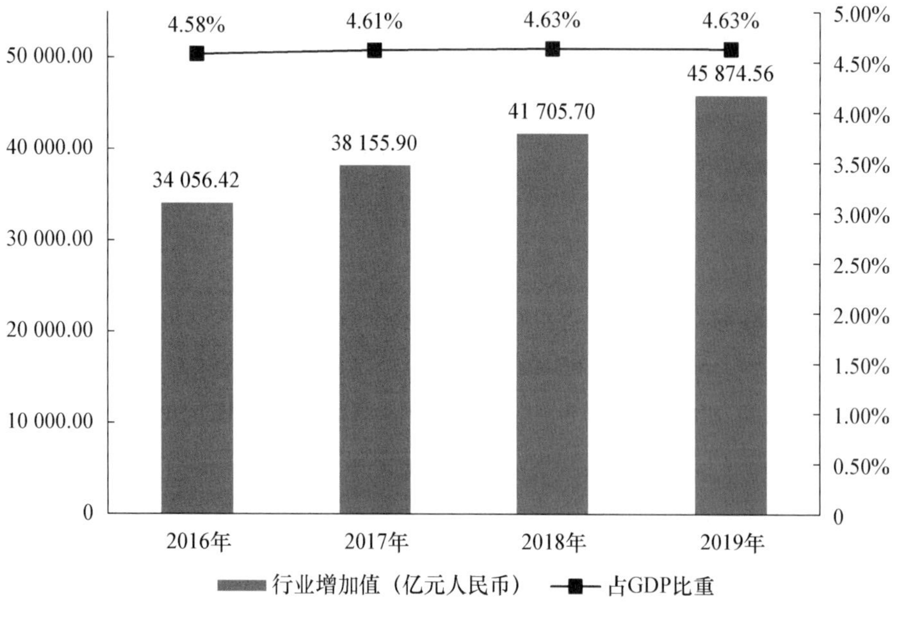

图 3　2016—2019 年中国核心版权产业的行业增加值及占全国 GDP 比重

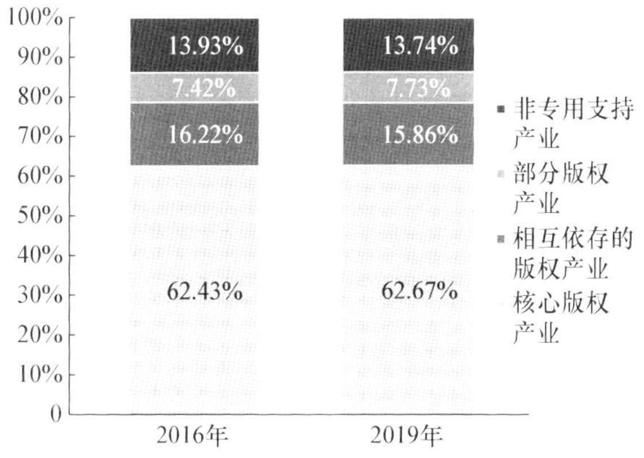

图4 2016年和2019年中国版权产业各类别行业增加值的比重

(三)新兴产业发展势头良好，成版权产业发展新动能

“十三五”时期，我国在新产业、新业态、新商业模式的“三新经济”方面实现快速发展，对经济平稳运行发挥了重要作用。中国版权产业中的软件和信息技术服务、数字出版、网络视听、游戏等新兴产业保持旺盛发展势头，新闻出版、广播影视等传统产业中的新业态、新模式也不断涌现，成为中国版权产业发展的新动能。

2019年，全国规模以上软件和信息技术服务业软件业务收入72 072亿元，比2018年增长16.4%；其中，以云计算、大数据技术为基础的平台类运营技术服务收入21 965亿元，同比增长31.2%①。

2019年，我国数字出版产业整体收入9 881.43亿元，比2018年增长11.16%，移动出版、在线教育等新兴板块保持良好发展势头。其中，移动出版收入2 314.82亿元，占数字出版产业整体收入的23.43%，为数字出版领域主力军；在线教育收入2 010亿元，与2018年相比增长幅度超过50%，是数字出版产业中发展最为强劲的部分②。

全国广播电视行业通过媒体融合发展，持续拓展新业务、新业态，收入结构进一步调整优化。2019年，全国广播电视和网络视听机构通过互联网取得的新媒体广告收入828.76亿元，同比增长68.49%；持证及备案机构网络视听收入1 738.18亿元，同比增长111.31%③。

在游戏领域，2019年中国游戏市场实际销售收入2 308.8亿元，同比增长7.7%。其中，移动游戏销售收入1 581.1亿元，同比增长18.0%，占游戏产业收入的近七成。此外，游戏直播、电子竞技、云游戏等新技术和新业态不断发展，推动国内游戏产业链持续升级④。

(四)对外贸易方式结构优化，核心版权产业进出口额增长较快

2019年，中国版权产业的商品进出口额⑤为4 340.51亿美元；其中，一般贸易进出口额为1 141.16亿美元，占版权产业进出口额的比重为26.29%；加工贸易进出口额为2 543.46亿美元，占版权产业进出口额的比重为58.60%（见图5）。虽然中国版权产业的对外贸易方式仍以加工贸易为主，但产业链更长、附加值更高、更能反映企业自主发展能力的一般贸易方式进出口额比重比2018年提高1.89个百分点，反映出中国版权产业的对外贸易方式结构逐步得到优化（见图6）。

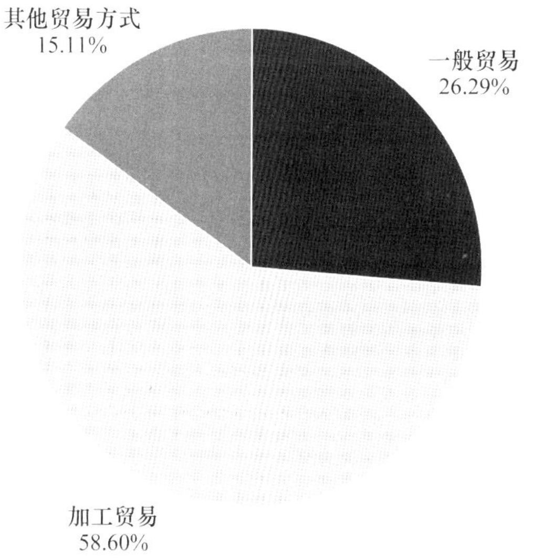

图5 2019年中国版权产业商品进出口额的贸易方式构成

① 工业和信息化部.2019年软件和信息技术服务业统计年报[EB/OL].[2021-12-01]. https://www.miit.gov.cn/gxsj/tjfx/rjy/art/2020/art_025407a81ffc416c96b13ca6826196ad.html.

② 中国数字出版产业年度报告课题组.步入高质量发展的中国数字出版：2019—2020年中国数字出版产业年度报告[J].出版发行研究，2020，(11)：20-25.

③ 国家广播电视总局.2019年全国广播电视行业统计公报[EB/OL].[2021-12-01]. http://www.nrta.gov.cn/art/2020/7/8/art_113_52026.html.

④ 中国音数协游戏工委，国际数据公司.2019年中国游戏产业报告[EB/OL].[2021-12-01]. http://www.cgigc.com.cn/gamedata/21649.html.

⑤ 2019年商品出口额口径与之前公布的2018年数据相比有所调整，在相互依存的版权产业中的电视机等类似设备产业组中增加了智能手机产品。因而本报告中的2018年和2019年中国版权产业商品进出口额数据均包含智能手机。

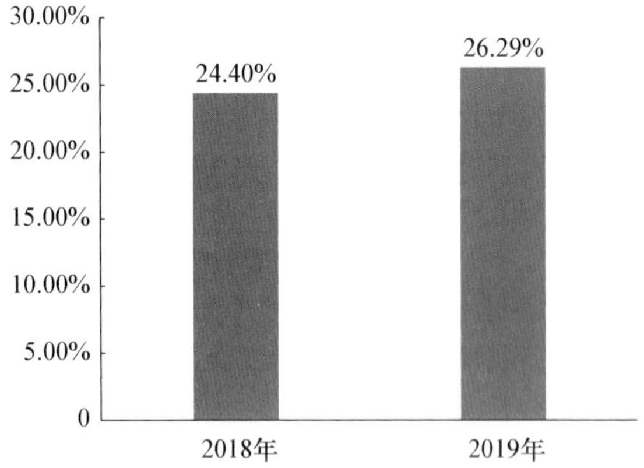

图 6　2018—2019 年中国版权产业商品进出口额的一般贸易方式比重

由于世界经济增长持续放缓、不稳定不确定因素增多，近年来中国版权产业外贸发展面临复杂严峻的外部环境。2019 年中国版权产业的商品进出口额比 2018 年同口径[①]下降 4.59%（见图 7）；其中出口额下降 4.92%，进口额下降 2.75%。这主要是相互依存的版权产业进出口额下降导致的，2019 年相互依存的版权产业商品进出口额比 2018 年下降 5.90%，其中出口额下降 6.24%，进口额下降 4.10%。

但 2019 年核心版权产业的商品进出口额增长较快，比 2018 年增长 15.20%；部分版权产业的商品进出口额比 2018 年增长 9.98%。

二、2019 年中国版权产业经济贡献的主要数据

根据调研测算，2019 年中国版权产业的行业增加值为 73 203.75 亿元人民币，占全国 GDP 的 7.39%；城镇单位就业人数为 1 628.60 万人，占全国城镇单位就业总人数的 9.49%；商品出口额为 3 653.30 亿美元，占全国商品出口总额的 14.62%[②]。主要数据详见表 1。

（一）行业增加值

2019 年，中国版权产业的行业增加值为 73 203.75 亿元人民币，比 2018 年增长 6 862.27 亿元人民币，增长 10.34%；版权产业占 GDP 的比重为 7.39%，比 2018 年提高 0.02 个百分点。2019 年中国版权产业增加值及占全国 GDP 比重与 2018 年的比较详见图 8、图 9。

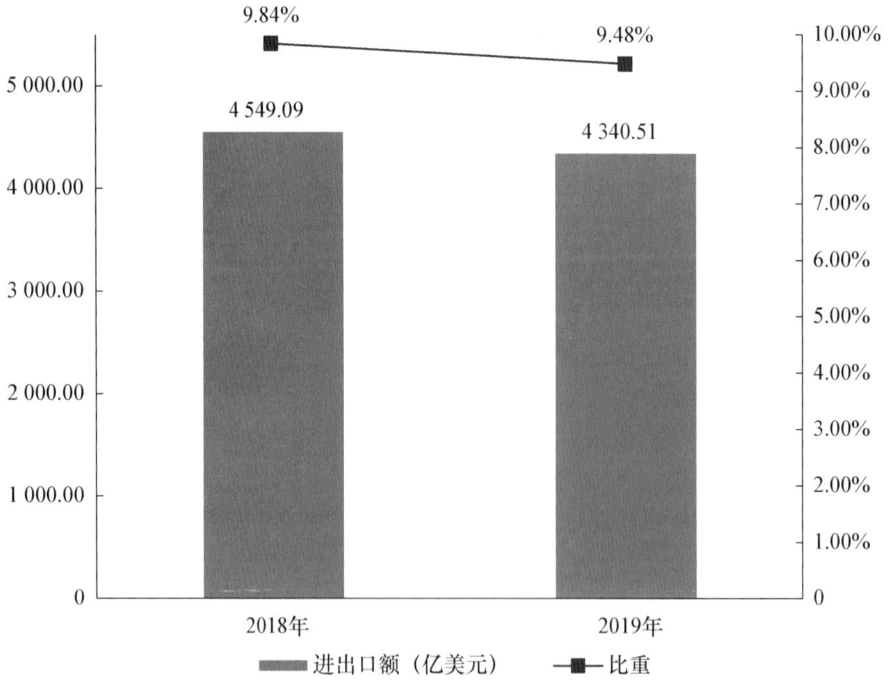

图 7　2018—2019 年中国版权产业的商品进出口额及占全国比重

① 即包含智能手机。

② 2019 年全国 GDP、城镇单位就业总人数、商品出口总额来源于中国统计出版社出版的《中国统计年鉴—2020》。

表 1　2019 年中国版权产业经济贡献的主要数据

类别	行业增加值		城镇单位就业人数		商品出口额	
	数值（亿元人民币）	占全国比重	数值（万人）	占全国比重	数值（亿美元）	占全国比重
核心版权产业	45 874.56	4.63%	957.34	5.58%	47.24	0.19%
相互依存的版权产业	11 613.31	1.17%	334.70	1.95%	3 318.77	13.28%
部分版权产业	5 661.23	0.57%	186.70	1.09%	287.29	1.15%
非专用支持产业	10 054.66	1.01%	149.86	0.87%	—	—
全部版权产业	73 203.75	7.39%	1 628.60	9.49%	3 653.30	14.62%

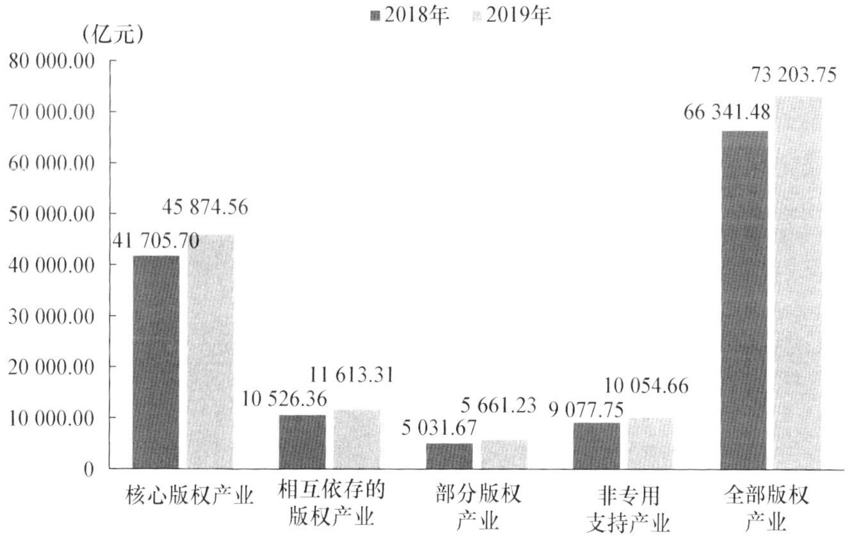

图 8　2019 年中国版权产业各类别增加值与 2018 年的比较

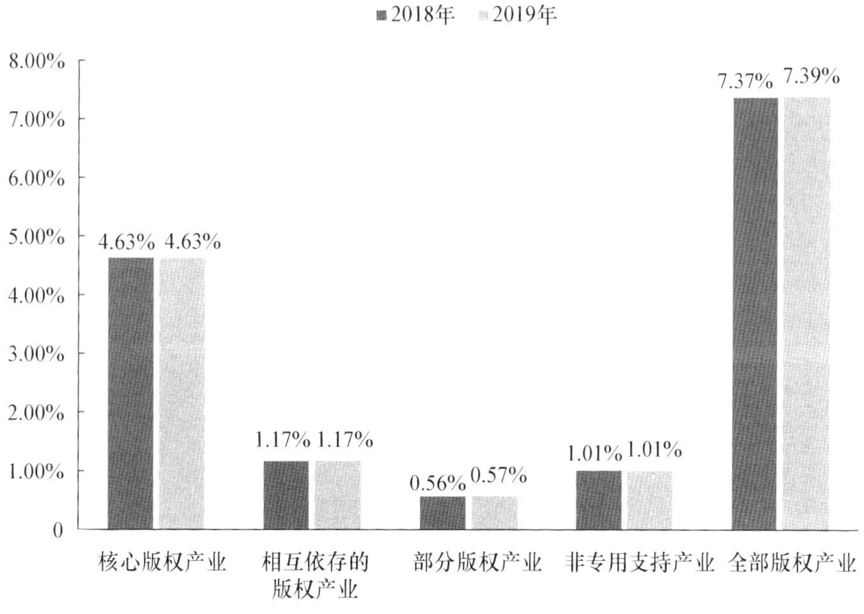

图 9　2019 年中国版权产业各类别增加值占全国 GDP 比重与 2018 年的比较

从行业增加值来看，核心版权产业仍是中国版权产业的主体。2019 年中国核心版权产业的行业增加值为 45 874.56 亿元人民币，占全部版权产业的 62.67%，占全国 GDP 的 4.63%。其中，软件、新闻出版、设计与广告等这几个行业的增加值占到了中国核心版权产业的八成以上，对推动核心版权产业的发展起到了重要作用。

2019 年，相互依存的版权产业的行业增加值为 11 613.31 亿元，占全部版权产业的 15.86%，占全国 GDP 的 1.17%，以计算机、电视机、智能手机等电子信息制造业为主体；非专用支持产业的行业增加值为 10 054.66 亿元人民币，占全部版权产业的 13.74%，占全国 GDP 的 1.01%；部分版权产业的行业增加值为 5 661.23 亿元人民币，占全部版权产业的 7.73%，占全国 GDP 的 0.57%，建筑、工程、调查，手工艺品，玩具和游戏用品等这几个产业组的规模较大。2019 年中国版权产业行业增加值的构成详见图 10。

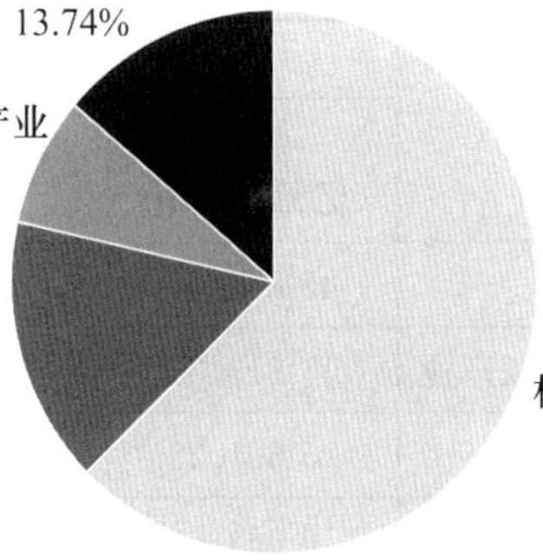

图 10　2019 年中国版权产业行业增加值的构成

（二）就业人数

2019 年，中国版权产业的城镇单位就业人数为 1 628.60 万人，比 2018 年下降 16.93 万人，下降 1.03%；占全国城镇单位就业总人数的比重为 9.49%，比 2018 年下降 0.04 个百分点。2019 年中国版权产业城镇单位就业人数及占全国比重与 2018 年的比较详见图 11、图 12。

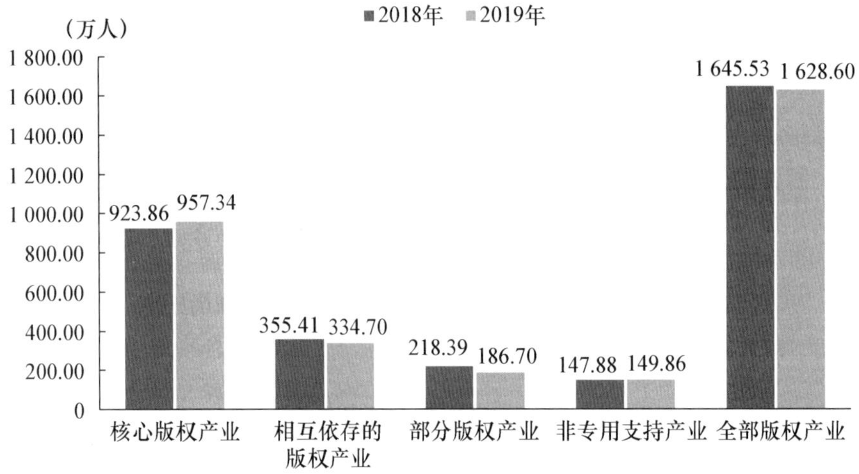

图 11　2019 年中国版权产业各类别城镇单位就业人数与 2018 年的比较

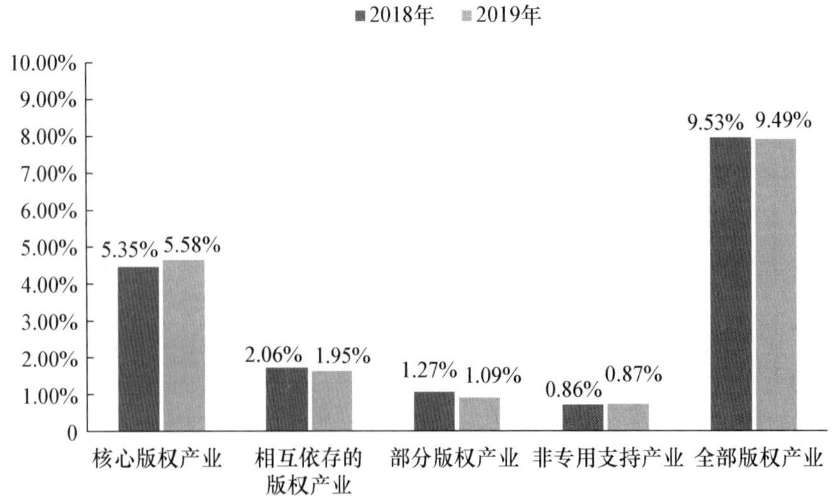

图 12　2019 年中国版权产业各类别城镇单位就业人数占全国比重与 2018 年的比较

与行业增加值一样，核心版权产业的就业人数在中国版权产业中的比重最高。2019 年中国核心版权产业的城镇单位就业人数为 957.34 万人，占全部版权产业的 58.78%，占全国城镇单位就业总人数的 5.58%，以软件、新闻出版、广告与设计等行业为主体。

2019 年，相互依存的版权产业的城镇单位就业人数为 334.70 万人，占全部版权产业的 20.55%，占全国城镇单位就业总人数的 1.95%，计算机、电视机、智能手机等电子信息制造业的就业人数较多；部分版权产业的城镇单位就业人数为 186.70 万人，占全部版权产业的 11.46%，占全国城镇单位就业总人数的 1.09%，建筑、工程、调查，手工艺品，玩具和游戏用品等几个产业组就业人数较多；非专用支持产业的城镇单位就业人数为 149.86 万人，占全部版权产业的 9.20%，占全国城镇单位就业总人数的 0.87%。2019 年中国版权产业城镇单位就业人数的构成详见图 13。

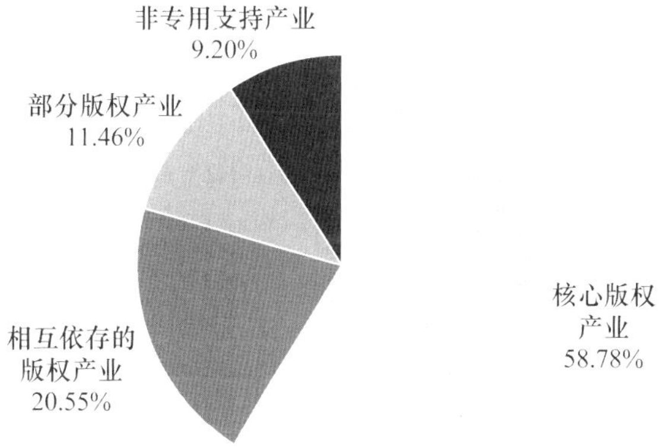

图 13 2019 年中国版权产业城镇单位就业人数的构成

（三）商品进出口额

2019 年，中国版权产业的商品进出口额为 4 340.51 亿美元，比 2018 年同口径下降 4.59%，占全国进出口总额的 9.48%，比 2018 年下降 0.36 个百分点。其中，中国版权产业的商品出口额为 3 653.30 亿美元，占版权产业进出口额的 84%；商品进口额为 687.21 亿美元，占版权产业进出口额的 16%；版权产业实现贸易顺差 2 966.10 亿美元（见图 14 至图 16）。

1. 出口额

2019 年，中国版权产业的商品出口额为 3 653.30 亿美元，比 2018 年同口径下降 4.92%；占全国商品出口总额的比重为 14.62%，比 2018 年下降 0.83 个百分点。2019 年中国版权产业商品出口额及占全国比重与 2018 年的比较详见图 17、图 18。

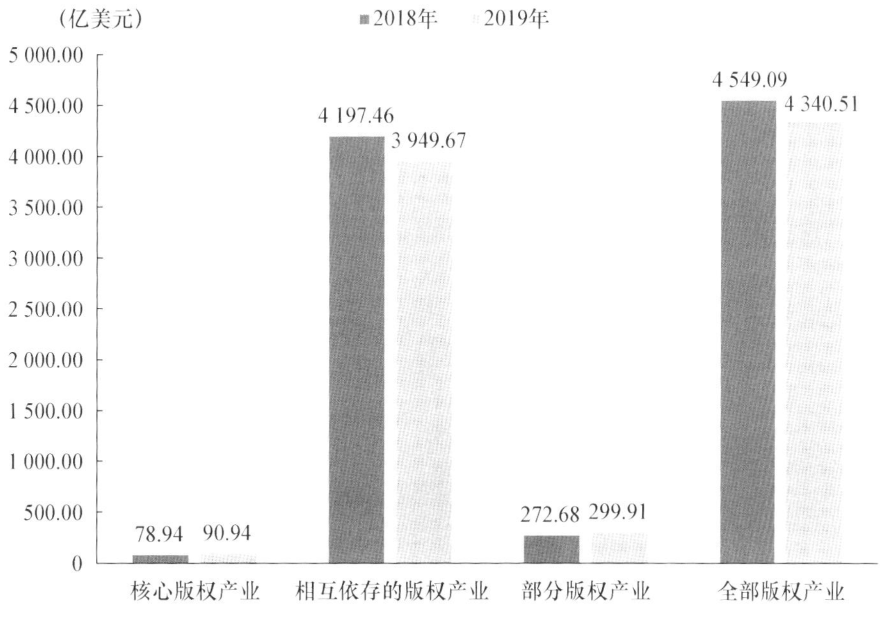

图 14 2019 年中国版权产业各类别商品进出口额与 2018 年的比较

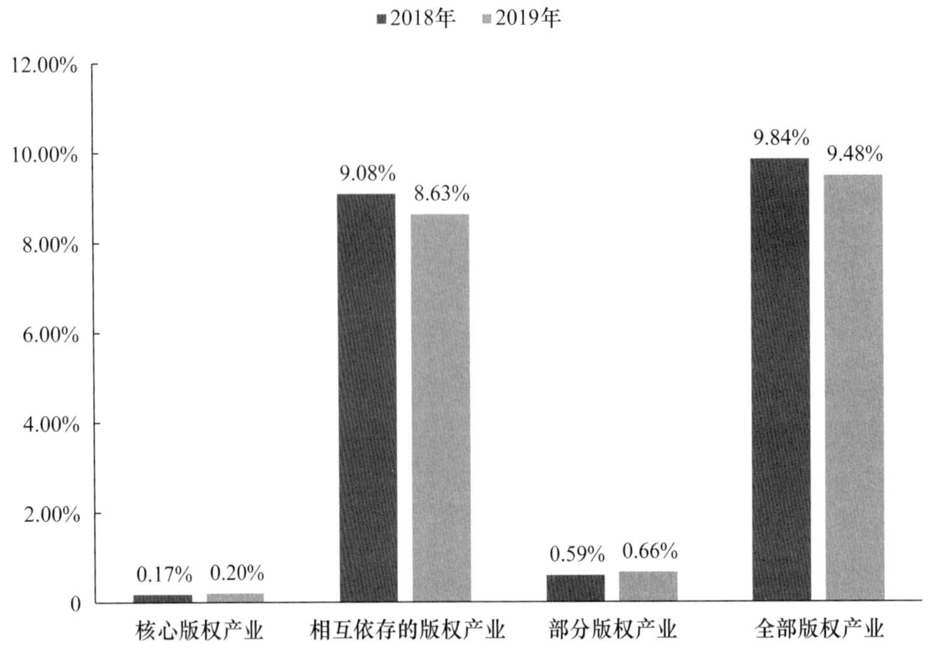

图 15 2019 年中国版权产业各类别商品进出口额占全国比重与 2018 年的比较

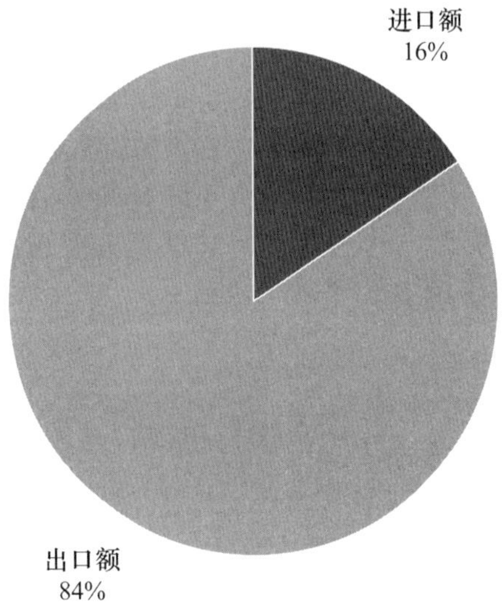

图 16 2019 年中国版权产业商品进出口额的构成

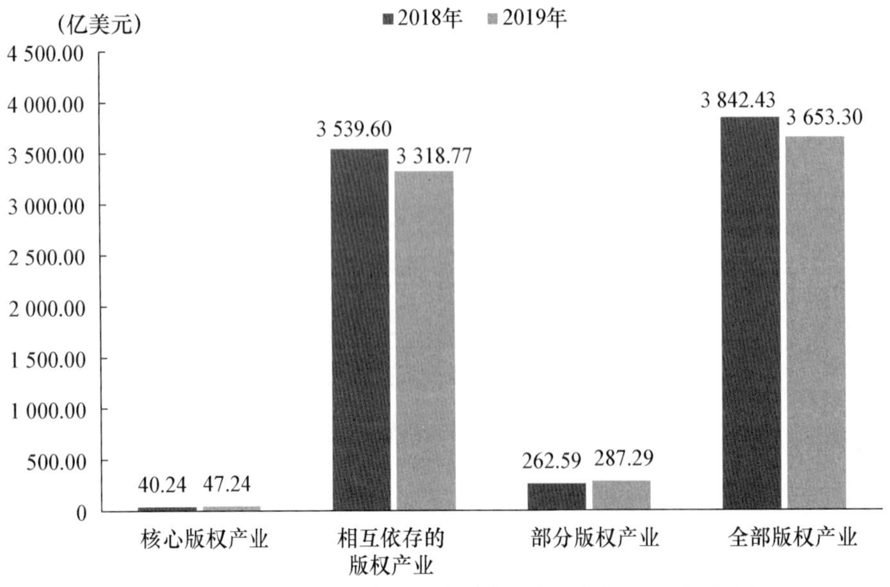

图 17 2019 年中国版权产业各类别商品出口额与 2018 年的比较

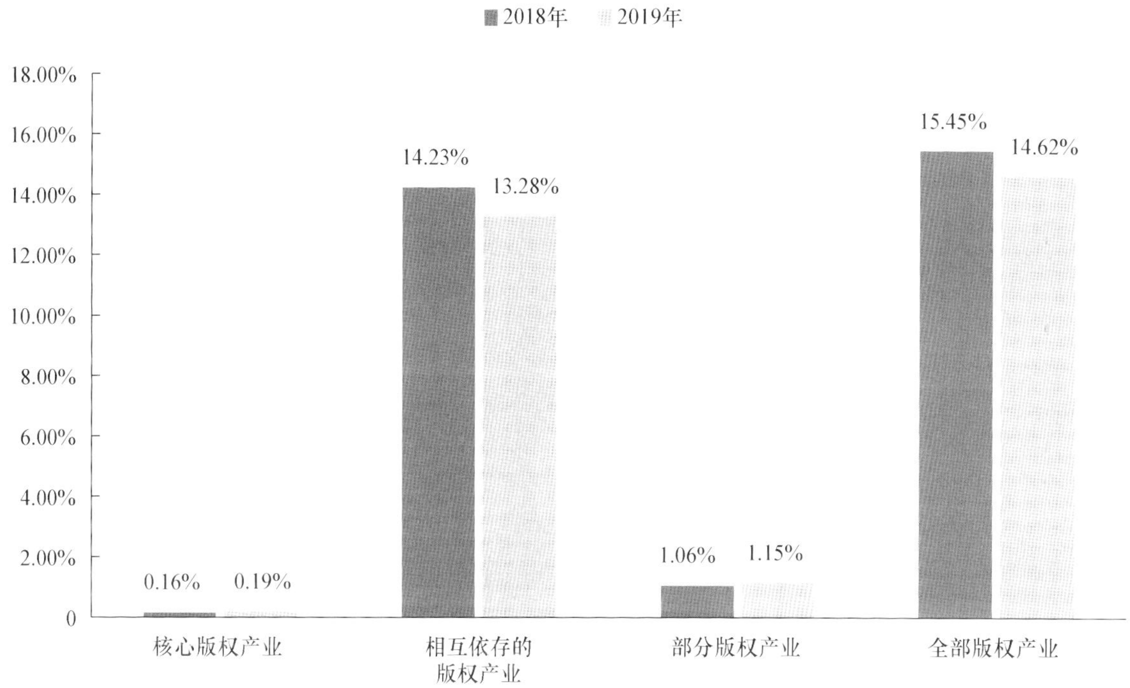

图 18　2019 年中国版权产业各类别商品出口额占全国比重与 2018 年的比较

相互依存的版权产业商品出口额在中国版权产业中的比重最高。2019 年，相互依存的版权产业的商品出口额为 3 318.77 亿美元，占全部版权产业出口额的 90.84%，占全国商品出口总额的 13.28%。

核心版权产业和部分版权产业对中国版权产业出口的贡献较小。核心版权产业的商品出口额为 47.24 亿美元，占全部版权产业出口额的 1.29%，占全国商品出口总额的 0.19%；部分版权产业商品出口额为 287.29 亿美元，占全部版权产业出口额的 7.86%，占全国商品出口总额的 1.15%。2019 年中国版权产业商品出口额的构成详见图 19。

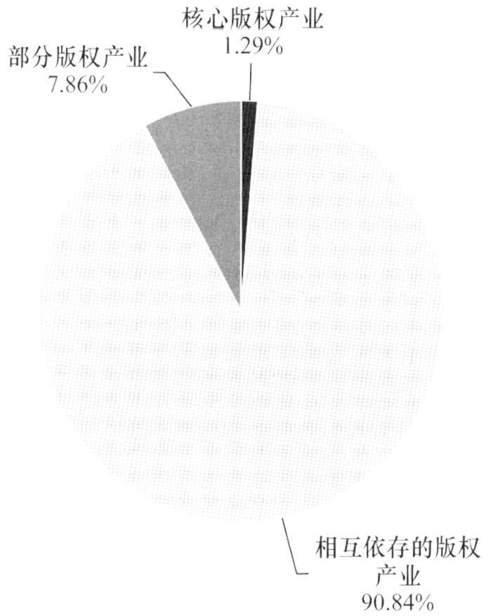

图 19　2019 年中国版权产业商品出口额的构成

中国版权产业出口额较高的商品主要是电视机、智能手机等类似设备，计算机及其设备，玩具和游戏用品，复印机，纸张等。2019 年这五个产业组的出口额为 3 443.90 亿美元，占中国版权产业商品出口额的 94.27%；特别是电视机、智能手机等类似设备，计算机及其设备是出口最多的两个产业组，均占到中国版权产业出口额的 40%以上。2019 年中国版权产业出口商品的构成详见图 20。

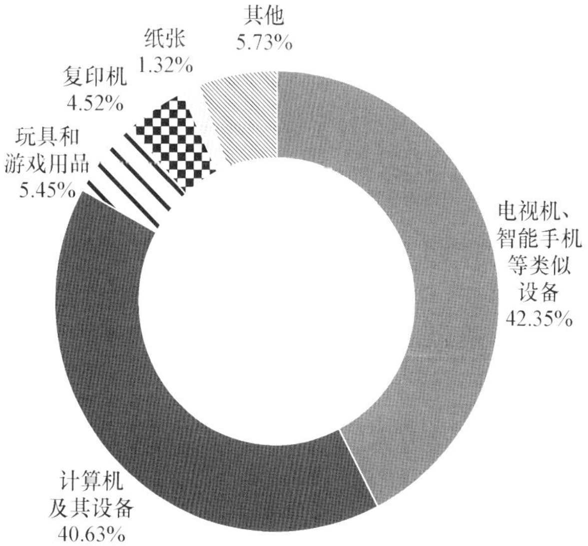

图 20　2019 年中国版权产业出口额的主要商品构成

2. 进口额

2019 年，中国版权产业的商品进口额为 687.21 亿美元，比 2018 年同口径下降 2.75%；占全国商品进口总额的比重为 3.31%，与 2018 年相同。2019 年中国版权产业商品进口额及占全国比重与 2018 年的比较详见图 21、图 22。

相互依存的版权产业商品进口额在中国版权产业中的比重最高。2019 年，相互依存的版权产业的商品进口额为 630.89 亿美元，占到全部版权产业进口额的 91.81%，占全国商品进口总额的 3.04%。

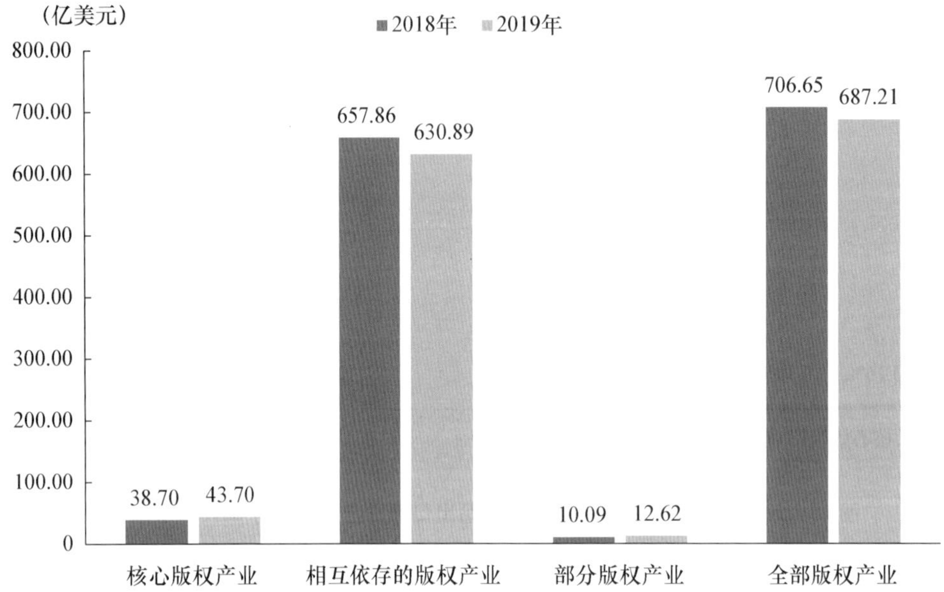

图 21　2019 年中国版权产业各类别商品进口额与 2018 年的比较

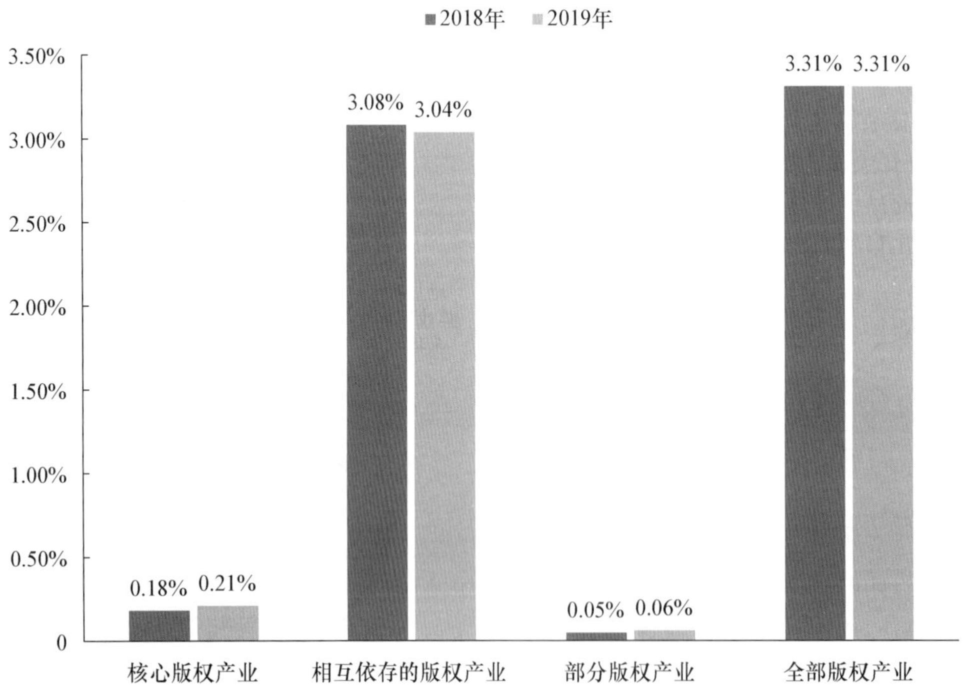

图 22　2019 年中国版权产业各类别商品进口额占全国比重与 2018 年的比较

核心版权产业和部分版权产业对中国版权产业进口的贡献较小。核心版权产业的商品进口额为 43.70 亿美元，占全部版权产业进口额的 6.36%，占全国商品进口总额的 0.21%；部分版权产业商品进口额为 12.62 亿美元，占全部版权产业进口额的 1.84%，占全国商品进口总额的 0.06%。2019 年中国版权产业商品进口额的构成详见图 23。

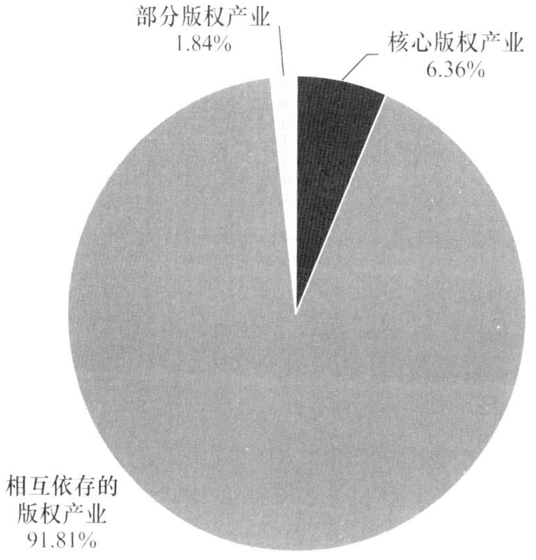

图 23　2019 年中国版权产业商品进口额的构成

中国版权产业进口额较高的商品主要是计算机及其设备，电视机、智能手机等类似设备，复印机，照相和电影摄影器材，电影和影带，空白录音介质，纸张等。2019 年这 7 个产业组的进口额为 650.17 亿美元，占中国版权产业商品进口额的 94.61%；特别是计算机及其设备，电视机、智能手机等类似设备是进口最多的两个产业组，分别占到中国版权产业进口额的 44.44%和 24.23%。2019 年中国版权产业进口商品的构成详见图 24。

三、中国版权产业经济贡献的调研方法

本项目按照世界知识产权组织《版权产业的经济贡献调研指南》（以下简称《指南》）中提供的方法开展，以定量研究方法为主，在版权产业概念、数据来源、测算方法等方面与《指南》基本保持一致，并结合实地调研，对 2019 年中国版权产业经济贡献的整体情况进行了测算分析。

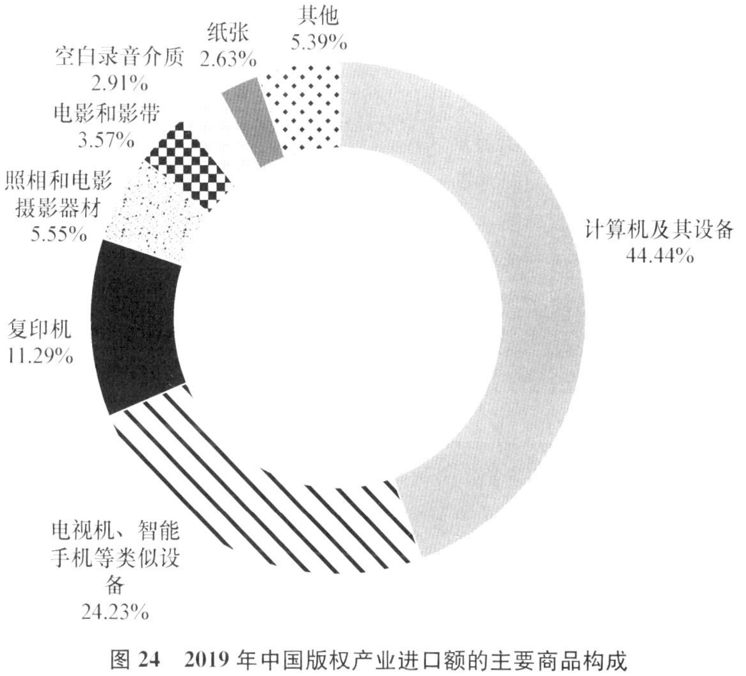

图 24　2019 年中国版权产业进口额的主要商品构成

（一）中国版权产业的概念与分类

世界知识产权组织将版权产业定义为“版权可发挥显著作用的活动或产业”[①]，并将其分为了四类：核心版权产业、相互依存的版权产业、部分版权产业和非专用支持产业[②]。本项目参照《指南》关于版权产业的界定，将中国版权产业定义为：全部或部分活动与中国版权法保护的作品或其他受版权法保护的客体相关的产业，这些活动包括了创作、制作、表演、广播、传播以及展览或者发行和销售[③]。本项目在中国版权产业分类上亦遵循了《指南》的原则，但根据中国版权法关于作品的具体分类，对主要产业组的名称进行了调整。中国版权产业的具体分类如下：

1. 核心版权产业

核心版权产业是完全从事作品及其他受保护客

① 世界知识产权组织．版权产业的经济贡献调研指南［M］．北京：法律出版社，2006：132.

② 同①38.

③ 柳斌杰，阎晓宏．中国版权相关产业的经济贡献［M］．北京：中国书籍出版社，2010：25.

体的创作、制作和制造、表演、广播、传播和展览或销售和发行的产业，包括 9 个产业组：文字作品，音乐、戏剧制作、曲艺、舞蹈和杂技，电影和影带，广播和电视，摄影，软件和数据库，美术与建筑设计、图形和模型作品，广告服务，版权集体管理与服务①。

2. 相互依存的版权产业

相互依存的版权产业是从事制作、制造和销售其功能完全或主要是为作品及其他受版权保护客体的创作、制作和使用提供便利的设备的产业，包括以下 7 个产业组：电视机、智能手机等类似设备，计算机和有关设备，乐器，照相和电影摄影器材，复印机，空白录音介质，纸张②。

3. 部分版权产业

部分版权产业是部分活动与作品或其他受版权保护客体相关的产业，包括 10 个产业组：服装、纺织品与制鞋，珠宝和硬币，其他手工艺品，家具，家庭用品、陶瓷和玻璃，墙纸与地毯，玩具与游戏用品，建筑、工程、调查，内部装修设计，博物馆③。

4. 非专用支持产业

非专用支持产业是部分活动与促进作品及其他版权保护客体的广播、传播、发行或销售相关且这些活动没有被纳入核心版权产业的产业。这些产业计量的是远离核心版权产业的溢出效果，它们的职能是版权产业与其他产业共享的。非专用支持产业包括 3 个产业组：一般批发和零售产业，一般运输产业，电话和互联网产业④。

（二）定量研究的测算方法

本项目以《指南》为基础，以定量研究为主，通过测算行业增加值、就业人数和商品进出口额这三项主要指标，来具体衡量中国版权产业的经济贡献。

1. 指标

《指南》认为，版权产业规模占 GDP 比重、就业机会、对外贸易这三项指标可以相互补充提供某一国家版权产业全面的、横向的情况⑤，因而本项目也采用这些指标。其中对外贸易方面包括货物贸易和服务贸易两部分，由于中国现有统计制度无法准确对版权产业的服务贸易进行较为详细的分类统计，因而只能估算版权产业的货物贸易（即商品进出口额）。因此中国版权产业的主要测算指标为行业增加值、就业人数和商品出口额。行业增加值是一定时期内中国版权产业所生产和提供的全部最终产品和服务的市场价值的总和，是国民经济核算的一项重要指标。就业人数是中国从事版权产业的人口数量，反映版权产业为社会提供的就业机会，本项目选择的就业口径为城镇单位就业人数。商品出口额反映中国版权产业向国外或境外出口的货物商品的价值，是衡量对外贸易的重要指标。近年来本项目还相应增加了商品进口额的相关指标，通过商品进出口额数据更加全面地反映中国版权产业的外贸情况。

2. 数据来源和测算方法

为了使调查具有可信度，本项目定量研究的基础数据以官方统计数据为主，主要包括：相关年度的经济普查数据及《中国经济普查年鉴》，国家统计局编写、中国统计出版社出版的相关年度《中国统计年鉴》及其他统计年鉴，国家新闻出版署（国家版权局）、海关总署、国家广播电视总局、工业和信息化部、中国电子信息行业联合会等行业主管部门和行业协会提供或发布的行业数据及报告等。在具体测算方法上，行业增加值采用收入法计算，具体测算方法按照国家统计局国民经济核算司编著的《中国经济普查年度国内生产总值核算方法》进行，就业人数和商品进出口额则分别直接根据有关数据进行汇总测算。

3. 版权因子

为了将不能完全归入版权范畴的成分排除在外，《指南》提出了版权因子的概念，即确定某一产业中版权产业所占的比例⑥。除核心版权产业的版权因子为 100%之外，相互依存的版权产业、部分版权产业和非专用支持产业的版权因子需要分别确定，因而版权产业四个类别的行业增加值、就业人数和

---

① 世界知识产权组织. 版权产业的经济贡献调研指南［M］. 北京：法律出版社，2006：42-45. 本项目对世界知识产权组织的分类名称进行了部分调整，包括将“新闻和文学作品”改为“文字作品”，将“音乐、戏剧制作、歌剧”改为“音乐、戏剧制作、曲艺、舞蹈和杂技”，将“视觉和绘画艺术”改为“美术与建筑设计、图形和模型作品”，将“版权集体管理协会”改为“版权集体管理与服务”。

② 世界知识产权组织. 版权产业的经济贡献调研指南［M］. 北京：法律出版社，2006：47-48. 根据近年来发展情况，课题组在本产业组中增加了智能手机。

③ 世界知识产权组织. 版权产业的经济贡献调研指南［M］. 北京：法律出版社，2006：48-49.

④ 同③50-51.

⑤ 同③52-53.

⑥ 同③85.

商品进出口额均为相关数据乘以各自版权因子之后的数值。本项目主要通过抽样调查（问卷调查与特殊访谈）、国际比对和量化计算几种方式[①]确定了中国版权产业的版权因子。

（三）实地调研

在定量研究之外，本项目还多次对中国版权产业的主要地区和行业开展了实地调研工作。通过开展实地调研，一是为数据测算提供了重要补充，如各行业的实地调研成为确定各产业组版权因子的重要参考；二是在数据之外可以获取到版权产业各行业发展的新特点新趋势，为结论分析提供重要支撑，提高调研结果的可信性，更加全面、真实地反映中国版权产业的发展现状。

① 柳斌杰，阎晓宏．中国版权相关产业的经济贡献［M］．北京：中国书籍出版社，2010：47.

中国网络版权产业发展报告（2020）

国家版权局网络版权产业研究基地

一、概念与范畴界定

（一）中国网络版权产业的概念与范畴

按照世界知识产权组织（WIPO）《版权产业的经济贡献调研指南》的界定，版权产业是指版权可发挥显著作用的产业，是国民经济中与版权相关的诸多产业部门的集合，这些产业部门的共同特点是以版权制度为存在基础，发展与版权保护息息相关。

国家统计局于 2018 年印发《文化及相关产业分类（2018）》，目的是将以“互联网＋”为依托的文化新业态纳入统计范围，准确反映文化产业新的增长点。

本研究沿袭 WIPO 的界定思路，在定义和分类上与国家统计局公布的“文化及相关产业”有效衔接，网络核心版权产业是指通过网络技术和应用，完全地从事创造、生产与制造、表演、传播与展出、发行与销售依赖网络和版权保护的内容作品的产业。

遵循 WIPO 指南的定义精神，本报告界定的“网络版权产业”是狭义上的定义，全部属于“核心版权产业”，具体定义为：通过网络技术和应用，从事版权内容创造、生产与制造、表演、传播与展出、发行与销售行为，并依赖网络和版权保护的内容的产业。包括九个子类：

（1）网络文学：指作者以互联网为发表平台和传播媒介，采用纯文字为表现手段的，在网络上创作发表供网民付费/免费阅读的文学作品、类文学文本；网络文学与电子书、数字杂志、互动类图书 APP、有声阅读等数字出版内容加总时，合计为数字阅读。

（2）网络长视频：特指以流媒体为播放格式，可以实现在线点播的长视频服务。包括通过 PC 端页面、PC 客户端视频、OTT 客户端和移动端应用视频点播以及缓存下载，重点关注除动画作品以外的网播电影、电视剧、综艺、纪录片和其他视频内容发展状况。

（3）网络动漫：指以互联网为发行渠道，以漫画、动画为内容载体，展现超现实内容的图片和视听类作品，包括网络漫画平台发行的数字格式漫画作品、网络视频平台放映的动画剧集和动画电影等，同时含低幼向和非低幼向作品。

（4）网络游戏：范畴包括互联网 PC 客户端游戏、PC 浏览器端游戏、移动平台游戏以及家用主机游戏，但不包括游戏主机、配套硬件和线下大型游艺设备，衍生出的电子竞技和移动电竞所产生的内容作品（如直播、节目、视频剪辑等）则计入网络直播或网络视频。

（5）网络音乐：指互联网 PC 端页面、客户端以及移动应用等在线音乐平台为用户提供的收听、下载、观看、互动等音乐服务，包括网络 K 歌以及音乐平台用户对音乐演艺直播的互动打赏（不重复计入网络直播），不包括电信增值业务（彩铃等）。

（6）网络新闻：指以互联网为传播渠道，采用纯文字或富媒体为表现手段，通过 PC 端网页和移动应用推送的供网民付费/免费阅读的新闻资讯类内容和自媒体内容，包括聚合类新闻应用、独立或垂直领域新闻应用、自媒体平台内容和部分知识付费类应用。

（7）网络直播：包括以流媒体为输出格式，为用户提供实时收听、观看、互动等在线实时直播类视听类网络服务，包括 PC 端和移动端应用视频直播，重点包含游戏直播、秀场直播等泛娱乐类直播业态；若网络直播与其他业态交叉融合则根据平台差异进行分类。

（8）网络短视频：指播放时长在 5 分钟以内，基于 PC 端和移动端传播的视频内容形式，具有鲜明的碎片化特征。因短视频业态迅速发展，暂只统计短视频平台的内容，而短视频与其他业态交叉融合则根据平台差异进行分类划归。

（9）VR和AR内容：主要聚焦依托增强现实技术和虚拟现实平台创作的消费级视听和游戏内容，平台涵盖各类VR头显和AR头显如无屏/手机头显（screenless viewer）、一体机/独立头显（standalone HMD）、主机/系留头显（tethered HMD），不包括硬件。

（二）中国网络版权产业的数据来源与测算方法

本报告依照中国网络版权产业当前的发展阶段与特色，聚焦各细分产业用户规模数据、市场规模数据、流量时长数据等核心基本面数据。

（1）网络文学：数据源自CNNIC、中国音像与数字出版协会、艾瑞咨询、群邑智库、骨朵传媒，并经腾讯研究院根据各上市企业财报以及腾讯相关业务和相关生态企业运营状况，对各来源数据进行交叉验证和调整择优，得出综合测算结果。

（2）网络长视频：数据源自CNNIC、中国网络视听节目服务协会、奥维云网、艾瑞咨询、艺恩智库、骨朵传媒，并经腾讯研究院根据各上市企业财报以及腾讯相关业务和相关生态企业运营状况，对各来源数据进行交叉验证和调整择优，得出综合测算结果。

（3）网络动漫：数据源自CNNIC、艾瑞咨询、易观、QuestMobile、艺恩智库、群邑智库，并经腾讯研究院根据上市公司财报、企业投融资报道，以及腾讯相关业务和相关生态企业运营状况，对各来源数据进行交叉验证和调整择优，得出综合测算结果。

（4）网络游戏：数据源自CNNIC、中国音像与数字出版协会游戏工委、伽马数据、艾瑞咨询、QuestMobile，并经腾讯研究院根据各上市企业财报、腾讯相关业务和相关生态企业运营状况，对各来源数据进行交叉验证和调整择优，得出综合测算结果。

（5）网络音乐：数据源自CNNIC、中国音像与数字出版协会音乐产业促进工作委员会、艾瑞咨询，并经腾讯研究院根据各上市企业财报、腾讯相关业务和相关生态企业运营状况，对各来源数据进行交叉验证和调整择优，得出综合测算结果。

（6）网络新闻：数据源自CNNIC、艾瑞咨询、新榜，并经腾讯研究院根据各上市企业财报、企业投融资报道，以及腾讯相关业务和相关生态企业运营状况，对各来源数据进行交叉验证和调整择优，得出综合测算结果。

（7）网络直播：数据源自CNNIC、中国网络视听节目服务协会、艾瑞咨询、易观、QuestMobile，并经腾讯研究院根据各上市企业财报、腾讯相关业务和相关生态企业运营状况，对各来源数据进行交叉验证和调整择优，得出综合测算结果。

（8）网络短视频：数据源自CNNIC、中国网络视听节目服务协会、艾瑞咨询、QuestMobile、新榜，并经腾讯研究院根据企业投融资报道、腾讯相关业务和相关生态企业运营状况，对各来源数据进行交叉验证和调整择优，得出综合测算结果。

（9）VR和AR内容：数据源自IDC、信通院、艾瑞咨询、赛迪顾问、中国产业信息网、中国音数协游戏工委、伽马数据，并经腾讯研究院根据企业投融资报道、腾讯相关业务和相关生态企业运营状况，对各来源数据进行交叉验证和调整择优，得出综合测算结果[①]。

二、2020年中国网络版权产业发展概况

（一）2020年中国网络版权产业规模与结构

1. 2020年中国网络版权产业规模

2020年，中国网络版权产业市场规模达11 847.3亿元，首次突破10 000亿元大关，同比增长23.6%，相当于同年GDP（101.6万亿元）的0.984%（见图1）。相比2016年的5 003.9亿元，"十三五"期间我国网络版权产业市场规模增长超过一倍，年复合增长率近25%。

2. 2020年中国网络版权细分产业结构

从市场结构来看，2020年中国网络版权产业核心业态趋于稳定，新业态展示出巨大潜力，产业结构更加多元。网络新闻和网络游戏依然是网络版权产业核心业态，二者市场规模合计占比超过六成。其中，网络新闻市场规模在所有细分业态中保持首位。与此同时，网络短视频、网络直播、网络文学、网络动漫、VR/AR等新业态占比显著提升。其中短视频市场普及率大幅提升，市场规模占比为12.71%，较2019年提高2.19个百分点；VR和AR内容受益于技术进步与消费级应用增长，市场规模占比达到1.08%，较2019年提高超过1倍。此外，网络长视频面临转型挑战，市场规模占比9.13%，较2019年下降2.4个百分点；网络游戏市场规模占比23.52%，较2019年略有下降（见图2）。

① 2019年部分数据采信自以上数据来源的初步预测数据或基于既有增长率的合理预测，截至2020年3月31日。另，中国网络版权产业仍然处于创新发展阶段，盈利模式尚在摸索，以市场规模即产业企业的营收规模总计替代国家统计局通行的行业增加值规模，更能准确反映产业早期发展状况。

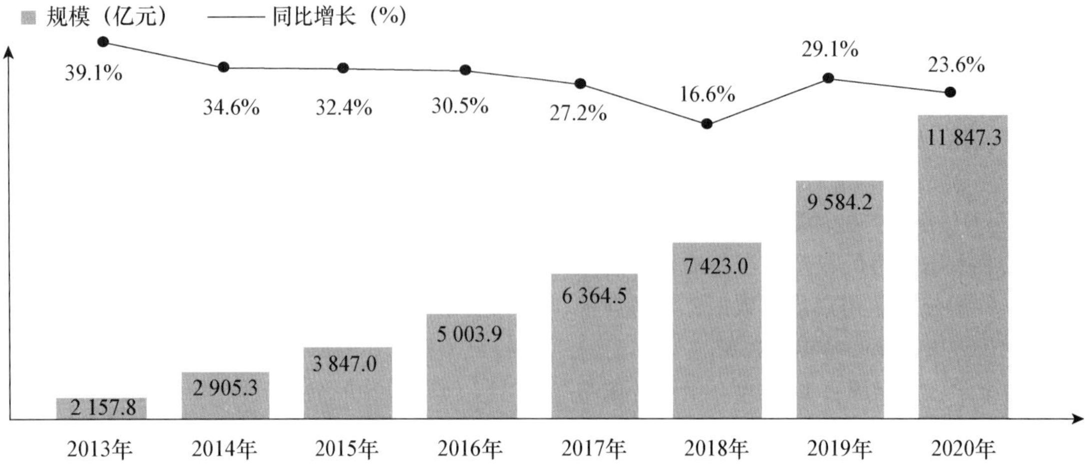

图 1　2013—2020 年中国网络版权产业市场规模

资料来源：中国音像与数字出版协会、艾瑞咨询、QuestMobile，腾讯研究院 2021 年 2 月综合测算。

注：鉴于网络版权产业高速发展、业态创新融合迅速的特点，以及未上市企业财务数据的非公开属性，该年度数据仅为当年条件和口径下的估算数据，未按最新发展对历史数据调整；但为反映产业发展，后续部分行业历史数据按最新业态和上市后财报进行修订，各年度的业态划分和统计口径均有不同程度的调整，无法与本页整体年度数据简单运算。

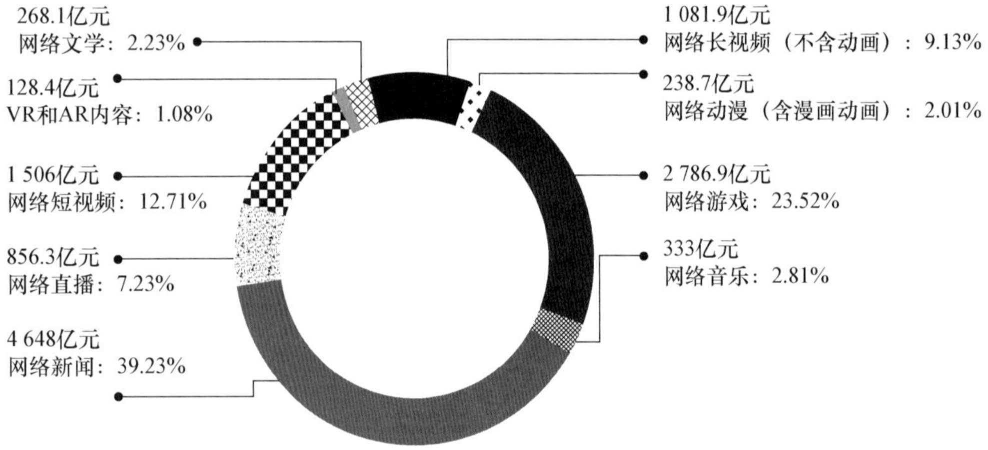

图 2　2020 年中国网络版权细分产业市场规模和细分结构

资料来源：中国音像与数字出版协会、艾瑞咨询、QuestMobile，腾讯研究院 2021 年 2 月综合测算。

注：网络动漫规模包括网络长视频平台动漫频道收入，在合计市场规模时，需要去重此部分收入，此处网络长视频为去重后的规模，与后续细分部分存在差异，详见后续备注。网络新闻不仅包含纯粹的新闻资讯网站和应用，也包含各类生产版权内容的垂直媒体、社交媒体、自媒体平台、媒体社区以及搜索联盟网站，但不含电商网站及应用。

“十三五”期间，网络游戏占比连年下降，网络短视频、网络直播、网络新闻占比大幅提升（见图 3）。网络短视频、网络直播发展迅速，深刻影响社会娱乐方式，并搭建线上消费场景。同时，信息资讯、知识文化等非娱乐性内容传播成为新潮流，网络版权内容整体呈现“视频化”与“价值向”的发展趋势。

（二）2020 年中国网络版权产业营收结构

1. 盈利模式以广告和用户付费为主，广告占比下降

2020 年中国网络版权产业盈利模式主要包括用户付费、版权运营和广告收入三类。其中，广告及其他收入为 6 079.0 亿元，占比 51.3%。用户付费收入为 5 659.2 亿元，占比 47.8%。版权运营收入为 109.1 亿元，占比 0.9%（见图 4）。受疫情影响，广告投放有所减速，网络版权产业营收结构呈现用户付费占比提升、广告占比下降的趋势。

2. 用户付费意愿提升，多元化付费新模式发展

“十三五”期间，网络文学、网络音乐、网络长视频、网络动漫等业态构建起较为成熟的付费订阅会员模式，用户付费规模连年增长（见图 5）。2020 年，除付费订阅之外，知识付费、超前点播等多元化的付费新模式也得到较快发展，用户不仅为优质内容本身付费，同时也更愿意为视听增强、时效性等消费体验买单。

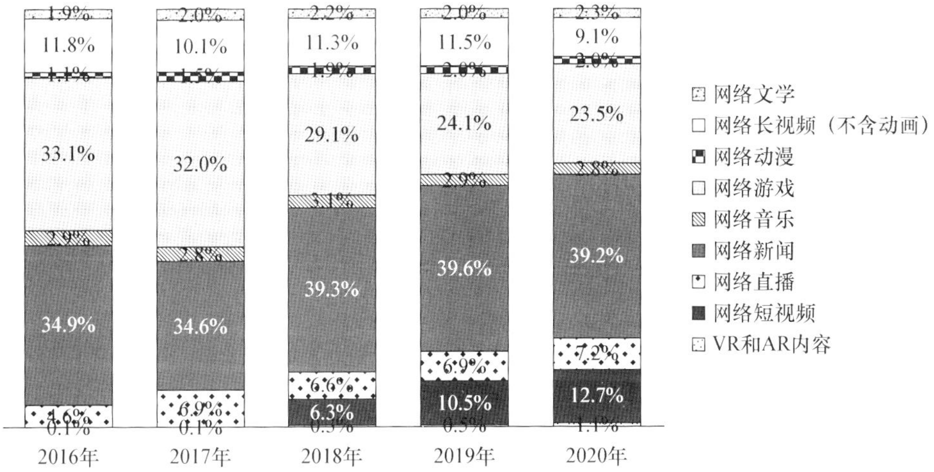

图 3　2016—2020 年中国网络版权产业细分结构变化

资料来源：中国音像与数字出版协会、艾瑞咨询、QuestMobile，腾讯研究院 2021 年 2 月综合测算。

注：鉴于网络版权产业高速发展、业态创新融合迅速的特点，以及未上市企业财务数据的非公开属性，年度结构数据仅为当年条件和口径下的估算数据，未按最新发展对历史数据调整；但为反映产业发展，后续部分行业历史数据按最新业态和上市后财报进行修订，各年度的业态划分和统计口径均有不同程度的调整，无法与本页年度结构数据简单运算。

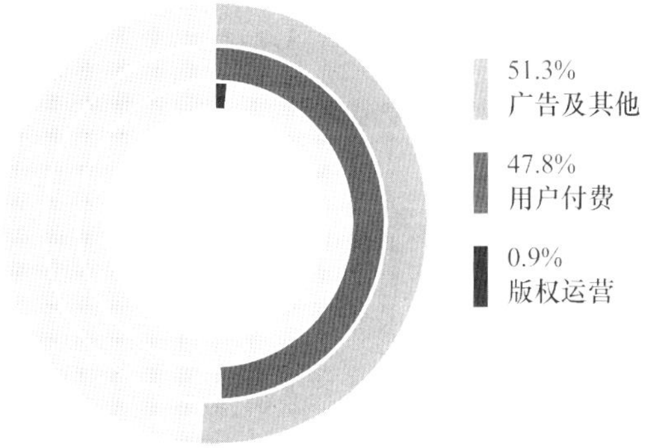

图 4　2020 年中国网络版权产业营收结构

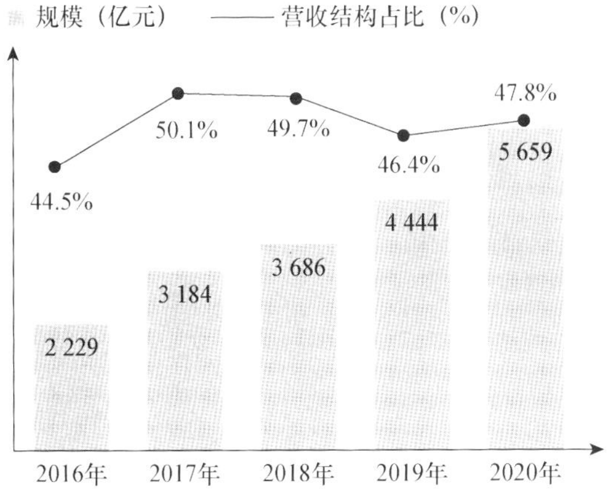

图 5　2016—2020 年中国网络版权产业用户付费规模

资料来源：中国音像与数字出版协会、中国音数协游戏工委、艾瑞咨询、艺恩智库，腾讯研究院 2021 年 2 月综合测算。

注：为用户付费规模指最终用户消费购买、付费订阅、付费打赏、付费参与的金额总计，部分业态在整体上由用户付费模式支撑，为方便统计，忽略掉占比极小的其他收入。鉴于网络版权产业高速发展、业态创新融合迅速的特点，以及未上市企业财务数据非公开属性，用户付费数据仅为当年条件与口径下的粗略估算数据，未按最新发展对历史数据调整；但为反映产业发展，后续部分行业历史数据按上市后财报进行修订，各年度的统计口径均有不同程度的调整，无法与本页用户付费数据简单运算。

（三）2020 年中国网络版权产业五大新气象

1. 凝聚人心抗击疫情，鲜活作品致敬“逆行者”

2020 年初疫情突然暴发，举国上下积极开展医疗救援行动和全民科学抗疫行动。网络版权产业以及时、公开的新闻报道助力疫情信息传播，为凝聚人心、团结抗疫发挥重要作用；发挥网络内容平台用户覆盖面广的优势，以鲜活的影视和纪录片作品，展现了疫情面前，全体中国人民特别是医务工作者所表现出的勇气和力量，引发广泛社会反响。

网络新闻媒体创新报道手段，为传递疫情一线信息、缓解社会“信息饥渴”发挥了重要作用。2020 年 1 月 27 日，中央广播电视总台《央视频》客户端“疫情 24 小时”专题页面开启了武汉“火神山”和“雷神山”两家医院建设现场的“慢直播”，开通直播不到 3 天时间，累计访问量超过两亿人次。

网络视听作品也以生动的形式记录现实，细腻呈现疫情下的动人故事。2020 年新冠肺炎疫情暴发后，上海广播电视台纪录片中心随队拍摄上海援鄂医疗队，制作并播出 6 集纪录片《人间世・抗击疫情特别节目》，记录了武汉与上海两地病区医护与患者们的鲜活故事，该纪录片在多个网络视频平台上线后取得巨大反响。腾讯视频推出的原创栏目《人间值得》，通过不同特辑反映社会各个圈层人物的不同奋斗路径与共同坚守，传播新时代榜样故事。疫情期间，该栏目呈现了武汉人民共同坚守、团结一心的事迹，以及武汉恢复往日活力与繁华之后的情景，获得观众的广泛共鸣与极高的播放次数。

2. 积极助力脱贫攻坚，激发乡村振兴新动能

2020 年是我国全面打赢脱贫攻坚战收官之年，脱贫攻坚成果举世瞩目。数字内容有效助力精准脱贫，让农产品以网络内容平台为载体走出乡村；网络内容平台不断进行产品创新，给边远地区群众提供更优质的教育和文化资源，为欠发达地区创造与发达地区同等的创新条件，激活乡村振兴发展的新动能。

随着短视频的迅猛发展，“乡村风景”“农家美食”等反映乡村生活的短视频深受用户欢迎，顺应扶贫政策导向，不少短视频平台将涉农类短视频作为重要布局板块，推出相应的扶持计划，促使众多涉农类短视频跻身平台头部内容。“短视频＋直播”的带货模式也为乡村地区产业升级、实现脱贫攻坚提供助力。2020 年快手发起“百城县长直播助农”活动，截至 2020 年 10 月已和全国超过 50 个地区（覆盖 24 个省、自治区、直辖市）相关政府部门达成合作，举办近 200 场线上活动，直播带货累计销售额超 3.6 亿元。“短视频＋直播”的助农扶贫形式拉近了城乡距离，农民可以通过直播带货宣传本地特色农产品与文化，消费者也可以通过扶贫直播实现零距离公益助农。

近年来，网络游戏行业也在扶贫助农领域不断探索。2020 年 11 月，教育部语文出版社与腾讯游戏联合推出首款推广普通话游戏《普通话小镇》，该游戏以《普通话 1 000 句》为内容蓝本，以“三区三州”等贫困地区青壮年为主要用户，通过小镇养成的核心玩法，依据生活、工作、学习中的场景设计关卡，并通过学习成果解锁关卡的机制，帮助用户循序渐进提高普通话水平。

3. 灵活就业吸纳人才，缓冲社会就业压力

网络版权产业具有轻资产、重人力的就业特色，以及无接触、在线化的工作属性，在疫情期间整体保持平稳发展。同时，网络版权产业还吸纳了其他行业受影响的灵活劳动力，成为疫情期间及疫情复苏期稳就业的“蓄水池”。

阅文集团发布的数据显示，2020 年第一季度阅文旗下平台新增作家 33 万人，环比增长高达 129%（见图 6），其中，广东、江苏、山东、河南、四川五省增量最多，新增作品数量超 52 万部，同比增长约 1.5 倍。同时，宅家写文成为湖北人民放松休闲、补充收入的重要途径，湖北地区新增作家数量首次跻身全国第六，用户写作超过 1.3 万部网文作品，环比增长 170%，远高于全国平均水平。

根据中国人民大学就业研究所发布的《数字文化产业就业报告 2020》，2020 年，仅网络游戏（含电竞）、网络直播、网络文学三个细分业态，涉及全职和兼职就业总人数约 3 000 万人，其中全职就业人数约 1 145 万人（见图 7）。据此推算，网络版权产业总体就业人数已经超过国家统计局公布的 2 789 万传统版权产业就业人数。

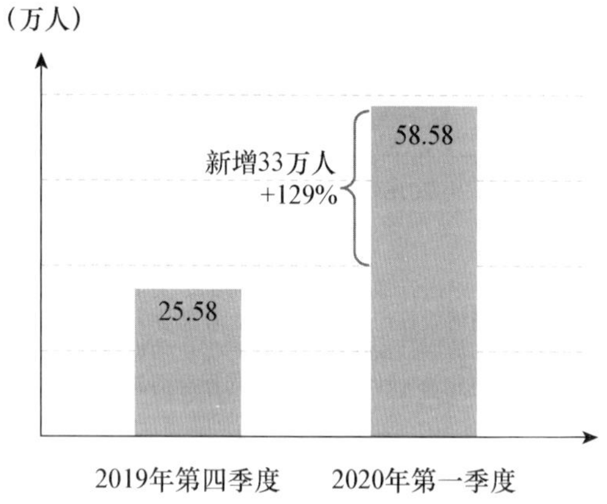

图 6　2020 年疫情期间网络文学平台新增作家数量

资料来源：中国人民大学中国就业研究所、阅文集团，腾讯研究院 2021 年 2 月综合测算。

注：受疫情对调研进程影响，2020 年中国网络版权（数字文化）产业就业规模仅涵盖网络游戏（含电竞）、网络直播、网络文学等少数典型领域的就业情况，数据仅供参考。

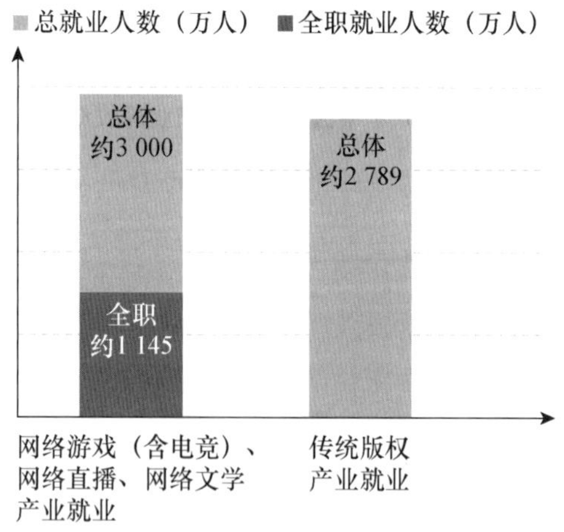

图 7　2020 年网络游戏（含电竞）、网络直播、网络文学产业就业规模

4. 创意内容激活消费，培育内外市场新动能

2020 年，网络版权产业不断培育消费市场新动能，通过作品创意升级激活国内外消费。在国内，“短视频＋直播”成为链接品牌和消费者的新通路，促进消费增长；女性题材剧集和综艺回应社会热点话题，带动女性互联网消费潜力释放。在海外，中国原创和合作开发的精品游戏长期占据海外下载排行榜首。

2020 年短视频平台“直播带货”爆发，短视频

和直播融合并打通电商，使得直播电商成为助力经济增长的新动力，对未来消费市场的发展方向产生深刻影响。根据快手 2020 年财报，2020 年快手电商 GMV 达 3 812 亿元，同比增长 539.5%；另据《晚点 LatePost》报道，抖音电商 2020 年全年 GMV 超过 5 000 亿元；微信视频号也于 2020 年完善直播功能，使个人创作者可入驻视频号进行直播带货，为创作者提供了能够平等参与的低成本创业机会。

同时，2020 年展示新时代女性精神风貌的综艺和剧集作品大受欢迎，“她文化”成为网络视听领域的新风口。从点燃社会话题的芒果 TV 自制综艺《乘风破浪的姐姐》，到多平台热播的剧集《三十而已》，这些作品在释放女性题材商业价值的同时，也推动有关女性的社会议题得到更广泛的关注和讨论。

在网络游戏领域，中国原创和合作开发的游戏精品在海外市场收获良好反响。上海米哈游自主研发的国产游戏《原神》一上线就占据多国的游戏榜单第一名。腾讯游戏天美工作室群开发制作的《使命召唤手游》也登上海外各大手游下载排行榜的榜首。除了在下载榜单上表现亮眼外，《使命召唤手游》也得到了权威机构的高评价，获得 IMGA（International Mobile Gaming Awards，国际移动游戏大奖）“最佳技术成就奖”等荣誉。

5. 基础技术创新升级，用户体验变革生效

2020 年 5G 手机终端全面爆发，得益于各大品牌厂商针对不同用户市场结合机型系列特色形成差异化竞争，拥有新一代终端的用户规模增长显著。根据中国信通院发布数据，2020 年国内市场 5G 手机累计出货量 1.63 亿部，占同期手机出货量的 52.9%[1]。据估算，预计到 2023 年，中国将以 9.13 亿部 5G 智能手机的数量位居全球之首[2]。根据国内三大运营商发布的公开数据，截至 2020 年末，中国移动、中国电信、中国联通的 5G 套餐用户数量分别达到 1.65 亿户、8 650 万户、7 083 万户，5G 套餐用户合计已超过 3.22 亿户[3]。

5G 网络提升视频直播流畅体验的同时，使得云端计算结合云端内容更为普及，云游戏平台等新的产品形态和应用场景不断涌现。云游戏不受设备性能限制，更好地满足了用户“点击即玩”的碎片化、便捷化需求。2020 年中国云游戏市场规模约 12 亿元，实现翻番增长，到 2022 年预计可达 40 亿元（见图 8）。

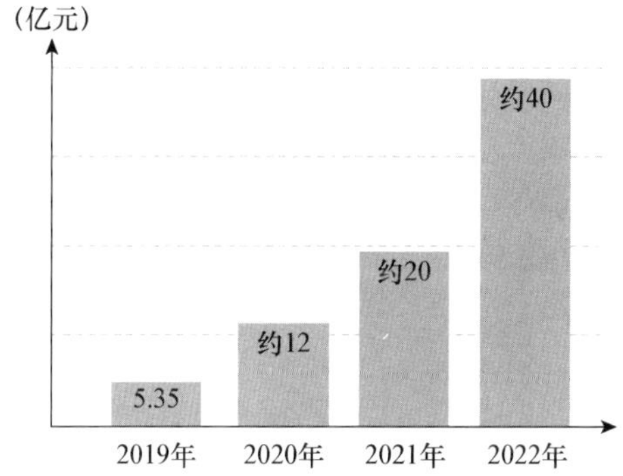

图 8　2019—2022 年中国云游戏市场规模预估

资料来源：QuestMobile、伽马数据，腾讯研究院 2021 年 2 月综合测算。

三、2020 年中国网络版权细分产业发展状况和新亮点

（一）网络文学：免费阅读扩容赛道，IP 生态模式创新

1. 网络文学产业概况

2020 年中国网络文学市场规模达 268.1 亿元，同比增长 24.5%，相比 2016 年增长 180%[4]（见图 9）。

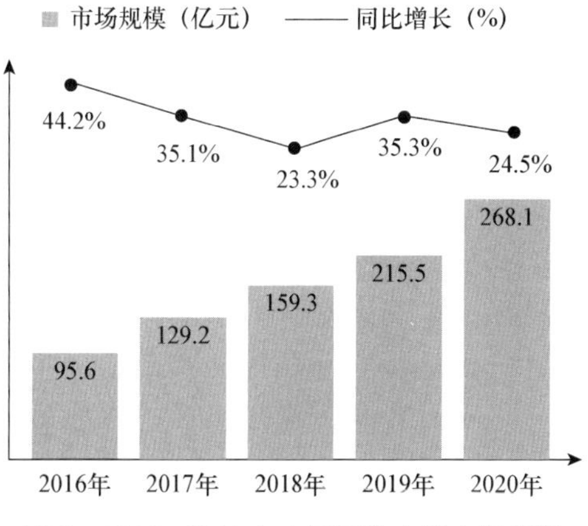

图 9　2016—2020 年中国网络文学市场规模

资料来源：艾瑞咨询、QuestMobile、中国音像与数字出版协会，腾讯研究院 2021 年 2 月综合测算。

注：中国网络文学市场规模 2019 年起计入免费阅读应用广告营收规模。

① 刘育英．2020 年中国市场 5G 手机出货量 1.63 亿部［N/OL］．(2021-01-11)[2022-01-20]. https://www.chinanews.com/cj/2021/01-11/9384139.shtml.

② 数据来自 Newzoo&腾讯研究院《中国云游戏市场趋势报告（2021）》。

③ 徐佳．三大运营商合计盈利 1 342 亿 5G 用户超 3.22 亿 中国移动占一半［N/OL］．(2021-03-26)[2022-01-20]. https://new.qq.com/rain/a/20210326A037LK00.

④ 中国网络文学市场规模 2019 年起计入免费阅读应用广告营收规模。

网络文学用户规模达 4.6 亿人，同比增长 1.1%，相比 2016 年增长 38%。其中，手机文学用户规模达 4.59 亿人，同比增长 1.3%① （见图 10）。2020 年中国网络文学市场实现了稳健增长，用户规模稳定增长的同时，市场规模实现较大提升。

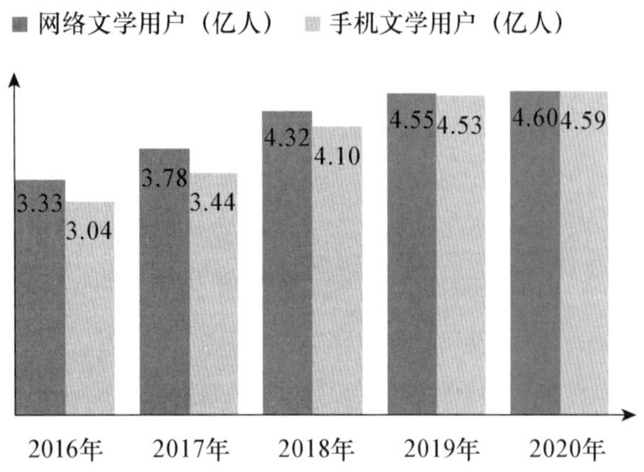

图 10　2016—2020 年中国网络文学用户规模

资料来源：CNNIC、QuestMobile，腾讯研究院 2021 年 2 月综合测算。

注：受疫情影响，2019 年用户规模数据由 CNNIC 在 2020 年 3 月调研公布，为居家隔离高峰期。

2. 免费模式促进网络文学用户增长，助推用户黏性提升

2020 年，中国网络文学付费阅读月活用户规模为 21 878 万人，较 2019 年下降 13.7%，与之形成对比的是免费阅读月活用户规模同比增长 22.0%，达到 14 354 万人（见图 11）。整体来看，付费阅读用户仍占据总量优势，免费阅读则有效带动了网络文学新用户的增长，助推产业用户结构进一步优化。

近年来，免费阅读应用成为新的红利流量池和行业竞争焦点。免费阅读应用以“免费”为主要吸引点，出现早期便收获了大量用户。MobTech 数据显示，2020 年网络文学行业月活用户排名前 50 的应用中，免费阅读应用数量达到 19 个，同比 2019 年的 17 个有所增加，占前 50 的比例也增长到 38%。

免费阅读模式契合了付费意愿较低的新用户的需求，此类新用户多为中老年用户、学生用户以及来自下沉市场的用户。根据 QuestMobile 数据显示，截至 2020 年 12 月，相比付费阅读，免费阅读的用户年龄结构偏向在 18 岁以下学生群体以及 36 岁以上中老年群体，两群体比例合计高于付费阅读 5.2 个百分点（见图 12）；同时，免费阅读地域分布上也更广泛地分布在三线及以下城市和乡镇，高于付费阅读 2.2 个百分点（见图 13）。因此，可以认为免费阅读模式对于老少群体和下沉市场用户有较大的拉动作用。

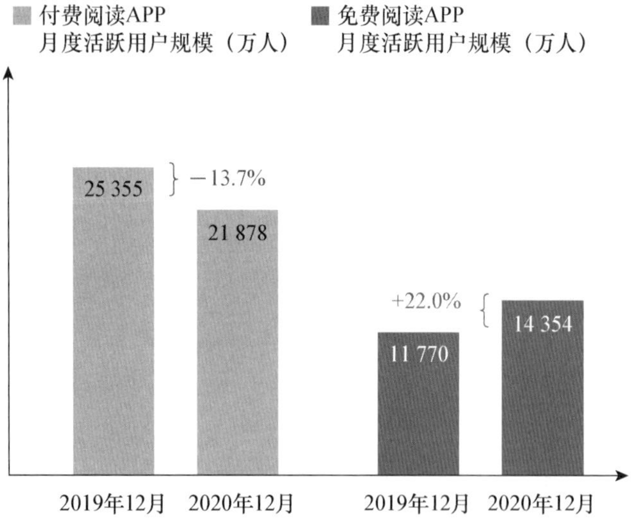

图 11　2019—2020 年中国付费和免费网络文学用户规模

资料来源：CNNIC、QuestMoblie，腾讯研究院 2021 年 2 月综合测算。

注：受疫情影响，2019 年用户规模数据由 CNNIC 在 2020 年 3 月调研公布，为居家隔离高峰期。

同时，这类新用户与既有付费阅读用户重合度较低。据艾瑞 UserTracker 的监测数据，免费阅读 APP 与付费阅读 APP 的重合用户占总用户规模的 3%以下，某种程度说明了迅速扩大的免费阅读用户

① 数据截至 2021 年 2 月，由 CNNIC、QuestMoblie、腾讯研究院综合测算。受疫情影响，2019 年用户规模数据由 CNNIC 在 2020 年 3 月调研公布，为居家隔离高峰期。

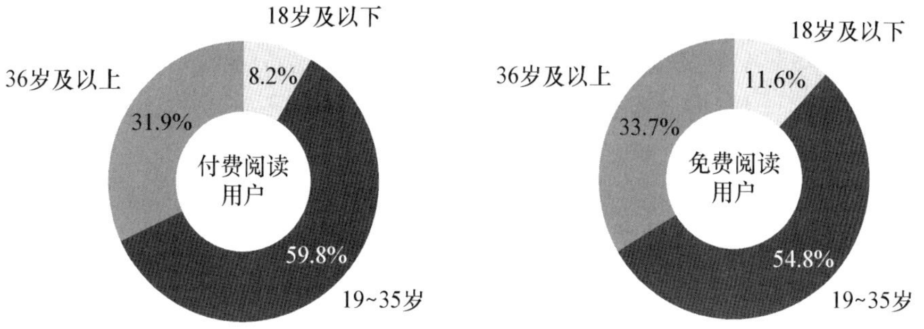

图 12　2020 年中国网络文学付费及免费用户年龄分布

资料来源：QuestMobile，腾讯研究院 2021 年 2 月综合测算。

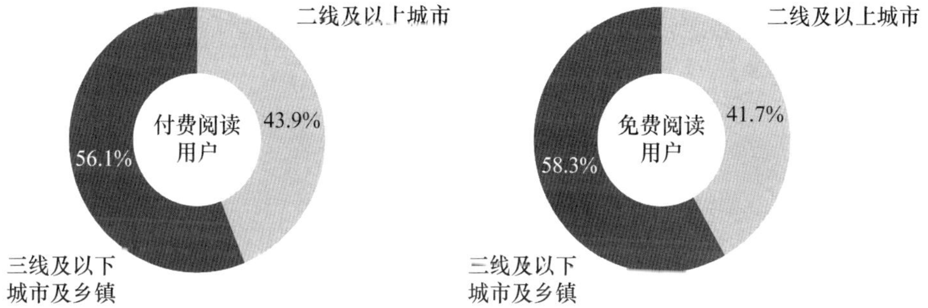

图 13　2020 年中国网络文学付费及免费用户城际分布

资料来源：QuestMobile，腾讯研究院 2021 年 2 月综合测算。

大多是移动阅读市场的新增用户①。

此外，免费阅读应用数量和质量显著提高，还有效提升了网络文学的用户黏性：在传统付费阅读模式下，用户阅读更有针对性，主要阅读目标为追更的特定连载作品，使用频率呈现出一定的周期性和节奏性；而在免费阅读模式中，用户更习惯于对完整作品的连续阅读，造成免费阅读的用户黏性较高。根据 QuestMobile 数据，截至 2020 年 12 月，免费阅读应用月度人均使用时长为 694 分钟，同比增长 46.4%；而付费阅读月度人均使用时长为 374 分钟，同比仅增长 5.1%。整体来看，免费阅读对稳定网络文学用户使用时长起到了关键作用。

3. 广告收入拉动市场规模增长，IP 变现模式进一步创新

由于免费阅读＋内置广告模式的兴起，2020 年中国网络文学市场营收结构迎来新变化：用户付费订阅收入占比从 2019 年的 76.0%降至 74.1%，广告收入与版权运营收入的占比则分别提升至 15.0%和 11.0%（见图 14）。

得益于作者创作环境与版权保护机制的持续改善，网络文学用户付费意愿依然保持较高水平，订阅付费仍是网络文学盈利的主要模式。2020 年 8 月中国版权协会文字版权保护工作委员会正式成立，联合相关从业机构共同发起“文字版权保护合作”联合宣言，建立正版内容保护机制，推动网络文学作者权益进一步得到保障。此外，伴随着新修订《著作权法》的通过，以及《2020 年深入实施国家知识产权战略加快建设知识产权强国推进计划》的出台，版权保护机制进一步加强，更有利于产出高质量的网络文学作品，持续吸引用户付费。

免费阅读和付费阅读的差异化竞争与融合并存，丰富了网文内容的变现方式，也为行业增长提供了新的动能。付费模式可以提供更高品质的作品与更良好的用户体验，而免费模式可以推动市场下沉，同时以广告收益优化营收结构。目前，不少 APP 在探索免费模式和付费模式的融合，例如掌阅推出“免费阅读体验版”，阅文也宣布“付费阅读与免费阅读将并行”②。

① 张柳静. 付费阅读与免费阅读或将互相融合［N/OL］.（2019-08-25）［2022-01-20］. http://www.xxsb.com/content/2019-08/25/content_61603.html.

② 连清川. 收费和免费并行，网络文学商业模式为什么要变革［EB/OL］.（2020-05-07）［2022-01-20］. https://baijiahao.baidu.com/s?id=1666012113175393064&wfr=spider&for=pc.

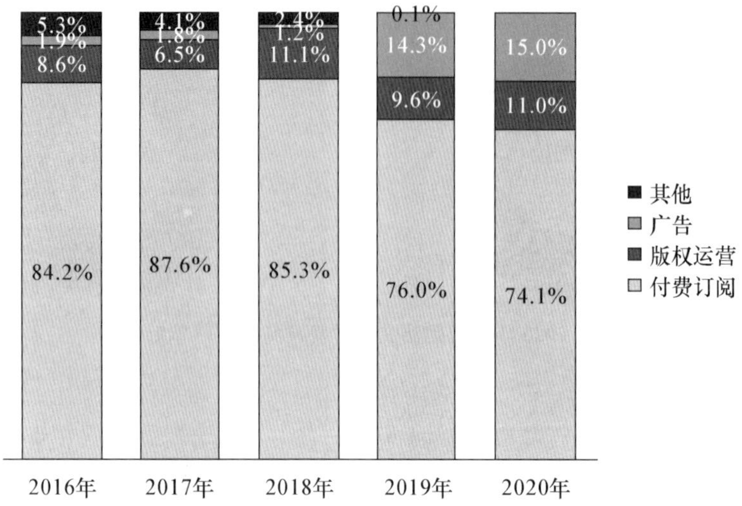

图 14　2016—2020 年中国网络文学市场营收结构

资料来源：艾瑞咨询、QuestMobile、中国音像与数字出版协会，腾讯研究院 2021 年 2 月综合测算。
注：中国网络文学市场规模 2019 年起计入免费阅读应用广告营收规模。

此外，网络文学的 IP 运营和变现方面也有新亮点。2020 年网络文学平台加强重点作品的版权开发力度，一部网文同时跨类改编为多种体裁，并创新推出“短视频+阅读”的 IP 短剧模式，推动变现模式进一步多元化。最早进行 IP 短剧开发的米读，2020 年 9 月和快手达成独家战略合作，批量转化米读旗下 IP，一年内将超 30 部原创小说孵化成 IP 短剧，全网播放量突破 27 亿，推出了《权宠刁妃》《河神的新娘》等亿级播放量的作品[①]。网文 IP 开发模式的创新，为产业发展带来新增量。

（二）网络长视频：短剧风潮迭起，会员权益升级

1. 网络长视频产业概况

“十三五”期间，网络长视频版权保护不断深化，用户付费意识逐渐提升，精品网剧、综艺等内容拉动市场稳定增长，并成为提升会员付费水平的有力杠杆。

2020 年，中国网络长视频市场规模[②]达 1 197.2 亿人民币，同比增长 17.0%，相比 2016 年的 641.5 亿，市场规模接近翻番增长（见图 15）。用户规模达 8.72 亿人，同比增长 20.6%，相比 2016 年增长 60.0%（见图 16）。但网络长视频用户观看时长不容乐观，受短视频和直播等视频内容的冲击，2020 年中国网络长视频用户人均每日观看时长为 25.2 分钟，相比 2019 年的 35.3 分钟下滑 28.6%。

整体而言，“十三五”期间网络长视频内容品质不断提升，部分自制网络剧和综艺节目形成较大的社会影响力，但在短视频和直播等内容冲击下，长视频行业面临较大的竞争压力，各大平台开始布局短剧、竖屏剧、互动剧等创新业态，探索转型方向。

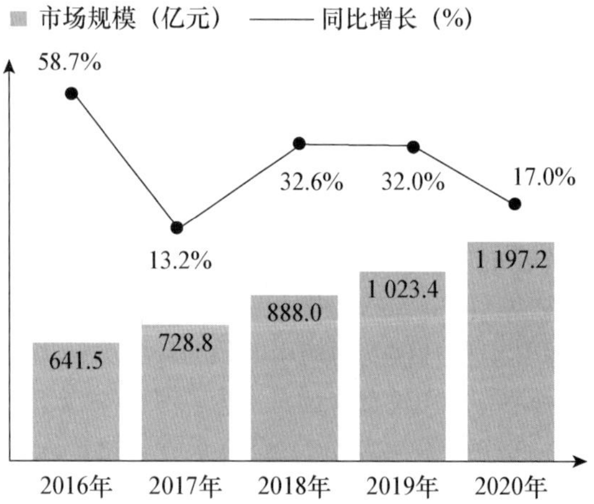

图 15　2016—2020 年中国网络长视频市场规模（含部分网络动画）

资料来源：艾瑞咨询、QuestMobile，腾讯研究院 2021 年 2 月综合测算。

2. 精品内容支撑价格上调，付费会员城际分布变化

近年来，国内头部长视频平台付费会员数突破 1 亿，会员规模增长速度随之放缓。与此同时，高

① 趣头条讲短剧故事，米读创新 IP 孵化模式［N/OL］.（2020-04-20）［2022-01-20］. http://cn.chinadaily.com.cn/a/202104/20/WS607e99baa3101e7ce974a886.html? ivk_sa=1023197a.

② 中国网络长视频市场规模含用户付费、广告、版权分销及其他收入，包括综合类长视频平台动画内容的业务收入，在加总计算时将去除与网络动画市场规模重合部分。

额的版权费用、运营成本和人工成本多年来成为长视频平台的沉重负担。为突破行业发展瓶颈，长视频平台纷纷加码自制原创内容，以创造更具吸引力的内容吸纳付费用户，同时试水多元化的付费会员模式，试图探索新盈利点。

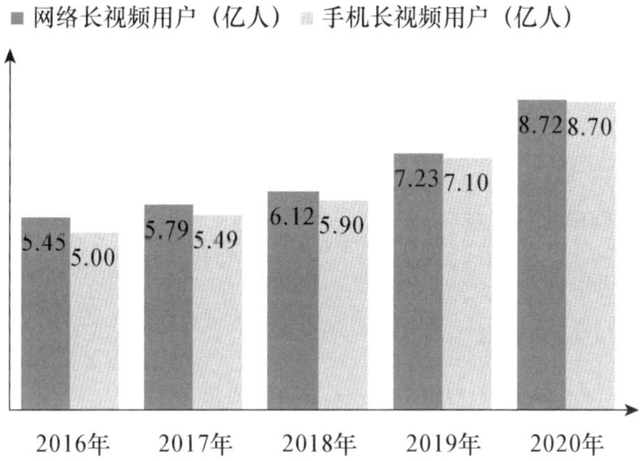

图16　2016—2020年中国网络长视频用户规模

资料来源：CNNIC、QuestMobile、艺恩智库、极光，腾讯研究院2021年2月综合测算。

注：受疫情影响，2019年用户规模数据由CNNIC在2020年3月调研公布，此时为居家隔离高峰期。

2020年，部分长视频平台对用户付费体系和会员权益进行升级，尝试上调会员价格，并依托精品内容开启超前点播等付费模式，意味着国内长视频平台的付费模式走向精细化运营。会员权益和付费体系的升级，更加契合了一、二线城市用户的视频消费新习惯，进一步提升了其付费率。在付费会员费用涨价的情况下，二线及以上城市付费用户占比较2019年稍有提升，但同时三线以下付费用户占比降低①（见图17）。

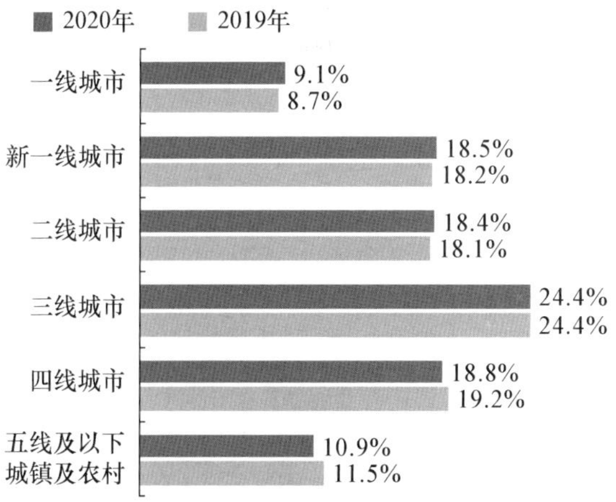

图17　中国网络长视频平台付费会员城际分布

资料来源：艾瑞咨询、QuestMoblie，腾讯研究院2021年2月综合测算。

3. 网络剧“提质减量”，高口碑精品短剧出圈

在广电总局“提质减量”政策引导下，2020年行业更加聚焦于精品内容创作，力推30集以内的精品短剧，导致备案剧集平均集数明显减少（见图18）。2020年播出剧集平均集数为29集，其中悬疑题材电视剧的变短趋势更为明显，平均仅为22集（见图19）。

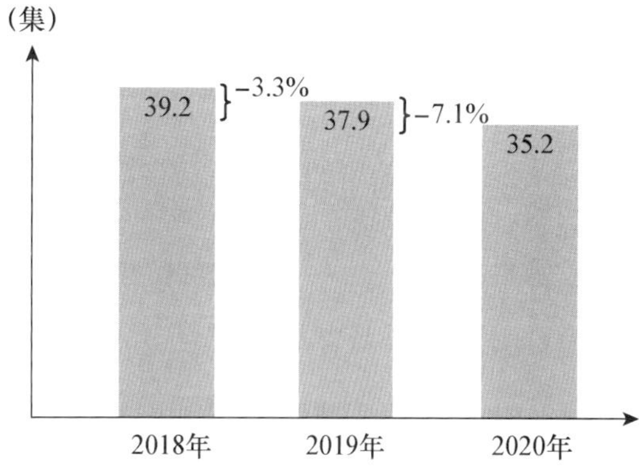

图18　2018—2020年中国备案剧集平均集数

精品短剧崛起成为2020年网络长视频内容制作的重要趋势，行业出现了更多高口碑的短剧作品，《隐秘的角落》《沉默的真相》等剧作获得市场强烈反响与用户好评。短剧的成功不仅在于良好的品质把控，还在于平台创新“剧场化”运营模式，通过建立剧场品牌将短剧汇聚在一起系统运营、统一招商，缓解了因篇幅较短导致的广告变现和用户付费难题。

同时，2020年长视频平台加大对微短剧（单集时长不足10分钟的剧集）的投入，其上新数量和播放次数均同比大增，其中适合手机观看的竖屏微短剧打破了长视频与短视频的界限。

（三）网络动漫：二次元文化影响力提升，国产动漫精品涌现

“十三五”时期，在内容创新与技术进步的推动下，中国网络动漫产业实现“爆发式”增长。五年间网络动漫市场总规模扩大了近3.2倍，用户规模增长160%。其中，网络漫画市场规模在“十三五”期间体量扩大了10倍，网络动画市场规模在“十三五”期间增长了将近3倍。

1. 网络动漫产业概况

2020年中国网络动漫（包括网络漫画和网络动画）用户规模达到2.97亿，同比增长11.7%，网民使用率达30.0%，保持稳健增长（见图20）。

① 数据来自QuestMobile。

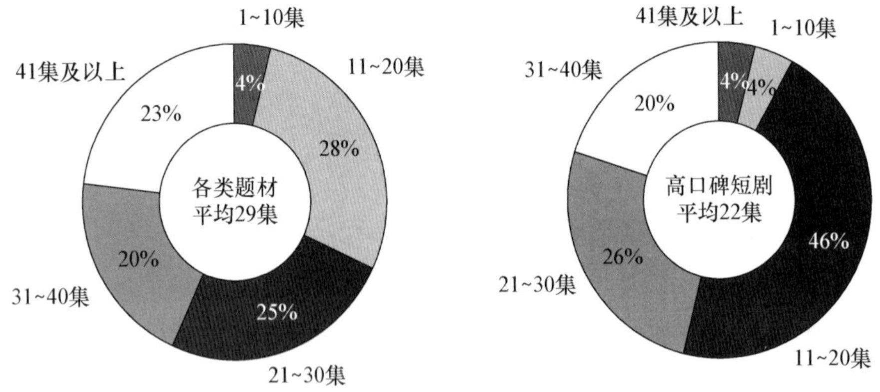

图 19　2020 年中国播出剧集集数分布

资料来源：国家广电总局、猫眼数据、易观，腾讯研究院 2021 年 2 月综合测算。

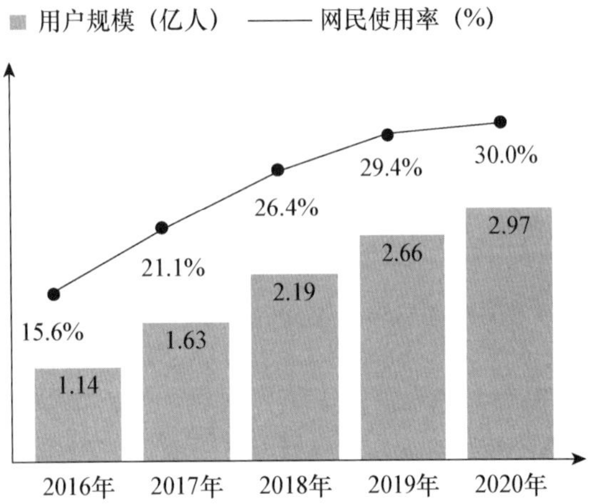

图 20　2016—2020 年中国网络动漫用户规模

资料来源：艾瑞咨询、秒针系统舆情分析，腾讯研究院 2021 年 2 月综合测算。

网络动漫市场总规模达 238.7 亿元，同比增长 24.7%。其中网络动画为主要构成，占比 86.0%，市场规模达 205.2 亿元，同比增长 24.7%（见图 21）；网络漫画占比 14.0%，市场规模达 33.5 亿元，同比增长 25.0%（见图 22）。

2. 网络动漫成为热门社交话题，拉动用户稳步增长

伴随着二次元文化影响力的提升，特别是近年来国产动漫的崛起，中国泛二次元用户规模迎来高速增长。根据艾瑞咨询数据，2020 年中国泛二次元用户达 4.1 亿，而网络动漫平台已经成为泛二次元用户的核心聚集地。疫情期间，网络动漫成为部分年轻用户居家隔离期间的精神寄托和心灵慰藉，网络动漫在社交媒体上讨论声量大涨。根据秒针系统的舆情分析，2020 年 1 月至 5 月期间，泛二次元内容在中国主要社交媒体的话题讨论规模达 3 990 万次，比 2019 年同期增长 75.0%（见图 23）。二次元内容成为年轻群体的重要社交话题，拉动网络动漫用户稳定增长。

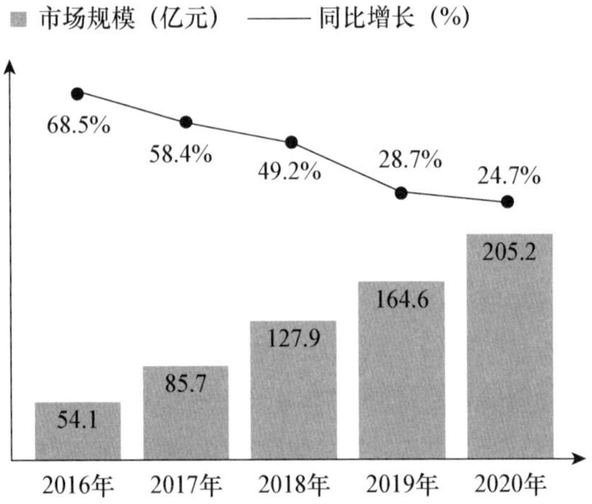

图 21　2016—2020 年中国网络动画市场规模

资料来源：艾瑞咨询，腾讯研究院 2021 年 2 月综合测算。

注：中国网络动画市场规模包括综合类长视频平台通过动漫内容取得的业务收入，也包括垂直类动漫视频平台的业务收入；在统计合计时，需去除与网络长视频市场规模重合的部分。

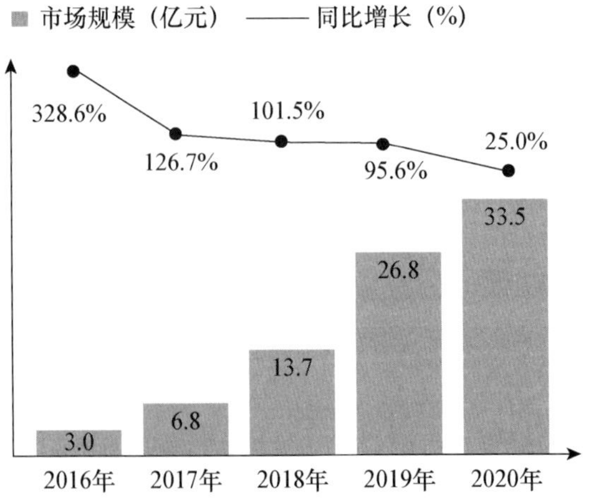

图 22　2016—2020 年中国网络漫画市场规模

3. 国产动漫精品涌现，制作水平和文化品位达到新高度

近年来，国产动画将传统文化的精华与当下的

市场需求、动漫艺术本身的个性特色进行有机融合，找到古今元素的对话点和共通点，实现优秀传统文化的创造性转化与创新性发展，使传统文化成为“国潮”，在新时代真正“新”起来、“活”起来、“火”起来。

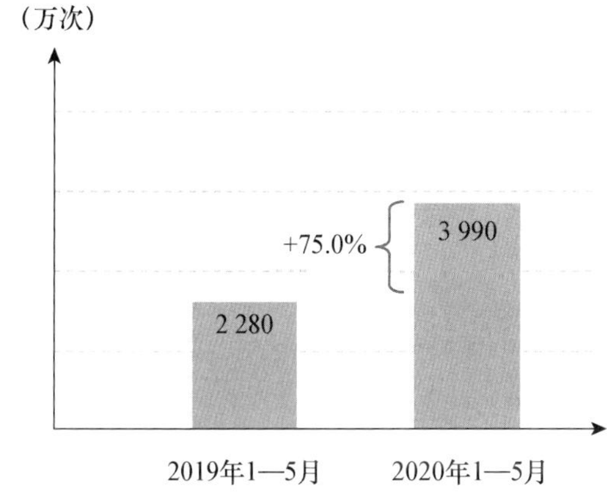

图 23　2020 年疫情期间泛二次元内容中国社交媒体讨论规模

资料来源：艾瑞咨询、秒针系统，腾讯研究院 2021 年 2 月综合测算。

2020 年网络动漫行业克服疫情影响，借助网络漫画平台发挥作者远程创作优势，保障了内容供给的稳定。而受疫情期间线下院线暂停播放的影响，用户的观影需求转至线上，大量制作精良的动漫作品在此期间密集推出，受到用户的追捧（见图 24）。

2020年上线播出新品	豆瓣评分
雾山五行	9.0
大理寺日志	8.5
天官赐福	8.4
魔道祖师Q	8.2
凡人修仙传	8.0
百妖谱	7.9
天宝伏妖录	7.9
穿书自救指南	7.6

图 24　2020 年典型网络国风动画新品观众评分

资料来源：豆瓣电影，腾讯研究院 2021 年 2 月综合测算。

同时，2020 年国产动漫在制作水平和文化品位上均提升了一个台阶。哔哩哔哩推出的《雾山五行》开播仅三集便创造了超 1 亿的播放量，CCTV6《中国电影报道》节目评价其“网络发力成黑马，展现传统国画魅力”①。企鹅影视、玄机科技联合出品《斗罗大陆》自 2018 年 1 月开播以来，以每周更新一集的速度连载，其忠实于原著、3D 感强等优点吸引了大量青少年观众，播放量已破 270 亿次，成为国产动画振兴的一个标志性作品②。

4. 网络动漫 IP 开发产业链走向成熟，产业影响力显著提升

网络动漫产业的规模扩大与质量提升也为优质动漫 IP 的开发奠定了基础。依托动漫平台的资金优势和产业布局，近年来网络动漫 IP 开发产业链逐渐走向成熟，除了影视剧、图书、盲盒等各类周边开发，爆款国漫 IP 向游戏开发延伸或成下一风口，《西游记之大圣归来》《哪吒之魔童降世》《姜子牙》等国产动漫均已将相关游戏的开发提上日程③。国产动漫的价值正在被重新认知，同时也在复兴传统文化、弘扬正能量等方面承担了更大的责任，产业影响力和号召力得到显著提升。

（四）网络游戏：国产游戏内外双收，顶级赛事全球瞩目

1. 网络游戏产业概况

2020 年中国游戏市场规模达 2 786.9 亿元，同比增长 20.7%（见图 25）。用户规模达 5.18 亿，其中移动游戏用户规模为 5.16 亿，相比 2019 年略有下降（见图 26）。整体来看，“十三五”期间，中国游戏市场规模增长 68.3%，用户规模增长 24.2%，呈现蓬勃发展态势。

同时，在国家政策的扶持和指导下，游戏企业社会责任意识显著增强，强化未成年人保护，积极弘扬传统文化，不断探索科技赋能，推动了用户和市场规模稳步攀升。2020 年中国网络游戏产业精品化趋势增强，历史文化、科普教育类型游戏凸显社会效益，自主研发产品国际国内竞争力进一步提升，出海走向全球化新阶段，顶级国际电竞赛事助力青年民心相通。

① 张杰. 受央视表扬的水墨武侠《雾山五行》你 get 没？“艺术设定集”还原爆款国漫背后“世界观”[N/OL].（2021-05-13）[2021-01-20]. http://www.thecover.cn/news/7429512.

② 夏烈.《斗罗大陆》为何没能破壁出圈？[N]. 文汇报，2021-03-28（6）.

③ 爆款国漫 IP 向游戏开发延伸或成下一风口 [N/OL].（2021-05-13）[2022-01-20]. http://www.ce.cn/xwzx/gnsz/gdxw/202105/13/t20210513_36555084.shtml.

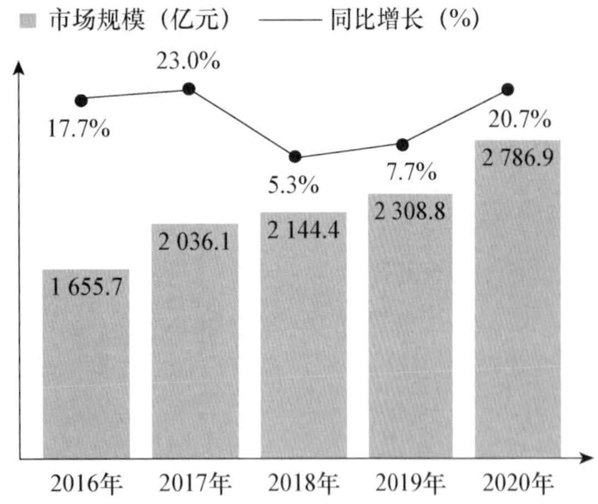

图 25　2016—2020 年中国网络游戏市场规模

资料来源：CNNIC、中国音像与数字出版协会游戏工委、伽马数据，腾讯研究院 2021 年 2 月综合测算。

注：受疫情影响，2019 年用户规模数据由 CNNIC 在 2020 年 3 月调研公布，为居家隔离高峰期。

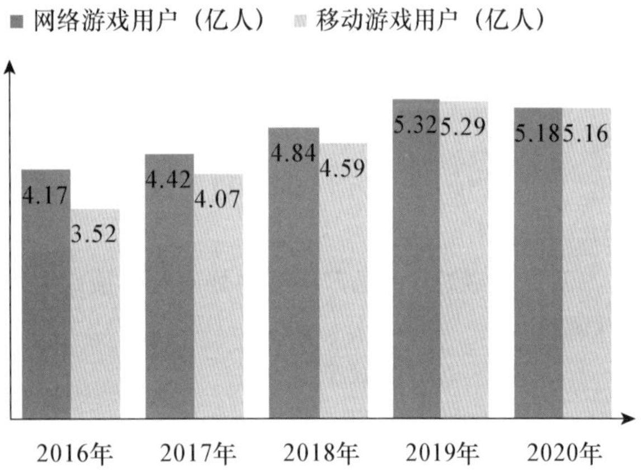

图 26　2016—2020 年中国网络游戏用户规模

资料来源：CNNIC、中国音像与数字出版协会游戏工委、伽马数据，腾讯研究院 2021 年 2 月综合测算。

注：受疫情影响，2019 年用户规模数据由 CNNIC 在 2020 年 3 月调研公布，为居家隔离高峰期。

2. 国产游戏市场规模占比稳增，IP 改编作品成重要增长动力

2020 年国产游戏的国内市场规模达 2 401.9 亿元，同比增长 26.7%；自研游戏的市场规模占整体市场规模（2 786.9 亿元）的 86.2%（见图 27）。

国产游戏持续加强技术研发投入，提升工业化制作能力，将 AI、云计算等前沿技术深度应用，提供更大体量、更沉浸、更丰富的数字娱乐体验；拓展多样化题材，注重玩法融合创新；强化艺术探索，增强游戏图像、音乐、故事叙事，探索当代“国潮”表达，力争为用户带来优质、本土化的综合影音体验。

同时，国产游戏重视 IP 长线建设，不仅尝试在同一 IP 下构筑多样化的游戏类型，也着力加强与动漫、文学、影视的转换和联动。当前 IP 改编游戏已成为支撑中国网络游戏市场增长的重要动力。以移动游戏为例，2020 年 IP 改编移动游戏市场收入已达 1 243.2 亿元，同比增长 25.9%（见图 28）。

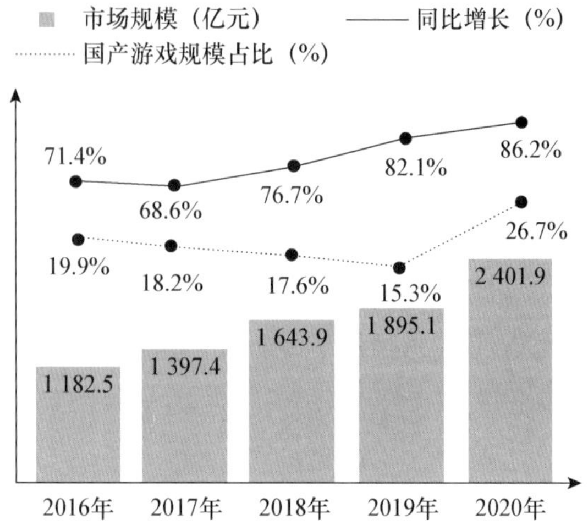

图 27　2016—2020 年中国自主研发国产游戏市场规模

资料来源：中国音像与数字出版协会游戏工委、伽马数据，腾讯研究院 2021 年 2 月综合测算。

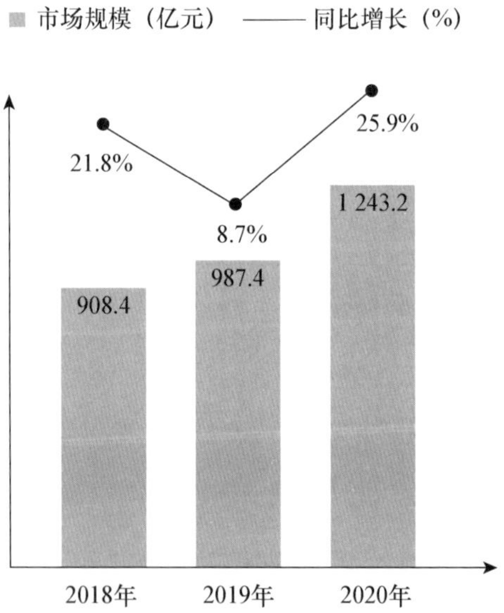

图 28　2018—2020 年中国 IP 移动游戏市场规模

资料来源：伽马数据，腾讯研究院 2021 年 2 月综合测算。

3. 游戏出海向全球化进发，游戏出海收入来源更加多元

在国家文化“走出去”政策和全球发行平台的多重支持下，大中型游戏企业、创意团队和开发者纷纷瞄准海外，从转型试水到战略发展，在与国际领先企业的竞争和交流中提升研发技术、管理能力和创意水准。同时，着力将中国节庆民俗、风物人情、建筑服饰等文化要素融入游戏内容，让全球玩家领略“美美与共”。

2020 年国产游戏的海外市场规模达 154.5 亿美

元，同比增长 33.3%（见图 29），“十三五”期间实现规模翻一番。其中，国产移动游戏竞争优势凸显，在海外移动游戏市场中约占 1/5 份额。部分精品游戏名列海外游戏收入排行榜前茅。

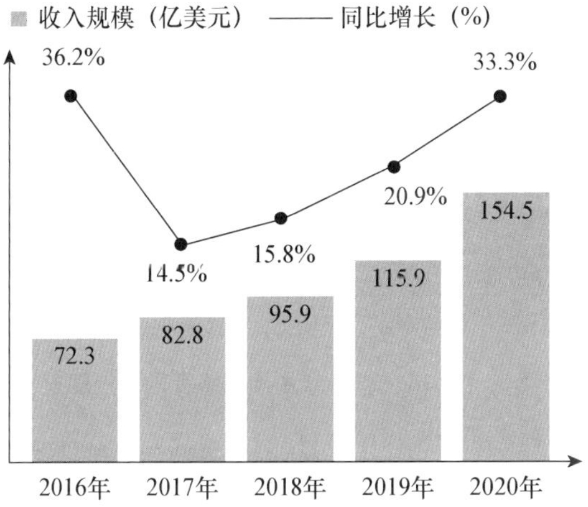

图 29　2016—2020 年中国自主研发游戏海外市场收入规模

资料来源：中国音像与数字出版协会游戏工委、伽马数据，腾讯研究院 2021 年 2 月综合测算。

目前，国产移动游戏不仅在北美、日韩、西欧等成熟游戏市场持续保持竞争力，实现营收持续高速增长；在新兴市场如中东、拉美、东欧等加快发展步伐，向全球化布局深化发展。

4. 顶级赛事落地中国备受瞩目，带动用户和市场规模双增

“十三五”期间中国成功举办多项世界级顶级电竞赛事，第九届 DOTA2 国际邀请赛、英雄联盟 S10 世界赛相继在上海成功举办，王者荣耀世界冠军杯总决赛落地北京。电竞成为世界青年交流思想、沟通情感的新型空间。同时，电竞入选 2022 年杭州亚运会正式项目，国际奥委会宣布制作奥林匹克虚拟系列赛，电竞在世界范围内受到越来越多的关注与认可。

疫情影响下，传统线下体育赛事受阻，电竞行业积极探索转型纯线上模式，赛事观看人数和赞助额创下新高。头部电竞游戏及赛事的影响力持续提升，带动产业链下游的游戏直播、电竞陪练、电竞衍生等业态的快速发展。

2020 年，中国电竞游戏市场规模达 1 365.6 亿元，同比增长 44.2%（见图 30）；中国电子竞技游戏用户规模达 4.88 亿，在网民中使用率约为 49.3%（见图 31）。电竞在赛事、商业化、专业化、大众化多层面持续发展，与城市经济和城市文化培育紧密结合，推动中国成为全球最重要的电竞市场之一。

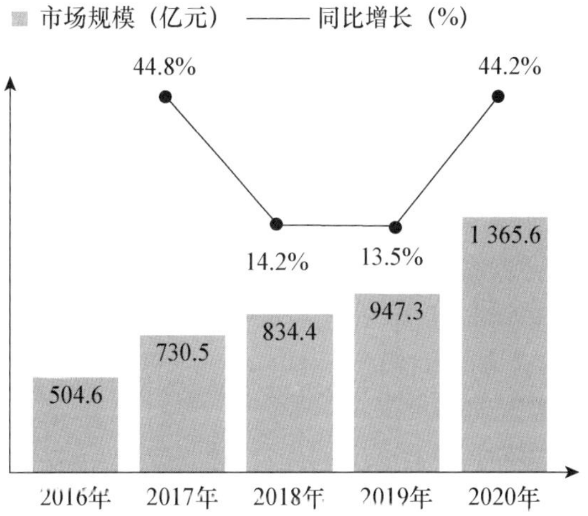

图 30　2016—2020 年中国电竞游戏市场规模

资料来源：中国音像与数字出版协会游戏工委、伽马数据、CNNIC，腾讯研究院 2021 年 2 月综合测算。

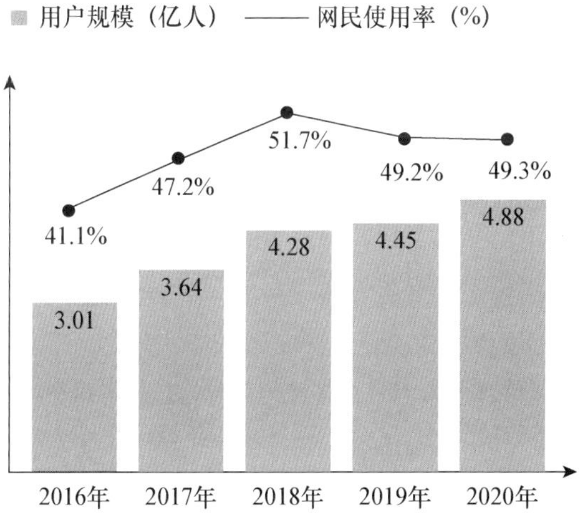

图 31　2016—2020 年中国电竞游戏用户规模

资料来源：中国音像与数字出版协会游戏工委、伽马数据、CNNIC，腾讯研究院 2021 年 2 月综合测算。

5. 云游戏克服游戏安装和硬件痛点，5G 助其成为行业风口

云游戏是 5G 浪潮下技术与应用结合的新型形态，依托高速网络实现中低端设备畅玩多平台、中重度游戏。5G 终端设备的普及及网络建设提速，使得云游戏成为新的行业风口。2020 年中国云游戏市场规模约 12 亿元，同比实现翻番增长，到 2022 年预计可达 40 亿元（见图 32）；云游戏满足碎片化需求，点击即玩，可开拓计时付费、会员订阅等新商业模式，中长期有望快速发展；原生云游戏内容和引擎的发展，有望为未来“超级数字场景”的建设打下技术基础。

（五）网络音乐：用户付费率不断攀升，版权生态逐步升级

1. 网络音乐产业概况

2020 年中国网络音乐市场规模达 333 亿元，同

比 2019 年的 281 亿元增长 18.5%，相比 2016 年的 143 亿元增长 132%[①]（见图 33）；用户规模达 6.58 亿，较 2019 年增长 0.23 亿人，手机网络音乐用户规模达 6.57 亿，较 2019 年增长 0.24 亿人（见图 34）。

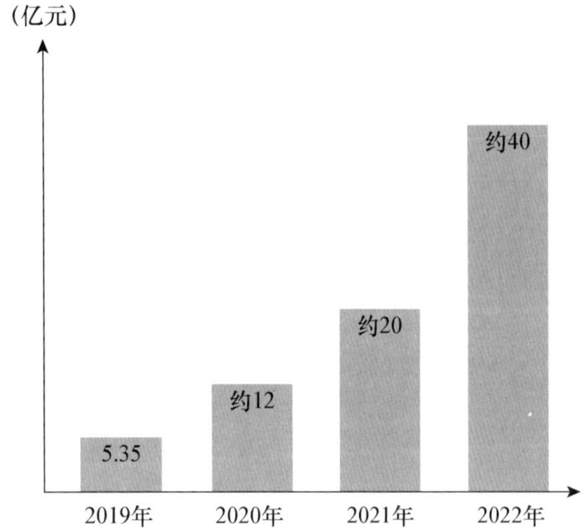

图 32　2019—2022 年中国云游戏市场规模预估

资料来源：艾瑞咨询、伽马数据，腾讯研究院 2021 年 2 月综合测算。

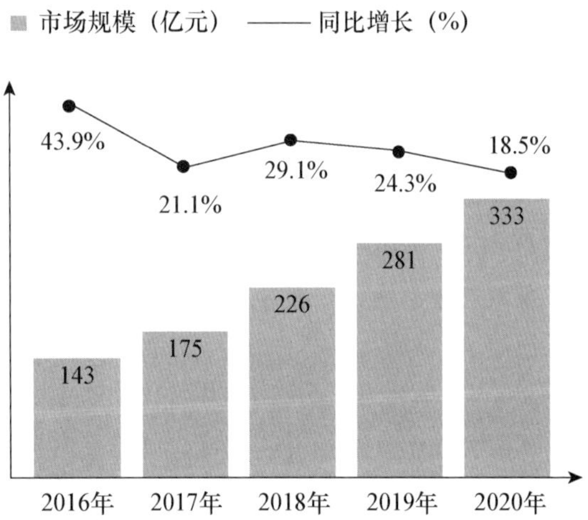

图 33　2016—2020 年中国网络音乐市场规模

资料来源：艾瑞咨询、中国音像与数字出版协会，腾讯研究院 2021 年 2 月综合测算。

网络音乐平台用户规模逐步稳定，2020 年网络音乐用户规模同比增速仅为 3.6%，相比 2019 年 10.3%的增速回落明显，标志着行业从增量红利时代转入存量竞争阶段。2020 年网络音乐新增用户主要来自“00 后”和“70 后”群体。由于疫情对学业和工作的影响，居家时间延长，以往学业繁重的年轻用户和工作繁忙的中年用户对网络音乐的使用率有所提高。

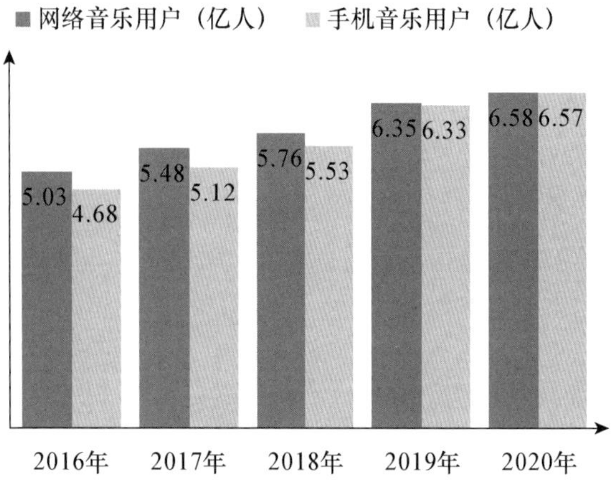

图 34　2016—2020 年中国网络音乐用户规模

资料来源：CNNIC、易观，腾讯研究院 2021 年 2 月综合测算。

注：受疫情影响，2019 年用户规模数据由 CNNIC 在 2020 年 3 月调研公布，此时为居家隔离高峰期。

2. 网络音乐用户付费意愿增长，消费金额不断提高

2020 年网络音乐付费用户规模首次突破 7 000 万，达到 7 192 万人，同比增长 6.1%，付费用户渗透率达 10.9%，较 2019 年增长 0.2 个百分点，较 2016 年增长 6.9 个百分点（见图 35）。此外，网络音乐用户月均消费金额近年来持续提高，2020 年付费用

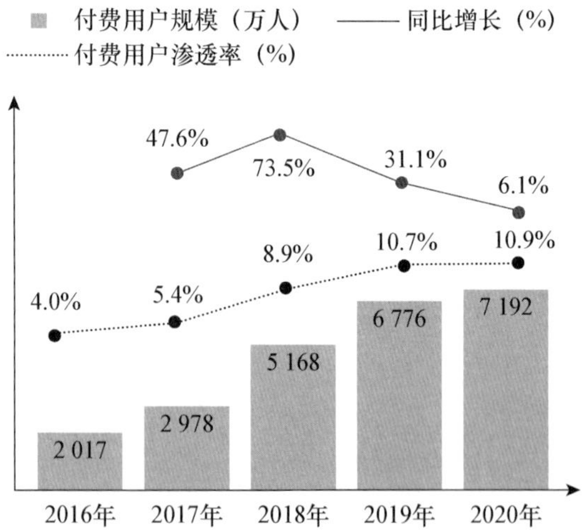

图 35　2016—2020 年中国网络音乐付费用户规模

资料来源：FastData、CNNIC、艾瑞咨询，腾讯研究院 2021 年 2 月综合测算。

注：因中国网络音乐付费体系不断发展，由此主要指付费订阅（包年/包月/会员等）消费金额，不包括用户互动打赏消费（个别平台无法切分的情况除外）。

① 网络音乐市场规模包含网络音乐平台流媒体播放、音乐下载、音乐演艺 Live、在线 K 歌及互动社交等业务收入，但不包括直播和短视频平台通过音乐业务获得的收入。

户平均每月会员订阅消费约 9.5 元（不含直播打赏互动），相较 2017 年显著增长 11.8%（见图 36）。

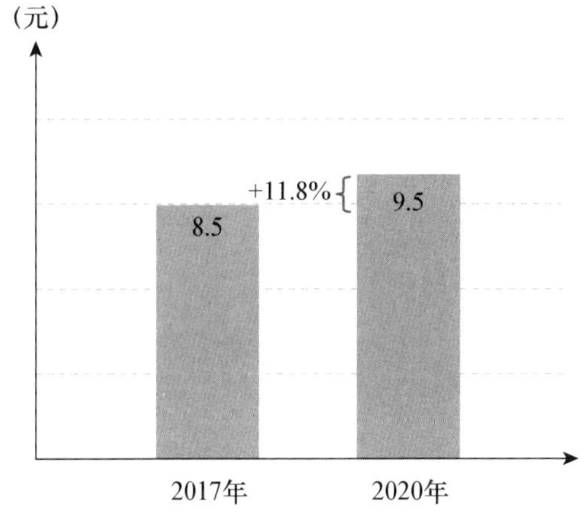

图 36　2017 年与 2020 年中国网络音乐用户消费金额对比

资料来源：FastData、CNNIC、艾瑞咨询，腾讯研究院 2021 年 2 月综合测算。

注：因中国网络音乐付费体系不断发展，由此主要指付费订阅（包年/包月/会员等）消费金额，不包括用户互动打赏消费（个别平台无法切分的情况除外）。

3. 线上演唱会大受欢迎，在线音乐演出市场快速发展

疫情期间，各类在线音乐“云演出”“云 Live”纷纷涌现，在传递正能量、抚慰人心的同时，也推动音乐产业“回暖”。2020 年 5 月 4 日至 5 月 10 日，“相信未来”三场义演以及“未来有约”专场演出累计播出长达 10 个小时，4 场演出累计吸引 4.4 亿人次在线观看，堪称中国音乐史上最大规模线上义演①。根据易观数据，2020 年疫情期间腾讯音乐 TME Live 线上演出累计观看人数达 9 853.6 万人（见图 37）。TME Live 通过“线下筹办＋线上直播呈现”的形式，打破了线上线下边界，为行业打造

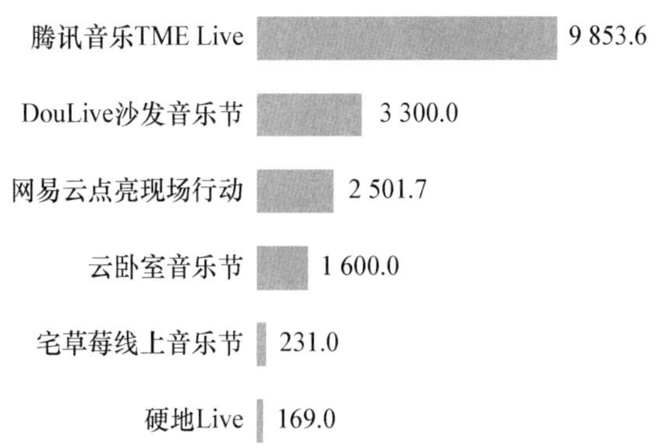

图 37　2020 年疫情期间中国网络音乐线上 Live 节目观看人数（万人）

资料来源：易观、媒体公开报道数据，腾讯研究院 2021 年 2 月综合测算。

线上 Live 生态提供了范本，对音乐人品牌构建、用户音乐娱乐方式、产业生态链重塑都具有积极意义。

4. 音乐平台多业态融合发展，版权生态建设日益完善

“十三五”期间，网络音乐版权市场日趋规范化，国内音乐版权市场正版化、规范化的趋势逐渐加强，版权意识逐渐提高，版权开发运营步入正轨。市场规模中版权运营的收入占比不断提升，2020 年，网络音乐版权运营收入规模达 30.4 亿元，占比达 9.1%，而 2016 年版权收入规模仅为 3.4 亿元，占比仅为 2.4%（见图 38）。

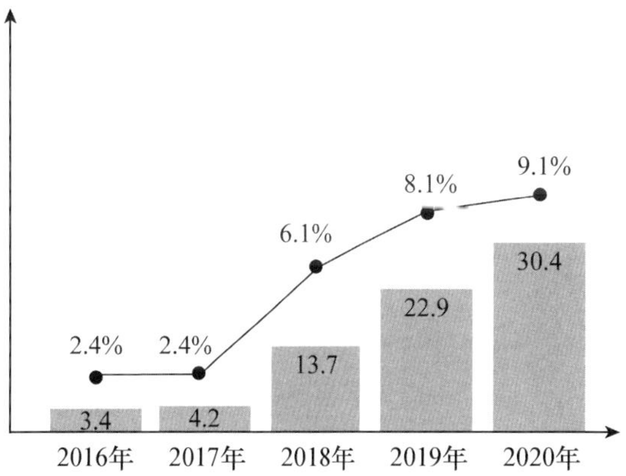

图 38　2016—2020 年中国网络音乐版权运营收入规模

资料来源：艾瑞咨询、中国音像与数字出版协会，腾讯研究院 2021 年 2 月综合测算。

2020 年，网络音乐产业继续深化“音乐＋”业态融合，网络音乐平台积极扶持原创音乐，与上游音乐企业加强合作，同时与短视频和直播的融合更为紧密，版权生态建设也日益完善。

（六）网络新闻：视频化创新加速，媒体融合成效彰显

2020 年，网络新闻媒体与传统媒体的融合更为紧密，视频展现形式更为丰富、线上互动效果更有黏性，信息流广告、展示类广告和富媒体广告等共同推动整体网络媒体市场攀升，营销模式和变现能力显著增强。

1. 网络新闻产业概况

2020 年中国网络新闻用户规模达 7.43 亿人，占网民整体规模的 75.1%，手机新闻用户规模达 7.41 亿人，占手机网民的 75.2%（见图 39）。“十三五”期间，在手机新闻应用快速发展的带动下，网络新闻用户规模增长 1.29 亿人；手机新闻用户规模

① 韩轩. “相信未来”义演传递温暖［N/OL］. (2020-05-12)[2022-01-20]. https://wenyi.gmw.cn/2020-05/12/content_33822832.htm.

增长 1.7 亿人。

在市场规模方面，2020 年中国网络媒体广告市场规模达 4 648 亿元，同比增长 22.5%，相较 2016 年的 1 745 亿元增长 166%（见图 40），“十三五”期间复合增长率近 30%。其中，中国网络新闻资讯市场规模达 645.7 亿元，同比增长 11.3%，相当于 2016 年 220.9 亿元的近 3 倍。

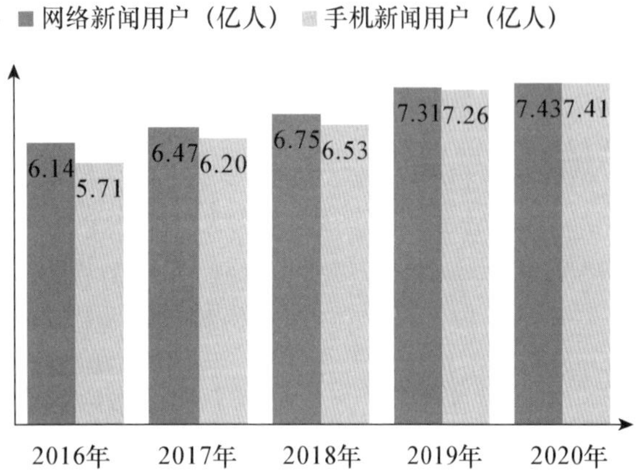

图 39　2016—2020 年中国网络新闻用户规模

资料来源：CNNIC、TrustData，腾讯研究院 2021 年 2 月综合测算。

注：受疫情影响，2019 年用户规模数据由 CNNIC 在 2020 年 3 月调研公布，此时为居家隔离高峰期。

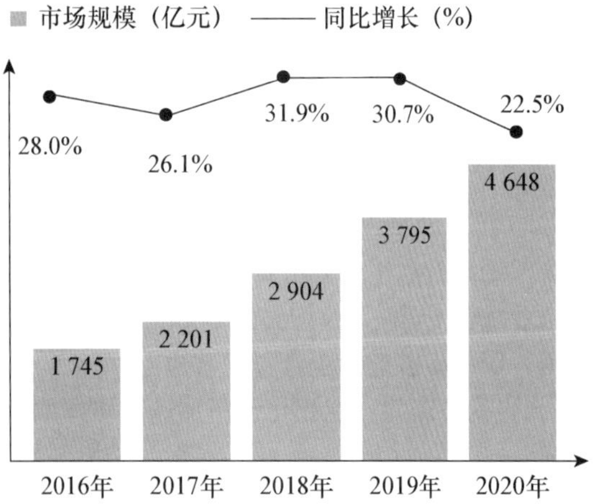

图 40　2016—2020 年中国网络媒体广告市场规模（不包含电商广告，视频广告去重）

资料来源：艾瑞咨询、极光，腾讯研究院 2021 年 2 月综合测算。

注：网络媒体广告市场规模包含新闻资讯、垂直媒体、社交媒体、自媒体、社区以及搜索引擎联盟网站广告收入，但不含电商网站广告收入，并去重视频的贴片广告收入。

2. 网络新闻在下沉市场加速普及，手机新闻应用带动用户增长

“十三五”期间，手机新闻应用快速普及，推动网络新闻资讯不断创新报道形式、建立全媒体内容矩阵，为用户带来更加可视化、直观化、便捷化的新闻体验，有效降低了信息接收门槛，促进下沉市场用户的增长。

2020 年疫情暴发后，随着用户对于疫情相关信息的需求增长，网络新闻资讯服务在三线及以下地区加速普及。2020 年第一季度，三线及以下城乡地区用户占比达 55.9%，相比 2019 年同期增长 5.3 个百分点（见图 41）。

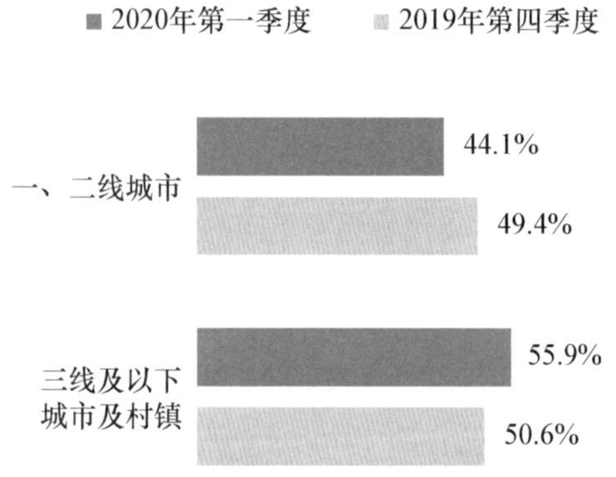

图 41　疫情暴发后中国网络新闻用户城际分布变化

资料来源：CNNIC、TrustData，腾讯研究院 2021 年 2 月综合测算。

3. 抗疫报道彰显媒体融合成效，网络新闻视频化创新加速

2020 年，抗疫报道凸显媒体融合成效，网络新闻媒体与传统媒体的融合更为紧密。主流媒体通过权威真实的报道获得受众的高度认可，疫情暴发后超过 85%的用户对主流媒体权威发布的信息更加重视（见图 42），57.2%的用户将官方媒体作为可信任的新闻来源。

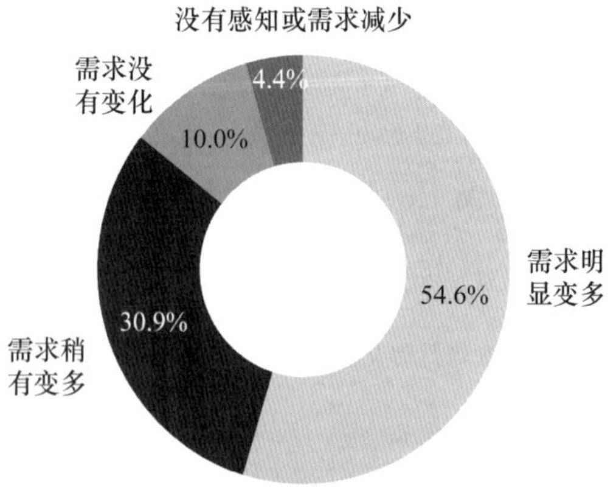

图 42　2020 年疫情暴发后网络新闻用户对主流媒体权威发布的需求变化

资料来源：艾瑞咨询、极光，腾讯研究院 2021 年 2 月综合测算。

同时，网络新闻的视频化创新加速。疫情期间，《央视频》客户端开启了武汉“火神山”和“雷神山”两家医院建设现场的“慢直播”，使得广大网友得以 24 小时在线“云监工”，获取及时透明的一线

信息；众多媒体运用 Vlog、短视频等形式进行新闻报道，以低门槛、可视化、接地气的方式传递疫情信息，深受用户欢迎。这些多元化的融媒体产品极大地丰富了网络新闻的表现形式，助推用户对视频类新闻的黏性进一步提升。

（七）网络直播：直播连接各行各业，监管保障行业规范发展

1. 网络直播产业概况

在 2018 年因短视频等生态分流影响而出现用户规模和市场规模短暂波动后，网络直播产业在 2019 和 2020 年迎来了连续两年的高峰增长期。网络直播已经从单一的秀场直播、游戏直播发展为与电商、教育、医疗、文旅、演艺、会展等相融合的“直播+”模式，呈现出多元化的发展方向和蓬勃的生命力。

2020 年，中国网络直播用户规模达 6.17 亿人，网民使用率达到 62.4%（见图 43）；中国网络直播市场规模达 865.3 亿元，同比增长 31%，相比 2016 年接近翻两番（见图 44）。

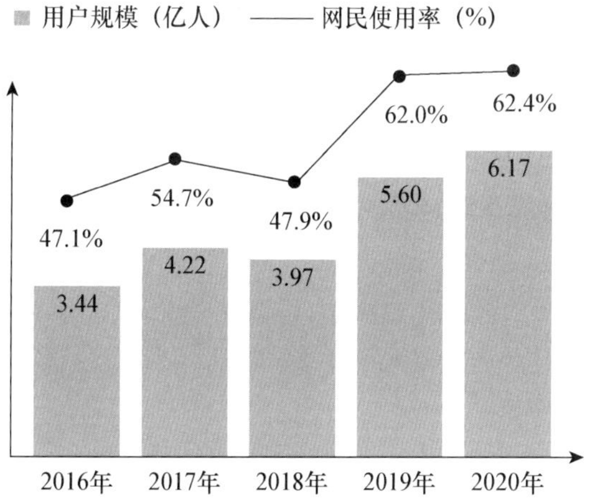

图 43 2016—2020 年中国网络直播用户规模

资料来源：CNNIC、艾瑞咨询、易观，腾讯研究院 2021 年 2 月综合测算。

注：中国网络直播市场规模涵盖游戏直播、秀场直播等泛娱乐类直播平台收入，自 2018 年起剔除网络音乐平台的音乐演艺类互动打赏收入，此部分纳入网络音乐市场规模。

2. 游戏直播市场迅速增长，探索多元盈利模式

“十三五”期间，游戏直播市场规模逐年增长，保持较快增速，斗鱼、虎牙先后上市，哔哩哔哩、抖音、快手、西瓜等视频平台先后进入游戏直播领域。中国游戏直播市场通过付费打赏、广告、游戏联运等方式保持了较强的盈利能力，同时也与游戏开发公司进行了从版权采买到游戏宣发的双向互动，实现了互利共赢。

2020 年底中国游戏直播市场规模达 300.3 亿元，同比增长 44.3%（见图 45）。用户规模为 1.91 亿人，同比下降 26.5%。游戏直播平台已经开始寻找新的发展方向，在直播内容和盈利模式上进行新的探索。在传统游戏直播内容之外，平台不断探索将游戏直播视频内容展现形式多元化、短视频化，发展出包括影视、音乐、社交等在内的多样化内容，开拓出直播会员服务、游戏联运、云游戏等多元盈利模式。

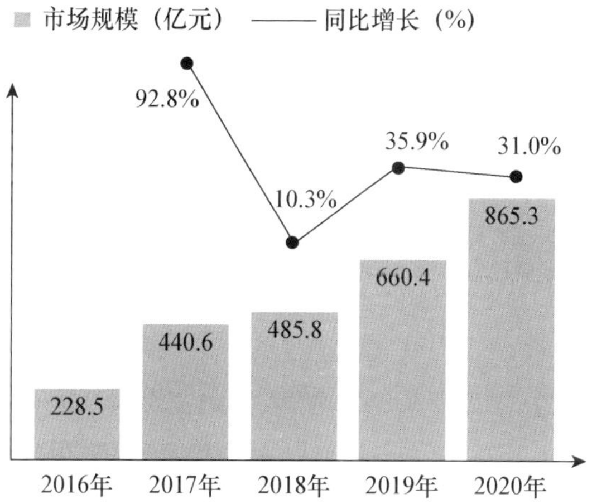

图 44 2016—2020 年中国网络（泛娱乐）直播市场规模

资料来源：CNNIC、艾瑞咨询、易观，腾讯研究院 2021 年 2 月综合测算。

注：受疫情影响，2019 年用户规模数据由 CNNIC 在 2020 年 3 月调研公布，此时为居家隔离高峰期。

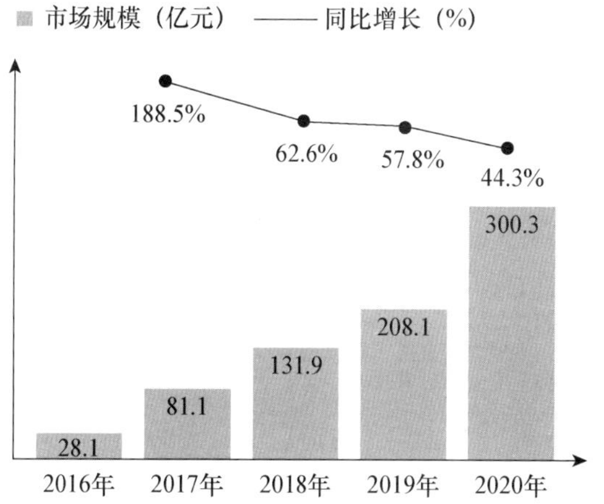

图 45 2016—2020 年中国游戏直播市场规模

资料来源：艾瑞咨询，腾讯研究院 2021 年 2 月综合测算。

3. 秀场直播商业模式被跨界借鉴，监管举措促进行业长期繁荣

2020 年中国秀场直播用户规模为 2.39 亿人，网民使用率达到 24.2%（见图 46）；市场规模达 565.0 亿元，同比增长 17%（见图 47）。秀场直播作为网络直播产业中最早出现的直播模式，除了 2018 年短暂波动外，用户规模和市场规模始终保持着较为稳定的增长速度。秀场直播主要通过主播表演才艺、与观众互动吸引用户关注，以获取用户打赏为主要盈利方式。这种用户打赏付费的商业模式已被

诸多线上服务产业所借鉴，成为短视频、网络音乐等行业必备的变现方式。

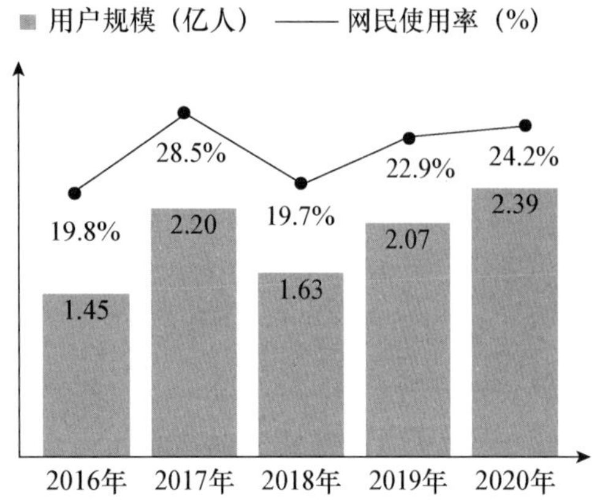

图 46　2016—2020 年中国秀场直播用户规模

资料来源：CNNIC、QuestMobile，腾讯研究院 2021 年 2 月综合测算。

注：受疫情影响，2019 年用户规模数据由 CNNIC 在 2020 年 3 月调研公布，此时为居家隔离高峰期。

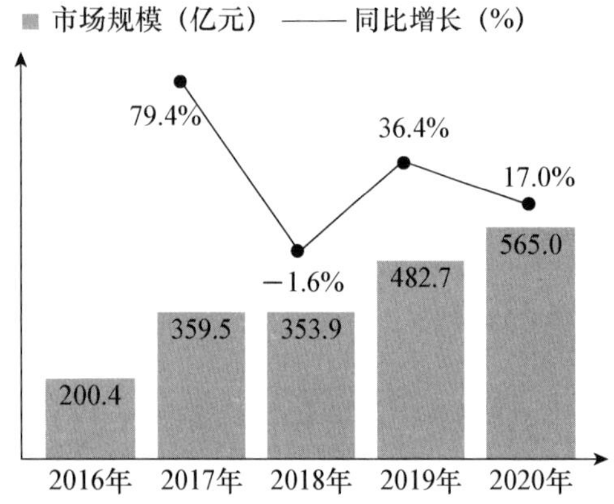

图 47　2016—2020 年中国秀场直播市场规模

资料来源：CNNIC、艾瑞咨询、易观，腾讯研究院 2021 年 2 月综合测算。

注：中国秀场直播市场规模自 2018 年起剔除网络音乐平台的音乐演艺类互动打赏收入，此部分纳入网络音乐市场规模。

“十三五”期间，特别是 2020 年以来，针对秀场直播的内容管理进一步加强。行业规范的密集出台，是直播行业的高质量发展与长期繁荣的重要保障。原文化部（现文化和旅游部）《关于加强网络表演管理工作的通知》、广电总局《关于加强网络视听节目直播服务管理有关问题的通知》、网信办《互联网直播服务管理规定》等通知规定，对秀场直播平台的直播内容、主播行为、平台监管等方面提出了一系列规范要求。

4. 电商直播蓬勃发展，助力地方特色产业发展

电商直播产业发端于 2016 年，蘑菇街、淘宝、京东在同年上线了直播购物功能。在初期的市场拓展和用户积累后，电商直播市场在 2018 年开始加速增长，快手、抖音等短视频平台入局电商直播。2019 年和 2020 年，电商直播的市场规模和用户规模迎来了连续两年的爆发式增长[①]，截至 2020 年末，淘宝直播提供直播内容超过 10 万场，用户每天可观看时长超过 50 万小时[②]。

2020 年至今，多地政府结合自身特色产业对电商直播提供了有力的政策扶持，广州、杭州、成都等相继出台了促进电商直播产业发展的规划纲要[③]。通过电商直播推广本地特色产品，既有利于减少农产品滞销，激发消费活力，也有利于提升直播间的关注度，助力电商直播产业的发展。

（八）网络短视频：用户黏性持续增强，直播带货发展迅猛

1. 网络短视频产业概况

2020 年，中国网络短视频市场规模约为 1 506 亿元，同比增长 49.6%（见图 48），“十三五”期间市场体量扩大 78 倍。网络短视频用户规模达 8.73 亿人，同比增长 12.9%，网民使用率达 88.3%（见图 49）。网络短视频用户月度人均使用时长达 42.6 小时，用户黏性持续提升（见图 50）。

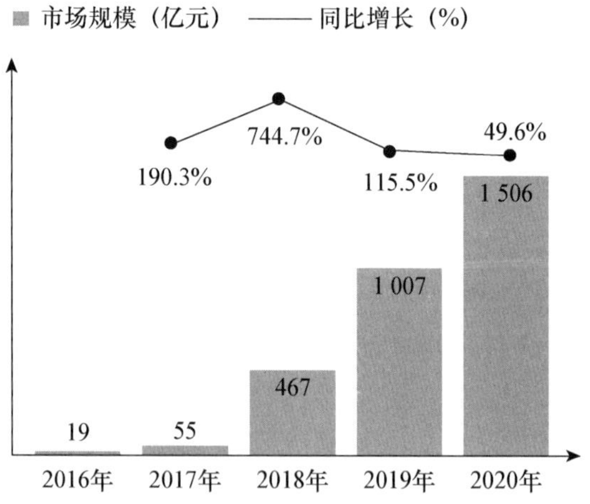

图 48　2016—2020 年中国网络短视频市场规模

资料来源：艾瑞咨询、快手招股说明书及财报，腾讯研究院 2021 年 2 月综合测算。

2017 至 2019 年，短视频行业持续高速增长，各类平台发展迅猛，行业内新应用不断上线。进入 2020 年后，短视频行业市场规模增速有所放缓，发展态势稳定。抖音、快手等头部平台开始向直播带

① 数据来自 36 氪研究院《2020 年中国直播电商行业研究报告》。

② 数据来自淘榜单 & 淘宝直播《淘宝直播 2021 年度报告》。

③ 2020 年 3 月 23 日，广州市商务局出台了《广州市直播电商发展行动方案（2020—2022 年）》；2020 年 7 月 9 日，杭州市商务局出台了《关于加快杭州市直播电商经济发展的若干意见》；2020 年 8 月 5 日，成都市武侯区商务局出台了《武侯区促进电商直播产业发展扶持办法（试行）》。

货领域发力，扩展电商直播市场。

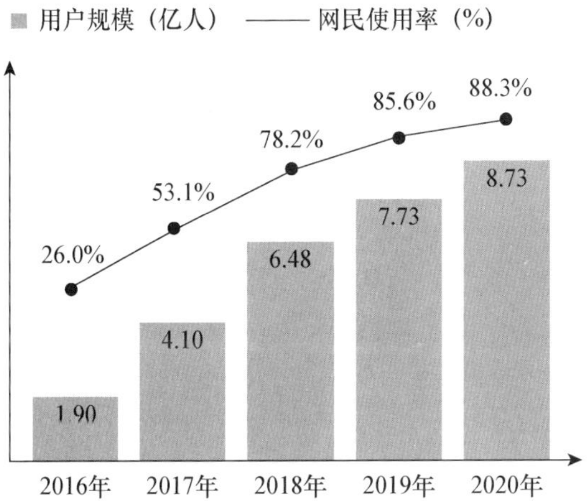

图 49　2016—2020 年中国网络短视频用户规模

资料来源：CNNIC、QuestMobile，腾讯研究院 2021 年 2 月综合测算。

注：受疫情影响，2019 年用户规模数据由 CNNIC 在 2020 年 3 月调研公布，此时为居家隔离高峰期。

2. 中老年用户和下沉市场用户增加，进一步向全民化发展

2020 年中国短视频用户日均使用时长集中在 30 分钟至 2 小时。其中，36.6%的用户日均观看时长为 30 分钟至 1 小时，25.7%的用户为 1 至 2 小时，19.1%的用户为 2 小时以上。

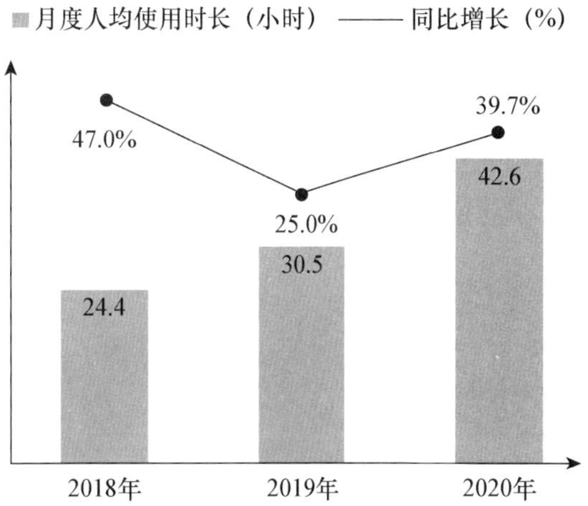

图 50　2018—2020 年中国网络短视频用户使用时长

资料来源：CNNIC、QuestMobile，腾讯研究院 2021 年 2 月综合测算。

注：受疫情影响，2019 年用户规模数据由 CNNIC 在 2020 年 3 月调研公布，此时为居家隔离高峰期。

短视频在中老年用户和下沉市场用户中加速普及。从 2019 年到 2020 年，40 岁及以上用户占比由 28.3%增至 32.8%（见图 51），三线及以下城乡用户占比从 56.7%增至 57.8%（见图 52）。相比于青少年用户和一、二线城市的用户渗透率，中老年用户和下沉市场仍具有较大发展空间。

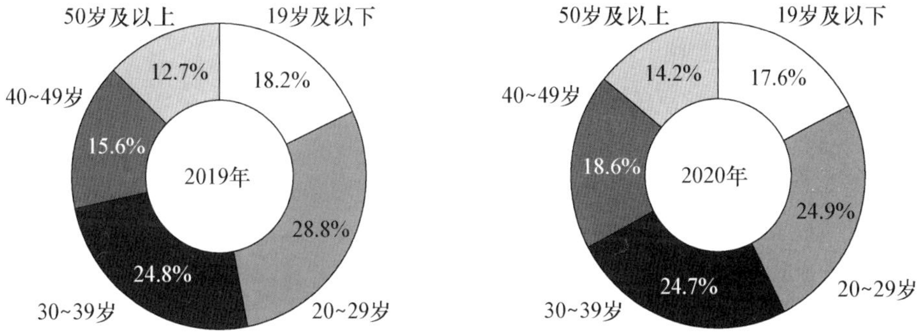

图 51　2019—2020 年中国短视频用户年龄分布

资料来源：CSM 媒介研究、QuestMobile，腾讯研究院 2021 年 2 月综合测算。

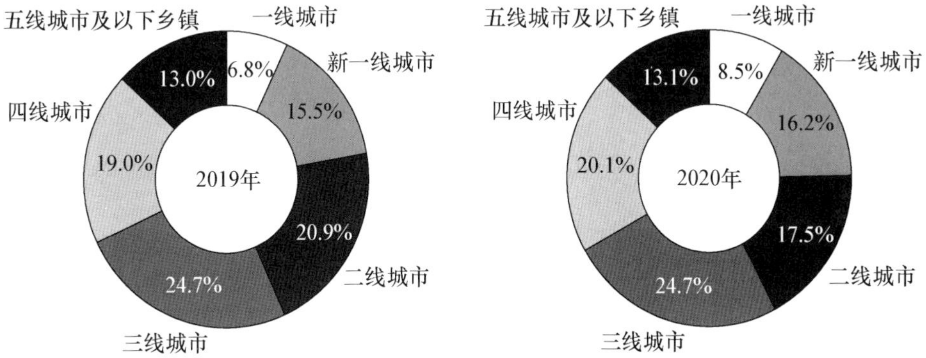

图 52　2019—2020 年中国短视频用户城际分布

资料来源：CSM 媒介研究、QuestMobile，腾讯研究院 2021 年 2 月综合测算。

3. 直播带货丰富短视频盈利模式，成为短视频平台普遍功能

2020 年的网络短视频头部平台营收结构中，打赏付费仍是首要盈利来源，但电商带货收入迅速增加，短视频平台发展成为多元化的内容与消费平台（见图 53）。在 2018 年快手和抖音先后入局直播带货后[①]，短视频平台逐渐成为电商直播产业中的又一重要入口。2020 年有 52%的用户在短视频平台上观看过直播带货，其中平均有 25.3%的用户有过购买行为，直播带货已发展为短视频平台的普遍功能。

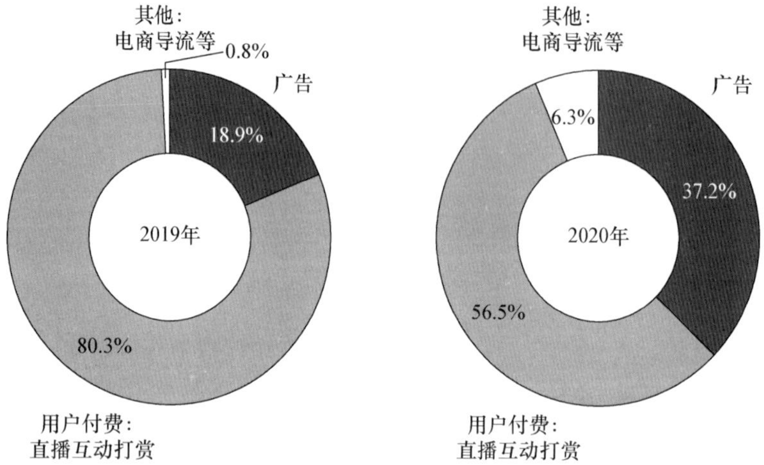

图 53　2019 年与 2020 年网络短视频头部平台营收结构比较

资料来源：艾瑞咨询、快手招股说明书及财报，腾讯研究院 2021 年 2 月综合测算。

（九）VR 和 AR 内容：爆款作品拉动市场扩容，多方因素助推产业发展

随着政策红利的释放、资本的强力助推以及 5G、云计算等技术与 VR 和 AR 的深度融合，VR 和 AR 行业产品成本降低，体验更为优化，VR 和 AR 消费级内容市场持续呈现高速增长态势，行业迎来新的拐点。

1. VR 和 AR 产业概况

2020 年，中国 VR 和 AR 消费级内容市场规模达 128.4 亿元，同比增长 154%（见图 54）；VR 消费级应用数量大幅增长，应用数量达 13 165 款，同比增长 39.5%（见图 55）。

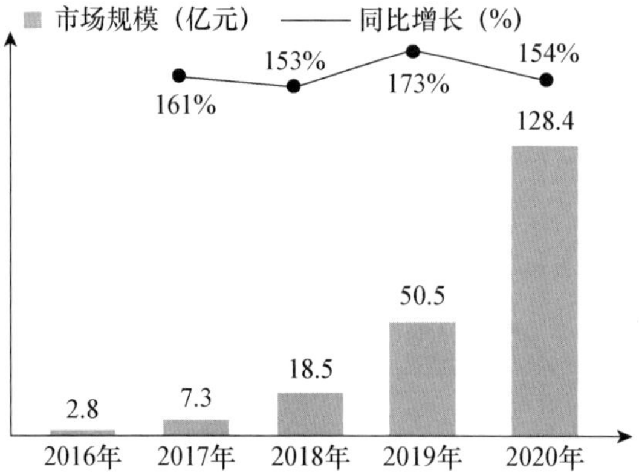

图 54　2016—2020 年中国 VR 和 AR 消费级内容市场规模

资料来源：艾瑞咨询、映维网，腾讯研究院 2021 年 2 月综合测算。

注：VR 和 AR 消费级内容包括 VR 游戏、AR 游戏、VR 影视、VR 直播等各类应用，不包括 VR 硬件和面向企业单位的软件服务。

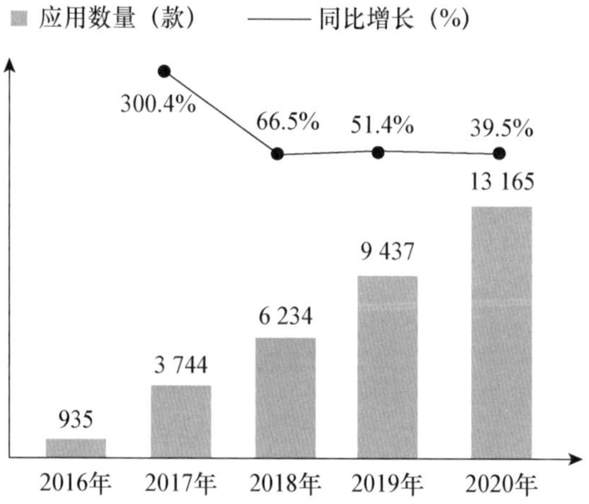

图 55　2016—2020 年 VR 消费级应用数量

资料来源：艾瑞咨询、映维网，腾讯研究院 2021 年 2 月综合测算。

注：VR 消费级内容包括 VR 游戏、VR 影视、VR 直播等各类应用，不包括 VR 硬件和面向企业单位的软件服务。

2. 爆款作品拉动市场扩容，多方因素助推产业发展

2020 年，《半衰期：爱莉克斯》等现象级 VR 游戏作品的出现，加速了 VR 硬件在消费者中的普及。爆款产品优化了游戏体验，助推了产业消费。借助这些产品“爆点”的牵引，政策红利、资本加持、

① 数据来自 36 氪研究院《2020 年中国直播电商行业研究报告》。

技术规范等多方因素共同助推了 VR 和 AR 产业的快速发展。

2020 年以来，国家出台多项政策文件推动 VR 和 AR 产业发展，提出支持加快 VR 和 AR 与文化娱乐领域的融合，推广 5G+VR 和 AR 的应用。同时，IDC 数据显示，2020 年中国市场的 VR 和 AR 相关融资规模达到 57.6 亿美元，占比超过全球市场份额的 30%，中国成为融资规模第一的国家，资本的强力加持保障了产业链的持续繁荣。此外，在技术层面，业界通过创建开源标准 OpenXR，统一了各平台的接口标准，解决了原有 VR 行业软件标准不统一的问题，加速了产业生态的成型。

3. 5G、云计算与 VR 和 AR 深度融合，进一步打开行业天花板

5G、云计算与 VR 和 AR 深度融合，实现了技术与产业相互促进的良性循环，进一步打开行业天花板，为 VR 和 AR 行业发展扩容。5G 云 VR 依托云端计算，降低了用户终端的运算需求，能够为消费者终端节约的成本规模在 2020 年能达到 193.8 亿元，预计到 2023 年可为消费者节省 734.9 亿元①。

中国在 5G 领域的政策部署和技术主动性，使 VR 和 AR 行业发展掌握了更多主动权。VR 和 AR 硬件设备迅速迭代，头显设备出货量虽持续提升，5G 云 VR 也将减轻本地硬件运算负担、降低终端成本，跨越式解决终端硬件限制，重塑更健康的版权生态。

四、2021 年中国网络版权产业发展展望

（一）新用户：中老年用户和下沉市场用户快速增长

2020 年，中老年用户和下沉市场用户增加，成为网络文学、网络短视频等产业的发展新动能。银发经济和下沉市场红利显现，也为“十四五”期间网络版权产业的发展打下了基础。

根据 CNNIC 数据，2020 年中国 50 岁以上网民规模增至 2.60 亿人（见图 56），相比疫情暴发初期的 1.53 亿人增长近 70%。“十三五”期间，中国 50 岁以上中老年网民增长近 277%，占全体网民的比例从 9.4%提高到 26.3%。

同时，2020 年中国农村网民规模达 3.09 亿人，占网民整体的 31.3%，农村地区互联网普及率为 55.9%（见图 56），较疫情暴发初期提升 9.7 个百分点。“十三五”期间中国农村网民规模净增长超过 1 亿人，互联网普及率提升近 23 个百分点。

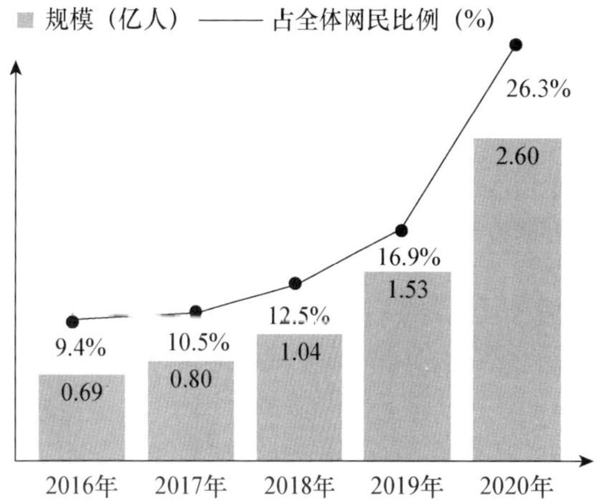

图 56　2016—2020 年中国 50 岁以上网民规模及占比

资料来源：CNNIC，腾讯研究院 2021 年 2 月综合测算。

注：受疫情影响，2019 年用户规模数据由 CNNIC 在 2020 年 3 月调研公布，此时为居家隔离高峰期。

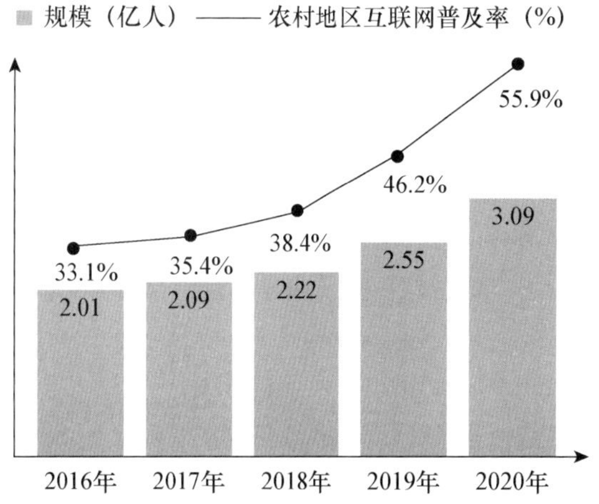

图 57　2016—2020 年中国农村网民规模及普及率

资料来源：CNNIC，腾讯研究院 2021 年 2 月综合测算。

注：受疫情影响，2019 年用户规模数据由 CNNIC 在 2020 年 3 月调研公布，此时为居家隔离高峰期。

中老年网民规模增长、城乡互联网普及率差距缩小，带来了新的流量增长红利。QuestMobile 发布的《2020 银发经济洞察报告》显示，截至 2020 年 5 月，50 岁以上银发人群移动活跃设备用户规模超 1 亿，社交、视频、资讯类 APP 已经成为银发老人的必备应用，银发老人对网络 K 歌、在线阅读等应用的消费意愿也较高。未来，银发人群内容消费

① 数据来自艾瑞咨询统计。

的发展空间依然很大①。同时，短视频等应用的快速发展促进了城乡内容消费差距的缩小，围绕乡村场景创作网络内容产品、促进城乡交流更成为新潮流，为“十四五”期间互联网流量增长带来新动力。

（二）新业态：短视频引领“视频转向”趋势

短视频已成为图文和语音之外的移动互联网“第三语言”，中国移动网民每日超过四分之一的时间在使用短视频应用，社会信息媒介的“视频转向”趋势仍在发展。

根据极光大数据的连续监测，2020 年第四季度中国短视频应用占用户每日使用时长的比例达 27.3%，而社交通信、新闻资讯、长视频等应用所占用户每日时长均有所缩减（见图 58）。与此同时，短视频内容在下沉市场加速发展，短视频电商带货在农村地区成效斐然。CSM 媒介研究的调研显示，2020 年平均有 56.2%的短视频用户通过短视频平台购买过商品或服务，伴随着短视频应用在农村地区的下沉渗透，65.4%的农村短视频用户通过短视频进行网购，显著高于城镇用户的 53.0%（见图 59）。

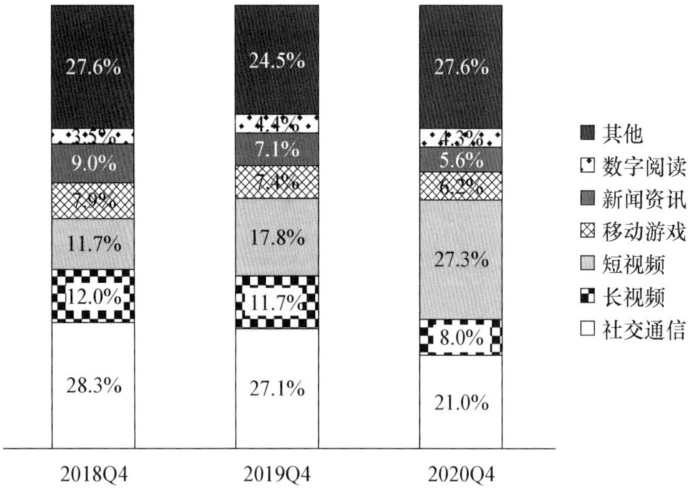

图 58　2018—2020 年中国各类移动应用日均使用时长占比

资料来源：极光、CSM 媒介研究，腾讯研究院 2021 年 2 月综合测算。

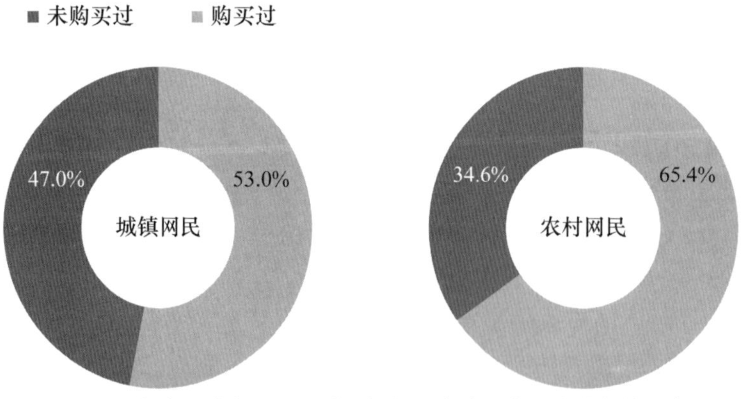

图 59　2020 年中国城乡网民通过短视频平台购买商品或服务的用户比例

资料来源：极光、CSM 媒介研究，腾讯研究院 2021 年 2 月综合测算。

当前，短视频已经成为第一流量入口，短视频的流量广告和电商带货深刻影响网络版权产业的商业模式。“十四五”期间，短视频、直播等业态对于社会传播形态、各行业商业模式的重塑仍值得期待。

（三）新起点：内容品质提升与文化互鉴助力内容出海

2020 年，以游戏、网文、短视频为代表的数字内容在海外的用户规模和收入规模均大幅增长，国产自研精品内容达到世界领先水准，开创了国产优

① 程梦玲. QuestMobile：50 岁以上银发人群移动活跃设备用户规模超 1 亿，4 成使用手机淘宝、支付宝［N/OL］.（2020-07-07）[2022-01-20]. https://www.donews.com/news/detail/1/3102386.html.

质内容“走出去”的全新起点。

网络文学作为传播优秀中华传统文化的新载体，已成为中国文化“走出去”的重要产业。根据艾瑞咨询统计，2020 年中国网络文学海外用户规模达到 3 958.2 万人，同比 2019 年 3 193.5 万人增长 23.9%（见图 60）。中国游戏出海的步伐也越发坚实。App Annie 的数据显示，从用户支出看，截至 2020 上半年，中国出海移动游戏发行商在海外市场份额已达到 21.2%，与美日韩共同形成第一梯队[①]。《原神》《黑神话：悟空》等体现国产游戏研发能力的精品游戏广受海外用户好评，国产游戏出海的新空间已经被打开。

与此同时，近年来全球经贸合作与文化互鉴不断加强，中国文化软实力和国际竞争力持续提升，中国数字文化企业加强在全球的内容布局，“十四五”期间，中国文化内容出海也将迎来新局面。

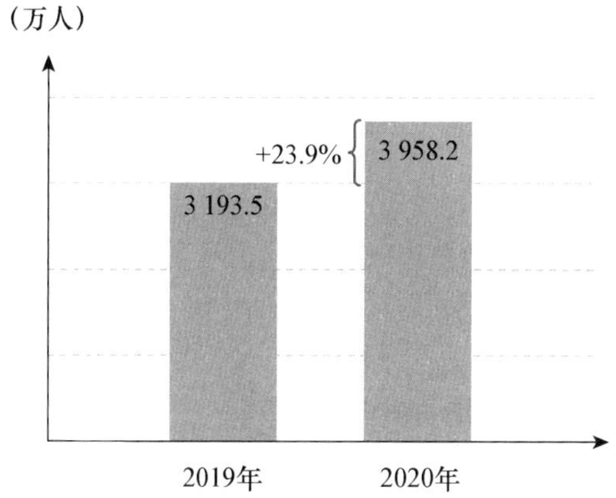

图 60　2019—2020 年海外中国网络文学用户规模

资料来源：中国音像与数字出版协会游戏工委、伽马数据、艾瑞咨询，腾讯研究院 2021 年 2 月综合测算。

① 2020 中国移动游戏出海驱动力报告：新常态下的质变竞争［EB/OL］.（2020－08－10）［2022－01－20］. https://t. cj. sina. com. cn/articles/view/1601238397/5f70f57d01900srqw? from=tech.

2020 年中国新闻出版产业分析报告

国家新闻出版署

一、综述

2020 年，新闻出版业以习近平新时代中国特色社会主义思想为指导，坚决贯彻落实党和国家决策部署，积极应对新冠肺炎疫情突发挑战，坚持质量第一、效益优先，坚持把社会效益放在首位、社会效益和经济效益相统一，坚持守正创新，加强内容建设，推动高质量发展，以优质的文化供给服务党和国家工作大局。

新闻出版产业规模有所下滑。2020 年，受新冠肺炎疫情等因素严重冲击，新闻出版产业规模有所下滑，但发展基本面仍保持稳定。全国出版、印刷和发行服务实现营业收入 16 776.3 亿元①，较 2019 年降低 11.2%；利润总额 1 024.8 亿元，降低 19.2%；拥有资产总额 22 578.7 亿元，降低 6.3%；所有者权益（净资产）11 425.4 亿元，降低 6.0%（见图 1）。

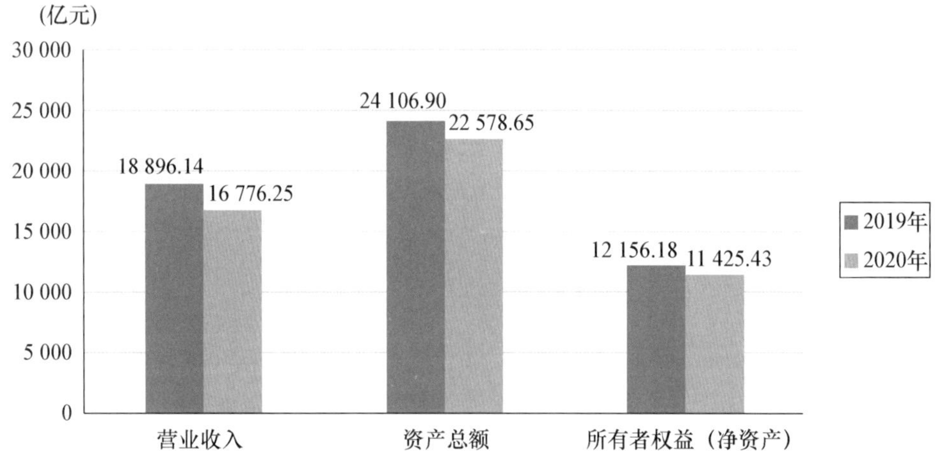

图 1　新闻出版产业营业收入、资产总额和所有者权益（净资产）增长情况

主题图书影响力进一步彰显。在 52 种年度印数达到或超过 100 万册的一般图书中，主题图书占 30.8%，较 2019 年提高 6.4 个百分点。其中，一批宣传阐释习近平新时代中国特色社会主义思想，书写脱贫攻坚、疫情防控伟大成就的主题图书表现亮眼。

主流报刊市场地位日趋稳固。《人民日报》平均期印数和总印数继续保持增长，始终稳居综合类报纸第一；《经济日报》平均期印数突破百万份，排名上升；《光明日报》平均期印数和总印数持续增长。《求是》平均期印数和总印数继续增加，跻身全国期刊平均期印数前三；《时事报告（大学生版）》继续位居首位，《时事（高中）》进入前十。主流报刊舆论阵地引领作用不断加强。

书报刊传统出版规模有所下滑。2020 年，全国图书品种新版较 2019 年降低 5.0%，重印降低 2.1%；全国图书总印数降低 2.1%；图书出版实现营业收入 963.6 亿元，降低 2.6%。52 种一般图书达到或超过 100 万册，减少 30 种。报刊出版总印数分别降低 9.0%和 7.0%，实现营业收入分别降低 6.4%和 2.8%，降幅较上一年均有所加大。印刷复制实现营业收入降低 13.1%，出版物发行实现营业收入降低 7.6%。

数字化业务收入保持增长。2020 年，新闻出版单位面对疫情冲击，积极开拓线上业务，推进数字化转型。数字出版收入 11 781.7 亿元，增长 19.2%②。新华书店与出版社网上出版物销售数量

① 另据中国新闻出版研究院数字出版研究所调查汇总数据，2020 年数字出版营业收入 11 781.7 亿元，因该数据非政府统计数据，故不纳入全国总量。

② 中国新闻出版研究院数字出版研究所调查汇总数据，因该数据非政府统计数据，故未纳入全国总量。

增长 40.6%，金额增长 62.5%。全国数字出版物出口金额增长 11.5%。新媒体上市公司各项经济指标全面增长：实现营业收入增长 13.7%；拥有资产总额增长 5.5%；实现利润总额增长 134.1%。

出版传媒集团旗舰地位进一步突出。2020 年，108 家图书出版、报刊出版和发行集团共实现主营业务收入 3 491.0 亿元，占全国书报刊出版和出版物发行主营业务收入的 80.5%，提高 4.7 个百分点；实现利润总额 341.2 亿元，占全国出版发行全行业利润总额的 74.2%，提高 1.2 个百分点。9 家集团资产总额、主营业务收入和所有者权益均超过百亿，“三百亿”阵营增加 1 家。表现出出版传媒集团较强的抗风险能力。

出版版权贸易逆差大幅缩小。2020 年，全国共输出图书、音像制品和电子出版物版权 13 895 项，较 2019 年降低 6.2%；引进图书、音像制品和电子出版物版权 14 185 项，降低 11.2%；贸易逆差 290 项，降低 75.0%。其中，向美国、英国、日本、俄罗斯、印度等国家或地区输出宣传阐释习近平新时代中国特色社会主义思想、介绍中国建设成就经验图书版权 140 多项，介绍新冠肺炎疫情防控知识图书版权 400 多项，涉及英语、日语、俄语、印地语、阿拉伯语等多种文字。

二、产业结构分析

（一）产业总体情况

1. 经济总量规模

2020 年，全国出版、印刷和发行服务实现营业收入 16 776.3 亿元[①]，较 2019 年降低 11.2%；利润总额 1 024.8 亿元，降低 19.2%；拥有资产总额 22 578.7 亿元，降低 6.3%；所有者权益（净资产）11 425.4 亿元，降低 6.0%（见表 1 和图 2）。新闻出版产业营业收入基本情况如图 3 和表 2 所示。

表 1　主要经济指标　　　单位：亿元

经济指标	金额	较 2019 年增减（%）
营业收入	16 776.25	−11.22
资产总额	22 578.65	−6.34
所有者权益（净资产）	11 425.43	−6.01
利润总额	1 024.84	−19.18

注：表内经济指标未包括数字出版、打字复印、邮政发行、版权贸易与代理、行业服务与其他新闻出版业务。

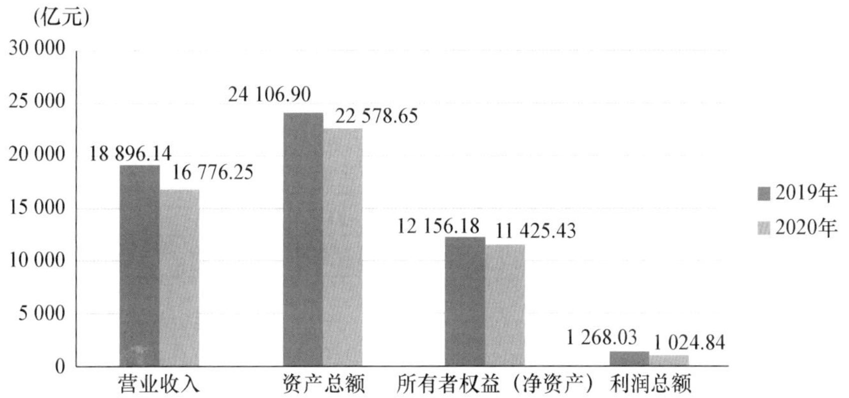

图 2　主要经济指标

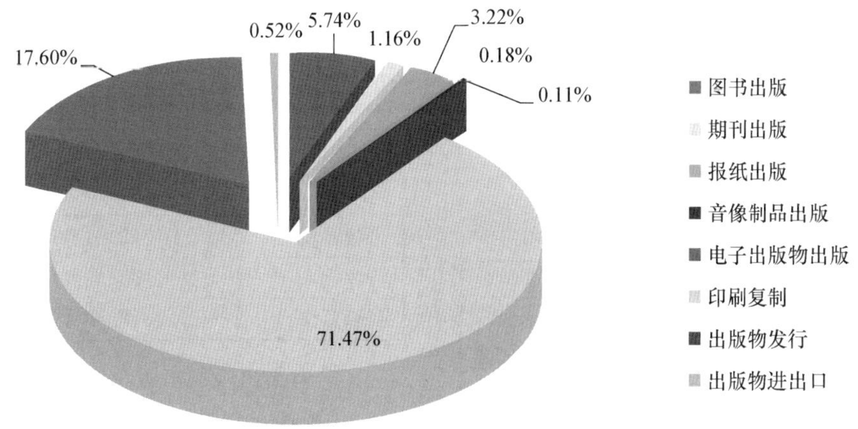

图 3　新闻出版产业营业收入构成

① 另据中国新闻出版研究院数字出版研究所调查汇总数据，2020 年数字出版营业收入超过 11 781.7 亿元，因该数据非政府统计数据，故不纳入全国总量。

表 2　新闻出版产业营业收入情况

单位：亿元，百分点

产业类别	营业收入			
	金额	增长速度（%）	所占比重（%）	比重变动
图书出版	963.58	－2.63	5.74	0.50
期刊出版	194.20	－2.78	1.16	0.10
报纸出版	539.45	－6.36	3.22	0.17
音像制品出版	30.03	2.02	0.18	0.02
电子出版物出版	17.86	8.22	0.11	0.02
印刷复制	11 991.02	－13.13	71.47	－1.56
出版物发行	2 952.97	－7.62	17.60	0.68
出版物进出口	87.15	1.89	0.52	0.07

2. 图书出版总量规模

2020年，全国共出版新版图书21.4万种，较2019年降低5.0%；重印图书27.5万种，降低2.1%；总印数103.7亿册（张），降低2.1%；总印张918.9亿印张，降低2.0%；定价总金额2 185.3亿元，增长0.3%。图书出版实现营业收入963.6亿元，降低2.6%；利润总额163.8亿元，增长4.3%（见表3）。

表 3　图书出版总量规模

单位：万种，亿册（张），亿印张，亿元

总量指标	数值	较2019年增减（%）
新版品种	21.36	－4.95
重印品种	27.54	－2.06
总印数	103.74	－2.10
总印张	918.91	－2.04
定价总金额	2 185.33	0.29
营业收入	963.58	－2.63
利润总额	163.84	4.33

3. 期刊出版总量规模

2020年，全国共出版期刊10 192种，较2019年增长0.2%；总印数20.4亿册，降低7.0%；总印张116.4亿印张，降低4.0%；定价总金额211.9亿元，降低3.6%。期刊出版实现营业收入194.2亿元，降低2.8%；利润总额30.4亿元，增长1.4%（见表4）。

表 4　期刊出版总量规模

单位：种，亿册，亿印张，亿元

总量指标	数值	较2019年增减（%）
品种	10 192	0.21
总印数	20.35	－7.04
总印张	116.40	－4.02
定价总金额	211.92	－3.60
营业收入	194.20	－2.78
利润总额	30.35	1.43

4. 报纸出版总量规模

2020年，全国共出版报纸1 810种，较2019年降低2.2%；总印数289.1亿份，降低9.0%；总印张654.7亿印张，降低17.8%；定价总金额366.4亿元，降低6.6%。报纸出版实现营业收入539.5亿元，降低6.4%；利润总额50.4亿元，增长32.1%（见表5）。

表 5　报纸出版总量规模

单位：种，亿份，亿印张，亿元

总量指标	数值	较2019年增减（%）
品种	1 810	－2.22
总印数	289.14	－8.96
总印张	654.69	－17.81
定价总金额	366.43	－6.62
营业收入	539.45	－6.36
利润总额	50.43	32.12

5. 音像制品出版总量规模

2020年，全国共出版音像制品8 611种，较2019年降低19.6%；出版数量17 515.0万盒（张），降低24.4%。音像制品出版实现营业收入30.0亿元，增长2.0%；利润总额3.7亿元，增长5.5%（见表6）。

表 6　音像制品出版总量规模

单位：种，万盒（张），亿元

总量指标	数值	较2019年增减（%）
品种	8 611	－19.61
出版数量	17 515.01	－24.41
营业收入	30.03	2.02
利润总额	3.68	5.48

6. 电子出版物出版总量规模

2020年，全国共出版电子出版物7 825种，较2019年降低13.7%；出版数量25 270.7万张，降低13.6%。电子出版物出版实现营业收入17.9亿元，增长8.2%；利润总额2.6亿元，增长5.5%（见表7）。

表 7 电子出版物出版总量规模

单位：种，万张，亿元

总量指标	数值	较 2019 年增减（%）
品种	7 825	−13.73
出版数量	25 270.74	−13.64
营业收入	17.86	8.22
利润总额	2.64	5.51

7. 印刷复制总量规模

2020 年，全国印刷复制（包括出版物印刷、包装装潢印刷、其他印刷品印刷、专项印刷、印刷物资供销和复制，见图 4）实现营业收入 11 991.0 亿元，降低 13.1%；利润总额 555.0 亿元，降低 28.3%（见表 8 和表 9）。

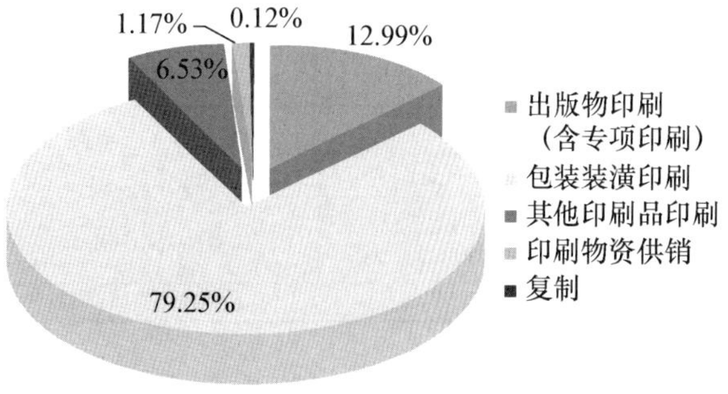

图 4 印刷复制的内部构成

表 8 印刷复制总量规模 单位：亿元

总量指标	数值	较 2019 年增减（%）
营业收入	11 991.02	−13.13
利润总额	555.02	−28.30

表 9 印刷复制的内部构成

单位：亿元，百分点

类别	营业收入			
	金额	增长速度（%）	在印刷复制中所占比重（%）	比重变动
印刷	11 976.67	−13.13	99.88	0.00
其中：出版物印刷	1 557.43	−9.20	12.99	0.56
包装装潢印刷	9 503.31	−12.49	79.25	0.57
其他印刷品印刷	782.76	−25.40	6.53	−1.07
复制	14.35	−11.27	0.12	0.00
合计	11 991.02	−13.13	100.00	0.00

注：出版物印刷包含专项印刷。表内经济指标未包括复制。

8. 出版物发行总量规模

2020 年，全国共有出版物发行网点 18.4 万处，较 2019 年增长 1.3%。出版物发行实现营业收入 2 953.0 亿元，降低 7.6%；利润总额 215.2 亿元，降低 17.2%（见表 10）。

表 10 出版物发行总量规模

单位：处，亿元

总量指标	数值	较 2019 年增减(%)
出版物发行网点数量	183 540	1.34
营业收入	2 952.97	−7.62
利润总额	215.21	−17.24

9. 出版物进出口总量规模

2020 年，全国累计出口图书、期刊、报纸、音像制品、电子出版物、数字出版物（不含游戏）1 149.9 万册（份、盒、张），较 2019 年降低 30.8%；金额 8 297.0 万美元，降低 22.9% [其中，全国出版物进出口经营单位累计出口 929.3 万册（份、盒、张），降低 37.0%；金额 3 434.5 万美元，降低 45.4%]（见表 11）。全国累计进口图书、期刊、报纸、音像制品、电子出版物、数字出版物（不含游戏）3 994.3 万册（份、盒、张），降低 5.3%；金额 79 510.0 万美元，降低 0.2%（见表 12）。进出口总额 87 807.0 万美元（其中，全国出版物进出口经营单位进出口总额 82 944.6 万美元，降低 3.5%）。出版物进出口经营单位实现营业收入 87.2 亿元，增长 1.9%；利润总额 3.7 亿元，增长 33.7%（见表 13）。

表 11 全国出版物出口情况

单位：万册（份、盒、张），万美元

类型	数量	金额
图书、期刊、报纸	1 146.42	4 719.50
其中：进出口经营单位	928.63	3 262.80
音像制品、电子出版物、数字出版物	3.44	3 577.46
其中：进出口经营单位	0.67	171.74
合计	1 149.85	8 296.96
其中：进出口经营单位	929.30	3 434.54

注：数字出版物只能统计金额，故数量指标中均未包含数字出版物。

表 12　全国出版物进口情况

单位：万册（份、盒、张），万美元

类型	数量	金额
图书、期刊、报纸	3 974.18	36 216.29
音像制品、电子出版物、数字出版物	20.07	43 293.73
合计	3 994.25	79 510.02

注：同表 11。

表 13　出版物进出口经营单位经济总量规模

单位：亿元

总量指标	数值	较 2019 年增减（%）
营业收入	87.15	1.89
利润总额	3.67	33.69

10. 出版版权贸易总量规模

2020 年，全国共输出图书、音像制品和电子出版物版权 13 895 项①（其中图书 12 915 项，音像制品 244 项，电子出版物 736 项），较 2019 年降低 6.2%。引进图书、音像制品和电子出版物版权 14 185 项②（其中图书 13 919 项，音像制品 233 项，电子出版物 33 项），降低 11.2%。

11. 国家出版产业基地（园区）

2020 年，全国共有国家出版产业基地（园区）24 家。其中，数字出版基地（园区）11 家，印刷包装基地（园区）5 家，音乐产业基地（园区）4 家，网络动漫基地（园区）1 家，出版创意基地（园区）2 家，出版装备基地（园区）1 家。11 家数字出版基地（园区）共实现营业收入 1 951.5 亿元，超过 100 亿元的 6 家。

（二）各产业类别总体经济规模综合评价

选取营业收入、增加值、总产出和利润总额 4 项经济规模指标，采用主成分分析法对图书出版、期刊出版、报纸出版、音像制品出版、电子出版物出版、印刷复制、出版物发行和出版物进出口 8 个新闻出版产业类别的总体经济规模进行综合评价，其排名结果与 2019 年相比保持不变。印刷复制、出版物发行和图书出版分居前 3 位（见表 14）。

表 14　各产业类别经济规模综合评价

综合排名	产业类别	综合评价得分	2019 年排名	排名变化
1	印刷复制	2.377 9	1	0
2	出版物发行	0.245 9	2	0
3	图书出版	−0.137 8	3	0
4	报纸出版	−0.356 3	4	0
5	期刊出版	−0.470 2	5	0
6	出版物进出口	−0.547 8	6	0
7	音像制品出版	−0.554 6	7	0
8	电子出版物出版	−0.557 2	8	0

注：得分通过 SPSS 直接计算得出，仅用来显示各产业类别的相对位置，负数并不代表负面评价。

（三）各产业类别增长情况

以各产业类别营业收入增长速度衡量，前 3 位降序依次为电子出版物出版、音像制品出版和出版物进出口。与 2019 年相比，音像制品出版和出版物进出口营收增速排名上升，图书出版、出版物发行和印刷复制排名下降，电子出版物出版、期刊出版和报纸出版保持不变（见表 15 和图 5）。

表 15　各产业类别营业收入增长速度

排名	产业类别	增长速度（%）	2019 年排名	排名变化
1	电子出版物出版	8.22	1	0
2	音像制品出版	2.02	8	6
3	出版物进出口	1.89	7	4
4	图书出版	−2.63	2	−2
5	期刊出版	−2.78	5	0
6	报纸出版	−6.36	6	0
7	出版物发行	−7.62	3	−4
8	印刷复制	−13.13	4	−4

注：各产业类别增长速度＝(该产业类别本年营业收入－该产业类别上年营业收入)÷该产业类别上年营业收入×100%。

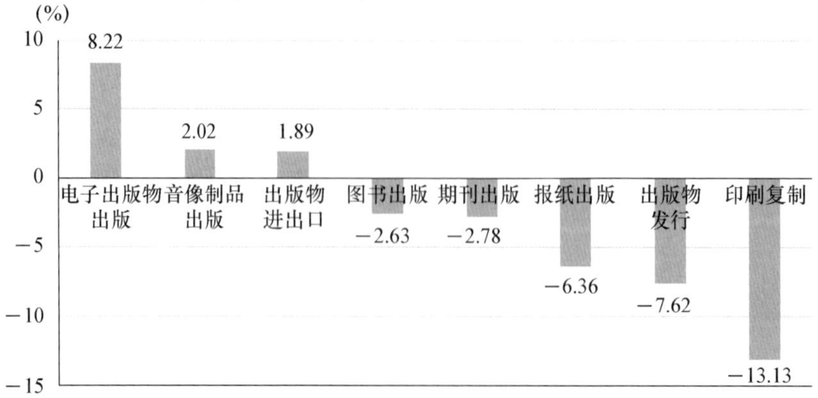

图 5　各产业类别营业收入增长速度

① 2020 年，全国共输出版权 14 808 项。

② 2020 年，全国共引进版权 14 387 项。

三、产品结构分析

（一）整体结构

2020年，全国共出版图书、期刊、报纸、音像制品和电子出版物417.5亿册（份、盒、张），较2019年降低7.4%。其中，出版图书103.7亿册（张），降低2.1%，占全部数量的24.9%；期刊20.4亿册，降低7.0%，占4.9%；报纸289.1亿份，降低9.0%，占69.3%；音像制品1.8亿盒（张），降低24.4%，占0.4%；电子出版物2.5亿张，降低13.6%，占0.6%（见表16）。

表16　出版物产品结构

单位：亿册（份、盒、张），百分点

出版物类型	总印数			
	数量	增长速度（%）	所占比重（%）	比重变动
图书	103.74	−2.10	24.85	1.34
期刊	20.35	−7.04	4.87	0.01
报纸	289.14	−8.96	69.25	−1.22
音像制品	1.75	−24.41	0.42	−0.09
电子出版物	2.53	−13.64	0.61	−0.04
合计	417.51	−7.36	100.00	0.00

注：数量指标书报刊采用总印数，音像制品和电子出版物采用出版数量。

（二）图书结构

1. 新版与重印图书

2020年，全国出版新版图书21.4万种，较2019年降低5.0%；重印图书27.5万种，降低2.1%（见表17和图6）。

表17　新版与重印图书品种结构

单位：万种

类型	品种数	增减数量	增减百分比（%）
新版图书	21.36	−1.12	−4.95
重印图书	27.54	−0.58	−2.06

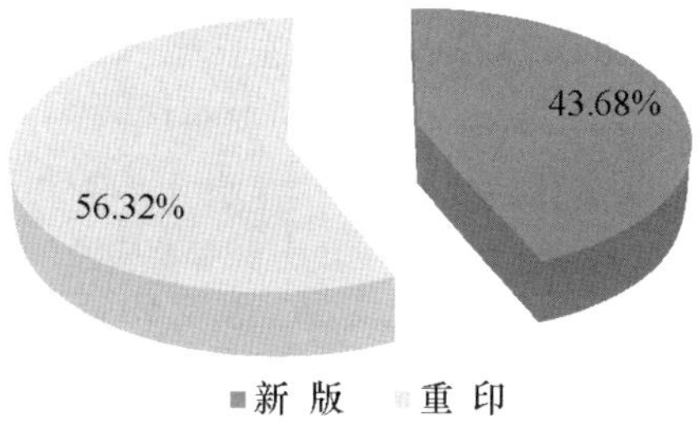

图6　新版与重印图书品种结构

全国出版新版图书23.2亿册（张），较2019年降低7.0%，占图书总印数的22.4%，减少1.2个百分点；重印图书60.2亿册（张），降低2.9%，占58.0%，减少0.5个百分点；租型图书20.3亿册（张），增长6.8%，占19.6%，提高1.6个百分点（见图7和表18）。重印图书总印数为新版图书的2.6倍。

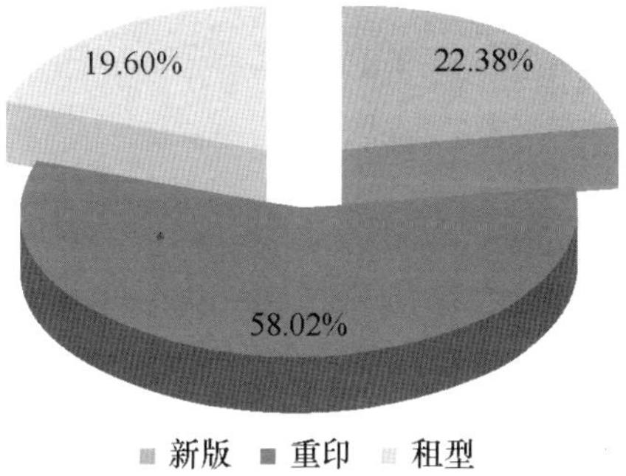

图7　新版、重印与租型图书印数结构

2020年，全国新版图书单品种平均印数10 867册（张），较2019年减少244册（张）；重印图书单品种平均印数21 854册（张），减少180册（张）。

表18　新版、重印与租型图书总印数结构

单位：亿册（张），百分点

类型	总印数	增减数量	增长速度（%）	所占比重（%）	比重变动
新版图书	23.22	−1.75	−7.04	22.38	−1.18
重印图书	60.19	−1.77	−2.87	58.02	−0.45
租型图书	20.33	1.29	6.78	19.60	1.63
合计	103.74	−2.23	−2.10	100.00	0.00

2. 书籍与课本

图书主要包括书籍[①]、课本[②]和图片[③]3类。

① 系指使用标准书号或统一书号，但不属于课本和图片的出版物。

② 系指使用标准书号或统一书号的以下各类出版物：(1)由国家教育行政部门和中央各部委、各地区审定、规划的，列入教材征订目录，供高等学校、电视大学、函授大学等高等教育机构，中等专业学校（包括中等师范学校）、技工学校使用的教材、教材习题解答集，以及对成人进行政治、业务、文化教育所使用的课本，包括广播电台、电视台举办或与其他单位合办的业余讲座使用的课本及其他业余教育课本；(2)在国家教育行政部门每年春秋两季颁发的《全国普通中小学教学用书目录》和由各省（自治区、直辖市）教育行政部门审定、补充下达的《中小学教学用书目录》中所列的课本、教学挂图和随课本作教材用的习题解答集，以及由省（自治区、直辖市）以上教育行政机关统一规定为各级学校教员必须采用的“教学参考资料”及“教学大纲”（包括少数民族自治州出版社出版，由少数民族自治州教育行政机关规定的此类出版物）；(3)专供扫盲使用的课本。具体包括大专及以上课本、中专技校课本、中小学课本、业余教育课本、扫盲课本和教学用书。

③ 系指单张或折页的美术画片，包括绘画的印制品和摄影的印制品，年画也归入图片。

2020 年，全国出版新版书籍 19.5 万种，较 2019 年降低 4.9%，占新版图书品种的 91.1%；新版课本 1.9 万种，降低 5.1%，占 8.8%；新版图片 167 种，降低 18.5%，占 0.1%（见图 8）。重印书籍 20.9 万种，降低 2.1%，占重印图书品种的 76.0%；重印课本 6.6 万种，降低 2.0%，占 23.9%；重印图片 170 种，降低 29.5%，占 0.1%（见图 9）。

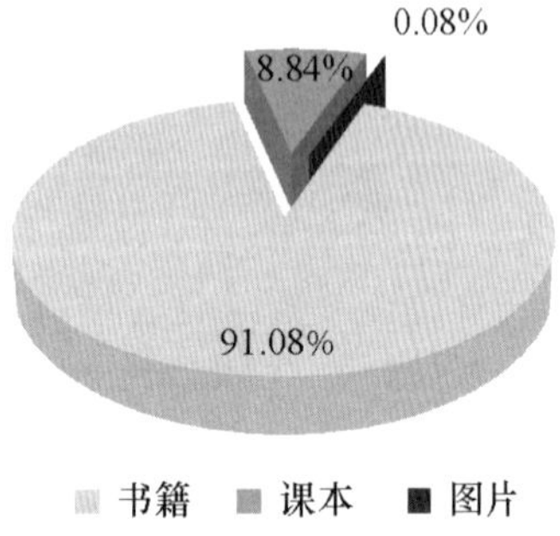

图 8　新版图书品种结构

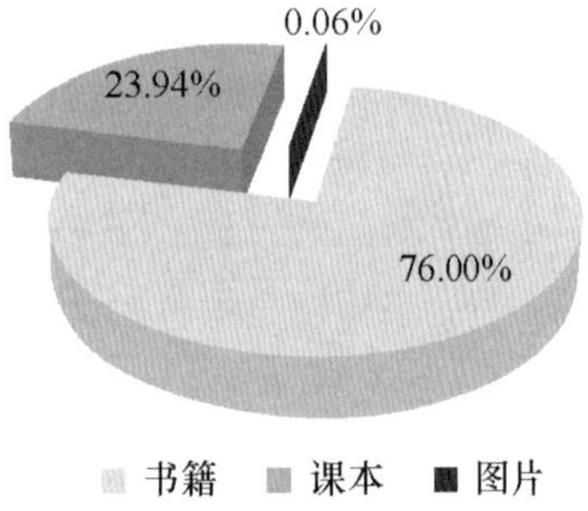

图 9　重印图书品种结构

全国出版书籍 65.2 亿册（张），降低 4.1%，占图书总印数的 63.2%；课本 37.9 亿册（张），增长 1.0%，占 36.8%；图片 355 万册（张），降低 6.6%（见图 10）。

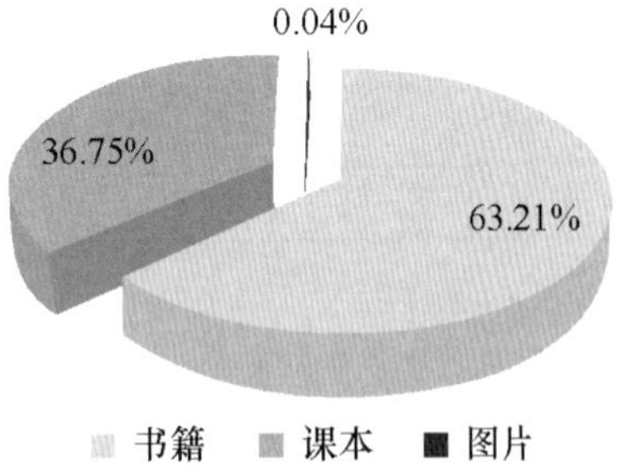

图 10　书籍、课本与图片印数结构

2020 年，全国书籍单品种平均印数 16 142 册（张），较 2019 年减少 104 册（张）；课本单品种平均印数 44 696 册（张），增加 1 656 册（张）。

（1）书籍。

书籍按照内容划分为社科人文、科学技术和综合 3 大类。

2020 年，全国出版社科人文类书籍 33.1 万种，较 2019 年降低 4.0%，占书籍品种总数的 81.8%；科学技术类书籍 6.9 万种，降低 1.6%，占 17.1%；综合类书籍 0.4 万种，增长 12.8%，占 1.1%（见图 11 和表 19）。

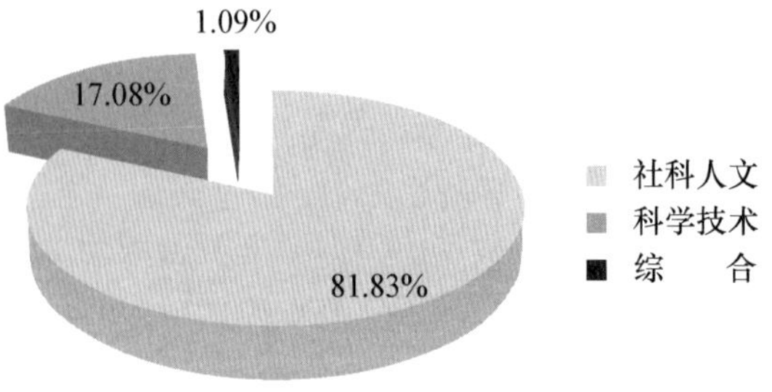

图 11　书籍品种结构

全国出版社科人文类书籍 61.8 亿册（张），降低 4.3%，占书籍总印数的 94.8%；科学技术类书籍 3.1 亿册（张），增长 1.6%，占 4.8%；综合类书籍 0.3 亿册（张），降低 16.1%，占 0.4%（见图 12）。

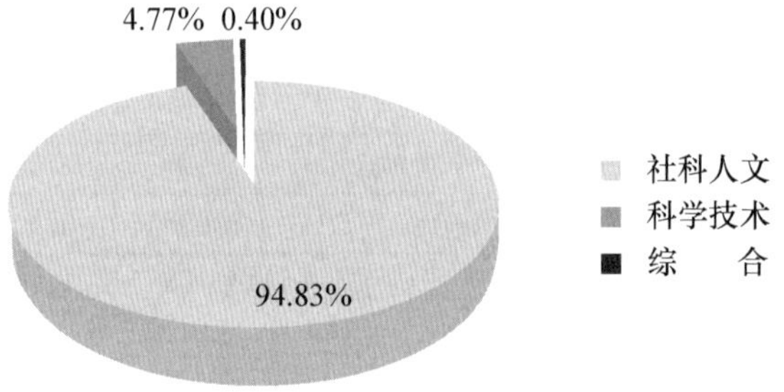

图 12　书籍总印数结构

2020 年，全国社科人文类书籍单品种平均印数 18 708 册（张），较 2019 年减少 51 册（张）；科学技术类书籍单品种平均印数 4 503 册（张），增加 142 册（张）；综合类书籍单品种平均印数 5 918 册（张），减少 2 051 册（张）。

（2）课本。

课本划分为大专及以上课本、中专技校课本、中学课本、小学课本、业余教育课本、扫盲课本和教学用书 7 类。

2020 年，全国出版中学课本 5 411 种，较 2019 年降低 0.1%，占课本品种数的 6.4%；小学课本 4 933 种，降低 0.3%，占 5.8%。中小学课本合计 10 344 种，占课本品种数的 12.2%，图书品种数的 2.1%，较 2019 年提高 0.1 个百分点。

全国出版中学课本 16.9 亿册（张），降低 1.6%，占课本总印数的 44.5%；小学课本 17.0 亿册（张），增长 5.4%，占 44.7%。中小学课本合计 33.9 亿册（张），占课本总印数的 89.2%，图书总印数的 32.8%，提高 1.3 个百分点。

2020年，全国中学课本单品种平均印数311 796册（张），较2019年减少4 748册（张）；小学课本单品种平均印数343 659册（张），增加18 344册（张）。

表19　书籍、课本与图片品种、印数结构　　单位：万种，亿册（张），百分点

类型	品种				总印数			
	数量	增长速度（%）	所占比重（%）	比重变动	数量	增长速度（%）	所占比重（%）	比重变动
书籍	40.39	−3.46	82.60	−0.09	65.20	−4.07	63.21	−1.20
社科人文	33.05	−4.04	67.59	−0.48	61.83	−4.29	59.94	−1.28
科学技术	6.90	−1.57	14.11	0.26	3.11	1.63	3.02	0.12
综合	0.44	12.82	0.90	0.13	0.26	−16.13	0.25	−0.04
课本	8.48	−2.71	17.34	0.11	37.91	1.03	36.75	1.20
中学	0.54	−0.11	1.10	0.03	16.87	−1.61	16.35	0.10
小学	0.49	−0.26	1.00	0.03	16.95	5.36	16.43	1.18
图片	0.03	−24.44	0.06	−0.02	0.04	−6.58	0.04	0.00
合计	48.90	−3.36	100.00	0.00	103.15	−2.26	100.00	0.00

注：1. 社科人文类书籍系指属于中国图书馆分类法马克思主义、列宁主义、毛泽东思想、邓小平理论，哲学、宗教，社会科学总论，政治、法律，军事，经济，文化、科学、教育、体育，语言、文字，文学，艺术，历史、地理11大类（A—K）的书籍；科学技术类书籍系指属于中国图书馆分类法自然科学总论，数理科学和化学，天文学、地球科学，生物科学，医药、卫生，农业科学，工业技术，交通运输，航空、航天，环境科学、安全科学10大类（N—X）的书籍；综合类书籍系指属于中国图书馆分类法综合性图书类（Z）的书籍。

2. 以上数据不包含国部标准及小件印品。

3. 少儿图书

2020年，全国出版新版少儿图书1.9万种，较2019年减少2 280种，降低10.9%；重印少儿图书2.4万种，增加1 085种，增长4.7%（见表20）。

表20　少儿图书品种结构　　单位：种

类型	品种数	增减数量	增减百分比（%）
新版图书	18 565	−2 280	−10.94
重印图书	23 952	1 085	4.74

全国出版少儿图书9.0亿册（张），减少4 123万册（张），降低4.4%。其中，新版图书3.7亿册（张），减少301万册（张），降低0.8%；重印图书5.4亿册（张），减少3 821万册（张），降低6.7%（见表21）。

表21　少儿图书总印数结构

单位：万册（张），百分点

类型	总印数	增减数量	增长速度（%）	所占比重（%）	比重变动
新版图书	36 913	−301	−0.81	40.82	1.46
重印图书	53 519	−3 821	−6.66	59.18	−1.46
租型图书	0	−1	−100.00	0.00	0.00
合计	90 432	−4 123	−4.36	100.00	0.00

2020年，全国少儿图书单品种平均印数21 270册（张），较2019年减少362册（张）。其中，新版图书19 883册（张），增加2 030册（张）；重印图书22 344册（张），减少2 731册（张）。

4. 年度累计印数百万册及以上书籍

52种一般图书年度单品种累计印数达到或超过100万册，主题图书16种，占30.8%。《中华人民共和国民法典》超过500万册，《中共中央关于制定国民经济和社会发展第十四个五年规划和二〇三五年远景目标的建议》及其辅导读本超过310万册，《中国制度面对面——理论热点面对面·2020》近220万册。《红岩》《红星照耀中国（青少版）》《人生海海》等3种文学类图书，《新冠肺炎防控漫画》《新型冠状病毒感染防护》《新型冠状病毒肺炎校园防控手册》等7种疫情防控相关图书，《笑猫日记·幸运女神的宠儿》、《笑猫日记·戴口罩的猫》、“米小圈脑筋急转弯（第二辑）”等6种少儿图书年度印数均达到或超过100万册，其中《新冠肺炎防控漫画》合计超1 180万册①。

（三）期刊结构

1. 内容结构

2020年，全国出版哲学、社会科学类期刊10.6亿册，较2019年降低4.6%，占期刊总印数的52.2%，提高1.3个百分点；文化、教育类期刊4.9亿册，降低6.0%，占期刊总印数的23.9%，提高0.3个百分点；文学、艺术类期刊1.1亿册，降低20.2%，占期刊总印数的5.4%，减少0.9个百分

① 包括城镇版和农村版。

点；自然科学、技术类期刊 2.5 亿册，降低 8.7%，占期刊总印数的 12.5%，减少 0.2 个百分点；综合类期刊 1.2 亿册，降低 13.7%，占期刊总印数的 6.1%，减少 0.5 个百分点（见图 13 和表 22)。各类期刊总印数降幅均有所加大；哲学、社会科学类期刊降幅最小，所占比重继续提高；文学、艺术类期刊印数继续大幅下滑，所占比重继续减少；综合类期刊印数及其所占比重下降。

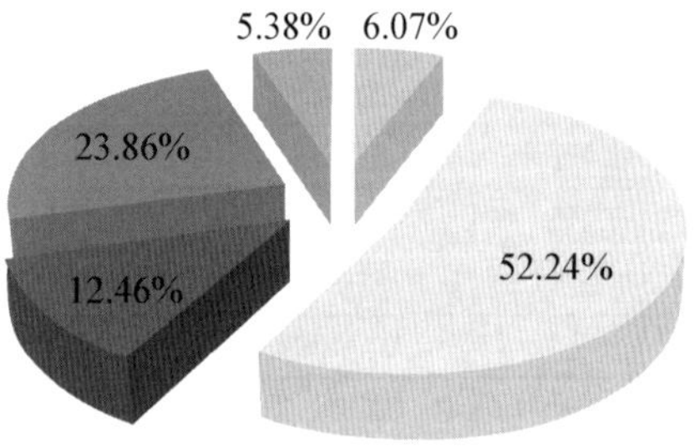

图 13　期刊产品结构

表 22　期刊产品结构

单位：万册，百分点

类型	总印数			
	数量	增长速度（%）	所占比重（%）	比重变动
哲学、社会科学	106 315	−4.63	52.24	1.32
文化、教育	48 551	−6.03	23.86	0.26
文学、艺术	10 952	−20.16	5.38	−0.88
自然科学、技术	25 354	−8.66	12.46	−0.22
综合	12 352	−13.72	6.07	−0.47
合计	203 524	−7.04	100.00	0.00

2. 平均期印数百万册及以上期刊

2020 年，《时事报告（大学生版）》《读者》等 8 种期刊平均期印数超过 100 万册，其中，《时事报告（大学生版）》平均期印数超过 600 万册。

2020 年平均印数排名前 10 位的期刊见表 23。

表 23　2020 年平均期印数排名前 10 位的期刊

排名	期刊名称	刊期	所在地区	2019 年排名	排名变化
1	时事报告（大学生版）	半年刊	中央在京	1	0
2	读者	半月刊	甘　肃	2	0
3	求是	半月刊	中央在京	4	1
4	中共中央办公厅通讯	月　刊	中央在京	3	−1
5	时事（初中）	季　刊	中央在京	6	1
6	中国纪检监察	半月刊	中央在京	8	2
7	半月谈	半月刊	中央在京	7	0
8	特别关注	月　刊	湖　北	10	2
9	时事（高中）	季　刊	中央在京	11	2
10	党风廉政建设	月　刊	中央在京	13	3

（四）报纸结构

1. 层级结构

2020 年，共出版全国性报纸 74.8 亿份，较 2019 年降低 3.6%，占报纸总印数的 25.9%，提高 1.4 个百分点；省级报纸 123.8 亿份，降低 12.2%，占 42.8%，减少 1.6 个百分点；地市级报纸 89.5 亿份，降低 8.7%，占 31.0%，提高 0.1 个百分点；县级报纸 1.0 亿份，增长 0.4%，占 0.4%，与上年基本持平（见图 14 和表 24)。全国性、省级和地市级报纸总印数降幅加大，全国性报纸降幅最小，所占比重继续提高；省级报纸所占比重继续下降，地市级报纸所占比重略有提升。

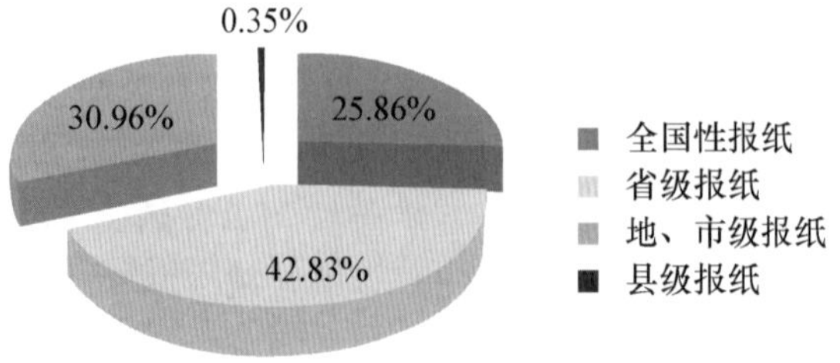

图 14　报纸的层级结构

表 24　报纸的层级结构

单位：亿份，百分点

地域层级	总印数	增长速度（%）	所占比重（%）	比重变动
全国性报纸	74.78	−3.58	25.86	1.44
省级报纸	123.84	−12.15	42.83	−1.56
地市级报纸	89.51	−8.71	30.96	0.08
县级报纸	1.00	0.44	0.35	0.03
合计	289.14	−8.96	100.00	0.00

2. 内容结构

2020 年，全国出版综合类报纸 177.6 亿份，较 2019 年降低 8.9%，占报纸总印数的 61.4%，提高 0.1 个百分点；专业类报纸 91.2 亿份，降低 7.5%，占 31.6%，提高 0.5 个百分点；生活服务类报纸 4.1 亿份，降低 31.2%，占 1.4%，减少 0.5 个百分点；读者对象类报纸 13.9 亿份，降低 8.7%，占 4.8%，与上年基本持平；文摘类报纸 2.3 亿份，降低 18.2%，占 0.8%，减少 0.1 个百分点（见图 15

和表 25）。各类报纸总印数降幅均加大；综合类报纸所占比重略有提高；专业类报纸降幅最小，所占比重继续提高；生活服务类和文摘类报纸降幅较大，所占比重继续下降。

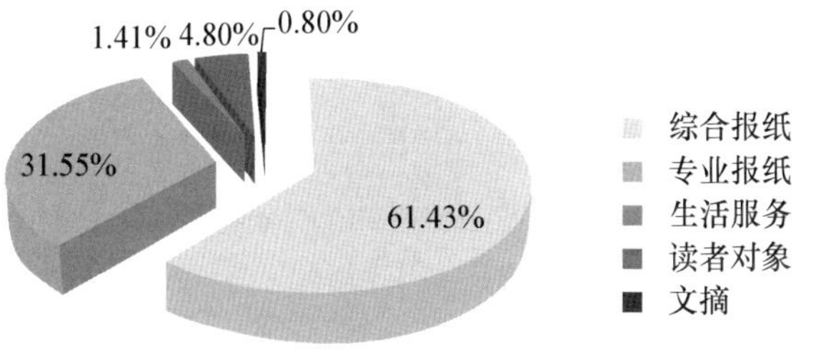

图 15　报纸的内容结构

3. 平均期印数百万份及以上报纸

2020 年，《人民日报》《新华每日电讯》《参考消息》等 18 种报纸平均期印数达到或超过 100 万份。其中，综合类报纸 5 种，专业类报纸 12 种，读者对象类报纸 1 种。

表 25　报纸的内容结构

单位：亿份，百分点

内容类型	总印数	增长速度（%）	所占比重（%）	比重变动
综合	177.63	−8.89	61.43	0.05
专业	91.23	−7.54	31.55	0.48
生活服务	4.07	−31.15	1.41	−0.45
读者对象	13.88	−8.72	4.80	0.01
文摘	2.33	−18.17	0.80	−0.09
合计	289.14	−8.96	100.00	0.00

2020 年平均印数排名前 10 位的综合类报纸、专业类报纸分别见表 26、表 27。

表 26　2020 年平均期印数排名前 10 位的综合类报纸

排名	报纸名称	刊期	所在地区	2019 年排名	排名变化
1	人民日报	周七刊	中央在京	1	0
2	新华每日电讯	周七刊	中央在京	3	1
3	参考消息	周七刊	中央在京	2	−1
4	光明日报	周七刊	中央在京	4	0
5	经济日报	周七刊	中央在京	7	2
6	南方日报	周七刊	广　东	6	0
7	都市快报	周七刊	浙　江	9	2
8	环球时报	周六刊	中央在京	5	−3
9	半岛都市报	周六刊	山　东	8	−1
10	钱江晚报	周七刊	浙　江	10	0

表 27　2020 年平均期印数排名前 10 位的专业类报纸

排名	报纸名称	刊期	所在地区	2019 年排名	排名变化
1	英语周报	周一刊	山　西	1	0
2	当代中学生报	周一刊	江　西	2	0
3	学英语报	周一刊	山　西	3	0
4	学习方法报	周一刊	山　西	4	0
5	英语辅导报	周一刊	吉　林	6	1
6	中学生学习报	周一刊	河　南	5	−1
7	语文学习报	周一刊	吉　林	7	0
8	教育周报	周一刊	辽　宁	9	1
9	中国纪检监察报	周七刊	中央在京	10	1
10	学生周报	周一刊	福　建	8	−2

四、地区结构分析

（一）总体经济规模综合评价

选取营业收入、增加值、总产出、资产总额、所有者权益（净资产）、利润总额和纳税总额 7 项经济规模指标，采用主成分分析法对全国 31 个省（自治区、直辖市）及新疆生产建设兵团新闻出版业的总体经济规模进行综合评价。

广东、北京①、江苏、山东、浙江、上海、四川、安徽、福建和江西依次位居全国前 10 位。其中，前 6 位均属于东部地区。与 2019 年相比，前 10 名地区保持不变但名次有所改变；前 10 位中北京、四川和安徽排名上升，江苏和福建排名下降（见表 28）。

表 28　总体经济规模综合评价前 10 位的地区

综合排名	地区	综合评价得分	2019 年排名	排名变化
1	广东	2.975 2	1	0
2	北京	2.178 9	3	1
3	江苏	2.110 2	2	−1
4	山东	1.756 5	4	0
5	浙江	1.072 5	5	0
6	上海	0.917 5	6	0
7	四川	0.342 8	8	1
8	安徽	0.200 3	9	1
9	福建	0.145 8	7	−2
10	江西	0.092 4	10	0

注：1. 得分通过 SPSS 直接计算得出，仅用来显示各地区的相对位置。

2. 未包括数字出版、打字复印、邮政发行、版权贸易与代理、行业服务与其他新闻出版业务。

前 10 位地区实现营业收入共计 12 877.4 亿元，占全行业营业收入的 76.8%，较 2019 年提高 1.4 个百分点（见图 16）；拥有资产总额共计 16 507.2 亿元，占全行业资产总额的 73.1%，提高 1.1 个百分点（见图 17）；实现利润总额共计 759.1 亿元，占全行业利润总额的 74.1%，提高 1.8 个百分点（见图 18）。

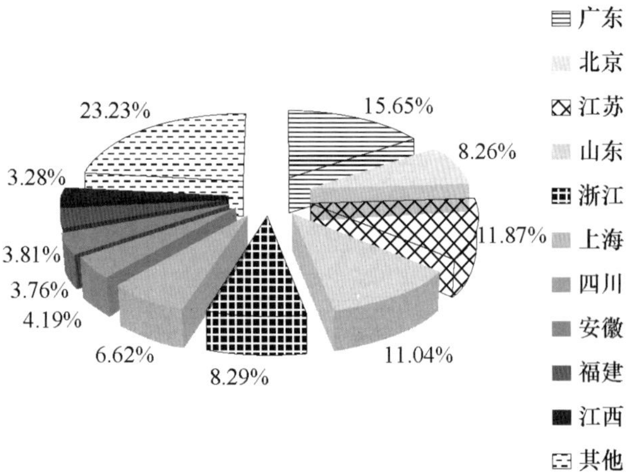

图 16　营业收入的地区结构

① 包括中央在京新闻出版单位，后同。

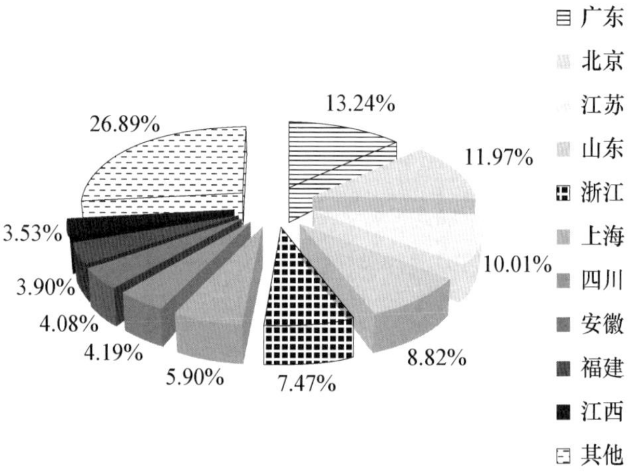

图 17　资产总额的地区结构

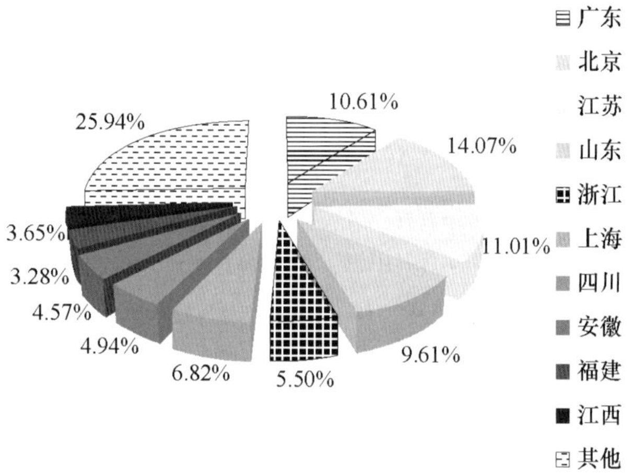

图 18　利润总额的地区结构

（二）增长情况

1. 增长速度

以各地区新闻出版全行业营业收入增长速度衡量，前 10 位降序依次为甘肃、新疆、西藏、贵州、广东、广西、宁夏、上海、黑龙江和江苏（见表 29）。其中，东部地区 3 席，西部地区 6 席，东北地区 1 席。

表 29　增长速度前 10 位的地区

排名	地区	增长速度（%）
1	甘　肃	8.76
2	新　疆	7.37
3	西　藏	3.12
4	贵　州	0.81
5	广　东	0.09
6	广　西	−0.32
7	宁　夏	−0.51
8	上　海	−0.64
9	黑龙江	−0.90
10	江　苏	−1.60

注：地区增长速度=（该地区本年营业收入−该地区上年营业收入）÷该地区上年营业收入×100%。

2. 增长贡献

以各地区新闻出版全行业营业收入增长贡献率衡量其对全国新闻出版产业的增长贡献，前10位降序依次为甘肃、新疆、广东、贵州、西藏、宁夏、青海、广西、黑龙江和海南（见表30）。其中，东部地区2席，西部地区7席，东北地区1席。

表30 增长贡献前10位的地区

单位：亿元

排名	地区	增长额	增长贡献率（%）
1	甘 肃	6.49	0.31
2	新 疆	5.23	0.25
3	广 东	2.24	0.11
4	贵 州	0.99	0.05
5	西 藏	0.29	0.01
6	宁 夏	−0.13	−0.01
7	青 海	−0.29	−0.01
8	广 西	−0.66	−0.03
9	黑龙江	−1.08	−0.05
10	海 南	−1.14	−0.05

注：各地区增长额=该地区本年营业收入−该地区上年营业收入。各地区增长贡献率=(该地区本年营业收入−该地区上年营业收入)÷(各地区本年营业收入合计−各地区上年营业收入合计)×100%；鉴于2020年全国营业收入减少，为便于直观理解，贡献率取原始数据的相反数。

五、单位数量及就业人员分析

（一）单位数量与构成

2020年，全国共有新闻出版单位24.3万家，较2019年增长1.3%。其中，法人单位14.6万家，增长2.7%，占单位总数的60.0%，提高0.8个百分点；非法人单位0.8万家，降低12.7%，占3.2%，减少0.5个百分点；个体经营户8.9万家，增长0.5%，占36.8%，减少0.3个百分点（见表31和图19）。

表31 新闻出版单位数量与构成

单位：家，百分点

类型	数量	增减百分比（%）	所占比重（%）	比重变动
法人单位	145 932	2.66	60.00	0.81
其中：企业法人单位	143 481	2.79	58.99	—
非法人单位	7 832	−12.66	3.22	−0.51
个体经营户	89 466	0.47	36.78	−0.30
合计	243 230	1.27	100.00	0.00

注：未包括数字出版单位、打字复印单位、邮政发行单位、版权贸易与代理单位和行业服务与从事其他新闻出版业务的单位。

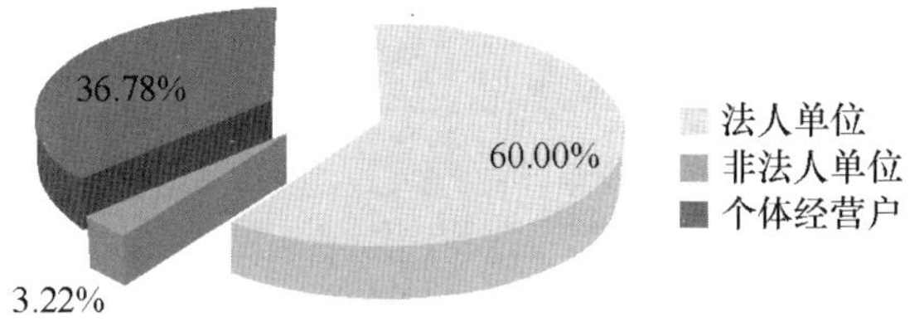

图19 新闻出版单位类型构成

（二）企业法人情况

1. 整体规模

2020年，全行业共有企业法人单位14.3万家，较2019年增长2.8%，占全行业法人单位和非法人单位（不包括个体经营户）总数的93.3%。企业法人单位营业收入16 094.3亿元，降低11.6%，占全行业营业收入的95.9%；资产总额21 429.7亿元，降低7.1%，占全行业资产总额的94.9%；利润总额948.6亿元，降低21.1%，占全行业利润总额的92.6%；纳税总额626.3亿元，降低21.2%，占全行业纳税总额的93.3%（见表32）。

表32 企业法人单位的整体规模

单位：家，亿元

指标	数额	占全行业比重（%）
单位数量	143 481	93.31
营业收入	16 094.30	95.94
资产总额	21 429.72	94.91
所有者权益	10 757.71	94.16
利润总额	948.60	92.56
纳税总额	626.34	93.25

注：同表31。

2. 所有制结构

（1）数量结构。

在143 481家企业法人单位中，国有全资企业13 547家，较2019年增长3.6%，占企业法人单位数量的9.6%；民营企业124 745家，增长3.8%，占86.9%（见表33）。

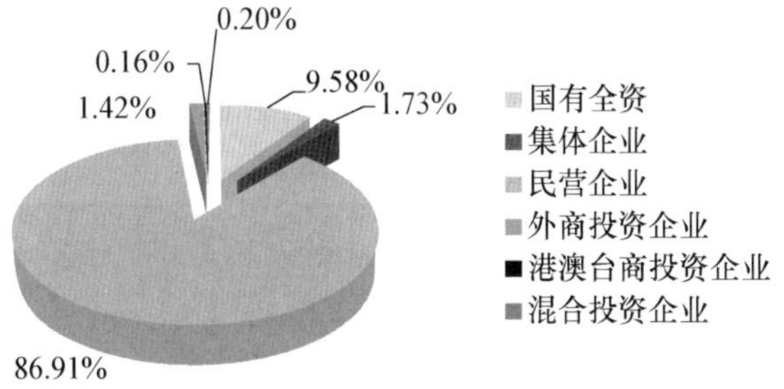

图20 企业法人单位的所有制结构

表 33　企业法人单位的所有制结构

单位：家

类型	数量	所占比重（%）
国有企业	13 750	—
其中：国有全资	13 547	9.58
集体企业	2 481	1.73
民营企业	124 745	86.91
外商投资企业	2 041	1.42
港澳台商投资企业	234	0.16
混合投资企业	433	0.20
合计	143 481	100.00

注：同表 31。

（2）印刷复制企业。

在印刷复制企业中，国有全资企业营业收入占行业营业收入的 3.0%，民营企业占 91.4%；国有全资企业资产总额占行业资产总额 2.9%，民营企业占 91.4%；国有全资企业利润总额占行业利润总额的 1.8%，民营企业占 92.4%；国有全资企业纳税总额占行业纳税总额的 2.0%，民营企业占 92.2%（见图 21 和表 34）。

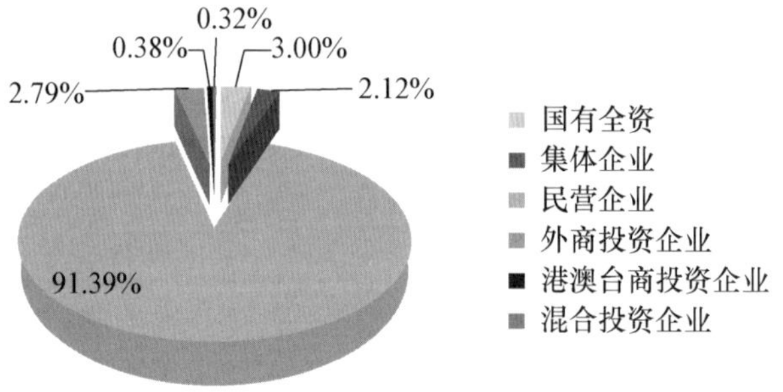

图 21　印刷复制企业法人单位营业收入的所有制结构

表 34　印刷复制企业法人单位的所有制结构（%）

主要指标	国有全资	集体企业	民营企业	港澳台商投资	外商投资	混合投资	合计
营业收入	3.00	2.12	91.39	0.38	2.79	0.32	100.00
资产总额	2.87	2.35	91.42	0.37	2.66	0.33	100.00
所有者权益	2.58	2.41	91.66	0.37	2.65	0.33	100.00
利润总额	1.78	2.21	92.36	0.40	2.93	0.32	100.00
纳税总额	1.99	2.16	92.23	0.39	2.90	0.33	100.00

注：同表 31。

（3）出版物发行企业。

在出版物发行企业中，国有全资企业营业收入占行业营业收入的 23.9%，民营企业占 72.8%；国有全资企业资产总额占行业资产总额的 29.1%，民营企业占 68.0%；国有全资企业利润总额占行业利润总额 33.0%，民营企业占 63.8%；国有全资企业纳税总额占行业纳税总额的 21.4%，民营企业占 72.9%（见图 22 和表 35）。

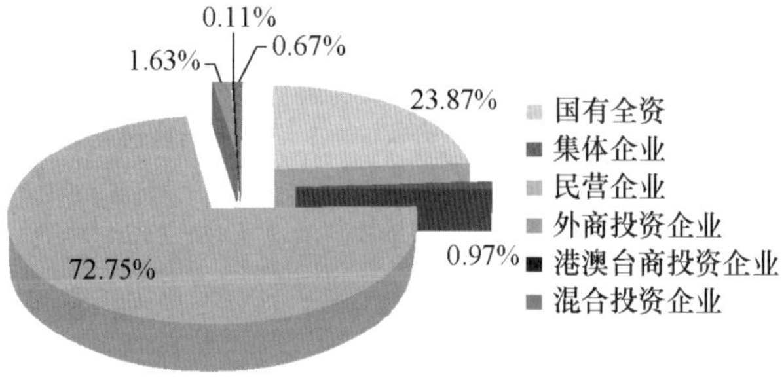

图 22　出版物发行企业法人单位营业收入的所有制结构

表 35　出版物发行企业法人单位的所有制结构（%）

主要指标	国有全资	集体企业	民营企业	港澳台商投资	外商投资	混合投资	合计
营业收入	23.87	0.97	72.75	0.11	1.63	0.67	100.00
资产总额	29.14	0.83	68.02	0.11	1.29	0.61	100.00
所有者权益	29.01	0.83	68.01	0.12	1.38	0.65	100.00
利润总额	32.96	1.06	63.81	0.10	1.42	0.65	100.00
纳税总额	21.40	1.66	72.94	0.10	3.06	0.84	100.00

注：同表 31。

（三）就业人员状况

2020 年，全国新闻出版业就业人数为 320.9 万人，较 2019 年降低 17.8%；其中男性 166.4 万人，女性 154.5 万人，分别占全行业就业人数的 51.9% 和 48.1%，男女比例基本平衡。

印刷复制业就业人数 239.9 万人，出版物发行业 50.0 万人，报纸出版业 17.1 万人，期刊出版业 6.3 万人，图书出版业 6.6 万人（见图 23 和表 36）。

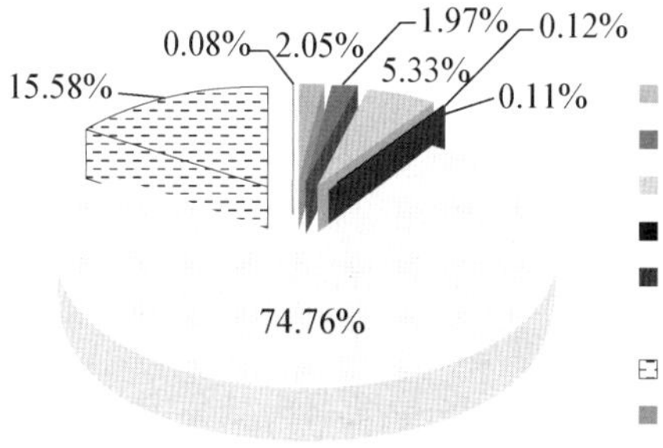

图 23 就业人员的产业类别构成

表 36 就业人数的产业类别构成

单位：万人

产业类别	人数	比重（%）
图书出版	6.58	2.05
期刊出版	6.33	1.97
报纸出版	17.10	5.33
音像制品出版	0.37	0.12
电子出版物出版	0.34	0.11
印刷复制	239.90	74.76
出版物发行	50.00	15.58
出版物进出口	0.25	0.08
合计	320.87	100.00

注：未包括数字出版、打字复印、邮政发行、版权贸易与代理、行业服务与其他新闻出版服务就业人数。

六、出版传媒集团分析

（一）总体情况

截至2020年底，全国共有经国家出版管理部门或省级出版管理部门批准的出版传媒集团123家①，其中图书出版集团39家、报刊出版集团45家、发行集团28家、印刷集团11家。

2020年，出版传媒集团资产规模进一步扩大，主营业务收入与上年持平，利润总额有所下降。纳入统计的118家图书出版、报刊出版、发行和印刷集团②共实现主营业务收入3 551.5亿元，较2019年减少1.3亿元，基本持平；拥有资产总额8 481.4亿元，增加388.5亿元，增长4.8%；实现利润总额343.6亿元，减少7.7亿元，降低2.2%③（见表37）。

表 37 118家集团收入、资产与利润合计情况

单位：亿元

指标	金额	增长率（%）
主营业务收入	3 551.52	−0.04
资产总额	8 481.42	4.80
所有者权益	4 744.46	4.72
利润总额	343.63	−2.19

（二）图书出版集团

1. 经济规模

2020年，图书出版集团资产与收入增速放缓，利润减少。35家图书出版集团④共实现主营业务收入2 058.6亿元，较2019年增加26.9亿元，增长1.3%；拥有资产总额4 555.2亿元，增加293.3亿元，增长6.9%；实现利润总额202.6亿元，减少10.1亿元，降低4.8%⑤（见表38）。

表 38 图书出版集团经济规模情况

单位：亿元

指标	金额	增长率（%）
主营业务收入	2 058.59	1.32
资产总额	4 555.24	6.88
所有者权益	2 751.37	5.26
利润总额	202.57	−4.76

江苏凤凰出版传媒集团有限公司、江西省出版集团公司、湖南出版投资控股集团有限公司、安徽出版集团有限责任公司、浙江出版联合集团有限公司、中国出版集团公司、中原出版传媒投资控股集

① 四川出版集团有限责任公司于2020年8月更名为四川文化产业投资集团有限责任公司，主要从事文化金融、文化资产运营、文化服务与文化旅游等业务，其出版业务也已陆续转让，故不再纳入出版传媒集团统计，出版传媒集团和图书出版集团各减少1家。

② 以前未提供集团有效财务数据的中国人力资源和社会保障出版集团有限公司、中国环境出版集团有限公司和中国健康传媒集团有限公司报送了数据，四川出版集团有限责任公司因名称与业务变更不再纳入集团统计，中国书法出版传媒有限公司、人民卫生出版集团、人民法院出版集团和武汉出版集团有限公司4家集团仍未报送有效数据，减少黑龙江新华传媒集团，故纳入2020年财务状况与经营成果统计的出版传媒集团为118家，较2019年净增1家。其中，图书出版集团、报刊出版集团和发行集团为108家。

③ 如排除集团数量变动影响，则原有115家出版传媒集团（不含四川出版集团有限责任公司）主营业务收入较2019年同口径减少33.7亿元，降低0.9%；资产总额增加353.6亿元，增长4.4%；所有者权益增加226.6亿元，增长5.1%；利润总额减少7.8亿元，降低2.2%。

④ 不含中国书法出版传媒有限公司、人民卫生出版集团、人民法院出版集团、武汉出版集团有限公司和原四川出版集团有限公司等5家图书出版集团，新增中国人力资源和社会保障出版集团有限公司、中国环境出版集团有限公司和中国健康传媒集团有限公司等3家图书出版集团。

⑤ 如排除集团数量变动影响，则原有32家图书出版集团（不含四川出版集团有限责任公司）主营业务收入较2019年减少5.5亿元，降低0.3%；资产总额增加250.9亿元，增长6.0%；所有者权益增加146.6亿元，增长5.7%；利润总额减少10.2亿元，降低4.8%。

团有限公司和湖北长江出版传媒集团有限公司 8 家集团资产总额、主营业务收入和所有者权益均超过 100 亿元，组成“三百亿”集团阵营，较 2019 年增加 1 家。广东省出版集团有限公司资产总额、主营业务收入超过 100 亿元；河北出版传媒集团有限责任公司和贵州出版集团有限公司 2 家集团资产总额超过 100 亿元。

2. 总体经济规模排名

选取集团合并报表中的主营业务收入、资产总额、所有者权益和利润总额 4 项经济规模指标，采用主成分分析法，对图书出版集团的总体经济规模进行综合评价。前 10 位降序依次为江苏凤凰出版传媒集团有限公司、江西省出版集团公司、中国教育出版传媒集团有限公司、湖南出版投资控股集团有限公司、山东出版集团有限公司、中原出版传媒投资控股集团有限公司、浙江出版联合集团有限公司、中国出版集团公司、安徽出版集团有限责任公司和湖北长江出版传媒集团有限公司。

与 2019 年相比，前 10 位图书出版集团保持不变但名次有所改变；中原出版传媒投资控股集团有限公司排名上升，浙江出版联合集团有限公司、安徽出版集团有限责任公司和湖北长江出版传媒集团有限公司排名下降（见表 39）。

表 39　总体经济规模综合评价前 10 位的图书出版集团

综合排名	集团名称	综合评价得分	2019 年排名	排名变化
1	江苏凤凰出版传媒集团有限公司	3.313 6	1	0
2	江西省出版集团公司	1.749 4	2	0
3	中国教育出版传媒集团有限公司	1.555 3	3	0
4	湖南出版投资控股集团有限公司	1.285 2	4	0
5	山东出版集团有限公司	1.138 9	5	0
6	中原出版传媒投资控股集团有限公司	1.088 0	10	4
7	浙江出版联合集团有限公司	1.051 5	6	−1
8	中国出版集团公司	0.881 6	8	0
9	安徽出版集团有限责任公司	0.814 8	7	−2
10	湖北长江出版传媒集团有限公司	0.692 5	9	−1

注：综合评价得分通过 SPSS 直接计算得出，仅用来显示各单位的相对位置，负数并不代表负面评价。

（三）报刊出版集团

1. 经济规模

2020 年，报刊出版集团资产规模基本持平，收入和利润均有所下降。45 家报刊出版集团共实现主营业务收入 384.4 亿元，较 2019 年减少 39.5 亿元，降低 9.3%；拥有资产总额 1 736.2 亿元，减少 10.1 亿元，降低 0.6%；实现利润总额 36.5 亿元，减少 3.8 亿元，降低 9.4%[①]（见表 40）。

表 40　报刊出版集团经济规模情况

单位：亿元

指标	金额	增长率（%）
主营业务收入	384.37	−9.32
资产总额	1 736.22	−0.58
所有者权益	934.39	0.87
利润总额	36.53	−9.35

上海报业集团、浙江日报报业集团、成都传媒集团和湖北日报传媒集团 4 家集团资产总额超过 100 亿元，较 2019 年增加 1 家。

2. 总体经济规模排名

采取同样评价方法，报刊出版集团总体经济规模的前 10 名依次为上海报业集团、浙江日报报业集团、湖北日报传媒集团、广州日报报业集团、江苏新华报业传媒集团有限公司、成都传媒集团、河南日报报业集团有限公司、山东大众报业（集团）有限公司、南方报业传媒集团和重庆日报报业集团。

与 2019 年相比，重庆日报报业集团跻身前 10，深圳报业集团退出前 10；前 10 位中广州日报报业集团、江苏新华报业传媒集团有限公司和南方报业传媒集团排名上升，成都传媒集团、河南日报报业

① 与往年不同，经济日报社报送数据为其本部数据。如排除口径变动影响，则现有 44 家报刊出版集团（不含经济日报社）主营业务收入较 2019 年减少 31.3 亿元，降低 7.6%；资产总额减少 2.1 亿元，基本持平；所有者权益增加 12.6 亿元，增长 1.4%；利润总额减少 1.0 亿元，降低 2.7%。

集团有限公司和山东大众报业（集团）有限公司排名下降（见表 41）。

表 41　总体经济规模综合评价前 10 位的报刊出版集团

综合排名	集团名称	综合评价得分	2019 年排名	排名变化
1	上海报业集团	4.159 2	1	0
2	浙江日报报业集团	3.186 2	2	0
3	湖北日报传媒集团	1.208 2	3	0
4	广州日报报业集团	1.182 1	6	2
5	江苏新华报业传媒集团有限公司	1.046 0	8	3
6	成都传媒集团	1.025 7	4	−2
7	河南日报报业集团有限公司	0.870 5	5	−2
8	山东大众报业（集团）有限公司	0.838 0	7	−1
9	南方报业传媒集团	0.781 1	10	1
10	重庆日报报业集团	0.401 0	11	1

注：同表 39。

（四）发行集团

1. 经济规模

2020 年，发行集团资产规模继续保持中速增长，主营业务收入和利润总额由降转增。28 家发行集团实现主营业务收入 1 048.0 亿元，较 2019 年增加 27.4 亿元，增长 2.7%；拥有资产总额 2 047.3 亿元，增加 126.0 亿元，增长 6.6%；实现利润总额 102.1 亿元，增加 1.1 亿元，增长 1.1%（见表 42）。

表 42　发行集团经济规模情况

单位：亿元

指标	金额	增长率（%）
主营业务收入	1 047.99	2.68
资产总额	2 047.34	6.56
所有者权益	985.54	8.03
利润总额	102.10	1.12

安徽新华发行（集团）控股有限公司资产总额、所有者权益和主营业务收入均超过 100 亿元。四川新华发行集团有限公司、江苏凤凰新华书店集团有限公司、江西新华发行集团有限公司、上海新华发行集团有限公司和浙江省新华书店集团有限公司 5 家资产总额超过 100 亿元，较 2019 年增加 1 家。

2. 总体经济规模排名

采用同样评价方法，发行集团总体经济规模的前 10 位依次为安徽新华发行（集团）控股有限公司、四川新华发行集团有限公司、江苏凤凰新华书店集团有限公司、江西新华发行集团有限公司、山东新华书店集团有限公司、河南省新华书店发行集团有限公司、浙江省新华书店集团有限公司、河北省新华书店有限责任公司、湖南省新华书店有限责任公司和重庆新华书店集团公司。

与 2019 年相比，重庆新华书店集团公司跻身前 10，云南新华书店集团有限公司退出前 10；前 10 位中河南省新华书店发行集团有限公司和河北省新华书店有限责任公司排名上升，浙江省新华书店集团有限公司和湖南省新华书店有限责任公司排名下降（见表 43）。

表 43　总体经济规模综合评价前 10 位的发行集团

综合排名	集团名称	综合评价得分	2019 年排名	排名变化
1	安徽新华发行（集团）控股有限公司	2.958 9	1	0
2	四川新华发行集团有限公司	2.285 7	2	0
3	江苏凤凰新华书店集团有限公司	1.232 2	3	0
4	江西新华发行集团有限公司	1.064 5	4	0
5	山东新华书店集团有限公司	0.827 8	5	0
6	河南省新华书店发行集团有限公司	0.651 7	7	1
7	浙江省新华书店集团有限公司	0.650 6	6	−1
8	河北省新华书店有限责任公司	0.410 6	9	1
9	湖南省新华书店有限责任公司	0.404 0	8	−1
10	重庆新华书店集团公司	0.135 2	11	1

注：同表 39。

（五）印刷集团

1. 经济规模

2020 年，印刷集团资产总额、收入降幅较大，利润大幅增长，实现扭亏为盈。10 家印刷集团[①] 实现主营业务收入 60.6 亿元，较 2019 年减少 16.1 亿元，降低 21.0%；拥有资产总额 142.6 亿元，减少 20.7 亿元，降低 12.7%；利润总额 2.4 亿元，增加 5.1 亿元，实现扭亏为盈（见表 44）。

表 44　印刷集团经济规模情况

单位：亿元

指标	金额	增长率（%）
主营业务收入	60.57	−20.98
资产总额	142.62	−12.70
所有者权益	73.16	−6.33
利润总额	2.43	—

2. 总体经济规模排名

采用同样评价方法，对 10 家印刷集团总体经济规模进行综合评价，依次为中国文化产业发展集团有限公司、江西新华印刷集团有限公司、湖南天闻新华印务有限公司、北京印刷集团有限责任公司、浙江印刷集团有限公司、河南新华印刷集团有限公司、广西正泰彩印包装有限责任公司、辽宁新闻印刷集团有限公司、北京隆达印刷包装集团有限公司和上海印刷（集团）有限公司。

与 2019 年相比，湖南天闻新华印务有限公司、北京印刷集团有限责任公司、河南新华印刷集团有限公司、广西正泰彩印包装有限责任公司和北京隆达印刷包装集团有限公司排名上升；辽宁新闻印刷集团有限公司和上海印刷（集团）有限公司排名下降（见表 45）。

表 45　印刷集团总体经济规模综合评价

综合排名	集团名称	综合评价得分	2019 年排名	排名变化
1	中国文化产业发展集团有限公司	2.565 1	1	0
2	江西新华印刷集团有限公司	0.688 3	2	0
3	湖南天闻新华印务有限公司	0.036 9	4	1
4	北京印刷集团有限责任公司	−0.233 3	7	3
5	浙江印刷集团有限公司	−0.239 0	5	0
6	河南新华印刷集团有限公司	−0.279 2	8	2
7	广西正泰彩印包装有限责任公司	−0.463 7	9	2
8	辽宁新闻印刷集团有限公司	−0.556 9	6	−2
9	北京隆达印刷包装集团有限公司	−0.561 1	10	1
10	上海印刷（集团）有限公司	−0.957 0	3	−7

注：同表 39。

七、出版传媒上市公司分析

（一）总体情况

截至 2020 年 12 月 31 日，中国内地在中国内地和香港上市的出版传媒公司共计 44 家[②]。其中，出版公司 15 家，报业公司 4 家，发行公司 8 家，印刷公司 10 家，新媒体公司 7 家；在中国内地上市 39 家，在中国香港上市 5 家（见表 46）。

表 46　出版传媒上市公司的业务类型与上市地点

业务类型	中国内地	中国香港	合计
出版公司	14	1	15
报业公司	2	2	4
发行公司	7	1	8
印刷公司	10	0	10
新媒体公司	6	1	7
合计	39	5	44

注：出版公司包括业务内容描述为出版、出版发行和期刊的上市公司；与 2019 年相比，公司数量减少 1 家，即华闻传媒投资集团股份有限公司。

① 黑龙江新华传媒集团有限公司长期处于停产状态，故不将其纳入统计范围，不对其进行综合评价。

② 包括阅文集团和完美世界股份有限公司。读客文化股份有限公司和果麦文化传媒股份有限公司首发申请分别于 2020 年 9 月 9 日和 11 月 25 日通过深圳证券交易所创业板正式挂牌交易，故未纳入 2020 年出版传媒上市公司。华闻传媒投资集团股份有限公司 2020 年 9 月 29 日与西安曲江文化金融控股（集团）有限公司签署《股权转让协议》，转让陕西华商传媒集团有限责任公司 100%股权，主营业务不再包含报纸广告、发行和印刷等，故不再将其作为报业上市公司加以分析。由此，2020 年出版传媒公司和报业公司分别为 44 家和 4 家，较 2019 年各减少 1 家。

（二）经济规模

1. 总体规模

出版传媒公司股市市值有增有降。以 2020 年 12 月 31 日收盘价计算，43 家在中国内地和香港上市的出版传媒公司[①] 流通市值共计 3 347.1 亿元人民币，较 2019 年增加 2.5 亿元，增长 0.1%[②]。其中，在中国内地上市的 38 家出版传媒公司流通市值共计 2 806.7 亿元人民币，减少 215.8 亿元，降低 7.1%；总市值共计 3 403.2 亿元，减少 352.7 亿元，降低 9.4%[③]。

2020 年，出版传媒公司收入首次下滑，资产、利润增长放缓。在中国内地上市的 38 家出版传媒公司实现营业收入共计 1 600.2 亿元，较 2019 年减少 39.4 亿元，降低 2.4%；拥有资产总额共计 3 077.6 亿元，增加 19.5 亿元，增长 0.6%；实现利润总额共计 232.1 亿元，增加 28.8 亿元，增长 14.2%[④]（见表 47）。

境内外股市流通市值、股市总市值、营业收入、资产总额、利润总额的公司类型结构见图 24 至图 28。

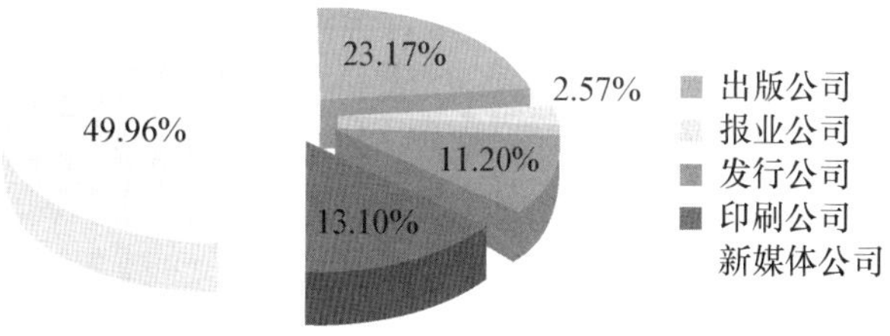

图 24　境内外股市流通市值的公司类型结构

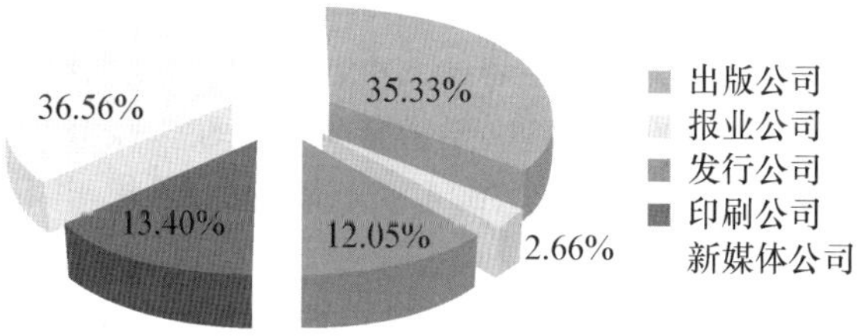

图 25　股市总市值的公司类型结构

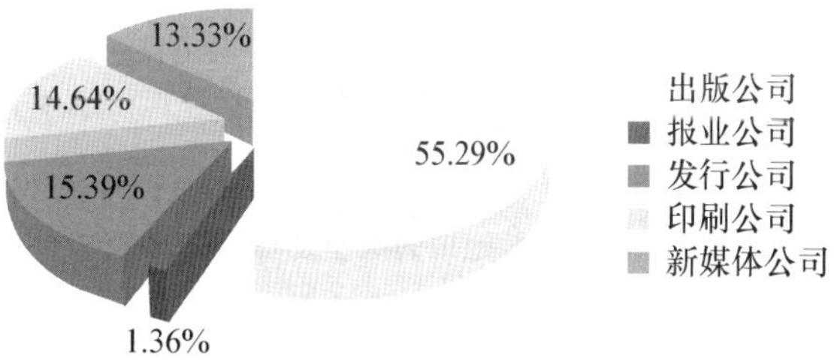

图 26　营业收入的公司类型结构

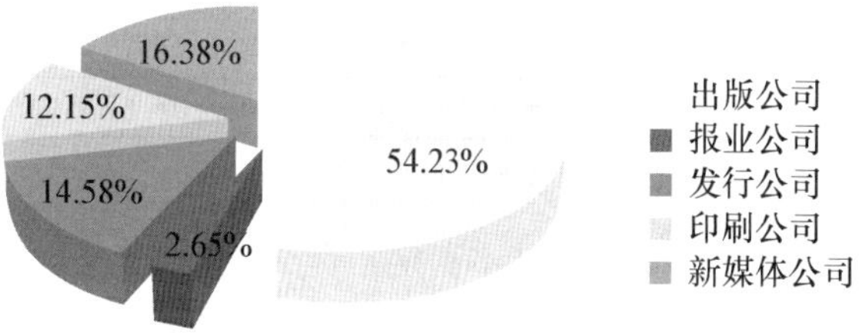

图 27　资产总额的公司类型结构

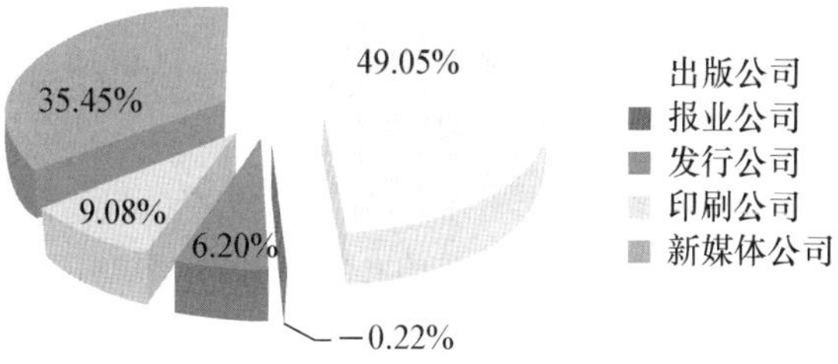

图 28　利润总额的公司类型结构

表 47　出版传媒上市公司经济规模情况

单位：亿元

指标	金额	较 2019 年增减（%）
在境内外上市公司流通市值	3 347.10	0.07
其中：在中国内地上市公司流通市值	2 806.70	−7.14
在中国内地上市公司总市值	3 403.22	−9.39
在中国内地上市公司营业收入	1 600.17	−2.40
在中国内地上市公司资产总额	3 077.55	0.64
在中国内地上市公司利润总额	232.08	14.16

2. 出版公司

2020 年，总市值大幅减少，收入近年来首次下滑，资产和利润继续增长。14 家出版公司总市值共计 1 202.5 亿元，较 2019 年减少 231.5 亿元，降低 16.1%；实现营业收入共计 884.7 亿元，减少 22.8 亿元，降低 2.5%；拥有资产总额共计 1 669.0 亿元，增加 102.6 亿元，增长 6.6%；实现利润总额共计 114.3 亿元，增加 4.7 亿元，增长 4.3%（见表 48）。

① 康得新复合材料集团股份有限公司因触及重大违法强制退市情形，公司股票自 2019 年 7 月 8 日起停牌，因此从 2019 年开始已不再将其纳入分析范围，故参与 2020 年分析的出版传媒上市公司为 43 家，其中内地出版传媒上市公司 38 家。

② 如排除上市公司数量变动影响，则现有 43 家在中国内地和香港上市的出版传媒上市公司流通市值较 2019 年同口径增加 67.9 亿元，增长 2.1%。

③ 如排除上市公司数量变动影响，则现有 38 家内地出版传媒上市公司流通市值较 2019 年同口径减少 150.3 亿元，降低 5.1%；总市值减少 285.4 亿元，降低 7.7%。

④ 如排除上市公司数量变动影响，则现有 38 家内地出版传媒上市公司实现营业收入较 2019 年同口径减少 0.2 亿元，降低 0.01%；拥有资产总额增加 148.2 亿元，增长 5.1%；实现利润总额增加 34.1 亿元，增长 17.2%。

表 48　在中国内地上市的出版公司经济规模情况

单位：亿元

指标	金额	较 2019 年增减（%）
总市值	1 202.46	−16.14
营业收入	884.67	−2.51
资产总额	1 669.00	6.55
利润总额	114.34	4.32

凤凰传媒、中南传媒和中文传媒等 3 家公司营业收入和资产总额均超过 100 亿元，另有山东出版、中国出版、中原传媒、南方传媒和长江传媒等 5 家公司资产总额均超过 100 亿元，均与 2019 年相同。

3. 报业公司

2020 年，各项经济指标再度全面大幅下滑。2 家报业公司①总市值共计 90.5 亿元，较 2019 年减少 92.4 亿元，降低 50.5%；实现营业收入共计 21.7 亿元，减少 42.5 亿元，降低 66.2%；拥有资产总额共计 81.5 亿元，减少 128.4 亿元，降低 61.2%；利润亏损 0.5 亿元，降低 107.7%②（见表 49）。

表 49　在中国内地上市的报业公司经济规模情况

单位：亿元

指标	金额	较 2019 年增减（%）
总市值	90.49	−50.51
营业收入	21.73	−66.15
资产总额	81.46	−61.18
利润总额	−0.52	−107.67

4. 发行公司

2020 年，收入基本稳定，资产继续增长，总市值和利润大幅下滑。7 家发行公司总市值共计 410.1 亿元，较 2019 年减少 85.3 亿元，降低 17.2%；实现营业收入共计 246.3 亿元，增加 0.4 亿元，增长 0.1%；拥有资产总额共计 448.8 亿元，增加 21.7 亿元，增长 5.1%；实现利润总额共计 14.5 亿元，减少 11.0 亿元，降低 43.2%（见表 50）。

表 50　在中国内地上市的发行公司经济规模情况

单位：亿元

指标	金额	较 2019 年增减（%）
总市值	410.09	−17.21
营业收入	246.27	0.14
资产总额	448.83	5.09
利润总额	14.46	−43.18

与 2019 年情况相同，新华文轩和皖新传媒资产总额均超过 100 亿元。

5. 印刷公司

2020 年，收入基本稳定，资产略有减少，总市值和利润再度下滑。9 家印刷公司总市值共计 456.1 亿元，较 2019 年减少 37.4 亿元，降低 7.6%；实现营业收入共计 234.2 亿元，减少 0.2 亿元，降低 0.1%；拥有资产总额共计 374.1 亿元，减少 2.8 亿元，降低 0.7%；实现利润总额共计 21.2 亿元，减少 5.0 亿元，降低 19.0%（见表 51）。

表 51　在中国内地上市的印刷公司经济规模情况

单位：亿元

指标	金额	较 2019 年增减（%）
总市值	456.11	−7.58
营业收入	234.21	−0.07
资产总额	374.08	−0.74
利润总额	21.16	−18.99

与 2019 年情况相同，紫江企业资产总额超过 100 亿元。

6. 新媒体公司

2020 年，各项经济指标全面增长，利润增长显著。6 家新媒体公司③总市值共计 1 244.1 亿元，较 2019 年增加 93.8 亿元，增长 8.2%；实现营业收入共计 213.3 亿元，增加 25.7 亿元，增长 13.7%；拥有资产总额共计 504.2 亿元，增加 26.4 亿元，增长 5.5%；实现利润总额共计 82.7 亿元，增加 47.3 亿元，增长 134.1%（见表 52）。

表 52　在中国内地上市的新媒体公司经济规模情况

单位：亿元

指标	金额	较 2019 年增减（%）
总市值	1 244.07	8.16
营业收入	213.29	13.70
资产总额	504.18	5.52
利润总额	82.65	134.14

完美世界营业收入和资产总额均超过 100 亿元，另有昆仑万维和浙数文化资产总额均超过 100 亿元。

（三）经济效益

1. 总体情况

2020 年，在中国内地上市的 38 家出版传媒公司平均净资产收益率整体为 11.1%（见表 53），较 2019 年

① 减少华闻集团。

② 如排除上市公司数量变动影响，则现有 2 家报业公司总市值减少 25.0 亿元，降低 21.7%；实现营业收入较 2019 年同口径减少 3.3 亿元，降低 13.1%；拥有资产总额增加 0.3 亿元，增长 0.4%；实现利润总额减少 2.0 亿元，降低 134.9%。

③ 包括完美世界股份有限公司，后同。

增加1.1个百分点，显著高于当期一年期存款基准利率（1.50%）和贷款市场报价利率（3.85%）。

各类出版传媒上市公司的平均净资产收益率，降序依次为新媒体公司、出版公司、印刷公司、发行公司、报业公司。

平均净资产收益率前10位的出版传媒公司，降序依次为昆仑万维、*ST界龙、掌阅科技、广弘控股、永新股份、中信出版、完美世界、新华文轩、山东出版和中文传媒。其中，出版发行公司3家、发行公司2家、印刷公司2家、新媒体公司3家（见表54）。

表53　在中国内地上市的出版传媒公司平均净资产收益率

公司类型	平均净资产收益率（%）
出版公司	10.74
报业公司	−0.97
发行公司	4.19
印刷公司	7.53
新媒体公司	22.16
整体	11.06

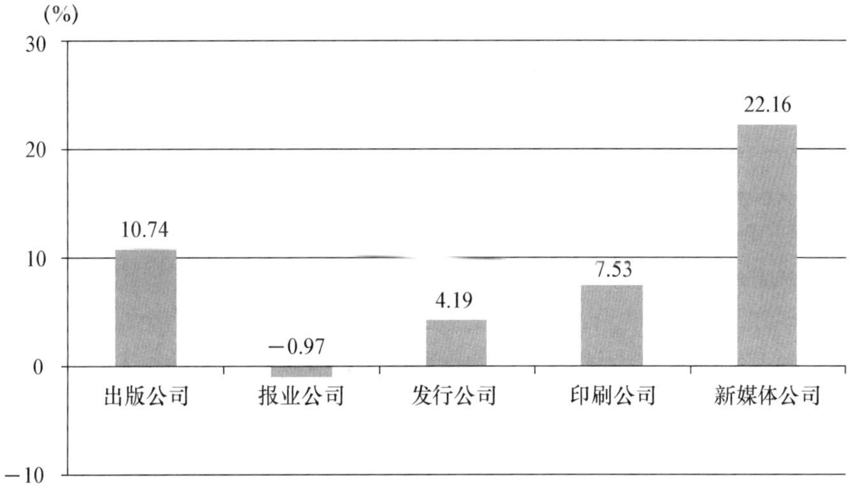

图29　出版传媒上市公司的平均净资产收益率

表54　在中国内地上市的平均净资产收益率前10位出版传媒公司

排名	上市公司	股票简称	业务类型	股票类型	收益率（%）
1	北京昆仑万维科技股份有限公司	昆仑万维	新媒体	深证A股	69.47
2	上海界龙实业集团股份有限公司	*ST界龙	印刷	上证A股	28.26
3	掌阅科技股份有限公司	掌阅科技	新媒体	上证A股	18.70
4	广东广弘控股股份有限公司	广弘控股	发行	深证A股	17.60
5	黄山永新股份有限公司	永新股份	印刷	深证A股	15.73
6	中信出版集团股份有限公司	中信出版	出版发行	深证A股	15.68
7	完美世界股份有限公司	完美世界	新媒体	深证A股	14.12
8	新华文轩出版传媒股份有限公司	新华文轩	发行	上证A股	12.98
9	山东出版传媒股份有限公司	山东出版	出版发行	上证A股	12.54
10	中文天地出版传媒集团股份有限公司	中文传媒	出版发行	上证A股	12.36

2. 出版公司

出版公司平均净资产收益率10.7%，低于出版传媒上市公司平均净资产收益率0.3个百分点；较2019年减少0.3个百分点。

14家出版公司的平均净资产收益率，降序依次为中信出版、山东出版、中文传媒、南方传媒、中国科传、凤凰传媒、中原传媒、中南传媒、长江传媒、中国出版、城市传媒、出版传媒、时代出版和读者传媒（见表55）。

表55　在中国内地上市的出版公司平均净资产收益率

排名	上市公司	股票简称	股票类型	收益率（%）
1	中信出版集团股份有限公司	中信出版	深证A股	15.68

续表

排名	上市公司	股票简称	股票类型	收益率（%）
2	山东出版传媒股份有限公司	山东出版	上证 A 股	12.54
3	中文天地出版传媒集团股份有限公司	中文传媒	上证 A 股	12.36
4	南方出版传媒股份有限公司	南方传媒	上证 A 股	11.83
5	中国科技出版传媒股份有限公司	中国科传	上证 A 股	11.36
6	江苏凤凰出版传媒股份有限公司	凤凰传媒	上证 A 股	10.80
7	中原大地传媒股份有限公司	中原传媒	深证 A 股	10.76
8	中南出版传媒集团股份有限公司	中南传媒	上证 A 股	10.57
9	长江出版传媒股份有限公司	长江传媒	上证 A 股	10.54
10	中国出版传媒股份有限公司	中国出版	上证 A 股	9.79
11	青岛城市传媒股份有限公司	城市传媒	上证 A 股	8.59
12	北方联合出版传媒（集团）股份有限公司	出版传媒	上证 A 股	6.56
13	时代出版传媒股份有限公司	时代出版	上证 A 股	5.63
14	读者出版传媒股份有限公司	读者传媒	上证 A 股	4.25

3. 报业公司

报业公司平均净资产收益率−1.0%，低于出版传媒上市公司平均净资产收益率 12.0 个百分点；较 2019 年减少 5.2 个百分点。

2 家报业公司的平均净资产收益率，降序依次为粤传媒和华媒控股（见表 56）。

表 56　在中国内地上市的报业公司平均净资产收益率

排名	上市公司	股票简称	股票类型	收益率（%）
1	广东广州日报传媒股份有限公司	粤 传 媒	深证 A 股	7.56
2	浙江华媒控股股份有限公司	华媒控股	深证 A 股	−20.89

4. 发行公司

发行公司平均净资产收益率 4.2%，低于出版传媒上市公司平均净资产收益率 6.9 个百分点；较 2019 年减少 3.8 个百分点。

7 家发行公司的平均净资产收益率，降序依次为广弘控股、新华文轩、新经典、世纪天鸿、皖新传媒、新华传媒和天舟文化（见表 57）。

表 57　在中国内地上市的发行公司平均净资产收益率

排名	上市公司	股票简称	股票类型	收益率（%）
1	广东广弘控股股份有限公司	广弘控股	深证 A 股	17.60
2	新华文轩出版传媒股份有限公司	新华文轩	上证 A 股	12.98
3	新经典文化股份有限公司	新 经 典	上证 A 股	11.08
4	世纪天鸿教育科技股份有限公司	世纪天鸿	深证 A 股	6.79
5	安徽新华传媒股份有限公司	皖新传媒	上证 A 股	5.99
6	上海新华传媒股份有限公司	新华传媒	上证 A 股	−11.47
7	天舟文化股份有限公司	天舟文化	深交所创业板	−32.28

5. 印刷公司

印刷公司平均净资产收益率 7.5%，低于出版传媒上市公司平均净资产收益率 3.5 个百分点；较 2019 年减少 2.4 个百分点。

9 家印刷公司的平均净资产收益率，降序依次为*ST 界龙、永新股份、劲嘉股份、紫江企业、东港股份、鸿博股份、陕西金叶、盛通股份和珠海中富（见表 58）。

表 58　在中国内地上市的印刷公司平均净资产收益率

排名	上市公司	股票简称	股票类型	收益率（%）
1	上海界龙实业集团股份有限公司	*ST 界龙	上证 A 股	28.26
2	黄山永新股份有限公司	永新股份	深证 A 股	15.73

续表

排名	上市公司	股票简称	股票类型	收益率（%）
3	深圳劲嘉集团股份有限公司	劲嘉股份	深证 A 股	11.61
4	上海紫江企业集团股份有限公司	紫江企业	上证 A 股	11.02
5	东港股份有限公司	东港股份	深证 A 股	10.20
6	鸿博印刷股份有限公司	鸿博股份	深证 A 股	2.19
7	陕西金叶科教集团股份有限公司	陕西金叶	深证 A 股	1.53
8	北京盛通印刷股份有限公司	盛通股份	深证 A 股	−22.70
9	珠海中富实业股份有限公司	珠海中富	深证 A 股	−31.64

6. 新媒体公司

新媒体公司平均净资产收益率 22.2%，高出出版传媒上市公司平均净资产收益率 11.1 个百分点；较 2019 年增加 11.4 个百分点。

6 家新媒体公司的平均净资产收益率，降序依次为昆仑万维、掌阅科技、完美世界、浙数文化、掌趣科技和中文在线（见表 59）。

表 59　在中国内地上市的新媒体公司平均净资产收益率

排名	上市公司	股票简称	股票类型	收益率（%）
1	北京昆仑万维科技股份有限公司	昆仑万维	深证 A 股	69.47
2	掌阅科技股份有限公司	掌阅科技	上证 A 股	18.70
3	完美世界股份有限公司	完美世界	深证 A 股	14.12
4	浙报数字文化集团股份有限公司	浙数文化	上证 A 股	7.74
5	北京掌趣科技股份有限公司	掌趣科技	深证 A 股	5.64
6	中文在线数字出版集团股份有限公司	中文在线	深证 A 股	4.04

2020 年中国广播电视与网络视听产业发展报告

国家广播电视总局发展研究中心

2020 年，全国广播电视行业总收入 9 214.60 亿元，同比增长 13.66%；广播电视和网络视听业务实际创收收入 7 711.76 亿元，同比增长 13.96%，占全国广播电视行业总收入的比重为 83.69%。

一、内容生产经营加速转型升级

2020 年，传统广播电视节目的销售收入为 411.82 亿元，同比下降 17.25%，降幅较 2019 年有所回落，但总体仍呈持续下降趋势。网络视听内容收入持续增长，广播电视机构网络视听收入为 245.53 亿元，同比增长 60.67%；573 家持证及 70 家网络视听备案机构的用户付费、节目版权等收入达 830.80 亿元，同比增长 36.36%，增长势头迅猛。盘点内容生产经营，主要有以下几个特点。

（一）商业模式与盈利渠道趋于多元，版权产业走向成熟

一是版权或内容销售模式多样化。电视剧、纪录片、动画片等视听内容除了向传统广播电视台出售版权外，同时大量向网络视听平台出售。网络视听平台推出了一系列举措吸引会员订阅和为优质内容付费，会员付费、超前点播、单期付费等盈利模式日渐增多。目前，超前点播等模式已经从网络独播剧延伸到台网联播剧，其模式日趋成熟，会员服务收入已成为网络视听平台营收的支柱。比如，爱奇艺会员服务收入连续多年保持快速增长态势，2020 年会员服务收入占其营业收入的比重为 55.51%。

二是以 IP 为核心的授权及衍生品开发种类增多。或是以 IP 为核心打造“全场景深度消费内容”模式，线上内容衍生至线下实体进行经营；或是由热门 IP 衍生出对线下实体商业授权；或是不断开发音像制品、游戏等周边产品。

三是节目版权交易管理平台不断增多，在创新中发展。比如，南京台建成并启用国内首个全 IP 高清融媒播控系统，自主研发媒体内容存证交易平台，实现图、文、视音频内容版权的存证、确权、管理和交易。

（二）内容产业加速转型升级

一是内容制作机构数量持续增长。截至 2020 年底，全国开展广播电视和网络视听业务的机构约 4.8 万家。其中，广播电台、电视台、广播电视台等播出机构 2 543 家，持证及备案网络视听机构 643 家，近千家县级融媒体中心取得网络视听节目许可证。从事广播电视节目制作经营机构约 3.7 万家，同比增长约 12%。

二是全媒体内容产品生产加速增长。传统广播电视台以“大屏＋小屏”的“融屏”转型为目标，从生产传统电视产品向全媒体内容产品转型，改变原有线性内容生产方式，以用户思维、产品思维为导向，创新转型，有效延伸服务，拓展传统广播电视内容生产的新链条。

三是电视剧、综艺益智类节目创作生产呈减量增质态势，动画片、纪录片、网络剧等呈增长趋势。2020 年全国制作发行电视剧 202 部、7 476 集，制作发行部数同比减少 20.47%，影视剧类电视节目时间 9.54 万小时，同比下降 20.70%；全国制作综艺益智类广播节目时间 197.78 万小时，同比下降 0.87%，制作综艺益智类电视节目时间 34.19 万小时，同比下降 14.48%；电视动画片发行总量达到 374 部、11.67 万分钟，制作时间同比增长 23.23%；纪录片制作 8.70 万小时，同比增长 2.96%；全国互联网音视频节目增量 2.2 亿小时（见图 1）。

（三）视听内容海外销售总体平稳，新媒体海外发行成为出口增长点

近年来，我国视听内容海外销量稳步增长。2020 年，受新冠肺炎疫情等冲击，我国视听内容海外销售受到一定的影响，视听节目出口金额共计 9 761 万美元，同比下降 24%。传统海外发行机构仍是出口主力军，但互联网已成重要播出渠道，越来越多的视听内容通过商业运营在奈飞、Viki、YouTube 等海外平台上线播出，赢得市场回报。

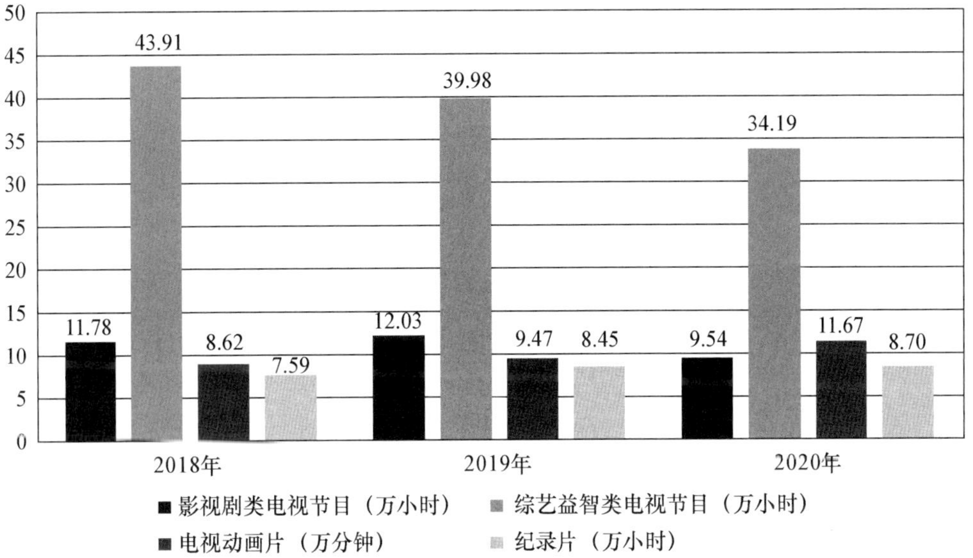

图1　2018—2020年全国视听节目（部分）制作时长

二、广告经营向多元化创新发展转型

2020年广播电视和网络视听广告产业稳步发展，但受新冠肺炎疫情影响，广播电视和网络视听机构的广告业务均出现不同程度的下滑。中央级媒体与地方媒体、头部卫视与其他卫视的广告收入两极分化继续加大。技术变革、融合创新、大数据推动的广告营销持续升级，形成新的模式。

（一）广告规模与结构不断调整

2020年全国广播电视和网络视听广告收入1 940.06亿元，同比下降6.52%（见图2）。其中，传统广播电视广告收入789.58亿元，同比下降20.95%；广播电视和网络视听机构通过互联网取得新媒体广告收入889.96亿元，同比增长7.38%；广播电视机构自办新媒体广告收入204.96亿元，同比增长5.48%；广播电视和网络视听机构通过楼宇广告、户外广告等取得的其他广告收入260.52亿元，同比增长5.19%。传统广播电视广告收入下降，新媒体广告收入较快增长，所占比重进一步增加，移动端广告收入不断增长，随着互联网电视及智能硬件设备的普及，智能终端广告收入进一步提升。

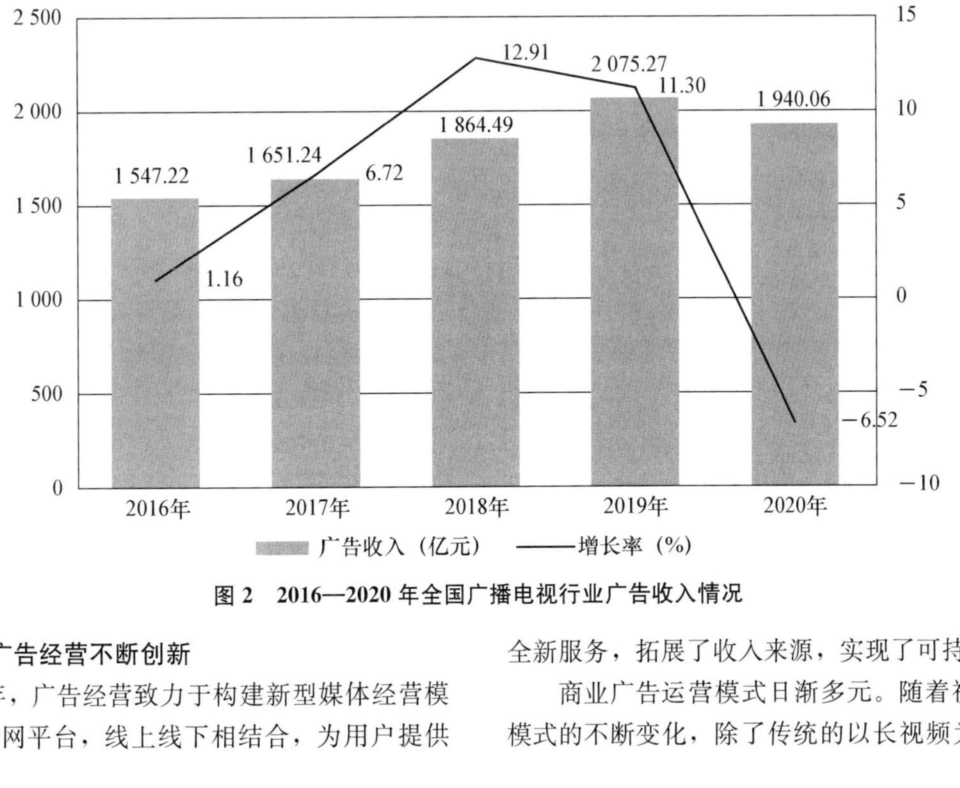

图2　2016—2020年全国广播电视行业广告收入情况

（二）广告经营不断创新

2020年，广告经营致力于构建新型媒体经营模式，运用全网平台，线上线下相结合，为用户提供全新服务，拓展了收入来源，实现了可持续发展。

商业广告运营模式日渐多元。随着视听与消费模式的不断变化，除了传统的以长视频为核心衍生出的广告冠名、植入性营销等模式之外，依托短视频、Vlog 等新型视听内容的场景沉浸型、主题创作型等社交型广告模式日渐增多。电视剧、纪录片、综艺节目等多采用广告品牌冠名等直接营销，另外，在内容中融入品牌元素等软性广告方式得到大量采用。

开展全媒体广告经营。一些广播电视机构成立新媒体广告运营中心，建立集用户、电商、数据运营和公关宣传等为一体的商业运营体系；一些头部卫视探索“内容＋”营销模式，大小屏联动，为客户提供全域整合营销服务，实现多元商业变现；不少广播电视机构从单一的电视广告创收转变为“电视广告＋互联网广告＋会员＋IPTV＋OTT”的经营模式。一些广播电视机构秉持线上带动线下运营思路，积极整合广告与电商，实行平台带货、节目带货、主持人带货等经营方式。如山东台依托电视端节目，将产品融入内容，探索出具有不同特色的广电与电商融合、TV 端跨界互联网的 T2O 项目，打造出全国首档助力脱贫攻坚的融媒直播节目，开创出“政府＋媒体＋企业＋电商平台”的新型融媒直播模式，推介全国各地的“名优好货”。云南台开发“鲜到家”公益助农项目，以“线上＋线下＋新媒体云南绿色产品生态圈”模式，有效带动农产品的销售。以网络直播带货助力广告投放，线上和线下全面配合，实现广告营销的多点触达，助推广告成为消费行为的一种强有力引导，2020 年可谓“直播带货年”。

深化品牌广告经营。品牌广告经营始终是各级广播电视机构的聚焦点，中央与地方广播电视媒体根据各自不同的定位，积极塑造知名品牌，发挥品牌引领作用，增强品牌价值正向转化，与优质企业展开跨领域深层次品牌战略合作，进一步提升平台价值，构建涵盖内容和服务的全业务链品牌矩阵，实现社会效益和经济效益相统一。

强化活动经济，大力开展活动和会展业务。各级广播电视媒体特别是地市级广电媒体，发挥地域优势，深度融入城市发展和群众生活，开发运营接地气的城市活动经济和会展经济，创新展会服务模式，搭建云上交易、云上展售、云上互动平台，在线提供一对一洽谈、IP 授权等系列服务，成为所在地市文化宣传、媒体推广及运营的综合供应商和活动总代理。

探索综合型产业经营。部分有实力的广播电视媒体，根据新媒体传播特点，向全产业链实施拓展和延伸。湖南广电以芒果 TV 新媒体平台为主导，全力打造“小芒”垂直电商平台。也有一些广播电视媒体，瞄准细分领域，实施垂类专项市场运营，不断优化产业布局，构建以广告经营、内容经济为主业，广电技术服务及相关多元化经营为补充的综合性产业体系与结构。

三、网络服务稳中有进

（一）有线电视网络业务收入略有增长

2020 年，有线电视网络业务收入略有增长，增值业务收入持续增加，收视维护费等传统业务收入降幅较大。有线电视网络收入 756.98 亿元，同比增长 0.48%（见图 3），但其中收视维护费、付费数字电视、落地费等传统有线电视网络业务收入 520.61 亿元，同比下降 18.30%。有线电视网络宽带、集团客户等增值业务收入 236.37 亿元，同比增长 12.67%，三网融合业务收入持续增长。

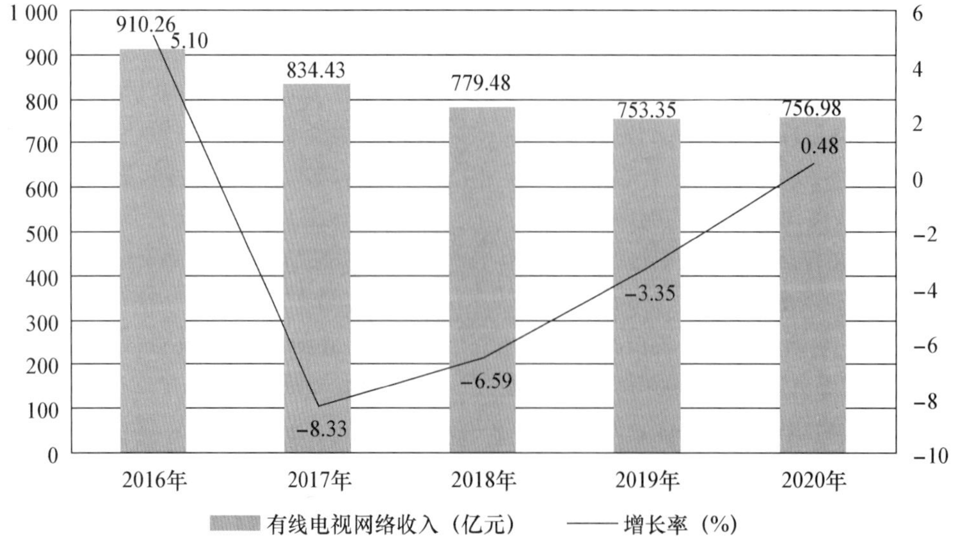

图 3　2016—2020 年全国有线电视网络收入情况

智慧广电建设、全国有线电视网络整合和广电5G建设一体化发展推动了有线网络产业发展。一是加快技术应用。各地完善智慧广电网络、推动智慧广电业态，链接融合各类资源，与政府部门、企业事业单位开展战略合作，并积极推进超高清视听产业的发展。二是积极推进“智慧广电＋公共服务”等业务。全国不少地区有线网络服务商积极提供“视频＋宽带＋智慧家居＋生活服务”等综合服务，进政府、进企业、进社区、进乡村，在政用、民用、商用等多领域形成产业发展合力。三是加快全国一网整合。中国广电股份推动700MHz 5G网络基站等广电5G网络基础设施建设与全国有线电视网络互联互通平台建设，北京、深圳、河北等18个省市5G测试基站已启动试验网建设，进一步推进广电5G应用平台等业务应用。

（二）IPTV与OTT的用户规模及收入不断增长

2020年统计数据显示，全国交互式网络电视（IPTV）用户超过3亿，互联网电视（OTT）用户9.55亿，同比增长16.32%，呈现蓬勃发展态势。广播电视机构通过IPTV、OTT业务取得的收入呈增长趋势：IPTV平台分成收入135.82亿元，同比增长12.03%；OTT集成服务业务收入71.10亿元，同比增长13.71%。通过IPTV、OTT业务取得的收入占广播电视机构智慧广电及融合业务收入的23.15%，发展态势良好且潜力较大。

四、网络视听产业发展进入新阶段

（一）用户规模持续增长

截至2020年12月，我国网络视频（含短视频）用户规模达9.27亿，较2020年3月增长7 633万，占到网民整体的93.7%。其中短视频用户规模为8.73亿，短视频上传用户超过5亿，呈现用户互动多、增长迅速、规模庞大的特点。网络直播用户规模达6.17亿，其中电商直播用户规模为3.88亿，较2020年3月增长1.23亿，实现高速增长。据统计，平均每个网民每天观看互联网视频节目（含短视频）约100分钟，收听互联网音频节目约20分钟，构成网络视听产业蓬勃发展的基础。

（二）业务收入实现快速增长

2020年，573家持证及70家备案机构网络视听收入2 943.93亿元，同比增长69.37%，发展迅猛。短视频、电商直播等其他收入为2 113.13亿元，同比增长87.18%，成为视听产业发展的新亮点、新的增长极。

（三）网络视听产业生态日趋完善

一是生产制作呈现交互式发展，网络视听节目内容生产质量不断提升。网络剧、网络综艺、网络电影等网络视听节目在推进互动剧、深入垂直用户、实现盈利分账等方面取得积极进展。短视频等产品占领流量制高点，播放量过亿的单条短视频大量出现，在广告等方面实现商业变现。广播电视机构挺进互联网，深入推进工作室制、项目制等制度，推行公司化、市场化的运行机制，以产品为中心垂直深耕，开发产业链条。如芒果TV等建立工作室，实施市场化的激励机制，充分激发内容生产活力。抖音、快手两大短视频平台成为争抢的阵地，2020年中央级广电媒体的账号数量为294个，省级广电媒体账号数量5 716个，同比分别增长164.86%和745.56%；一些广电机构推出视频类APP，挖掘电视台优质视听内容，实现二次加工传播，抢占互联网内容创作生产高地，并与电视大屏联动。网络视听平台在长短视频领域相互渗透，协同发展，不仅长视频平台发展短视频业务，短视频平台也涉足综合视频业务，“长视频＋IP短剧”的新模式不断涌现。

二是网络视听加大创新力度，新模式新业态不断涌现。2020年重点监测电商平台累计直播场次超2 400万场，在线教育销售额同比增长超过140%。从阿里巴巴等电子商务平台的直播发展态势看，直播电商正在向垂直产业链发展。众多传统广播电视机构挺进互联网，在MCN等领域拓展业务，布局网络直播、电子商务生态，实现从内容生产到传播流量再到商业盈利，为产业发展注入新动能。湖南广电推出的小芒APP以“内容＋电商”的模式进入电商领域，并通过进军汉服等垂类市场实现新突破；东方购物推出1 850场电视直播购物，打造“五五购物节”直播基地，为视听产业发展培育了新增长点。网络视听平台也围绕用户、流量、IP等积极布局，通过网络直播、短视频等方式实现商业变现，努力构建良好的产业生态格局，并积极助力打赢疫情防控战与全面脱贫攻坚战。

五、广播电视和网络视听产业发展展望

加快培育发展视听产业主体，深化改革、突破瓶颈，充分激发主体发展活力，是繁荣发展大视听产业的一项重要战略任务。广播电视和网络视听产业总的发展趋势是，传统广播电视产业与视听新媒体服务加快深度融合，由“你中有我、我中有你”加快形成一体化的“你就是我、我就是你”。在向大视听产业整体转型的态势下，其主要呈现以下新

趋势。

一是科技支撑与引领将日益强化。2020年，广播电视与网络视听领域的先进技术不断迭代，大数据、云计算、人工智能、5G、VR、AR、4K/8K等新一代信息技术在制作播出和传输覆盖中的应用作用越发凸显，大中小屏互动的全媒体传播格局和用户服务体系快速建立。国家发展改革委等四部门联合印发的《关于扩大战略性新兴产业投资 培育壮大新增长点增长极的指导意见》，明确将“构建新时代大视听全产业链市场发展格局”纳入战略性新兴产业投资领域。从科技发展进程与大视听产业有机结合来看，大数据是基础、物联网是架构、云计算是中心、人工智能是产出，彼此依附协同共生。可以看出，在5G、人工智能、大数据中心、云计算、物联网等“新基建”加持赋能之下，以“网络视听＋”为中心的大视听产业生态圈中的社会价值、人文价值、生态价值获得更多维度开发，形成了全新的生态产业链。

二是产业融合与产业整合将纵深推进。广播电视与网络视听在内容生产制作、节目资源、市场业务、生产主体、体制机制、政策管理等方面深度整合融合，以及超高清视频、高新视频和相关行业应用的深度融合和联合创新，成为大视听产业发展的新常态。2020年，大视听全产业链协同推进、联动发展，初步实现了多屏互动、矩阵传播、平台与网络并用、内容与服务并重。融合中形成全新的共享传播与跨终端节目生产播出机制，加大“全渠道＋全终端”的全覆盖，不同属性媒介建立起相互渗透、深度融合的关系，深刻改变内容生产流程、改进传播方式，构建全新的共享传播与跨终端生产制作、播出机制，不但培育了一系列视听新主体，也最大限度地拓展了用户群。产业融合不仅将强化内容对制造业的牵引作用，也将带动文化旅游和农村经济的发展。

三是视听产品业态方面的升级与创新将进一步强化。在智慧广电生态体系建设的进程中，信息传输、内容制播、视听体验等技术不断迭代更新，不断涌现出5G条件下更高技术格式、更新应用场景、更美、更便捷、更具视听新体验的高新视频新业态，形成更加多元化的商业模式。随着各类文化资源的数字化、视听化、集聚化进程不断加速，媒介、资源、要素等整合，丰富的“网络视听＋”获得有效呈现，纵向打通了视听内容生产链条。

下阶段，广播电视和网络视听产业应紧紧聚焦“十四五”规划擘画的蓝图，加强现代产业体系和市场体系建设。各级主管部门以及各市场主体要加快推动视听领域产业各门类的专业化与融合化，加快推进传统广播电视产业转型升级，支持和推动新兴视听产业的有序发展，构建大视听产业新的发展格局。

2020年中国电影产业发展报告

中国文联电影艺术中心

2020年，在新冠肺炎疫情冲击下，中国电影产业发展面临着巨大挑战，拍摄停滞、影片调档、影院歇业等因素使得2020年电影产品从生产制作到发行放映都遇到了不小的困难。在此情形下，电影人共克时艰，下半年中国电影市场率先复苏并持续回暖，电影产品的各项数据都表现出良好的恢复态势，中国成为全球第一大票房市场，展现了中国电影市场的发展韧性和潜力。

一、2020年中国电影产业发展历程回顾

（一）紧急冰冻期：1月22日至4月28日

在市场销售方面，1月22日，东部票仓大省陆续关闭电影院；1月23日起，全国1.2万家影院响应要求陆续关闭。在产品供应方面，1月23日，《姜子牙》《夺冠》等7部电影陆续宣布退出春节档，《囧妈》选择在西瓜视频上线。在后产业链方面，1月23日起，象山影视城、无锡影视基地、迪士尼、横店影视城等各园区暂停对游客开放。在产品生产方面，1月27日，横店影视城等暂停全部剧组的拍摄活动。"冰冻"从影院端向生产端渐次传递。

3月16日，新疆等地部分影院短暂恢复放映，但总体上座率、票房产出不高。

3月27日，受国内外疫情防控形势影响，国家电影局紧急通知所有影院暂不复业，已复业的立即暂停营业。部分人员聚集不多的影视剧组，在小范围内逐渐开始复工。

4月8日，国务院联防联控机制印发《关于进一步做好重点场所重点单位重点人群新冠肺炎疫情防控相关工作的通知》（国办发明电〔2020〕16号），明确密闭式娱乐、休闲场所全面暂不营业。

（二）信心传递期：4月29日至6月10日

4月29日，国家电影局召开电影系统应对疫情工作视频会议，传达学习习近平总书记在疫情期间对电影工作作出的重要指示批示精神，分析当前电影行业面临的困难和形势，对下一步推动电影产业复苏作出安排部署。

随着疫情防控形势的逐步缓解，一系列恢复信心的举措陆续出台：

5月7日，国务院办公厅发布《国务院应对新型冠状病毒感染肺炎疫情联防联控机制关于做好新冠肺炎疫情常态化防控工作的指导意见》（国发明电〔2020〕14号），指出可采取预约、限流等方式，开放影剧院等密闭式娱乐休闲场所。随后，部分露天场景较多的影视园区开始恢复旅游接待。

5月12日至13日，行业管理部门协调出台三项措施，凸显国家对电影行业重视、普惠的态度。《国家电影专项资金管委会办公室关于做好电影专资贴息支持影院应对疫情有关工作的通知》对影院贷款进行贴息；《关于电影等行业税费支持政策的公告》（财政部 税务总局公告2020年第25号）免征增值税和文化事业建设费，延长结转年限；《关于暂免征收国家电影事业发展专项资金政策的公告》（财政部 国家电影局公告2020年第26号）免征湖北省全年专资，其他省、自治区、直辖市免征1月至8月专资。

（三）筹备等待期：6月11日至7月19日

6月11日，北京第二波疫情出现，影院复业进程暂停，再次原地待命。此时，经过百余日抗疫的总体战和行业长期停摆，不少电影从业者身心俱疲。部分投资信心丧失、贷款压力增大，局部人才流失、项目中止等现象频发，市场主体对待复业顾虑颇多。但同时，行业自救、抱团取暖的情况也较多。

7月16日，国家电影局发布《关于在疫情防控常态化条件下有序推进电影院恢复开放的通知》（国影发〔2020〕1号），指出在坚持分区分级原则、严格落实属地管理和行业管理责任、精准科学落实防疫措施的前提下，在低风险地区，按照"上座率不超过30%、观众全程佩戴口罩、禁止饮食"的要求，影院可恢复开放。

同日，中国电影发行放映协会发布《电影放映场所恢复开放疫情防控指南》。

（四）复苏发展期：7 月 20 日以后

7 月 20 日，以上海为代表的部分地区影院复工，放映新老片源 44 部，票价最低 3 元。同日，第 23 届上海国际电影节展映单元开票，10 分钟售出逾 10 万张电影票。

8 月 14 日，《八佰》开启大规模点映。同日，中国电影发行放映协会发布《电影放映场所恢复开放疫情防控指南》（第二版），将每场上座率限制从 30％调整到 50％。

9 月 15 日，按照疫情防控形势，并配合 9 月 25 日《夺冠》上映，中国电影发行放映协会发布《电影放映场所恢复开放疫情防控指南》（第三版），规定自 9 月 25 日起，每场上座率不得超过 75％。

10 月 1 日至 8 日，《我和我的家乡》《姜子牙》等大体量影片上映，国庆档票房达 39.5 亿元，位列中国影史国庆档票房第二。

至 12 月 31 日，中国电影产业复苏好于预期、快于预期。

总的来说，自 2020 年 7 月 20 日全国影院启动复工复产以来，中国电影市场全面重启，于 8 月快速复苏，10 月冲高至全年月票房峰顶，紧接着奉献了一个成绩亮丽的 12 月贺岁档。

对比 2019 年与 2020 年同期市场走势，重启后的中国电影市场在上座率不得超过 30％、50％、75％的常态化防疫限制规定下，仍于短时间内将产能提升至与上年接近的水平。大盘行至 12 月份，市场基本实现全面复苏，当月观影人次达上年同期的 90％，月放映场次达上年同期的 95％，月票房达上年同期的 92％，月放映新片数量与上年持平。

二、2020 年支持电影产业发展的政策与措施

（一）纾困引导类

疫情暴发后，中宣部、国家电影局第一时间启动了疫情影响评估机制，与电影企事业单位、行业协会、研究机构密切沟通，持续跟踪研判。

在此基础上，国家电影局协调国家发改委、财政部、国家税务总局、人力资源和社会保障部等中央有关部门出台纾困政策，发出三项通知公告，即《关于做好电影专资贴息支持影院应对疫情有关工作的通知》《财政部、税务总局关于电影等行业税费支持政策的公告》《财政部、国家电影局关于暂免征收国家电影事业发展专项资金政策的公告》，通过免征增值税、延长结转年限、免征文化事业建设费等措施帮扶行业。略有遗憾的是，专资贴息相关政策未能执行到位。

就目前披露的信息来看，电影企业已获得的各项补贴和奖励，计有：

补贴类：重点制片基地补贴、影视公益性事业发展款项等。

专资类：宣传文化发展专项资金、电影精品专项资金、文化产业发展专项资金、国家电影事业发展专项资金、专资返还（国产电影放映奖励）等。

疫情应对类：稳定岗位补贴、电影文化各项疫情补助资金、文广旅体住餐企业复工复产扶持资金、疫情期间社保返还等。

税收类：软件增值税退税、其他税收减免等。

（二）刺激支持类

国家电影局 2020 年主抓重点影片创作，确保重点影片上映。此外，还对资金支持给予指导，如发布了《2020 年电影精品专项资金申报通知》和《电影事业专资 2020 年度资助优秀国产影片申报指南》，利用财政手段资助重点影片和奖励新建影院等，并确保资金及时下拨到位。

（三）促进创新类

在疫情防控常态化形势下，为保障电影市场有序健康发展，国家电影局创新管理方式，将部分国产故事片电影公映许可证原件交由省级电影主管部门代发。

在行业发展方向方面，8 月，国家电影局、中国科协印发《关于促进科幻电影发展的若干意见》，提出将科幻电影打造成为高质量发展的重要增长点和新动能等的“科幻十条”。电影“十四五”规划工作也在有序推进。2020 年出台的推动电影发展的主要政策与措施见表 1。

表 1　2020 年推动电影发展的主要政策与措施

时间	主体单位	文件或举措名称
3 月 26 日	国家电影局	《国家电影局关于申报 2020 年度电影精品专项资金的通知》
4 月 8 日	国务院联防联控机制	《关于进一步做好重点场所重点单位重点人群新冠肺炎疫情防控相关工作的通知》
4 月 29 日	国家电影局	国家电影局召开电影系统应对疫情工作视频会议
5 月 7 日	国务院联防联控机制	《关于做好新冠肺炎疫情常态化防控工作的指导意见》

续表

时间	主体单位	文件或举措名称
5月12日	国家电影专项资金管委会办公室	《关于做好电影专资贴息支持影院应对疫情有关工作的通知》
5月13日	财政部、国家税务总局	《财政部、税务总局关于电影等行业税费支持政策的公告》
5月13日	财政部、国家电影局	《财政部、国家电影局关于暂免征收国家电影事业发展专项资金政策的公告》
7月16日	国家电影局	《关于在疫情防控常态化条件下有序推进电影院恢复开放的通知》
8月7日	国家电影局、中国科协	《关于促进科幻电影发展的若干意见》
9月22日	国家电影局	《关于发布〈数字电影打包 第3部分：MXF轨迹文件基本数据加密〉等5项电影行业标准的通知》
11月2日	中央全面深化改革委员会第十六次会议	《关于文化企业坚持正确导向履行社会责任的指导意见》
11月18日	中宣部、财政部	成立中国文化产业投资母基金

此外，根据疫情发展情况和国家宏观政策措施框架，一些电影事业产业发展得比较快的地区制定了各具特色的政策，另外一些电影事业产业发展相对迟缓的地区则通过转发执行上级政策文件帮助行业恢复。

三、2020年中国电影市场规模

（一）总体市场规模

2020年，全年共生产电影故事片531部，影片总产量为650部，是上年的62.5%和62.7%。从2020年全国电影剧本（梗概）备案、立项公示情况来看，受疫情和2019年全国备案情况迟滞①影响，至2021年1月，国家电影局2020年全年共公示各类影片2 799部（见表2），是2019年的84.97%，未因疫情出现大幅度衰退。但也应注意到，或因疫情导致的国际交流活动受限，需要国际协作较多的特种影片和中外合拍项目数量呈明显减少趋势。

表2 2020年全国电影剧本（梗概）备案、立项公示情况 单位：部

故事片	动画片	纪录片	特种影片	中外合拍	科教影片	合计
2 494	102	106	14	23	60	2 799

不过受疫情影响，中国电影市场票房、人次、产量三项指标同比大幅下降。2020年中国城市院线电影总票房为204.17亿元，同比下降68.23%；城市院线观影人次为5.48亿人，同比下降68.27%，降幅与票房相当；2020年生产电影故事片531部，影片总产量650部，其中251部在院线上映，全年影片总产量只有往年的约三分之二，院线上映数量减少近50%（见表4），很多出品方由于疫情原因保持观望态度，放缓了影片进入市场的节奏（见表3、表4）。

表3 2013—2020年全国电影市场情况

	2013年	2014年	2015年	2016年	2017年	2018年	2019年	2020年
票房（亿元）	217.69	296.39	440.69	492.83	559.11	609.76	642.66	204.17
票房增速	27.51%	36.15%	48.69%	11.83%	13.45%	9.06%	5.40%	−68.23%
年总场次（万场）	2 110	3 543	5 047	6 948	8 934	10 269	11 621	5 625
年总人次（亿人）	6.17	8.34	12.60	13.72	16.20	17.16	17.27	5.48
平均票价（元）	35.28	35.54	34.98	35.92	34.51	35.53	37.21	37.26

① 由于2019年12月中下旬的全国备案情况于2020年4月27日公示结束，2020年1月情况的公示推迟至当年5月15日发布。

表 4　2016—2020 年国产影片生产及院线上映情况

	2016 年	2017 年	2018 年	2019 年	2020 年
故事片产量（部）	772	798	902	850	531
影片总产量（部）	944	970	1 082	1 037	650
新上映影片数量（部）	415	412	398	440	251
票房过亿数量（部）	54	54	44	47	23

2020 年中国电影市场年总票房约折合美元 31.41 亿元，在全球电影市场占比为 26.1%～27.3%，居 2020 年全球电影票房首位。其中，本土战争大片《八佰》以中国市场 31.09 亿元人民币票房、全球市场 4.78 亿美元的票房摘得全球电影市场年度票房冠军。

（二）细分市场规模

2020 年度票房（含跨年影片）前十均为中国本土电影，国产电影首次包揽年度榜单前十。全年票房过亿影片 32 部，其中国产影片 23 部，进口电影 9 部。国产片成为市场重启后的主力，主要有两方面原因：一是国产影片质量提高，国产片在本土市场复苏的过程中支撑住了市场；二是海外疫情未得到有效控制，许多好莱坞分账大片相继撤档，导致全年进口分账影片数量下降，客观上加速了中国电影市场由本土电影“扛大旗”的局面形成。2016—2020 年国产电影与进口电影票房及市场份额概况见表 5。

表 5　2016—2020 年国产电影与进口电影票房及市场份额概况

年份	国产电影票房（亿元）	占比	进口电影票房（亿元）	占比
2016	287.47	58.33%	205.36	41.67%
2017	301.04	58.84%	258.07	46.16%
2018	378.97	62.15%	230.79	37.85%
2019	411.75	64.07%	230.91	35.93%
2020	170.93	83.72%	33.24	16.28%

1. 国产电影

2020 年国产电影票房为 170.93 亿元，占总票房的 83.72%。国产电影前十名票房总和达 121.56 亿元（见表 6），占全年票房的 59.54%，相比 2019 年提升较大，占国产电影票房比重达 71.12%，较 2019 年也有较大提升。

表 6　2020 年国产电影票房排名前十名（暨中国电影市场前十）

排名	影片名称	类型	票房（亿元）
1	八佰	剧情/战争/历史	31.09
2	我和我的家乡	剧情/喜剧	28.30
3	姜子牙	动画/动作/冒险	16.03
4	金刚川	战争/剧情/历史	11.22
5	夺冠	剧情	8.36
6	拆弹专家 2	动作/犯罪	6.02
7	除暴	犯罪/剧情/动作	5.38
8	宠爱	喜剧/爱情/剧情	5.10
9	我在时间尽头等你	爱情/奇幻/喜剧	5.05
10	误杀	剧情/犯罪	5.01

2. 进口电影

2020 年上映进口影片 58 部，相比往年大幅减少，这也是受疫情影响。2020 年进口影片票房累计 33.24 亿元，票房占比 16.28%。2020 年进口电影票房排名前十名见表 7。

表 7　2020 年进口电影票房排名前十名

排名	影片名称	类型	票房（亿元）
1	信条	科幻/动作/剧情	4.56
2	疯狂原始人 2	喜剧/动画/冒险	3.37
3	花木兰	剧情/冒险	2.78
4	哈利·波特与魔法石	奇幻/冒险	1.92
5	神奇女侠 1984	动作/奇幻/冒险	1.62
6	多力特的奇幻冒险	剧情/奇幻/冒险	1.36
7	数码宝贝：最后的进化	动画/冒险	1.25
8	星际穿越	喜剧/科幻/冒险	1.22
9	变身特工	喜剧/动作/科幻/动画	1.03
10	地狱男爵：血皇后崛起	动作/奇幻/冒险	0.86

四、2020 年中国电影行业投融资情况

（一）私募股权投融资基金（PE/VC）融资

2020 年遭受疫情冲击，影视行业迎来低潮期，电影产业投资与往年相比大大缩减。根据投中数据，2020 年度文化、体育和娱乐业共有 PE（私募股权投资）/VC（风险投资）直接投资事件 470 宗，其中电影产业共有 PE/VC 直接投资事件 39 宗，占文化体育娱乐业的 8.3%。在地区分布上，北京地区发生的融资数目最多，其次为上海和浙江。从投融资事件轮次分布来看，2020 年影视行业的融资向中后期布局，战略投资数量多。2020 年电影产业主要融资事件见表 8。

表 8　2020 年电影产业主要融资事件汇总表

融资时间	被投资方	所在地	金额	轮次	投资方
1 月 3 日	阳光文化	江西	未披露	Pre-A	衡庐资产-德安阳光文旅产业
1 月 29 日	天际娱乐	美国	未披露	战略融资	C 资本、Com2us、Third Wave
2 月 12 日	Skydance	美国	27 500 万美元	战略融资	RedBird Capital Partners、希杰娱乐、腾讯控股
3 月 12 日	南硕文化传媒	上海	未披露	A	有成创投-有成致远基金
3 月 12 日	花果山文化	浙江	未披露	A	赤子基金-赤子之夏基金、杭州东土投资、虹豆文创
3 月 19 日	前海创享影业	北京	未披露	A	前海汉江股权投资基金管理、前海创享联合控股
3 月 24 日	强视传媒	浙江	未披露	C+	茂榕投资-绍兴市上虞茂榕股权投资
4 月 16 日	墨客行影业	江苏	未披露	天使轮	嘉富诚
4 月 20 日	霍尔果斯墨客行影业	新疆	未披露	战略融资	龙马资本
4 月 30 日	中视鸣达	北京	未披露	战略融资	量子跃动
5 月 8 日	和乐悠悠文化	北京	未披露	A	启赋资本-杭州富阳启赋瑞云股权投资
5 月 9 日	乐视影业	北京	未披露	C	华软金宏-杭州浩中金宏基金、宏世通达商贸、润通企业管理
5 月 11 日	新湃传媒	贵州	未披露	B	天津金星创投-天津金米投资
5 月 19 日	摩影盒文化传媒	南京	未披露	B	水木兴华股权投资基金
5 月 25 日	飞涧传媒	上海	未披露	A	吉利控股
6 月 1 日	尤达影业	浙江	未披露	A	北京爱奇艺、上海力加、北京古天影视、广州宝辉文化
6 月 5 日	青青树	北京	未披露	战略融资	腾业创投-腾业长青创投、荷塘创投-启迪中海
6 月 8 日	GoPlay	印度尼西亚	未披露	A	众为资本、Openspace、Ventures

续表

融资时间	被投资方	所在地	金额	轮次	投资方
6 月 16 日	盛大联盟	北京	未披露	A	光云私募股权基金
6 月 18 日	盛天嘉乐影业	北京	未披露	A	中州蓝海投资
6 月 22 日	东阳烈火影视传媒	浙江	未披露	B	信中利股权-共青城信中利万信投资、信中利创投
6 月 23 日	星异象	江苏	数百万元	天使轮	辰海星麾
6 月 24 日	灵河文化	上海	未披露	A	众源资本-上海众源一号股权投资基金
7 月 18 日	重力聿画	天津	2 000 万元	Pre-A	宁波艾莫投资管理-宁波艾莫创新联、盛景嘉成
9 月 9 日	博誉影业	辽宁	3 900 万元	A	—
9 月 17 日	索以文化	上海	数千万元	A	群蜂社、玲珑石股权投资
9 月 29 日	灵河文化	上海	未披露	战略融资	北京爱奇艺
9 月 29 日	智慧大狗	北京	未披露	B	量子跃动
10 月 10 日	曹氏兄弟电影	江苏	千万（级）	天使轮	天使投资
10 月 13 日	云途时代	北京	未披露	A	灵思云途
10 月 14 日	小猪优版	北京	千万（级）	天使轮	福建北辰星
10 月 21 日	次世文化传媒	北京	数百万美元	Pre-A	顺为资本
11 月 11 日	正栩影视	北京	数百万	定向增发	希瓦
11 月 15 日	橘品影业	浙江	未披露	A	浅石创投、和力辰光
12 月 7 日	瞳浦文化	北京	未披露	A	绘梦动画、哔哩哔哩
12 月 9 日	星河视效科技（北京）有限公司	北京	数千万元	Pre-A	挚信资本
12 月 14 日	声屏传媒	广东	千万（级）	定向增发	中山金投创业投资
12 月 16 日	云途时代	北京	未披露	B	金石灏汭
12 月 28 日	梦星工场	江苏	数百万	天使轮	创服家创业服务

2020 年电影行业一共新成立 9 家基金（见表 9）。与前两年相比，新基金数量增长放缓，基金的投资方向也不再局限于影视传媒，而逐渐向休闲旅游、文旅融合等泛娱乐领域拓展。2020 年 11 月 18 日，国家级文化产业投资基金——中国文化产业投资母基金在北京正式成立。该基金由中宣部和财政部共同发起设立，目标规模 500 亿元，首期已募集资金 317 亿元。

表 9　2020 年成立的主要影视产业私募股权投资基金信息

时间	基金名称	发起方	总募资规模	募集状态
3 月 19 日	金逸锦翊投资基金	广州金逸影视传媒股份有限公司	80 000 万元	开始募集
7 月 31 日	河南省文化旅游融合发展基金	河南省文化产业投资有限责任公司	30 000 万元	开始募集
8 月 14 日	重庆百纳盛景文化产业股权投资基金（有限合伙）	重庆盛美股权投资基金管理有限公司	30 000 万元	开始募集
9 月 14 日	苏州工业园区南山星羽创业投资合伙企业（有限合伙）	南山资产管理（天津）有限公司	5 000 万元	开始募集
9 月 16 日	上海文化产业发展投资基金合伙企业（有限合伙）	上海文化产业发展投资基金管理有限公司	600 000 万元	开始募集
9 月 25 日	重庆成渝百景文化产业股权投资基金合伙企业（有限合伙）	重庆盛美股权投资基金管理有限公司	30 000 万元	开始募集
10 月 22 日	温州金控文化产业投资基金	温州金控文化产业投资基金	30 000 万元	开始募集
11 月 20 日	中国文化产业投资母基金	中国文化产业投资母基金管理有限公司	5 000 000 万元	开始募集
12 月 18 日	成都博瑞利保投资中心（有限合伙）	成都博瑞利保投资管理有限公司	15 000 万元	开始募集

（二）并购

截至2020年12月底，该年度文化、体育和娱乐业共发生并购事件373起，较2019年增加145起。其中电影产业共发生并购事件53起，较2019年增加7起，占文化、体育和娱乐业的14.2%，影视行业的并购热度呈现上升趋势。2020年影视行业主要并购事件见表10。

表10　2020年影视行业主要并购事件

时间	被并购方	并购方	出让股份（比例）	金额
1月14日	明宸嘉视文化传媒（北京）有限公司	—	—	未披露
1月20日	西藏天泽金牛资产管理、北国华盖、清科成长投资、楠礼投资	西藏绮纭文化传媒有限公司	—	未披露
2月11日	北京京西文化旅游股份有限公司	北京市文科投资顾问有限公司	15.16%	未披露
2月24日	星美文化旅游集团控股有限公司	Time Oasis Limited	52.51%	未披露
2月25日	威盛有限公司	比高电影院管理有限公司	30.00%	未披露
3月4日	北京耐飞科技有限公司	—	—	未披露
3月10日	引力影视投资有限公司	上海华人影业有限公司	—	未披露
3月24日	上海恒膺影视策划有限公司	上海四次元文化集团有限公司	90.00%	553.95万元
3月24日	上海恒宗影视传媒有限公司	上海四次元文化集团有限公司	75.00%	762.50万元
3月24日	上海新文化传媒集团股份有限公司	—	5.00%	21 446.52万元
4月7日	西安嘉乐影业有限公司	君研资本	—	未披露
4月9日	北京中晟国利集团有限公司	—	—	未披露
4月10日	星宏传媒控股有限公司	Cinedigm Corp	15.77%	未披露
4月17日	西安曲江艺星达影视传媒有限公司	—	—	未披露
4月20日	君宸达资本	杭州玄机科技股份有限公司	—	10 400万元
4月21日	华强方特文化科技集团股份有限公司	—	—	未披露
4月24日	浙江至初无限文化传媒有限公司	北京无限乐活商业管理有限公司	—	未披露
4月26日	湾流文化发展有限公司	—	—	未披露
4月26日	北京聚光绘影科技有限公司	—	—	未披露
4月26日	北京橙乐新娱文化传媒有限公司	—	—	未披露
4月28日	上海今涂影业有限公司	上海华人影业有限公司	—	未披露
4月28日	北京世纪伙伴文化传媒有限公司	北京福义兴达文化发展有限公司	100.00%	4 800万元
5月6日	唐德影视	浙江易通东阳聚文	20.57%	亿元级
5月12日	中影年年（北京）文化传媒有限公司	宁波干杯股权投资合伙企业（有限合伙）	—	未披露
5月13日	国达银合集团有限公司	—	—	未披露
5月21日	北京天工艺彩文化传播有限公司	睿成投资	—	未披露
5月26日	鼎龙文化股份有限公司	珠海星展资本管理有限公司	4.06%	未披露
6月1日	云栖博悟（杭州）文化传播有限公司	景宁瑞谷投资合伙企业（有限合伙）	—	未披露
6月4日	首控文化发展（北京）有限公司	首诺投资控股（深圳）有限公司	—	未披露
6月9日	联娱（上海）文化发展有限公司	国投中联投资管理（北京）有限公司	—	未披露

续表

时间	被并购方	并购方	出让股份（比例）	金额
6月15日	南京智新影视传媒有限公司	智新影视传媒	—	未披露
6月17日	北京浩宇天宏企业管理有限公司	北京梦将军影业有限公司	—	未披露
6月23日	诺华视创电影科技（江苏）有限公司	江苏稻草熊影业有限公司	—	未披露
7月21日	北京京西文化旅游股份有限公司	青岛西海岸控股发展有限公司	7.61%	38 217.94万元
8月6日	霍尔果斯当代陆玖文化传媒有限公司	当代东方投资股份有限公司	49.00%	12 000万元
8月9日	百漫文化	林芝利创信息技术有限公司	31.20%	12 480万元
8月17日	当代东方投资股份有限公司	—	6.93%	6 566.87万元
8月25日	上海新文化传媒集团股份有限公司	—	1.13%	未披露
9月4日	上海新文化传媒集团股份有限公司	拾分自然（上海）文化传播有限公司	1.99%	未披露
9月12日	四开花园网络科技（广州）有限公司	号百控股股份有限公司	6.00%	6 255万元
10月30日	长城影视文化企业集团有限公司	—	5.64%	3 275.28万元
11月4日	北京光线传媒股份有限公司	上海汉涛信息咨询有限公司	6.00%	194 322.22万元
11月26日	广东大地影院建设有限公司	盈峰控股集团有限公司	0.81%	未披露
11月30日	广东大地影院建设有限公司	南海控股有限公司	20.36%	60 000万元
12月1日	中国数码文化（集团）有限公司	亚洲特保集团有限公司	8.37%	912.89万港元
12月2日	西安梦舟影视文化传播有限责任公司	北京智圣贤文化传播有限公司	100%	1万元
12月8日	浙江横店影业有限公司	横店影视股份有限公司	100%	10 173.02万元
12月8日	横店影视制作有限公司	横店影视股份有限公司	100%	2 054.37万元
12月9日	美盛控股集团有限公司	九州国泰控股有限公司	5%	33 654.19万元
12月10日	深圳昊天天娱文化传媒有限公司	深圳九有股份有限公司	98.57%	12 015万元
12月10日	北京新线中视文化传播有限公司	国旅联合股份有限公司	28.00%	9 940万元
12月22日	司姆泰克文化创意（北京）股份有限公司	北京鸿日东方数码科技有限公司	15.00%	233.60万元
12月29日	浙江晟喜华视文化传媒有限公司	岚越影视	60%	36 000万元

由表10可以看到，光线、上海新文化、北京文化、大地影院、星美、引力传媒、唐德影视、当代东方等一大批影视行业的头部企业，都发生了股权转让。这说明，一方面，影视企业面临重大调整，市场在加速整合；另一方面，整个行业面临困难，很多企业存在资金压力，影视公司面临大幅亏损，市场在重新洗牌。

（三）上市融资

截至2021年1月，主营业务为影视的28家A股上市公司中，市值超过千亿的仅有芒果超媒一家，市值不足百亿的有20家；主营业务收入在50亿元以上的有2家，分别是芒果超媒和完美世界，10亿元以上50亿元以下的有8家，10亿元以下的有18家；归母净利润方面，维持正向收益的有7家，其中以完美世界、芒果超媒为首，净利润为负的有21家。

截至2021年1月，主营业务为影视的10家港股上市公司中，市值超过百亿的有3家，分别是阅文集团、阿里影业和猫眼娱乐；主营业务收入在10亿元以上的仅有1家，为阅文集团；归母净利润方面，维持正向收益的仅有欢喜传媒1家。

截至2021年1月，主营业务为影视的2家美股上市公司中，市值均超过百亿；主营业务收入方面，爱奇艺与哔哩哔哩均在70亿元以上；归母净利润方面，两者净利润皆为负（见表11）。

表 11　影视类上市公司市值数据

单位：亿元

内地上市影视公司				
序号	名称	总市值	主营业务收入	归母净利润
1	芒果超媒	1 297.54	94.71	16.12
2	完美世界	583.92	80.62	18.07
3	万达电影	434.77	32.14	−20.15
4	光线传媒	361.42	4.81	0.64
5	中国电影	238.98	10.54	−5.59
6	横店影视	126.71	3.99	−3.68
7	华谊兄弟	120.06	11.07	−3.26
8	华策影视	109.03	18.94	2.03
9	奥飞娱乐	84.28	17.62	−0.46
10	捷成股份	83.17	19.64	2.03
11	电广传媒	69.18	39.55	−9.09
12	上海电影	52.13	1.33	−2.66
13	中南文化（*ST 中南）	49.25	2.65	−5.11
14	中视传媒	48.44	4.27	−0.81
15	华录百纳	45.77	0.74	0.35
16	文投控股	42.29	2.82	−7.88
17	北京文化	37.80	0.13	−1.17
18	金逸影视	37.56	2.20	−4.06
19	慈文传媒	30.78	3.38	−0.18
20	唐德影视	27.77	1.70	−0.84
21	新文化	25.72	2.55	−1.75
22	欢瑞世纪	25.02	0.17	−1.48
23	幸福蓝海	24.70	2.17	−2.75
24	鹿港文化	24.46	12.26	−9.97
25	鼎龙文化（*ST 鼎龙）	23.42	3.39	0.28
26	中广天择	16.48	1.76	−0.10
27	当代文体	10.26	1.25	−0.87
28	长城影视（*ST 长城）	4.78	0.98	−0.74
香港上市影视公司				
序号	名称	总市值	主营业务收入	归母净利润
1	阅文集团	609.47	32.60	−32.96
2	阿里影业	252.23	9.27	−1.62
3	猫眼娱乐	149.33	2.03	−4.31
4	欢喜传媒	48.67	4.10	0.17
5	IMAXCHINA	45.60	0.06	−0.35
6	橙天嘉禾	4.28	1.15	−1.29
7	英皇文化产业	2.09	1.05	−2.85
8	星美文化旅游	0.93	0.41	−1.93
9	比高集团	0.44	0.01	−0.12
10	寰亚传媒	0.12	3.65	−1.78
美股上市影视公司				
序号	名称	总市值	主营业务收入	归母净利润
1	哔哩哔哩	329.2	81.59	−21.84
2	爱奇艺	141.3	71.88	−11.74

注：依 2021 年 1 月 4 日市值排序，表格中的主营业务收入和归母净利润是 2020 年三季度报数据。

受新冠肺炎疫情影响，院线电影的票房停滞，导致多家以电影为主业的影视公司主营业务收入出现下滑，而以电视剧为主业的影视公司，例如华策影视等，得益于剧集的网络播放，公司收益可观。另外，继印纪传媒、暴风集团退市，慈文传媒被国资并购后，多家影视公司面临退市与被并购的危机。其中，欢瑞世纪、北京文化、长城影视净利润为负且营收低于1亿元，新文化、鼎龙文化、文投控股等公司股价也面临“1元退市”的风险。曾打造《永不消逝的电波》等主旋律作品的唐德影视也在经营压力下，被浙江易通和东阳聚文并购。

五、2020年中国院线影院发展情况

尽管在疫情强烈冲击之下，中国城市院线影院仍实现了快速恢复和发展。2020年，全国银幕建设依然保持稳步增长态势，银幕总数达到75 581块，稳居全球首位。全年新增银幕5 794块，银幕总数同比小幅增长8.30%。日均新增银幕15.83块，幕均覆盖人数达到1.86万人，单个影院的平均银幕数逐年上升（见表12）。2020年票房排名前二十位院线经营情况见表13。

表12　2016—2020年中国电影市场院线和银幕情况

年份	院线数（条）	银幕数（块）	新增银幕（块）	银幕总数同比增幅
2016	48	41 179	9 552	30.20%
2017	49	50 776	9 597	23.31%
2018	48	60 079	9 303	18.32%
2019	50	69 787	9 708	16.16%
2020	51	75 581	5 794	8.30%

资料来源：2016—2017年数据来自国家新闻出版广电总局电影局，2018—2020年数据来自国家电影局。

表13　2020年票房排名前二十位院线经营情况

序号	院线名称	总票房（亿元）	影院数量（家）	银幕数量（块）	总人次（万人）	平均票价（元）
1	万达院线	31.49	708	6 163	7 800.27	40.37
2	广东大地	19.60	1 172	7 184	5 402.72	36.28
3	上海联和	15.31	675	4 446	3 864.06	39.62
4	中影数字	14.94	958	6 322	4 230.37	35.32
5	中影南方新干线	13.95	891	5 345	3 773.70	36.97
6	横店影视	9.12	476	2 959	2 537.37	35.94
7	中影星美	8.61	457	2 960	2 375.62	36.24
8	金逸珠江	8.52	441	2 784	2 256.87	37.75
9	幸福蓝海	7.94	446	2 810	2 178.29	36.45
10	华夏联合	7.04	443	2 775	1 936.01	36.36
11	浙江时代	5.83	386	2 543	1 650.32	35.33
12	四川太平洋	5.17	327	1 892	1 454.34	35.55
13	重庆保利	4.19	220	1 418	1 117.25	37.50
14	河南奥斯卡	4.10	287	1 611	1 210.56	33.87
15	北京红鲤鱼	3.87	769	2 836	1 057.67	36.59
16	博纳院线	3.29	92	774	814.37	40.40
17	新影联	3.11	127	801	762.79	40.77
18	湖北银兴	2.74	132	888	783.77	34.96
19	中影北方	2.53	199	1 138	759.74	33.30
20	北京长城	2.31	91	764	601.95	38.38

资料来源：国家电影专资办。
注：票房收入含服务费。

但也要注意到，影院经营状况较为严峻，多项经营指标跌幅超过50%。2020年，全年城市院线观影人次5.48亿人，同比下跌68.27%；城市放映终端的单银幕票房收入27.01万元，同比减少70.67%；单场次平均收入362.97万元，同比减少34.37%；单影院年均票房169.41万元，同比减少69.81%（见表14）。

表 14　2016—2020 年城市放映终端票房产出情况

	2016 年	2017 年	2018 年	2019 年	2020 年
平均单银幕票房（万元）	119.68	110.11	101.49	92.09	27.01
单场次平均收入（元）	709.30	625.84	593.78	553.02	362.97
单影院年均票房（万元）	627.65	601.65	584.17	561.13	169.41

注：平均单银幕票房计算方法：当年度院线影院票房（含服务费）除以当年度银幕数，根据原国家新闻出版广播电视总局、国家电影局公布数据计算。单场次平均收入、单影院年均票房，根据中国电影发行放映协会公布数据计算。

2020 年，全国电影平均票价（含服务费）为 37.26 元，较上年同比提高 0.13%（见表 15），在影院年总放映场次、观影人次大幅下跌的背景下，影院普遍收入锐减。从“十三五”规划来看，2020 年平均票价与 2016 年相比涨幅仅为 0.60%，远低于“十三五”期间全国居民消费价格涨幅 11.71%。自 2016 年起，电商售票成为主流，电影票房分成新增了名为“服务费”的费用。年度电影票房收入统计中，将技术平台服务费纳入计算。比较含服务费的网购票和不含服务费的电影票房、票价统计，网络售票服务费占含服务费总票房的比重不断提高，网络服务费收益逐年上涨且超过平均票价收益涨幅。

表 15　2016—2020 年中国电影平均票价情况

	2016 年	2017 年	2018 年	2019 年	2020 年
含服务费平均票价（元）	35.92	34.51	35.53	37.21	37.26
含服务费平均票价增幅	2.70%	−3.92%	2.96%	4.73%	0.13%
不含服务费平均票价（元）	33.13	32.29	32.93	34.38	33.93
不含服务费平均票价增幅	−5.29%	−2.54%	1.98%	4.40%	−1.31%

2020 年，全国仅有 99 家影院票房收入超过 1 000 万元，约 800 家影院票房收入超过 500 万元。票房收入 200 万元以下影院多达近 8 600 家，占全国影院的 71%。大量影院元气大伤，需要休养生息。同时，2020 年，全国票房前十位的影院排名变化急剧。蝉联冠军多年的北京耀莱成龙国际影城五棵松店自 1 月疫情后长期处于停业状态，头部影院单店票房产出严重下滑；而北京首都电影院（西单店）于该年登顶全国电影票房榜，南京新街口国际影城（德基广场店）、北京金逸影城（朝阳大悦城店）分列亚军、季军。其中南京新街口国际影城（德基广场店）成为进入票房排名前十的唯一一家非一线城市影院，成绩亮眼（见表 16）。

表 16　2020 年票房排名前十位影院经营情况

排名	影院名称	总票房（万元）	总场次（万场）	总人次（万人）	平均票价（元）
1	北京首都电影院（西单店）	1 965.74	1.27	32.58	60.34
2	南京新街口国际影城（德基广场店）	1 820.98	1.70	44.98	40.48
3	北京金逸影城（朝阳大悦城店）	1 811.38	0.89	25.94	69.83
4	广州飞扬正佳影城	1 782.93	0.99	31.05	57.42
5	北京寰映影城（合生汇店）	1 782.76	0.88	26.00	68.57
6	上海万达影城（五角场万达广场店）	1 676.59	1.08	30.61	54.77
7	深圳百老汇电影中心影城	1 659.71	0.84	25.07	66.20
8	北京 UME 影城（双井店）	1 593.04	1.08	26.89	59.24
9	北京海淀区英嘉星美影城	1 591.15	0.95	23.93	66.49
10	武汉市万达影城汉街店	1 564.54	1.51	36.75	42.57

资料来源：国家电影专资办。
注：票房收入含服务费。

六、2020 年中国电影产业发展特点

（一）影片类型：国产影片撑起“四梁八柱”

2020 年，国产优质影片在市场恢复期承担起“四梁八柱”作用。年度票房 204.17 亿元中，国产影片贡献了 170.93 亿元，在总票房中占比超过 80%。不仅如此，2020 年票房排名前十名的影片均为国产电影。其中，《八佰》《我和我的家乡》《姜子牙》《金刚川》《夺冠》五部精耕细作的主旋律商业大片分别占据前五。此外，现实主义题材影片的市场契合度不断提高，既有《一点就到家》《沐浴之王》等中小成本现实题材，也有《一秒钟》《气球》《第一次的离别》等诗意的现实主义作品。

（二）电影发行

1. 院网融合或将成常态

由于疫情期间影院无法开门营业，出于尽快收回投资成本等多方面考量，多部国产及好莱坞影片纷纷选择在网络平台进行首映。2020 年初，电影

《囧妈》以6.3亿元卖予字节跳动，通过抖音、西瓜视频等网络平台免费播出，影片上线3天，播放量突破6亿。2月份，《肥龙过江》《大赢家》《我们永不言弃》等影片相继转网，大多采用付费点播模式。国际市场上，《花木兰》《魔发精灵2》《神奇女侠1984》等多部院线电影在流媒体发行或线上线下同发。

从风险控制角度讲，“院转网”能够有效降低行业风险，避免投资方因影片无法上映而血本无归。对于中小型体量的影片、等不到满意院线排片的影片和因敏感原因撤档的影片而言，可能长期采用这种商业模式。同时，相比单一的院线发行模式，这种院线和网络同步发行或者院线下映后转网络，“线下＋线上”融合推进的模式可使影片营收渠道多元化，在一定程度上降低电影投资风险。2020年部分“院转网”线上发行影片信息见表17。

表17　2020年部分“院转网”线上发行影片信息

序号	上线日期	影片	类型	会员点播价格	非会员点播价格	出品方	上线平台
1	1月25日	囧妈	喜剧	0元	0元	欢神喜佑/欢喜/真乐道	西瓜视频独播
2	2月1日	肥龙过江	喜剧、动作、科幻、动画	6元	12元	博纳/星王朝	腾讯/爱奇艺
3	3月20日	大赢家	喜剧	0元	0元	磨铁/白鲸/联瑞	西瓜视频独播
4	4月20日	我们永不言弃	动作	6元	12元	寰亚	爱奇艺独播
5	5月17日	春潮	剧情、家庭	6元	12元	爱美	爱奇艺独播
6	6月25日	灰烬重生	爱情、悬疑	0元	需购买会员	英格中天/阿里/必合必达	优酷独播
7	7月24日	征途	动作、冒险、奇幻	12元	24元	星皓/巨人/淘票票/中影	爱奇艺独播
8	8月21日	春江水暖	剧情	12元	24元	工厂大门	爱奇艺独播
9	8月27日	无名狂	动作、悬疑	0元	需购买会员	好家伙/君露/悠航	优酷独播
10	12月4日	冷血狂宴	奇幻	12元	24元	乐视/滤颜	腾讯独播

2. 影院发行窗口期缩短，影片宣发难度提升

2020年中国电影市场发行窗口期明显缩短，从前中国影院与流媒体之间的窗口期约为30天，2020年数据显示，只要影片的单日排片量低于1%，影片就有提前在流媒体上线的可能。如贺岁档的《沐浴之王》院线上映20天后，便以每次6元的付费点播方式在流媒体上线；同档期的《赤狐书生》的在线付费点播则提前至影片上映14天后；爱情喜剧《我的女友是机器人》和暑期档的国漫动画电影《妙先生》的影院窗口期被压缩到了7天。

在此情况下，对窗口期时间的掌握成为检验发行含金量的关键，窗口期过短会影响电影大面积票房回收，窗口期过长又会阻碍下一个窗口获利，电影发行的改革和水准提升由此变得十分急迫。

同时，2020年院线电影选择线上同步发行或干脆采取网络发行，也打乱了电影宣发常规程序。这样的转变挤压了电影的线下营销空间，缩短了线上营销档期，对电影营销提出了更大的挑战。如何在市场中以低成本快速锁定潜在目标用户，精准投放不同用户感兴趣的宣发内容并实现有效购票转化，即更加快速、及时、有效地开展发行工作，也成为后疫情时代电影营销市场面临的重要问题。

（三）电影营销

1. 电影预售成为重要前置手段

2020年，因为市场容量有限、观众注意力有限，电影营销竞争加剧，影票预售的价值不断凸显，成为电影宣发重要的前置手段，电影营销的线上预售情况也成为情况多变的电影市场非常直接的指向标。

预售最核心的功能是推动影院排片，给影片更多的场次。一般而言，首日排片占比对影片后续票房表现具有直接的指导价值，而预售表现则会在很大程度上影响影片的首日排片占比。特别是对于一些三、四线城市的影院，预售效果几乎是直接决定了之后的排片情况。从表18中可看出，属于腰部黑马作品的《宠爱》《我在时间尽头等你》分别凭借0.61亿元、1.43亿元的预售好成绩在同档期迅速突围，分别占据了首日39.60%、50.02%的高排片

比，锁定了超越预期的票房成绩。而国庆档头部影片《我和我的家乡》《姜子牙》也都是凭借过亿元的预售成绩，在诸多影片当中脱颖而出。

表 18　Top10 影片预售、总票房、首日排片情况

	八佰	我和我的家乡	姜子牙	金刚川	夺冠	拆弹专家 2	除暴	宠爱	我在时间尽头等你	误杀
总预售（亿元）	0.28	1.03	1.44	0.27	0.26	0.19	0.06	0.61	1.43	0.07
总票房（亿元）	31.08	28.29	16.03	11.23	8.36	6.02	5.38	5.1	5.05	5.01
首日排片比	57.10%	33.60%	36.40%	54.00%	29.50%	41.09%	21.20%	39.60%	50.20%	9.90%

注：本表 Top10 含跨年、重映影片。

2. 短视频成为电影营销主战场

2020 年，越来越多的电影选择在短视频平台进行营销宣发，甚至将其作为主要宣发平台。“短视频＋直播”取代“明星＋路演”，成为头部影片的宣发标配。根据《决策的价值——2020 中国电影市场用户报告》[①]，2020 年复工后票房前十影片的官方抖音号覆盖率从 2019 年的 70%提升至 90%，票房前二十的华语电影全部开设了官方抖音账号。在票房过亿的影片中，抖音参与宣发合作的电影票房累计达到 174.99 亿元，占过亿影片总票房的 99.4%。快手方面，仅万达电影一家，就已在快手更新了 1 239 条视频作品，涉及《晴雅集》《拆弹专家 2》《刺杀小说家》等多部影片的拍摄花絮、趣味视频、导演访谈、首映活动等。在短视频做宣发，已经是电影营销的常规动作。

（四）投融资

1. 国资入股影视公司成为趋势

国资入股影视公司可以追溯到影视行业去泡沫化的 2018 年，严重资金不足的中南文化接到国资投入。

截至目前，唐德影视、华谊兄弟、华策影视、慈文传媒、北京文化等多家知名影视公司均有国资入股。从 2018 年至今，无论是数量还是速度，国资与影视公司的合作都愈发紧密了。国资入股民营影视公司几乎已是国内影视行业发展的大势所趋。

影视公司与国企之间的股权转让方式大致可以分为两种：一种是让国企成为第一控股人；另一种则是转让上市公司部分股权。但无论是何种方式，影视公司对于国资入股的需求愈来愈大，影视公司需要国企、国资来缓解资金压力与退市风险，而国企、国资选择影视公司的标准也更为严格。入股影视公司对于国企而言也并不是单纯意义上挽救影视行业的行为，这样做对国企自身同样有利。一方面，可以给国企自身发展带来新的增长点；另一方面，利用影视公司在社会上的高瞩目率，可以有效提升国企的品牌，并与影视行业产生协同效应。

2. 产融结合，影视产业与金融业逐步展开合作

2020 年 7 月 31 日，华谊兄弟与招商银行达成战略合作，招商银行向华谊兄弟的影视片单计划提供不超过 15 亿元的综合授信额度，用于影视项目的开发制作等各环节。华谊兄弟与招商银行的合作是国内第一份基于影视片单的综合授信。在此之前，以美国为代表的好莱坞制片体系中，银行根据制片公司的资质和以往出品影片的数量、质量、稳定性、票房等进行综合评估，给予相关企业一定的信用评级及额度，使得制片方通过片单就可以拿到银行贷款，用银行的钱进行拍摄和制作，待影片完成发行放映、收回成本后再向银行还款，这是一个完整、严谨且行之有效的融资渠道。而在中国，由于市场不成熟，缺乏评估机制与评估人才，没有担保，银行通常不会为影片贷款。因此，华谊兄弟与招商银行的合作为中国影视和商业银行的产融结合开了一个好头。

此外，2020 年，上海推出“上海影院金融服务平台”，江苏省电影局推出“金融支持江苏电影产业行动计划”，中影股份以融资租赁业务[②]为基础开展的“产业＋金融”战略合作等，均是打通金融与影视行业堵点、帮助影企尤其是中小电影企业进行融资租赁的有益探索。

3. 龙头院线公司并购整合或成行业趋势

近十年，我国电影院银幕数量年复合增长率高达 24.9%，高于中国电影票房年复合 20.85%的增长率。银幕增速超过票房增速，说明影院开始出现

① 2020 年 12 月 14 日灯塔联合毒眸发布。

② 据中影股份 2020 年上半年报，中影股份推出的融资租赁业务是面向影视基地建设、电影前后期制作、影院建设和电影发行等领域提供的金融服务和解决方案，已与工银金融租赁有限公司、远东宏信有限公司建立了战略合作关系，提供针对影院放映设备的融资租赁服务，重点为 CINITY 放映系统和电影新技术设备提供全方位的金融服务。

一定程度的泡沫。2018 年中国电影票房增速为 8%，2019 年仅有 5.4%，单张银幕创造的票房也从原来的 135 万元降到了 85 万元，如此低增速的票房很难支撑起高速扩张的院线建设，经营不善、长期亏损的院线势必遭到淘汰。

从票房看，行业集中度进一步上升，龙头院线公司并购整合或成行业趋势。2020 年前十大院线票房总计 124.51 亿元，市场份额占比高达 66.92%。2020 年 3 月，上海电影宣布出资 8 000 万元，以 40%的持股比例参与投资设立上影资产管理（上海）有限公司，将通过并购、增资、参股等形式对长三角及周边区域内的影院进行投资与整合。7 月，万达电影定增预案获批，募集资金中的 30.45 亿元将用于新建影院项目，拟在未来两年内新建电影院 162 家，投资总额为 31.45 亿元。此外，金逸影视拟新增 25 家影城，横店影视则计划新增 60 家影院，行业洗牌趋势已定，机会与风险并存，能坚持下去并及时扩张的院线将会有更广阔的市场空间。

七、2020 年中国电影产业发展遇到的挑战

（一）相比于其他行业，影院市场的生存状况受疫情影响更为严重

据企查查显示，截至 2020 年 12 月 25 日，2020 年关停的影视相关产业公司数量达 9 860 家，影院类企业 2 814 家。一月有票房而四季度没有票房数据的影院逾 800 家，即有逾 5%的影院未能复业。这当中，既包括 2020 年以前就已确定即将停业但未办理注销手续的，也包括部分影投公司对效益较差的影院痛下决心加速清算关停的，还包括一些“老破小”影院，当然也有此前盲目投资、疫情冲击下经营状况雪上加霜的影院。

此外，后产业链环节的影视乐园经济受损也颇为严重。以上海迪士尼乐园为例，自 1 月 25 日闭园，直至 5 月 11 日才复业，开放后按照防疫要求严格限流，导致经济效益受损不小。

（二）头部大片马太效应明显，腰部影片数量不足

近年来，国产票房前十名的电影票房占全年总票房的比重逐年提升，2017 年为 29.89%，2019 年已达 39.39%，2020 年由于特殊情况更是占到 83.72%，国产电影票房头部影片占全年票房比重持续上升。这一方面说明头部影片的制作水准更高，更受市场欢迎，另一方面也反映出中国电影产品的两极化现象愈加突出，马太效应明显。

随着创作力量不断向头部集中，头部产品的竞争力也会持续提升，未来头部电影产品占有的市场份额将会越来越大。而电影市场的尾部依然存在着竞争力差的现象，每年仍然有很多影片在院线一日游或半日游。头部电影的市场越来越大，尾部电影的数量仍然较多，造成的结果就是腰部的影片数量明显不足。2020 年，《八佰》《我和我的家乡》《金刚川》《夺冠》延续了以往类型片的势头，展现了集中力量拍好主旋律影片的优势，而处于腰部的、中等投资中等票房的类型片匮乏，仅有《宠爱》《我在时间尽头等你》等特殊档期的剧情片。

（三）影院经营压力下艺术与市场的矛盾凸显

艺术电影的发展一直面临着艺术表达、观众接受和市场成绩难以兼顾的问题。之前，艺术电影虽然最终票房不是很理想，但在良好的口碑和市场环境加持下，影院仍然能够给这些影片尝试的机会，但 2020 年影院经营压力增大，容错率降低，能够给予艺术电影的空间相应缩小，导致艺术电影出品方、创作者与影院之间矛盾加剧。

2020 年电影市场中上映了不少获得业内认可的艺术电影，如《气球》《风平浪静》《一秒钟》《棒！少年》等。由张艺谋执导的《一秒钟》因导演的巨大名气带动了影片的市场表现，但《气球》和《棒！少年》等影片虽在业内好评如潮，却排片不多，票房惨淡。

（四）注册制改革背景下，影视类上市公司存在更大的退市可能

2020 年 10 月 31 日，国务院金融稳定发展委员会专题会议表示将全面实行股票发行注册制，建立常态化退市机制。2020 年 11 月 2 日，中央全面深化改革委员会第十六次会议审议通过了《健全上市公司退市机制实施方案》。健全上市公司退市机制，完善退市标准，简化退市程序，严格退市监管。证监会主席更是将退市制度改革放在和注册制改革同等重要的位置。

按照这一标准，影视类上市公司存在更大的退市可能。如果股票连续 20 个交易日的日收盘价低于 1 元，则将被退市。2019 年，曾参与制作《钢铁侠》《环形使者》的印纪传媒即触发这一指标，成为第一个被退市的影视上市公司。继印纪传媒之后，暴风集团也于 2020 年退市。长城影视股价已经出现连续五个交易日低于 1 元的情形，当代东方股价也曾低至 1.20 元。*ST 当代、*ST 中南、*ST 长城存在退市风险，北京文化、文投控股、金逸影视、幸福蓝海、唐德影视、上海电影 2020 年前三季度均出现亏损，营收也不高，有的低于 1 亿元红线，有的险超 1 亿

元红线，都存在巨大的业绩压力。

（五）短视频、网游等成为电影的强有力替代品

疫情期间，网剧、网综、网游、短视频等产品成为文娱消费者找寻到的重要电影替代品。

网综《乘风破浪的姐姐》累计播放量超过50亿，《隐秘的角落》作为2020年网剧的代表，也收获了超高人气。在5G技术的加持下，短视频的用户互动体验更趋丰富有趣，其对消费者的吸引力和产业影响力都在快速提升。截至2020年底，我国短视频用户规模已超过8亿，市场规模约400亿元。2020年我国游戏用户规模逾6.6亿人，同比增长3.7%；游戏市场实际销售收入2 786.87亿元，同比增长20.71%。

如果说网剧、网综是电影替代产品中的老对手，那么短视频和游戏就是战力更强的新对手。短视频和游戏拥有更广阔的受众和更便捷的传播方式，它们正在冲击着观众的观影习惯，电影产业需要认真对待这些竞争者。

八、对中国电影产业发展的建议

（一）政策创新：政策升级换代促进行业升级换代

1. 引导形成更高质量的双循环生态

一方面，进一步畅通内循环，保持阵地活力。在本土生产受疫情影响、进口影片供应不足的情况下，影院生存成为重大问题。未来，应释放更多本应回归市场的“特权”，在做好内容把关、引导的同时，可探讨给予影院更多的自主权，逐步放开生态。2020年已有多种形式的旧片重映、非电影内容集中展映尝试，取得了较好的效果。建议疏通市场堵点，借鉴国际广泛采用的成熟VPF模式，提高影院运行效率，帮助影院活下去、活得好，为思想文化宣传提供更好的阵地。

另一方面，在电影领域，随着对外文化交流的日益频繁，外循环日显重要。在畅通国内循环的基础上，应以更高层次、更高水平、更高质量的对外开放水平引领国际电影市场。同时，国际市场的恢复有利于国内市场的稳定和发展，需要进一步帮助国际国内市场恢复融通。

2. 划好跑道，细分市场

经过近20年的产业化改革，中国已经形成可纵深、可迭代、多元化的电影市场。中国电影市场若要继续发挥潜力，核心是要为如下几类市场划好跑道，提高效率。

一是剧场化与小屏化的分众市场。这不仅仅是线上线下市场细分的小问题，更是未来电影产业形态的大问题。

二是一级、二级市场细分。二级市场发展潜力巨大，根据国家“2131”工程要求，重视农村电影市场的迭代开发，将形成中国电影新的增长点。

三是东中西部发展步骤细分。强化区域梯队规划建设，形成范围广、程度深的电影市场土壤。

3. 继续做好引导，避免大干快上

在影院建设方面，保高端、保龙头、保特色，不保“老破小”，继续淘汰终端冗余产能，释放更多高效产能。

在防控疫情前提下，尽快调整电影行业的应急状态，进一步理顺政府和市场的关系，更加尊重电影市场一般规律，更好发挥行政主管部门的作用，有效弥补市场失灵。

（二）政务创新：进一步提升服务水平，释放改革红利

1. 进一步认识并释放转隶红利

2018年以前，电影管理部门不属于发改、财政、税务、海关、商务这些综合性强、可独立出台政策的部门，出台综合性政策需要大力协调。2018年的转隶，体现了党的全面领导下宣传部门的政治站位和制度优势。疫情之下，各级各地管理部门一些重磅综合性政策的顺利出台证明了这一点。一些地方管理部门需进一步认识到宣传部门作为推动电影工作的责任主体的优势，加大协调推动力度，进一步释放改革红利。

2. 避免“政策形式主义”

“政策形式主义”，即上层政策周密宏观，但落实过程中有些地方只负责层层转发文件，造成悬浮。

事实上，帮助和扶持一个行业，不能仅靠行政管理部门一家。政策落到地方，会签的效果比转发好，这考验的是执行者的能力，更深层次考验的是执行者对行业的信心和热爱。建议把相关的地方各部门联合在一起，使其都在官方网站发布同一个政策文件，形成齐抓共管、八方共同拉动行业的局面。

（三）金融创新：化特惠的财税政策为普惠的金融政策

用财政资金帮助行业，仅限于纾困和引导，因为这基本上是一种政府行为，而不是一种产业行为和市场行为。用特殊减免某一行业税收的行为帮助行业发展，短时间内是可行的，但长此以往必将损害税收的公平性。因此，需要化特惠的财税政策为普惠的金融政策。疫情之下，金融和保险方面该如何着手为电影产业提供持续动力，更值得深思。

电影以轻资产居多。生产制作环节曾出现过项目贷，但产品不多，没有形成固定的合作模式，影院则更难。银行需要信用、质押，文化企业恰恰很少有资产可供质押。同时，金融业对电影企业还不够了解。银行针对影院放款并不容易，要抵押，还要担保，导致很多大型院线、优质影院都贷不到款。电影企业和金融业缺乏相互了解的平台，两者“相望不相闻”的状态，需要尽快打破。

在解决这一问题的过程中，建议相关管理部门进一步发挥背书作用。电影企业在当前的金融生态里，首要是解决担保问题，也就是质押或信用背书。建议充分发挥再担保机构的作用，行业管理部门和行业协会可以为银行提供影视企业白名单，进行形式上的信用背书，再由金融机构进行尽职调查、推进放款。财政、商业银行机构、资产公司、风险投资公司、租赁公司共同形成一个运行有效的电影金融体系。

（四）科技创新：强化先进技术创新引领

我国电影科技起步晚，潜力大，创新追赶模式已进入跟跑、并跑、领跑“三跑并存”的新阶段，从量的积累向质的飞跃转变、从点的突破向系统能力提升转变，技术要素创新与文化要素创新同进步，需以前瞻性眼光更加谨慎地求证科技创新如何引领电影行业发展。

5G、大数据、云计算、物联网、区块链、人工智能等信息技术革命成果在电影领域的前瞻性研究和应用，已经引发热火朝天的讨论，中国在新基建上的领先优势和庞大用户市场在未来将激发可观的数字经济潜力。但也要清醒地认识到，尽管新基建突然成为行业热词，但其与电影产业在结合中仍存在许多堵点。多地在筹划建设影视相关的大数据中心，但行政区划、职能区划导致大量数据不能共享和应用。人工智能已经发展到较高程度，需要促进并明确其在电影前、中、后期的有效应用，加强创新动力。算力基础虽已搭建，但如何以更强大的算力作为底层支撑，形成电影的工业互联网，还需进一步摸索。

对此，需要加强相关关键核心技术自主研发与应用。尽管科技与电影产业融通创新机制已经有了雏形，但电影的技术研发能力仍待进一步提高，这迫切需要一线科技企业与电影企业协同创新，从源头强化创新支持、创新对接，为技术革命与产业革命翻开新篇章，促进科技为行业赋能，形成产业链全流程的领跑，助力电影强国的建设。

在院网相争的语境之下，电影需要高消费门槛（包括票价门槛和美学修养门槛）的精心大作和可容纳于流媒体平台的精品之作，电影观众需要在影院里看到与在其他视听平台截然不同的影像。对此需要加快推进下一代数字影院建设，深化新技术与数字影院的融合。新一代数字影院的推广将为影院管理智能化奠定基础，推动我国电影产业向信息化与智能化方向发展。下一步，学界和业界都有必要进行电影相关关键核心技术清单的整理与规划。

（五）外交创新：成为破除“失语就要挨骂”的首选工具

1. 把中国文化、中国故事、中国精神、中国贡献讲出讲好

习近平总书记在 2015 年全国党校工作会议上的讲话中指出，“失语就要挨骂”。全球化语境下，沟通尤显重要，沟通的前提是表达，沟通的目的是促进理解、增加信任。电影作为对外文化交流的首选工具，更应发挥其破除将中国污名化、妖魔化的作用，促进民心相通。新冠肺炎疫情让人类命运共同体理念更加深入人心。除了要继续把中国文化传播好、把中国故事讲好之外，也有必要发挥电影的特色优势，把中国在这一年的艰难探索、不畏牺牲的中国精神讲出讲好，把中国在这一年为人类共同抗疫、延续人类文明做出的中国贡献讲出讲好。

2. 加强电影更大范围的务实合作

需以亚太命运共同体意识，从亚洲历史、亚洲文明、亚洲发展的高度认真思考东北亚关系、亚太关系，理解亚洲的崛起，发挥东北老工业基地在东北亚电影发展历史和当前进程中的重要作用，协调联动，最大限度发挥已有优势，以电影为抓手，促进共同构建开放包容、创新增长、互联互通、合作共赢的亚太命运共同体。

（六）生态创新：专业的归专业，大众的归大众

1. 引导更为包容的舆论环境

舆论环境影响着普通观众观影满意度乃至电影事业产业的整体发展。包容性的构建可为多元类型影片探索、社会文化价值深耕提供良好氛围。

2. 尽快建立权威公正及时的第三方电影评价体系

电影评价体系的构建既是《电影产业促进法》规定的相关内容，更是电影强国建设的重要内容。自中国电影产业化改革以来，迄今没有建立起一个权威的、及时的、第三方的评价体系。大多数网络评分平台均为观众评分，对电影作品的评价偏激化、泛网络化、碎片化等问题突出，其中不乏利益驱动之下的众声喧哗，导致电影评价成为网络“黑水”

侵噬行业肌体的“重灾区”。部分网络售票平台本身是影片出品和宣发公司，其利益相关性导致其权威性、公平性存疑。当前，权威的第三方即时反馈型电影评价体系的缺乏，对所有公映影片都是不公平的，不利于市场充分发展。评价体系的建立不仅任重道远，而且迫在眉睫。

2020 年中国动漫产业发展报告

青岛电影学院

2020 年，中国动漫产业加快产业结构优化升级，持续提升产品质量和品牌价值，不断创新商业模式和盈利模式，产业规模和市场效益等指标总体上平稳增长（见表 1）。

表 1　2014—2020 年中国动漫产业发展主要指标

项目	2014 年	2015 年	2016 年	2017 年	2018 年	2019 年	2020 年
动漫期刊品种数量（种）	32	36	40	37	34	32	31
动漫期刊总印数（万册）	12 914	12 118	8 218	5 173	3 570	2 361	1 287
动漫图书出版数量（种）	3 209	3 081	3 077	2 642	2 108	1 936	2 470
电视动画生产备案数量（部）	425	399	425	350	460	472	571
电视动画生产备案数量（分钟）	271 133	298 114	232 135	145 390	194 346	188 185	175 480
电视动画生产完成数量（部）	278	273	261	244	241	305	374
电视动画生产完成数量（分钟）	138 579	138 273	125 053	83 599	86 257	94 659	175 480
电视动画播出时长（小时）	304 839	309 060	328 864	362 825	374 485	398 685	446 113
电视动画国内投资额（亿元）	14.90	12.94	11.94	14.43	16.53	15.99	17.34
电视动画国内销售额（亿元）	11.09	14.63	11.70	13.77	15.69	8.82	14.12
动画电影生产备案数量（部）	134	148	194	158	131	164	102
动画电影完成生产数量（部）	40	51	49	32	51	51	45
动画电影票房收入（亿元）	31.56	43.01	71.41	48.18	40.64	116.08	28.89

一、中国动漫产业发展概述

（一）漫画出版：加快从纸媒向网络迁移

1. 纸媒出版：品种数量大幅缩减

报刊图书是刊载发表漫画作品的基础媒介形态，在实现漫画内容的集聚和分发、促进创作者和读者之间联结和交互方面发挥着重要作用。

自 2015 年以来，我国动漫期刊出版发行和经营状况每况愈下，在总体期刊中所占分量日渐式微。根据国家新闻出版署发布的《2020 年新闻出版业基本情况》，2020 年，全国共出版动漫期刊 31 种，平均期印数 42 万册，总印数 1 287 万册，总印张 55 577 千印张；占期刊总品种的 0.30%，总印数的 0.63%，总印张的 0.48%。与上年相比，种数降低 3.13%，平均期印数降低 42.23%，总印数降低 45.50%，总印张降低 53.37%（见表 2）。

表 2　2012—2020 年全国动漫期刊出版情况

年份	品种数量（种）	平均期印数（万册）	总印数（万册）	总印张（千印张）	所占比例			同比增长率			
					占期刊总品种比例	占期刊总印数比例	占期刊总印张比例	品种数量增长率	平均期印数增长率	总印数增长率	总印张增长率
2012	27	322	10 906	741 631	0.27%	3.26%	3.78%	—	—	—	—
2013	27	349	12 599	876 025	0.27%	3.85%	4.50%	0	8.36%	15.52%	18.12%
2014	32	359	12 914	879 642	0.32%	4.17%	4.79%	18.52%	2.77%	2.51%	0.41%
2015	36	342	12 118	820 761	0.36%	4.21%	4.89%	12.50%	−4.65%	−6.17%	−6.69%

续表

年份	品种数量（种）	平均期印数（万册）	总印数（万册）	总印张（千印张）	所占比例			同比增长率			
					占期刊总品种比例	占期刊总印数比例	占期刊总印张比例	品种数量增长率	平均期印数增长率	总印数增长率	总印张增长率
2016	40	255	8 218	508 818	0.40%	3.05%	3.35%	11.11%	−25.44%	−32.18%	−38.01%
2017	37	161	5 173	306 983	0.37%	2.08%	2.25%	−7.50%	−37.13%	−37.06%	−39.67%
2018	34	116	3 570	180 432	0.34%	1.56%	1.42%	−8.11%	−27.86%	−30.98%	−41.22%
2019	32	73	2 361	119 195	0.31%	1.08%	0.98%	−5.88%	−37.24%	−33.85%	−33.94%
2020	31	42	1 287	55 577	0.30%	0.63%	0.48%	−3.13%	−42.23%	−45.50%	−53.37%

资料来源：根据国家新闻出版署历年《新闻出版业基本情况》整理。

根据国家新闻出版署发布的《2020 年新闻出版业基本情况》，截至 2020 年底，全国共有出版社 586 家，2020 年出版新版图书 213 636 种。2020 年我国共出版漫画图书 1 391 种、动画图书 550 种，合计 1 941 种，较 2019 年增长仅 0.26%（见图 1），这是自 2015 年以来出版数量连续五年下降之后的首次回升。

截至 2020 年底，当当网自营在销动漫类图书共计 39 422 种[①]，其中少儿类 18 521 种、非少儿类 20 901 种，占所有在销图书总量（49 662 615 种）的 0.08%。在 2020 年当当网图书畅销榜 Top 500 中有 5 种动漫类图书（见表 3），占总体的 1%，为 2007 年以来的第二差成绩（仅好于 2014 年的 4 种，远低于 2012 年的 17 种）。结合少儿和非少儿动漫类图书畅销榜 Top 500 来看，总体（1 000 种）图书定价平均值为 77.85 元，中位数为 42.00 元；少儿类图书定价平均值为 90.57 元，中位数为 35.00 元；非少儿类图书定价平均值为 65.12 元，中位数为 48.00 元。两者的定价平均值和中位数呈现背离形态，是少儿类套装图书定价偏高所致。在上榜图书中，以中国少年儿童出版社、二十一世纪出版社和北京联合出版公司出版数量最多，合计约占总体的 26.1%；上榜图书以近三年出版的图书为主，约占总体的 36.4%。

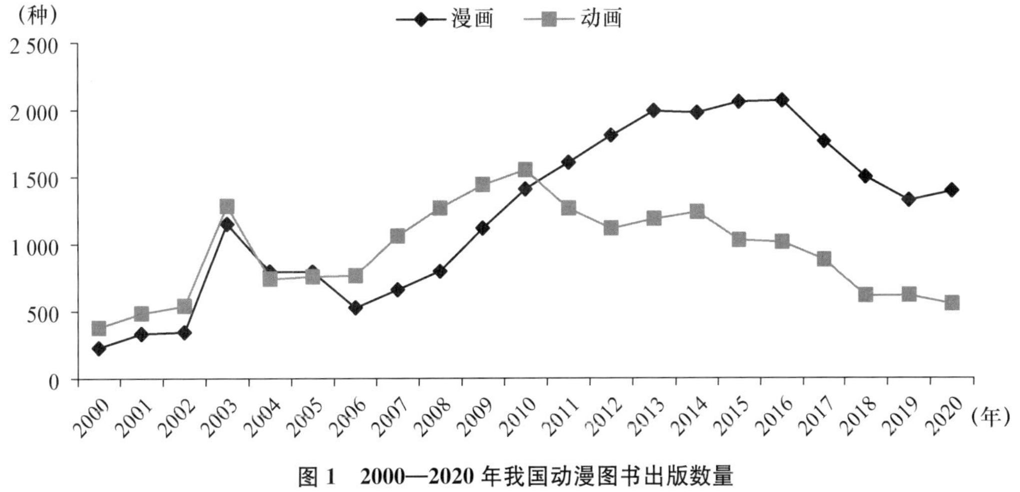

图 1　2000—2020 年我国动漫图书出版数量

资料来源：中国版本图书馆（https://www.capub.cn/），截至 2020 年 2 月 17 日。

注：检索条件为数据类型：CIP；主题词包含“漫画”或“动画”；匹配模式：精确；出版年份：2000—2020 年期间单一年份。部分图书可能同时包含多个主题词，未进行去重处理。

表 3　2020 年当当网图书畅销榜 Top 500（动漫类图书）

排名	商品名称	作者	出版社	出版时间	定价（元）
260	父与子全集（全彩版）	埃·奥·卜劳恩	浙江工商大学出版社	2017 年 4 月	36.00
271	三毛流浪记（彩图注音读物）	张乐平	少年儿童出版社	2017 年 6 月	38.00

① 商品数量不等同于出版数量，且未计重复；仅计算当当自营品种数量，已剔除入驻商家销售数量。

续表

排名	商品名称	作者	出版社	出版时间	定价（元）
273	小学生心理学漫画（全6册）	小禾心理研究所	江苏凤凰文艺出版社	2019年12月	196.80
277	米小圈漫画成语（套装共5册）	北猫	四川少儿出版社	2020年1月	100.00
387	作家榜经典：父与子全集	埃·奥·卜劳恩	浙江文艺出版社	2017年5月	39.90

资料来源：当当榜（http://bang.dangdang.com/books/bestsellers/）。

2. 网络出版：用户规模近半亿人

随着网络技术在国内的普及应用和网络带宽的持续提升，网络漫画平台已经成为漫画行业内容创作、聚合分发、整合营销、流量变现、商业拓展的主力军。易观千帆数据显示，网络漫画月活跃用户规模从2019年12月的6 844.88万人下降至2020年12月的4 985.47万人，降幅为27.16%；截至2020年12月，漫画创作平台用户规模为253.85万人，二次元社区用户规模为1 309.45万人。

从主要漫画平台来看，网络漫画APP呈现出"一大、二中、多小"的市场格局。易观千帆数据显示，快看漫画2020年月活跃用户规模最大，12月份活跃用户达2 487.68万人，以49.90%的领域渗透率位居第一；哔哩哔哩漫画和腾讯动漫凭借巨头优势成为行业第二梯队，哔哩哔哩漫画在收购网易漫画后已经逐步赶超腾讯动漫；其他漫画APP均为第三梯队（见表4），微博动漫和动漫之家稍为突出。随着网络漫画市场升温，以触漫为代表的漫画创作平台开始涌现，触漫在2020年12月的活跃用户已达到159.21万人。

表4　2020年12月国内漫画应用前8名

序号	应用名称	开发商名称	活跃人数（万人）	领域渗透率
1	快看漫画	快看世界（北京）科技有限公司	2 487.68	49.90%
2	哔哩哔哩漫画	上海呵呵呵文化传播有限公司	743.92	14.92%
3	腾讯动漫	深圳市腾讯计算机系统有限公司	728.76	14.62%
4	微博动漫	北京炫果壳信息技术股份有限公司	556.82	11.17%
5	动漫之家	尚科齐（北京）网络科技有限公司	429.27	8.61%
6	哔咔漫画（仲夏版）	互联网	230.02	4.61%
7	看漫画	成都尚视互娱网络科技有限公司	219.85	4.41%
8	咚漫漫画	北京咚漫娱乐有限公司	207.89	4.17%

资料来源：易观千帆（http://qianfan.analysys.cn）。

注：活跃人数是指在所选取的时间范围内主观打开应用至少一次的用户。易观通过与1 200家以上的主流APP和运营商等厂商合作获得统计数据，并通过自有AI算法对数据进行多套算法的运算，模拟仿真全网网民行为数据。活跃人数领域渗透率是指在所选时间段内，APP的活跃用户占该APP所属领域的活跃用户的比例。

（二）电视动画：创作生产和播出数量渐趋稳定

1. 创作生产：新增生产机构带动生产数量有所增多

2020年国产电视动画片生产备案数量与2019年大体相当，共计571部、19 463集、175 480分钟，分别同比增长20.97%、－6.80%和－6.75%（见图2）。不同指标增长率的背离现象反映出每部动画片缩减集数导致总片长（分钟数）缩减的趋势。相比2019年的平均每部44集、每集9分钟、每部399分钟，2020年变为平均每部34集、每集9分钟、每部307分钟。从题材类别来看，国产电视动画片主要为童话和教育题材，两者合计片长数量占到总体的一半以上。相比而言，科幻、现实、其他、历史、神话和特殊题材所占比例较小。

电视动画片制作投资额保持平稳，销售额实现较快增长。2020年全国电视动画国内投资额17.34亿元，比2019年（15.99亿元）增长8.44%；电视动画国内销售额14.12亿元，比2019年（8.82亿元）增长60.08%（见图3）。2020年，全国完成生产电视动画片374部、11 936集、119 319分钟，分别同比增长22.6%、28.6%和26.0%（见图4）。全年共有47部优秀国产动画片获得国家广播电视总局推荐播出，合计1 239集、14 068分钟，约占全年总产量的11.8%。其中，广东和浙江各10部，央视6部，北京5部，江苏3部，安徽、福建、湖南、上海、天津各2部，甘肃、广西和山西各1部。综合2005年以来优秀电视动画片名单来看，浙江、广东、江苏、北京、上海等省市和央视等机构制作生产的优秀动画片数量较多。

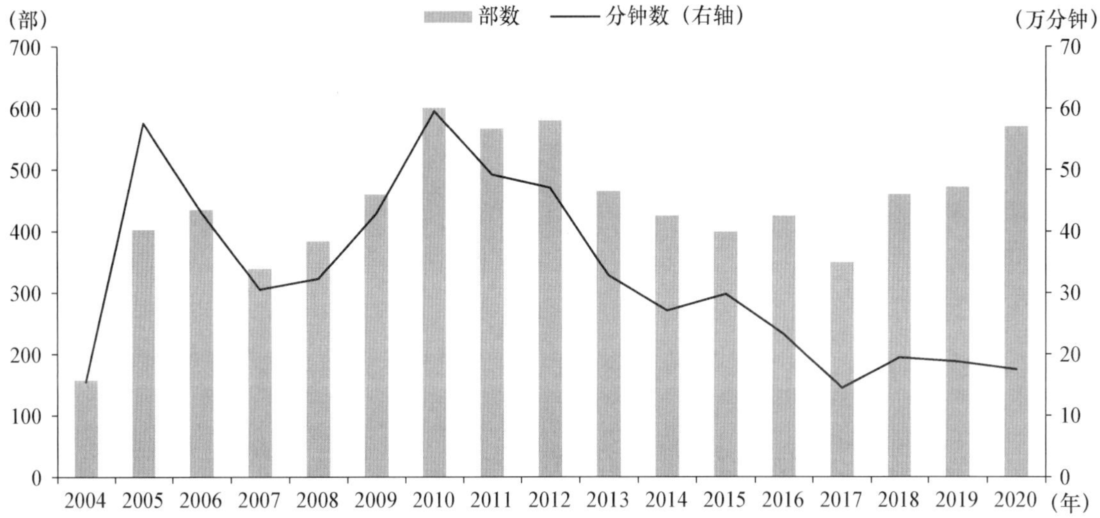

图 2　2004—2020 年国产电视动画片生产备案数量

资料来源：国家广播电视总局。

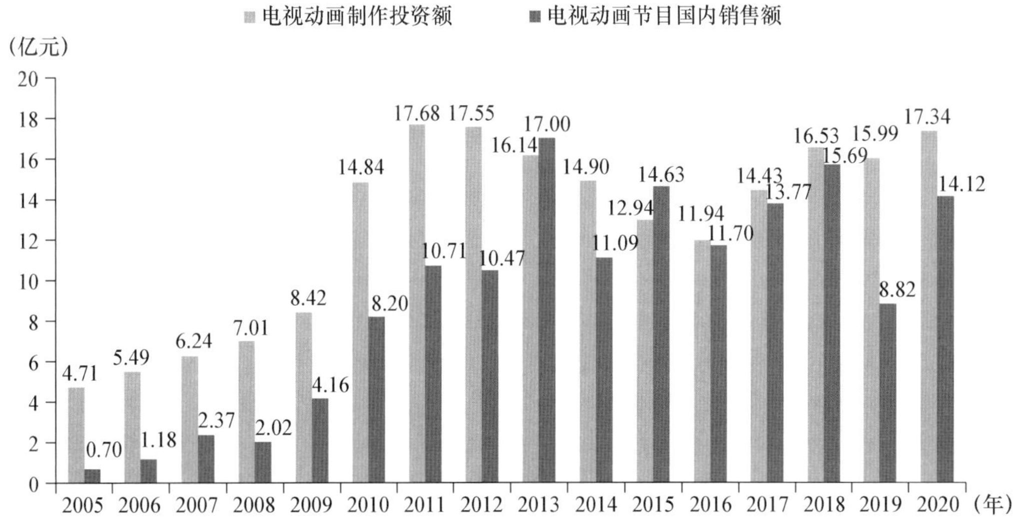

图 3　2005—2020 年电视动画片投资和销售额

资料来源：根据历年《中国统计年鉴》《中国文化及相关产业统计年鉴》整理。

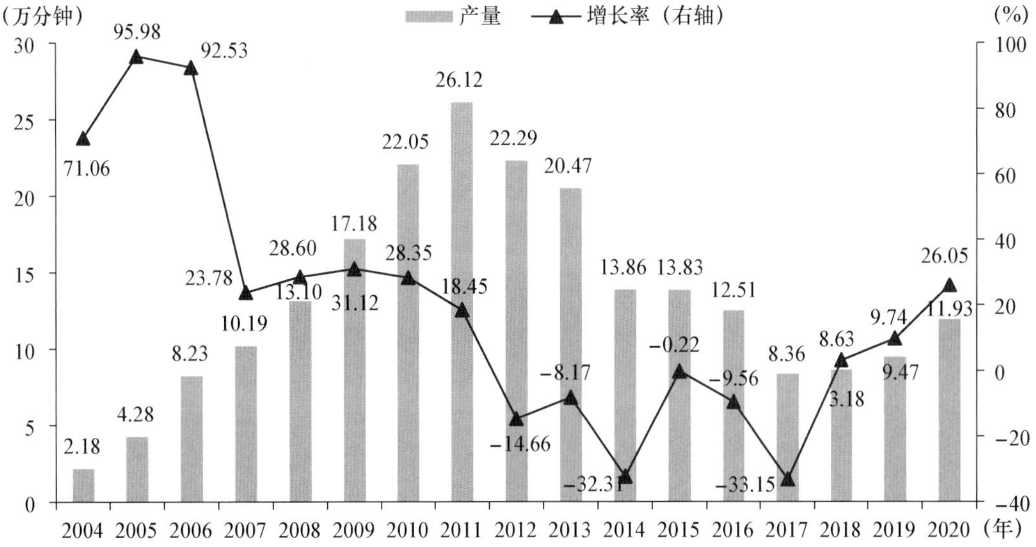

图 4　2004—2020 年国产电视动画片生产数量和增长率

资料来源：国家广播电视总局。

国产电视动画片生产数量的变化与参与的生产机构数量密切相关。2020 年共有 186 家生产机构参与电视动画片制作，平均每家 2 部、64 集、641 分钟。自 2004 年以来，生产机构数量呈现出先增后减再反弹的变化趋势（见图 5）。据统计，2004—2020 年，累计共有 1 153 家机构参与国产电视动画片生产，但近年来每年参与的机构仅一百多家，最近五年来生产数量为零的机构多达 653 家。随着调结构、抓质量、促转型的产业引导政策实施和动画市场体制机制发挥决定性作用，生产机构的优胜劣汰已经步入深度调整期，退出的生产机构也在持续增多。

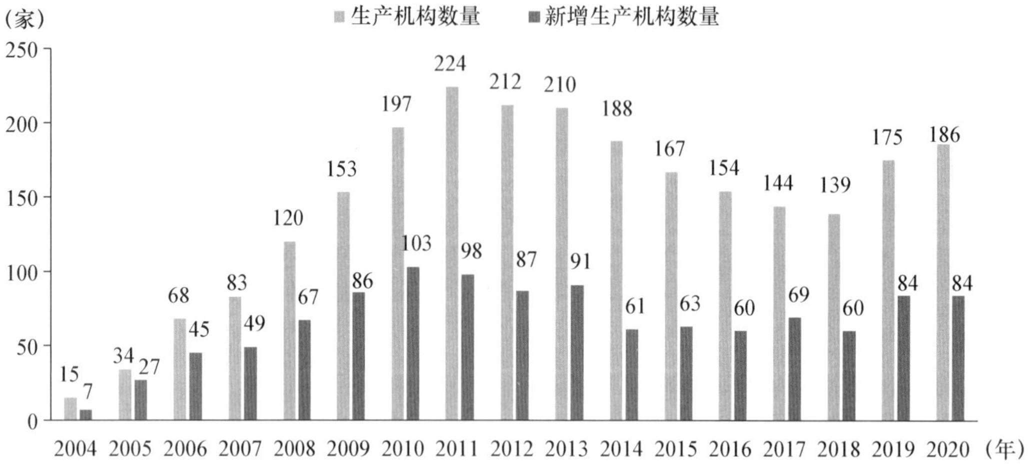

图 5　2004—2020 年国产电视动画片生产机构数量

资料来源：国家广播电视总局。

在 2013 年前，中国电视动画长期保持贸易顺差的局面；但自 2014 年以来动画电视进口额大幅攀升，从 2014 年的 1.10 亿元、2015 年的 4.45 亿元增长到 2016 年的 10.56 亿元，2018 年更是达到了惊人的 25.06 亿元（见图 6），2019—2020 年又呈现持续回落之势。2020 年，全国电视动画进口 2 783 小时，进口额为 4.58 亿元，折合为 16.47 万元/小时（约 2 744 元/分钟）（见表 5）。从进口国别来看，主要是来自日本（24 610 万元，占总体的 53.7%）和美国（4 170 万元，占总体的 9.1%）等动画大国强国。从全国构成来看，中央广播电视总台进口动画电视节目支出 20 万元，北京市进口支出 33 709 万元，天津市进口支出 155 万元，湖南省进口支出 1 588 万元，广东省进口支出 354 万元，四川省进口支出 10 000 万元。综合近几年情况来看，进口动画数量和金额在电视节目中所占比例较大，进口动画以日本动画为主，平均价格居高不下，北京市是近年来全国动画电视节目进口的主力军（见表 6）。

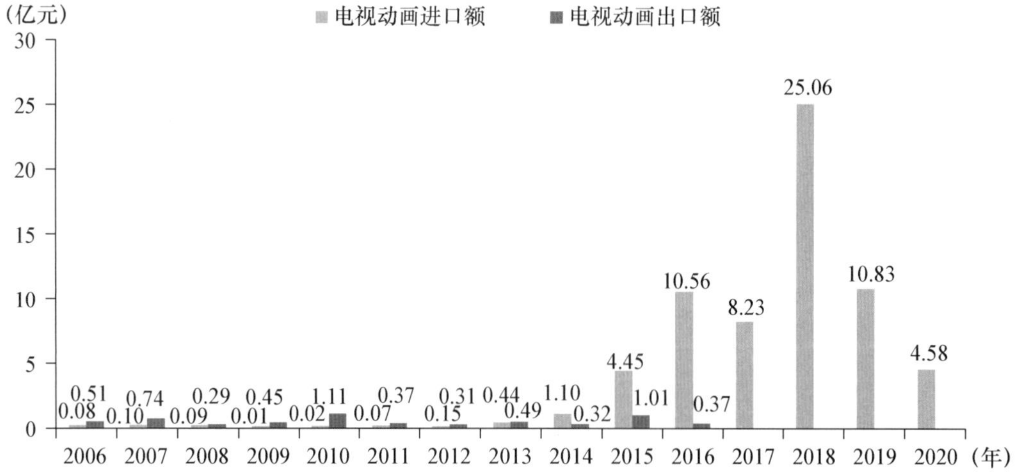

图 6　2006—2020 年电视动画进口额和出口额

资料来源：根据历年《中国统计年鉴》整理。

表 5　2020 年我国电视动画节目进口额和数量

类别	亚洲				美洲		欧洲	大洋洲	合计
	日本	韩国	中国香港	总计	美国	总计			
进口额（万元）	24 610	906	582	26 108	4 170	4 239	15 460	20	45 826
进口量（小时）	1 504	47	19	1 601	158	174	1 009	—	2 783
单位均价（万元/小时）	16.36	19.07	30.50	16.31	26.41	24.37	15.33	—	16.47

资料来源：国家统计局《中国统计年鉴（2021）》。

表 6　2013—2020 年我国电视动画节目进口额

单位：万元

	2013 年	2014 年	2015 年	2016 年	2017 年	2018 年	2019 年	2020 年	合计
全国	4 432	11 028	44 472	105 645	82 254	250 634	108 290	45 826	652 581
北京市	2 825	10 168	38 610	102 030	76 609	247 974	95 281	33 709	607 206
四川省							10 451	10 000	20 451
上海市	75	105	5 487	1 673	4 984	771			13 095
中央广播电视总台	1 319	754	376	693	661	288	1 969	20	6 080
广东省	50					1 601	429	354	2 434
湖南省								1 588	1 588
浙江省				1 250					1 250
天津市							160	155	315
陕西省	164								164

资料来源：根据历年《中国统计年鉴》《中国文化及相关产业统计年鉴》整理。

2. 电视播出：在频道数量缩减背景下拓出动画播出空间

截至 2020 年底，我国已形成了以 6 个少儿（动画）卫星频道和 29 个少儿地面频道为主体、众多卫星综合频道和其他电视频道为补充的动画播映体系。央视少儿频道、湖南金鹰卡通频道、北京卡酷少儿频道、广东嘉佳卡通频道、江苏优漫卡通频道和上海哈哈炫动频道为全国六大少儿（动画）卫星频道，少儿地面频道包括 16 个省级频道、8 个省会级频道、3 个计划单列市级频道和 1 个地级市级频道（见表 7）。2020 年，采用高标清同播的频道数量明显增多；山西广播电视台少儿频道、广州市广播电视台少儿频道、厦门市电视台少儿生活频道已经停播，杭州市广播电视台少儿频道变更为“青少·体育频道”。

表 7　地级以上广播电视播出机构开设的动画类频道（截至 2020 年底）

序号	省份	级别	台名	频道设置
1	—	国家	中央广播电视总台	少儿频道（高标清同播）
2	北京	省	北京广播电视台	卡酷少儿频道（高标清同播）
3	福建	省	福建电视台	少儿频道（高标清同播）
4	福建	省会	福州市广播电视台	少儿频道（高标清同播）
5	甘肃	省	甘肃电视台	少儿频道
6	广东	省	广东广播电视台	嘉佳卡通频道、少儿频道（高标清同播）
7	广东	单列市	深圳市电视台	少儿频道（高标清同播）
8	海南	省	海南广播电视台	少儿频道（高标清同播）
9	河北	省	河北广播电视台	少儿科技频道（高标清同播）
10	河南	省会	郑州市电视台	妇女儿童频道
11	黑龙江	省	黑龙江广播电视台	少儿频道
12	湖北	省会	武汉市广播电视台	少儿频道
13	湖南	省	湖南广播电视台	金鹰卡通频道（高标清同播）

续表

序号	省份	级别	台名	频道设置
14	江苏	省	江苏电视台	优漫卡通频道（高标清同播）
15	江苏	省会	南京市电视台	少儿频道（高标清同播）
16	江西	省	江西广播电视台	少儿频道（高标清同播）
17	辽宁	省	辽宁广播电视台	教育·青少频道（辽沈合作）
18	辽宁	单列市	大连市广播电视台	少儿频道
19	内蒙古	省	内蒙古广播电视台	少儿频道（高标清同播）
20	宁夏	省	宁夏广播电视台	少儿频道（高标清同播）
21	山东	省	山东广播电视台	少儿频道（高标清同播）
22	山东	省会	济南市广播电视台	少儿频道
23	山西	地市	长治市广播电视台	公共·少儿频道（高标清同播）
24	上海	省	上海广播电视台	哈哈炫动频道（高标清同播）
25	四川	省	四川广播电视台	妇女儿童频道（高标清同播）
26	四川	省会	成都市广播电视台	少儿频道
27	天津	省	天津广播电视台	少儿频道（高标清同播）
28	新疆	省	新疆广播电视台	少儿频道（高标清同播）
29	新疆	省会	乌鲁木齐市广播电视台	妇女儿童频道
30	云南	省	云南广播电视台	少儿频道
31	浙江	省	浙江电视台	少儿频道（高标清同播）
32	浙江	省会	杭州市广播电视台	青少·体育频道（高标清同播）
33	浙江	单列市	宁波市电视台	少儿频道（高标清同播）
34	重庆	省	重庆电视台	少儿频道（高标清同播）

资料来源：国家广播电视总局。

电视动画片播出时间持续增加，内容播出结构不断优化，国产片播出数量和所占比例逐步增多。2020 年，全国各级电视频道动画片播出时长为 446 113 小时，其中国产片 439 055 小时、进口片 7 058 小时，与 2019 年相比，增长率分别为 11.90%、11.58%和 36.24%，国产片和进口片所占比值为 98.4∶1.6（见表 8）。

表 8　2011—2020 年全国电视动画播出数量

统计指标	2011 年	2012 年	2013 年	2014 年	2015 年	2016 年	2017 年	2018 年	2019 年	2020 年	平均值
全年电视动画播出时间（小时）	280 254	304 877	293 140	304 839	309 060	328 864	362 825	374 485	398 685	446 113	340 314
进口电视动画播出时间（小时）	14 822	12 063	14 015	15 883	9 655	8 945	11 480	8 879	5 181	7 058	10 798
国产电视动画播出时间（小时）	265 432	292 814	279 125	288 955	299 405	319 920	351 345	365 606	393 504	439 055	329 516
进口电视动画播出时间所占比例	5.29%	3.96%	4.78%	5.21%	3.12%	2.72%	3.16%	2.37%	1.30%	1.58%	3.17%
国产电视动画播出时间所占比例	94.71%	96.04%	95.22%	94.79%	96.88%	97.28%	96.84%	97.63%	98.70%	98.42%	96.83%

资料来源：根据历年《中国统计年鉴》整理。

根据酷云对智能电视机和机顶盒用户的终端收视数据的统计，2020 年第四季度，央视少儿频道、湖南金鹰卡通频道、北京卡酷少儿频道、广东嘉佳卡通频道、上海哈哈炫动频道、江苏优漫卡通频道六大动画类卫星频道的直播关注度①分别为 0.09%、0.10%、0.06%、0.03%、0.01%、0.01%，市场占有率②分别为 1.30%、1.46%、0.88%、0.43%、0.19%、0.12%。多年来央视少儿频道位居第一的市场格局被打破，湖南金鹰卡通频道在 10—12 月份的直播关注度和市场占有率均超过了央视少儿频道（见图 7、表 9）。从节目情况来看，2020 年直播关注度最高的动画节目是央视综合频道 12 月 29 日 18：41 至 18：50 播出的《小太阳人微动画》，直播关注度和市场占有率分别为 0.71%和 4.42%；全年市场占有率收视冠军动画节目是央视综合频道 12 月 31 日 16：47 至 17：24 播出的《熊出没》，直播关注度和市场占有率分别为 0.53%和 6.08%。收视较高的动画节目大多为《熊出没》系列，以及《超级小熊布迷》《星球大战》《新大头儿子和小头爸爸》《小凉帽之白鹭归来》等。

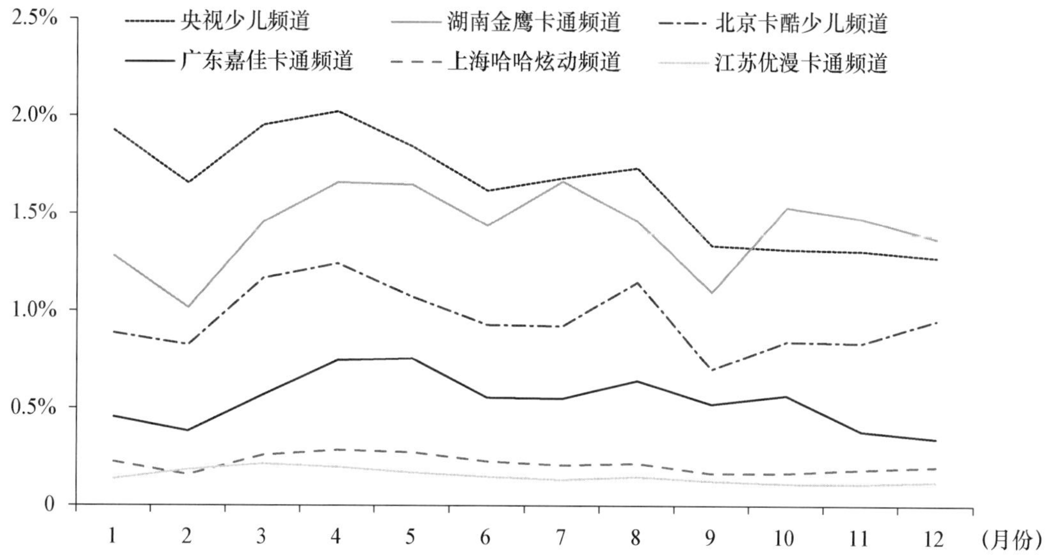

图 7　2020 年全国六大少儿（动画）卫星频道市占率对比

资料来源：酷云 EYE Pro（http://pro.eye.kuyun.com/）。

（三）动画电影：稳居主流电影类型

1. 动画电影市场：受疫情影响跌幅较大

动画电影是动漫产业的高级产品形态，以动感炫目的高仿真拟态影像极大地满足了观众对于奇观影像和超凡意境的精神体验。基于中国动漫产业十余年来的持续创新和厚积薄发，中国动画电影市场在 2019 年实现了井喷式发展。2020 年，国产动画电影制作备案 102 部，为 2014 年来的最低水平。受新冠肺炎疫情导致影院停业 180 天的影响，全年动画电影票房收入仅有 28.89 亿元（见图 8），在总体电影票房（204.17 亿元）中所占比例降为 14.2%，已经基本达到美国和日本等成熟动画电影市场的程度。其中，国产片（包含合拍片和港产片在内）18.46 亿元，进口片 10.43 亿元，分别占总体的 63.9%和 36.1%（见图 9）。

2. 制片发行：优质 IP 和专业机构脱颖而出

2020 年票房突破一亿元的动画电影有 4 部，相比 2019 年的 18 部大幅减少（见表 10）。在票房最高的 10 部动画电影中，多数是基于 IP 开发的——《姜子牙》是根据神话传说改编的，《数码宝贝大冒险：最后的进化》《变身特工》《汪汪队立大功之超能救援》《哆啦 A 梦：大雄的新恐龙》《紫罗兰永恒花园外传：永远与自动手记人偶》《动物特工局》是在漫画、电视动画片、游戏等 IP 基础上的拓展，只有《疯狂原始人 2》《心灵奇旅》《1/2 的魔法》为原创电影。随着电影日益追求品牌和系列化，基于某一创意或 IP 的系列电影越来越多，《疯狂原始人 2》《数码宝贝大冒险：最后的进化》《哆啦 A 梦：大雄

① 直播关注度是指某频道/节目在某一时段的收看用户数占累计直播用户数的百分比，用来反映频道/节目的影响力。

② 市场占有率（简称“市占率”）是指某频道/节目在某一时段的收看用户数占总体直播收看用户数的百分比，数值越大表明该频道/节目在该时段的市场竞争力越强。

表 9　2016—2020 年各季度全国六大少儿（动画）卫星频道的直播关注度和市场占有率

季度	直播关注度						市场占有率					
	央视少儿频道	湖南金鹰卡通频道	北京卡酷少儿频道	广东嘉佳卡通频道	上海哈哈炫动频道	江苏优漫卡通频道	央视少儿频道	湖南金鹰卡通频道	北京卡酷少儿频道	广东嘉佳卡通频道	上海哈哈炫动频道	江苏优漫卡通频道
2016Q1	0.15%	0.07%	0.05%	0.04%	0.01%	0.02%	1.97%	0.89%	0.70%	0.50%	0.19%	0.23%
2016Q2	0.12%	0.08%	0.05%	0.03%	0.01%	0.01%	1.65%	1.08%	0.76%	0.45%	0.15%	0.20%
2016Q3	0.17%	0.09%	0.04%	0.04%	0.02%	0.02%	2.25%	1.17%	0.60%	0.55%	0.21%	0.24%
2016Q4	0.15%	0.09%	0.05%	0.03%	0.01%	0.01%	2.06%	1.25%	0.62%	0.43%	0.19%	0.18%
2017Q1	0.15%	0.09%	0.06%	0.03%	0.01%	0.01%	2.04%	1.26%	0.78%	0.39%	0.19%	0.20%
2017Q2	0.13%	0.08%	0.05%	0.03%	0.01%	0.01%	1.87%	1.17%	0.79%	0.41%	0.17%	0.16%
2017Q3	0.18%	0.09%	0.05%	0.03%	0.02%	0.01%	2.62%	1.26%	0.76%	0.48%	0.22%	0.21%
2017Q4	0.18%	0.09%	0.05%	0.03%	0.02%	0.01%	2.72%	1.28%	0.68%	0.39%	0.22%	0.19%
2018Q1	0.22%	0.11%	0.06%	0.03%	0.02%	0.01%	3.03%	1.50%	0.82%	0.39%	0.25%	0.20%
2018Q2	0.16%	0.09%	0.05%	0.03%	0.01%	0.01%	2.39%	1.36%	0.79%	0.39%	0.21%	0.16%
2018Q3	0.19%	0.10%	0.07%	0.04%	0.02%	0.01%	2.74%	1.43%	1.01%	0.58%	0.27%	0.19%
2018Q4	0.13%	0.09%	0.04%	0.03%	0.01%	0.01%	2.15%	1.43%	0.71%	0.43%	0.22%	0.15%
2019Q1	0.17%	0.10%	0.06%	0.03%	0.02%	0.01%	2.60%	1.47%	0.93%	0.48%	0.25%	0.14%
2019Q2	0.14%	0.10%	0.06%	0.03%	0.02%	0.01%	2.10%	1.45%	0.94%	0.48%	0.24%	0.14%
2019Q3	0.14%	0.09%	0.08%	0.05%	0.02%	0.01%	2.15%	1.36%	1.13%	0.68%	0.27%	0.16%
2019Q4	0.12%	0.10%	0.07%	0.03%	0.01%	0.01%	1.73%	1.37%	0.95%	0.43%	0.20%	0.12%
2020Q1	0.15%	0.10%	0.08%	0.04%	0.02%	0.01%	1.83%	1.24%	0.95%	0.46%	0.21%	0.18%
2020Q2	0.12%	0.11%	0.07%	0.05%	0.02%	0.01%	1.83%	1.58%	1.08%	0.69%	0.26%	0.17%
2020Q3	0.11%	0.10%	0.06%	0.04%	0.01%	0.01%	1.59%	1.42%	0.93%	0.57%	0.20%	0.14%
2020Q4	0.09%	0.10%	0.06%	0.03%	0.01%	0.01%	1.30%	1.46%	0.88%	0.43%	0.19%	0.12%

资料来源：酷云 EYE Pro（http://pro.eye.kuyun.com/）。

的新恐龙》都是系列电影的续作。近年来爆款动画电影的主要出品公司有中国的北京光线传媒股份有限公司、华强方特（深圳）动漫有限公司、追光人动画设计（北京）有限公司，美国的华特迪士尼影业集团、环球影业公司、华纳兄弟影业公司、梦工厂影业公司、索尼动画公司和日本的吉卜力工作室、东宝株式会社等；发行公司则以中国电影股份有限公司和华夏电影发行有限责任公司为主，北京光线传媒股份有限公司、乐创影业（天津）有限公司、北京卓然影业有限公司等民营公司稍显实力。

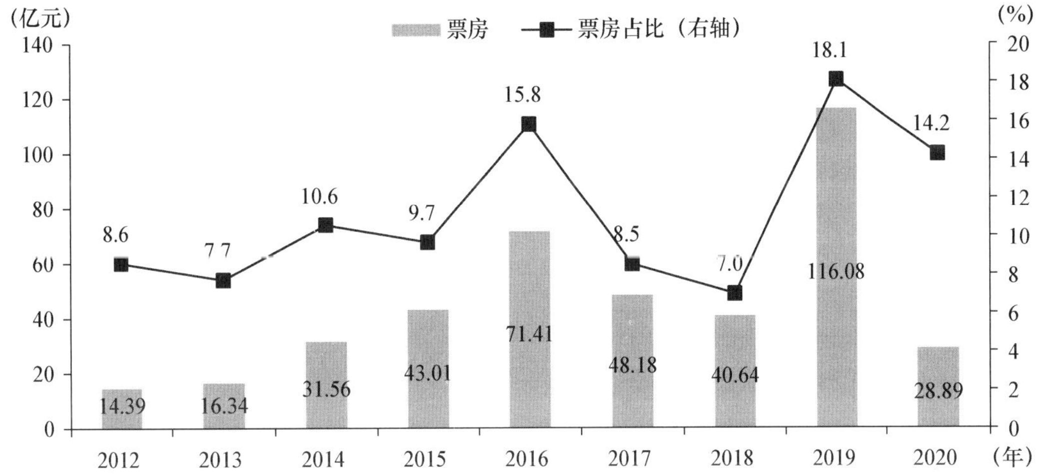

图 8　2012—2020 年全国动画电影票房收入和所占比例

资料来源：艺恩数据（http://www.endata.com.cn/）。

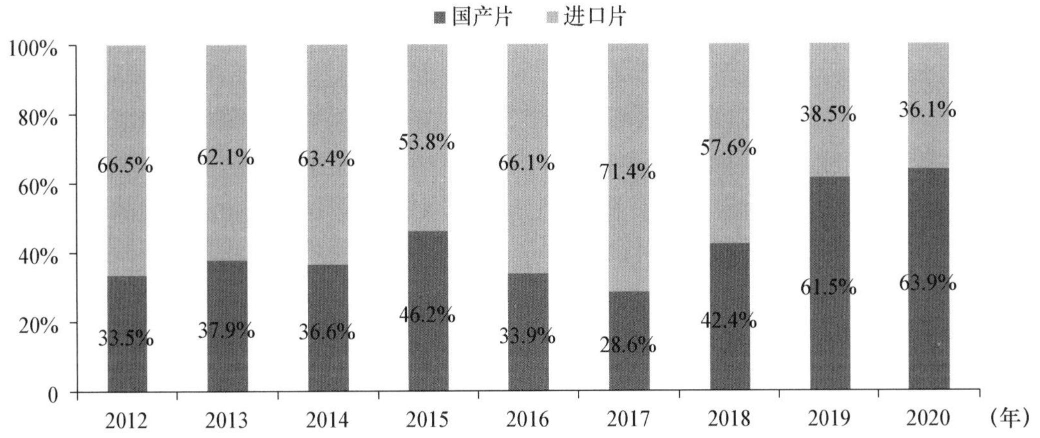

图 9　2012—2020 年全国动画电影票房收入结构

资料来源：艺恩数据（http://www.endata.com.cn/）。

表 10　2020 年全国票房最高的 10 部动画电影

序号	片名	国家	首映日	票房（亿元）	场次（万场）	人次（万人）
1	《姜子牙》	中国	10 月 1 日	16.03	209.63	4 028.87
2	《疯狂原始人 2》	美国	11 月 27 日	3.38	125.87	962.92
3	《数码宝贝大冒险：最后的进化》	日本	10 月 30 日	1.25	69.64	387.16
4	《变身特工》	美国	1 月 3 日	1.04	48.62	295.74
5	《心灵奇旅》	美国	12 月 25 日	0.78	16.29	211.14
6	《汪汪队立大功之超能救援》	美国	11 月 13 日	0.78	45.65	260.89
7	《1/2 的魔法》	美国	8 月 19 日	0.71	28.49	219.99
8	《哆啦 A 梦：大雄的新恐龙》	日本	12 月 11 日	0.62	32.98	204.59
9	《紫罗兰永恒花园外传：永远与自动手记人偶》	日本	1 月 10 日	0.49	37.59	155.19
10	《动物特工局》	中国	1 月 11 日	0.44	32.82	140.47

资料来源：艺恩数据（http://www.endata.com.cn/）。

（四）网络动画：网络视频平台利用播出优势拓展投资制作

1. 网络动画制作：备案数量和上线数量日益升温

根据国家广播电视总局重点网络影视剧信息备案系统统计数据，2020 年在系统中登记并符合重点网络原创视听节目制作相关规定的网络动画片共 267 部、5 816 集，平均每部 21.8 集。其中，传奇题材 96 部 1 150 集，青少题材 46 部 2 523 集，科幻题材 31 部 520 集，都市题材 19 部 725 集，武打题材 17 部 176 集，其他（含传记、农村等）题材 58 部 722 集。2020 年在系统中通过登记并取得上线备案号的重点网络动画片共 112 部、1 293 集。其中，传奇题材 66 部 541 集，青少题材 7 部 443 集，都市题材 13 部 95 集，科幻题材 9 部 88 集，武打题材 3 部 25 集，军事题材 1 部 1 集，其他题材 13 部 100 集。其中，以上海宽娱数码科技有限公司、上海阅文影视文化传播有限公司和深圳市腾讯计算机系统有限公司等机构的上线数量较多，上海宽娱数码科技有限公司上线《大王不高兴》《我开动物园那些年》《天宝伏妖录》《百妖谱》《天官赐福》《解药》《精忠报国》等 12 部网络动画片，共计 69 集（见表 11）。

表 11　2020 年上线的部分重点网络动画片

序号	节目品牌名称	片目数量（部）	集数（集）	申报机构
1	狐妖小红娘	5	23	上海花原文化传播有限公司
2	恋与制作人	4	12	上海叠阿尼动画有限公司
3	武庚纪	3	32	深圳市腾讯计算机系统有限公司
4	大王不高兴	3	17	上海宽娱数码科技有限公司
5	宝宝巴士	2	344	福州智永信息科技有限公司
6	别惹流氓兔马修	2	70	江苏糖心文化传媒有限公司
7	万界奇缘	2	40	北京爱奇艺科技有限公司
8	麻辣女配	2	32	北京小鹰飞扬影视文化有限公司
9	一念永恒	2	26	北京视美精典影业有限公司
10	斗罗大陆	2	26	深圳市腾讯计算机系统有限公司
11	万圣街	2	24	北京分子互动文化传播有限公司
12	非人哉	2	24	北京分子互动文化传播有限公司
13	暗界神使	2	23	中华文化促进会传媒中心
14	画江湖	2	20	北京若森数字科技股份有限公司

资料来源：国家广播电视总局。

2. 网络动画播出：综合视频平台成为主力军

视频网站及其 APP 是各类动画片的重要播出平台。一方面，爱奇艺、腾讯视频、优酷视频等综合视频网站纷纷开设了动画频道，在采购节目内容播映版权的同时，还联合内容制作方（影视制作公司）投资制作自有版权内容。另一方面，以哔哩哔哩（B 站）为代表的垂直视频网站在以动漫、游戏为主的二次元社区的基础上，围绕着年轻群体的娱乐需要拓展生活、娱乐、科技等大众化泛娱乐社区。随着 B 站内容的多元化，其定位已从成立之初的二次元爱好者组成的动漫社区发展为“Z 世代”（泛指 1995—2009 年出生的年青一派）热衷的在线泛娱乐社区。易观千帆数据显示，截至 2020 年 12 月，爱奇艺、腾讯视频、优酷视频和芒果 TV 在综合视频 APP 中遥遥领先，月活跃用户分别为 6.46 亿人、5.58 亿人、2.41 亿人和 1.34 亿人，领域渗透率分别为 65.48%、56.54%、24.44%和 13.60%；哔哩哔哩在垂直视频 APP 中脱颖而出，月活跃用户达到 1.31 亿人，领域渗透率达 81.29%。

在新冠肺炎疫情的催化下，网络视频的用户规模和使用率大幅增长。截至 2020 年 12 月，网络视频（含短视频）用户规模达 9.27 亿人，占网民整体的 93.7%。根据骨朵数据对腾讯视频、爱奇艺、搜狐视频、优酷、芒果 TV、B 站等播放平台的数据监测，2020 年国产动画合计播放 387.30 亿次，相比 2019 年（311.70 亿次）增长 24.3%。其中，播放量最高的是由企鹅影视、玄机科技联合出品的网络动画《斗罗大陆》，在腾讯视频的播放量达 118.64 亿次。在播放量最高的十大国产动画片中，大多为持续更新的连载作品，其中《武神主宰》《无上神帝》两部作品属于 2020 年上线的新作（见表 12）。

表 12　2020 年播放量最高的十大国产动画片

排名	片名	播放量（亿次）	类型	首播年份	播放平台
1	《斗罗大陆》	118.64	古代/玄幻奇幻	2018 年	腾讯视频
2	《武庚纪》	27.07	古代/玄幻奇幻/仙侠武侠	2016 年	腾讯视频、B 站
3	《狐妖小红娘》	22.57	古代/玄幻奇幻/爱情言情/女性	2015 年	腾讯视频、爱奇艺、搜狐视频、优酷、B 站
4	《灵剑尊》	19.37	古代/玄幻奇幻/仙侠武侠	2019 年	腾讯视频
5	《武神主宰》	15.71	玄幻奇幻/仙侠武侠/冒险	2020 年	腾讯视频
6	《妖神记》	15.62	古代/玄幻奇幻/仙侠武侠	2017 年	腾讯视频、爱奇艺、B 站
7	《非人哉》	13.00	搞笑/日常	2018 年	B 站、腾讯视频
8	《万界神主》	12.82	古代/玄幻奇幻/冒险	2019 年	腾讯视频
9	《无上神帝》	11.68	古代/玄幻奇幻	2020 年	腾讯视频
10	《万界仙踪》	9.89	古代/玄幻奇幻	2018 年	爱奇艺、腾讯视频

资料来源：骨朵数据（http://data.guduodata.com/）。

二、中国动漫产业存在的问题

（一）动漫产业盈利能力仍有待提高

用户是动漫企业的核心资产，从用户资产视角来分析动漫产业的商业模式，可以概括为收入＝用户数×ARPU 值（单用户创收）。这一商业模式的本质体现为用户的获取、留存与变现，不同企业营收、市值的差别其实是获取和留存用户的难度、用户规模的天花板以及面向用户变现能力的差别。在用户需求层面，动漫主要是一种内容产品，而内容需求是最为多样的，这就导致获客和留存成本普遍较高。在变现方面，用户有效时长、交互频次高低、产品（用户）生命周期长短、商业模式离交易端远近、服务层级多少，都是决定用户变现能力的关键变量。在变现模式上，订阅和打赏是内容产品的常见变现方式，内容的生产门槛决定了两种变现方式的转换：内容生产的难度越高，付费率就会越高，反之则越低。

中国动漫产业当前面临的深层困境在于动漫用户泛化。虽然群体规模很大，但普遍付费意愿和消费能力偏低，而具有付费意愿和消费能力的核心用户群体规模其实很小。艾媒咨询数据显示，2020 年中国二次元用户规模约为 3.70 亿人，随着二次元文化的泛化发展，其用户规模将持续增长。在多元的二次元内容中，动画一直占据主导地位。二次元用户对动画有很强的偏好，有 61.4%的受访者喜欢观看动画。根据中国音像与数字出版协会发布的《2020 年度中国数字阅读报告》，“95 后”对漫画绘本情有独钟。用户对数字阅读内容品质的提升高度重视，81.2%的用户认为阅读行业迫切需要在内容质量、产品功能等方面进行提升。优质内容衍生的动漫作品关注度为 45.1%，付费意愿为 28.3%。

大型网络动漫发行平台推行免费模式，以复合模式、资本优势（风险投资）结合免费策略抢占市场份额，单纯提升自身企业市值（估值），挤压传统出版企业、国内小型网站平台，形成了不公平竞争。中国网络漫画行业活跃用户规模在 2020 年 12 月达到 4 985.47 万人，其中，快看漫画的活跃用户为 2 487.68 万人。网络动漫通过媒介变迁获取的总体收入可能远低于传统纸质出版业的损失。

多年来，动画生产制作企业和播放平台的盈利困局始终未能得到根本性扭转。自 2005 年以来，电视动画国内投资额和销售额长期倒挂，除了 2013 年和 2015 年国内销售额高于当年投资额之外，其他年份都是销售额低于投资额，若非每年都有新的生产制作企业加入投资，电视动画制作行业早已难以为继。以行业龙头企业奥飞娱乐股份有限公司为例，其影视类营业收入（主要为动漫内容授权收入和电视台播片收入）为 3.03 亿元，占公司营业收入的 12.78%，毛利率为 11.00%，因受疫情影响，相比 2019 年（3.91 亿元）减少 22.51%。在网络视频平台方面，哔哩哔哩（B 站）作为国内知名综合视频社区，其主营业务包括游戏、增值服务、广告、电商服务等，游戏业务在 2020 年营业收入（120.0 亿元）中所占比例为 40%。截至 2020 年第四季度，B 站月活跃用户为 2.02 亿人，2020 年月均付费用户为 1 240 万人，190 万 UP 主中的不少人还在“为爱发电”。

（二）动漫产业扶持力度有所减弱

自 2006 年国务院办公厅转发财政部等部门《关于推动我国动漫产业发展的若干意见》以来，在中央财政的支持下，文化和旅游部（原文化部）、国家广播电视总局（原国家广播电影电视总局）、国家新闻出版署（原新闻出版总署）等设立了扶持动漫产业发展专项资金、国产动画发展专项资金、“原动力”中国原创动漫出版扶持计划专项资金，通过实施“原创动漫扶持计划”、“国家动漫品牌建设和保护计划”、“国产动画发展专项资金项目”、“中国经典民间故事动漫创作工程”、“原动力”中国原创动漫出版扶持计划等对国产动漫产品、制作播出机构和创作人才进行扶持，对鼓励国产动漫精品创作、加快推动动漫产业高质量发展起到了巨大的促进作用。

近年来，中央和地方财政资金扶持动漫产业发展的力度有所减弱。以最具代表性的国产动画发展专项资金为例，2009—2015 年国产动画发展专项资金每年扶持项目金额大多在 1 000 万元以上，但 2016—2020 年每年扶持项目金额只有 300 万元左右，约为此前的 1/4（见图 10）。获得 2020 年度优秀国产动画项目资金扶持的《幸福路上》《中国神话故事》《熊猫和卢塔》《三国演义》等 20 部优秀作品，每部均获得扶持资金 10 万元，与此前的 30 万～40 万元（一等奖）相去甚远，甚至不及此前的三等奖（10 万～15 万元）。

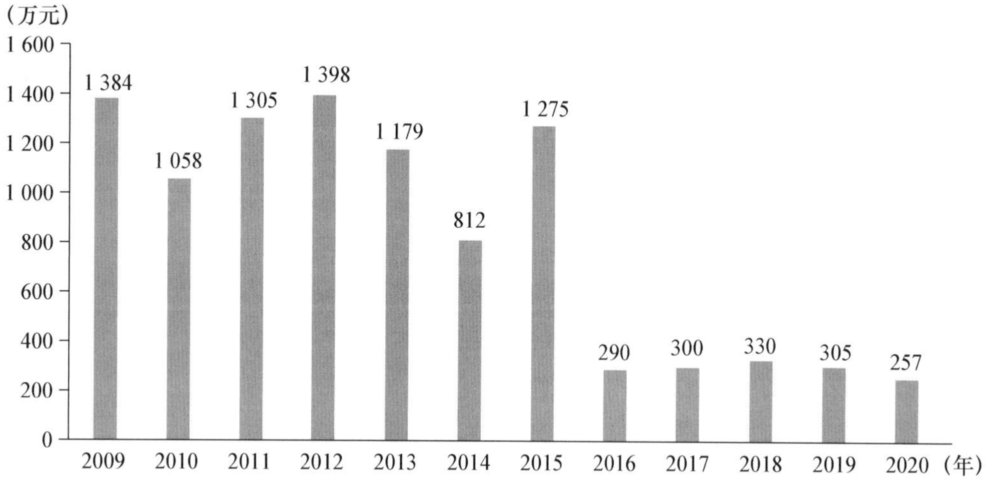

图 10　2009—2020 年国产动画发展专项资金扶持项目金额

资料来源：根据历年国产动画发展专项资金项目评审结果统计。

国家扶持动漫产业发展的主要政策依据在于：第一，促进幼稚产业的发展，保障文化安全和经济安全；第二，实现国产动漫的超常规发展，缩短赶超先进国家的时间，增强国际竞争力和提升文化软实力；第三，弥补市场失灵缺陷，打破电视媒体垄断，有效配置资源；第四，扶持战略性高新技术，促进产业技术水平不断提高。尽管现今的国产动漫相较 2006 年实现了较大飞跃，创作播出了一大批优秀作品，人才队伍建设得到进一步提升，但动漫产业规模依旧较小，产业结构不尽合理，盈利能力较弱，国际传播能力有待提高，制约产业发展的深层次问题尚未得到解决。对此，应保持动漫产业扶持政策的连续性，持续加强产业扶持力度，为推动动漫产业高质量、创新性发展提供支撑。

三、中国动漫产业发展趋势

（一）动漫成为传承和弘扬传统文化的适宜媒介

动漫作为一种独立的大众娱乐文化形态，有着典型的视觉文化属性。一方面，动漫作为一种文化载体，反映了特定时代、地域、国家、民族的社会文化现象，并进而表现其特有的文化价值观念；另一方面，动漫作为一种文化样式，既受到文化的影响、制约，又反作用于文化，以其视觉影像性瓦解、重构语言文字承载的文化。

我国有着丰富的传统文化资源，为动漫创作提供了大量优质素材。党的十八大以来，习近平总书记高度重视传承和弘扬中华优秀传统文化，鲜明提出“创造性转化、创新性发展”的方针。2017 年，中办、国办出台《关于实施中华优秀传统文化传承发展工程的意见》，首次以中央文件形式专题阐述中华优秀传统文化传承发展工作。《意见》提出：“实施中国经典民间故事动漫创作工程、中华文化电视传播工程，组织创作生产一批传承中华文化基因、具有大众亲和力的动画片、纪录片和节目栏目。”“中国经典民间故事动漫创作工程”于 2017 年正式启动，工程涵盖了漫画出版物、电视动画片、网络动画片、动画电影等方面。国家新闻出版署在 2019—2020 年实施了“中国经典民间故事动漫创作出版工程”，第一辑、第二辑有 40 个项目入选，《长发妹》等71个民间故事动漫创作出版项目入选第三辑。国家广播电视总局自2018年以来组织开展中国经典民间故事动漫创作工程（电视动画片、网络动画片）的征集评选工作，《中国神话故事》《百鸟朝凤》《大禹治水》《愚公移山》《大运河奇缘》《八仙过海》等电视动画片和《无敌小鹿故事篇》《中华英才少年》《包公的故事》等21部网络动画片成为重点扶持项目。国家电影局在2018—2019年组织开展"中国经典民间故事动画电影创作工程"，分3批共资助了《济公之庆友尊者》《西游记之大圣闹天宫》《阿凡提新传》《哪吒重生》《姜子牙》等14个项目的剧本开发、拍摄制作、宣发推广。"中国经典民间故事动漫创作工程"挖掘具有代表性的各地经典民间故事，彰显中华优秀传统文化中蕴含的思想精华、民族精神和气度神韵，以现代视角、动画科技推动传统文化创造性转化、创新性发展，展现中国精神、中国价值、中国力量。

中国动漫通过对传统文化资源的积极开发利用，创造了各具特色的动漫艺术作品，赢得了新的发展空间。例如，由浙江广播电视集团出品的国内首部4K电视动画片《大禹治水》，通过深入挖掘经典神话故事大禹治水的精神内核，突出表现大禹身上所体现的公而忘私、心怀天下的家国情怀。该片在央视一套、央视少儿频道和浙江卫视等平台播出后引起广泛关注，被国家广播电视总局确定为庆祝新中国成立70周年纪录片、动画片、电视节目公益展播片目和2019年度优秀国产动画片，并先后荣获中共中央宣传部第十五届精神文明建设"五个一工程"优秀作品奖、浙江省第十四届精神文明建设"五个一工程"优秀作品奖、第26届电视文艺"星光奖"电视动画节目奖。

2021年，中宣部正式印发《中华优秀传统文化传承发展工程"十四五"重点项目规划》，明确了23个重点项目（包括15个原有项目和8个新设项目），注重在记忆、传承、创新、传播四个方面着力。《规划》再次将"中国经典民间故事动漫创作工程"纳入其中，鼓励从中华文化资源宝库中提炼题材、获取灵感、汲取养分，推出一批优秀动漫作品。运用动漫手段再现经典民间故事，对优秀传统文化进行创造性转化和创新性发展，有利于唤起年青一代对于传统文化的亲近感和责任感，使得传统文化的传播更具流行气质和青春气息。

（二）动漫IP在新文创生态中愈加彰显版权价值

动漫IP的数量和质量是检验动漫产业市场繁荣发展的重要指标。动漫IP的类型越丰富、连续创作性越强，说明其目标受众定位越清晰，越具有较强的市场影响力和用户黏性。动漫IP往往有着较强的品牌效应，在文化内容领域和创意产品领域有着较高的商业价值，这是动漫产业链得以不断开拓延伸的重要基础。

2020年，中国动漫更加重视IP的孵化和培育，成果丰硕，表现亮眼。广东原创动力文化传播有限公司推出《喜羊羊与灰太狼之羊羊趣冒险》《喜羊羊与灰太狼之羊村守护者3》《喜羊羊与灰太狼之运动英雄传》3部动画片。其中《喜羊羊与灰太狼之羊羊趣冒险》是《喜羊羊与灰太狼之智趣羊学堂》系列的第7部作品，也是《喜羊羊与灰太狼》系列的第一部3D版动画；《喜羊羊与灰太狼之运动英雄传》是《喜羊羊与灰太狼》系列的第23部作品，也是该系列的第7部连续剧作品，它以篮球竞技为主题，讲述了羊和狼面对强劲对手，顽强拼搏，追求篮球梦想的故事。《猪猪侠》《乐比悠悠》《新大头儿子和小头爸爸》《斗龙战士》《棉花糖和云朵妈妈》《百变马丁》《百变校巴》《宝宝巴士》等知名品牌在2020年持续推出新作，不断提升品牌的知名度和影响力。值得一提的是，一些经典品牌在时隔多年之后再次推出新作。湖南漫联卡通文化传媒有限公司继2016年推出《虹猫蓝兔七侠外传》之后，又于2020年推出《虹猫蓝兔快乐儿歌》和《虹猫蓝兔智趣园》两部动画片，试图延续经典品牌"虹猫蓝兔"的生命力。类似动画品牌还有《梦幻镇》《中国熊猫》等。

近年来，中国品牌授权行业快速发展，其市场规模不断扩大。2020年中国授权商品零售额为1 106亿元，授权金为41.5亿元，品牌授权商收取的版权金约占商品零售额的3.75%。在中国开展品牌授权的企业总数为586家，已经开展授权业务的IP有2 182项。动漫IP是2020年最为活跃的授权IP类型，约占总体的29.4%。动漫和玩具之间有着天然的关联性和很强的匹配性，动漫IP对于玩具行业的带动效应较强。玩具业是被授权商最为集中的行业，玩具商最热衷于获取动漫IP的授权，动漫IP占被授权玩具企业合作IP类型的38.1%。"Z世代"相比其他年龄段人群更喜爱并习惯消费授权产品，热衷于购买玩具手办、服装鞋帽、时尚饰品等授权产品。

2020年11月，文化和旅游部发布《关于推动数字文化产业高质量发展的意见》，指出："培育和塑造一批具有鲜明中国文化特色的原创IP，加强IP开发和转化，充分运用动漫游戏、网络文学、网络音乐、网络表演、网络视频、数字艺术、创意设计等产业形态，推动中华优秀传统文化创造性转化、创新性发展，继承革命文化，发展社会主义先进文化，打造更多具有广泛影响力的数字文化品牌。”从品牌授权行业来看，动漫 IP 是全球盈利能力最强的 IP 类型，相比其他 IP 类型在商品化授权方面更容易、更直接，从而成为授权市场上数量占比最高的 IP 类型。可以预见，动漫 IP 的文化价值和商业价值在新文创生态中将更加显现。

（三）中外合拍动画片注重品牌 IP 项目

2020 年，国内动画制作机构在中外合拍项目方面取得了一定进展。在电视动画片方面，央视动漫集团有限公司与英国海底小纵队公司合拍 27 集动画片《海底小纵队（第五季）》，与俄罗斯开心球有限责任公司合拍 52 集动画片《熊猫和开心球》；恒信东方儿童（广州）文化产业发展有限公司与新西兰 Pukeko Pictures Limited Partnership 公司合拍 3 部动画片：《小熊读书会》（26 集）、《小熊读书会（二）》（26 集）和《太空学院（第二季）》（26 集）。在动画电影方面，近年来国内推出了《小猪佩奇过大年》《巧虎大飞船历险记》《昆虫总动员 2：来自远方的后援军》《贝肯熊 2：金牌特工》《海底小纵队：火焰之环》等基于国际 IP 的国产影片。

以《海底小纵队：火焰之环》为例，该片由万达影视传媒有限公司、万达儿童文化发展有限公司、央视动漫集团有限公司联合出品。《海底小纵队》是由英国银色大门传媒公司（Silvergate Media）创建的知名动画 IP，现已在全球播出五季电视动画片，前 4 季由棕袋影片（Brown Bag Films）制作，第 5 季由央视动漫集团联合制作。自 2017 年起，万达宝贝王集团成为《海底小纵队》的全球全版权持有方。万达宝贝王集团以 IP 为核心，强势发挥旗下宝贝王早教、宝贝王乐园、IP 衍生品对其开展全产业链运营。万达宝贝王集团已经拥有海底小纵队、魔法俏佳人、比得兔等品牌，奥飞娱乐拥有超级飞侠、贝肯熊等品牌。伴随着国内大型文化动漫集团持续收购国际知名动漫 IP，将会有更多国际 IP 中国化，也将会有更多国际 IP 的国产、合拍动画作品大量涌现。

2020年中国软件产业发展报告

工业和信息化部信息技术发展司

一、2020年中国软件产业发展的宏观环境

当前，新一轮科技革命和产业变革加快演进，世界经济已进入新旧动能转换的关键期。软件作为信息技术之魂、网络安全之盾、经济转型之擎、数字社会之基，正通过“软件定义”全面融入经济社会各领域，驱动数字经济蓬勃发展，推动智慧社会加速到来。特别是面对新冠肺炎疫情的冲击，以软件技术为代表的信息技术推动新业态、新模式加速涌现，有力支撑了疫情防控、复工复产和产业转型升级。当前，软件产业已经步入加速创新、快速迭代、群体突破的爆发期，正在加快向网络化、平台化、服务化和智能化转变，带动了大数据、云计算、人工智能、物联网、区块链等新技术的快速演进，推动了网络信息技术与工业、金融、交通、教育、文化、医疗、旅游等各个领域的快速融合，促进了平台经济、算法经济等新模式、新业态不断涌现。

国家发布一系列利好政策，大力促进软件和信息技术服务业发展。党的十九届五中全会提出要坚持创新在我国现代化建设全局中的核心地位，国务院及各部委陆续发布了一系列产业政策，从政策上全力支持我国软件行业的健康快速发展。2020年5月29日，财政部、税务总局发布《关于集成电路设计企业和软件企业2019年度企业所得税汇算清缴适用政策的公告》，通过有针对性的税收优惠政策帮助加快新技术的应用和新业务的拓展，进一步提升软件企业竞争实力，助力经济社会转型发展。2020年8月4日，国务院印发《新时期促进集成电路产业和软件产业高质量发展的若干政策》，进一步优化集成电路产业和软件产业发展环境，深化产业国际合作，提升产业创新能力和发展质量，制定出台财税、投融资、研究开发、进出口、人才、知识产权、市场应用、国际合作等八个方面政策措施。

创新在我国现代化建设全局中处于核心地位，工业和信息化领域是技术创新的主战场，为保障软件产业的健康发展，我国不断完善制造业创新体系，加强关键核心技术攻关，推进产业基础再造，打牢基础零部件、基础工艺、关键基础材料、关键工业软件等基础，补齐产业链供应链短板，加快解决重点领域“卡脖子”问题和产业基础薄弱问题。2020年，我国软件和信息技术服务业（以下简称“软件业”）高质量发展再上新台阶，2019年全国软件业综合发展指数为138.4，比上年上升9.5，增幅为近五年来最高。其中，技术创新指数延续了对全国综合发展指数增长贡献率最高的态势，显示软件业以技术创新为驱动的发展态势日益显著；产业规模效益全面提升，业务收入年均增速超过软件业“十三五”规划预期目标；与经济社会的融合进一步向纵深发展，为数字中国建设打造坚实基础①。

2020年伊始，突如其来的新冠肺炎疫情对中国经济社会发展造成较大冲击，国际疫情持续蔓延，世界经济严重衰退，产业链供应链循环受阻，国际贸易投资萎缩，中国经济面临的不稳定、不确定因素显著增多。2020年，以软件产业为重点领域的科技革命和产业革命继续发展，全球软件产业进入到竞争与合作共存的变革期。受全球供应链收缩进程加快和新冠肺炎疫情的影响，全球主要经济体经济发展受到严重冲击，而以软件产业为代表的数字经济领域受疫情影响较小，体现出较强的发展韧性和潜力。全球软件领域的技术、产品、模式等创新仍将持续，软件产业在带动全球经济复苏中将发挥越来越重要的作用。全球化的供应链收紧将导致软件技术、产品和服务的创新合作及市场拓展难度加大。我国软件产品及服务出口将面临更加严峻的挑战，我国在继续推动软件核心技术创新研发的同时也需更好地利用市场优势，加快对全球先进技术的吸收与融合。随着我国更加重视基础软件、前沿研

① 2020年中国软件和信息技术服务业综合发展指数报告［EB/OL］.（2021-01-29）. https://www.miit.gov.cn/jgsj/yxj/xxfb/art/2021/art_746f8694dfd64dd2bb074fa0796282b3.html.

发和开源软件，软件产业已迈入高质量发展的新阶段，将有力支撑制造强国和网络强国建设。

二、2020 年中国软件产业发展基本情况[①]

2020 年，我国软件和信息技术服务业持续恢复，逐步摆脱新冠肺炎疫情的负面影响，呈现平稳发展态势。收入和利润均保持较快增长，从业人数稳步增加；信息技术服务加快云化发展，软件应用服务化、平台化趋势明显；西部地区软件业增速较快，东部地区保持集聚和领先发展态势。

（一）综合情况

软件业务收入保持较快增长。2020 年[②]，全国软件和信息技术服务业规模以上企业[③]超 4 万家，累计完成软件业务收入 81 616 亿元，同比增长 13.3%，如图 1 所示。

利润增速稳步增长。2020 年软件和信息技术服务业实现利润总额 10 676 亿元，同比增长 7.8%；行业人均创造业务收入 115.8 万元，同比增长 8.6%。2013—2020 年软件业人均创收情况如图 2 所示。

软件出口形势低迷。2020 年，全国软件和信息技术服务业实现出口 478.7 亿美元，同比下降 2.4%，如图 3 所示。

从业人数稳步增加，工资总额逐步恢复。2020 年末，全国软件和信息技术服务业从业人数 704.7 万人，比上年末增加 21 万人，同比增长 3.1%。从业人员工资总额 9 941 亿元，同比增长 6.7%，低于上年平均增速，如图 4、图 5 所示。

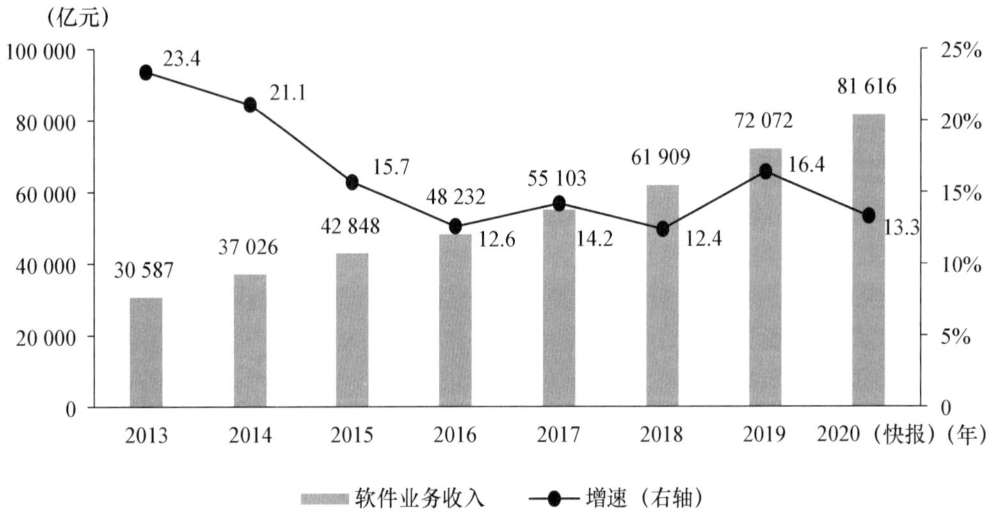

图 1　2013—2020 年软件业务收入增长情况

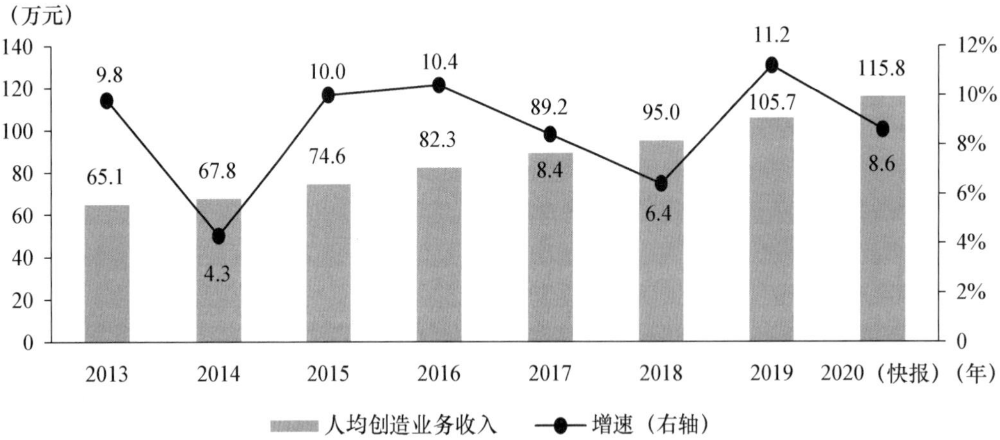

图 2　2013—2020 年软件业人均创收情况

① 2020 年软件和信息技术服务业统计公报[EB/OL].（2021－01－26）. http://www.miit.gov.cn/jgsj/yxj/xxfb/art/2021/art_02cc1543ddc6436e91ea3c05ec4aae32.html. 下文相关数据和统计图完全引用自《统计公报》，对其中疑有误之处未作修改。

② 2020 年数据均为快报数据，其他年份数据为年报数据。

③ 规模以上企业指主营业务年收入 500 万元以上的软件和信息技术服务企业。

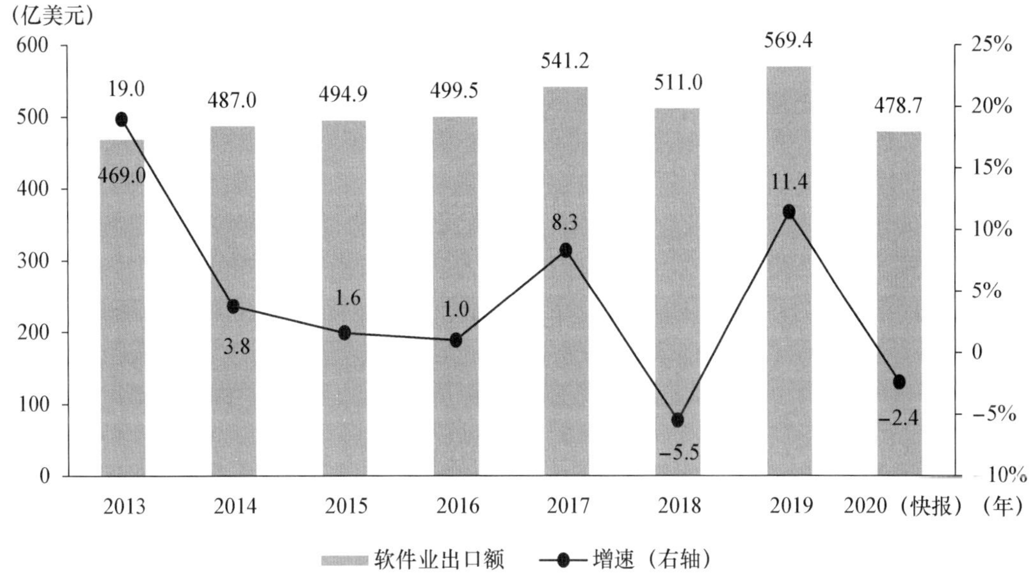

图 3　2013—2020 年软件业务出口增长情况

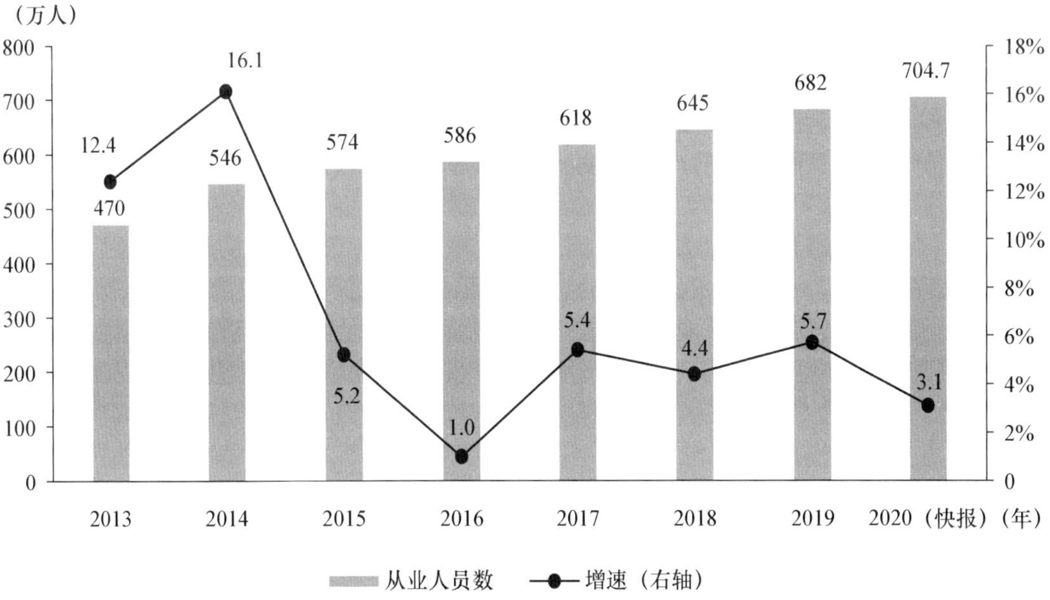

图 4　2013—2020 年软件业从业人员数变化情况

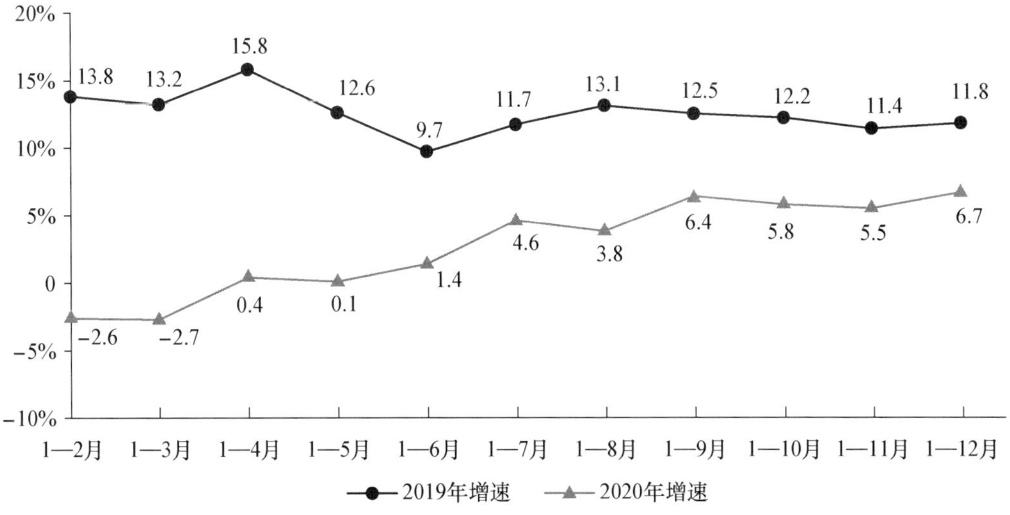

图 5　2019—2020 年软件业从业人员工资总额增长情况

（二）分领域运行情况

软件产品收入实现较快增长。2020 年，软件产品实现收入 22 758 亿元，同比增长 10.1%，占全行业比重为 27.9%。其中，工业软件产品实现收入 1 974 亿元，增长 11.2%，为支撑工业领域的自主可控发展发挥了重要作用。

信息技术服务加快云化发展。2020 年，信息技术服务实现收入 49 868 亿元，同比增长 15.2%，增速高出全行业平均水平 1.9 个百分点，占全行业收入比重为 61.1%。其中，电子商务平台技术服务收入 9 095 亿元，同比增长 10.5%；云服务、大数据服务共实现收入 4 116 亿元，同比增长 11.1%。

信息安全产品和服务收入增速略有回落。2020 年，信息安全产品和服务实现收入 1 498 亿元，同比增长 10.0%，增速较上年回落 2.4 个百分点。

嵌入式系统软件收入增长加快。2020 年，嵌入式系统软件实现收入 7 492 亿元，同比增长 12.0%，增速较上年提高 4.2 个百分点，占全行业收入比重为 9.2%。嵌入式系统软件已成为产品和装备数字化改造、各领域智能化增值的关键性带动技术。2020 年软件产业分类收入占比如图 6 所示。

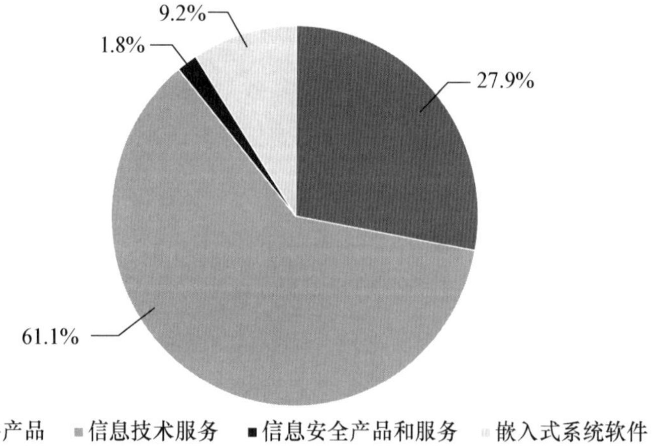

图 6　2020 年软件产业分类收入占比

（三）分地区运行情况

东、西部地区软件业增长较快。2020 年，东部地区完成软件业务收入 65 561 亿元，同比增长 14.2%，占全国软件业的比重为 80.0%。中部和西部地区完成软件业务收入分别为 3 726 亿元和 9 999 亿元，分别增长 3.9%和 14.6%，占全国软件业的比重为 5.0%和 12.0%。东北地区完成软件业务收入 2 330 亿元，同比增长 1.9%，占全国软件业的比重为 3.0%。2020 年软件业分区域增长情况如图 7 所示。

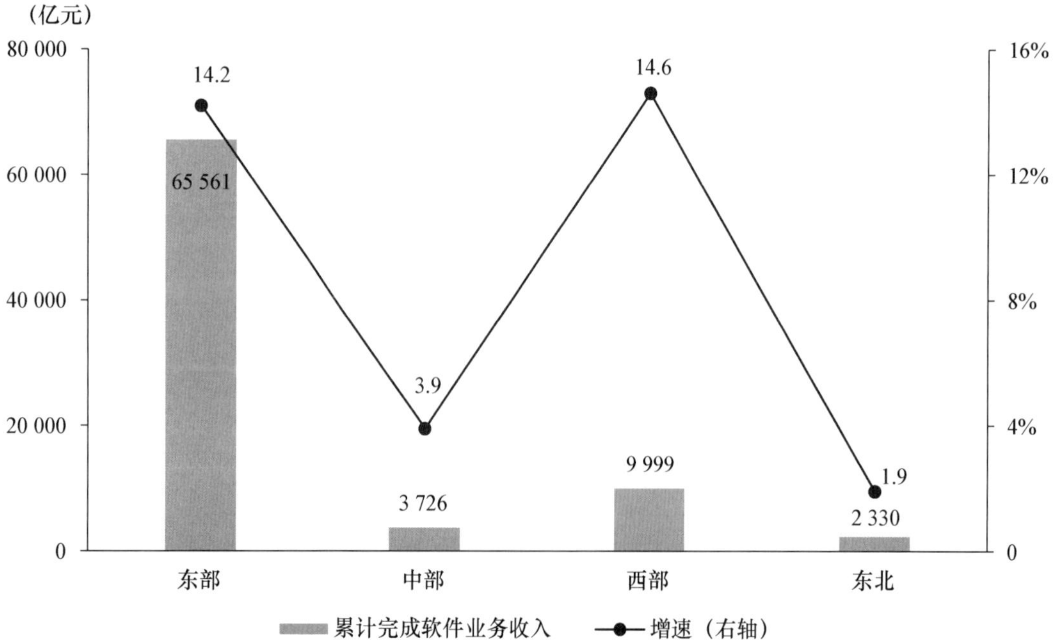

图 7　2020 年软件业分区域增长情况

主要软件大省保持稳中向好态势，部分中西部省市增长快速。软件业务收入居前 5 名的北京、广东、江苏、浙江、上海共完成收入 53 516 亿元，占全国软件业的比重为 65.6%，占比较上年提高 2.0 个百分点。软件业务收入增速高于全国平均水平的省市有 15 个，其中增速高于 20%的省份集中在中西部地区，包括青海、海南、贵州、宁夏、广西等省份。2020 年软件业务收入前 10 位省市软件业务收入增长情况如图 8 所示。

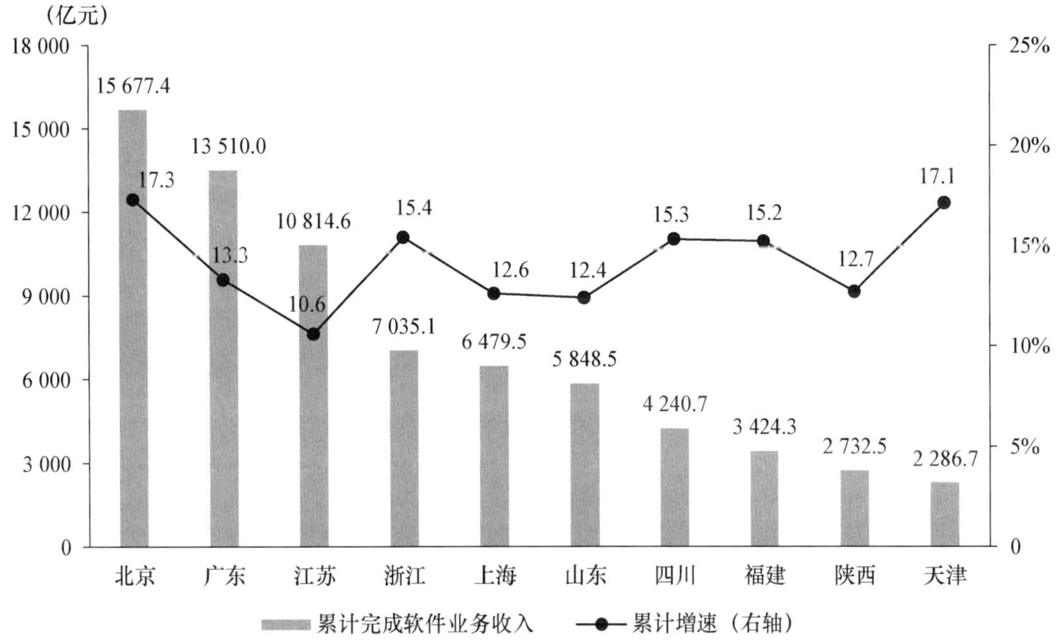

图 8　2020 年软件业务收入前 10 位省市软件业务收入增长情况

重点城市软件业集聚发展态势更加明显。2020 年，全国 4 个直辖市和 15 个副省级中心城市实现软件业务收入 59 636 亿元，同比增长 16.4%，占全国软件业的比重为 85.9%，占比较上年提高 2.8 个百分点。其中，副省级城市实现软件业务收入 43 682 亿元，同比增长 13.0%，占全国软件业的比重为 53.5%。2020 年软件业务收入前 10 位中心城市软件业务收入增长情况如图 9 所示。

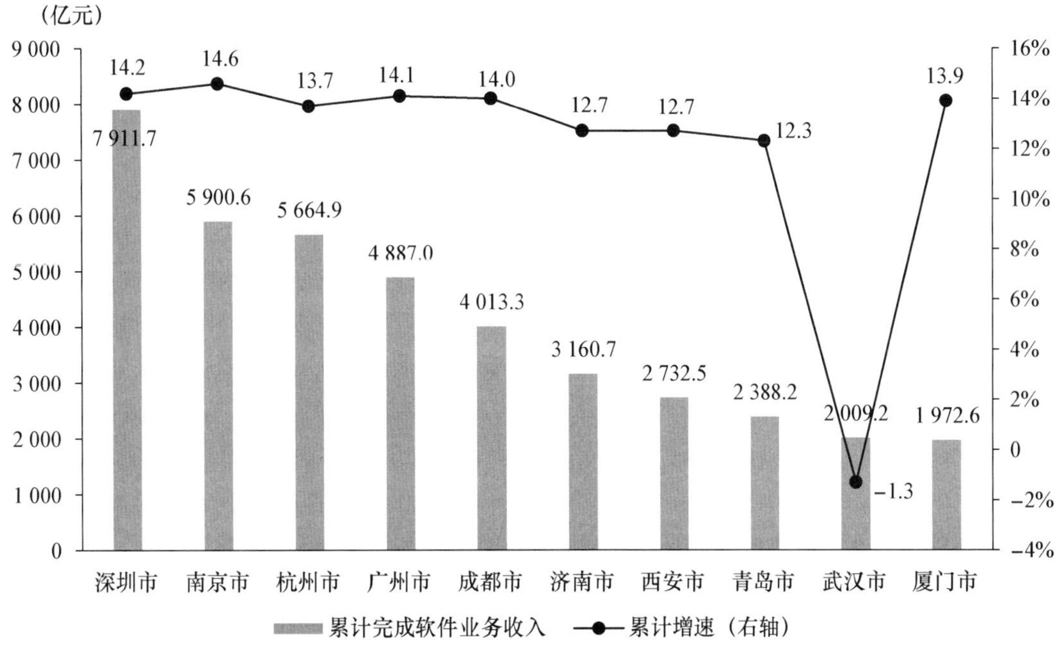

图 9　2020 年软件业务收入前 10 位中心城市软件业务收入增长情况

（四）主要软件企业发展情况[①]

为贯彻落实党中央、国务院“关于培育具有全球竞争力的世界一流企业、具有创新能力的排头兵企业，发展更多优质企业”的决策部署，进一步激发我国软件和信息技术服务企业的创新活力、提升竞争能力、推动优秀品牌企业培育做好数据支撑，中国电子信息行业联合会、浙江省经济和信息化厅等机构发布了《2020 年度软件和信息技术服务企业竞争力报告》及前百家企业（以下简称“软件百家企业”）名单。面对复杂多变的国内外环境和不断加大的经济下行压力，软件百家企业积极应对风险挑战，坚持推进转型升级，不断拓展融合应用，整体保持稳步增长态势的同时，研发创新动能持续迸发，主动加强产业链协作，整合上下游和跨领域资源，持续提升盈利能力和增强核心竞争力，高质量发展势头更加明显。

规模持续提升。软件百家企业 2019 年软件业务收入合计 17 820 亿元，同比增长 17.5%，高于全行业平均增速 2.1 个百分点。其中，软件业务收入超过 100 亿元的企业有 21 家，超过 50 亿元的有 50 家；企业入围门槛为软件业务年收入 15 亿元。软件百家企业实现利润总额 4 950 亿元，同比增长 13.5%，高于全行业平均增速 3.6 个百分点。

创新成效显著。软件百家企业 2019 年研发投入合计 3 177 亿元，同比增长 25%，高于同期软件业务收入增速 7.5 个百分点，企业平均研发投入强度超过 10%。2019 年，软件百家企业软件著作权登记量超过 4 万件，获授权专利数量超过 16 万件，其中发明专利占比超过 50%。软件百家企业高度重视研发投入，推动了行业整体技术进步。我国在基础软件、办公软件、工业设计、仿真等领域取得阶段性成果，智能语音识别、云计算及部分数据库技术达到国际先进水平，5G 相关核心软件、关键算法等初步形成全球竞争优势。

开放合作深化。软件百家企业借助 G20、APEC、数字金砖、“一带一路”等框架和平台，统筹利用国内外创新要素和市场资源，全面推进海外市场布局和本地化经营，企业国际影响力不断提升。2019 年实现软件和信息技术服务出口额超过 400 亿美元，收入占比超过 10%；对东南亚、非洲、欧洲等地软件和信息技术服务出口持续扩大，华为、中国通服、中软国际等 30 余家企业在境外设立了分支机构、分公司或研发中心；腾讯和阿里巴巴跻身全球企业市值前十强；华为成功进入全球最佳品牌百强行列；阿里云入选 Gartner 全球数据魔力象限，位列世界前三。

支撑作用增强。软件百家企业助推“软件定义”成为信息化发展的新标志和新特征，驱动数字经济蓬勃发展。在工业领域，软件百家企业推动软件在研发设计、生产制造、运维服务等关键环节应用不断深化。2019 年工业企业关键工序数控化率、数字化研发设计工具普及率分别达到 50.1%和 70.2%。软件百家企业推动“软件定义”全面融入经济社会各领域，深刻影响了金融、物流、交通、文化、旅游等服务业的发展，催生了一批新的产业主体和业务平台，引发了居民消费、民生服务、社会治理等领域多维度、深层次的变革，涌现出分享经济、平台经济、算法经济等众多新型网络经济模式，培育壮大了发展新动能。

三、2020 年中国软件正版化工作开展情况

中国一贯高度重视科学技术创新和知识产权保护，通过软件正版化加强软件知识产权保护，是鼓励和促进知识与技术创新的重要举措。2020 年，工业和信息化部继续落实《关于计算机预装正版操作系统软件有关问题的通知》和《关于政府部门购置计算机办公设备必须采购已预装正版操作系统软件产品的通知》等一系列指导文件精神，并联合多部委开展软件正版化督查工作，维护计算机市场和软件市场秩序，营造良好的软件知识产权保护社会环境，推动软件产业创新。

（一）计算机预装正版操作系统工作成果不断巩固

2021 年，根据计算机预装正版操作系统软件工作部署要求，工业和信息化部下发《关于报送 2020 年度计算机预装正版操作系统软件有关问题的通知》，继续要求国内主要品牌计算机生产商和操作系统软件提供商上报 2020 年度计算机销售数量、操作系统软件的预装数量。近年来，随着预装工作的稳步推进，在计算机生产企业和软件企业的共同努力下，我国新出厂计算机正版操作系统软件的装机数量和预装率逐年提高，对推进国家软件正版化，改善国内软件知识产权保护环境发挥了积极的作用。2007 年预装率为 87.75%，2008 年预装率为 93.52.%，2009 年预装率达到 98.02%，自此，新出厂计算机预装正版操作系统比率连续 10 年稳定在

① 数据来源：《2020 年度软件和信息技术服务企业竞争力报告》及前百家企业名单。

98%以上，2017年预装率为98.62%，2018年预装率达100%，2019年预装率为100%，2020年预装率继续保持100%，计算机预装正版操作系统比率连续三年达100%。

（二）落实“剑网行动”，网络版权环境进一步净化①

2020年6月，国家版权局、国家互联网信息办公室、工业和信息化部、公安部联合启动打击网络侵权盗版“剑网2020”专项行动，严厉打击视听作品、电商平台、社交平台、在线教育等领域侵权盗版行为，着力规范网络文学、游戏、音乐、知识分享等平台版权传播秩序。各级版权执法监管部门深入学习贯彻习近平总书记关于加强知识产权保护工作的系列重要讲话精神，认真落实中央关于打击侵权假冒工作的部署要求，不断加大版权执法监管力度，针对群众反映强烈、社会舆论关注的网络侵权盗版问题和侵权盗版多发的重点领域，重拳出击、集中整治，取得显著成效。专项行动期间，共删除侵权盗版链接323.94万条，关闭侵权盗版网站（APP）2 884个；查办网络侵权盗版案件724件，其中刑事案件177件、涉案金额3.01亿元；调解网络版权纠纷案件925件。网络版权秩序进一步规范，网络版权环境进一步净化。

（三）软件著作权登记持续增长②

软件正版化工作的持续推进，改善了中国软件产业整体知识产权保护意识，间接推动了软件知识产权水平的提升和能力创建。根据中国版权保护中心计算机软件著作权登记统计信息，2020年全国共完成计算机软件著作权登记1 722 904件，同比增长16.06%。

从登记区域分布情况看，计算机软件著作权登记区域主要集中在东部地区，登记量约115万件，占登记总量的66.8%。其中，广东、北京、江苏、上海的登记总量约79万件，约占东部地区登记数量的68.7%。

从登记区域增长情况看，增速最快的是西部地区（37.3%），高于全国整体增速约21个百分点；第二是中部地区（25.0%）；第三是东北地区（21.9%）；第四是东部地区（10.5%）。

从各地区登记数量情况看，计算机软件著作权登记量较多的省（市）依次为：广东、北京、江苏、上海、浙江、山东、四川、河南、福建、天津。上述地区共登记软件约124万件，占登记总量的71.8%，其中，广东省登记软件约24万件，占登记总量的13.8%。

根据中国版权保护中心著作权质权登记信息统计，2020年计算机软件著作权质权登记327件，同比下降9.42%；涉及合同数量327个，同比下降9.42%；涉及作品数量1 174件，同比下降17.56%；涉及主债务金额379 734.2万元，同比下降45.73%；涉及担保金额366 941.5万元，同比下降45.06%。

四、2020年中国软件产业发展特点③

（一）延续政策红利，产业释放新活力

在国家高度重视和大力扶持下，软件产业促进政策不断细化，资金扶持力度不断加大，知识产权保护措施逐步加强，大幅降低了行业的创新门槛，提振了人们谋事创业的信心。在国家层面，“十三五”期间，围绕制造强国和网络强国建设目标，我国通过发布实施《“十三五”国家战略性新兴产业发展规划》《信息产业发展指南》《软件和信息技术服务业发展规划（2016—2020年）》《大数据产业发展规划（2016—2020年）》《工业互联网APP培育工程实施方案（2018—2020年）》等政策推动软件产业实现快速发展。2020年，国务院又发布《国务院关于印发新时期促进集成电路产业和软件产业高质量发展若干政策的通知》（国发〔2020〕8号），继续在税收、财政、金融等8个方面予以政策优惠，进一步完善软件产业高质量发展的顶层设计和保障措施。

我国软件名城、园区、基地等建设取得新进展。城市层面，在全国范围内建设形成北京、深圳、上海、南京等8个综合型软件名城，苏州、武汉、厦门等5个特色型软件名城，共实现软件业务收入5.41万亿元，在全国占比达75.39%。园区层面，数据显示，2020年我国软件产业园区入驻企业数量

① 国家版权局等四部门发布“剑网2020”专项行动十大案件［EB/OL］.（2021-01-15）. http：www. gov. cn/xinwen/2021-01/15/content_5580258. htm.

② 国家版权局关于2020年全国著作权登记情况的通报［EB/OL］.（2021-03-18）. http：//www. ncac. gov. cn/chinacopyright/contents/12228/353816. shtml.

③ 软件和信息技术服务业“十三五”发展成就综述［EB/OL］.（2020-10-16）. https：//www. miit. gov. cn/ztzl/rdzt/sswgyhxxh-fzhm/xyzl/art/2020/art_d902fe6093fe411a877e82aa811bd36c. html.

为 65 314 家，同比增加 2 605 家[①]。基地层面，依托国家新型工业化产业示范基地建设，认定 18 个以软件和信息服务为主导产业的示范基地，在软件赋能制造业数字化、网络化、智能化转型升级方面发挥了重要示范引领作用。

（二）加速创新融合，高质量发展显成效

近年来，我国软件和信息技术服务行业在连续多年保持高速增长后增速有所放缓，2015 年以来，增速保持在 10%～16%之间。2020 年我国基础软件领域取得突破，桌面操作系统技术路径进一步收敛。2020 年 1 月 14 日，统信软件正式发布了统一操作系统 UOS 20 正式版；2020 年 9 月 10 日，华为鸿蒙系统升级至 HarmonyOS 2.0 版本；国产 WPS 办公软件全球用户突破 10 亿，月活用户超过 3 亿。工业设计、仿真等技术算法取得阶段性成果。智能语音识别、云计算及部分数据库领域达到国际先进水平，5G 相关核心软件、关键算法等领域初步形成全球竞争优势。我国软件业始终坚持创新驱动，核心竞争力持续提升，实现了发展的量质齐升。

（三）深化开放合作，国际实力再提升

我国充分发挥 G20、APEC、数字金砖、“一带一路”、国际软件博览会等框架和平台的功能，加强软件产业相关技术研发、标准研制、人才培养、行业应用等领域的国际交流合作。

骨干龙头企业统筹利用国内外创新要素和市场资源，全面推进海外市场布局和本地化经营，企业国际实力不断提升。国产软件在国际市场竞争中脱颖而出。2020 年第一季度，抖音海外版 TikTok 成为全球单季度下载量最大的应用，全球累计下载量超过 20 亿次，多次登上美国、印度、德国、法国等地 App Store、Google Play 总榜首位；此外，我们熟悉的微信、支付宝也覆盖了全球各地，微信国际版 Wechat 全球用户过 10 亿，支付宝全球用户已逾 13 亿；金山办公的 WPS 系列已有 46 个语言版本，覆盖全球 220 多个国家和地区，海外终端月活跃用户超过 1 亿；阿里巴巴依托自主开发的平台软件将其跨境电商服务拓展到全球 230 个国家和地区，成为中国制造、中国品牌走向世界的新渠道。

（四）拓展融合应用，软件定义全面深入

软件在工业研发设计、生产制造、运维服务、企业管理等制造业关键环节的应用在不断深化。“十三五”期间，软件信息服务消费占比提升至 46.8%。尤其在新冠肺炎疫情的影响下，以生鲜电商、即时配送为代表的新零售乘势“攻城略地”；在线医疗、在线教育、远程办公、宅娱乐等新型云经济全面“侵入”生活，重塑消费理念和消费模式；大数据、人工智能等新兴技术则成为科技抗疫的“神兵利器”。这些新业态、新模式的底层支撑都是通过软件实现的，也成为拉动软件业增长的重要力量。

综上，2020 年，我国软件业持续恢复，逐步摆脱新冠肺炎疫情的负面影响，呈现平稳发展态势，行业就业形势良好，软件正版化工作稳步推进。在进一步促进我国软件和信息技术服务业发展过程中，应做到：第一，坚持培育内需增长新动能。立足经济社会数字化发展蕴含的巨大增长空间，推动软件与生产、分配、流通、消费各环节的深度融合，加快各领域数字化优化升级，形成更多新的增长点、增长极。第二，提升关键软件供给能力。坚持创新驱动、应用牵引、产用协同，加快关键核心技术攻关，着力补齐基础软件、高端工业软件等短板弱项，持续锻造云计算、大数据、人工智能、5G 等新一代信息技术领域的长板优势，推动产业体系优化升级。第三，持续优化产业环境。抓好国家软件发展战略和惠企政策的落实，持续优化软件企业营商环境。推动中国软件名城提档升级，创建一批中国软件名园，实现名城、名园、名企、名品一体化发展。加快构建众研众用众创的开源软件生态。推动软件国民基础教育，创建一批特色化示范性软件学院，打造高素质人才队伍。第四，不断深化开放合作。依托我国大市场优势，加快推进全球 5G、人工智能、大数据、区块链等前沿领域创新技术应用，引导国内外软件企业在技术、标准、人才、知识产权等领域加深合作，形成对全球软件创新资源要素的引力场，带动我国软件产业以更高水平融入全球产业生态圈，为推动全球软件发展注入更多正能量。

---

① 2020 年我国软件产业园区入驻企业数量为 65 314 家　“十四五”信息产业园发展战略研究［EB/OL］.（2021－05－04）. https://www.chinairn.com/scfx/20210504/100330616.shtml.

2020 年中国网络版权保护报告

国家版权局网络版权保护研究基地

网络版权产业是在信息网络环境下，以文化、艺术、创意以及科技要素构成的产业，它强调独特性、新颖性、创新性的数字内容成果在产业发展中的重要性。从本质上讲，网络版权产业的核心仍以版权为基础，关键在于对成果的版权运营和保护。然而，进入网络时代，尤其是移动互联网的快速发展，使得网络版权产业成为具有海量活跃用户的朝阳产业。

2020 年是“十三五”规划圆满收官之年，是全面建成小康社会目标实现之年。这五年来，以网络版权为核心的版权产业发展迅速，其行业增加值增长速度整体上高于 GDP 的增长速度。短视频、网络直播、虚拟演绎等创作形式成为拉动网络版权产业增长的新兴商业模式，5G、人工智能（AI）、虚拟现实（VR）、增强现实（AR）等传播技术的应用进一步促进了网络版权产业的高质量发展，也推动网络版权保护事业取得长足进步。

创作与传播技术的高速迭代也为网络版权保护带来了持续性的变革，在繁荣市场的同时也造成了更具规模化、隐蔽性的侵权行为。虽然版权属于私权范畴，但网络版权产业的发展、权利保护、市场秩序维护等都需要国家介入，需要权利人、平台与社会公众的协同共治，建立以版权为中心的综合性、立体化保障机制与体系，推动构建国家支持、私权保护与社会协同共治的新发展格局。

一、2020 年中国网络版权保护概况

（一）网络版权保护的总体环境

1. 网络版权市场营商环境改革不断深化

党的十八大以来，以习近平同志为核心的党中央把知识产权保护工作摆在了更加突出的位置。2020 年 8 月 24 日，习近平总书记在中南海主持召开经济社会领域专家座谈会时强调，要加强产权和知识产权保护，建设高标准市场体系，完善公平竞争制度，激发市场主体发展活力，使一切有利于社会生产力发展的力量源泉充分涌流。2020 年 11 月 30 日，习近平总书记在主持第十九届中央政治局第二十五次集体学习时要求，从加强知识产权保护工作方面，为贯彻新发展理念、构建新发展格局、推动高质量发展提供有力保障。版权是知识产权的重要内容，全面加强版权保护是激发全社会创新活力、推动高质量发展的重要保障。截至 2020 年 12 月，我国网民总体规模达到 9.89 亿[①]，网络版权保护事关版权产业繁荣发展，也关系着全球互联网治理体系变革。

网络版权产业的快速发展为我国经济高质量发展注入了新的动能，对我国经济结构优化升级发挥了重要作用。2016 年至 2019 年间，我国 GDP 年均增长率为 9.9%，而同期我国版权产业行业增加值的年均增长率为 10.3%，高于 GDP 增速 0.4 个百分点[②]。从市场规模上看，以网络版权为核心的产业发展迅速，其增加值达到 4.59 万亿元人民币，同比增长 10%，占全部版权产业的比重达 63%。截至 2020 年 12 月，网络影视（含视听作品）、网络新闻、网络音乐、网络直播、网络游戏和网络文学的用户规模分别为 9.27 亿、7.43 亿、6.58 亿、6.17 亿、5.18 亿、4.60 亿[③]。2020 年，国内外宏观经济环境受新冠肺炎疫情影响起伏跌宕，线下活动开展受限，但却对网络版权产业的市场增长起到了助推作用。网络版权产业正逐渐成为推动我国经济高质量发展的重要引擎。

三网融合为网络版权产业的发展提供了基础性技术设施支撑，驱动着新兴技术在网络版权产业中的发展应用与持续创新。同时，三网融合在推进过程中又催生出新需求、新业态与新模式，并将极大

① 数据来源：中国互联网络信息中心第 47 次《中国互联网络发展状况统计报告》。
② 数据来源：中国新闻出版研究院“2019 年中国版权产业经济贡献”调研报告。
③ 数据来源：中国互联网络信息中心第 47 次《中国互联网络发展状况统计报告》。

促进传播范围、传播内容以及传播形态的扩展、丰富与繁荣，激励网络版权产业优化营商理念、服务方式以及市场竞争机制。例如，IPTV 作为三网融合的产物，将众多优秀内容聚合在了一起，极大地丰富了用户的选择。随着三网融合技术的推进，在促进我国网络版权产业取得长足进步的同时，三大网络的传统业务领域呈现出业务边界模糊、内容兼容与利益趋同的趋势，也给其产业布局、市场运营以及利益分配等方面带来新的问题。不管是广电、运营商还是互联网，做好内容运营都是其发展的根本。所以，三网融合业务要想获得进一步发展，必须要保证内容的安全性，加强数字版权管理。

2. 技术创新助力网络版权保护的新发展

2020 年，我国 5G 发展驶入快车道，VR 、AR、H5、人工智能、区块链、DRM 等新兴技术快速发展，融媒体环境下网络版权产品的生产、传播与再利用日新月异。新技术与内容产业深度融合，突破作品与其他创意内容的传播形态与空间的边界，促使文化消费向虚拟式、碎片式、沉浸式发展，新业态不断涌现。技术创新业已成为网络版权产业发展的新动能和新增长点，带动了网络版权产品与服务的高速增长。

在网络版权产品的保护与维权环节，区块链、DRM 等数字版权管理与保护技术已经发展成为网络版权保护的重要手段，在维护内容传播安全、确定权属关系以及固定网络侵权证据等方面提供了技术保障。以区块链技术为例，互联网技术的高速发展为作品的数字化传播提供了新的渠道和技术支持，但也导致网络版权侵权现象加剧，而传统的网络版权保护机制尚无法解决网络版权确权、交易与维权等方面的问题。区块链技术的分布式去中心化、极难篡改、数据加密及数据公开的特点，为网络版权的登记、使用和侵权行为固化存证以及损失赔偿计算方面提供了新的且更为便捷的途径。第一，分布式去中心化有利于降低网络版权保护成本；第二，难以篡改的特点使版权登记更加便捷；第三，区块链的技术优势能提高侵权取证效率。

（二）网络版权保护的难点问题

1. 市场竞争失序引发维权乱象

网络版权正版化目前已成为行业共识，网络版权保护秩序明显好转，但网络版权保护中依旧存在一些维权乱象。

从市场行为主体层面来看，在融媒体的传播环境下，网络版权产品与使用者之间呈现出交互式增长的发展趋势，进而形成网络流量聚集效应。为了吸引用户流量，各大网络企业争相展开各种形式的竞争，而这又会进一步加速网络流量的聚集，造成网络版权市场竞争中的失衡失序问题。近年来，在网络文学、短视频等领域，利用智能软件洗稿行为、“几分钟看完一部电影”等剪辑行为破坏了来之不易的网络正版化市场，不正当竞争引发了网络版权侵权乱象，不利于相关行业的健康、有序发展。

无论对于权利人还是网络服务提供平台而言，无序竞争都既会加剧维权之艰，又损害其来之不易的市场信誉与形象。实践中，网络版权市场竞争的异化甚至导致利用版权登记制度不做实质审查的规定，不正当获取形式上的权利人资格，进而开展恶意维权活动的行为。网络环境下大量存在的恶意维权，不仅损害被投诉商家、网络平台的利益，更为严重的是造成整个版权保护公信力的丧失，挤占了本该用于正当权益保护的法治资源。因此，只有营造公平、合理、有效的版权保护秩序，才能使得网络版权市场健康有序发展。

2. 网络环境下版权保护存在权利冲突和保护盲区

在权利冲突方面，我国《著作权法》体系下广播权与信息网络传播权的问题一直备受理论界和实务界的关注。在三网融合的大背景之下，更加突出了广播权与信息网络传播权之间存在的概念交糅、边界模糊等适用困境。此次《著作权法》修改更加适应传播技术的现实发展需要，明确将初始有线传播和网播等非交互式传播纳入广播权的规制范围。此外，实践中关于“回看”业务的法律定性问题，也常常陷入到底属于“交互式传播”还是“非交互式传播”的争议。这种“限时回看”功能是一种典型的因传播技术革新带来的新的产业利益，在对相关概念进行界定与解释时，必须恪守利益平衡的价值目标，以有利于技术创新和产业发展为指导方针。

在保护盲区方面，诸如人工智能生成的内容、虚拟偶像等是否具有可版权性，是近年来理论界和实务界广泛争论的问题，反映出版权保护的盲区。以人工智能生成内容为例，在司法实践中不直接考虑人工智能的作者资格，更强调其生成内容本身的价值。从本质上看，一些新型创意内容的商品化体现出市场需求，今后立法能否功能性、符号性地优先承认虚拟主体的法律地位，取决于版权制度本身的解释力，以及相关产业的发展需要。

3. 网络侵权盗版形式多样化、隐蔽化

由于信息网络侵权盗版手段多样、形式隐蔽，版权侵权案件频发。《中国法院知识产权司法保护状况（2020年）》的公开数据显示，即便受新冠肺炎疫情因素影响，2020年全国法院新收和审结知识产权侵权案件的数量增速有所放缓，但仍保持10%左右的较高增长率，其中全国法院新收和审结著作权民事一审案件占全部知识产权民事一审案件的比重超过70%，而新收和审结侵犯著作权类刑事案件分别同比上升37.14%和42.93%①。而在各方发布的“2020年度版权十大典型案例”中，网络侵权盗版占将近六成②。

当前，版权侵权案件主要以信息网络传播权侵权为主，侵权行为涉及文字作品、摄影作品、美术作品、图形作品、音乐作品、视听作品、计算机软件等诸多类型。虽然在打击网络侵权盗版专项治理行动以及严格司法保护等综合因素的作用下，网络版权产业版权保护环境整体上得到了有效净化，但一些隐蔽的非法盗版链条仍然十分活跃。从近年来非法盗版利益链条的常见侵权形式看，主要包括以劫取流量为目的的盗链模式、以非法存储侵权资源为目的的网络云盘、利用对等网络和深度链接技术的移动端聚合类应用程序，以及OTT聚合、互联网电视机顶盒等，严重阻碍了网络版权产业的健康发展。

二、2020年中国网络版权保护的法治实施评估

（一）制度完善赋予网络版权保护创新动力

1.《民法典》颁布，民事法律体系日益完善

2020年5月28日，《中华人民共和国民法典》（以下简称《民法典》）经第十三届全国人大第三次会议表决通过，自2021年1月1日起施行。这是新中国成立以来第一部以“法典”命名的法律，对于推进全面依法治国具有重要意义。《民法典》的施行，为加强知识产权工作提供了重要制度遵循。而《民法典》中与网络版权有关的热点问题，如惩罚性赔偿机制和网络侵权责任规则的规制等，与网络版权保护直接相关，非常值得关注。

《民法典》直接规定了惩罚性赔偿制度，其中《民法典》第1185条规定标志着惩罚性赔偿制度在我国知识产权侵权领域的正式确立，该规定本身也确立了侵犯知识产权惩罚性赔偿的一般规则。惩罚性赔偿一方面能够弥补著作权纠纷中权利人因侵权遭受的损失，另一方面具有震慑和预防潜在侵权行为的作用。这一制度的确立，在维护权利人合法权益、消除潜在的侵权风险、维护健康的文化市场秩序、推动互联网版权事业蓬勃发展、鼓励文化创新等方面具有积极意义。

《民法典》关于网络侵权责任规则的规定也值得关注。《民法典》第1194条至1197条分别规定了网络侵权制度的一般规定、通知规则、反通知规则及间接侵权责任。例如，关于反通知规则中采取措施的时机，《民法典》给予网络服务提供者一定合理期限，此等“合理期限”的加入，是立法者在保护权利人和网络用户之间的利益平衡下做出的选择；此外，《民法典》还提高了权利人错误通知的侵权风险。据此，《民法典》的颁布意味着平台知识产权规则的进一步完善和细化，可为实务中已经存在的“关闭店铺”“查封账号”等“终止交易和服务措施”留下制度空间。同时，《民法典》明确平台可“根据服务类型采取必要措施”，则为云计算、小程序、深度链接等新型网络侵权责任认定预留空间，彰显了立法者对于网络技术发展所秉持的包容审慎与鼓励创新的态度，与国家鼓励新经济发展的政策导向和总体思路保持一致。

总体而言，《民法典》作为调整我国民事主体法律关系的根本大法，一方面对故意侵犯知识产权情节严重的行为规定了惩罚性赔偿，对恶意侵权的行为起到了威慑作用，另一方面则对网络侵权责任持审慎和包容相结合的态度，在技术快速更迭的时代，力图在保障平台经济繁荣发展的同时，提升平台治理的效率和公平，这与网络版权保护发展过程中促进文化传播与保障公共利益兼顾的理念相一致。可以预见，《民法典》作为知识产权的制度母体，将与《著作权法》等法律法规、司法解释相辅相成，共同构建我国平台经济下网络版权保护新格局。

2.《著作权法》第三次修订，网络版权保护迈上新台阶

新修订的《著作权法》于2020年11月11日正式颁布，并于2021年6月1日起实施。针对信息时代下新技术发展带来的新问题，以及长期困扰媒体和网络版权人的取证难、维权难、维权成本高、侵权赔偿低等问题，新修订的《著作权法》作出了一

① 最高人民法院知识产权审判庭. 中国法院知识产权司法保护状况：2020年. 北京：人民法院出版社，2021.

② 分别参见“2020年度上海十大版权典型案件”、“2020年度广东省版权十大案件”以及国际保护知识产权协会（AIPPI）发布的“2020年度AIPPI中国分会十大版权热点案件”。

系列制度安排。

第一，新修订的《著作权法》合理扩展了“作品”的概念外延。短视频、网络游戏、赛事直播等新型业态近年来发展迅猛，但在以往的司法实践中，对于这些业态是否属于《著作权法》的保护范畴，社会各界争论不已。此种争论的源头在于原《著作权法》在列举作品的八种类型后，仅规定了以法律、行政法规规定的其他作品作为兜底，实则仍赋予了作品法定较高的门槛。相比之下，新修订的《著作权法》则在第三条将“法律、行政法规规定的其他作品”修改为“符合作品特征的其他智力成果”，此种设计更精准、科学与合理，也具有较强的前瞻性和预见性。

第二，新修订的《著作权法》对广播权的界定有利于更好地保护网络直播权利人的合法权益。近年来，网络直播热度逐年上升，也带来了网络版权侵权的新问题。在原《著作权法》下，通过网络直播方式展示权利人的作品所导致的利益损害，因不符合信息网络传播权的交互性及广播权的控制范围，而无法归入任何财产权项，故而只能适用兜底条款“著作权人享有的其他权利”，或转而适用《反不正当竞争法》实现诉求，容易在实践中引发同案不同判的问题。新修订的《著作权法》历史性地修改了广播权的定义，扩大了广播权的控制范围，明确了广播权与信息网络传播权的界限，即二者均可控制有线或无线方式的传播，区别仅在公众是否可在其个人选定的时间和地点获得作品。此次修订，通过网络直播的方式展示作品的行为将被归入广播权控制范围，相比兜底条款或《反不正当竞争法》给予了权利人更直接、更有力的请求权基础，也将有利于我国网络直播行业规范自身行为，共同营造网络版权保护的良好氛围。

第三，新修订的《著作权法》强调“技术措施”在网络版权生态治理中的重要性，明确技术进步催生的版权侵权问题应当回归技术手段加以解决。顺应数字技术在版权保护领域的最新应用，用技术手段来治理技术发展带来的版权侵权问题，是各国在平台版权治理的共识。新修订的《著作权法》第四十九条和第五十一条明确将“技术措施”和“权利管理信息”的规定放入其中，充分体现立法机关通过技术手段构建更加完善的网络版权生态的决心。

第四，新修订的《著作权法》对赔偿数额和惩罚性赔偿制度进行了更为明确的规定。长期以来著作权案件中侵权赔偿普遍偏低，法定赔偿额上限 50 万元等制度饱受诟病，这也在某种程度上导致网络版权侵权的违法成本偏低。针对这一问题，新修订的《著作权法》在权利人的实际损失和侵权人的违法所得都难以计算的情况下，改变了旧法直接适用法定赔偿的规定，而可参照权利人的“权利使用费”认定赔偿数额，这将给予网络版权权利人更多的维权便利。此外，新修订的《著作权法》新增惩罚性赔偿制度，这将对实践中广泛存在的以网络侵权为业的组织和平台起到警示作用，也将鼓励权利人积极维权，有利于我国网络版权保护的内生激励机制。

《著作权法》的此次修订，较好地衔接了《民法典》《视听表演北京条约》等国内立法和国际条约，一方面积极地回应了以网络化、数字化为代表的新技术发展给既有作品和权利制度带来的挑战，为网络版权密集型产业提供制度基石，另一方面也着力解决实践中长期存在的网络版权侵权赔偿数额过低、维权成本过高等问题。新修订的《著作权法》的颁布对于网络版权产业在激励创作、净化生态、遏制侵权等层面的作用值得期待。

3. 刑法修正案（十一）通过，网络版权刑事保护制度加快健全

《中华人民共和国刑法修正案（十一）》（以下简称“刑法修正案（十一）”）于 2020 年 12 月 26 日通过，自 2021 年 3 月 1 日起施行。刑法修正案（十一）新增条文 13 条，修改条文 34 条。值得一提的是，此次修正案将《中华人民共和国刑法》第三章第七节侵犯知识产权罪的条款，即第二百一十三条至二百二十条（第二百一十六条除外）进行了修订，体现了立法者加强包括著作权在内的知识产权保护的坚定决心。具体到网络版权领域，刑法修正案（十一）的如下修订将对网络版权侵权者起到威慑效果，从而对我国网络版权保护有所裨益。

首先，刑法修正案（十一）在第二百一十七条构成侵犯著作权罪的情形中增加了“通过信息网络向公众传播”的方式，事实上，早在 2004 年“两高”发布的《关于办理侵犯知识产权刑事案件具体应用法律若干问题的解释》里，就已经把“通过信息网络传播”视为“复制发行”列为刑法打击的对象，这也一度引发对“复制发行”文义理解的争论。此次修正案正式把罪状的描述予以规范和统一，有利于厘清过去在术语上的分歧，避免因此而产生的不必要的谬误。

其次，刑法修正案（十一）还在第二百一十七条的罪状上增加了“未经表演者许可，复制发行录

有其表演的录音录像制品，或者通过信息网络向公众传播其表演的”，此种罪状可将短视频和直播等互联网环境下的侵权密集区纳入刑法规制的范畴，同时也承接2020年4月28日生效的《视听表演北京条约》中加强对表演者权利保护的趋势。

此外，故意避开或者破坏技术措施在此次修正案中终于被正式确定为犯罪行为。此前，此等行为通常由侵权法律关系予以调整，案由可能包括“侵害计算机软件著作权”“侵害信息网络传播权”“不正当竞争”等。由于过去在刑法层面未有明确规定，根据罪刑法定原则，大量故意避开或破坏技术措施实施“盗链”或“深层链接”的行为难以被追究刑事责任。刑法修正案（十一）将此等行为入刑，将有利于改变这种现状。

尽管此次修正案尚存在不足或值得商榷之处，如广播组织权利的保护问题未得到妥善解决等，但瑕不掩瑜，整体而言，刑法修正案（十一）通过后，侵犯著作权罪和销售侵权复制品罪有关条款的表述更为科学、准确，与《著作权法》相关条文间的配合将更加协调一致，同时对于网络版权领域的刑法规制也更加完善，有利于营造技术驱动下良好的网络版权保护环境。

4. 专项司法解释、文件陆续出台

2020年最高人民法院和最高人民检察院发布了一系列与网络版权保护相关的司法解释和文件，如《关于全面加强知识产权司法保护的意见》《关于审理涉电子商务平台知识产权民事案件的指导意见》《关于加强著作权和与著作权有关的权利保护的意见》等。其中，2020年4月15日印发的《关于全面加强知识产权司法保护的意见》，明确强调依法妥善审理体育赛事、电子竞技传播纠纷等新类型案件，统筹兼顾创作者、传播者、商业经营者和社会公众的利益，协调好激励创作、促进产业发展、保障基本文化权益之间的关系，促进新兴业态规范发展；2020年9月10日发布的《关于审理涉电子商务平台知识产权民事案件的指导意见》，内容涵盖了审理电商领域知识产权案件的基本原则、一般规则、电子商务平台的知识产权保护规则与治理措施、电子商务平台经营者的法律责任等，助力构建我国电商平台领域网络版权保护体系；2020年11月16日发布的《关于加强著作权和与著作权有关的权利保护的意见》，明确提出各级法院应当高度重视互联网、人工智能、大数据等技术发展新需求，依据著作权法准确界定作品类型，依法妥善审理体育赛事直播、网络游戏直播等新类型案件。这些司法解释和文件，起到了配合法律实施的重要作用，强化了网络版权司法保护工作。

5. 地方版权立法逐步完善

2020年地方政府关于知识产权的立法较为频繁。《深圳经济特区知识产权保护条例》于2020年6月30日修改通过；《上海市知识产权保护条例》于2020年12月30日通过；此外，《厦门经济特区知识产权促进和保护条例（草案）》和《山西省知识产权保护条例（草案）》则分别于2020年5月和10月征求意见，诸项举措体现了各地方立法者对于加强地方知识产权制度建设的重视。

其中，作为上海市首部知识产权保护综合性地方法规，《上海市知识产权保护条例》针对网络版权保护领域作出了专门部署，包括“加大知识产权侵权赔偿力度，对情节严重的故意侵权行为，依法判令其承担惩罚性赔偿责任”“加大侵犯知识产权犯罪打击力度，严格追究刑事责任”等，进一步压实了主体责任，强调了版权主管部门与电商平台、行业组织、社会机构合作共治的治理体系，具有代表性。

（二）严格执法优化网络版权保护营商环境

1. 加强治理机制建设，构建保护新格局

国家版权局充分利用相关技术，升级完善著作权登记系统，设立新的国家版权创新发展基地，深入开展版权示范和宣传推广工作，从人力、财力、技术、平台等多个方面加大版权保护的资源投入。而互联网版权作为版权保护的新兴重要内容，也同样获得了行政层面的资源支持。

2020年8月，新版中国版权保护中心著作权登记系统（公测版）完成升级。新登记系统极大地加快了登记审查的速度，规范了著作权登记的流程，新增了权利人实名认证等重要内容，使著作权登记时的权利人主体信息更为准确，权利人主体和代理人之间的授权关系更为清晰。2020年，全国著作权登记总量达5 039 543件，同比增长20.37%；共完成作品著作权登记3 316 255件，同比增长22.75%；共完成计算机软件著作权登记1 722 904件，同比增长16.06%①。

① 国家版权局关于2020年全国著作权登记情况的通报［EB/OL］.（2021-03-18）［2021-05-01］. https://www.ncac.gov.cn/chinacopyright/contents/12228/353816.shtml.

国家版权局积极建设国家版权创新发展基地，深入开展版权示范工作，推动版权产业快速发展和经济转型升级、高质量发展，展现版权工作对促进经济发展、社会进步和文化繁荣的积极作用。2020年12月，国家版权局批复在上海市浦东新区设立“国家版权创新发展基地”，这也是国家版权局近年来设立的第二个国家版权创新发展基地。自2009年以来，国家版权局已经连续12年开展版权示范工作。目前国家版权局共授予12个城市“全国版权示范城市”称号，景德镇市、佛山市、潍坊市、南通市正在创建中；授予145个单位“全国版权示范单位”称号，授予37个园区（基地）“全国版权示范园区（基地）”称号。

此外，国家版权局还积极举办各类培训班、会议和版权宣传周，在宣传、教育和科研层面加大资源投入，努力提升包括网络版权在内的版权保护行动的影响力。2020年4月，国家版权局组织了版权宣传周，主题为“强化版权治理，优化版权生态”，并开展了一系列宣传活动；9月，在京主办“2020中国网络版权保护与发展大会”，会议主题为“强化网络版权治理，优化网络版权生态”，当月还举办了版权示范工作培训班；11月4日至5日，与世界知识产权组织（WIPO）联合在上海举办“2020年版权产业国际风险防控培训班”，中外版权专家、版权从业者围绕如何增强我国版权产业国际风险防控能力、提升我国文化软实力和对外传播力进行深入探讨，分享经验。

2. 常规执法监管力度明显加大

日常监管方面，为进一步加大著作权保护力度，提升著作权行政执法效能，完善著作权行政执法工作机制，减轻权利人维权负担，营造良好营商环境，国家版权局发布了《关于进一步做好著作权行政执法证据审查和认定工作的通知》。《通知》就著作权行政执法的证据审查和认定工作中规范权利证明、侵权证据、侵权认定等内容细化了审查标准，为更好地证明权利人权利基础、打击侵权行为提供了重要依据。此外，为保护摄影作品著作权人合法权益，规范摄影作品版权秩序，推动摄影作品广泛有序传播，国家版权局发布《关于规范摄影作品版权秩序的通知》，对摄影作品相关版权问题进行了厘清，推动构建摄影作品版权保护长效机制。

重点作品预警方面，2020年国家版权局公布了八批重点作品版权保护预警名单，将《夺冠》等71部作品纳入预警保护。文件要求，直接提供内容的网络服务商在影片上映期内不得提供版权保护预警名单内的作品，提供存储空间的网络服务商应禁止用户上传版权保护预警名单内的作品，各网络服务提供商应当加快处理版权保护预警名单内作品权利人关于删除侵权内容或断开侵权链接的通知。此外，版权局还要求各地版权行政执法监管部门应当对本地区主要网络服务商发出版权预警提示，加大版权监测监管力度。对于未经授权通过信息网络非法传播版权保护预警重点作品的，应当依法从严从快予以查处。

案件查处方面，截至2020年11月底，各级版权执法部门检查实体市场相关单位21.52万家次，查办实体市场侵权盗版案件837件①。江苏、江西、上海、河北、吉林、四川等地版权局分别发布了本省市的2020年打击侵权盗版相关成果和典型案例。其中，江苏省共立侵权盗版案件390起，含行政处罚127起，刑事案件40起，调解案件223起。有7起案件列入国家四部门联合督办，2起案件列入国家版权局督办，6起案件列入省版权局挂牌督办②。

3. 重点领域专项整治扎实推进

“剑网2020”专项行动取得重大成果。2020年6月，国家版权局、工业和信息化部、公安部、国家互联网信息办公室四部门联合启动打击网络侵权盗版“剑网2020”专项行动。安徽、上海、重庆、山东、江西、福建、宁夏、海南、湖北、北京、河南、青海、四川、辽宁、江苏、广东、云南、湖南等省市相继启动本省市的“剑网2020”专项行动。针对网络版权保护面临的新情况新问题，“剑网2020”聚焦5个重点领域，开展视听作品版权专项整治、电商平台版权专项整治、社交平台版权专项整治、在线教育版权专项整治，加大“学习强国”学习平台版权保护力度，大力整治在线教育培训中存在的侵权盗版乱象，切断盗版网课的灰色利益链条。据国家版权局公布的信息，“剑网2020”专项行动期间共删除侵权盗版链接323.94万条，关闭侵权盗版网站（APP）2 884个，查办网络侵权盗版案件724件，其中查办刑事案件177件、涉案金额3.01亿元，调解网络版权纠纷案件925件。

---

① 版权执法部门打击侵权盗版取得积极成效［EB/OL］.（2020-12-31）［2021-05-01］. https://www.ncac.gov.cn/chinacopyright/contents/12227/352216.shtml.

② 2020年度江苏省打击侵权盗版十大案件公布，全省共立案390起［EB/OL］.（2021-04-26）［2021-05-01］. https://www.ncac.gov.cn/chinacopyright/contents/12628/354290.shtml.

"剑网2020"是我国执法领域针对网络侵权盗版行为采取的强有力的联合执法行动之一。行动由国家版权局、工业和信息化部、公安部、国家互联网信息办公室四部门联合启动，从行政执法层面到司法层面均得到了各部门的高效配合和大力支持，在短短的几个月时间内集中整治了一系列网络侵权盗版行为。上述典型执法案例对盗版灰色利链、销售侵权盗版教学课件和书籍、音乐作品的网络侵权、开设私服、侵犯摄影作品著作权等侵权行为产生了震慑，对类似案件的侵权人起到警示作用，也对维护权利人合法权益、促进文化产业健康发展具有积极意义。

（三）公正司法助力网络版权保护发展平衡

1. 加强司法能力现代化建设，提升审判质效

在司法层面，国家持续加大司法资源投入力度，为我国网络版权保护事业提供有力支撑。

在法院建设方面，近年来，最高人民法院设立了知识产权法庭，并在多个城市设立知识产权法庭，北京知识产权法院、上海知识产权法院、广州知识产权法院、北京互联网法院、杭州互联网法院、广州互联网法院等专门法院也挂牌成立。经过近年来的快速发展，知识产权法院和法庭系统已经形成了一支具有高度专业水准的法官队伍。

在技术和平台建设方面，为了破解网络版权领域"取证难"的问题，各大互联网法院积极探索，在实践中充分运用区块链技术，极大地降低了取证成本，提升了证据的可采信度，真正从技术建设层面有效支持了网络版权保护的司法实践。例如，北京互联网法院通过版权链与天平链双链对接，跨链存证数据上亿条，上链数据达2 700万条，当事人网上提交的18万余件立案申请，证据全部通过天平链存证[①]，实现版权登记信息实时交互、高效调取，解决了互联网审判当中电子证据"取证难、存证难、认证难"三大难题，是区块链技术在司法领域的典型应用。

2. 收结案数量持续增长，司法保护力度稳步提升

从立案和结案的案件量来看，2020年我国各级法院知识产权案件的数量均有增长。在案件数量增多的情况下，各级人民法院的结案率多有提升，人民法院定分止争的作用得到突出体现。

2020年，人民法院新收一审、二审、申请再审等各类知识产权案件525 618件，审结524 387件（含旧存，下同），比2019年分别上升9.1%和10.2%[②]。从案件类型来看，著作权案件在知识产权案件中占比最大。在民事案件方面，2020年新收著作权一审案件达313 497件，同比上升6.97%，其中包括著作权权属、侵权纠纷309 104件[③]。而在刑事案件方面，2020年新收一审侵犯知识产权刑事案件5 544件，其中侵犯著作权类刑事案件达288件，占比为5.19%。侵犯著作权刑事案件同比上升37.14%，审结的侵犯著作权刑事案件达273件，同比上升42.93%[④]。从总体情况上看，法院不断强化版权的司法保护，但仍以民事司法保护为主，刑事打击力度还有待进一步加强。

从案件涉及的行业领域看，网络视频、网络音乐、网络游戏、网络直播、网络文学等仍然是网络版权侵权问题最为突出的领域。在中国裁判文书网上以"著作权权属纠纷""侵权纠纷"为案由，分别搜索"网络视频、网络音乐、网络游戏、网络直播、网络文学"在2020年和2019年的案件数量获悉，2020年，与网络视频有关的案件有427件，比2019年增长588.71%；与网络音乐有关的案件有124件，比2019年增长79.71%；与网络游戏有关的案件有198件，比2019年增长130.23%；与网络直播有关的案件有78件，比2019年增长18.18%；与网络文学有关的案件有81件，比2019年增长268.18%。由此可见，网络视频、网络游戏和网络文学仍是2020年网络版权侵权案件多发的领域。

3. 2020年网络版权司法保护的重点难点问题

2020年，网络版权产业快速发展，但同时一些领域的侵权行为数量猛增。根据司法领域的相关案例和实践经验，我们分别梳理了这几个领域中备受关注、讨论较多的热点问题。

（1）网络视听作品。

视频平台是近年来发展较快的网络媒体类型。除腾讯视频、爱奇艺、优酷、咪咕视频等影视作品平台以外，短视频行业近年来也异军突起、发展迅速，但同时也带来了许多新的法律问题。该领域除传统的网络版权侵权问题以外，版权保护新增热点问题主要涉及"通知—删除"义务的保护平衡、短视频相关版权保护等。

第一，"通知—删除"义务的保护平衡问题。虽然我国相关法律法规明确了网络视频平台的"通知—删除"义务，但在《民法典》颁布之前，我国相关法律法规对于网络视频平台审查义务的豁免设

① 版权纠纷多元化解更高效［EB/OL］.（2020-09-19）［2021-05-08］. https://baijiahao.baidu.com/s?id=1678214611896277260&wfr=spider&for=pc.

②③④ 参见最高人民法院《中国法院知识产权司法保护状况（2020年）》，人民法院出版社2021年版。

置了诸多限制，平台的注意义务和审查义务的合理限度在司法实践中有逐渐扩大的趋势，最终导致平台在很多情况下在事实上不得不负担审查义务。例如，在 2020 年审结的《三生三世十里桃花》侵害作品信息网络传播权纠纷案[①]中，作为全国首例判令网盘服务商因怠于采取屏蔽措施制止用户侵权分享热播电视剧而承担赔偿责任的案例，该案明确了网络服务提供者应对用户的侵权行为采取的必要措施，彰显了司法层面对网络版权加大保护力度的决心，为广大热门影视资源权利人维护权利提供了重要参考，同时也促使网盘服务提供商严格规范流程，自觉规避侵权风险，为实现共存、共赢、共同发展的行业风尚提供了有效的指引。

第二，短视频领域的相关版权保护问题。近年来，短视频行业如雨后春笋般迅速发展，既创造了新的经济增长点，也可能涉及大量的侵权行为。解决这一问题，需要从激励创新、保护权利和促进作品正常传播的角度综合考量，针对不同案件的具体情形，权利人应当制定不同的司法维权方案，以更准确地实现维权诉求。在 2020 年审结的梦之城文化有限公司诉秀秀科技有限公司侵害作品信息网络传播权纠纷一案[②]中，法院对短视频服务提供者是否存在应知的过错提供了判断思路，对牟取不正当经济利益的短视频服务提供商的注意义务、预见能力和判断其过错的关系给出了清晰评价，并对短视频服务提供者的合规制度提供了司法层面的意见。

（2）体育赛事。

我国在体育事业蓬勃发展的同时，也迎来了体育产业的高速增长，体育赛事组织者通过录制并竞标赛事直播权来获取更大回报，人们也越来越习惯于这种线上观看体育赛事实况直播的方式。虽然体育赛事本身不具有版权，但对其所录制的赛事节目是否可以作为视听作品而享有版权存在争议。在三网融合时代，无论是通过传统的电信网或广播电视网，还是通过数字通信网，由于赛事直播所呈现出的单向的、实时的非交互性特征近似于《著作权法》中“广播”的定义，因此在遭受网络实时盗播时，获得体育赛事直播授权的广播组织与视频平台习惯于采取版权保护的救济方式。从本质上看，体育赛事直播涉及对作品定义、广播权和信息网络传播权、合理使用等问题。

在“中超联赛赛事节目”案[③]中，其核心问题在于体育赛事现场直播形成的连续画面是否应当作为“电影作品和以类似摄制电影的方法创作的作品”（以下简称“电影和类电作品”）给予版权保护。在 2020 年北京市高级人民法院作出的再审判决中，认为录制体育赛事的连续画面存在较大的创作空间，认定体育赛事现场直播形成的连续画面属于类电作品[④]。该案将对类似案件的审理具有借鉴指导意义，为切实保护体育赛事转播产业做出了有益贡献。

三、2020 年网络版权保护的社会协同治理

（一）平台治理能力显著提升

2020 年，互联网新业态蓬勃发展的同时，也为网络版权保护带来了新挑战。电商、直播、短视频、社交媒体等产业的快速变化，不断创新的业态领域，要求行业内部更加积极地构建互联网版权保护的最佳治理模式，共同为营造绿色、有序的互联网版权环境而努力。

1. 积极建设网络版权的技术治理机制

2020 年伊始暴发的新冠肺炎疫情影响了社会生活的正常秩序，中国能够成为全球最早从疫情的影响中走出的国家，数字平台经济在其中发挥了重要的作用，并且带动了网络音乐、网络视频、网络文学、网络直播、短视频等网络版权产业的蓬勃发展。回顾 2020 年，立法、司法和行政对网络平台经济的版权保护作出了相应的部署和调整，与此同时，各大网络平台主动加强治理机制建设，从问题源头出发，为网络版权保护提供了保障和支撑。

2020 年，在平台版权保护的技术治理机制建设方面，一些行业内的头部平台进行了一系列有益尝试。2020 年，阿里巴巴利用其版权保护平台存证图片、短视频与设计手稿，数量分别突破 6 亿张、1 200 万条与 25 万份，与 2019 年相比分别增长 43.1%、480%与 148%[⑤]，为权利人固定证据和权利基础提供了有效帮助；百度利用其自研技术“百度超级链”（XuperChain）进行图片、文字、视频、

① 参见北京知识产权法院（2020）京 73 民终 155 号民事判决书。

② 参见北京互联网法院（2019）京 0491 民初 39992 号民事判决书。

③ 参见朝阳区人民法院（2014）朝民（知）初字第 40334 号民事判决书；北京知识产权法院（2015）京知民终字第 1818 号民事判决书；北京市高级人民法院（2020）京民再 128 号民事判决书。

④ 参见北京市高级人民法院（2020）京民再 128 号民事判决书。

⑤ 数据来源：《阿里巴巴知识产权保护年度报告（2020）》。

音频存证，提供版权局存证登记、存证信息实时上传区块链、生成版权存证维权证书等服务，为百度文库、百度百科、百家号等平台提供版权保护的技术支持，同时百度超级链与北京互联网法院、广州互联网法院、青岛仲裁委等司法机构跨链对接，确定数据未经篡改，判定对应的侵权事实，进一步解决内容产业版权保护取证难的问题，依托超级链技术支持的百度文库获得中国版权协会颁发的“2020年度中国版权突出贡献奖”；腾讯在网络版权保护领域中持续重拳出击，打击抄袭、洗稿等侵权行为，其安全神鹗大数据平台提供了一套“全网侵权发现—线索串并—电子固证—实时拦截—协助处置”网络侵权监测与全流程实时精准处置方案，并在2020年中国版权协会年会上正式启动了“中国版权链”项目，提供了一站式区块链版权保护服务解决方案；字节跳动旗下摄影师社区图虫正式引入蚂蚁区块链技术，提供“发布即存证”的版权保护服务，让每个原创作品拥有唯一“电子身份证”，已有80万摄影师用户将290多万原创作品在图虫平台成功“上链”，日均新增确权原创作品20万以上，成为最大链上确权图片平台；咪咕数媒平台在严格遵守“先审后入”的原则下，先后制定了《咪咕数媒图书版权管理办法》《咪咕数媒听书版权管理办法》，并借助先进的DRM数字版权保护技术，对内容加上防盗版的技术保护措施，防止内容被非法转载传播。

依托区块链、DRM、视频指纹比对、大数据分析等网络版权保护技术，各大平台在版权确权、侵权监测、司法维权等方面持续发力，最大程度保障了原创作者、平台方和用户的合法权益，降低了维权难度与维权成本，确保网络版权市场健康发展。

2. 提高侵权监测处理效率，维护网络正版化营商秩序

从整体状况来看，随着网络版权产业蓬勃发展，平台方对版权治理的重视程度正在提高。根据《2020上半年内容行业版权报告》数据，多数平台的治理周期都在1～12天范围内变动，相较2019年均有所缩短①。在网络视听领域，2020年爱奇艺、优酷、腾讯视频、咪咕视频等主流平台治理周期为2～4天，视频平台的维权周期普遍较短，相对领先于其他平台。

在监测方面，平台侵权监测处理效率的提高得益于其自身不断完善的版权治理体系以及逐步推广的线上投诉功能。在短视频领域，2019年至2020年10月，百度、阿里巴巴、腾讯公司旗下平台配合权利人下线短视频侵权链接636.25万条，占下线总量的51.5%②。

在维权方面，腾讯等大型综合平台监测到平台外部涉嫌网络版权侵权的数量已经达到千万级别，而字节跳动、快手等新兴平台监测到的外部侵权数量也达百万级别。调研显示，平台在发现网络版权侵权后，主要采取通知其他平台或上传者删除侵权内容、进行行政投诉或提起诉讼等方式。其中，各大平台提起诉讼维权的数量均达上百件，2020年主要集中在网络视频（含短视频）、网络图片以及网络文学领域。据最新数据统计，针对电影、电视剧、综艺节目、体育赛事、动漫等数字类型作品，主流平台维权成功率超过95%③，这反映出各大平台的相关维权机制建设越来越走向规范化、成熟化。例如，腾讯启动批量维权诉讼，针对侵权严重的MCN机构和账号，通过诉讼、行政投诉、行政约谈、技术屏蔽等一系列维权手段实现侵权盗版的社会共治。咪咕数媒平台建设了国内最大的数字内容安全防控中心，提供基于电视大屏的直播版权监测，以及IPTV、OTT、高清数字互动平台和移动小屏端的版权监测，并配合人工审阅以“机审人读”的方式进行审核，驳回盗版、涉暴、涉黄等内容，保证其平台内容的安全运营。

（二）社会协作积极推进行业共治

网络侵权盗版现象能否得到有效遏制，取决于全社会的综合治理。在多元共治的现代化治理背景下，需要充分发挥行业和社团组织的自律作用和沟通协调作用。只有行业各方在遵守法律法规的基础上加强自律，守正创新，才能营造适宜各方发展的生态，共同推动我国网络版权事业的健康有序发展。

1. 强化行业自律，推动构建网络版权保护新秩序

在网络版权保护不断加强的过程中，提升行业自律也是相关产业蓬勃发展的表现。

在网络图片领域，2020年6月，国家版权局发布了《关于规范摄影作品版权秩序的通知》，要求摄影行业组织应当在推动版权自律、公平交易、争议调解、合法维权等方面发挥积极作用，并积极探索建设面向中小微企业等用户的微利图库和面向扶贫、科教等领域的公益图库。

① 数据来源：《2020上半年内容行业版权报告》。

②③ 数据来源：《2020中国网络短视频版权监测报告》。

在网络游戏领域，2020 年 8 月 2 日，中国版权协会了成立网络游戏版权工作委员会，旨在加强行业自律，推动企业更广泛利用技术手段强化版权保护和未成年人保护，不断促进我国游戏产业健康发展。10 月 15 日，“ICT 中国 · 云游戏大会 2020”在京举办，并发布《云游戏版权保护自律公约》。该自律公约规定其成员应当积极配合联盟采取有效的技术措施和管理措施，包括云游戏发行商、平台运营商在内的行业主体应坚持“先授权，再使用”原则，不违法使用或传播未经授权的云游戏产品，云游戏平台运营商应建立必要的“通知—删除”制度并确保在版权所属方的授权范围内促进游戏内容的使用、推广和再生产等规定。咪咕互娱、炫彩互动、小沃科技以及腾讯、百度、斗鱼等 33 家单位成为首批签署自律公约的企业。

在网络文学领域，2020 年 8 月 29 日，中国版权协会文字版权工作委员会成立，并联合人民教育出版社、人民文学出版社、腾讯、百度、搜狗、咪咕共同发出“阅时代 · 文字版权保护在行动”倡议宣言，倡议书提出加强各版权平台方协调配合和信息沟通，呼吁行业合作与社会共治，并将履行平台责任落到实处。

此外，行业间也积极加强网络版权保护的技术合作。在参与诉讼活动方面，“12426 版权监测中心”在多个侵害权利人信息网络传播权的案件中起到了预防侵权、佐证侵权方持续恶意的作用。例如，在某视频公司与深圳某公司侵害作品信息网络传播权纠纷中，由中国版权协会版权监测中心、北京网络版权监测中心向深圳某公司发出直播预警，告知其两中心受某视频公司等委托授权，代为处理涉案电视剧的维权事宜，未经某视频公司许可，不得在涉案电视剧播出期间播放电视台信号流，若深圳某公司提供电视节目直播的功能，须在直播时段及时断开相应电视台的信号。在该案中，监测中心的直播预警成为证明深圳某公司持续侵权恶意的重要证据，在法院酌定侵权方的赔偿数额时起到了重要作用。

2. 集体管理助力网络版权保护新发展

2020 年，我国集体管理组织整体上呈现出良性的发展态势。2020 年，中国文字著作权协会继续发挥汇编权、信息网络传播权、表演权的集体授权优势，与逾百家出版社、文化公司签订了 279 份协议，“一揽子”解决近 350 种图书选用文章汇编权的授权和稿酬转付问题，其信息网络传播权、汇编权等集体管理业务占所收取使用费总额的 75.4%，有力规范了网络出版市场的版权秩序[①]；中国音乐著作权协会各项使用收费总额达 4.08 亿元人民币，其信息网络传播权许可收入为 22 160 万元，本年度办理维权案件总数 185 件，涉及信息网络传播权维权案件达 25 件[②]。此外，2020 年 4 月 29 日，中国摄影著作权协会、中国音像著作权集体管理协会、中国文字著作权协会、国家版权交易中心联盟、部分省市版权协会等 16 家单位共建“联合信任版权保护平台战略”发布，该平台旨在解决版权产业发展过程中面临的确权难、取证难、维权成本高、权利人和使用者信息不对称等问题。据最高院裁判文书网数据，各地法院在审判中采用联合信任服务的生效裁判文书近 2 万件。

为了解各大著作权集体管理组织历年的诉讼案件情况，在北大法宝数据库中，分别以每个集体管理组织的名称作为关键字，筛选带有涉及“信息网络传播”关键词的司法案例。调研结果如表 1 所示。

表 1　2014—2020 年各大著作权集体管理组织信息网络传播权司法案例数

协会名称	2014 年案例数	2015 年案例数	2016 年案例数	2017 年案例数	2018 年案例数	2019 年案例数	2020 年案例数
中国音乐著作权协会	31	44	35	60	154	169	107
中国音像著作权集体管理协会	16 550	19 082	25 242	36 005	24 211	15 271	12 412
中国文字著作权协会	55	0	0	0	1	2	1
中国摄影著作权协会	0	0	0	0	0	9	3
中国电影著作权协会	2	3	9	1	0	1	0

调研显示，中国音像著作权集体管理协会近年参与的诉讼案件最多，近 7 年每年均在一万件以上。中国音乐著作权协会参与的案件从数十件到一百余件不等，除 2016 年、2020 年外均有增长。中国文

① 中国文字著作权协会发布最受欢迎的作家排行榜和 2020 年报［EB/OL］.（2021－04－25）［2021－05－01］. https://mp.weixin.qq.com/s/HSyKBIsuQBvVFP5ARl92xw.

② 数据来源：中国音乐著作权协会《中国音乐著作权协会会讯》，2021 年第 40 期。

字著作权协会、中国摄影著作权协会和中国电影著作权协会每年的诉讼案件数量都较少。

诚然，著作权集体管理制度的优越性仍有提高的空间。在制度层面，新修订的《著作权法》结合我国著作权集体管理的具体实践，作出了大幅改进，为我国著作权集体管理制度深化改革提供了总体指引。但在权利管理机制、收费标准、分配机制以及信息透明度等关键问题上，仍需要进一步细化完善相关规定，做好配套规章的修订工作。

四、我国网络版权保护面临的挑战与对策建议

（一）网络版权保护面临的具体挑战

1. 新型创作形式频出，作品认定标准有待细化

随着数字技术的发展，作品数量呈现出井喷式增长的同时，版权作品的种类、形态更是多样化发展。2020 年，短视频、网络直播和线上演唱会的用户规模分别达到 8.73 亿、1.38 亿和 1.90 亿[①]。2020 年新修改的《著作权法》将作品类型中的“电影作品和以类似摄制电影的方法创作的作品”统一修改为“视听作品”，并将兜底条款修改为“符合作品特征的其他智力成果”，这一修改或将对新型创作形式的作品认定产生积极影响。

（1）短视频。

短视频近年在互联网平台呈爆发式增长，日益成为极具价值的版权内容资产，具有诸多不同的表现形式。然而，由于时长短、制作水准参差不齐，甚至存在恶俗信息，短视频常常被质疑可版权性。诚然，短视频的表现形式多种多样，并非所有的短视频都符合独创性的创作标准。无论短视频的时间长短和艺术价值的高低，《著作权法》从来不会将符合构成要件的作品排除在版权保护之外。尽管短视频产业存在参差不齐的现象，但不能忽视那些内容优质、制作精良以及深入浅出的短视频所耗费原创作者的精力心血，它们为生动传播知识和正能量做出了巨大的社会贡献。因此，短视频是否属于受版权保护的作品是法律价值的评判而非艺术价值的评判，不能不加区分地根据摄像机位的多寡、手法技巧的多少或者脚本的复杂程度来判断短视频是否构成“作品”，不同类型的创作形式应当具有不同的作品认定标准。

从短视频的创作方式来看，既有原创作品，也存在大量二次创作的内容。对于二次创作而言，必须建立在尊重原作品版权的基础上。未经授权剪辑、切条、搬运、传播他人视听作品中的内容或创意，或者利用他人文字作品作为脚本来创作短视频，都属于不正当的寄生行为。只有尊重版权、尊重创新，在原创作者、二次创作者、短视频平台方以及社会公众之间形成良性的互动与合作，才能维持整个短视频产业长期、稳定、共赢的发展生态。

（2）网络直播。

网络直播拥有广大的用户受众，近年来已经成为非常热门的网络生态类型。但该领域也涌现出大量的法律问题，其中与版权保护相关的问题因直播行业的自发性、短暂性等特点，是亟待解决的难点问题。

网络直播可以较为笼统地分为两种模式。一种模式是由主播进行表演，直播内容即为主播的表演过程，主播在表演时可能与观众产生互动，平台与主播通过打赏、广告等经济收益的分成获取利润。这种模式下，如主播在表演时使用了未经授权的他人音乐作品，则涉嫌侵犯他人的音乐著作权。此种情况下的侵权模式相对较为传统，平台一般可以通过获取集体授权的形式规避侵权风险，权利人也可以通过常规的司法救济途径和模式维护其合法权益。另一种网络直播模式为“带你看”模式，即主播未经版权人和演出主办方授权，在直播中解说某种演出或者体育赛事等其他节目，因其评论、解说具有一定的创造性，而直接影响网络直播的可版权性。除权利基础的认定难外，由于网络直播行为的自发性和短暂性，平台无法及时适用“通知—删除”规则，这也成为网络直播的维权难点。

当体育、网络游戏等赛事赛况出现时，各种形式的直播侵权行为就会随之涌现。在司法实践中，理论界的争论集中在具有一定创造性的网络直播是否构成受《著作权法》保护的作品。另外，在一些涉及体育、游戏赛事的网络直播著作权纠纷案件中，对于未经授权许可的网络直播行为到底侵害了何种权利，各级法院司法裁判标准也不统一。这些问题都需要通过配套的法规或司法解释，进一步明确《著作权法》中“视听作品”“广播权”“信息网络传播权”“广播电台、电视台”“转播”等概念的外延范围，以适应新兴广播技术发展的需求。

（3）基于 VR/AR 技术的新型演艺形式。

随着 5G、人工智能、虚拟现实（VR）、增强现

① 数据来源：中国网络视听节目服务协会《2020 中国网络视听发展研究报告》；中国互联网信息中心第 47 次《中国互联网络发展状况统计报告》。

实（AR）以及全息投影、声音仿真合成等新技术应用场景的扩大，由虚拟信息模拟现实环境、物体甚至表演者的新型演艺形式越来越普遍。诸多新技术联合开发的虚拟现实偶像作为表演者出现在舞台上，其现场表演的节目能否构成作品，以及构成何种类型的作品引发广泛讨论。2020 年新冠肺炎疫情给音乐、曲艺、影视以及综艺行业的发展带来了深刻影响，诸多大型晚会、演唱会、音乐节等线下演艺活动大面积停摆，迫使传统的演出形式转移到线上。一方面为了满足模拟现场观感与沉浸式体验的大众文化需求，另一方面更是要通过吸引更多流量来弥补整个文化娱乐产业所遭受的巨大损失，因此技术创新推动下的云上演艺新商业模式获得极大发展。新型演艺形式的深度发展将新技术充分融合进了创作与传播之中，产生了推动技术创新和文化创新的双重功能。为此，作为保障网络版权产业发展与行业生态的基本立法，《著作权法》应当对这类新型演艺形式给予适当的关注，构建更加立体有效的多维度保护模式。

2. 网络环境下作品的传统许可授权机制有待革新

三网融合提高了作品的传播效率，同时也为网络版权授权带来了“海量对海量”的困难与挑战。如何引入新技术形成公平、合理、无歧视的网络版权批量化授权，如何避免数字作品独家版权授权所放大的马太效应，如何提升著作权集体管理组织在费率谈判、批量许可以及使用费收取方面的效率功能等问题，都是网络版权产业普遍关注与讨论的重点问题。为此，需要从技术、制度与监管等各个层面不断改善与创新网络环境下作品的许可授权机制和管理制度。

在如何提升网络版权授权的效率问题上，著作权集体管理制度的完善与革新是解决这一问题的关键，也是当下的困局所在。在坚持著作权集体管理组织非营利性的基础上，应当打通确权登记、授权许可、使用费收转、版权维权以及其他基于版权授权许可的后续服务等各个环节，提高网络海量信息环境之下的授权许可效率。增加著作权集体管理组织的透明度和社会监督力度，完善相关许可费率异议谈判机制，防止其滥用管理权限，切实保障版权人、使用者以及消费者的合法利益，提高集体管理组织为促进网络版权产业高质量发展服务的意识与责任感。

3. 盗播盗版利益链成熟化，取证与维权难度大

近年来，网络版权市场秩序得到有效治理，给网络版权产业营造了利于其平稳快速发展的环境。2020 年，我国持续加大版权保护力度，国家版权局等各部门联合启动打击视听作品、电商平台、社交平台、在线教育等领域侵权盗版行为专项行动，重点对网络文学、游戏、音乐、知识分享等平台版权的传播秩序进行规范。然而，由于信息网络侵权盗版手段多样化，网络侵权现象屡禁不止，且呈现出瞬时性、频发性与维权难的特征。

当前，各大内容网络平台都已经规范运营，新型网络版权侵权多存在于利用网络爬虫、云盘、聚合盗链软件、IPTV 信号盗播等存储传播技术的非法小网站、资源站，并已形成专门从事盗版盗链盗播的侵权利益链。另外，大多数侵权网站、资源站将其服务器架设于境外，以实现降低成本、提高隐蔽性、逃避行政监管与司法管辖的目的。长期以来，这些非法小网站和资源站利用网络隐蔽性，大量发布、传播违反《著作权法》《网络安全法》等相关法律法规的盗版资源和违法信息，同时通过加入各种广告联盟发布违法广告，或在网页、手机应用程序中预埋木马等恶意程序，非法获取用户信息或实施诈骗活动并借此非法牟利。在由于技术规避、监管漏洞而造成的灰色地带，形成了专门从事侵权盗版的非法利益链，严重侵害了著作权人的合法权益，扰乱了网络安全秩序，破坏了网络版权市场生态，严重阻碍网络版权产业的高质量发展。

（二）应对网络版权保护问题的对策建议

1. 加强顶层设计，完善法律保障制度体系及配套规范

在立法领域，2020 年，《民法典》审议通过并实施，《著作权法》也完成了最新修订，这为网络版权保护提供了制度框架，并为《著作权法实施条例》《著作权集体管理条例》等配套规范的完善提供了基本指向。长期以来，网络版权登记、交易、保护与集体管理等领域缺乏统一的顶层设计，应当进一步细化互联网、电子商务、大数据、人工智能等新业态、新领域、新模式的版权保护规则，构建适应现代化技术发展需求的网络版权立法保护体系。对于确有保护必要、有利于产业发展的客体或者客体使用方式，要妥善运用著作权权利的兜底性规定和独创性裁量标准，将新型创作形式涵摄解释到《著作权法》所规定最为相似的作品类型之上，或者运用兜底性权利给予保护，以保护新兴网络版权产业的发展壮大，提升社会文化产品与服务的高质量供给能力。

在行政执法领域，应当厘清新领域、新业态、

新商业模式中网络版权产业发展的基本特征与市场规律，强化网络版权产业的行政指导、行政立法、行政调解与行政救济，建立职责明晰、分工科学、集中统一、权威高效的知识产权行政执法体系，实现行政保护在网络版权产业生命周期的全覆盖。

在司法审判领域，应进一步健全符合网络版权保护的司法裁判规律，积极探索构建专门化审判体系，以适应不同地区之间发展的现实差异和长远规划。根据数字作品及网络版权的不同类型、形式，合理分配举证责任，科学设定举证责任倒置等规则的适用范围和程序，严格打击利用程序漏洞逃避监管的非法盗版产业；统一裁判尺度，深化案例指导制度，不断总结操作性强的审判指导意见。

2. 推广技术应用，探索网络版权保护监管治理的技术机制

随着我国网络版权保护力度不断加强，技术监管措施更广泛地应用于网络版权保护。但由于海量内容创作环境下，平台方的版权过滤审核技术不够成熟，专业人员配备参差不齐，对版权侵权的监管机制一直没有形成行业规范，这些问题将成为下一步网络版权产业治理的重点。

网络版权保护应该加强信息共享、网站备案、IP 地址、域名等互联网领域基础性管理，提升云数据库的安全性，创新技术保障网络版权监管的长效治理机制，维护良好的市场环境。尤其是在解决非法小网站、资源站等网络盗版利益链的问题上，应当充分发挥互联网基础技术的监管作用，通过技术措施监测、追溯这些侵权盗版行为的源头，并有效切断这些极为隐蔽的传播途径，实现侵权盗版内容与用户的技术隔离，进而使相关小网站和资源站失去曝光率，其既有的黑色产业链和商业模式也将难以为继。

从制度层面来看，应当以新修订的《著作权法》中“技术措施”和“权利管理信息”等相关规定作为创新技术机制的制度接口，科学借鉴域外网络版权市场治理的成功经验，通过后续的配套法规和司法解释，科学设定网络内容平台的版权过滤和屏蔽责任，推广人工智能和区块链等新兴技术在网络版权保护监管治理中的应用，从而加强对网络版权产业的整体保护力度。

3. 落实平台责任，提高网络内容服务平台的版权保护意识

三网融合的创作与传播环境下，融媒体平台在为网络版权产业注入了强大生命力的同时，也带来了更多的侵权风险，加重了网络平台开展版权侵权监测和处理的负担。同时，司法实践中，“避风港”规则也容易异化成为网络内容服务平台规避责任的工具。由于担心诉讼成本过高，大量权利人的维权积极性不高，从而使得网络内容服务平台怠于履行其监管与处理平台内版权侵权的注意义务。事实上，虽然近年来网络平台主动保护版权的措施越来越多，但侵权行为的基数仍然在增长，平台版权治理存在反复的情况。

从高效打击网络版权侵权行为的角度，首先应当提高网络内容服务平台的版权保护意识，自觉接受监管和监督，定期开展自查工作，加强对内容发布上传者的信息公示义务、链接审核和跳转提示义务、用户权益保护义务以及内容监测过滤义务。其次，网络内容服务平台应加强行业自律，对主播人员、活跃的内容发布者定期开展相关法律培训，对于存在侵犯知识产权风险的直播，应当及时制止并加以引导。最后，通过版权承诺、技术检测提高直播者、内容发布上传者的版权保护意识，将向平台方发出版权过滤请求的认定标准量化宽松。同时，对于正在热播热卖的作品、版权行政管理部门公布的重点保护预警名单上的作品、权利人已向平台服务商发送了权利声明的作品等，网络内容服务平台应当尽到特别的注意义务。

4. 协调社会资源，完善网络版权产业纠纷的多元解决机制

充分发挥网络版权产业在激励创作、净化生态、遏制侵权等方面的积极作用，仅仅依靠网络内容服务提供平台商的努力还远远不够，需要重复调动与协调各类社会主体、社会资源以及社会公众广泛地参与其中。

首先，随着多元解纷机制不断完善，越来越多的矛盾纠纷尚未进入诉讼程序就可得到化解。相较于传统诉讼手段，多元化纠纷解决机制可以快捷、低耗、和谐地化解版权侵权纠纷，它是我国版权侵权民事救济体系的重要组成部分。其次，应当大力支持利用网络及区块链等新技术手段助力知识产权仲裁和社会治理，探索构建专业化的网络版权侵权在线纠纷解决机制。最后，网络版权产业作为全国知识产权信用体系建设工程的重要组成部分，应当尽快建立起整个行业统一的自律机制，制定机制执行的惩罚与监管规范，强化行业内自律监督组织的执行效果，规范和净化网络版权产业的市场秩序和社会环境。

结语

回顾“十三五”期间，我国网络版权保护工作

取得了巨大成就。版权法律制度体系不断完善，网络版权保护水平不断提升，网络版权保护工作质量效益不断提高。展望“十四五”规划中的网络版权保护工作，要以习近平新时代中国特色社会主义思想为指导，以习近平总书记关于加强知识产权保护系列重要讲话精神为主线，全面贯彻落实党中央、国务院决策部署，坚持稳中求进、守正创新，大力实施创新驱动发展战略，坚持把握新发展阶段、贯彻新发展理念、构建新发展格局，以建设版权强国为目标，以全面加强版权保护、加快版权产业发展为基本任务，不断提升版权工作水平和效能，为推动高质量发展、建设社会主义创新型国家和文化强国提供更加有力的版权支撑。

“全面加强知识产权保护工作，激发创新活力推动构建新发展格局”是我国未来知识产权事业发展的总基调，同样也是我国网络版权保护的大方向。目前我国正处于从版权大国向版权强国迈进的关键时期，只有夯实基础，一步一个脚印，才能稳步迈向版权强国之路。因此，需要推动各类创新要素源源不断地向社会供给优质的内容作品，推动网络版权保护产业的健康、有序发展，营造网络版权产业风清气正的营商环境，才能充分激励网络版权产业驱动全社会守正创新。

成都市版权局

成都市作为全国版权示范城市，积极贯彻落实党中央、国务院提出的强化知识产权创造、保护、运用和加快知识产权强国建设战略部署，版权生态良好，连续三年获得全国“查处重大侵权盗版案件有功单位一等奖”，荣获世界知识产权组织“中国版权金奖·管理奖”。

建设全国数字版权综合服务平台。近五年来全市著作权登记数量持续增长，总量达 49 万件。2020 年全市登记量达 14.8 万件，增幅 22.75%，软件登记数量位居全国第五。创新构建“成都造”数字版权综合服务平台，打造“1+23+N”版权公共服务格局，形成“一核多极”版权运营服务交易支撑体系，实现全国范围作品在成都技术存证 82 万件，在全国交易金额约 1.55 亿元。

严格版板保护，加强版权监管。实施“版权护航”工程，建立网络环境下的版权保护监管机制，推进版权民事、刑事、行政“三合一”侵权纠纷快速处理机制，加大对侵权商品生产、流通、销售全链条治理，形成线上线下联动、产销区域同步、政企共治的版权保护模式。2020 年共受理版权侵权盗版案件 8 996 件，成功侦破四川省首例罚金达千万元的侵权案件。

健全版权授权交易体系。打造版权授权专业展会品牌，举办“2020 成都数字版权交易博览会”，开展“2020 成都中日韩企业版权产业发展峰会”、“2020 第三期全国版权执法监管培训”、“2020 全国涉外版权管理培训”和“2020 全国大学生版权征文大赛颁奖典礼”等活动，共同探讨版权保护、产业发展、制度变革、管理运用新思路、新方向、新路径。

◎ 2020 成都数字版权交易博览会开幕式

◎ 2020 成都中日韩企业版权产业发展峰会

◎ 数字版权产业融合与发展论坛

长沙市委宣传部（长沙市版权局）

◎ 湖南省委常委、长沙市委书记吴桂英和长沙市委副书记、市长、湘江新区党工委书记郑建新到全国版权示范园区——马栏山视频文创园调研，重温习近平总书记考察湖南重要讲话精神，强调创新发展和版权工作的重要性

长沙市于2021年1月启动全国版权示范城市创建工作以来，坚持以习近平新时代中国特色社会主义思想为指导，深入贯彻落实习近平总书记关于湖南工作系列重要讲话指示精神，牢牢把握立足新发展阶段、贯彻新发展理念、构建新发展格局的要求，围绕打造国际文化创意中心，抬高发展坐标，创新发展举措，在市委、市政府的坚强领导下，在国家版权局、湖南省版权局的具体指导下，全市版权治理体系、治理能力和治理水平实现了历史性跨越。

强化顶层设计，注重目标引领。2021年9月，长沙市第十四次党代会把争创全国版权示范城市作为重点任务写进了工作报告，长沙市委、市政府把创建全国版权示范城市纳入了重要的议事日程，并把创建全国版权示范城市作为推动城市高质量发展的重要举措，全方位、多领域、深层次地谋划创建工作。湖南省委常委、长沙市委书记吴桂英，长沙市委副书记、市长、湘江新区党工委书记郑建新多次视察全国版权示范园区——马栏山视频文创园，召开长沙加快建设国际文化创意中心座谈会，强化版权的地位和作用。市政府下发了《长沙市创建全国版权示范城市工作实施方案》，召开创建全国版权示范城市工作推进暨版权创新与保护专题讲座会议，对全市创建全国版权示范城市进行具体部署并提出落实举措。全市聚焦创建全国版权示范城市的“六大实施工程”27项主要工作任务，建立健全创建工作机制，重点铺排各项工作任务，认真制定项目推进时间表，科学拟定作品登记量化指标，全力以赴推进各项工作任务落实落地。2021年，长沙市在推动全市版权创造、运用与服务，版权知识的普及以及各区县（市）创建工作机制建设方面取得了长足的进展。

完善服务体系，提升服务质量。全市各区县（市）和所有园区都建立起基层版权服务工作站，都有场地、有人员、有制度、有经费。长沙市委常委、宣传部部长、副市长陈澎主持召开建功“三高四新”文创“百日竞赛”活动，把版权工作纳入竞赛的范畴，作为重要的指标。版权作品登记量快速提升，2021 年全市一般作品版权登记量实现飞跃式增长。“区块链 + 版权”服务平台进一步发展壮大，“优版权”服务平台全年作品区块链版权存证数突破 100 万件，版权侵权监测数超 1 万条，侵权取证保管量超过 3 万件，IP 入驻机构达 130 家，IP 入驻数量超过 2 000 个。2021 年 4 月，在国家版权局的指导下，中国版权协会、湖南省委宣传部和长沙市人民政府成功举办 2021 马栏山版权保护与创新论坛，优酷、快手、芒果 TV、爱奇艺等 10 家机构代表共同签署并发表了《网络版权保护与创新“马栏山宣言”》。探索推动版权质押融资工作，马栏山版权服务中心实现 2021 年质押金额 5 000 万元，银行放贷 2 400 万元。建立长沙市版权数据库，在全国范围内征集版权专家，为长沙市的版权工作提供智囊支撑，数据库吸纳 2 000 多家文创企业入驻，通过大数据了解企业需求，为企业提供版权服务、版权交流、产品销售及业务互通。

激发版权创造，推动版权应用。2021 年长沙市版权作品登记量超过 43 000 件，是上年登记量的 6.5 倍。软件著作权登记数量超过 30 000 件，同比增幅超过 50%，显示了长沙市版权创造的蓬勃生机。长沙市对精品版权作品进行扶持奖励，2021 年扶持奖励总金额近 4 000 万元，推出了歌剧《半条红军被》、电视剧《大浪淘沙》《天下同心》、湘剧《国歌·时候》、花鼓戏《蔡和森求学记》等。长沙市的版权应用也在加速发展中，2021 年版权平台交易额超过 2 亿元。平台下的版权交易非常活跃，参展商近千家的长沙全国图书交易会成交额超过 20 亿码洋。围绕版权应用各种活动举办频繁，2021 年长沙市组织了日本电影新片展、艺术博物馆主题意大利电影展、俄罗斯电影周、芬兰导演阿基考里斯马基电影展、“百年红色印刷”主题系列等活动。由中宣部印刷发行局、中国印刷技术协会授牌的“中

◎ 2021 年 4 月 9 日，长沙市召开全市创建全国版权示范城市工作推进会暨版权创新与保护专题讲座，特邀中宣部版权管理局局长于慈珂作专题讲座

◎ 2021 年 1 月 12 日，长沙市获批全国版权示范城市创建市。4 月 8 日，在马栏山版权保护与创新论坛上，中宣部版权管理局局长于慈珂，湖南省委宣传部常务副部长、湖南省版权局局长蒋祖煊共同启动长沙市创建全国版权示范城市行动

◎ 2021 年马栏山视频文创园获批全国版权示范园区，至此，长沙市已有 2 家园区获此殊荣。4 月 8 日，中宣部版权管理局局长于慈珂为园区授牌

◎ 2021 年湖南盘子女人坊文化科技有限公司、山猫吉咪传媒股份有限公司获批全国版权示范单位，中宣部版权管理局局长于慈珂亲临湖南盘子女人坊文化科技有限公司现场为 2 家企业授牌。截至 2021 年，长沙市共有 6 家企业获批全国版权示范单位

◎ 2021 年 4 月 26 日上午，长沙市芙蓉区在东盈商业广场举办知识产权宣传周版权宣传主题活动

国南方书刊印刷基地”也在长沙市建立。2021 年马栏山视频文创园获批成为全国版权示范园区，湖南盘子女人坊文化科技有限公司和山猫吉咪传媒股份有限公司获评全国版权示范单位，目前全市共有版权示范园区 2 家，全国版权示范企业 6 家。2021 年长沙市启动首届版权示范企业认定工作，完成对 10 家示范企业、20 家示范提名企业的认定。目前长沙市初步形成具有长沙特色的版权产业“三集群、一基地”：以芒果超媒、中广天择等为主体的长沙视频版权集群，以中南出版集团为主体、联动《湖南日报》《长沙晚报》的数字出版版权产业集群，以工业设计、烟花鞭炮、非遗文化为重点的长沙设计版权产业集群，以及以马栏山视频文创园为载体的版权产业基地。

加大宣传培训，浓厚创建氛围。联合湖南省律协、马栏山（长沙）视频文创园管理委员会、中南大学知识产权研究院举办了媒体艺术之都网络版权保护交流培训班，并帮助各区、县（市）举办版权基础知识培训班。加大创建全国版权示范城市宣传力度。制作版权示范企业宣传片，创建全国版权示范城市宣传片、宣传册和宣传海报等，通过社会各种媒介进行广泛宣传，在全市营造浓厚的创建氛围。持续通过各级新闻媒体进行创建全国版权示范城市的新闻宣传。9 月 16 日，中国新闻出版广电报刊发《湖南长沙着力打造版权服务湘军》。

加强版权保护，创新保护方式。2021 年，围绕争创全国版权示范城市的目标，进一步加强版权保护工作。组织开展“剑网”专项行动，将转播影视、音乐、新闻、软件等作品的重点网站列入监管名单，并建立“黑白名单”制度，公布长沙市重点保护作品“白名单”，曝光专门从事侵权盗版互联网企业“黑名单”。全年共清理查处涉嫌侵权盗版视频 1 918 个，封禁违规账号 126 个，关闭涉嫌冒充中国铁通运营商网站缴费充值的违法违规网站 1 家。文化执法部门全年对出版物市场、印刷市场、文化娱乐市场、互联网文化单位等涉及版权保护的企业共出动检查 3.4 万人次，检查经营单位近 1 万家，查处办理不同类型著作权行政处罚案件 42 起，没收违法所得并处罚款共计 52.56 万元。围绕重要时间节点、重点经营领域和学校周边开展了系列专项整治行动。积极处理两起中宣部版权管理局通过湖南省版权局移交的案件线索，其中一起根据案情发展需要向贵州省兴义市公安局进行案件移送处置，该案违法当事人已受到刑事处理；另一起电影盗录案件，长沙市文化执法局和市公安局根据线索联合深入调查，制止了盗录行为，对当事人进行了行政处罚。

创新版权保护方式，充分发挥版权协会、人民调解中心、中介仲裁机构等社会团体作用，成立了长沙市版权纠纷人民调解委员会，创新版权投诉机制，专注于版权纠纷人民调解工作。

2022年是长沙市创建全国版权示范城市的冲刺之年，长沙市将对标对表，主动作为，努力推动创建全国版权示范城市各项任务的深入落实，以高质量发展，在全面建设以“三高四新”为引领的现代化新长沙的进程中，在加快建设国际文化创意中心的进程中，做出版权的新贡献。

◎ 2021年4月8日，爱奇艺、优酷、快手、芒果TV、中南传媒、中广天择、马栏山文创投、中国网络文学小镇、草花互动、山猫吉咪等10家企业代表在马栏山版权保护论坛上共同签署并发表《马栏山版权宣言》，标志着10家发起企业将不断致力于版权保护、文化创新工作，为企业及创作者提供版权保护的倚靠与土壤，不遗余力地向全社会传递版权保护的公益理念与版权保护的相关知识

◎ 2021年4月26日，长沙市委宣传部（市版权局）在中南大学举办第三届文化传媒业知识产权（版权）保护论坛。由湖南省律师协会、湖南省知识产权协会、长沙市文化市场综合行政执法局等9家单位发起的“长沙市网络版权保护联盟”正式成立

◎ 2020年长沙市委宣传部（市版权局）举行了首届长沙市优秀版权奖评选活动，设优秀作品奖、优秀管理奖、推广运用奖、优秀保护奖、版权登记领衔奖共五个奖项，每2年举行一次。图为2021年4月26日（世界知识产权日）为各奖项一等奖的获奖单位和个人颁奖

◎ 为实现版权问题一站式办理、全链条服务，确保著作权人版权价值最大化，长沙市委宣传部（市版权局）成立了马栏山版权服务中心，并将区块链技术落地“优版权”服务平台的开发与运用，打造成了集版权登记、版权存证、版权确权、版权监测、版权取证、版权保险、版权交易和版权维权为一体的版权一站式服务平台

景德镇市版权局

在国家版权局和江西省版权局的大力支持和精心指导下，景德镇市2019年启动并全力推进全国版权示范城市创建工作，通过大力提升版权创造、保护、运用、管理水平，全市版权生态不断优化，版权登记数量激增，极大地推动了文化创意产业和陶瓷产业高质量发展。成功举办2020年全国版权示范工作培训班，陶溪川文创街区荣获“中国版权金奖•推广运用奖”，景浮宫陶瓷文化有限公司获评“全国版权示范单位”，版权示范创建工作取得阶段性成果。

◎ 景德镇市成立以市长为组长，常务副市长和市委宣传部部长为副组长，全市36个单位、部门和县市区分管领导为成员的“景德镇市创建全国版权示范城市工作领导小组”，并于2020年4月21日召开市创建全国版权示范城市工作领导小组第一次会议。会议审议通过了《景德镇市创建全国版权示范城市实施方案》和《目标任务分解表》等创建工作指导文件，落细落实创建任务

政府重视，高位推动

景德镇市委、市政府高度重视版权工作，多措并举推动全国版权示范城市创建深入开展。成立以市长为组长的市创建全国版权示范城市工作领导小组，印发《景德镇市创建全国版权示范城市实施方案》和《目标任务分解表》，落细落实创建任务。将创建工作写进政府工作报告，纳入景德镇国家陶瓷文化传承创新试验区建设重点任务、重点调度事项，进行常态化调度。将版权工作经费纳入年度财政预算，设立创建专项资金，为创建工作提供经费保障。

提升服务，推动发展

一是增设版权服务站点，在 4 个县市区开展版权工作，指定专人负责，进行线上线下版权登记实务操作培训，形成市县两级版权管理机制，实现版权登记工作全覆盖。优化版权登记流程，做大作品登记数量；成立陶瓷版权专家委员会，加强版权登记的专业性和权威性，做强作品登记质量。景德镇市版权作品登记数量多年在全省设区市中排名第一，2020 年突破 6 000 件，同比增长 647.97%。二是完善统计制度。认真执行文化产业统计制度，对涉及版权的企业予以重点关注，及时掌握版权产业发展情况。三是维护民企合法权益。景德镇市成立了非公有制维权服务中心及以市长为组长的非公有制维权服务领导小组，并与公检法司等相关部门建立联系协调机制，主要受理民企在投资、生产、经营过程中认为政府职能部门及其他相关管理部门有不作为、乱作为、慢作为等不当行为以及版权等其他方面困扰发展的维权诉求。

完善机制，强化保护

一是完善审判运行机制。大力推进知识产权“三审合一”审判模式，已获批成立景德镇知识产权法庭，标志着景德镇市知识产权审判工作进

◎ 景德镇市知识产权宣传周活动丰富多彩。2020 年 4 月 26 日，成立景德镇市陶瓷版权快速维权中心，旨在建立权责清晰、部门协作、规范有序的陶瓷版权维护制度，完善包括陶瓷版权登记、举报受理、鉴定、执法在内的陶瓷版权维权体系，提升陶瓷版权权威，加大陶瓷版权保护力度，提高陶瓷版权执法水平。图为江西省委宣传部副部长、省新闻出版局（省版权局）局长黎隆武和景德镇市委常委、宣传部部长刘朝阳为景德镇市陶瓷版权快速维权中心揭牌

◎ 2020 年 9 月 27—28 日，2020 年全国版权示范工作培训班在景德镇市举办。该培训班由国家版权局主办，江西省版权局、景德镇市人民政府协办，来自全国版权管理部门的代表以及版权示范单位的代表共百余人参加了培训

◎ 在 2020 年全国版权示范工作培训班上，举行了 2019 年度全国版权示范城市、示范单位、示范园区（基地）代表授牌仪式，江西省两家全国版权示范单位——先锋软件股份有限公司和江西务本传媒有限公司获得授牌。江西省版权局、景德镇陶溪川文创街区代表分别进行了交流发言。图为中宣部版权管理局局长于慈珂和中宣部版权管理局副局长赵秀玲为获奖单位授牌

◎ 2020 年 4 月 24 日，景德镇市组织市版权局、市市场监管局、市中级人民法院等多家单位一起，在市行政服务中心广场开展以“尊重知识、崇尚创新、诚信守法”为主题的集中宣传活动，活动现场设立宣传展板展示案例、普及知识产权知识，设立咨询台现场解答群众咨询。图为市版权局版权工作人员向群众宣讲《著作权法》和版权基础知识

入一个新的发展阶段，将有利于进一步统一知识产权案件裁判尺度，提高知识产权案件审判质量和效率，进一步助推构建以司法保护为主导、行政保护为支撑的知识产权保护格局，优化法治化营商环境。二是成立景德镇市陶瓷快速维权中心。建立权责清晰、部门协作、规范有序的陶瓷版权维护制度，完善包括陶瓷版权登记、举报受理、鉴定、执法在内的陶瓷版权维权体系。三是加大版权执法力度。同步推进知识产权保护与综合治理，开展版权专项整治，完善跨地区、跨部门执法协作。珠山区人民法院竟成人民法庭作为全省三个拥有知识产权一审案件管辖权的基层法院之一，积极开展知识产权案件审理工作，推动搭建文化执法、公安、法院等部门间的快速联动机制。

创新宣教，浓厚氛围

开展形式多样的系列版权宣教活动，借助广播、电视、报刊、网络、微信公众号等媒体平台，持续宣传版权知识和创建动态，营造版权保护良好社会氛围。一是重点开展主题宣传。知识产权宣传周期间，开展丰富多彩的线上线下宣传活动，每天滚动播放版权保护宣传片和宣传语，举办版权知识竞赛、版权征文竞赛、版权保护论坛、版权作品展等活动，广泛发动社会公众参与线上答题，集中销毁侵权盗版、淫秽色情及非法出版物，激发全社会创新创造热情。二是推进版权宣教进企业。邀请专家学者深入工业园区举办版权知识讲座，增强创业人士的版权保护意识和运营能力。三是推进版权课程进党校。在县处级干部进修班、中青年干部培训班安排版权知识讲座，将《著作权法》等知识产权法律法规纳入领导干部教学内容，提升领导干部版权相关知识和管理水平。四是推进版权宣教进展会。在瓷博会现场设立版权工作站，就版权相关知识和法律法规等内容进行

◎ 2020 年底，景德镇市获批知识产权法庭，标志着景德镇市知识产权审判工作进入一个新的发展阶段，将有利于进一步统一知识产权案件裁判尺度，提高知识产权案件审判质量和效率。图为 2021 年 4 月 26 日景德镇知识产权法庭揭牌仪式，省高级人民法院院长葛晓燕、市委书记刘锋、最高人民法院民三庭副庭长林广海共同为景德镇知识产权法庭揭牌。省委宣传部副部长、省新闻出版局（省版权局）局长黎隆武，省高级人民法院审委会专职委员陈仁生，市人大常委会副主任、市委秘书长罗建国，副市长、昌南新区党工委书记徐耀纯出席揭牌仪式。仪式由市委常委、市委政法委书记曹雄泰主持。市中级人民法院院长邓建辉作表态发言

宣讲并答疑解惑，同时进行版权作品登记，在工作站显著位置宣传景德镇市创建全国版权示范城市的消息和动态，在 LED 显示屏不间断滚动播放各类版权宣传片，发放印有版权保护图样和文字的鼠标垫、文件夹、书签等礼品，营造全社会了解、支持、参与版权保护和示范创建的浓厚氛围。

景德镇市将继续着力守正创新、强化特色，深入推进版权示范创建工程，打造好全国版权示范城市“景德镇样板“。

◎ 2021 年 4 月 26 日，景德镇市版权协会揭牌仪式暨版权作品展开幕式举行。此次展览共展出优秀版权作品 200 余件，作品种类从日用瓷到观赏瓷，从瓷板画到油画，以及饰品、相机包、钟表、纪念章等，品类多样，精彩纷呈，极大地激发了创作者的热情

◎ 2021 年 4 月 26 日，景德镇市举办版权保护与文化创新论坛、版权运营及保护圆桌论坛，来自省市内外的企业家和学者分别从版权的法律保护、运营推广、区块链保护、创意设计、知识产权金融等方面分享各自的版权运营经验和版权保护相关案例，为景德镇市版权保护工作积极建言献策

温州市委宣传部（温州市新闻出版局）

2020 年，温州市委、市政府高度重视版权工作，通过理顺版权行政管理体制机制、加大对全社会版权知识宣传普及力度、培育版权设计创意和中介人才、建立健全版权保护司法制度等举措，全市在版权创新创造、版权转化运用、版权管理服务和版权保护等方面取得显著成效。2020 年，温州市版权作品登记数量达 6 020 件，比上年增长 41%，居全省第一。温州市委宣传部（市新闻出版局）荣获“2020 年度中国版权突出贡献奖”。主要成效体现在以下几个方面：

一、积极开展版权保护宣传推广

结合“4·26”世界知识产权日等重要节点，举办“2020 版权知识宣传周云展览”等活动，组织开展版权宣传“四进”（进单位、进企业、进学校、进社区）活动；成功举办 2020 全国大学生广告设计创意大赛、2020 年“我和我的祖国”温州市创意设计大赛等重要赛事，参赛人员达 3 000 多人，收到参赛作品 1.3 万件；举办全市版权保护培训班，培训版权管理人员和版权作者，不断普及版权保护理念。

二、提升版权公共服务效能

成立浙江省版权局温州版权工作服务站，设立专门登记窗口，实现一站式办理；推出免收作品登记费的优惠政策，为企业节约作品登记费用达 216 万余元；在浙江中胤时尚有限公司、申奥科技有限公司等版权重点企业建立版权登记联络点，推动版权保护平台由市级向县级延伸，全市现有版权工作服务站县域分站 12 个，版权服务联络点 23 个；

◎ 浙江省委宣传部副部长、省新闻办主任李杲，温州市委常委、宣传部部长胡剑谨调研 2019 年全国版权示范单位——浙江中胤时尚设计有限公司

◎ 温州市 12 家文创企业获 650 万元版权质押贷款授信

协调招商银行推出版权质押贷款产品，2020 年温州市 12 家企业获得版权质押贷款授信 650 万元；成功培育全省第一家设计类上市企业，该企业的作品年交易量达上亿元。

三、扎实推进软件正版化工作

将党政机关使用正版软件列入“平安温州”和意识形态责任制考核，建立党政机关使用正版软件联席会议机制，财政部门将正版软件采购经费纳入经费预算予以保障解决。市本级党政机关、事业单位和国企软件正版化率达到 100%，起到了很好的宣传示范和引领作用。

四、强化版权保护力度

加强版权产业市场环境监管体系建设，结合“剑网行动”等专项行动，严厉打击网络侵权盗版行为，查处了刘某某侵犯著作权案等涉案金额在 1 000 万元以上的大案要案 1 起；建立版权保护“诉调对接”机制，成立温州市知识产权纠纷人民调解委员会和温州市第三方知识产权纠纷调解中心，累计成功调解版权纠纷案件 642 件。

◎ 温州市召开使用正版软件工作联席会议

◎ 温州市委常委、宣传部部长胡剑谨调研版权保护工作

◎ 温州市版权服务进文博会

◎ 温州市委宣传部（市新闻出版局）荣获“2020 年度中国版权突出贡献奖”

佛山市委宣传部（佛山市版权局）

2020年，佛山市版权创造、运用、保护、管理和服务水平显著提升，创新生态环境进一步优化，产业转型升级明显加快，文化事业繁荣发展，为打造市场化法治化国际化一流营商环境、构建新发展格局、推动高质量发展提供了有力保障。佛山市版权局获得2020年“中国版权金奖·保护奖”。

版权创造实现量质“双提升”。2020年佛山作品版权登记量达11 370件，在广东省内仅次于广州市，连续两年同比增长超过50%。2020年软件版权登记数量达8 763件，居广东省地级市首位。创建全国版权示范城市期间，佛山市获评广东省最具价值版权作品的数量增长了2倍，累计扶持文艺精品项目200个，扶持总金额近7 000万元，推出电影《梦想之城》、电视剧《索玛花开》、广播剧《闯广东》等一批优秀文艺作品。

版权运用结出丰硕成果。佛山市版权产业行业增加值达709亿元，全国版权示范园区（单位）两年内实现“零”的突破增至3家，新增数量居全国地级市首位。大湾区功夫电影周、佛山（潭洲）国际陶瓷展、中国（佛山）陶艺设计周、童装时尚设计周、工业设计版权保护季等系列活动成为产业开展版权交流交易和授权运用的重要平台。

版权保护形成共治格局。实现版权执法同城一支队伍，查办侵权案件18宗，刑事处置15人。推进版权案件快审快结，2020年办理速裁案件

◎ 举办2020中国（佛山）童装时尚设计周

◎ 举办“12·9中国设计活动日——工业设计版权保护”系列活动

9 676 件。实施著作权纠纷“一门式”和解机制，将版权纠纷化解于萌芽，累计调解案件 8 418 件，调解率超过 90%。《人民日报》政治版头条以《广东佛山市加强多部门联动，优化程序、提升效率著作权纠纷 一门式和解（法治聚焦）》报道佛山市著作权纠纷“一门式”和解机制，引起社会广泛关注。

版权管理厚植创新土壤。将创建全国版权示范城市作为市委、市政府工作重点。安排版权专项工作经费，出台系列扶持政策，各项扶持总金额达 1.3 亿元，确保版权管理工作“有人有事有经费”。企业版权资产管理意识逐渐形成，“区块链 + 工业设计”版权交易平台、E 防标原创保护平台、佛山电子证据固化平台、EC 源版权备案交易平台等企业自主开发运营的平台不断涌现。

版权服务优化治理体系。建设佛山版权中心和 16 个版权基层服务站，构建“1+N”版权服务阵地网络，推动组建由首批 100 家行业龙头企业组成的佛山版权产业发展联盟。“版权百企行”、“正版正货”承诺、版权维权“保险 + 服务”、版权“进机关、进企业、进校园”等活动有效提升企业和公众版权保护意识。

◎ 佛山（潭洲）国际陶瓷展设立“原创 IP 馆”，举办原创 IP 大会

◎ 举办第四届中国（佛山）陶瓷设计周并首次进京参加中国（北京）国际精品陶瓷展

◎ 举办“版权百企行”，走进广东新媒体产业园

◎ 开展“版权进校园”活动

张家港市版权局

2020 年，张家港市版权局紧扣高质量发展要求，积极创新工作方法，全面提升知识产权创造、运用、保护、管理和服务全链条水平。

◎ 张家港幸运金属工艺品有限公司的作品《迪拜镀金长形移动自助餐车》和江苏舞之数码动画制作有限公司的作品《太乙仙魔录之灵飞纪》分别获得 2020 年度中国版权“最佳创意产品奖”和“最佳版权实践奖”

版权创造量质并举

2020 年全市完成一般作品著作权登记 25 196 件，同比增长 13.6%。2 件作品分别获得 2020 年度中国版权“最佳创意产品奖”和“最佳版权实践奖”。1 个项目获评 2020 年度江苏省优秀版权作品产业转化重点培育项目。

版权宣传深入人心

开展“疫情防控”优秀版权作品征集活动、“版权宣传基层行”骑行活动以及“护苗 2020”专项行动暨“绿书签”进校园宣传活动等，进一步扩大版权的社会认知度。

版权保护卓有成效

全年共办结侵权盗版案件 12 起，查处了“1·4”侵犯著作权案、“4·23”淫秽物品牟利案等一系列大案要案。张家港市版权局等 5 个单位和 14 名个人分别被授予查处侵权盗版案件有功单位和有功个人称号。

◎ 2020 年 4 月 21 日，由张家港保税区（金港镇）版权工作站主办的“版权宣传基层行”骑行活动在后塍学勤广场拉开序幕

◎ 2020 年 4 月 22 日，张家港市常阴沙现代农业示范园区版权工作站在常北社区心理健康主题园开展“你创作 我登记——青少年版权保护乡村课堂”主题宣传活动

中国南通家纺城
版权事务服务有限公司

中国南通家纺城版权事务服务有限公司成立于1997年3月8日，20多年来，在各级版权管理部门的大力指导下，共登记美术作品59 846件，工作得到了国家、省、市、区各级领导的充分肯定。

◎ 2020年8月21日，中央宣传部版权管理局局长于慈珂调研南通家纺城版权事务有限公司版权登记、调解工作

2005年，被国家版权主管部门授予“全国版权保护示范单位”称号。2008年4月，成立了专业市场的知识产权巡回审判庭。2008年10月，被世界知识产权组织（WIPO）授予“版权创意金奖”。2009年3月，举行了世界知识产权组织版权保护优秀案例示范点项目专家会议暨合作签约仪式。2010年7月9日上午，中国国家版权主管部门和世界知识产权组织共同在北京发布《加强版权保护对中国南通家纺产业发展的影响调研报告》。2010年7月，中央宣传主管部门组织新华社、《人民日报》等9大国内主流媒体集中报道南通家纺城版权保护经验，南通家纺城版权事务服务有限公司被中国版权协会评为“中国最具影响力企业”。2013年度、2017年度、2018年度、2019年度分别荣获国家版权主管部门颁发的“查处侵权盗版案件有功单位”三等奖。2018年荣获国家知识产权主管部门颁发的“知识产权保护规范化市场”称号。2018年度、2019年度分别荣获江苏省“打击侵权盗版十大办案单位”称号。

陶溪川文创街区简介

陶溪川文创街区（以下简称“陶溪川”）坐落于千年瓷都景德镇，由景德镇陶文旅控股集团有限公司投资打造，是景德镇国家陶瓷文化传承创新试验区的重要内容，通过产业升级、文旅融合和双创孵化，成为国内工业遗产保护利用的典范，让这座古老的城市焕发年轻态。

陶溪川总投资 68 亿元，规划占地面积 2 平方公里，建筑面积 150 万平方米。一期以原国营宇宙瓷厂为核心启动区，于 2016 年 10 月正式对外开放。历经五年精心运营，先后荣获国家级、省市级荣誉 80 余项，是江西省唯一的国家级文化产业示范园区，入选第三批国家双创示范基地、第五批全国创业孵化示范基地、第一批国家工业遗产，获评全国版权示范园区等，在文旅产业高质量发展和版权示范工作方面，陶溪川进行了诸多有益的探索与实践。

陶溪川文创街区

CERAMIC ART AVENUE

陶溪川夜景

一、保留场所记忆，树精神堡垒

陶溪川规划区域内坐落着宇宙瓷厂、为民瓷厂、陶瓷机械厂等原国有老工厂，是景德镇陶瓷人的记忆与乡愁。陶文旅集团聘请清华同衡规划设计院对陶溪川进行总体规划，日本 HMA、韩国履露斋、英国大卫·奇普菲尔德等国际设计机构共同参与设计。设计中充分尊重原有建筑，秉承“坦诚真实”的原则，不做旧、不造假，完全保留原有建筑肌理和风貌，真正留存了时代信息与印记，成为陶瓷人的精神堡垒。

二、注入时尚内容，保持续发展

陶溪川秉承着“内容为王”的理念，在建设期间就开始规划策划好玩、年轻、国际化的业态和活动。用老厂房打造了陶溪川美术馆、陶瓷工业遗产博物馆、国际工作室、邑空间双创平台、陶公塾研学基地、设计中心、艺术与科技实验室，以及各类文创店、音乐空间、酒吧餐饮等业态，并配套国贸饭店、凯悦酒店、陶公寓等。同时，利用这些空间载体举办各类文化艺术活动 400 场 / 年，如每周末举办 1400 个摊位的陶溪川集市、美术馆举办的各类展览、陶溪川大剧院上演的《上镇》《经海山》等剧目和街区各类音乐互动活动等。

特别是陶溪川重点打造的品牌活动——春秋大集，每年分春、秋两季举行，通过艺术市集、文化展览、论坛讲座、品牌推介、文化体验等系列活动，吸引了来自全球 60 多个国家的数百位艺术家、设计师，以八大美院为首的 60 多所国内外艺术院校的师生，以及各产瓷区的手工艺人参与，至今已成功举办 8 届，搭建了一个国际化、高水准、跨领域的展示交流平台。

陶溪川集市

陶溪川邑空间

三、打造双创空间，圆“景漂”梦想

景德镇吸引了3万多名来自全国各地乃至国外的青年艺术家、设计师、手艺人和大学生在此学习、创业和生活，这些人被称为“景漂”。陶溪川建设之初就关注到他们，为此先后设立陶溪川集市、邑空间商城、直播基地、智造工坊等双创孵化载体，推行动态管理和淘汰机制。同时加大创业培训、资金扶持、品牌输出、知识产权保护等特色服务，不断强化陶溪川的黏性和向心力，使之成为“景漂”报到处。累计汇聚创客1.84万人，成功孵化创业实体2 800余家，注册小微企业1 340余家，撬动上下游就业10万余人，为景德镇城市的发展和人民的生活贡献了年轻的力量。

特设陶溪川创客版权申报窗口，开全国版权管理模式的先河，2020年新登记版权6 501件，数量超过全省四分之一，因此荣获国家版权局和世界知识产权组织颁发的2020年“中国版权金奖”。

陶溪川直播基地

2021陶溪川严选好物节

“创客严选”直播带货

四、转变发展模式，领衔新经济

2020年全球实体经济深受新冠肺炎疫情冲击，国内文旅产业发展严重受阻。为迅速打破困局，陶溪川创新发展理念，3个月筹建完成陶溪川直播基地，并于2020年7月促成抖音总部全国陶瓷直播产业带落户陶溪川。

2021年3月，依托直播基地，转变管理方式，携手专业电商营运团队与服务团队，打造含电商运营中心、产品中心、仓储物流中心、营销中心等板块的陶瓷电商一体化中心，建立分仓和云仓，完善产业带供应链，打破了全国产瓷区空间地域壁垒。截至2021年8月底，陶溪川直播基地入驻企业商户总数达到2 287家，线上营收从最初的20万元/天增长为现在的1 000万元/天。

陶溪川大剧院

In-BOX 空间舞台《经海山》

原创大型音乐剧《上镇》

2021 陶溪川春季新品发布会

2021 陶溪川动漫游戏博览会

五、开创品牌战略，跨区域发展

陶溪川在运营之初便注重品牌建设，将产品、活动、模式融入品牌发展战略，成立设计研发中心和团队，上新文创新品 4 000 余款，并且每年春夏举办大型新品发布会，打造了陶溪川春秋大集、陶溪川集市、“72 厶”青年艺术家展、陶溪川次元动漫展、陶溪川之夜音乐会等有影响力、可输出的文化活动。

依托陶溪川品牌，在北京故宫、北京国贸、重庆磁器口、抚州文昌里等十多个区域设立品牌文创店。牵头陕西铜川、浙江龙泉、河南禹州等陶瓷遗产地城市，成立了陶瓷遗产地产业联盟。2020 年与龙泉市政府合作，投资 21.44 亿元建设“龙泉陶溪川”项目，与铜川市政府联合运营“耀州窑 · 陶溪川”陶瓷文化产业园项目，实现了陶溪川“飞地模式”的初步推广。

陶溪川还在生长，二期已于 2021 年 5 月建成开放，并作为主会场和产业区成功承办 2021 年江西省旅游产业发展大会。陶溪川大剧院、艺术与科技实验室、德国 DWH 木工坊、陶机美术馆、发布大厅、凯悦酒店、中德（景德镇）工业 4.0 智能制造职业教育实训基地等项目先后投入运营，陶溪明珠、文创孵化中心、世界手工艺传承创新基地等项目正在有序推进，不久将为世人带来更加好玩、有趣、可持续的陶溪川。

中国版权协会
文字版权工作委员会

2020年8月29日中国版权协会的二级委员会文字版权工作委员会正式成立

在中国版权协会的指导与支持下，经过一年多的筹备，2020年8月29日，中国版权协会的二级委员会文字版权工作委员会正式成立。

2019年5月24日，中国版权协会在重庆举办“2019年数字版权座谈会”，人民教育出版社与重庆出版传媒股份有限公司、掌阅科技、阅文集团、人民文学出版社、雅昌文化集团等单位共同提出关于成立中国版权协会数字版权工作委员会的倡议。

随后，人民教育出版社与外语教学与研究出版社、人民文学出版社、雅昌文化集团、北京中视瑞德文化传媒股份有限公司、中南出版传媒集团有限公司、中文天地出版传媒集团有限公司、新华文轩出版传媒股份有限公司、时代出版传媒股份有限公司、重庆出版传媒股份有限公司、掌阅科技股份有限公司、阅文集团、咪咕文化科技有限公司共13家单位组建数字版权工作委员会筹备组，就委员会的筹建申请流程、发起单位设计、会员构成、组织架构、财务管理等问题进行讨论，并在此基础上拟定《中国版权协会数字版权工作委员会章程（草拟）》。2019年10月至12月，筹备组吸纳了北京磨铁图书有限公司、上海喜马拉雅科技有限公司加入。

2020年3月，人民教育出版社代表上述15家发起单位向协会正式提出关于成立中国版权协会数字版权工作委员会的申请。

2020年5月至成立之前，筹备组继续吸纳相关行业和领域中具有代表性的单位加入委员会，包括北京字节跳动科技有限公司、网易有道信息技术（北京）有限公司、北京爱奇艺科技有限公司、北京中青文文化传媒有限公司、北京联合出版公司、超星集团有限公司、腾讯音乐娱乐（深圳）有限公司、长江出版传媒股份有限公司、北京百度网讯科技有限公司、北京金山办公软件股份有限公司、北京法宣在线科技有限公司等。

2020年7月，中国版权协会召开理事会议，初步审议通过了数字版权工作委员会成立事宜，并将委员会名称改为“中国版权协会文字版权工作委员会”。

2020年8月29日，文字版权工作委员会的成立仪式在人民教育出版社举行，包括人民教育出版社、人民文学出版社等传统出版单位和阅文集团、百度公司、北京字节跳动公司等互联网单位在内的共计26家发起单位参加了成立大会。中央网络安全和信息化委员会办公室政策法规局副局长、中国版权协会副理事长刘少文宣读了中国

◎ 全国政协文化文史和学习委员会副主任、中国版权协会理事长阎晓宏讲话

◎ 中国版权协会文字版权工作委员会主任，人民教育出版社党委副书记、副总编辑王岳致辞

◎ 中国版权协会文字版权工作委员会秘书长、人民教育出版社版权部主任张晓霞女士介绍文字版权工作委员会筹备情况

◎ 现场嘉宾

版权协会关于成立文字版权工作委员会的批复，全国政协文化文史和学习委员会副主任、中国版权协会理事长阎晓宏，中宣部版权管理局局长于慈珂出席成立大会并讲话。中国版权协会秘书长孙悦主持成立仪式。

成立大会上，经选举决定，由人民教育出版社党委副书记、副总编辑王岳担任主任委员，人民教育出版社版权部主任张晓霞担任秘书长。

在成立大会现场，委员会启动了成立后的第一项工作——由阅文集团牵头，联合掌阅科技、人民教育出版社等内容权利方，以及以腾讯 QQ 浏览器、百度搜索、百度浏览器、搜狗浏览器和搜狗搜索为代表的搜索引擎方，共同发起“阅时代·文字版权保护在行动”倡议。倡议活动旨在通过与搜索引擎、浏览器入口等平台方联动，切断盗版网站内容传播链条，将正版保护机制推向全新高度，进一步推动文字内容产业良性有序发展。

8 月 29 日成立仪式之后，文字版权工作委员会举办了以“文字作品使用、传播与保护”为主题的研讨会，六位演讲嘉宾围绕主题进行了精彩分享。

在中国版权协会的指导下，文字版权工作委员会将致力于促进文字版权各有关方面的沟通、交流和合作，推动文字版权领域合作模式的搭建和保护机制的完善，加强文字版权行业自律，提高文字版权创造、运用、保护和管理水平，促进我国文字版权产业健康有序发展。

中国版权协会
艺术品版权工作委员会

艺委会概况

组织名称： 中国版权协会艺术品版权工作委员会（以下简称“艺委会”）

协会性质： 艺委会是由艺术品版权权利人及从事艺术品行业的法人单位及个人自愿组成的公益性群众团体，受中国版权协会直接领导，是中国版权协会的二级委员会。

上级主管单位： 中国版权协会

秘书处办公地点： 雅昌文化集团

艺委会主要职能

1. 建立行业自律制度

发挥行业协会优势，制定并完善艺术品版权相关行规行约，调解行业内版权纠纷，推动本行业规范健康发展。

2. 维护艺术家版权权益

依托行业协会，为会员提供多种法律服务和援助，打击侵权盗版，改善目前艺术家的维权现状。

3. 搭建艺术家与政府之间的沟通桥梁

在会员与政府之间发挥沟通桥梁作用，向上级主管部门反映艺术品版权行业实际情况和诉求，为国家立法部门和行政主管部门提供及时和科学的建议，推动并完善国家艺术品版权法律法规建设。

4. 开展国内外艺术品版权宣传与交流

开展与艺术品版权相关的培训和宣传活动，向艺术家普及相关政策和法律法规，提高艺术家版权保护意识；加强与国外相关机构的交流合作，借鉴国外艺术品版权管理经验，引进输出国内外优质版权资源。

5. 搭建艺术版权交易平台

搭建艺术版权供需双方沟通、交易平台，促进中国艺术品版权交易市场健康发展，并通过国内外多种形式的展览会、交易会、研讨会等活动，实现版权交易项目有效对接。

鉴证备案服务

艺委会与雅昌文化集团共同开展为艺术家作品进行鉴定、备案、数据溯源的鉴证备案服务，作为国内首批艺术品鉴定试点单位，承担国家鉴证课题，打造雅昌艺术品鉴证备案服务。参与诚信体系建设，打造鉴证服务标准流程管理，并将NFC物联网技术应用于艺术品防伪追溯。建立真实、权威、专业的第三方数据链条。杜绝伪作的滋生，个人的作品数据得到系统的档案式管理，利于理清学术线索。作品的管理有序、追查可信，使鉴证备案过的作品在进入市场流通时，能令藏家解除疑虑，有助于促进艺术品的交易。项目发展至今，有5 000余位知名艺术家加入鉴证备案行列，15万余幅作品进入鉴证备案数据库，现已成为国内最大的艺术品鉴证、备案技术中心。拥有全国最大的艺术品鉴证备案数据和开放查询平台，全面保障了艺术品参与者权益，推动艺术品产业诚信、健康发展。

艺委会会员服务

艺委会会员享有协会选举和被选举权，并可获得本会以下艺术版权服务：

版权登记；鉴证备案；合同备案；等等。

雅昌14次问鼎被誉为全球印刷界“奥斯卡”的美国印刷大奖最高荣誉，共揽得64项班尼金奖，成为最近十年获得该奖最多的印刷企业，在这项有70年历史的国际顶级赛事上创造了中国和世界印刷企业的夺冠纪录

西部国家版权交易中心
Western National Copyright Exchange

陕西版权贸易与保护平台“丝路版权网”

Shaanxi Copyright Trade and Protection Platform Silk Road Copyright Network

www.slbqw.com 浏览

图片作品 文字作品 视听作品 软件作品 其他

大数据 + 云计算 + 区块链 + 人工智能技术

提升版权创作、运用、保护、管理和服务能力，
助力陕西文化强省建设，
推动文化产业高质量发展！

PC 端二维码　移动端二维码

陕西版权贸易与保护平台（简称“平台”）是由陕西省委宣传部（省版权局）牵头指导，陕文投集团西部国家版权交易中心建设运营的我国西部地区首个一站式 OTO 版权贸易与保护平台。平台自 2020 年 4 月 26 日启动建设以来，经多次深入调研、专家研讨、座谈交流，平台核心载体“丝路版权网”PC 端（网址：www.slbqw.com）已于 2021 年 3 月底建设完成、2021 年 4 月 26 日世界知识产权日正式上线运营，“丝路版权网”APP 端已于 2021 年 6 月底建设完成，并上架 IOS 及 Android 应用市场，标志着平台建设一期项目顺利完成。

平台建设运营过程中，西部国家版权交易中心在陕西省委宣传部（省版权局）和平台建设工作专班指导下，采取实地走访方式辅导陕西广电融媒体集团（陕西广播电视台）、陕西新华出版传媒集团、西部电影集团等文化密集型企事业单位，大力开展版权资源梳理、版权确权登记、版权资产交易，同时热心解答权利人咨询反映的每一个热点难点问题。截至 2021 年 12 月中旬，“丝路版权网”共开设店铺 500 余家，上传作品 23 000 余件。版权交易方面，西部国家版权交易中心依托平台汇聚的丰富版权资源和专业大数据评估分析服务，筛选优质版权作品进行包装与策划，协助拓宽渠道、对接市场，助力版权交易与品牌打造，达成多单交易；筛选优质素材“宝相花”纹样，孵化国风生活品牌“锦尚云舒”，目前已打样丝巾、华服等系列产品；筛选优质儿童绘画作品授权给下游企业用于手机壳等快消品包装印制；筛选“一起吃火锅”系列图片作品授权给下游火锅门店用于营销宣传，从而使一幅幅普通的图片作品变为高价值 IP 产品；通过平台帮助陕西省工艺美术大师、宝鸡社火脸谱绘制技艺代表性传承人张星实现马勺脸谱系列作品授权交易及文创衍生品开发，真正让非遗走进百姓生活。

把创意推向市场，让平台赋能创新。肩负着在数字化经济浪潮中盘活我国西部地区版权资源的重任，西部国家版权交易中心以版权授权为前提、以版权数字化为基础、以版权交易为核心、以版权金融为引擎、以法律维权为保障，充分发挥版权管理专家作用和市场平台优势，为构建规范、有序、高效的版权贸易新秩序贡献力量。

地址：西安市曲江新区行政商务区陕西文化大厦 B 座 6F
电话：96426 / 029-89131692 / 89131695 / 81201309
传真：029-89131698
邮编：710061
电子邮箱：ctvtc@ctvtc.cn、sxslbqw@163.com

西部国家版权交易中心　96426 知识产权服务热线

版权

典型案件选编

DIAN XING AN JIAN XUAN BIAN

［编者按］　本栏目刊登四部分内容：1. 2021年4月22日，最高人民法院召开新闻发布会，公布2020年中国法院10大知识产权案件和50件典型知识产权案例，本栏目选取其中13件著作权司法保护典型案件；2. 2021年6月1日，国家版权局联合全国“扫黄打非”工作小组办公室公布的2020年度全国打击侵权盗版十大案件；3. 2021年1月15日，国家版权局、国家互联网信息办公室、工业和信息化部、公安部公布的打击网络侵权盗版“剑网2020”专项行动十大案件；4. 2021年“4·26”知识产权宣传周期间，部分省、自治区、直辖市高级人民法院公布了2020年度知识产权典型案件，本栏目选取其中的著作权案件。

2020年全国著作权司法保护典型案件

一、上海玄霆娱乐信息科技有限公司与成都吉乾科技有限公司、四三九九网络股份有限公司侵害著作权纠纷案［江苏省高级人民法院（2018）苏民终1164号民事判决书］

【简要案情】　《斗罗大陆》系唐家三少（张威）创作的奇幻小说。张威将该小说的游戏改编权独家授予上海玄霆娱乐信息科技有限公司（以下简称“玄霆公司”）。同时，张威还创作了《斗罗大陆外传：神界传说》。成都吉乾科技有限公司（以下简称“吉乾公司”）通过多次转授权获得《斗罗大陆：神界传说》的游戏改编权。后吉乾公司开发了新斗罗大陆（神界篇）游戏软件，并与四三九九网络股份有限公司（以下简称“四三九九公司”）签订了分成合作协议，协议载明游戏的著作权人是吉乾公司。玄霆公司认为，吉乾公司、四三九九公司未经许可，侵害了其对涉案《斗罗大陆》作品的改编权，遂诉至法院。

【判决结果】　一审、二审法院均认为，涉案游戏属于大型游戏，如对所有章节进行公证，玄霆公司需要支出巨大成本，无疑增加了权利人的举证难度和维权成本，有违公平、效率原则。电子游戏与小说是不同的作品表达方式，判断二者是否构成实质性相似时，不能仅以游戏使用小说文字数量的比重进行判断，应综合判断其是否使用了小说中独创性表达的人物、人物关系、技能、故事情节等元素，并考虑小说中独创性的内容在游戏中所占比重。在判断游戏所使用文字的比重时，可以对游戏资源库文件进行反编译，以辅助确定游戏是否使用了文字作品中具有独创性的内容。吉乾公司开发的游戏大量使用了《斗罗大陆》小说中人物和魂兽名称、人物关系、技能和故事情节等元素，与涉案《斗罗大陆》小说构成实质性相似。吉乾公司未经玄霆公司许可开发涉案游戏，侵害了玄霆公司享有的改编权，故判决吉乾公司赔偿损失及合理费用共计500万元。

【典型意义】　本案涉及手机游戏侵犯文字作品改编权的认定问题。首次通过对游戏软件资源库进行反编译，提取其中的内容与文字作品的内容进行比对的方式，确定侵权游戏利用他人作品独创性内容的比重，提高了审判效率，拓宽了审理思路，是维护文化创意产业健康发展、妥善处理涉互联网著作权保护新问题的鲜活司法实践。

二、李海鹏等9人侵犯著作权罪案［上海市高级人民法院（2020）沪刑终105号刑事裁定书］

【简要案情】　“Great Wall of China”拼装玩具等47个系列663款产品系乐高公司（LEGO A/S）创作的美术作品，乐高公司根据该作品制作、生产了系列拼装玩具并在市场销售。李海鹏指使杜志豪等人购买新款乐高系列玩具，通过拆解研究、电脑建模、复制图纸、委托他人开制模具等方式，专门复制乐高公司前述拼装积木玩具产品，并冠以“乐拼”品牌通过线上、线下等方式销售。上海市公安局在被告人李海鹏租赁的厂房内查获注塑模具88件、零配件68件、包装盒289 411个、说明书175 141件、销售出货单5万余张、复制乐高系列的“乐拼”玩具产品603 875件。后经中国版权保护中心版权鉴定委员会鉴定，“乐拼”品牌玩具、图册与乐高公司的玩具、图册均基本相同，构成复制关系。上海市人民检察院第三分院对本案提起公诉。

【判决结果】一审、二审法院均认为，李海鹏伙同闫龙军、张涛、王沛圳、吕沛丰、王瑞河、余克彬、李恒等人以营利为目的，未经著作权人许可，复制发行乐高公司享有著作权的美术作品，非法经营数额达 33 000 万余元；杜志豪作为经销商之一，未经著作权人许可，发行乐高公司享有著作权的美术作品，非法经营数额达 621 万余元，情节均属特别严重，均已构成侵犯著作权罪。

【典型意义】本案是加大知识产权刑事打击力度的典型案例。审理法院根据相关法律规定，依法判处主犯李海鹏有期徒刑六年，并处罚金人民币 9 000 万元，对八名从犯判处有期徒刑四年六个月至三年不等，并处相应罚金，充分体现了人民法院加强刑事保护，严厉打击和震慑侵犯知识产权刑事犯罪的司法导向。

三、福州大德文化传播有限公司与宁乡县皇家贵族音乐会所著作权权属及侵害著作权纠纷案［最高人民法院（2018）最高法民再 417 号民事判决书］

【简要案情】大德公司经华特国际音乐股份有限公司授权，于授权期内对华特国际音乐股份有限公司享有完整著作权的音乐及音乐电视作品享有复制、放映、信息网络传播、获得报酬等权利，包括向任何第三人主张权利的权利。大德公司主张皇家贵族会所未经大德公司授权，亦未经涉案音乐电视作品原著作权人授权，以营利为目的，擅自在其经营的 KTV 娱乐场所内以卡拉 OK 方式向公众放映涉案音乐电视作品，构成对其著作权的侵害。湖南省长沙市中级人民法院一审认为，皇家贵族会所侵害大德公司放映权，判决皇家贵族会所停止侵权。皇家贵族会所不服，提起上诉。湖南省高级人民法院二审认为，依据《著作权集体管理条例》第六条①的规定，大德公司不得行使著作权集体管理组织的权利，即无权以自己的名义为著作权人和与著作权有关的权利人主张权利，也无权作为当事人进行涉及著作权或者与著作权有关的权利的诉讼、仲裁活动，大德公司无权就涉案作品向皇家贵族会所提起诉讼。大德公司不服二审裁定，向最高人民法院申请再审，请求提审本案并改判撤销二审裁定，判令皇家贵族会所停止侵权并删除被诉侵权作品。

【判决结果】最高人民法院经审理认为，涉案作品的权利所有人华特公司授权许可大德公司独家行使涉案作品的复制、放映、信息网络传播、获得报酬等权利，并明确约定大德公司可以自己的名义向任何第三人提起民事诉讼。同时，大德公司从事活动中也不包括“向使用者收取使用费，再向权利人转付使用费”的行为，故尚不足以认定大德公司从事了著作权集体管理活动或者行使了著作权集体管理组织权利。根据《中华人民共和国民事诉讼法》第一百一十九条②的规定，基于被许可使用的实体权利，大德公司可以作为原告向人民法院提起诉讼，而且大德公司作为原告提起诉讼既有利于权利人维护权利，也不违反《中华人民共和国著作权法》和《著作权集体管理条例》关于著作权集体管理组织的相关规定。一审法院综合考虑多种因素，依法酌定侵权赔偿数额为 3 000 元，经计算分摊至本案的合理费用为 80 元，并无明显不当，应予维持。最高人民法院于 2018 年 9 月 18 日作出（2018）最高法民申 2402 号民事裁定书，提审本案，并于 2020 年 6 月 8 日作出（2018）最高法民再 417 号判决，判决撤销二审裁定，维持一审判决。

【典型意义】1. 著作权被许可人在著作权被侵害时，其利益直接受损且与被诉侵权行为有直接利害关系，故有权提起诉讼。2. 著作权集体管理与著作权许可存在重大区别。著作权被许可人基于实体权利依法与使用者订立许可使用合同、向使用者收取使用费、提起诉讼和仲裁等行为不应当被视为从事了著作权集体管理活动或者行使了集体管理组织权利。

四、优酷网络技术（北京）有限公司与北京百度网讯科技有限公司侵害作品信息网络传播权纠纷案［北京市海淀区人民法院（2017）京 0108 民初 15648 号民事判决书］

【简要案情】优酷公司诉称，其经授权依法享有热播影视作品《三生三世十里桃花》（以下称“涉案作品”）信息网络传播权的专有使用权。自涉案作品在卫视首轮开播后，虽经优酷公司发送预警函及 78 封权利通知邮件，仍取证到 11 000 余条百度网盘用户利用网盘服务侵权分享涉案作品视频文件的链接。百度公司未及时断开侵权链接并删除视频文件、未对反复侵权用户及时采取封禁等措施，亦未采取

① 《著作权集体管理条例》第六条规定：“除依照本条例规定设立的著作权集体管理组织外，任何组织和个人不得从事著作权集体管理活动。”

② 《中华人民共和国民事诉讼法》第一百一十九条规定：“起诉必须符合下列条件：（一）原告是与本案有直接利害关系的公民、法人和其他组织；（二）有明确的被告；（三）有具体的诉讼请求和事实、理由；（四）属于人民法院受理民事诉讼的范围和受诉人民法院管辖。”

技术手段屏蔽用户上传、存储、分享涉案作品视频文件，应承担侵权责任。故诉至法院要求百度公司停止侵权并赔偿经济损失2 900万元和合理开支3万元。百度公司辩称，涉案作品视频文件是百度网盘用户自行上传到其个人账户中，不能要求百度公司查看并进行处理；百度网盘的分享功能是向用户提供的一种私密分享，而将分享链接发布到微博等平台上是用户的行为，与百度网盘的分享功能无关，且案件审理过程中百度公司已断开了全部涉案链接；优酷公司主张的经济损失和开支过高。

【判决结果】 关于是否在收到通知后及时断开了涉案链接，法院认为，设置"通知 删除"规则的目的，在于促使网络服务提供者在其控制范围内尽可能制止用户侵权的损害后果扩大。因此，在具体案件中判断是否"及时"，应当根据最终的实际效果进行判断，即网络服务提供者在其能力范围内采取相应措施后，是否仍存在较为严重的侵权和较为明显的损害后果。相关版权管理部门的规定具有一定的针对性和参考性，但鉴于个案之间在服务模式、链接数量、作品类型、市场价值、紧急程度等方面可能存在巨大差异，故不宜一刀切式地将"24小时内"作为考量是否及时断开链接、认定网络服务提供者是否具有过错的唯一因素。对此，一方面可以通过涉案链接的数量判断，另一方面也可以通过涉案链接传播涉案作品的次数评估。故法院根据现有证据和双方当事人的举证证明情况，认定百度公司在收到通知后并未及时对全部涉案链接采取断开措施，放任部分涉案链接持续、大量传播涉案作品，致使侵权范围和规模进一步扩大，应对由此导致的损害扩大部分与网络用户承担连带责任。

关于是否应当采取屏蔽措施制止侵权。收到通知后及时断开侵权链接，是网络服务提供者免于承担侵权责任的必要条件，但并非充分条件。否则，即便及时断开，往往也会使侵权用户、权利人和网络服务提供者之间陷入"侵权—通知—断开—再侵权—再通知—再断开"的往复循环之中，难以有效制止用户的持续侵权和权利人损失的扩大。本案中，尽管百度公司接到通知后陆续断开侵权链接，但在涉案作品首轮播出的近一个月内侵权链接却呈倍速式增长，综合考虑以下因素，认定百度公司应当却怠于采取屏蔽措施制止用户分享涉案链接，导致了相应损害后果的发生，应当承担连带责任。首先，百度公司具备相应的信息管理能力等条件，百度网盘的服务性质、技术特点、运营方式、用户使用情况及相关处理经验等决定了百度公司有能力对用户对外传播的涉案视频文件与涉案作品的相关性作出判断。其次，采取屏蔽措施具有可行性和合理性，运用MD5值校验、视频指纹比对、关键词屏蔽等业内常规技术制止用户分享侵权链接，无论从现有技术水平还是日常应用成本角度看，均不会使百度公司面临难以克服的技术障碍或不合理的成本负担，更不会导致百度网盘因此无法正常为用户提供服务，影响运营和发展。再次，采取屏蔽措施对实现有效制止侵权具有必要性，百度公司若将事后停止措施（及时断开链接）与事先预防措施（制止分享链接）结合使用，可以明显遏制用户侵权结果的产生和扩大，大大减少权利人的损失，同时也能在很大程度上降低自身承担侵权责任的风险，从长远来看亦更加有利于实现网络服务提供者与著作权人的利益平衡。最后，采取屏蔽措施并不会对百度网盘用户的利益造成不合理的损害，现有的技术手段及其应用水平足以避免因采取合理的预防侵权措施致使用户不能对其享有合法权利的内容进行正当分享的"误伤"情况大量出现，而用户反通知机制亦可以起到查漏补缺的作用。因此，合理地对侵权传播进行屏蔽更加有利于平衡网盘用户与著作权人之间的利益，也更加符合法律法规的制定目的。

关于是否应对重复侵权的用户采取必要措施。百度公司作为百度网盘的经营者，根据涉案链接中含有的用户UK值等其所掌握的相关信息，应当知道哪些用户实施了涉案侵权行为以及相关的时间、数量，是否存在反复侵权等具体情况。然而该公司既缺乏针对侵权用户如何采取相应措施的明确标准和机制，亦未及时对涉案的8个侵权用户采取限制分享或封禁的必要措施，导致这些用户的侵权行为在被其放任的状态下得以持续和反复发生，造成了优酷公司损失的扩大，故其应依法对该扩大部分与用户承担连带责任。遂认定被告赔偿原告经济损失100万元及合理开支3万元，驳回原告其他诉讼请求。

【典型意义】 网盘服务商作为网络服务提供者，尽管不是侵权视频文件的直接提供者，但应当承担与其提供的网络服务相适用的注意义务，对用户的侵权行为采取必要措施，否则仍需承担侵权责任。就网盘服务商而言，法律规定的必要措施，不仅包括及时断开侵权链接，还应包括采取预防侵权的合理措施（如屏蔽），以及对重复侵权用户采取限制措施。其中，断开链接是否"及时"应根据最终的实际效果进行判断，不宜一刀切；而关于是否应当采取屏蔽措施，应在个案中综合考虑网络服务提供者具备的信息管理能力等条件、采取屏蔽措施的可行性和合理性、对实现有效制止侵权的必要性，以及用户与著作权人之间的利益平衡等因素予以认定。

五、中文在线数字出版集团股份有限公司与北京京东叁佰陆拾度电子商务有限公司侵害作品信息网络传播权纠纷案［北京市东城区人民法院（2018）京 0101 民初 4624 号民事判决书］

【简要案情】 原告中文在线数字出版集团股份有限公司经知名小说作家童亮授权，取得了其创作的《每个午夜都住着一个诡故事》《每个午夜都住着一个诡故事 2》《每个午夜都住着一个诡故事 4》《每个午夜都住着一个诡故事 5》共计四部文字作品（以下简称"涉案作品"）的信息网络传播权专有使用权，并有权以自己的名义对侵犯上述权利的行为提起诉讼。2017 年 11 月，原告发现被告北京京东叁佰陆拾度电子商务有限公司未经许可，在其经营的"京东阅读"手机 APP 中提供了包含前述作品的在线付费阅读。原告通过 IP360 全方位数据权益保护开放式平台（网址为 https://www.ip360.net.cn）对被告未经许可传播上述作品的事实进行证据保全，并以上述行为侵犯其信息网络传播权为由，请求法院判令被告赔偿经济损失 24 万余元。被告辩称，原告通过第三方存证平台 IP360 提供的证据存在瑕疵：存证机构为个人，缺乏公信力；文件创建时间与保全时间显示不一致，不能保证取证过程的真实性。

【判决结果】 人民法院经审理认为，本案中，原告主张被告通过涉案 APP 向公众提供了涉案作品，并提交了通过 IP360 系统对 APP 内容进行录屏的电子数据。要认定侵权行为确系发生，应首先对原告该种固证、存证的方式是否符合电子数据的规定进行认定。根据《最高人民法院关于适用〈中华人民共和国民事诉讼法〉的解释》和《中华人民共和国电子签名法》规定，法院将从存证平台的资质、电子数据生成及储存方法的可靠性、保持电子数据完整性方法的可靠性等方面予以审查，对涉案电子数据的效力作出认定，被告在其经营的涉案 APP 中提供了四部涉案作品的在线阅读服务，侵犯了原告的信息网络传播权，故一审判决判令被告赔偿原告经济损失 11 万余元。一审判决后，被告不服提起上诉。北京知识产权法院于 2020 年 12 月 31 日判决驳回上诉，维持原判。

【典型意义】 本案涉及采用区块链技术存取证的新型电子数据作为证据使用的效力问题。较之传统的公证取证、可信时间戳取证等方式，基于第三方云平台进行网络取证的方式较为罕见，其取证存证环境及方式的清洁性、真实性等往往难以判断。在相关法律规定尚付阙如的情况下，本案从存证平台的资质、电子数据生成及储存方法的可靠性、保持电子数据完整性方法的可靠性等方面综合考察，明确了对于新型电子存证的审查判断方法，首次对云技术存证的电子数据法律效力予以司法确认。

六、北京完美建信影视文化有限公司与南宫市广播电视台侵害著作权纠纷案［河北省高级人民法院（2020）冀知民终 2 号民事判决书］

【简要案情】 原告北京完美建信公司与北京世纪伙伴文化传媒有限公司签订电视剧《红娘子》联合投资摄制合同书，双方共同投资摄制电视剧《红娘子》，约定自合同签订之日起该剧之所有版权及其他衍生权利由双方共同享有。北京完美建信公司发现南宫电视台在未取得授权的情况下，擅自播放了上述《红娘子》电视剧。中视广联（北京）媒介咨询有限公司出具的《〈红娘子〉影视剧播出监测报告》显示，中视广联于 2019 年 6 月 10 日对河北省邢台市南宫市地区进行了影视剧播出监测，监测到南宫电视台在上述日期播出了《红娘子》电视剧的情况。据此，北京完美建信公司向一审法院起诉请求：一、判令南宫电视台立即停止在本台下属所有频道播放北京完美建信公司享有著作权的电视剧《红娘子》；二、判令南宫电视台在其下属所有频道，在与侵权时间段相同时段向北京完美建信公司公开赔礼道歉、消除影响；三、判令南宫电视台赔偿北京完美建信公司经济损失及维权合理支出共计 300 000 元；四、本案诉讼费用由南宫电视台承担。

【判决结果】 对于北京完美建信公司是否具有本案的诉讼主体资格问题，人民法院认为，我国《著作权法》第十一条规定，如无相反证明，在作品上署名的公民、法人或者其他组织为作者；第十五条规定，电影作品和以类似摄制电影的方法创作的作品的著作权由制片者享有。本案中，关于认定涉案电视剧著作权人的主要证据有以下三份：一是北京完美建信公司提交的《电视剧〈红娘子〉联合投资摄制合同书》，旨在证明涉案电视剧的著作权为北京完美建信公司与北京世纪伙伴文化传媒有限公司共同享有；二是北京完美建信公司提交的国产电视剧发行许可证，显示江苏省广播电视总台系涉案电视剧的制作机构，北京世纪伙伴文化传媒有限公司、北京完美建信公司为合作机构；三是南宫电视台提交的电视剧《红娘子》片尾视频截图，显示涉案电视剧为江苏省广播电视总台、北京世纪伙伴文化传媒有限公司、北京完美建信公司、完美世界（北京）

影视文化有限公司四家单位联合出品。人民法院认为，在上述三份证据中，《电视剧〈红娘子〉联合投资摄制合同书》仅为北京完美建信公司与北京世纪伙伴文化传媒有限公司双方签署，未有完美世界（北京）影视文化有限公司等相关单位的盖章确认，不能仅凭该协议即认定涉案电视剧的著作权人。涉案电视剧片尾视频截图显示了出品单位，虽然该标注系在作品上署名的行为，但有其他证据证明实际著作权人的情况下，可以推翻该署名行为的效力，因此在本案中亦不能仅凭该视频截图即认定涉案电视剧的著作权人。国产电视剧发行许可证作为影视主管部门核发的行政许可决定书，具有较高的证明效力，该发行许可证结合《电视剧〈红娘子〉联合投资摄制合同书》看，可以确认完美世界（北京）影视文化有限公司并非涉案电视剧的著作权人。此外，北京完美建信公司提交了江苏省广播电视总台授权北京世纪伙伴文化传媒有限公司、北京完美建信公司海内外全部播映权的授权书，在此情况下，不论江苏省广播电视总台是否为涉案电视剧的著作权人，北京完美建信公司与北京世纪伙伴文化传媒有限公司作为著作权人，都可就涉案电视剧提起著作权侵权的维权诉讼。北京完美建信公司一审时另提交了两份授权书的复印件，内容为北京世纪伙伴文化传媒有限公司授权上海娜宇影视文化工作室永久享有涉案电视剧的合法版权，上海娜宇影视文化工作室又授权北京完美建信公司享有涉案电视剧的相关权利。该授权书及北京完美建信公司一审中提交的《〈红娘子〉电视剧播映权许可合同》显示北京完美建信公司作为著作权人独立对外进行了授权的情况，且没有证据表明有其他著作权人对该行为提出过异议。由此可以看出，经过前述授权，北京完美建信公司享有独立针对涉案电视剧侵权行为提起诉讼的权利。况且，北京完美建信公司在本案中的维权诉讼，并未对其他著作权人的权益造成损害，故北京完美建信公司虽然系著作权人之一，但其在本案中以自己的名义提起维权诉讼并无不当。遂判决驳回上诉，维持原判。

【典型意义】 我国著作权法规定，电影作品和以类似摄制电影的方法创作的作品的著作权由制片者享有。如何认定制片者对确定影视作品著作权人具有关键意义。本案原告意在证明著作权人身份的证据有三个，即《联合投资摄制合同书》、国产电视剧发行许可证和影视作品截图。在此情况下，应根据这些证据的证明效力并结合其他相关证据，对影视作品著作权的归属进行认定。并且，在涉案影视作品的著作权人不止一个，且仅有其中一个著作权人单独提起维权诉讼时，要根据原告提交的相关授权文件等证据，综合判断原告是否具备诉讼主体资格。

七、孙德斌与上海教育出版社有限公司侵害著作权纠纷案［上海市高级人民法院（2020）沪民申2416号民事裁定书］

【简要案情】 原告孙德斌系诗歌《西部畅想》作者，该诗歌被选入上海世纪出版股份有限公司、上海教育出版社有限公司（以下简称“教育出版社”）出版的《九年义务教育课本语文八年级第一学期（试用本）》（2015年5月第4版）（以下简称“语文课本”）的第5单元第十六课。该课文署名孙德斌，并配有选自2002年2月20日《解放日报》关于孙德斌是当代诗人、记者的注释说明。2018年8月18日，孙德斌与教育出版社就《西部畅想》签订作品版权授权书及稿酬协议，约定相关事宜。之后，孙德斌发现上述两家出版机构出版的语文课本教辅图书《说题做题 语文课后练习精讲（8年级上册）》（以下简称“被控侵权图书”）中部分使用了涉案诗歌，且既未署名，又未支付稿酬。为此，孙德斌于2019年6月提起本案诉讼，要求判令教育出版社就被控侵权图书的侵权行为赔偿经济损失及维权合理费用。

【判决结果】 一审法院认为，教育出版社未经孙德斌许可，在出版的被控侵权图书中使用涉案诗歌，明显超出合理使用范围，其目的主要是为编写相关试卷习题服务，具有营利性，不符合我国著作权法关于“法定许可”及“合理使用”的规定，故侵犯了孙德斌对涉案诗歌所享有的著作权，依法应当承担相应民事责任。二审法院则认为，被控侵权图书系为配合语文课本使用的课后练习精讲，其中被控作品虽引用了《西部畅想》部分内容，但系为了向读者介绍、评论和分析语文课本中该诗歌，其使用方式在适度范围内且无其他不当损害作者利益的内容。此外，被控作品虽无作者姓名，但相关公众在使用该图书时必然要结合语文课本相应内容才能理解和掌握，而语文课本的课文中已列明作者信息。故被控侵权图书符合我国著作权法规定的合理使用情形，不构成对涉案著作权的侵害。据此，对一审判决予以纠正，判决驳回孙德斌一审诉请。二审判决后，孙德斌不服，提出再审审查申请。审查法院认为，根据我国《著作权法》及实施条例相关规定，判定被控作品是否构成“适当引用”的合理使用，应当从权利作品是否已经公开发表、被控作品引用权利作品的主要目的、被控作品引用权利作品的具体方式、被控作品是否依法指明作者姓名及作品名称、被控作品是否会对权利作品的正常使用和著作权人的合法利益造成负面影响等五方面要件予以综合认定。本案中：1. 权利作品《西部畅想》已经公开发表；2. 纵观被控作品内容，可以认定其主要目的在于通过介绍、解读、评论语文课本上《西部畅想》诗歌的内容、含义、意境以及所涉及的相关自然景观、人文景观等，帮助读者更好了解、感受、体会《西部畅想》这首诗歌，而被控图书是否以营利为目的并非判定要件；3. 在具体引用方式上，判定引用适当与否的关键在于被控作品是否完全或主要以引用他人作品来代替自身创作，而被控作品虽引用了权利作品的部分内容，但其引用时，均融入具有独创性的介绍、解读和评论内容，且引用的部分较被控作品整体而言仅占较少比重，其程度尚属合理范畴；4. 被控作品因与权利作品须配套使用，故实际依法指明了作者姓名；5. 是否会对权利作品的正常使用和权利人的合法权益造成负面影响，主要指被控作品是否会因其中的引用而对被引用的权利作品产生替代效应，从而导致读者可以以被控作品替代对权利作品的选择，而本案被控侵权图书作为语文课本教辅材料，从日常生活常识看，不仅不会产生替代效应，导致教师、学生等主要读者从权利作品转而选择被控作品，相反会对读者加深作品理解有所助益。综上，认定被控侵权图书符合著作权法规定的合理使用情形，不构成为涉案著作权的侵犯，故裁定驳回了孙德斌的再审申请。

【典型意义】 著作权法规定的“适当引用”合理使用情形的认定应当遵循五个要件，即权利作品是否已经公开发表、被控作品引用权利作品的主要目的、被控作品引用权利作品的具体方式、被控作品是否依法指明作者姓名及作品名称、被控作品是否会对权利作品的正常使用和著作权人的合法利益造成负面影响。同时，其认定不以被控图书或作品是否以营利为目的为要件，且著作权法所指“应当指明作者姓名”，并不仅限于在被控作品中标注、载明等方式，还包括能使读者明确知晓被引作品的作者信息的情形和方式。

八、北京百慕文化发展有限公司与宋城演艺发展股份有限公司、丽江茶马古城旅游发展有限公司侵害著作权纠纷案［浙江省高级人民法院（2020）浙民终 301 号民事判决书］

【简要案情】 北京百慕文化发展有限公司（以下简称“百慕公司”）系涉案音乐作品《纳西情歌》独家被许可人，该作品创作完成后，由歌手陈思思演唱，在 2012 年文化部春晚、中央电视台《回声嘹亮》等栏目中均进行过表演，在百度音乐等网络音乐平台中的点击播放总量及下载量较大。丽江千古情景区系宋城演艺发展股份有限公司（以下简称“宋城公司”）全资子公司丽江茶马古城旅游发展有限公司（以下简称“茶马公司”）打造的以《丽江千古情》现场演出为代表的主题公园。自 2014 年丽江千古情景区开园以来，景区背景音乐以及《丽江千古情》演出第一幕《泸沽女儿国》中较完整地使用了涉案作品《纳西情歌》。2019 年 1 月，百慕公司以宋城公司、茶马公司未经许可使用涉案音乐作品侵害著作权为由，诉至杭州市中级人民法院，要求宋城公司、百慕公司停止侵权，赔偿损失 2 000 余万元。一审法院作出（2019）浙 01 民初 213 号民事判决，认为宋城公司、茶马公司侵害了涉案音乐作品的著作权，但百慕公司以侵权获利方式计算的赔偿数额不能获得支持，在参考茶马公司向中国音乐著作权协会缴纳许可使用费的基础上适用法定赔偿方式确定赔偿数额 25 万元，合理费用 5 万元。百慕公司不服一审判决，上诉至浙江省高级人民法院，主张本案应按侵权获利计算赔偿数额，要求宋城公司、茶马公司赔偿 661 万元。

【判决结果】 人民法院经审理认为，第一，本案中，宋城公司、茶马公司并未提交证据证明百慕公司起诉时已过诉讼时效期间，故本案不能适用已过诉讼时效的持续侵权行为可从起诉日往前推算三年作为损害赔偿计算区间的规定。因宋城公司、茶马公司并未提交证据证明其已于本案起诉后停止被诉侵权行为，故根据百慕公司主张，本案损害赔偿计算期间应从 2014 年计至 2019 年。第二，根据百慕公司的举证能力及其举证情况，本案可以侵权获利方式确定赔偿数额。第三，对于丽江千古情景区类主题公园而言，演出所使用的音乐作品和游玩区的背景音乐是主题公园体验的重要组成部分，宋城公司、茶马公司对丽江千古情景区的宣传及其门票定价机制可以证明《丽江千古情》演出系丽江千古情景区的主要收入来源，其使用音乐作品亦涵盖了整个主题公园，故茶马公司 2014—2019 年的主营业务利润总额可以作为基数计算侵权获利。第四，经营主题乐园类公司使用音乐作品支出成本与主营业务收入密切相关，故通过计算支出的音乐作品许可使用费在支出成本中的比例，进而计算出该部分成本所对应的营业收入，再根据利润率计算出音乐作品相应的营业利润，从而以该营业利润在总营业利润的占比确定音乐作品的利润贡献率。最终确定涉案音乐作品利润贡献率时仍需比较茶马公司向权利人个体获得许可与向音著协获得许可两种方式的区别，同时考虑涉案音乐作品的知名度，侵权行为的性质、情节等因素后酌情确定。综上，经过上述方法计算宋城公司、茶马公司使用涉案音乐作品的侵权获利为70万元，对于百慕公司主张的11万元合理费用予以支持。遂判令维持一审关于停止侵权的判项，改判宋城公司、茶马公司赔偿百慕公司经济损失及合理维权费用共计81万元。

【典型意义】 本案判决探索了在著作权案件中以侵权获利方式计算赔偿数额的具体方法。在本案中，由于影响企业营业利润的因素具有复杂性，法院需要在审查侵权获利证据的基础上，从侵权行为的具体样态出发，从整体利润中析出专属于涉案作品所贡献的部分。在利润贡献率无法通过证据直接认定的情况下，法院可以结合音乐作品许可使用费占支出成本比例等相关事实，从给予权利人充分救济以及有效遏制惩戒侵权行为的价值导向出发，合理估算推定利润贡献率，并最终确定侵权获利数额。

九、浙江盛和网络科技有限公司、上海恺英网络科技有限公司与苏州仙峰网络科技股份有限公司侵害著作权及不正当竞争纠纷案［浙江省高级人民法院（2019）浙民终709号民事判决书］

【简要案情】 盛和公司是《蓝月传奇》网页游戏软件登记的著作权人，对《蓝月传奇》网页游戏软件作品享有著作权。《蓝月传奇》网页游戏作为大型多人在线角色扮演类游戏，其核心玩法是玩家选择战士、法师、道士三个职业中某一职业扮演某一角色后通过时间产出或付费产出，提升角色的各种战力属性、功能，最终提升根据经验值确定的角色等级和根据属性、功能确定的角色战力，以此获得游戏的娱乐体验。《蓝月传奇》构成“以类似摄制电影的方法创作”的作品，盛和公司对该类电作品享有著作权。恺英公司作为《蓝月传奇》网页游戏的独家代理和运营权人，也享有相应的权利。盛和公司、恺英公司主张，《蓝月传奇》的独创性表达主要体现在角色养成系统、场景（副本）段落、消费和奖励系统设计中的取舍和安排，系受著作权法保护的客体。仙峰公司运营的《烈焰武尊》手游的三大系统与《蓝月传奇》网页游戏构成相同或实质性相似，《烈焰武尊》手游在整体上复制了《蓝月传奇》网页游戏的基本表达，侵犯了《蓝月传奇》的复制权或改编权。要求判令仙峰公司：1. 立即停止实施侵犯著作权及不正当竞争行为，即立即停止复制、发行及通过信息网络传播等方式向公众提供、宣传、运营《烈焰武尊》手机游戏；2. 在其官网首页显著位置刊登声明，消除侵犯著作权及不正当竞争造成的不良影响；3. 赔偿经济损失3 000万元及合理支出65万元；4. 承担本案全部诉讼费用。

【判决结果】 人民法院认为，《蓝月传奇》网页游戏属于著作权法保护的客体。《蓝月传奇》游戏的设计从抽象到具体由五层架构组成，情节至少在第四、第五层上已经足够具体，通过程序预设和玩家操作以有机连续动态画面的形式对外表达并被玩家所感知，应被归入表达的范畴。同时，三大系统设计中技能体系、装备属性数值的取舍和安排、界面布局等蕴含了设计者的大量智力成果，具有独创性。《蓝月传奇》游戏的故事设定、情节选择与安排类似于电影剧本的创作，随着玩家操作形成的一系列有伴音或者无伴音的连续动态画面，类似于电影的摄制和成像过程，游戏创作完成后亦可存储在一定介质上，并可借助电脑等数字播放设备予以传播，基于以上特征，可以作为著作权法规定的类电作品予以保护。

关于《蓝月传奇》游戏作品的保护范围。《蓝月传奇》是在现有成熟的传奇类游戏的玩法基础上，进行模块的选择、组合或部分新系统的开发，并在此基础上设计具体的游戏界面和游戏属性数值，其区别于现有游戏的、具有独创性的设计仍应受到著作权法保护，但在确定著作权保护范围时，应将不具有独创性的表达部分和公有领域的表达内容进行剔除。《蓝月传奇》游戏中关于“打怪升级”的游戏玩法和三大系统的基本架构属于思想范畴，亦是传奇类游戏常见的设计模式，不属于其独创；游戏的角色、技能和装备名称、孤立的属性和数值等元素本身表达过于简单，尚未达到著作权法要求的作品创作性高度；而《蓝月传奇》游戏对于创作元素、属性与数值的取舍、安排及其对应关系，以及各个系统相互之间的有机组合形成的特定玩法规则和情节具有独创性，已达到使其区别于其他游戏的创作性高度，并能够通过操作界面内直白的文字形式或连续动态画面方式对外呈现，该特定玩法规则和情节在游戏运行整体画面中的具体表达属于著作权法保护的客体。通常来讲，游戏特定玩法规则和情节是构成游戏的核心，其通过游戏界面或连续动态画面呈现的具体表达也是玩家所感知的游戏主要内容，将该部分内容作为核心组成部分并对游戏整体适用类电作品法律规则予以保护，有利于实现对网络游戏著作权的充分保护和实质保护。故一审法院判决仙峰公司立即停止侵害《蓝月传奇》著作权的行为，即立即停止复制或通过信息网络传播《烈焰武尊》手机游戏。二审法院判决驳回上诉，维持原判。

【典型意义】 1. 如果网络游戏的设计对于创作元素及其属性与数值的取舍、安排形成了特定对应关系，各系统之间组合而成的特定玩法规则和情节达到区别于其他游戏的创作性高度，并能够通过操作界面内直白的文字形式或连续动态画面方式对外呈现，这些具体表达就属于著作权法保护的客体。将这些独创性部分作为整体作品进行保护，有利于制止“换皮”抄袭，实现对该作品的充分保护和实质保护，侵权人对独创性部分的复制构成对游戏著作权的侵害。但对于在现有游戏基础上开发设计的作品，在确定其著作权保护范围时，应当将非独创性表达的部分内容进行剔除。2. 法院在本案中积极探索符合知识产权特色和规律的诉讼程序，不仅创新性适用“先行判决+临时禁令”模式，及时制止被诉侵权行为，而且对被告未按保全裁定要求停止侵权的行为进行民事制裁，罚款 100 万元。

十、河南省银都影视制作有限公司与优酷信息技术（北京）有限公司侵害作品信息网络传播权纠纷案［河南省高级人民法院（2020）豫知民终 397 号民事判决书］

【简要案情】 河南省银都影视制作有限公司（以下简称“银都公司”）于 2011 年 9 月 26 日成立，经营范围涵盖电影摄制（单片）等。2017 年，该公司拍摄现代豫剧电影故事片《第九个女婿》，并于同年 8 月 9 日获国家新闻出版广电总局电影局颁发电审故字［2017］第 496 号电影片公映许可证。

2017 年 10 月 19 日，银都公司与北京爱奇艺科技有限公司就案涉电影签订《视频合作协议》，授权后者独家全平台公开播映权及公开传播权等。银都公司法定代表人在开封市大梁公证处公证人员现场监督下，分别在优酷视频网、土豆视频网进行搜索“第九个女婿”，点击查看用户“梨园飞歌 1A28A”所上传的视频等操作。公证处出具的公证书的附件截屏图片显示在优酷视频网搜索“第九个女婿”相关影片结果，该页截图第一个小图片内显示该视频标题为“戏曲电影《第九个女婿》全剧张晓英时木全王玉凤魏”，用户图标旁显示“梨园飞歌 1A28A”，点击量图标旁显示数字 1 979，右上角有超清图标。播放页面截屏中，有“龙标图案”“公映许可证”“电审故字［2017］第 496 号”“国家新闻出版广电总局电影局”“河南省银都影视制作有限公司出品”“出品人张文艺”等内容，播放页面左上角或右下角显示有“公众号梨园放歌”字样。此外，银都公司提供的截图显示，2020 年 2 月 18 日，其分别在优酷视频网、土豆视频网上上传电影《少年杨靖宇》，但发布失败，屏蔽原因为“遭版权投诉”。银都公司拟证明，优酷信息技术（北京）有限公司（以下简称“优酷公司”）对涉案电影没有采取合理有效且其实际能够做到的技术措施。随后，银都公司向开封市中级人民法院起诉请求：判令优酷公司立即停止提供侵权作品信息网络传播行为，赔偿银都公司经济损失及合理费用 52 万元。

河南省开封市中级人民法院一审认为，优酷公司在本案中提供的是信息存储空间服务，不构成直接侵权，也未改变服务对象上传的涉案电影内容，不知道也没有合理理由应当知道服务对象上传的涉案电影侵权，也未从服务对象上传涉案电影中直接获利，并及时删除了闫树领上传的涉案电影，因此认定优酷公司不构成侵权，驳回了银都公司的诉讼请求。银都公司不服该判决，向河南省高级人民法院提起上诉，请求改判优酷公司立即停止提供侵权作品信息网络传播行为，赔偿银都公司经济损失及合理费用 52 万元。

【判决结果】 河南省高级人民法院二审认为，涉案侵权视频系个人网络用户“梨园飞歌 1A28A”自行上传，优酷公司提供的是信息存储空间服务，其不构成直接侵权。优酷公司是否构成帮助侵权的关键在于其是否具有明知或者应知的过错，且未及时采取必要措施。优酷视频网站上设置有侵权投诉渠道，庭审中，优酷公司亦表示收到起诉状时，已将涉案电影下线，符合“通知—删除”的规则，优酷公司不具有“明知”的过错。本案中，涉案电影虽然获得了发行许可，但事实上未在院线上映，在优酷视频网站仅是通过关键词搜索到涉案电影的视频，没有证据显示该电影位于首页、其他主要页面或者其他可为服务提供者明显所见的位置，也没有证据显示优酷公司对其推荐或者进行选择、整理、分类等，银都公司也未能举证证明涉案电影属于热播影视作品，不具备明显感知的特征。另外，优酷公司的《用户服务协议》中已明确标示禁止“利用网络从事侵害他人名誉、隐私、知识产权和其他合法权益等活动”，“如果您上传、发布或传输的内容含有以上违反法律法规的信息或内容的，或者侵犯任何第三方的合法权益，您将直接承担以上导致的一切不利后果”。同时，优酷视频网上所公示的《知识产权声明》中也提供了相关侵权投诉流程及渠道。

综合考虑到涉案作品的知名度、侵权视频数量、侵权视频的浏览量、优酷公司所应当具有的管理能力，法院认为优酷公司不具有“应知”的过错。综上，对于涉案电影《第九个女婿》，优酷公司提供的是信息存储空间服务，不构成直接侵权，且优酷公司不具有明知或者应知的过错，不构成帮助侵权。优酷公司的行为不构成侵害银都公司享有的涉案作品的信息网络传播权。二审法院遂判决驳回上诉，维持原判。

【典型意义】 网络服务提供者为网络用户通过网络途径分享作品提供技术支持和平台网络服务，其本身不向公众提供作品。因此，判断网络服务提供者是否构成侵权的关键在于确定网络服务提供者是否对网络用户利用网络服务侵害信息网络传播权尽到了应尽的合理注意义务，并及时采取了删除、屏蔽等必要措施。在判断网络服务提供者是否尽到了应尽的注意义务时，应当以诚信善意人的注意义务为标准，充分考虑网络服务提供者系为他人信息传播提供中介服务的特点，结合涉案作品的知名度、感知度、宣传、发行传播范围等因素综合判定。如果其已经尽到了应尽的合理注意义务仍不能意识到侵权行为存在的，不应认定其侵害信息网络传播权。

十一、深圳市腾讯计算机系统有限公司与上海盈讯科技有限公司侵害著作权及不正当竞争纠纷案［广东省深圳市南山区人民法院（2019）粤0305民初14010号民事判决书］

【简要案情】 原告腾讯公司的关联企业自主开发了智能写作辅助系统——Dreamwriter计算机软件，并授权腾讯公司使用。2018年8月20日，腾讯公司首次发表了由该软件撰写的财经报道《午评：沪指小幅上涨0.11%报2 671.93点 通信运营、石油开采等板块领涨》，并在文末注明了“本文由腾讯机器人Dreamwriter自动撰写”。同日，被告上海盈讯公司在其运营的网站上发布了与涉案报道标题和内容完全一致的文章。原告腾讯公司遂诉至法院，要求被告上海盈讯公司立即停止侵权、消除影响并赔偿损失。

【判决结果】 法院判决认为，涉案文章是否构成文字作品的关键在于是否具有独创性，而判断步骤应当分为两步：首先应当从是否独立创作及外在表现上是否与已有作品存在一定程度的差异，或具备最低程度的创造性进行分析判断；其次，应当从涉案文章的生成过程来分析是否体现了创作者的个性化选择、判断及技巧等因素。在具体认定相关人员的行为是否属于著作权法意义上的创作行为时应当考虑该行为是否属于一种智力活动以及该行为与作品的特定表现形式之间是否具有直接的联系。涉案文章的创作过程与普通文字作品创作过程的不同之处在于创作者收集素材、决定表达的主题、写作的风格以及具体的语句形式的行为也即原告主创团队为涉案文章生成作出的相关选择与安排和涉案文章的实际撰写之间存在一定时间上的间隔。涉案文章这种缺乏同步性的特点是由技术路径或原告所使用的工具本身所具备的特性决定的。从涉案文章的外在表现形式与生成过程来分析，该文章的特定表现形式及其源于创作者个性化的选择与安排，并由Dreamwriter软件在技术上“生成”的创作过程均满足著作权法对文字作品的保护条件，人民法院认定涉案文章属于我国著作权法所保护的文字作品。人民法院同时认为，涉案文章是由原告主持的多团队、多人分工形成的整体智力创作完成的作品，整体体现原告对于发布股评综述类文章的需求和意图，是原告主持创作的法人作品。被告未经许可，在其经营的网贷之家网站上向公众提供被诉侵权文章内容，供公众在选定的时间、选定的地点获得的行为，侵害了原告享有的信息网络传播权，应承担相应的民事责任。因被告已经删除侵权作品，法院判决被告赔偿原告经济损失及合理的维权费用人民币1 500元。

【典型意义】 判断人工智能生成的文章是否具有独创性，首先应当从是否独立创作及外在表现上是否与已有作品存在一定程度的差异，或具备最低程度的创造性进行分析判断；其次应当从涉案文章的生成过程来分析是否体现了创作者的个性化选择、判断及技巧等因素。在具体认定相关人员的行为是否属于著作权法意义上的创作行为时应当考虑该行为是否属于一种智力活动以及该行为与作品的特定表现形式之间是否具有直接的联系。

十二、邱怀喃、邱怀芬、曾君富与贵州省博物馆、贵州省人民出版社有限公司、西安美术学院、贵州省铜仁市石阡县人民政府著作权权属及侵害著作权纠纷案［贵州省高级人民法院（2020）黔民终1141号民事判决书］

【简要案情】 原告邱怀喃、邱怀芬系我国贵州籍画家邱石冥（1898—1970）孙女，继承邱石冥作品著作权。2017年6月，原告发现《邱石冥画集》一书，封面有贵州省博物馆、贵州省人民出版社有限公司（以下简称“贵州人民出版社”）和西安美术学院（以下简称“西安美院”）信息。原告认为，贵州省博物馆和西安美院未经授权，将邱石冥部分作品命名为《邱石冥画集》出版，侵犯原告享有的著作权。贵州人民出版社未经授权，未尽到注意义务出版《邱石冥画集》，侵犯原告著作权。

邱石冥系我国当代知名画家和美术教育家，在现代画坛享有一定声誉。邱石冥与妻子（已故）仅育有一子邱承惠（已故）。邱承惠与第一任妻子（已故）育有长女邱先容（已故）及二女邱先碧；邱承惠与第二任妻子（已故）育有三女邱怀喃、四女邱怀芬。邱先容与其夫曾君富共育有三子一女，分别是曾文超、曾文霞、曾文峰、曾文武。

贵阳中院依职权将邱先碧、曾君富、曾文超、曾文霞、曾文峰、曾文武追加为原告后，邱先碧、曾文超、曾文霞、曾文峰、曾文武均书面表示放弃在该案中主张权利。曾君富则参加诉讼并主张：反对邱怀喃、邱怀芬就《邱石冥书画集》提起诉讼。如果二人坚持诉讼，是否构成侵权由人民法院判定。如果人民法院最终判定构成侵权，要求以继承人的身份分配侵权赔偿；如果不构成侵权，则请求驳回邱怀喃、邱怀芬的诉讼请求。

经法院查明，20 世纪 80 年代，邱承惠希望能宣传出版其父画作，与贵州省博物馆达成口头协商，将邱石冥画作原件捐赠给贵州省博物馆，贵州省博物馆择期为邱石冥举办画展并出版画册。1985 年 6 月 18 日，贵州省博物馆举办“邱石冥画展”，邀请邱承惠参加。但出版画册一事因经费和画作数量少等原因搁置，直至 2012 年 9 月 30 日《邱石冥书画集》出版。

贵阳中院判决贵州省博物馆给付邱怀喃、邱怀芬、曾君富共计 60 000 元报酬，给付邱怀喃、邱怀芬合理开支共计 5 000 元，并驳回其余诉讼请求。邱怀喃、邱怀芬不服，向贵州高院提起上诉。贵州高院二审判决驳回上诉，维持原判。

【判决结果】 人民法院认为，首先，《邱石冥书画集》中收录的邱石冥作品来源于贵州省博物馆、西安美院等馆藏，及邱石冥后人等收藏。根据美术作品原件所有权和著作权相分离的原理，原件是美术作品的物理载体，可以通过买卖、赠与等方式在不同主体之间流转。但原件所有权与著作权是两种完全不同的权利形态，原件所有权转移不视为著作权转移，故案涉作品著作权由邱石冥继承人享有。其次，贵州省博物馆出版《邱石冥书画集》，一方面为履行与邱承惠之口头协议，另一方面为宣传邱石冥的作品，具有公益性，故其没有侵害原告享有的复制权、发行权、汇编权。同时，贵州人民出版社出版该书画集是贵州省博物馆履行合同义务之行为，且无盈利目的，故已尽到审查义务。另外，邱承惠与贵州省博物馆协商时并未放弃要求支付报酬的权利，但贵州省博物馆未向其继承人支付报酬，故贵州省博物馆应给予邱怀喃、邱怀芬、曾君富共计 60 000 元报酬。

【典型意义】 美术作品原件所有权与著作权分离。当被继承人有多个继承人，且继承人之间意见不一时，需要查明被继承人之意思表示。继承人行使从被继承人处继承的著作权不能违背被继承人的意思表示，更不能损及被继承人和其他继承人，甚至作者本人的利益。另外，作者的继承人继承著作权后，其生前未放弃要求支付报酬的权利，其去世后，作为汇编作品的著作权人应向许可其使用作品的该继承人的继承人支付报酬。

十三、马振予等 4 人侵犯著作权罪案 [江苏省扬州市中级人民法院（2020）苏 10 刑初 11 号刑事判决书]

【简要案情】 2016 年 6 月至 2019 年 2 月，被告人马振予、马青松以营利为目的，向霍春雷（另案处理）购买品牌为 GDC 的服务器、品牌为 NEC 2000 的放映机等翻录影片的设备，学习翻录影片的方法。后二人通过刘特（另案处理）盗取授权影院的服务器信息，“克隆”至购买的服务器中。通过王少飞、王旭森、杜谏（均另案处理）从鞍山金逸影城、鞍山佳兆业国际影城等授权影院获取载有同档期电影数据的母盘。后被告人马振予、马青松招募刘福宽、任雯静、李盼盼、李雪、卢影（均另案处理）等人在鞍山市组建第一、第二工作室，翻录电影、给盗版影片加密、制作水印，并向发展的下线影吧销售，从中牟取利益。2016 年 6 月至 2019 年 2 月间，被告人马振予、马青松共复制发行盗版影片 413 部，非法经营数额共计人民币 777.253 6 万元，被告人马振予违法所得 404.402 4 万元，被告人马青松违法所得 55.6 万元。

2017 年初，被告人文劲杰、鲁明与被告人马振予、马青松等人合作，长期复制发行盗版影片，逐步形成人数较多、重要成员基本固定的组织。被告人马振予负责复制、发行盗版影片整体事宜，被告人马青松负责复制盗版电影、技术设备维护、发展下线影吧等事宜，被告人文劲杰、鲁明负责发展下线影吧。

2019 年春节前，被告人马振予、马青松等人采用前述手段，复制、发行《流浪地球》《疯狂的外星人》《新喜剧之王》《飞驰人生》《廉政风云》《神探蒲松龄》《熊出没·原始时代》7部春节档盗版影片，销售给肖美平（另案处理）等下线影吧业主，导致上述影片在互联网上流传。

2017年初至2018年8月间，被告人文劲杰与马振予、马青松等人合作，负责发展下线影吧，通过销售盗版影片牟利。2018年9月，被告人文劲杰与马振予等人产生矛盾脱离该组织。后被告人文劲杰向朱斌（另案处理）购买品牌为GDC的服务器、品牌为BARCO及NEC的放映机等设备，指示朱斌帮助将其中一台服务器进行“克隆”。在湖南省湘潭市设立工作室，通过潘伟（另案处理）从授权影院新三和影城借取并拷贝载有同档期影片数据的硬盘，伙同张超凡、吴蓬飞、范嘉轩（均另案处理）筹建、虚假经营“松涛影城”，招募罗嘉毅（另案处理）进行技术维护，利用“松涛影城”获取授权服务器信息、播放密钥，翻录影片、给盗版影片加密、制作水印，并销售给发展的下线影吧，从中牟取利益。被告人文劲杰与他人长期复制发行盗版影片，逐步形成人数较多、重要成员基本固定的组织。被告人文劲杰负责盗版影片的翻拍和制作、发展下线影吧等事宜；张超凡、吴蓬飞、范嘉轩负责筹建“松涛影城”及发展下线；罗嘉毅负责远程安装技术软件以及设备维修等；潘伟负责提供影片母盘。截至2019年2月，被告人文劲杰未经著作权人许可，共计复制发行盗版影片124部。2017年1月至2019年2月，被告人文劲杰参与马振予等人的组织及其本人制售盗版影片期间，非法经营数额共计186.960 9万元，违法所得103.532 2万元。

2019年春节前，被告人文劲杰等人采用前述手段，复制发行《流浪地球》《疯狂的外星人》《新喜剧之王》《飞驰人生》《廉政风云》《神探蒲松龄》《熊出没·原始时代》《小猪佩奇过大年》8部春节档盗版影片，导致影片《小猪佩奇过大年》在互联网上流传。

2017年初至2018年8月间，被告人鲁明加入马振予等人的组织，负责发展下线影吧，通过销售盗版影片牟利。2018年9月，被告人鲁明脱离马振予等人的组织后，招募丁帅、杨庆华（均另案处理）等人，从被告人文劲杰处获取盗版影片后给盗版影片加密、制作水印，销售给发展的下线影吧，从中牟取利益。截至2019年2月，被告人鲁明非法经营数额814.985万元，违法所得536.061 9万元。

【判决结果】 被告人马振予、马青松、文劲杰、鲁明以营利为目的，未经著作权人许可，复制并发行他人电影作品，违法所得数额巨大，且具有其他特别严重情节，其行为均已构成侵犯著作权罪。

被告人马振予与马青松、文劲杰、鲁明长期共同实施制售盗版影片的犯罪行为，成员固定且分工明确，依法应当认定为犯罪集团。被告人马振予系组织、领导犯罪集团的首要分子，应按照集团所犯的全部罪行处罚；被告人马青松、文劲杰、鲁明在犯罪集团中起主要作用，系主犯，应当按照其所参与的全部犯罪处罚。被告人文劲杰伙同他人为共同实施犯罪而组成较为固定的犯罪组织，是犯罪集团，被告人文劲杰系组织、领导犯罪集团的首要分子，应按照集团所犯的全部罪行处罚。被告人鲁明伙同他人共同故意犯罪，起主要作用，系主犯，应当按照其所参与的全部犯罪处罚。被告人马振予、马青松、文劲杰、鲁明到案后均如实供述了自己的罪行，具有坦白情节，依法可以从轻处罚；悔罪态度较好，自愿认罪认罚，依法从宽处理。被告人文劲杰的亲属代为退出部分赃款，酌情从轻处罚。四被告人的辩护人分别提出各被告人具有坦白、认罪认罚及被告人文劲杰的辩护人提出文劲杰亲属代为退赃的辩护意见成立，依法予以采纳。为维护社会主义市场经济秩序，保护知识产权不受侵害，根据各被告人的犯罪事实、犯罪性质、情节以及对社会的危害程度，判处被告人马振予有期徒刑六年，并处罚金550万元；判处被告人马青松有期徒刑四年，并处罚金60万元；判处被告人文劲杰有期徒刑四年，并处罚金120万元；判处被告人鲁明有期徒刑五年，并处罚金550万元。

【典型意义】 以营利为目的，通过“克隆”服务器、联合影院工作人员非法获取电影母盘和密钥、利用高清设备翻拍、制作水印并加密等高新技术手段复制盗版影片，组织人员销售盗版影片，成员固定且分工明确，依法应当认定为犯罪集团，其行为均构成侵犯著作权罪。

（撰稿人：耿慧茹）

2020年度全国打击侵权盗版十大案件

一、北京“10·24”侵犯网络文学著作权案

2018年9月，根据相关线索，北京市公安机关对该案进行调查。经查，自2018年开始，覃某某等人运营鼎阅集团，未经著作权人许可，在其运营的“鸿雁传书”“TXT全本免费小说”等10余个APP平台上向用户提供侵权网络文学作品5 072部，并通过广告、付费阅读等方式牟利。2020年12月，北京市海淀区人民法院以侵犯著作权罪，判处北京鼎阅文学信息技术有限公司罚金150万元，判处覃某某等4人有期徒刑三年，罚金80万至20万元不等，判处其他8人有期徒刑并处罚金。

【点　评】 近年来，国家版权局持续加大网络文学版权保护力度，印发《关于加强网络文学作品版权管理的通知》，要求规范网络文学行业版权秩序。该案系侵犯网络文学著作权的单位犯罪案件，涉案人员众多，涉案作品数量大，非法经营额高。该案的严厉查办对打击网络文学侵权盗版、推动网络文学繁荣健康发展有重要意义。

二、上海李某某等制售盗版玩具案

2018年10月，上海市公安部门网络巡查发现网店销售涉嫌侵权盗版玩具线索。经查，2015年至2019年4月，李某某等人未经著作权人许可，拆分乐高玩具后通过电脑建模、复制图纸、委托他人开制模具等方式，对乐高玩具进行复刻，并冠以“乐拼”品牌通过线上线下销售，涉及47个系列663款产品，涉案金额3亿余元。2020年9月，上海市第三中级人民法院以侵犯著作权罪判决李某某有期徒刑六年，并处罚金9 000万元；判决其余8人有期徒刑四年六个月至三年不等，并处罚金。2020年12月，上海市高级人民法院裁定驳回上诉，维持原判。

【点　评】 该案是以玩具为侵权对象的侵犯著作权罪典型案件。该案运用“以涉案产品的表现形式综合判断是否构成实质性相似”的判断方法，对准确把握美术作品的复制、准确认定作品实质性相似等问题进行了有益探索，对运用刑事手段加强美术作品版权保护具有很好的借鉴意义。

三、江苏扬州“2·15”侵犯影视作品著作权案

2019年2月，根据公安部、国家版权局、国家电影局部署，江苏省扬州市公安局会同版权部门对该案进行调查。经查，马某予等二人盗录传播包括《流浪地球》《飞驰人生》等春节档院线电影在内的413部电影，违法所得分别为404.4万余元、55.6万元；文某杰盗录传播电影124部，违法所得103.5万余元；鲁某销售盗版电影，违法所得536万余元。2020年9月，扬州市中级人民法院以侵犯著作权罪判处马某予有期徒刑六年，并处罚金550万元；判处马某松有期徒刑四年，并处罚金60万元；判处文某杰有期徒刑四年，并处罚金120万元；判处鲁某有期徒刑五年，并处罚金550万元；追缴违法所得。仪征市人民法院以侵犯著作权罪对参与侵权传播的24名下线及代理作出判决。

【点　评】 近年来，院线电影盗录盗播问题引起社会广泛关注，相关执法部门采取严厉措施，加强院线电影版权保护，重拳打击影院盗录偷拍及非法传播行为，先后破获了一批盗版院线电影重大案件，抓获了一批犯罪嫌疑人。该案是春节档院线电影高清盗录和非法销售网络源头，办案部门打掉隐藏多年的“幽灵机”，有力震慑了违法犯罪分子，进一步净化了院线电影版权生态。

四、江苏淮安“2·22”销售侵权盗版图书案

2019年2月，根据权利人投诉线索，江苏淮安市文化市场综合执法支队、公安部门对该案进行调查。经查，2017年至2019年，王某未经著作权人许可，购进用于销售的侵权盗版图书68种930 475册，其中委托李某某印刷侵权盗版图书59种929 314册，运至其租赁的北京仓库和淮安仓库储存，后通过网络对外销售，涉案图书码洋9 000余万元。2020年11月，江苏省淮安市中级人民法院以侵犯著作权罪判处两被告单位罚金各50万元；判处王某有期徒刑四年，并处罚金300万元；判处李某某有期徒刑三年六个月，并处罚金260万元；判处其他被告人有期徒刑缓刑并处罚金。

【点　评】 该案是非法印制、存储、销售盗版图书的典型案件。侵权人为掩盖侵权行为，从正规渠道购买极少量正版书籍，通过电商平台进行盗版、正版混搭销售，侵权盗版图书数量巨大，涵盖小说、绘本、教辅、童书等多个种类，社会影响恶劣。该案的查办，充分体现了严格保护的政策导向，取得了良好的办案效果。

五、江西南昌“0791DJ 音乐网”侵犯音乐作品著作权案

2018 年 12 月，根据相关线索，江西省南昌市文化执法部门会同公安机关对该案进行调查。经查，龚某某经营“0791DJ 音乐网”，未经著作权人许可，在互联网上下载大量音乐作品，提供在线收听及下载服务，点击数 1 881 万余次。2020 年 11 月，江西省南昌市青山湖区人民法院以侵犯著作权罪判处龚某某有期徒刑三年，并处罚金 6 万元。

【点　评】本案侵权数量大、调查取证难，公安部门会同版权行政执法部门组成专案组，版权执法人员全程参与案件查办工作，持续加大办案力度，是推动“两法”衔接、提高执法效能的一起成功案例。

六、山东济宁“5·21”侵犯著作权案

2019 年 5 月，根据权利人培生公司投诉线索，山东省济宁市文化旅游综合执法支队联合济宁市、市中区两级公安机关对该案进行查办。经查，济宁爱贝国际少儿英语培训机构负责人郑某未经著作权人许可，委托济宁双星制版印务有限公司刘某印刷《爱贝国际少儿英语》等侵权盗版制品 72 012 册，并通过网络销售盗版制品 64 824 册，非法经营额 403 万余元。2020 年 12 月，山东省济宁市嘉祥县人民法院以侵犯著作权罪判处郑某有期徒刑四年，并处罚金 100 万元；判处济宁双星制版印务有限公司罚金人民币 20 万元；判处刘某有期徒刑缓刑并处罚金 20 万元，追缴违法所得 10 万元。

【点　评】“剑网 2020”专项行动将在线教育专项整治作为重点任务，大力整治在线教育培训中存在的侵权盗版乱象，严厉打击通过网络销售盗版网课和盗版出版物的行为。该案系侵犯培训教材著作权的典型案件，涉案作品涉及国外权利人，非法经营额较高。案件的依法查办彰显了我国严格保护知识产权的坚定立场，对维护教育培训市场版权秩序、树立版权保护意识具有重要意义。

七、贵州汪某等制作出售假冒他人署名美术作品案

按照公安部统筹指挥侦办制贩假冒字画系列案的部署，北京、上海、天津、广州、南京、成都等地打掉了制贩假字画犯罪团伙 9 个，扣押假冒名家字画 3 000 余幅、假冒名家印章 500 余枚，查扣涉案资产 1 亿余元。其中，查明汪某等人将大量假冒李可染、李苦禅、吴作人、齐白石、黄胄、启功等名家署名的书法美术作品，送各拍卖行拍卖或直接贩卖，涉案金额 3 000 余万元。2020 年 9 月，贵州省遵义市中级人民法院以侵犯著作权罪分别判处汪某等十人有期徒刑六年至一年六个月不等，并处罚金 2 691 万元至 18 万元不等。汪某等人不服一审判决向贵州省高级人民法院提出上诉，2020 年 12 月，贵州省高级人民法院作出终审判决，改判汪某有期徒刑五年，并处罚金人民币 1 350 万元。

【点　评】书画市场制假售假活动猖獗，严重扰乱文化市场正常秩序，损害书画作品权利人和消费者的合法权益。该案的成功办理，有力震慑了制贩假字画犯罪，净化了艺术品市场环境，保护了著作权人的合法权益，同时在罪名适用、证据收集、鉴定方式、鉴定标准、金额认定等方面积累了经验，对办理同类案件具有借鉴意义。遵义市检察院因此案荣获国家版权局和世界知识产权组织联合颁发的“2020 年中国版权金奖·保护奖”。

八、湖北 91 资源系列网站侵犯著作权案

2018 年 9 月，根据国家版权局移转线索，湖北省黄冈市浠水县版权行政执法部门会同公安机关对该案进行调查。经查，李某某等人未经著作权人许可，从互联网上采集大量侵权影视作品，通过运营资源网站进行广泛传播，并通过广告非法获利。浠水警方侦破涉嫌侵权影视网站 500 余个。2020 年 11 月，浠水县人民法院以侵犯著作权罪，判处李某某有期徒刑四年，并处罚金 45 万元；判处其他 15 人有期徒刑并处罚金。

【点　评】该案是打击盗版影视资源类网站的典型案件。涉案侵权网站数量大，并大多在境外设置服务器，犯罪嫌疑人分布在 9 个省市，利用网络进行团队化运作，具有隐蔽性强、侵权传播范围广等特点。该案的成功查办，是加强“两法”衔接的典型案件，对打击集团化侵权犯罪具有较强的震慑作用。

九、福建制售侵权盗版幼儿教辅系列案

2018 年 4 月以来，根据权利人投诉线索，福建省版权局先后组织宁德、南平、莆田、三明、泉州等地版权行政执法部门对盗版幼儿教辅系列案进行查办，共立案查处 6 起案件。2019 年 1 月，三明市版权执法部门会同公安部门抓获涉案人员 5 人，现场查缴盗版幼儿教辅 8 万余套，总码洋 277.9 万元。经查，该团伙非法印制、销售盗版幼儿教辅 13.8 万套，非法获利 100 余万元。2020 年 3 月，三明市中级人民法院以侵犯著作权罪判处庄某等 5 人有期徒刑五年至有期徒刑缓刑不等，共处罚金 168 万元，追缴违法所得 125 万余元。2020 年 8 月，泉州市版权局发现该系列盗版教辅再次在市场出现，查获胡某某销售该盗版幼儿教辅非法经营额 32 243.35 元，违法所得 5 794.75 元。2020 年 11 月，泉州市版权局依法对胡某某作出罚款 17.12 万元的行政处罚。截至 2020 年底，该系列案共刑事判决 3 起、行政处罚 3 起，先后判处 7 人有期徒刑五年至有期徒刑缓刑不等，累计罚没、追缴金额 320.18 余万元。

【点　评】 该系列案是加强跨区域、跨部门执法协作的典型案例。该系列案多地案情交织互涉，覆盖盗版教辅制作、印刷、销售全环节，侵权数量大、案值高、跨区域、社会影响恶劣。案件查办过程中，版权行政执法部门深挖案件线索，公安机关积极主动介入，审判机关依法快审快判，跨地区、多部门衔接紧密，对侵权盗版全链条进行从严打击，在加强“两法”衔接和区域执法协作方面树立了典范。

十、上海犀光网络科技有限公司侵犯摄影作品著作权案

2020 年 7 月，根据投诉线索，上海市文化和旅游局执法总队对该案进行调查。经查，2019 年 12 月至 2020 年 2 月，上海犀光网络科技有限公司未经著作权人许可，通过其经营的网站向公众传播中超足球比赛摄影作品 257 张。2020 年 12 月，上海市文化和旅游局执法总队对该公司作出罚款 15 万元的行政处罚。

【点　评】 “剑网 2020”专项行动把进一步规范图片市场版权传播秩序作为重点任务。该案是落实专项行动部署、加强摄影作品版权保护的典型案例，通过行政处罚快速制止侵权行为，对强化媒体版权保护具有等积极作用。

打击网络侵权盗版“剑网2020”专项行动十大案件

一、江苏淮安“2·22”销售侵权盗版图书案

案件详情，参见本栏目“2020年度全国打击侵权盗版十大案件”之四。

二、上海“3·12”涉嫌制售侵权盗版图书案

2020年6月，上海市虹口公安分局侦破该案。经查，自2018年1月起，牛某某等购买《四五快读》《DK博物大百科》等正版图书，委托他人翻印成盗版书后销售给陈某某等，陈某某等通过微信公众号销售牟利。专案组抓获犯罪嫌疑人10人，捣毁制假窝点3处，查获侵权盗版图书20余万册，涉案金额1 000余万元。

三、河南开封谭某某等涉嫌销售侵权盗版教辅案

2020年6月，河南省开封市尉氏县公安局从一条微信网络购书线索入手，深挖出一个涉及多省市的印刷、销售盗版教辅图书犯罪网络，抓获犯罪嫌疑人21名，查扣印刷生产线6条、机器设备53台、印刷纸张176吨，缴获图书7万余册，涉案价值6 000余万元。目前3名主犯已被检察院批捕。

四、广东江门杨某某等侵犯影视作品著作权案

杨某某、王某未经权利人许可，将侵权影视播放链接放至网站供用户点播观看。此外，杨某某联系劳某某等到江门地区多间影院盗录最新上映的《攀登者》《零零后》等院线电影，放至网站供用户点播观看。2020年9月，广东省江门市新会区人民法院以侵犯著作权罪判处杨某某有期徒刑缓刑，并处罚金13万元；判处王某有期徒刑缓刑，并处罚金16万元；追缴二人违法所得。

五、辽宁丹东苏某等涉嫌销售侵权盗版教学课件案

2020年5月，根据报案线索，辽宁省丹东市公安局振兴分局现场从苏某笔记本电脑内查获涉嫌侵权盗版教学课件1万余部。经进一步调查，发现浙江黄某通过互联网搜集、购买侵权盗版网课视频共计10万余部，通过其开设的微店将侵权盗版课件销往10多个地区，涉案价值500余万元。

六、江西南昌“0791DJ音乐网”侵犯音乐作品著作权案

案件详情，参见本栏目“2020年度全国打击侵权盗版十大案件”之五。

七、安徽滁州程某某等涉嫌侵犯软件著作权案

2020年6月，根据报案线索，安徽省滁州市定远县公安局对该案进行调查。经查，程某某、王某为非法牟利，购买他人拥有著作权的数控系统后将芯片拆解，聘请陈某某破解芯片内部程序，将破解后的程序植入空白芯片内，并与其他零部件组装成数控系统、伺服驱动器后在淘宝、微信等网络平台销售。2019年1月起，共销售侵权数控系统4 000余台，销售金额1 000余万元，非法获利100余万元。

八、湖南岳阳“3·25”侵犯网络游戏著作权案

根据权利人报案，湖南省岳阳市公安局对该案进行调查。经查，陈某、周某利用非法获取的软件源代码架设游戏私服牟利，后章某加入，3人非法运营《皇家天龙》《剑雨天龙》《兽血天龙》等3款私服游戏，至2019年6月21日非法获利超过1 000万元。2020年10月，湖南省岳阳市岳阳楼区人民法院以侵犯著作权罪分别判处3名被告人三年至一年六个月不等有期徒刑，没收违法所得，并处罚金合计954万元。

九、北京优宇通教育科技有限公司侵犯著作权案

2020年9月，根据举报线索，北京市文化市场综合执法总队对该案进行调查。经查，2018年11月至2020年9月，该公司未经权利人许可，通过其经营的APP向公众传播人民教育出版社出版的教材，非法经营额5 148.4元。2020年10月，北京市文化市场综合执法总队对其作出没收违法所得、罚款3万元的行政处罚。

十、上海犀光网络科技有限公司侵犯摄影作品著作权案

案件详情，参见本栏目“2020年度全国打击侵权盗版十大案件”之十。

2020年地方著作权司法保护典型案件（索引）

北　京　市

一、中超联赛赛事节目侵害著作权及不正当竞争纠纷案［北京市朝阳区人民法院（2014）朝民（知）初字第40334号、北京知识产权法院（2015）京知民终字第1818号民事判决书、北京市高级人民法院（2020）京民再128号民事判决书］

二、电视剧《三生三世十里桃花》侵害作品信息网络传播权纠纷案［北京市海淀区人民法院（2017）京0108民初15648号民事判决书、北京知识产权法院（2020）京73民终155号民事判决书］

三、网络爬虫非法抓取电子书犯侵犯著作权罪案［北京市海淀区人民法院（2020）京0108刑初237号刑事判决书］

天　津　市

一、"《经济法基础》盗版教材"侵害作品发行权纠纷案［天津市和平区人民法院（2020）津0101民初764号民事判决书、天津市第一中级人民法院（2020）津01民终4628号民事判决书］

二、惩治图片维权虚假陈述行为案［天津市滨海新区人民法院（2020）津0116民初14281号民事判决书、天津市滨海新区人民法院（2020）津0116司惩7号民事决定书］

三、巩某峰侵犯著作权罪案［（2019）津01刑初27号、（2019）津刑终48号］

河　北　省

上海宽娱数码科技有限公司与王某著作权权属、侵权纠纷案［河北省邯郸市中级人民法院（2020）冀04知民初4号民事判决书、河北省高级人民法院（2020）冀知民终225号民事判决书］

内蒙古自治区

一、邱茂庭公司与青山区鹿角巷奶茶店侵害著作权纠纷案［内蒙古自治区高级人民法院（2020）内知民终9号民事判决书］

辽　宁　省

一、朱塞佩·加路奇与大连福威特皮件有限公司、东莞市意利自动化科技有限公司侵害计算机软件侵权纠纷案［辽宁省大连市中级人民法院（2019）辽02民初292号民事判决书］

二、恒信玺利实业股份有限公司与沙河口区珂兰钻石福佳店、上海珂兰商贸有限公司著作权权属、侵权纠纷案［辽宁省大连市西岗区人民法院（2019）辽0203民初5194号民事判决书、辽宁省大连市中级人民法院（2020）辽02民终7985号民事判决书］

三、沈阳鑫恒源汽车座椅套制造有限公司与上海开开实业股份有限公司著作权权属、侵权纠纷案［辽宁省沈阳市高新技术产业开发区人民法院（2019）辽0192民初1267号民事判决书］

吉　林　省

一、刘某亮与梧州遇上文化传媒有限公司侵害作品网络信息传播权纠纷案［吉林省延边朝鲜族自治州中级人民法院（2020）吉24民初192号民事判决书］

二、罗伊视效动漫有限公司与经济技术开发区馨汇爱孕婴用品商行侵害著作权纠纷案［吉林省长春市中级人民法院（2020）吉01民初534号民事判决书］

三、中国音像著作权集体管理协会与吉林省和悦娱乐有限公司侵害作品放映权纠纷系列案件

黑龙江省

姜某与中国电信齐市分公司侵害计算机软件著作权纠纷案［黑龙江省齐齐哈尔市中级人民法院（2019）黑02民初341号民事判决书、最高人民法院（2020）最高法知民终1336号民事判决书］

上　海　市

一、李某鹏等9人侵犯著作权罪案［上海市第

三中级人民法院（2020）沪03刑初28号刑事判决书、上海市高级人民法院（2020）沪刑终105号刑事裁定书］

二、教辅参考材料“适当引用”著作权侵权纠纷案［上海市徐汇区人民法院（2019）沪0104民初15960号民事判决书、上海知识产权法院（2020）沪73民终154号民事判决书、上海市高级人民法院（2020）沪民申2416号民事裁定书］

三、“葫芦娃”著作权侵权纠纷案［上海市杨浦区人民法院（2018）沪0110民初11985号民事判决书、上海知识产权法院（2019）沪73民终391号民事判决书］

江　苏　省

一、上海玄霆娱乐信息科技有限公司与成都吉乾科技有限公司、四三九九网络股份有限公司侵害著作权纠纷案［江苏省徐州市中级人民法院（2016）苏03民初369号民事判决书、江苏省高级人民法院（2018）苏民终1164号民事判决书］

二、马某予等4人侵犯著作权罪案［江苏省扬州市中级人民法院（2020）苏10刑初11号刑事判决书］

浙　江　省

一、浙江盛和网络科技有限公司、上海恺英网络科技有限公司与苏州仙峰网络科技股份有限公司侵害著作权及不正当竞争纠纷案［杭州市中级人民法院（2018）浙01民初3728号民事判决书、浙江省高级人民法院（2019）浙民终709号民事判决书］

二、蔡某羿、吴某林、张某华侵犯著作权罪案［杭州市西湖区人民法院（2019）浙0106刑初788号民事判决书］

安　徽　省

一、陈某临、陈某复与黄山市黄山区档案局著作权权属、侵权纠纷案［安徽省黄山市中级人民法院（2020）皖10民初59号民事判决书、安徽省高级人民法院（2020）皖民终965号民事判决书］

二、黄山市华润轩古建筑装饰有限公司与安徽省民用建筑设计研究院有限公司、安徽省徽州古典园林建设有限公司著作权权属、侵权纠纷案［安徽省黄山市中级人民法院（2017）皖10民初97号民事判决书、安徽省高级人民法院（2020）皖民终788号民事判决书］

福　建　省

被告人庄某等五人犯侵犯著作权罪案［福建省永安市人民法院（2019）闽0481刑初371号刑事判决书、福建省三明市中级人民法院（2020）闽04刑终71号刑事判决书］

江　西　省

一、网易（杭州）网络有限公司与罗某贵侵害作品发行权纠纷案［江西省吉安市中级人民法院（2020）赣08知民初87号民事判决书］

二、北京华视聚合文化传媒有限公司与九江国信互联科技有限公司侵害作品信息网络传播权纠纷案［江西省九江市中级人民法院（2020）赣04知民初235号民事判决书］

山　东　省

王某江犯侵犯著作权罪案［山东省高青县人民法院（2020）鲁0322刑初136号刑事判决书］

河　南　省

于某涛、于某潮等7人犯侵犯著作权罪案［河南省洛阳市中级人民法院（2020）豫03刑初18号刑事判决书、河南省高级人民法院（2020）豫刑终266号刑事裁定书］

湖　北　省

王某、何某建侵犯著作权案［湖北省襄阳市中级人民法院（2020）鄂06刑初52号刑事判决书］

湖　南　省

一、深圳市腾讯计算机系统有限公司诉上海恺英网络科技有限公司、上海挚娜网络科技有限公司、浙江上士网络科技有限公司、长沙七丽网络科技有限公司侵害著作权及不正当竞争纠纷案［湖南省长沙市中级人民法院（2017）湘 01 民初 4883 号民事判决书、湖南省高级人民法院（2019）湘知民终 267 号民事判决书］

二、长沙湘水源文化传播有限责任公司诉北京千寻时光电子商务有限公司、于某某、温州起初文具有限公司等侵害著作权及不正当竞争纠纷案［湖南省长沙市中级人民法院（2017）湘 01 民初 4784 号民事判决书、湖南省高级人民法院（2020）湘知民终 548 号民事判决书］

广　东　省

埃内西公司与卡拉尔公司等侵害作品复制权、发行权、信息网络传播权纠纷案［广州知识产权法院（2017）粤 73 民初 3414 号民事判决书、广东省高级人民法院（2019）粤民终 1665 号民事判决书］

广西壮族自治区

一、爱奇艺公司点播服务侵害广西广电新媒体公司作品信息网络传播权案［广西壮族自治区南宁市青秀区人民法院（2019）桂 0103 民初 10145 号民事判决书］

二、“柯基犬”狗头立体棉花糖不侵犯“柯基咯叽”美术作品著作权案［桂林市叠彩区人民法院（2020）桂 0303 民初 638 号民事判决书］

三、未经许可在网络自媒体转载《冯子材故居石雕》摄影作品侵害作品信息网络传播权案［广西壮族自治区钦州市中级人民法院（2020）桂 07 民初 46 号民事判决书、广西壮族自治区高级人民法院（2020）桂民终 1808 号民事判决书］

四、行业协会参与 KTV 侵权案件调解成功化解矛盾纠纷系列案［广西壮族自治区柳州市中级人民法院（2020）桂 02 民初 447 号民事判决书］

海　南　省

一、吴某岚与海南蜗虬商贸有限公司侵害作品信息网络传播权纠纷案［海南省海口市琼山区人民法院（2020）琼 0107 民初 3984 号民事判决书］

二、“足球之舞”仿铜雕塑作品著作权侵权纠纷案［海南省高级人民法院（2020）琼民终 108 号民事判决书］

三、万达儿童文化发展有限公司诉海口龙华益智岛贸易商行著作权侵权纠纷案［海南省海口市琼山区人民法院（2020）琼 0107 民初 2751 号民事判决书］

四　川　省

一、胡某强与中国人民财产保险股份有限公司、中国人民财产保险股份有限公司成都市分公司著作权权属、侵权纠纷案［四川省成都市武侯区人民法院（2019）川 0107 民初 6549 号民事判决书］

二、被告人刘某国、覃某、唐某犯侵犯著作权罪案［四川省成都高新技术产业开发区人民法院（2019）川 0191 刑初 322 号刑事判决书、四川省成都市中级人民法院（2020）川 01 刑终 410 号刑事判决书］

贵　州　省

一、汪某等侵犯著作权罪案［贵州省遵义市中级人民法院（2018）黔 03 刑初 116 号刑事判决书、贵州省高级人民法院（2020）黔刑终 277 号刑事判决书］

二、贵阳观山湖绿色未来娱乐服务中心与上海灿星文化传媒股份有限公司侵害作品放映权纠纷案［贵州省贵阳市中级人民法院（2019）黔 01 民初 842 号民事判决书、贵州省高级人民法院（2020）黔民终 67 号民事判决书］

三、邱某喃、邱某芬与贵州省博物馆、贵州省人民出版社有限公司、西安美术学院著作权权属、侵权纠纷案［贵州省贵阳市中级人民法院（2018）黔 01 民初 354 号民事判决书、贵州省高级人民法院（2020）黔 01 民终 1141 号民事判决书］

陕　西　省

陕西纵航软件开发有限公司与北京华视聚合文化传媒有限公司侵害作品信息网络传播权纠纷案［陕西省西安市中级人民法院（2020）陕 01 知民初 674 号民事判决书、陕西省高级人民法院（2020）陕民终 1109 号民事判决书］

甘　肃　省

一、中国音像著作权集体管理协会与某 KTV 等

青　海　省

法律法规及规章文件

FA LYU FA GUI JI GUI ZHANG WEN JIAN

中华人民共和国著作权法

（1990年9月7日第七届全国人民代表大会常务委员会第十五次会议通过　根据2001年10月27日第九届全国人民代表大会常务委员会第二十四次会议《关于修改〈中华人民共和国著作权法〉的决定》第一次修正　根据2010年2月26日第十一届全国人民代表大会常务委员会第十三次会议《关于修改〈中华人民共和国著作权法〉的决定》第二次修正　根据2020年11月11日第十三届全国人民代表大会常务委员会第二十三次会议《关于修改〈中华人民共和国著作权法〉的决定》第三次修正）

第一章　总则

第一条　为保护文学、艺术和科学作品作者的著作权，以及与著作权有关的权益，鼓励有益于社会主义精神文明、物质文明建设的作品的创作和传播，促进社会主义文化和科学事业的发展与繁荣，根据宪法制定本法。

第二条　中国公民、法人或者非法人组织的作品，不论是否发表，依照本法享有著作权。

外国人、无国籍人的作品根据其作者所属国或者经常居住地国同中国签订的协议或者共同参加的国际条约享有的著作权，受本法保护。

外国人、无国籍人的作品首先在中国境内出版的，依照本法享有著作权。

未与中国签订协议或者共同参加国际条约的国家的作者以及无国籍人的作品首次在中国参加的国际条约的成员国出版的，或者在成员国和非成员国同时出版的，受本法保护。

第三条　本法所称的作品，是指文学、艺术和科学领域内具有独创性并能以一定形式表现的智力成果，包括：

（一）文字作品；

（二）口述作品；

（三）音乐、戏剧、曲艺、舞蹈、杂技艺术作品；

（四）美术、建筑作品；

（五）摄影作品；

（六）视听作品；

（七）工程设计图、产品设计图、地图、示意图等图形作品和模型作品；

（八）计算机软件；

（九）符合作品特征的其他智力成果。

第四条　著作权人和与著作权有关的权利人行使权利，不得违反宪法和法律，不得损害公共利益。国家对作品的出版、传播依法进行监督管理。

第五条　本法不适用于：

（一）法律、法规，国家机关的决议、决定、命令和其他具有立法、行政、司法性质的文件，及其官方正式译文；

（二）单纯事实消息；

（三）历法、通用数表、通用表格和公式。

第六条　民间文学艺术作品的著作权保护办法由国务院另行规定。

第七条　国家著作权主管部门负责全国的著作权管理工作；县级以上地方主管著作权的部门负责本行政区域的著作权管理工作。

第八条　著作权人和与著作权有关的权利人可以授权著作权集体管理组织行使著作权或者与著作权有关的权利。依法设立的著作权集体管理组织是非营利法人，被授权后可以以自己的名义为著作权人和与著作权有关的权利人主张权利，并可以作为当事人进行涉及著作权或者与著作权有关的权利的诉讼、仲裁、调解活动。

著作权集体管理组织根据授权向使用者收取使用费。使用费的收取标准由著作权集体管理组织和使用者代表协商确定，协商不成的，可以向国家著作权主管部门申请裁决，对裁决不服的，可以向人民法院提起诉讼；当事人也可以直接向人民法院提起诉讼。

著作权集体管理组织应当将使用费的收取和转付、管理费的提取和使用、使用费的未分配部分等总体情况定期向社会公布，并应当建立权利信息查询系统，供权利人和使用者查询。国家著作权主管部门应当依法对著作权集体管理组织进行监督、管理。

著作权集体管理组织的设立方式、权利义务、使用费的收取和分配，以及对其监督和管理等由国务院另行规定。

第二章　著作权

第一节　著作权人及其权利

第九条　著作权人包括：

（一）作者；

（二）其他依照本法享有著作权的自然人、法人或者非法人组织。

第十条　著作权包括下列人身权和财产权：

（一）发表权，即决定作品是否公之于众的权利；

（二）署名权，即表明作者身份，在作品上署名的权利；

（三）修改权，即修改或者授权他人修改作品的权利；

（四）保护作品完整权，即保护作品不受歪曲、篡改的权利；

（五）复制权，即以印刷、复印、拓印、录音、录像、翻录、翻拍、数字化等方式将作品制作一份或者多份的权利；

（六）发行权，即以出售或者赠与方式向公众提供作品的原件或者复制件的权利；

（七）出租权，即有偿许可他人临时使用视听作品、计算机软件的原件或者复制件的权利，计算机软件不是出租的主要标的的除外；

（八）展览权，即公开陈列美术作品、摄影作品的原件或者复制件的权利；

（九）表演权，即公开表演作品，以及用各种手段公开播送作品的表演的权利；

（十）放映权，即通过放映机、幻灯机等技术设备公开再现美术、摄影、视听作品等的权利；

（十一）广播权，即以有线或者无线方式公开传播或者转播作品，以及通过扩音器或者其他传送符号、声音、图像的类似工具向公众传播广播的作品的权利，但不包括本款第十二项规定的权利；

（十二）信息网络传播权，即以有线或者无线方式向公众提供，使公众可以在其选定的时间和地点获得作品的权利；

（十三）摄制权，即以摄制视听作品的方法将作品固定在载体上的权利；

（十四）改编权，即改变作品，创作出具有独创性的新作品的权利；

（十五）翻译权，即将作品从一种语言文字转换成另一种语言文字的权利；

（十六）汇编权，即将作品或者作品的片段通过选择或者编排，汇集成新作品的权利；

（十七）应当由著作权人享有的其他权利。

著作权人可以许可他人行使前款第五项至第十七项规定的权利，并依照约定或者本法有关规定获得报酬。

著作权人可以全部或者部分转让本条第一款第五项至第十七项规定的权利，并依照约定或者本法有关规定获得报酬。

第二节　著作权归属

第十一条　著作权属于作者，本法另有规定的除外。

创作作品的自然人是作者。

由法人或者非法人组织主持，代表法人或者非法人组织意志创作，并由法人或者非法人组织承担责任的作品，法人或者非法人组织视为作者。

第十二条　在作品上署名的自然人、法人或者非法人组织为作者，且该作品上存在相应权利，但有相反证明的除外。

作者等著作权人可以向国家著作权主管部门认定的登记机构办理作品登记。

与著作权有关的权利参照适用前两款规定。

第十三条　改编、翻译、注释、整理已有作品而产生的作品，其著作权由改编、翻译、注释、整理人享有，但行使著作权时不得侵犯原作品的著作权。

第十四条　两人以上合作创作的作品，著作权由合作作者共同享有。没有参加创作的人，不能成为合作作者。

合作作品的著作权由合作作者通过协商一致行使；不能协商一致，又无正当理由的，任何一方不得阻止他方行使除转让、许可他人专有使用、出质以外的其他权利，但是所得收益应当合理分配给所有合作作者。

合作作品可以分割使用的，作者对各自创作的部分可以单独享有著作权，但行使著作权时不得侵犯合作作品整体的著作权。

第十五条　汇编若干作品、作品的片段或者不构成作品的数据或者其他材料，对其内容的选择或者编排体现独创性的作品，为汇编作品，其著作权由汇编人享有，但行使著作权时，不得侵犯原作品的著作权。

第十六条　使用改编、翻译、注释、整理、汇编已有作品而产生的作品进行出版、演出和制作录音录像制品，应当取得该作品的著作权人和原作品的著作权人许可，并支付报酬。

第十七条　视听作品中的电影作品、电视剧作品的著作权由制作者享有，但编剧、导演、摄影、作词、作曲等作者享有署名权，并有权按照与制作者签订的合同获得报酬。

前款规定以外的视听作品的著作权归属由当事人约定；没有约定或者约定不明确的，由制作者享有，但作者享有署名权和获得报酬的权利。

视听作品中的剧本、音乐等可以单独使用的作品的作者有权单独行使其著作权。

第十八条　自然人为完成法人或者非法人组织工作任务所创作的作品是职务作品，除本条第二款的规定以外，著作权由作者享有，但法人或者非法人组织有权在其业务范围内优先使用。作品完成两年内，未经单位同意，作者不得许可第三人以与单位使用的相同方式使用该作品。

有下列情形之一的职务作品，作者享有署名权，著作权的其他权利由法人或者非法人组织享有，法人或者非法人组织可以给予作者奖励：

（一）主要是利用法人或者非法人组织的物质技术条件创作，并由法人或者非法人组织承担责任的工程设计图、产品设计图、地图、示意图、计算机软件等职务作品；

（二）报社、期刊社、通讯社、广播电台、电视台的工作人员创作的职务作品；

（三）法律、行政法规规定或者合同约定著作权由法人或者非法人组织享有的职务作品。

第十九条　受委托创作的作品，著作权的归属由委托人和受托人通过合同约定。合同未作明确约定或者没有订立合同的，著作权属于受托人。

第二十条　作品原件所有权的转移，不改变作品著作权的归属，但美术、摄影作品原件的展览权由原件所有人享有。

作者将未发表的美术、摄影作品的原件所有权转让给他人，受让人展览该原件不构成对作者发表权的侵犯。

第二十一条　著作权属于自然人的，自然人死亡后，其本法第十条第一款第五项至第十七项规定的权利在本法规定的保护期内，依法转移。

著作权属于法人或者非法人组织的，法人或者非法人组织变更、终止后，其本法第十条第一款第五项至第十七项规定的权利在本法规定的保护期内，由承受其权利义务的法人或者非法人组织享有；没有承受其权利义务的法人或者非法人组织的，由国家享有。

第三节　权利的保护期

第二十二条　作者的署名权、修改权、保护作品完整权的保护期不受限制。

第二十三条　自然人的作品，其发表权、本法第十条第一款第五项至第十七项规定的权利的保护期为作者终生及其死亡后五十年，截止于作者死亡后第五十年的 12 月 31 日；如果是合作作品，截止于最后死亡的作者死亡后第五十年的 12 月 31 日。

法人或者非法人组织的作品、著作权（署名权除外）由法人或者非法人组织享有的职务作品，其发表权的保护期为五十年，截止于作品创作完成后第五十年的 12 月 31 日；本法第十条第一款第五项至第十七项规定的权利的保护期为五十年，截止于作品首次发表后第五十年的 12 月 31 日，但作品自创作完成后五十年内未发表的，本法不再保护。

视听作品，其发表权的保护期为五十年，截止于作品创作完成后第五十年的 12 月 31 日；本法第十条第一款第五项至第十七项规定的权利的保护期为五十年，截止于作品首次发表后第五十年的 12 月 31 日，但作品自创作完成后五十年内未发表的，本法不再保护。

第四节　权利的限制

第二十四条　在下列情况下使用作品，可以不经著作权人许可，不向其支付报酬，但应当指明作者姓名或者名称、作品名称，并且不得影响该作品的正常使用，也不得不合理地损害著作权人的合法权益：

（一）为个人学习、研究或者欣赏，使用他人已经发表的作品；

（二）为介绍、评论某一作品或者说明某一问题，在作品中适当引用他人已经发表的作品；

（三）为报道新闻，在报纸、期刊、广播电台、电视台等媒体中不可避免地再现或者引用已经发表的作品；

（四）报纸、期刊、广播电台、电视台等媒体刊登或者播放其他报纸、期刊、广播电台、电视台等媒体已经发表的关于政治、经济、宗教问题的时事性文章，但著作权人声明不许刊登、播放的除外；

（五）报纸、期刊、广播电台、电视台等媒体刊登或者播放在公众集会上发表的讲话，但作者声明不许刊登、播放的除外；

（六）为学校课堂教学或者科学研究，翻译、改编、汇编、播放或者少量复制已经发表的作品，供教学或者科研人员使用，但不得出版发行；

（七）国家机关为执行公务在合理范围内使用已经发表的作品；

（八）图书馆、档案馆、纪念馆、博物馆、美术馆、文化馆等为陈列或者保存版本的需要，复制本馆收藏的作品；

（九）免费表演已经发表的作品，该表演未向公众收取费用，也未向表演者支付报酬，且不以营利为目的；

（十）对设置或者陈列在公共场所的艺术作品进行临摹、绘画、摄影、录像；

（十一）将中国公民、法人或者非法人组织已经发表的以国家通用语言文字创作的作品翻译成少数民族语言文字作品在国内出版发行；

（十二）以阅读障碍者能够感知的无障碍方式向其提供已经发表的作品；

（十三）法律、行政法规规定的其他情形。

前款规定适用于对与著作权有关的权利的限制。

第二十五条　为实施义务教育和国家教育规划而编写出版教科书，可以不经著作权人许可，在教科书中汇编已经发表的作品片段或者短小的文字作品、音乐作品或者单幅的美术作品、摄影作品、图形作品，但应当按照规定向著作权人支付报酬，指明作者姓名或者名称、作品名称，并且不得侵犯著作权人依照本法享有的其他权利。

前款规定适用于对与著作权有关的权利的限制。

第三章　著作权许可使用和转让合同

第二十六条　使用他人作品应当同著作权人订立许可使用合同，本法规定可以不经许可的除外。

许可使用合同包括下列主要内容：

（一）许可使用的权利种类；

（二）许可使用的权利是专有使用权或者非专有使用权；

（三）许可使用的地域范围、期间；

（四）付酬标准和办法；

（五）违约责任；

（六）双方认为需要约定的其他内容。

第二十七条　转让本法第十条第一款第五项至第十七项规定的权利，应当订立书面合同。

权利转让合同包括下列主要内容：

（一）作品的名称；

（二）转让的权利种类、地域范围；

（三）转让价金；

（四）交付转让价金的日期和方式；

（五）违约责任；

（六）双方认为需要约定的其他内容。

第二十八条　以著作权中的财产权出质的，由出质人和质权人依法办理出质登记。

第二十九条　许可使用合同和转让合同中著作权人未明确许可、转让的权利，未经著作权人同意，另一方当事人不得行使。

第三十条　使用作品的付酬标准可以由当事人约定，也可以按照国家著作权主管部门会同有关部门制定的付酬标准支付报酬。当事人约定不明确的，按照国家著作权主管部门会同有关部门制定的付酬标准支付报酬。

第三十一条　出版者、表演者、录音录像制作者、广播电台、电视台等依照本法有关规定使用他人作品的，不得侵犯作者的署名权、修改权、保护作品完整权和获得报酬的权利。

第四章　与著作权有关的权利

第一节　图书、报刊的出版

第三十二条　图书出版者出版图书应当和著作权人订立出版合同，并支付报酬。

第三十三条　图书出版者对著作权人交付出版的作品，按照合同约定享有的专有出版权受法律保护，他人不得出版该作品。

第三十四条　著作权人应当按照合同约定期限交付作品。图书出版者应当按照合同约定的出版质量、期限出版图书。

图书出版者不按照合同约定期限出版，应当依照本法第六十一条的规定承担民事责任。

图书出版者重印、再版作品的，应当通知著作权人，并支付报酬。图书脱销后，图书出版者拒绝重印、再版的，著作权人有权终止合同。

第三十五条　著作权人向报社、期刊社投稿的，自稿件发出之日起十五日内未收到报社通知决定刊登的，或者自稿件发出之日起三十日内未收到期刊社通知决定刊登的，可以将同一作品向其他报社、期刊社投稿。双方另有约定的除外。

作品刊登后，除著作权人声明不得转载、摘编的外，其他报刊可以转载或者作为文摘、资料刊登，但应当按照规定向著作权人支付报酬。

第三十六条　图书出版者经作者许可，可以对作品修改、删节。

报社、期刊社可以对作品作文字性修改、删节。

对内容的修改，应当经作者许可。

第三十七条　出版者有权许可或者禁止他人使用其出版的图书、期刊的版式设计。

前款规定的权利的保护期为十年，截止于使用该版式设计的图书、期刊首次出版后第十年的12月31日。

第二节　表演

第三十八条　使用他人作品演出，表演者应当取得著作权人许可，并支付报酬。演出组织者组织演出，由该组织者取得著作权人许可，并支付报酬。

第三十九条　表演者对其表演享有下列权利：

（一）表明表演者身份；

（二）保护表演形象不受歪曲；

（三）许可他人从现场直播和公开传送其现场表演，并获得报酬；

（四）许可他人录音录像，并获得报酬；

（五）许可他人复制、发行、出租录有其表演的录音录像制品，并获得报酬；

（六）许可他人通过信息网络向公众传播其表演，并获得报酬。

被许可人以前款第三项至第六项规定的方式使用作品，还应当取得著作权人许可，并支付报酬。

第四十条　演员为完成本演出单位的演出任务进行的表演为职务表演，演员享有表明身份和保护表演形象不受歪曲的权利，其他权利归属由当事人约定。当事人没有约定或者约定不明确的，职务表演的权利由演出单位享有。

职务表演的权利由演员享有的，演出单位可以在其业务范围内免费使用该表演。

第四十一条　本法第三十九条第一款第一项、第二项规定的权利的保护期不受限制。

本法第三十九条第一款第三项至第六项规定的权利的保护期为五十年，截止于该表演发生后第五十年的12月31日。

第三节　录音录像

第四十二条　录音录像制作者使用他人作品制作录音录像制品，应当取得著作权人许可，并支付报酬。

录音制作者使用他人已经合法录制为录音制品的音乐作品制作录音制品，可以不经著作权人许可，但应当按照规定支付报酬；著作权人声明不许使用的不得使用。

第四十三条　录音录像制作者制作录音录像制品，应当同表演者订立合同，并支付报酬。

第四十四条　录音录像制作者对其制作的录音录像制品，享有许可他人复制、发行、出租、通过信息网络向公众传播并获得报酬的权利；权利的保护期为五十年，截止于该制品首次制作完成后第五十年的12月31日。

被许可人复制、发行、通过信息网络向公众传播录音录像制品，应当同时取得著作权人、表演者许可，并支付报酬；被许可人出租录音录像制品，还应当取得表演者许可，并支付报酬。

第四十五条　将录音制品用于有线或者无线公开传播，或者通过传送声音的技术设备向公众公开播送的，应当向录音制作者支付报酬。

第四节　广播电台、电视台播放

第四十六条　广播电台、电视台播放他人未发表的作品，应当取得著作权人许可，并支付报酬。

广播电台、电视台播放他人已发表的作品，可以不经著作权人许可，但应当按照规定支付报酬。

第四十七条　广播电台、电视台有权禁止未经其许可的下列行为：

（一）将其播放的广播、电视以有线或者无线方式转播；

（二）将其播放的广播、电视录制以及复制；

（三）将其播放的广播、电视通过信息网络向公众传播。

广播电台、电视台行使前款规定的权利，不得影响、限制或者侵害他人行使著作权或者与著作权有关的权利。

本条第一款规定的权利的保护期为五十年，截止于该广播、电视首次播放后第五十年的12月31日。

第四十八条　电视台播放他人的视听作品、录像制品，应当取得视听作品著作权人或者录像制作者许可，并支付报酬；播放他人的录像制品，还应当取得著作权人许可，并支付报酬。

第五章　著作权和与著作权有关的权利的保护

第四十九条　为保护著作权和与著作权有关的权利，权利人可以采取技术措施。

未经权利人许可，任何组织或者个人不得故意避开或者破坏技术措施，不得以避开或者破坏技术措施为目的制造、进口或者向公众提供有关装置或者部件，不得故意为他人避开或者破坏技术措施提供技术服务。但是，法律、行政法规规定可以避开的情形除外。

本法所称的技术措施，是指用于防止、限制未经权利人许可浏览、欣赏作品、表演、录音录像制品或者通过信息网络向公众提供作品、表演、录音录像制品的有效技术、装置或者部件。

第五十条　下列情形可以避开技术措施，但不得向他人提供避开技术措施的技术、装置或者部件，不得侵犯权利人依法享有的其他权利：

（一）为学校课堂教学或者科学研究，提供少量已经发表的作品，供教学或者科研人员使用，而该作品无法通过正常途径获取；

（二）不以营利为目的，以阅读障碍者能够感知的无障碍方式向其提供已经发表的作品，而该作品无法通过正常途径获取；

（三）国家机关依照行政、监察、司法程序执行公务；

（四）对计算机及其系统或者网络的安全性能进行测试；

（五）进行加密研究或者计算机软件反向工程研究。

前款规定适用于对与著作权有关的权利的限制。

第五十一条　未经权利人许可，不得进行下列行为：

（一）故意删除或者改变作品、版式设计、表演、录音录像制品或者广播、电视上的权利管理信息，但由于技术上的原因无法避免的除外；

（二）知道或者应当知道作品、版式设计、表演、录音录像制品或者广播、电视上的权利管理信息未经许可被删除或者改变，仍然向公众提供。

第五十二条　有下列侵权行为的，应当根据情况，承担停止侵害、消除影响、赔礼道歉、赔偿损失等民事责任：

（一）未经著作权人许可，发表其作品的；

（二）未经合作作者许可，将与他人合作创作的作品当作自己单独创作的作品发表的；

（三）没有参加创作，为谋取个人名利，在他人作品上署名的；

（四）歪曲、篡改他人作品的；

（五）剽窃他人作品的；

（六）未经著作权人许可，以展览、摄制视听作品的方法使用作品，或者以改编、翻译、注释等方式使用作品的，本法另有规定的除外；

（七）使用他人作品，应当支付报酬而未支付的；

（八）未经视听作品、计算机软件、录音录像制品的著作权人、表演者或者录音录像制作者许可，出租其作品或者录音录像制品的原件或者复制件的，本法另有规定的除外；

（九）未经出版者许可，使用其出版的图书、期刊的版式设计的；

（十）未经表演者许可，从现场直播或者公开传送其现场表演，或者录制其表演的；

（十一）其他侵犯著作权以及与著作权有关的权利的行为。

第五十三条　有下列侵权行为的，应当根据情况，承担本法第五十二条规定的民事责任；侵权行为同时损害公共利益的，由主管著作权的部门责令停止侵权行为，予以警告，没收违法所得，没收、无害化销毁处理侵权复制品以及主要用于制作侵权复制品的材料、工具、设备等，违法经营额五万元以上的，可以并处违法经营额一倍以上五倍以下的罚款；没有违法经营额、违法经营额难以计算或者不足五万元的，可以并处二十五万元以下的罚款；构成犯罪的，依法追究刑事责任：

（一）未经著作权人许可，复制、发行、表演、放映、广播、汇编、通过信息网络向公众传播其作品的，本法另有规定的除外；

（二）出版他人享有专有出版权的图书的；

（三）未经表演者许可，复制、发行录有其表演的录音录像制品，或者通过信息网络向公众传播其表演的，本法另有规定的除外；

（四）未经录音录像制作者许可，复制、发行、通过信息网络向公众传播其制作的录音录像制品的，本法另有规定的除外；

（五）未经许可，播放、复制或者通过信息网络向公众传播广播、电视的，本法另有规定的除外；

（六）未经著作权人或者与著作权有关的权利人许可，故意避开或者破坏技术措施的，故意制造、进口或者向他人提供主要用于避开、破坏技术措施的装置或者部件的，或者故意为他人避开或者破坏技术措施提供技术服务的，法律、行政法规另有规定的除外；

（七）未经著作权人或者与著作权有关的权利人许可，故意删除或者改变作品、版式设计、表演、录音录像制品或者广播、电视上的权利管理信息的，知道或者应当知道作品、版式设计、表演、录音录像制品或者广播、电视上的权利管理信息未经许可被删除或者改变，仍然向公众提供的，法律、行政法规另有规定的除外；

（八）制作、出售假冒他人署名的作品的。

第五十四条　侵犯著作权或者与著作权有关的权利的，侵权人应当按照权利人因此受到的实际损失或者侵权人的违法所得给予赔偿；权利人的实际损失或者侵权人的违法所得难以计算的，可以参照该权利使用费给予赔偿。对故意侵犯著作权或者与著作权有关的权利，情节严重的，可以在按照上述方法确定数额的一倍以上五倍以下给予赔偿。

权利人的实际损失、侵权人的违法所得、权利使用费难以计算的，由人民法院根据侵权行为的情节，判决给予五百元以上五百万元以下的赔偿。

赔偿数额还应当包括权利人为制止侵权行为所支付的合理开支。

人民法院为确定赔偿数额，在权利人已经尽了必要举证责任，而与侵权行为相关的账簿、资料等主要由侵权人掌握的，可以责令侵权人提供与侵权行为相关的账簿、资料等；侵权人不提供，或者提供虚假的账簿、资料等的，人民法院可以参考权利人的主张和提供的证据确定赔偿数额。

人民法院审理著作权纠纷案件，应权利人请求，对侵权复制品，除特殊情况外，责令销毁；对主要用于制造侵权复制品的材料、工具、设备等，责令销毁，且不予补偿；或者在特殊情况下，责令禁止前述材料、工具、设备等进入商业渠道，且不予补偿。

第五十五条　主管著作权的部门对涉嫌侵犯著作权和与著作权有关的权利的行为进行查处时，可以询问有关当事人，调查与涉嫌违法行为有关的情况；对当事人涉嫌违法行为的场所和物品实施现场检查；查阅、复制与涉嫌违法行为有关的合同、发票、账簿以及其他有关资料；对于涉嫌违法行为的场所和物品，可以查封或者扣押。

主管著作权的部门依法行使前款规定的职权时，当事人应当予以协助、配合，不得拒绝、阻挠。

第五十六条　著作权人或者与著作权有关的权利人有证据证明他人正在实施或者即将实施侵犯其权利、妨碍其实现权利的行为，如不及时制止将会使其合法权益受到难以弥补的损害的，可以在起诉前依法向人民法院申请采取财产保全、责令作出一定行为或者禁止作出一定行为等措施。

第五十七条　为制止侵权行为，在证据可能灭失或者以后难以取得的情况下，著作权人或者与著作权有关的权利人可以在起诉前依法向人民法院申请保全证据。

第五十八条　人民法院审理案件，对于侵犯著作权或者与著作权有关的权利的，可以没收违法所得、侵权复制品以及进行违法活动的财物。

第五十九条　复制品的出版者、制作者不能证明其出版、制作有合法授权的，复制品的发行者或者视听作品、计算机软件、录音录像制品的复制品的出租者不能证明其发行、出租的复制品有合法来源的，应当承担法律责任。

在诉讼程序中，被诉侵权人主张其不承担侵权责任的，应当提供证据证明已经取得权利人的许可，或者具有本法规定的不经权利人许可而可以使用的情形。

第六十条　著作权纠纷可以调解，也可以根据当事人达成的书面仲裁协议或者著作权合同中的仲裁条款，向仲裁机构申请仲裁。

当事人没有书面仲裁协议，也没有在著作权合同中订立仲裁条款的，可以直接向人民法院起诉。

第六十一条　当事人因不履行合同义务或者履行合同义务不符合约定而承担民事责任，以及当事人行使诉讼权利、申请保全等，适用有关法律的规定。

第六章　附则

第六十二条　本法所称的著作权即版权。

第六十三条　本法第二条所称的出版，指作品的复制、发行。

第六十四条　计算机软件、信息网络传播权的保护办法由国务院另行规定。

第六十五条　摄影作品，其发表权、本法第十条第一款第五项至第十七项规定的权利的保护期在2021年6月1日前已经届满，但依据本法第二十三条第一款的规定仍在保护期内的，不再保护。

第六十六条　本法规定的著作权人和出版者、表演者、录音录像制作者、广播电台、电视台的权利，在本法施行之日尚未超过本法规定的保护期的，依照本法予以保护。

本法施行前发生的侵权或者违约行为，依照侵权或者违约行为发生时的有关规定处理。

第六十七条　本法自1991年6月1日起施行。

最高人民法院关于涉网络知识产权侵权纠纷几个法律适用问题的批复

法释〔2020〕9号

（2020年8月24日最高人民法院审判委员会第1810次会议通过，自2020年9月14日起施行）

各省、自治区、直辖市高级人民法院，解放军军事法院，新疆维吾尔自治区高级人民法院生产建设兵团分院：

近来，有关方面就涉网络知识产权侵权纠纷法律适用的一些问题提出建议，部分高级人民法院也向本院提出了请示。经研究，批复如下。

一、知识产权权利人主张其权利受到侵害并提出保全申请，要求网络服务提供者、电子商务平台经营者迅速采取删除、屏蔽、断开链接等下架措施的，人民法院应当依法审查并作出裁定。

二、网络服务提供者、电子商务平台经营者收到知识产权权利人依法发出的通知后，应当及时将权利人的通知转送相关网络用户、平台内经营者，并根据构成侵权的初步证据和服务类型采取必要措施；未依法采取必要措施，权利人主张网络服务提供者、电子商务平台经营者对损害的扩大部分与网络用户、平台内经营者承担连带责任的，人民法院可以依法予以支持。

三、在依法转送的不存在侵权行为的声明到达知识产权权利人后的合理期限内，网络服务提供者、电子商务平台经营者未收到权利人已经投诉或者提起诉讼通知的，应当及时终止所采取的删除、屏蔽、断开链接等下架措施。因办理公证、认证手续等权利人无法控制的特殊情况导致的延迟，不计入上述期限，但该期限最长不超过20个工作日。

四、因恶意提交声明导致电子商务平台经营者终止必要措施并造成知识产权权利人损害，权利人依照有关法律规定请求相应惩罚性赔偿的，人民法院可以依法予以支持。

五、知识产权权利人发出的通知内容与客观事实不符，但其在诉讼中主张该通知系善意提交并请求免责，且能够举证证明的，人民法院依法审查属实后应当予以支持。

六、本批复作出时尚未终审的案件，适用本批复；本批复作出时已经终审，当事人申请再审或者按照审判监督程序决定再审的案件，不适用本批复。

最高人民法院、最高人民检察院关于办理侵犯知识产权刑事案件具体应用法律若干问题的解释（三）

法释〔2020〕10号

（2020年8月31日最高人民法院审判委员会第1811次会议、2020年8月21日最高人民检察院第十三届检察委员会第四十八次会议通过，自2020年9月14日起施行）

为依法惩治侵犯知识产权犯罪，维护社会主义市场经济秩序，根据《中华人民共和国刑法》《中华人民共和国刑事诉讼法》等有关规定，现就办理侵犯知识产权刑事案件具体应用法律的若干问题解释如下：

第一条　具有下列情形之一的，可以认定为刑法第二百一十三条规定的“与其注册商标相同的商标”：

（一）改变注册商标的字体、字母大小写或者文字横竖排列，与注册商标之间基本无差别的；

（二）改变注册商标的文字、字母、数字等之间的间距，与注册商标之间基本无差别的；

（三）改变注册商标颜色，不影响体现注册商标显著特征的；

（四）在注册商标上仅增加商品通用名称、型号等缺乏显著特征要素，不影响体现注册商标显著特征的；

（五）与立体注册商标的三维标志及平面要素基本无差别的；

（六）其他与注册商标基本无差别、足以对公众产生误导的商标。

第二条　在刑法第二百一十七条规定的作品、录音制品上以通常方式署名的自然人、法人或者非法人组织，应当推定为著作权人或者录音制作者，且该作品、录音制品上存在着相应权利，但有相反证明的除外。

在涉案作品、录音制品种类众多且权利人分散的案件中，有证据证明涉案复制品系非法出版、复制发行，且出版者、复制发行者不能提供获得著作权人、录音制作者许可的相关证据材料的，可以认定为刑法第二百一十七条规定的“未经著作权人许可”“未经录音制作者许可”。但是，有证据证明权利人放弃权利、涉案作品的著作权或者录音制品的有关权利不受我国著作权法保护、权利保护期限已经届满的除外。

第三条　采取非法复制、未经授权或者超越授权使用计算机信息系统等方式窃取商业秘密的，应当认定为刑法第二百一十九条第一款第一项规定的“盗窃”。

以贿赂、欺诈、电子侵入等方式获取权利人的商业秘密的，应当认定为刑法第二百一十九条第一款第一项规定的“其他不正当手段”。

第四条　实施刑法第二百一十九条规定的行为，具有下列情形之一的，应当认定为“给商业秘密的权利人造成重大损失”：

（一）给商业秘密的权利人造成损失数额或者因侵犯商业秘密违法所得数额在三十万元以上的；

（二）直接导致商业秘密的权利人因重大经营困难而破产、倒闭的；

（三）造成商业秘密的权利人其他重大损失的。

给商业秘密的权利人造成损失数额或者因侵犯商业秘密违法所得数额在二百五十万元以上的，应当认定为刑法第二百一十九条规定的“造成特别严重后果”。

第五条　实施刑法第二百一十九条规定的行为造成的损失数额或者违法所得数额，可以按照下列方式认定：

（一）以不正当手段获取权利人的商业秘密，尚未披露、使用或者允许他人使用的，损失数额可以根据该项商业秘密的合理许可使用费确定；

（二）以不正当手段获取权利人的商业秘密后，披露、使用或者允许他人使用的，损失数额可以根据权利人因被侵权造成销售利润的损失确定，但该损失数额低于商业秘密合理许可使用费的，根据合理许可使用费确定；

（三）违反约定、权利人有关保守商业秘密的要求，披露、使用或者允许他人使用其所掌握的商业秘密的，损失数额可以根据权利人因被侵权造成销售利润的损失确定；

（四）明知商业秘密是不正当手段获取或者是违反约定、权利人有关保守商业秘密的要求披露、使用、允许使用，仍获取、使用或者披露的，损失数额可以根据权利人因被侵权造成销售利润的损失确定；

（五）因侵犯商业秘密行为导致商业秘密已为公众所知悉或者灭失的，损失数额可以根据该项商业秘密的商业价值确定。商业秘密的商业价值，可以根据该项商业秘密的研究开发成本、实施该项商业秘密的收益综合确定；

（六）因披露或者允许他人使用商业秘密而获得的财物或者其他财产性利益，应当认定为违法所得。

前款第二项、第三项、第四项规定的权利人因被侵权造成销售利润的损失，可以根据权利人因被侵权造成销售量减少的总数乘以权利人每件产品的合理利润确定；销售量减少的总数无法确定的，可以根据侵权产品销售量乘以权利人每件产品的合理利润确定；权利人因被侵权造成销售量减少的总数和每件产品的合理利润均无法确定的，可以根据侵权产品销售量乘以每件侵权产品的合理利润确定。商业秘密系用于服务等其他经营活动的，损失数额可以根据权利人因被侵权而减少的合理利润确定。

商业秘密的权利人为减轻对商业运营、商业计划的损失或者重新恢复计算机信息系统安全、其他系统安全而支出的补救费用，应当计入给商业秘密的权利人造成的损失。

第六条　在刑事诉讼程序中，当事人、辩护人、诉讼代理人或者案外人书面申请对有关商业秘密或者其他需要保密的商业信息的证据、材料采取保密措施的，应当根据案件情况采取组织诉讼参与人签署保密承诺书等必要的保密措施。

违反前款有关保密措施的要求或者法律法规规定的保密义务的，依法承担相应责任。擅自披露、使用或者允许他人使用在刑事诉讼程序中接触、获取的商业秘密，符合刑法第二百一十九条规定的，依法追究刑事责任。

第七条　除特殊情况外，假冒注册商标的商品、非法制造的注册商标标识、侵犯著作权的复制品、主要用于制造假冒注册商标的商品、注册商标标识或者侵权复制品的材料和工具，应当依法予以没收和销毁。

上述物品需要作为民事、行政案件的证据使用的，经权利人申请，可以在民事、行政案件终结后或者采取取样、拍照等方式对证据固定后予以销毁。

第八条　具有下列情形之一的，可以酌情从重处罚，一般不适用缓刑：

（一）主要以侵犯知识产权为业的；

（二）因侵犯知识产权被行政处罚后再次侵犯知识产权构成犯罪的；

（三）在重大自然灾害、事故灾难、公共卫生事件期间，假冒抢险救灾、防疫物资等商品的注册商标的；

（四）拒不交出违法所得的。

第九条　具有下列情形之一的，可以酌情从轻处罚：

（一）认罪认罚的；

（二）取得权利人谅解的；

（三）具有悔罪表现的；

（四）以不正当手段获取权利人的商业秘密后尚未披露、使用或者允许他人使用的。

第十条　对于侵犯知识产权犯罪的，应当综合考虑犯罪违法所得数额、非法经营数额、给权利人造成的损失数额、侵权假冒物品数量及社会危害性等情节，依法判处罚金。

罚金数额一般在违法所得数额的一倍以上五倍以下确定。违法所得数额无法查清的，罚金数额一般按照非法经营数额的百分之五十以上一倍以下确定。违法所得数额和非法经营数额均无法查清，判处三年以下有期徒刑、拘役、管制或者单处罚金的，一般在三万元以上一百万元以下确定罚金数额；判处三年以上有期徒刑的，一般在十五万元以上五百万元以下确定罚金数额。

第十一条　本解释发布施行后，之前发布的司法解释和规范性文件与本解释不一致的，以本解释为准。

第十二条　本解释自 2020 年 9 月 14 日起施行。

最高人民法院关于知识产权民事诉讼证据的若干规定

法释〔2020〕12 号

（2020 年 11 月 9 日最高人民法院审判委员会第 1815 次会议通过，自 2020 年 11 月 18 日起施行）

为保障和便利当事人依法行使诉讼权利，保证人民法院公正、及时审理知识产权民事案件，根据《中华人民共和国民事诉讼法》等有关法律规定，结合知识产权民事审判实际，制定本规定。

第一条　知识产权民事诉讼当事人应当遵循诚信原则，依照法律及司法解释的规定，积极、全面、正确、诚实地提供证据。

第二条　当事人对自己提出的主张，应当提供证据加以证明。根据案件审理情况，人民法院可以适用民事诉讼法第六十五条第二款的规定，根据当事人的主张及待证事实、当事人的证据持有情况、举证能力等，要求当事人提供有关证据。

第三条　专利方法制造的产品不属于新产品的，侵害专利权纠纷的原告应当举证证明下列事实：

（一）被告制造的产品与使用专利方法制造的产品属于相同产品；

（二）被告制造的产品经由专利方法制造的可能性较大；

（三）原告为证明被告使用了专利方法尽到合理努力。

原告完成前款举证后，人民法院可以要求被告举证证明其产品制造方法不同于专利方法。

第四条　被告依法主张合法来源抗辩的，应当举证证明合法取得被诉侵权产品、复制品的事实，包括合法的购货渠道、合理的价格和直接的供货方等。

被告提供的被诉侵权产品、复制品来源证据与其合理注意义务程度相当的，可以认定其完成前款所称举证，并推定其不知道被诉侵权产品、复制品侵害知识产权。被告的经营规模、专业程度、市场交易习惯等，可以作为确定其合理注意义务的证据。

第五条　提起确认不侵害知识产权之诉的原告应当举证证明下列事实：

（一）被告向原告发出侵权警告或者对原告进行侵权投诉；

（二）原告向被告发出诉权行使催告及催告时间、送达时间；

（三）被告未在合理期限内提起诉讼。

第六条　对于未在法定期限内提起行政诉讼的行政行为所认定的基本事实，或者行政行为认定的基本事实已为生效裁判所确认的部分，当事人在知识产权民事诉讼中无须再证明，但有相反证据足以推翻的除外。

第七条　权利人为发现或者证明知识产权侵权行为，自行或者委托他人以普通购买者的名义向被诉侵权人购买侵权物品所取得的实物、票据等可以作为起诉被诉侵权人侵权的证据。

被诉侵权人基于他人行为而实施侵害知识产权行为所形成的证据，可以作为权利人起诉其侵权的证据，但被诉侵权人仅基于权利人的取证行为而实施侵害知识产权行为的除外。

第八条　中华人民共和国领域外形成的下列证据，当事人仅以该证据未办理公证、认证等证明手续为由提出异议的，人民法院不予支持：

（一）已为发生法律效力的人民法院裁判所确认的；

（二）已为仲裁机构生效裁决所确认的；

（三）能够从官方或者公开渠道获得的公开出版物、专利文献等；

（四）有其他证据能够证明真实性的。

第九条　中华人民共和国领域外形成的证据，存在下列情形之一的，当事人仅以该证据未办理认证手续为由提出异议的，人民法院不予支持：

（一）提出异议的当事人对证据的真实性明确认可的；

（二）对方当事人提供证人证言对证据的真实性予以确认，且证人明确表示如作伪证愿意接受处罚的。

前款第二项所称证人作伪证，构成民事诉讼法第一百一十一条规定情形的，人民法院依法处理。

第十条　在一审程序中已经根据民事诉讼法第五十九条、第二百六十四条的规定办理授权委托书公证、认证或者其他证明手续的，在后续诉讼程序中，人民法院可以不再要求办理该授权委托书的上述证明手续。

第十一条　人民法院对于当事人或者利害关系人的证据保全申请，应当结合下列因素进行审查：

（一）申请人是否已就其主张提供初步证据；

（二）证据是否可以由申请人自行收集；

（三）证据灭失或者以后难以取得的可能性及其对证明待证事实的影响；

（四）可能采取的保全措施对证据持有人的影响。

第十二条　人民法院进行证据保全，应当以有效固定证据为限，尽量减少对保全标的物价值的损害和对证据持有人正常生产经营的影响。

证据保全涉及技术方案的，可以采取制作现场勘验笔录、绘图、拍照、录音、录像、复制设计和生产图纸等保全措施。

第十三条　当事人无正当理由拒不配合或者妨害证据保全，致使无法保全证据的，人民法院可以确定由其承担不利后果。构成民事诉讼法第一百一十一条规定情形的，人民法院依法处理。

第十四条　对于人民法院已经采取保全措施的证据，当事人擅自拆装证据实物、篡改证据材料或者实施其他破坏证据的行为，致使证据不能使用的，人民法院可以确定由其承担不利后果。构成民事诉讼法第一百一十一条规定情形的，人民法院依法处理。

第十五条　人民法院进行证据保全，可以要求当事人或者诉讼代理人到场，必要时可以根据当事人的申请通知有专门知识的人到场，也可以指派技术调查官参与证据保全。

证据为案外人持有的，人民法院可以对其持有的证据采取保全措施。

第十六条　人民法院进行证据保全，应当制作笔录、保全证据清单，记录保全时间、地点、实施人、在场人、保全经过、保全标的物状态，由实施人、在场人签名或者盖章。有关人员拒绝签名或者盖章的，不影响保全的效力，人民法院可以在笔录上记明并拍照、录像。

第十七条 被申请人对证据保全的范围、措施、必要性等提出异议并提供相关证据，人民法院经审查认为异议理由成立的，可以变更、终止、解除证据保全。

第十八条 申请人放弃使用被保全证据，但被保全证据涉及案件基本事实查明或者其他当事人主张使用的，人民法院可以对该证据进行审查认定。

第十九条 人民法院可以对下列待证事实的专门性问题委托鉴定：

（一）被诉侵权技术方案与专利技术方案、现有技术的对应技术特征在手段、功能、效果等方面的异同；

（二）被诉侵权作品与主张权利的作品的异同；

（三）当事人主张的商业秘密与所属领域已为公众所知悉的信息的异同、被诉侵权的信息与商业秘密的异同；

（四）被诉侵权物与授权品种在特征、特性方面的异同，其不同是否因非遗传变异所致；

（五）被诉侵权集成电路布图设计与请求保护的集成电路布图设计的异同；

（六）合同涉及的技术是否存在缺陷；

（七）电子数据的真实性、完整性；

（八）其他需要委托鉴定的专门性问题。

第二十条 经人民法院准许或者双方当事人同意，鉴定人可以将鉴定所涉部分检测事项委托其他检测机构进行检测，鉴定人对根据检测结果出具的鉴定意见承担法律责任。

第二十一条 鉴定业务领域未实行鉴定人和鉴定机构统一登记管理制度的，人民法院可以依照《最高人民法院关于民事诉讼证据的若干规定》第三十二条规定的鉴定人选任程序，确定具有相应技术水平的专业机构、专业人员鉴定。

第二十二条 人民法院应当听取各方当事人意见，并结合当事人提出的证据确定鉴定范围。鉴定过程中，一方当事人申请变更鉴定范围，对方当事人无异议的，人民法院可以准许。

第二十三条 人民法院应当结合下列因素对鉴定意见进行审查：

（一）鉴定人是否具备相应资格；

（二）鉴定人是否具备解决相关专门性问题应有的知识、经验及技能；

（三）鉴定方法和鉴定程序是否规范，技术手段是否可靠；

（四）送检材料是否经过当事人质证且符合鉴定条件；

（五）鉴定意见的依据是否充分；

（六）鉴定人有无应当回避的法定事由；

（七）鉴定人在鉴定过程中有无徇私舞弊或者其他影响公正鉴定的情形。

第二十四条 承担举证责任的当事人书面申请人民法院责令控制证据的对方当事人提交证据，申请理由成立的，人民法院应当作出裁定，责令其提交。

第二十五条 人民法院依法要求当事人提交有关证据，其无正当理由拒不提交、提交虚假证据、毁灭证据或者实施其他致使证据不能使用行为的，人民法院可以推定对方当事人就该证据所涉证明事项的主张成立。

当事人实施前款所列行为，构成民事诉讼法第一百一十一条规定情形的，人民法院依法处理。

第二十六条 证据涉及商业秘密或者其他需要保密的商业信息的，人民法院应当在相关诉讼参与人接触该证据前，要求其签订保密协议、作出保密承诺，或者以裁定等法律文书责令其不得出于本案诉讼之外的任何目的披露、使用、允许他人使用在诉讼程序中接触到的秘密信息。

当事人申请对接触前款所称证据的人员范围作出限制，人民法院经审查认为确有必要的，应当准许。

第二十七条 证人应当出庭作证，接受审判人员及当事人的询问。

双方当事人同意并经人民法院准许，证人不出庭的，人民法院应当组织当事人对该证人证言进行质证。

第二十八条 当事人可以申请有专门知识的人出庭，就专业问题提出意见。经法庭准许，当事人可以对有专门知识的人进行询问。

第二十九条 人民法院指派技术调查官参与庭前会议、开庭审理的，技术调查官可以就案件所涉技术问题询问当事人、诉讼代理人、有专门知识的人、证人、鉴定人、勘验人等。

第三十条 当事人对公证文书提出异议，并提供相反证据足以推翻的，人民法院对该公证文书不予采纳。

当事人对公证文书提出异议的理由成立的，人民法院可以要求公证机构出具说明或者补正，并结合其他相关证据对该公证文书进行审核认定。

第三十一条　当事人提供的财务账簿、会计凭证、销售合同、进出货单据、上市公司年报、招股说明书、网站或者宣传册等有关记载，设备系统存储的交易数据，第三方平台统计的商品流通数据，评估报告，知识产权许可使用合同以及市场监管、税务、金融部门的记录等，可以作为证据，用以证明当事人主张的侵害知识产权赔偿数额。

第三十二条　当事人主张参照知识产权许可使用费的合理倍数确定赔偿数额的，人民法院可以考量下列因素对许可使用费证据进行审核认定：

（一）许可使用费是否实际支付及支付方式，许可使用合同是否实际履行或者备案；

（二）许可使用的权利内容、方式、范围、期限；

（三）被许可人与许可人是否存在利害关系；

（四）行业许可的通常标准。

第三十三条　本规定自2020年11月18日起施行。本院以前发布的相关司法解释与本规定不一致的，以本规定为准。

最高人民法院关于审理著作权民事纠纷案件适用法律若干问题的解释

法释〔2020〕19号

（2002年10月12日最高人民法院审判委员会第1246次会议通过，根据2020年12月23日最高人民法院审判委员会第1823次会议通过的《最高人民法院关于修改〈最高人民法院关于审理侵犯专利权纠纷案件应用法律若干问题的解释（二）〉等十八件知识产权类司法解释的决定》修正）

为了正确审理著作权民事纠纷案件，根据《中华人民共和国民法典》《中华人民共和国著作权法》《中华人民共和国民事诉讼法》等法律的规定，就适用法律若干问题解释如下：

第一条　人民法院受理以下著作权民事纠纷案件：

（一）著作权及与著作权有关权益权属、侵权、合同纠纷案件；

（二）申请诉前停止侵害著作权、与著作权有关权益行为，申请诉前财产保全、诉前证据保全案件；

（三）其他著作权、与著作权有关权益纠纷案件。

第二条　著作权民事纠纷案件，由中级以上人民法院管辖。

各高级人民法院根据本辖区的实际情况，可以报请最高人民法院批准，由若干基层人民法院管辖第一审著作权民事纠纷案件。

第三条　对著作权行政管理部门查处的侵害著作权行为，当事人向人民法院提起诉讼追究该行为人民事责任的，人民法院应当受理。

人民法院审理已经过著作权行政管理部门处理的侵害著作权行为的民事纠纷案件，应当对案件事实进行全面审查。

第四条　因侵害著作权行为提起的民事诉讼，由著作权法第四十七条、第四十八条所规定侵权行为的实施地、侵权复制品储藏地或者查封扣押地、被告住所地人民法院管辖。

前款规定的侵权复制品储藏地，是指大量或者经常性储存、隐匿侵权复制品所在地；查封扣押地，是指海关、版权等行政机关依法查封、扣押侵权复制品所在地。

第五条　对涉及不同侵权行为实施地的多个被告提起的共同诉讼，原告可以选择向其中一个被告的侵权行为实施地人民法院提起诉讼；仅对其中某一被告提起的诉讼，该被告侵权行为实施地的人民法院有管辖权。

第六条　依法成立的著作权集体管理组织，根据著作权人的书面授权，以自己的名义提起诉讼，人民法院应当受理。

第七条　当事人提供的涉及著作权的底稿、原件、合法出版物、著作权登记证书、认证机构出具的证明、取得权利的合同等，可以作为证据。

在作品或者制品上署名的自然人、法人或者非法人组织视为著作权、与著作权有关权益的权利人，但有相反证明的除外。

第八条　当事人自行或者委托他人以定购、现场交易等方式购买侵权复制品而取得的实物、发票等，可以作为证据。

公证人员在未向涉嫌侵权的一方当事人表明身份的情况下，如实对另一方当事人按照前款规定的方式取得的证据和取证过程出具的公证书，应当作为证据使用，但有相反证据的除外。

第九条　著作权法第十条第（一）项规定的“公之于众”，是指著作权人自行或者经著作权人许可将作品向不特定的人公开，但不以公众知晓为构成条件。

第十条　著作权法第十五条第二款所指的作品，著作权人是自然人的，其保护期适用著作权法第二十一条第一款的规定；著作权人是法人或非法人组织的，其保护期适用著作权法第二十一条第二款的规定。

第十一条　因作品署名顺序发生的纠纷，人民法院按照下列原则处理：有约定的按约定确定署名顺序；没有约定的，可以按照创作作品付出的劳动、作品排列、作者姓氏笔画等确定署名顺序。

第十二条　按照著作权法第十七条规定委托作品著作权属于受托人的情形，委托人在约定的使用范围内享有使用作品的权利；双方没有约定使用作品范围的，委托人可以在委托创作的特定目的范围内免费使用该作品。

第十三条　除著作权法第十一条第三款规定的情形外，由他人执笔，本人审阅定稿并以本人名义发表的报告、讲话等作品，著作权归报告人或者讲话人享有。著作权人可以支付执笔人适当的报酬。

第十四条　当事人合意以特定人物经历为题材完成的自传体作品，当事人对著作权权属有约定的，依其约定；没有约定的，著作权归该特定人物享有，执笔人或整理人对作品完成付出劳动的，著作权人可以向其支付适当的报酬。

第十五条　由不同作者就同一题材创作的作品，作品的表达系独立完成并且有创作性的，应当认定作者各自享有独立著作权。

第十六条　通过大众传播媒介传播的单纯事实消息属于著作权法第五条第（二）项规定的时事新闻。传播报道他人采编的时事新闻，应当注明出处。

第十七条　著作权法第三十三条第二款规定的转载，是指报纸、期刊登载其他报刊已发表作品的行为。转载未注明被转载作品的作者和最初登载的报刊出处的，应当承担消除影响、赔礼道歉等民事责任。

第十八条　著作权法第二十二条第（十）项规定的室外公共场所的艺术作品，是指设置或者陈列在室外社会公众活动处所的雕塑、绘画、书法等艺术作品。

对前款规定艺术作品的临摹、绘画、摄影、录像人，可以对其成果以合理的方式和范围再行使用，不构成侵权。

第十九条　出版者、制作者应当对其出版、制作有合法授权承担举证责任，发行者、出租者应当对其发行或者出租的复制品有合法来源承担举证责任。举证不能的，依据著作权法第四十七条、第四十八条的相应规定承担法律责任。

第二十条　出版物侵害他人著作权的，出版者应当根据其过错、侵权程度及损害后果等承担赔偿损失的责任。

出版者对其出版行为的授权、稿件来源和署名、所编辑出版物的内容等未尽到合理注意义务的，依据著作权法第四十九条的规定，承担赔偿损失的责任。

出版者应对其已尽合理注意义务承担举证责任。

第二十一条　计算机软件用户未经许可或者超过许可范围商业使用计算机软件的，依据著作权法第四十八条第（一）项、《计算机软件保护条例》第二十四条第（一）项的规定承担民事责任。

第二十二条　著作权转让合同未采取书面形式的，人民法院依据民法典第四百九十条的规定审查合同是否成立。

第二十三条　出版者将著作权人交付出版的作品丢失、毁损致使出版合同不能履行的，著作权人有权依据民法典第一百八十六条、第二百三十八条、第一千一百八十四条等规定要求出版者承担相应的民事责任。

第二十四条　权利人的实际损失，可以根据权利人因侵权所造成复制品发行减少量或者侵权复制品销售量与权利人发行该复制品单位利润乘积计算。发行减少量难以确定的，按照侵权复制品市场销售量确定。

第二十五条　权利人的实际损失或者侵权人的违法所得无法确定的，人民法院根据当事人的请求或者依职权适用著作权法第四十九条第二款的规定确定赔偿数额。

人民法院在确定赔偿数额时，应当考虑作品类型、合理使用费、侵权行为性质、后果等情节综合确定。

当事人按照本条第一款的规定就赔偿数额达成协议的，应当准许。

第二十六条　著作权法第四十九条第一款规定的制止侵权行为所支付的合理开支，包括权利人或者委托代理人对侵权行为进行调查、取证的合理费用。

人民法院根据当事人的诉讼请求和具体案情，可以将符合国家有关部门规定的律师费用计算在赔偿范围内。

第二十七条　侵害著作权的诉讼时效为三年，自著作权人知道或者应当知道权利受到损害以及义务人之日起计算。权利人超过三年起诉的，如果侵权行为在起诉时仍在持续，在该著作权保护期内，人民法院应当判决被告停止侵权行为；侵权损害赔偿数额应当自权利人向人民法院起诉之日起向前推算三年计算。

第二十八条　人民法院采取保全措施的，依据民事诉讼法及《最高人民法院关于审查知识产权纠纷行为保全案件适用法律若干问题的规定》的有关规定办理。

第二十九条　除本解释另行规定外，人民法院受理的著作权民事纠纷案件，涉及著作权法修改前发生的民事行为的，适用修改前著作权法的规定；涉及著作权法修改以后发生的民事行为的，适用修改后著作权法的规定；涉及著作权法修改前发生，持续到著作权法修改后的民事行为的，适用修改后著作权法的规定。

第三十条　以前的有关规定与本解释不一致的，以本解释为准。

最高人民法院关于审理侵害信息网络传播权民事纠纷案件适用法律若干问题的规定

法释〔2020〕19号

（2012年11月26日由最高人民法院审判委员会第1561次会议通过，根据2020年12月23日最高人民法院审判委员会第1823次会议通过的《最高人民法院关于修改〈最高人民法院关于审理侵犯专利权纠纷案件应用法律若干问题的解释（二）〉等十八件知识产权类司法解释的决定》修正）

为正确审理侵害信息网络传播权民事纠纷案件，依法保护信息网络传播权，促进信息网络产业健康发展，维护公共利益，根据《中华人民共和国民法典》《中华人民共和国著作权法》《中华人民共和国民事诉讼法》等有关法律规定，结合审判实际，制定本规定。

第一条　人民法院审理侵害信息网络传播权民事纠纷案件，在依法行使裁量权时，应当兼顾权利人、网络服务提供者和社会公众的利益。

第二条　本规定所称信息网络，包括以计算机、电视机、固定电话机、移动电话机等电子设备为终端的计算机互联网、广播电视网、固定通信网、移动通信网等信息网络，以及向公众开放的局域网络。

第三条　网络用户、网络服务提供者未经许可，通过信息网络提供权利人享有信息网络传播权的作品、表演、录音录像制品，除法律、行政法规另有规定外，人民法院应当认定其构成侵害信息网络传播权行为。

通过上传到网络服务器、设置共享文件或者利用文件分享软件等方式，将作品、表演、录音录像制品置于信息网络中，使公众能够在个人选定的时间和地点以下载、浏览或者其他方式获得的，人民法院应当认定其实施了前款规定的提供行为。

第四条　有证据证明网络服务提供者与他人以分工合作等方式共同提供作品、表演、录音录像制品，构成共同侵权行为的，人民法院应当判令其承担连带责任。网络服务提供者能够证明其仅提供自动接入、自动传输、信息存储空间、搜索、链接、文件分享技术等网络服务，主张其不构成共同侵权行为的，人民法院应予支持。

第五条　网络服务提供者以提供网页快照、缩略图等方式实质替代其他网络服务提供者向公众提供相关作品的，人民法院应当认定其构成提供行为。

前款规定的提供行为不影响相关作品的正常使用，且未不合理损害权利人对该作品的合法权益，网络服务提供者主张其未侵害信息网络传播权的，人民法院应予支持。

第六条　原告有初步证据证明网络服务提供者提供了相关作品、表演、录音录像制品，但网络服务提供者能够证明其仅提供网络服务，且无过错的，人民法院不应认定为构成侵权。

第七条　网络服务提供者在提供网络服务时教唆或者帮助网络用户实施侵害信息网络传播权行为的，人民法院应当判令其承担侵权责任。

网络服务提供者以言语、推介技术支持、奖励积分等方式诱导、鼓励网络用户实施侵害信息网络传播权行为的，人民法院应当认定其构成教唆侵权行为。

网络服务提供者明知或者应知网络用户利用网络服务侵害信息网络传播权，未采取删除、屏蔽、断开链接等必要措施，或者提供技术支持等帮助行为的，人民法院应当认定其构成帮助侵权行为。

第八条　人民法院应当根据网络服务提供者的过错，确定其是否承担教唆、帮助侵权责任。网络服务提供者的过错包括对于网络用户侵害信息网络传播权行为的明知或者应知。

网络服务提供者未对网络用户侵害信息网络传播权的行为主动进行审查的，人民法院不应据此认定其具有过错。

网络服务提供者能够证明已采取合理、有效的技术措施，仍难以发现网络用户侵害信息网络传播权行为的，人民法院应当认定其不具有过错。

第九条　人民法院应当根据网络用户侵害信息网络传播权的具体事实是否明显，综合考虑以下因素，认定网络服务提供者是否构成应知：

（一）基于网络服务提供者提供服务的性质、方式及其引发侵权的可能性大小，应当具备的管理信息的能力；

（二）传播的作品、表演、录音录像制品的类型、知名度及侵权信息的明显程度；

（三）网络服务提供者是否主动对作品、表演、录音录像制品进行了选择、编辑、修改、推荐等；

（四）网络服务提供者是否积极采取了预防侵权的合理措施；

（五）网络服务提供者是否设置便捷程序接收侵权通知并及时对侵权通知作出合理的反应；

（六）网络服务提供者是否针对同一网络用户的重复侵权行为采取了相应的合理措施；

（七）其他相关因素。

第十条　网络服务提供者在提供网络服务时，对热播影视作品等以设置榜单、目录、索引、描述性段落、内容简介等方式进行推荐，且公众可以在其网页上直接以下载、浏览或者其他方式获得的，人民法院可以认定其应知网络用户侵害信息网络传播权。

第十一条　网络服务提供者从网络用户提供的作品、表演、录音录像制品中直接获得经济利益的，人民法院应当认定其对该网络用户侵害信息网络传播权的行为负有较高的注意义务。

网络服务提供者针对特定作品、表演、录音录像制品投放广告获取收益，或者获取与其传播的作品、表演、录音录像制品存在其他特定联系的经济利益，应当认定为前款规定的直接获得经济利益。网络服务提供者因提供网络服务而收取一般性广告费、服务费等，不属于本款规定的情形。

第十二条　有下列情形之一的，人民法院可以根据案件具体情况，认定提供信息存储空间服务的网络服务提供者应知网络用户侵害信息网络传播权：

（一）将热播影视作品等置于首页或者其他主要页面等能够为网络服务提供者明显感知的位置的；

（二）对热播影视作品等的主题、内容主动进行选择、编辑、整理、推荐，或者为其设立专门的排行榜的；

（三）其他可以明显感知相关作品、表演、录音录像制品为未经许可提供，仍未采取合理措施的情形。

第十三条　网络服务提供者接到权利人以书信、传真、电子邮件等方式提交的通知及构成侵权的初步证据，未及时根据初步证据和服务类型采取必要措施的，人民法院应当认定其明知相关侵害信息网络传播权行为。

第十四条　人民法院认定网络服务提供者转送通知、采取必要措施是否及时，应当根据权利人提交通知的形式，通知的准确程度，采取措施的难易程度，网络服务的性质，所涉作品、表演、录音录像制品的类型、知名度、数量等因素综合判断。

第十五条　侵害信息网络传播权民事纠纷案件由侵权行为地或者被告住所地人民法院管辖。侵权行为地包括实施被诉侵权行为的网络服务器、计算机终端等设备所在地。侵权行为地和被告住所地均难以确定或者在境外的，原告发现侵权内容的计算机终端等设备所在地可以视为侵权行为地。

第十六条　本规定施行之日起，《最高人民法院关于审理涉及计算机网络著作权纠纷案件适用法律若干问题的解释》（法释〔2006〕11号）同时废止。

本规定施行之后尚未终审的侵害信息网络传播权民事纠纷案件，适用本规定。本规定施行前已经终审，当事人申请再审或者按照审判监督程序决定再审的，不适用本规定。

国家版权局关于规范摄影作品版权秩序的通知

国版发〔2020〕1号

各省、自治区、直辖市版权局：

为保护摄影作品著作权人合法权益，规范摄影作品版权秩序，推动摄影作品广泛有序传播，根据《中华人民共和国著作权法》《中华人民共和国著作权法实施条例》《信息网络传播权保护条例》等有关规定，现就有关问题通知如下。

一、摄影作品是著作权法保护的作品之一，应具有独创性，并符合著作权法实施条例第四条第（十）项的特征。

以新闻事件为主题的摄影作品不属于著作权法规定的时事新闻，受著作权法律法规保护。

二、新闻单位、互联网内容提供商、互联网公众账号、图库经营单位、非媒体机构和个人等使用他人摄影作品，应当严格遵守著作权法律法规，取得摄影作品著作权人许可并支付报酬。法律法规另有规定或者当事人另有约定的除外。

未经摄影作品作者许可，不得对摄影作品的构图、色彩等进行实质性修改，不得歪曲篡改摄影作品标题和作品原意。

使用著作权保护期届满的摄影作品，不得侵犯摄影作品作者依法享有的署名权、修改权、保护作品完整权。

三、摄影作品著作权人可以将难以有效行使的权利授权摄影著作权集体管理组织进行管理。著作权集体管理组织经授权后，可以以自己的名义主张权利，并可以作为当事人进行相关诉讼、仲裁活动。

未经批准的任何机构或个人不得擅自从事摄影作品著作权集体管理活动。

四、图库经营单位应当健全版权管理机制，规范版权运营活动，与摄影作品著作权人订立合同，在双方约定的权限范围内行使相关权利。

图库经营单位向用户提供的摄影作品应当权属清晰且获得合法授权，并指明作者及授权方式、授权期限和授权范围等必要信息。

图库经营单位应当合理收取版权许可使用费，并明示使用费价格。

五、图库经营单位应当本着诚实信用的原则开展授权和维权活动，不得对不享有版权的摄影作品虚构版权，不得向他人提供未获授权的摄影作品及主张权利，不得以投机性牟利为目的实施不正当维权行为。

六、图库经营单位对著作权保护期届满及著作权人放弃财产权的摄影作品进行收集、整理、编辑并向用户提供的，应当指明作者及可使用的权利范围等必要信息，且不得侵犯作者依法享有的其他权利，不得以版权许可使用费的名义收取费用。

七、为摄影作品的传播提供服务的网络服务商应当严格遵守《信息网络传播权保护条例》相关规定，提供公开、便捷的维权渠道，及时处理侵权纠纷投诉，切实履行"通知—删除"法律义务。

八、为实施九年制义务教育和国家教育规划而编写出版教科书，除作者事先声明不许使用的外，可以不经著作权人许可，在教科书中汇编已经发表的单幅摄影作品，但应当按照《教科书法定许可使用作品支付报酬办法》相关规定向著作权人或著作权集体管理组织支付报酬，指明作者姓名、作品名称，且不得侵犯著作权人依法享有的其他权利。

九、摄影作品著作权人及使用者、图库经营单位、摄影行业组织等应当共同探索合理、便捷的摄影作品授权体系，进一步完善摄影作品授权交易机制，促进摄影作品的合法有序传播。

摄影行业组织应当在推动版权自律、公平交易、争议调解、合法维权等方面发挥积极作用，并积极探索建设面向中小微企业等用户的微利图库和面向扶贫、科教等领域的公益图库。

十、摄影作品著作权人向著作权行政管理部门进行行政投诉时，应当提交申请书、权利证明、被侵权作品以及其他证据。摄影作品的原件、合法出版物、著作权登记证书、取得权利的合同等，可以作为取得著作权的证据。权利声明、摄影作品上的水印不能单独作为著作权权属的证据。

各级著作权行政管理部门要加强日常监管，加大惩处力度，依法严厉打击摄影作品侵权盗版行为，严肃查处虚构摄影作品版权、进行虚假授权的行为。

本通知自印发之日起实施。

国家版权局

2020年5月20日

国家版权局关于进一步做好著作权行政执法证据审查和认定工作的通知

国版发〔2020〕2号

各省、自治区、直辖市版权局，北京市、天津市、上海市、重庆市文化市场综合行政执法部门：

为深入贯彻落实《中共中央办公厅、国务院办公厅印发〈关于强化知识产权保护的意见〉的通知》，进一步加大著作权保护力度，提升著作权行政执法效能，完善著作权行政执法工作机制，减轻权利人维权负担，营造良好营商环境，现就进一步做好著作权行政执法证据审查和认定工作通知如下。

一、关于权利证明

1. 投诉人向著作权行政执法部门投诉时，著作权行政执法部门应当要求投诉人提供其主张的著作权或者与著作权有关的权利的证据。

2. 投诉人提交的下列材料，可以作为著作权或者与著作权有关的权利归属的证据：作品底稿、原件；合法出版物；著作权登记证书；取得权利的合同；国家著作权行政管理部门指定的著作权认证机构或者著作权集体管理组织出具的著作权认证文书；其他可以据以推定权利归属的证明材料。

3. 著作权行政执法部门应当查明投诉人提出权利主张的作品、表演或录音制品受《中华人民共和国著作权法》保护且尚在保护期内。如无相反证据，著作权行政执法部门应当推定投诉人主张的著作权或者与著作权有关的权利存在于该作品、表演或录音制品中。

4. 如无相反证据，以通常方式署名的作者、出版者、表演者或录音制作者，著作权行政执法部门应当推定为该作品、表演或录音制品的著作权人或者与著作权有关的权利人。

5. 著作权行政执法部门在依据本通知第4条推定权利归属时，如被投诉人无法提交相反证据，不再要求投诉人为证明其权利归属、已取得许可或者被投诉人的行为构成侵权而提交著作权或者与著作权有关的权利的许可、转让协议或者其他书面证据。

二、关于侵权证据

6. 投诉人向著作权行政执法部门投诉时，著作权行政执法部门应当要求投诉人提供被投诉人侵犯其著作权或者与著作权有关的权利的证据。

7. 投诉人提交的下列材料，可以作为其提出权利主张的作品、表演或录音制品被侵权的证据：侵权作品、表演或录音制品和购买记录；涉及侵权行为的账目、合同和加工、制作单据；证明侵权行为的照片、视频或网页截图；证明出版者、复制发行者伪造、涂改授权许可文件或者超出授权许可范围的证据；其他能够证明侵权行为的材料。

三、关于侵权认定

8. 投诉人提交权利证明文件以及侵权证据等相关证据材料后，被投诉人主张已经取得著作权人或者与著作权有关的权利人许可的，应当提交取得许可的证据，著作权行政执法部门应当进行调查核实。被投诉人不能提交上述证据且现有证据足以支持侵权认定的，或者被投诉人提交的证据不足以证明取得许可的，著作权行政执法部门应当认定被投诉人的行为构成侵权。

9. 复制品的出版者、制作者不能证明其出版、制作有合法授权的，复制品的发行者不能证明其发行的复制品有合法来源的，著作权行政执法部门应当认定其行为构成侵权。

10. 根据投诉人提交的权利证明文件以及侵权证据，著作权行政执法部门能够直接认定被投诉人的行为构成侵权的，无需委托鉴定机构进行鉴定。

11. 著作权行政执法部门依法查处通过虚构授权、虚假授权等方式非法传播他人作品的侵权行为，依法规范权属不清、不正当维权等行为。

国家版权局

2020 年 11 月 15 日

国家版权局等关于开展打击网络侵权盗版“剑网 2020”专项行动的通知

国版发电〔2020〕3 号

各省、自治区、直辖市版权局、通信管理局、公安厅（局）、网信办，北京市、天津市、上海市、重庆市文化市场综合行政执法部门：

为深入贯彻习近平新时代中国特色社会主义思想和党的十九大精神，根据《中共中央办公厅、国务院办公厅印发〈2020—2021 年贯彻落实《关于强化知识产权保护的意见》推进计划〉的通知》部署，国家版权局、工业和信息化部、公安部、国家互联网信息办公室定于 2020 年 6 月至 10 月联合开展第 16 次打击网络侵权盗版“剑网”专项行动（以下简称“剑网 2020”专项行动）。现将有关事项通知如下。

一、工作目标

积极贯彻落实党中央关于统筹推进新冠肺炎疫情防控和经济社会发展工作的整体部署，高度关注广大权利人和人民群众反映强烈的网络侵权问题，不断加大版权执法监管力度，严厉打击视听作品、电商平台、社交平台、在线教育等领域的侵权盗版行为，着力规范网络游戏、网络音乐、知识分享等平台的版权传播秩序，持续巩固网络文学、动漫、网盘、应用市场等专项治理成果，不断提升版权管网治网能力，推进构建版权社会共治工作格局，维护清朗的网络空间秩序，营造良好的网络版权环境。

二、工作重点

（一）开展视听作品版权专项整治。深入开展院线电影网络版权专项保护，追根溯源加大对影院偷拍盗录行为的打击力度，针对疫情防控期间院线电影发行情况开展网络版权保护预警；严厉打击短视频领域存在的侵权盗版行为，坚决整治以短视频形式未经许可对他人作品删减改编并通过网络传播的侵权行为，坚决整治短视频平台滥用“避风港”规则的侵权行为；强化对交互式网络电视（IPTV）、智能电视机顶盒（OTT）、智能终端、视频播放器等流媒体软硬件的版权监管，严厉打击通过流媒体软硬件传播侵权盗版作品行为；集中关闭、封堵一批“三无”侵权盗版网站（APP），深挖通过境外服务器传播盗版作品的国内源头，切断灰色产业链条。

（二）开展电商平台版权专项整治。加强对大型电商平台的版权监管工作，强化电商平台的主体责任，引导电商平台建立健全版权保护规则，推动电商平台与权利人组织、维权联盟等建立版权保护绿色通道；严厉打击网店销售盗版图书、音像制品、电子出版物、数据库及盗版网络链接和存储盗版作品的网盘账号密码等行为；严厉整治网店设计、经营中使用盗版图片、音乐、视频等行为。

（三）开展社交平台版权专项整治。着力整治微信、微博、今日头条、百度等重点社交平台版权秩序，关闭一批多次侵权、恶意侵权的社交平台账号；深入开展新闻作品版权保护工作，着力整治通过非法转载、“标题党”、“洗稿”等方式侵犯主流媒体新闻作品著作权的行为，通过版权手段深入推进媒体融合发展；深入开展图片市场版权整治工作，严厉打击未经授权传播他人图片的侵权盗版行为，着力整治图片机构、版权代理公司存在的假冒授权、虚假授权、恶意索赔等行为，进一步规范图片市场版权传播秩序。

（四）开展在线教育版权专项整治。加大“学习强国”学习平台版权保护力度，严厉打击非法传播

"学习强国"学习平台的文字、图片、音频、视频的行为，严厉打击制售"学习强国"学习平台代学刷分软件等外挂侵权行为，严厉打击生产、销售涉及"学习强国"学习平台侵权衍生品的行为；大力整治在线教育培训中存在的侵权盗版乱象，严厉打击未经授权传播他人网络培训涉及视听、文字、口述等作品的侵权盗版行为，严厉打击通过电商平台、社交平台、网盘等方式销售盗版网课和盗版出版物的行为，重点监管互联网二手交易平台、网络社交平台群组，切断盗版网课灰色产业链条，为疫情防控期间大中小学网络教学和广大网民在线教育培训提供良好的网络版权环境。

（五）巩固重点领域版权治理成果。严厉打击网络游戏私服、外挂等侵权盗版行为；加大对音乐版权保护力度，推动完善网络音乐版权授权体系；严厉整治知识分享领域存在的抄袭改编、复制数据库等侵权行为，强化对大型知识分享平台的版权监管力度；继续巩固网络文学、动漫、网盘、应用市场、网络广告联盟等领域取得的工作成果，推动各地结合自身特色工作因地制宜扩大专项行动战果。

三、工作要求

（一）突出查办案件。畅通投诉举报渠道，拓展案件线索来源，强化案件线索核查，提高网络监测能力和网络巡查能力。版权行政执法监管部门要充分发挥职能优势，用足用好约谈、预警、责令整改等工作手段，加大对网络侵权盗版案件的行政处罚工作力度；对人民群众意见强烈、社会危害大的侵权盗版分子，要一律从严查处，依法吊销其备案资格或相关行政许可资质；对涉嫌构成犯罪的案件，要根据"两法衔接"机制及时移交公安机关立案查处。

（二）压实主体责任。版权行政执法监管部门要建立健全与辖区内互联网企业的指导协调工作机制，督促企业履行违法犯罪线索报告和配合调查义务，督促电商平台和电信运营商强化版权监管义务，督促网络服务提供商履行"通知—删除"等法定处置责任。推动互联网企业建立健全投诉举报快速处理工作机制，对群众举报、版权执法监管部门通报的侵权盗版信息迅速核查删除。进一步深化政企合作，充分发挥权利人、行业组织、社会团体、第三方机构的"信息员"作用，调动多方主体积极性和主动性，积极构建打击网络侵权盗版的全方位、多层次、立体化社会共治格局。

（三）扩展宣传教育。通过多种形式大力宣传专项行动的措施、进展和成效，突出新媒体、新技术运用，开展丰富多彩的主题宣传活动。强化行政处罚案件信息公开力度，加大对大案要案和典型案件的宣传力度，坚决曝光具有恶劣情节的违法犯罪分子，坚决曝光不履行主体责任的互联网企业。加大法治宣传教育力度，落实"谁执法谁普法"的普法责任制，教育和引导广大网民树立"尊重版权、鼓励创新"的基本意识。

（四）加强组织领导。各级版权、通信、公安、互联网信息内容主管部门要建立健全网上打击侵权盗版综合治理体系，因地制宜制定工作计划，明确任务和责任分工。版权行政执法监管部门负责专项行动的牵头工作，具体负责组织梳理网上侵权信息，搜集案件线索，查处违法行为，移送涉嫌犯罪案件，提请通信主管部门予以暂时停止网络接入直至关闭网站；开展版权监管工作，组织专项行动的宣传工作。通信主管部门协助开展网络侵权盗版案件调查取证工作，协助提供查处网络侵权盗版案件涉及网站的备案信息；对已经查处且侵权盗版情节严重的互联网应用（网站、APP 等），依法注销 ICP 备案或者吊销相关电信业务经营许可，并通知相关接入服务商停止为其提供网络接入服务；组织开展行业自律活动。公安机关加强对涉嫌侵犯著作权犯罪案件的立案查处工作，及时受理版权行政执法监管部门移送的涉嫌犯罪案件，进一步加大对网络侵权盗版犯罪案件的刑事打击力度。互联网信息内容主管部门负责指导、协调、督促有关部门加强网络内容管理，有效利用各种手段加强对网络内容的监管。

（五）及时报送材料。各省、自治区、直辖市版权局和北京市、天津市、上海市、重庆市文化市场综合行政执法部门要汇总本地办案信息，填写工作统计表（附件 1、附件 2）按月报送国家版权局，并于本通知发出后 20 日内报送本地区专项行动工作通知，11 月 10 日前报送专项行动工作总结，重要情况、重大案件和阶段性进展随时报送。

国家版权局
工业和信息化部
公安部
国家互联网信息办公室
2020 年 6 月 12 日

国家版权局关于2019年全国著作权登记情况的通报

国版函〔2018〕36号

各省、自治区、直辖市版权局：

2019年，各地区版权行政管理部门和著作权登记机构深入学习贯彻习近平总书记关于知识产权工作的重要论述，全面贯彻落实创新驱动发展战略及版权工作“十三五”规划，高度重视著作权登记工作，采取有效措施，积极宣传、重点拓展、改善服务，有效提升著作权登记工作的规范化、标准化、信息化水平，登记数量持续增长，全国著作权登记工作取得新进展。现将2019年全国著作权登记情况通报如下。

一、总体情况

2019年全国著作权登记总量达4 186 549件，相比2018年的3 457 338件，同比增长21.09%。

二、作品登记情况

根据各省、自治区、直辖市版权局和中国版权保护中心的作品登记信息统计，2019年全国共完成作品登记2 701 564件，相比2018年的2 351 952件，同比增长14.86%。

全国作品登记量总体呈现稳步增长趋势，登记量较多的分别是：北京市1 003 091件，占登记总量的37.13%；上海市291 803件，占登记总量的10.80%；中国版权保护中心282 541件，占登记总量的10.46%；江苏省246 607件，占登记总量的9.13%；四川省171 060件，占登记总量的6.33%；重庆市157 692件，占登记总量的5.84%。以上登记量占全国登记总量的79.69%。相较于2018年，天津、贵州、甘肃、内蒙古、广西、西藏、吉林、云南、山西、安徽等省（区、市）的作品登记量增长率均超过了100%；陕西、河南、重庆、河北等省（市）的作品登记量增长率均达50%以上。

从作品类型看，登记量最多的是美术作品1 288 139件，占登记总量的47.68%；第二是摄影作品1 015 620件，占登记总量的37.59%；第三是文字作品179 314件，占登记总量的6.64%；第四是影视作品88 230件，占登记总量的3.27%。以上类型的作品登记量占登记总量的95.18%。还有录音制品35 232件，占登记总量的1.30%；录像制品19 480件，占登记总量的0.72%；音乐作品17 283件，占登记总量的0.64%；图形作品16 075件，占登记总量的0.60%；模型、戏剧、曲艺、建筑等共计42 191件，占登记总量的1.56%。

三、计算机软件著作权登记情况

根据中国版权保护中心计算机软件著作权登记信息统计，2019年全国共完成计算机软件著作权登记1 484 448件，同比增长34.36%。

从登记区域分布情况看，软件著作权登记区域主要分布在东部地区，登记量约104万件，占登记总量的70.2%，其中，广东、北京、江苏、上海的登记总量近75万件，约占东部地区登记数量的71.6%。

从登记区域增长情况看，增速最快的是东北地区57.7%，高于全国整体增速约23个百分点；第二是中部地区50.3%；第三是西部地区40.1%；第四是东部地区29.6%。

从各地区登记数量情况看，软件著作权登记量较多的省（市）依次为：广东、北京、江苏、上海、浙江、山东、河南、四川、福建、湖北。上述地区共登记软件约111万件，占登记总量的74.8%，其中，广东省登记软件超过25万件，占登记总量的17.2%。

四、著作权质权登记情况

根据中国版权保护中心著作权质权登记信息统计，2019年全国共完成著作权质权登记537件，同比下降1.83%；涉及合同数量381个，同比增长0.26%；涉及作品数量1 600件，同比增长16.96%；涉及主债务金额764 312万元，同比下降4.0%；涉及担保金额730 088.4万元，同比下降12.74%。

计算机软件著作权质权登记361件，同比增长3.14%；涉及合同数量361个，同比增长3.14%；涉及作品数量1 424件，同比增长21.61%；涉及主债务金额699 681.4万元，同比增长47.21%；涉及担保金额667 865.2万元，同比增长43.38%。

作品（除计算机软件外）著作权质权登记176件，同比下降10.66%；涉及合同数量20个，同比下降33.33%；涉及作品数量176件，同比下降

10.66%；涉及主债务金额 64 630.6 万元，同比下降79.86%；涉及担保金额 62 223.2 万元，同比下降83.22%。

各地区版权行政管理部门和著作权登记机构要密切关注著作权登记工作的发展趋势，充分利用国家版权监管平台，进一步规范著作权登记情况报送制度，加强著作权登记工作队伍建设，不断提升著作权登记工作效能。

国家版权局

2020 年 3 月 25 日

2020 年度第一批重点作品版权保护预警名单

按照国家版权局《关于进一步加强互联网传播作品版权监管工作的意见》及版权重点监管工作计划，根据相关权利人上报的作品授权情况，现公布2020 年度第一批重点作品版权保护预警名单。

相关网络服务商应对版权保护预警名单内的重点院线电影采取以下保护措施：直接提供内容的网络服务商在影片上映期内不得提供版权保护预警名单内的作品；提供存储空间的网络服务商应禁止用户上传版权保护预警名单内的作品；各网络服务提供商应当加快处理版权保护预警名单内作品权利人关于删除侵权内容或断开侵权链接的通知。

各地版权行政执法监管部门应当对本地区主要网络服务商发出版权预警提示，加大版权监测监管力度。对于未经授权通过信息网络非法传播版权保护预警重点作品的，应当依法从严从快予以查处。

2020 年第一批重点作品版权保护预警名单（院线电影）

序号	作品名称	相关权利人	拟上映日期
1	夺冠	北京嘉映春天影业有限公司	2020-1-24
2	唐人街探案 3	万达影视传媒有限公司	2020-1-25
3	囧妈	上海欢神喜佑文化有限公司	2020-1-24
4	紧急救援	人民交通出版社股份有限公司	2020-1-25
5	姜子牙	北京光线影业有限公司	2020-1-25
6	急先锋	中影（上海）国际文化传媒有限公司	2020-1-25
7	熊出没之狂野大陆	华强方特（深圳）动漫有限公司	2020-1-24

2020 年度第二批重点作品版权保护预警名单

按照国家版权局《关于进一步加强互联网传播作品版权监管工作的意见》及版权重点监管工作计划，根据相关权利人上报的作品授权情况，现公布2020 年度第二批重点作品版权保护预警名单。

相关网络服务商应对版权保护预警名单内的作品采取以下保护措施：除已获授权的机构外，直接提供内容的网络服务商不得通过互联网（含移动互联网）、IPTV、OTT 平台提供直播、点播、下载等服务传播版权保护预警名单内的作品；提供存储空间的网络服务商应禁止用户上传版权保护预警名单内的作品；各网络服务提供商应当加快处理版权保护预警名单内作品权利人关于删除侵权内容或断开侵权链接的通知。

各地版权行政执法监管部门应当对本地区主要网络服务商发出版权预警提示，加大版权监测监管力度。对于未经授权通过信息网络非法传播版权保护预警重点作品的，应当依法从严从快予以查处。

2020 年度第二批重点作品版权保护预警名单

名称	有关权利人	获得信息网络传播权的网络服务商
中央广播电视总台 2020 年春节联欢晚会相关节目	中央广播电视总台所属央视网、央广网、国际在线网站，以及央视频、央视新闻、央视影音、CCTV 微视等移动客户端	快手（2020-1-24—2020-4-30） 优酷（2020-1-24—2020-12-31） 腾讯（2020-1-24—2021-1-23） 爱奇艺（2020-1-24—2021-1-23） 咪咕（2020-1-24—2021-1-23） 新浪微博（2020-1-24—2021-1-23） QQ 音乐（2020-1-24—2021-1-23） 酷狗音乐（2020-1-24—2021-1-23） 酷我音乐（2020-1-24—2021-1-23） 网易云音乐（2020-1-24—2021-1-23）

2020 年度第三批重点作品版权保护预警名单

按照国家版权局《关于进一步加强互联网传播作品版权监管工作的意见》及版权重点监管工作计划，根据相关网络服务商上报的作品授权情况，现公布 2020 年度第三批重点作品版权保护预警名单。

相关网络服务商应对版权保护预警名单内的重点作品采取以下保护措施：直接提供内容的网络服务商未经许可不得提供版权保护预警名单内的作品；提供存储空间的网络服务商应禁止用户上传版权保护预警名单内的作品；提供搜索链接的网络服务商、电子商务平台及应用程序商店应加快处理版权保护预警名单内作品权利人关于删除侵权内容或断开侵权链接的通知。

2020 年第三批重点作品版权保护预警名单

序号	名称	有关权利人	获得信息网络传播权的网络服务商
1	古董局中局之鉴墨寻瓷	上海腾讯企鹅影视文化传播有限公司	腾讯视频（2020-5-10—2070-12-31） 爱奇艺（2020-5-10—2025-5-9）
2	彼岸花	大晟时代影业（北京）有限公司	腾讯视频（2020-5-1—2030-4-30） 爱奇艺（2020-5-1—2030-4-30）
3	你是我的命中注定	上海腾讯企鹅影视文化传播有限公司	腾讯视频（2020-6-5—2070-12-31）
4	少年游之一寸相思	上海腾讯企鹅影视文化传播有限公司	腾讯视频（2020-6-8—2070-12-31） 优酷（2020-6-8—2025-6-7）
5	风归四时歌	上海腾讯企鹅影视文化传播有限公司	腾讯视频（2020-6-17—2070-12-31）
6	长相守	荣信达（上海）文化发展有限公司	优酷（2020-5-15—2032-5-14） 腾讯视频（2020-5-15—2023-5-14） 爱奇艺（2020-5-15—2023-5-14）
7	风味人间第二季	深圳市腾讯计算机系统有限公司	腾讯视频（2020-4-26—2070-12-31）
8	肥龙过江	上海博纳文化传媒有限公司	爱奇艺（2020-2-1—2035-3-1） 腾讯视频（2019-11-15—2029-11-14）
9	吹哨人	北京佳文映画文化传媒有限责任公司	字节跳动（2020-4-17—2030-1-22）
10	南方车站的聚会	麦颂影视	字节跳动（2020-5-1—2030-3-4）
11	两只老虎	北京光线影业有限公司	字节跳动（2020-4-3—2030-4-2）
12	误杀	福建恒业影业有限公司	字节跳动（2020-5-15—2030-3-12）
13	谁是被害者	瀚草影视文化事业股份有限公司	字节跳动（2020-7-5—2030-7-4）

续表

序号	名称	有关权利人	获得信息网络传播权的网络服务商
14	汤米贵大事业	中青新影文化传媒有限公司	字节跳动（2020-7-17—2030-7-16）
15	猎心之骨证	天津兔子洞影视文化传媒有限公司	字节跳动（2020-7-24—2030-7-23）
16	一生有你 2019	霍尔果斯壹生有你文化传媒有限公司	爱奇艺（2020-1-1—2069-12-31） 腾讯视频（2020-1-1—2069-12-31） 优酷（2020-1-1—2069-12-31）
17	倩女幽魂：人间情	金华吾道南来文化传媒有限公司	腾讯视频（2020-5-1—2029-12-26）
18	暖暖，请多指教	上海腾讯企鹅影视文化传播有限公司	腾讯视频（2020-5-13—2070-12-31）
19	爱我就别想太多	北京老有影视文化有限公司	优酷（2020-6-25—2030-6-24）

2020 年度第四批重点作品版权保护预警名单

按照国家版权局《关于进一步加强互联网传播作品版权监管工作的意见》及版权重点监管工作计划，根据相关权利人上报的作品授权情况，现公布 2020 年度第四批重点作品版权保护预警名单。

相关网络服务商应对版权保护预警名单内的重点院线电影采取以下保护措施：直接提供内容的网络服务商在影片上映期内不得提供版权保护预警名单内的作品；提供存储空间的网络服务商应禁止用户上传版权保护预警名单内的作品；各网络服务提供商应当加快处理版权保护预警名单内作品权利人关于删除侵权内容或断开侵权链接的通知。

各地版权行政执法监管部门应当对本地区主要网络服务商发出版权预警提示，加大版权监测监管力度。对于未经授权通过信息网络非法传播版权保护预警重点作品的，应当依法从严从快予以查处。

2020 年度第四批重点作品版权保护预警名单（院线电影）

序号	作品名称	相关权利人	上映日期
1	八佰	华谊兄弟	2020-8-21
2	荞麦疯长	光线影业	2020-8-25
3	我在时间尽头等你	阿里影业	2020-8-25
4	魔发精灵 2	环球影业	2020-8-21
5	小妇人	索尼影视	2020-8-25
6	信条	华纳兄弟	2020-9-4

2020 年度第五批重点作品版权保护预警名单

按照国家版权局《关于进一步加强互联网传播作品版权监管工作的意见》及版权重点监管工作计划，根据相关权利人上报的作品授权情况，现公布 2020 年度第五批重点作品版权保护预警名单。

相关网络服务商应对版权保护预警名单内的重点作品采取以下保护措施：直接提供内容的网络服务商未经许可不得提供版权保护预警名单内的作品；提供存储空间的网络服务商应当禁止用户上传版权保护预警名单内的作品；相关网络服务商应当加快处理版权保护预警名单内作品权利人关于删除侵权内容或断开侵权链接的通知。

各地版权行政执法监管部门应当对本地区主要网络服务商发出版权预警提示，加大版权监测监管力度。对于未经授权通过信息网络非法传播版权保护预警重点作品的，应当依法从严从快予以查处。

2020 年第五批重点作品版权保护预警名单

序号	名称	有关权利人	上映日期/获得信息网络传播权的网络服务商
1	花木兰	美国华特·迪士尼制片公司	上映日期：2020-9-11
2	中国好声音 2020	上海灿星文化传播有限公司	西瓜视频（2020-8-21—2023-8-20） 今日头条（2020-8-21—2023-8-20） 抖音（2020-8-21—2023-8-20） 新蓝网（2020-8-21—2023-8-20） 蓝天下（2020-8-21—2023-8-20） 中国蓝 TV（2020-8-21—2023-8-20）
3	无敌鹿战队第一季上	北京爱奇艺科技有限公司	爱奇艺（2020-7-15—2070-7-14）
4	征途	星皓影业有限公司	爱奇艺（2020-7-24—2040-9-23）
5	天气之子	北京光线影业有限公司	爱奇艺（2020-7-21—2029-7-18） 华视网聚（2020-7-21—2029-7-18）
6	锦绣南歌	上海克顿影视有限责任公司	腾讯视频（2020-7-1—2028-6-30） 云视听极光（2020-7-1—2028-6-30）
7	三十而已	上海柠萌影视传媒有限公司	腾讯视频（2020-7-17—2026-7-16） 云视听极光（2020-7-1—2028-6-30）
8	东京爱情故事 2020	日本富士电视台	今日头条（2020-8-11—2023-8-10） 西瓜视频（2020-8-11—2023-8-10） 抖音（2020-8-11—2023-8-10）
9	老闺蜜	星咖环球影业（北京）有限公司	今日头条（2020-8-15—2030-8-14） 西瓜视频（2020-8-15—2030-8-14） 抖音（2020-8-15—2030-8-14）
10	喋血战士	美国哥伦比亚影片公司	今日头条（2020-8-31—2025-8-30） 西瓜视频（2020-8-31—2025-8-30） 抖音（2020-8-31—2025-8-30）
11	大赢家	天津磨铁娱乐有限公司	今日头条（2020-3-20—2035-3-5） 西瓜视频（2020-3-20—2035-3-5） 抖音（2020-3-20—2035-3-5）
12	疯狂的外星人	欢欢喜喜（天津）文化投资有限公司	欢喜首映（2020-1-27—2030-1-26） 今日头条（2020-1-27—2030-1-26） 西瓜视频（2020-1-27—2030-1-26） 抖音（2020-1-27—2030-1-26）
13	妙先生	北京光线影业有限公司	爱奇艺（2020-8-7—2030-8-6） 华视网聚（2020-8-7—2030-8-6）
14	抵达之谜	嘉影上行（北京）文化传媒有限公司	爱奇艺（2020-8-15—2030-8-14） 华视网聚（2020-8-15—2030-8-14）
15	春江水暖	工厂大门（天津）影业有限公司	爱奇艺（2020-8-21—2070-12-31）
16	琉璃	欢瑞世纪（东阳）影视传媒有限公司	优酷（2020-8-6—2030-8-5） 芒果 TV（2020-8-6—2023-8-5）
17	平凡的荣耀	上海剧酷文化传播有限公司	优酷（2020-9-4—2028-9-3）
18	我好喜欢你	剧好影视制作（东阳）有限公司	优酷（2020-8-3—2070-8-2） 芒果 TV（2020-8-3—2023-8-2）
19	白色月光	西安五元春雷文化传媒有限公司	优酷（2020-8-19—2070-8-18）
20	生活像阳光一样灿烂	天津天逸盛华文化传播有限责任公司	优酷（2020-8-10—2030-8-9） 腾讯视频（2020-8-10—2023-8-9） 云视听极光（2020-8-10—2023-8-9） 爱奇艺（2020-8-10—2023-8-9） 芒果 TV（2020-8-10—2023-8-9）

2020 年度第六批重点作品版权保护预警名单

按照国家版权局《关于进一步加强互联网传播作品版权监管工作的意见》及版权重点监管工作计划，根据相关权利人上报的作品授权情况，现公布2020 年度第六批重点作品版权保护预警名单。

相关网络服务商应对版权保护预警名单内的重点院线电影采取以下保护措施：直接提供内容的网络服务商在影片上映期内不得提供版权保护预警名单内的作品；提供存储空间的网络服务商应禁止用户上传版权保护预警名单内的作品；相关网络服务提供商应当加快处理版权保护预警名单内作品权利人关于删除侵权内容或断开侵权链接的通知。

各地版权行政执法监管部门应当对本地区主要网络服务商发出版权预警提示，加大版权监测监管力度。对于未经授权通过信息网络非法传播版权保护预警重点作品的，应当依法从严从快予以查处。

2020 年度第六批重点作品版权保护预警名单（院线电影）

序号	作品名称	相关权利人	上映日期
1	夺冠	北京嘉映春天影业有限公司	2020-9-25
2	急先锋	中影（上海）国际文化传媒有限公司	2020-9-30
3	我和我的家乡	北京京西文化旅游股份有限公司	2020-10-1
4	姜子牙	北京光线影业有限公司	2020-10-1
5	一点就到家	北京嘉映春天影业有限公司	2020-10-4

2020 年度第七批重点作品版权保护预警名单

按照国家版权局《关于进一步加强互联网传播作品版权监管工作的意见》及版权重点监管工作计划，根据相关权利人上报的作品授权情况，现公布2020 年度第七批重点作品版权保护预警名单。

相关网络服务商应对版权保护预警名单内的重点院线电影采取以下保护措施：直接提供内容的网络服务商在影片上映期内不得提供版权保护预警名单内的作品；提供存储空间的网络服务商应禁止用户上传版权保护预警名单内的作品；相关网络服务提供商应当加快处理版权保护预警名单内作品权利人关于删除侵权内容或断开侵权链接的通知。

各地版权行政执法监管部门应当对本地区主要网络服务商发出版权预警提示，加大版权监测监管力度。对于未经授权通过信息网络非法传播版权保护预警重点作品的，应当依法从严从快予以查处。

2020 年度第七批重点作品版权保护预警名单（院线电影）

序号	作品名称	相关权利人	上映日期
1	一秒钟	欢喜传媒集团有限公司	2020-11-27
2	疯狂原始人 2	环球国际电影公司	2020-11-27
3	赤狐书生	安乐（北京）电影发行有限公司	2020-12-4
4	如果声音不记得	北京光线影业有限公司	2020-12-4
5	隐形人	环球国际电影公司	2020-12-4
6	猎杀 T34	华夏电影发行公司	2020-12-11

2020 年度第八批重点作品版权保护预警名单

按照国家版权局《关于进一步加强互联网传播作品版权监管工作的意见》及版权重点监管工作计划，根据相关权利人上报的作品授权情况，现公布2020 年度第八批重点作品版权保护预警名单。

相关网络服务商应对版权保护预警名单内的重点院线电影采取以下保护措施：直接提供内容的网络服务商在影片上映期内不得提供版权保护预警名单内的作品；提供存储空间的网络服务商应禁止用户上传版权保护预警名单内的作品；相关网络服务提供商应当加快处理版权保护预警名单内作品权利人关于删除侵权内容或断开侵权链接的通知。

各地版权行政执法监管部门应当对本地区主要网络服务商发出版权预警提示，加大版权监测监管力度。对于未经授权通过信息网络非法传播版权保护预警重点作品的，应当依法从严从快予以查处。

2020 年度第八批重点作品版权保护预警名单（院线电影）

序号	作品名称	相关权利人	上映日期
1	紧急救援	博纳影业	2020-12-18
2	神奇女侠 1984	华纳兄弟娱乐公司	2020-12-18
3	拆弹专家 2	阿里影业	2020-12-24
4	明天你是否依然爱我	引力影视投资有限公司	2020-12-24
5	心灵奇旅	华特・迪士尼制片公司	2020-12-25
6	温暖的抱抱	华谊兄弟影业	2020-12-31
7	送你一朵小红花	联瑞影业	2020-12-31

上海市知识产权保护条例

（2020年12月30日上海市第十五届人民代表大会常务委员会第二十八次会议通过）

第一章 总则

第一条 为了全面加强知识产权保护，激发创新创造活力，推动上海科技创新中心建设，营造国际一流的营商环境和创新环境，根据《中华人民共和国民法典》《中华人民共和国专利法》《中华人民共和国商标法》《中华人民共和国著作权法》等法律、行政法规，结合本市实际，制定本条例。

第二条 本条例适用于本市行政区域内知识产权保护、管理及相关活动。

本条例所称知识产权，是指权利人依法就下列客体享有的专有的权利：

（一）作品；

（二）发明、实用新型、外观设计；

（三）商标；

（四）地理标志；

（五）商业秘密；

（六）集成电路布图设计；

（七）植物新品种；

（八）法律规定的其他客体。

第三条 本市开展知识产权保护工作，遵循“严保护、大保护、快保护、同保护”的原则，坚持行政保护、司法保护与社会共治相结合，深化知识产权保护工作体制机制改革，构建制度完备、体系健全、环境优越的国际知识产权保护高地。

第四条 市、区人民政府应当加强对知识产权保护工作的领导，完善知识产权保护体系，成立知识产权联席会议，组织、指导和监督本行政区域内知识产权保护工作，研究制定知识产权保护重大政策和战略规划，统筹推进知识产权保护工作中的重大事项，具体工作由同级知识产权部门承担。

知识产权保护工作应当纳入国民经济和社会发展规划，并作为政府绩效考核的内容。

第五条 市、区知识产权部门负责组织、协调、实施知识产权保护工作，依法承担专利、商标、地理标志保护职责。

市版权部门依法负责全市版权保护工作，各区主管版权的部门负责本区内的版权保护工作。

市、区农业农村和林业部门依法负责植物新品种保护工作。

国有资产监管、经济信息化、科技、商务、公安、发展改革、财政、司法行政等有关部门按照各自职责，配合做好知识产权保护工作。

市知识产权部门应当发挥组织协调作用，与负有知识产权保护管理职责的其他部门紧密协同，牵头建立信息通报、要情会商、联合发文等工作机制。

第六条 本市按照知识产权保护的要求，整合优化执法资源，推进知识产权领域综合执法。

市、区市场监管、文化旅游等部门依据职责，依法查处专利、商标、地理标志、商业秘密、版权等方面的违法行为。

第七条 本市推进长江三角洲区域知识产权保护会商和信息共享，建立区域知识产权快速维权机制，完善立案协助、调查取证、证据互认及应急联动等工作机制，实施重大知识产权违法行为联合信用惩戒，实现知识产权执法互助、监管互动、信息互通、经验互鉴。

本市强化与其他省市知识产权保护协作，配合、协助外省市有关行政机关和司法机关做好调查取证、文书送达等工作。

第八条 本市拓宽知识产权对外合作交流渠道，加强与世界知识产权组织等国际组织的合作交流，构建与国际接轨的知识产权保护体系。

鼓励和支持社会组织依法开展知识产权保护国际交流合作。

第九条 本市对在知识产权保护方面作出显著贡献的单位和个人，按照有关规定予以表彰和奖励。

第十条 市、区人大常委会应当通过听取和审议专项工作报告、开展执法检查等方式，加强对知识产权保护工作的监督。

第二章　制度建设

第十一条　知识产权、版权、农业农村、林业、市场监管等部门（以下统称“知识产权相关管理部门”）应当为市场主体知识产权的取得、转移、权益保障等活动提供指引、指导和服务。

第十二条　知识产权相关管理部门应当会同有关部门引导高等院校、科研机构、企业等建立健全知识产权管理制度，落实知识产权管理规范。

国有资产监管部门及委托监管单位应当会同知识产权相关管理部门加强对本市国有企业知识产权保护工作的指导，明确并落实企业主要负责人履行知识产权管理和保护第一责任人制度，提高国有企业知识产权管理和保护水平。

第十三条　市知识产权部门应当推动专利快速审查机制建设，按照有关规定，为国家重点发展产业和本市战略性新兴产业等提供专利申请和确权的快速通道。

第十四条　本市建立知识产权评议制度。市、区人民政府应当在重大产业规划、高技术领域政府投资项目以及其他重大经济活动立项前，对项目所涉及的与技术相关的专利等知识产权状况进行分析、评估，防范知识产权风险。

第十五条　本市建立健全知识产权保护预警机制。知识产权相关管理部门应当加强对知识产权发展现状、趋势和竞争态势的监测、研究，对于具有重大影响的知识产权事件，及时向社会公布并就可能产生的风险发出预警。

知识产权相关管理部门应当会同商务部门、相关行业组织等对具有重大影响的国际知识产权事件以及国外知识产权法律修改变化情况进行分析、研究，为本市企业开展对外经贸、投资活动做好风险预警。

第十六条　本市完善知识产权对外转让审查制度。

根据国家规定，对于技术出口中涉及的知识产权对外转让，市知识产权部门应当会同市经济信息化、商务、科技等部门，制定和完善转让审查程序和规则，规范知识产权对外转让秩序，维护国家安全和重大公共利益；对于外国投资者并购境内企业中涉及的知识产权对外转让，本市相关部门应当配合国家有关部门做好审查工作。

第十七条　各级机关应当将计算机软件购置经费纳入财政预算，对通用软件实行政府集中采购。

市版权部门应当会同市电子政务、国有资产监管、经济信息化等部门对使用正版软件情况开展日常监管、督促检查及培训工作。

第十八条　本市加快推进知识产权领域信用体系建设，建立健全知识产权领域信息归集、信用评价和失信惩戒机制。依法将自然人、法人和非法人组织因侵犯知识产权等行为被司法判决或者行政处罚等信息纳入公共信用信息予以共享，推动开展以信用为基础的分级分类监管，对失信主体依法实施惩戒措施。

第十九条　本市按照国家要求，在创新知识产权保护工作机制和纠纷处理、涉外维权等方面先行先试，支持浦东新区建设知识产权示范城区，率先探索建立知识产权统一管理和执法的体制，探索成果条件成熟时可以在全市推广。

第三章　行政保护

第二十条　本市推进建立统一的知识产权信息化综合服务平台，知识产权相关管理部门应当结合政务服务“一网通办”、城市运行“一网统管”建设，优化政务服务流程，加强信息共享，实现知识产权相关事项办理一次登录、全网通办。

各类知识产权公共服务机构应当拓展服务领域，开展知识产权快速审查、快速登记、快速确权、快速监测预警、快速维权和检索查询等相关服务。

第二十一条　市知识产权部门应当建立健全本市重点商标保护名录制度，将在本市享有较高知名度、具有较大市场影响力、容易被侵权假冒的注册商标纳入重点保护范围。

市版权部门应当根据国家有关部门发布的版权预警重点保护名单，对本市主要网络服务商发出版权预警提示，加强对侵权行为的监测。文化旅游部门应当加强对未经授权通过信息网络非法传播版权保护预警重点作品的查处。

知识产权相关管理部门应当对知识产权侵权集中领域和易发风险区域加强监督检查，必要时可以开展专项行动或者联合执法。

第二十二条　知识产权、市场监管等部门应当积极引导申请人、代理机构依法进行商标注册申请、专利申请，依法查处不以使用为目的的恶意申请商标注册和非正常专利申请行为。

第二十三条　知识产权相关管理部门在查处知识产权违法行为过程中，发现不属于其管辖的案件线索，应当移交有管辖权的部门。司法机关在案件办理过程中，发现知识产权违法行为的线索，可以移交知识产权相关管理部门。

第二十四条　知识产权相关管理部门发现知识产权违法行为涉嫌犯罪，需要采取侦查措施进一步获取证据以判断是否达到刑事立案标准的，应当向公安机关移送。公安机关依法不予立案的，应当将案件予以退回。

接受案件移送的公安机关应当依法及时查处，并将查处信息反馈给移送的部门。

第二十五条　市知识产权、农业农村、林业部门对于专利、植物新品种侵权等纠纷，可以根据双方当事人的意愿先行调解；调解达成协议的，应当制作调解书。当事人不愿调解或者调解不成的，应当依法作出处理。

本市受理专利侵权纠纷案件实行立案登记制，依托“一网通办”，推行网上立案。市知识产权部门对当事人提交的申请材料，应当予以接收，并出具书面凭证。符合法定条件的，应当当场予以登记立案；不符合受理范围的，应当予以释明；提交材料不符合要求的，应当一次性书面告知在指定期限内予以补正。

第二十六条　本市建立知识产权技术调查员制度。

知识产权相关管理部门根据需要，选聘相关领域专家担任技术调查员，协助专利、技术秘密、计算机软件等专业技术性较强的知识产权案件的处理。具体选聘条件和程序，由知识产权相关管理部门确定并向社会公布。

第二十七条　任何单位和个人对于知识产权违法行为有权向知识产权相关管理部门进行投诉、举报。

知识产权相关管理部门应当完善知识产权投诉、举报处理机制，向社会公开受理渠道和方式，并在规定的时间内，依法作出处理。

知识产权相关管理部门应当及时将处理结果告知投诉、举报人；对于举报内容和举报人信息，依法予以保密。

第四章　司法保护

第二十八条　本市建立和完善知识产权保护行政执法和司法保护衔接机制，推动行政机关和司法机关在违法线索、监测数据、典型案例等方面的信息互通共享。

人民法院应当深入推进知识产权民事、刑事、行政案件“三合一”审判机制改革，通过繁简分流、在线诉讼等方式，提高知识产权案件审判效率。

第二十九条　人民法院应当加强知识产权诉讼指引。强化举证责任分配、举证不能法律后果等释明，鼓励当事人充分利用公证、电子数据平台等第三方保全证据方式收集、固定证据。

第三十条　本市加大知识产权侵权赔偿力度，对情节严重的故意侵权行为，依法判令其承担惩罚性赔偿责任。

第三十一条　人民法院、人民检察院应当完善法律适用统一机制建设。通过发布典型案例、编撰类案办案指南等方式加强案例指导，促进法律适用的统一。

第三十二条　本市建立知识产权调解协议司法确认机制。当事人向人民法院申请确认知识产权调解协议的，人民法院应当依法予以审查，并作出是否确认的决定。

第三十三条　本市依法探索推进知识产权领域公益诉讼工作。

人民检察院可以通过诉前检察建议、督促起诉、支持起诉等方式，依法开展知识产权公益诉讼工作。

第三十四条　人民检察院应当充分发挥法律监督职能，依法有效开展对知识产权民事、刑事、行政案件等相关法律监督工作，加大侵犯知识产权犯罪打击力度，严格追究刑事责任。

第五章　社会治理

第三十五条　本市加强知识产权保护法治宣传，营造有利于创新创造的社会环境。

市知识产权部门应当会同有关部门定期编制本市知识产权保护白皮书和典型案例。

知识产权相关管理部门、司法机关应当会同宣传、司法行政等部门通过以案释法等方式，开展法治宣传，结合世界知识产权日、世界读书与版权日、中国品牌日等宣传活动，提升全社会知识产权保护意识。

第三十六条　高等院校、科研机构、企业应当建立健全知识产权内部管理和保护制度，提高保护意识，强化保护措施，增强自我保护能力。

鼓励和支持高等院校开设知识产权保护课程，培养知识产权保护专业人才；鼓励和支持高等院校、科研机构、企业通过市场化机制引进国内外高层次知识产权保护人才。

第三十七条　行业组织应当加强自律管理，建立健全知识产权维权保护规范，将知识产权保护内容纳入团体标准和示范合同文本；督促会员配合知识产权相关管理部门开展行政执法工作，对侵犯他人知识产权的会员进行规劝惩戒，并将规劝惩戒情况通报知识产权相关管理部门。

知识产权部门应当支持知识产权服务行业组织发展，推动建立行业服务标准，提升服务能级，提高服务质量。

第三十八条　本市推动建立知识产权合规性承诺制度。参加政府采购和招标投标、政府资金扶持、参评奖项等活动的，应当向有关主管部门提交不存在侵犯他人知识产权的书面承诺，并在签订协议时约定违背承诺的责任。

鼓励自然人、法人和非法人组织在合同中约定知识产权合规性承诺的内容以及相应的违约责任。

第三十九条　本市举办大型展示、展览、推广、交易等会展活动，会展举办单位应当要求参展方提交未侵犯他人知识产权的合规性书面承诺或者知识产权相关证明文件。未按照要求提交的，会展举办单位不得允许其参加会展相关活动。

会展举办单位可以根据会展规模、期限等情况，自行或者与仲裁机构、行业协会、知识产权服务机构等设立会展知识产权纠纷处理机构。

市知识产权部门应当会同市商务等部门制定会展知识产权保护规则，推动知识产权保护条款纳入会展活动相关合同示范文本。

第四十条　电子商务平台经营者应当建立知识产权内部管理机制和侵权快速反应机制，及时处理相关知识产权纠纷，维护电子商务领域知识产权权利人的合法权益。

市知识产权部门应当会同市商务等部门制定电子商务知识产权保护指引，规范电子商务平台经营者的侵权投诉处理行为，引导和督促电子商务平台经营者履行知识产权保护义务。

第四十一条　支持本市仲裁机构开展知识产权纠纷仲裁。

鼓励本市仲裁机构加强知识产权仲裁专业化建设，广泛吸纳知识产权专业人才参与仲裁工作。

支持境外知名仲裁及争议解决机构在本市依法开展知识产权仲裁业务。

第四十二条　鼓励行业协会、知识产权服务机构、国际贸易促进机构等依法成立行业性、专业性调解组织。

支持各类调解组织开展知识产权纠纷调解工作，提供便捷、高效的知识产权调解服务，引导当事人通过调解方式，解决知识产权纠纷。

知识产权相关管理部门、司法行政部门应当对调解组织开展知识产权纠纷调解提供必要的支持和指导，并加强与人民法院的协调和配合，提高调解工作的质量和水平。

第四十三条　鼓励公证机构创新公证证明和公证服务方式，依托电子签名、数据加密、区块链等技术，提供原创作品保护、知识产权维权取证等公证服务。

第四十四条　本市完善海外知识产权维权援助机制，加强对企业海外维权的行政指导与维权援助。商务、市场监管、知识产权等部门设立的海外维权机构应当为企业和其他组织在海外处理知识产权纠纷提供信息、法律等方面的支持。

支持重点行业、企业建立知识产权海外维权联盟，促进联盟成员在知识产权保护领域的交流与合作。

第四十五条　知识产权相关管理部门应当加强与电子商务平台经营者、行业组织、社会专业机构等合作，借助大数据、人工智能和区块链等数字新技术，在涉案线索和信息核查、重点商品流向追踪、重点作品网络传播、知识产权流转、侵权监测与识别、取证存证和在线纠纷解决等方面，推动知识产权治理创新。

第六章　附则

第四十六条　本条例自 2021 年 3 月 1 日起施行。

深圳经济特区知识产权保护条例

（2018年12月27日深圳市第六届人民代表大会常务委员会第二十九次会议通过，根据2020年6月30日深圳市第六届人民代表大会常务委员会第四十二次会议《关于修改〈深圳经济特区知识产权保护条例〉的决定》修正）

第一章　总则

第一条　为了加强知识产权保护工作，激发创新活力，建设现代化国际化创新型城市，打造具有世界影响力的创新创意之都，根据法律、行政法规的基本原则，结合深圳经济特区（以下简称特区）实际，制定本条例。

第二条　特区知识产权保护工作机制、行政执法、司法保护、公共服务、自律管理、信用监管等适用本条例。

本条例所称知识产权，是指权利人依法就下列客体享有的专有的权利：

（一）作品；

（二）发明、实用新型、外观设计；

（三）商标；

（四）地理标志；

（五）商业秘密；

（六）集成电路布图设计；

（七）植物新品种；

（八）法律规定的其他客体。

第三条　深圳市人民政府（以下简称市人民政府）以及各区人民政府应当将知识产权保护工作纳入国民经济和社会发展规划，加强知识产权保护的教育、培训、宣传、行政执法和经费保障，完善知识产权保护工作机制，营造崇尚创新、诚信守法的知识产权保护环境。

第四条　市人民政府知识产权主管部门（以下简称市主管部门）负责知识产权保护工作的统筹协调与组织实施，依法履行知识产权保护工作职责。

发展改革、工业和信息化、科技创新、财政、文化广电旅游体育、公安、司法行政、海关等依法负有知识产权保护工作职责的管理部门，根据有关法律、法规以及本条例的规定，履行知识产权保护工作职责。

第五条　市主管部门应当每年发布知识产权保护工作情况报告。

第六条　建立和完善多元化知识产权纠纷处理机制，实现知识产权行政执法、司法审判、仲裁、调解等工作的有效衔接。

第七条　中国（广东）自由贸易试验区深圳前海蛇口片区和深港科技创新合作区可以在创新知识产权保护工作机制和纠纷处理、涉外维权、综合执法等方面先行先试，提供便捷高效服务，建设知识产权保护工作示范区，其探索成果条件成熟时可以在全市推广。

第八条　市人民代表大会常务委员会应当加强对知识产权保护工作的监督，听取市人民政府有关知识产权保护工作的专项报告。

第二章　工作机制

第九条　市人民政府应当加强与粤港澳大湾区其他城市的知识产权保护交流与合作，推动知识产权保护跨境协作、纠纷解决、信息共享、学术研究、人才培养等工作。

第十条　市人民政府设立市知识产权联席会议，建立知识产权保护工作协调机制，推动解决知识产权保护工作中的重大问题。

联席会议由市人民政府负责人召集，每年至少召开一次。联席会议的日常工作由市主管部门承担。

第十一条　完善知识产权工作情况通报制度。联席会议成员单位发现属于其他部门管辖的知识产权案件线索时，应当及时书面通报有管辖权的部门。

有管辖权的部门接到通报后，应当依法及时查处。

第十二条　市、区人民政府应当建立知识产权评议制度，对重大产业规划、重大政府投资项目以及重大经济科技活动进行知识产权评议，提高创新效率，防范知识产权风险。

第十三条　市人民政府应当建立知识产权保护工作考核机制，对区人民政府、市主管部门以及其他管理部门依法履行知识产权保护工作职责的情况进行考核。

市、区人民政府应当按照有关规定对在知识产权保护工作中作出突出贡献的集体和个人给予表彰。

第十四条　市主管部门以及其他管理部门应当根据知识产权保护工作的需要，开展知识产权保护专项行动，加大宽带移动互联网、云计算、物联网、大数据、高性能计算、移动智能终端等新领域新业态知识产权保护力度。

第十五条　公安机关应当依法履行知识产权保护工作职责，加大对知识产权犯罪行为打击力度，并协同市主管部门以及其他管理部门开展相关行政执法工作。

第十六条　公安机关对于移送的涉嫌知识产权犯罪案件，应当在规定时限内决定是否受理，并书面告知移送案件的部门。经审查不属于其管辖的，应当转送有管辖权的部门，并书面告知移送案件的部门。

公安机关受理的涉嫌知识产权犯罪案件，涉案物品在提取证据依法封存后，具备条件的可以交市公物仓保管。

第十七条　公证机构对符合法律、法规规定的知识产权证据保全公证申请，应当自受理公证申请之日起五个工作日内向当事人出具公证书。但是，因不可抗力、需要补充证明材料或者核实有关情况的，所需时间不计算在期限内。

公证机构违反前款规定的，由市司法行政部门予以警告；情节严重的，处以二万元以上五万元以下罚款。

第十八条　除涉嫌知识产权犯罪的案件外，市主管部门以及其他管理部门在知识产权案件立案前或者立案后，可以自行或者委托相关组织进行调解。权利人提出给予损失数额五倍以内赔偿的，可以予以支持。立案前达成调解协议并履行完毕的，可以不予立案。立案后达成调解协议并履行完毕的，可以依法从轻、减轻处罚；没有损害第三人合法权益和公共利益的，可以免除处罚。

第十九条　市人民政府设立的知识产权保护中心履行下列职责：

（一）承担国家知识产权主管部门委托的知识产权申请受理、快速审查和快速确权工作；

（二）宣传推广知识产权相关知识，促进企业知识产权自主创新；

（三）提供知识产权保护业务咨询、分析预警、维权指引、快速维权、政策研究等公益性服务；

（四）建立行政机关、司法机关、仲裁机构、调解组织和公证机构等共同参与的知识产权一站式协同保护平台，加强知识产权行政执法、纠纷调解、司法确认、鉴定评估、存证固证、仲裁、公证、法律服务等工作的衔接和联动；

（五）对知识产权保护工作提出意见和建议；

（六）市人民政府规定的其他职责。

区人民政府可以根据知识产权保护工作的实际需要，设立区知识产权保护公共服务机构。

第二十条　市人民政府应当建立技术调查官制度，配备技术调查官，为知识产权行政执法活动提供专业技术支持，履行下列职责：

（一）对技术事实调查范围、顺序、方法等提出意见；

（二）参与调查取证，并对其方法、步骤和注意事项等提出意见；

（三）提出技术调查意见；

（四）完成其他相关工作。

为知识产权行政执法配备技术调查官的具体办法由市人民政府另行制定。

第二十一条　市中级人民法院可以配备技术调查官，为知识产权案件审理活动提供专业技术支持，履行下列职责：

（一）对技术事实调查范围、顺序、方法等提出意见；

（二）参与调查取证、勘验、保全，并对其方法、步骤和注意事项等提出意见；

（三）参与询问、听证、庭前会议、开庭审理；

（四）提出技术调查意见；

（五）协助法官组织鉴定人、相关技术领域的专业人员提出意见；

（六）根据需要列席合议庭评议等有关会议；

（七）完成其他相关工作。

为知识产权案件审理配备技术调查官的具体办法由市中级人民法院另行制定。

第三章　行政执法

第二十二条　市主管部门以及其他管理部门查处知识产权案件时，可以采取下列措施：

（一）现场检查；

（二）查阅、复制、暂扣或者封存当事人的经营记录、网络销售记录、票据、财务账册、合同等资料；

（三）要求当事人在规定期限内对案件事实进行说明并提交相应材料；

（四）查封、扣押、登记、保存涉嫌侵权的产品、物品；

（五）采用测量、拍照、摄像等方式进行现场勘查；

（六）涉嫌侵犯他人方法专利权的，要求当事人进行现场演示，但是应当采取保护措施，防止泄密，并固定相关证据。

第二十三条　市主管部门以及其他管理部门在知识产权行政执法过程中，需要技术支持的，可以邀请行业协会、知识产权服务机构等派员协助现场调查取证。

邀请协助现场调查取证的，市主管部门以及其他管理部门应当对涉案信息采取保护措施，防止泄密。协助调查取证人员与案件有利害关系的，应当回避。

第二十四条　知识产权侵权行为违法经营额按照下列方法计算：

（一）侵权产品已全部销售的，价值按照实际销售价格计算；

（二）侵权产品已部分销售、部分未销售（含制造、储存、运输中）的，已销售的侵权产品价值按照实际销售价格计算，未销售的侵权产品价值按照已销售的侵权产品的实际销售平均价格计算；

（三）侵权产品未销售（含制造、储存、运输中）的，价值按照标价计算；没有标价或者标价明显与产品价值不符的，按照被侵权产品的市场中间价格计算；

（四）侵权产品无实际销售价格或者无法查清实际销售价格的，按照被侵权产品的市场中间价格计算。

前款所称违法经营额是指侵权人在实施侵犯他人知识产权行为过程中，制造、储存、运输、销售侵权产品的价值；前款第三项所称标价包含已经签订的供货合同、销售合同中确定的供货价格和销售价格，但是单纯收取加工费的来料加工合同中的合同价格除外。

第二十五条　被侵权产品属于不进行市场单独销售的配件或者产品组成部分的，可以按照权利人生产、制造、加工的成本价格计算违法经营额；无法确定成本价格的，可以按照更换、维修价格计算违法经营额。

被侵权产品只在境外销售的，按照离岸价格计算违法经营额；无法查明离岸价格的，可以参考同类合格产品的国际市场中间价格或者国内市场中间价格计算违法经营额。

侵权人在不同时间多次实施侵权行为，未经行政处理的，其违法经营额应当累计计算。

第二十六条　被侵权产品的市场中间价格按照被侵权人已公布的同种产品官方指导零售价格确定，没有公布官方指导零售价格的，按照下列方法确定：

（一）同一市场有多个商家销售同种被侵权产品的，抽样调取其中若干商家的零售价，取其平均值确定市场中间价格；只有一个商家销售的，按该商家的零售价确定市场中间价格；

（二）市场没有同种被侵权产品销售的，按照此前市场同种被侵权产品销售的中间价格确定，或者按照市场有销售的与侵权产品在功能、用途、主要用料、设计、配置等方面相同或相似的同类被侵权产品的市场中间价格确定；

（三）以许可方式分销的，按照许可费确定；分销给多个被许可人的，按照许可费的平均值确定。取得许可的权利人未再许可他人使用的，按照其取得许可的许可费确定，或者参照其他权利人的同一或者同类分销产品的许可费平均值确定。

按照前款规定难以确定市场中间价格的，可以由价格鉴定机构鉴定后确定，也可以由市主管部门或者其他管理部门结合前款规定，按照有利于权利人的原则予以确定。

第二十七条　市主管部门以及其他管理部门在查处知识产权侵权案件时，涉嫌侵权人无正当理由拒不提供或者逾期未提供相关证明材料的，根据查明的事实认定构成侵权后，可以对侵权人从重处罚。

第二十八条　权利人或者利害关系人投诉知识产权侵权行为，市主管部门或者其他管理部门对有证据证明存在侵权事实的，可以先行发布禁令，责令涉嫌侵权人立即停止涉嫌侵权行为，并依法处理。发布禁令前，可以要求权利人或者利害关系人提供适当担保。经调查，侵权行为不成立的，应当及时解除禁令。

涉嫌侵权人对禁令不服的，可以依法申请行政复议或者提请行政诉讼。

涉嫌侵权人拒不执行禁令停止涉嫌侵权行为，经认定构成侵权的，按照自禁令发布之日起的违法经营额的两倍处以罚款。违法经营额无法计算或者违法经营额五万元以下的，处以三万元以上十万元以下罚款。

第二十九条　市主管部门或者其他管理部门依照本条例第二十八条规定发布禁令之后，可以根据需要通知电子商务平台经营者在规定期限内采取删除、屏蔽、断开链接、终止交易和服务等必要措施协助执行禁令，接到通知的电子商务平台经营者应当及时予以配合。

接到通知的电子商务平台经营者无正当理由拖延、拒绝配合执行禁令的，由市主管部门或者其他管理部门依照《中华人民共和国电子商务法》的相关规定予以处罚。

第三十条　侵权人因侵犯他人知识产权受到罚款处罚后，自行政处罚决定书生效之日起五年内再次侵犯同一知识产权，或者五年内三次以上侵犯他人知识产权的，市主管部门以及其他管理部门可以按照有关法律、法规规定的相应罚款数额予以双倍处罚。

第四章　司法保护

第三十一条　人民法院、人民检察院、公安机关应当依法履行知识产权保护职责，在办理知识产权案件中分工负责，互相配合，强化知识产权司法保护。

加强知识产权行政执法与刑事司法衔接，建立行政机关和司法机关信息共享、案件移送、协调配合、监督制约、责任追究等工作机制，保证涉嫌知识产权犯罪案件依法及时进入司法程序。

第三十二条　人民法院、人民检察院、公安机关应当依照有关规定协商统一知识产权刑事案件的立案、追诉和裁判标准，并向社会公开。

第三十三条　人民法院应当深入推进知识产权民事、刑事、行政案件“三合一”审判机制改革。

人民法院可以对外观设计类以及部分实用新型类案件实行集中快速审理，提高专利侵权纠纷案件审判效率。

人民法院应当建立健全全领域知识产权保护案例指导机制和重大案件公开审理机制。

第三十四条　人民法院审理知识产权民事案件，主张权利的一方已经尽力举证，且提供了另一方持有相关证据的初步证据时，人民法院可以责令另一方提供其所掌握的相关证据；另一方无正当理由拒不提供或者提供虚假证据的，人民法院可以推定主张权利的一方关于该证据的主张成立。

第三十五条　在知识产权民事诉讼中，当事人及其代理诉讼的律师因客观原因不能自行收集证据时，代理诉讼的律师可以申请人民法院签发调查令，由代理诉讼的律师持调查令向接受调查的单位、组织或者个人调查收集相关证据。有关单位、组织或者个人应当予以配合。

接受调查的单位、组织或者个人无正当理由拖延、拒绝调查的，人民法院可以根据情节轻重，依照《中华人民共和国民事诉讼法》有关妨害民事诉讼的规定予以处罚。

第三十六条　故意侵犯知识产权情节严重的，由人民法院依照国家法律的规定决定适用惩罚性赔偿。有下列情形之一的，可以在国家法律规定的幅度内，从重确定惩罚性赔偿数额：

（一）与权利人之间的代理、许可关系终止后未经权利人同意继续实施代理、许可行为构成侵权并给权利人造成重大损失；

（二）拒不履行人民法院行为保全裁定继续实施相关侵权行为；

（三）在人民法院作出认定侵权行为成立的裁决后再次实施相同侵权行为；

（四）拒不执行本条例第二十八条规定的禁令，导致权利人损失扩大；

（五）在行政机关作出认定侵权行为成立的行政处理决定后再次实施相同侵权行为；

（六）其他需要从重确定惩罚性赔偿数额的情形。

第五章　公共服务

第三十七条　市主管部门应当加强知识产权信息化建设，建立知识产权保护综合信息库，实现行政机关、司法机关、行业协会、知识产权服务机构之间信息共享，为知识产权保护提供政策指导、技术咨询、信息情报等公共服务。

市主管部门应当建立知识产权纠纷网上处理机制。

第三十八条　市主管部门以及其他管理部门应当建立健全知识产权预警和引导机制，加强知识产权发展现状、趋势和竞争态势的监测、研究，为相关产业和企业及时提供预警和引导服务。

对于具有重大影响的知识产权事件，市主管部门以及其他管理部门应当及时向社会公布并就可能产生的风险发出预警。

第三十九条　市主管部门应当会同相关部门制定知识产权服务业发展规划，鼓励和支持知识产权咨询、培训、代理、鉴定、评估、运营、大数据运用等知识产权服务业发展。

第四十条　市主管部门应当组织开展公益性知识产权专业培训，加强知识产权人才培养。

培训可以委托高等院校、科研机构、相关行业协会和知识产权服务机构等承办。

第四十一条　市主管部门以及其他管理部门应当加强知识产权法律、法规的宣传教育，普及知识产权相关知识，增强全社会知识产权保护意识。

第四十二条　市主管部门会同司法行政部门提

供知识产权保护相关法律咨询、代理、法律援助、公证、司法鉴定、法律专业培训等公共法律服务。

公共法律服务可以通过购买服务的方式提供。

第四十三条　市主管部门会同有关部门加强对高等院校、科研机构、行业协会、知识产权服务机构以及高新技术企业等相关单位的知识产权管理指引，引导其建立和完善内部保护机制。

市主管部门应当会同有关部门编制发布企业知识产权保护指南，制定合同范本、维权流程等操作指引，鼓励企业加强风险防范机制建设。

第四十四条　支持仲裁机构、人民调解组织以及商事调解、行业调解组织开展知识产权纠纷仲裁、调解，公平、高效处理知识产权纠纷。

鼓励行业协会、知识产权服务机构等建立知识产权纠纷解决机制，为当事人提供便捷、高效的知识产权纠纷处理服务。

市主管部门、司法行政部门应当对行业协会、知识产权服务机构等建立知识产权纠纷处理机制提供必要的支持和指导。

第四十五条　市人民政府应当加强境外知识产权保护协助工作，建立境外维权援助服务平台，发挥国家知识产权海外维权应对指导中心深圳分中心作用，提供境外知识产权纠纷应对指导，健全境外知识产权纠纷预警防范机制，跟踪境外知识产权法律修改变化动态，及时发布风险预警提示信息，为企业和其他组织在境外处理知识产权纠纷提供专家、信息、法律等方面的支持。

支持重点行业、企业建立知识产权境外维权联盟，促进联盟成员在知识产权保护领域的交流与合作。

鼓励保险机构开展知识产权境外侵权责任险、专利执行险、专利被侵权损失险等保险业务。

第四十六条　支持行业协会、知识产权服务机构等建立知识产权保护服务平台，提供对外投资、参加展会、招商引资、产品或者技术进出口业务的知识产权状况检索、查询等服务。

支持行业协会、知识产权服务机构等开展知识产权托管业务。

第四十七条　支持志愿者组织以及志愿者参与知识产权保护相关活动，调动社会力量参与知识产权保护治理。

第六章　自律管理

第四十八条　企业事业单位应当提高知识产权保护意识，建立健全知识产权保护制度，强化合规管理，增强自我保护能力。

第四十九条　企业可以与员工签订商业秘密保密协议，约定双方在保守本企业和第三人商业秘密方面的权利义务。

第五十条　企业事业单位在开展对外投资、参加展会、招商引资、产品或者技术进出口业务时，应当及时检索、查询有关国家或者地区的相关知识产权情况。

第五十一条　鼓励建立知识产权相关行业协会和产业联盟。

行业协会、产业联盟应当指导和帮助会员、联盟成员提高知识产权保护意识，建立和完善知识产权保护制度，为会员、联盟成员提供知识产权保护业务培训、信息咨询、预警、维权援助等服务。

第五十二条　鼓励和支持知识产权相关行业协会、产业联盟制定知识产权保护公约，规范会员、联盟成员的行为，尊重和保护知识产权。

知识产权相关行业协会、产业联盟可以根据章程或者公约对侵犯他人知识产权的会员、联盟成员进行规劝惩戒，并将规劝惩戒情况通报市主管部门。

第五十三条　推动建立知识产权合规性承诺制度。

参加政府投资项目、政府采购和招标投标、政府资金扶持、表彰奖励等活动的，应当向有关主管部门提交未侵犯他人知识产权的书面承诺，并在签订协议时约定违背承诺的责任。

鼓励自然人、法人和非法人组织在合同中约定知识产权合规性承诺的内容以及相应的违约责任。

第五十四条　电子商务平台经营者应当建立知识产权侵权投诉处理机制，加强知识产权保护。

电子商务平台经营者处理实用新型和外观设计专利侵权投诉时，可以运用国家知识产权主管部门出具的专利权评价报告快速处理。

第五十五条　展会主办单位和承办单位应当依法维护知识产权权利人的合法权益。展会主办单位或者承办单位应当要求参展方提交未侵犯他人知识产权的合规性书面承诺，必要时可以要求参展方提供知识产权相关证明文件，对参展项目的知识产权状况进行合规性审查。

参展方未提交书面合规性承诺或者未按照要求提供知识产权相关证明文件的，展会主办单位或者承办单位不得允许其参加展会特定活动或者可以取消其参展资格；参展方提供虚假书面合规性承诺或者违背合规性承诺的，展会主办单位或者承办单位应当取消其参展资格并清理出场。

第五十六条　展会举办时间三天以上的，展会主办单位或者承办单位应当自行或者与仲裁机构、行业协会、知识产权服务机构等设立展会知识产权纠纷处理机构，并在展会显著位置予以公示。

展会主办单位、承办单位或者其设立的展会知识产权纠纷处理机构认为参展产品构成侵权，参展方无法在限定时间内证明未侵权的，展会主办单位或者承办单位应当立即责令参展方撤下参展的侵权产品，并移送市主管部门或者其他管理部门依法处理。

第五十七条　参展方在同一展会主办单位举办或者承办单位承办的展会活动上再次侵犯他人知识产权，或者在展会期间两次以上侵犯他人知识产权的，展会主办单位或者承办单位应当在两年内禁止该参展方参加其举办或者承办的展会活动。

第五十八条　展会主办单位或者承办单位违反本条例第五十五条至五十七条规定的，由市主管部门或者其他管理部门责令改正；拒不改正或者情节严重的，责令停办展会。

第七章　信用监管

第五十九条　市主管部门应当建立健全知识产权信用评价、诚信公示和失信联合惩戒机制，将自然人、法人和非法人组织的下列知识产权失信违法信息纳入公共信用信息系统：

（一）知识产权司法裁判和行政处罚；

（二）涉嫌侵犯他人知识产权，隐匿证据、拒不接受调查，妨碍行政执法；

（三）在政府投资项目、政府采购和招标投标、政府资金扶持、表彰奖励等活动中被认定侵犯他人知识产权；

（四）在政府投资项目、政府采购和招标投标、政府资金扶持、表彰奖励等活动中提供虚假知识产权申请材料或者违背知识产权合规性承诺；

（五）其他应当纳入的侵犯他人知识产权的信息。

第六十条　市、区人民政府及其职能部门在开展与知识产权相关的政府投资项目审批、政府采购和招标投标、政府资金扶持、表彰奖励等行政管理活动时，应当查询相关自然人、法人和非法人组织的知识产权公共信用状况。

自然人、法人和非法人组织有下列情形之一的，五年内不得承接政府投资项目、参加政府采购和招标投标、申请政府相关扶持资金和表彰奖励：

（一）提供虚假知识产权申请材料的；

（二）拒不执行生效的知识产权行政处理决定或者司法裁判的；

（三）侵犯他人知识产权构成犯罪的；

（四）有其他侵犯他人知识产权的行为造成重大社会影响的。

有前款规定情形且情节特别严重的，可以永久性禁止其承接政府投资项目、参加政府采购和招标投标、申请政府相关扶持资金和表彰奖励。

第六十一条　建立知识产权失信违法重点监管名单制度。

市主管部门可以根据自然人、法人和非法人组织知识产权失信违法严重程度，确定重点监管名单，并向社会公布。

第六十二条　权利人或者利害关系人对公共信用信息系统披露的知识产权相关信息有异议的，可以提出异议申请，并提交相关证据，由有关部门按照公共信用信息管理的相关规定处理。

第八章　附则

第六十三条　本条例自 2019 年 3 月 1 日起施行，2008 年 4 月 1 日市人民代表大会常务委员会通过的《深圳经济特区加强知识产权保护工作若干规定》同时废止。

版

年度表彰

NIAN DU BIAO ZHANG

权

2020 年“中国版权金奖”获奖名单

［编者按］ 2020 年 12 月 2 日，国家版权局公布了 2020 年“中国版权金奖”获奖名单。“中国版权金奖”是中国国家版权局与世界知识产权组织（WIPO）开展的合作项目，设立于 2008 年，每两年评选一次，是中国版权领域最高奖项，也是中国版权领域唯一的国际奖项。2020 年“中国版权金奖”设作品奖 6 个、推广运用奖 5 个、保护奖 5 个和管理奖 4 个。

一、作品奖

1.《三体》三部曲（文字作品，作者：刘慈欣）

2.《中华文明的核心价值》（文字作品，作者：陈来）

3.《大江大河》（电视剧作品，制片者：东阳正午阳光影视有限公司）

4.《攀登者》（电影作品，制片者：上海电影（集团）有限公司）

5.《古剑奇谭》（计算机软件，著作权人：北京网元圣唐娱乐科技有限公司）

6.《孔子》（舞蹈作品，著作权人：中国歌剧舞剧院）

二、推广运用奖

1. 中央宣传部宣传舆情研究中心（“学习强国”学习平台）

2. 江苏凤凰出版传媒股份有限公司

3. 北京国际版权交易中心

4. 北京版淘科技有限公司

5. 江西省景德镇陶溪川文创街区

三、保护奖

1. 最高人民法院民事审判第三庭第五合议庭

2. 贵州省遵义市人民检察院

3. 江苏省扬州市公安局

4. 山东省潍坊市文化市场综合执法支队

5. 广东省佛山市版权局

四、管理奖

1. 北京市版权局版权管理处

2. 浙江省义乌市市场监督管理局

3. 四川省版权事务中心

4. 中国音像著作权集体管理协会

2020 年度查处重大侵权盗版案件有功单位及个人

［编者按］ 2021 年，国家版权局先后印发《关于奖励 2020 年度查处重大侵权盗版案件（第一批）的决定》（国版发函〔2021〕20 号）、《关于奖励 2020 年度查处重大侵权盗版案件（第二批）的决定》（国版发函〔2021〕21 号）、《关于奖励 2020 年度查处重大侵权盗版案件（第三批）的决定》（国版发函〔2021〕22 号），对在 2020 年度查处侵权盗版案件工作中做出突出贡献的 219 家有功单位及 338 名有功个人给予奖励。

第一批

【有功单位】

1. 公安部食品药品犯罪侦查局知识产权和制售伪劣商品犯罪侦查处

2. 最高人民法院民事审判第三庭第六组

3. 最高人民检察院第四检察厅第一办案组

4. 北京市朝阳区人民法院刑事审判庭

5. 天津“9・9”销售侵权盗版图书案专案组（天津市人民检察院第一分院第四检察部、天津市武清区人民检察院第三检察部、天津市公安局武清分局打击犯罪侦查支队八大队、天津市武清区文化市场行政执法支队）

6. 河北邢台求知书店侵犯著作权案专案组（河北省邢台市委宣传部、河北省邢台市文化市场综合行政执法局、河北省邢台市公安局、河北省邢台市中级人民法院、河北省邢台市人民检察院）

7. 吉林长春“12・9”制售盗版教材案专案组（吉林省长春市委宣传部版权管理处、吉林省长春市文化市场综合行政执法支队、吉林省长春市二道区人民检察院）

8. 上海市文化和旅游局执法总队三支队

9. 上海侵犯乐高玩具著作权案专案组（上海市公安局经济犯罪侦查总队食品药品环境犯罪侦查支队、上海市人民检察院第三分院第六检察部）

10. 上海潘某某侵犯立体美术作品著作权案专案组（上海市浦东新区人民检察院第七检察部、上海市浦东新区人民法院知识产权审判庭）

11. 上海“平民解析网”侵犯著作权系列案专案组（上海市长宁区人民检察院第三检察部、上海市公安局长宁分局经侦支队）

12. 江苏省委宣传部版权管理处

13. 江苏省通信管理局网络安全管理处

14. 江苏徐州王某某侵犯网络游戏著作权案专案组（江苏省徐州市版权局版权处、江苏省徐州市中级人民法院民三庭、江苏省徐州市人民检察院第四检察部）

15. 江苏淮安“2・22”销售侵权盗版图书案专案组（江苏省淮安市版权局、江苏省淮安市文化市场综合执法支队、江苏省淮安市公安局淮阴分局、江苏省淮安市人民检察院、江苏省淮安市中级人民法院）

16. 江苏淮安吴某某侵犯著作权案专案组（江苏省淮安市“扫黄打非”工作领导小组办公室、江苏省淮安市公安局治安警察支队、江苏省淮安市涟水县公安局、江苏省淮安市涟水县版权局）

17. 江苏扬州“2・15”侵犯影视作品著作权案专案组（江苏省扬州市公安局网络安全保卫支队、江苏省扬州市公安局技术侦察支队特侦大队、江苏省扬州市中级人民法院、江苏省扬州市公安局邗江分局治安大队、江苏省扬州市公安局邗江分局西湖派出所）

18. 江苏仪征刘某某等侵犯著作权案专案组（江苏省仪征市委宣传部、江苏省仪征市人民法院、江苏省仪征市人民检察院）

19. 江苏宿迁王某侵犯著作权案专案组（江苏省宿迁市公安局治安警察支队、江苏省宿迁市宿城区人民检察院、江苏省宿迁市公安局宿城分局）

20. 浙江省杭州市公安局西湖区分局

21. 浙江省金华市武义县公安局

22. 浙江省台州市公安局治安支队

23. 安徽省委宣传部版权管理处

24. 福建省委宣传部版权管理处

25. 江西省委宣传部版权管理处

26. 江西省南昌市公安局治安管理支队

27. 江西省南昌市版权局

28. 山东省委宣传部版权管理处

29. 山东东营“7·18”侵犯著作权案专案组（山东省东营市文化和旅游局、山东省东营市文化市场综合执法支队、山东省滨海公安局滨东分局、山东省东营市垦利区人民检察院、山东省东营市垦利区人民法院）

30. 山东菏泽“11·7”侵犯著作权案专案组（山东省菏泽市文化市场综合执法支队、山东省菏泽市东明县公安局、山东省菏泽市东明县人民检察院）

31. 山东济宁“5·21”侵犯著作权案专案组（山东省济宁市文化旅游综合执法支队、山东省济宁市公安局、山东省济宁市公安局市中区分局、山东省济宁市嘉祥县人民法院、山东省济宁市任城区人民检察院）

32. 河南南阳“2·15”王某某侵犯著作权案专案组（河南省南阳市委宣传部、河南省南阳市公安局治安和出入境管理支队、河南省南阳市方城县委宣传部）

33. 河南商丘付庄村印刷厂侵犯著作权案专案组（河南省商丘市睢县文化市场综合执法大队、河南省商丘市睢县公安局治安管理大队）

34. 河南焦作“1·5”刘某某侵犯著作权案专案组（河南省焦作市新闻出版局、河南省焦作市文化市场综合行政执法支队、河南省焦作市武陟县新闻出版局、河南省焦作市武陟县公安局）

35. 河南焦作“3·21”郭某某、谢某侵犯著作权案专案组（河南省焦作市委宣传部、河南省焦作市温县新闻出版局、河南省焦作市温县公安局、河南省焦作市温县文化市场执法大队）

36. 湖北省黄冈市浠水县公安局

37. 湖南省委宣传部版权管理处

38. 湖南省岳阳市公安局

39. 湖南省岳阳市公安局网技支队

40. 湖南省岳阳市公安局君山分局

41. 湖南省常德市鼎城区公安局网安大队

42. 广东省委宣传部版权和印刷管理处

43. 广东省广州市中级人民法院刑事审判第二庭

44. 广东中山“2·15”侵犯著作权案专案组（广东省公安厅治安管理局管理与行动处行动二队、广东省中山市公安局石岐区分局、广东省中山市中级人民法院民三庭）

45. 四川成都刘某某等侵犯著作权案专案组（四川省成都市委宣传部版权管理处、四川省成都市人民检察院第四检察部、四川省成都市中级人民法院知识产权审判庭、四川省成都高新区人民检察院、四川省成都高新区人民法院知识产权审判庭）

46. 宁夏平罗王某某等盗录传播院线电影案专案组（宁夏回族自治区石嘴山市委宣传部、宁夏回族自治区石嘴山市平罗县“扫黄打非”办公室、宁夏回族自治区石嘴山市平罗县公安局、宁夏回族自治区石嘴山市平罗县人民检察院第二检察部、宁夏回族自治区石嘴山市平罗县人民法院刑事审判庭）

【有功个人】

1. 李栋，工业和信息化部信息通信管理局互联网处

2. 王飞，公安部食品药品犯罪侦查局知识产权和制售伪劣商品犯罪侦查处

3. 韩尊亮，国家市场监督管理总局执法稽查局（全国打击侵权假冒工作领导小组办公室）

4. 周波，最高人民法院民事审判第三庭

5. 李薇薇，最高人民检察院第四检察厅（知识产权检察办公室）

6. 宋维祥，国家互联网信息办公室网络综合治理局

7. 朱圳，北京市海淀区人民检察院第二检察部

8. 杨岱君，北京市海淀区人民检察院第二检察部

9. 北京“10·24”鼎阅集团等侵犯著作权案专案组（郑军，北京市公安局治安管理总队五支队三中队；罗鹏，北京市公安局海淀分局田村派出所；咸美华，北京市公安局海淀分局法制支队；李慧，北京市海淀区人民检察院第二检察部；覃波，北京市海淀区人民法院刑事审判庭）

10. 北京宋某某侵犯著作权案专案组（樊宏宇、佟智勇，北京市公安局治安管理总队；窦立博，北京市通州区人民检察院第二检察部；赵智一，北京市通州区人民法院）

11. 北京赵某侵犯著作权案专案组（田永峰、尹淼，北京市公安局治安管理总队；李辉，北京市公安局朝阳分局治安支队）

12. 天津“9·9”销售侵权盗版图书案专案组（杨学昊，天津市人民检察院第一分院第四检察部；陈征，天津市武清区人民检察院；白俊勇，天津市第一中级人民法院；孙雨晨，天津市公安局环食药

保卫总队五支队；王骏，天津市公安局武清分局打击犯罪侦查支队八大队）

13. 河北赤城宋某某等侵犯著作权案专案组（王学栋，河北省廊坊市三河市公安局泃阳西派出所；梁明明，河北省廊坊市三河市人民检察院刑检一部；李莹，河北省廊坊市三河市人民法院；田连杰，河北省廊坊市三河市“扫黄打非”领导小组办公室）

14. 姜乐，辽宁省沈阳市和平区人民检察院刑事检察二部

15. 吉林长春“12·9”销售盗版教材案专案组（朱富钢、张舰平，吉林省长春市文化市场综合行政执法支队；孙琪，吉林省长春市公安局二道分局经济犯罪侦查大队；姜楠，吉林省长春市二道区人民检察院）

16. 王骞，上海市委宣传部版权管理处

17. 史庭栋，上海文化和旅游局执法总队三支队

18. 上海侵犯乐高玩具著作权案专案组（陆川，上海市人民检察院第四检察部；潘莉，上海市人民检察院第三分院第六检察部）

19. 姜燕民，上海市浦东新区公安分局经侦支队

20. 上海“平民解析网”侵犯著作权系列案专案组（高卫萍，上海市第三中级人民法院；金赟雯，上海市公安局长宁分局经侦支队）

21. 上海温某某等侵犯著作权案专案组（郭富鹏，上海市闵行公安分局经侦支队食药环知大队；陈颖，上海市闵行区人民检察院第三检察部）

22. 宋晓春，江苏省委宣传部版权管理处

23. 江苏徐州王某某侵犯网络游戏著作权案专案组（解硕群，江苏省徐州市版权局；吴晓志，江苏省徐州市人民法院民三庭；闫文旗，江苏省徐州市公安局网络安全保卫支队）

24. 江苏徐州宋某等侵犯著作权案专案组（张蕾，江苏省徐州市人民法院民三庭；郭伟，江苏省徐州市公安局网络安全保卫支队；吴启航，江苏省徐州市人民检察院；张中心，江苏省徐州市版权局）

25. 江苏淮安“2·22”销售侵权盗版图书案专案组（陈冬梅，江苏省淮安市版权局；徐明照，江苏省淮安市文化市场综合执法支队；田大海，江苏省淮安市公安局淮阴分局；李玥，江苏省淮安市人民检察院；丁然，江苏省淮安市中级人民法院）

26. 江苏扬州“2·15”侵犯影视作品著作权案专案组（管斌，江苏省扬州市新闻出版局；戴振东、刘翀，江苏省扬州市公安局治安支队治安行动大队；黄玉春，江苏省扬州市公安局邗江分局治安大队；居斌，江苏省扬州市公安局江都分局网安大队）

27. 江苏宿迁王某侵犯著作权案专案组（高飞，江苏省宿迁市公安局治安警察支队四大队；王梅玲，江苏省宿迁市宿城区人民法院；李学兵，江苏省宿迁市宿城区人民检察院；张觅，江苏省宿迁市公安局宿城分局网安大队）

28. 浙江《麻花影视》APP侵犯著作权案专案组（方浩，浙江省公安厅食品药品环境知识产权犯罪侦查总队；仇军，浙江省杭州市公安局江干分局治安大队）

29. 晏凤志，安徽省委宣传部版权管理处

30. 谢雯，福建省委宣传部版权管理处

31. 何宏勇，江西省委宣传部版权管理处

32. 江西南昌“2·15”侵犯著作权案专案组（范有林，江西省公安厅治安总队；章骏，江西省南昌市公安局治安管理支队；李林滕，江西省南昌市公安局网络安全保卫支队；李益庆，江西省南昌市东湖区人民法院；况太兴，江西省南昌市东湖区人民检察院）

33. 江西南昌“0791DJ音乐网”侵犯著作权案专案组（王艳莉，江西省南昌市人民检察院；田进，江西省南昌市公安局直属二支队；罗盛磊、万绍鹏，江西省南昌市文化市场综合执法支队）

34. 高东升，山东省委宣传部版权管理处

35. 山东东营“7·18”侵犯著作权案专案组（李政、周民旺，山东省东营市文化市场综合执法支队；郑勇，山东省滨海公安局交通巡逻警察支队；田伟，山东省滨海公安局滨东分局治安大队；李敏，山东省东营市中级人民法院）

36. 山东菏泽“11·7”侵犯著作权案专案组（郭志强、李健，山东省菏泽市文化市场综合执法支队；朱秀田、马学文，山东省菏泽市东明县公安局；张刚林，山东省菏泽市东明县人民检察院）

37. 山东济宁“5·21”侵犯著作权案专案组（刘娟，山东省济宁市人民检察院；王天湖、颜廷爱，山东省济宁市文化旅游综合执法支队；宗恩锋，山东省济宁市公安局治安警察支队；高前进，山东省济宁市嘉祥县人民法院）

38. 河南南阳“2·15”王某某侵犯著作权案专案组（张金创、黄涛，河南省南阳市委宣传部；张栋，河南省南阳市公安局；李德娇，河南省南阳市方城县委宣传部）

39. 河南洛阳“3·6”于某某等侵犯著作权案

专案组（谢中岳，河南省洛阳市委宣传部；杨贺民、王国良，河南省洛阳市公安局洛龙分局定鼎门派出所；王廷乐，河南省洛阳市人民检察院第四检察部；殷萍，河南省洛阳市中级人民法院知识产权庭）

40. 河南郑州王某某等侵犯著作权案专案组（李明、李勇，河南省郑州市新郑市委宣传部；冯利军，河南省郑州市新郑市文化市场综合行政执法大队；金龙威，河南省郑州市新郑市公安局龙湖派出所；蔡五辈，河南省郑州市新郑市公安局治安大队）

41. 河南新乡“7・11”侵犯著作权案专案组（相立川，河南省新乡市委宣传部；胡祥波，河南省新乡市公安局治安和出入境管理支队；祖亚飞，河南省新乡市公安局平原城乡一体化示范区分局治安管理大队；李超，河南省新乡市平原城乡一体化示范区外宣办）

42. 河南许昌“3・23”范某侵犯著作权案专案组（张义臣，河南省许昌市委宣传部；赵志伟，河南省许昌市长葛市公安局治安和出入境管理大队；杨万红，河南省许昌市长葛市文化市场综合行政执法大队；刘崇英，河南省许昌市长葛市人民检察院；姚高磊，河南省许昌市长葛市委宣传部）

43. 河南郑州“5・6”侵犯著作权案专案组（张建民、王子龙，河南省郑州市文化市场综合行政执法支队；邓昌俊，河南省郑州市公安局航空港分局郑港派出所；任旭阳，河南省郑州市公安局治安管理警察支队；余森洪，河南省郑州市委宣传部版权出版处）

44. 河南新乡“6・4”侵犯著作权案专案组（郎小贵，河南省新乡市委宣传部；李清平，河南省新乡市文化市场综合执法支队；张蓬勃、王珂，河南省新乡市凤泉区人民检察院第一检察部；栗志强，河南省新乡市公安局凤泉分局刑事侦查大队）

45. 河南新乡“1・17”侵犯著作权案专案组（任小虎，河南省新乡市委宣传部；朱佩业，河南省新乡市平原示范区管委会行政综合执法局；杨英杰，河南省新乡市原阳县人民法院）

46. 湖北黄冈“12・11”侵犯著作权案专案组（陈金林、胡志伟，湖北省黄冈市浠水县公安局网安大队）

47. 湖南岳阳“3・25”侵犯网络游戏著作权案专案组（杨建波、王聂，湖南省岳阳市公安局网技支队；肖真，湖南省岳阳市委宣传部版权科；陈昉，湖南省岳阳市人民检察院第一检察部）

48. 湖南岳阳“8・1”侵犯著作权案专案组（蒋宁、欧阳书清，湖南省岳阳市公安局君山分局）

49. 湖南常德“5・20”侵犯著作权案专案组（袁军，湖南省常德市鼎城区委宣传部；蒋彬彬、舒兆勇，湖南省常德市鼎城区公安局网安大队；丁建英，湖南省常德市鼎城区人民检察院；夏霜，湖南省常德市鼎城区人民法院）

50. 湖南邵阳湘森印务有限责任公司侵犯著作权案专案组（杨红钉、杨鹏飞，湖南省邵阳市文化市场综合行政执法支队；李志芳，湖南省邵阳市公安局大祥分局治安大队；刘畅，湖南省邵阳市大祥区人民检察院；朱小卫，湖南省邵阳市大祥区人民法院）

51. 湖南邵阳吴某某侵犯著作权案专案组（李志林、罗红兵，湖南省邵阳市文化市场综合行政执法支队；曾伟，湖南省邵阳市公安局北塔分局治安大队；凌洁，湖南省邵阳市北塔区人民检察院；毛建中，湖南省邵阳市北塔区人民法院）

52. 杨基炫，广东省委宣传部版权和印刷管理处

53. 孙炳权，广东省佛山市公安局南海分局平洲派出所

54. 广东深圳大千视界文化传媒有限公司侵犯著作权案专案组（汤钦棕、许小锰，广东省深圳市市场稽查局知识产权稽查处；杨杰，广东省深圳市南山区人民检察院第六检察部；程俊勇，广东省深圳市公安局南山分局；张国强，广东省深圳市公安局粤海派出所）

55. 广东深圳王某某侵犯著作权案专案组（赵君雨，广东省深圳市市场监督管理局龙岗监管局吉华所；唐文斌，广东省深圳市公安局水径派出所）

56. 广东清远王某侵犯著作权专案组（冯东华，广东省清远市佛冈县委宣传部；杨武溃，广东省清远市佛冈县人民检察院；刘建新，广东省清远市佛冈县文化广电旅游体育局；范晓翠，广东省清远市佛冈县“扫黄打非”领导小组办公室）

57. 广东中山“2・15”侵犯著作权案专案组（廖境民，广东省公安厅治安管理局；宋永红，广东省中山市第一人民法院；廖晟、廖浩茗，广东省中山市公安局）

58. 广东惠州汤某某侵犯著作权案专案组（王书林，广东省惠州市委宣传部；曾海红，广东省惠州市“扫黄打非”领导小组办公室；林佳铭，广东省惠州市惠阳区检察院；余志浓，广东省惠州市惠阳区人民法院）

59. 李羡，广东省深圳市龙岗区人民检察院

60. 陕西西安“8・23”侵犯著作权案专案组

（袁超群、张波，陕西省西安市灞桥区委宣传部；黄伟伟，陕西省西安市公安局浐灞生态区分局辛家庙派出所；苏涤，陕西省西安市灞桥区人民检察院；程东风，陕西省西安市灞桥区人民法院）

61. 宁夏平罗王某某等盗录传播院线电影案专案组（赵萍，宁夏回族自治区石嘴山市委宣传部；邵岚，宁夏回族自治区石嘴山市平罗县委宣传部外宣办；陈东升，宁夏回族自治区石嘴山市平罗县公安局；张莉，宁夏回族自治区石嘴山市平罗县人民检察院第二检察部；王强，宁夏回族自治区石嘴山市平罗县人民法院）

第二批

【有功单位】

1. 工业和信息化部信息通信管理局互联网处

2. 国家互联网信息办公室网络综合治理局网络生态监管处

3. 国家互联网信息办公室网络传播局新闻处

4. 海关总署口岸监管司监管一处

5. 北京市委网络安全和信息化委员会办公室网络信息服务管理处

6. 北京市公安局治安管理总队五支队三中队

7. 北京高某某侵犯著作权案专案组（北京市公安局通州分局治安支队、北京市通州区人民检察院第二检察部、北京市通州区人民法院刑事审判庭）

8. 北京市石景山区人民法院刑事审判庭

9. 天津市文化市场行政执法总队执法四支队

10. 天津市人民检察院第四检察部

11. 河北省公安厅治安管理局治安行动支队

12. 河北邢台学海书店侵犯著作权案专案组（河北省邢台市版权局、河北省邢台市文化市场综合行政执法局、河北省邢台市襄都区委宣传部、河北省邢台市公安局襄都分局、河北省邢台市襄都区人民检察院）

13. 上海市委宣传部版权管理处

14. 上海市委宣传部反非法反违禁处

15. 上海市互联网信息办公室网络管理处

16. 上海陈某某侵犯著作权案专案组（上海市公安局虹口分局经侦支队、上海市虹口区人民检察院第七检察部、上海市杨浦区人民法院知识产权审判庭）

17. 上海市徐汇区人民检察院第三检察部

18. 上海市徐汇区人民法院知识产权审判庭

19. 江苏省委网信办网络信息管理执法处

20. 江苏省高级人民法院知识产权庭

21. 江苏省徐州市文化广电和旅游局

22. 江苏省常州市文化市场综合行政执法支队

23. 江苏徐州“菠萝小说网”侵犯著作权案专案组（江苏省徐州市委宣传部、江苏省徐州市公安局网络安全保卫支队）

24. 江苏省张家港“1·17”销售盗版图书案专案组（江苏省张家港市版权局、江苏省张家港市文体广电和旅游局、江苏省张家港市公安局）

25. 江苏扬州谷某等制售侵权盗版玩具案专案组（江苏省扬州市新闻出版局、江苏省扬州市文化市场综合执法支队、安徽省滁州市文化市场综合执法支队）

26. 浙江省委宣传部版权处

27. 浙江省绍兴市公安局上虞区分局

28. 浙江宁波“恋恋图库”网侵犯著作权案专案组（浙江省宁波市文化市场综合行政执法队、浙江省宁波市委宣传部出版和版权处、浙江省宁波市公安局治安支队、浙江省宁波市公安局海曙分局）

29. 浙江省温州市平阳县文化市场综合行政执法队

30. 浙江省义乌市市场监督管理局

31. 安徽省公安厅治安总队

32. 安徽合肥左某某等侵犯著作权案专案组（安徽省合肥市公安局高新技术开发区分局、安徽省合肥市公安局高新派出所、安徽省合肥市高新技术产业开发区人民检察院第一检察部、安徽省合肥市高新技术产业开发区人民法院、安徽省高级人民法院民事审判第三庭）

33. 安徽滁州“被窝电影网”侵犯著作权案专案组（安徽省滁州市互联网信息办公室、安徽省滁州市广播电视新闻出版局、安徽省滁州市公安局、安徽省滁州市人民检察院、安徽省滁州市中级人民法院）

34. 福建省委网信办网络管理处

35. 福建省通信管理局网络安全管理处

36. 福建省公安厅治安管理总队

37. 福建省市场监督管理局执法稽查局

38. 山东淄博“6·26”侵犯标准著作权案专案组（山东省淄博市文化市场综合执法支队、山东省淄博市公安局直属分局）

39. 河南省委宣传部版权和印刷发行处

40. 河南省人民检察院第四检察部

41. 河南省高级人民法院民三庭

42. 河南郑州杨某销售侵权复制品案专案组

(河南省郑州市巩义市委宣传部、河南省郑州市巩义市公安局康店派出所、河南省郑州市巩义市文化广电旅游体育局)

43. 河南周口“9·4”钊某某侵犯著作权案专案组(河南省周口市“扫黄打非”工作领导小组办公室、河南省周口市文化市场综合行政执法支队、河南省周口市公安局治安和出入境管理支队、河南省周口市商水县公安局、河南省周口市商水县人民法院)

44. 河南南阳“2·15”李某某侵犯著作权案专案组(河南省南阳市内乡县委宣传部、河南省南阳市文化市场综合行政执法支队、河南省南阳市内乡县公安局)

45. 湖北省版权局版权管理处

46. 湖北省互联网信息办公室网络管理处

47. 湖北省黄冈市罗田县文化市场综合执法大队

48. 湖北省荆门市公安局东宝分局

49. 湖北省荆门市公安局高新区掇刀区分局网络安全保卫大队

50. 广东省互联网信息办公室网络监管处

51. 广东省通信管理局网络安全管理处

52. 广东东莞郑某某侵犯著作权案专案组(广东省东莞市委宣传部出版版权科、广东省东莞市公安局黄江分局治安管理大队)

53. 广东省广州市白云区人民法院刑事审判庭

54. 广东佛山张某侵犯著作权案专案组(广东省佛山市公安局治安警察支队二大队、广东省佛山市文化广电旅游体育局南海综合执法支队)

55. 广东省清远市清城区文化广电旅游体育局

56. 贵州省黔南州公安局治安警察管理支队

57. 甘肃省兰州市文化市场综合行政执法队

58. 宁夏回族自治区公安厅治安管理总队

【有功个人】

1. 辛群,国家市场监管总局价监竞争局反不正当竞争处

2. 赵艺西,公安部新闻宣传局新闻处

3. 吴晓,国家互联网信息办公室网络安全应急指挥中心

4. 李丹,海关总署综合司知识产权处

5. 刘钊,文化和旅游部文化市场综合执法监督局综合指导处

6. 关鑫,中国信息通信研究院产业与规划研究所

7. 朱文君,北京市通信管理局网络安全管理处

8. 北京“2·15”《范特西》APP侵犯著作权案专案组(雷娜,北京市公安局治安管理总队五支队三中队;董嵩龄,北京市公安局海淀分局警务支援大队;李开放,北京市公安局海淀分局中关村派出所;毛瑞文,北京市公安局海淀分局)

9. 北京谢某某侵犯著作权案专案组(董立波,北京市公安局海淀分局警务支援大队;王淼、刘景松,北京市公安局海淀分局双榆树派出所)

10. 王瑶,北京市朝阳区人民检察院第一检察部

11. 葛晨亮,天津市人民检察院第四检察部

12. 天津秦某某侵犯著作权案专案组(张越,天津市人民检察院第一分院第四检察部;孙伟,天津市人民检察院第四检察部)

13. 郝胜江,河北省公安厅治安管理局

14. 河北定州全华书店侵犯著作权案专案组(孙德龙,河北省文化和旅游厅综合执法监督局;靳卫东、高景绵,河北省定州市委宣传部;闫龙,河北省定州市公安局环城刑警中队)

15. 河北定州高某侵犯著作权案专案组(孟亚楠,河北省高级人民法院刑二庭;赵祥,河北省定州市文化广电和旅游局;赵娜,河北省定州市人民检察院第二检察部;张彩娟,河北省定州市人民法院)

16. 河北廊坊刘某某侵犯著作权案专案组(郝浚潮,河北省廊坊市三河市文化广电和旅游局;宁学朋,河北省廊坊市三河市公安局洵阳西派出所;赵泽峰,河北省廊坊市三河市人民检察院;郝帅,河北省廊坊市三河市人民法院;邢迎军,河北省廊坊市三河市“扫黄打非”领导小组办公室)

17. 郝子谋,山西省版权局版权管理处

18. 刘鹏,上海市委宣传部反非法反违禁处

19. 陆扬,上海市互联网信息办公室网络管理处

20. 缪赟,上海文化和旅游局执法总队三支队

21. 步屹军,上海文化和旅游局执法总队三支队

22. 谷申安,上海文化和旅游局执法总队三支队

23. 徐旭霏,上海文化和旅游局执法总队三支队

24. 赵锐,上海市浦东新区人民检察院第七检察部

25. 周颖,上海市奉贤区人民检察院

26. 扎西生格,江苏省公安厅治安总队

27. 陈小乐，江苏省人民检察院第四检察部

28. 史蕾，江苏省高级人民法院知识产权庭

29. 江苏徐州侵犯著作权案专案组（岳彩领，江苏省徐州市人民法院；朱启川，江苏省徐州市“扫黄打非”领导小组办公室；王永歌，江苏省徐州市公安局网络安全保卫支队）

30. 江苏常州朱某某侵犯著作权案专案组（陈永刚、周俊，江苏省常州市文化市场综合行政执法支队；叶亚俊，江苏省常州市委宣传部）

31. 江苏常州马某某侵犯著作权罪案专案组（高淑琴、施婷婷，江苏省常州市中级人民法院）

32. 江苏扬州谷某等制售侵权盗版玩具案专案组（张来根，江苏省扬州市新闻出版局；徐玲、高凌云，江苏省扬州市文化市场综合执法支队；张伟、陈真，安徽省滁州市文化市场综合执法支队）

33. 江苏无锡封某等侵犯著作权案专案组（周慧，江苏省无锡市公安局惠山分局洛社派出所；杨一峰、陈珣玗，江苏省无锡市新吴区人民检察院；刘伟、刘博文，江苏省无锡市新吴区人民法院）

34. 江苏淮安曹某某等侵犯著作权案专案组（何微，江苏省淮安市“扫黄打非”领导小组办公室；王治国，江苏省淮安市文化市场综合执法支队；田蒙、张路强，江苏省淮安市公安局淮阴分局）

35. 江苏徐州“菠萝小说网”侵犯著作权案专案组（朱彦忠，江苏省徐州市公安局云龙分局；李南，江苏省徐州市版权局；张志远，江苏省徐州市人民检察院）

36. 江苏徐州范某某侵犯著作权案专案组（孙林强，江苏省徐州市公安局网络安全保卫支队；刘相明，江苏省徐州市人民检察院；李琳，江苏省徐州市人民法院民三庭）

37. 严庆荣，浙江省委宣传部版权处

38. 安徽滁州“被窝电影网”侵犯著作权案专案组（杨守跃、陈晓萱，安徽省滁州市广播电视新闻出版局；徐德、张莉，安徽省滁州市文化市场综合执法支队）

39. 伊建荣，福建省“扫黄打非”领导小组办公室

40. 谢茹绿，福建省通信管理局网络安全管理处

41. 陈桦，福建省市场监督管理局执法稽查局

42. 邱善庆，福建省人民检察院第四检察部

43. 福建泉州胡某某销售盗版幼儿教辅案专案组（郑国防、石恒，福建省泉州市版权局；洪贻团、曾朝晖，福建省泉州市文化市场综合执法支队）

44. 麻卫清，江西省上饶市余干县文化市场综合执法大队

45. 山东淄博“6·26”侵犯标准著作权案专案组（王晖、冯磊磊，山东省淄博市文化市场综合执法支队；张洪强、张钧法，山东省淄博市公安局直属分局）

46. 山东东营亿能图文广告经营部侵犯著作权案专案组（王玉芳、周宁，山东省东营市文化市场综合执法支队）

47. 山东菏泽“4·3”侵犯著作权案专案组（侯松华、安云亮，山东省菏泽市文化市场综合执法支队；郭涛、刘晓平，山东省菏泽市东明县公安局；耿剑峰，山东省菏泽市东明县人民检察院）

48. 张卜元，河南省委宣传部版权和印刷发行处

49. 田昕心，河南省人民检察院第四检察部

50. 宋旺兴，河南省高级人民法院民事审判第三庭

51. 河南南阳“2·15”李某某侵犯著作权案专案组（黄山章，河南省南阳市委宣传部；张红玉，河南省南阳市内乡县委宣传部；栗山，河南省南阳市文化市场综合执法支队；张令雷，河南省南阳市内乡县公安局）

52. 河南信阳“9·22”销售侵权复制品案专案组（刘培启、沈洁，河南省信阳市委宣传部；徐涛，河南省信阳市固始县委宣传部；刘家龙，河南省信阳市固始县公安局治安大队机动中队）

53. 河南新乡何某某等销售侵权复制品案专案组（夏宝莲，河南省新乡市委宣传部；张琳琳，河南省新乡市公安局红旗分局刑事侦查大队；曹伟，河南省新乡市公安局红旗分局治安管理大队；尚凡，河南省新乡市红旗区人民检察院第一检察部；张东峰，河南省新乡市红旗区人民法院）

54. 河南郑州陈某某侵犯著作权案专案组（关晓伟，河南省郑州市巩义市文化市场综合执法大队；王迎晖，河南省郑州市巩义市公安局西村派出所；康存阳，河南省郑州市巩义市公安局鲁庄派出所）

55. 张威，湖北省委宣传部版权管理处

56. 刘超，湖北省通信管理局网络安全管理处

57. 湖南邵阳刘某某侵犯著作权案专案组（涂传武、廖斌，湖南省邵阳市文化市场综合行政执法支队；呙文杰，湖南省邵阳市公安局治安支队；李杰，湖南省邵阳市大祥区人民检察院；肖为，湖南省邵阳市大祥区人民法院）

58. 刘意福，湖南省衡阳市文化市场综合行政

执法支队

59. 王芳敏，广东省广州市白云区人民检察院

60. 刘侃，广东省广州市白云区人民法院刑事审判庭

61. 张志文，广东省广州市番禺区人民法院刑事审判庭

62. 晏和平，广东省清远市清城区文化广电旅游体育局

63. 广东东莞郑某某侵犯著作权案专案组（万振，广东省东莞市公安局治安巡警支队行动大队；刘敏玲，广东省东莞市第三市区人民检察院）

64. 广东佛山邹某某等复制发行盗版图书案专案组（周植文，广东省佛山市公安局顺德分局北滘派出所；吕敏妍，广东省佛山市顺德区人民检察院）

65. 广东佛山黄某侵犯软件著作权案专案组（陈计准，广东省佛山市公安局高明分局；吴建辉、曾志星，广东省佛山市高明区委宣传部；仇淑文，广东省佛山市高明区人民检察院）

66. 赵明明，广西壮族自治区党委宣传部版权管理处

67. 重庆李某某侵犯著作权案专案组（杨波，重庆市公安局南岸区分局网络安全保卫支队；蒲蓬，重庆市公安局南岸区分局网络安全保卫支队；田精庭，重庆市公安局南岸区分局铜元局派出所）

68. 重庆封某侵犯著作权案专案组（吴语，重庆市公安局打假总队；黄陈亮、王斌，重庆市公安局万州区公安分局五桥派出所）

69. 四川乐山许某某等侵犯著作权案专案组（陈光勇，四川省乐山市犍为县委宣传部；刘颖、王军，四川省乐山市犍为县公安局；何明宏，四川省乐山市犍为县人民法院；刘正成，四川省乐山市犍为县人民检察院）

70. 贵州惠水“4·24”盗录传播院线电影案专案组（陈学贵、张松，贵州省黔南州公安局治安警察管理支队）

71. 杨海涛，宁夏回族自治区公安厅治安管理总队

72. 阿依肯·托提肯，新疆维吾尔自治区塔城市委宣传部

第三批

【有功单位】

1. 公安部食品药品犯罪侦查局政策研究处
2. 中国信息通信研究院泰尔终端实验室
3. 北京市文化市场综合执法总队五支队
4. 北京市通信管理局网络安全管理处
5. 天津市委宣传部版权管理处
6. 天津市蓟州区文化市场行政执法支队
7. 河北省委宣传部版权管理处
8. 河北省文化和旅游厅综合执法监督局
9. 河北石家庄《阿钉看书》APP侵犯著作权案专案组（河北省石家庄市版权局、河北省石家庄市新华区人民检察院、河北省石家庄市公安局新华分局新华路派出所）
10. 河北石家庄“八八读书网”侵犯著作权案专案组（河北省石家庄市“扫黄打非”领导小组办公室、河北省石家庄市公安局治安警察支队治安行动大队、河北省石家庄市新华区版权局）
11. 河北石家庄余某侵犯著作权案专案组（河北省石家庄市鹿泉区版权局、河北省石家庄市鹿泉区公安局经济犯罪侦查大队、河北省石家庄市鹿泉区人民检察院、河北省石家庄市鹿泉区人民法院）
12. 河北定州赵某某侵犯著作权案专案组（河北省定州市公安局站前派出所、河北省定州市文化广电和旅游局、河北省定州市人民检察院）
13. 河北省秦皇岛市文化市场综合行政执法局
14. 河北省张家口市文化市场综合行政执法局综合执法二队
15. 山西省版权局版权管理处
16. 内蒙古自治区党委宣传部版权管理处
17. 内蒙古自治区呼和浩特市文化市场综合执法局
18. 辽宁省版权局版权管理处
19. 吉林省版权局版权处
20. 吉林省四平市文化市场综合行政执法支队
21. 黑龙江省人民检察院第四检察部
22. 上海市通信管理局互联网管理处
23. 江苏版权纠纷调解中心
24. 江苏省南京市中级人民法院南京知识产权法庭
25. 江苏省无锡市新吴区人民法院
26. 江苏省江阴市市场监管执法大队
27. 江苏张家港陈某某侵犯著作权案专案组（江苏省张家港市文化市场综合执法大队、江苏省张家港市公安局网络安全保卫大队、江苏省张家港市公安局港口派出所、江苏省张家港市人民法院知识产权审判庭、江苏省张家港市人民检察院四部）
28. 江苏南通侵犯美术作品著作权系列调解案专案组（江苏省南通市通州区版权局、江苏省南通

市通州区川姜镇知识产权管理办公室）

29. 江苏省连云港市文化市场综合执法支队

30. 江苏省连云港市灌南县社会事业综合行政执法大队

31. 江苏省连云港市灌云县文化市场综合行政执法大队

32. 江苏淮安王某某侵犯著作权案专案组（江苏省淮安市公安局网络安全保卫支队、江苏省淮安市公安局淮阴分局治安警察大队、江苏省淮安市淮阴区“扫黄打非”工作领导小组办公室、江苏省淮安市淮阴区版权局）

33. 江苏省盐城市文化市场综合执法支队

34. 江苏省扬州市高邮市文化市场综合执法大队

35. 江苏省泰州市文化市场综合执法支队

36. 江苏省宿迁市沭阳县文化市场综合执法大队

37. 浙江省绍兴市越城区文化市场综合行政执法队

38. 浙江省嘉兴市文化广电旅游局

39. 安徽省通信管理局网络安全管理处

40. 安徽滁州“懒人听书”网侵犯著作权案专案组（安徽省“扫黄打非”领导小组办公室、安徽省滁州市“扫黄打非”领导小组办公室、安徽省人民检察院第四检察部、安徽省滁州市文化市场综合执法支队、安徽省滁州市公安局琅琊分局）

41. 安徽蚌埠建设工程造价咨询公司侵犯著作权案专案组（安徽省蚌埠市广播电视新闻出版局、安徽省蚌埠市文化市场综合执法支队）

42. 安徽池州音缘音像店侵犯著作权案专案组（安徽省池州市广播电视新闻出版局、安徽省池州市文化市场综合执法支队）

43. 安徽省宿州市文化市场综合执法支队

44. 安徽省阜阳市广播电视新闻出版局

45. 安徽省宣城市广播电视新闻出版局

46. 福建莆田张某销售盗版幼儿教辅案专案组（福建省莆田市文化和旅游局、福建省莆田市公安局、福建省莆田市仙游县公安局经济犯罪侦查大队、福建省莆田市仙游县人民检察院、福建省莆田市仙游县人民法院）

47. 福建福州文字作品侵犯著作权系列案专案组（福建省福州市版权局、福建省福州市文化市场综合执法支队）

48. 福建省厦门市文化和旅游市场综合执法支队

49. 福建泉州黄某某侵犯著作权案专案组（福建省泉州市版权局、福建省泉州市文化市场综合执法支队）

50. 江西省鹰潭市文化市场综合执法支队

51. 江西九江“11·2”侵犯影视作品著作权案专案组（江西省九江市文化广电新闻出版旅游局；江西省九江市公安局治安管理支队）

52. 江西省萍乡市文化市场综合执法支队

53. 江西省景德镇市文化市场综合执法支队

54. 江西省赣州市安远县文化市场综合执法大队

55. 江西省赣州市蓉江新区社会事务管理局

56. 江西省宜春市铜鼓县文化市场综合执法大队

57. 江西省宜春市高安市文化市场综合执法大队

58. 江西省吉安市井冈山市文化市场综合执法大队

59. 江西省吉安市版权局

60. 江西省新余市文化广电新闻出版旅游局

61. 山东潍坊潍州宏城书店发行侵权复制品案专案组（山东省潍坊市文化市场综合执法支队、山东省潍坊市文化市场综合执法支队奎文大队）

62. 山东省潍坊市安丘市文化市场综合执法大队

63. 山东省潍坊市昌乐县文化市场综合执法大队

64. 山东省潍坊市寿光市文化市场综合执法大队

65. 山东省潍坊市临朐县文化市场综合执法大队

66. 山东聊城凤凰印务有限责任公司侵犯著作权案专案组（山东省聊城市文化和旅游综合执法支队、山东省聊城市公安局东昌府分局食品药品环境侦查大队）

67. 山东省济南市文化市场综合行政执法支队

68. 山东德州“10·16”侵犯著作权案专案组（山东省德州市文化市场综合执法支队、山东省德州市庆云县文化市场综合执法大队、山东省德州市庆云县公安局经济犯罪侦查大队）

69. 山东省淄博市周村区文化和旅游局

70. 山东省威海市文化市场综合执法支队

71. 河南省委网络安全和信息化委员会办公室网络协调管理和执法督察处

72. 湖北省通信管理局网络安全管理处

73. 湖北省武汉东湖新技术开发区文化旅游体育局

74. 湖北襄阳刘某某侵犯著作权案专案组（湖北省襄阳市版权局、湖北省襄阳市中级人民法院知识产权庭）

75. 湖北省襄阳市保康县公安局网络安全保卫大队

76. 湖北省襄阳市文化旅游综合行政执法支队

77. 湖北省襄阳市襄州区文化市场综合执法大队

78. 湖北省黄石市大冶市文化和旅游市场综合执法大队

79. 湖北省随州市文化和旅游市场综合执法支队

80. 湖北省恩施州来凤县文化旅游市场综合执法大队

81. 湖北省荆门市钟祥市文化市场综合执法大队

82. 湖北省潜江市文化和旅游市场综合执法支队

83. 湖北省天门市文化市场综合执法支队

84. 湖南省长沙市文化市场综合行政执法局

85. 湖南省常德市文化市场综合行政执法支队

86. 湖南省常德市桃源县文化市场综合行政执法局

87. 湖南永州文氏彩印有限公司侵犯著作权案专案组（湖南省永州市文化市场综合行政执法支队、湖南省永州市版权局）

88. 湖南永州方方书店侵犯图书著作权案专案组（湖南省永州市宁远县版权局、湖南省永州市宁远县文化市场综合执法大队）

89. 湖南省永州市道县文化市场综合执法大队

90. 湖南省湘西自治州凤凰县文化市场综合执法局

91. 湖南省株洲市文化市场综合执法局

92. 广东省佛山市委宣传部

93. 广东广州朱某某等侵犯著作权案专案组（广东省广州市越秀区版权局、广东省广州市越秀区人民法院刑事审判庭、广东省广州市越秀区公安分局治安大队）

94. 广东省深圳市市场稽查局知识产权稽查处

95. 广东省汕头市澄海区文化广电旅游体育局

96. 广东省江门市公安局新会分局

97. 广东省清远市佛冈县公安局治安管理大队

98. 广东省东莞市文化广电旅游体育局执法二科

99. 广东省潮州市文化广电旅游体育局执法科

100. 广东省汕头市澄海区人民检察院第二检察部

101. 重庆市委宣传部版权管理处

102. 四川省委宣传部版权管理处

103. 四川省内江市市中区综合行政执法局

104. 云南省版权局版权管理处

105. 云南省文化和旅游厅综合执法监督局

106. 云南曲靖张某某侵犯著作权案专案组（云南省曲靖市委宣传部、云南省曲靖市文化市场综合行政执法支队）

107. 云南省昆明市五华区新闻出版（版权）局

108. 陕西省版权局版权管理处

109. 陕西省高级人民法院刑事审判第二庭

110. 陕西省人民检察院第四检察部

111. 甘肃省酒泉市文化市场综合行政执法队

112. 甘肃省临夏州文化市场综合行政执法队

113. 宁夏回族自治区党委宣传部版权管理处

114. 新疆维吾尔自治区昌吉州党委宣传部

115. 新疆维吾尔自治区昌吉州奇台县委宣传部

【有功个人】

1. 李莹莹，北京市委网络安全和信息化委员会办公室网络监管和应急指挥中心

2. 京游科技（北京）有限公司侵犯著作权案专案组（熊伟、史曙亮，北京市文化市场综合执法总队五支队）

3. 北京优宇通教育科技有限公司侵犯著作权案专案组（孙琦健、梁放，北京市文化市场综合执法总队五支队）

4. 北京游鲸教育科技有限公司侵犯著作权案专案组（刘春旺、王晓花，北京市文化市场综合执法总队五支队）

5. 北京“中国月期刊咨询网”侵犯著作权案专案组（张清、刘北旺，北京市文化市场综合执法总队五支队）

6. 天津查处侵权出版物专案组（任钊，天津市文化市场行政执法总队执法三支队；邢静娜，天津市文化市场行政执法总队执法四支队）

7. 天津翰海星文化传播有限公司侵权案专案组（王鹏、孙志君，天津市文化市场行政执法总队执法一支队）

8. 天津市查处系列盗版中小学教科书案专案组（陈玉铃，天津市文化市场行政执法总队执法一支队；刘东伟，天津市文化市场行政执法总队执法二

支队）

9. 李冬群，河北省委宣传部版权管理处

10. 河北石家庄金某某侵犯著作权案专案组（郭立辉，河北省石家庄市公安局治安警察支队治安行动大队；邢惠佳，河北省石家庄市公安局新华分局新华路派出所；王思渊，河北省石家庄市新华区人民检察院）

11. 河北石家庄尹某某销售侵权复制品案专案组（孙国爱，河北省石家庄市文化市场综合行政执法局；杨彦珠，河北省石家庄市新华区人民检察院；黄建钦，河北省石家庄市公安局新华分局新华路派出所）

12. 马达，内蒙古自治区党委宣传部版权管理处

13. 叶红午，内蒙古自治区包头市文化市场综合行政执法局

14. 李冉，内蒙古自治区赤峰市文化市场综合执法局

15. 田庆权，吉林省委宣传部版权处

16. 吉林长春鹏程书店销售盗版教科书案专案组（李洋、刘明，吉林省长春市文化市场综合行政执法支队）

17. 吉林长春星冉职业培训学校侵犯著作权案专案组（武刚、宗海波，吉林省长春市文化市场综合行政执法支队）

18. 吉林省理工高级技工学校侵犯著作权案专案组（付伟峰、潘万路，吉林省长春市文化市场综合行政执法支队）

19. 吉林长春健全书店侵犯著作权案专案组（左熠琳、张玥，吉林省长春市文化市场综合行政执法支队）

20. 吉林长春铭时印刷有限公司侵犯著作权案专案组（马利民、党姣姣，吉林省长春市文化市场综合行政执法支队）

21. 孟立夫，吉林省四平市文化市场综合行政执法支队

22. 吉林通化文友书店侵犯著作权案专案组（刘刚，吉林省通化市通化县委宣传部；车伟，吉林省通化市通化县文化市场综合行政执法大队）

23. 吉林格燃教育有限公司辽源分公司侵犯著作权案专案组（汤震宇、孙博，吉林省辽源市文化市场综合行政执法支队）

24. 邹国平，黑龙江省委宣传部版权管理处

25. 黑龙江泰来竹林书屋发行盗版教科书案专案组（张振旭、果然，黑龙江省齐齐哈尔市文化市场综合行政执法支队）

26. 黑龙江杜某某侵犯著作权案专案组（闫宏鑫，黑龙江省公安厅治安管理总队；夏青、刘磊，黑龙江省哈尔滨市公安局香坊分局；张珩，黑龙江省哈尔滨市香坊区人民检察院第三检察部）

27. 吴燕婷，上海市通信管理局互联网管理处

28. 江春明，上海文化和旅游局执法总队三支队

29. 陈萍，上海文化和旅游局执法总队三支队

30. 叶涛，上海文化和旅游局执法总队三支队

31. 龚佳兴，上海市浦东新区知识产权局

32. 倪红霞，上海市浦东新区人民法院知识产权审判庭

33. 上海枣庄欣鼎进出口有限公司侵犯著作权案专案组（叶建邦、包文勍，上海海关；西门秉宏，上海海关隶属上海邮局海关；李晓文，上海海关风险防控分局）

34. 顾墩旺，江苏省“扫黄打非”工作领导小组办公室

35. 周于刚，江苏版权纠纷调解中心

36. 江苏张家港“1·17”销售盗版图书案专案组（张小伟，江苏省张家港市委宣传部；孙建忠，江苏省张家港市文体广电和旅游局；陈东平，江苏省张家港市版权局；朱正东，江苏省张家港市公安局网络安全保卫大队；张云峰，江苏省张家港市公安局城西派出所）

37. 江苏南京博骅计算机软件工作室侵犯著作权案专案组（申丽君、曹岚，江苏省南京市文化市场综合执法总队）

38. 江苏南京通享科技有限公司侵犯著作权案专案组（郑宁、李航，江苏省南京市文化市场综合执法总队）

39. 江苏南京立德幼儿教育开发有限公司侵犯著作权案专案组（徐晨龙、陶程阳，江苏省南京市文化市场综合执法总队；丁皖青、李德军，安徽省马鞍山市文化市场综合执法支队）

40. 江苏乐训教育咨询有限公司侵犯著作权案专案组（时平，江苏省南京市江宁区新闻出版局；杨丽、徐海棠，江苏省南京市江宁区文化市场综合执法大队）

41. 江苏江阴澄南道慕咖啡店侵犯影视作品著作权案专案组（陈波、王未艾，江苏省江阴市市场监管执法大队）

42. 江苏无锡名扬国际影城侵犯影视作品著作权案专案组（包锦华、奚孔明，江苏省无锡市惠山

区文化市场综合执法大队）

43. 王瑞峰，江苏省徐州市文化市场综合执法支队

44. 刘杰，江苏省徐州市文化市场综合执法支队

45. 江苏徐州“9·16”销售侵权盗版图书案专案组（徐焱，江苏省徐州市新沂市版权局；路明宇，江苏省徐州市新沂市文化市场综合执法大队）

46. 江苏徐州“11·19”发行盗版教科书案专案组（冯张永，江苏省徐州市新沂市版权局；徐瑞、刘朋松，江苏省徐州市新沂市文化市场综合执法大队）

47. 江苏邳州海一书店销售侵权盗版书籍案专案组（丁尚海、王瑞先，江苏省徐州市邳州市文化市场综合执法大队）

48. 江苏常州王某某侵犯著作权案专案组（王阳、周俊，江苏省常州市文化市场综合行政执法支队）

49. 江苏常州吴某侵犯著作权案专案组（沈瀚、纪飞，江苏省常州市文化市场综合行政执法支队）

50. 江苏张家港金谷歌舞厅侵犯著作权案专案组（葛显平、顾人英，江苏省张家港市文化市场综合执法大队）

51. 江苏张家港渝富桥康悦养生会所等侵犯著作权系列案专案组（李明，江苏省张家港市文体广电和旅游局；周军、钱欢，江苏省张家港市文化市场综合执法大队）

52. 江苏张家港华夏公馆娱乐会所等侵犯著作权案专案组（丁天，江苏省张家港市版权局；朱群军，江苏省张家港市文体广电和旅游局）

53. 陈前，江苏省南通市通州区川姜镇知识产权管理办公室

54. 卜俊哲，江苏省连云港市文化市场综合执法支队

55. 钱明海，江苏省连云港市灌云县文化市场综合行政执法大队

56. 高一峰，江苏省连云港市灌南县社会事业综合行政执法大队

57. 黄雷，江苏省连云港市灌南县社会事业综合行政执法大队

58. 王玉将，江苏省连云港市灌南县社会事业综合行政执法大队

59. 张金叶，江苏省淮安市文化市场综合执法支队

60. 江苏扬州打击侵权盗版专项整治行动系列案专案组（陈越、张雅奇，江苏省扬州市文化市场综合执法支队；嵇辉，江苏省扬州市高邮市文化市场综合执法大队）

61. 朱军，江苏省泰州市文化市场综合执法支队

62. 仲琳，江苏省宿迁市沭阳县文化市场综合执法大队

63. 孙秀军，江苏省宿迁市沭阳县文化市场综合执法大队

64. 舒茂森，江苏省宿迁市沭阳县文化市场综合执法大队

65. 单继震，江苏省宿迁市沭阳县文化市场综合执法大队

66. 廖忠文，江苏省宿迁市沭阳县文化市场综合执法大队

67. 浙江杭州《七彩熊绘本》APP侵犯著作权案专案组（徐宏国、金矿红，浙江省杭州市滨江区文化和广电旅游体育局）

68. 黄润锋，浙江省绍兴市越城区文化市场综合行政执法队

69. 安徽甲壳虫影视投资有限公司侵犯著作权案专案组（汝梦芸、史继华，安徽省合肥市文化市场综合执法支队）

70. 祝青春，安徽省蚌埠市文化市场综合执法支队

71. 安徽滁州“懒人听书”网侵犯著作权案专案组（史学兵，安徽省人民检察院第四检察部；陈义周、韦荣，安徽省滁州市广播电视新闻出版局；卢双杰、沈冬冬，安徽省滁州市文化市场综合执法支队）

72. 安徽滁州求学书店发行侵权盗版出版物案专案组（史润生、杨园园，安徽省滁州市文化市场综合执法支队）

73. 邹帆，安徽省铜陵市文化市场综合执法支队

74. 福建莆田张某销售盗版幼儿教辅案专案组（郑玉辉，福建省莆田市文化和旅游局；刘国添，福建省莆田市公安局；吴林敏，福建省莆田市仙游县公安局经济犯罪侦查大队；戴晓东，福建省莆田市仙游县人民检察院；蔡志阳，福建省莆田市仙游县人民法院）

75. 福建厦门侵犯音乐作品著作权系列案专案组（黄云生、吴金池，福建省厦门市文化和旅游市场综合执法支队）

76. 福建福州微盟网络科技有限公司侵犯信息

网络传播权案专案组（冯海，福建省福州市鼓楼区新闻出版局；刘兰淮，福建省福州市文化市场综合执法支队鼓楼大队）

77. 江西鹰潭“3·21”侵犯影视作品著作权案专案组（赵俊波，江西省鹰潭市“扫黄打非”领导小组办公室；叶鹏、周四军，江西省鹰潭市文化市场综合行政执法支队；吴威良、占加盛，江西省鹰潭市公安局治安支队）

78. 江西九江“11·2”侵犯影视作品著作权案专案组（于晓峰，江西省九江市文化广电新闻出版旅游局；法亮，江西省九江市浔阳区文化新闻出版旅游局；黄玺，江西省九江市公安局；徐骏翔，江西省九江市濂溪区人民检察院；尹玉超，江西省九江市濂溪区人民法院）

79. 江西三叶文化传播有限公司侵犯著作权案专案组（饶兴奇、刘凯，江西省南昌市文化市场综合执法支队）

80. 江西南昌新正大纸制品配送中心侵犯著作权案专案组（熊子薇、邹爱强，江西省南昌市文化市场综合执法支队）

81. 江西南昌好来屋书屋侵犯著作权系列案专案组（朱军、万建明，江西省南昌市文化市场综合执法支队）

82. 江西进贤盛世纯歌音乐馆侵犯著作权案专案组（陶伟华、张刚刚，江西省南昌市进贤县文化广电新闻出版旅游局）

83. 江西彭泽帝王国际娱乐会所侵犯著作权案专案组（时东明、刘宇焮，江西省九江市彭泽县文化广电新闻出版旅游局）

84. 江西湖口鑫远网络科技公司侵犯著作权案专案组（李跃、陈璐，江西省九江市湖口县文化广电新闻出版旅游局）

85. 徐涵，江西省景德镇市文化市场综合执法支队

86. 程麟峰，江西省景德镇市文化市场综合执法支队

87. 江西萍乡乐汀银幕咖啡馆侵犯著作权案专案组（李涛、谢名杰，江西省萍乡市文化市场综合执法支队）

88. 江西萍乡兰光影音设备店侵犯著作权案专案组（曹建文、赖世云，江西省萍乡市文化市场综合执法支队）

89. 江西新余九八咖啡馆侵犯著作权案专案组（罗强、刘刚，江西省新余市文化市场综合执法支队；蓝波，江西省新余市“扫黄打非”领导小组办公室）

90. 江西新余惠影娱乐有限公司侵犯著作权案系列案专案组（陈新根，江西省新余市文化广电新闻出版旅游局；张志平、张小安，江西省新余市文化市场综合执法支队）

91. 江西鹰潭天天向上书店侵犯著作权案专案组（孙剑、徐志勇，江西省鹰潭市文化市场综合行政执法支队）

92. 江西鹰潭“11·15”侵犯美术作品著作权案专案组（李滨、张民，江西省鹰潭市文化市场综合行政执法支队）

93. 谢芸华，江西省赣州市于都县文化广电新闻出版旅游局

94. 谭春森，江西省赣州市于都县文化广电新闻出版旅游局

95. 杜伟华，江西省赣州市安远县文化广电新闻出版旅游局

96. 尧飞武，江西省赣州市安远县文化市场综合执法大队

97. 黄婧，江西省赣州市安远县文化市场综合执法大队

98. 李立生，江西省赣州市南康区文化广电新闻出版旅游局

99. 李敦光，江西省赣州市南康区文化市场综合执法大队

100. 李绍武，江西省赣州市蓉江新区社会事务管理局

101. 康昆平，江西省赣州市蓉江新区社会事务管理局

102. 杨衍斌，江西省赣州市蓉江新区社会事务管理局

103. 杨雨露，江西省赣州市蓉江新区社会事务管理局

104. 陈高伟，江西省赣州市兴国县文化广电新闻出版旅游局

105. 刘兴传，江西省赣州市兴国县文化广电新闻出版旅游局

106. 赖惠有，江西省赣州市会昌县文化市场综合执法大队

107. 李大海，江西省赣州市会昌县文化市场综合执法大队

108. 刘天明，江西省赣州市会昌县文化市场综合执法大队

109. 江西宜春桔园文化教育传播有限公司侵犯著作权案专案组（胡文卿、雷卫平，江西省宜春市

文化市场综合执法支队）

110. 程永鹏，江西省上饶市文化广电新闻出版旅游局

111. 江西上饶爱沫咖啡店侵犯著作权案专案组（缪招旭、白云峰，江西省上饶市文化市场综合执法支队）

112. 李江华，江西省上饶市万年县文化市场综合执法大队

113. 张国华，江西省上饶市广信区文化广电新闻出版旅游局

114. 江西吉安微有引力网络科技有限公司侵犯著作权案专案组（郭威、李根青，江西省吉安市文化市场综合执法支队）

115. 江西吉安南娱网络传媒有限公司侵犯著作权案专案组（肖蓁、袁淇根，江西省吉安市文化市场综合执法支队）

116. 彭林先，江西省吉安市文化市场综合执法支队

117. 江西吉水莫等闲书店侵犯著作权案专案组（王吉隆、刘小平，江西省吉安市吉水县文化广电新闻出版旅游局）

118. 江西抚州甘某某侵犯著作权案专案组（胡光斌、付峻峰，江西省抚州市文化市场综合执法支队）

119. 江西金溪徐某某侵犯著作权案专案组（张亮、翁福安，江西省抚州市金溪县文化市场综合执法大队）

120. 廖巧云，江西省赣州市瑞金市文化广电新闻出版旅游局

121. 谢鹏，江西省赣州市瑞金市文化市场综合行政执法大队

122. 朱敏，江西省赣州市瑞金市文化市场综合行政执法大队

123. 张琳，江西省赣州市瑞金市文化市场综合行政执法大队

124. 山东淄博海川书店侵犯著作权案专案组（张洋、王桂清，山东省淄博市周村区文化市场综合执法大队）

125. 王经国，山东省潍坊市安丘市文化市场综合执法大队

126. 高志强，山东省潍坊市文化市场综合执法支队奎文大队

127. 袁金辉，山东省潍坊市寿光市文化市场综合执法大队

128. 胡静，山东省聊城市文化和旅游综合执法支队

129. 高窗哲，山东省聊城市文化和旅游综合执法支队

130. 山东济宁瑞法印务有限公司侵犯著作权案专案组（王永刚、宋凤勇，山东省济宁市文化旅游综合执法支队）

131. 山东济宁兰亭序影视文化传媒有限公司侵犯著作权案专案组（顾凯、贾维波，山东省济宁市汶上县文化市场综合执法大队）

132. 山东济宁意林图书店发行侵权盗版图书案专案组（史进利、高文洁，山东省济宁市汶上县文化市场综合执法大队）

133. 山东济南朝花工艺品店侵犯著作权案专案组（任尚杰、王元昌，山东省济南市文化市场综合执法支队）

134. 山东东营康某某侵犯著作权案专案组（韩佳、李富宏，山东省东营市文化市场综合执法支队）

135. 山东威海优乐工艺品有限公司侵犯著作权案专案组（韩兵、辛进波，山东省威海市文化市场综合执法支队）

136. 山东济南瑞浦建筑书店侵犯著作权案专案组（刘琳，山东省济南市文化和旅游局；贺东文、孙萧，山东省济南市历下区文化市场综合行政执法大队）

137. 曾维强，河南省委网络安全和信息化委员会办公室网络协调管理和执法督察处

138. 贾震，河南省南阳市宛城区人民法院刑事审判庭

139. 河南洛阳“高清 MP4”网侵犯著作权案专案组（张利波，河南省洛阳市委宣传部；仝书立，河南省洛阳市文化市场综合执法支队；李跃伟，河南省洛阳市公安局治安和出入境管理支队；郭伟，河南省洛阳市公安局网络安全和技术侦察支队；丁永军，河南省洛阳市公安局西工分局）

140. 河南郑州常某某侵犯著作权案专案组（许朝华，河南省郑州市巩义市公安局治安大队；张洁，河南省郑州市巩义市委宣传部）

141. 河南济源“创新影城”网侵犯著作权案专案组（李靖、吴长春，河南省济源市文化市场综合行政执法支队；李继伟，河南省济源市公安局济水派出所）

142. 覃良伟，湖北省委网络安全和信息化委员会办公室网络管理处

143. 湖北襄阳刘某某侵犯著作权案专案组（李宜兵，湖北省襄阳市版权局；杨晓波，湖北省襄阳

市中级人民法院）

144. 湖北大冶友谊汇娱乐管理有限公司侵犯著作权案专案组（陈志红、陈武，湖北省黄石市大冶市文化市场综合执法大队）

145. 张立，湖北省随州市文化和旅游市场综合执法支队

146. 曾雪冰，湖北省恩施州来凤县文化旅游市场综合执法大队

147. 湖南长沙姜某某侵犯音乐作品著作权案专案组（娄卫华、何杨，湖南省长沙宁乡市文化市场综合行政执法局）

148. 湖南岳阳金碧置业有限公司侵犯著作权案专案组（刘伟、曾利宏，湖南省岳阳市文化市场综合执法局版权执法大队）

149. 湖南岳阳瀚彬信息科技有限公司侵犯著作权案专案组（李军、张俊，湖南省岳阳市文化市场综合执法局版权执法大队）

150. 湖南衡阳创佳快印印刷厂侵犯著作权案专案组（唐能平、何向明，湖南省衡阳市文化市场综合行政执法支队）

151. 尹忠国，湖南省衡阳市文化市场综合行政执法支队

152. 刘林，湖南省衡阳市文化市场综合行政执法支队

153. 沈蓓，湖南省衡阳市文化市场综合行政执法支队

154. 湖南永州星耀影业有限责任公司侵犯影视作品著作权案专案组（唐博、蒋崇涛，湖南省永州市文化市场综合行政执法支队）

155. 湖南永州科汶书店侵犯著作权案专案组（张德文、阳儒，湖南省永州市文化市场综合行政执法支队）

156. 湖南永州圆梦图书城侵犯著作权案专案组（李尔、唐自强，湖南省永州市东安县文化市场综合执法大队）

157. 湖南娄底盛某某侵犯著作权案专案组（谭琪琳、刘兆文，湖南省娄底市文化市场综合行政执法支队）

158. 湖南娄底廖某某侵犯著作权案专案组（谢建明，湖南省娄底市文化市场综合行政执法支队；何烁垠，湖南省娄底市新化县文化市场综合行政执法大队）

159. 湖南娄底陈某某侵犯著作权案专案组（李常飞，湖南省娄底市委宣传部版权科；蔡文欣，湖南省娄底市新化县公安局国保大队）

160. 湖南娄底陈某侵犯著作权案专案组（杨黎军，湖南省娄底市新化县文化市场综合行政执法大队；邹定齐，湖南省娄底市新化县公安局国保大队）

161. 陈超，湖南省娄底市新化县文化市场综合行政执法大队

162. 段波，湖南省娄底市新化县文化市场综合行政执法大队

163. 吴文平，湖南省娄底市新化县文化市场综合行政执法大队

164. 伍赛文，湖南省娄底市新化县文化市场综合行政执法大队

165. 刘嫦红，湖南省娄底市新化县文化市场综合行政执法大队

166. 湖南凤凰张某侵犯音乐作品著作权案专案组（白奎、杨鹤鸣，湖南省湘西自治州凤凰县文化市场综合执法局）

167. 湖南凤凰向某侵犯音乐作品著作权案专案组（张希、王宴，湖南省湘西自治州凤凰县文化市场综合执法局）

168. 湖南湘西爱沫咖啡店侵犯影视作品著作权案专案组（张木宣、查涛，湖南省湘西自治州文化市场综合执法局）

169. 广东江门杨某某等侵犯影视作品著作权案专案组（杨絮飞，广东省公安厅治安管理局；何永照，广东省江门市委宣传部；李沃能，广东省江门市公安局网络警察支队；李月贤，广东省江门市新会区人民法院）

170. 广东广州邱某等侵犯著作权案专案组（隋岳，广东省广州市天河区人民法院刑事审判庭；罗洁，广东省广州市天河区人民检察院）

171. 许媛媛，广东省广州市中级人民法院刑事审判第二庭

172. 邓少元，广东省深圳市市场稽查局知识产权稽查处

173. 广东佛山万某侵犯著作权案专案组（柯春声、黎辉涵，广东省佛山市文化广电旅游体育局南海综合执法支队；李建臻，广东省佛山市公安局西樵派出所）

174. 广东江门博雅音像店侵犯著作权案专案组（于刚，广东省江门市委宣传部；麦彩琼，广东省江门市新会区委宣传部；张自军，广东省江门市公安局银湖湾派出所）

175. 广东江门超宏影音店侵犯著作权案专案组（陈科明、钟颖杰，广东省江门市委宣传部；王茂磊，广东省江门市公安局新会分局）

176. 黄超华，广东省江门市台山市版权局

177. 冯思远，广东省肇庆市四会市公安局治安管理大队

178. 李健军，广东省东莞市文化广电旅游体育局

179. 陈振生，广东省揭阳市普宁市文化广电旅游体育局

180. 钟宪文，广东省揭阳市普宁市公安局治安管理大队

181. 冯舒渤，广东省潮州市文化广电旅游体育局执法支队枫溪执法大队

182. 黄起先，广东省潮州市潮安区文化广电旅游体育局

183. 广东广州艾博伦皮具有限公司侵犯著作权案专案组（朱阳东，深圳海关隶属蛇口海关法规科；乔金峰，深圳海关风险防控分局风险分析二科）

184. 梁金成，重庆市奉节县委宣传部

185. 李晓曦，四川省委宣传部版权管理处

186. 王海，四川省南充市委宣传部

187. 徐梅，贵州省版权局版权管理处

188. 严海云，云南省昆明市五华区文化旅游市场综合执法大队

189. 德吉，西藏自治区党委宣传部出版处

190. 陈选康，陕西省委宣传部版权管理处

191. 马云，陕西省高级人民法院刑事审判庭第二庭

192. 陕西西安许某侵犯影视作品著作权案专案组（樊军艳、王星星，陕西省西安市文化市场综合执法支队）

193. 陕西西安未央区人才交流综合服务中心侵犯著作权案专案组（何勇刚、楚源，陕西省西安市文化市场综合执法支队）

194. 陕西西安灞桥区劳动就业培训中心侵犯著作权案专案组（毛凤凤、郑国强，陕西省西安市文化市场综合执法支队）

195. 陕西咸阳私人影院侵犯电影作品著作权系列案专案组（张凡、王晓东，陕西省咸阳市文化市场综合执法支队）

196. 陕西汉中王某某侵犯电影作品著作权案专案组（王宝成，陕西省汉中市勉县公安局网络安全大队；马晓辉，陕西省汉中市勉县文化市场综合执法大队）

197. 陕西丹凤王某侵犯美术作品著作权案专案组（鲁青合，陕西省商洛市丹凤县文旅局；曾敏红，陕西省商洛市丹凤县文化市场综合执法大队）

198. 甘肃酒泉九月娇火锅超市侵犯著作权案专案组（王新、冯建业，甘肃省酒泉市文化市场综合行政执法队）

199. 付成久，青海省版权局版权管理处

200. 王燕，宁夏回族自治区党委宣传部版权管理处

201. 宁夏固原状元书店侵犯著作权系列案专案组（罗英，宁夏回族自治区固原市委宣传部；张发祥、徐红军，宁夏回族自治区固原市文化市场综合执法支队）

202. 达吾列甫·吐尔逊别克，新疆维吾尔自治区伊犁州新源县文化体育广播电视和旅游局文化市场综合执法队

203. 杜红艳，新疆维吾尔自治区伊犁州新源县文化体育广播电视和旅游局

204. 艾克拜·牙生，新疆维吾尔自治区乌鲁木齐水磨沟区文化市场综合行政执法队

205. 阿丽亚·买吐送，新疆维吾尔自治区和田市文化体育广播电视和旅游局文化市场综合执法大队

2020 年度全国版权示范单位、示范单位（软件正版化）和示范园区（基地）

［编者按］ 2021 年 3 月，国家版权局发布《关于授予北京光线传媒股份有限公司等全国版权示范单位、示范单位（软件正版化）和示范园区（基地）称号的批复》（国版发函〔2021〕10 号），授予北京光线传媒股份有限公司等 49 家单位“全国版权示范单位”称号，授予北京临近空间飞行器系统工程研究所等 25 家单位“全国版权示范单位（软件正版化）”称号，授予中国人民大学文化科技园等 15 家单位“全国版权示范园区（基地）”称号。

2020 年度全国版权示范单位

1. 北京光线传媒股份有限公司
2. 北京开心麻花娱乐文化传媒股份有限公司
3. 北京雅昌艺术印刷有限公司
4. 天津大学出版社有限公司
5. 天津大行道动漫文化发展有限公司
6. 宁晋县工笔画艺术学校
7. “21 世纪避暑山庄”文化旅游产业园
8. 山西出版传媒集团有限责任公司
9. 东软集团股份有限公司
10. 大连出版社股份有限公司
11. 白城市顺阳民族工艺品草编专业合作社
12. 四平市洪满农民画文化艺术发展有限公司
13. 哈尔滨工业大学出版社有限公司
14. 佳木斯马华赫哲鱼皮文化有限公司
15. 普元信息技术股份有限公司
16. 上海阅文信息技术有限公司
17. 江苏金太阳纺织科技股份有限公司
18. 吴江桑尚丝绸有限公司
19. 安徽广播电视台
20. 安徽天同人合文化传播股份有限公司
21. 安庆市五千年文博园投资有限责任公司
22. 福建网龙计算机网络信息有限公司
23. 厦门安妮股份有限公司
24. 福建德化五洲陶瓷股份有限公司
25. 江西人民出版社有限责任公司
26. 景德镇景浮宫陶瓷文化有限公司
27. 山东天成书业有限公司
28. 明天出版社有限公司
29. 鲁南制药集团股份有限公司
30. 武汉斗鱼网络科技有限公司
31. 湖北省文化旅游投资集团有限公司
32. 广州酷狗计算机科技有限公司
33. 广东可儿玩具有限公司
34. 佛山市顺德区孔雀廊娱乐唱片有限公司
35. 奥飞娱乐股份有限公司
36. 接力出版社有限公司
37. 南宁峰值文化传播有限公司
38. 重庆猪八戒知识产权服务有限公司
39. 重庆江小白酒业有限公司
40. 重庆课堂内外杂志有限责任公司
41. 重庆西南师范大学出版社有限公司
42. 自贡海天文化股份有限公司
43. 贵州中云版权科技公司
44. 贵州蝉之翼电子商务服务有限公司
45. 丽江滇绣唐卡文化艺术有限公司
46. 西藏天佑德青稞酒业有限责任公司
47. 陕西太白文艺出版社有限责任公司
48. 陕西数字基地出版传媒集团有限公司
49. 甘肃集优品网络科技有限公司

2020 年度全国版权示范单位（软件正版化）

1. 北京临近空间飞行器系统工程研究所

2. 国网江苏省电力有限公司
3. 国家能源投资集团有限责任公司
4. 中国移动通信集团有限公司
5. 中国电力工程顾问集团中南电力设计院有限公司
6. 交通银行股份有限公司
7. 平安银行股份有限公司
8. 成都银行股份有限公司
9. 杭州银行股份有限公司
10. 南京银行股份有限公司
11. 中国人寿资产管理有限公司
12. 众安在线财产保险股份有限公司
13. 百年保险资产管理有限责任公司
14. 大连商品交易所
15. 中国证券登记结算有限责任公司
16. 中国银河证券股份有限公司
17. 中信期货有限公司
18. 交银施罗德基金管理有限公司
19. 北京城市副中心投资建设集团有限公司
20. 河北教育出版社有限责任公司
21. 江苏凤凰出版传媒集团有限公司
22. 华泰证券股份有限公司
23. 安徽叉车集团有限责任公司
24. 甘肃土木工程科学研究院有限公司
25. 宁夏国有资产投资控股集团有限公司

2020 年度全国版权示范园区（基地）

1. 中国人民大学文化科技园
2. 北京天桥演艺区
3. 天津智慧山科技文化创意产业园
4. 北方国家版权交易中心产业园
5. 吉林省广告产业园
6. 上海游戏电竞产业孵化基地
7. 合肥高新创业园
8. 莆田国际油画城
9. 泰山新闻出版小镇
10. 华中智谷（华中国家数字出版基地）
11. 马栏山（长沙）视频文创产业园
12. 金蝶软件园
13. 重庆两江新区互联网产业园
14. 重庆南滨路文化产业园
15. 建水紫陶文化产业园区

2020 年（第十二届）全国大学生版权征文获奖名单

［编者按］ 2020 年 11 月 28 日，由国家版权局主办、四川省版权局和四川省教育厅支持、中国人民大学国家版权贸易基地和成都市版权局承办的第十二届全国大学生版权征文活动颁奖仪式在成都举行，会上公布了第十二届全国大学生版权征文活动获奖名单。本届征文活动共收稿 3 267 篇，其中包括 2 471 篇本科生论文、796 篇研究生论文。经过形式审查、软件查重和专家评审，最终评选产生特等奖论文 3 篇，本科生组和研究生组一等奖论文各 10 篇、二等奖论文各 20 篇、三等奖论文各 30 篇，优秀奖论文 30 篇，优秀指导老师奖 20 名，优秀组织奖 20 个。

一、特等奖（3 名）

序号	组别	姓名	学校	论文题目
1	本科生	邓仁江	中国政法大学	“应当由著作权人享有的其他权利”研究
2	研究生	雷征伟	华东政法大学	论著作权法意义上的信号——以《著作权法》修正案（草案）第 45 条为视角
3	研究生	陈紫薇	南京师范大学	论网络文学作品融梗行为的法律定性

二、一等奖（20 名）

序号	组别	姓名	学校	论文题目
1	本科生	王一鸣	郑州大学	作品实质性相似的认定规则
2	本科生	吴昕宇	上海财经大学	体育赛事节目的法律保护路径探析
3	本科生	王嘉峰	华东政法大学	小程序遇上云服务：“通知—删除”的适用困境与出路——兼评“微信小程序案”
4	本科生	代卓炜	四川大学	人工智能生成物的可版权性问题探讨——以版权法上的作者表达为切入点
5	本科生	王寒冰	南京师范大学	论著作署名权的不可转让性
6	本科生	洪诗涛	西北政法大学	广播组织权的客体重构及其立法表达——兼评《著作权法修正案（草案）》第 19 条
7	本科生	曾卓为	中南民族大学	困境与出路：民法视阈下的期待版权担保
8	本科生	陈远雯	郑州大学	电子书转售合法性之否定
9	本科生	杨雯婕	华东政法大学	转换性使用在我国“合理使用”制度中的应然定位
10	本科生	朱紫琳	南开大学	侵犯改编权行为判定的司法检视与理论剖析
11	研究生	张根银	湖南师范大学	从阿里云案看 IaaS 服务商的著作权侵权责任
12	研究生	赵迪雅	西北政法大学	客体视阈下直播侵权类案件的规制路径选择——以体育赛事直播侵权案件为基点
13	研究生	徐佳钰	华东政法大学	广播组织权的内容——以“二元客体说”为基础
14	研究生	咏　絮	华东政法大学	“一般观察者”概念的司法扩张与理性回归
15	研究生	马得原	中南财经政法大学	古籍点校成果著作权争点的学理重述

续表

序号	组别	姓名	学校	论文题目
16	研究生	赵之晗	南京师范大学	立体模型可版权性的审美标准
17	研究生	王　颖	江苏师范大学	数字化孤儿作品版权保护的内在张力与路径选择——基于区块链技术的研究分析
18	研究生	杨依楠	中南财经政法大学	论视听表演者权利归属的制度设计
19	研究生	王施施	复旦大学	数字版权时代：再论视频聚合平台设链法律问题
20	研究生	陈舒婷	广东财经大学	限制合理使用条款的效力问题

三、二等奖（40名）

序号	组别	姓名	学校	论文题目
1	本科生	傅树铭	云南大学	明清绘画版权保护意识及当代发展
2	本科生	丘卓奇	广州医科大学	UGC模式下音频分享平台的注意义务研究——以喜马拉雅为例
3	本科生	陈佳宝	广东外语外贸大学	用户创造内容的版权许可模式变革
4	本科生	白之韵	南京理工大学	网络服务提供者进入“避风港”的必要措施及其认定
5	本科生	刘亦艾	华东师范大学	坚持我国著作权法中修改权与保护作品完整权之区分——以法教义学视角下修改权之释义为中心
6	本科生	陈彦宏	中南财经政法大学	电子书销售适用首次销售原则的局限与克服
7	本科生	袁鹭娟	西北政法大学	网络游戏直播的合理使用研究——从我国近年来的网络游戏直播案件分析入手
8	本科生	张　平	西南政法大学	论电商平台中“恶意通知”的法律规制
9	本科生	陈泓焰	中南民族大学	网络直播课程作品合理使用的适用及其限制
10	本科生	杜浩然	江苏师范大学	“通知删除”制度中“有效”通知的认定及完善
11	本科生	张熠理	华东政法大学	网络游戏规则的不可版权性及其保护路径探析
12	本科生	杨　斌	河南大学	我国版权诉前禁令适用的实质要件研究
13	本科生	邵红红	中国政法大学	在线直播教学的合理使用边界探究
14	本科生	胡　睿	淮南师范学院	论转换性使用规则在我国的合理引入
15	本科生	张嘉迅	曲阜师范大学	浅析文学作品中对虚拟角色形象的版权保护标准
16	本科生	王佳萌	湖北警官学院	动漫作品的著作权保护反思
17	本科生	许家铭	华东政法大学	试述人工智能生成物不可版权性及其保护——兼议腾讯诉上海盈讯科技有限公司著作权纠纷案
18	本科生	暴　冰	烟台大学	论实用艺术作品的著作权保护认定标准
19	本科生	胡　月	深圳大学	人工智能生成物著作权权利归属问题探究——从法经济学的视角切入
20	本科生	张晶晶	浙江工商大学	论通知删除规则下的“重复侵权”
21	研究生	穆　洁	华中师范大学	体育赛事节目的可版权性分析及其对类案裁判路径之启发——以新浪诉凤凰网案和央视诉PPTV案为视角
22	研究生	周劲黎	中国人民大学	中国著作权法对国内外实用艺术品的差异保护：问题、成因与对策
23	研究生	张　文	中国人民大学	论“通知—删除”规则下的涉著作权恶意通知行为规制——兼评首例著作权“反向行为保全”案
24	研究生	张　倩	中南财经政法大学	信息网络传播权“交互性”认定标准探析——以IPTV限时回看服务切入
25	研究生	姚伊格	华中科技大学	延伸性集体管理中的私人自治原理与保障
26	研究生	李　健	南京理工大学	欧盟数字教学版权限制制度及其启示
27	研究生	王东方	中南财经政法大学	著作权合理使用认定的纠偏及应然路径
28	研究生	徐清云	华东政法大学	同人作品侵犯著作权行为的认定——结合42份判决的实证考察

续表

序号	组别	姓名	学校	论文题目
29	研究生	李欣洋	中南财经政法大学	欧盟作者、表演者公平报酬制度研究——从“畅销条款”到《数字化单一市场版权指令》
30	研究生	毛铭浩	华中科技大学	保护作品完整权的权利范畴认定
31	研究生	林楚涵	南京理工大学	侵犯著作权罪中计算机软件“复制”的认定
32	研究生	陈　颖	南开大学	数字作品适用首次销售原则的困境及应对
33	研究生	张津辉	华东政法大学	我国著作权集体管理制度中信托模式的检视与完善
34	研究生	金　潇	中南财经政法大学	摄影作品独创性认定研究
35	研究生	唐雯琳	华东政法大学	欧盟版权法下的数字教育例外及对我国的启示
36	研究生	杨　纯	中南大学	版权蟑螂：法律危机、法律之因与遏制之道
37	研究生	张校铨	同济大学	论授权侵权在我国版权侵权纠纷案中的运用
38	研究生	郑瑞雪	中南财经政法大学	论信息存储空间服务提供者注意义务的提高
39	研究生	李茂慈	中国人民大学	论网络环境中的权利用尽原则
40	研究生	潘　玥	南京师范大学	对禁止著作权滥用条款的质疑

四、三等奖（60 名）

序号	组别	姓名	学校	论文题目
1	本科生	严宇轩	南京师范大学	新闻摄影作品二次使用中的权利配置——基于肖像权和著作权客体的区分
2	本科生	赵　洁	复旦大学	本土视域下“三步检验法”的司法适用与反思
3	本科生	柳婷娇	上海大学	“融梗”行为的合法性认定——以“抽象分离法”为视角
4	本科生	褚　楚	华东政法大学	新型网络服务提供者侵权认定的“通知与必要措施”规则——“云服务器案”与“小程序案”的启示
5	本科生	谭晓月	清华大学	论“通知—删除”规则下对平台内经营者的保护
6	本科生	王　乔	淮阴师范学院	论网络短视频平台侵权责任的认定
7	本科生	姚德馨	江苏师范大学	合理使用制度中转换性使用规则的探讨——基于美国司法判例的研究
8	本科生	沈颂燊	中南财经政法大学	美国著作权惩罚性赔偿制度的法律特色与中国启示
9	本科生	李海青	安徽大学	体育赛事直播画面可版权性研究
10	本科生	王一岚	中南财经政法大学	论真人同人作品的著作权保护范围
11	本科生	盛梓雨	华东政法大学	文字作品实质性相似认定标准研究
12	本科生	高宇泽	西北政法大学	我国版权停止侵害请求权限制探析
13	本科生	杨开琪	天津财经大学	影视解说作品的合理使用限度
14	本科生	呼晓慧	西北大学	体育赛事直播画面的著作权问题探究
15	本科生	李雯蓉	厦门理工学院	浅论 AI 增强摄影技术摄影照片的可作品性
16	本科生	张　冉	烟台大学	编曲著作权保护的适用路径研究
17	本科生	熊欣仪	南京理工大学	竞技类网络游戏直播画面的独创性判断标准
18	本科生	李慧娴	南京师范大学	游戏规则中的思想与表达认定
19	本科生	余思婷	山东大学	混剪视频中使用他人作品行为的著作权问题探究
20	本科生	郭雅灵	中南大学	区块链技术措施与著作权合理使用的冲突及协调对策
21	本科生	汪盛亚	华东政法大学	论服装成衣整体造型独创性判定方法
22	本科生	王荣淋	华东政法大学	文学作品影视化改编侵权的实质性相似判定
23	本科生	卢芯莹	华东政法大学	计算机软件侵权中接触要件的认定
24	本科生	宋梦晴	集美大学	视频混剪的性质认定及其制度建构

续表

序号	组别	姓名	学校	论文题目
25	本科生	粟　江	宜宾学院	人工智能生成内容的可版权性研究——以“菲林案”与“盈讯案”为例
26	本科生	任星叡	中南财经政法大学	人工智能生成内容的著作权认定及权利配置规则
27	本科生	卢　乙	江苏师范大学	体育赛事直播画面的独创性分析与保护
28	本科生	齐晓天	中南大学	浅议慕课背景下我国教学性权利的著作权保护——兼评第三次《著作权法修正案（草案）》相关条款
29	本科生	龚镘淳	西华大学	短视频中音乐作品版权保护研究
30	本科生	杨　豪	哈尔滨商业大学	浅论我国短视频平台版权侵权责任的认定
31	研究生	高舒婷	南京师范大学	论“百科词条”的著作权归属
32	研究生	卢　菊	苏州大学	自由贸易协定下版权条款的构建——以美国为对象的比较研究
33	研究生	朱泽亮	华东政法大学	论许可侵权的性质——兼评慧鱼创意组合模型案
34	研究生	王悦玥	厦门大学	作者意图视域下体育赛事直播画面独创性探析
35	研究生	余明明	江苏师范大学	自媒体时代下微信公众号配图的著作权问题研究——基于 5 452 份判决书的实证分析
36	研究生	张语兮	同济大学	评拓印古画像砖图案性质——从美国艺术复制的独创性判定出发
37	研究生	郭毅航	上海交通大学	戏谑仿作中的合理使用判断——以谷阿莫案为例
38	研究生	武　颖	内蒙古大学	IPTV 回看模式法律性质之争
39	研究生	张紫叶	华中科技大学	网络服务提供者一般过滤义务的比较法经验与取舍——基于《数字化单一市场版权指令》第 17 条评述
40	研究生	王凌月	上海大学	深度链接直接侵权判定的“控制替代标准”
41	研究生	程　晨	华东政法大学	抗辩视角下的著作权法定许可制度
42	研究生	谢　楠	华东政法大学	游戏玩家的主体地位分析
43	研究生	刘　涛	南京理工大学	论深层链接行为的著作权法规制——以“腾讯诉真彩案”为视角
44	研究生	潘玉萍	南京理工大学	论我国合理使用制度开放式立法模式构建——兼评《著作权法（修正案草案）》第 22 条
45	研究生	陈倚天	华东政法大学	体育赛事直播画面的作品定性与法律保护
46	研究生	马舒文	华东政法大学	“注明出处”之于“合理使用”的地位之辨
47	研究生	李欣遥	华中科技大学	“推荐算法”与网络服务提供者的注意义务界定
48	研究生	吴天成	四川理工学院	驳重混创作适用版权转换性使用规则——基于斯密、马克思对劳动分工的经济学分析
49	研究生	刘　畅	华东政法大学	数字音乐独家授权的正当性分析——以法经济学为视角
50	研究生	初　萌	北京大学	论我国引入录音制作者广播权的正当性
51	研究生	刘　陈	深圳大学	“卡-梅框架”下视频游戏“用户生成内容”的利益分配新探
52	研究生	林妍池	中南财经政法大学	智能时代下网络服务提供者版权注意义务之重构
53	研究生	郭冰玉	南京理工大学	论保护作品完整权与改编权的冲突与协调——以九层妖塔案为视角
54	研究生	江庆莹	中南财经政法大学	著作权合理使用制度适用路径之检视与优化——兼评《著作权法修正案（草案）》第 22 条
55	研究生	陈可汉	长沙理工大学	基于区块链的集体创作数字版权保护模型和法律研究
56	研究生	谢凯洲	广东财经大学	编曲在著作权保护问题上的特殊性及应对路径研究
57	研究生	齐劲沣	中国科学院大学	刑法总论视角下我国著作权刑事保护制度的完善
58	研究生	王梦宇	南京理工大学	配音平台侵犯信息网络传播权问题分析——从“优酷诉配音秀APP”说起
59	研究生	王雨溪	中南大学	避风港原则在 ISP 中的适用与规则完善
60	研究生	谢光明	贵州大学	基于文献综述视角的区块链技术下的版权保护

五、优秀奖（30 名）

序号	组别	姓名	学校	论文题目
1	本科生	王　卫	中南民族大学	论网络环境下音乐作品法定许可之完善
2	本科生	张永泰	苏州大学	体育赛事直播画面的法律属性及保护路径初探
3	本科生	伍　桃	天津财经大学	人工智能生成物的可版权性与权利归属
4	本科生	朱思佳	华中师范大学	著作权权利滥用的法解释学解构
5	本科生	曾炜路	广州医科大学	论“适当引用”摄影作品的判断标准——基于在网络文字作品中的实证研究
6	本科生	赵志昊	天津财经大学	虚拟主播“皮囊”下的“灵魂”救赎：“中之人”著作权主体资格研究
7	本科生	米钰洁	华东交通大学	版权制度支撑文化产业发展理论研究图谱：最优、次优抑或阻碍？
8	本科生	朱翔宇	西南科技大学	论网文版权合同中“霸王”条款的法律规制——以“5.5 断更节”事件为例
9	本科生	燕　容	浙江理工大学	人工智能生成内容的版权归属探究
10	本科生	郭　佳	郑州大学	“图解电影”行为之著作权法属性分析——以“图解电影”案为视角
11	本科生	黄泳琳	华南师范大学	浅析“智能剪辑”短视频的版权问题
12	本科生	陈丽芬	厦门理工学院	网络文学作品著作权保护的惩罚性赔偿制度研究——兼评《著作权法（修正案草案）》惩罚性赔偿条款
13	本科生	徐　静	西南政法大学	深度伪造技术视野下表演者权利保护研究
14	本科生	黄陈涵	华东政法大学	扩大数字图书馆合理使用制度的路径分析——以 Google Library 一案为视角
15	本科生	张倍佳	成都理工大学	美术作品著作权与原件所有权的冲突与协调探析
16	本科生	李明芮	华东政法大学	著作权案件中水印的法律性质探讨与现存问题反思——对“黑洞图片”事件的再思考
17	本科生	杨鑫曹	江苏师范大学	电子游戏画面“二次创作”行为定性与发展路径选择——以 Machinima 类型视频为研究视角
18	本科生	李灿玖	中国民航大学	浅析影视评述中的合理使用
19	研究生	余俊缘	厦门大学	“通知—删除”规则中的必要措施：变迁与隐忧
20	研究生	颜　森	中南财经政法大学	“固定性”作为类电作品定义要件的反思
21	研究生	李小婧	中国人民大学	商业视角下的版权交易合同
22	研究生	蒋新利	南京师范大学	论视听表演中的表演者权保护
23	研究生	叶素伶	浙江工商大学	规制版权滥用条款入法研究
24	研究生	郑柔芷	中南财经政法大学	试论著作权权利滥用及其规制路径
25	研究生	李天杰	西南政法大学	对“鼓励创作”的反思——论版权的功能重塑
26	研究生	范江涛	中南财经政法大学	利益平衡视野下的作品使用者权分析
27	研究生	郑汝俊	中南财经政法大学	延伸性集体管理的中国化路径
28	研究生	曾立伟	江西财经大学	论自动化生成作品的权利归属——基于与自动化生产的比较
29	研究生	杨玉叶	山东科技大学	网络直播平台对翻唱歌曲型直播事前监管对策探究——以斗鱼直播平台为例
30	研究生	周其威	中南财经政法大学	现代艺术品交易市场背景下的追续权双重矛盾探析——兼评著作权法第三次修改过程中的追续权制度

六、优秀指导老师奖（20 名）

序号	姓名	工作单位
1	陈绍玲	华东政法大学
2	张春艳	江苏师范大学
3	李国英	南京师范大学
4	梅术文	南京理工大学
5	熊　琦	华中科技大学
6	肖志远	中南财经政法大学
7	吴汉东	中南财经政法大学
8	何炼红	中南大学
9	杨　帆	中南民族大学
10	龙文懋	华东政法大学
11	马晓燕	南京师范大学
12	张德芬	郑州大学
13	冯晓青	中国政法大学
14	焦和平	西北政法大学
15	徐小奔	中南财经政法大学
16	徐喜荣	广州医科大学
17	郑伦幸	南京理工大学
18	彭学龙	中南财经政法大学
19	于　波	华东政法大学
20	易　玲	中南大学

七、优秀组织奖（20 个）

序号	单位
1	上海市版权局
2	湖北省版权局
3	广东省版权局
4	陕西省版权局
5	安徽省版权局
6	黑龙江省版权局
7	云南省版权局
8	贵州省版权局
9	华东政法大学
10	中南财经政法大学
11	南京师范大学
12	中南大学
13	南京理工大学
14	安徽大学
15	上海财经大学
16	湖北警官学院
17	华东师范大学
18	江苏师范大学
19	西北政法大学
20	中南民族大学

版权理论研究

LI LUN YAN JIU

开启著作权法治建设新征程

——2020年中国著作权法研究综述

万勇 陈露*

党的十九届五中全会重点研究了“十四五”规划问题，擘画了我国未来恢宏的蓝图。其中，新发展阶段、新发展理念、新发展格局这三个“新”，是“十四五”规划建议的核心要义。准确把握其深刻内涵，对指引著作权法立法方向，指导著作权法研究工作意义重大。2020年是著作权法修正案通过之年，也是《中华人民共和国著作权法》颁布30周年，因此，这一年的相关研究成果颇为丰富。据统计，2020年全年在“中文社会科学引文索引”(CSSCI和核心)法学来源期刊上共发表著作权法相关学术论文322篇，其中既有探讨基础理论的研究成果，也有专注研究紧跟时代发展的具体问题的学术文章。有制度，也有理论；有诠释，也有建构；有问题，也有方法。

一、总体研究特点

纵观2020年度的知识产权法学研究，可以发现以下几个特点：第一，时代感明显，学科研究出现紧跟时代发展的趋势；第二，国际形势动态在研究领域能够及时得到学界的把握和回应，理论研究与实践之间结合得更为紧密；第三，从回应国际社会转为满足本土需求。

（一）时代性特征突出

2020年的著作权发展具有明显的时代特征，不仅承载了现代化发展目标，还提出了实现高质量发展的战略性目标。坚持新发展理念需要高度重视这一理念的系统性、整体性和协同性，用辩证思维科学分析并统筹把握新发展理念中著作权法体系中各组成部分之间的关系，促进创新、协调、绿色、开放、共享发展协同联动。与此同时，随着新技术的飞速发展，大数据、人工智能、移动互联、云计算、物联网、区块链技术等在社会生活各个领域的应用日益广泛，《著作权法》实施的外部环境发生了历史性的巨大变化，著作权保护面临前所未有的新挑战，同时也提供了丰富的研究应用的素材和场景。能够适应和满足现代社会对法律所提出的客观要求，应为法律实现现代化、保持时代性的当有之义。2020年的著作权法研究既有对法律传统和陈旧观念的突破，也有对社会需求的回应和对法治建设的完善，形成了紧密联系的持续发展态势。

（二）国际化趋势明显

经济全球化从根本上决定了著作权法保护的国际化。著作权法律保护的意义早已超出其自身而演化成为一种经济竞争的手段。伴随着知识产品行销全世界，文化、价值观以及法律理念和行为规则同时也在全球范围内传递。经过三百余年的发展，著作权已经不仅仅是单一的法律问题，在当今社会，其已成为与政治、经济、文化、社会、人权等紧密相关的多元素多内涵议题。尤其是在经济全球化的背景下，一国著作权保护制度发展影响的辐射范围早已超越本国领域，与全球著作权保护发展紧密相连，脱离国际环境影响下的单打独斗从目前看来已经不是发展的大趋势。中国的现代化著作权保护制度确立较晚，是在后TRIPS协定时代按照WTO缔约国义务的要求建立起来的，因此，对于后TRIPS协定时代著作权保护的国际化发展趋势，本土研究者们应该给予更多的关注，与此同时还要统筹著作权国内治理与国际治理的立场。在此基础上完善中国的著作权保护制度，从而维护本国的著作权利益，融入知识经济的发展大潮。2020年著作权法研究在研究国际著作权核心问题等（尤其是当前愈演愈烈的中美贸易争端即是围绕包含著作权在内的知识产权问题）最新发展趋势的基础上，保持清晰的思维理念，研究出属于中国特色的科学合理的著作权法保护策略。

（三）本土化实践紧密

柏拉图曾经说过：“如果我们发现外国的法律更好，那我们也会用而不会因为它是外国法律而予以排斥。”法律的移植不是简单地将外来的法律思想文

* 万勇，中国人民大学法学院知识产权教研室主任，教授，博士生导师；陈露，中国人民大学法学院博士研究生。

化拿过来，而必须要结合本国或者本地区的实际。著作权法要取得更大进展，必须要正确处理好法律移植与本土化之间的关系。目前著作权研究趋势大体包括：第一，通过研究国际规则来解决新生问题。《著作权法》修订的滞后导致在面临新技术发展时捉襟见肘，找不到恰当的法律依据进行裁量，只能通过对域外规则进行借鉴来解决，然而现实中由于立法背景与适用场景不同，借鉴效果浮于表面且并不尽如人意。第二，在西方或外来既有概念的解释与适用上要结合本国特有情况进行本土化改造。著作权体系本质上是舶来品，我国在实际推行的过程中借鉴并引入了许多国际通行概念，在对这些概念原则进行分析解释的过程中进行了本土化改造。第三，在立法、司法、行政等各环节制度建设和实践中研究并转换得出更贴合中国特色实际的做法和结果。任何法律制度的成功要基于特定的历史条件和文化环境。2020 年著作权研究不仅仅是对外来法律概念、形式等的再现和解读，更是在研究西方法律理念的基础之上结合中国的具体国情和特色，对相关法律概念和文化进行再造。

二、问题点分布

（一）基础理论研究与时俱进

1. 著作权之概述研究

有学者认为，未来我国著作权法治建设应着力在继受法本体上纳入中国特色的新内容，在高新技术发展的背景下保持著作权立法的开放性、前瞻性，利用“一带一路”倡议的政策优势提高著作权国际话语权，进而以著作权制度创新促进知识经济不断发展①。有学者认为，从未来的优化进路来看，应从根本上厘清著作权法六个方面基本规则调整对象的相对开放性和相对封闭性，消除理解误区和认知争议，保证优化进路的方向正确和基点准确②。有学者认为，为了防止知识产权可能侵入或者挤压其他权利和公共空间，有必要对知识产权保护客体和效力的不当扩张加以规制③。有学者认为，《著作权法》颁布三十年来，由于立法修订的迟缓，大量新问题的解决只能依靠司法的诠释。立法应当关注司法的诠释经验，司法诠释须保持立法与司法的界分，并以规范目的和立法表述作为统一裁判的指引④。有学者认为，随着现代社会科技的发展，探究不同类型的知识产权统归于知识产权体系的逻辑关联便显得十分重要和紧迫。知识产权体系同一性理论的构建回归客体非物质的逻辑起点，在知识产权类型化的基础上构建由类型动态谱系和程度动态谱系组成的动态体系理论⑤。有学者认为，公众作为作品的使用者是不可或缺的主体，应享有作品使用权，公众使用权应成为著作权法的第三基础。基于重新阐释的著作权基础法律关系，我国著作权法有望构建更为公平、合理和有效率的著作权制度，并可对国际社会的著作权制度发展提供创新的经验借鉴⑥。有学者认为，以产权激励理论为基础的著作权法的现实基础正在逐步瓦解。社会人假设将是一种更为贴合社会现实的著作权法理论前提⑦。

2. 著作权之具体研究

（1）保护对象。

1）作品。

有学者认为，世界各国保护作品的法律制度，大体可以划分为版权制度和作者权制度。我国自近代以来两度选择了起源于欧洲大陆的作者权制度体系。在面临作者权和相关权保护中产生的问题时，我们应当更多地基于作者权制度的逻辑体系，思考和处理相关问题⑧。有学者认为，作品类型法定原则认为不属于著作权法法定类型的表现形式不应受著作权法保护。该原则颠倒了作品与著作权法之间的关系，误读了公约及相关立法例对作品的定义及示例规范。未来著作权法应以更为明确的方式建立开放式的作品类型示例模式⑨。有学者认为，手稿的作品类型如何认定，关系到相关主体权利义务的享有与履行。利用思想表达二分法先提炼作品表达，再对其独创性进行判断，最后与作品类型特征进行比对。也可为其他作品类型的认定提供

---

① 马治国，刘桢．现代化、国际化、本土化：我国著作权法治发展的回顾与展望［J］．西北大学学报（哲学社会科学版），2020（5）．

② 丛立先．我国著作权法总体趋向与优化进路［J］．中国出版，2020（21）．

③ 管荣齐．中国知识产权保护的法律边界［J］．学术论坛，2020（1）．

④ 李琛．文本与诠释的互动：回顾《著作权法》三十年的新视角［J］．知识产权，2020（8）．

⑤ 何松威．知识产权体系同一性理论的反思与构建［J］．政治与法律，2020（3）．

⑥ 刘银良．著作权法中的公众使用权［J］．中国社会科学，2020（10）．

⑦ 吕炳斌．著作权法的理论前提：从“经济人假设”到“社会人假设”［J］．当代法学，2020（6）．

⑧ 李明德．两大法系背景下的作品保护制度［J］．知识产权，2020（7）．

⑨ 卢海君．“作品类型法定原则”批判［J］．社会科学，2020（9）．

参考①。

2）独创性。

有学者认为，传统著作权独创性判断方法存在理论上的不足，而选择空间法所具有的内涵和活力有助于弥补传统方法的缺陷。选择空间法不但具有充分的理论支撑，而且具有广泛的适用性②。有学者认为，在具体认定角色作品化的独创性上，我国法院存在主观与客观两种判断标准，并不统一。我国应当采用客观标准，以可识别性为核心要素。在认定角色的可识别性上，应考虑角色是否具备稳定的外观形象、名称，并能够独立于原始故事背景而存在③。有学者结合临摹和挪用艺术作品案例，分析著作权法中对艺术作品独创性及合理使用的判定方式，其与艺术领域中对作品原创性认定方式的差异，以及其中值得进一步探讨的问题④。有学者以受著作权保护的作品的概念界定和构成要件为理论依据，探索数据导引能否构成著作权保护的对象及其是否具有被保护的基本属性。数据导引是科研领域的智力成果的具体表达，具有可复制性和独创性等受著作权保护的基本特点，应当受到著作权的保护⑤。

（2）著作权归属。

有学者认为，署名推定规则和初步证据规则在实际运用中应当注意根据案件具体情况综合运用两种规则准确认定著作权归属⑥。有学者认为，应区分署名的法定规范和意定规则：一方面，坚持法定规范的最低要求；另一方面，鼓励学术治理的规则创设和约定署名权益的表达方式⑦。

（3）著作权权能。

有学者认为，权利化的正当性路径和合法性路径，均以建构权利的同一性为目标，其本质是权利的构成性路径。而类型化方法能有效呈现权利的生成性路径对现有规范的影响⑧。有学者认为，创作自由与创作者的自由是一对容易混淆的概念，《著作权法》不宜仅基于创作自由的话语扩张创作者特权乃至将其主张为著作权法上的专有权利⑨。有学者认为，改编权与保护作品完整权间冲突的化解需要在司法中明确主体与判断标准，立法中增加确认不侵犯保护作品完整权的强制性规定，通过文义解释、目的解释以及诚实信用原则保护作品完整权的行使⑩。有学者认为，邻接权制度体系的构建必须从功能确认入手，明确邻接权制度保护的是著作权产业领域投资者的投资成果，即无独创性的表达。而邻接权的配置应当以邻接权与著作权地位的平等性为前提，以保护投资者利益为原则，通过客体利用方式的类型化来进行具体权项的设置⑪。

（4）著作权利用。

有学者认为，涉及可单独使用的作品的著作权问题的争议和分歧源于其内涵界定的不明确、权利行使规则的不明晰。鉴于立法上和司法中的模糊、理论研究的不充分，有必要对可单独使用的作品的内涵和权利行使规则进行整体化研究⑫。有学者认为，为了加强对知识产权被许可人的保护，应允许专有许可使用权具有对世排他效力⑬。

（5）著作权限制。

1）公共领域。

有学者认为，我国著作权法缺乏稳定的价值基础，著作权持续扩张保护趋势将严重侵蚀公共领域的边界。公共领域与著作权之间的冲突，本质上是激励价值和公共价值如何协调的问题。应维持著作权保护和公共领域保留之间的合理平衡⑭。有学者认为，公有领域作为著作权制度的基础与核心，是著作权法体系完善所不可或缺的重要组成部分。著作权在全球范围内的非理性扩张与公有领域规范的

① 刘桢，马治国．由茅盾手稿案谈手稿的作品类型认定［J］．科技与法律，2020（2）．

② 袁锋．论新技术环境下作品独创性的判断：以“选择空间法”为视角［J］．华中科技大学学报（社会科学版），2020（5）．

③ 戴哲．我国作品角色著作权保护的完善［J］．出版发行研究，2020（5）．

④ 吕晓晓．关于艺术作品独创性判定方式的探讨：以临摹与挪用作品为例［J］．美术，2020（2）．

⑤ 黄国彬，郑霞．数据导引的著作权保护问题研究［J］．图书馆杂志，2020（6）．

⑥ 李自柱．著作权归属认定的一般规则［J］．中国出版，2020（13）．

⑦ 翟昊晖．法定规范与学术治理中的科研作品署名权益［J］．求索，2020（4）．

⑧ 黎华献．知识财产利益权利化路径之反思［J］．现代法学，2020（3）．

⑨ 谢晴川，何天翔．论著作权法对“创作者特权”的确认与限制：以“鬼吹灯”案中的作者续写权利主张为切入点［J］．交大法学，2020（4）．

⑩ 孙山．改编权与保护作品完整权之间的冲突及其化解［J］．科技与出版，2020（2）．

⑪ 王超政．著作邻接权制度功能的历史探源与现代构造［J］．华中科技大学学报（社会科学版），2020（4）．

⑫ 张今．著作权归属意义上“可单独使用的作品”之界定与权利行使研究［J］．法学杂志，2020（6）．

⑬ 张鹏．知识产权许可使用权对第三人效力研究［J］．北方法学，2020（6）．

⑭ 马治国，赵龙．价值冲突：公共领域理论的式微与著作权扩张保护的限度［J］．山东社会科学，2020（10）．

缺位致使公有领域在司法实践中日趋呈现出式微态势。应在《著作权法》中增设公有领域的立法条款[①]。

2）合理使用。

有学者认为，新时代背景下，我国著作权法律制度不应只考虑网络文学创作者和传播者的利益，也要同时兼顾使用者参与、交流和创造性表达的诉求，通过在合理使用规定中引入兜底条款维护作者—读者合作共创空间、防止滥用技术措施保障创作—传播知识共享机制，以期在知识的共创与共享中促进知识繁荣[②]。有学者认为，著作权法中的合理使用制度和出版者的合理注意义务是出版者在出版实践中经常遇到且难以精准判断的问题，应结合典型案例和出版实践进行分析以期进一步厘清合理使用制度和合理注意义务的法律边界和适用规则[③]。有学者认为，著作权转换性使用作为判定新型合理使用行为的一个重要因素有着重要的理论价值和实践意义。然而我国转换性使用的司法实践中却存在现实困境。一方面，需要确立开放式合理使用的一般规则；另一方面，需要明确转换性合理使用的法定情形[④]。有学者认为，仅以合理使用制度来消解机器学习作品的著作权责任，是对复杂问题的简单处理，存在不足。未经许可的作品使用分为非作品性使用、合理使用、侵权使用三种类型，机器学习有非表达型、普通的表达型、特殊的表达型三个类别[⑤]。有学者认为，合理使用制度在规则主义和因素主义两种立法模式中呈现出不同的立法体例安排。我国应借鉴并吸纳两种模式的有益经验，立足于本土法律实践以进一步完善合理使用制度[⑥]。有学者认为，在著作权合理使用的框架下讨论的用户创造内容（UGC）应当具有一定的创造性且由非专业用户创作。可以适当引进加拿大的引用条款来接纳更多UGC的创作和传播，但都不如以三步检验标准构建开放的合理使用制度更为可行[⑦]。有学者认为，在新技术环境下，传统合理使用判断方法存在无法适应实践需求的弊端，因而亟须重构一种新的判断方法。摒弃限制与例外的封闭式模式，采纳三要素考察法是适应日趋复杂的司法形势和技术发展的必然需求和最佳策略[⑧]。

3）法定许可。

有学者认为，为解决著作权人权利保护与人工智能技术发展之间的矛盾，对人工智能技术公司适用法定许可作为解决之道[⑨]。有学者认为，录音制品法定许可规则在促进音乐作品传播、提高音乐作品利用效率以及平衡著作权人和社会公众利益中发挥着不可替代的作用。但该规则在司法适用中存在诸多问题。本次著作权法修改亟须对录音制品法定许可法律条款予以完善并对录音制品法定许可的实施机制予以健全[⑩]。有学者认为，运用法定许可使用制度解决我国数字信息资源长期保存中的著作权问题是十分必要的。目前我国《著作权法》及其相关法律法规中还没有数字信息资源长期保存的法定许可使用规定。只有对法定许可使用制度进行构建，才能保障我国数字信息资源长期保存事业的稳定发展[⑪]。

（6）著作权救济。

1）民事救济。

有学者认为，由于举证难、维权成本高、司法判赔额低，著作权人的维权积极性并不高。惩罚性赔偿制度不但能弥补著作权人的侵权损失，更具有震慑、预防侵权行为的功能，符合国家立法和政策导向，符合司法实践，符合法经济学规律[⑫]。有学者认为，剽窃侵权具有不同于一般著作权侵权的整体性特质且剽窃的核心含义能够将剽窃整合为一个整体行为。以惩罚性赔偿责任应对剽窃故意具有正当性，《著作权法》不应仅规定剽窃之名，而应当设立专门的条款对剽窃的含义、惩罚性赔偿的适用等

① 李建华，梁九业．我国《著作权法》中公有领域的立法构造［J］．河南大学学报（社会科学版），2020（2）．

② 郑重．共创与共享：网络文学著作权限制的使用者视角［J］．出版发行研究，2020（5）．

③ 张杰．出版法律风险防控之“合理使用”与“合理注意义务”［J］．科技与出版，2020（11）．

④ 孙松．著作权转换性使用的本土路径重塑［J］．电子知识产权，2020（2）．

⑤ 李安．机器学习作品的著作权法分析：非作品性使用、合理使用与侵权使用［J］．电子知识产权，2020（6）．

⑥ 李杨．著作权合理使用制度的体系构造与司法互动［J］．法学评论，2020（4）．

⑦ 袁真富．用户创造内容（UGC）的著作权合理使用问题研究：兼论《中华人民共和国著作权法修正案（草案二次审议稿）》合理使用制度的完善［J］．科技与出版，2020（10）．

⑧ 袁锋．论新技术环境下合理使用的判断方法［J］．中国出版，2020（15）．

⑨ 高阳，胡丹阳．机器学习对著作权合理使用制度的挑战与应对［J］．电子知识产权，2020（10）．

⑩ 杜娟．我国录音制品法定许可规则完善研究［J］．电子知识产权，2020（8）．

⑪ 王爱霞，白苏红，王慧莹．数字信息资源长期保存法定许可使用制度的设计与构建［J］．国家图书馆学刊，2020（5）．

⑫ 李扬，陈曦程．论著作权惩罚性赔偿制度：兼评《民法典》知识产权惩罚性赔偿条款［J］．知识产权，2020（8）．

内容做出规定[①]。有学者认为，由于适用条件的严苛性以及损害赔偿基础数额确定的复杂性，惩罚性赔偿在侵害知识产权案件中的适用效果并不理想。我国应构建惩罚性赔偿与准惩罚性赔偿相结合，以故意侵权为适用要件，以案件情节为惩罚尺度，并依据过罚相当原则、比例原则对惩罚予以限制的知识产权损害赔偿惩罚体系[②]。有学者认为，著作权立法和专利权立法应放弃分立模式，改采融合模式，还原法定赔偿的补偿性规范性质，由惩罚性赔偿专门规则单独承担惩罚功能，形成惩罚性赔偿与补偿性赔偿分工明确、界限清晰、体系合理的知识产权损害赔偿二元架构[③]。有学者认为，缺少专业建制化媒体的内容把关被视为阻碍社交媒体健康发展的主导因素。社交媒体平台商应放弃中立立场，承担更多的把关责任，建立著作权侵权事前预防和事后追惩的双维把关机制[④]。

2）行政救济。

有学者认为，司法与行政双轨制是我国著作权保护的重要特色，对著作权保护发挥了积极作用。但是，我们仍应该对强行政保护介入著作权市场的管理模式保持克制，并根据当下版权产业和市场的发展阶段及特性，采取与之相适应的行政调节方式[⑤]。有学者认为，著作权的行政保护具有显著的专业性、主动性和效率性，但著作权行政保护在行政保护队伍建设、边界设定和保护有限性等方面也有待进一步明确和改善[⑥]。

3）刑事救济。

有学者认为，通过对著作权犯罪立法规范与司法适用的实证考察发现，我国以往灭火式被动回应的刑法规制存在弊端。在司法层面上应区分不同类型的网络服务提供商进行规制；在立法层面上应对商业性提供规避手段的预备行为进行犯罪化，增设向他人提供非法规避技术保护措施的设备、服务罪[⑦]。有学者认为，我国版权的刑法保护路径之所以曲折，与版权犯罪定位偏差不无关系。基于刑法的从属性，刑法应以版权法法益为保护对象，且通过犯罪构成的制度理念实现版权法法益的保护[⑧]。有学者认为，基于我国知识产权的刑事保护应当秉承“竞争秩序优位”的价值理念这一前提，应当重新审视网络知识产权刑事保护中的疑难问题，合理界定犯罪圈[⑨]。有学者认为，应当对该行为设立非法出版罪。在该罪的适用过程中应当遵循刑法谦抑性原则、合理区分其与侵犯著作权罪等相近罪名的构罪界限以及正确认定犯罪构成上的竞合问题[⑩]。有学者认为，图书盗版犯罪中，被侵权者人数众多已经成为常态。如何证明被告人是否获得授权是定罪的关键。在特定条件下可以将未经著作权人许可的证明责任转移至被告方，但应该对举证责任的转移进行严格限制[⑪]。

（7）著作权产业变革。

有学者认为，区块链存证可实现版权登记形式的结构性变革，在精准确权基础上完整记载交易链条，有效消除中心化登记模式下登记成本较高并产生大量孤儿作品的弊端[⑫]。有学者认为，区块链技术能够在很大程度上解决数字音乐版权的问题，但是面临诸多适用难题。对比借鉴国外的相关先进做法，他们从技术工具和法律政策两方面提出了数字音乐版权区块链保护的具体措施[⑬]。有学者认为，运用区块链技术构建数字著作权生态系统对于维护图书馆的著作权利益具有重要的实践价值。运用区块链技术构建的数字著作权生态系统，能够解决图书馆著作权获取、著作权交易安全和损害赔偿公正性的问题[⑭]。有学者认为，区块链下的著作权智能合约只注重作品的有偿许可使用，导致图书馆合理使用和法定许可使用作品没有运行的空间。从技术层面改进著作权智能合约，保障图书馆合理使用和

① 王国柱．论著作权法对剽窃侵权的独立规制［J］．法商研究，2020（3）．
② 张广良．知识产权损害赔偿惩罚体系的构建［J］．法学，2020（5）．
③ 焦和平．知识产权惩罚性赔偿与法定赔偿关系的立法选择［J］．华东政法大学学报，2020（4）．
④ 朱鸿军．社交媒体空间的著作权侵权与平台商的把关补位机制探究［J］．科技与出版，2020（6）．
⑤ 熊琦，朱若含．论著作权法中的“行政介入”条款［J］．山东大学学报（哲学社会科学版），2020（1）．
⑥ 董亚丽，李泽泓．著作权的行政保护［J］．中国出版，2020（7）．
⑦ 李国权．数字时代著作权刑法保护的机制向度：兼论从回应到预防的范式演变［J］．电子知识产权，2020（4）．
⑧ 张浩泽，朱丹．版权法与刑法的衔接：以法益的立法保护为路径［J］．中国出版，2020（6）．
⑨ 王志远．网络知识产权犯罪的挑战与应对：从知识产权犯罪的本质入手［J］．法学论坛，2020（5）．
⑩ 吴真文，闫清嘉．设立非法出版罪之思考［J］．湖南科技大学学报（社会科学版），2020（5）．
⑪ 徐家力，张军强．图书盗版犯罪中证明责任的分配［J］．中国出版，2020（11）．
⑫ 高奇．《证据新规》下版权诉讼中的区块链证据：需求、规制及治理应对［J］．电子知识产权，2020（9）．
⑬ 党玺，王万玉．数字音乐版权区块链技术保护的相关法律问题研究［J］．电子知识产权，2020（4）．
⑭ 吉宇宽．区块链技术构建数字著作权生态系统对图书馆的实践价值［J］．图书情报工作，2020（19）．

法定许可使用权利的正常行使①。有学者认为，将区块链技术应用于著作权集体管理制度，可以通过消解监管成本，构建对集体管理组织的信任机制，还可以通过消弭执行合约的成本，使集体管理组织发挥降低版权交易成本的职能②。有学者认为，现有的版权保护方法也难以适应网络聚合新闻的创作环境。区块链技术是目前防止网络新闻聚合平台侵权行为最有效的手段③。有学者认为，区块链技术在欧美出版行业的创新应用愈加受到青睐。应根据本土情况创新数字出版盈利模式和激活二级数字交易市场，改进数字出版信誉体系和重组版权维护＋区块链治理手段的构想，让区块链更好地融入数字出版创新④。

（二）紧跟《著作权法》第三次修改热潮

1. 整体要求

有学者认为，《著作权法》第三次修订，应立足我国实际，体现制度优势。以《民法典》为修法依据，贯穿契约原则和意思自治原则。应当平衡好创造与保护这两个方面的关系⑤。有学者认为，本次修法目的有三个：一是适应网络技术的发展；二是总结归纳既有判例经验；三是与新的法律体系，比如《民法典》、刑事法律系列修正案等法律法规相适应⑥。有学者认为，法律修改应坚持科学与理性。要客观认识和评价现行《著作权法》，认清当下的修法背景，明确修法的主要任务以及修改原则和目标。《著作权法》的修改应体现《宪法》观念的主导作用，并以《民法典》为理论指南和法律依托⑦。有学者认为，《著作权法》是产权保护法，应该贯彻市场机制，以产权保护为主旋律。建议《著作权法》建构更多的原则性规范，明确规定思想表达两分原则，规定上位的传播权，建立伞形的权利体系，建立开放式的合理使用制度⑧。有学者认为，此次我国《著作权法》修订的重点主要呈现在著作权创造、运用和保护三个层面，并具体表现为权利产生机制、权利利用机制和权利救济机制的优化与完善⑨。有学者认为，《著作权法修正案》其中一些条款与国际条约或协定的规定存在差异，还有一些国际条约或协定的规定尚未通过转化为国内法得到实施。因此需要对《著作权法修正案》进行修改⑩。

2. 作品

有学者认为，《著作权法》第三次修改只是现行《著作权法》的局部修正。二审稿对作品的定义做出了进一步的修改，但该定义仍然没有就作者究竟何所指做规定，也没有明确《著作权法》中的作品应当是思想内容的表达形式⑪。有学者认为，《著作权法修正案（草案）（二次审议稿）》取消了作品所处的文学、艺术和科学领域的限制，同时将作品类型法定改为作品类型开放，这将打破作品与其他类型智力成果之间的界限，导致著作权保护范围的不当扩张⑫。也有学者认为，当新类型表达无法以解释的方式被前八类所涵盖时，解释适用其他作品是现实发展所必需的。法官不应在裁判中直接创设新的作品类型，而应将之解释为符合作品构成要件归类于其他作品⑬。有学者认为，《著作权法》应该重新确立视听作品独立的法律地位，不再保留录像制品的分类⑭。有学者认为，《著作权法修正案（草案）》新增视听作品概念，但视听作品主体制度没有做相应修改，建立新型的视听作品权利主体法律制度成为当务之急⑮。

3. 客体

有学者认为，第三次修改的《著作权法》正式施行后，法院可将修改后的《著作权法》第 3 条中

① 吉宇宽. 区块链下智能合约对图书馆著作权利益的限制与改进策略 [J]. 国家图书馆学刊，2020 (6).

② 舒晓庆. 区块链技术在著作权集体管理制度中的应用 [J]. 知识产权，2020 (8).

③ 刘凯，支辛. 基于区块链技术的网络聚合新闻版权保护机制的建立 [J]. 中国编辑，2020 (12).

④ 白龙，骆正林. 欧美数字出版的区块链创新治理实践启示 [J]. 出版发行研究，2020 (5).

⑤ 阎晓宏. 我国著作权法第三次修订需关注的几个问题 [J]. 现代出版，2020 (4).

⑥ 朱巍.《著作权法》修法的亮点及意义 [J]. 青年记者，2020 (34).

⑦ 刘春田.《民法典》与著作权法的修改 [J]. 知识产权，2020 (8).

⑧ 卢海君. 我国《著作权法》修订应遵循的基本原则：兼评《著作权法修正案（草案二次审议稿）》[J]. 中国出版，2020 (19).

⑨ 吴汉东，刘鑫. 我国《著作权法》第三次修订之评析 [J]. 东岳论丛，2020 (1).

⑩ 王迁.《著作权法》修改与国际条约和协定 [J]. 电子知识产权，2020 (11).

⑪ 曹新明. 著作权法上作品定义探讨 [J]. 中国出版，2020 (19).

⑫ 王迁. 对《著作权法修正案（草案）（二次审议稿）》的四点意见 [J]. 知识产权，2020 (9).

⑬ 孙山. 新类型作品著作权保护的现实选择：《著作权法》第三条中“其他作品”的解释适用 [J]. 电子知识产权，2020 (7).

⑭ 杨幸芳，李伟民. 视听作品的定义与分类研究：兼评我国《著作权法》第三次修订中“视听作品”的修改 [J]. 中国政法大学学报，2020 (3).

⑮ 李伟民. 视听作品参与主体及法律地位研究 [J]. 江西社会科学，2020 (7).

的作品定义条款与该条第9项结合使用，为新类型表达提供兜底保护①。有学者认为，《著作权法》修改最终确定了新闻职务作品作为特殊职务作品类型存在。要审慎地对修改的必要性做出回应，既要考虑媒体单位利益，也要考虑作者利益，同时还要回应新闻版权实践中合同许可的情形②。有学者认为，媒体职务作品的著作权归属是《著作权法》第三次修改中突出关注的重点问题。应从媒体职务作品创作与运行的本质属性出发，明确一般职务作品定位，完善约定权属机制，实现媒体职务作品著作权的合理配置③。有学者认为，将特殊职务作品的著作权归属原则适用于期刊编辑的作品，是《著作权法》第三次修改的新内容④。

4. 权利

有学者建议，在我国《著作权法》第三次修改中，将署名权改为主张作者身份和反对损害作者身份的权利的保护作者身份权⑤。有学者希望，以《著作权法》第三次修改为契机，为出版者专有权的厘定与行使提供参考。⑥ 有学者认为，从著作权原理上看，我国创设追续权制度具有正当性⑦。有学者认为，公共借阅权是著作权人意识和社会经济文化发展的产物，在第三次《著作权法》修改中有引进该制度的必要⑧。

（三）积极回应高新科技及热点领域问题

1. 人工智能

（1）人工智能生成内容性质界定。

有学者认为，人工智能创作物符合著作权法规定，纳入著作权的保护范畴可以激励对人工智能的投资和研发⑨。有学者认为，将人工智能生成内容视为著作权法意义上的作品，不符合著作权法关涉作品的规范教义⑩。有学者认为，人工智能产生的作品是否有著作权及其权利归属问题在现有著作权法框架下很难下定论⑪。

（2）人工智能生成内容法律规制。

有学者认为，人工智能内容生产过程中法律保护的正确方向应在于基础数据的保护⑫。

有学者认为，基于制度成本与激励相容约束的考量，通过邻接权来保护人工智能生成成果是一种更优的制度选择⑬。有学者认为，不属于著作权客体的人工智能作品可通过网络登记加开放许可等措施予以管理⑭。而对于著作权人权利保护与人工智能技术发展之间的矛盾，有学者则提出对人工智能技术公司适用法定许可作为解决之道⑮。

（3）人工智能生成内容责任认定与法律救济。

1）责任认定。

有学者认为，仅以合理使用制度来消解机器学习作品的著作权责任，是对复杂问题的简单处理，存在不足⑯。有学者认为，依据现行《反不正当竞争法》即可对损害人工智能编创物经营者利益的不正当行为予以规制⑰。

2）法律救济。

有学者认为，为了弥补著作权人的弱势地位，实现其合法权利的有效保护，需要建立人工智能著作权侵权公益诉讼制度⑱。有学者认为，人工智能创作物著作权侵权诉讼可以采用著作权集体管理组

---

① 孙山.《著作权法》中作品类型兜底条款的适用机理［J］. 知识产权，2020（12）.

② 朱鸿军，彭桂兵. 新闻职务作品版权归属：历史、争议以及建议：兼评《中华人民共和国著作权法修正案（草案）》第16条［J］. 编辑之友，2020（10）.

③ 刘鑫. 论媒体职务作品著作权归属机制的变革与完善：兼评《中华人民共和国著作权法修正案（草案二次审议稿）》第十八条第二款［J］. 科技与出版，2020（10）.

④ 苗壮. 期刊编辑职务作品著作权归属制度的规则完善：以《著作权法》的第三次修改为契机［J］. 中国出版，2020（17）.

⑤ 陶鑫良. 论“署名权”应改为“保护作者身份权”［J］. 知识产权，2020（5）.

⑥ 杨吉. 释疑出版者的两项“专有权”：以《著作权法》第三次修改为契机［J］. 科技与出版，2020（7）.

⑦ 戴哲. 论我国创设追续权制度的正当性［J］. 北方法学，2020（4）.

⑧ 张惠彬，吴柯苇. 公共借阅权：理性评判与法律解析：从西方经验到中国语境［J］. 情报资料工作，2020（1）.

⑨ 匡俊. 论人工智能创作物著作权法保护［J］. 中国出版，2020（18）.

⑩ 郭如愿. 论人工智能生成内容的信息权保护［J］. 知识产权，2020（2）.

⑪ 石易.“非人”的权益：论人工智能作品著作权的司法实践及理论可能［J］. 现代出版，2020（4）.

⑫ 蓝纯杰. 从生成内容到基础数据：人工智能法律保护的新方向［J］. 科技与法律，2020（3）.

⑬ 向波. 论人工智能生成成果的邻接权保护［J］. 科技与出版，2020（1）.

⑭ 刘银良. 论人工智能作品的著作权法地位［J］. 政治与法律，2020（3）.

⑮ 高阳，胡丹阳. 机器学习对著作权合理使用制度的挑战与应对［J］. 电子知识产权，2020（10）.

⑯ 李安. 机器学习作品的著作权法分析：非作品性使用、合理使用与侵权使用［J］. 电子知识产权，2020（6）.

⑰ 饶先成. 困境与出路：人工智能编创物的保护路径选择与构建［J］. 出版发行研究，2020（11）.

⑱ 张润，李劲松. 利益平衡视角下人工智能编创使用行为的法律定性与保护路径研究［J］. 出版发行研究，2020（11）.

织诉讼和共同诉讼模式[①]。有学者认为，需要在《刑法》及相关法律上完善相关规定，保证人工智能作品在侵犯著作权罪名的语境下获得刑法的有效保护[②]。

（4）域外人工智能保护。

有学者认为，目前美国知识产权学界为保护人工智能生成物、解决有关版权归属等问题，提出了扩大演绎作品、雇佣作品的认定范围以及给予人工智能虚拟作者身份等权利归属学说[③]。有学者认为，人工智能生成内容是否符合著作权法保护范围是公众关注的焦点问题，日本知识产权战略本部早在2016年就针对人工智能生成内容的保护，提出了拟修订知识产权法来应对[④]。

2. 体育赛事法律规制

（1）保护要求。

有学者认为，我国应在完善法律规制、促进适法统一以及加强行业监管等三个方面，不断优化当前对体育赛事网络直播权益的司法保护体系[⑤]。

（2）保护标准。

有学者认为，体育赛事节目具有一定程度的独创性，属于《著作权法》意义上的作品[⑥]。有学者认为，体育赛事节目著作权法保护争议产生的根本原因在于我国著作权法设置的关于录像制作者权的邻接权制度。在法律适用时，应严格限制录像制品的外延[⑦]。

（3）保护路径。

有学者认为，体育赛事直播画面不但具有独创性，而且应当作为类电影作品来保护[⑧]。有学者认为，体育赛事节目本质上属于对体育赛事现场实况的传播，以此为由将其认定为录像制品给予邻接权保护[⑨]。有学者认为，我国应当以《著作权法》为主体构建良性法律保护体系，采用著作权与邻接权相结合的二元保护机制，从而有效保护体育赛事节目制作者的权利[⑩]。有学者认为，体育赛事不是著作权的客体，其视听记录的录像制作者权以及广播组织权对于互联网播放的规制乏力，建议通过《体育法》确立体育赛事专有权[⑪]。

3. 短视频法律规制

（1）性质认定。

有学者认为，为确立短视频独创性标准，应回归著作权法理论和制度，从作者权体系和版权体系有关独创性标准的比较研究和融合趋势中确立短视频独创性标准的理论和法律政策基础重构短视频的独创性标准[⑫]。有学者认为，应以个案分析为主要认定方法，以整体连续画面为认定的主要客体，同时兼顾我国相关产业实际发展情况确定独创性门槛[⑬]。

（2）法律规制。

有学者认为，从保护著作权人的角度，应保障其选择退出的消极许可权利；若存在转换性使用作品且不影响原作品合法利益的则视为合理使用情形[⑭]。有学者认为，治理短视频版权侵权乱象需引入社会治理[⑮]。有学者则建议，可通过引入知识共享许可协议，授权他人在特定条件下自由使用作品[⑯]。

4. 游戏直播法律规制

（1）邻接权说。

有学者认为，依据《罗马公约》、WPPT和我国《著作权法》，游戏玩家应被界定为游戏作品的表演者，游戏整体画面则属游戏作品的表演，游戏直播平台亦可成为游戏作品的法人表演者[⑰]。有学者认为，要调整游戏直播行为，著作权兜底条款成为唯

① 刘强，孙青山. 人工智能创作物著作权侵权问题研究［J］. 湖南大学学报（社会科学版），2020（3）.
② 刘鹤挺. 人工智能作品侵犯著作权罪的规制逻辑与完善面向［J］. 河北法学，2020（6）.
③ 李艾真. 美国人工智能生成物著作权保护的探索及启示［J］. 电子知识产权，2020（11）.
④ 俞风雷. 中日人工智能生成内容的著作权保护立法研究［J］. 科技与法律，2020（1）.
⑤ 汪美芳. 论体育赛事网络直播权益的法律保护［J］. 江西社会科学，2020（11）.
⑥ 孙山. 体育赛事节目的作品属性及其类型［J］. 法学杂志，2020（6）.
⑦ 卢海君. 论我国邻接权制度的改进：以“体育赛事节目”的著作权法保护切入［J］. 知识产权，2020（11）.
⑧ 郑家红. 论新媒体时代体育赛事直播画面的可版权性［J］. 江西社会科学，2020（7）.
⑨ 李青文. 体育赛事节目录像制品保护的困境与出路：以邻接权的客体为视角［J］. 武汉体育学院学报，2020（8）.
⑩ 王金稳. 体育赛事节目网络转播权保护的司法困境及对策研究［J］. 广州体育学院学报，2020（5）.
⑪ 张新锋. 人工智能技术背景下的体育赛事专有权［J］. 上海体育学院学报，2020（2）.
⑫ 贺涛. 短视频独创性标准的重构［J］. 出版发行研究，2020（7）.
⑬ 马治国，徐济宽，刘桢. 用户原创短视频的独创性［J］. 大连理工大学学报（社会科学版），2020（5）.
⑭ 倪朱亮. 自媒体短视频的著作权法治理路径研究：以公众参与文化为视角［J］. 知识产权，2020（6）.
⑮ 冯晓青，许耀乘. 破解短视频版权治理困境：社会治理模式的引入与构建［J］. 新闻与传播研究，2020（10）.
⑯ 沈平生，马龙倩. 短视频视野下的知识共享许可协议研究［J］. 东南大学学报（哲学社会科学版），2020（S2）.
⑰ 刘银良. 网络游戏直播的法律关系解析［J］. 知识产权，2020（3）.

一选择。应修改广播权的定义，将游戏直播行为纳入调整范围①。

（2）侵权说。

有学者认为，网络游戏直播行为不宜被认定为合理使用。在未经游戏著作权人许可授权的情况下，擅自在互联网上公开传播游戏运行画面的行为属于侵权行为②。

（3）中立说。

有学者认为，非创作性直播形成的画面作品版权属于网络游戏开发者；创作性直播其版权归属应按照演绎规则和新创作规则进行判定③。有学者认为，游戏直播并非单纯地再现游戏画面，而是为公众带来了新的意义、新的表达或新的功能。能否将此行为认定为转换性使用从而进行侵权抗辩，应考虑转换性使用的本土适用可能性以及明晰转换性使用与我国著作权法中法定权利的边界④。

（四）关注域外著作权法发展

1. 美国和欧洲

有学者认为，1989 年美国最高法院在一版权纠纷案终审中申明委托关系不是雇佣关系，委托作品不是雇佣作品，不适用视为作者原则。此终审判决对于移植了视为作者原则后深受法人作品与职务作品（雇佣作品）之争困扰的我国法院和正在进行中的《著作权法》的修订均有重要的示范意义和参考价值⑤。有学者基于对美国版权史上相关判例的分析——时事新闻在美国司法史上从争取版权到不正当竞争法保护，逐渐获得财产权或准财产权，认为这一历史逻辑对在今天传统新闻业面临危机的背景下保护原创新闻似乎仍有可取之处⑥。有学者认为，美国关于雇佣作品原则的立法规定是与其社会政治经济制度密切相关的。我国在具体适用该原则时，仍需结合本国国情，实现该原则的本土化改造⑦。有学者认为，美国 2019 年度判决的商标权案 3 件，另有著作权案和专利案各 2 件。对案件的判决加以介绍与分析，总结其特点，对我国知识产权司法保护制度的改革具有参考价值⑧。

有学者认为，区块链技术在欧美出版行业的创新应用愈加受到青睐。他们结合海外实践案例，阐述了著作权人主导的自助出版与无缝社交互动，反思欧美数字出版的区块链治理缺陷与不足，根据本土情况提出建议，以期让区块链更好地融入数字出版创新，使出版产业良性发展⑨。

2. 欧盟

有学者认为，2019 年欧盟理事会通过的《数字化单一市场版权指令》明确了绝销作品数字化规则。对欧盟版权法下绝销作品数字化规则的成因、客体范围和运行机制的探析，可为我国绝销作品数字化规则的建立提供借鉴⑩。有学者认为，欧盟《数字化单一市场版权指令》创设了新闻出版者权，并实质确立了在线内容分享服务提供商的一般过滤义务。我国目前不应当引入新闻出版者权，可通过非财产权的方式和创新商业模式予以应对，立法仍是最后的手段⑪。有学者认为，对比最新欧盟版权指令第 17 条，我国版权立法在修订过程中存在对网络服务提供者的概念界定和分类不够明确、对网络服务提供者的履行义务的内容规定不够明确和责任体系不够完善等问题，应在确立网络服务提供者最低义务的立法价值取向的基础上，从主体分类是前置要求、适当注意的义务要求、底线审查义务和运用上传过滤器技术等层面对网络服务提供者的最低限度义务进行制度设计⑫。

3. 韩国与日本

有学者认为，韩国教育部门充分认识到数字教科书的影响力。程序开发和出版发行被视为数字教科书的两个核心要素，其发展与国家数字出版基础密切相关。实践过程面临一系列问题，但政府及出版界采取了一系列应对措施⑬。

有学者认为，日本制定《文化艺术振兴基本方

① 刘名洋. 游戏网络直播的著作权属性 [J]. 湖湘论坛，2020 (5).
② 孙玉荣，李贤. 网络游戏直播的侵权风险与合理使用问题探析 [J]. 科技与法律，2020 (4).
③ 丛立先. 网络游戏直播画面的可版权性与版权归属 [J]. 法学杂志，2020 (6).
④ 赵长新，方小康. 网络游戏直播行为的侵权问题探究 [J]. 电子知识产权，2020 (7).
⑤ 樊宇. 论视为作者原则：以中美两起著作权纠纷案为视角 [J]. 政法论坛，2020 (2).
⑥ 许永超，陈俊峰. “层累地”形成的“时事新闻”：基于美国版权史判年例的分析 [J]. 新闻与传播研究，2020 (3).
⑦ 杨丽. 美国雇佣作品原则的立法与司法考察及其对我国的启示 [J]. 电子知识产权，2020 (10).
⑧ 金海军. 新冠疫情影响下的美国最高法院与 2019 年度知识产权判例解析 [J]. 知识产权，2020 (10).
⑨ 白龙，骆正林. 欧美数字出版的区块链创新治理实践启示 [J]. 出版发行研究，2020 (5).
⑩ 阮开欣，唐雯琳. 欧盟版权法下的绝销作品数字化规则探析 [J]. 国家图书馆学刊，2020 (4).
⑪ 谭洋. 对欧盟版权法改革中两大核心争议问题的评价、反思及应对 [J]. 科技与法律，2020 (1).
⑫ 王筝. 网络服务提供者最低义务设置：兼评欧盟《数字化单一市场版权指令》第 17 条 [J]. 中国出版，2020 (6).
⑬ 刘忠波. 韩国中小学数字教科书的政策推进、开发出版及问题对策 [J]. 出版科学，2020 (3).

针》《内容产业振兴政策》《知识产权战略大纲》等文化产业政策确立文化产业发展规划，启示我国文化产业政策需要科学的内容和机制①。有学者认为，为适应慕课这一新型信息化教育生态与学习模式，《日本著作权法》在最新修法中对教学性权利限制制度进行了大幅度改革。我国《著作权法》第三次修改应主动回应慕课等信息化教育对作品使用的新需求②。

三、结语

当前，著作权法已前所未有地与我国国家发展、社会转型紧密相连，成为经贸、政治、外交、文化、教育、科技等领域绕不开的一个重要节点。站在“大”历史观的视角，我们应该如何权衡好“今日之变”与“未来之路”的关系？

（一）积极发挥文化引领作用，助推著作权文化意识培养与创新

法律的有效实施在很大程度上要依赖于社会的文化环境以及由环境造就的多数社会成员的法律观念。构建新时期著作权保护文化主要依赖于以宣传教育为手段所进行的全社会的著作权道德培育。在著作权文化耕植和法律实施中，在其他主体或教育宣传手段稍不完备的时候，政府仍应发挥观念引领的作用。同时，我们还应看到著作权法律制度对于知识产权文化形成的促进作用。成熟完备的法律文化和法律意识可以使法律得以真正实施，反过来，法律制度的完善和施行也能够促进法律文化的成熟和法律意识的提升。两者在某个层面上可以起到相互依赖、相互促进的作用。在新时期著作权文化的构建上，研究者们应发挥自己文化主阵地引领者的作用，培育“尊重知识、崇尚创新、诚信守法”的道德文化。而著作权文化意识的创新将促进我国著作权领域乃至知识产权领域研究的大跨度升级。

（二）倡导著作权研究的开放性与前瞻性

由于著作权所涉利益主体多元，法律关系复杂，累积的矛盾与冲突丛生，著作权法研究的困难程度和艰难局面均远超专利法或商标法的研究。“著作权从一开始就是技术之子”，技术进步是助力作品创作和完善作品保护的重要推动力之一。纵观著作权的发展历史，技术的进步与发展——印刷技术、广播电视和互联网——给著作权的发展带来了深远的影响。但同时当前日益瞩目的人工智能、区块链、大数据等高新技术与科技理念的迅速普及也必然对强调稳定价值的著作权法律规范造成严重影响和冲击，从而使其表现出明显的社会时代滞后性。未来著作权研究视野应保持更大的开放性和前瞻性，尽可能“海纳百川”——包含从立法到司法实践过程中一切可能出现的问题和社会各主体的意见，以增强研究的科学性。时至今日，著作权法制度建设的滞后已经对产业的发展产生了多重阻碍，例如“通知—删除”规则效率低下、网络直播无法得到有效规制、多种新兴作品类型的判断仍存争议、人工智能创作带来新的挑战。而且目前著作权司法实践困境频现，单纯依靠法律解释和新的文件出台已经难以周全，更凸显了对著作权研究开放性、前瞻性的需求。

（三）在国际研究基础上纳入更多中国特色的新内容

我国著作权法建立在特殊的历史、社会以及环境基础上。因此，单纯依靠西方理论的研究与移植来解决本土争议与问题在著作权研究领域难以周全。在实践研究过程中，许多问题与争议的出现正是由于直接或单纯继受的那部分西方著作权法规则无法适应本土的新问题与新诉求。在著作权法研究过程中，应正视国情并以本国司法实践为基础，在继受过程中吸纳中国特色的新内容。面对著作权保护的国际化趋势，应理性处理好国际化与本土化的关系问题——既不能全面地国际化，一味地迎合西方国家的著作权保护标准，也不能不重视国际化，简单地忽视国际因素。我们要坚持的是国际化基础之上的本土化，即在重视国际化发展趋势的基础上履行基本的国际义务，在履行义务的基础上注意结合本国的现实情况与文化传统。

（四）利用当前政策优势提高中国著作权研究的国际话语权

目前世界各国——无论是发达国家还是发展中国家——都在利用一系列知识产权（特别是著作权）政策与制度，积极争夺国际知识产权话语主导权。特别是当前，中国正通过与其他国家共建“一带一路”成为开放合作、改善经济治理、促进全球发展的人类命运共同体方案的制定者。依托“一带一路”并在文化交流领域频繁交流，中国著作权研究的影响力将会被迅速提升到一个新的高度。因此应紧抓目前大好发展形势，积极利用与著作权相关的政策优势和手段打造以我国为核心的、多主体全方位的著作权研究体系，提升中国著作权在国际中的话语

① 饶世权．日本的文化产业政策及其对我国的启示［J］．出版科学，2020（3）．

② 郑重．慕课背景下日本教学性权利限制制度的改革及启示［J］．知识产权，2020（3）．

权。可以《视听表演北京条约》订立为契机，循序渐进，有步骤有策略地推动完善我国著作权体系，积极开展中国特色的著作权国际研究，进一步形成国际影响力，向有利于我国著作权发展的方向推动。

新时代、新情况、新机遇对发挥著作权研究的作用既提出了全新的挑战，同时也为其提供了具有巨大潜力的广阔前景。提升著作权研究地位的任务对国内学者来说同样十分艰巨。在构建中国著作权新发展格局中，理论研究有其自身地位和作用。同时，作为完善著作权立法、司法、执法的重要组成部分，理论研究同时也包括了对立法制度设计的先进性以及对法条细节的科学性的考究，所以在这方面还有很多细致入微的领域，有待国内研究者进行大胆深入的探索。当前，中国面临经济增长放缓、结构调整压力加大等方面的严峻挑战，需要充分发挥著作权法（知识产权法）在促进国内产业经济平稳运行、推动经济转型升级、促进重要产业发展中的应有作用。

总之，唯有胸怀“国之大者”，坚持以包容的胸怀和谦虚的态度推动著作权规则制度等体系性的开放研究，同时在立法体制、立法程序和立法技术等方面秉持守正创新的研究态度，才能真正构建面向“十四五”的著作权法乃至知识产权法律体系，从而助推开放型经济新体制建设，促进经济社会高质量发展，实现中华强国之梦。

2020 年著作权学术论文导览

［编者按］ 本栏目刊登两部分内容：1. 根据论文主题、发表期刊、下载次数、专家推荐，选取2020 年度著作权热点问题研究十佳论文；2. 在中国知网以“核心期刊”“CSSCI”为限定条件，搜索2020 年度著作权相关学术论文，收录每篇学术论文摘要。

一、2020 年度著作权热点问题研究十佳论文

论文题目	作者	发表期刊	下载次数
人工智能生成作品的著作权法之问	吴汉东	《中外法学》2020 年第 3 期	2 502
文本与诠释的互动：回顾《著作权法》三十年的新视角	李　琛	《知识产权》2020 年第 8 期	532
知识产权惩罚性赔偿与法定赔偿关系的立法选择	焦和平	《华东政法大学学报》2020 年第 4 期	1 251
《民法典》与著作权法的修改	刘春田	《知识产权》2020 年第 8 期	1 060
论互联网“提供作品”行为的界定	徐珉川	《中外法学》2020 年第 2 期	747
视听作品画面与内容的二分思路	崔国斌	《知识产权》2020 年第 5 期	1 314
著作权法中的公众使用权	刘银良	《中国社会科学》2020 年第 10 期	955
“作品类型法定原则”批判	卢海君	《社会科学》2020 年第 9 期	542
知识产权制度设计的省思——以保护对象的属性和利用方式为逻辑起点	李雨峰	《当代法学》2020 年第 5 期	423
著作权合理使用制度的体系构造与司法互动	李　杨	《法学评论》2020 年第 4 期	990

（注：论文排名不分先后，数据统计截至 2021 年 5 月 24 日）

二、2020 年度著作权学术论文摘要

1. 人工智能生成作品的著作权法之问

【作者简介】 吴汉东，中南财经政法大学文澜资深教授、博士生导师。

【发表期刊】《中外法学》2020 年第 3 期

【内容摘要】 人工智能时代的机器创作，给著作权法律带来诸多挑战。机器创作过程，包括“数据输入—机器学习—结果输出”三个阶段，分别涉及“机器阅读”的行为性质问题、“机器创作”的主体资格问题、“机器作品”的可版权性问题。输入阶段的数据挖掘，意味着对已有作品自动化、批量化的“阅读”，是为著作权法中的合理使用；学习阶段的“算法创作”，实际上是“机器作者”与人类作者的共同创作，有别于“人类中心主义”下的创作主体结构；输出阶段的“生成内容”，具有作品的思想表现形式和人格主义要素，应受著作权保护，但其权利由参与创作或投资的自然人或法人行使。面向未来，人类社会应秉持技术理性和制度理性，对人工智能时代的著作权法之问做出回答。

【关键词】 数据输入行为　算法创作主体　机器作品属性　著作权法价值

2. 文本与诠释的互动：回顾《著作权法》三十年的新视角

【作者简介】 李琛，中国人民大学法学院教授、博士生导师，联合国教科文组织版权与邻接权教席主持人。

【发表期刊】《知识产权》2020 年第 8 期

【内容摘要】《著作权法》颁布三十年来，由于立法修订的迟缓，大量新问题的解决只能依靠司法的诠释。立法文本与司法诠释之间的互动模式，既反映出立法语言对司法的影响，也反映出解释方法

对统一裁判的重要性。立法应当关注司法的诠释经验，司法诠释须保持立法与司法的界分，并以规范目的和立法表述作为统一裁判的指引。

【关键词】 著作权法　立法文本　司法诠释　法律解释方法

3. 知识产权惩罚性赔偿与法定赔偿关系的立法选择

【作者简介】 焦和平，西北政法大学经济法学院副教授、人工智能与智慧法治研究院研究员。

【发表期刊】《华东政法大学学报》2020年第4期

【内容摘要】《民法典》确立了知识产权惩罚性赔偿的一般性规定，其具体适用条件仍有赖于知识产权各单行法进一步明确。《商标法》在惩罚性赔偿与法定赔偿的关系上所采取的分立模式虽从形式上确立了惩罚性赔偿专门规则，但由于在惩罚性赔偿专门规则之外仍赋予法定赔偿惩罚性功能，使绝大多数案件最终仍以法定赔偿方式解决，造成惩罚性赔偿专门规则被虚置而沦为具文。著作权立法和专利权立法应放弃分立模式，改采融合模式，还原法定赔偿的补偿性规范性质，由惩罚性赔偿专门规则单独承担惩罚功能，形成惩罚性赔偿与补偿性赔偿分工明确、界限清晰、体系合理的知识产权损害赔偿二元架构。

【关键词】 法定赔偿　惩罚性赔偿　体系化立法

4.《民法典》与著作权法的修改

【作者简介】 刘春田，中国人民大学知识产权学院教授。

【发表期刊】《知识产权》2020年第8期

【内容摘要】 本次著作权法的修改，既必要，又适时。法律修改应坚持科学与理性。当前的著作权法修改工作，要客观认识和评价现行《著作权法》，认清当下的修法背景，明确修法的主要任务以及修改原则和目标。《著作权法》的修改应体现《宪法》观念的主导作用，并以《民法典》为理论指南和法律依托。

【关键词】 民法典　知识产权　著作权法　数字经济　意思自治　作者

5. 论互联网“提供作品”行为的界定

【作者简介】 徐珉川，东南大学法学院副研究员。

【发表期刊】《中外法学》2020年第2期

【内容摘要】 互联网“提供作品”行为的界定，是以普通链接作为出发点，类推适用信息网络传播权的法律解释过程。“提供作品”行为界定的核心解释问题是保证类推解释的正当性及合理性。“提供作品”行为界定的具体结论，本质是界定著作权权利范围。在著作权侵权裁判的实践语境中，“提供作品”行为界定标准的正当性与合理性，通过规范性目标在论证逻辑上的约束，及类比推理过程的妥当性加以实现。采取合目的性扩张解释方式更加契合类推解释的逻辑。互联网“提供作品”行为界定的解释方案，是由“实质呈现标准”来界定具体涉案行为是否构成“不法使用作品”行为，并辅以“合理使用”抗辩对具体结论的合理性加以调整。

【关键词】 提供作品　信息网络传播权　著作权侵权裁判　类推解释　实质呈现标准

6. 视听作品画面与内容的二分思路

【作者简介】 崔国斌，清华大学法学院副教授。

【发表期刊】《知识产权》2020年第5期

【内容摘要】在现行著作权法下，视听作品的著作权保护是否或如何覆盖非连续画面内容，并不十分清楚。实务中，如何看待视听作品所含内容对视听作品独创性和权利归属的影响，也一直存在争议。决策者应当接受画面与内容二分思路指引，消除视听作品著作权规则的模糊性。在二分思路下，视听作品独创性体现在画面制作的三个环节，即过程事件的可视化、连续画面的拍摄和后期制作环节。视听作品著作权保护限于连续画面本身。非画面内容应按照传统作品类型分别予以保护。内容贡献者如果没有参与上述任一画面制作环节，则没有对视听作品的独创性做出贡献，也不影响视听作品的权利归属。二分思路可以很好地解释复杂的网络游戏画面著作权争议，展现了宽广的应用前景。

【关键词】 视听作品　独创性　版权归属　二分思路　网络游戏

7. 著作权法中的公众使用权

【作者简介】 刘银良，北京大学法学院教授。

【发表期刊】《中国社会科学》2020年第10期

【内容摘要】 规范分析有助于探究著作权制度的基础，并对著作权法律规范进行批判性审视。“作者—著作权”和“传播者—邻接权”是传统著作权法的两大基础，公众基本属于被动角色。然而这并不能反映著作权制度的现实，亦难以全面体现著作权制度的基础法律关系。公众作为作品的使用者是不可或缺的主体，应享有作品使用权，“公众—使用权”应成为著作权法的第三基础。公众使用权可在著作权法下被设置为具有救济措施的可诉性权利。著作权法的三大基础分别对应着作品的创作者、传播者和使用者及其各自的权利。三方主体及其权利与义务互为支持，可构建完整的著作权法律规范体系，促进实现著作权法的基本目标。基于重新阐释的著作权基础法律关系，我国著作权法可望构建更为公平、合理和有效率的著作权制度，并可对国际社会的著作权制度的创新提供经验借鉴。

【关键词】 著作权　邻接权　公众使用权　使用者权

8. “作品类型法定原则”批判

【作者简介】 卢海君，对外经济贸易大学法学院教授、博士生导师。

【发表期刊】《社会科学》2020 年第 9 期

【内容摘要】 “作品类型法定原则”认为，不属于著作权法法定类型的表现形式不应受著作权法保护。该原则颠倒了作为第一性存在的作品与作为第二性存在的著作权法之间的关系，违背了创作规律，误读了公约及相关立法例对作品的定义及示例规范，不利于文化产业发展和著作权法立法宗旨的实现，属于典型的著作权法家长主义。未来著作权法应以更为明确的方式建立开放式的作品类型示例模式。

【关键词】 作品定义　作品类型化　作品类型法定　法律家长主义

9. 知识产权制度设计的省思——以保护对象的属性和利用方式为逻辑起点

【作者简介】 李雨峰，西南政法大学民商法学院教授、博士生导师。

【发表期刊】《当代法学》2020 年第 5 期

【内容摘要】 互联网、人工智能等新技术的发展给知识产权制度带来诸多挑战，这些挑战的内容之一是某些新对象是否应纳入知识产权的保护范畴。关于知识产权对象的界定存在本质主义和谱系学两种进路。知识产权对象的可共用性、主观意义性构成了学界的重叠共识。知识产权对象的属性与利用方式，决定了知识产权与物权的区别，对象属性与利用方式的类似也决定了著作权、专利权、商标权等同属于一个权利群落，具有“家族相似性”。以此为逻辑起点，知识产权的制度框架得以构建。知识产权制度设计的未来模式也应按此逻辑展开。

【关键词】 知识产权对象　可共用性　主观意义性　传播行为　制度设计

10. 著作权合理使用制度的体系构造与司法互动

【作者简介】 李杨，苏州大学王健法学院副教授、博士生导师。

【发表期刊】《法学评论》2020 年第 4 期

【内容摘要】 合理使用制度是调和著作权与社会公益、促进科学文化繁荣发展的重要衡平机制。尽管它在“规则主义”和“因素主义”两种立法模式中呈现出不同的立法体例安排，但法律的运行实效不仅仅取决于立法本身，更取决于司法与立法之间的良性互动。在司法实践中，法官通常都会通过适度的司法介入来灵活处理合理使用制度的闭合或僵化问题，以柔性司法来弥补立法构造中的技术性缺陷。我国应借鉴并吸纳两种模式的有益经验，立足于本土法律实践以进一步完善合理使用制度。在立法层面，我国著作权法应确立合理使用制度的设置目的和价值指引条款，理顺并明确具体条款与一般条款之间的法律关系，审慎吸纳三步检验法；在司法适用层面，我国合理使用判断有必要融入一条双轨制解释路径，构建并不断完善符合我国国情、具有中国特色的指引规则与解释方法。

【关键词】 合理使用　立法模式　司法互动　三步检验法　双轨制解释

11. 新闻类作品著作权主体身份的再思考

【作者简介】 王思文，中国人民大学新闻学院博士研究生，山西大同大学文学院讲师。

【发表期刊】《编辑之友》2020 年第 1 期

【内容摘要】 随着新媒体技术的发展，新闻合作化采集趋势的加强，新闻类作品的著作权主体样态呈多元化趋势。同时，由于新闻信息的公共性，其著作权的保护又有别于其他作品。因此，确认新闻类作品著作权主体身份，保护主体权益成为重要议题。文章梳理了著作权法产生的历史及关于著作权主体身份的争论，分析了新媒体环境下新闻作品主体身份的变化，认为无论处于怎样的媒体环境，抓住著作权法主体身份确认的原则性条件，将保护权益与限制权利相结合，最终提高公众对著作权的认可程度，才是新闻类作品著作权保护的根本路径。

【关键词】 新闻作品　著作权主体　身份认定

12. 论著作权法中的“行政介入”条款

【作者简介】 熊琦，华中科技大学法学院教授，博士生导师；朱若含，华中科技大学法学院博士研究生，美国加州大学黑斯廷斯法学院访问学者。

【发表期刊】《山东大学学报（哲学社会科学版）》2020年第1期

【内容摘要】 司法与行政双轨制是我国著作权保护的重要特色，对著作权保护发挥了积极作用。但是，我们仍应该对强行政保护介入著作权市场的管理模式保持克制，并根据当下版权产业和市场的发展阶段及特性，采取与之相适应的行政调节方式。在遵循市场逻辑的基础上，行政介入的范围应以著作权法上的“公共利益”为限，尊重市场主体的私法自治空间；在赋权方式上则应与类型化的行政介入方式相匹配，采用低频高强度和高频低强度混合的权力配置方式，加强中低强度行政介入方式的应用，以契合行政介入作为司法保护辅助功能的现实定位。

【关键词】 著作权　双轨制　著作权行政保护　行政介入

13. 论版权行政执法的公共利益要件：以制度异化为视角

【作者简介】 王洪友，西南科技大学法学院副教授。

【发表期刊】《中国出版》2020年第1期

【内容摘要】 在《中华人民共和国著作权法》第三次修订过程中，关于版权行政执法是否应当坚持公共利益要件争议较大。版权受到超过任何一种私权的行政保护，执法中存在泛公共利益化甚至去公共利益化的倾向。扬弃异化的版权行政执法之道就是严守公共利益要件。与版权相关的公共利益主要包括社会文化发展利益、消费者权益和公平竞争的市场秩序。版权行政执法部门应当对版权侵权行为是否侵害公共利益予以严格区分，不应随意使用行政权力，以防公权私用，沦为版权人维护私人利益的手段。

【关键词】 版权　行政执法　公共利益　制度异化

14. 媒介融合下教育类图书的著作权价值取向

【作者简介】 王莹，深圳职业技术学院经济学院副教授。

【发表期刊】《科技与出版》2020年第1期

【内容摘要】 教材教辅著作权纠纷由来已久且备受关注。媒介融合背景下，教材教辅著作权矛盾不断升级，权利冲突更加复杂。著作权的价值取向是著作权立法和执法的指导思想，是完善教材教辅著作权制度，解决著作权纠纷的理论依据。国际著作权法的私权化扩张违背了著作权诞生的初衷，也违背了教材教辅公益性的本质，更无法实现出版的核心价值。教材教辅图书著作权价值取向的确定应当立足中国的现实状况，确立以公共利益为先的理念，重构合理使用制度，推行知识共享模式，加强对著作权署名权的保护。

【关键词】 媒介融合　教育类图书　著作权　价值取向

15. 论人工智能生成成果的邻接权保护

【作者简介】 向波，南开大学法学院副教授。

【发表期刊】《科技与出版》2020年第1期

【内容摘要】 由于人工智能生成成果具有与自然人创作作品不同的相关特性，为了维持社会评价机制的运行和满足消费者偏好，确有必要将人工智能生成成果与自然人创作的作品区别开来。基于制度成本与激励相容约束的考量，人工智能生成成果的产权模式只能限定在著作权（狭义）与邻接权二者之间进行选择。从强—弱保护的合理性与维持著作权制度的内部协调性来看，通过邻接权来保护人工智能生成成果是一种更优的制度选择。

【关键词】 人工智能生成成果　著作权　邻接权　财产权

16. 赛事直播节目侵权保护的裁判法理

【作者简介】 赵毅，苏州大学王健法学院教授。

【发表期刊】《北京体育大学学报》2020年第1期

【内容摘要】 在融媒体时代，通过网络、手机软件非法盗播赛事直播节目现象日益增多，违法成本低廉，法律保护存在着较大缺失。当涉及赛事直播节目的侵权争议提交至法院时，我国法官发展出不同的裁判法理，力图在现行法框架下予以审慎应对。对这些裁判法理的考察显示：赛事直播节目的解释路径包括著作权意义上的作品解释论，邻接权意义上的录像制作者权解释论和广播组织权解释论，竞争法一般条款解释论。裁判法理的未来发展将向传统民法框架回归。

【关键词】 赛事直播节目　著作权　作品　竞争法　裁判法理

17. 智能时代的著作权集体管理：挑战、反思与重构

【作者简介】 孟磊，湖南理工学院政治与法学学院私法教研室主任。

【发表期刊】《出版发行研究》2020 年第 1 期

【内容摘要】 智能时代，我国著作权集体管理运作遭遇到知识共享对著作权集体管理的观念冲击、数字技术对著作权集体管理的功能替代和著作权集体管理制度陷入“破窗效应”等方面的严峻挑战。智能技术的飞速发展进步，要求我国必须改革现有法定垄断的集体管理模式；智能技术的“双刃剑”特性，为我国集体管理制度的“新生”提供了机遇和方向。重塑面向智能时代的著作权集体管理，应在区分非营利性集体管理组织和营利性集体管理组织的基础上，着力构建适度竞争的著作权集体管理模式，优化非营利性著作权集体管理组织的内部治理，赋予非营利性集体管理组织调解仲裁权能和健全集体管理组织的反垄断法规制体系。

【关键词】 人工智能　著作权集体管理　法理反思　适度竞争

18. 论影视“改编”作品中保护作品完整权的侵权认定——以“九层妖塔”案为例

【作者简介】 梁九业，吉林大学司法文明协同创新中心博士研究生。

【发表期刊】《出版发行研究》2020 年第 1 期

【内容摘要】 影视“改编”作品中保护作品完整权的侵权认定应建立在“改编”作品与原作品具有著作权法意义上的逻辑关联性基础之上，忽视对影视“改编”作品的法律属性的判定与区分，不仅会对原作品提供不适当的著作权保护，亦存在引发著作权法在解决“改编”作品之相关法律纠纷中司法适用不统一的法律风险。司法实践中，法院在对影视“改编”作品进行法律属性上的判定与区分的基础上，对基于改编权而派生出的改编作品致使原作品保护作品完整权遭受损害时，应适用著作权法给予保护；而对与原作品不具有实质性相似的“改编”作品致使原作品权益遭受损失时，应适用反不正当竞争法予以调整。

【关键词】 改编权　保护作品完整权　实质性相似　不正当竞争

19. 著作权视角下的图书馆有声阅读推广研究

【作者简介】 蔡金燕，广东培正学院图书馆馆员。

【发表期刊】《图书馆学研究》2020 年第 1 期

【内容摘要】 文章梳理了《中华人民共和国著作权法》和《信息网络传播权保护条例》关于有声读物著作权的条款，阐述了制作和传播有声读物过程中发生的侵权类型，探讨了著作权视角下的图书馆有声阅读推广策略，包括依法制作 PGC 有声阅读推广品牌活动、促进合法的 UGC 有声读物生成、搭建合法的有声读物传播平台和鼓励线下的有声阅读推广。

【关键词】 有声读物　有声阅读　著作权　图书馆　阅读推广

20. 预印本平台著作权政策内容的构建

【作者简介】 罗娇，中国农业大学人文与发展学院法律系讲师；刘晶晶，中国科学院文献情报中心馆员。

【发表期刊】《中国科技期刊研究》2020 年第 1 期

【内容摘要】 目的：应对预印本著作权政策机制不完善等挑战，促进这一全新学术交流机制的发展。方法：以著作权政策内容的构建作为突破点，剖析权利构成，厘清权利归属，精炼法律问题，借鉴国际知名预印本平台著作权政策并结合我国法律环境提出本土化解决方案。结果：制定内容完善的预印本平台著作权政策，可合理规避法律风险、消除各方顾虑，对促进预印本在我国的发展具有重要意义。结论：建议我国预印本平台在著作权政策中规定所接收稿件的范围和对稿件的初步审查事项，规定预印本论文著作权许可的一般规则和具体许可协议、条款，就翻译作品、文本与数据挖掘等特殊问题制定政策，完善投稿告知事项，建立预印本和最终出版版本的关联机制与沟通渠道，设立法律风险提示条款。

【关键词】 预印本　著作权　许可协议　法律风险　学术伦理

21. 体育赛事组织者的传播权如何实现——从域外经验到中国实践

【作者简介】 张惠彬，西南政法大学民商法学院副教授、硕士生导师；刘诗蕾，香港大学法学院。

【发表期刊】《上海体育学院学报》2020 年第 1 期

【内容摘要】 体育赛事组织者是指组织、策划体育赛事，享有相关权利并承担相应义务的个人或组织。传播技术的发展使体育赛事的观众规模迅速扩大，在带来巨大收益的同时，也让体育赛事组织者面临权利保护的难题。鉴于我国当前无明确保护体育赛事组织者传播权的法律，以往的相关判决中常用体育赛事组织的章程证明体育赛事组织者对其体育赛事享有传播权。体育赛事组织的章程具备一定的法律效力，但由于赛事传播权属于绝对性权利，而体育赛事组织不具备立法主体资格，其章程规定不能作为体育赛事组织者享有赛事传播权利的法律依据。对比他国采取的保护模式，我国可在《体育法》《著作权法》上明确对体育赛事组织者传播权的保护，同时权利人还可借助《合同法》《物权法》的相关规定，主张其对体育赛事节目享有的控制权。

【关键词】 体育赛事组织　传播权　场所权　著作权

22. 人工智能作为知识产权主体的伦理探讨

【作者简介】 曹新明，中南财经政法大学教授、博士生导师；咸晨旭，中南财经政法大学知识产权研究中心博士研究生。

【发表期刊】《西北大学学报（哲学社会科学版）》2020年第1期

【内容摘要】 从伦理角度考察，现有的知识产权主体制度蕴含着以自然人为原点的伦理原则，并以自然人人格理论和激励创新理论为伦理基础构建而成。当今的弱人工智能所具有的令人惊讶的创作物生成能力已引起人们的焦虑：假如未来的强人工智能或者超人工智能被设定为作者、发明人或者知识产权所有者，必将对以自然人为原点的知识产权主体制度造成强烈冲击。根据以自然人为原点的伦理原则，人工智能即使能够独立于人类而生成创作物，也只能是人类的辅助工具，不能与人类一样成为知识产权主体。基于此，人工智能生成物的知识产权主体制度设计应严格遵循以自然人为原点的伦理原则，维护既有的以自然人为主体、以法人或者其他组织为补充主体的知识产权主体制度体系。

【关键词】 人工智能　知识产权　主体资格　伦理规则

23. 移动互联网时代的著作权问题

【作者简介】 熊琦，华中科技大学法学院教授、博士生导师。

【发表期刊】《法治研究》2020年第1期

【内容摘要】 移动互联网给著作权领域带来的影响，直接表现为作品的创作、传播和使用全部以数字化方式在线完成，使得利用互联网的相关各方对著作权法传播效率的要求日益提高。但在本土著作权法应对路径的选择上，既因域外发达国家陷入传统版权产业和互联网产业的矛盾而无可供借鉴的成熟经验，又因我国互联网产业已走上不同于发达国家的发展道路而必须进行本土创新，所以无论是立法上还是解释上的应对，皆须建立在本土互联网产业和版权产业特殊发展形态的基础上，同时保持谨慎观察基础上的谦抑裁判，不在商业模式社会效果尚不明了的情况下以强制立法或行政手段介入，而是尽量认可私人之间通过合同创制的授权机制。

【关键词】 移动互联网　著作权　集体管理　网络服务提供者　著作权许可

24. 持续侵权状态下前诉裁判对后诉的影响——兼议知识产权诉讼停止侵害执行力的扩张

【作者简介】 程书锋，广东金融学院法学院讲师；程方伟，广州知识产权法院法官。

【发表期刊】《电子知识产权》2020年第1期

【内容摘要】 既判力的核心要义在于阻断当事人对既判事项再争议以及禁止法院对既判事项的再判断。对既判力理论及其法律效果认识上的分歧，加剧了知识产权持续侵权诉讼中重复诉讼、事实预决效力识别的困难，由之引发的裁判相反、法律适用不统一远非孤例。作者借助真实个案切入，结合指导案例，对“后诉审理前诉期间持续的同一被诉行为”和“前诉已决事实对后诉可否产生免证效力”两大常遇难题找寻裁判依据、法理支撑，阐明取舍观点。切换思路，对停止侵权判令做扩张解释，使前诉判决执行力延及知识产权存续期间，被诉侵权人如有异议时须以执行异议或确认不侵权之诉对抗执行，以有效缓解权利人因反复证明而致的对立情绪，从而及时化解纠纷。

【关键词】 持续侵权　既判力　重复诉讼　预决效力　停止侵害

25. 知识产权罚款的碎片化及其整合——以《著作权法》《专利法》修正为背景

【作者简介】 陈太清，南京理工大学知识产权学院副教授。

【发表期刊】《电子知识产权》2020年第1期

【内容摘要】 行政罚款在我国知识产权行政保护中运用频繁。目前，知识产权领域相关法律文本中的罚款规范，在适用范围、构成要件、设置方式、启动程序等方面呈现出浓烈的碎片化色彩。这种碎片化处理的正当性略显不足，掣肘了行政保护的整体效能。随着知识产权法相继进入修法日程，逸脱知识产权领域樊篱、整合行政罚款规范，迎来了历史契机。基于知识产权的公权化趋势及我国法治生态，行政罚款在知识产权领域内应无差别地适用于一般违法行为和特定侵权行为；为维系行政与民事既有分工，行政罚款对侵权行为的谦抑适用，不宜通过简单附加“造成公共利益损害”要件或“提出请求”的前置程序来实现，而应借助对公益损害的典型描述与具体列举相结合的方式加以表达；鉴于公共利益的抽象性及经济社会发展变迁性，罚款额度宜选择以非法经营额为基数的倍率式罚款为主的一体化配置，同时将违法所得额在特殊情况下作为罚款限额之例外。

【关键词】 知识产权　行政罚款　适用范围　构成要件　配置方式

26. 知识产权与标准的交织

【作者简介】 周宇，中国政法大学 2018 级博士研究生。

【发表期刊】《电子知识产权》2020 年第 1 期

【内容摘要】 知识产权与标准全方位交织，即标准本体与著作权的交织、标准内容与专利权的交织、标准执行与商标权的交织。知识产权竞争策略的需要、标准对先进性与技术性的追求、标准本体需要受知识产权的保护以及标准执行需要监督的要求产生了知识产权与标准的交织。知识产权与标准的交织引发了两者间的紧张关系，标准与著作权的交织产生了纳入法律的标准著作权与可获得性的紧张关系，标准与专利权的交织导致了标准必要专利权人滥用专利权的问题，标准与商标权的交织暴露了我国认证认可制度的法律供应不足的问题。

【关键词】 技术标准化　标准　标准著作权　标准必要专利　证明商标

27. 人工智能生成内容的著作权问题探究

【作者简介】 孙玉荣，北京工业大学文法学部教授；刘宝琪，国家税务总局青岛市税务局职员。

【发表期刊】《北京联合大学学报（人文社会科学版）》2020 年第 1 期

【内容摘要】 人工智能作为引领未来的战略性技术，受到社会各界的广泛关注。对于其生成内容的可版权性分析及其权利归属问题，法学界分歧较大，目前还难以达成共识。从促进人工智能与文化产业深度融合发展的需要出发，应该尽快结束这场争论，加快在理论上对此问题达成共识的步伐，利用《著作权法》修订的宝贵契机，通过对相关条文的修改或者扩张解释对人工智能生成内容的著作权保护加以规范，将人工智能对著作权法的冲击降到最低，去除人工智能发展在制度上的障碍，为人工智能应用产业的健康有序发展保驾护航。

【关键词】 人工智能　生成内容　著作权　知识产权

28. 保护作品完整权的有损声誉要件：实然与应然——“《九层妖塔》案”二审判决引发的思考

【作者简介】 王清，武汉大学知识产权高级研究中心副主任、博士生导师。

【发表期刊】《电子知识产权》2020 年第 1 期

【内容摘要】 保护作品完整权之有损作者声誉构成要件已具有《著作权法》上的实然地位，否定该构成要件存在的非声誉论忽视法条解释的立法历史解释法和目的解释法值得商榷。根据著作权基本理论以及国外高水平精神权利立法动态，判断是否侵犯保护作品完整权也应当以是否有损作者的声誉作为客观构成要件。

【关键词】 著作权　保护作品完整权　声誉　九层妖塔

29. 意思自治、交易秩序与利益平衡——南怀瑾作品著作权纠纷上诉案评析

【作者简介】 徐卓斌，上海市高级人民法院知识产权审判庭高级法官，法学博士。

【发表期刊】《电子知识产权》2020 年第 1 期

【内容摘要】 知识产权案件的裁判，应当体现意思自治的民法基本原则、稳定交易秩序的司法导向、平衡相关方利益的价值取向。对于行为人的真实意思，应当通过行为外观探求其内心真意。著作权许可使用合同的法律性质应综合合同条款文义、著作权人行为、代理人权限、出版合同及其履约过程进行判断。对于代理人在著作权人授权范围之内签署的许可使用合同，其法律后果应直接归属于作为被代理人的著作权人，而不应认定为转委托。著作权人死亡后，在对其作品著作财产权归属发生争议的情况下，被许可人暂缓支付著作权许可使用费，不存在拒不支付的主观过错，因此不应认定其构成侵权。对于权利人通过合同关系行使处分权已经构建的稳定交易结构及交易秩序，应予以尊重。

【关键词】 著作权　代理　许可　侵权责任

30. 个人信息保护与网络服务提供者信息披露制度的完善

【作者简介】 陈炫伯，武汉大学博士研究生。

【发表期刊】《中南民族大学学报（人文社会科学版）》2020年第1期

【内容摘要】 在全民移动互联网时代，民事领域的个人信息泄露问题日益严峻。从2017年颁布的《民法总则》到最新提起审议的《民法典人格权编草案》，立法机关正通过改善我国的法律环境来加强公民个人信息的保护。作为涉及著作权人、网络服务提供者以及网络用户三方利益的网络服务提供者信息披露制度，其中所涉及的信息披露行为并不是一种损害公民信息权行为，而是属于个人信息规则下的积极处理行为。从整体来看，由于缺乏系统的著作权法和单行的个人信息法的规制，我国的网络服务提供者信息披露制度并不完善，全国人大常委会对此高度重视，并将其列入立法规划中。应当对国内外的立法活动、司法实践以及学术研究进行系统梳理，以完善我国网络服务提供者信息披露制度。

【关键词】 网络著作权　网络服务提供者　个人信息　信息披露

31. 短视频内容传播的版权保护研究

【作者简介】 聂静，上海出版印刷高等专科学校文化管理系副教授；程海燕，上海理工大学出版印刷与艺术学院讲师。

【发表期刊】《中国出版》2020年第3期

【内容摘要】 短视频迎合了移动互联网时代的用户习惯和表达需要，内容传播呈现爆发式增长态势，但凸显出的创意不足、内容沉淀难、侵权损害严重等问题也严重制约了产业发展。当前面临的主要困境是短视频内容传播中典型的侵权行为、短视频的版权保护等。鉴于此，运用区块链技术和视觉技术建立内容审核、过滤及全程追溯体系，是解决问题的一种思路，也是保障短视频产业健康发展的一个有效路径。

【关键词】 短视频　内容传播　版权保护

32. 艺术法视野中的“挪用”问题研究

【作者简介】 王聪丛，中央文化和旅游管理干部学院助理研究员、中国艺术研究院博士。

【发表期刊】《美术》2020年第2期

【内容摘要】 随着中国美术步入全球化的艺术语境，艺术家表现手法多元化和使用媒介材料的广泛化，使临摹、拼贴、复制图像，挪用现成品或他人的艺术作品成为一种常见的艺术现象。然而，从蔡国强《威尼斯收租院》的版权纠纷到克里斯蒂安·西尔万指责叶永青抄袭，越来越多的案例引发艺术界关于创作合法性的探讨。当前，“艺术法”作为一门新兴的交叉学科，以艺术、法律的双重视角去解释艺术现象并提供解决方案，为推动艺术生态良性发展提供了新思路和新方法。该文以艺术创作中最易引起争议的“挪用”问题为研究对象，从艺术法角度阐述其在文化艺术和法律中所承载的不同内涵。

【关键词】 挪用　剽窃　复制　艺术　法律

33. 关于艺术作品独创性判定方式的探讨——以临摹与挪用作品为例

【作者简介】 吕晓晓，山东艺术学院艺术管理学院讲师。

【发表期刊】《美术》2020年第2期

【内容摘要】 在艺术创作中，不乏对他人作品的学习、借鉴及适度引用等现象。针对这些情形，艺术领域与著作权领域有不同的表述方式，艺术领域中常见的表述词有借鉴、临摹、挪用等；著作权法中使用的表述主要有复制、演绎、合理使用等。这两组词并非一一对应的关系，艺术领域中对某一使用作品特定行为的表述，对应的可能是不同的法律性质与结果。该文拟结合临摹和挪用艺术作品案例，分析著作权法中对艺术作品独创性及合理使用的判定方式与艺术领域中对作品原创性认定方式的差异，以及其中值得进一步探讨的问题。

【关键词】 艺术创作　版权保护　著作权法　临摹　挪用

34. 人工智能编辑之合理使用探究

【作者简介】 杨绪东，中南财经政法大学知识产权研究中心博士研究生。

【发表期刊】《科技与法律》2020年第1期

【内容摘要】 人工智能编辑海量作品是其研发与产业应用的关键。为激励人工智能研发与应用，扫清其所面临的严峻的侵权危机，确定“计算机分析复制与演绎作品的合理使用例外”是顺应世界时势之应为。然而，囿于我国立法传统机理，采取解释论路径对我国现有著作权合理使用立法列举进行扩张解释以求纳入“计算机分析复制与演绎作品的新情形”，委实难以获得制度构建所依法理上的自洽；而且，我国立法路径亦不适宜采取日本、美国式以“转换性使用”为原则兼顾所有商业使用情形的宽泛路径。为协调人工智能编辑的研发、产业应用与合理使用制度构建的法理基础，我国应采取“三步检验法”与“具体列举”相结合的立法论路径。此外，针对人工智能研究与应用的实际需要，还应对该立法中的商业使用要素作出严格解释，以协调技术发展与作品合法私益的保护。

【关键词】 人工智能编辑　著作权　合理使用　规范路径　本土设计

35. 中日人工智能生成内容的著作权保护立法研究

【作者简介】 俞风雷，天津大学教授、博士生导师。

【发表期刊】《科技与法律》2020年第1期

【内容摘要】 随着科技的发展，人工智能已成为许多产业技术竞争的焦点。人工智能生成内容与人类创作成果形式表现上并无二异，并在一定程度上极大满足了社会公众对文学艺术的需求。这些人工智能生成内容是否符合著作权法保护范围是公众关注的焦点问题。早在2016年，日本知识产权战略本部针对人工智能生成内容的保护提出拟修订知识产权法来应对。我国尚未将人工智能生成内容纳入法律保护，该文借鉴日本的立法讨论重新审视人工智能生成内容的可著作权问题，提出我国未来人工智能发展的立法建议。

【关键词】 人工智能　生成内容　著作权　日本知识产权战略

36. 对欧盟版权法改革中两大核心争议问题的评价、反思及应对

【作者简介】 谭洋，中国人民大学法学院博士研究生。

【发表期刊】《科技与法律》2020年第1期

【内容摘要】 欧盟《数字化单一市场版权指令》创设了“新闻出版者权”和实质确立了在线内容分享服务提供商的一般过滤义务。此两项极具争议的核心议题得以通过，表明欧盟版权法改革出现重大转向。促成这一重大转向的原因有哲学基础、监管趋势、扶持本土企业的目的以及政治因素。我国目前不宜引入新闻出版者权，可通过非财产权的方式和创新商业模式予以应对，立法仍是最后的手段。我国应当明确拒绝创设一般过滤义务，版权保护应与经济发展相适应，应鼓励市场积极探索治理模式，对于实践中的自愿版权过滤措施，应当通过多种方式克服其所引发的风险。

【关键词】《数字化单一市场版权指令》　新闻出版者权　在线内容分享服务提供商　一般过滤义务

37. 完善广播组织权：体育赛事直播画面的法律保护——评“凤凰网案”

【作者简介】 彭桂兵，华东政法大学传播学院副教授。

【发表期刊】《湖南师范大学社会科学学报》2020年第1期

【内容摘要】 “凤凰网案”存在两点争议：体育赛事直播画面是否可以认定为作品以及适用何种专有权。然而，在现行著作权法下，作品“独创性”标准难以解决“凤凰网案”本质问题。要解决“凤凰网案”，我们不妨转换思路，通过修改完善《著作权法》第45条，使广播组织权主体和广播组织的转播权延伸至互联网领域，这样可以通过邻接权而不是完全依靠著作权来解决体育赛事直播画面的保护问题。

【关键词】 体育赛事直播　网络实时转播　独创性　广播组织权

38. 保护与创作：博物馆文创产品著作权法律问题分析

【作者简介】 聂洪涛，西安财经大学法学院教授；李宁，西安财经大学法学院经济法硕士研究生。

【发表期刊】《中国博物馆》2020年第1期

【内容摘要】 随着文化产业重要性的提升以及国家政策法规的出台支撑，我国博物馆文创产业逐步发展且形成一定规模。但是，博物馆在开发文创产品过程中产生的原始藏品及文创产品著作权不清晰、文创产品独创性不高、文创产品被伪造假冒等著作权问题越发严重，阻碍博物馆文创的发展。作者通过分析借鉴英美发达国家的先进经验，提出以确权合同为依据明晰原始藏品和文创产品产权归属、成立博物馆内部知识产权管理机构等建议，助推我国博物馆文创产业的发展。

【关键词】 博物馆　文创产品　著作权

39. 人工智能时代算法新闻的版权保护机制研究

【作者简介】 王海霞，通化师范学院政法学院副教授。

【发表期刊】《出版发行研究》2020年第2期

【内容摘要】 人工智能时代，算法新闻的出现给新闻作品版权保护带来了前所未有的挑战。一方面，现行著作权保护机制无法为算法新闻提供有效保护；另一方面，法院裁判算法新闻版权侵权案件缺乏具体的参照标准。此外，算法新闻版权保护与人工智能技术创新之间存在冲突。为了解决这些难题，首先，立法机关修改《著作权法》时应在新闻作品部分明确算法新闻的性质、署名、法律责任等问题；其次，还应当厘清影响法院裁判算法新闻版权侵权案件的相关因素及标准；最后，借助区块链技术实现算法新闻版权保护与人工智能创新之间的利益平衡。

【关键词】 人工智能　算法新闻　版权保护　法律规制

40. 知识服务中的著作权问题研究

【作者简介】 袁小群，武汉大学信息管理学院出版科学系副教授；蒋欢，武汉大学信息管理学院。

【发表期刊】《科技与出版》2020年第2期

【内容摘要】 知识服务为用户提供个性化出版服务，是数字出版发展的新趋势。该出版模式从已有的出版资源中抽取用户所需知识并组合成出版模式，其生产方式存在较多著作权方面的冲突。然而，目前著作权法在应对这种新兴出版形式上有所欠缺，导致了各种著作权侵权问题产生。为此，该文从知识服务流程的角度，分析并梳理知识服务过程中存在的著作权侵权问题，希望引起此领域对著作权问题的重视，并为后续研究提供借鉴。

【关键词】 知识服务　著作权　服务流程

41. 改编权与保护作品完整权之间的冲突及其化解

【作者简介】 孙山，西北政法大学经济法学院副教授。

【发表期刊】《科技与出版》2020年第2期

【内容摘要】 基于合同而发生的改编行为，受让人与被许可人享有的改编权和作者享有的保护作品完整权间会发生冲突，影响到改编作品的市场化。改编权与保护作品完整权间冲突的化解，需要在司法中明确保护作品完整权的保护对象、侵权判定的主体与判断标准，立法中增加改编作品推向市场前与原作品作者或其继承人确认不侵犯保护作品完整权的强制性规定，通过文义解释、目的解释以及诚实信用原则限制保护作品完整权的行使。

【关键词】 改编权　保护作品完整权　改编作品　著作权　许可使用

42. "洗稿"引发的新闻版权理性保护问题

【作者简介】 杨世宏，南京大学新闻传播学院博士研究生，安徽大学外语学院讲师；陈堂发，南京大学新闻传播学院教授、博士生导师。

【发表期刊】《新闻爱好者》2020年第2期

【内容摘要】 新闻作品的性质更接近科学作品的客观性而非文学艺术作品的主观性，判别"洗稿"新闻是否与被洗作品存在侵权要件的"实质性相似"，经验性地采取单纯"文本比对"，难以界说侵权构成的本质，司法审理实践中也未接纳这种形式化的证据。基于"思想、表达二分法"原则且能证明"实质性相似"的证据要求，洗稿行为是否构成侵权的研判应当遵从"抽离""滤筛""比较"的顺次推进逻辑，并以"适当引用"规则作为补正。作为作品思想构成元素的新闻素材，是否当属排除保护之列，素材或题材的重要性不宜单独构成"公有领域"认定条件，须考虑素材来源途径、素材获取所付出的劳动成本以及"中人标准"所预期的成本付出，兼顾利益冲突中的公平法则。

【关键词】 新闻"洗稿"　著作权　实质性相似　思想表达二分　新闻素材

43. 关于《著作权法》的经济学考量——以音乐产品为例

【作者简介】 闻媛，上海交通大学媒体与传播学院副教授；付丛笑，上海交通大学媒体与传播学院硕士研究生。

【发表期刊】《电子知识产权》2020年第2期

【内容摘要】《著作权法》作为重要的知识产权政策，在以知识产权为核心的创意产业发展中占据重要地位。其通过对产权的初始界定，实现资源的最优配置，有效缓解了市场失灵。为实现有关著作权法的进一步完善，结合经济学理论，具体从效率的角度来看，《著作权法》应当在赋予创作者群体以特权的同时强调其鼓励创作的义务，注重长远利益，由追求静态效率向追求动态效率过渡；从公平的角度来看，面对实施过程中人际公平的缺失，《著作权法》应从整体利益出发，以创作文化产品的劳动力资源而非仅仅以文化产品本身为作用对象，实现产业链各权利主体由各取所需向各取所值转换。在此基础上，通过匹配当代人与后代人在关于文化产品交易过程中的成本和收益，以对《著作权法》中有关作品保护期限的衡量，从代际公平的角度追求当前利益与长远利益的有机统一，从而更好地促进创作者群体与社会公众之间的利益权衡。

【关键词】《著作权法》 音乐产品 效率 公平

44. 著作权转换性使用的本土路径重塑

【作者简介】 孙松，河南大学法学院知识产权学院讲师。

【发表期刊】《电子知识产权》2020 年第 2 期

【内容摘要】 著作权转换性使用作为判定新型合理使用行为的一个重要因素，有着重要的理论价值和实践意义。然而，在我国转换性使用的司法实践中，却存在着对转换性使用体系认知不足、释法路径不当，以及运作体系不畅的现实困境。从本质上而言，转换性使用蕴含着促进公共利益的直接价值取向，但其并不具有独立判定合理使用成立与否的规则效力。基于此，为了更好地发挥转换性使用的内在价值和功能，一方面需要确立开放式合理使用的一般规则，进一步规范转换性使用的司法判定，以增强合理使用分析的灵活性和可操作性；另一方面，需要明确转换性合理使用的法定情形，以提升合理使用分析的确定性和周延性。

【关键词】 著作权 转换性使用 合理使用 三步检验法 四要素判定标准

45. 带词音乐作品的著作权保护——以《五环之歌》侵害音乐作品改编权纠纷系列案为例

【作者简介】 姚维红，山东师范大学法学院讲师。

【发表期刊】《电子知识产权》2020 年第 2 期

【内容摘要】《五环之歌》侵犯音乐作品改编权系列案件判决书中，关于《牡丹之歌》带词音乐作品的性质，原告、被告和法院观点各不相同，争议非常大。其中，三个审理法院均认为《牡丹之歌》带词音乐作品属于合作作品，但又判决原告仅对歌词部分享有改编权，突出地体现了现行《著作权法》第 13 条规定的可分割合作作品和《著作权法实施条例》第 4 条规定的音乐作品，在保护带词音乐作品上造成的重大矛盾。建议我国《著作权法》删去第 13 条第 2 款关于可分割合作作品的规定。带词音乐作品中的歌词和曲谱属于各自独立的作品。

【关键词】《牡丹之歌》《五环之歌》 带词音乐作品 可分割合作作品

46. 网络表演直播作品创作者保护路径构建——以传播类著作权的内涵界定与类型化为视角

【作者简介】 曲玲玲，西南财经大学中国西部经济研究中心博士研究生，乐山师范学院经济与管理学院讲师。

【发表期刊】《中国出版》2020 年第 4 期

【内容摘要】 作为一个迅速发展的文化产业新业态，网络表演直播在著作权法领域引起了诸多争议，其核心问题是网络表演直播作品创作者权利的保护。对于网络表演直播作品创作者而言，网络表演直播作品具有著作权法中“作品”的规范属性，而其创作者权利的权利属性则属于传播类著作权。实践中，在网络表演直播作品创作者权利的保护上，著作权法的适用存在一定的缺失，即著作权法中传播类著作权类型化整合不足、著作权法对传播类著作权内涵界定不清晰，应从对传播类著作权进行类型化整合，以统一为“公开向公众传播权”和《著作权法》中的传播类著作权应回归本质内涵等为完善网络表演直播作品创作者权利保护的路径指向。

【关键词】 网络表演直播作品 创作者 传播类著作权 内涵界定 类型化

47. 知识付费语境下自媒体著作权保护困境与对策

【作者简介】 邹禹同，浙江大学光华法学院博士研究生；张志安，中山大学传播与设计学院教授、博士生导师。

【发表期刊】《中国出版》2020 年第 4 期

【内容摘要】 知识付费在网络内容生产、传播和价值变现的过程中，极大地推动了知识内容的经济利益实现，由此也带来利益驱使下对于自媒体著作权的频繁侵犯。当前，我国对自媒体著作权的保护主要体现在自媒体平台的用户协议约定和确权、维权领域的平台技术支持两方面。作者通过对“知乎”社区和微信公众号参与式的实证观察发现，自媒体著作权保护存在着知识付费模式尚缺合理规制、电子化作品保存困境凸显、跨平台抄袭侵权情况严重、维权难度大等问题。鉴于此，自媒体著作权保护可重点从以下方面着手：监管部门应通过立法进行系统规制并推进在线诉讼模式建设，平台可全面推广实名制并建立跨平台第三方维权机构，自媒体作者要提高著作权保护意识。

【关键词】 自媒体 知识付费 著作权 在线诉讼

48. 人工智能技术背景下的体育赛事专有权

【作者简介】 张新锋，厦门大学知识产权研究院副教授。

【发表期刊】《上海体育学院学报》2020年第2期

【内容摘要】 体育赛事转播中侵权纠纷的请求权基础争议较大。体育赛事不是著作权的客体，其视听记录的录像制作者权以及广播组织权对互联网播放的规制乏力。尤其在未来人工智能主导的体育赛事传播中，视听记录播放的智能化和内容多样性将颠覆体育赛事视听记录制作者和信号传输者的传统版权法地位。该文认为：应通过《体育法》确立体育赛事专有权，在此基础上，赋予体育赛事转播权人与其独占许可地位相称的独立侵权诉讼请求权。

【关键词】 体育赛事播放权　人工智能　体育赛事专有权　广播组织权　《体育法》

49. 论人工智能生成内容的信息权保护

【作者简介】 郭如愿，北京师范大学法学院民商法学博士研究生。

【发表期刊】《知识产权》2020年第2期

【内容摘要】 将人工智能生成内容视为著作权法意义上的作品，不符合著作权法关涉作品的规范教义，不利于个人乃至社会整体知识水平的提升，违背著作权法的价值追求。顺应时代发展规律的信息权应该成为权利，符合权利生成法理标准的信息权可以成为权利。人工智能生成内容本质上属于应受法律保护的信息，将人工智能生成内容归入已然获得权利证立的信息权对象范畴，可高效实现关涉信息的多元价值诉求。人工智能所有人通常具有生成价值信息、控制信息传播的动机与能力，且实际享有信息权益、承担信息侵害他人权益的责任，应成为人工智能生成内容的信息权主体。

【关键词】 人工智能生成内容　著作权　信息权　权利对象　人工智能所有人

50. 广播组织赋权的国际法视野与本土化构建

【作者简介】 王超政，烟台大学法学院讲师。

【发表期刊】《东岳论丛》2020年第1期

【内容摘要】 广播组织赋权在权利客体的界定上存在着“广播信号”与“广播节目”的争议，虽然国际立法选择了“基于信号的进路”构建广播组织权，但将广播组织选择、编排的节目载体作为权利客体，不仅会造成法源的混淆，也会导致客体类型的繁杂。在技术主义的影响下，广播组织的界定也将网播组织排除在外，导致国际公约所构建的保护制度无法满足广播组织在网络时代的需求。因此，广播组织赋权必须先从广播组织劳动成果的保护出发，明确权利客体为“由广播组织选择和编排的、按一定顺序排列的节目群”，同时排除技术主义的影响，将网播组织纳入权利主体的范畴之内。在此基础上，从权利客体的利用行为出发，明确转播权、复制权、公开播放权以及信息网络传播权均为广播组织权的内容。

【关键词】 广播组织　广播信号　广播节目　权利配置

51. 论著作权侵权判断主体的界定

【作者简介】 杨红军，郑州大学法学院教授，博士生导师。

【发表期刊】《东岳论丛》2020年第1期

【内容摘要】 在知识产权法中，侵权判断主体的界定关系到裁判者应从谁的视角对知识产品之间的相似度进行判定。与商标法和专利法不同，该问题在著作权立法文件中缺乏规定，学术研究中也很少予以关注，实践中更是存在着类型多样的主体选择，规范性明显不够。相较于其他主体类型，以相关公众作为规范化的单一判断主体可在客观度、邻近度和包容度等维度得到充分的合理性论证。司法实践中，裁判者应聚焦作品生产、流通、消费等环节的个性化特点，充分借鉴包括商标法在内的其他知识产权法中的相应做法，科学、合理、有效地确定作为著作权侵权判断主体的相关公众范围、获取该类主体的认知意见并将其运用到对知识产品相似度的判断之中。

【关键词】 著作权侵权　著作权侵权判断　实质性相似　相关公众

52. 我国《著作权法》第三次修订之评析

【作者简介】 吴汉东，中南财经政法大学文澜资深教授；刘鑫，中南财经政法大学知识产权研究中心博士研究生。

【发表期刊】《东岳论丛》2020年第1期

【内容摘要】 我国正在进行的《著作权法》第三次修订，是一次无国际压力、主动、全面的法律修改。面对当前经济全球化的国际环境、技术现代化的现实情景以及文化强国建设的中国场景，我国《著作权法》第三次修订的目标，即在于为参与建构著作权全球治理提供中国应对方案，为适应新一代信息技术发展提供现代制度产品，为中国特色先进文化产业化提供法律保障机制。此次我国《著作权法》修订的重点则主要呈现在著作权创造、运用和保护三个层面，并具体表现为权利产生机制、权利利用机制和权利救济机制的优化与完善。

【关键词】 著作权法 《著作权法》第三次修订 时代背景 目标取向 重点内容

53. 面向发展的图书馆著作权侵权诉讼趋势及其风险规避策略研究

【作者简介】 王果，天津商业大学法学院讲师；张立彬，南开大学图书馆研究馆员。

【发表期刊】《情报科学》2020 年第 3 期

【内容摘要】 目的/意义：图书馆承担着传播和承传公共文化的社会职能，但该社会功能并未能成为有效护身符，图书馆仍深陷著作权侵权的旋涡之中。图书馆应如何应对著作权的侵权风险，依然是值得关注的问题。方法/过程：在分析图书馆著作权侵权诉讼的特点与趋势的基础上，采用典型案例分析法，以 15 个典型案例为基础，从图书馆的侵权行为、抗辩理由、侵权责任三个方面，对图书馆侵犯著作权案件的焦点问题进行了整理与分析。结果/结论：为了防范和规避著作权侵权，图书馆应从正确对待著作权侵权和正确应诉、加强版权管理、联合集体的力量表达政策期待、利用公有领域扩充自建资源等四个方面来应对。

【关键词】 图书馆 版权管理 合理抗辩 公有领域

54. 知识产权体系同一性理论的反思与构建

【作者简介】 何松威，吉林大学法学院讲师。

【发表期刊】《政治与法律》2020 年第 3 期

【内容摘要】 随着现代社会科技的发展，知识产权和知识产权以外的无形财产权的范围都在日益扩大，探究不同类型的知识产权统归于知识产权体系的逻辑关联便显得十分重要和紧迫。无论采用客体来源视角，还是采用客体形态视角，传统知识产权理论都没有对此进行充分阐述。知识产权体系同一性理论的构建回归客体非物质的逻辑起点，采用超越客体来源和客体形态的人的理性思维、意识活动视角，在知识产权类型化的基础上，构建由类型动态谱系和程度动态谱系组成的动态体系理论。

【关键词】 知识产权体系 同一性 智力成果 创造性

55. 论人工智能作品的著作权法地位

【作者简介】 刘银良，北京大学法学院教授。

【发表期刊】《政治与法律》2020 年第 3 期

【内容摘要】 著作权法的基本目标是促进社会文化发展，赋予作者著作权是一种制度工具，其条件是被激励创作的作品须有助于实现著作权法的基本目标。作品是著作权法的基石，其前提是由自然人作者创作，其特征包括多样性、价值性和稀缺性；它们与作品的可版权性密切相关，决定了著作权制度的必要性与合理性。无论是从著作权法基本目标出发，还是通过作品的前提与特征考察，人工智能作品都不能满足著作权法对于作品的要求，从而难以成为著作权客体。对人工智能作品可通过网络登记加开放许可等措施予以管理，使其对于著作权制度的挑战得到化解。

【关键词】 人工智能 作品 著作权 邻接权 可版权性

56. 著作权涉罪案件行刑衔接程序机制的审视与完善

【作者简介】 谷永超，河南大学法学院讲师。

【发表期刊】《中国出版》2020 年第 5 期

【内容摘要】 我国目前尚无著作权涉罪案件行刑衔接程序的基本法，相关规定散见于各类行政法规中，没有形成完善的程序机制。行刑衔接程序机制运行中存在案件移送标准不明确、证据转化存在障碍、案件信息共享不全面、案件移送方式存争议等问题。行刑衔接程序机制不应是单向的流水式工作机制，应从制定专门的行刑衔接程序法、明确案件的移送标准、完善证据的转化、建立信息共享机制、建立案件“双轨”移送模式等方面着手，推动著作权涉罪案件行刑衔接程序机制的顺畅运行。

【关键词】 著作权 涉罪案件 行刑衔接 程序机制

57. 大数据产品的权利属性及法律保护研究

【作者简介】 李永明，浙江大学光华法学院教授、博士生导师；戴敏敏，杭州互联网法院（杭州铁路运输法院）法官助理。

【发表期刊】《浙江大学学报（人文社会科学版）》2020 年第 2 期

【内容摘要】 对于大数据产品这一新兴事物，学界对其权利属性及法律保护问题罕有研究。大数据产品本质上是算法生成物，不具备著作权法意义上的适格作者，也不符合作品的独创性要求，不可赋予其著作权。实际上，大数据产品已具备财产所有权的四项权能，应赋予其财产所有权。对大数据产品进行法律保护时，鉴于现有法律法规的约束，仅可从反不正当竞争法及侵权责任法层面进行法律救济，而确认大数据产品的财产所有权属性后，可拓展法律救济的范围，并最大限度地保护网络运营者的合法权益，促进大数据产业健康发展。

【关键词】 大数据产品　权利属性　财产所有权　法律保护　反不正当竞争

58. 网络服务提供者侵权责任的障碍与解构

【作者简介】 魏求月，北京理工大学法学院讲师。

【发表期刊】《中国高校社会科学》2020年第2期

【内容摘要】 网络技术的发展，使低成本、大规模的著作权侵权成为可能。以个人用户侵权人为对象的侵权责任追偿面临着管辖权选择困难、赔偿能力低下等问题，著作权人转而以网络服务提供者为被告寻求救济。虽然要求网络服务提供者承担侵权责任在客观上具有一定的必要性，但从世界范围来看，不论在技术、行业环境等事实问题上，还是在隐私权、司法程序等法律层面，都存在操作和认定上的困难。理清这些困难，对于在立法上平衡权利人追偿效果与网络服务提供者参与市场的积极性、维护网络环境秩序都具有重要意义。

【关键词】 网络服务提供者（ISP）　网络著作权侵权责任　“避风港”原则

59. 数字音乐版权独家授权的竞争风险及其规制方法

【作者简介】 龙俊，中国人民大学法学院博士研究生。

【发表期刊】《华中科技大学学报（社会科学版）》2020年第2期

【内容摘要】 为规范我国数字音乐市场的竞争秩序，国家版权局在责令网络音乐服务商停止传播未经授权的音乐作品的基础上，又进一步对数字音乐市场中盛行的独家授权模式予以“叫停”。从效能上看，数字音乐版权独家授权具有同时防止上游版权保护不足和产生下游网络传播垄断的双重效应，故应当于宏观监管层面审慎对待。就其负面效果的原因而言，独家授权模式的竞争风险主要归因于数字音乐平台对客户的锁定效应增强、版权法对独家授权模式的必要限制缺失，以及互联网行业反垄断执法过于谦抑等现实因素。故从方法论上看，遵循“预防为主、防治结合”理念，防止“压力型立法”与“运动式执法”错误，以及实现从自我规制、命令—控制式规制向合作规制转变，并尝试对独家授权模式的授权数量和期限进行必要限制，保持反垄断法于恰当时刻准确介入和监管，逐步引入有限制性的竞争性著作权管理组织以部分替代现有授权模式，是化解数字音乐版权独家授权竞争风险的应对之道。

【关键词】 数字音乐版权　独家授权　竞争风险　著作权法　反垄断法

60. 中美实用艺术品著作权保护比较研究——兼论我国实用艺术品著作权保护的路径

【作者简介】 张宪，中国政法大学法律硕士学院讲师。

【发表期刊】《法学评论》2020年第2期

【内容摘要】 实用艺术品的著作权保护问题实质上是如何确立著作权保护范围及标准的问题。我国现行《著作权法》并未将实用艺术品作为受保护客体，但也并未将其排除在著作权保护范围之外。而美国在实用艺术品的著作权保护上于立法层面是非常清晰的，在《1976年版权法》中已明确将其列为受保护客体，美国法院的诸多判例也影响了实用艺术品著作权保护研究的方向。该文梳理了中美两国实用艺术品的著作权保护问题的历史沿革及现状，总结归纳了两国具有代表性的判例，以求通过对比提炼出两国著作权法及司法实践中存在的问题。美国的相关立法及其司法裁判经验对于我国实用艺术品的著作权保护具备重要借鉴价值。

【关键词】 实用艺术品　著作权保护　中美比较研究　判定标准

61. 互联网时代“洗稿”现象的可责性及保护路径

【作者简介】 张乾，华东政法大学法律学院博士研究生。

【发表期刊】《出版广角》2020年第5期

【内容摘要】 文章通过分析“洗稿”的典型案例，剖析“洗稿”行为的现象及特征，在“思想表达二分法”原则的基础上，从三个角度界定“洗稿”行为是否属于著作权法规定的抄袭行为。同时针对“洗稿”行为的特性，从司法机关、平台运营者、“洗稿”软件运营者这三个著作权民事法律关系主体的角度出发，对互联网时代的著作权保护提出了新的见解和建议。

【关键词】“洗稿” 法律规制 著作权 独创性

62. 论视为作者原则——以中美两起著作权纠纷案为视角

【作者简介】樊宇，法学博士，北京航空航天大学马克思主义学院博士后研究人员。

【发表期刊】《政法论坛》2020 年第 2 期

【内容摘要】1986 年在美国发生的“美国的第三世界”版权纠纷案和 1995 年发生在我国的十世班禅大师灵塔案的涉案作品，均为雕塑作品，均是在委托关系下创作完成的。美国初审法院和中国二审法院均将委托关系认定为雇佣关系，并且均适用了视为作者原则，但中美两案的最终结局却大相径庭。1989 年美国最高法院在此案终审中申明，委托关系不是雇佣关系，委托作品不是雇佣作品，不适用视为作者原则，遂做出维持二审判决的终审判决，在美国持续了百年之久的委托作品与雇佣作品之争，从此尘埃落定。此终审判决对于移植视为作者原则后深受法人作品与职务作品（雇佣作品）之争困扰的我国法院和正在进行中的著作权法修订，均有重要的示范意义和参考价值。

【关键词】雇佣作品原则 视为作者原则 职务作品 法人作品

63. 区块链技术在版权登记中的创新应用

【作者简介】黄保勇，华南理工大学法学院副教授；施一正，华南理工大学硕士研究生。

【发表期刊】《重庆大学学报（社会科学版）》2020 年第 6 期

【内容摘要】随着数字版权时代的发展，作品的传播方式变得更加灵活，传播速度也更加迅捷。传统版权登记制度因存在登记成本较高、标准不一、泄露隐私等弊端，在实际应用中面临困境。区块链技术的出现为推动版权登记的适时发展提供了一种新思路。区块链技术应用于版权登记，弥补了既有版权登记制度的缺陷：其去中心化特质可以降低登记成本；分布式共享机制能够统一登记标准；难以篡改的性质能够提高登记的证明效力。同时，区块链技术利用自身特性建立新的版权信任机制，既能清晰地分配版权利益，又能创新传统的版权商业模式，推动版权市场的发展，最大化地利用版权的固有价值。区块链技术在与版权登记相结合的过程中，会出现一些技术上难以解决的问题，既无法对作品的独创性进行准确的判断，也无法发挥版权制度原有的公示力作用。因此，必须创新版权登记规则，加快制定区块链版权平台市场准入机制，并设置统一的监管机构，将区块链锁在版权制度的笼子里，防止出现滥用区块链技术的情形，以最终实现技术和法律的融合发展。

【关键词】区块链 版权登记 版权信任机制 创新应用 协同发展

64. 不安全的“避风港”：重新思考中国网络视频平台的著作权侵权责任

【作者简介】雷逸舟，北京大学法学院博士研究生。

【发表期刊】《电子知识产权》2020 年第 3 期

【内容摘要】主流观点认为“避风港”原则保护了网络视频平台，免除了平台对用户上传视频内容的主动审查义务，但也因此帮助平台进行著作权侵权。但如果我们回顾中国网络视频平台的发展历史会发现，中国法院对“应知”的认定相对宽泛，要求视频平台承担“合理限度”内的审查义务。对热播、知名的视频内容，应确保平台上不存在相应的侵权内容。这种法律解释在“避风港”原则被移植到我国前就存在，《信息网络传播权保护条例》和《中华人民共和国侵权责任法》对“避风港”原则的移植并未彻底改变。由于司法实践的这种倾向，网络视频平台负担了比较高的视频审核成本，最终不得不改变商业模式，从视频分享模式转向版权购买模式。这一历史过程揭示了法律责任设置对商业模式发展的中长期影响，应谨慎赋予平台责任。

【关键词】“避风港”原则 网络视频平台 间接侵权责任 注意义务 商业模式

65. 聚合类网站对“合理使用”的侵蚀及立法思考

【作者简介】张平，北京大学法学院教授。

【发表期刊】《北京大学学报（哲学社会科学版）》2020 年第 2 期

【内容摘要】以合理使用为代表的著作权权利限制制度与著作权赋权制度本身同等重要，它决定信息市场能否达到平衡。如果在政府已经对信息的生产者给予足够补贴的情况下，私主体再把这种补贴进一步扩大，就意味着侵害了公众获得足够信息的权利。随着聚合类网站的兴起，大量可以合理使用的作品汇聚成为数据库加密后再有偿提供给公众，这一做法严重侵害了个人目的和教育目的的合理使用空间。该文通过合理使用制度的历史溯源，讨论聚合类网站对个人目的和教育目的合理使用的伤害以及未来在著作权修法中的完善建议。

【关键词】 聚合类网站　著作权　合理使用

66. 论人工智能创作物的独创性构成与权利归属

【作者简介】 廖斯，澳门科技大学法学院博士研究生。

【发表期刊】《西北民族大学学报（哲学社会科学版）》2020 年第 2 期

【内容摘要】 人工智能创作物的可版权性问题是讨论其权利归属的逻辑前提，而对人工智能创作物是否构成作品的问题，应当回归到对其独创性构成的判断上来，认可具有独创性的创作物为作品。在著作权权利的归属上，无论从法理依据还是伦理哲学上，人工智能机器本身不应被视为权利主体，而仅能当作一种创作工具。在此逻辑之下，使用此工具生成相关创作物的人应当享有相关著作权权利。至于人工智能创作物所带来的其他问题则应当依照其他法律制度处理，与其权利归属没有必然联系。

【关键词】 人工智能　可版权性　独创性　权利主体　权利归属

67. 人工智能生成物的知识产权保护立法研究

【作者简介】 王雪乔，中国社会科学院大学硕士研究生。

【发表期刊】《湖南科技大学学报（社会科学版）》2020 年第 2 期

【内容摘要】 随着人工智能自主学习、深度学习的不断成熟与发展，人工智能生成物开始拥有属于自己的知识创造性与创新性。人工智能生成物的知识产权保护立法可从四个方面展开：第一，人工智能生成物具有知识产权保护意义，在此虚拟法律人格说能够成立；第二，人工智能的智力成果应定性为人工智能的生成物，而不是创造物；第三，从创新角度来看人工智能生成物的知识产权保护在外延上应包括著作权、专利权等内容；第四，在有关人工智能生成物知识产权保护的归属权问题上起主导作用的应是权利与责任对等原则，而不是虚拟法律人格说。

【关键词】 人工智能　人工智能生成物　知识产权

68. 人工智能“创作”认定及其财产权益保护研究——兼评“首例人工智能生成内容著作权侵权案”

【作者简介】 冯晓青，中国政法大学教授，博士生导师；潘柏华，中国政法大学民商经济法学院硕士研究生。

【发表期刊】《西北大学学报（哲学社会科学版）》2020 年第 2 期

【内容摘要】 从客观的表现形式观之，人工智能具有“创作”作品的能力属于事实判断。但对于由人工智能“创作”的作品能否受到著作权法的二元保护，存在法律价值判断的诸多争议。由“人格—财产”二元体系建构的著作权，决定了著作权法中关于“创作”的本质要求。明确“创作”的客体独创性和主体创作意图两项认定要件，区分“创作”的自然机理和法律机理，可以判定人工智能的创作机理并非著作权意义上的“创作”。基于人工智能生成成果不享有著作权的裁判结论，必须明确相关权益的法律属性与权能范围。在现有产权保护体系内，阐明此类数据财产保护的正当性以及利益分配的法律解释逻辑。

【关键词】 著作权法　创作　人工智能生成成果　数据财产权益

69. 版权法与刑法的衔接——以法益的立法保护为路径

【作者简介】 张浩泽，华东政法大学知识产权学院博士研究生；朱丹，上海市嘉定区人民检察院检察官助理。

【发表期刊】《中国出版》2020 年第 6 期

【内容摘要】 我国版权的刑法保护路径之所以曲折，与版权犯罪定位偏差不无关系。而版权犯罪定位偏差源于对版权法与刑法立法上衔接的忽视。在社会危害性以法益侵害性为内容的前提下，以法益论衔接版权法与刑法具有正当性和可行性。而基于刑法的从属性，刑法应以版权法法益为保护对象，且通过犯罪构成的制度理念实现版权法法益的保护。

【关键词】 版权　刑法保护　法益　犯罪构成

70. 网络服务提供者最低义务设置——兼评欧盟《数字化单一市场版权指令》第 17 条

【作者简介】 王筝，西南政法大学人工智能法学院讲师。

【发表期刊】《中国出版》2020 年第 6 期

【内容摘要】 欧盟《数字化单一市场版权指令》从 2016 年发布草案即引发巨大争议，尤其是第 17 条对数字时代在互联网环境下的版权活动主体提出了新的具体要求，为网络服务提供者设置了新的义务，其对正在修改完善中的我国版权立法提供了新的研究角度。对此，以最新欧盟版权指令第 17 条来反观我国版权立法在修订过程中存在的对“网络服务提供者”的概念界定和分类不够明确、对“网络服务提供者”的履行义务内容不够明确和责任体系不够完善等问题，应在确立网络服务提供者最低义务的立法价值取向的基础上，从主体分类是前置要求、适当注意的义务要求、底线审查义务和运用上传过滤器技术等层面对网络服务提供者的最低限度义务进行制度设计。

【关键词】 网络时代　欧盟版权指令　第 17 条　网络服务提供者　最低义务

71. “层累地”形成的“时事新闻”——基于美国版权史判例的分析

【作者简介】 许永超，华中师范大学新闻传播学院副教授；陈俊峰，华中师范大学新闻传播学院副教授。

【发表期刊】《新闻与传播研究》2020 年第 3 期

【内容摘要】 如果仅从当下的新闻实践或概念去理解“时事新闻”，往往容易忽视其“层累地”形成的历史过程。基于对美国版权史上相关判例的分析，“时事新闻”实际上跨越了作为数据或信息的新闻与作为故事的新闻两个层面。前者如船期、货价，金融、股票、谷物行情，比赛分数等；后者如战争、火灾、地震、交通事故等以稍复杂一些的叙事形式出现的电讯。因此不难理解前者作为简单报刊消息性质的事实不受版权保护；后者虽有叙事形式，但因过于简单常与事实重合，亦不受版权保护。但两者均因付出了劳动、技巧和金钱，在美国司法史上从争取版权到不正当竞争法保护，逐渐获得财产权或“准财产权”。这一历史逻辑对在今天传统新闻业危机的背景下保护原创新闻似乎仍有可取之处。

【关键词】 时事新闻　版权　热点新闻挪用　财产权　准财产权

72. “人机协同”模式下智能新闻版权规制新路径

【作者简介】 贾丽云，山西传媒学院新闻传播学院讲师。

【发表期刊】《传媒》2020 年第 6 期

【内容摘要】 随着机器人新闻和智能新闻的发展，版权问题日益凸显。本文探讨了 AI 技术渗透进新闻行业后，版权规制的症结所在以及在“人机协同”背景下，从人机关系的角度入手探讨智能新闻版权的权利义务主体问题，进而分析了法律和市场的调解作用如何发挥的问题。

【关键词】 “人机协同”　智能新闻　算法　版权规制

73. 网络游戏直播的法律关系解析

【作者简介】 刘银良，北京大学法学院教授。

【发表期刊】《知识产权》2020 年第 3 期

【内容摘要】 网络游戏直播是近年来我国知识产权学界关注的难点问题，案件多发，观点多样，争议不断。网络游戏直播涉及复杂的客体、多方主体及权利，宜从法律关系角度对其要素进行分析，并且应认识到在数字互联网时代传统的表演已扩展包括数字表演形式。网络游戏直播涉及的主体主要包括游戏开发商、游戏玩家和直播平台，涉及的客体主要包括游戏软件、游戏整体画面和直播画面。依据《罗马公约》、WPPT 和我国《著作权法》，游戏玩家应被界定为游戏作品的表演者，游戏整体画面则属游戏作品的表演，游戏直播平台亦可成为游戏作品的法人表演者。网络游戏直播的法律关系可借此厘清，各主体的行为及其权利与边界可得以界定，网络游戏产业可望得到合理引导。

【关键词】 网络游戏直播　表演者　《罗马公约》　《世界知识产权组织表演与录音制品条约》　作品

74. 慕课背景下日本教学性权利限制制度的改革及启示

【作者简介】 郑重，西南政法大学民商法学院副教授。

【发表期刊】《知识产权》2020 年第 3 期

【内容摘要】 为适应慕课这一新型信息化教育生态与学习模式，日本《著作权法》在最新修法中对教学性权利限制制度进行大幅度改革。在保留现有教学性使用情形继续免费前提下，将慕课类教学性公共传输纳入权利限制范畴，引入一站式补偿金支付机制，且允许教育机构采取先用后补的补偿金支付方式使用著作权人身份不明的作品。日本教学性权利限制制度的改革举措对我国具有借鉴意义。为营造中国慕课发展良好法制环境，我国《著作权法》第三次修改应主动回应慕课等信息化教育对作品使用的新需求，调整教学性权利限制规定，包括在教科书法定许可之外增加慕课等教学性公共传输法定许可、设立一站式补偿金支付机制简化备案付酬流程、允许教育机构等公共团体对著作权人身份不明的作品采取先用后补的补偿金支付方式，在促进作品利用便利化的同时，兼顾保障著作权人合理利益的分配。

【关键词】 著作权法　慕课　教学性权利限制规定　法定许可　补偿金

75. 从IP热看著作权的过度媒介化解读

【作者简介】 冯立，中国传媒大学南广学院。

【发表期刊】《出版广角》2020年第6期

【内容摘要】 在当前IP热的背景下，传统文本作品成为影视、游戏等多种媒介追逐解读的对象。从著作权的文本解读及法治意义来看，思想与表达、独创与共享、时间与空间是其解读红线。在当前文化资本市场中，重新审视作品著作权的媒介化解读现状，不难发现存在以下现象。首先是媒介化解读有利益诉求，包括以IP热度为代表的粉丝经济性和以IP黏性为代表的媒介载体营利性。其次是当前解读存在从原汁原味到独辟蹊径，从理性中立到主观臆想，从适可而止到过度诠释的倾向。再次是著作权的解读对相关主体带来多重影响，不仅造星计划盛行，还会导致创作者关注受众高于关注产品，甚至形成作品同质化。最后是媒介化的过度解读会与著作权形成冲突。

【关键词】 IP热　著作权　媒介化

76. 论人工智能生成内容的可版权性——以我国著作权法语境中的独创性为中心进行考察

【作者简介】 陈虎，华东政法大学知识产权学院博士研究生。

【发表期刊】《情报杂志》2020年第5期

【内容摘要】 目的/意义：人工智能生成内容的出现，不仅构成了对人类传统创作与阅读活动的冲击，也给著作权法意义上作品认定规则带来挑战。有必要从学理上对人工智能生成内容的可版权性予以明确。方法/过程：以独创性为中心，在阐明这一可版权性的关键概念的基础上，从“独立创作”与“最低限度的创造性”两个角度对人工智能生成内容的独创性予以分析。结果/结论：研究发现，人工智能通过机器学习接触作品的目的是形成算法而非抄袭，从而满足独创性中“独立创作”要求。但是，机器学习的纯粹经验主义，使人工智能无法获取人类创作的先验元素，其生成的内容本质上不具有无限的符号变化空间，“创造性”不足，故而不应被认定为作品。

【关键词】 人工智能　可版权性　独立创作　固定算法　可变算法　机器学习

77. 广播电视使用音乐作品通过著作权集体管理组织支付报酬的法律问题

【作者简介】 闫书芳，中央广播电视总台版权和法律事务室对外合作组组长。

【发表期刊】《中国广播电视学刊》2020年第4期

【内容摘要】 为进一步分析研究广电行业使用音乐作品并通过集体管理组织支付报酬中涉及的法律问题，充分尊重音乐著作权人的合法权益，通过行业大范围有组织的磋商和沟通，通过法律政策、行业规范、业内聚合力量解决音乐付酬相关问题，围绕广电行业使用音乐作品过程中是否存在“临时复制”的行为、是否需要另行取得复制权及表演权授权，以及音著协延展代理协议的效力等问题进行探讨，以进一步厘清相关法律问题，促进广电事业和音乐产业良性、健康、可持续发展。

【关键词】 复制权　临时复制　著作权集体管理组织

78. 中国知识产权保护的法律边界

【作者简介】 管荣齐，天津大学法学院副教授、博士生导师。

【发表期刊】《学术论坛》2020年第1期

【内容摘要】 中国知识产权保护的法律边界具有模糊性或不确定性问题，主要源于知识产权相互之间及与其他民事权利之间存在交叉、融合和冲突，并因知识产权向其他权利领域、公共领域不断扩张而进一步凸显。本着一般民事权利优先的法律精神，要求知识产权不得与在先取得的其他权利相冲突，不得妨碍在后善意取得的其他权利。为了防止知识产权可能侵入或者挤压其他权利和公共空间，有必要对知识产权保护客体和效力的不当扩张加以规制，限定其只保护知识产权法意义上的智力活动成果和使用行为。

【关键词】 知识产权　民事权利　法律边界　权利冲突　权利扩张

79. 我国《著作权法》中公有领域的立法构造

【作者简介】 李建华，吉林大学法学院教授、博士生导师；梁九业，吉林大学司法文明协同创新中心博士研究生。

【发表期刊】《河南大学学报（社会科学版）》2020年第2期

【内容摘要】 公有领域作为著作权制度的基础与核心，是著作权法体系完善所不可或缺的重要组成部分。著作权在全球范围内的非理性扩张与公有领域规范的缺位致使公有领域在司法实践中日趋呈现出式微态势。为满足著作权纠纷裁判实践对公有领域规范的现实需求，应在考察域外著作权法中公有领域立法例的基础上，根据我国《著作权法》之立法价值与目标、立法体例、利益平衡、政策立场等要素，在《著作权法》中增设公有领域的立法条款。公有领域的立法条款能够为著作权的合理保护提供一套相对完善的外部逻辑裁判工具，进一步发展和完善著作权法体系，为深化对著作权保护机理的认识和良性司法裁判机制的建构提供新的思路和视角。

【关键词】 著作权法　公有领域　著作权扩张　立法目标

80. 著作权的行政保护

【作者简介】 董亚丽，国知（北京）认证有限公司法定代表人；李泽泓，中宣部反非法反违禁局。

【发表期刊】《中国出版》2020 年第 7 期

【内容摘要】 相较于司法保护，著作权的行政保护具有显著的专业性、主动性和效率性。经过 30 多年的发展，我国已建立国家和地方两级著作权监督管理机构，并形成了行之有效的工作机制和专业高效的著作权行政执法队伍。但著作权行政保护在行政保护队伍建设、边界设定和保护有限性等方面也有待进一步明确和改善。

【关键词】 著作权　行政保护　司法保护

81. 无障碍电影版权的障碍及改进——兼论《著作权法（修订草案送审稿）》无障碍服务条款

【作者简介】 李军，湖州师范学院社会发展与管理学院副教授。

【发表期刊】《电影文学》2020 年第 7 期

【内容摘要】 我国无障碍电影版权问题制约了无障碍电影的发展，我国应根据国际条约的规定借鉴域外法的规定，将电影作品归于无障碍作品版权限制作品的类型中，扩大无障碍电影权利限制的种类，在无障碍电影的制作中，保障版权人的精神权利，在无障碍电影的发行中，注意无障碍电影与正常电影作品的市场隔离，从而平衡视障者和版权人的利益。

【关键词】 无障碍电影　版权　改进

82. 人工智能创作物思想与表达二分法问题研究

【作者简介】 刘强，中南大学法学院教授、博士生导师；刘忠优，中南大学法学院硕士研究生。

【发表期刊】《大连理工大学学报（社会科学版）》2020 年第 3 期

【内容摘要】 人工智能创作过程具有代码化特征。人工智能“自主性”创作属于对思想的演绎，使得思想与表达二分法在人工智能创作中面临挑战。从思想与表达二分法来看，人工智能算法既属于人类创作思想的“表达”，又是创作物的“思想”。为此，有必要合理界定人工智能创作物在思想与表达二分法中的属性，将创作物“思想”来源扩张至人工智能，并使得思想与表达二分法在人工智能视野下更加具有层次性。通过思想与表达二分法界定著作权保护范围，可以认为人工智能算法本身不受著作权保护，但是根据同一算法生成的作品属于实质性相似，并且有可能构成侵犯著作权。

【关键词】 人工智能　创作物　算法　思想　表达

83. 论微信公众平台剽窃侵权的认定及法律责任

【作者简介】 郝玥，中国政法大学人文学院博士研究生。

【发表期刊】《人民论坛·学术前沿》2020 年第 7 期

【内容摘要】 微信公众平台自上线以来，因其小众传播、便利性等特点，受到微信用户的青睐，从而得以迅速发展，但剽窃等一系列侵权问题也开始显露出来。由于《中华人民共和国著作权法》等法律法规对于剽窃的界定并不明晰，加上微信公众平台的特殊性，使得对于剽窃的认定格外困难。考虑到剽窃的本质是不当署名，因此微信用户的剽窃侵权需满足剽窃者主观上有过错、剽窃对象享有著作权剽窃行为公开、剽窃行为具有欺骗性等四个要件。对于微信用户和微信运营商的剽窃侵权法律责任，则根据具体情形分别适用不同的责任承担方式。

【关键词】 微信公众平台　剽窃　著作权　连带责任

84. 单帧影视画面的属性认定及裁判考量

【作者简介】 兰昊，浙江大学光华法学院博士研究生。

【发表期刊】《科技与法律》2020 年第 2 期

【内容摘要】近年来将影视剧画面截图用于广告、包装、表情包的行为引发了著作权纠纷，然而我国司法实践对单帧影视画面的作品属性存在摄影作品和电影作品的不同认识，而不同的定性会对著作权的内容、归属和保护期产生影响，甚至引发权利行使的冲突。不同的认定思路是分歧产生的原因，单帧影视画面的静态表现特征和“图片”外观使得其与摄影作品相联系，但是单帧影视画面作为影视剧的基本构成要素又离不开电影作品这个框架。对此，应遵从作品认定的一般思路，以单帧影视画面这种表达为出发点，结合单帧影视画面的形成过程判断是否构成作品，以表达结果作为作品类型判断的主要基础。单帧影视画面是以影视制作方式形成的一种展现影视这类独立艺术形式的表达，而电影作品不仅保护画面的组合性，而且保护画面的展现性，将单帧影视画面视为电影作品并不违背其基本内涵，而且从裁判考量的角度而言，认定其为电影作品具有更小的解释风险和更低的保护成本。

【关键词】视频截图　影视作品　摄影作品　著作权　裁判

85. 由茅盾手稿案谈手稿的作品类型认定

【作者简介】刘桢，西安交通大学法学院博士研究生；马治国，西安交通大学法学院教授。

【发表期刊】《科技与法律》2020年第2期

【内容摘要】名人手稿在成为收藏市场宠儿的同时也引来诸多法律争议，茅盾手稿案就是其中之一。手稿作为文字作品的载体是否同样可以认定为书法作品，手稿的作品类型如何认定，关系到相关主体权利义务的享有与履行。该文以手稿主要涉及的文字作品与书法作品为例，在辨析两者共性与差异的基础上，利用“思想—表达”二分法先提炼作品“表达”，进而再对其独创性进行判断，最后与作品类型特征进行比对可对手稿的作品类型进行认定，也可为其他作品类型的认定提供参考。

【关键词】手稿　作品类型　独创性　思想/表达二分法

86. 从维权工作角度聊聊美术创作问题

【作者简介】朱凡，中国美术家协会理事，中国美术家协会行风建设与维权处负责人。

【发表期刊】《美术》2020年第4期

【内容摘要】当前，美术创作中出现的一些现象，比如抄袭、画照片、电脑制图软件和数码喷绘技术参与制作等问题逐渐引起了业内的共同关注，也直接反映在众多美术展览中。由此带来的结果，是各大展览的作品因著作权问题被投诉举报的案例逐年增多，使用他人作品图像创作涉嫌抄袭的侵权问题日益突出，这不得不引起我们的警惕与反思。该文旨在结合中国美协维权工作，通过对被投诉作品的处理，从中归纳出问题的形态，分析问题的性质和涉及的相关法律，梳理问题产生的原因，进而探讨解决问题的对策与方法。

【关键词】著作权法　美术创作　抄袭　挪用

87. “5G＋混合现实”出版物著作权侵权风险及其应对

【作者简介】谢晶，中国政法大学法学院副教授。

【发表期刊】《出版发行研究》2020年第4期

【内容摘要】新时代科技与产业革命造就新技术发展日新月异，“5G＋混合现实”出版物亦应运而生。传统出版物因融合“5G＋混合现实”技术在产业化过程多环节中产生侵权风险，而目前我国《著作权法》无法合理界定并予以规制。在《著作权法》第三次修改的关键节点，建议采取合理规范临时复制、明晰合理使用判定标准、删除修改权等举措，持续优化著作权人权利并对权利限制制度全面完善，将有利于推动新技术革命并促进“5G＋混合现实”出版物长足发展。

【关键词】5G时代　混合现实　出版物　著作权

88. 人工智能生成内容的著作权归属探讨——以“菲林案”为例

【作者简介】王涛，同济大学法学院。

【发表期刊】《出版广角》2020年第7期

【内容摘要】目前，对于人工智能生成内容能否与自然人作品一样受著作权法保护，学界和业界尚未形成统一观点。北京互联网法院的全国首个认定人工智能生成内容不构成作品的司法判决引发学界争论。该文提出，该案仅通过作者身份的限制认定人工智能生成内容不构成作品的理由并不充分，人工智能生成内容能否被认定为著作权法意义上的作品，应当从作品认定的著作权法基本原理来判断。

【关键词】人工智能　生成内容　作品　独创性　著作权

89. 论平面美术作品著作权的保护范围——从“形象”与“图形”的区分视角

【作者简介】王迁，华东政法大学教授、博士生导师，法学博士。

【发表期刊】《法学》2020 年第 4 期

【内容摘要】 根据平面美术作品描绘对象的性质，可将其“造型”区分为“形象”和“图形”。这种区分并不影响对美术作品的认定，但与著作权法保护平面美术作品的范围有密切关联。对“形象”进行从平面到立体的再现构成对美术作品的复制，对“图形”进行从平面到立体的再现并不构成对美术作品的复制。对“形象”和“图形”的识别可采用“假定立体物在先测试法”，即假定争议造型最先以立体物的形式出现，并评判该立体造型能否作为立体作品受到保护。如果可以认定为立体作品，则最先描绘该造型的平面美术作品就创造了“形象”，反之则仅创造了“图形”。因此，并非对所有平面美术作品都可进行从平面到立体的复制。近期涉及设计效果图的案件因未能区分平面美术作品中的“形象”与“图形”，其判决结果并不适当。

【关键词】 美术作品　从平面到立体的复制　设计效果图

90. 数字时代著作权刑法保护的机制向度——兼论从回应到预防的范式演变

【作者简介】 李国权，西南政法大学刑法学博士研究生。

【发表期刊】《电子知识产权》2020 年第 4 期

【内容摘要】 该文通过对著作权犯罪立法规范与司法适用的实证考察发现，我国以往灭火式被动回应的刑法规制存在着过度扩张解释违反罪刑法定的基本原则，滞后的立法无法实现著作权的全面保护等弊端。数字时代著作权的刑法保护理念应进行从被动回应到主动预防的范式转换，保护范围应从关注核心到覆盖边缘。完善路径是在司法层面上，区分不同类型的网络服务提供商进行规制；在立法层面上，应对商业性提供规避手段的“预备行为”进行犯罪化，增设“向他人提供非法规避技术保护措施的设备、服务罪”。

【关键词】 著作权刑法　复制发行　非法规避技术保护措施

91. 数字音乐版权区块链技术保护的相关法律问题研究

【作者简介】 党玺，浙江理工大学副教授；王万玉，华东政法大学国际法学院硕士研究生。

【发表期刊】《电子知识产权》2020 年第 4 期

【内容摘要】 在当今数字版权时代，区块链技术因具有去中心化、防篡改、数据可靠等特点，在很大程度上能够解决数字音乐版权的确权难、收益难、维权难的问题。但是，它面临诸如无法鉴别数字音乐作品独创性、版权证明效力有限、有关监管体制不健全等法律适用难题。该文通过深入分析探讨这些现存问题，对比借鉴国外的相关先进做法，从技术工具和法律政策两方面提出了数字音乐版权区块链保护的具体措施，以期促进我国数字音乐版权保护的发展，加快建设法治中国的新征程。

【关键词】 区块链　数字音乐　版权保护

92. 论区块链技术在知识产权保护中的作用

【作者简介】 黄武双，华东政法大学知识产权学院教授、博士生导师；邱思宇，华东政法大学知识产权学院知识产权专业硕士研究生。

【发表期刊】《南昌大学学报（人文社会科学版）》2020 年第 2 期

【内容摘要】 历经比特币、以太坊的区块链技术落地实施之后，区块链技术开始凸显其变革社会甚至发展生产力的潜力，并在许多领域得到应用。区块链技术所具有的去中心化、不可篡改性、可追溯性和数据的公开透明性特点有助于强化对知识产权的保护。对于知识产权财产无形性所带来的确权困扰，区块链可提供技术手段以帮助确定知识产权的权利归属。对于知识产权侵权认定中的模糊性，区块链技术可为其提供更有说服力的法律证明。合理运用区块链技术，使之成为知识产权领域的一项有益工具，可促进构建更加完善、高效的知识产权保护制度。

【关键词】 区块链　知识产权　确权　侵权证明

93. 私人复制的竞争合理性——以 Sony 案、Napster 案为例

【作者简介】 郭雪军，清华大学法学院博士研究生，山东科技大学文法学院讲师。

【发表期刊】《山东大学学报（哲学社会科学版）》2020 年第 2 期

【内容摘要】 私人复制的竞争合理性可以从 Sony 案、Napster 案中进行挖掘和分析。在 Sony 案中，著作权人通过销售预先灌录的录像带打败了私人录制。Napster 案及以后的发展表明，著作权人并不是通过诉讼而是通过市场竞争打败了私人下载。案例及娱乐业近年的商业实践表明，在禁止未经授权的商业复制、私人上传以及责令网络服务商承担合理过滤义务的前提下，私人复制不但不会给著作权人造成实质性的损害，而且能够体现出竞争合理性。这种合理性表现在私人复制提供了适度的竞争激励，促使著作权人更加快速地适应技术创新和实施产品升级，还可以给消费者带来更多的选择和方便。我国音乐市场的商业实践为这个结论提供了有力的验证。

【关键词】 Sony案　Napster案　私人复制　竞争

94. 版权许可格式合同扩大版权人权利范围的应对

【作者简介】 王翼泽，中国政法大学比较法学研究院。

【发表期刊】《中国出版》2020年第8期

【内容摘要】 网络环境下版权人通过版权许可格式合同设立了著作权法明文规定的权利之外的浏览权、接触权和额外限制权。在网络环境下，上述法外权利在维护版权人利益方面起到了一定的积极作用，但版权许可格式合同限制了版权的合理使用和自由竞争的版权交易市场的形成。因此，为了实现著作权法的立法目的，应从接触权不应纳入著作权法体系、扩大合理使用制度的适用客体和禁止版权许可格式合同在著作权法外增设限制条款等层面，对版权许可格式扩大版权人权利范围问题进行规制。

【关键词】 网络环境　版权许可合同　版权人权利范围　规制

95. 论互联网"提供作品"行为的界定

【作者简介】 徐珉川，东南大学法学院副研究员。

【发表期刊】《中外法学》2020年第2期

【内容摘要】 互联网"提供作品"行为的界定，是以普通链接作为出发点，类推适用信息网络传播权的法律解释过程。"提供作品"行为界定的核心解释问题是保证类推解释的正当性及合理性。"提供作品"行为界定的具体结论，本质是界定著作权权利范围。在著作权侵权裁判的实践语境中，"提供作品"行为界定标准的正当性与合理性，通过规范性目标在论证逻辑上的约束，及类比推理过程的妥当性加以实现。采取合目的性扩张解释方式更加契合类推解释的逻辑。互联网"提供作品"行为界定的解释方案，是由"实质呈现标准"来界定具体涉案行为是否构成"不法使用作品"行为，并辅以"合理使用"抗辩对具体结论的合理性加以调整。

【关键词】 提供作品　信息网络传播权　著作权侵权裁判　类推解释　实质呈现标准

96. 教育人应知应懂的著作权常识——从南方某小学"名师"抄袭事件说起

【作者简介】 雷思明，北京市冠衡律师事务所律师。

【发表期刊】《中小学管理》2020年第5期

【内容摘要】 该文以南方某小学"名师"抄袭事件为例，提示教育工作者应掌握基本的著作权常识：一要掌握著作权的一些基本概念，知晓自身的哪些作品受《著作权法》保护；二要了解常见的著作权侵犯行为及其应承担的法律责任；三要知道如何避免自身在教案、教学课件、科研论文创作和使用中侵犯他人的著作权；四要知晓作为原创作者，如何保护自己原创作品的著作权不被侵犯。

【关键词】 著作权　著作权侵权　署名权　学术不端　"名师"抄袭事件

97. 知识共享许可协议授权差异的原因探析——基于DOAJ平台

【作者简介】 朱洪涛，黑龙江大学信息管理学院硕士研究生；牛晓宏，黑龙江大学信息管理学院副教授、硕士生导师。

【发表期刊】《现代情报》2020年第5期

【内容摘要】 目的/意义：知识共享许可协议（CC协议）是解决开放获取领域著作权问题的新思路。通过对CC协议应用状况的调查与分析，既能为用户解答为什么某些领域采用最严格的许可协议类型，帮助其更好地理解CC协议，又能为解决开放获取领域中存在的版权纠纷问题提供思路。方法/过程：该文采用网络调研、文献分析及对比研究相结合的方法，通过调查DOAJ平台使用的CC协议种类及数量，从时间、国别、主题3个维度比较不同类型的CC协议应用情况，分析其存在显著差异的原因。结果/结论：经调研与分析发现，CC协议能够依据各国情况灵活应用。DOAJ平台中CC协议应用差异受内在的个人意愿与外在的社会环境双方影响，其中外部因素的影响作用更为显著。分析其授权差异的原因，有利于将CC协议应用到更广泛的开放获取中，用以提高开放数据的利用率。

【关键词】 知识共享许可协议　DOAJ　CC协议　开放获取

98. 基于侵权行为分析的高校知识产权管理现状研究

【作者简介】 黄倩，北方民族大学图书馆副研究馆员，武汉大学信息管理学院博士研究生；王靖，武汉大学信息管理学院博士研究生；张瑞，武汉大学信息管理学院博士研究生。

【发表期刊】《现代情报》2020 年第 5 期

【内容摘要】 目的/意义：通过高校涉诉知识产权侵权行为分析，侧面发现高校知识产权管理的短板，为提升知识产权保护和管理能力提供较客观、科学的决策依据。方法/过程：文章以高校涉诉知识产权司法判例文书数据为样本，采取文本分析法对高校知识产权侵权行为进行了客观分析及数据可视化展示，进而反映了高校知识产权管理的现状。结果/结论：高校涉诉知识产权侵权行为主要表现为侵犯著作权及著作权合同纠纷，这为高校知识产权管理的深入研究提供了较全面、基础、客观的决策参考。

【关键词】 高校　知识产权　侵权　管理现状

99. 体育赛事视听权益保护的意大利经验及其启示

【作者简介】 张惠彬，西南政法大学副教授；刘迪琨，腾讯公司助理法律顾问。

【发表期刊】《西安体育学院学报》2020 年第 3 期

【内容摘要】 体育赛事的举办和体育赛事节目的传播意味着大量经济收益回报。欧洲国家分别尝试通过合同、物权、著作权等方式对体育赛事的视听权益进行保护，至今仍未出现统一的保护方案。意大利作为传统体育强国，创设了体育赛事视听权。《意大利著作权法》以及《意大利体育法案》对体育赛事视听权的法律属性、行使方式予以细致规定。由于缺乏法律的明确规定，我国在体育赛事视听权益的保护问题上仍处于探索阶段，对体育赛事视听传播利益的保护效果不佳。为实现对体育赛事视听权益的有效保护，可以借鉴意大利经验，以修订《体育法》《著作权法》及颁布《体育赛事视听权运营及保护条例》为核心，构建符合我国实践的体育赛事视听权益保护体系。

【关键词】 体育赛事视听权益　体育法案　意大利

100. 人工智能出版物的立法思考——基于著作权法中作品的创造性

【作者简介】 曹思婕，中国人民大学法学院博士后。

【发表期刊】《编辑之友》2020 年第 5 期

【内容摘要】 当前，人工智能出版物层见叠出，它不仅悄然改变着现实社会中人们的生活方式，也使我国现行著作权法不断受到挑战。到目前为止，我国多数学者囿于著作权法的法律框架探讨对人工智能出版物的保护模式，忽视了最为关键的著作权法保护人类作品的立法意图。文章从作品的创造性入手，揭示出作品创造性的本质，进而剖析人类作品与人工智能出版物的实质区别，指出人工智能出版物不应被视作现行著作权法规定的作品，最后探索对人工智能出版物的立法保护本旨，试图寻找出一条适合我国国情的人工智能出版物的法律保护路径。

【关键词】 创造性　创作能力　人类思维　利益相关者

101. 马克思劳动论视域下人工智能生成物独创性之否证

【作者简介】 苗成林，重庆大学法学院博士研究生。

【发表期刊】《编辑之友》2020 年第 5 期

【内容摘要】 时代发展推动科学技术的不断进步，人工智能孕育而生。当人工智能可以创造内容，并在一定程度上足够媲美人类作品并混迹其中之时，对于人工智能生成物独创性的判断便成为人类不得不面对的著作权法难题。在这个过程中，人工智能本身的属性论证既是前提也是关键。在马克思劳动理论视角下，人工智能无非是人类的劳动工具。在此前提下，结合著作权法中的独创性标准即可得出人工智能生成物不具有独创性的结论。

【关键词】 人工智能生成物　权利主体　劳动工具　独创性

102. 著作权法中期刊出版者权利的体系化配置

【作者简介】 王国柱，吉林大学法学院副教授。

【发表期刊】《吉林大学社会科学学报》2020 年第 3 期

【内容摘要】 著作权法中的期刊出版者权利是以体系化的方式存在的，解决权利配置问题也应当遵循体系化的路径。期刊出版者的权利包括“资格塑造类”权利、“运营维持类”权利、“传播拓展类”权利和“过程辅助类”权利四种类型。我国《著作权法》中期刊出版者的权利配置存在不足之处，相关制度设计没有充分反映不同权利类型的功能：“资格塑造类”权利的立法构造不完备，期刊出版者在期刊运营和传播拓展获益方面的权利欠缺；“过程辅助类”权利设置不当导致期刊出版者陷入窘境。立法应当从优化配置手段入手，对期刊出版者权利进行体系化配置，合理设定版权利益的“专有”与“分享”机制，协调“法定”配置手段与“约定”配置手段的关系，有效解决权利主体地位不明晰、权利保护不充分、权利冲突、权利配置目的落空等问题。

【关键词】 期刊出版者 《著作权法》 权利配置 权利体系化 权利类型化

103. 人工智能时代图书馆信息分析的著作权例外规则

【作者简介】 王文敏，华南师范大学法学院特聘副研究员；高军，广东省文化和旅游厅。

【发表期刊】《图书馆论坛》2020年第9期

【内容摘要】 人工智能在图书馆领域大有作为，但图书馆信息分析行为无法适用传统的著作权例外规则，存在一定的著作权侵权风险。图书馆信息分析具有“非表达性”和“低密度性”的特征。文章通过对图书馆信息分析市场利益和政策博弈的全面考量，发现图书馆信息分析行为适用著作权例外规则具有正当性基础；应增加著作权“信息分析例外”条款，从主体、客体、目的、保存措施、除外规定等方面进行构建，确保包括图书馆信息分析在内的人工智能行为获得足够的发展空间。

【关键词】 人工智能 图书馆 信息分析 著作权例外 合理使用

104. 人工智能作品侵犯著作权罪的规制逻辑与完善面向

【作者简介】 刘鹤挺，中共陕西省委党校（陕西行政学院）副教授。

【发表期刊】《河北法学》2020年第6期

【内容摘要】 人工智能作品在符合著作权保护必备的独创性要素的条件下，通过将其作者确定为人工智能设计者而不是人工智能本身，可以有效解决其在侵犯著作权罪名下的刑法保护问题。然而，由于现有《刑法》及相关法律对人工智能作品并没有进行任何具体规定，直接适用当前《刑法》第217条侵犯著作权罪的条款，必然对相关司法实践和公众舆论产生相应的负面影响。因此，需要从在《刑法》及相关法律上规定人工智能设计者的作者地位、增设人工智能作品类型，以及确立以独创性标准作为确定具体内容能否成为刑法保护的对象等层面，保证人工智能作品在侵犯著作权罪名的语境下获得刑法的有效保护。

【关键词】 侵犯著作权罪 人工智能作品 著作权 独创性标准

105. 司法与科技

【作者简介】 崔永东，华东政法大学司法学研究院院长、教授、博士生导师。

【发表期刊】《河北法学》2020年第6期

【内容摘要】 对法律与科技之间关系的探讨，是部门法学和理论法学共同关注的一个问题，或许也是一个永恒性的问题，因为科技的发展是无止境的，法律当然也要与时俱进，故立法、司法和执法会不断面临新的科技挑战，回应新的科技问题，解决新的科技障碍。法律之于科技进步的正面功能，主要包括法律确认科技发展在国家社会生活中的地位，通过法律手段确定国家的科技发展战略，运用法律手段组织、协调和管理科技活动等方面。可以说，没有法律的保障，科技创新会寸步难行；没有法律的促进，科技发展将徒有虚名。科技进步与科技创新同样需要司法的保驾护航。这里的“司法”是广义的，既包括“国家司法”——国家司法机关依据国家制定法所进行的化解纠纷的活动，也包括“准司法”——社会组织、行政机构、仲裁机构或个人依据国家法律、科技政策、社会规则或行业规则所进行的化解纠纷的活动，包括协商、调解、仲裁等。没有上述“司法”手段的广泛运用，就不可能有效化解科技纠纷，从而维护科技秩序的和谐。

【关键词】 立法 司法 科技创新 法律保障 调解

106. 我国著作权法下的“计算机生成之作品”

【作者简介】 何怀文，浙江大学光华法学院教授、博士生导师。

【发表期刊】《浙江大学学报（人文社会科学版）》2020年第3期

【内容摘要】 我国著作权法遵循“人创造作品”的根本规则，不承认“表观独创性”。“创作”是认定作品的前提条件，其评判要求深入特定作品的形成过程，考察所涉智力劳动的性质。计算机程序的设计人不是计算机生成之作品的创作者，除非其智力创作活动在直接产生计算机程序之外，还直接产生计算机输出之文学艺术表现形式。计算机程序的使用人可能成为计算机生成之作品的创作者，只要他是利用数据输入和结果输出之间的因果关系，创作性地选择数据输入计算机程序进而生成作品。计算机生成之客体如果没有创作过程，则本质上是数字产品，不应享有相关权益，而应排除在著作权法保护之外。

【关键词】 计算机生成之作品　独创性　创作　著作权　相关权益

107. 短视频的版权归属、保护难点与策略

【作者简介】 严海，东北师范大学政法学院博士研究生。

【发表期刊】《传媒》2020 年第 9 期

【内容摘要】 短视频行业在蓬勃发展的同时，也面临着侵权问题。该文在明确短视频版权归属的基础上，对短视频的版权利用及版权保护进行了分析，并认为要从短视频的版权归属、权利授权、平台义务、媒体性质等多方面入手，建构完善的短视频版权保护体系。

【关键词】 短视频　版权保护　侵权

108. 视听作品的定义与分类研究——兼评我国《著作权法》第三次修订中“视听作品”的修改

【作者简介】 杨幸芳，武汉大学法学院博士研究生；李伟民，武汉大学法学院教授。

【发表期刊】《中国政法大学学报》2020 年第 3 期

【内容摘要】 “电影作品和以类似电影方法表达的作品”是《保护文学和艺术作品伯尔尼公约》保护的重要作品类型，我国《著作权法》规定了“电影作品和以类似摄制电影的方法创作的作品”，同时规定了“录像制品”，适用“邻接权”保护。对于体育赛事、春晚等视听节目是“电影作品”还是“录像制品”，争论不断、裁判不一，直接影响了视听产业的健康发展。随着社会的发展，“电影作品”的作品定义与分类，难以囊括不断出现的新作品类型。“视听作品”成为新的作品类型，能包含电影、电视、网络视频等有连续动态画面的，有伴音或者无伴音的视听类作品，甚至也包括画面连续动态效果并不典型的新型视听作品。《著作权法（修改草案）》首次增加了“视听作品”概念，并进行了定义，删除了“录像制品”，但是后续的《著作权法（修改草案送审稿修改稿）》仅保留了“视听作品”概念，删除了其定义，且恢复了“录像制品”的规定。《著作权法》应该重新确立“视听作品”独立的法律地位，不再保留“录像制品”的分类。

【关键词】 著作权法修改草案　电影作品　视听作品　网络视频　作品定义与分类

109. 文本与数据挖掘的著作权困境及应对

【作者简介】 王文敏，华南师范大学法学院特聘副研究员。

【发表期刊】《图书馆理论与实践》2020 年第 3 期

【内容摘要】 近年来，文本和数据挖掘广泛应用于多个领域，在推动社会经济快速发展的同时也极大地冲击着现有的著作权制度。文章分析了文本和数据挖掘面临的法律困境，并基于国际上两大法系对文本和数据挖掘的立法和司法实践，为我国解决文本和数据挖掘引发的法律困境提出建议。

【关键词】 文本挖掘　数据挖掘　著作权

110. 职务作品制度重构与人工智能作品著作权归属路径选择

【作者简介】 李伟民，武汉大学法学院教授。

【发表期刊】《法学评论》2020 年第 3 期

【内容摘要】 近年来，人工智能以及与人工智能相关的产业飞速发展，人工智能智力成果频现。人工智能智力成果是不是作品？其能否获得著作权法的保护？该文认为，现有法律关于民事主体的规定，并没有把民事主体限定于自然人，可以采用法律拟制技术，承认人工智能民事主体地位，赋予人工智能智力成果的所有权没有理论障碍。

【关键词】 著作权法　雇佣作品　职务作品　人工智能作品

111. 欧美数字出版的区块链创新治理实践启示

【作者简介】 白龙，南京师范大学新闻与传播学院博士研究生，玉林师范学院文学与传媒学院讲师；骆正林，南京师范大学新闻与传播学院教授，博士生导师。

【发表期刊】《出版发行研究》2020 年第 5 期

【内容摘要】 基于出版优化、收益灵活和版权善治的优势，区块链技术在欧美出版行业的创新应用愈加受到青睐。该研究结合海外实践案例，阐述了著作权人主导的自助出版与无缝社交互动，哈希计算、时间戳的信任机制和比特币激励机制，以及去中介化出版收益模式和灵活的智能合约等方面的创新突破；同时从可删除权、普及可行性与治理盗版的局限来反思欧美数字出版的区块链治理缺陷与不足；最终根据本土情况提出创新数字出版盈利模式和激活二级数字交易市场的建议，以及改进数字出版信誉体系和重组“版权维护＋区块链”治理手段的构想，以期让区块链更好地融入数字出版创新，使出版产业良性发展。

【关键词】 区块链　数字出版　自助出版　二级市场　去中介收益

112. 我国作品角色著作权保护的完善

【作者简介】 戴哲，暨南大学法学院讲师。

【发表期刊】《出版发行研究》2020年第5期

【内容摘要】 在著作权上，作品角色能否独立于原作品受到保护是一个亟待解决的问题。我国法院在近年来对此做了一些探索，但只承认了美术作品角色与视听作品中动画人物的可作品性。这种认识是不充分的，不论是美术作品，还是视听作品，抑或文字作品，其作品角色均有构成作品的可能。并且在具体认定角色作品化的独创性上，我国法院存在主观与客观两种判断标准，并不统一。我国应当采用客观标准，以可识别性为核心要素。在认定角色的可识别性上，应考虑角色是否具备稳定的外观形象、名称，并能够独立于原始故事背景而存在。如果这些元素的结合使得他人能够将角色从承载作品的原作品中识别出来，并与在先的其他角色相区别，则角色即具有了作品性。

【关键词】 角色　作品　著作权

113. 网络内容生产平台版权的规制进路

【作者简介】 胡玉荣，呼和浩特民族学院法学院副教授。

【发表期刊】《出版广角》2020年第9期

【内容摘要】 随着互联网技术的发展，不同形式的网络内容生产平台不断出现，网络内容生产平台版权保护问题日益凸显。网络内容生产平台虽然通过对平台架构调整形成了内部版权保护机制，但是其内容生产者和版权人的维权仍存在较多难点。当下，网络内容生产平台版权保护制度须进一步优化。

【关键词】 网络内容　生产平台　版权保护　服务提供者　构成要件认定

114. 新闻出版者邻接权的制度价值——基于著作权纠纷“实际损失”赔偿原则的角度

【作者简介】 罗斌，中国社会科学院大学媒体学院教授；石晨钊，中国社会科学院大学媒体法研究中心研究助理。

【发表期刊】《当代传播》2020年第3期

【内容摘要】 新闻作品著作权纠纷中，新闻出版者的实际损失包括智力投入和经营性投入等。新闻出版者邻接权的正当性基于新闻作品生产和传播过程中付出的经营性投入（投资）进行保护；其适用范围不限于“作品”，也不排除时事新闻。在法律制度层面，我国著作权纠纷赔偿标准因矛盾、模糊而缺乏指引性和操作性；在司法实践中，以稿酬为标准的赔偿惯例使新闻出版者难以得到合理赔偿，故新闻出版者邻接权的必要性在于增加新的请求权，扩展赔偿范围。

【关键词】 新闻出版　邻接权　聚合平台　赔偿范围

115. 区块链技术下《公共图书馆法》的实施研究

【作者简介】 赵力，天津科技大学文法学院副教授；刘红卫，泰达图书馆档案馆电子文件处理中心（数图中心）高级工程师；师文轩，南开大学软件学院软件工程系副教授。

【发表期刊】《图书馆学研究》2020年第9期

【内容摘要】 区块链的去中心化、智能合约、不可篡改等技术特征，有助于促进实施《公共图书馆法》规定的通借通还、流动和自助服务、捐赠和志愿者服务。该研究利用文献调研和专家访谈的方法，以天津市某区图书馆为调研对象，研究区块链技术对于《公共图书馆法》实施的促进作用，以及公共图书馆区块链筹建与运行的主要障碍。作者认为有必要促进区块链技术下公民参与意识的培育、区块链技术标准化的公共图书馆参与、区块链技术下公共图书馆版权制度的完善、区块链技术下公共图书馆的人才培养，推动《公共图书馆法》的实施。有必要积极探索高校科研机构、公益性技术专家与公共图书馆深度合作，积极探索文理兼修的图书馆、情报与文献学复合学科背景人才培养模式，促进区块链技术等在推动《公共图书馆法》实施过程中发挥作用。

【关键词】 区块链　《公共图书馆法》　著作权

116. 著作权保护期限标准的审视与重构

【作者简介】 喻玲，湖南大学法学院副教授、硕士生导师。

【发表期刊】《法学家》2020年第3期

【内容摘要】 著作权的两类权利主体（自然人和非自然人）获得保护的正当性理由不同，相应的保护期限也应根据不同的标准确立。回顾著作权法的发展历史，二者没有被清晰区分。以自然人作者保护为前提发展而来的“照顾理论”是大部分国家现行时间标准的正当性理由。信息社会著作权法的保护范围和制度设计都有了深刻变革，要实现公平正义目标，著作财产权的保护期限应当重构：一方面，非自然人权利主体作品不应也不宜直接适用原有根据自然人作者设计的保护期限，而应根据“激励理论”参考专利法确定固定保护期；另一方面，应当审视“照顾理论”在现有背景下的合理性，对自然人作品建议采用原则上以作者生命为限结合最低保护期限的标准。现有保护期限都应缩短，在受国际条约所限该目标短期难以达成的现状下，可以调整著作权保护宽度，采用相对宽松的合理使用制度。

【关键词】 保护期限　权利主体　照顾理论　激励理论　保护宽度

117. APP 的知识产权保护研究

【作者简介】 郝秋红，《会计之友》杂志社副编审。

【发表期刊】《中国高校科技》2020 年第 5 期

【内容摘要】 手机软件技术发展日新月异，受高额利润的诱导，一些盗版软件严重侵害了软件开发者的知识产权。这种恶意侵害他人知识产权的行为在手机 APP 领域非常多见，APP 面临的法律风险一直没有得到足够重视。我国 APP 知识产权目前还存在开发者维权意识淡薄、侵权成本低、侵权界定复杂等问题，通过对发达国家的立法分析，文章提出了针对不同侵权行为的应对方式，以期解决 APP 知识产权保护的相关问题。

【关键词】 APP　客户端　知识产权保护　对比研究

118. 共创与共享：网络文学著作权限制的使用者视角

【作者简介】 郑重，西南政法大学民商法学院讲师。

【发表期刊】《出版发行研究》2020 年第 5 期

【内容摘要】 随着互联网媒介技术的发展，网络文学成为我国文化产业新型支柱，具有重要的经济效益、社会价值和文化传播战略意义。网络文学的繁荣离不开著作权法律制度的保驾护航，但网络文学“作者—网络—读者”三位一体的特殊生产机制也给基于“作者中心主义”的传统文学生产逻辑与“消费性—转换性”使用者二元假设的著作权权利限制制度带来适用困境。新时代背景下，我国著作权法律制度不应只考虑网络文学创作者和传播者的利益，同时也要兼顾使用者参与、交流和创造性表达的诉求，通过在合理使用规定中引入兜底条款维护“作者—读者”合作共创空间、防止滥用技术措施保障“创作—传播”知识共享机制，以期在知识的共创与共享中促进知识繁荣。

【关键词】 网络文学　使用者　著作权限制　知识共创　知识共享

119. 论著作权法对剽窃侵权的独立规制

【作者简介】 王国柱，吉林大学法学院副教授、博士生导师。

【发表期刊】《法商研究》2020 年第 3 期

【内容摘要】 剽窃是将他人作品当作自己作品进行发表、复制、传播的行为。剽窃侵权具有不同于一般著作权侵权的整体性特质。尽管剽窃的侵权对象具有多元复合性的特征，但是剽窃的核心含义能够将剽窃整合为一个整体行为。剽窃具有天然的“故意”侵权属性，剽窃行为人的“故意”具有特殊的恶性和危害性，以惩罚性赔偿责任应对剽窃“故意”具有正当性。剽窃侵权的有效治理依赖整体性的独立规制方式，该方式能够契合多样态剽窃侵权的治理需求，为网络平台的剽窃治理提供规则指引，有助于厘清“剽窃”与“演绎”的界限，有利于惩戒和预防剽窃行为。我国《著作权法》不应仅规定“剽窃”之名，而应当设立专门的条款对“剽窃”的含义、惩罚性赔偿的适用等内容做出规定。

【关键词】 剽窃　著作权法　故意侵权　惩罚性赔偿

120. 论规制视频广告屏蔽行为的正当性——与“接触控制措施”的版权法保护相类比

【作者简介】 王迁，华东政法大学教授、博士生导师。

【发表期刊】《华东政法大学学报》2020 年第 3 期

【内容摘要】 提供视频广告屏蔽软件，以使视频网站的免费用户跳过视频网站在播放影视剧之前播放的视频广告的行为，类似于提供规避手段，以规避为防止未付费者“接触”作品而采用的“接触控制措施”。版权法保护“接触控制措施”的正当性在于维护权利人在版权法中的正当利益——从他人对作品的利用中获得报酬。适用反不正当竞争法，禁止对上述作为免费欣赏影视剧条件的视频广告进行屏蔽，具有相同的正当性。这并不是因为法律偏好任何特定的商业模式，而是要保护由商业模式实现的视频网站从提供视频中获得报酬的正当利益。同时，“保护消费者利益”和“实质性非侵权用途”规则均不能成为抗辩理由，否则任何针对“接触控制措施”提供规避手段的行为也将由此获得免责。

【关键词】 广告屏蔽软件　接触控制措施　不正当竞争　实质性非侵权用途

121. 论作者死亡后的著作人身权“保护”

【作者简介】 朱力影，南京理工大学知识产权学院教学秘书，江苏省版权研究中心研究员；曾培芳，南京理工大学知识产权学院教授。

【发表期刊】《学海》2020年第3期

【内容摘要】 作品被传播后，“作品使用者的独立性”成为一个客观存在的事实，由此引发了作者在作品中表现出的个性与作品使用者在精神消费作品过程中产生的个体认知孰轻孰重的问题。根据知识产权利益平衡理论，作者死亡后，作品使用者在精神消费作品过程中产生的个体认知应当重于作者在作品中表现出的个性。因此，《著作权法实施条例》第15条的“保护”应当理解为义务属性，即作者的继承人、受遗赠人或著作权行政管理部门负有保护已经死亡作者的署名权、修改权和保护作品完整权的法定义务。倘若作者的继承人等未能履行该法定义务，可以由检察机关依据《民事诉讼法》第55条的规定提起知识产权公益诉讼。

【关键词】 作者　死亡　著作权人身权　保护

122. 知识产权损害赔偿惩罚体系的构建

【作者简介】 张广良，中国人民大学法学院教授、博士生导师。

【发表期刊】《法学》2020年第5期

【内容摘要】 由于适用条件的严苛性以及损害赔偿基础数额确定的复杂性，惩罚性赔偿在侵害知识产权案件中的适用效果并不理想。人民法院探索性地适用法定赔偿、参照知识产权许可使用费的倍数赔偿及约定赔偿等准惩罚性赔偿方式，实现惩罚故意侵权人的目的。准惩罚性赔偿的适用多出自法官的自觉，具有随意性及不确定性。我国应按照同样的逻辑，构建惩罚性赔偿与准惩罚性赔偿相结合，以故意侵权为适用要件，以案件情节为惩罚尺度，并依据过罚相当原则、比例原则对惩罚予以限制的知识产权损害赔偿惩罚体系，以发挥二者遏制侵权行为、充分赔偿权利人损失的功能，实现侵权人的侵权代价与其主观恶性和行为危害性相适应，依法合理平衡权利人利益、他人合法权益和社会公共利益。

【关键词】 惩罚性赔偿　准惩罚性赔偿　知识产权　侵权救济　损害赔偿

123. 知识财产利益权利化路径之反思

【作者简介】 黎华献，中国人民大学法学院博士研究生。

【发表期刊】《现代法学》2020年第3期

【内容摘要】 随着社会创新领域的不断细化，知识财产利益的类型呈现复杂化趋势，而探讨知识财产利益如何赋权保护，具有规范和社会的双重意义。权利化的正当性路径和合法性路径，均以建构权利的同一性为目标，其本质是权利的构成性路径。权利正当性的自然权利理论与功利主义理论，是刻意的理论划分，二者的不同被用来否定部分知识财产利益权利化的必要性；合法性路径所依据的保护标准，在适用中限缩了部分知识财产利益保护的范围。权利的构成性路径对利益复杂性的认识存在偏差。基于对复杂性的考量，构成性路径应转向生成性路径。当商业模式、合同和技术措施等市场机制无法确保创造者的市场领先时间而导致市场失灵时，额外的赋权才有必要。而类型化方法能有效呈现权利的生成性路径对现有规范的影响。

【关键词】 正当性　合法性　构成性　市场失灵　类型化

124. 论“署名权”应改为“保护作者身份权”

【作者简介】 陶鑫良，大连理工大学知识产权学院，上海大学知识产权学院教授。

【发表期刊】《知识产权》2020年第5期

【内容摘要】 我国现行著作权法中规定的“署名权，即表明作者身份，在作品上署名的权利”与我国著作权法第三次修订草案送审稿中曾拟定的“署名权，即决定是否表明作者身份以及如何表明作者身份的权利”的表述，都以偏概全，名不副实。其实署名权是表明作者身份权的下位概念，表明作者身份权又是保护作者身份权的下位概念。建议在我国著作权法第三次修改中，将“署名权”改为“主张作者身份和反对损害作者身份的权利”的保护作者身份权。我国著作权法中的著作人身权应当由保护作者身份权、保护作品完整权与发表权共同构成。

【关键词】 署名权　表明作者身份权　保护作者身份权　著作人身权

125. 不同使用方式下保护作品完整权的侵权判定标准

【作者简介】 陶乾，中国政法大学法律硕士学院副教授。

【发表期刊】《中南大学学报（社会科学版）》2020 年第 3 期

【内容摘要】 我国司法实务对于保护作品完整权的侵权判定标准并不统一。鉴于他人对作品的使用有不同的方式和目的，有必要区分演绎性使用与非演绎性使用来限定对保护作品完整权的保护程度。对于非演绎性使用，应采用主观上的思想表达损害标准。对于演绎性使用，应合理地考虑演绎者的创作自由，采用客观上的声誉损害标准。目前，我国正在进行《著作权法》的第三次修改，保护作品完整权极有可能吸收修改权。在立法模式的选择上，建议以一般性规则加特殊性规则的模式，将保护作品完整权明确为保护作品的基本表达不被实质性修改的权利。在侵权判定标准的具体司法适用上，采取区分对待原则是一种较为可行的思路。

【关键词】 保护作品完整权　主观标准　客观标准　演绎作品　著作权法修改

126. 难以逾越的园墙：传统出版机构与优质 APP 交互单书的生产

【作者简介】 沈珉，浙江工商大学人文与传播学院教授。

【发表期刊】《出版科学》2020 年第 3 期

【内容摘要】 传统出版机构一度关注 APP 交互单书开发，却未取得佳绩。析其原因，APP 交互指向不利于海量内容传递，在软件著作权获取与技术支持上也受制于人，且投入的巨大及评价体系的偏移更让其话语权丧失。在外部环境中，单书易稀释在产品海洋中，分发平台的垄断与准入标准的模糊使得优质内容 APP 图书难以凸显优势，消费习惯也阻碍了图书的扩散。单纯以知识平移的方式制作单书并不能构成出版机构的增长点。要走出“带围墙的花园”，必须考虑内容的社交化、知识的碎片化以及合作的跨界化。

【关键词】 优质 APP 交互单书　传统出版机构　软件著作权　质量评价体系

127. 韩国中小学数字教科书的政策推进、开发出版及问题对策

【作者简介】 刘忠波，南开大学文学院教授。

【发表期刊】《出版科学》2020 年第 3 期

【内容摘要】 韩国的数字教科书是在国家数字教育发展战略的整体规划下发展起来的。韩国教育部门充分认识到数字教科书能够为学生施加正向的影响力，建构智能型的学习行为，同时也是革新教育环境、教育内容和方法、教育评价体系的动力。程序开发和出版发行被视为数字教科书的两个核心要素，其发展与国家数字出版基础密切相关。由纸质媒介到信息媒介中心，新型数字教科书在功能、形态等方面与传统教科书有明显的区别。韩国中小学数字教科书在实践过程中，面临普及预算不足、标准化欠缺、相关法律制度不完善、师生数字教科书应用能力缺乏等一系列问题，韩国政府及出版界采取了数字设备升级、著作权立法、内容优化、激活数字教科书产业等一系列应对措施。

【关键词】 中小学数字教科书　韩国数字出版　韩国出版政策　著作权

128. 日本的文化产业政策及其对我国的启示

【作者简介】 饶世权，西南交通大学马克思主义学院副教授。

【发表期刊】《出版科学》2020 年第 3 期

【内容摘要】 日本制定《文化艺术振兴基本方针》《内容产业振兴政策》《知识产权战略大纲》等文化产业政策，确立文化产业发展规划，知识产权的扩大、流通与保护政策，充实文化设施，财政、税收、金融支援，信息的收集、保存与公开，人才培养，消费市场的培育政策等。因此建立从文化产业创造、运用、保护到消费的整个产业链的政策体系，并且建立文化事业与文化产业协同的价值机制，政府与市场协同的动力机制，制度、经济、行政协同的手段机制。这启示我国文化产业政策需要科学的内容和机制。

【关键词】 文化产业　政策支持　文化艺术振兴　知识产权　协同机制

129. 电视节目模式的法律保护及边界

【作者简介】 任俊铭，武汉大学法学院博士研究生。

【发表期刊】《中国软科学》2020 年第 5 期

【内容摘要】 在我国现行法制体系下，探讨电视节目模式的法律保护及其边界具有重要理论和实践价值。电视节目模式产业并非法律的真空地带，应该是受到有限保护的产业。文章首先分析了我国电视节目模板保护的现实性，通过对节目模式交易性质的再认识，提出我国对电视节目模板保护的制度困境。其次逐一从知识产权法、商标法、竞争法等视角对电视节目模板的保护路径进行分析。最后提出电视节目模式法律保护的具体展开与制度框架再造：核心保护制度以竞争法为主，知识产权法为辅；辅助保护制度主要是侵权警告函；其他保护进路包括替代性纠纷解决机制与FRAPA格式注册。通过这些保护制度实现个人财产利益和产业发展利益的平衡。

【关键词】 电视节目模式　商业秘密　著作权　不正当竞争

130. 人工智能创作物著作权侵权问题研究

【作者简介】 刘强，中南大学法学院教授、博士生导师；孙青山，中南大学法学院博士研究生。

【发表期刊】《湖南大学学报（社会科学版）》2020年第3期

【内容摘要】 人工智能创作物具有模式化创作和综合性作品片段使用侵权的特点。在人工智能创作物著作权侵权认定中，适用实质性相似规则需要解决判断标准客观化问题，并且应当放宽认定标准。在合理使用规则适用中，需要考虑人工智能创作物转换性使用作品、跨类型使用作品、综合性作品片段使用数量和质量及市场影响因素等问题。人工智能创作物著作权侵权诉讼可以采用著作权集体管理组织诉讼和共同诉讼模式。由此，可以使人工智能创作物著作权侵权问题得到合理认定和有效规制。

【关键词】 人工智能　创作物　著作权侵权　实质性相似　合理使用

131. 当代艺术与著作权法的对话与融合

【作者简介】 熊文聪，中央民族大学法学院副教授。

【发表期刊】《美术研究》2020年第3期

【内容摘要】 著作权法中的“作品”“实质性相似”“合理使用”“思想/表达二分法”等概念、规则和原理可以解释当代艺术惯用的拼贴、重混和挪用等表现手法的正当性，缓和乃至消除其被指抄袭、剽窃的法律风险，前提是这些概念、规则及原理的内涵与功能没有被误读或曲解，从而得到正确恰当的适用。艺术工作者需要和法律实践者展开有效的沟通，维系创作的空间自由，促进艺术品市场健康稳定地发展。

【关键词】 挪用　抄袭　当代艺术　著作权法

132. 社交媒体空间的著作权侵权与平台商的把关补位机制探究

【作者简介】 朱鸿军，中国社会科学院新闻传播学院教授、博士生导师。

【发表期刊】《科技与出版》2020年第6期

【内容摘要】 著作权侵权已严重影响到各类社交媒体的健康发展。当前，缺少专业建制化媒体的内容把关被视为阻碍社交媒体健康发展的主导原因。社交媒体平台商应放弃“中立”立场，承担更多的把关责任，建立著作权侵权“事前预防”和“事后追惩”的双维把关机制。然而，如何确立把关责任的边界，是一个亟待解决的命题。

【关键词】 社交媒体平台商　著作权　侵权责任　双维把关

133. 5G技术发展对构建“向公众传播权”的再推动——兼评《中华人民共和国著作权法修正案(草案)》的相关设计

【作者简介】 刘桢，西安交通大学法学院博士研究生

【发表期刊】《科技与出版》2020年第6期

【内容摘要】 在5G技术的推动下，以网络直播、网络转播和个性化推荐传播等为代表的“准交互式”传播的规模将不断扩大，给带有技术主义立法色彩的“交互式/非交互式”传播模式的划分方法带来了新的挑战，立法对传播模式的进化反应滞后的缺陷更加凸显。文章通过分析《中华人民共和国著作权法修正案（草案）》的相关立法设计并考察国际条约及域外经验，建议结合我国本土实际，放弃“交互式/非交互式”二分的技术主义立法思路，设立统一的“向公众传播权”以弥补现行法缺陷、回应产业发展实际，进一步与国际规则接轨。

【关键词】 5G技术　向公众传播权　准交互式　著作权法

134. 出版物封面设计知识产权保护两元论与模式选择——兼与李士林、舒晓庆同志商榷

【作者简介】 詹启智，河南财经政法大学知识产权学院教授。

【发表期刊】《编辑之友》2020年第6期

【内容摘要】 学术界对出版物封面设计知识产权保护讨论中，既有著作权保护一元论，又有著作

权、反不正当竞争保护两元论，还有著作权、商标权、反不正当竞争保护三元论和著作权、专利权、商标权、反不正当竞争保护四元论。一元论对封面设计保护不足；以对封面设计元素解构提出的三元论，本质上是基于封面设计作为一个整体的著作权与反不正当竞争保护两元论；四元论中的专利权和商标权保护值得商榷；多元论中赞同两元论，不赞同三元论和四元论。封面设计应以著作权保护模式为首选，以反不正当竞争保护模式为例外和补充。从解构视域出发，存在与封面设计有关的知识产权保护模式，还有独立主张商标权模式或著作权与商标权相结合模式，独立主张反不正当竞争模式或慎重选择的著作权和反不正当竞争相结合模式。

【关键词】 出版物　封面设计　多元保护　模式选择

135. 图书盗版犯罪中证明责任的分配

【作者简介】 徐家力，中国政法大学民商经济法学院教授；张军强，中国政法大学民商经济法学院博士研究生。

【发表期刊】《中国出版》2020 年第 11 期

【内容摘要】 图书盗版犯罪中，被侵权者人数众多已经成为常态。如何证明被告人未获得授权是定罪的关键。在诉讼效率方面，在权利人众多且分散的情况下控诉方的证明成本极高；在举证便利方面，被告方证明自己获得授权，属于积极事实，举证难度较小，且被告方证据距离较近；在盖然性方面，著作权授权过程往往留有痕迹，授权的证据十分容易举出，无法拿出授权证据与未获得授权之间具有高度的盖然性。因此，在特定条件下可以将“未经著作权人许可”的证明责任转移至被告方。但为了避免造成刑事入罪的宽松化，应该对举证责任的转移进行严格限制。

【关键词】 侵犯著作权罪　未经著作权人许可　证明责任

136. 版权平台化对短视频创作的影响

【作者简介】 尤浩，南京大学国家级传媒实验教学示范中心副主任。

【发表期刊】《中国出版》2020 年第 11 期

【内容摘要】 近年来短视频行业发展迅速，但版权的争议也随之增多，引起业界与法律界的普遍关注。公众视野聚焦在短视频的“作品”属性认定上，普遍认为这是解决短视频版权问题的突破口；与此同时，另一种被称为版权平台化的现象正悄然产生，却未能引起公众及学界的重视。版权平台化的初衷是绕开悬而未决的“作品”属性认定去解决短视频的版权问题，试图降低创作者侵权与被侵权的风险，同时进一步拓宽创作素材的来源与作品的传播范围。但实际运作过程中用户亦缺乏足够的自主选择性，这在一定程度上损害了创作者的权益。版权平台化确实为当前解决短视频的版权争议提供了新的思考路径，但如何让版权平台化快速步入健康有序、依规发展的轨道还有许多工作要做，内部需要行业进行自我调适，外部需要相关部门介入与指导。

【关键词】 短视频创作　著作权　版权平台化　抖音

137. 技术规制：数字平台版权价值体系的重构

【作者简介】 张韵，上海师范大学人文与传播学院讲师。

【发表期刊】《中国出版》2020 年第 11 期

【内容摘要】 版权的法律规制主要体现为两种相互竞争的价值观念：一种沿袭财产作为一种自然权利的思想传统，强调法律控制和知识产权保护；另一种以知识共享理念为基础，强调文化“公共领域”、参与、交换、协作和公共责任。这两种竞争的价值观念与数字技术平台的日常运作之间体现为一种辩证的关系：一方面，不同的价值观念通过对技术话语的争夺来影响数字平台的版权规制；另一方面，在传统的法律规制之外，数字平台的技术架构自身也为版权规制提供了新的可供性。在此意义上，数字版权的研究需要有一个从法学规范向媒介社会学的视角转换，即不再将版权视为法律保护的结果，而是将版权规制视为一种社会化的动态协商过程。

【关键词】 数字版权　版权规制　平台

138. 网络文学秒盗现象视野下的著作权制度审视

【作者简介】 赵丰，武汉大学知识产权与竞争法研究所博士研究生。

【发表期刊】《科技与法律》2020 年第 3 期

【内容摘要】 伴随着互联网技术迅猛发展引致网文作品传播零成本、低门槛的生态，网络文学秒盗现象已趋向泛滥化、规模化和大众化，其发展现状呈现出时速快、盗率高、覆盖广等鲜明特点，而其危害性则涉及对网络文学本身的戕害、对著作权秩序的侵蚀、对青少年著作权教育的荼毒以及对版权蟑螂的诱发等。以上问题的成因从不同主体角度亦能寻得，如盗版者及平台的利益驱使、网络读者的享受免费盗版心态、著作权制度的应对失范及网文作者和网站的短视逐利发展模式等。同时，在著作权制度治理困境上，亦存在网络文学作品价值基础与其保护强度的协调不当、网络文学作品维权与版权蟑螂威胁的平衡困境等新型问题。该文据此提出网文同质性应成为网文市场价值判断的重要标准、著作权登记写入著作权法及在网文治理中依托知识产权共同体等思考和建议。

【关键词】 互联网技术　网络文学　秒盗　版权蟑螂　信息网络传播权

139. 从生成内容到基础数据——人工智能法律保护的新方向

【作者简介】 蓝纯杰，华东政法大学博士研究生。

【发表期刊】《科技与法律》2020年第3期

【内容摘要】 学界对于人工智能与著作权的讨论主要涉及其生成内容在著作权法上的定性，主要观点有作品保护说、邻接权保护说、保护否定说。从主体资格、独创性判断、责任能力、立法宗旨和制度沿革等方面来看，人工智能生成内容无法受到著作权法保护，应即时进入公有领域。人工智能生成内容的前提在于各种基础数据的输入，人工智能内容生产过程中法律保护的正确方向应在于基础数据的保护，对于受著作权法保护数据、个人数据、大数据应按数据性质进行分类保护。

【关键词】 人工智能　独创性　基础数据　邻接权　著作权

140. 结果视角下人工智能生成物的保护路径检讨

【作者简介】 郑远民，湖南师范大学法学院教授、博士生导师；贺栩溪，湖南师范大学法学院博士研究生。

【发表期刊】《科技与法律》2020年第3期

【内容摘要】 人工智能生成物与人类作品的易混淆性对著作权造成巨大冲击，人类对人工智能生成物的冒名和剽窃无法得到法律否定性评价。从结果视角肯定人工智能生成物的作品属性能有效解决过程视角对其判断的不确定性，并通过署名的不一致区分人工智能作品与人类作品，以维护著作权的立法宗旨和逻辑自洽。人工智能生成物作品属性的具体判断标准应当与人类作品一致。人工智能生成物的著作权应当归属为与其相关的自然人或法人，允许意定著作权优先，未意定时，著作权由人工智能的实际控制人享有。

【关键词】 人工智能生成物　结果视角　可版权性　独创性　著作权归属

141. AI赋能：人工智能与媒体产业链重构

【作者简介】 解学芳，同济大学人文学院文化产业系教授、博士生导师；张佳琪，同济大学人文学院硕士研究生。

【发表期刊】《出版广角》2020年第11期

【内容摘要】 人工智能经过几十年的发展，在移动互联网时代呈现爆发式增长态势，AI赋能媒体产业引起颠覆性变革，也成为未来媒体发展新常态。人工智能技术重新定义了媒体，拓展了媒体内涵，使媒体走向智媒体。智媒体具有物联网与大数据驱动、自我进化、人机交互三大技术特征。人工智能沿着媒体价值链正在快速颠覆信息采集、内容编写、内容分发、内容审核与监测的方式，重构传统媒体产业生态系统。与此同时，在AI赋能下，“人工智能＋媒体”给数据信息、价值判断和著作权带来新挑战。

【关键词】 人工智能　智媒体　产业链　重构

142. 利益相关者理论视角下互联网侵权的平台责任

【作者简介】 王田，北京交通大学语言与传播学院讲师；罗弋翔，北京交通大学语言与传播学院本科生；关夏彤，北京交通大学语言与传播学院本科生。

【发表期刊】《出版发行研究》2020年第6期

【内容摘要】 该文从利益相关者理论视角入手，通过考察当前互联网平台与著作权者、消费者和股东等“核心利益相关者”在版权交易中的利益失衡现象，发现当前我国互联网平台在版权交易中处于强势地位，而这一失衡的利益关系增加了著作权者和消费者的无意侵权行为，为公司商誉和股东股权资产带来了潜在的减值风险，无益于版权产业的可持续发展。基于此，该文提出应引入个性化交易协商机制、“ContentID获利”利益共享机制等技术手段，并继续完善著作权集体管理制度，强化互联网平台的审核责任和监测效率，实现著作权者、消费者、股东与互联网平台的多方共赢。

【关键词】 利益失衡　平台责任　个性化协商　ContentID获利　众包版权监测系统

143. 人工智能创作物之版权问题思考

【作者简介】 郭欢欢，西南政法大学国际法学院博士研究生。

【发表期刊】《出版广角》2020 年第 11 期

【内容摘要】 人工智能时代的到来、人工智能在版权领域的运用、人工智能创作物的产生以及在实践中引发的一系列版权纠纷，使得人工智能创作物版权归属成为一个不可回避的问题。著作权法修改热潮之下，应对人工智能创作物的著作权等归属和适当的法律保护予以明确。关于人工智能创作物的版权问题，须从是否构成作品、版权归属如何确定、版权侵权责任如何承担三个方面予以考量。

【关键词】 人工智能　创作物　版权

144. 我国网络版权监管的历史发展和展望

【作者简介】 郑宁，中国传媒大学文化产业管理学院副教授。

【发表期刊】《出版发行研究》2020 年第 6 期

【内容摘要】 我国网络版权监管经历了三个阶段：第一阶段从 2001 年至 2007 年，特点是以立法保障网络版权监管，积极与国际接轨；第二阶段从 2008 年至 2012 年，特点是监管规范化，加大监管力度，探索监管新方式；第三阶段从 2013 年至今，特点是从网络版权监管到网络版权治理。针对我国的网络版权监管在立法、监管和治理层面存在的问题，应当依照依法治理、合作治理、智能治理三个原则完善相关制度设计。

【关键词】 网络版权　版权监管　版权治理

145. 数据导引的著作权保护问题研究

【作者简介】 黄国彬，北京师范大学政府管理学院副教授；郑霞，北京师范大学政府管理学院硕士研究生。

【发表期刊】《图书馆杂志》2020 年第 6 期

【内容摘要】 数据导引是一种介绍、描述科学数据的说明性文档，该出版物的出现与发展在推动科学数据的规范化管理、引用和重用进程中发挥着重要作用。然而，当前学术界对此新兴出版物是否受著作权保护的问题尚未做出清晰解释，明确这一问题有助于数据导引得到进一步的推广和使用。该文综合应用内容分析法和比较研究法，分析数据导引的概念、属性及其与学术论文、技术文件的区别，并以受著作权保护的作品的概念界定和构成要件为理论依据，探索数据导引能否构成著作权保护的对象及其是否具有被保护的基本属性。数据导引是科研领域智力成果的具体表达，具有可复制性和独创性等受著作权保护的基本特点，应当受到著作权的保护。

【关键词】 数据导引　著作权　独创性

146. 体育赛事节目的作品属性及其类型

【作者简介】 孙山，西北政法大学经济法学院副教授。

【发表期刊】《法学杂志》2020 年第 6 期

【内容摘要】 体育赛事节目的属性及类型决定了其法律保护的基本框架。体育赛事节目的摄制离不开摄制者自由意志支配下的选择、编排。体育赛事节目具有一定程度的独创性，属于《著作权法》意义上的作品。体育赛事节目不属于《著作权法》第 3 条第 6 项中的“电影作品和以类似摄制电影的方法创作的作品”，也不是第 14 条中的“汇编作品”，而是第 3 条第 9 项中的“其他作品”。在此基础上，通过法律解释的方法展开司法保护，才是更为妥当的解决之道。

【关键词】 体育赛事节目　独创性　作品　其他作品

147. 网络游戏直播画面的可版权性与版权归属

【作者简介】 丛立先，华东政法大学知识产权学院教授、博士生导师。

【发表期刊】《法学杂志》2020 年第 6 期

【内容摘要】 网络游戏可能是作品的集合，也可能是单个作品，还可能是信息（非作品）的集合。从整体上看，多数网络游戏作品属于类电影作品，网络游戏直播画面作品亦可视为类电影作品，未来可归于视听作品。网络游戏画面是网络游戏运行后呈现出来的画面，其作品的版权归属有协议的从协议，无协议的归创作者所有。非创作性直播实质上是一种使用既已存在的网络游戏画面进行传播的行为，需遵守版权法上使用他人作品的规则，形成的画面作品版权属于网络游戏开发者。在创作性直播的情形下，无论是演绎的直播画面作品，还是复合型的新的直播画面作品，形成适格的直播画面作品的前提是没有侵犯既存的网络游戏作品版权，其版权归属按照演绎规则和新创作规则进行判定。

【关键词】 网络游戏画面　网络游戏直播画面　可版权性　版权归属

148. 著作权归属意义上“可单独使用的作品”之界定与权利行使研究

【作者简介】 张今，中国政法大学民商经济法学院教授、博士生导师。

【发表期刊】《法学杂志》2020年第6期

【内容摘要】涉及“可单独使用的作品”的著作权问题的争议和分歧源于其内涵界定的不明确、权利行使规则的不明晰。鉴于立法上和司法中的模糊、理论研究的不充分，有必要对“可单独使用的作品”的内涵和权利行使规则进行整体化研究。“可单独使用的作品”是相对于某个整体作品来说可被分割而独立存在且符合独创性的创作成果，其一般存在于影视作品以及可分割使用的合作作品当中。影视作品中“可单独使用的作品”又可区分为“已有作品”和“为他作品”，两种情形下的作品与影视作品的构成关系不同，著作权个别行使的规则有所不同。合作作品中的“可分割作品”的作者对自己创作的部分享有著作权，但不能控制其他可分割部分的使用，单独行使权利时不能影响作品整体的著作权。

【关键词】可单独使用的作品　影视作品　汇编作品　合作作品　著作权个别行使

149. 传统烹饪技艺的知识产权保护

【作者简介】曹仲文，扬州大学旅游烹饪学院副教授。

【发表期刊】《美食研究》2020年第2期

【内容摘要】传统烹饪技艺作为历代劳动人民的智慧劳动成果，具有文化性、科学性、艺术性的特点和经济价值，因而值得保护。传统烹饪技艺并不等同于手工技艺，还涉及原料、器具的应用等活动和相关知识。以智慧劳动成果作为保护对象的知识产权，不仅在保护传统烹饪技艺方面具有天然的相合性，而且有利于传统烹饪技艺保护的权威性、制度性和国际交流。分析各种知识产权保护的可行性，结果表明：知识产权中的专利权、商标权、著作权、商业秘密对传统烹饪技艺所涉及的不同方面可进行交叉保护。

【关键词】传统烹饪技艺　知识产权　交叉保护

150. 机器学习作品的著作权法分析——非作品性使用、合理使用与侵权使用

【作者简介】李安，中南财经政法大学知识产权研究中心博士研究生。

【发表期刊】《电子知识产权》2020年第6期

【内容摘要】新一代人工智能技术的核心是以数据训练算法为特征的机器学习。受著作权保护的作品是算法训练的重要数据资源，机器批量化学习作品面临着著作权侵权问题。仅以合理使用制度来消解机器学习作品的著作权责任，是对复杂问题的简单处理，存在不足。未经许可的作品使用分为非作品性使用、合理使用、侵权使用三种类型，机器学习有非表达型、普通的表达型、特殊的表达型三个类别。非表达型机器学习不是在著作权法意义上使用作品（非作品性使用），不负著作权侵权责任；表达型机器学习虽是在著作权法意义上使用作品，但原则上可构成合理使用免除著作权侵权责任；不过，除以模仿特定作者为目的的表达型机器学习外，未经授权使用作品应负侵权责任。

【关键词】人工智能　机器学习　非作品性使用　合理使用　侵权使用

151. 著作权合同实质公平规则形塑

【作者简介】熊琦，华中科技大学法学院教授，博士生导师。

【发表期刊】《法学》2020年第6期

【内容摘要】著作权合同领域的实质公平争议，因我国版权产业的快速发展和著作权法专门合同规则的匮乏而日趋凸显。同时，版权产业与互联网产业融合所带来的新旧产业主体利益分配矛盾，也因颠覆了发达国家的既有立法经验而使得本土立法无章可循，导致创作者弱势地位的传统认知和在此基础上构建的著作权合同实质公平规则体系亟须调整。基于我国现阶段版权产业的特点，本土著作权合同实质公平规则不应建立在普适性地将创作者视为弱者的前提上，也不应效仿民法体系中专列消费者和劳动者并以专门法设计特殊规则的做法，而应在不改变我国既有著作权法体系的前提下，通过规范解释《著作权法》第27条重塑其法源属性和解释路径，以合同目的和授权条件的具体化和强制性排除创作者在缔约中的弱势地位而引发的实质公平问题，同时将公开义务纳入缔约阶段的实质公平规则类型中，围绕《著作权法》第24条第2款第4项关于许可合同付酬标准和办法的规定加以具体化。

【关键词】著作权合同　著作权许可　著作权转让　实质公平规则　欧盟《数字单一市场版权指令》

152. 数据新闻数据挖掘的著作权侵权风险与例外制度构建

【作者简介】贾磊，河南财经政法大学知识产权学院讲师，中南财经政法大学知识产权博士研究生。

【发表期刊】《新闻爱好者》2020 年第 6 期

【内容摘要】 数据新闻的产生和发展依托于互联网和大数据的结合，文本和数据挖掘是其生成的必要环节。这一环节涉及对文本和数据的再现和利用，因公众对著作权保护认知有限及著作权制度供给的不足，该环节行为性质具有不确定性，存在著作权侵权的隐患，影响了数据新闻的发展。基于著作权法的立法目的及合理使用制度的平衡意义，参酌新闻的意义及其传播本质要求，应构建数据新闻领域文本和数据挖掘的著作权限制制度，促进新闻事业的新发展。

【关键词】 数据新闻　文本和数据挖掘　著作权侵权　著作权限制

153. 智能化媒体新闻生产：模式变革、伦理冲突及协调路径

【作者简介】 吴献举，广东财经大学人文与传播学院教授。

【发表期刊】《中国出版》2020 年第 12 期

【内容摘要】 人工智能技术对传媒业带来深刻影响，促进智能化媒体的发展，推动了新闻生产模式的变革。新闻生产模式的变革在提高新闻生产效率的同时也带来了公民隐私侵犯、机器人作品著作权争议、信息传播业公共性的侵蚀及新闻真实性与客观性的消解等伦理问题。因此，应从完善法律制度、提升新闻专业伦理、运用新技术保护隐私及提高用户数据素养等多方面着手，建立兼顾效率与责任的新闻生产协调机制。

【关键词】 智能化媒体　模式变革　伦理冲突　协调机制

154. 自媒体短视频的著作权法治理路径研究——以公众参与文化为视角

【作者简介】 倪朱亮，西南政法大学民商法学院副教授。

【发表期刊】《知识产权》2020 年第 6 期

【内容摘要】 自媒体短视频的去中心化、即时互动性的文化创作与传播技术突破了传统的“熟人社会网”，形成公众参与文化现象。参与文化中公众的“业余者”属性与行为特征，丰富了著作权法的生态环境。互动性的自媒体作为文化传播的主要渠道之一，有助于实现著作权法的立法宗旨。与此同时，社会公众的双重身份还能“反哺”社会，丰富公有领域。为实现传播效率与保护著作权排他性效力的平衡，从保护著作权人角度，应保障其“选择退出”的消极许可权利；从保障公众参与文化而言，若存在转换性使用作品且不影响原作品合法利益的则视为合理使用情形。

【关键词】 自媒体　短视频　用户生成内容　消极许可　合理使用

155. 著作权归属认定的一般规则

【作者简介】 李自柱，中国政法大学。

【发表期刊】《中国出版》2020 年第 13 期

【内容摘要】 署名推定规则和初步证据规则是认定著作权归属的一般规则，符合作品自身特点和著作权法理。在实际运用中，两者相互交织、相互作用，应当注意根据案件具体情况综合运用两种规则准确认定著作权归属。

【关键词】 署名推定规则　署名的识别　初步证据规则　权利声明的效力

156. 论体育赛事节目的法律性质——兼评新浪诉天盈九州体育赛事转播案终审判决

【作者简介】 马丽萍，中共湖南省委党校湖南行政学院法学部讲师。

【发表期刊】《天津体育学院学报》2020 年第 4 期

【内容摘要】 无论是在理论界还是实务界，对体育赛事节目法律性质的认定都存在严重的分歧。根据独创性的基本原理以及著作权/邻接权二元立法模式存在的问题，综合《伯尔尼公约》、美国法、欧盟法有关体育赛事节目法律性质的规定，我国立法对体育赛事节目在创造性程度上的要求不应过高。体育赛事节目只要达到最低限度的创造性，就应当构成作品，归入“以类似摄制电影的方法创作的作品”这一类别受《著作权法》保护。北京市知识产权法院做出的新浪诉天盈九州案终审判决否定了体育赛事节目的作品属性，是对我国《著作权法》的机械适用，不仅存在法律解释和适用上的问题，同时也与目前世界各国将视听成果纳入作品范围予以著作权保护的趋势背道而驰。此外，体育赛事节目的《反不正当竞争法》保护路径看似“一劳永逸”，实则其作用具有局限性，应当审慎适用。

【关键词】 体育赛事节目　独创性　作品

157. 我国著作权法第三次修订需关注的几个问题

【作者简介】 阎晓宏，中国版权协会理事长。

【发表期刊】《现代出版》2020年第4期

【内容摘要】 著作权法第三次修订，应立足我国实际，体现制度优势。以《民法典》为修法依据，贯穿契约原则和意思自治原则。保障公众利益，对作品权利人的权利做出适度的限制，激励创新和加强保护，并对公权力的有效运行予以保障。要与国际规则相衔接，坚持多边主义，积极参与国际规则的制定。要认识到当前我国的著作权制度已从以著作权保护为主的阶段，过渡到著作权创造与保护并重的阶段。基于此，修法应当平衡好这两个方面的关系。当前，在著作权作品品种、形态多样，呈井喷式增长的背景下，作品与社会需求的平衡关系已被打破，作品的种类和数量已远远大于社会需求。第三次修法征求意见稿对作品有了质的规定，作品要有独创性，作品须是智力成果。按此，需要厘清各类作品中哪些具有独创性，属于智力成果，可以纳入著作权管辖的范畴，并基于自愿原则分成两种类型：一种是需要得到许可，并且支付报酬的作品；另一种是不需要得到许可，不需要支付报酬的作品，保留人格权，鼓励广泛传播。这样既符合权利人的诉求，又有利于广泛传播，也可以减少纠纷与诉讼，从而降低社会成本。关于作品登记，应当由权利人支付登记所需费用，而不宜由财政予以补贴；出现版权纠纷诉讼时，作品登记证书应当作为提交法院的必要证据，而不是可有可无。

【关键词】 著作权法　版权　修法

158. 释疑出版者的两项“专有权”——以《著作权法》第三次修改为契机

【作者简介】 杨吉，浙江传媒学院副教授。

【发表期刊】《科技与出版》2020年第7期

【内容摘要】 专有出版权和版式设计权，是我国《著作权法》赋予出版者的两项专有权利。但它们在法律性质、适用客体、保护基础、权能范围等方面各有区分。如何对这两项权利做出于法有据的解释和推导，对确保二者在司法实务中的正确适用至关重要。文章以《著作权法》第三次修改为契机，希望能为出版者专有权一些原本模糊不清、存在认知偏差的表述的厘定与行使提供参考。

【关键词】 专有出版权　版式设计权　信息网络传播权　复制权　《著作权法》第三次修改

159. 论人工智能创作物独创性判断标准之选择

【作者简介】 卢炳宏，吉林大学法学院博士研究生。

【发表期刊】《内蒙古社会科学》2020年第4期

【内容摘要】 在判断人工智能创作物独创性的标准上，存在主观标准与客观标准的理论分野。主观标准强调从“作者”内在的个性、意图、主体身份方面判断独创性，带有浓厚的“人格主义”色彩，具有一定的抽象性和模糊性，无法有效应对人工智能创作物独创性的认定问题。客观标准强调以“普通读者”的视角从“作品”的外在表达结果方面判断独创性，考察新作品与现有作品或材料之间是否存在“显著差异性”或“最低限度创造性”。与主观标准相比，客观标准具有可量化、可操作性的规则优势，并且契合人工智能的客体属性与“非独立性”的创作特征，同时符合著作权法的立法根本目的与人工智能产业利益保护的需求。因此，应该坚持以客观标准作为人工智能创作物独创性的判断标准，从而促进著作权立法目的与产业发展政策目标的实现。

【关键词】 人工智能　人工智能创作物　独创性　主观标准　客观标准

160. 著作邻接权制度功能的历史探源与现代构造

【作者简介】 王超政，烟台大学法学院讲师。

【发表期刊】《华中科技大学学报（社会科学版）》2020年第4期

【内容摘要】 著作邻接权制度自其诞生之日起就肩负着保护表演者、录音制作者、广播组织等产业主体利益的功能。囿于催生该制度的传播技术产生的临近性、使用作品的关联性以及作者权制度的理想化坚持，邻接权被披上“作品传播者权”的外衣，也被定性为作者权的附庸，导致邻接权客体的混乱和权利配置的保守。因此，邻接权制度体系的构建必须从功能确认入手，明确邻接权制度保护的是著作权产业领域投资者的投资成果，即无独创性的表达。而邻接权的配置应当以邻接权与著作权地位的平等性为前提，以保护投资者利益为原则，通过客体利用方式的类型化来进行具体权项的设置。

【关键词】 著作邻接权　著作权产业　投资者　无独创性表达

161. 网络服务提供者违反“交往义务”的间接侵害著作权责任——基于《民法典》第1194条至第1197条的法教义学分析

【作者简介】 冯楚奇，德国慕尼黑大学法学硕士研究生。

【发表期刊】《法律适用》2020 年第 14 期

【内容摘要】《民法典》第 1197 条在《侵权责任法》第 36 条第 3 款的基础上增加“应当知道”的情形，但是从规范的角度将网络服务提供者“应当知道”状态与“知道”等同，并不等于承认“过失帮助”在共同侵权体系中的存在合理性，网络服务提供者侵权形式并非帮助侵权。《民法典》第 1195 条至第 1197 条不应当解释为网络服务提供者主观过错层面的“注意义务”内容，因为“知道”要件体现的不是网络服务提供者的主观过错状况，而应当根据客观归责理论解释为网络服务提供者“交往义务”的触发因素。“应当知道”并非“红旗原则”，而是以“采取措施获知”为内容的交往义务，“知道—必要措施”“通知—转通知、必要措施”是网络服务提供者因具有“特殊认知”而负有以行为义务为内容的交往义务。网络服务提供者的交往义务内容可通过类型化分析确定。

【关键词】网络服务提供者　客观归责理论　交往义务　帮助侵权　注意义务

162. 论我国创设追续权制度的正当性

【作者简介】戴哲，暨南大学法学院讲师。

【发表期刊】《北方法学》2020 年第 4 期

【内容摘要】我国《著作权法》修改草案曾经规定了追续权条款，引发了追续权是否具有正当性的巨大争议。反对者主要秉持着“挨饿的艺术家”学说、“首次销售”原则与价值学说驳斥追续权的正当性。不过，这些观点对追续权存在误读，不具有说服力。从著作权原理上看，我国创设追续权制度具有正当性。一方面，艺术家有权依著作权法获得利益，但现行著作权法对艺术家仅存有限的实践价值，追续权能够使得艺术家与其他作者在获益上处于平等地位；另一方面，艺术作品原件再次出售会产生新的消费群体，这一消费群体将因此有机会观看并使用艺术作品，根据作品使用等级体制，艺术家对于最终消费群体使用作品的直接报酬请求权转为对中间商的间接报酬请求权，此即为追续权的由来。

【关键词】追续权　著作权　艺术作品　报酬请求权

163. 著作权视域下新闻聚合平台规制的路径

【作者简介】罗斌，中国社会科学院大学媒体学院教授。

【发表期刊】《中州学刊》2020 年第 7 期

【内容摘要】解决新闻聚合平台与传统媒体之间著作权纠纷的起点是适用实际损失赔偿原则。新闻出版者的损失包括经营性投入，而新闻出版者邻接权的客体正是这种投入，因此，该权利弥补了对新闻出版者保护的漏洞。既然该权利是一种法定民事权利，那么对追求商业利益的新闻聚合平台转发传统媒体新闻报道的行为适用（转载）法定许可显然违背法理，有偿授权则是符合逻辑的结果。对于两者之间纠纷的解决，适用著作权法比适用反不正当竞争法更加直接、便利。一旦我国《著作权法》确立了新闻出版者邻接权，新闻出版者便具有“新闻出版者邻接权纠纷”和“著作权纠纷”的维权双通道。

【关键词】新闻出版　邻接权　聚合平台　规制路径

164. 短视频独创性标准的重构

【作者简介】贺涛，国家广播电视总局发展研究中心。

【发表期刊】《出版发行研究》2020 年第 7 期

【内容摘要】短视频独创性判断是著作权保护的前提，目前理论和司法实践对短视频独创性标准仍有分歧。为确立短视频独创性标准，应回归著作权法理论和制度，从作者权体系和版权体系有关独创性标准的比较研究和融合趋势中确立短视频独创性标准的理论和法律政策基础，并从视听作品创作过程入手，重构短视频的独创性标准。

【关键词】短视频　视听作品　独创性　著作权　录像制品

165. 法定规范与学术治理中的科研作品署名权益

【作者简介】瞿昊晖，中南大学法学院博士后研究人员、讲师。

【发表期刊】《求索》2020 年第 4 期

【内容摘要】当前，我国学术界科研作品署名方面存在的学术不端问题较为突出，赠送署名、转让署名等现象屡见不鲜。基于法律规范的视角，这种困局是由科研作品的学术价值、表达形式、署名规则与著作权法等要求不尽一致而产生的。针对这一情形，应区分署名的法定规范和意定规则：一方面，坚持法定规范的最低要求，署名资格为作品表达的独创性要求，署名权利为不可剥夺的人身权益；另一方面，鼓励学术治理的规则创设，学术团体、合作作者等可以约定作者和其他贡献者署名权益的表达方式。

【关键词】 科研作品　署名权益　署名资格　署名次序

166. 用户创造内容（UGC）的著作权合理使用问题研究——兼论《中华人民共和国著作权法修正案（草案二次审议稿）》合理使用制度的完善

【作者简介】 袁真富，上海大学知识产权学院副教授，法学博士。

【发表期刊】《科技与出版》2020 年第 10 期

【内容摘要】 在著作权合理使用的框架下讨论的用户创造内容（UGC），应当具有一定的创造性且由非专业用户创作。用户创造内容的合法性问题主要聚焦于改编型、同人型、汇编型、采样型、融合型、附属型、转换型等重混创作内容。基于 UGC 的社会功能、非商业动因、回流作用、拾遗价值、微量使用、许可交易困境、CC 自治模式缺陷等原因，应当允许有条件、有限度地“容忍使用”。在我国著作权法上，UGC 可以通过援引“个人使用”“适当引用”等条款找到合理使用的有限空间，但均有各自的适用障碍或局限。《中华人民共和国著作权法修正案（草案二次审议稿）》可以引进加拿大的 UGC 例外或扩张现行的“适当引用”条款来接纳更多 UGC 的创作和传播，但都不如以“三步检验标准”构建开放的合理使用制度更为可行。

【关键词】 用户创造内容　著作权　容忍使用　合理使用

167. 社交媒体空间的著作权：西方的研究视角

【作者简介】 朱鸿军，中国社会科学院新闻传播学院教授、博士生导师；彭桂兵，华东政法大学传播学院副教授。

【发表期刊】《现代出版》2020 年第 4 期

【内容摘要】 社交媒体空间中的著作权研究既有较强的现实意义又具理论价值，西方相关研究主要聚焦于社交媒体环境中的著作权认知变化、社交媒体作品类型、社交媒体空间新作品的可版权性界定、社交媒体空间许可使用和合理使用、社交媒体平台责任等五个领域。对西方相关研究进行梳理，对我国相关研究有借鉴意义，对解决我国社交媒体空间著作权问题也能提供他者的参照。与此同时，西方相关研究也存在诸多不足，留待探讨的研究空间依然很大。

【关键词】 社交媒体　著作权　西方研究视角

168. “非人”的权益：论人工智能作品著作权的司法实践及理论可能

【作者简介】 石易，商务部贸易救济局干部。

【发表期刊】《现代出版》2020 年第 4 期

【内容摘要】 科技促进社会进步，也带来新的问题。人工智能的发展和应用就给著作权领域带来了新的问题，由于人工智能可以在某种程度上“独立”于人进行创作，其产生的“作品”是否有著作权及其权利归属问题，在现有著作权法框架下很难下定论，如何应对这种挑战是著作权法律体系必须面对和解决的问题。

【关键词】 人工智能　自然人　著作权　版权权利归属

169. 目的之“人”：论人工智能创作物的弱保护

【作者简介】 曾白凌，中国传媒大学出版社社长。

【发表期刊】《现代出版》2020 年第 4 期

【内容摘要】 人工智能创作物是有别于人类创造作品的特殊生成物，法律如何认定和保护其价值权益，同时涉及法律主体资格和创造性（独创性）两个问题。非人类创新的人工智能创作物在法律意义上是物的进化，没有著作权意义，属于财产权法律制度范畴。但人工智能创作物在表现形式和内容属性上又被赋予强烈的思想、文化和艺术特性，与人类基本文化权利息息相关。应建立独立的、区别并弱于著作权法的人工智能创作物财产法律保护制度，体现为：分类保护、非人身性保护、强制登记制度、自动许可、强制标注、有期限的财产保护。法律保护的终极目的和价值是人的利益和价值，对创造性的确认和保护只是手段、路径，最终要服务和服从于对人的整体价值、利益的追求。

【关键词】 人工智能　著作权　法律主体　两种独创性　弱保护

170. 网络游戏直播行为的侵权问题探究

【作者简介】 赵长新，北京互联网法院立案庭庭长；方小康，北京互联网法院立案庭法官助理。

【发表期刊】《电子知识产权》2020 年第 7 期

【内容摘要】 电子竞技的快速发展，为民众的业余生活带来了新的娱乐方式。近年来，网络游戏直播行为的性质亦成为法律界争论的议题之一，究竟该直播行为是构成侵权，还是构成我国著作权法意义上的合理使用，值得深入探究。而对网络游戏直播行为性质的认定，需综合考虑该行为涉及的相关因素，充分明晰著作权法意义上的合理使用制度。同时，对该行为，如果并非单纯再现游戏画面，而是为公众带来了新的意义、新的表达或新的功能，能否将此行为认定为“转换性使用”，从而进行侵权抗辩，则应考虑“转换性使用”的本土适用可能性以及明晰“转换性使用”与我国著作权法中法定权利的边界，避免造成法律适用的混乱。

【关键词】 合理使用　转换性使用　规范化路径

171. 新类型作品著作权保护的现实选择——《著作权法》第三条中“其他作品”的解释适用

【作者简介】 孙山，西北政法大学经济法学院副教授。

【发表期刊】《电子知识产权》2020 年第 7 期

【内容摘要】 技术的进步催生出诸如音乐喷泉、体育赛事节目、网络游戏直播画面等新类型表达。我国《著作权法》第 3 条中对作品类型进行了列举，其中前八项为具体的作品类型，第九项则为“法律、行政法规规定的其他作品”。尽管现行法上有诸多限制，但当新类型表达无法以解释的方式被前八项所涵盖时，解释适用“其他作品”是现实发展所必需的，权利法定原则不包括作品类型法定。《著作权法实施条例》属于行政法规，该法第 2 条中的定义条款可用来解释适用“其他作品”，和《著作权法》第 3 条第九项一起充当新类型作品的保护依据。法官不应在裁判中直接创设新的作品类型，而应将之解释为符合作品构成要件，归类于“其他作品”，类型化的工作最终由立法者完成。演绎作品、汇编作品等不能充当新类型作品的保护依据。

【关键词】 其他作品　非穷尽式列举　法律解释　权利法定原则

172. 论音乐“编曲”的著作权保护——误读、澄清与制度选择

【作者简介】 赵一洲，中国人民大学法学院博士研究生。

【发表期刊】《电子知识产权》2020 年第 7 期

【内容摘要】 近年来，国内因音乐编曲产生的法律纠纷为数不少，但理论与实务界对“编曲”这一基础概念的准确含义及法律性质却难以形成共识，甚至存在诸多误解，导致交易实践与司法裁判中对编曲的认识各异，更远落后于域外成熟的法律制度与商业实践，致使我国编曲者的权利无法得到有效保护，亦阻碍了编曲的跨境交易与使用。对编曲法律性质的解读不应脱离乐理知识与产业实践，编曲的内涵不具有唯一性，其兼具舶来属性与本土含义，国内法律界应摒弃“编曲一律不具有著作权”的刻板认识，结合具体使用语境分析、判断所指编曲在著作权法上的性质。在制度选择上，我国不必单独设立所谓“编曲权”或“编曲者权”，而应视情况将具备独创性的编曲直接视为依原作演绎或独立存在的音乐作品，赋予符合条件的编曲者作者地位，以切实保护我国编曲者的合法权益。

【关键词】 编曲　音乐作品　演绎作品　著作权　邻接权

173. 网络游戏著作权法保护的路径选择与模式优化——评《蓝月传奇》案

【作者简介】 张书青，华东政法大学博士研究生，杭州知识产权法庭法官、副庭长。

【发表期刊】《电子知识产权》2020 年第 7 期

【内容摘要】《蓝月传奇》诉《烈焰武尊》网络游戏著作权侵权一案裁判在法律适用方法、保护对象、救济方式等方面均有创新。著作权法保护的本质在于独创性表达，但同时受作品类型法定性的限制。网络游戏在画面与情节两个方面均可构成独创性表达，理应受到保护。为解决作品类型法定性限制问题，直接将游戏画面框入类电作品类型这一路径不尽科学，更优的选择应是类推这一法律漏洞补充方法。在侵权比对时，应当把握独创性表达这一核心，可以适用“寻亲法”。考虑到游戏开发难、抄袭易、均有创新、裁判耗时长的特性，可以以“先行判决＋临时禁令”模式为其提供救济。

【关键词】 网络游戏　游戏情节　独创性表达　类推　先行判决

174. 试论流行音乐改编中版权保护的边界及启示——从《野狼 Disco》伴奏版权纠纷谈起

【作者简介】 刘也愚，苏州科技大学音乐学院副教授。

【发表期刊】《艺术评论》2020 年第 7 期

【内容摘要】 该文通过梳理《野狼 Disco》创作始末及纠纷各方的立场和诉求，对其背后的版权纠纷做出剖析，指出音乐创作中“作曲”“编曲”的名、实差异，进而论述该作品授权许可的使用范围。以此事件为镜鉴，指出音乐人在音乐创作中必须牢固树立版权意识、规避版权风险，同时就国内完善音乐版权保护机制提供一些思路和见解，以期为当代音乐人和流行音乐未来有更好的发展提供可资参考的解决方法和可行性路径。

【关键词】《野狼Disco》 音乐著作权 使用许可权 音乐改编 版权保护机制

175. 清水江文书整理成果的著作权探析

【作者简介】 陈洪波，凯里学院图书馆馆长，研究馆员。

【发表期刊】《原生态民族文化学刊》2020年第4期

【内容摘要】 学术理论界对古籍整理成果是否具有著作权存在很大的争议，司法审判出现截然相反的判例，为此引发对特殊古籍清水江文书整理成果的著作权分析。分析认为清水江文书整理成果为汇编作品，应享有著作权。这也说明古籍整理成果有多种形式，现今的《著作权法》很难对古籍整理成果的著作权进行认定，需要出台专门的古籍保护和开发的相关法律规范，呼吁出台《古籍保护法》。

【关键词】 著作权 清水江文书 古籍整理 古籍保护法

176. 网络侵权归责体系中认识要件的起源与嬗变

【作者简介】 徐可，中国政法大学民商经济法学院助理研究员，中国政法大学师资博士后研究人员。

【发表期刊】《福建师范大学学报（哲学社会科学版）》2020年第4期

【内容摘要】 我国网络侵权体系借鉴发展于狭义的著作权规则，其中对于认识要件的定义缺乏制度基础，因而引发了对“知道”与“应知”等标准的争议。这一争议进一步产生了审查义务在网络侵权领域如何适用的问题，迫使审查义务高低调整成为衡量网络侵权与平台责任规则正当性的基础。概念定义的误读和规则适用的困境皆源于间接侵权归责路径的构造缺乏体系性。新颁布的《民法典》对《侵权责任法》的核心表述的修订，是规则的重构还是延续？其含义需要在规则流变的框架内进行诠释和限定。在狭义著作权规则之外，通过对帮助侵权归责路径进行考察，能够为网络侵权与平台交易中认识要件标准的正当性提供更为坚实的基础。

【关键词】 网络侵权 帮助侵权 审查义务 《电子商务法》

177. 专有出版权的权利性质和效力范围

【作者简介】 李自柱，中国政法大学。

【发表期刊】《科技与出版》2020年第8期

【内容摘要】 专有出版权的本质是著作权人通过合同将其复制、发行权授予出版者而产生的出版者专有复制、发行作品的权利。在对专有出版权具体内容未约定的情况下，其效力范围应该是授权作品的整体内容或者与授权作品整体内容基本相同、实质性相同的内容。

【关键词】 专有出版权 权利性质 效力范围 汇编作品

178. 数据可视化表达的著作权认定——兼评黑洞照片争议

【作者简介】 覃斌武，湘潭大学法学院知识产权学院副教授；顾男飞，“湖南省高级人民法院—湘潭大学大数据与智慧司法研究中心”助理研究员。

【发表期刊】《科技与法律》2020年第4期

【内容摘要】 独创性作为著作权法的基石，近年来逐渐受到新型作品的冲击。以黑洞照片为代表的数据可视化表达伴随科技发展而产生，其通过可视化技术使单调的数据易于感知，但由于选择空间有限，较难满足现行“体现创作者个性”的独创性标准，而无法获得著作权法保护。出于激励创作者积极性的立法宗旨及利益平衡原则，可通过“功能审美二分”标准剔除单纯具有实用功能的数据可视化表达，再根据主客观相结合的判断标准，认定存在“较明显选择空间”，且具有较大经济、社会价值的数据可视化表达为作品，从而拓展独创性认定标准的适用空间。

【关键词】 著作权法 数据可视化表达 独创性标准 利益平衡原则 黑洞照片

179. 网络游戏直播的侵权风险与合理使用问题探析

【作者简介】 孙玉荣，北京工业大学文法学部教授；李贤，北京工业大学硕士研究生。

【发表期刊】《科技与法律》2020年第4期

【内容摘要】 无论是从利益平衡视角来看，还是为了更好地保障和促进网络游戏直播产业的健康发展，网络游戏直播行为都不宜被认定为合理使用。在未经游戏著作权人许可授权的情况下，擅自在互联网上公开传播游戏运行画面的行为属于侵权行为。网络游戏直播行为无法受到信息网络传播权的控制，也难以被纳入现行立法中表演权和广播权的调整范围，目前只能用“应当由著作权人享有的其他权利”

这一兜底性条款对其加以规制。

【关键词】 网络游戏　直播　游戏画面　著作权　合理使用

180. 电视节目版权保护的困境及对策

【作者简介】 马瓅，河南检察职业学院讲师。

【发表期刊】《传媒》2020 年第 14 期

【内容摘要】 电视行业的蓬勃发展，推动着电视节目版权保护的不断深入，国内外有关电视节目版权保护的问题已经成为学界研究的热点。该文从分析我国电视节目版权保护现状入手，阐明电视节目版权保护的困境及其诱发原因，借鉴国外比较成熟的立法和司法经验，探讨我国如何构建相对完善的法律保护体系。

【关键词】 电视节目　版权保护　版权交易　著作权法

181. 论新媒体时代体育赛事直播画面的可版权性

【作者简介】 郑家红，西南政法大学体育部讲师、体育法研究中心研究人员。

【发表期刊】《江西社会科学》2020 年第 7 期

【内容摘要】 随着移动网络、移动电视、IPTV、OTT 有线传输和 CCT 传输等各种新媒体技术的日益兴起，体育赛事直播的商业价值日益凸显。体育赛事直播画面不但具有独创性，而且应当作为类电影作品来保护，该做法既符合电影作品的本质，也符合国际版权立法的基本趋势，而且直播画面是否"固定"也不应成为其可版权性的障碍。为对体育赛事直播画面提供充分的救济，应扩大我国《著作权法》有关"广播权"的解释或者在未来著作权法修改时规定"向公众传播权"，以对各种严重的非交互式的实时转播侵权行为进行有效规制，为我国体育赛事直播产业的发展提供坚实的理论和规范基础。

【关键词】 体育赛事直播画面　类电影作品保护　独创性　著作权立法完善

182. 视听作品参与主体及法律地位研究

【作者简介】 李伟民，武汉大学法学院教授。

【发表期刊】《江西社会科学》2020 年第 7 期

【内容摘要】 网络视听产业是互联网影视娱乐业经济增长最快的领域。多国法律有"电影作品"规定，但是，随着互联网科技高速发展，"电影作品"的法律制度面临挑战，国际上逐步使用"视听作品"的概念，以涵盖网络视频、网络直播等新型作品。《中华人民共和国著作权法修正案（草案）》新增"视听作品"概念，但"视听作品主体制度"没有做相应修改，未能正确定位参与主体的法律地位，也没有充分考虑视听作品参与主体的新变化，严重影响了网络视听产业的发展，建立新型的视听作品权利主体法律制度已成当务之急。

【关键词】 文化产业　视听作品　网络视听产业　著作权主体

183. 两大法系背景下的作品保护制度

【作者简介】 李明德，中国社会科学院知识产权中心研究员，国家知识产权专家咨询委员会委员。

【发表期刊】《知识产权》2020 年第 7 期

【内容摘要】 世界各国保护作品的法律制度，大体可以划分为版权制度和作者权制度。两大法系在对于作者权利的规定方面，关于作品应当具有的独创性方面，是否具有相关权方面，以及对于权利的限制方面，均存在着一系列差异。我国自近代以来，两度选择了起源于欧洲大陆的作者权制度体系，进而在《著作权法》中规定了对于作者权、相关权的保护，以及对于权利的限制。与此相应，在面临作者权和相关权保护中产生的问题时，我们应当更多地基于作者权制度的逻辑体系进行思考和处理。

【关键词】 版权　作者权　独创性　相关权　权利限制　合理使用

184. 论合作作品的著作权法规范

【作者简介】 左梓钰，中国人民大学法学院知识产权法 2019 级博士研究生。

【发表期刊】《知识产权》2020 年第 7 期

【内容摘要】 合作作品是主体间基于创作作品的合意而共同投入独创性智力成果所成的作品。学界一般以共有理论来解释合作作品著作权之行使的问题，但有违法理，因此文章不赞成将其逻辑应用于法体系解释中。在判断共有形式时应首先推定为共同共有，合作作品应当首先被推定为不可分割使用的作品，可分割使用的情形仅在有约定的情况下才成立。合作作品的著作权限制还涉及创作者之间的权利限制。无论是可分割还是不可分割使用的合作作品，有关各自创作部分的利用问题，宜在合作作者之间达成协议。对于合作作者利用不可分割使用的合作作品的独创性部分进行创作的行为是否侵犯原作品的问题，应当分情况讨论。歌曲中的词曲是彼此不同而相互联系的有机整体，歌曲在词曲作者无约定的情况下应被视为不可分割使用的合作作品。

【关键词】 著作权 合作作品 共有 合理使用 五环之歌 戏仿

185. 著作权法视域下的“新闻搬运工”法律隐喻——兼与肖菲菲、梁志文商榷

【作者简介】 孙昊亮，西北政法大学教授、博士生导师；马荣，西北政法大学博士生。

【发表期刊】《湖南师范大学社会科学学报》2020年第4期

【内容摘要】 我国学者对知识产权法律制度中的隐喻修辞研究取得了一些成果，但也存在不足之处，如忽略了该认知方法会产生混同法律事实、错误嫁接法律规划效应。“新闻搬运工”作为知识产权语篇中的新鲜隐喻，仅关注位置变化的相似性，却混同了有体物和无形财产的不同属性、物理转移和网络复制的语境转变、单纯事实消息和新闻作品的传播差异。为使隐喻修辞能够更好地适用于法学领域，应当以本体、喻体二者的异性特征为出发点，挖掘隐喻表象之下的核心法律问题，并区分本体、喻体不同语境中的具体法律事实；当新型技术发展可能引发法律制度变革时，应在准确把握立法本意的基础上正确适用法律。

【关键词】 新闻聚合 法律隐喻 异质性特征 网络复制

186. 作品标题的法律保护问题研究

【作者简介】 宁立志，武汉大学法学院、武汉大学知识产权与竞争法研究所教授；赵丰，武汉大学法学院、武汉大学知识产权与竞争法研究所博士生。

【发表期刊】《出版科学》2020年第4期

【内容摘要】 在作品标题的法律保护问题上，我国理论界和实务界存在权益认定与保护路径缺乏共识，法律调整与规范适用界限不清的基本问题。综合相关理论分析与域外经验，作品标题不宜作为《著作权法》的客体（作品）予以保护，而应视为经营者（作者）创作服务成果（作品）的商业标志，这一正当性主要来源于知识产权利益平衡机制及商业标志权益保护的理论基础。同时，囿于作品标题的特殊性和禁止市场混淆构成要件的法定性，应对经营者权益赋予的内容和条件施加必要的限制。

【关键词】 作品标题 商业标志权益 法律适用 禁止市场混淆

187. 我国网络著作权侵权表现及保护规制研究

【作者简介】 苏玲玲，广西幼儿师范高等专科学校讲师。

【发表期刊】《出版广角》2020年第14期

【内容摘要】 互联网时代，网络著作权形式多样，传播速度更快、范围更广，网络著作权侵权表现形式错综复杂。文章从传统著作权与网络著作权异同的角度出发，论述了网络著作权侵权的内涵和表现形式，分析我国网络著作权侵权规制存在的难点，并在此基础上提出对策建议。

【关键词】 网络著作权 侵权 表现形式 规制难点 对策建议

188. AI生成物版权问题再思考

【作者简介】 郭欢欢，西南政法大学国际法学院博士研究生。

【发表期刊】《出版广角》2020年第14期

【内容摘要】 当前，以互联网、大数据、人工智能等为代表的新一轮科技革命与产业变革给版权的保护和发展带来了一系列挑战。人工智能已经展现了与版权领域深度融合的广阔前景，同时也带来了一些版权方面的问题，这在版权的保护、运用及管理方面都有体现，尤其是在版权的创作与保护方面，更是对传统的理论体系、法律框架形成冲击。对AI生成内容进行返璞归真式分析，是对现有法律体系触动最小的做法，亦能明确当下已然出现新问题的权利义务关系。

【关键词】 AI 作品 版权 研发人

189. 论新技术环境下合理使用的判断方法

【作者简介】 袁锋，华东政法大学教授。

【发表期刊】《中国出版》2020年第15期

【内容摘要】 在新技术环境下，传统合理使用判断方法或者存在着判断要素多样化和混乱化，缺乏统一标准，或者存在着法定情形太过限制，无法适应实践需求的弊端，因而亟须重构一种新的判断方法。“三要素考察法”从使用目的、方式和效果上综合考量被告使用行为的定性，进而使得合理使用的判断更加高效、灵活和具有可操作性。对于我国而言，摒弃“限制与例外”的封闭式模式，采纳这一新方法是适应日趋复杂的司法形势和技术发展的必然需求和最佳策略。

【关键词】 新技术环境 判断方法 三要素考察法 封闭式模式

190. 广电使用音乐作品通过著作权集体管理组织支付报酬分析

【作者简介】 闫书芳，中央广播电视总台总经理室版权运营中心对外合作组组长。

【发表期刊】《电视研究》2020 年第 8 期

【内容摘要】 为分析广电行业使用音乐作品并通过集体管理组织支付报酬中涉及的法律事项，合理合法解决音乐付酬相关问题，该文围绕广电行业使用音乐作品过程中是否存在临时复制的行为、是否需要另行取得复制权及表演权授权，以及音著协延展代理协议的效力等进行探讨，以进一步厘清相关法律问题，促进广电事业和音乐产业良性、健康、可持续发展。

【关键词】 音乐作品　著作权　集体管理　音乐付酬　临时复制

191. 互联网上的人工智能：数字版权保护新助力

【作者简介】 张海宁，山东大学法学院博士研究生。

【发表期刊】《人民论坛·学术前沿》2020 年第 14 期

【内容摘要】 网络版权产业指数式增长成为推动版权经济高质量发展的重要引擎，与此同时，数字作品的全球性、碎片性、社交性也带来更加复杂的网络盗版侵权问题。传统的行政、司法等事后救济手段在网络侵权冲击及网络版权产业发展新形势下变得力不从心，技术措施也因欠缺“智能”甄别合理使用用户的能力而对版权市场个人利益与公共利益的平衡造成负面影响。法律与技术相结合的人工智能或可成为互联网时代数字作品版权保护的新出路。

【关键词】 知识产权　数字版权　网络保护　人工智能

192. 用户原创短视频的独创性

【作者简介】 马治国，西安交通大学法学院教授；徐济宽，西安交通大学法学院博士研究生学院博士研究生；刘桢，西安交通大学法学院博士研究生。

【发表期刊】《大连理工大学学报（社会科学版）》2020 年第 5 期

【内容摘要】 随着短视频应用的兴起，用户原创短视频吸引了大量优质流量，但也产生了以版权侵权为代表的诸多法律隐患。该文从短视频产生与样态切入，探讨用户作为短视频版权主体的适格性，以域外独创性标准为鉴对用户原创短视频的具体保护程度与范围进行分析，认为应以个案分析为主要认定方法、以整体“连续画面”为认定的主要客体、兼顾我国相关产业实际发展情况确定独创性门槛。据此提出了我国当前法制体系的应对路径，探究了契合短视频特点的独创性标准与配套规范，并对人工智能、区块链等短视频版权保护的重要技术手段进行了可行性论证。

【关键词】 著作权　短视频　独创性　人工智能　大数据　区块链

193. 欧盟版权法下的绝销作品数字化规则探析

【作者简介】 阮开欣，华东政法大学知识产权学院副教授；唐雯琳，华东政法大学知识产权学院知识产权专业 2019 级硕士研究生。

【发表期刊】《国家图书馆学刊》2020 年第 4 期

【内容摘要】 绝销作品的范围涵盖所有作品类型，其获取途径具有一定的限制。2019 年欧盟理事会通过的《数字化单一市场版权指令》第 8 条至第 11 条明确了绝销作品数字化规则，即文化遗产机构在一定情况下对绝销作品进行数字化和公开传播的特殊制度。该规则有利于图书馆等机构对绝销作品进行权利厘清，解决绝销作品版权许可交易成本过高的问题，从而促进文化传承和知识传播。绝销作品数字化规则的运行机制分为“许可机制”和“二级机制”两种类型，是否存在具有充足代表性的集体管理组织是区分两种运行机制的前提。对欧盟版权法下绝销作品数字化规则的成因、客体范围和运行机制的探析，可对我国绝销作品数字化规则的建立提供借鉴。

【关键词】 版权法　绝销作品　数字化　文化遗产机构　集体管理组织

194. 新闻照片著作权司法实务问题的学理反思

【作者简介】 彭桂兵，华东政法大学传播学院副教授。

【发表期刊】《新闻大学》2020 年第 8 期

【内容摘要】 司法实务中出现了新闻照片是否归属“时事新闻”的争议，学术界一致做出了否定回答。通过对比实务界和学术界各自的理由发现，实务界的一些理由并未纳入学术界的视野。基于此，该文认为很有必要做进一步学理反思。反思结论是：依照著作权法中的“合并原则”，新闻照片并不必然被排除出“时事新闻”之外。新闻照片独创性认定过低与“合并原则”相悖并影响新闻信息传播。法院对于新闻照片合理使用的判决理由并不充分，需要正确解释新闻照片合理使用的法律条款。

【关键词】 新闻照片　时事新闻　摄影作品　合理使用

195. 体育赛事节目录像制品保护的困境与出路——以邻接权的客体为视角

【作者简介】 李青文，中南财经政法大学知识产权研究中心助理研究员。

【发表期刊】《武汉体育学院学报》2020年第8期

【内容摘要】 目前，我国司法实践中法院多以独创性低为由将体育赛事节目认定为录像制品给予邻接权保护，这实际上将独创性较低的思想表达作为了邻接权的客体。从制度产生的根源以及相关国际条约的规定来看，邻接权的保护对象应为现有内容的传播。在著作权法中规定邻接权制度的目的并不在于保护独创性低的思想表达，而在于保护传播者对作品的传播利益。判断某一内容是否属于邻接权客体，不应当根据其独创性的高低或有无，而应当看其是否属于对现有内容的传播。体育赛事节目本质上属于对体育赛事现场实况的传播，以此为由将其认定为录像制品给予邻接权保护，显然更符合邻接权制度的一般原理。

【关键词】 体育赛事节目　邻接权　作品　录像制品　传播

196. 地方文献整理出版的著作权问题

【作者简介】 孟豫筑，贵州出版集团有限公司；张云端，贵州人民出版社。

【发表期刊】《中国出版》2020年第16期

【内容摘要】 地方文献的整理出版对挖掘地方特色文化价值、树立地方文化品牌、提高当地知名度和树立地域文化自信有着不可估量的价值。伴随着地方文献整理出版工作的推进与开展，其所引发的著作权问题也随之而来。该文以“清水江文书”的整理出版为例，对其价值、出版成果进行梳理，研究地方文献著作权归属及合理使用等相关问题，并提出地方文献整理成果著作权保护的建议，以期以点带面，加快推动地方文献的整理出版工作。

【关键词】 地方文献　清水江文书　著作权　侵权　出版

197. 我国录音制品法定许可规则完善研究

【作者简介】 杜娟，中南财经政法大学知识产权研究中心博士研究生。

【发表期刊】《电子知识产权》2020年第8期

【内容摘要】 录音制品法定许可规则存废之争由来已久，至今未有定论。不可否认的是其在促进音乐作品传播、提高音乐作品利用效率以及平衡著作权人和社会公众利益中发挥着不可替代的作用，而且该条款还有利于网络环境下数字音乐的利用与传播，因此该条款仍有存在的必要。但由于我国录音制品法定许可条款的规定尚不完善，帮助实施该规则的著作权集体管理组织也不健全，导致该规则在司法适用中存在诸多问题。本次著作权法修改已经接近尾声，亟须对录音制品法定许可法律条款予以完善并对录音制品法定许可的实施机制予以健全。

【关键词】 录音制品　法定许可　存续必要　规则完善

198. 论特定美术作品原件所有权与著作权的冲突与协调

【作者简介】 唐艳，西南政法大学民商法学院、重庆知识产权保护协同创新中心副教授。

【发表期刊】《电子知识产权》2020年第8期

【内容摘要】《著作权法（修订草案送审稿）》第22条第4款曾规定了特定美术作品原件所有人毁损原件前的通知及其他义务，此条规定由《赤壁之战》案引发，但对其正当性存有争议，目前在《著作权法修正案（草案）》中已被删除，不无遗憾。一般而言，作品原件毁损是所有权人处分权能的体现，并不落入著作财产权的控制范围，也与保护作品完整权无涉，但艺术作品原件毁损具有特殊性。从理论基础角度，在作品人格权保护总体发展式微的情况下，采取类型化方法，特定美术作品仍是一类需要我国法律特别对待，额外加强人格利益保护的作品；对该原件的毁损行为，建议将其纳入到保护作品完整权的控制范围之中，对此，美国的《视觉艺术家权利法》有一定借鉴意义。该被删除法条是针对特定美术作品，对其原件所有权与保护作品完整权两种冲突权利的相互限制，相互妥协，以及利益平衡的体现，具有大体正当性，但仍存不足。基于作品价值成长性、成本收益权衡等视角，建议对该法条做进一步完善后将其重新纳入著作权法。

【关键词】 美术作品　保护作品完整权　所有权　著作权法修订

199. 将摄影作品改编为绘画作品的著作权侵权探析

【作者简介】 王丽莉，河南牧业经济学院艺术学院讲师；柴国生，中原工学院法学院副教授、硕士生导师。

【发表期刊】《新闻爱好者》2020 年第 8 期

【内容摘要】 将摄影作品改编为绘画作品属于改编行为。改编作品具有“双重著作权”属性，用于作者学习、欣赏等属于合理使用，但行使发表、参展等权利则要受涉嫌侵害他人著作权的限制。提高美术工作者的自身创作素养，通过签订著作权许可、转让协议等获得授权，是正确处理绘画界和摄影界从业者切身利益的有效途径。

【关键词】 美术作品　保护作品完整权　所有权　著作权法修订

200. 馆藏绝版作品数字化的版权利益平衡机制探讨

【作者简介】 赵源，华侨大学法学院硕士研究生。

【发表期刊】《新世纪图书馆》2020 年第 8 期

【内容摘要】 我国现行制度所要兼顾的作品私权利益与社会公共利益在绝版作品数字化领域发生失衡，公共文化机构馆藏绝版作品数字化的版权问题亟待解决。我国现行法律规则不能为公共文化机构数字化利用绝版作品提供理论支撑。文章结合域外馆藏绝版作品数字化的版权争议问题，在系统梳理法国、欧盟、美国成功解决方案的基础上，综合分析认为：延伸性版权集体管理制度框架更符合我国本土化的馆藏绝版作品数字化的版权利益平衡诉求，需要我国立法从绝版作品认定、配套制度建设方面予以全面规制。

【关键词】 公共文化机构　绝版作品数字化　利益平衡

201. 数字时代学术期刊版权转让协议的形式及内容规范

【作者简介】 薛梅，中国地质大学（北京）期刊中心编辑；刘粤湘，中国地质大学（北京）期刊中心编审。

【发表期刊】《编辑学报》2020 年第 4 期

【内容摘要】 数字时代，学术期刊遇到了更复杂的版权问题，版权转让协议出现了新形式和新变化。版权转让协议只有形式合法有效、内容规范具体，才能维护学术期刊的合法权益。该文从版权转让协议的纸质版、电子版、网络版及声明版等 4 种常见形式入手，分析了其法律效力及存在的问题。同时，以建议条款的形式，梳理了前人探讨较多的转让权利的内容、方式、地域、二次授权、争议解决方式等内容，同时又对新型出版模式、署名者责任、著作权使用费的处理方式、协议的生效时间等新问题做了强调和分析，旨在进一步规范版权转让协议的条款内容。

【关键词】 版权转让协议　学术期刊　数字时代　著作权

202. 区块链技术在著作权集体管理制度中的应用

【作者简介】 舒晓庆，汕头大学法学院讲师。

【发表期刊】《知识产权》2020 年第 8 期

【内容摘要】 著作权集体管理制度对版权交易与保护具有重要价值，但因缺乏信任机制，我国集体管理组织陷入发展困境。将区块链技术应用于集体管理制度，不仅可以通过消解监管成本，构建对集体管理组织的信任机制，还可以通过消弭执行合约的成本，使集体管理组织发挥降低版权交易成本的职能。具体而言，通过智能合约缔结版权授权合同、版权交易合同，使授权和交易模式多元化，版税与管理费的分发与扣取自动化；通过将版权信息数据库、管理信息数据库上链，实现管理信息的公开化和透明化。

【关键词】 区块链技术　集体管理组织　集体管理制度　著作权　信任

203. 论著作权惩罚性赔偿制度——兼评《民法典》知识产权惩罚性赔偿条款

【作者简介】 李扬，中山大学法学院教授，博士生导师；陈曦程，中山大学法学院民商法学博士研究生。

【发表期刊】《知识产权》2020 年第 8 期

【内容摘要】 由于举证难、维权成本高、司法判赔额低，著作权人的维权积极性并不高，从长远来看这将会影响社会的文化繁荣和公共福祉。惩罚性赔偿制度不但能弥补著作权人的侵权损失，更具有震慑、预防侵权行为的功能，符合国家立法和政策导向，符合司法实践，符合法经济学规律。我国 2020 年颁布的《民法典》和新著作权法修正案草案均引入惩罚性赔偿制度，将与现行著作权法中的法定赔偿制度形成优势互补，促进我国文化产业健康发展。

【关键词】 著作权　惩罚性赔偿　法定赔偿

精神损害赔偿

204. 游戏网络直播的著作权属性

【作者简介】 刘名洋，西南政法大学博士研究生。

【发表期刊】《湖湘论坛》2020 年第 5 期

【内容摘要】 游戏直播是以游戏画面为主要内容的网络直播行为，当游戏画面构成作品时，直播行为应受游戏画面著作权的调整。在现行《著作权法》下，信息网络传播权和广播权都不能调整游戏直播行为，著作权兜底条款成为唯一选择。兜底条款的适用要节制，只在达到条件以后方可适用。未来修订立法要把握规律，彰显传播类权利的重要性，但不必设立向公众传播权，更不能采用“大传播权”模式。应修改广播权的定义，将游戏直播行为纳入调整范围。对新作品的使用方式，在司法实践中应尽量适用法定著作权，减少兜底条款的适用频率。

【关键词】 游戏直播　著作权兜底条款　广播权　知识产权法定原则　信息网络传播权

205. 期刊编辑职务作品著作权归属制度的规则完善——以《著作权法》的第三次修改为契机

【作者简介】 苗壮，厦门大学法学院博士研究生。

【发表期刊】《中国出版》2020 年第 17 期

【内容摘要】 将特殊职务作品的著作权归属原则适用于期刊编辑的作品，是《著作权法》第三次修改的新内容。这一修改虽然为期刊编辑作品的性质认定和权益分配提供了明确指引，但在媒体职务作品内部差异的区分、特殊职务作品范围的划定、著作权归属原则的采用、著作权及其他权益的分配、期刊编辑创作动力的激励等方面仍存在一些值得探讨的问题。基于此，有必要对相关规则做进一步完善，从而优化期刊编辑职务作品的著作权归属制度，保护期刊编辑的正当权益。

【关键词】 期刊编辑　职务作品　媒体单位　著作权

206. 区块链技术在版权登记中的应用难题与对策

【作者简介】 孟磊，湖南理工学院政法学院私法教研室主任。

【发表期刊】《中国出版》2020 年第 17 期

【内容摘要】 基于区块链技术的版权登记，具有良好的应用前景。就当前区块链技术应用于版权登记的实践而言，尚存在着难以界定作品的独创性、无法撤销版权登记、区块链版权登记的公信力和证据效力仍待明确等难题。重新审视区块链技术在版权登记中的应用，应当强化对区块链版权登记的法律规制和监管，推动传统版权登记制度的数字化变革，实现区块链技术与版权法治的深度融合与良性协同发展。

【关键词】 版权登记　区块链　实践难题　法律规制

207. 论民法典对我国网络出版的规制与法治保障

【作者简介】 丛立先，华东政法大学知识产权学院教授、博士生导师。

【发表期刊】《中国出版》2020 年第 17 期

【内容摘要】《中华人民共和国民法典》的颁行将为我国网络出版带来良好的规制与法治保障作用。其中，将民事主体界分为“自然人、法人和非法人组织”的规定，为我们准确理解网络出版主体资格的界定与调适指明了方向。《民法典》合同编的有关规定切实解决了网络出版合同的实质问题和形式问题。关于知识产权与人格权以及侵权责任的有关规定为网络出版的核心权益保护和侵权责任认定提供了规则指引。

【关键词】 民法典　网络出版　规制　法治保障

208. “VR＋阅读障碍者图书”出版的著作权制度困境、价值与展望——兼评《中华人民共和国著作权法（修正案草案）》

【作者简介】 周澎，中南财经政法大学知识产权研究中心博士研究生。

【发表期刊】《编辑之友》2020 年第 9 期

【内容摘要】 VR 技术是一种可为阅读障碍者提供作品感知的新方式。2020 年《中华人民共和国著作权法（修正案草案）》为“VR＋阅读障碍者图书”出版扫除障碍，却也体现出阅读障碍者概念释义、传播实体和作品使用范围界定不明，以及著作权保护的实践困境。基于此，应立足著作权内部价值理论，完善著作权制度层面的不足，同时辅以出版展望的可行性指导，以探寻著作权制度下“VR＋阅读障碍者图书”出版的进路。

【关键词】 VR 技术　著作权　阅读障碍者

209. 现代化、国际化、本土化：我国著作权法治发展的回顾与展望

【作者简介】 马治国，西安交通大学法学院教授；刘桢，西安交通大学法学院博士研究生。

【发表期刊】《西北大学学报（哲学社会科学版）》2020 年第 5 期

【内容摘要】 2020 年适逢《著作权法》颁布 30 周年，回顾我国著作权法治建设的历史，其呈现出突破旧有观念、回应社会需求推进现代化，接轨国际条约主动进行立法完善逐渐国际化和从回应国际社会转为满足本土需求实现本土化三个显著特点。以历史经验为借鉴，站在新的起点，未来我国著作权法治建设应着力在继受法本体上纳入中国特色的新内容，在高新技术发展的背景下保持著作权立法的开放性、前瞻性，利用“一带一路”倡议的政策优势提高著作权国际话语权，进而以著作权制度创新促进知识经济不断发展。

【关键词】 中华人民共和国著作权法　国际化　现代化　本土化

210. 网络知识产权犯罪的挑战与应对——从知识产权犯罪的本质入手

【作者简介】 王志远，中国政法大学刑事司法学院教授、博士生导师。

【发表期刊】《法学论坛》2020 年第 5 期

【内容摘要】 网络知识产权犯罪对传统知识产权犯罪的犯罪圈划定提出了新的挑战，因此有必要对知识产权犯罪的本质进行深入探究。我国现行的刑法制裁体系实际上是将知识产权犯罪作为侵财犯罪的“子项目”，过度强调对权利人的财产权益进行保护，忽略了对市场竞争秩序的维护。打击知识产权犯罪保护的法益是市场竞争秩序，但其最终的目的是维护知识产权人因知识创新等获得的在市场竞争中具有的优势地位。基于我国知识产权的刑事保护应当秉承“竞争秩序优位”的价值理念这一前提，应当重新审视网络知识产权刑事保护中的疑难问题，合理界定犯罪圈。

【关键词】 网络知识产权　罪质　竞争秩序　竞争优势

211. 论权利失效规则的司法适用——对“阿凡提”著作权纠纷案的体系解释

【作者简介】 钟淑健，山东建筑大学法学院讲师。

【发表期刊】《法学论坛》2020 年第 5 期

【内容摘要】 我国民法理论承认权利失效规则，司法实践亦在具体案例中予以适用。“阿凡提”著作权权属、侵权纠纷案呈现了以信赖要素为核心的权利失效规则体系的构成要素间彼此牵连、协同作用的逻辑关系，是适用权利失效规则的典型案例。该案对于权利失效规则适用的意义主要在于：以确权吸收权利失效效果的方式创新适用权利失效规则，为我国请求权适用权利失效提供了可资借鉴的样本，突出了权利失效规则体系中信赖要素的中心地位，引发对权利失效相对面的“得权”理念的思考。司法实践中，法官疏于运用体系方法适用法律，多数原因是法官运用体系解释方法的自觉性不够，另外还因为案件审理所适用的法律存在争议，法官又不能拒绝裁判，所以只能笼统说理。

【关键词】 权利失效　体系解释　诚实信用　禁止权利滥用　信赖保护

212. 论新技术环境下作品独创性的判断——以“选择空间法”为视角

【作者简介】 袁锋，华东政法大学传播学院讲师。

【发表期刊】《华中科技大学学报（社会科学版）》2020 年第 5 期

【内容摘要】 传统著作权独创性判断方法主要包括四类，分别是根据“创作成本”、“个性标准”、“客观形式标准”以及“新颖性标准”来判断作品的独创性。这些方法或存在理论上的不足，或无法适应新技术发展形势，实践中缺乏可操作性，而“选择空间法”所具有的内涵和活力有助于弥补传统方法的缺陷，其注重于“选择空间”的判断，既非“作者个性”，也非形成作品过程中所花费的任何劳动和资金。“选择空间法”不但具有充分的理论支撑，而且具有广泛的适用性，尤其对于解决“体育赛事直播侵权案”“中国音乐喷泉第一案”“人工智能生成物版权争议案”“黑洞照片版权争议事件”等新型疑难问题，可提供更为合理的解释。

【关键词】 独创性　新技术　个性标准　客观形式标准　选择空间

213. 学术期刊的新媒体传播风险及其规避对策

【作者简介】 邹霞，重庆大学新闻学院讲师；张小强，重庆大学新闻学院教授。

【发表期刊】《中国科技期刊研究》2020 年第 9 期

【内容摘要】 目的：探讨学术期刊新媒体传播风险的规避对策，进一步提升学术期刊新媒体传播的效果。方法：归纳学术期刊新媒体传播过程中形成和放大的风险类型，分析其具体成因，并提出相应的风险规避对策。结果：学术期刊在新媒体传播过程中面临着意识形态风险、著作权风险、学术伦理风险与表达风险。这四类风险实际上是期刊在意识、规制、人员、流程管理等方面的问题被新媒体传播放大的结果。结论：学术期刊要想规避新媒体传播风险，不仅要强化风险意识、完善规制、自查过刊、从严把关，做好源头风险排查；还要善于借助新媒体的技术、平台、资源和用户等优势，创新各类风险的监管方式，防范和应对风险放大。

【关键词】 学术期刊　新媒体　风险放大　意识形态风险　著作权风险　学术伦理风险　表达风险

214. 利用他人作品元素改编行为的判断思路与逻辑展开——从“武侠Q传游戏”侵害改编权及不正当竞争案说起

【作者简介】 苏志甫，中国政法大学民商经济法学院博士研究生，北京市高级人民法院法官。

【发表期刊】《法律适用》2020年第18期

【内容摘要】 改编权所控制的改编行为是在原作品基础上进行的二度创作行为。对于改编行为的认定，应当从“改变原作品”与“创作出新作品”两个方面进行考量。对利用他人作品元素改编行为的判定，关键在于判断该行为是否属于以改编方式使用他人作品的独创性表达。认定侵害改编权意义上的实质性相似，首先要比对、归纳原被告作品之间的相似点、不同点；其次要对相似性内容是否属于受著作权保护的独创性表达和被告涉案使用行为的属性进行分析，并在进行价值判断和利益衡量的基础上，最终得出是否侵犯改编权的判断结论。在权利人针对同一保护对象和同一被诉行为同时主张侵害著作权和构成不正当竞争时，《著作权法》优先于《反不正当竞争法》的适用，如果原告的诉讼主张能够依据《著作权法》获得支持，则不再适用《反不正当竞争法》进行保护。

【关键词】 作品元素　改编权　思想与表达二分法　独创性表达　实质性相似

215. 论体育赛事的“版权—数据财产权”二元保护结构——以赛事直播侵权纠纷为切入视角

【作者简介】 李宗辉，南京航空航天大学人文与社会科学学院副研究员。

【发表期刊】《武汉体育学院学报》2020年第9期

【内容摘要】 在体育赛事直播侵权纠纷中，法院跳过体育赛事权利而径行分析体育赛事节目或画面保护模式的通常做法欠妥。明确体育赛事财产权的性质可以使赛事直播在权利基础上得以正本清源，并统一赛事直播侵权纠纷的司法保护标准。理论上否定体育赛事可版权性的理由并不能统一适用于所有赛事类型。一些具有美感性和艺术性的体育赛事可解释为舞蹈作品或杂技艺术作品，从而获得版权保护。将来的《体育法》修订应当明确规定“体育作品”。非作品性体育赛事应当通过数据财产权加以保护，这既符合国际发展趋势，也符合国内产业导向，同时与保护客体的性质相适应。在现行法律体系之下，体育赛事数据财产权的保护可以通过适用《民法典》关于民事权益保护的一般条款，或者关于习惯作为法律渊源的条款得以解决。在《体育法》修订中，我们需要明确规定体育赛事数据财产权，其具体内容包括数据采集权、数据传输权、数据使用权、数据处分权和数据收益权。

【关键词】 体育产业　体育法学　体育赛事　版权　数据财产权　赛事直播

216. 我国电视综艺节目著作权的争议焦点及保护途径探讨

【作者简介】 王艳玲，天津师范大学新闻传播学院教授；韩旻彤，天津师范大学新闻传播学院硕士研究生；陈雪颖，河北大学文学院。

【发表期刊】《出版广角》2020年第17期

【内容摘要】 随着新媒体技术的迭代更新，我国电视综艺节目快速发展，但多以借鉴或引进国外优秀的综艺节目模式为主，并在此基础上进行本土化改造。为了保障我国电视综艺节目市场的健康发展，相关部门应该完善法律法规，在立法层面上解决版权争议的盲区，从而保证我国电视综艺节目制作有法可依。

【关键词】 电视综艺节目　版权　保护途径

217. 网络游戏直播的著作权合理使用与反垄断规制研究

【作者简介】 王琳，山东科技大学文法学院讲师。

【发表期刊】《出版发行研究》2020年第9期

【内容摘要】 网络游戏直播产生的经济价值不是纯粹基于技术进步带来的红利，而是以游戏本身为基础并借助技术手段传播游戏连续动态画面实现的，检视著作权合理使用的衡量因素和判断标准对游戏直播版权保护意义重大。对于网络游戏直播中出现的限制或者排除竞争的行为，还应当进行反垄断规制。在我国《反垄断法》修改之际，为判断网络游戏直播中是否存在以版权滥用为手段限制或者排除市场竞争的情形，可以通过对版权人行使版权行为的违法性以及行使版权行为在相关市场之下的妥当性两个标准来进行综合衡量。

【关键词】 网络游戏直播　版权保护　合理使用　反垄断规制

218. 论传媒商主体核心商行为的法律属性——著作权法中传播行为的定义研究

【作者简介】 孙栋，西北政法大学经济法学院讲师。

【发表期刊】《法学杂志》2020 年第 9 期

【内容摘要】 研究行为当以行为的对象为基点，如此才可使问题具体、研究结论客观。我国《著作权法》中传播行为的对象是传播载体，从是否以实际发送传播载体作为传播行为构成要件的角度，可将《著作权法》中的传播行为划分为自行式传播和应答式传播。据此，可将前者定义为使作品与传播载体结合，并使携载作品信息的传播载体向公众发送；可将后者定义为指使作品可被传播载体携载而待命向公众发送。传播行为的定义明确后，便可以此为指导，对现实中表象纷繁的各种“传播”做准确的法律定性。

【关键词】 传播行为　定义　自行式传播　应答式传播　待命状态

219.《证据新规》下版权诉讼中的区块链证据：需求、规制及治理应对

【作者简介】 高奇，对外经济贸易大学法学院博士研究生。

【发表期刊】《电子知识产权》2020 年第 9 期

【内容摘要】 区块链存证可实现版权登记形式的结构性变革，在精准确权基础上完整记载交易链条，有效消除中心化登记模式下登记成本较高并产生大量孤儿作品的弊端。2020 年 5 月 1 日生效的《关于民事诉讼证据的若干规定》，为版权领域的区块链证据带来了新的规则供给，其中确立的“推定真实”和“视为原件”规则，初步解决了区块链证据的真实性认定和原件认定问题。但是作者隐私权边界尚待明晰，证据在实质合法性层面容易产生瑕疵，自证观念的欠缺也使得技术与法治之间存在张力。为此，可首先在版权诉讼中建立起技法融合的证据规则体系，完善法治规范以及司法审查程序，建立智能版权平台，促进区块链司法应用在我国生根发芽。

【关键词】 区块链技术　版权保护　证据规则

220.“换皮游戏”司法规制的困境及对策探析

【作者简介】 何培育，重庆理工大学重庆知识产权学院副院长、教授；李源信，重庆理工大学“一带一路”知识产权与创新发展研究院研究助理。

【发表期刊】《电子知识产权》2020 年第 9 期

【内容摘要】 “换皮游戏”抄袭玩法规则的行为，对原创者利益、消费者权益和市场竞争秩序造成了损害，通常会引发著作权和不正当竞争纠纷。但司法实践中，遵循“思想/表达”二分法的著作权法难以对“换皮游戏”做出规制，反不正当竞争法也因受限于法益受损的举证难度，而无法有效规制大部分“换皮游戏”。对此，应当分别优化著作权侵权认定和反不正当竞争行为认定体系：在著作权法规制方面，应当根据游戏类型和制作程序，提炼出玩法规则的设计要素及其串联方式，从而确定玩法规则的具体表达；在反不正当竞争法规制方面，则应当采取“竞争行为中心主义”，结合“搭便车”行为的判断标准认定游戏“换皮”行为的正当性，并根据个案情况进行利益衡量。

【关键词】 游戏规则　著作权　“思想/表达”二分法　反不正当竞争　搭便车

221. 视障者影视作品获取权研究进展及改进策略

【作者简介】 李军，浙江湖州师范学院社会发展与管理学院副教授。

【发表期刊】《残疾人研究》2020 年第 3 期

【内容摘要】 视障者影视作品获取权是残疾人阅读权的重要组成部分。无障碍电影是专为视障者制作发行的影视作品，涉及原版电影版权人的复制权、发行权、改编权、表演权和网络信息传播权等权利。我国版权法的无障碍条款仅仅规定盲文为无障碍合理使用范围，不利于保护我国残疾人的整体福利，应增加影视作品，同时将“盲文版”的表述改为“无障碍格式版”。无障碍电影的发行主体应为经授权的公益组织，无障碍通过技术手段等保障为残疾人所专用。在无障碍电影的制作成规模后，应考虑向原版电影版权人支付低于商业许可费的合理费用。

【关键词】 视障者　影视作品获取权　改进

222. 论舞蹈视频信息网络传播权的侵权认定与集体管理

【作者简介】 马明，北京舞蹈学院人文学院副院长、教授；吴孟洋，北京舞蹈学院硕士研究生。

【发表期刊】《艺术评论》2020年第9期

【内容摘要】 随着媒介技术的不断革新，数字影像、移动网络和云端服务等技术催发的海量舞蹈视频在网络传播中引发了一系列的侵权问题。该文首先系统梳理了信息网络环境下构成著作权客体的舞蹈视频的三种类型，然后从技术和作品内容这两个层面分析了舞蹈视频信息网络传播权侵权认定的问题和挑战，最后借鉴了国内外音乐著作权集体管理的经验，对交互式和非交互式信息网络环境下舞蹈视频集中管理的模式策略进行了深入思考和探索。

【关键词】 舞蹈视频　信息网络传播权　合理使用　转换性使用　集体管理

223. 机器人写作的身份确权与责任归属研究

【作者简介】 林爱珺，暨南大学新闻与传播学院教授，博士生导师；余家辉，暨南大学新闻与传播学院博士，肇庆学院政法学院/知识产权学院讲师。

【发表期刊】《湖南师范大学社会科学学报》2020年第5期

【内容摘要】 人工智能创作物是否有著作权及作者身份归属等一系列法律问题引发公众关注，也挑战着现行著作权法与民法的法律逻辑。从作者身份的视角分析人类作者、机器记者与创造力的关系，可辨清著作权法的作者身份为机器生产新闻带来的意义。智能机器虽具备著作权法要求的一定程度的创造力，但仍然缺乏“心智”和人格，一旦侵权或犯错不能被法律追究和惩罚，赋予其作者身份不足以承担法律责任，也不能被著作权法激励而产出报道。在现行法律框架下，机器生产新闻的作者身份应归于人类及其所在机构，但法律设计上可以考虑创设“类版权制度”来规范人工智能创作物。

【关键词】 人工智能创作物　机器生产新闻　著作人身权　机器记者　类版权

224. 知识产权国际条约在我国法院的适用

【作者简介】 杨珮茹，中国人民大学法学院国际法学专业博士研究生。

【发表期刊】《知识产权》2020年第9期

【内容摘要】 基于知识产权保护的地域性和独立性原则，在涉外知识产权案件中，知识产权国际条约并不当然具有优先适用的效力。在理论上，知识产权国际条约的生效方式、效力层级和可援引性问题都会直接影响知识产权国际条约在国内法院的适用。实践中，涉外知识产权案件适用国际条约的情形主要有直接适用、与国内法并列适用以及援引条约以解释国内法或直接援引条约的原则。我国应根据条约适用的理论，区分知识产权国际条约的属性，以高标准保护知识产权的结果为导向，选择适用保护标准高于国内法的国际条约。

【关键词】 知识产权国际条约　TRIPS协定　保护工业产权巴黎公约　保护文学和艺术作品伯尔尼公约　准据法

225. 对《著作权法修正案（草案）（二次审议稿）》的四点意见

【作者简介】 王迁，华东政法大学教授、博士生导师。

【发表期刊】《知识产权》2020年第9期

【内容摘要】《著作权法修正案（草案）（二次审议稿）》取消了作品所处的“文学、艺术和科学领域”的限制，同时将“作品类型法定”改为“作品类型开放”，这将打破作品与其他类型智力成果之间的界限，导致著作权保护范围的不当扩张，使法院难以反驳要求将技术方案、竞技体育动作设计乃至香水气味等“能以一定形式表现”的智力成果认定为作品的主张。将视听作品分为“电影作品、电视剧作品及其他视听作品”，并对“其他视听作品”视情况适用职务作品、合作作品和约定优先，无约定时归制作者的著作权归属规则，使此类视听作品的著作权归属变得异常复杂且可能与委托作品著作权归属规则产生冲突，不利于此类视听作品的许可与传播。将广播组织权的客体从“载有节目的信号”改回“其播放的广播、电视”无法解决为广播组织规定信息网络传播权造成的逻辑矛盾和正当性问题。为实现“以信号为基础的保护”方法，并防止对公有领域的侵蚀，应当遵从著作权法基本原理，删除广播组织的信息网络传播权。

【关键词】 著作权法　作品定义　作品类型　视听作品　广播组织权　信息网络传播权　信号

226. 体育赛事节目网络转播权保护的司法困境及对策研究

【作者简介】 王金稳，湖南人文科技学院体育学院副教授。

【发表期刊】《广州体育学院学报》2020 年第5 期

【内容摘要】 随着网络技术的快速发展，涉及未经许可的网络转播体育赛事节目的民事纠纷时有发生。如何保护体育赛事节目制作者的网络转播权，我国司法实践对此存在较大分歧，基于对我国相关案例不同观点的归纳与梳理，争议焦点集中于体育赛事节目的法律属性认定和对应权利的选取。独创性问题是体育赛事节目的法律属性认定的难点，适用何等权利保护体育赛事节目网络转播权是司法实践中的一个难题。我国应当以《著作权法》为主体构建良性法律保护体系，采用著作权与邻接权相结合的二元保护机制，通过修订《著作权法》，扩充著作权客体，增加信息网络传播权、录像制作者权、广播组织权权能内容，从而有效保护体育赛事节目制作者权利。

【关键词】 体育赛事节目　网络转播　著作权保护

227. 知识产权法律关系的私法研究范式转换

【作者简介】 李建华，长春财经学院法学院教授，吉林大学法学院教授、博士生导师；麻锐，吉林省社会科学院法学研究所研究员。

【发表期刊】《政法论丛》2020 年第 5 期

【内容摘要】 由于受到知识产权法学研究主要采用的“诸法合体”综合研究方法的消极影响，知识产权法律关系主要采用了多维度研究方法，这种研究方法背离了知识产权的私权性，致使知识产权法学缺乏科学、统一的学科划分和明确的学科定位。知识产权的私权属性决定了知识产权法学需要确立其应然的私法学研究范式，为此，首先应该实现知识产权法律关系的私法研究范式转换，构建私法研究范式下知识产权法律关系的基本范畴理论。知识产权法律关系的私法研究范式转换，既不能过度强调国家公共政策层面下的激励创新理论，也不能机械套用以有体物为基础的传统民事权利理论。在私法研究范式下，知识产权法律关系应该定性为私有知识财产法律关系，作为知识产权法律关系构成要素的知识产权主体和知识产权客体，则需要回归其应有的技术性的私法范畴。

【关键词】 知识产权法律关系　诸法合体　私法　研究范式转换　私有知识财产法律关系

228. 论著作权公示原则的确立及实践路径——以《著作权法》修法为契机

【作者简介】 杨明，北京大学法学院副教授。

【发表期刊】《中国出版》2020 年第 19 期

【内容摘要】 长期以来，《著作权法》在立法和司法层面均与民法基本原理不够契合，尤其是公示原则没有得到《著作权法》的充分重视。应当以《民法典》颁布为契机，在此次《著作权法》修法中明确公示原则的应有地位，进而就权利公示问题做出相应制度安排。这不仅能促使著作权立法在体系逻辑上与民法更加协调，同时也能有效回应相关司法实践中的难点和争议。

【关键词】 民法典　著作权法修改　公示原则　体系化

229. 我国《著作权法》修订应遵循的基本原则——兼评《著作权法修正案（草案二次审议稿)》

【作者简介】 卢海君，对外经济贸易大学法学院教授、博士生导师。

【发表期刊】《中国出版》2020 年第 19 期

【内容摘要】 现行《著作权法》颁布实施已有30 年，为了更及时、更好地回应经济社会的发展需要，亟须对现行《著作权法》中的部分规范进行调整。《著作权法》是产权保护法，应该贯彻市场机制，以产权保护为主旋律。《著作权法》不宜对作品进行定义，建议建立开放式的作品类型，取消录像制品的规定，明确人工智能生成物（创作物）的著作权法地位。建议《著作权法》建构更多的“原则性规范”，明确规定思想表达两分原则，规定上位的“传播权”，建立“伞形”的权利体系，建立开放式的合理使用制度。

【关键词】 产权保护　市场机制　作品类型化　思想表达两分原则　传播权　开放式结构

230. 著作权法上作品定义探讨

【作者简介】 曹新明，中南财经政法大学教授、博士生导师。

【发表期刊】《中国出版》2020 年第 19 期

【内容摘要】 2020 年 4 月 26 日，全国人民代表大会常务委员会对《著作权法修正案（草案)》进行了第一次审议，并且立即向全社会公开征求意见。由此正式开启了《著作权法》第三次修改的立法程序。从《征求意见稿》可知，本次修订只是现行《著作权法》的局部修正，不是整体重构。本次修订正处于人工智能创作能力不断提升，对《著作权法》构成挑战的时期。8 月 8 日，经过前期征求意见后拟定修改稿，由全国人大常委会进行第二次审议。二审稿与一审稿相比较，对作品的定义做出了进一步的修改，意在使之更加完善。该定义仍然没有就作者究竟何所指（自然人、机器人、人工智能或者动物等）做规定，也没有明确《著作权法》中的作品应当是思想内容的表达形式，需要研究。

【关键词】 作品　自然人作者　思想内容的表达形式

231. 完善我国《著作权法》“出版”相关规定的思考

【作者简介】 来小鹏，中国政法大学民商经济法学院教授、博士生导师；高雅文，中国政法大学民商经济法学院博士研究生。

【发表期刊】《中国出版》2020年第19期

【内容摘要】 “出版”一词的内涵和外延在我国现行法律法规中的规定并不清晰。互联网技术发展催生了新型出版方式，传统意义上的出版也发生了许多新的变化。我国《著作权法》第三次修改工作正在进行，如何从法律层面正确界定“出版”，不仅是《著作权法》修改完善之需要，也是我国版权事业不断发展的现实需求。研究系统梳理我国相关法律法规及政策对“出版”的已有规定，从现行《著作权法》视角分析“出版”相关规定存在的问题，并就如何从立法、司法方面完善我国《著作权法》有关“出版”规定提出具体思考和建议。

【关键词】 出版　著作权法　制度完善

232. 价值冲突：公共领域理论的式微与著作权扩张保护的限度

【作者简介】 马治国，西安交通大学法学院教授；赵龙，西安交通大学法学院博士研究生。

【发表期刊】《山东社会科学》2020年第10期

【内容摘要】 我国著作权法缺乏稳定的价值基础。《著作权法》第三次修订中的诸多条款均以激励创作为价值取向，著作权持续扩张保护趋势将严重侵蚀公共领域的边界。著作权法在保护著作权人权益的同时，还应注重保护公共领域，具体可从明确独创性要件是著作权保护的界线以及扩大著作权保护时应履行合法正当程序这两个方面进行保护。公共领域与著作权之间的冲突，本质上是激励价值和公共价值如何协调的问题。应维持著作权保护和公共领域保留之间的合理平衡。

【关键词】 公共领域　著作权扩张保护　价值冲突

233. 新闻职务作品版权归属：历史、争议以及建议——兼评《中华人民共和国著作权法修正案(草案)》第16条

【作者简介】 朱鸿军，中国社会科学院大学新闻传播学院教授、博士生导师；彭桂兵，华东政法大学传播学院副教授。

【发表期刊】《编辑之友》2020年第10期

【内容摘要】《中华人民共和国著作权法》对新闻职务作品的规定20年未变，甚至一些学者对此做出了肯定。但笔者认为，《著作权法》中的新闻职务作品条款已凸显出修改的必要性，这种必要性源于条款对新闻职务作品规定的多样性导致的司法裁判和版权许可的双重不确定性。2012年至2014年，《著作权法》修改前后经历三稿，最终确定了新闻职务作品作为特殊职务作品类型存在，这一规定在当时招致了实务界的批评和抗议。《中华人民共和国著作权法修正案（草案）》仍保留了上一轮修改结果。为避免上一轮修改引发的争议，笔者认为要审慎地对修改的必要性做出回应，既要考虑媒体单位利益，也要考虑作者利益，同时回应新闻版权实践中合同许可的情形。

【关键词】《著作权法修正案（草案）》　版权归属　特殊职务作品

234. 电竞赛事直播中的利益配置与法律保护

【作者简介】 李杨，苏州大学王健法学院副教授、博士生导师。

【发表期刊】《学习与探索》2020年第10期

【内容摘要】 电竞产业是信息产业向体育产业渗透并融合而生的新兴产业，已构成体育产业链的重要内容之一。然而，伴随数字传媒技术的融合发展，我国电竞赛事直播中的利益配置在制度保障方面仍存在较大障碍，司法保护实践也缺乏较统一的认识。从电竞直播法律关系入手，应厘清直播不同阶段的客体范围，从影视作品的创作形式要件和“固定”要求可以证立电竞直播画面构成类电影作品。此外，有必要把独创性的有无而非高低作为著作权/邻接权的界分标准，在权能设置上根据传播方式的“交互”与否而非不同的传播媒介来进行划分，同时充分发挥《反不正当竞争法》“准一般条款”保护财产性民事利益的应急补充作用。基于此，我国应立足于本土法律实践，进一步完善电竞赛事直播利益的法律保护机制：在《体育法》中设置一项法定的财产权基础，使之与民法体系相衔接；进一步完善《著作权法》中的作品、著作权及邻接权等相关规定，对《反不正当竞争法》第 2 条“准一般条款”的适用规则做进一步调适；同时，充分利用体现意思自治原则的合同规则及对权利回授约定进行必要限制，以有效化解电竞赛事直播中的法律风险和权属纷争。

【关键词】 电竞赛事　直播画面　利益配置　知识产权　赛事利用权

235. 论媒体职务作品著作权归属机制的变革与完善——兼评《中华人民共和国著作权法修正案(草案二次审议稿)》第十八条第二款

【作者简介】 刘鑫，中南财经政法大学法学院民商法系讲师、知识产权研究中心专职研究员。

【发表期刊】《科技与出版》2020 年第 10 期

【内容摘要】 媒体职务作品的著作权归属是当前媒介技术现代化背景下我国《著作权法》第三次修改中突出关注的重点问题。自媒体传播模式对现在职务作品权属规则的挑战，以及媒体融合趋势下重构职务作品权属规则的诉求，是《中华人民共和国著作权法修正案（草案二次审议稿）》中媒体职务作品著作权归属被予以专门条款设定的实践动因。而对于作者人格权益及创作热情的损害，以及与劳务派遣新型雇佣关系的不适应性，则使媒体职务作品权属的“厚单位主义”转变备受争议。为此，应从媒体职务作品创作与运行的本质属性出发，明确媒体职务作品的一般职务作品定位，完善媒体职务作品的约定权属机制，实现媒介技术现代化发展进程中媒体职务作品著作权的合理配置。

【关键词】 媒体职务作品　著作权归属　《著作权法》第三次修改

236. “虚拟现实＋出版”模式引发的著作权困境与对策

【作者简介】 咸晨旭，中南财经政法大学知识产权研究中心博士研究生。

【发表期刊】《科技与出版》2020 年第 10 期

【内容摘要】 “虚拟现实＋出版”的出版模式，在 5G 商用和国家文化与科技融合政策的推动下将进入高速发展时期，但“虚拟现实＋出版”模式的著作权法回应，尚存在“出版”行为属性不明、虚拟现实出版物作品类型不清和参与出版主体版权权益划分混乱的困境。基于“虚拟现实＋出版”模式下“出版”行为包含的创作性劳动以及虚拟现实出版物的本质特征，应肯定“出版”行为的演绎属性；将虚拟现实出版物划分为类电作品；确定以出版者为著作权人的权益分配规则，最终明确“虚拟现实＋出版”模式的著作权法保护路径，为相关产业的长远发展护航。

【关键词】 虚拟现实　出版　著作权

237.《民法典》背景下出版合同解除体系的完善

【作者简介】 云晋升，上海交通大学凯原法学院博士研究生。

【发表期刊】《出版发行研究》2020 年第 10 期

【内容摘要】 原《合同法》和《民法典》都没有较好地应对非根本违约情形下的出版合同解除问题。既有的解除规则主要针对买卖等简单合同而设计，忽略了出版合同的特殊需求。出版合同属于继续性合同，因此当事人之间的信赖关系在出版合同中显得尤为重要。一方的行为如果架空了双方的信赖合作基础，即使没有构成根本违约，另一方也应当有权解除合同。在个案解决上，可类推适用同样强调信赖关系的委托合同的解除规则。适用过程中，需要把信赖关系丧失的认定由主观标准改为客观标准，以将任意解除转化成有条件解除。最为彻底的解决办法是，在《著作权法》中为出版合同增加专门的重大事由解除规则。

【关键词】 民法典　出版合同　合同解除体系　信赖基础　违约

238.《民法典》的实施与版权合同的完善

【作者简介】 丛立先，华东政法大学知识产权学院教授、博士生导师。

【发表期刊】《出版发行研究》2020 年第 10 期

【内容摘要】《民法典》体系化、私权化、创新性、权威性的立法形式和完整翔实的法律规则为版权产业及版权合同提供了规范性的制度条款和有力的法治保障。《民法典》关于民事权利主体的相关规定对我国专有出版权的合同主体进行了有效规制，也提供了规则完善的可行思路。《民法典》、《著作权法》与《著作权法实施条例》对于版权许可使用合同规定的法律冲突，尚需法律法规之间进行协作调整。《民法典》的总则编、物权编、合同编、人格权编均对版权转让合同有所规制，还需要著作权法相关规则的跟进和衔接。

【关键词】《民法典》　专有出版权合同　版权许可使用合同　版权转让合同

239. 数字信息资源长期保存法定许可使用制度的设计与构建

【作者简介】 王爱霞，西北政法大学商学院研究馆员；白苏红，西北政法大学图书馆副研究馆员；王慧莹，西北农林科技大学图书馆副研究馆员。

【发表期刊】《国家图书馆学刊》2020年第5期

【内容摘要】 从立法原则、法理理论、现实需要等三个方面考量，运用法定许可使用制度解决我国数字信息资源长期保存中的著作权问题十分必要。目前，我国《著作权法》及其相关法律法规中还没有关于数字信息资源长期保存的法定许可使用规定，这种缺失既影响了我国数字信息资源长期保存工作的顺利进行，也影响了著作权人利益的全面实现。只有从明确数字信息资源保存者的法律地位、赋予保存者法定许可使用权、保持法定许可使用与合理使用之间的适度平衡等方面进行设计，并从确定行使法定许可使用制度的主体、明确法定许可使用制度的客体、设置许可费用管理机构、制定许可费用标准、保障许可费用来源等方面对法定许可使用制度进行构建，才能保障我国数字信息资源长期保存事业的稳定发展，更好地实现我国数字文化产品的传承与传播。

【关键词】 数字信息资源保存　著作权　著作权法　法定许可

240. 古籍点校成果的著作权保护模式研究

【作者简介】 甘竞圆，同济大学上海国际知识产权学院硕士研究生；张怀印，同济大学上海国际知识产权学院副教授、博士生导师。

【发表期刊】《图书馆杂志》2020年第10期

【内容摘要】 人类的智力劳动成果要满足著作权法意义上的“独创性”要件才能成为受保护的作品。该文对古籍点校成果的可版权性问题展开研究，旨在探寻古籍点校成果的合理保护模式。通过著作权法理分析，该文认为点校行为是满足“独”的标准的智力劳动行为，但其成果不满足“创”的高度，而且在平衡利益、促进信息自由与文化繁荣的公共政策考量下，点校成果因其表达与思想混同、还原事实（古文原意）而被著作权法排除在保护范围之外。点校行为是辅助性劳动，其结果（点校本）是基于辅助工作的非创造性劳动产物。出版机构在组织点校活动过程中投入大量人力、物力、财力等成本，因此对于点校成果及其投资者，可考虑通过邻接权制度进行保护。

【关键词】 独创性　利益平衡　额头流汗　作者意图　邻接权

241. 论著作权法对“创作者特权”的确认与限制——以“鬼吹灯”案中的作者续写权利主张为切入点

【作者简介】 谢晴川，南开大学法学院讲师；何天翔，香港城市大学法律学院助理教授。

【发表期刊】《交大法学》2020年第4期

【内容摘要】 “创作自由”与“创作者的自由”是一对容易混淆的概念，《著作权法》对这两类自由采取了不同的确认方式，不宜仅基于“创作自由”的话语扩张“创作者特权”，乃至将其主张为著作权法上的专有权利。“鬼吹灯”同人作品案中被控侵权人主张的“系列故事续写权”实为一种积极权利，不同于一审判决和既有研究中确认的消极权利，因而违背了《著作权法》第1条和第10条中对于“创作者特权”及其专有权利化主张的限制。该类主张的背景是两大法系中作品观融合导致了对作者权益的挤压，作者权理念在法律实践中出现了反弹。从现代社会中创新的复合属性、版权利益分配格局的自发形成、我国社会中通行的权利观念等角度出发，应当坚守《著作权法》对于创作者自由的既有确认与限制机制。《民法典》对于一般人格权的保护则能够提供外部的制度协同。

【关键词】 著作权法　作者权　创作自由　著作人身权　一般人格权

242. 图书馆数字阅读服务中的著作权侵权规避策略研究

【作者简介】 吉宇宽，河南大学文献信息研究所馆长。

【发表期刊】《图书馆工作与研究》2020年第10期

【内容摘要】 图书馆数字阅读服务中存在超出著作权许可范围、未经许可、共同侵权的作品提供行为，给图书馆带来著作权侵权的风险。针对图书馆具体的著作权侵权行为，依据合同法、著作权法定许可和免责条款的相关规定，探索行之有效的著作权侵权规避策略，以期解除图书馆数字阅读服务中的著作权侵权困境。

【关键词】 图书馆　数字阅读　作品提供　著作权侵权　侵权规避

243. 理论与实践：论体育赛事节目的独创性——兼评新浪诉凤凰网、央视诉暴风影音赛事转播案终审判决

【作者简介】 秦健，中南财经政法大学知识产权研究中心博士研究生；李青文，中南财经政法大学知识产权研究中心助理研究员。

【发表期刊】《中国出版》2020 年第 20 期

【内容摘要】 我国司法实践中法院多以独创性未达到电影作品的要求为由而将体育赛事节目作为录像制品给予邻接权保护，这给体育赛事节目的法律保护带来诸多困境。实际上，《著作权法》及《著作权法实施条例》对电影作品独创性的要求与其他类型的作品并无二致。从素材的选择来看，节目制作者认为某体育赛事素材具有较高的经济或社会价值，这本身就是制作者独创性的体现；同时，对素材的拍摄、画面选择与编排等因素也并未扼杀制作者的独创性空间。因此，体育赛事节目独创性达到了电影作品的最低要求。

【关键词】 体育赛事节目　作品　独创性

244. 区块链技术构建数字著作权生态系统对图书馆的实践价值

【作者简介】 吉宇宽，河南大学文献信息研究所馆长。

【发表期刊】《图书情报工作》2020 年第 19 期

【内容摘要】 目的/意义：运用区块链技术构建数字著作权生态系统，对于维护图书馆的著作权利益具有重要的实践价值。方法/过程：以往作品交易环节过于繁杂影响图书馆获取著作权效率，采用智能合约省略著作权交易环节，能够达到提高图书馆著作权获取效率目标；以往由于著作权人和侵权人难以查找、侵权难以认定、侵权损失难以计算，影响到图书馆著作权交易的安全性和损害赔偿的公正性，通过区块链技术解决这些问题，能够增强图书馆著作权交易的安全性和保障图书馆损害赔偿的公正性。结果/结论：运用区块链技术构建的数字著作权生态系统，能够解决图书馆著作权获取、著作权交易安全和损害赔偿公正性的问题。

【关键词】 区块链　数字作品　图书馆　著作权交易

245. 论我国摄影作品保护期与国际版权条约的衔接——兼评《著作权法修正案（草案）》第 62 条

【作者简介】 王迁，华东政法大学教授、博士生导师。

【发表期刊】《东方法学》2020 年第 6 期

【内容摘要】 我国现行著作权法规定自然人摄影作品的保护期限为首次发表后 50 年，该规定并不符合《世界知识产权组织版权条约》有关摄影作品保护期应为作者有生之年加死后 50 年的要求。《著作权法修正案（草案）》将自然人摄影作品的保护期限延长至作者有生之年加死后 50 年，但又规定如摄影作品依现行著作权法规定的保护期限届满而进入公共领域的，即使其保护期限依修改后的著作权法尚未届满，也不受修改后的著作权法的保护。该规定并不符合《世界知识产权组织版权条约》，因为该条约早在 2007 年 6 月 9 日就已对我国生效。修改著作权法的适当方式是：只要摄影作品依现行著作权法规定的保护期在 2007 年 6 月 9 日尚未届满，那么该摄影作品的保护期就应当为作者有生之年加死后 50 年。这将导致对之前利用一些摄影作品的合法行为受到修改后的著作权法的追溯，但这是我国为履行《世界知识产权组织版权条约》规定的义务所付出的必要代价。

【关键词】 摄影作品保护期　著作权法　国际版权条约　追溯保护　法不溯及既往　著作权法修正案

246. 机器学习对著作权合理使用制度的挑战与应对

【作者简介】 高阳，上海对外经贸大学讲师；胡丹阳，上海对外经贸大学硕士研究生。

【发表期刊】《电子知识产权》2020 年第 10 期

【内容摘要】 人工智能技术在给人类生活带来便利的同时也深刻影响着著作权制度。以往机械学习使用作品的行为并不侵犯著作权人的专有权利，可适用合理使用规则保证技术的发展。而机器学习作为人工智能的核心技术，对其适用合理使用将打破著作权人专有权利与技术发展之间的利益平衡。文章从机器学习技术的工作原理出发，讨论机器学习技术存在的著作权侵权风险；并从理论基础、规则适用等方面分析机器学习技术对著作权合理使用制度的挑战。为解决著作权人权利保护与人工智能技术发展之间的矛盾，该文提出对人工智能技术公司适用法定许可作为解决之道。

【关键词】 人工智能　机器学习　合理使用　转换性使用　法定许可

247. 美国雇佣作品原则的立法与司法考察及其对我国的启示

【作者简介】 杨丽，北京航空航天大学博士研究生。

【发表期刊】《电子知识产权》2020 年第 10 期

【内容摘要】 美国作为“雇佣作品原则”的起

源国，其关于雇佣作品原则的立法及司法实践内容丰富，对我国具有较高的借鉴价值。通过对有关“雇佣作品原则”主要法条的分析，可以看出，美国的版权立法深受本土文化的影响，凸显了对经济利益的追求。美国关于“雇佣作品原则”的立法规定更是与其社会政治经济制度密切相关，并且在司法实践中逐步得到完善。美国虽然创建了“雇佣作品原则”，但其规定并非画一之法，我国在具体适用该原则时，仍需结合本国国情，实现该原则的本土化改造。申言之，我国不必拘泥于所谓的法系派别，而应当从善如流，择优而用，在立法中明确接纳“雇佣作品原则”，并以指导案例的形式，确定职务作品的认定标准。

【关键词】 雇佣作品原则　职务作品　立法考察　司法适用　启示

248. 图书馆数字资源长期保存过程中复制行为的法律边界研究

【作者简介】 柴会明，天津音乐学院院图书与信息中心副研究馆员。

【发表期刊】《图书情报工作》2020年第20期

【内容摘要】 目的/意义：图书馆数字资源长期保存过程中的复制行为受到版权法的规制，厘清图书馆数字复制法律边界对图书馆数字保存的开展具有重要意义。方法/过程：基于国际版权法与部分国家国内版权法法律文本，采取比较研究的方法，对当前复制权保护和图书馆基于保存或替换目的所享有的复制权例外进行梳理和分析。结果/结论：国际公约及各国版权法对图书馆数字资源保存过程中复制权例外法律边界的宏观塑造集中在“图书馆范围”“可复制的作品的范围”“限制条件”三个方面，并从四个方面对我国今后图书馆数字保存相关立法提出建议。

【关键词】 图书馆　数字资源长期保存　复制权例外

249. 破解短视频版权治理困境：社会治理模式的引入与构建

【作者简介】 冯晓青，中国政法大学民商经济法学院教授、光明新闻传播学院教授、博士生导师；许耀乘，中国政法大学法学院硕士研究生。

【发表期刊】《新闻与传播研究》2020年第10期

【内容摘要】 短视频正逐步成为我国主流媒体发声的重要媒介。治理短视频版权侵权乱象、优化短视频版权保护生态是促进媒体融合战略实施、推进版权治理能力现代化的重要方面。目前我国司法治理和行政治理分别因适用范围有限、难以建立长效机制而无法从根本上破解侵权短视频泛滥的治理困境。因此需引入社会治理，在法律制度框架内进行多元社会主体的协同治理，建立长效化机制。短视频版权领域的社会治理应着力于调和短视频平台、权利人、社会公众之间的利益冲突。三方利益冲突的平衡应基于对治理资源和技术能力的分配考量，探索构建“以平台为核心、权利人配合、社会公众监督”的社会治理模式。在此模式下，首先需结合著作权限制制度明晰短视频的版权保护标准，其次需通过三方主体的协调来推动过滤机制的良好运行。

【关键词】 短视频　版权治理　社会治理　利益平衡　版权过滤

250. 媒体融合发展中科技期刊版权保护路径探析

【作者简介】 郭媛，《深圳大学学报理工版》编辑部；卫亚东，《深圳大学学报理工版》编辑部；王晓琪，《深圳大学学报理工版》编辑部。

【发表期刊】《编辑学报》2020年第5期

【内容摘要】 信息时代传统媒体和新兴媒体的多元融合为科技期刊在内容建设与传播力提升方面注入新动力，但媒体融合产生的诸多新形式作品以及数字技术、信息技术的广泛应用，也使传统版权保护在内容、范围以及技术手段等方面已不能满足科技创新的需要。文章通过调研科技期刊媒体融合的常见路径，分析版权制度不完善，侵权成本低、认定难，维权成本高及版权价值难以评估等问题，指出加速修订著作权法势在必行，现阶段可利用区块链技术进行数字版权管理和版权价值评估，加强科技编辑的版权保护意识，妥善处理版权保护与扩大期刊传播力之间的辩证关系，使版权更好地服务于科技进步和媒体融合发展。

【关键词】 媒体融合　科技期刊　版权保护　数字版权　区块链技术

251. 新冠疫情影响下的美国最高法院与2019年度知识产权判例解析

【作者简介】 金海军，中国人民大学法学院教授。

【发表期刊】《知识产权》2020年第10期

【内容摘要】 由于受到新冠肺炎疫情影响，美国最高法院在2020年上半年历史性地采用电话会议方式举行庭审听证，并且推迟结束 2019 年开庭期。美国最高法院在本年度审结的案件总量有所减少，但知识产权案件判决仍然多达 7 件，超过往年。2019 年度判决的商标权案有 3 件，涉及商标与通用名称、损害赔偿、一事不再理原则等，另有著作权案和专利案各 2 件。对这些案件的判决加以介绍与分析，总结其特点，对我国知识产权司法保护制度的改革具有参考价值。

【关键词】 新冠肺炎疫情　知识产权判例　侵权获利　电话听证　独创性　律师费　通用名称

252. 知识图书馆收藏人工智能创作物的法律思考

【作者简介】 麻思蓓，中国科学技术信息研究所信息资源中心副研究馆员；许燕，中国科学技术信息研究所科技报告服务与产业情报研究中心副研究员。

【发表期刊】《图书馆建设》2020 年增刊

【内容摘要】 智能创作正在成为一种创作趋势。图书馆对于人工智能创作物应予以收藏，但需要厘清一些与著作权相关的问题。运用文献分析法和比较研究法探讨人工智能创作物的独创性，人类作为人工智能创作物权利主体的合理性。分析认为，具有独创性的人工智能创作物应受著作权保护；人类应是人工智能创作物的权利主体。图书馆在收藏人工智能创作物时应了解作品的著作权状况，回避有著作权争议的作品。

【关键词】 人工智能　图书馆　人工智能创作物　著作权

253. 论新技术实践下侵犯著作权罪共犯归责的具体认定

【作者简介】 马文博，北京大学法学院博士研究生。

【发表期刊】《法律适用》2020 年第 21 期

【内容摘要】 面对新技术实践下网络空间日益严峻的著作权侵权态势，刑法如何发挥应有的规制机能成为新的时代课题。对于利用深度链接、P2P 技术实施的著作权侵权案件，应先判断行为是否构成侵犯著作权罪的正犯，如得出否定结论再判断是否构成本罪的共犯。行为人虽仅提供侵权作品链接，但与侵权作品提供者存在共同意思联络的，构成共同犯罪。在意思联络的证明上，则有必要根据网络犯罪的特点予以和缓化处理。行为人间不存在意思联络，但链接对象具有法益侵害的高度盖然性时，提供链接服务的行为属于可罚的中立帮助行为。

【关键词】 侵犯著作权罪　深度链接　共同犯罪　意思联络

254. 我国著作权集体管理制度的建立与发展

【作者简介】 张洪波，中国文字著作权协会常务副总干事。

【发表期刊】《中国出版》2020 年第 21 期

【内容摘要】《中华人民共和国著作权法》颁行 30 年来，中国文字著作权协会等五家著作权集体管理组织在获得较快发展的同时，也遇到了发展不平衡不充分问题。在著作权法律法规修改完善中，应该强化著作权集体管理，完善法定许可付酬保障机制，加强对著作权集体管理组织的监管、指导与服务，让著作权集体管理组织成为新时代知识产权强国建设和社会治理的重要力量。

【关键词】 著作权　集体管理　法治建设　社会治理

255. 我国著作权法总体趋向与优化进路

【作者简介】 丛立先，华东政法大学知识产权学院教授、博士生导师。

【发表期刊】《中国出版》2020 年第 21 期

【内容摘要】《中华人民共和国著作权法》30 年的发展历程，总体上呈现出了价值上的多元化、利益上的本土化、技术上的现代化、经济上的产业化、政策上的战略化、制度上的特色化、规则上的趋同化等七个发展趋向。从未来的优化进路来看，应从根本上厘清著作权法六个方面基本规则调整对象的相对开放性和相对封闭性，消除理解误区和认知争议，保证优化进路的方向正确和基点准确。

【关键词】 著作权法　总体趋向　相对开放　相对封闭

256. 从著作权法看挪用经典音乐的正当边界

【作者简介】 熊文聪，中央民族大学法学院副教授。

【发表期刊】《人民音乐》2020 年第 11 期

【内容摘要】 近年来，有关挪用、调侃经典音乐作品的事件层出不穷。某单位内部娱乐晚会改编抗战歌曲《黄河大合唱》遭到网友讨伐，而岳云鹏改编《牡丹之歌》创作出的《五环之歌》却被法院认定为不侵权。该文分析了音乐创作中的词曲关系，认为对音乐作品应当分情况认定是否构成合作作品，再根据合作作品的权利规则确定权利归属。针对戏仿形成的音乐作品，如果其并未跨越合理使用的边界，不构成侵权行为。

【关键词】 著作权法　音乐创作　戏仿　合理使用

257. 我国《民法典》个人信息合理使用的情形清单与评估清单——以“抖音案”为例

【作者简介】 卢震豪，清华大学法学院法学博士研究生。

【发表期刊】《政治与法律》2020 年第 11 期

【内容摘要】 在我国法上，结合《民法典》规范解释与“抖音案”判决思路，比较著作权合理使用制度，个人信息合理使用的法律适用应采“双清单模型”，即先满足“开放情形清单”再满足“开放评估清单”，两者皆满足方构成个人信息合理使用。“开放情形清单”优先适用《民法典》第 1036 条，其次适用第 999 条，再按第 1023 条转致适用第 1020 条，其中遵循“维护公共利益与私权益”目的标准的非穷尽列举。“开放评估清单”应先考虑“抖音案”中司法创制的“三方面说”，再适用《民法典》第 1035 条的“三原则说”。个人信息合理使用是抗辩而非权利，因此“抖音案”存在程序瑕疵。个人信息合理使用并不排除商业使用，应在“三方面说”的方面二中增设“转换性因素”。互联网平台商业使用的创新转换性越高，构成个人信息合理使用的可能性越大。

【关键词】 个人信息　合理使用　民法典　情形清单　评估清单

258. 新闻聚合平台著作权侵权的法律规制

【作者简介】 王卓，广西民族大学助理研究员。

【发表期刊】《广西大学学报（哲学社会科学版）》2020 年第 6 期

【内容摘要】 新闻聚合平台主要通过深度链接、爬虫抓取以及重新整合的方式完成内容更新，但对于内容创作者与传统媒体而言，深度链接明显侵犯了其新闻传播权，因此需要对新闻聚合平台的著作权侵权行为进行规制。但由于目前我国在著作权法以及其他相关规范上对深度链接等技术的侵权性定义不明确，所以新闻聚合平台往往在实践中利用“避风港”原则抗辩其侵权行为。当然，新闻聚合平台作为一种融合媒体，的确满足了用户的阅览需求，也是媒体发展的趋势体现，因此对新闻聚合平台的著作权侵权进行规制，事实上也是为了规范此类融合媒体的业务流程，保护传统媒体与新媒体内容创作者的合法权益，让新闻的核心价值在现代技术发展背景下依旧闪耀。

【关键词】 新闻聚合　侵权　著作权

259. 中外合作拍摄电影双边条约的法律问题研究

【作者简介】 刘毅，北京理工大学法学院副教授。

【发表期刊】《中国政法大学学报》2020 年第 6 期

【内容摘要】 为推动中国电影产业的国际化进程，中国政府已经与 22 个国家和地区签订了中外合作拍摄电影的双边条约，为合拍片提供了国际法层面上的支持和保护。目前学术界对合作拍摄电影双边条约法律问题的研究尚属空白，需要结合电影法律规范和国际法学的理论与实践，分别从国际法问题、实体法问题和程序法问题三个方面着手，对这些双边条约的内容及其实施予以深度的分析与解读，以实现通过中外合作拍摄促进中国电影产业发展和国际文化交流之目的。

【关键词】 合拍片　双边条约　国际法问题　实体法问题　程序法问题

260. 著作权法的理论前提：从“经济人假设”到“社会人假设”

【作者简介】 吕炳斌，南京大学法学院教授，博士生导师。

【发表期刊】《当代法学》2020 年第 6 期

【内容摘要】 当代著作权法的主导性理论是激励理论，其中隐含着“经济人假设”的前提。然而，随着信息网络技术的发达，著作权法赖以存在的生态环境已发生剧烈改变。著作权的普遍性正在增加，不再是少部分职业作者的权利；作者的创作动机呈现多样化，只有部分作者响应经济激励而创作；作者的权利意识也出现了分化。以产权激励理论为基础的著作权法的现实基础正在逐步瓦解，其理论前提即“经济人假设”也面临着挑战。“社会人假设”将是一种更为贴合社会现实的著作权法理论前提。提倡“社会人假设”，需要重新寻找著作权法的理论基础，以及调整优化著作权法的个别制度和规则。

【关键词】 著作权法　激励理论　经济人假设　社会人假设

261. 困境与出路：人工智能编创物的保护路径选择与构建

【作者简介】 饶先成，南京大学法学院博士生。

【发表期刊】《出版发行研究》2020 年第 11 期

【内容摘要】 在私力救济无法给予人工智能编创物合理救济时，法律介入救济具有必要性。采用设权模式存在着独创性、主体资格和知识产权理论上的困境和障碍。在此基础上，寻求竞争法模式构建人工智能编创物的保护路径，并论证其正当性，与设权模式相比有明显的优势。基于竞争法模式，依据现行《反不正当竞争法》即可对损害人工智能编创物经营者利益的不正当行为予以规制，并设置合理的竞争法保护边界，有利于防止对公共领域的侵害。

【关键词】 人工智能　编创物　著作权　公共领域

262. 利益平衡视角下人工智能编创使用行为的法律定性与保护路径研究

【作者简介】 张润，中国人民公安大学法学院讲师；李劲松，中南财经政法大学民商法硕士研究生。

【发表期刊】《出版发行研究》2020 年第 11 期

【内容摘要】 人工智能通过机器学习能够实现新的作品创作，但机器学习过程中的使用行为存在侵犯他人著作权的风险。将该使用行为认定为侵权行为或者合理使用均不符合著作权法的立法本意。因此，一方面为了有效促进人工智能在内容创作领域的发展和保护人工智能研发者的利益，宜将人工智能编创使用行为界定为法定许可；另一方面为了弥补著作权人的弱势地位，实现其合法权利的有效保护，需要建立人工智能著作权侵权公益诉讼制度。

【关键词】 人工智能　侵权行为　合理使用　法定许可　公益诉讼

263. 医学科技期刊数字出版特征及著作权保护调查

【作者简介】 杨克魁，中山大学附属第一医院期刊中心《中华肾脏病杂志》编辑部编辑；姚亚楠，中山大学附属第一医院期刊中心《中华普通外科学文献（电子版）》编辑部编辑；王志娟，南方医科大学珠江医院《中华神经医学杂志》编辑部副编审；彭苗，中山大学附属第一医院期刊中心《中华肾脏病杂志》编辑部编辑。

【发表期刊】《中国科技期刊研究》2020 年第 11 期

【内容摘要】 目的：分析我国医学科技期刊的数字化出版特征及从业者对著作权认知、行为实践和关切现状，期望提升从业者在著作权保护方面的“知行合一”能力，为我国的科技创新、出版人员规范化培训提供参考和依据。方法：选择 68 种 2004 年以来创办的医学电子科技期刊及 18 种已开展数字出版的医学科技期刊，使用自行设计的匿名自填式问卷，对以上期刊的主要从业人员进行问卷调查。结果：目前我国医学科技期刊已由纸质、光盘出版向网络出版过渡，但多处于初级阶段；基本建立了著作权保护制度，但侵权审查流程不够严密。从业人员对著作权保护及侵权的认知状况处于中上水平，70%以上在自我约束、非合理使用等方面有保护意识，但选择违法必究的比例不到 1/3，目前数字出版著作权维护还存在诸多困难、障碍。结论：我国医学科技期刊的数字化出版尚需完善整体配套方案。医学科技期刊从业者的著作权维护意识较强，但实际保护行为较少。期刊出版单位应重视数字出版人才的“定制培养”，注重办公设备的合规性，提高应对数字出版著作权保护及纠纷的能力。

【关键词】 数字出版　著作权　医学科技期刊　问卷调查

264. 知识产权许可使用权对第三人效力研究

【作者简介】 张鹏，中国社会科学院法学研究所助理研究员。

【发表期刊】《北方法学》2020 年第 6 期

【内容摘要】 为了加强对知识产权被许可人的保护，应允许专有许可使用权具有对世排他效力。其中，因权利人的处分行为而发生的排他权转移效果在实体法上是专有许可被许可人得以独立向侵权人行使诉权的基础。权利人在同一许可条件下多次发放专有许可的，在后专有许可构成无权处分。在排他权意义上，在后专有许可被许可人不享有任何权益；在使用权意义上，在后专有许可被许可人是否可以对抗在先专有许可被许可人取决于在先专有许可是否进行了公示。在公示手段与对抗效力的关系上，商标权、专利权、著作权间存在不同考量。非专有许可的被许可人不享有独立的诉权，但可对抗在后受让人与破产管理人而继续使用。

【关键词】 知识产权　许可使用　第三人效力　买卖不破许可

265. 图书馆图片数据库著作权问题研究

【作者简介】 张丽，佳木斯大学图书馆馆员；刘雪竹，佳木斯大学图书馆研究馆馆员；苏贵章，佳木斯大学图书馆副教授；王冶，佳木斯大学图书馆馆员。

【发表期刊】《图书馆工作与研究》2020年第11期

【内容摘要】在媒体融合时代的信息传播中，大众对图片的需求量急剧增加，图片侵权案件也迅猛增长。此时，图书馆理应建立图片数据库并做好其著作权的保护工作，为智慧全媒体生态系统创建良好的网络环境，以避免用户在使用图片时产生侵权纠纷。该文通过对国内236名图书馆从业人员进行网络问卷调查，结合文献调查研究，分析图书馆图片数据库著作权保护现状，梳理图片数据库著作权的法理基础，明确图书馆对其图片数据库拥有合理使用的权利，进而提出创新与优化图片数据库著作权的保护策略，以期为图书馆图片数据库著作权保护提供法理依据及借鉴。

【关键词】图书馆　数据库　著作权　图片　媒体融合

266. 体育赛事节目的广播组织权保护研究

【作者简介】黄宗琪，厦门大学知识产权研究院博士研究生；林秀芹，厦门大学知识产权研究院教授、博士生导师。

【发表期刊】《北京体育大学学报》2020年第11期

【内容摘要】近年来，各大互联网公司斥巨资抢夺的体育赛事节目播出资源饱受盗播之苦。体育赛事节目相关纠纷频发，法院对体育赛事节目的权利属性和保护路径看法不一，导致判决结果各异。对此，该文从促进体育产业健康发展的角度出发，运用案例分析法和文献分析法，研究我国体育赛事节目的保护现状及其存在的问题，提出通过完善广播组织权来保护体育赛事节目。我国新《著作权法》为广播组织扩张了转播权并新增信息网络传播权，但未解决广播组织权利主体和权利客体等相关问题。应当将广播组织权的主体范围扩大至新型的网络传播主体，确定广播组织权的客体为载有节目的信号，基于利益平衡原则对权利进行一定的限制，如赋予公众免费观看重大体育赛事活动的合理机会并给予未获独家转播授权的媒体一定的新闻报道自由。明晰体育赛事节目的法律性质及其权利归属和权利内容，将有助于妥善处理体育赛事节目产业链上各相关主体的利益，在权利的专有和公有之间划分合理的界限。

【关键词】体育赛事节目　广播组织权　权利主体　权利客体　权利内容　权利的限制

267. 出版法律风险防控之“合理使用”与“合理注意义务”

【作者简介】张杰，北京天驰君泰律师事务所律师。

【发表期刊】《科技与出版》2020年第11期

【内容摘要】著作权法中的合理使用制度和出版者的合理注意义务是出版者在出版实践中经常遇到且难以精准判断的问题，该文结合典型案例和出版实践进行分析，以期进一步厘清合理使用制度和合理注意义务的法律边界和适用规则。

【关键词】出版　法律风险　合理使用　合理注意义务

268. 论版权滥用的法律规制——以禁止版权滥用原则为视角

【作者简介】郭德忠，北京理工大学法学院副教授。

【发表期刊】《科技与出版》2020年第11期

【内容摘要】禁止版权滥用原则来源于英美法系的洁净之手原则，我国讨论版权滥用一般以民法中禁止权利滥用原则为基础，主要的版权滥用行为包括版权欺诈、搭售、限缩他人合法权利等。为规制版权滥用，建议不必在著作权法中规定禁止著作权滥用原则，同时充分运用民法总则、合同法、反垄断法等从不同角度规制版权滥用行为，在此基础上，在法规或司法解释中明确对于版权欺诈行为的规制，课以行政责任或民事责任。

【关键词】版权　滥用　洁净之手　版权欺诈　搭售

269. 人工智能创造物著作权保护：问题、争议及其未来可能

【作者简介】吴雨辉，暨南大学知识产权研究院副教授。

【发表期刊】《现代出版》2020年第6期

【内容摘要】人工智能创造物的著作权保护面临着理论与实践的双重困境。在理论上，无论是自然权利说还是功利主义说，都无法自圆其说；在实践中，人工智能创造物的不可识别性决定了著作权法的传统规制手段均将归于失灵。从不可识别性这一客观前提出发，探索人工智能创造物与人类作品分流保护的制度，如提高并设置不同的独创性标准，构建分层保护的著作权制度等，以构成解决人工智能创造物著作权保护法律问题的未来可能。

【关键词】 人工智能创造物　著作权保护　不可识别性　分流保护

270. 论人工智能创作物的公共性

【作者简介】 江帆，西南政法大学经济法学院教授，博士生导师。

【发表期刊】《现代出版》2020 年第 6 期

【内容摘要】 知识是一种人类共享的资源和财富，具有天然的公共性。任何知识的创新都必须建立在人类既有的、公知公有的知识积累之上。赋予知识权利，与其说是民法上的“发现”，不如说是一种制度上的“发明”。知识的无形、可复制等特征使其无法实现绝对的排他性所有。人工智能是人类公共知识的产物。相对于技术发明，人工智能创作物具有更强的非竞争性和非排他性；相对于人类智力的创作，人工智能创作物是一种没有“思想”的“表达”，其独创性不符合著作权法保护的主体性要求。同时，独创性并非法律保护的充要条件。如果说独创性是事实判断，法律是否赋权则是一种价值选择。综合对知识创新的激励、对个体生命的尊重以及对人类文明发展方向的考量，目前不宜对人工智能创作物赋权保护，应当使其归属于社会公共领域。

【关键词】 人工智能　人工智能创作物　知识　智力财产　公共性

271. 科学数据的法律属性与知识产权管理

【作者简介】 许燕，中国科学技术信息研究所副研究员、博士研究生；麻思蓓，中国科学技术信息研究所副研究馆员；郑彦宁，中国科学技术信息研究所研究员、博士生导师；李秾，中国科学技术信息研究所助理研究员、博士研究生。

【发表期刊】《科技管理研究》2020 年第 22 期

【内容摘要】 厘清科学数据的法律属性可以明确其权益划分，避免侵权纠纷，提高科学数据应用水平。该文根据独创性标准分析原始数据、衍生数据、数据库的著作权属性，依据项目资金来源、数据产生方式分析科学数据的知识产权归属，探讨运用科学数据应用分类控制机制、科学数据应用的著作权例外标准、科学数据使用标注等手段提高科学数据知识产权管理的策略问题。

【关键词】 科学数据　法律属性　知识产权　原始数据　衍生数据　数据库

272. 美国人工智能生成物著作权保护的探索及启示

【作者简介】 李艾真，中南财经政法大学知识产权研究中心博士研究生，国家知识产权战略实施研究基地助理研究员。

【发表期刊】《电子知识产权》2020 年第 11 期

【内容摘要】 人工智能在文学艺术创作领域的大面积应用，对传统著作权制度带来了新的冲击和利益平衡问题，已经引起世界各国的广泛关注。人工智能生成物涉及法律主体、保护模式以及权利归属等众多问题。目前，美国知识产权学界为保护人工智能生成物、解决有关版权归属等问题，提出了扩大演绎作品、雇佣作品的认定范围以及给予人工智能虚拟作者身份等权利归属学说。为了积极调整我国著作权，构建人工智能生成物的法律保护机制，在有关人工智能著作权的权属安排上，建议参考美国雇佣作品学说，并结合我国特殊职务作品的规定，建立以人工智能的投资所有者为主，以合同约定为辅的归属制度。

【关键词】 人工智能　生成物　可版权性　权属安排

273. 古籍点校版权保护争点透析与进路探论

【作者简介】 彭学龙，中南财经政法大学知识产权研究中心教授、博士生导师；马得原，中南财经政法大学知识产权研究中心硕士研究生。

【发表期刊】《电子知识产权》2020 年第 11 期

【内容摘要】 古籍整理成果种类繁复、形式多样，法律应否以及如何加以保护，不能一概而论。诸如古籍注评、今译乃至作者考证、生平传记之类，只要具备独创性，自可作为演绎作品、汇编作品乃至独立作品受著作权保护，毋庸置论。单纯的古籍点校，既体现点校者综合学养，又以复现古籍原文、原意为旨趣，虽有适度发挥空间，却难充分展现个性，由此而来的文本能否构成作品，才是争点所系。在传统文化语境下，标点句读看似微末之技，实则足以改变文本乃至颠覆文义，非学养深厚者不能为。就点校成果而言，标点与古籍原文融为一体，才最终成就现代意义上的完整表达。尽管如此，在著作权“法眼”之下，无论点校者学养深浅、眼力高低，点校能够成就的文本表达终究十分有限，囿于思想表达混同规则，单纯点校成果难称作品。为保护点校者智力劳动，可给予其成果邻接权保护。就此而言，德国法上的科学版本权颇具参考价值。据此，处于公有领域之作品或文本的整理者，对于其所整理之明显区别于在先版本的新版本享有与同类作品著作权内容相仿、期限为25年的专有权。德国法上的“文本整理”恰如中国语境下的古籍点校，引入科学版本权保护古籍点校成果可谓“严丝合缝”。当然，我国如欲正式建立该制度，尚需在中西文化比较和相关市场调查的基础上，做法理上的深入研究与充分论证。

【关键词】 古籍点校　版权　思想表达混同　科学版本权

274. 广播组织权客体之再辨析——兼评我国新《著作权法》第47条

【作者简介】 刘云开，中南财经政法大学知识产权研究中心博士研究生、助理研究员。

【发表期刊】《电子知识产权》2020年第11期

【内容摘要】 我国于2020年11月11日修订完成的新《著作权法》将广播组织权的客体界定为“广播、电视”，同时赋予广播组织网络转播权和信息网络传播权，否定了“信号”作为广播组织权客体的理论。广播组织权新规定顺应了新技术进步和“三网融合”的客观现实，也为反思“信号说”理论提供了契机。以“信号”为客体构建的广播组织权利制度在本质上是物权而非邻接权法律制度，“基于信号的进路”也是国际社会消极保护广播组织利益的做法，与广播组织者的既有权利和现实需求相矛盾。广播信号中的节目内容是广播组织者的投资对象和创造性成果，因而才是受《著作权法》保护的客体。我国新《著作权法》以“节目的播放”为中心对广播组织权利内容进行扩张具有理论和现实依据，但广播组织权条款仍有需要完善之处。

【关键词】《著作权法》第三次修订　广播组织权　权利客体　广播电视节目　基于信号的进路

275.《著作权法》修改与国际条约和协定

【作者简介】 王迁，华东政法大学教授、博士生导师。

【发表期刊】《电子知识产权》2020年第11期

【内容摘要】《著作权法修正案》中存在与我国加入的国际条约或协定不符之处。其中一些条款与国际条约或协定的规定存在差异，包括摄影作品的保护期、表演者的范围、出租者的合法来源抗辩以及与外国作品保护及电影作品保护期有关的“出版”概念。还有一些国际条约或协定的规定尚未通过转化为国内法得到实施，包括以署名或标注推定权利人、司法机关扣押和销毁侵权复制品的权力、出版者代表作者身份不明的作品行使著作权，以及外国电影、建筑作品和建筑物中艺术作品受保护的条件。因此，对《著作权法修正案》需要进行修改。

【关键词】 国际条约　中美经贸协定　著作权保护

276. 图书馆馆藏作品数字化的法律性质与立法完善

【作者简介】 郑敬蓉，西安财经学院图书馆副研究馆员；陈波，陕西省社科院政治与法律研究所副所长、副研究员。

【发表期刊】《新世纪图书馆》2020年第11期

【内容摘要】 明确数字化行为的法律性质是判断图书馆在馆藏作品数字化中权利边界的前提。论文认为馆藏作品数字化是一种机械式复制而非著作权法意义上的翻译或者改编。图书馆既要精准适用、合理使用条款防范馆藏作品数字化的法律风险，更应积极推动立法完善，为图书馆数字资源建设、读者文化权保障与著作权人利益保护之间的平衡提供长效机制。

【关键词】 馆藏作品　数字化　法律性质　立法完善

277. 论我国邻接权制度的改进——以“体育赛事节目”的著作权法保护切入

【作者简介】 卢海君，对外经济贸易大学法学院教授、博士生导师。

【发表期刊】《知识产权》2020年第11期

【内容摘要】 “体育赛事节目”著作权法保护争议产生的根本原因在于我国著作权法设置的关于录像制作者权的邻接权制度。《罗马公约》中并无录像制作者权，并非当时录像技术尚未成熟所致，而是在视听作品著作权保护规范完善的情形下，录像制作者权的邻接权规范并无必要。邻接权之所以叫“邻接”权或“相关”权，其根源在于邻接权与他人权利尤其是著作权相关，且邻接权人并未创作出全新的作品。邻接权客体存在独立价值，需要对其赋予独立于作品著作权的保护。邻接权制度致力于对邻接权进行充分保护的同时不减损与其相关的著作权等权利的保护。我国现行著作权法中录像制作者权的建构误读了邻接权的宗旨，司法实践误将“创作高度”的高低作为著作权客体与邻接权客体的划分标准，导致著作权法理解与适用的混乱。2020年《著作权法》仍保留录像制品这一概念。在法律适用时，应严格限制录像制品的外延。

【关键词】 著作权法 体育赛事节目 邻接权 《罗马公约》 录像制作者权

278. 论体育赛事网络直播权益的法律保护

【作者简介】 汪美芳，安徽农业大学讲师。

【发表期刊】《江西社会科学》2020 年第 11 期

【内容摘要】 网络直播已逐渐成为球迷们观看体育赛事的重要方式。与相关网络直播产业蓬勃发展不相适应的是，网络上的体育赛事盗播行为不仅侵害了相关经营者对体育赛事的直播权益，对体育产业的有序发展也产生了不良影响。纵观我国近年来对该类民事案件的司法实践，因对该类直播权益性质认定的差异，不同法院采取的权益保护模式不同，做出的裁判结果也各不相同，且无论是适用著作权保护、邻接权保护还是反不正当竞争法保护，均存在一定的不周延性。针对上述司法保护整体上呈现的随意性、任意性和不周延现状，我国应在完善法律规制、促进适法统一以及加强行业监管等三个方面，不断优化当前对体育赛事网络直播权益的司法保护体系，以促进我国体育产业的健康稳定发展。

【关键词】 体育赛事 网络直播权益 知识产权 司法保护

279. 体育赛事现场直播画面著作权保护若干问题——评“凤凰网赛事转播案”再审判决

【作者简介】 王迁，华东政法大学教授、博士生导师。

【发表期刊】《知识产权》2020 年第 11 期

【内容摘要】 在我国著作权法中，独创性的“有无”实际上是指独创性的程度高低，即只有独创性达到一定高度，才可谓“有”独创性。录像制品的独创性程度很低，但并非必然不具有任何独创性，认为录像制品仅限于“忠实地录制现存的作品或其他连续相关形象、图像”的观点难以成立。电影和类电作品的“介质”是指可作为作品载体的有体物，信号不属于前述“介质”。将体育赛事现场直播时产生的连续画面认定为电影和类电作品，将架空此次修改《著作权法》的重要成果之一——以技术中立的方式规定广播组织权中的转播权，使其可以规制通过互联网进行的转播行为。法律的适用要避免孤立地理解个别术语或条款，而应当遵从体系解释的方法，谨慎对待。

【关键词】 体育赛事 直播画面 独创性 作品类型法定 广播权 电影作品 信号 视听作品 互联网转播

280. 重混创作行为的著作权法规制研究

【作者简介】 易玲，中南大学法学院副教授；邢家仪，中南大学法学院硕士研究生。

【发表期刊】《湖南大学学报（社会科学版）》2020 年第 6 期

【内容摘要】 数字时代，重混创作在促进我国文化创意产业发展的同时也引发了许多著作权问题。相应的措施可对重混创作行为进行规制。首先，可以借鉴美国合理使用制度中的“转换性使用”规则对非营利性重混作品进行规制；其次，在重混音乐、视频领域等特定网络空间内引入默示许可机制；最后，对于其他不适合通过合理使用及默示许可进行规制的重混作品，可以用创意共享许可协议加以处理。

【关键词】 重混创作 转换性使用 默示许可 创新共享协议

281. 中国网络版权保护 20 年

【作者简介】 王迁，华东政法大学教授、博士生导师；闻天吉，华东政法大学法律学院硕士研究生。

【发表期刊】《中国出版》2020 年第 23 期

【内容摘要】 2001 年《中华人民共和国著作权法》修订后，我国通过新设信息网络传播权，配合使用既有的广播权、兜底权利的方式落实了 WCT 第 8 条的要求。这种立法模式切合法理，确保了法律适用的弹性，为网络版权的保护奠定了制度基础。我国还通过借鉴美国《千禧年数字版权法》制定了《信息网络传播权保护条例》，构建了网络环境下多方主体的利益平衡机制。近 20 年的网络版权法律实践过程，也是新问题不断产生、理论和实务经验不断丰富的过程。今后，我国应继续强化网络版权保护，但无论是直接规制网络用户行为，还是提高网络服务提供者义务，均不适用于我国。继续正确适用既有的网络版权立法成果，利用既有规则解决新问题，是未来一段时间内我国网络版权保护工作的核心。

【关键词】 著作权法 网络版权 保护 20 年

282. 基于区块链技术的网络聚合新闻版权保护机制的建立

【作者简介】 刘凯，北京交通大学语言与传播学院副教授；支辛，北京交通大学语言与传播学院硕士研究生。

【发表期刊】《中国编辑》2020年第12期

【内容摘要】网络新闻聚合平台的版权侵权行为已引起学界与业界的普遍担忧。该文从网络聚合新闻的版权保护困境出发，分析其聚合逻辑、挖掘其运作机制，发现网络新闻聚合平台的新闻数据抓取方式存在一定的版权侵权问题，其分发机制不可避免地带来利益分配纠纷，给新闻原创作者造成重大利益损失，现有的版权保护方法也难以适应网络聚合新闻的创作环境。因此，该文提出区块链技术是目前防止网络新闻聚合平台侵权行为最有效的手段，并对其技术接入的可行性和方法论进行探讨，提出基于时间戳记录保护的技术方法、基于区块链ID的组织方法、基于智能合约的长效方法，以期对新闻版权保护这一难题的解决有所助益。

【关键词】区块链　新闻版权　网络聚合新闻　版权保护　著作权

283. 我国统一化数字版权交易平台的构建

【作者简介】梅术文，南京理工大学知识产权学院教授、博士生导师；曹文豪帅，南京理工大学知识产权学院硕士研究生。

【发表期刊】《科技与法律》2020年第6期

【内容摘要】数字版权交易平台应采取政府主导、其他主体参与的多元化主体运作模式，建立以传统的中心化公信登记体系为主，区块链技术去中心化信赖登记体系为辅的公私结合的版权登记公示制度，明确平台的合理注意义务，建立相应的信息保护机制。通过立法完善版权评估制度及规定评估人员的保密义务，同时版权合理定价应基于收益法综合考虑多方面因素。在版权转让与许可中，授权模式应坚持契约自由精神，同时适当发展著作权集体管理制度以及推进默示许可制度的立法完善。对于合同的具体内容，在遵守意思自治原则基础上，完善相关规定，保护消费者的知情权以及公平交易权。

【关键词】版权交易平台　版权登记　版权评估　版权授权模式　区块链

284. 同人作品著作权合理使用问题探析

【作者简介】孙玉荣，北京工业大学文法学部教授；李贤，北京工业大学文法学部硕士研究生。

【发表期刊】《科技与法律》2020年第6期

【内容摘要】同人作品不断发展壮大的势头及其对传统著作权法带来的冲击不容小觑。若同人作品作者没有得到著作权人授权许可，则会面临着侵犯他人著作权的法律风险。该文区分了演绎类同人作品和非演绎类同人作品，分别探讨其可能侵犯的著作人身权和著作财产权，再以《此间的少年》为例，结合我国著作权立法和司法实践，运用著名的“四要素标准”对同人作品构成合理使用的可能性进行分析。虽然我国立法中目前没有关于“转换性使用”的界定，但在司法实践中已经开始了大胆的借鉴和尝试，这对促进我国著作权合理使用制度的立法完善具有重要意义。

【关键词】同人作品　侵权风险　著作权　合理使用

285. 从云游戏看游戏连续动态画面的著作权认定

【作者简介】吴雨辉，暨南大学知识产权研究院副教授。

【发表期刊】《科技与法律》2020年第6期

【内容摘要】国内首份“云游戏”诉中禁令的发布将云游戏推到了风口浪尖，也让游戏连续动态画面的现有司法认定面临一个尴尬的解释：玩游戏等同于看电影。从云游戏操作情境出发，可以直观地发现将游戏连续动态画面界定为类电作品的不合理之处。事实上，在绝大多数情况下，游戏连续动态画面不但不属于类电作品，而且根本不构成作品。对于游戏连续动态画面的司法认定，需要从推动游戏作品类型的独立认定、尊重市场自治的空间和把握合理使用行为的界限等多方面入手。

【关键词】云游戏　游戏连续动态画面　著作权　类电作品　游戏作品

286. 少数民族民间音乐知识产权利益分配机制的构建进路

【作者简介】耿希，中央民族大学博士研究生，最高人民法院知识产权法庭综合办公室副主任。

【发表期刊】《法律适用》2020年第24期

【内容摘要】少数民族民间音乐是中华传统文化的重要组成部分，在现代化进程中趋于式微，面临诸多法律困境。构建少数民族民间音乐知识产权利益分配机制，对保障少数民族人权、推进制度创新、提升传承发展动力、增强文化自信等具有重要意义。应加强制度创新和社会治理创新，构建“共享、分享”式利益分配机制，加强配套制度建设，激发各参与主体积极性，以“鼓励个体，增强整体”的新的利益追求方式促进形成共同消长的新关系，从而推动少数民族民间音乐传承发展。

【关键词】 少数民族 民间音乐 知识产权 利益分配 分享

287. 有声读物的授权合规性问题研究

【作者简介】 胡开忠，中南财经政法大学法学院教授、博士生导师，中南财经政法大学知识产权研究中心专职研究员；秦建平，中南财经政法大学，中交广州航道局有限公司。

【发表期刊】《出版广角》2020 年第 23 期

【内容摘要】 有声读物的授权链条关系复杂。有声读物本质上是文字作品以声音形式呈现的复制件，不属于演绎作品。文章通过厘清文字作品权利人、表演者、录音制作者和传播者之间的授权关系，结合我国司法实践，为有声读物的合规授权提出建议，避免“无授权而授权”或“超过授权范围而授权”行为的发生。

【关键词】 有声读物 文字作品 授权

288. 算法创作的著作权保护机制研究

【作者简介】 刘建，中国农业大学人文与发展学院副教授。

【发表期刊】《出版发行研究》2020 年第 12 期

【内容摘要】 算法知识产权保护中尚存在著作权和专利权保护的纷争。算法著作权保护更加契合算法表达形式本身和法理逻辑。我国算法著作权保护机制仍不健全，存在算法著作权归属界定不明确、相关法律规定不完善和因算法与硬件结合带来的实际操作困难等问题。为此，我国须明确算法著作权保护思路，坚持保护和应用均衡性原则，借鉴特殊作品的著作权保护规定，并健全算法创作的社会激励机制，构建符合我国国情的算法创作的著作权保护机制。

【关键词】 算法 算法法律保护 著作权 专利权

289. 人工智能作品的困境及求解——以人工智能写作领域第一案为考察中心

【作者简介】 梅傲，西南政法大学国际法学院副教授；郑宇豪，西南政法大学国际法学院。

【发表期刊】《出版发行研究》2020 年第 12 期

【内容摘要】 人工智能写作领域第一案引发了人工智能作品是否享有著作权的新一轮思考。人工智能作品的创作过程是在深度学习的基础上形成的一种有目的的产出逻辑。同时，人工智能作品并非现有人类作品的简单重复，其拥有全新的表达形式与内涵。但人工智能作品的著作权保护仍然面临着许可成本与知识传播的矛盾、法人作品制度与人工智能特殊性的冲突等问题。我们需要通过提高人工智能作品独创性认定标准、确立权利义务对等原则下的虚拟法律人格以及运用区块链新技术改进版权登记规则等手段进行完善。

【关键词】 人工智能作品 新闻写作 虚拟法律人格 著作权 区块链

290. 区块链下智能合约对图书馆著作权利益的限制与改进策略

【作者简介】 吉宇宽，河南大学文献信息研究所馆长。

【发表期刊】《国家图书馆学刊》2020 年第 6 期

【内容摘要】 区块链下的著作权智能合约具有自动性、执行性和不可撤销等特性，并以技术信任构建商业信任体系，使得图书馆在订立著作权许可合约中的自由平等协商权利受到限制；著作权智能合约只注重作品的有偿许可使用，导致图书馆合理使用和法定许可使用作品没有运行的空间。从技术层面改进著作权智能合约，方能保障图书馆的自由平等协商权利在著作权智能合约中的应用，保障图书馆合理使用和法定许可使用权利的正常行使。

【关键词】 区块链 智能合约 图书馆 著作权利益

291. 论自媒体洗稿的违法属性与治理路径

【作者简介】 杨春磊，长江大学地方法治与社会治理研究中心副教授。

【发表期刊】《中国出版》2020 年第 24 期

【内容摘要】 自媒体背景下的洗稿行为是一种改变原作品具体表现形式、窃取其独创成分的“高级抄袭”。职业化洗稿挤压了诚实守法媒体人的生存空间，造成了“劣币驱逐良币”的恶性传媒环境。政府应该发挥矫正和预防作用，通过加强对自媒体从业者和平台的教育与管理，增加立法供给、助力著作权人有效维权，建立联合执法机制、认真落实“两法衔接”工作，有助于净化竞争环境、调节市场失灵、扶持产业发展。

【关键词】 自媒体 洗稿 著作权 违法属性 治理路径

292. “十三五”时期我国版权保护与管理回眸及展望

【作者简介】 胡慧源，华东政法大学传播学院副教授；朱仲玉，华东政法大学传播学院硕士研究生。

【发表期刊】《中国出版》2020年第24期

【内容摘要】 “十三五”时期，我国版权保护与管理法制建设日趋完备，行政管理和执法成果不断显现，社会治理手段更加多样，产业发展态势总体向好。随着新兴技术的出现和广泛应用，版权保护与管理机遇和挑战并存。用户付费意识增强将加快版权产业优胜劣汰，优质内容产品的创造性转化将扩大我国版权输出规模，基于“网络＋”“文化＋”跨界融合进而形成完备的版权全产业链将成为未来几年版权保护、开发和管理的重点。

【关键词】 著作权　行政管理　社会治理　版权产业　网络版权

293. 短视频视野下的知识共享许可协议研究

【作者简介】 沈平生，上海交通大学凯原法学院硕士研究生；马龙倩，复旦大学法学院硕士研究生。

【发表期刊】《东南大学学报（哲学社会科学版）》2020年第22卷增刊

【内容摘要】 以抖音为代表的短视频社交平台迅猛发展，在创造出巨大商业价值的同时日益凸显出严重的著作权侵权问题。作者对作品著作权的需求趋于弱化，但短视频平台采用格式合同取得用户广泛授权的方式造成平台方与用户间的权益失衡，“保留所有权利”的保护模式无法适应新的创作环境。可通过引入知识共享许可协议，授权他人在特定条件下自由使用作品的方式对问题做出回应。知识共享许可协议提供多种授权方式的组合，具有灵活性和便捷性，经过不断的版本更新和本土化发展，更加适应短视频时代的著作权保护，有利于让短视频行业持续稳定发展，实现权利保护和鼓励创作的平衡。

【关键词】 著作权　知识共享许可协议　短视频　抖音

294. 论著作权法中的拟制主体

【作者简介】 袁锋，华东政法大学传播学院讲师。

【发表期刊】《电子知识产权》2020年第12期

【内容摘要】 在著作权法中涉及拟制主体判断的领域主要有：作品独创性的判断（客体适格性）和实质性相似的判断（权利边界）。当前理论界和实务界对著作权法拟制主体的择取主要存在普通公众标准、专家标准、创作者标准以及混合标准等等。通过对拟制主体的基本原理进行分析，明晰拟制主体的历史起源及其内涵，同时总结归纳出拟制主体界定的考量因素为：价值基础、所属群体的范围和认知水平、实现成本。根据上述因素的考量，“相关作品领域的假想目标理性公众”是著作权法领域中的最佳拟制主体。拟制主体择取标准确定之后，更具有价值和意义的工作是将这一标准适用于具体规则的构建以及具体问题的分析中，进而使得法院适用规则更有方向性。

【关键词】 拟制主体　独创性　实质性相似　目标理性公众　商标法

295. 论信息网络传播权的权利限制——以销售者的利益保护为中心

【作者简介】 姚志伟，广东财经大学法治与经济发展研究所研究员、法学院教授；咏絮，华东政法大学知识产权研究中心硕士研究生。

【发表期刊】《电子知识产权》2020年第12期

【内容摘要】 发行权穷竭是平衡商品流转中知识产权与物权的重要制度，其保护了物权人的利益不受到知识产权的不合理限制。但是进入网络时代后，网络交易中作品载体销售的陈列环节往往不可避免地涉嫌侵犯作品权利人的信息网络传播权，从而使得知识产权和物权的关系再次失衡。这一问题的根本成因在于信息网络时代的著作权限制制度未能与权利扩张保持同步，导致销售者的合法权益遭受挤压。对于这一物权与著作权的冲突问题，可以从调整合理使用制度和拓展权利穷竭制度两条路径加以解决。通过比较可知，拓展权利穷竭制度是限制信息网络传播权、保护销售者合法利益的更佳途径。

【关键词】 销售者　信息网络传播权　权利限制　合理使用　权利穷竭

296.《著作权法》中作品类型兜底条款的适用机理

【作者简介】 孙山，西北政法大学经济法学院副教授。

【发表期刊】《知识产权》2020年第12期

【内容摘要】 在具备独创性的前提下，以体育赛事节目、游戏直播画面等为代表的新类型表达以何种作品类型之名获得保护，是目前困扰我国著作权保护司法实践的难题之一。在第三次修改的《著作权法》正式施行前，法院可将现行《著作权法》及《著作权法实施条例》视为整体，依据目的解释、体系解释等方式，以《著作权法》第3条第9项“其他作品”之名，保护符合《著作权法实施条例》第2条所列构成要件的各种新类型表达，克服立法者与司法者有限理性之不足。在第三次修改的《著作权法》正式施行后，法院可将修改后的《著作权法》第3条中的作品定义条款与该条第9项结合使用，为新类型表达提供兜底保护。《著作权法》第二章第二节“著作权归属”中出现的汇编作品、演绎作品、合作作品、委托作品和职务作品，都只能用于解决权利归属及其行使问题，并非《著作权法》第3条意义上的作品类型，无法以此类作品之名获得救济。

【关键词】 作品类型　兜底条款　汇编作品　职务作品　演绎作品　合作作品　知识产权法定原则　著作权归属

297. 传承与创新：博物馆文创产业的知识产权创造和保护

【作者简介】 徐棣枫，南京大学法学院教授、博士生导师；谭缙，国浩律师（南京）事务所律师助理。

【发表期刊】《东南文化》2020年第6期

【内容摘要】 博物馆文创产业是以博物馆历史文化资源为基础、以创作者创造性思维为核心竞争力、与知识产权保护密切相关的新兴产业。博物馆文创的核心灵感来源于馆藏文物。博物馆文创是一个继承之中有发展、发展之中有历史的“有中生新”的创新过程，体现着对历史的尊重和文化的传承，并在传承中创新。当前，博物馆亟须应对文创运营中的观念错误，理解文创经营、公益属性和知识产权私益保护之间的关系，通过对文物要素的提炼、挖掘和创造，将历史文化传承与创新相结合，进行二次开发以获得知识产权。博物馆在文创产品开发和运营中，要跳出单一的版权思维，从著作权、专利、商标、商业秘密、域名等多元的知识产权路径寻求对文化创意成果的保护。

【关键词】 博物馆　文化创意　知识产权　多元保护

2020 年著作权相关图书简介

1.《著作权合理使用制度研究》（第四版），吴汉东著，北京：中国人民大学出版社，2020 年 1 月。

合理使用是现代著作权法中的一项重要制度，在著作权研究中被美、日学者称为世界性难题。该书通过学说理论分析和制度规范分析，回答了合理使用领域中的一系列重要问题。作者以民法学理论为基础，借助法历史学、法哲学、法经济学、宪法学、比较法学，对这一问题进行多维度的探讨，提出了著作权法的平衡精神、合理使用的正义构成、表达自由优先原则、使用者权利等新的理论命题和观点；同时，运用大量立法、判例资料，分析了合理使用中的“合理性判断标准”、传播技术中的合理使用规则适用以及我国著作权修法的合理使用方案等，在实务研究中评介了国际经验和中国做法。

2.《知识产权总论》（第四版），吴汉东著，北京：中国人民大学出版社，2020 年 1 月。

该书以“基本范畴”“基础理论”“国际保护”的独特架构，构建了知识产权总论体系，对知识产权研究中最抽象、最一般、最基本的问题进行学术概括和总结。其中，“基本范畴研究”以权利为基本内核，以知识产权的概念、性质、特征、主体、客体、利用、限制、保护等为单元范畴，述及知识产权构成要素与本质属性、法律关系与运行方式、保护范围与体系框架；“基础理论研究”以制度为主要对象，以知识产权的历史发展、学理基础、文化意蕴、价值目标、政策功能等为基本内容，述及知识产权制度构建的科学性、正当性和合理性；“国际保护研究”则从国际视域出发，分析知识产权保护体制的成因、发展与变革，对知识产权国际问题进行“中国解读”。该书为第四版，既保留了作者长期理论思考的结晶，也补充了作者近年最新研究的成果。

3.《我为知识产权事业鼓与呼》（修订版），吴汉东著，北京：中国人民大学出版社，2020 年 1 月。

该书收录了吴汉东在国内外不同场合的专题讲座、主题发言、演讲和访谈等口述作品。这些作品非常精彩，内容丰富：不仅体现了作者在知识产权领域多年的研究和学习心得，也涉及知识产权的基础理论问题、前沿问题、应用性问题、交叉学科问题；不仅包括作者对知识产权制度的研究心得，也有其对知识产权管理、知识产权战略的思考。

4.《版权贸易实战教程》，崔波编著，杭州：浙江大学出版社，2020 年 1 月。

该书分为上、中、下三编。上编为理论篇，主要包括版权相关概念、版权贸易主客体、全球版权贸易的历史和现状、版权贸易的法理基础等。中编为实践篇，主要包括版权引进的信息获取途径、版权贸易合同条款谈判、版权贸易合同撰写和版权输出、版权引进和版权合作等案例分析。下编为法规篇，主要包括国际版权法的起源和主要的版权公约。

5.《创新、知识产权与政府政策》，王俊著，北京：知识产权出版社，2020 年 1 月。

该书基于知识产权和政府政策的双重视角，运用定性和定量研究方法，从专利、著作权、商标制度和其他推动创新的替代性制度办法的角度，系统性地梳理和分析上述制度以及相关政府政策在我国的发展、演变及其与创新的关系，并结合微观数据实证检验知识产权制度和相关政府政策在我国创新发展过程中的作用和影响效果。总结改革开放四十多年来我国在运用知识产权制度和政府政策推动创新发展方面的经验和教训，并探讨在技术发展的新趋势下建立适应我国各领域创新发展需要的知识产权制度的可能路径。该书适合知识产权领域的工作者及相关研究者阅读。

6.《网络著作权侵权责任研究》，于雯雯著，北京：知识产权出版社，2020 年 1 月。

该书以网络著作权侵权责任制度中的核心问题，即责任主体为基本线索建立理论分析框架，对网络信息提供者的著作权侵权责任、网络服务提供者的著作权侵权责任以及网络信息获取者的著作权侵权责任进行了分类和典型案例梳理。并结合《著作权法》第三次修订的征求意见稿，对我国著作权法的完善提出建议。该书旨在建立一种关于网络著作权侵权的理论分析框架，使新的问题出现后能够纳入该框架进行分析解决；通过案例整理和分析，总结司法实践规律，具有一定的实践指导意义。

7.《2020 中华人民共和国知识产权法律法规全书》(含司法解释)，法律出版社法规中心编，北京：法律出版社，2020 年 1 月。

该书收录改革开放以来至 2019 年 11 月期间公布的现行有效的知识产权法律、行政法规、司法解释、重要的部门规章、相关政策规定。内容包括著作权、专利权、商标权三大传统知识产权，以及植物新品种权、集成电路布图设计权、技术成果与技术秘密等新型知识产权，全面覆盖知识产权法律的方方面面。结合我国加入 WTO 的实际情况，对我国加入的重要知识产权公约也进行了收录。

8.《北京版权发展报告（2018～2019）》，蔡玫主编，北京：社会科学文献出版社，2020 年 2 月。

该书全面总结了 2018 至 2019 年北京版权领域的现状、保护与发展情况，通过对影视、音乐、软件、游戏等重点版权领域，以及网络直播平台、知识资源数据库平台、有声读物等相关的版权新问题进行专题研究，梳理当前北京版权产业发展取得的重要突破和面临的挑战，并针对存在的问题提出建议，为首都版权事业发展提供智力支持和决策参考。

9.《网络文学著作权保护百问百答》，浙江省作家协会、浙江六和律师事务所编著，杭州：浙江文艺出版社，2020 年 5 月。

该书是一本专门为网络文学作家编著的有关网络文学著作权保护的实用手册。浙江省作家协会连同浙江六和律师事务所一起编著了该书。该书通过对《中华人民共和国著作权法》及相关法律法规的详细解读，旨在提高网络文学作家在文学创作和经营过程中维护自身合法权益的意识，防止侵权事件的发生，以此促进网络文学的健康发展。

10.《中国法院 2020 年度案例・知识产权纠纷》，国家法官学院、最高人民法院司法案例研究院编，北京：中国法制出版社，2020 年 3 月。

该书涉及专利纠纷、商标纠纷、著作权纠纷、侵害信息网络传播权纠纷、不正当竞争纠纷等。所选案例均是国家法官学院从各地 2017 年上报的典型案例中挑选出来的精品案例，全面涵盖该领域常见纠纷内容。案情凝练，并由主审法官精心撰写裁判要旨与法官后语，可读性、适用性强，能帮助读者节约查找和阅读案例的时间，获得真正有用的信息，为法官、检察官、执法人员、律师、法律顾问办理相关案件以及案件当事人处理纠纷必备参考书。

11.《大数据时代云计算相关版权问题研究》，鲍征烨著，南京：河海大学出版社，2020 年 3 月。

该书主要分为以下几部分：绪论；第一章，大数据时代版权制度面临的挑战；第二章，云计算环境下版权专有权利制度的调整；第三章，云计算环境下版权侵权行为认定原则的变更；第四章，云计算环境下版权合理使用制度的发展与调整；第五章，大数据时代我国版权制度的调整与应对。

12.《知识产权案例精选（2015—2016）》，张斌、单晓光主编，北京：知识产权出版社，2020 年 3 月。

该书从上海法院 2015—2016 年受理及审结的数千件知识产权案件中精选出具有一定代表性与指导性的案例。每个案例均设提要、案情、审判、评析四大部分。在提要部分对案例涉及的主要问题进行归纳，在案情部分介绍基本案情，在审判部分详细介绍审判理由和判决结果。评析部分是在概述案件事实的基础上，详细阐述判决的法理和法律依据。该书可供知识产权审判工作者、权利人、知识产权纠纷当事人及其代理人、高等院校研究人员和广大师生参考使用。

13.《知识产权法》，郭禾主编，北京：中国人民大学出版社，2020 年 4 月。

该教材全面系统地介绍和阐述了知识产权法的相关理论和实践。此次修订，根据最新的法律法规和司法解释的内容进行相应的调整。

14.《知识产权典型案例解析》，李雷霆、张晓津主编，北京：知识产权出版社，2020 年 5 月。

该书精选了 2015 年以来在专利、商标、著作权、不正当竞争领域有代表性的 55 个案例，在对案情、判决结果和裁判理由进行简要叙述的基础上，重点对案例所涉及的法理依据、法律法规规定、在先判例的借鉴等方面，进行深入、细致、清晰的阐述——既包括理论阐述，也包括实务分析。特别点出企业在实际知识产权保护工作中的不足之处，提出相应的司法建议。该书既可作为企业经营管理人员、法律实务工作者的案头参考材料，也可作为专家学者、学生研习知识产权法的案例素材。

15. 《商业知识产权战略》，罗伯特·莫杰思（Robert P. Merges）、刘芳著，北京：中国法制出版社，2020年4月。

该书的主题是知识产权战略：如何利用知识产权来实现商业目标。重点关注“商业人士如何使用知识产权”。由于知识产权是法律工具，会涉及一些法律术语，但整个过程的关注点集中在商业人士需要了解的知识产权。该书始终强调如何利用知识产权保护来增加商业收入。对商业人士而言，知识产权是阻止竞争对手侵蚀利润的一种方式。公司高管需要了解企业产品或服务的独特之处，明智地使用知识产权，使自己的产品与竞争对手的产品有所区分。知识产权可以保护这些独特之处。该书的重点有：（1）了解推动公司获利的因素；（2）通过限制竞争或保护独特性以防止被复制，设计保护和增加利润的知识产权战略。该书的关键是：将知识产权战略与公司利润的主要来源进行匹配，围绕商业核心讨论相关法律问题。

16. 《漫说知识产权》，瑞秋著，北京：知识产权出版社，2020年5月。

什么是知识产权，知识产权有哪些内容，如何保护知识产权，这些问题一直困扰着人们。随着近年来侵犯知识产权的案件不断增多，人们迫切需要了解知识产权的相关法律法规，以便在日常生活中保护自己的权利不受他人侵犯。该书作者精通知识产权相关法律法规，其以通俗易懂的漫画形式，通过诸多案例向读者介绍了知识产权的相关知识。该书语言流畅，叙述简明，选取案例极具代表性。阅读此书，不仅能了解知识产权的相关知识，还能使读者通过具体生动的案例自觉保护知识产权。

17. 《知识产权管理》，王黎萤、刘云、肖延高主编，北京：清华大学出版社，2020年5月。

该书从知识产权的视角审视经营管理之道。全书由十章组成，介绍知识产权及知识产权管理的内涵，介绍专利管理、商标管理、著作权管理、商业秘密管理、知识产权资本管理、知识产权价值评估等的实施以及使用策略等实务；系统分析了知识产权管理体系及管理贯标的程序及方法；突出了战略管理方法在知识产权管理实践中的运用及启示。

18. 《知识产权典型案例评析》，泰和泰知识产权法律中心编，北京：法律出版社，2020年6月。

该书涉及版权、专利、商标、不正当竞争等多领域的典型案例，通过具体的案件分析和深入的法律适用评析，将各类知识产权案件的法律适用点进行详细解读。

19. 《北京知识产权法院典型案例评析（2014—2019）》，北京知识产权法院组织编写，王金山主编，北京：知识产权出版社，2020年6月。

自2014年成立以来，北京知识产权法院全面贯彻落实中央政策精神，充分发挥司法改革“试验田”和知识产权审判“桥头堡”作用，不断加大知识产权保护力度，发挥知识产权司法主导作用和职能作用，展示了中国知识产权司法保护的新形象。五年来，北京知识产权法院审结了近六万件各类知识产权案件，既有事关国家创新驱动发展战略的疑难复杂案件，又有反映新兴业态下知识产权保护规则创新发展的案件，还有公众关注度高、涉及社会热点的案件。该书通过组织相关案件承办法官对案件涉及的主要法律问题和裁判思路进行分析，在客观记录审判工作成果的同时，提供了一个公开透明交流的平台，以促进业界的理论和实务研究。

20. 《中国知识产权名家讲坛》，李雨峰主编，北京：知识产权出版社，2020年6月。

该书是西南政法大学中国知识产权名家讲坛系列丛书的第三辑，收录了包括杨明、汪泽、丛立先、李琛、李雨峰、黄武双、闫文军、张耕、李扬、刘孔中在内的十位知识产权界权威人士于西南政法大学名家讲坛上针对知识产权前沿热点问题的讲座。讲座内容涉及大数据时代用户数据权属和利用、商标恶意注册、在先使用、著作权侵权认定、互联网不正当竞争、商业秘密保护、海关反司法保护等，能够从多个角度给知识产权从业者、相关行业企业和学者带来诸多启发。

21. 《版权前沿案例评析（2018—2019）》，蔡玫主编，北京：人民出版社，2020年4月。

该书以全面反映版权领域前沿动态的理念为指导，共选取版权领域的案件28件，包括版权民事案件13件，版权刑事案件5件，版权行政案件5件，国外版权案件 5 件，以典型案例系统反映版权领域近期的一些焦点问题和较疑难的基础性问题。案例的评析结合对基本案情的梳理，对裁判要旨进行提炼，对法官的裁判理由进行全面呈现，并对案件所反映出来的问题从实务和学理层面进行全方位的评析，使读者能够通过阅读把握案件的典型意义、司法实践对类案的处理态度和学理中对案件反映出的问题存在的不同观点，最终形成兼具学理和实践价值的案例集。

22. 《知识产权的国际保护》，杨帆著，北京：中国人民大学出版社，2020 年 7 月。

知识产权贸易是以受知识产权法律保护的知识产品及其创造者所享有的权利为标的的贸易形式。传统的“技术”概念过于狭小，不能涵盖知识产品所包含的全部内容，如版权贸易所涉及的版权（包括邻接权）就不能用“技术”一词来表达，因此采用“知识产权贸易”。知识产权领域有大量的国际公约和条约，如 TRIPS 协议、《世界知识产权版权公约》等。国际知识产权法是一门需要认真学习并将之贯穿于国内法学习之中的重要学科。该书兼具教材和专著的特点，在系统阐述国际知识产权保护基本理论的基础上，对知识产权各领域最新发展动态、热点和争议性的问题都有所涉及，其适用对象既可以是知识产权专业、法学专业的学生，也可以是相关学科的从业人员。

23. 《版权管理体制改革研究》，蔡晓宇著，北京：中国传媒大学出版社，2020 年 5 月。

该书从改革版权管理体制入手，探讨推进知识产权强国建设的有关问题。在具体的研究探索中，坚持历史思维、问题意识和目标导向。首先，分析新中国成立以来版权管理体制的历史变迁，阐述历史演变轨迹，并总结归纳其中的规律、方向。然后，分析我国版权管理体制建设发展的现状，基于知识产权强国建设需要，提出了未来版权管理体制改革应坚持的四个基本原则，以及应处理好的五个矛盾关系。最后，阐述了改革的具体路径，提出五个方面的措施建议。

24. 《知识产权经典案例律师点睛》，游闽键主编，北京：知识产权出版社，2020 年 5 月。

该书收录了游闽键律师领衔的上海市协力律师事务所知识产权团队近年承办的各类典型知识产权案例，涵盖著作权、商标、专利以及不正当竞争等领域，较为全面地呈现了知识产权保护各类路径的实践样态。这些案例中有多个入选当年的全国知识产权司法或行政十大案件。该书在对案例进行简要介绍的基础上，从承办律师的视角介绍了案件办理过程中的故事与心得，使读者能够看到判决书背后律师的工作内容与思考方式，从而更深入地了解知识产权律师的办案过程与技巧。

25. 《知识产权精品案例评析》，黎炽森主编，北京：知识产权出版社，2020 年 6 月。

该书延续广州知识产权法院历年出版的《知识产权精品案例评析》的案例汇编思路及深化审判理念创新、勠力破解审判难题、准确划定权利边界、统一侵权判定尺度、平等保护市场主体的理念，在上万件案件中甄选出具有代表性、指导性的典型案例，并对具体案件审判过程中的法律适用、裁判方法、政策理解等焦点问题做出精要评述，内容涵盖专利权、商标权、著作权、植物新品种权、不正当竞争及其他案件类型涉及的各类型知识产权纠纷的司法热点、难点。

26. 《高校知识产权管理研究》，尚锐、孔祥森著，天津：天津科学技术出版社，2020 年 6 月。

该书主要介绍了知识产权管理概述：知识产权与知识产权管理、知识产权管理的原则与功能、知识产权管理的分类，知识产权管理体系，知识产权行政管理：知识产权行政管理体制、行政效率和趋势，知识产权司法管理体制、内涵、目标、原则、形式和对象，知识产权战略计划管理、组织管理、决策管理、实施管理、保障管理、控制管理和监督管理，著作权管理，专利管理，高校知识产权文化培育的现状和工作中存在的问题以及原因，校企合作视角下高校知识产权管理研究等方面的内容。

27. 《知识产权法律服务实战经验》，张旺著，北京：中国政法大学出版社，2020 年 7 月。

该书是一部由律师写作的实务操作经验的图书，针对的是知识产权法律服务领域。全书共分为四章：第一章，知识产权法务管理秘籍，主要讲述了企业文化与版权法务，企业商标与品牌法务，企业专利法务，企业商业秘密法务。第二章，知识产权诉讼难点解析，主要论述了商标恶意侵权诉讼之反转，数人侵害商标权之损害赔偿责任判定。第三章，知识产权前沿法律问题研究，主要论述了网络游戏的作品属性分析，原创影视音乐作品著作权保护，“避风港”原则对网络著作权风险负担的规制，“一带一路”倡议背景下企业的专利保护策略。第四章，司法裁判典型案例评析，主要论述了菲维亚珠宝有限两合公司诉众华堂工艺品公司、众华堂珐琅首饰研发中心侵害著作权与不正当竞争纠纷案，《人在囧途》诉《人再囧途之泰囧》不正当竞争纠纷案，网络通信有限公司诉在线软件有限公司技术合同纠纷案。

28.《〈视听表演北京条约〉释义》，王迁著，北京联合出版公司，2020 年 7 月。

该书是解读视听表演北京条约的文化理论类图书。主要是对《视听表演北京条约》的文本进行逐条剖析和解读，以便让中国作者和外国作者对版权有更加深入的了解，对版权保护有更加深刻的认识，从而更好地建立自我保护意识，运用自我保护机制。该书由参加条约起草的华东政法大学教授、博士生导师王迁担任主编；由参与过条约起草和外交大会的阎晓宏、于慈珂、王野霏、汤兆志等进行审核；最后经过世界知识产权组织（WIPO）审核或认可，是对《视听表演北京条约》一个权威的解读文本。该书是国家社科基金重大项目“媒体融合中的版权理论与运用研究”的初步成果。

29.《知识产权专业知识与实务考试指南》，知识产权出版社有限责任公司编，北京：知识产权出版社，2020 年 7 月。

该书由知识产权出版社有限责任公司响应人力资源社会保障部《关于印发〈经济专业技术资格规定〉和〈经济专业技术资格考试实施办法〉的通知》，根据 2020 年经济专业技术资格考试知识产权专业知识与实务考试大纲（初级和中级），汇编整理了考试大纲涉及的法律、法规及规章、司法解释以及国家政策和国家标准文件，涵盖了专利、商标、著作权、商业秘密、地理标志、植物新品种、不正当竞争、遗传资源等相关知识产权类别，以及知识产权管理、转让、运营等方面的内容，方便知识产权专业相关从业人员复习和备考。

30.《版权我懂》，中国版权协会编，杭州：浙江教育出版社，2020 年 7 月。

该书为中国版权协会组织编写的面向大众读者的版权知识教育读本。全书由两部分组成。在第一部分中，设置若干人物角色，从现实生活中易引起知识产权纠纷的情境，诸如文章发表、音乐下载、图片使用、现场表演等出发，通过各个人物的故事演绎，深入浅出地梳理著作权法；配以手绘漫画插图，让读者在轻松的图文阅读中，进一步了解版权知识，并逐步提高自身的版权保护意识及版权素养。第二部分含“中国版权大事记”、现行《中华人民共和国著作权法》全文以及《信息网络传播权保护条例》全文。

31.《最高人民法院知识产权要案典丛·著作权卷》，最高人民法院知识产权审判庭编，北京：中国法制出版社，2020 年 7 月。

最高人民法院知识产权审判庭从过去 11 年审结的知识产权案件中精选了 40 件著作权典型案件汇编成书，从中归纳出具有一定指导意义的法律适用问题，以反映最高人民法院在著作权领域处理新型、疑难、复杂案件的审理思路和裁判方法。

32.《视听表演保护与版权产业的发展》，《视听表演保护与版权产业的发展》编委会编，北京：北京联合出版公司，2020 年 7 月。

该书是分析与解读《视听表演北京条约》的一部论文合集，邀请了十多位对视听表演行业有深入了解和研究的专家，撰写了一批在这些行业对普及、实施《视听表演北京条约》有重要意义的专业论文，以便让公众了解《视听表演北京条约》与视听表演产业的关系，以及它对相关版权产业发展产生的影响，也让中国作者和外国作者对版权有更加深入的了解，对版权保护有更加深刻的认识，从而更好地建立自我保护意识，运用自我保护机制。

33.《大规模开放在线课程（MOOCs“慕课”）版权制度研究》，贾丽萍著，北京：中国政法大学出版社，2020 年 7 月。

慕课是信息技术时代的一种新的教育模式，是新时期开放资源运动的最新发展。慕课开放性的课程传播与数千、数万甚至几十万的大规模学习者，使得慕课必将成为一所大学、一个学科在世界教育舞台拓展教育范围、提升知名度、树立学术信誉的重要举措，发展慕课是我国“建设世界一流大学和一流学科”的重要途径之一。该书以历史研究方法、法哲学研究方法、比较法研究方法、案例分析的研究方法对慕课面临的版权问题进行了系统、全面的分析，并最终提出慕课环境下版权制度的变革建议。

34.《著作权法司法适用实证研究》，李林启主编，北京：中国政法大学出版社，2020 年 4 月。

该书着眼于《著作权法》及其相关法律规范的具体规定，以中国裁判文书网提供的丰富案例素材为数据来源，在对案件案情、裁判结果进行简要、全面介绍的前提下，对相关法律问题进行全方位的评价、分析。全书共分为九章，具体如下：第1章——著作权纠纷案件的主体认定；第2章——著作权法中作品的法律保护；第3章——著作权具体权项的法律保护；第4章——信息网络传播权的法律保护；第5章——著作权合理使用的司法认定；第6章——计算机字库字体的著作权保护；第7章——著作权侵权与不正当竞争问题；第8章——网络环境下著作权的法律保护；第9章——著作权侵权的法律责任。

35.《数字图书馆利用作品的著作权限制研究》，何蓉著，武汉：湖北人民出版社，2020年7月。

该书主要研究对象是网络环境中的数字图书馆，既包括有与实体图书馆相配套的数字图书馆，也包括没有实体图书馆的纯虚拟的数字图书馆。该书的主要研究内容为数字图书馆利用作品的著作权限制，研究范围针对著作权权利行使和著作权权利内容的限制，主要包括合理使用和法定许可，以及针对数字图书馆专门设置的限制著作权人的权利内容、著作权权利行使方式、保护期限和管辖等限制方式。

36.《高级知识产权专业职称考试辅导用书》，吴汉东、陈燕主编，北京：知识产权出版社，2020年7月。

该书是高级知识产权师职称考试的配套教材，根据知识产权师考试大纲进行编写。该书对知识产权的相关知识进行了系统的论述，主要内容包括：知识产权基础知识，专利申请，专利保护，专利运用，商标基础知识，商标使用的管理，注册商标专用权的保护，著作权，地理标志，商业秘密，集成电路布图设计、植物新品种及遗传资源等。该书不仅适用于参加高级知识产权师职称考试的学生，对于知识产权行业及相关行业的工作人员、科研人员等也有一定的参考价值。

37.《人工智能知识产权法律问题研究》，刘强著，北京：法律出版社，2020年8月。

当下人工智能的开发已经上升到国家战略的高度，它的应用正在渗透到社会生活中的各种领域中，包括交通运输、金融、医疗、制造业等。人工智能正在给人类社会带来全方位的变革，但我们还需注意人工智能发展过程中的法律问题。该书提出较为颠覆性的理念，将人工智能在专利、商标、著作权三类知识产权领域，赋予了“人”的地位，内容丰富，引证充分，语言深刻。该书除绪论和结论以外分为五章，对于人工智能所引发的知识产权法律问题进行探讨，包括人工智能知识产权理论问题、人工智能知识产权主体问题、人工智能知识产权客体问题、人工智能知识产权保护模式问题、人工智能知识产权侵权问题等。

38.《国际知识产权发展报告2019》，张广良主编，北京：中国人民大学出版社，2020年8月。

该书是一部2019年国际知识产权重要领域发展情况报告（主要涉及判例）。报告力图从知识产权工作者的视角，筛选、整理、研究报告年度内知识产权发展信息精华。首个报告年度期间为2018年7月1日至2019年6月30日。撷取前沿、权威、重要的信息，降低包括知识产权工作者在内的社会公众的信息搜索成本，助推我国知识产权制度的完善，是报告的撰写初衷。报告分为专利、商标、著作权以及知识产权相关竞争法等四章，每章涵盖“立法”、“判例”与“动态”三方面内容。

39.《网络游戏知识产权司法保护》（第二版），孙磊、曹丽萍著，北京：中国法制出版社，2020年8月。

该书通过厘清网络游戏相关的概念、规则，结合相关知名案例和思维路径，详细讲解知识产权的相关实务问题和前沿问题。一方面，系统化解析网络游戏知识产权纠纷中涉及的著作权、商标权、专利权、合同纠纷、反不正当竞争法等原理与规则。另一方面，专题分析行业常见的实务问题，为网络游戏市场提供知识产权保护指引和风险防控措施，更可贵的是作者深度剖析了大量中外典型案例，直观展现了法官裁判原理与当事人诉讼技巧。

40.《难忘版权十三年》，阎晓宏著，北京：知识产权出版社，2020年8月。

知识产权制度是激发创新创造活力的重要保障。实施创新驱动发展战略，必须保证人们的创造性活动获得应有回报，这就需要不断完善知识产权制度。知识产权制度在我国的发展经历了一个逐渐完善的过程。该书收集了阎晓宏自2006年担任国家新闻出版总署副署长、国家版权局副局长以来，在“中国保护知识产权高层论坛”“国际版权论坛”等高端版权论坛的主题演讲以及在《中国法律》等报刊上发表的关于版权保护与发展的文章等。书稿共筛选、收录30篇文章，不仅是作者对我国版权事业的思考和认识，而且从侧面反映了这13年（2006—2019）我国版权事业的发展路径。

41.《著作人格权与民法人格权理论的冲突及协调》，易健雄著，北京：知识产权出版社，2020年8月。

著作人格权在理论层面归属于民法人格权，但法律规范层面的著作人格权难以贯彻民法人格权的专属性，在法人作品、视听作品、职务作品、委托作品、保护期限等方面表现出与民法人格权理论的强烈冲突。该书运用实证研究方法分析了我国现行《著作权法》上著作人格权制度与民法人格理论在以上情形下的冲突之处，厘清了民法人格权的内部构造，揭示出当前著作人格权背后的多种客体、多重利益关系及其特征。作者在正本清源的基础上提出了“作者人格权”方案，进而为我国《著作权法》的修订工作提供了颇具可行性与接受度的立法建议，试图从根本上解决著作人格权与民法人格权理论的冲突问题。

42.《一本书精通知识产权》，周志强主编，上海：东华大学出版社，2020年8月。

该书从知识产权的内涵、特征、保护、诉讼、争议等方面进行了阐述，并用案例加以解释和说明。内容主要包括知识产权的特征及其对律师提出的要求、商标与反不正当竞争法、著作权与专利、知识产权争议解决机制研究、知识产权的刑法保护等。提供的案例丰富实用，案例的解释和说明也通俗易懂。随着知识产权保护越来越受到大众的重视，该书对于广大需要了解知识产权知识的非专业人士来说具有很好的实用价值，同时也适合作为各法律专业学生、各大企业员工的普及读物。

43.《俄罗斯知识产权法》，孟祥娟译，北京：法律出版社，2020年8月。

俄罗斯知识产权法在《俄罗斯联邦民法典》第四部分第七编，共计九章。俄罗斯的立法修改频率较高，每次修改所调整的范围较广。《俄罗斯联邦民法典》第四部分“知识产权编”自2006年俄罗斯国家杜马通过到2017年底，共进行了20次的修改。本译著包括了截至2017年《俄罗斯联邦民法典》第四部分“知识产权编”的所有修改内容。在内容结构上主要有：第六十九章，一般规定；第七十章，著作权；第七十一章，邻接权；第七十二章，专利权；第七十三章，育种成果权；第七十四章，集成电路布图设计权；第七十五章，商业秘密权；第七十六章，法人、商品、工作、服务和企业个性化标识权；第七十七章，统一技术构成中智力活动成果的使用权。

44.《著作权法前沿热点问题探究》，孙玉荣等著，北京：知识产权出版社，2020年8月。

该书以专题的形式对网络环境下的著作权法前沿热点问题进行探讨和分析，既有理论深度，又能紧密结合司法实践进行实务研究。以著作权法基本概念和原理为基点，对人工智能生成内容、体育赛事节目、网络游戏、3D打印、同人作品和短视频的著作权法律问题进行专门研究。对于每一个热点问题，从相关问题的起源开始对基本概念、理论进行详细阐述，再对该类问题案件的特殊性进行研究，从法理的角度进行论述，使读者能够了解相关法律视角的观点，最后结合该类法律问题的实际案例进行剖析，使读者对相关问题从理论到实务都有直观的认识。该书适合法学专业学生、知识产权方向研究生和从业者学习参考。

45.《优化营商环境与知识产权法治完善》，中国社会科学院知识产权中心、中国知识产权培训中心主编，北京：知识产权出版社，2020年9月。

该书由“2019知识产权上地论坛”的部分征文汇编而成。本届论坛主题为“优化营商环境与知识产权法治完善”，旨在引导和推动学界对有利于营商环境建设的知识产权法治完善问题进行研究。该书所选论文中既有对近年来引人关注的著作权、商标、专利领域重要理论和实践问题的探讨，也包括对沿边自贸区知识产权保护、第三方取证存证平台数据的真实性这类具体问题的研究，方便读者了解相关领域的研究动向和成果。

46.《互联网时代的数字版权保护研究》，陈兴芜编著，北京：人民交通出版社，2020年11月。

该书首先概括介绍了我国互联网领域国家战略的发展历程，勾勒出数字版权发展的政策动力，论证了互联网时代数字版权不同于传统版权的新特点，描述了当前互联网数字版权产业的发展态势；对传统数字版权保护技术进行了介绍，并分析其存在的时代困境；接着对互联网新兴技术，如云计算、大数据、人工智能、区块链等进行了介绍，指出了数字版权在上述新兴技术影响下的发展趋势；在上述研究的基础上，对我国数字版权保护的法律运行进行了详细的分析，并通过案例大数据对司法实践中数字版权保护面临的种种问题进行了全面的揭示；最后，从法律与技术的视角，提出了互联网数字版权保护的具体对策和建议。

47.《电子教学资源应用的著作权问题研究》，王英著，武汉：湖北人民出版社，2020 年 9 月。

该书的主要内容如下：第一部分，电子教学资源及相关著作权制度发展，主要介绍了电子教学资源的概念、特点、类型、性质和应用实践，并论述了国内外教学相关的合理使用、法定许可、著作权集体管理等著作权制度的发展现状。第二部分，电子教学资源应用对著作权的挑战，主要从合作作品、职务作品、委托作品和书面合同协议分析了电子教学资源的著作权归属，然后分析了电子教学资源对发行权、复制权等著作权权利的挑战，并尝试考虑新增公共展示权来处理电子教学资源这种新的作品类型的著作权问题，最后从文化角度、法律角度和经济角度剖析了电子教学资源侵权原因。第三部分，电子教学资源应用国内外立场研究，主要介绍了美国的《TEACH 法案》《课堂指南》《标准政策》，英国、日本和我国著作权法中有关教学应用的规定及其产生的影响或启示。第四部分，电子教学资源应用的案例分析，主要概述了美国、英国、日本和我国有关电子教学资源应用的典型案例，并分析了案例产生的影响。第五部分，电子教学资源课堂教学应用的合理使用问题，首先从著作权人权利的扩张和教育合理使用空间的萎缩两个视角论述了网络环境对课堂教学合理使用的影响；其次，制定了传统课堂教学和自主学习应用环境下的合理使用框架；最后，在分析了 CC 协议对电子教学资源的适用性的基础上，阐述了 CC 非商业协议在电子教学资源中的应用。第六部分，电子教学资源网络远程教学应用的著作权问题，主要从 MOOC 材料的版权归属、版权清理、授权许可和可获取性等方面分析了以 MOOC 为例网络课程著作权问题，以及网络远程教育对法定许可和著作权集体管理制度的冲击，等等。

48.《著作权及其他裁判规则》，钟鸣编著，北京：法律出版社，2020 年 9 月。

套书按专题分为体量大致相当的 3 本书：《专利裁判规则》、《商标及不正当竞争裁判规则》和《著作权及其他裁判规则》。该书是第三本。套书的目的在于归纳、整理由中国知识产权司法裁判典型案例所体现的裁判规则及相应的裁判文书摘要，对现有知识产权成文法规范予以解释、细化或者补充，便于读者在此基础上进行理论研究和实务运用。套书重点关注相对于成文法规范而言体现“新”的法律规则或者裁判规则的案例，即主要是那些通过法律解释方法解释、细化成文法规范的案例和通过法律漏洞填补方法实现“法律续造”的案例。

49.《俄罗斯著作权制度流变考》，姜海洋著，北京：法律出版社，2020 年 9 月。

当前国内关于发达国家著作权制度的研究成果较多，对俄罗斯著作权制度的研究成果则相对较少，而关于俄罗斯著作权制度史的研究则尚付阙如。该书是对俄罗斯著作权制度史的研究，不仅再现了俄罗斯著作权制度的过去，描述了它的现在，还对其未来进行了展望。该书不仅填补了国内在该领域研究的空白，还拓展了著作权制度比较研究的范围与视角，并为我国著作权制度的发展提出建议。

50.《日本知识产权法》，李明德、闫文军著，北京：法律出版社，2020 年 9 月。

该书系统研究和介绍了日本知识产权保护的理论与实践，包括总论、著作权法、专利法、实用新型法、外观设计法、植物品种法、商标法和反不正当竞争法。该书结合 400 余个典型案例，深入讨论了日本著作权、专利权、商标权保护和制止不正当竞争中的一系列重大问题，不仅将理论与实务密切结合在了一起，而且增加了全书的可读性。阅读该书，有助于了解起源于欧洲大陆的知识产权制度，经由日本而传播到中国的路径，以及由此产生的对中国知识产权理论和实践的影响。

51.《中国知识产权指导案例评注（第十一辑）》，最高人民法院知识产权审判庭编，北京：中国法制出版社，2020 年 11 月。

每年“4·26”知识产权宣传周期间，最高人民法院在各高级人民法院推荐的基础上，向社会公布中国法院知识产权司法保护 10 大案件和 50 件典型案例。该书涵括 2018 年中国法院知识产权司法保护案件和典型案例，以及解读评析。含专利侵权、著作权侵权、商标侵权、不正当竞争、商标授权确权、商标行政处罚、知识产权刑事等案件，几乎涉及知识产权领域的所有典型疑难问题。

52.《美国版权法》，裘安曼译，北京：商务印书馆，2020年10月。

该书是美国版权法修订本的中文译本。美国版权法，即美国联邦版权法，制定于1790年。1831年和1909年进行过全面修订。1976年大幅更新，形成现今版权法的框架和底本。2018年颁布《音乐作品现代化法》，增加了一章，大幅扩充或实质修改了若干条款。在法典体系上，美国版权法属于并一般被称作《合众国法典》第17编。该第17编共有14个章节，其中12个章节直接与版权有关，另2个章节分别涉及半导体芯片和原创设计的保护，此次也一并译出，所以该书亦是《合众国法典》第17编的全译本。

美国版权法不仅是英美法系的典型代表，其许多规定和采用的原则在国际版权领域也颇有影响。中国的改革开放正处在新起点，需要更广泛、深入地参与包括知识产权领域在内的国际合作。新中国版权法自制定迄今已经三十年，也需要不断调整改进以适应新的发展形势。因此，深入了解美国现行版权立法及其运行实践对我国版权制度的进一步完善有重要的参考借鉴意义。

53.《广东知识产权典型案例》，广东省高级人民法院主编，北京：知识产权出版社，2020年11月。

该书分民事案件、行政案件、刑事案件、禁令案件共四编，主要内容包括：专利案件、商标权及不正当竞争案件、著作权案件、反垄断及不正当竞争纠纷等。

54.《中华人民共和国著作权法》（最新修正本），全国人大常委会办公厅著，北京：中国民主法制出版社，2020年11月。

本法是为保护文学、艺术和科学作品作者的著作权，以及与著作权有关的权益，鼓励有益于社会主义精神文明、物质文明建设的作品的创作和传播，促进社会主义文化和科学事业的发展与繁荣，根据宪法而制定的法律法规。

55.《著作权法中的私人自治原理》，熊琦著，北京：法律出版社，2020年11月。

该书从基本法理出发，从制度功能入手，阐述著作权法作为特别私法，应符合私人自治这一基本原则，以保证著作权人得以不断根据市场情势变更实现规则创新，落点于解决现实问题。全书分为著作权立法中私人自治理念贯彻、著作权许可中的私人自治问题应对、社交网络时代的著作权私人自治理论延伸三编，重点对中国著作权立法中的制度移植与再造、著作权法定与自由的悖论调和、著作权法中投资者视为作者的制度安排以及著作权许可、著作权集体管理中的争议性问题、互联网产业驱动下的著作权许可等进行了深入分析，对私人自治在中国著作权立法中的真正贯彻提出建设性意见。

56.《版权·创新·未来：第十一届全国大学生版权征文活动优秀论文选》，中国人民大学国家版权贸易基地编，北京：人民教育出版社，2020年11月。

该书汇集了第十一届全国大学生版权征文活动的50篇优秀获奖论文，充分展示大学生的版权理论研究水平，集中体现大学生的创新创造精神。

57.《企业知识产权管理实战指引》，陈浩主编，武汉：华中科学技术大学出版社，2020年12月。

知识产权作为一种无形财产，如何能够像土地和房屋那样准确地评估它的价值？在中国的司法实践中，怎样才能更好地保护知识产权这种无形财产不受侵犯，遭受侵犯后怎样可以获得科学的、合理的补偿？这是目前知识产权领域值得思考与讨论的问题。该书从专利权、商标权、著作权及不正当竞争的角度出发，汇总近年来各律师亲自办理的或在知识产权领域具有较高影响力的典型案例，介绍案件概况，指出焦点问题并依据法律规定进行案件评析。书中案件类型繁多且极具代表性，分析深入透彻，对知识产权法律实务具有极大的指导意义，也能帮助企业将知识产权的管理纳入到企业管理的日常项目。

58.《著作权法》（第三版），张今著，北京：北京大学出版社，2020年12月。

该书立足于我国著作权法律制度，对我国著作权法律制度的基本概念、原理、知识和相关理论做了全面系统的介绍、分析和研究。同时，为了让大家更好地理解著作权法，重点章节引用了大量的真实案例，使该书做到了真正的理论与实践相结合。作者拥有数十年一线教学经验，这些经验在该书中得到了体现。本次改版在第二版的基础上，进一步更新了近年来新修订、出台的法律法规及司法解释，此外，也根据前两版图书在一线教学中的反馈进行了内容的相应调整，从而使该书更加适合作为教学使用的教材。

高等教育出版社
荣获多项第五届中国出版政府奖

图书奖

“生态系统过程与变化”丛书

装帧设计奖

《英韵〈三字经〉》（插图本）

图书奖提名奖

《解读世界经济发展》

《中国特色社会主义政治经济学史纲》

装帧设计奖提名奖

《论语——中国经典名著诵读英汉对照》

期刊奖提名奖

《蛋白质与细胞》（英文）

《思想理论教育导刊》

音像制品、电子出版物和网络出版物奖提名奖

数字课程出版云平台

高等教育出版社

地址：北京市西城区德胜门外大街4号
免费申请样书：xuanshu.hep.com.cn
咨询电话：400-810-0598
网上购买：www.hepmall.com.cn

高教社官方微信　高教社官方微店

人民出版社

PEOPLE'S PUBLISHING HOUSE

服务大局，是人民出版社“走出去”工作的核心宗旨。过去一年，人民出版社紧紧围绕重点主题，将一大批优秀著作以多语种输出海外，亮点纷呈。一是继续推进《平“语”近人——习近平总书记用典》和《习近平讲故事》等重点图书在海外出版发行，助力习近平新时代中国特色社会主义思想的海外传播。二是积极推进抗疫图书和全面建成小康社会图书的“走出去”工作，向世界呈现中国抗疫中真实感人的细节故事，展现中国消灭贫困，“发展为了人民”的坚定脚步。三是围绕2021年中国共产党成立100周年的主题内容，提前部署，积极策划重点图书的多语种同步出版项目。随着输出图书的陆续出版和发行，不同国家的读者将有机会进一步感受中国改革与发展的成功，领略中华文化的独特魅力。

《习近平讲故事》

《习近平讲故事》一书版权输出达30个语种，其中英文版、俄文版、韩文版、日文版、西班牙文版等16种外文版及中文繁体版已陆续出版。

在人民出版社主办的“纪念中俄建交70周年：新时代中俄关系研讨会”上，来自俄罗斯外交部的谢苗诺娃主任用俄语朗诵了《习近平讲故事》部分章节。

习近平新时代中国特色社会主义思想

《平“语”近人》

《平“语”近人——习近平总书记用典》版权输出累计达31个语种，英文版、阿拉伯文版、韩文版、日文版、土耳其文版等已陆续出版并在海外发行。

2019年12月10日，该书阿拉伯文版新书发布会暨座谈会在摩洛哥首都拉巴特星空书店举行，来自中摩两国政府、文化、教育、媒体等各界的嘉宾共100多人出席发布会。活动受到两国媒体广泛关注。

《习近平调研指导过的贫困村脱贫纪实》

中文简体版与繁体版

抗击新冠肺炎疫情

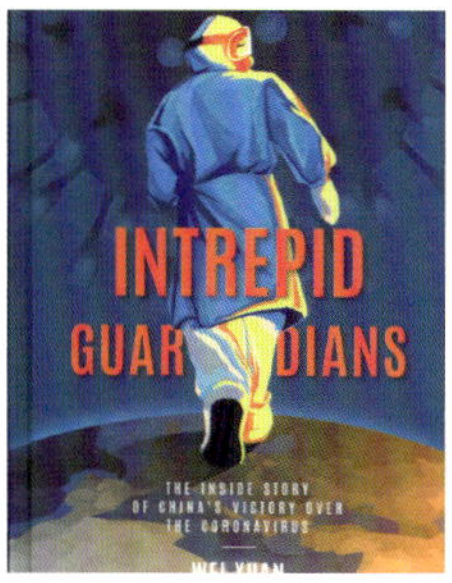

疫情暴发后，受医务工作者除夕夜驰援武汉的精神感染，人民出版社第一时间组织策划了一批如《中国疫苗百年纪实（上下卷）》《战“疫”日记》《最美逆行者》等展现中国防疫抗疫正能量的图书，同时积极开展版权输出工作，将这批反映中国人民抗击疫情伟大斗争的图书译介海外，通过大量感人的细节记录有力回击了西方个别国家和媒体散布的谣言。

全面建成小康社会

《枫叶红于二月花》

《图说中国特色减贫道路》

中文版、英文版

《精准扶贫的故事》

庆祝中国共产党成立 100 周年

中文版、日文版、英文版

《中国共产党如何改变中国》

中文版、韩文版

《中国共产党 100 年奋斗历程》

中文版、英文版

《百年复兴的开端——中国共产党怎样走来》

清華大學出版社
TSINGHUA UNIVERSITY PRESS

清华大学出版社（以下简称“清华社”）成立于 1980 年 6 月，是教育相关部门主管、清华大学主办的综合性大学出版社。2009 年 4 月由国有独资全民所有制企业改制为有限责任公司。2014 年 10 月成立清华大学出版集团。清华社作为国内领先的综合性教育与专业出版机构，先后荣获 “先进高校出版社” “全国优秀出版社” “全国百佳图书出版单位” “中国版权最具影响力企业” 等荣誉，2007 年、2017 年分别荣获 “中国出版政府奖先进出版单位” 称号，出版的一大批图书和期刊荣获中国出版政府奖、中华优秀出版物奖、“中国好书” 等奖项和荣誉。清华社现年出版图书、音像制品、电子出版物等近 3 000 种，销售规模和综合实力以及在高等教育教材市场、科技图书市场、馆配图书市场占有率均名列前茅。

清华社现设有理工、计算机与信息、经管与人文社科、外语、医学、职业教育、少儿、音像电子与数字出版八个分社和学术出版、期刊两个中心，下辖九个子公司，建立了完善的经营体系与集团化架构，形成了图书、音像制品、电子出版物、期刊和网络等多种媒体融合的立体化出版格局。其中，高品质、多层次、全方位的计算机图书是清华社的特色品牌，自 1995 年以来一直雄踞我国计算机教材市场前列；依托清华大学强大的学科资源，理工和基础学科类图书已成为强势板块，经管与人文社科类图书也已跃居全国前列；外语、职业教育类图书一直保持着良好的发展势头。伴随着清华大学创建世界一流大学的步伐，清华社不断调整和优化图书结构，在文学、艺术、法律、建筑、医学和少儿等领域的出版竞争力不断增强，在全国图书出版市场的传播力和影响力得到显著提升。

智能制造服务技术

江平宇、张富强、郭威 **编著**

内容简介：本书主要阐述了在服务型制造、社群化制造、云制造和产品服务系统等先进制造模式下面向产品全生命周期的智能制造服务特征表象和运行机理，构建了功能实现的层次框架，并分别从制造服务数据采集、智能计算与决策、生产性外包／众包的服务化、PSS 的制造服务集成方案决策、智能制造服务的设计／运行与状态监控以及服务能力评估等方面进行了介绍。

智能制造装备及系统

王立平 **主编**；张根保、张开富、王伟 **副主编**

内容简介：本书阐述智能装备的定义、特征和分类，智能装备的重要性、产业特点及发展现状，以及其与智能制造的关系，并就高档数控机床及基础制造装备、自动化成套生产线、智能专用装备等典型智能装备，以及智能数控系统、智能电主轴等智能装备关键核心部件技术与发展现状给出深入阐述。

极简中国木构建筑营造技术

喻维国、王鲁民 **编著**

内容简介：本书在前人研究基础上，从台基、屋身、屋顶三个方面系统地介绍了中国古代木构建筑营造的相关知识，用简洁的语言对抬梁式木构的重要建筑构件的起源、演变、构造做法、比例尺寸、建造步骤等要点进行介绍，特别是对宋《营造法式》和清工部《工程做法则例》中有关营造方法进行了清晰的解读，涉及木、瓦、石、土、油漆、彩画等多个工种，内容精练、文字通俗、图文并茂、设计考究、便于携带，是适合广大读者轻松阅读的专业与文化并蓄的普及性读物。

鸿蒙操作系统应用开发实践

陈美汝、郑森文、武延军、吴敬征 著

内容简介：本书系统全面地讲解了鸿蒙操作系统下的应用开发所需基础知识，并通过丰富的案例实践提高使用者的应用能力。内容通俗易懂，循序渐进，且包含丰富的代码讲解和应用实例，操作性较强，并配套 PPT 和视频讲解，是鸿蒙应用开发入门者的不二之选。本书主要面向鸿蒙应用的入门开发者，也可作为培训机构的参考用书。

鲲鹏处理器架构与编程

戴志涛、刘健培 编著

内容简介：本书可以作为读者了解和应用鲲鹏920处理器片上系统的参考用书，特别适合有兴趣使用鲲鹏 920 处理器片上系统的软件架构师、软件工程师和需要在鲲鹏 920 处理器片上系统上开发、优化应用程序的应用工程师和调优工程师。本书还可以作为普通高等学校计算机科学与技术、大数据、人工智能等相关专业的本科生及研究生教材。对计算机组成和设计有学习兴趣的读者也可以通过本书了解现代高性能处理器的体系结构。

数字化转型 架构与方法

周剑、陈杰、金菊、邱君降、张迪、赵剑男 著

内容简介：本书从按照价值体系优化、创新和重构的要求提出数字化转型的主要视角，以新型能力建设为主线提出数字化转型的过程方法，围绕数据要素驱动作用的逐步发挥提出数字化转型的发展阶段要求，构建起一套数字化转型参考架构，从而支持相关各方更加系统化、体系化、全局化推进数字化转型这一复杂巨系统工程。本书面向开展数字化转型的企业及提供数字化转型服务的各类组织。

数据分析思维：分析方法和业务知识

猴子·数据分析学院 著

内容简介：《数据分析思维：分析方法和业务知识》分为两大部分："方法篇"和"实战篇"。"方法篇"介绍了数据分析中常用的业务指标、分析方法以及如何用数据分析解决问题的步骤。"实战篇"讲解了如何应用第一篇的方法来解决工作中的问题，分享了十二个行业（国内电商、跨境电商、金融信贷、金融第三方支付、家政、旅游、在线教育、运营商、内容、房产、汽车、零售）的业务知识，以及这些行业内用数据分析解决问题的实例。每个行业都包括业务模式、业务指标、案例分析三方面的内容。

数据分析与数据挖掘（第 2 版）

喻梅、于健 主编；王建荣、李雪威 副主编

内容简介：本书主要介绍数据挖掘和数据分析的基本概念和方法，包括数据的基本属性和概念、数据预处理技术、数据立方体和 OLAP 技术、频繁模式挖掘、回归分析、分类、聚类、离群点分析。每一部分先介绍基本概念、理论基础、应用实例、思考习题。书中涉及的模型和算法均给出了相应的实例，便于读者更好地理解和使用模型。

实战深度学习
——原理、框架及应用

邓劲生、庄春华 编著

内容简介：本书系统全面地覆盖了深度学习的主要原理、方法和应用实践。介绍了深度学习的概念、主流工具及框架、神经网络原理及其实现，对卷积神经网络（CNN）、循环神经网络（RNN）和生成对抗网络（GAN）这些常用的深度学习模型进行了演练，在此基础上展开基于深度学习的目标检测、图像分割、人脸识别、文本自动生成等热门技术应用讲解，为读者提供了从理论学习到工程实践的视图。

世界的下一个主宰
——人工智能

（哈）卡里姆·马西莫夫（Karim Massimov）**著**
哈萨克斯坦指数 Qz 研究团队（Index Qz）**译**

内容简介：作者在回顾日常生活中已经存在的人工智能技术的同时，逐步详细介绍了一些重要的里程碑以及未来学家们提出的概念，例如“奇点”的概念。作者以全球化的视野剖析了一些国家人工智能战略的主要特点，揭示了人工智能带来的机会与诱惑，以及哈萨克斯坦可以怎样在应用人工智能技术和参与其进一步发展方面发挥作用，以积极的姿态进入人工智能的新时代。

大疆 TT 教育
无人机从入门到精通

蔡冬冬、胡波 **编著** 李梦园、蔡冬冬 **绘**

内容简介：《大疆 TT 教育无人机从入门到精通》以大疆 TT 教育无人机为载体，采用 Mind+ 图形化编程软件为无人机设计飞行程序，详细讲述了无人机的飞行原理、飞行安全、遥控飞行、编程飞行、编队飞行和场景应用等知识，并将这些知识融入近 100 个项目式的探究活动，使读者通过实验探究和无人机编程活动体验飞行的乐趣。

炭火教授赵家和

清华大学经济管理学院党委 **组编**

内容简介：这本书是一本纪念文集，读者可以通过第一手资料了解赵家和捐赠助学、成立兴华青少年基金会的经过，了解赵老师是怎样的人，了解受资助的中学生们得到了怎样的激励和成长，了解赵老师的精神是如何激励很多人一起加入爱心助学的队伍。

我在硅谷管芯片：
芯片产品线经理生存指南

俞志宏 **编著**

内容简介：本书详细介绍了如何在芯片公司做好产品管理和市场营销，着重讲述在芯片产业中产品管理者的各方面工作，总结了全球成功的芯片公司的产品开发管理和市场营销较为普遍的运作规律和方法，包括其产品规划、开发流程、组织管理、营销实践等环节。

从产品规划方面，介绍了作为芯片的管理者，芯片产品线经理应该如何分析市场，制定产品方向，制定商业计划；从开发流程方面，描述了如何开始研发，管理项目，以及最后量产的各种细节；从组织管理方面，详述了产品和市场组织的合理结构，内部各部门运作的关系，产品线与销售、代理商等外部组织的关系；从营销实践方面，介绍了芯片的推广、定价、谈判和销售策略，以及如何支持和最终赢得客户。

笔杆子是怎样炼成的：
公文写作实战（新时代·职场新技能）

李永新 **著**

内容简介：本书对文稿起草的全过程原原本本进行复盘（比如对代拟省长讲话稿等文稿进行实战复盘），给人以直观启发和感悟。通过对作者日常公文写作积累进行程序化分解，讲解平时应如何聚焦实战进行广泛积累储备，并对机关公文常用词句进行了分类呈现，供笔杆子们在谋篇布局、开拓思路、搭建框架时查阅，以节省遣词造句时间。

清华师者

覃川 **主编**；程曦、周襄楠、曲田 **副主编**

内容简介：在清华大学 110 周年校庆之际，本书精选了近 10 年在清华新闻网和清华大学校报《新清华》上发表的 85 篇人物报道，以发表时间为序，汇集成册，讲述 85 位师者立德树人、传道授业的动人故事。百年大计，教育为本；教育大计，教师为本。教师是一所大学最可宝贵的财富，教书育人的故事是大学校园中最动人的故事。正如清华大学党委书记陈旭在清华大学 2020 年教师节庆祝大会上所讲到的：“有一流的教师才有一流的教育，才能培养出一流的人才。清华近 110 年的历史长河里，名师荟萃、鸿儒云集，他们爱国爱校的赤子情怀、倾心育人的大师风范、严谨治学的扎实作风，积淀为清华教师的宝贵精神传统，尽管岁月流逝，但始终代代相传，在新时期焕发出更加绚丽的光彩。”

2022 新高考数学真题全刷：基础 2000 题

清优辅考 **组编**

内容简介：“高考数学真题全刷”系列甄选自 1978—2021 年共 44 年的全国高考数学真题，根据题目难度与考查范围共分为三本：基础 2000 题、决胜 800 题和艺考 1500 题，新考纲全国通用。系列中的真题按难度分为 5 类，由浅入深排列。书中全部真题均配有免费视频讲解，学生刷题遇阻时可随时观看，方便他们自己解决问题。本系列的目的是让基础差的学生能重拾学习数学的信心，让基础好的同学能更上一层楼，提高学生的备考效率，最终实现成绩的提升。

清华少年说（第五辑）

张婷 **主编**

内容简介：这是一本通过人物专访形式讲述当代清华学子的书籍，分为“学古探微”“水木秀钟”“行健不息”“万悃矢忠”4 个章节，一共 45 组人物。本书展现了清华学子的多样化成长历程。无论是勤奋有加、学业优秀的特奖“学霸”，还是专注兴趣、各领风潮的校园达人，无论是携笔从戎、勇立战功的军人，还是心系人民、奔赴基层的赤子，他们都用自己的行动践行着自强不息、厚德载物的校训，阐释着清华人的家国情怀与使命责任。

什么是高中物理

长尾君 **著**

内容简介：本书几乎囊括了高中物理的所有知识点，流畅而有趣地讲述这些内容的来龙去脉，并以一个清晰的脉络串起来，帮你在脑海里构建物理图景，让你登高望远、俯瞰整个高中物理，产生居高临下之感。

鸟瞰式的认知、物理思想和大局观，让你理解物理的本质，建立底层的思考逻辑，形成统一的解题思考路径，达到触类旁通的效果。本书为对学习高中物理感到迷茫的学子指明了方向，让学习高中物理更加得心应手。

守望与思索：人文清华讲坛实录精选特辑

张小琴、江舒远 **主编**

内容简介：《守望与思索：人文清华讲坛实录精选特辑》汇集了 26 位清华大学当代学者，每人一课，集中体现他们的经典学说、独特思考和重大发现。所有内容均经过精心挑选，代表了当代清华人文社会学科的最高水平，是清华大学百年来与国家、民族共命运的思想传统的延续。26 课内容均来自“人文清华”讲坛。该讲坛开启于 2016 年初，是清华大学的大型学术活动，致力于构建一个人文思想持续发声的公共空间，推动人文日新、社会进步。

学习治疗手记

宋少卫 **著**

内容简介：很多中小学生都暴露出不能自主自律学习的问题，引起了家长们的担忧。在国家倡导“进一步减轻义务教育阶段学生作业负担和校外培训负担”的当下，孩子该如何高效学习一直是家长们都非常关心的。《学习治疗手记》结合现实生活中 36 个具体案例，介绍了学习治疗理论及其应用和案例分析，分享了作者从金牌家教到学习治疗师二十余年教育教学的经验和心得，内容深入浅出，让每一个读者都能看懂、理解、应用学习治疗。教师、家长和对学习治疗感兴趣的学生均可通过本书改善学习状态、提高学习成绩，建构系统的学习方法。

数字化转型 新型能力体系建设指南

北京国信数字化转型技术研究院 **编著**

内容简介：本书围绕企业数字化转型“不会转”的难题，通过新型能力体系建设指南，提供以新型能力为主线的路径方法，包括新型能力的识别、新型能力的分解与组合方法、能力单元的建设，以及新型能力分级建设等内容，形成从发展战略到新型能力打造再到战略实现的闭环联动机制，系统性、全局性地涵盖新型能力打造过程中的过程管控机制、系统性解决方案、治理体系等，引导企业以价值效益为导向，共创、共建、共享数据驱动的新型能力，以新型能力赋能业务创新转型，加速推进物质经济价值模式向数字经济价值模式转变，稳定获取数字化转型成效。

北京大学出版社
PEKING UNIVERSITY PRESS

国家重点文化出口企业

《中华文明史》多语种译本

“全国优秀输出版图书”部分获奖作品

北京大学出版社把发展版权贸易作为走向世界、融入国际社会、参与国际竞争的重要途径，在版权贸易工作中一直坚持“输出引进并举”的工作思路，并建立了让版权贸易健康发展的长效机制。目前，北京大学出版社已同几十个国家和地区的上百家出版社建立了业务往来。

PEKING UNIVERSITY PRESS

多次获得各级图书奖

北京大学出版社在引进版权图书上坚持“为我所需”和“双效并重”方针，坚持社会效益与经济效益并重，引进各种版权 3 000 余种。北大社组织翻译的一系列高质量的优秀外版图书，如《全球通史》《科学的旅程》《经济学原理》等，受到读者的广泛欢迎，并多次获得各级图书奖。

中国文化“走出去”战略代表

北京大学出版社积极响应党中央、国务院的中国文化“走出去”战略，立足于版权输出，整合全社资源，结合本社的发展规划，大力推进图书“走出去”工作。北大社根据自身的出版特点和优势，将对外汉语教材和人文社科类图书作为版权输出的重点领域，与英国剑桥大学出版社、荷兰博睿学术出版社、德国施普林格出版社等一批国际知名出版社展开深入广泛的合作，共向海外输出版权 2 000 余种，涉及英语、德语、法语、俄语、日语、韩语、泰语、越南语等十几个语种。其中，《中华文明史》成功输出了英文版、日文版、韩文版、塞尔维亚文版、匈牙利文版和印地文版，《解读中国经济》成功输出了英文版、日文版、韩文版、德文版、阿拉伯文版、泰文版、吉尔吉斯文版等，出版后在国际市场上产生了良好反响。北大社共获批“经典中国国际出版工程”、“中国图书对外推广计划”、“中华文化著作翻译出版工程”、“丝路书香工程”重点翻译资助项目、“外国人写作中国计划”、“中华学术外译项目”等“走出去”项目立项近 200 项。

参加北京国际图书博览会

建党 100 周年主题出版物

北京大学出版社是全国“新闻出版‘走出去’先进单位”、“中国版权最具影响力企业”、“中国图书对外推广计划”工作小组成员单位之一，并被商务主管部门、文化主管部门、国家广电主管部门、新闻出版主管部门联合认定为 2007—2008 年度、2009—2010 年度、2011—2012 年度、2013—2014 年度、2015—2016 年度、2017—2018 年度、2019—2020 年度、2021—2022 年度“国家重点文化出口企业”。

接力出版社2021年度图书推荐

“章鱼先生有办法系列”（5种）

韩煦 著

图书简介：

“章鱼先生有办法系列”是一套适合2~5岁孩子的趣味认知图画书。通过拉页、折页、翻翻页、立体页等多种创意工艺和独特拓印拼贴技法，教会孩子认知颜色、动物、形状、方位与时间。版权输出至新加坡、越南、韩国及我国台湾地区。

“32个睡魔怪”系列（3种）

彭懿 著 田宇 绘

图书简介：

“32个睡魔怪”系列包括《我用32个屁打败了睡魔怪》《我用32个睡魔怪打败了我妈妈》《我用32个睡魔怪救了我爸爸》3种，该系列直面当代儿童真实的生活困境与难题，用荒诞幽默的故事情节，破解孩子的心灵密码，帮助孩子在轻松快乐中自信成长。版权输出至马来西亚、韩国、新加坡及我国台湾地区。

《雨露麻》

曹文轩 著 [韩]苏西·李 绘

图书简介：

《雨露麻》由国际安徒生奖得主曹文轩创作，讲述了一个小女孩用自己的一番诚意打动画布的故事，是一部献给所有坚持梦想并为之努力的孩子的图画书。作品荣获“2021年博洛尼亚童书展最佳童书奖·虚构类特别提名奖”，版权输出至智利、巴西。

《鄂温克的驼鹿》

格日勒其木格·黑鹤 著 九儿 绘

图书简介：

《鄂温克的驼鹿》记录了使鹿鄂温克老猎人与驼鹿生死相依的传奇故事，展现人与自然相互依存的自然观与生态观。作品荣获第十四届文津图书奖、2021年俄罗斯图书印象奖原创绘本奖、美国民俗学会2020年度伊索荣誉奖、2020年国际儿童读物联盟(IBBY)荣誉作品等奖项。版权输出至加拿大、法国、韩国、德国、瑞典、土耳其、俄罗斯及我国台湾地区。

接力出版社2021年度图书推荐

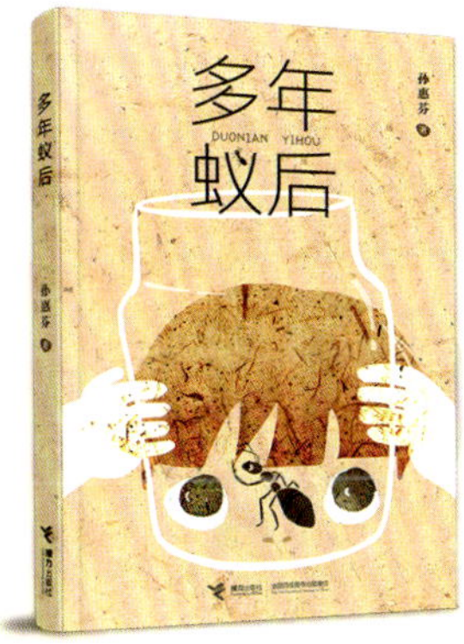

《多年蚁后》

孙惠芬　著

图书简介：

《多年蚁后》是鲁迅文学奖得主孙惠芬给孩子的生命童话。书中讲述了一棵海棠树下蚂蚁、蝉和人的小世界里的秘密。故事以小见大，双线视角，开拓童话全新艺术表现手法，让孩子辩证思考友谊、自我、责任等人生话题，勇敢拥抱生命未知。

“黑鹤动物文学精品系列”（7种）

格日勒其木格·黑鹤　著

图书简介：

“黑鹤动物文学精品系列”包括《黑焰》《黑狗哈拉诺亥》《血驹》《狼獾河》《黄昏夜鹰》《狼谷的孩子》《我和小狼芬里尔》7种。作品中描写了中国北方草原、林地等独特环境中的各种动物，叙写了这些自然生灵的生活状况、生死命运，以及人类与动物并行共生的图景。该系列作品荣获第三届比安基国际文学奖小说大奖、2011年冰心儿童图书奖等奖项，版权输出至法国、加拿大、韩国、埃及、德国、越南、英国、尼泊尔、俄罗斯。

《六极物理》

严伯钧　著

图书简介：

《六极物理》通过以爱因斯坦和普朗克为主角的科学故事，穿越极快、极大、极重、极小、极热、极冷六个极限世界，展现前沿物理全貌，带领读者走进博大精深的物理世界，轻松解读物理原理。作品荣获第十六届文津图书奖（科普类），版权输出至韩国和我国台湾地区。

“特别狠心特别爱”系列（4种）

沙拉　著

图书简介：

“特别狠心特别爱”系列包括《特别狠心特别爱》《特别狠心特别爱Ⅱ赢在家风》《父爱是一种智慧》《犹太妈妈的财商教育》4种。作者沙拉借鉴了中国教育和犹太教育的精华，创作了一部怎样将子女培养成亿万富豪的教育手记。版权输出至越南、韩国及我国台湾和香港地区。

浙江教育出版社

ZHEJIANG EDUCATION PUBLISHING HOUSE

《迟到的勋章》

作　　者：王龙
定　　价：69.00 元
出版日期：2020 年 12 月

《红船启航》

作　　者：丁晓平
定　　价：58.00 元
出版日期：2021 年 7 月

《强国新征程：“十四五”时期的中国经济》

作　　者：张占斌
定　　价：68.00 元
出版日期：2021 年 3 月

《红色引擎：非公企业党建的传化样本》

作　　者：张晶　柳文　徐燕飞
定　　价：58.00 元
出版日期：2021 年 6 月

新汉译世界高等教育名著丛书

（第一辑）

丛书总主编：李子江　张斌贤

丛 书 目 录

1 美国高等教育的发展趋势
2 美国的学院与美国公众
3 人的养育与教育——乔丹高等教育演讲集
4 教育的力量：通过影响实现治理
5 大学教育
6 美国大学制度
7 教育的意义
8 向美国高等教育传统开战——洛厄尔高等教育文集
9 巴纳德论教育
10 美国大学的问题
11 教育改革——埃利奥特论文与演讲集
12 教育的起源哲学——霍尔教育论文汇编

“新汉译世界高等教育名著丛书”是集中反映全球知名学者探讨高等教育思想及实践的大型丛书。第一辑收录了美国十二位著名大学校长的主要教育著作，是对美国历史上大学校长著作的系统译介。丛书第一辑集中展示了诸位校长对高校建设与规划方面的思考，内容涉及选课制度、学业排名、课程设置、本科教育、学者职责、教育目标以及大学使命等经典议题。以大学校长为代表的美国教育学者敏锐地把握住了当时的大众需求和教育趋势，于波澜壮阔的教育改革大潮中冷静探索学术自由的边界、博雅教育的承继、职业教育的功用等一系列重大问题，这些思考虽然带有当时的社会局限，但其背后所蕴藏的社会意识、问题意识对当下的中国教育改革都有着十分重要的启发作用。

中国近代教育文献丛刊

书　　名：中国近代教育文献丛刊
主　　编：越生文化
执行主编：田正平
编　　委：石　鸥、刘海峰、杜成宪、肖　朗

《中国近代教育文献丛刊》是对我国近代即 1840 年至 1949 年的教育文献进行系统梳理、有效再造的重大文化工程，是“十三五”国家重点出版物出版规划项目。丛刊由国内教育学领域的专家团队对全球范围征集的上万种教育文献进行精选、整理而成。丛刊共 500 册，分为教育学、教育史等 18 类，影印出版，力求系统展现近代教育的面貌。

中国近代教育文献丛刊 **教育法规卷**（14 册）

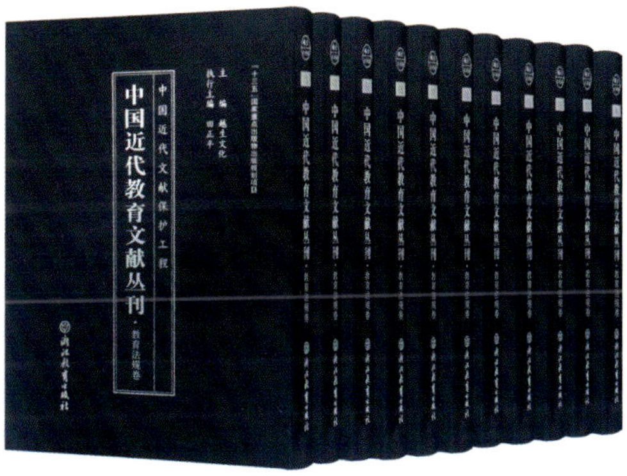

《教育法规卷》

中国近代教育文献丛刊 **教育史卷**（26 册）

《教育史卷》

中国近代教育文献丛刊 **教材教法卷**（45 册）

《教材教法卷》

中国近代教育文献丛刊 **留学教育卷**（24 册）

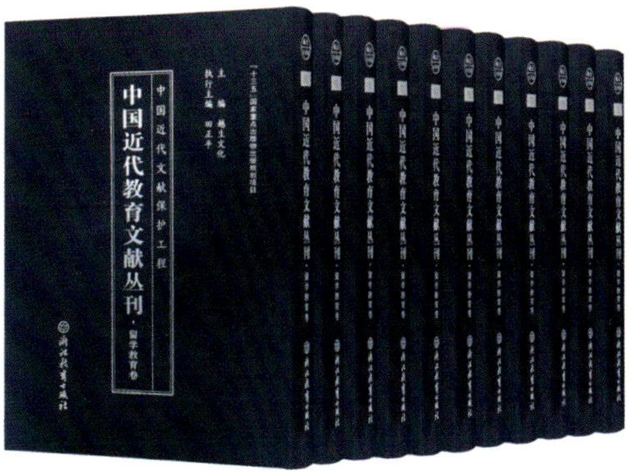

《留学教育卷》

中国近代教育文献丛刊 **外国教育译介卷**（45 册）

《外国教育译介卷》

李　奇

机械工业信息研究院院长
机械工业出版社社长
第五届中国出版政府奖优秀出版人物奖

李奇，编审，机械工业信息研究院院长、机械工业出版社社长。从业三十余载，是出版业名副其实的“沙场老兵”，获第五届中国出版政府奖优秀出版人物奖。他带领机工社发展成为国内较大的店面书出版社与专业教材出版大社，并多年领跑全国图书零售市场，先后获评“全国优秀出版社”“全国百佳图书出版单位”“中国500最具价值品牌”“世界媒体500强”等称号。

他政治素质过硬，带头深入学习宣传贯彻习近平新时代中国特色社会主义思想，坚决拥护宣传贯彻党的路线方针政策，牢固树立“四个意识”，坚定“四个自信”，做到“两个维护”。

他牢记使命，坚持正确的政治方向、舆论导向和价值取向，坚持把社会效益放在首位、实现社会效益和经济效益相统一，带领机工社挺拔主业，不断巩固扩大科技出版优势，组织实施“机械工程手册”“电机工程手册”“电动汽车工程手册”“中国战略性新兴产业研究与发展”等国家重点项目，打造了一大批双效俱佳的优秀出版物，有力助推了国家工业发展，稳固了机工科技出版的领先地位。

他深谙出版规律，提出六大战略、七个战术、五个文化，带领机工社实现年销售图书3 700万册以上、码洋突破18亿元、回款超过11亿元，提前完成“十三五”目标任务。提出了“中国装备制造业发展报告研发”“百种硬核产品开发”“工程科技知识服务平台建设”等具有示范性和创新性特点的十大重点工程，为机工社“十四五”高质量发展提供了新指引。

他植根市场，整合拓展资源、搭建产品集群，形成主业突出、相关领域协同发展的战略布局，搭建了具有竞争优势的产品集群，为机工社销售码洋增长提供了50%以上的支撑，显著提升机工社持续发展能力和品牌影响力。

他创新探索，大力推进数字化转型和融合发展，全面实施产业数字化和数字化产业，规划建设了全媒体演播中心、九州云播平台、工程科技知识服务平台等一批重点项目和平台，掀起了全媒体生态建设热潮。2020年疫情期间，全社依托这些项目，强化线上销售、终端连接、直播、短视频和私域流量运营，累计直播1 200场，观看人次1 200万，“千场千万”直播现象成为业内标杆。机工社年度经营收入和利润实现逆势增长，发货码洋突破20亿元，创历史新高。

他不断突破，持续强化覆盖终端、连接终端、激活终端的能力，着力构建立体、融合、高效的营销销售新范式，打造了机工人引以为傲、出版界普遍认同的渠道能力，机工社连续多年占据全国图书零售市场占有率领先地位，版权输出持续扩大，“十三五”期间累计输出版权近1 000种。

他守正创新，组织运用差异化策略拓展多个重点领域、多项重要资源，引导机工人通过创新创造用户价值、“跳出出版做出版”，牵头策划了少儿工程教育创新产品“爱拼系列”，其中《苏州园林》《尼米兹航母战斗群》等5款产品成功申请专利，获“中国创意工业创新奖”；2018年主持研发制作“圆梦”系列古建拼装模型，打造了具有中国“工业文化”特征的文创品牌，为传统出版注入了新活力。

机械工业出版社
CHINA MACHINE PRESS

机械工业出版社（以下简称“机工社”）成立于1952年，是新中国成立后国家设立的第一批科技图书出版机构之一。60多年来，机工社立足机械行业，致力于推动行业技术进步与科技知识传播，秉承“服务国家经济社会科技全面进步”的宗旨，锐意进取，开拓创新，在坚守传统业务的基础上，不断推进外延拓展与内涵增长，在经营规模、产品结构、品牌影响及全面建设等方面均取得了较快发展和显著进步。

机工社获评“全国优秀出版社”“全国百佳图书出版单位”“中国500最具价值品牌”“世界媒体500强”“国家文化出口重点企业”“中国版权最具影响力企业”“全国图书版权贸易先进单位”“中国图书海外馆藏影响力出版100强”“教育部教材出版基地”等诸多荣誉；多次荣获全国图书出版行业社店互评“诚信经营、优质服务”出版单位；机工社旗下出版物曾获得国家科学大会奖、国家图书奖、中国出版政府奖、全国优秀科技图书奖、中国好书等众多国家奖项。机工社新世纪的快速发展在业界引起广泛关注，2014年其改革发展实例被收录进哈佛大学案例库并应用于教学实践，通过哈佛大学的出版网络向全球发行，成为中国文化产业战略管理“走出去”的典范。

截至2020年，机工社年出版新书约3 000种、重印书约5 000种，年引进和输出版权总量近900种，年销售图书3 700万册以上，年销售码洋突破18亿元，年销售回款在10亿元以上；连续多年保持全国图书零售市场占有率领先地位；产品横跨科技出版、教育出版、大众出版三大板块，覆盖机械、电工电子、汽车、建筑、经济管理、计算机、外语、少儿、心理、农业、设计、科普、生活等十多个专业领域，以及高等教育、职业教育、技能教育、基础教育等不同教育层次，在多个细分市场和销售渠道占有率长期位居前列；拥有《机械工程手册》《电机工程手册》《机械设计手册》和“计算机科学丛书”“德鲁克管理经典丛书”等一系列历久弥坚的经典产品，以及《执行》《定位》《互联网思维》《华为创新》和“工业4.0系列”等一大批引领潮流的畅销精品。

传播工业技术、工匠技能和工匠精神，助力我国自主创新能力提升，是机工社的使命与追求。愿与各界机构、各界人士携手同行，集知播识，再铸辉煌！

王 星

辽宁师范大学出版社社长兼总编辑
第五届中国出版政府奖优秀出版人物奖

王星，辽宁师范大学出版社社长兼总编辑。自1995年起从事图书出版工作，荣获第五届中国出版政府奖优秀出版人物奖、首届全国教材建设奖先进个人等荣誉称号；先后入选全国新闻出版行业领军人才、高校出版人物、辽宁省宣传文化系统“四个一批”人才、辽宁省“最佳出书人”、“兴辽英才计划”哲学社会科学领军人才、互联网创新人物等。

王星从事出版工作近三十年，始终模范遵守和执行党的路线方针，坚持正确出版导向，深化改革创新，推进融合发展；在精品出版、选题规划、教育出版、创新管理、出版科研等方面展现出独特的视角与操控能力。自2010年担任社长以来，王星积极顺应时代发展要求，带领辽师社走出了一条中小规模出版社深挖优势、拓展经营的稳健发展之路：企业创新和经营发展能力不断提升，出版主业突出坚挺，精品出版初具规模，经营业绩实现倍增，各项经济指标位居国内中小规模出版社前列。

大学出版社作为我国出版事业的共建者，肩负着服务高校教学科研、传播优秀学术文化的历史使命，是教育出版的重要力量。多年来，王星始终立足服务国家教育文化发展大局，以面向“大教育”为出版特色与专业追求，构建了辽师社以教材出版为主体、以学术人文与教育服务类图书为两翼的图书出版结构。“十三五”期间，辽师社承担国家重点图书出版物规划项目累计6项110种，承担国家出版基金项目累计7项70种；由王星主持策划的《清朝前史》《大连地区常见昆虫图鉴》等图书荣获“中华优秀出版物奖”，“社会主义核心价值观养成教育原创绘本”系列版权输出至阿拉伯语地区。与此同时，王星以落实立德树人根本任务为目标，积极探索新形势下教育出版的专业化、特色化发展之路，构建了出版社教育主业明晰、教育特色鲜明的出版结构，现已累计出版教材300余种，形成了以基础教育教材为主体，并不断向学前教育、职业教育、高等教育以及教师教育延伸的全线教材建设体系。

面对出版产业转型升级的行业趋势和教育教学的时代需求，王星从未停止过与时俱进、创新前行的脚步，他持续加快构建“内容+服务”的产业布局，由其主持的项目“出版系统数字化采编、储存及出版”以及“培育和践行社会主义核心价值观媒体融合出版”连续两年入选国家新闻出版改革项目库，累计获得中央文化产业专项扶持资金940万元；“幼教云学堂”平台入选工信部“新型信息消费示范项目”名单；“笔墨声韵”平台荣获第十二届新闻出版业互联网发展大会“优秀创新项目”奖。

踏上“十四五”的新征程，王星将继续以驰而不息、久久为功的责任与坚守，不断追求高质量发展新路径，守初心创精品，担使命兴文化，为全力发展高质量出版事业做出应有贡献。

辽宁师范大学出版社

辽宁师范大学出版社成立于1994年，建社以来，辽师社始终围绕党和国家工作大局，坚持精品出版、深耕教育出版，以文化积累和文化传播为使命，在挖掘产品生命力和品牌建设方面做出了积极的努力和探索。在人文学术、基础教育、社会教育等出版领域形成了规模与影响，走出了一条颇具特色的大学出版之路。

“十三五”期间，辽师社制定精品出版战略，不断健全完善社会效益优先的体制机制，加大力度做好原创出版、精品出版，丰富完善了出版品牌矩阵，出版品质稳步提升，出版规模持续增长。一方面，积极履行弘扬主旋律的社会责任，以主题出版为抓手，把培育和践行社会主义核心价值观、弘扬中华优秀传统文化作为出版主线，构建了以重点项目为驱动，以纸介图书出版为支撑，以媒体融合为创新的全方位、立体化的中长期出版布局。经过多年的积累，辽师社社会主义核心价值观产品线已实现从学前养成教育至学校教育以及社会教育的全方位拓展与延伸，其中《润物细无声》荣获辽宁省第十五届精神文明建设“五个一工程”优秀作品奖；“中华优秀传统文化”系列产品线实现了老中青幼阅读群体的全面覆盖，其中“中等职业学校优秀传统文化系列读本”荣获国家教学成果奖。另一方面，辽师社积极服务国家文化重大发展规划，致力推进学术精品生产体系建设，出版了《清朝前史》《中国少数民族文学学术史》等一批具有深厚学术价值和文化意义的重点图书，得到学术界和文化界的关注与赞誉，树立了出版社高质量、高品位、高水平的品牌形象，保证了出版过程中社会效益与经济效益的最佳结合。

未来发展中，辽师社将深入贯彻新发展理念，以高质量发展为目标，全力打造综合性教育出版企业新形象，奋力绘就新时代教育事业发展新篇章。

▲《清朝前史》荣获第七届中华优秀出版物奖，属国家出版基金项目成果

▲《大连地区常见昆虫图鉴》荣获第七届中华优秀出版物奖

▲《润物细无声》荣获辽宁省第十五届精神文明建设“五个一工程”优秀作品奖

创于1897

商務印書館 The Commercial Press

中国现代出版从这里开始！

◎ 云书展期间，在设于新华书店总店城市书房的中国出版集团展台陈列展示《习近平扶贫故事》等重点图书

2020年，商务印书馆继续与英、美、德、日等20余个国家的一流出版机构，如英国牛津大学出版社、剑桥大学出版社、泰勒和弗朗西斯集团，德国德古意特出版社、施普林格出版社，荷兰威科集团等国际知名的出版机构保持着密切的业务往来，持续深化与战略合作伙伴的关系，加强双向出版合作；积极实施中国品牌辞书海外传播项目，持续推进《新华字典》15个语种及《现代汉语词典》4个语种的汉外版开发。向英国、德国、意大利、俄罗斯、韩国、日本等国家输出主题图书、语言、社科、管理、

◎ 2020 年 9 月 29 日，参加中国出版集团组织的扶贫类主题图书推介暨版权输出签约仪式，以视频录播的方式举办了《习近平扶贫故事》多语种外文版签约仪式

文学、对外汉语教学等类别的图书版权，全年输出版权 89 项。

《习近平扶贫故事》《中国艺术收藏史》《古汉语小字典》《逛动物园是件正经事》等一批优秀图书实现了“走出去”；其中《习近平扶贫故事》输出 41 个语种，创造了商务印书馆单品图书多语种输出的新纪录。《中国救荒史》和《中国文化与中国的兵》的英文版由剑桥大学出版社出版发行，《中国封建社会》《文化经济学》《文化反哺》等图书的英文版由卢德里奇集团出版发行，《世界是通的》和《微观杭州》的俄文版由乌兹别克斯坦丝绸之路出版社出版，《吃货辞典》俄文版由俄罗斯海波龙出版社出版发行：中华文化“走出去”再结累累硕果。全年引进版权 366 项，引进图书品种涉及外语工具书和教材、人文社科学术著作和大众文化类图书等。获得多项荣誉和奖励：商务印书馆荣获由中国版权协会评选的“2020 年度中国版权突出贡献奖”；在中国出版协会、中国新闻出版研究院、出版参考杂志社联合发起主办的 2019 年度输出版引进版优秀图书推介活动中，《中国道路与跨越中等收入陷阱》被评为 2019 年度输出版优秀图书，《从一到无穷大》被评为 2019 年度引进版优秀图书；《汉语世界》南亚版入选由中国出版协会“一带一路”工作委员会评选的 2020 年“一带一路”出版合作优秀案例。

2020 年，商务印书馆参加了第 27 届北京国际图书博览会（BIBF）云书展，在云书展平台上传 54 种精品外向型图书；参加了中国出版集团组织的扶贫类主题图书推介暨版权输出签约仪式，以视频录播方式举办了《习近平扶贫故事》多语种外文版签约仪式；通过在线方式举行高层会谈和版贸洽谈活动 20 余场。此外，商务印书馆还参加了法兰克福在线书展、德黑兰在线国际书展，推介《习近平扶贫故事》并展示多语种外文版输出成果，积极推介商务印书馆品牌及图书。各项展览和会谈活动推动了商务印书馆的版权贸易工作，扩大了商务印书馆的品牌影响力。商务印书馆跻身 2020 年度海外馆藏出版社百强排行榜，在“中国大陆出版机构入藏品种排行榜 TOP100”中排名第 6 位（2019 年度有 380 种图书进入世界图书馆系统）。

6

2020 年度
中国大陆出版机构
入藏品种排行榜
TOP100
排名第六位

PEOPLE'S EDUCATION PRESS 人民教育出版社

◎ 2021 年 7 月 13 日，由中国教育出版传媒集团主办、人民教育出版社承办的“培根铸魂、启智增慧——中小学教科书中的党史印记”主题展览在教育部举行了正式开展仪式。教育部副部长翁铁慧和有关司局领导参加开幕式并观看展览

◎ 2021 年 6 月 23 日，人民教育出版社举办“奋斗百年路 启航新征程”七一大会，庆祝中国共产党成立 100 周年。人教社有 50 位老同志获得“光荣在党 50 年”纪念章，其中的 25 名代表参加了纪念章颁发仪式，接受表彰

教育是国之大计、党之大计。党的十八大以来，以习近平同志为核心的党中央高度重视教育工作，把教育摆在优先发展的战略地位。而教材作为学校教育教学的基本依据，是落实立德树人根本任务、全面推进素质教育、培养创新创业人才的关键条件、重要保证，是推动教育优先发展的重中之重。习近平总书记指出，教材体系建设是育人育才的关键。建设什么样的教材体系，核心教材传授什么内容、倡导什么价值，体现国家意志，是国家事权。

人教社建社 70 周年之际，习近平总书记在给人教社老同志的回信中，对 70 年来人教社在基础教育教材和教育图书的编研出版上做出的积极贡献给予肯定，向全社员工致以问候，对教材建设给予殷切期望，提出要用心打造“培根铸魂，启智增慧”的精品教材。总书记的回信体现了党和国家最高领导人对教材建设的高度重视，是新中国教材建设史上的大事，是人教社 70 年发展历程中的大事，是我们教育出版人的莫大荣光。总书记的重要回信精神，为人教社“十四五”时期的高质量发展指明了方向。

1950 年到 2021 年是人教社坚决贯彻党的教育方针的 71 年，也是见证党的教育出版事业发展历程的 71 年。在 70 余年的教材建设历程中，人教社积累了丰富的经验，形成了优良的传统。

71 年来，人教社始终坚持党的全面领导，始终认真贯彻落实党的教育方针，坚持正确政治方向；始终坚持植根教育、服务教育，与时俱进谋发展，积淀了独特的品牌优势、科研优势、人才优势和资源优势，为我国基础教育事业发展做出了积极贡献，发挥了国家队、主力军作用。

71 年来，人教社先后编写出版了 11 套全国通用的中小学教材以及其他各级各类教材图书和配套教学资源出版物，累计出版各类出版物 7 万余种，发行量逾 750 亿册。每一套教材都服务了数以亿计的中小学生，伴随其从小学到高中十余年之久。

71 年来，人教社纸质教材的印装和设计质量越来越高，越来越精美，与教材配套的教辅产品和其他教学资源产品也越来越丰富。人教社还相继研发了学生磁带、教学光盘、点读笔等产品，不断满足广大师生的多样化需求。进入新时代，人教社又积极投入到数字出版的研究中，“盘 + 网”的融合媒体形式使电子音像产品进一步升级；手机 APP、PC 端和微信学习小程序、数字教材等新媒体教学资源产品不断丰富，传统出版与数字出版融合发展的探索步伐越来越快，越来越坚实。

71 年来，人教社紧密团结各省出版发行单位，适应社会主义市场经济要求，充分调动大家的主动性、积极性和创造性，在合作中谋发展，在发展中求共赢，建立了深厚的友情，形成了全国出版发行“一盘棋”的格局。

71 年来，人教社聚焦高质量发展，打造精品教材。在全力编研出版第十一套教材的同时，三次受教育部委托光荣地承担了道德与法治（思想政治）、语文、历史三科统编教材的编辑出版任务。在三科教材编辑出版工作中，人教社加强意识形态把关，贯彻落实习近平新时代中国特色社会主义思想和党的十八大、十九大精神，弘扬社会主义核心价值观、中华优秀传统文化、革命文化和社会主义先进文化，体现出高度的政治意识和政治站位。人教人持续发扬特别能吃苦、特别能战斗、特别能奉献的精神，再次彰显了教材建设国家队、主力军的实力。中央领导同志对于三科教材的编辑出版工作也给予了高度评价，称赞人教社对这项铸魂工程的成功完成

◎ 人教社多种产品在中国共产党成立 100 周年出版专题展中展示

“功不可没”。人教社还与澳门特区政府合作编写出版了澳门中小学使用的《历史》《品德与公民》《地理》等教材，着力培养澳门学生“爱国爱澳”的情感。

71 年来，人教社沐浴着党的光辉，经过几代人的辛勤探索和艰苦奋斗，在党的领导下长歌奋进，走出了一条特色鲜明、卓有成效的基础教育教材建设之路。未来，人教社将继续坚持正确的政治方向，确保党对教材事业的领导、马克思主义在教材建设中的指导地位，坚持植根教育、服务教育，坚持编研一体、学术立社的优良传统。同时，人教社还将守正创新、与时俱进，在教材和教育图书内容、形式、传播方式上不断创新，在传统出版与数字出版、传统教育与在线教育的融合发展上有所突破。

人教人从百年党史中，从党领导教材事业发展壮大的历史中，从无数革命先辈身上学到始终坚持党的领导的正气、解放思想与时俱进的锐气、独立自主自力更生的骨气、坚守理想坚定信念的硬气、自我革命自我完善的勇气，脚踏中国大地，紧贴人教实际，为贯彻落实习近平总书记重要回信精神，用心打造培根铸魂、启智增慧的精品教材，推动人教社高质量发展做出更大的贡献！为开拓新时代教材建设新局面而不懈奋斗！

中国人民大学出版社

中国人民大学出版社成立于 1955 年，是中华人民共和国成立后成立的第一家大学出版社。1982 年被教育部确定为全国高等学校文科教材出版中心，2007 年获首届中国出版政府奖先进出版单位奖，2009 年获首届全国百佳图书出版单位荣誉称号，2017 年和 2021 年连续两届再度获中国出版政府奖先进出版单位奖，是中国重要的高校教材和学术著作出版基地。

人大出版社始终秉承“出教材学术精品，育人文社科英才”的出版理念，实施精品战略，以优秀的出版物传播先进文化，建社 66 年来已累计出书 3 万余种，出版了一大批具有文明传播、文化累积价值的优秀教材和学术著作。作为涵括图书、音像、电子、网络和数字出版物等形式的跨媒体经营大型综合性出版社，人大出版社已成为我国哲学社会科学出版的重镇和一面旗帜。

新中国的大学出版事业，从这里开始

为贯彻落实共建“一带一路”倡议，进一步推动“一带一路”国家出版文化交流，2021 年 9 月，“一带一路”共建国家出版合作体高峰论坛在中国人民大学隆重举行。论坛以“文明互鉴、合作共赢”为主题，采用线下与线上相结合的方式进行。来自全球近 20 个国家和地区的中外嘉宾、合作体会员机构代表和媒体记者等百余人现场参会，并有超过 2 000 人次在线收看了论坛直播。

论坛期间，举办了合作体理事单位重要成果暨“读懂新时代”系列图书多文版合作翻译出版启动仪式。该丛书是教育部组织编写的一套重要理论读物，中文版由中国人民大学出版社出版以来获得了较好的社会反响。该套丛书陆续签署了英文版、阿拉伯文版、西班牙文版 3 个文版的版权输出协议，越南文版、波斯文版协议也即将签署。在论坛第二阶段的主题交流环节，来自中国、波兰、尼泊尔、印度、韩国、新加坡、英国、黎巴嫩、委内瑞拉等国家的成员国代表围绕“聚焦疫情时代的出版发展经验，探索出版合作新方式”“创新数字出版模式，助力出版产业高质量发展”两个议题发言。与会人员充分肯定合作体发展成果，并就合作体未来发展达成共识。

2020年“优秀通俗理论读物出版工程”
教育部“全国高校出版社主题出版选题”

“读懂新时代”丛书

“读懂新时代”丛书由教育部组织编写。作为高校思想政治理论课辅助教材和创新理论读物，该丛书从不同的角度阐释和说明了中国特色社会主义道路、理论、制度、文化的理论逻辑、历史逻辑和实践逻辑，深刻阐明新时代坚持和发展中国特色社会主义的重大意义，坚持不懈用习近平新时代中国特色社会主义思想铸魂育人，深入推动党的创新理论“三进”，培养担当民族复兴大任的时代新人。丛书语言通俗易懂，图文并茂，体例新颖，能够帮助广大青年学生增强“四个意识”，坚定“四个自信”，做到“两个维护”。

书名	作者
道路何以自信	陈培永
理论何以自信	秦宣
制度何以自信	肖贵清 等
文化何以自信	沈壮海 等

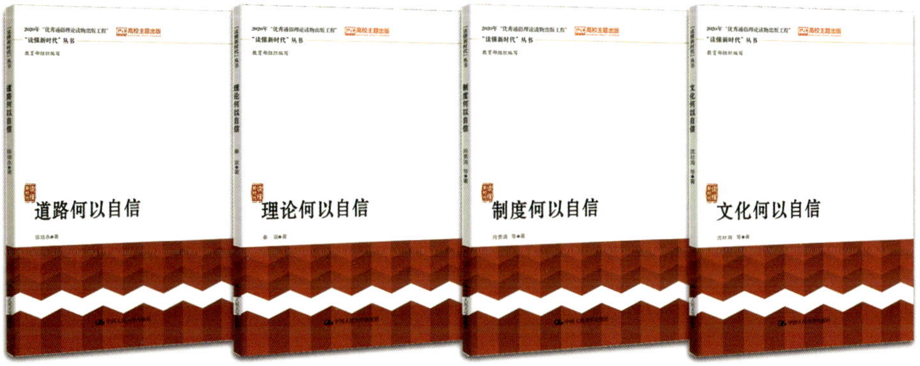

中宣部2021年主题出版重点出版物
“十三五”国家重点出版物出版规划项目
教育部“全国高校出版社主题出版选题”

消除贫困
中国的承诺

汪三贵 等 著

该书立足中国，放眼世界，把贫困问题和中国的减贫事业放在全球减贫的背景下进行分析，系统总结了脱贫攻坚蕴含的制度优势和基本经验，有利于读者在比较中理解中国减贫的成就和中国的制度优势，更加系统地了解中国的扶贫事业和减贫成就，并且对“十四五”期间继续做好减贫工作提出了相关的政策建议。

中宣部2021年主题出版重点出版物
“十三五”国家重点出版物出版规划项目
2021年2—3月“中国好书”

数字解读中国
中国的发展坐标与发展成就

贺耀敏 甄峰 著

该书从不同的维度，借助一系列数据对中国发展涉及的不同领域进行解读，内容涵盖人们关心的经济增长、收入分配、物价、消费、投资、进出口、能源资源、金融、基础设施、社会福利、“一带一路”等，为读者描绘了一个更加直观、生动的中国经济图景。

2021年8月“中国好书”

中国文化基因的起源
考古学的视角

陈胜前 著

该书首先溯源文化的演化过程，确立文化的三重结构；然后溯源中国文化形成的经济基础，分析中国文明形成的格局；最后深入到文化基因的层面，探索中国文化的渊源，结合历史发展的大趋势探讨当代中国文化的建设问题。

中国出版传媒商报第三季度影响力图书

马克思与孔夫子
一个历史的相遇

何中华 著

该书以马克思与孔夫子自晚清特别是五四新文化运动以来在中国的“相遇”为主线，通过特定历史语境的还原和追溯，试图从哲学观念、文化原型、精神气质等层面，多维度地揭示这种“相遇”的内在可能性及其学理依据，以期更深层地理解马克思主义中国化的实质。

人民卫生出版集团
人民卫生出版社有限公司
PEOPLE'S MEDICAL PUBLISHING HOUSE CO., LTD

人民卫生出版社成立于1953年，在国家卫生健康委员会、中宣部、财政部、教育部等国家部委的领导下，始终坚持正确出版方向，坚持把社会效益放在首位、实现社会效益与经济效益相统一，坚持“根植卫生健康，服务健康中国”发展宗旨，以高质量发展和改革创新深耕医药卫生科技出版，已发展成为我国出版规模大、产品质量高、综合实力强，涵盖医药教材、学术专著、科普图书、医学期刊、外文图书、数字新媒等多元产业为一体的国内领先、国际有影响力的医药卫生出版传媒集团，形成了具有广泛知名度和认知度的“人卫”品牌集群。

《新型冠状病毒肺炎学生防控读本》
2020年度中国版权最佳创意产品奖

坚持高质量发展，综合实力和学术影响力位居出版行业前列。在第五届中国出版政府奖中，荣获先进出版单位奖、图书奖、装帧设计奖、图书奖提名奖（2项）、印刷复制奖提名奖6项大奖。荣获“第五届全国文明单位”称号，被评为全国首批优秀出版单位，荣获“全国文化企业30强”提名企业，在首届经营性图书出版单位等级评估中被评为一级出版单位，获得“全国百佳图书出版单位”称号，是WHO卫生信息和出版合作中心，全国数字出版转型示范单位。人卫社单位集体、产品和个人获得中国出版政府奖、韬奋出版奖、中华优秀出版物奖、“中国好书”等国家各类奖项900多项，获得多项国家文化产业发展专项资金和其他专项资金资助。

◎ 人民卫生出版社荣获“2020年度中国版权突出贡献奖”

近年来，人卫社深入学习贯彻党的十九大和十九届二中、三中、四中、五中全会精神，深入贯彻落实习近平总书记系列重要讲话精神，全面贯彻党的卫生健康、教育和新闻出版工作方针，不断提高出版质量效益，做强做实做精做优卫生健康出版事业和产业，打造了一大批人卫教材、学术、科普、数字出版系列精品力作，服务医药卫生人才培养和大众健康。特别是2020年新冠肺炎疫情发生以来，人卫社充分发挥出版国家队的引领作用，出版了50余种抗疫相关图书，紧急启动人卫教材电子版上线工程，服务“停课不停学”。出版

荣膺第五届中国出版政府奖——作品展示

图书奖

中华影像医学丛书·中华临床影像库
（12 卷）

装帧设计奖

石学敏针灸学
（法文版）

图书奖提名奖

白衣执甲 逆行出征
——致敬最美战“疫”医务工作者丛书
（3 册）

图书奖提名奖

经自然腔道取标本手术学
多语种系列图书（5 册）

的《新型冠状病毒感染的肺炎公众防护指南》，实体书免费向大众赠阅 40 余万册，PDF 版本全国免费提供，公益授权翻译成 5 种民文版和 10 种国际语种，助力少数民族地区和全球抗疫。

面向“十四五”，人卫社将继续坚持正确政治方向，紧扣时代发展脉搏，立足中国原创，弘扬工匠精神，打造精品力作，努力开创高质量发展的新局面，服务国家卫生健康、医学教育和科技出版事业创新发展，为文化强国、健康中国、教育强国建设做出积极贡献，为全面建成社会主义现代化强国，构建人类卫生健康共同体做出创新贡献。

印刷复制奖提名奖

重广补校：黄帝内经素问

华东师范大学出版社

ECNUP

华东师范大学出版社创建于 1957 年，是全国百佳图书出版单位、国家数字出版转型示范单位、全国版权示范单位，近三年先后被授予“第四届中国出版政府奖先进出版单位”“上海文化企业十强”“上海知识产权创新奖（保护）”等荣誉，两度入选“国家文化出口重点企业”。

华东师大出版社以“大教育”出版为特色，出版物主要由教材教辅、学术著作、社会读物构成，且已形成成熟的印刷类图书、电子音像出版、数字网络出版等全品种出版格局。2020 年出版图书 5 064 种，其中教育类图书超过 70%，重印再版率超过 70%。在已出版的图书中，《中国文字发展史》等多种图书荣获中国出版政府奖等国家图书大奖。华东师大版《一课一练·数学》版权输出到英国，影响广泛。

华东师大出版社依托华东师范大学的学科优势，以“出版融合发展（华东师大社）重点实验室”、上海学术·专业出版中心“教育学出版中心”为平台，致力于出版融合发展，打造教育出版生态圈。

2020 年，华东师大出版社克服了疫情带来的影响，各项指标与 2019 年基本持平。未来的发展中，华东师大出版社将继续围绕“引领中国教育出版，建设国内一流、国际知名的大学出版社”的企业目标，提质增效，加强管理，推动企业进一步稳健发展。

向世界+展示伟大抗疫精神

《战“疫”天使日记》英文版

《战“疫”天使日记》阿拉伯文版

传播中国学术声音

《中国艺术哲学》**德文版**

《基础教育发展的中国之路》**俄文版**

《基础教育发展的中国之路》**乌兹别克文版**

讲好中国教育故事

2020 年 9 月 4 日—9 日参加中国国际服务贸易交易会

弘扬中国传统文化

《风调雨顺·春》**韩文版**

《风调雨顺·夏》**韩文版**

《白鹿记》**马来文、中文版**

《风调雨顺·秋》**韩文版**

《风调雨顺·冬》**韩文版**

《白鹿记》**意大利文版**

学术立社 品牌兴社

南京大学出版社
—NANJING UNIVERSITY PRESS—

南京大学出版社作为国内著名一流大学出版社，坚持“学术立社，品牌兴社”的出版理念，注重出版交流，一直以来十分重视版权工作，在实际工作中切实践行“好书引进来、文化走出去”。在版权引进方面，近20年来已累计引进近千种图书，范围涵盖学术类、大众类及少儿类读物；在版权输出方面，截至2021年，共面向美国、英国、德国、法国、日本、俄罗斯等多个国家和地区，完成了上百种图书的“走出去”工作，包括学术专著、高校教材及童书绘本等，与多家国际一流出版社保持着战略合作关系，如英国劳特里奇出版社、德国施普林格出版社、美国宾州州立大学出版社、日本东京大学出版社等。目前共有数十种图书获得了“中国图书对外推广计划”“经典中国国际出版工程”“丝路书香出版工程”“国家社科基金中华学术外译”等项目的资助。其中，南大社围绕《南京大屠杀史》一书进行了一系列版权“走出去”的尝试，已出版及待出版的译本包括英文版、西文版、韩文版、泰文版、希伯来文版、阿拉伯文版、哈萨克文版及波兰文版。

南京大学出版社在版权工作中秉持“中西融通，合作共赢”的原则，同时与南京大学创建一流国际化高校的办学思路相结合，努力提升国际化合作水平，始终贯彻“两条腿走路”的经营方针，秉持出自学衡派学术传统的社训“昌明国粹，融化新知”，在传播中国传统文化的同时，引进西方优秀学术著作，打造中国传统思想文化出版高地、中华民国史出版重镇，以及国外学术前沿重要译介平台。

記載人類文明 溝通世界文化

外语教学与研究出版社

FOREIGN LANGUAGE TEACHING AND RESEARCH PRESS

外研社以“记载人类文明，沟通世界文化”为使命，以国际化发展为特色，是中国较早开展版权贸易的出版社。《新概念英语》、《书虫》、《英语》（新标准）等国际合作明星产品影响了中国几代外语学习者。近年来，外研社加快“走出去”步伐，将《中华思想文化术语》、“中华学术文库”系列、《走遍中国》等一大批优秀图书推向国际市场。外研社已在 11 个国家创立中国主题编辑部等海外机构，开展出版本地化运营。2015 年，外研社与牛津布鲁克斯大学成立以出版为特色的孔子学院，聚焦中外出版学术交流和国际出版人才培养。2018 年，外研社发起成立中国—中东欧国家出版联盟，为中国和中东欧国家出版机构建立交流互鉴的平台，目前联盟已有 54 家成员单位，含单体出版社约 120 家，外方出版社涉及 13 个中东欧国家。

◎ 外研社与施普林格·自然集团合作的《〈自然〉百年科学经典》（十卷本）全系列亮相 2019 年法兰克福国际书展

◎ 中国—中东欧国家出版联盟图书签约仪式在 2019 年法兰克福国际书展上举办（外研社为联盟秘书处）

时代出版

ARTTIME

时代出版

时代出版传媒股份有限公司

Time Publishing & Media Company Limited

2020年，时代出版传媒股份有限公司战“疫”克难、奋进出新，积极运用新技术、新模式打造“走出去”资源库，强化“互联网+短视频”赋能国际文化传播，讲好中国故事、传播中国声音，推动“走出去”走深走实。全年实现图书版权输出512项，其中《锦程：中国丝绸与丝绸之路》《繁花似锦》《砂粒与星尘》等一批精品力作实现多语种多地域版权输出；14个项目入选中宣部丝路书香工程、中华文化走出去工作重点任务清单项目、对外出版展览项目和CBI项目；4个案例、2名版权经理分别入选“一带一路”出版合作优秀案例和优秀版权经理人；3种图书入选第十九届输出版引进版优秀图书评选活动“年度输出版优秀图书”，1人入选“年度推动版权输出的典型人物”；5家出版单位入选“2020年度中国图书海外馆藏影响力百强”；时代出版入选全国版权示范单位。

陕西师範大學出版总社

SHAANXI NORMAL UNIVERSITY GENERAL PUBLISHING HOUSE

陕西师范大学出版总社成立于1985年，现已发展成为集图书、期刊、电子音像、数字出版、教育文化服务于一体的综合出版传媒机构。出版的图书荣获“中国图书奖”“国家图书奖”“中华优秀出版物奖”“茅盾文学奖”“鲁迅文学奖”“中国好书”“最美的书”等奖项，先后被授予“陕西省版权示范单位”“全国版权示范单位”“中国版权年度影响力企业”“中国版权突出贡献奖”等荣誉。2018年至2020年连续3年获评中宣部图书出版单位社会效益评价考核优秀单位。

陕西师大出版总社高度重视版权管理与开发工作，成立英语、俄语、小语种三个翻译出版基地，加大“走出去”步伐，与美国、俄罗斯、乌克兰、土耳其、英国、韩国等国出版机构建立合作关系，拓展版权贸易。同时，每年都有多种图书入选国家丝路书香工程、经典中国国际出版工程、中国图书对外推广计划等。陕西师大出版总社正在将更多的精品力作推向世界，为全球的读者提供服务。

荣获“2020年度中国版权突出贡献奖”

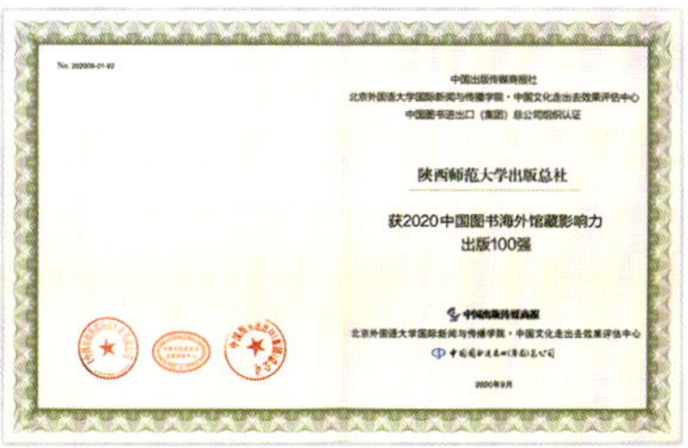

荣获“2020中国图书海外馆藏影响力出版100强”

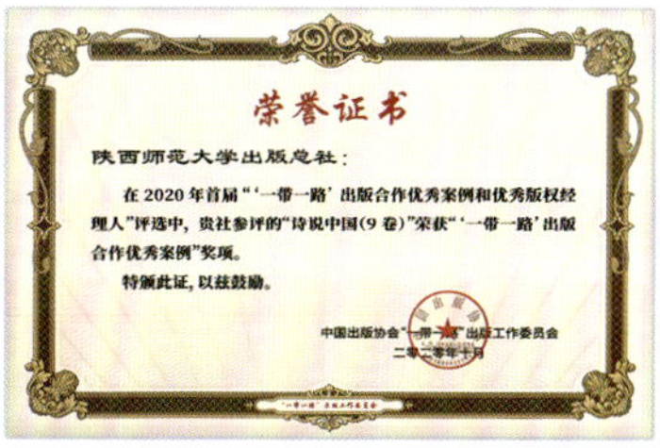

“诗说中国”项目入选2020年首届“一带一路”出版合作优秀案例

《主角》入选经典中国国际出版工程

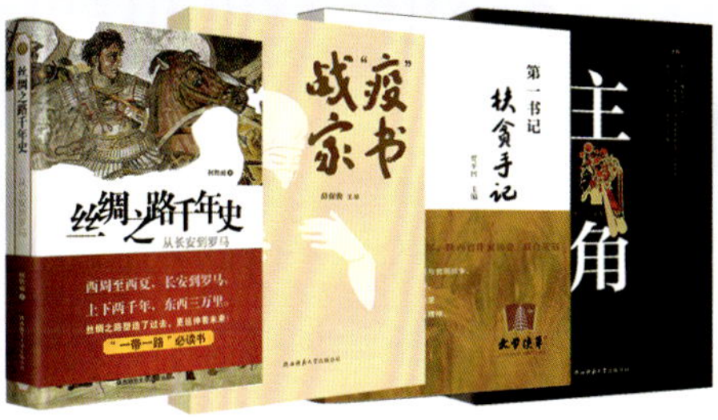

4个项目入选国家丝路书香工程

《装台》获中国当代作品翻译工程项目资助

“丝绸之路历史地理信息开放平台”入选国家新闻出版署数字出版精品项目

陕西师大出版总社部分精品图书

人民邮电出版社有限公司
POSTS & TELECOM PRESS Co.,LTD

人民邮电出版社始终坚持正确的出版方向，坚持“立足信息产业，面向现代社会，传播科学知识，服务科教兴国，为走中国特色新型工业化道路服务”的出版宗旨，已发展成为集图书、期刊、音像电子及数字出版于一体的综合性出版大社。

人民邮电出版社是全国优秀出版社、全国百佳图书出版单位，“中国出版政府奖先进出版单位”，拥有中央国家机关“五一劳动奖状”以及“全国文明单位”、“中央国家机关文明单位标兵”和“首都文明单位标兵”等重要荣誉。

近年来，人民邮电出版社先后有数百种图书、期刊、音像电子及网络出版物荣获中国出版政府奖、中华优秀出版物奖、中国好书等国家和行业重大荣誉或入选主题出版重点出版物、优秀青少年读物出版工程、百强报刊、“十二五”“十三五”国家重点出版物出版规划及国家规划教材、国家出版基金等重要项目。年出版音像电子及网络出版物2 000余种，建设了“人邮融智知识服务平台”等一系列融合发展项目。目前出版期刊19种，其中《通信学报》《电信科学》为中文核心期刊。

第五届中国出版政府奖

先进出版单位奖

人民邮电出版社

音像电子网络出版物奖

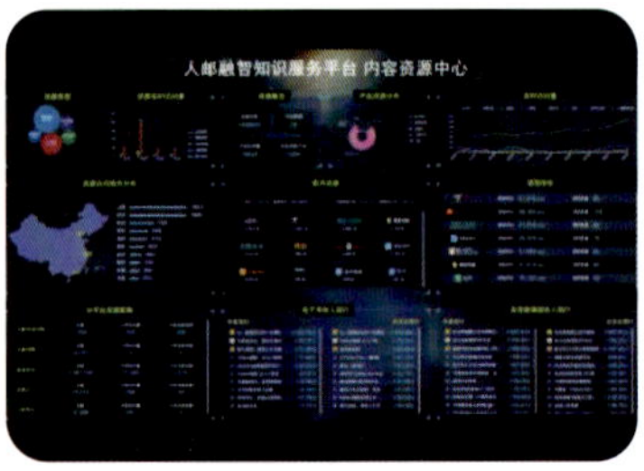

人邮融智知识服务平台

图书奖提名奖

“科技改变中国”丛书（6册）

图书奖提名奖

5G无线系统设计与国际标准

图书奖提名奖

中国国家博物馆儿童历史百科绘本（5册）

期刊奖提名奖

无线电

装帧设计奖提名奖

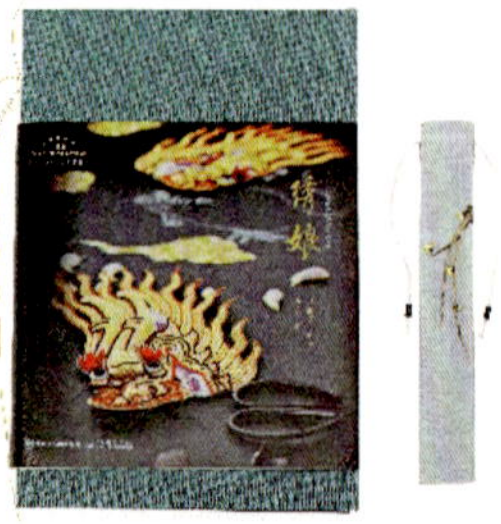

中华传统手工艺保护丛书·绣娘

地址：北京市丰台区成寿寺路11号邮电出版大厦　邮编：100164　邮箱：315@ptpress.com.cn　网址：www.ptpress.com.cn
电话：010－81055137（社长办公室）　010－81055315（总编室）　010－81055059（营销中心）　传真：010－67656995

明天出版社

明天出版社成立于1984年，是国家一级出版社、全国百佳出版单位，山东省一家以少年儿童为服务对象的专业少年儿童图书出版社。明天社一直重视出版“走出去”的工作，特别是近几年来，明天社在图书版权输出的数量和质量方面都取得了长足的发展，向德国、澳大利亚、俄罗斯、葡萄牙、阿联酋、土耳其等十几个国家累计输出图书版权数百种，近百个项目入选国家“走出去”重点出版工程。

2013年，中国版权协会授予明天社“中国版权最具影响力企业”荣誉称号；2021年，国家版权主管部门授予明天社“全国版权示范单位”荣誉称号，国家商务主管部门授予明天社“2021—2022年度国家文化出口重点企业”荣誉称号。

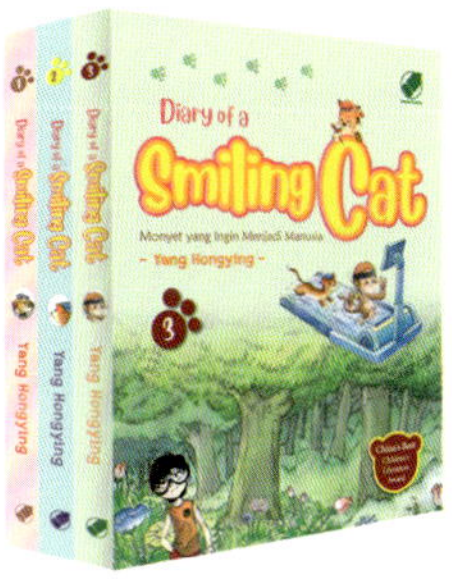

“笑猫日记”系列
（印度尼西亚文版）

“笑猫日记”系列荣获第四届“世界知识产权组织版权金奖（中国）”作品奖。

《雪山上的达娃》

《雪山上的达娃》荣获“2020年度中国版权最佳内容创作奖”。

《寻找鱼王》
（俄语版）（葡萄牙语版）（土耳其语版）（尼泊尔语版）

《寻找鱼王》已输出葡萄牙语版、法语、俄语、越南语版、土耳其语版、尼泊尔语版、高棉语版、阿拉伯语版等多个语种。

“家在中国”系列
（英文版）

图画书“家在中国”系列实现简体中文版、繁体中文版、英文版同步出版。

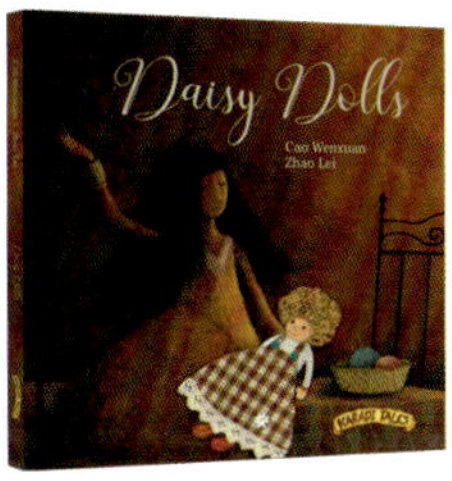

《菊花娃娃》
（英文版）

明天社输出印度的《菊花娃娃》（英文版）入选“第十九届输出版优秀图书”。

“马小跳发现之旅”系列
（印度尼西亚文版）

科普读物“马小跳发现之旅”系列输出印度尼西亚语版权。

“最美的逆行——献给奋战在抗击疫情一线的勇士”系列（英文版）

抗疫题材图画书“最美的逆行——献给奋战在抗击疫情一线的勇士”实现中英文版同步出版。

“中国非物质文化遗产图画书大系”
（韩文版）

“中国非物质文化遗产图画书大系”（韩文版）入选2019年经典中国国际出版工程。

联系地址：济南市市中区万寿路19号
联系电话：0531-82098622
欢迎关注明天出版社官方微信公众号

SPM 南方出版传媒

全国优秀出版社
全国百佳图书出版单位

广东教育出版社

庆祝中国共产党成立 100 周年 主题图书

《星火岁月》

——广东革命老区第一个党支部的故事

出版单位：广东教育出版社
出版时间：2021 年 4 月
书　　号：ISBN 978-7-5548-4013-9
作　　者：中共广东省委党史研究室
　　　　　广东省老区建设促进会

本书选取广东革命老区第一个党组织作为切入点，讲述了 67 个党组织成立的故事，再现早期广东共产党人英勇斗争的风雨历程。通过重温革命年代里共产党人的初心和理想，讲好中国共产党的故事，弘扬红色革命历史文化。

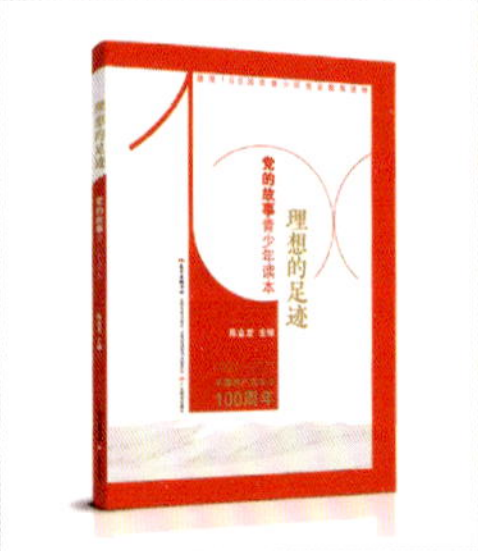

《理想的足迹》

——党的故事青少年读本

出版单位：广东教育出版社
出版时间：2021 年 4 月
书　　号：ISBN 978-7-5406-8278-1
作　　者：陈金龙 主编

本书用 100 个经典故事再现中国共产党带领中华民族自强不息、走向复兴的伟大历程。每个故事内容生动、真实，有血有肉，兼顾历史性和文学性。让我们走进这些故事，追寻那理想的足迹，让红旗在心中飘扬。

《我的入党故事》

出版单位：广东教育出版社
出版时间：2021 年 6 月
书　　号：ISBN 978-7-5548-4063-4
作　　者：广东省学生联合会 组编

本书从大学生党员自身出发，回顾入党初心，将大学生党员的入党经历、思想进步紧紧同共产党百年党史取得的辉煌成就相联系，结合党的十八大以来党和国家事业取得历史性成就、发生历史性变革的进程，用激扬的文字表达青年党员们对党的无比忠诚和无限热爱。

获得第五届中国出版政府奖 图书奖、图书提名奖

获第五届中国出版政府奖图书奖

《汉语方言学大词典》

（上、下卷）

出版单位：广东教育出版社
出版时间：2017 年 5 月
书　　号：ISBN 978-7-5548-1633-2

广东教育出版社出版的《汉语方言学大词典》是一部既研究“汉语方言”又研究“汉语方言学”的大词典，编撰出版历时 10 余年，凝结了老中青三代方言研究者的心血和智慧。词典的出版有利于探究我国汉语方言的源流、发展与联系，帮助我们了解自身文化的根源，对地方方言语料的保存和弘扬优秀地方文化具有重大意义，也为普及汉语方言学学科知识、了解中国主要汉语方言的研究现状、拓展汉语方言学学科的社会应用提供了重要的条件。通过这部词典，读者一方面可以认识到汉语方言学科的基本理论、基本方法和基础知识，另一方面又能概括了解丰富多彩的汉语方言在语音、词汇、语法诸方面的表现。本词典是从事方言学专业研究人员必备的速查工具书，各相关专业研究机构、大专院校的馆藏资料，也是方言学习入门者窥探汉语方言学的百科全书。

获第五届中国出版政府奖图书提名奖

《澳门通史》

——从远古至 2019 年

出版单位：广东教育出版社
出版时间：2020 年 11 月
书　　号：ISBN 978-7-5548-3231-8
作　　者：黄启臣

《澳门通史》是一部研究澳门历史的颇具分量的区域史专著。本书从澳门的远古年代（通过考古学发现）叙述至澳门回归 20 年的长时段历史，遍及澳门历史发展的各个阶段，脉络清晰、有主有次；在内容领域上，触及政治史、经济史、社会史、宗教史、文学史等各个领域。本书以其丰富的内容、鲜明的特色、宏大的结构以及多角度的剖析，使读者对澳门历史的曲折发展进程有一全面、清晰的认识。

天猫旗舰店店铺　　广东教育出版社公众号

CNKI中国知网
www.cnki.net
中国知识基础设施工程

- 扫码下载APP -
欢迎入驻GAF“学术圈”
成为我们的KOL!

www.cnki.net

全球学术快报

GLOBAL · ACADEMIC · FOCUS

全球学术快报（Global Academic Focus,GAF）是中国知网整合WEB端服务平台——知识网络系统（Knowledge Network System，KNS）和移动端服务平台——移动全球学术快报（CNKI EXPRESS）的所有技术，基于**世界知识大数据**（World Knowledge Big Data，WKBD）倾力打造的多终端、多版本全球学术文献传播、扩散和利用平台。

世界知识大数据

World Knowledge Big Data,WKBD

来源于80多个国家和地区
国内外10万家重要出版机构
全文文献3亿篇，摘要3.2亿篇
知识元82亿条
外文学术期刊7.5万种，占全球期刊的80%，覆盖JCR期刊的96%，Scopus期刊的90%
百万册图书
7国2组织所有专利
64万国内外标准
450万国内外学术会议论文
千万级外政府官网信息和行业报告

科学、社会和政府大数据深度融合，全文、段落和知识元三层数据互联

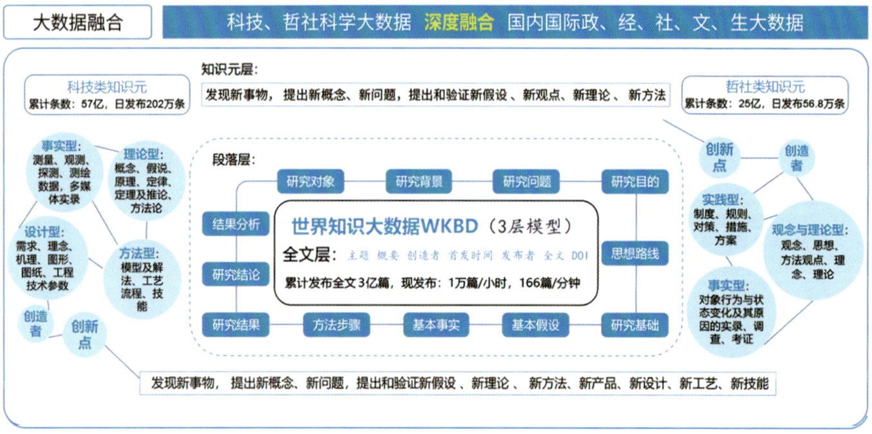

夯实数据基础，支撑各行各业创新生态知识基础设施建设
激活数据链接，促进知识大数据服务科技发展和文化繁荣

世界知识大数据：

是一流知识源，对标国际一流的高质量发展与高水平崛起；
是经验知识库，助力国家与社会治理体系及治理能力现代化；
是先进成果集，加速新兴学科建设与学风治理；
是数据分析仓，促进经济与产业结构转型优化；
是国际竞技场，推动学术期刊振兴与学术评价；
是文化传播网，提升中华文化的国际化传播。

世界知识大数据 数据治理	全球学术快报 增值服务
统一主题标引	智能检索快报
统一研究层次分类	按需定制快报
统一学科分类	学科动态追踪
期刊统一—CI指数评价	全球学术成果评价
统一引文网络	相关主题发现
统一作者/机构/基金规范	作者/机构/基金成果追踪

技术赋能 内容创新
中国移动咪咕探索5G+体娱跨界融合新模式

咪咕公司是中国移动面向移动互联网领域设立的专业子公司，负责音乐、视频、阅读、游戏、动漫五大数字内容运营，同时深耕互联网体育、演艺等垂直领域。经过六年发展，已成为国内领先的全场景品牌沉浸平台和正版数字内容汇聚平台。

作为内容的聚合者与生产者，咪咕汇聚了超 4 000 万首歌曲、991 万条视频、超 1 200 路音视频直播、9 000 场 Live Show、60 余万册书刊、1 700 多款在线畅玩精品云游戏、234.3 万集动漫画及短视频，以及超 48 100 小时超高清内容储备和 65 000 小时 VR 内容储备。目前，咪咕拥有 2020 东京奥运会、2020 欧洲杯足球赛、2022 年北京冬奥会、2022 年卡塔尔世界杯等多个全球顶级赛事的版权内容。

01 5G云生活 创新内容体验模式

5G 正式商用以后，咪咕在服务个人客户领域推出“五新”业务，打造“云赛场”“云演艺”“云演播”等新模式，旨在为广大用户带来 5G 时代全新体验。

云赛场

为进一步拉近球迷与赛场的距离，咪咕在5G+真4K超高清直播+VR直播的基础上，增加了“5G云观众”、“5G云包厢”、“5G云呐喊”及“巨星视角”等技术功能的观赛途径。

云演播

云演播打破实体舞台物理空间的局限，扩大了虚拟空间戏剧表演的传播效能，让实体剧场所发生的不可能真人观演，在互联网中具有了可复制、可审视、可弹幕、可收藏，自由参与的多种可能性。咪咕借势5G技术优势，开展了首次全球5G+4K京剧云演播。

云演艺

咪咕在国内首创孵化了5G云演艺互动体验并提出四大核心要素——“4I”（interconnected、interactive、intelligent、immersive），通过子弹时间/自由视角、交互式AR技术、数字全息、MR虚拟舞台等黑科技，“冻结”时空画面、打破虚与实界限，给用户带来超越现实的感官体验。

云学堂

疫情期间，为给学生及家长居家学习提供便利条件，咪咕携手学而思、新东方等10余家教育教学机构联手打造“咪咕云学堂”，并为教育部社会科学司与人民网联合组织的“全国大学生同上一堂疫情防控思政大课”提供网络直播全程保障，至直播结束，访问人次超过1.25亿。

02 定位内容生产者和聚合者 打造文娱消费新场景

依托中国移动 5G 先发优势，以“技术 + 内容”为双驱动，咪咕已率先开拓了 5G 超高清在体育、演艺、传统文化等领域的应用实践，截至 2021 年 6 月，咪咕打造了超过 50 次“行业 / 全球首场”5G+4K+XR 直播实践。

2021 年 2 月 12 日，在文化和旅游部产业发展司的指导下，国家京剧院携手中国移动咪咕公司联合出品的全球首场 5G+4K 京剧云演播《龙凤呈祥》正式上线，打造了 5G 时代云演播行业新标杆。

4 月 16 日，第七届中国数字阅读大会正式开幕。咪咕首次采用“线上 + 线下”办会模式，发布云书店模式，探索数字阅读的理念创新与技术升级。

2021 年 5 月 18 日，国家文物局与中国移动共同开启“博物馆 5G 新生活”，同步上线“博物馆在移动”一站式预约平台，包含了故宫博物院、中国国家博物馆、南京博物院在内的全国上百家博物馆的票务、展讯信息，并可完成线下观展预约。

2021 年 6 月 11—20 日，作为第 24 届上海国际电影节官方合作伙伴、指定 5G 全场景技术平台，短视频单元官方战略合作伙伴，电影 AI 修复合作伙伴，咪咕在上影节期间成功举办了 4K 修复版电影《女篮 5 号》首映活动，并重磅发布 5G 东京奥运会全新玩法，正式开启“逐梦计划”。

在庆祝中国共产党成立 100 周年文艺演出《伟大征程》中，中国移动咪咕联合北京公司全球首创的“戏剧表演 5G 即时电影拍摄”技术成功亮相，通过即时摄影、瞬时导播、实时投屏，让观众沉浸体验百年之巨变。

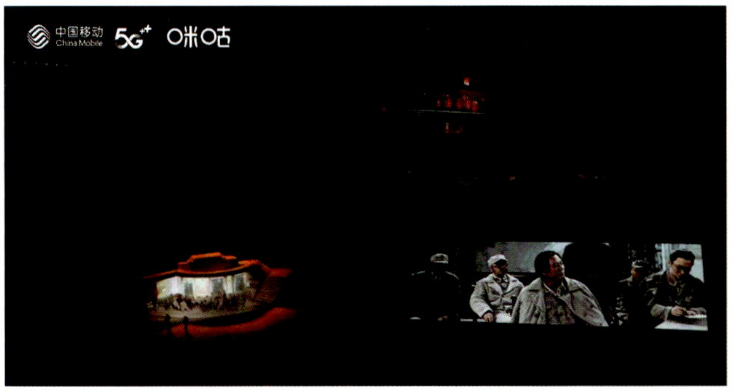

03 持续拓展体育版权 助力体育强国建设

作为 2018 年俄罗斯世界杯新媒体官方合作伙伴，咪咕视频在世界杯期间提供了 64 场全量高清赛事直播。以 2018 年世界杯为起点，达成顶级赛事合作，将足篮排三大球收入囊中。并创新推出 4K/8K 超高清、子弹时间、多视角、多屏同看、5G+AR、VR、AI 、

2019年1月，中国移动咪咕公司与中国排球超级联赛达成合作，咪咕正式成为中国排球超级联赛官方独家数字联合运营商，获得中国排球超级联赛2018—2022赛季全量赛事活动独家新媒体版权及独家联合运营权。

2020年2月，UFC和咪咕共同官宣，中国移动咪咕成为UFC在中国大陆地区的官方全媒体合作伙伴，拥有5G、4K/8K、VR信号制作独家权益。咪咕因此成为覆盖移动端、PC、家庭及VR终端等全终端一站式全场景平台。

赛场之外
独家自制节目解读赛场风云

欧洲杯期间，咪咕量身打造了两档独家自制栏目。

《鏖战欧洲杯》由著名主持人李欣主持，刘建宏、黄健翔、董路等名嘴轮番做客演播室，场外连线国脚、网络达人，直击热点话题。

《詹前顾后》是由咪咕 5G 欧洲杯独家解说詹俊全新打造的一档个人脱口秀节目，节目分为"瞻前""顾后"两大板块，用"詹"式语言大话欧洲杯，上演足球脱口秀。

咪咕奥运期间打造多元自制节目，触达奥运台前幕后。

《奥运早新闻》7月20日起，每天早上7点播出，纵览前日中国军团表现，展望当日焦点赛事等。

04 提升技术能力，践行数字内容版权保护责任

1.咪咕公司维权云系统正式上线运营

通过咪咕自主研发的咪咕维权云系统，咪咕公司实现对全国 31 省 IPTV 全量传输内容的智能比对和自动监测取证。2020 年，咪咕维权云系统累计监测侵权数据近 30 万条，其中专网数据超 6 万条。除服务自有业务外，咪咕也与华视网聚、CBA、苏宁、体奥动力、NBA、CODA 等境内外版权方形成良好的数字内容版权保护合作关系。

2.举办2020中国网络版权保护与发展大会闭门会议

2020 年 9 月 17 日，由国家版权局指导，国家版权局网络版权保护研究基地和清华大学法学院知识产权法研究中心在 2020 中国网络版权保护与发展大会期间联合举办闭门会议。咪咕公司作为国家版权局网络版权保护研究基地落地单位，负责本次闭门会议的全部落地及执行工作。来自我国版权主管部门、各级法院、高等院校、相关企业的领导、专家和嘉宾围绕新时期版权保护相关问题在会议上各抒己见，为中国网络版权的保护和发展提供智识。

咪咕先后与PP体育、CBA、NBA、中国排球超级联赛、中国大学生体育协会、国家体育总局冬季运动管理中心等，“云赛场”等系列观赛黑科技，在5G+真4K超高清直播领域多次创下“行业首次”的先例。

2020年4月，中国移动咪咕与CBA举行5G战略合作云签约，中国移动咪咕获得未来5年全部CBA联赛、全明星周末的互联网转播权以及运营商独家IPTV转播权。

2020年12月，中国移动咪咕公司官方宣布，成为中央广播电视总台2020东京奥运会、2020年欧洲杯、2022年北京冬奥会、2022年卡塔尔世界杯赛事转播顶级合作伙伴。

纪录片《逐梦东京》6月17日上线咪咕视频，两年近七百天进队跟踪拍摄，记录了超100位奥运健儿的奋斗历程，深入这些运动员的内心，把最真实、动人、热血的一面展现给观众。

咪咕联合芒果TV出品《奥运叨叨叨》，将话题度高的“体育”与受众面广的“脱口秀”相结合，就当下奥运期间大家普遍关心的热点话题，展开多维度讨论。

咪咕与新华网联合出品自制IP《金牌之上》，以另类视角关注奥运，将奥运热点与社会话题相结合，探讨更多背后的故事。

3.深化与CBA联盟战略合作，打造体育赛事节目版权保护新标杆

2020年9月，在国家版权局领导、参会专家的见证下，国家版权局网络版权保护研究基地与CBA联盟签订了合作备忘录。未来，双方将共同打造“中国职业篮球联赛5G时代”，也将在国家版权局的指导下共同打造“CBA赛事节目版权保护2.0时代”。在CBA联赛2020—2021赛季期间，咪咕公司依托咪咕维权云系统首次实现了覆盖全国31省IPTV渠道的大型体育赛事监测。

4.获得“2020年度中国版权突出贡献奖”

2020年，基于咪咕公司在版权保护领域所做的突出贡献，咪咕公司获得中国版权协会评选的“2020年度中国版权突出贡献奖”。

XUPER
百度超级链

百度超级链一站式数字版权服务解决方案
数字版权的打造、保护及维权全链路服务

基于区块链特性，将原创版权信息永久写入区块链，结合百度领先的人工智能侵权检测技术优势，并与全国一百多家法院的电子证据平台实现数据互通，让原创数字内容的传播可追踪、可转载、可监控，从存证、监测到维权实现对原创数字内容的一站式版权保护。

版权服务解决方案应用实例

百度百科艺术计划

绿色公益音乐数字藏品
“一棵树的声音”发行

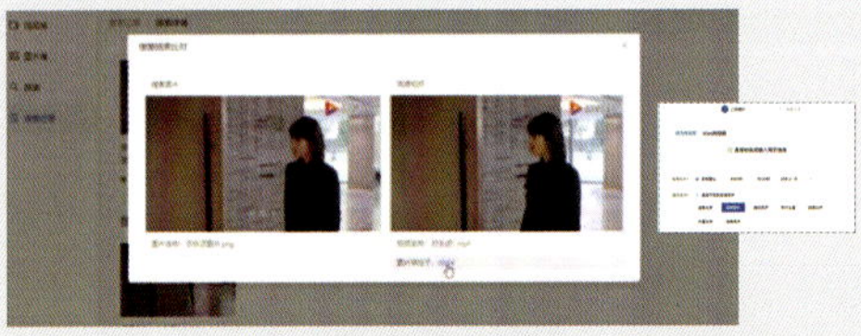

工人日报版权保护解决方案

百度文库版权保护区块链服务

数字作品打造

1.原创作品
支持小说、文稿、画作、摄影作品、音乐、电影、视频等原创作品上链保护

2.数字作品打造
赋予每个数字作品区块链身份，发放数字编码，生成对应存证DNA

3.区块链存证
原创作品特征提取，生成数字指纹登记时间，作品摘要上链，加盖时间戳、链戳

数字作品保护

4.侵权监测
人工智能识图技术24h实时、百亿数据库全网监测，自动生成侵权证据包上链，领先的文字识别、图像识别、检索技术识别准确率可达99%

5.线上维权
电子数据同步司法系统，支持在线发起维权，一键跳转法院诉讼平台，实时验证存证结果，验证通过1秒立案

Tencent

2021腾讯游戏年度发布会
——“超级数字场景”

“Spark More/ 去发现，无限可能”

代表腾讯游戏期待汇集用户、合作伙伴和整个社会的力量，一起发现游戏在文化传承、社会价值、公益责任、科技创新、文化出海等方面更多的可能。

5 月 16 日，2021 腾讯游戏年度发布会在线上举行。发布会以“超级数字场景”战略理念为核心，传递对游戏认知、产业边界的建设性思考，并通过 60 余款游戏产品与内容集中的发布，展现腾讯游戏为玩家带来的丰富体验与多元价值。

当下，游戏正在以越来越多样的形态，与人们的生活产生更紧密的交集。而腾讯游戏一直希望以更开放的认知，来驱动游戏产业实现跨时代的发展。发布会划分为“社会服务”“高能热血”“休闲减压”“次元穿梭”“文创新生”“技术探索”六大篇章，向玩家们更生动地呈现游戏作为“超级数字场景”的多元价值。

社会服务篇章：探索游戏跨界应用

Tencent

- 发布 7 款在教育、文化、科普、公益等领域的创新应用
- TGC 腾讯数字文创节新动态
- 发布年度核心主张“让游戏超越游戏”

《巴甫洛夫很忙》
大脑认知训练游戏
开局一条狗，大脑锻炼跟着走

《雁丘陵》
传统工笔画趣味解谜游戏
东方神韵，跃然重现

《健康保卫战》
健康科普休闲塔防游戏
免疫攻防战，等你来当指挥官

《小鹅科学馆》
青少年自然科学教育产品
探索生物进化的奥秘

高能热血篇章：升级竞技对抗体验

- 发布 10 款新品大作及新版本内容
  为玩家带来多样的竞技乐趣

《和平精英》
超越想象的全新冒险
联动电影《哥斯拉大战金刚》
游戏实景剧情式户外真人秀《勇者领域》
“绿洲启元”功能解锁游戏玩法新体验

休闲减压篇章：探寻多元品类玩法

- 发布 16 款具有创新玩法、新奇体验的产品
  满足玩家不断提升的差异化需求

《我们的星球》
探索异星无限可能
5 月 16 日全渠道预约开启

《璀璨星途》
星光与你共璀璨
全新娱乐圈经纪人造星手游

次元穿梭篇章：开启 IP 故事新旅程

- 发布 9 款主打 IP 方向的重磅新产品动态
  与玩家一起重温集体记忆、续写新的冒险之旅

《Project：Fighter》
登船！为了心中的宝藏
腾讯魔方自研《海贼王》手游

《玄中记》
天下志怪，广罗玄中
东方玄幻捉宠社交 MMO 预约开启

文创新生篇章：链接更多文化可能

- 发布旗下多款重磅产品的 IP 扩展新内容
- 6 款文化特色游戏产品
  带领玩家去探索一个更广阔、更有深度的世界

《王者荣耀》
“IP 共创计划”重磅来袭

《乱世王者》
纵横历史，换新出征
“荣耀古都计划”正式启航

技术探索篇章：展望未来游戏形态

- 与新华社共同推出“数字航天员”
- 旗下云游戏平台新动态
- 多个正在探索中的游戏新体验

START 云游戏
主机大作一点就玩
电脑电视手机，多端互通无须下载

腾讯电竞
电竞运动城市发展计划

腾讯电竞成立于2016年12月，与游戏、文学、动漫、音乐、影业组成“新文创”内容文化生态。
近年来，中国电竞产业迅猛发展，政策、资本、技术对电竞行业投入越来越多的关注和支持。截至2020年，腾讯电竞赛事已经在全国220个城市有过落地，头部赛事联盟及主客场也已经超过12个城市。

2021 年，腾讯电竞全面升级“电竞运动城市发展计划 3.0 版本”，将以支持城市产业自觉发展为重点，通过电竞知识产权梳理与开放，建立面向行业的系统解决方案与平台，帮助城市自建 IP 赛事。同时，通过场景拓展电竞边界，打造高品质电竞生活。

中国电竞城市分布：

北京——电子竞技产业品牌中心

腾讯电竞以“国际高端赛事落地”“电竞人才培养”“大型文化体验内容及活动落地”“电竞产业与视听行业融合发展”以及“北京电竞产业生态打造”等五大举措，为北京打造电竞发展的全新模式。

2020年12月，2020 TGA腾讯电竞运动会10周年暨总决赛在北京经济技术开发区举行。

上海——全球电竞之都

国内沉浸式线下电竞文化体验地——腾讯电竞V-Station体验馆落地上海。

腾讯电竞联合 Tims 在上海推出国内新潮电竞主题店，通过“咖啡+电竞生活”新场景，诠释共建共享的新文化。

2021年4月，TGA腾讯电竞运动会春季赛四月巡回赛在上海静安体育中心举行。

2021年6月，2021KPL春季赛总决赛在上海静安体育中心举行。

深圳——粤港澳大湾区电竞产业中心

2021 年 1 月，深圳电竞制作中心正式揭牌。

DYG 电子竞技俱乐部宣布落户深圳，同步启动 2020 王者荣耀冬季冠军杯总决赛。

2021 年 11 月，英雄联盟城市峡谷嘉年华在深圳万象天地举办，打造沉浸式的线下主场观赛体验。

武汉——中国电竞中部新高地

2021年4月，腾讯与武汉省委宣传部达成战略合作，将共同打造FPS电竞中心。引入穿越火线电竞产业相关的上下游企业，实现包括穿越火线IP乐园等IP生态的构建；与湖北本地高校深入合作，共同推动本地电竞产业的人才培养，助力武汉提速建设“中国电竞中部的新高地”。

2021年4月，2021CF武汉总决赛在武汉洪山体育馆举行。

重庆——西南电竞之都

2021年5月，2021和平精英PEL2周年派对 · PEL重庆巡回赛于重庆举行。

海南——国际电竞港

2021年6月， 2021全球电竞运动领袖峰会暨腾讯电竞年度发布会在海口市国际会展中心举行。

西安

2021年4月，和平精英PEL 2021 S1赛季总决赛在西安量子晨VSPN电竞中心举行。

Artron
雅昌文化集团

雅昌文化集团创建于 1993 年，是立足于艺术领域的综合性文化产业集团，独创了“印刷 +IT 技术 + 文化艺术”的商业模式，成为传统行业产业升级的典范，现拥有北京、上海、深圳三大运营基地，产品和服务遍及全球几十个国家和地区。

雅昌主要有三大业务板块：艺术印刷、艺术影像、数据互联网和艺术教育。雅昌以艺术数据为核心，以 IT 和互联网技术为手段，打造了世界领先的中国艺术品数据库，创建了中国艺术品互联网领先平台，建立了覆盖艺术全产业链的平台，以工匠精神推动传统加工业务向智能制造和定制服务进化，打造艺术界和艺术用户迫切需要的产品、服务和体验，创造经济效益和社会价值。

雅昌以卓越的品质和服务，出色完成了各种政府级重大项目的印制任务，保障了国家重大印制项目的圆满完成，为国家赢得了荣誉，荣获了“国有盛事，必有雅昌”的美誉。同时，雅昌创造了中国和世界印刷企业的夺冠纪录，斩获各类国际印制大奖千余项，10 次荣膺“世界最美的书”，有 114 本书被评为“中国最美的书”，14 次问鼎被誉为全球印刷界“奥斯卡”的美国印刷大奖班尼奖，使中国印刷重新赢得世界尊重。

雅昌致力于保护、传承和弘扬优秀文化，将雅昌的发展战略与企业的社会责任有机结合，让承担社会责任成为雅昌人以及雅昌影响所及人群的工作和生活方式。

雅昌（深圳）艺术中心

雅昌（上海）艺术中心

雅昌（北京）艺术中心

www.artron.com.cn

Artron

融科技之力　传艺术之美

雅昌创建于

1993

印刷 + IT 技术 + 文化艺术

1

雅昌三大业务板块

艺术印刷：工匠精神与现代科技，开启艺术产品智能定制

发挥工匠精神的优势，主动拥抱现代科技，开展美术、文博、摄影、拍卖收藏、高档商业等领域的专业研究，满足客户的高品质艺术印刷制作需求；融合专业化生产管理体系，将个性定制和工匠技艺相结合，实现艺术大书、高仿真复制、艺术装帧及纸艺术创作产品等精品级产品的按需印刷服务（POD）。

艺术影像：个性化智能影像输出解决方案

科技带动了数字影像的迅猛发展，每个人都是摄影师。雅昌以专业摄影师的质量标准，面向广大摄影爱好者提供图片管理和优化、数字影展策划和展示、专业级的个性化印刷品定制等在线服务，开启了小批量、个性化的高品质影像作品按需印制服务，与普通人共圆摄影师之梦。雅昌影像与故宫、少林寺等国内文旅达成 IP 战略合作，共同打造“传给 +”文旅 IP 项目线下实体店影像，搭建“科技 + 互联网 +IP”的惠民服务平台，通过深度挖掘 IP 价值，持续研发让影像与 IP 深度结合的个性化定制影像文创商品。

数据互联网和艺术教育：科技连接人与艺术

以中国艺术品数据中心为基础，以雅昌艺术网为平台，为艺术家、艺术机构、文博机构、艺术拍卖公司提供专业的艺术品数字化和艺术数据综合应用解决方案。同时建立了艺术头条、拍卖图录、得艺等 APP 和小程序，面向收藏家、艺术专业人士和广大艺术品爱好者和消费者的内容、数据和艺术品交易服务产品矩阵。

2 创造中国和世界 印刷企业的夺冠纪录

雅昌专注高端艺术印刷，将每一本书都打造成一件独一无二的艺术品。改革开放初期，我国的高端印刷还要依赖外国企业。万捷带领雅昌通过现代化的管理、科技与艺术的融合，使中国印刷由落后变为世界领先。雅昌斩获各类国际印制大奖千余项，10 次荣膺“世界最美的书”，有 114 本书被评为“中国最美的书”。14 次问鼎被誉为全球印刷界“奥斯卡”的美国印刷大奖班尼奖，在这项有 70 年历史的国际顶级赛事上创造了中国和世界印刷企业的夺冠纪录，使中国印刷重新赢得世界尊重。

3 保障国家重大 印制项目的圆满完成

雅昌出色完成各种政府级重大项目的印制任务，体现出中国印刷的高水准，更为国家赢得了荣誉。圆满完成了《北京 2008 年奥运会申办报告》、2008 年北京奥运会残奥会系列印刷项目和奥运邮册、2010 年《上海世界博览会申办报告》、2011 年广州亚运会系列印品、《中国深圳第 26 届世界大学生夏季运动会申办报告》及运动会节目单系列印品、中国人民抗日战争暨世界反法西斯战争胜利 70 周年系列印品、中华人民共和国成立 70 周年阅兵及庆典系列印品等各类国家项目，在业界享有“国有盛事，必有雅昌”的美誉。

4 争做中国 五星级优秀企业公民

2006 年，国家文化相关部门授予雅昌“全国文化产业示范基地”称号。2009—2013 年，雅昌连续 6 次荣获由中国社会工作协会企业公民委员会和中央电视台授予的“中国优秀企业公民”称号，获得“五星级优秀企业公民”荣誉；董事长万捷荣获“中国最具社会责任企业家”称号。2007 年，雅昌被文化部和中国美术家协会联合授予“文化（美术）产业示范基地”。2008 年，雅昌荣获首届“中国文化产业创新奖”。

雅昌作为主要发起人，与故宫和社会知名企业家共同成立故宫会和故宫文物保护基金会，保护和传承中国传统文化。作为文化产业领域的企业，雅昌努力推动知识产权保护工作，并荣获“2010 年度中国版权产业最具影响力企业奖”。

2015 年，雅昌文化集团荣获 CSR 中国文化奖“最杰出贡献奖”。2019 年，雅昌文化集团荣获“深圳文化产业名片”企业称号。

雅昌致力于保护、传承和弘扬优秀文化，将雅昌的发展战略与企业的社会责任有机结合，让承担社会责任成为雅昌人以及雅昌影响所及人群的工作和生活方式。

Artron
雅昌文化集团

10 次荣膺“世界最美的书”

14 次 问鼎被誉为全球印刷界“奥斯卡”的美国印刷大奖班尼奖

全国文化产业示范基地

114 本书被评为“中国最美的书”

圆满完成了《北京 2008 年奥运会申办报告》等系列印刷项目

深圳雅昌艺术中心——书墙

5 创建世界领先的 中国艺术品互联网平台

雅昌数据互联网旗下的雅昌艺术网及艺术头条是全球知名的艺术专业门户网站，是中国领先的以“数据服务”为核心的综合性艺术服务平台。目前，中国已成为全球第二大艺术品交易市场，雅昌 20 年来在其中起到了至关重要的作用。

基于权威的中国艺术品数据库与专业艺术数据服务平台，雅昌数据互联网为艺术家、藏家、艺术爱好者、艺术机构、拍卖公司、艺术院校等提供专业的媒体服务和艺术数据服务综合解决方案。同时建立了内容服务、数据服务、交易服务的完整产品矩阵，通过会员服务体系，为艺术行业提供有价值的服务。雅昌艺术网拥有逾 382 万专业用户、890 万日均浏览量，日均浏览量峰值最高达 1 500 万，Alexa 中文排名进入前 300 位，稳居全球艺术网首位。

6 推动中华文化 艺术教育蓬勃发展

万捷董事长始终将社会责任和企业的发展战略相结合，普及艺术教育，助力传统文化活起来，自觉地把艺术传承的国家责任担当在自己的肩上。

以雅昌艺术中心为实体体验空间，整合艺术资源，对收藏的艺术文献进行专题研究和内涵挖掘，以艺术公益项目扩大更加广泛的艺术普及教育。为响应党中央提升全民审美和人文素养的要求，雅昌从深圳出发，在全国范围内开展“流动美术馆”“点亮孩子艺术梦想”公益行动，让更多的人特别是孩子享受到艺术教育，2020 年流动美术馆惠及人数将达到 24 万人。雅昌为布达拉宫、故宫博物院等文博机构提供文物数字化的采集、管理、应用服务，为文物保护做出不懈努力；同时，雅昌还联合故宫博物院、少林寺、布达拉宫等文博机构，共同打造以平台为载体的文旅 IP 服务，保护、传承、传播传统文化。

7 打造世界领先的 中国艺术品数据库

雅昌打造了中国艺术品数据库，是目前世界领先、位于中国前列的中国艺术品数据库，填补了国家艺术数据的空白。其中包含 16 万位艺术家权威资料，16 万本艺术图书资料，1 000 多万条拍卖和艺术展览数据，4 500 万件艺术品图文资料，1 400 家拍卖公司、7 000 多家文博机构、8 000 家艺术机构的翔实资料，有 20 多万件的艺术家作品经过鉴证备案，是人类文明的重要数据资产宝库，成为中国艺术的“四库全书”。

融科技之力　传艺术之美

UNIVERSAL
UNIVERSAL MUSIC GROUP

环球音乐：与中国音乐市场一起成长

2021 年是环球音乐集团（Universal Music Group, UMG）进入中国内地市场的第 17 年。过去的 17 年，环球音乐有幸见证并推动了中国内地音乐市场的快速发展——如今它已是全球第七大音乐市场。作为全球音乐娱乐行业的领先企业，环球音乐始终将制作推出优质的音乐内容作为重要的使命。同时，环球音乐积极践行本土化的策略，将战略重心放在华语音乐人和作品的发掘与宣推上，并与广大的本土数字平台全方位深入合作，致力于不断推动中国内地音乐版权生态的健康发展。

用作品说话 打造多元化高品质音乐内容

根据 IFPI 的报告，2020 年全球销量前十的音乐人，全部都属环球音乐旗下。近年来，环球音乐不断将国际流行乐坛的大热作品引荐给国内乐迷，包括创造了在华销量纪录的美国歌手泰勒·斯威夫特 (Taylor Swift)，以及众多一线欧美大咖如爱莉安娜·格兰德 (Ariana Grande)、比莉·艾丽什 (Billie Eilish)、贾斯汀·比伯 (Justin Bieber)、凯蒂·派瑞 (Katy Perry)、威肯 (The Weeknd)、德雷克 (Drake)、波兹·马龙 (Post Malone)、肖恩·蒙德兹 (Shawn Mendes)、特洛耶·希文 (Troye Sivan)、梦龙乐队 (Imagine Dragons) 等。环球音乐的经典曲库还收录了披头士乐队 (The Beatles)、ABBA、皇后乐队 (The Queen)、滚石乐队 (The Rolling Stones)、鲍勃·马利 (Bob Marley) 等深得乐迷喜爱的经久不衰之作。

华语流行音乐方面，唱作天后蔡健雅睽违三年，携新专辑《DEPART》强势回归；新生代女歌手 Sunnee 杨芸晴的第二张专辑《秘 ME》大胆挑战全新曲风；吴青峰携全新组合鱼丁糸归来，推出封存五年的人生原声带《池堂怪谈》；唱作才子郭顶全新单曲《_5:15》发布，新专辑期待值拉满；年轻偶像陈立农用一首新单曲《敬长大》致敬未知与探索，继续在音乐道路上稳步前行。

环球音乐的古典音乐和爵士乐分支也备受推崇，拥有历史悠久的古典音乐厂牌德意志留声机和笛卡。国际钢琴大师郎朗凭借《哥德堡变奏曲》获得德国古典音乐奖·年度畅销专辑奖；吉娜·爱丽丝个人演奏专辑《Wonderworld》融汇古典跨界与东西方经典曲目，展现多面魅力；蔡程昱个人 EP《蔡程昱》兼具古典气质与流行魅力；德意志留声机唱片里程碑式的录音作品《大地之歌》使用了杜比全景声技术，带来沉浸式全新听觉体验……

蔡健雅
《DEPART》

Sunnee杨芸晴
《秘ME》

鱼丁糸
《池堂怪谈》

郭顶
《_5:15》

陈立农
《敬长大》

郎朗
《哥德堡变奏曲》

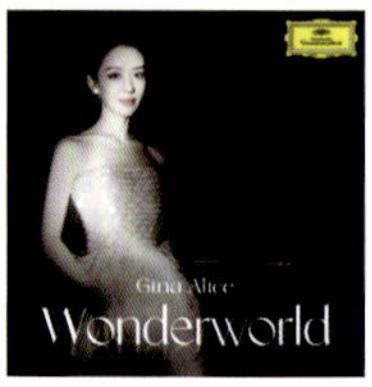

吉娜·爱丽丝
《Wonderworld》

蔡程昱
《蔡程昱》

余隆/ 上海交响乐团
《大地之歌》

Taylor Swift
《Fearless》(Taylor's Version)

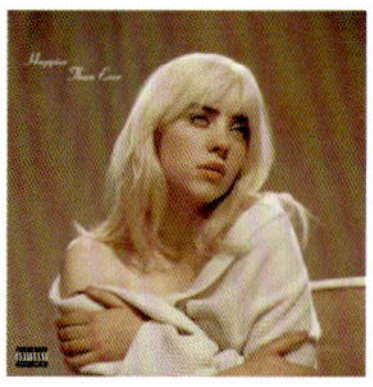
Billie Eilish
《Happier Than Ever》

Justin Bieber
《Justice》

多厂牌运营
提升华语流行音乐国际影响力

2021 年 8 月，环球音乐宣布在中国的运营架构迎来重大调整，推出全新的“多厂牌运营战略”。此举旨在将华语音乐内容提升至全新的战略重心，进一步加码对中国音乐人和音乐内容的发掘与打造，寻找下一代华语流行音乐的巨星，以期推动 C-Pop 在国际舞台的影响力。

环球音乐一直秉持促进多种不同音乐风格发展的策略，将新生代中国音乐人推向世界。多厂牌运营架构的实施是对这一策略的进一步强化，环球音乐集团也成为率先在中国推行多厂牌运营的全球“三大”唱片公司。

这一战略的实施，标志着环球音乐从过去单一品牌运营，转型为多个厂牌独立并行运营的架构。率先启动的全新厂牌——包括欧美乐坛“顶流”厂牌 Republic 唱片（Republic Records）、见证华语流行音乐百年历史的 EMI 唱片（EMI China）、半世纪以来粤语流行经典代名词宝丽金唱片（PolyGram Records China），与环球音乐中国（Universal Music China）一起，形成多厂牌并驾齐驱的品牌体系。在全新的运营架构下，各厂牌将独立运营，分别组建 A&R 和市场营销团队，独立开展艺人签约与企划、音乐制作宣发等业务。

跨平台合作
推动音乐版权生态体系健康发展

多年来，环球音乐在中国市场积极拓展与本土数字平台的合作，在内容授权、音乐服务、创意营销等领域深入合作，为中国的广大乐迷们不断提升音乐消费体验的同时，致力于维护、推动健康可持续的音乐版权体系发展。与此同时，环球音乐在全球数字网络合作平台也提供强有力的支持，帮助华语音乐在全球范围内触达更广大的受众。

2020年8月，环球音乐集团分别与中国两家本土音乐流媒体服务商——腾讯音乐娱乐集团、杭州网易云音乐科技有限公司签署版权合作协议。此外，环球音乐中国陆续与咪咕音乐、抖音、快手、B站、爱奇艺、华为音乐等本土的数字平台达成版权合作，确保环球音乐的优质、海量曲库，能够更大范围地触达用户。

UNIVERSAL

UNIVERSAL MUSIC PUBLISHING GROUP CHINA

一家国际版权公司在中国的实践与展望

撰文/ 方舟 环球音乐版权中国公司董事总经理

环球音乐版权集团（UMPG）在2019年下半年正式注册其全资中国公司(UMP中国)，开拓中国内地地区的崭新业务并管理香港地区的成熟业务。在这两年多的时间里，一个心怀国际理念但脚踏中国土壤的音乐公司在迅速成长。

作为一家专业运营音乐的词曲版权管理的公司，UMPG主要由三大业务板块组成：专门负责挖掘音乐作者的A&R部门，专门负责各类音乐词曲授权和商业应用的部门，以及专门负责版权登记和版税结算的部门。

代理音乐人的著作权版权（词曲版权）乃是我们的核心，所以在总部至关重要的会议就是和A&R团队讨论每一个新挖掘到的有潜力的音乐人，我们如何能够给予帮助，把他或她的音乐通过搭配不同的词曲作者或制作人，充分发挥他们的特长，产生好的作品；授权部门的工作，就是去把他们的歌推广到市场上的客户进行使用，获取经济价值；结算部的工作，则是确保在全球各个角落的歌曲使用，都有准确和匹配的版税结算能够分配给作者。

在全球疫情的影响下，UMP中国创造性地通过连线的方式将我们签约的音乐人和海外作者进行联合创作，并展开与唱片公司、影视公司、泛娱乐行业、消费品品牌客户的合作尝试。

①

2020年7月，UMP中国与国际游戏公司拳头游戏在上海举办了一场音乐创作营，集结了十几位中国音乐人和若干海外制作人联合创作，为年底在上海举办的英雄联盟世界赛贡献了若干首好听又流行的音乐作品。其中，一首《英雄登场》由华纳唱片的著名歌手袁娅维演唱，成为该游戏核心玩家高度认可的歌曲。

2021年6日，UMP中国与旨在提升音乐领域之女性参与度的全球非营利组织She Is The Music（SITM），于北京联合发起以全女性创作者为阵容的音乐创作营——“无印之歌2021”，邀请了来自9个国家和地区的近30位女性音乐人参与，30多位词曲作者、制作人和表演者们通过线上和线下的方式参与，针对不同客户群体包括虚拟偶像、游戏、影视及视频平台等的特定需求进行定制化创作。

在短短一年时间里，UMP中国累计签约超过150组中国音乐人，并陆续在北京、云南、上海多地举办音乐创作营，与各类机构和数字平台伙伴强强合

The future of songwriter royalties is here.

UMPG Window是环球音乐版权倾情打造的一款面向音乐创作者的版税管理系统。其全面、实时的信息整合及分析能力，让音乐创作者可以随时随地查询版税收入状况，并通过清晰的可视化图表为音乐创作者从多个维度呈现音乐作品的版税收入画像。作为中国内地市场的本土化语言版本——UMPG Window中文版现已全面上线，为华语地区的环球音乐版权作者提供世界前沿的音乐版税管理服务，全面助力本土音乐人发展。

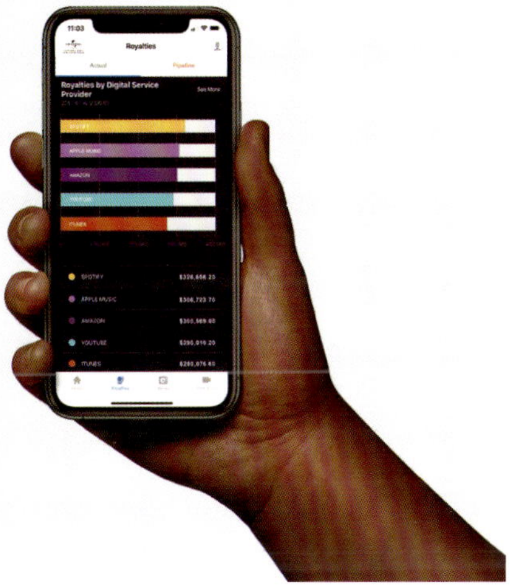

②

③

① ②
无印之歌创作营

③
拳头游戏创作营

作，为市场贡献优质音乐内容，也为音乐人提供更多市场机会。

版权授权方面，随着近年来国内音乐综艺节目市场日渐正规化，UMP中国也和多家节目制作单位和视频平台达成稳定的授权关系。由于代理着如周杰伦、Beyond、吴青峰等华语知名音乐人的曲库作品，UMPG是各大电视节目和影视剧音乐的主要版权供应商，我们也不断发掘出各种契机来推广使用中国新一代的原创音乐作品。甚至很多香港地区、台湾地区、新加坡、甚至韩国的音乐人，都看好中国大陆地区活跃的市场气氛以及中国团队的专业服务，并将他们的音乐作品交由我们来代理和授权。很让我们欣慰的是，专业而诚心的服务，换来的是越来越多作者对我们的信任，以及越来越积极的市场反馈。

2020年是中国版权历史性的一年，新《著作权法》经过多轮修正，终于在千呼万唤中颁布。UMP中国也积极与多位专家学者一起探讨，并通过中国音著协递交了我们对于修正稿的些许想法。这是中国版权事业的好时代，更是所有创作者的好时代。

环球音乐版权中国公司在这样一个时代成立，和中国的版权事业以及音乐产业的有志之士们一起向前迈进，是十分荣幸的。我们坚信在不远的将来，更多来自中国的音乐作品一定会在世界各个角落传唱！

维护原创作者权益
共筑网络版权保护之基

北京字节跳动科技有限公司成立于 2012 年 3 月，公司使命为 " 激发创造，丰富生活 "。公司旗下拥有今日头条、抖音、西瓜视频、飞书、图虫等产品。今日头条是一个通用信息平台，致力于连接人与信息，促使信息创造价值。抖音是一个帮助用户表达自我、记录美好生活的短视频平台。

2020 年，备受新冠肺炎疫情冲击的线下及传统行业纷纷向线上数字化转型，对网络平台来说，维护原创作者权益的工作变得更加艰巨。

优秀的互联网内容创作者，为平台供给内容，为用户提供精神食粮，其创作的积极性理应获得保护。北京字节跳动旗下产品，为了较大限度支持原创作者，除了给到优质原创作者线上流量扶持、分成扶持，从而让原创作者具有高流量、高收入外，还不断加大版权保护投入、提高处理速度，对站内已识别侵权内容零容忍；并上线原创维权机制，与第三方维权机构合作，为原创作者在被侵权时提供维权服务。

一 北京字节跳动原创版权保护实践

1. 今日头条：“头条行家计划”

2020 年 11 月 25 日，今日

头条正式发布“头条行家计划”，全方位对行家作者进行扶持，不断提升专业内容的质量。该计划重构了职业认证 & 兴趣认证申请流程和条件，确保认证作者人设垂直、内容高品质。认证后作者可获得外显“黄 V ”标识，在平台权益上有额外倾斜，可提升今日头条生态的专业权威度。

截至 2021 年 7 月 29 日，今日头条拥有原创声明权限的作者达到 50 万名，每天声明原创的文章有 3.6 万篇。今日头条也上线了原创维权机制，与第三方维权机构合作，累计为 4.3 万名作者提供了原创维权服务，处理其他平台侵权文章 61.5 万篇。

2. 抖音：“原创者联盟计划”

2020 年上半年，为了让创作者无后顾之忧地产出原创内容，抖音上线了“原创者联盟计划”，为创作者免费提供全网侵权监测、专属维权平台、免费维权等服务。

截至 2021 年 7 月底，报名参加“原创者联盟计划”的普通创作者超过 3 万名，帮助原创作者下线其他平台侵权链接达 57 万余条。

3. 图虫：“‘碳’计划项目”

图虫社区是一个垂直的摄影

社区，目前有超过 800 万专业摄影师入驻，已发展成为中国较活跃的优质摄影图片分享社区。

图虫通过“‘碳’计划项目”，帮助摄影师匹配专业律师团队，通过发函处理、民事诉讼等多重方式维护摄影师的合法权益。截至 2021 年 7 月底，图虫“‘碳’计划项目”服务了超过 600 位摄影师，帮助 230 余位摄影师实现了创作者权益保护的维权收益。

图虫自 2020 年 3 月引入业内领先的蚂蚁区块链技术，为入驻图虫社区的百万级摄影师免费提供高效便捷的原创作品区块链存证确权服务。图虫是率先使用蚂蚁区块链技术支持原创作品上链保护的影像数字平台，用平台能力和先进技术为摄影创作者群体实现了原创作品“上链可查”的规模化的作品确权保护服务。截至目前，已有 87 万名图虫摄影师超过 5 000 万张的原创摄影作品免费获得了作品区块链确权证书。

图虫上线了诉讼服务工作站，此站点也是率先由北京互联网法院设立的互联网线上解纷站点，该工作站支持原创作者“案例解析”“公开文书”“庭审直播”等服务功能。

图虫因在以上“图虫影像平台原创者版权保护服务”项目中的开创性探索和实践，获得中国版权协会评选的“2020 年度中国版权最佳版权实践奖”。

二 通过典型诉讼案件探索短视频版权法律边界

北京字节跳动通过典型诉讼案件，对短视频的作品属性、批量搬运短视频的平台维权等法律问题做了有益的探索。

1. 典型案例一

2018 年 9 月北京互联网法院成立的典型案件——被最高院列入当年的“中国法院 10 大知识产权案件”，就是由抖音发起的。该案中，被告在未经原告许可的情况下，擅自将涉案视频在其拥有并运营的“伙拍小视频”上传播并提供下载服务。在当时，短视频是否构成作品在司法层面是不确定的。通过这个案件，法院认定：视频的长短和作品的独创性没有必然的关系。涉案的短视频包含了很多方面的智力劳动，编排选择及呈现均具有独创性。同时，涉案短视频是中华民族优秀的精神内涵的传递，它会带给观众积极向上的精神享受。基于这三点，最终法院认定这个作品构成一个类电作品，可以得到著作权法的保护。这个判例非常具有标志性意义，它认可了短视频的作品性质，为短视频原创维权奠定了根基。

2. 典型案例二

第二个案例是针对短视频的批量盗版，2019 年 4 月某界面与抖音高度相似的 APP 上线，随机抽检其 feed 流推荐的短视频用户，均能在抖音找到同名、同头像、同内容的用户；其用户协议照抄抖音用户协议，甚至连协议主体都保留抖音运营主体；并在不到半年的时间，就获得了第三方应用商店超过 1 000 万的下载量。抖音在发现侵权行为后，对其搬运行为进行了大量的技术分析，并在此基础上制定了详细的优化技术取证方案，协同技术、产品迅速监测，锁定可疑 IP，3 天完成了传统取证需 52 天才能完成的任务，不到两个月的时间率先行业成功获取了诉讼禁令，并在 2020 年 12 月拿到一审判决，获赔法定赔偿最高额 500 万元。

判决中，法院在按照法定赔偿额最高额进行判赔时主要考虑了以下因素：

· 被告运营的 APP 与抖音同处短视频领域，涉案视频数量多达 50 392 个，被告作为抖音的同业经营者，仍实施涉案行为，主观恶意明显。

· 被告在收到本案起诉材料后，仍实施涉案行为，一直持续至法院做出本案行为保全裁定之时，且诉讼过程中，被告在未能提交相应证据证明的情况下仍坚称其部分视频有合法来源。

• 被告通过安卓和苹果 IOS 两个版本实施被诉行为，其中证据显示涉案侵权 APP 安卓版在华为应用市场和应用宝中的下载量分别达 1 818 万次、1 127 万次；涉案侵权 APP 在苹果 IOS 版的 AppStore 免费 APP 排行榜摄影与录像类别中位列第七。可见该侵权 APP 具有较大的用户量。

• 被告持有涉案短视频的浏览量、收入等相关数据，但未向法院提交，而原告在本案中已尽力举证，故被告应自行承担由此产生的不利后果。

• 涉案证据显示被告在抖音 APP 等平台上投放包括涉案侵权 APP 在内的广告金额达 2 亿元，可见其为运营、推广该侵权 APP 投入了较大成本。

这个案件特别有标志性意义，因为它是短视频批量搬运领域的代表性禁令。短视频搬运由于取证技术的限制、诉讼策略的限制等，导致了对其打击困难的现实情况，这个案子为行业树立了一个非常好的搬运打击标杆。

三 对视听作品版权法律保护的展望

1. 以原创保护为基石，进一步推进版权合法使用

北京字节跳动推出各类创作者激励计划，激发平台内原创者的创作积极性和权利保护意识，在平台内部形成了尊重原创、保护权利、合法使用的版权秩序。在保护作者权利的同时，也在一定程度上减少了平台内外侵权行为的发生，促进了创作者个体与下游使用者之间合法授权使用市场的发育与成熟。

未来，在版权保护方面，北京字节跳动还将与其他新媒体平台形成行业合力，共同提升全社会版权保护水平。个体创作者、企业的力量都是有限的，只有全行业共同努力，共同推进版权保护制度建设，形成版权保护的行业合力，才能由内及外提升全社会的版权保护和合法使用水平。

2. 以技术进步为载体，进一步提高作品保护水平

技术的飞速发展和进步促使全行业积极拥抱变化，重视技术在原创作品保护中的作用。

一方面，技术进步使得版权保护的宣传方式更加多样化。例如在 2020 年“4•26”期间，抖音通过直播的形式，以抖音原创者保护为主题，宣传版权合法使用和维权保护的具体方式方法。

另一方面，技术进步使整个维权过程更便捷更高效。基于人工智能、大数据和区块链技术，未来无论是在作品确权认证、版权登记、版权预警、版权监测，还是在投诉下线、在线存证、远程立案，都将更加便利于权利人，大大降低权利人的维权成本，不断缩短权利人维权周期。同时，司法部门通过技术手段的应用，也会使打击网络侵权常态化、制度化，从而提高侵权人的侵权成本。

3. 以原创内容为媒介，进一步宣扬社会正能量

北京字节跳动各平台产品内的广大原创者通过文字、视频、图片等形式，记录身边生活、时代发展和社会进步。抗疫期间，抖音记录了一个个平凡家庭和人的故事，展示了在困难面前，迎难而上、永不低头、众志成城的民族精神。

2020 年，字节跳动因整体在版权保护方面的努力和贡献，获得了中国版权协会授予的“中国版权保护突出贡献奖”，图虫平台原创版权保护项目获得了中国版权协会授予的“2020 年度中国版权最佳版权实践奖”。2021 年字节跳动原创者联盟项目被中国信息通信研究院评为“2021 企业数字化治理先锋实践案例（创新先锋解决方案法律科技类）”。

在未来，作为国内主流的原创作者发布视听作品的内容平台，北京字节跳动将继续致力于尊重和保护所有的原创作品，不断引进新技术，持续在平台版权保护和平台治理上积极探索、勇于实践，践行平台社会责任，为版权领域的产业发展和生态建设贡献积极力量，帮助原创者更好地实现版权价值，规范和建立合法有序健康的版权秩序。

酷狗听歌识典
荣获世界冠军
2020
MIREX
CHAMPION

酷狗音乐

奋斗百年路 启航新征程

酷狗带领网友聆听百年初心

2021年是中国共产党百年华诞，在奋斗百年路上，无数优秀音乐人创作出众多歌颂党、鼓舞人心的经典作品。这些作品在困难时刻激励我们团结一致、坚定信念，在喜悦时刻更告诉我们应永葆初心，铭记党带领我们走过的峥嵘岁月。建党百年之际，酷狗音乐制作上线了“奋斗百年路 启航新征程——庆祝建党100周年优秀网络文艺作品展示”专区，通过青年新声、经典之声、奋斗之声、岁月之声，多角度、多形式地传播具有代表性的红色歌曲以及有关党史教育的视频资料。

同时，专区上还分别发起“不忘初心，红色故事我来讲”和“建党百年主题歌曲我来唱”两大活动，以征集“群众之声”的方式礼赞伟大的党、祝福伟大的祖国。

马上观看 www.kugou.com

掌阅科技
IREADER TECHNOLOGY

掌阅科技股份有限公司

IREADER TECHNOLOGY

掌阅科技股份有限公司成立于2008年9月，于2017年9月在上海证券交易所主板上市，股票简称：掌阅科技，股票代码：603533。主要产品及服务包括掌阅APP、掌阅文学、掌阅精选、掌阅课外书、掌阅有声、掌阅国际版、iReader阅读器等。掌阅先后与国内外上千家出版公司、文学网站等建立了良好合作关系，为全球150多个国家和地区的用户提供高品质的图书内容和智能化的阅读体验。

2017年9月 掌阅科技在上海证券交易所挂牌上市

2019年掌阅成为“学习强国”学习平台重要数字内容资源合作伙伴

2021年掌阅精选与上海政协“国是书院”线上读书频道达成合作，并提供内容资源及技术支持

2016年掌阅与国际知名出版集团哈珀·柯林斯签约

2021年掌阅荣膺第五届“中国出版政府奖”先进出版单位

2019年掌阅获批成为“国家文化和科技融合示范基地”

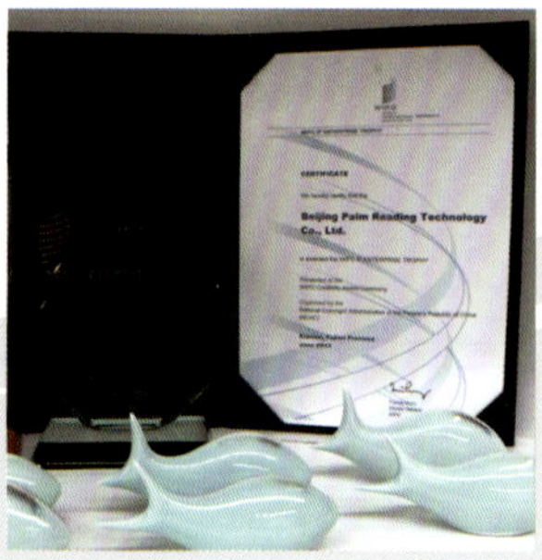
2015年掌阅荣获“世界知识产权组织版权金奖”

2019年掌阅联合郑州铁路局举办“4.23—起读”世界读书日活动

掌阅曾荣获第四届“世界知识产权组织版权金奖”，连续两届荣获“中国出版政府奖先进出版单位”，连续三次入选“国家文化出口重点企业”，连续三年入选“全国文化企业30强”提名，2019年4月获批成为“国家文化和科技融合示范基地”。

产品矩阵

掌阅APP

掌阅APP拥有出版、原创文学、有声书、在线课程、漫画、杂志、自出版等海量正版内容，为读者提供优质便捷的阅读服务。掌阅APP具有数字阅读领域核心技术，并通过持续强化中台优势，形成了以内容挖掘和用户行为为导向的精细化且高效的数字阅读运营体系。

掌阅文学

掌阅文学是掌阅自有内容生产和孵化中心，已成立和联合了掌阅文化、书山中文网、红薯网、趣阅科技、有乐中文网、速更小说、魔情阅读、奇城、喵阅读等多个原创内容平台。签约月关、天使奥斯卡、纯情犀利哥、任怨、承九、解语、我本疯狂、洛明月、不信天上掉馅饼等知名网络文学作家，拥有大量优质原创文学作品，以及优质IP改编动漫、微短剧、有声小说、影视剧等。

掌阅精选

掌阅精选专注为政企单位提供数字阅读服务，依托掌阅的精品图书资源和产品能力搭建机构专属数字图书馆，通过数字图书馆运营服务帮助机构成员养成阅读习惯、提升知识和文化素养，助力打造学习型组织。

掌阅课外书

掌阅课外书成立于2018年，专为青少年课外阅读研发，通过分级阅读推介、兴趣部落、名家导读、社区交流等，解决青少年课外阅读多个难题，让孩子轻松享受阅读乐趣，助力青少年成长。

掌阅国际版

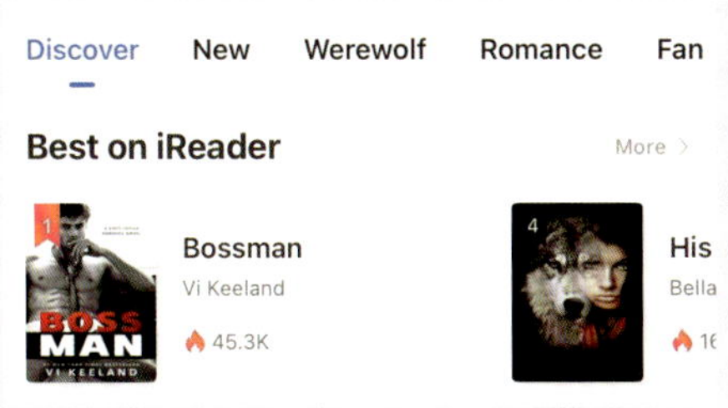

掌阅国际版iReader APP于2015年10月正式上线，已覆盖全球150多个国家和地区，支持英、西、泰、法等10个以上语种，在许多国家的Google Play和App Store市场阅读列表中长期稳居前列。2020年增加了海外原创业务，加快构建内容本地化生态。

iReader阅读器

掌阅iReader电子书阅读器已形成主打“轻阅读”的iReader Light系列、“为阅读发声”的iReader A6、首款彩色墨水屏阅读器iReader C6，以及集合“听·读·写·画”的iReader Smart系列等，更有定制党建版阅读器。产品将硬件、软件、内容完美结合，给用户高品质的阅读体验，已成为国产电子书阅读器优秀品牌。

塔读小说

免费好书 尽在塔读

塔读小说成立于2010年，是国内领先的综合类网络文学平台，致力于融原创文学签约、内容分发、IP包装、衍生为一体，打造娱乐生态闭环。坚定推行以用户为导向、以内容为核心、以产品求发展，满足不同需求阅读用户的使用习惯并丰富其阅读体验。

作为一家老牌数字阅读平台，塔读小说专注于网络小说这一领域，依托于旗下免费小说阅读APP塔读小说的“广告+免费”的阅读模式，免费向用户提供海量热门网络文学内容。

面对日益多元化的市场竞争，塔读小说在不断巩固原有品牌优势的同时，顺应行业发展新形势、新需求，持续创新探索，持续积累原创文学内容，深度贯彻保障原创文学作者切身利益，始终保有与网络文学发展一致的蓬勃活力。在不懈探索中，塔读小说通过与明星、综艺影视节目的深度合作，也实现了自身品牌的革新升级。

未来，塔读小说将继续以数字阅读平台为基础，依托旗下小说阅读产品矩阵，为亿万用户提供精彩的数字阅读服务和贴心、优质的移动阅读体验，以丰富的品质和版权内容精细化运营为特色，逐步构建起内容创作、内容分发、内容衍生开发等多板块业务布局，整合产业链上下游的娱乐资源。同时，进一步加大对作者扶持，打造优质数字内容，持续夯实平台发展根基。

>>>>>>

电话：400-678-5158

扫描下载
塔读小说APP

综艺影视节目深度合作

Beauty小姐第三季▲

琉璃▲

我中国少年▲

心动的信号▲

塔读小说品牌系列活动

▲
冬天の第一本小说

▲
女神节·有TA相伴不孤DU

▲
令人心动的IP

▲
冬天の第一本小说

塔读小说IP孵化

怂男进阶攻略▲

▲
星动的瞬间
（原著《国民影帝暗恋我》）

作为一家成立11年的老牌数字阅读平台，塔读小说一直致力于通过多元化的传播形式及活动，来提升作者的创作环境及读者的阅读环境。“塔读小说IP孵化”“明星品牌挚友”“塔读小说校园作者征文大赛”“品牌系列活动”“综艺影视节目深度合作”等，都是塔读小说与优秀的创作者以及越来越年轻化的小说阅读者群体间品牌沟通的探索。

塔读小说校园作者征文大赛

塔读小说第三届校园作者征文大赛×星推官·青年演员易柏辰▲

明星品牌挚友

明星读书官·蓝盈莹▲

明星读书官·罗正▲

SUZHOU·CHINA

Risvion 锐景集团

文化数字化

融 媒 体

I P 文 创

数 字 营 销

“锐景是一家以内容与科技为核心的新文化企业，在互联网、5G和数字文化高速发展的时代，锐景通过文化数字化平台、IP文创、融媒体和数字营销四大服务板块，为政府和企业客户构建从文化资产保护到城市IP发掘，再到全媒体数字营销的生态体系。

我们的行业解决方案涵盖政务、文旅、金融、出版传媒、影视娱乐、电商等多领域，长期服务客户5 000多家，500强企业112家，各级政府单位80多个，包括华为、腾讯、小米、阿里巴巴、中国银行、平安集团等。

公司总部位于苏州，拥有分布于北京、上海、南京、深圳、盐城等地的众多分支机构，在职员工 200 余人。锐景一直保持科技研发的高投入，拥有软件著作权（登记号: 2017SR652738 等）近百件，是国家高新技术企业、国家双软认证企业。我们相信技术的革新，能更快地推进文化数字化的发展，为客户带来更高效的服务。”

统计资料

TONG JI ZI LIAO

版权

2020年中国版权统计资料

2020年全国作品登记情况统计表

单位：件

	文字	口述	音乐	戏剧	曲艺	舞蹈	杂技	美术	摄影	建筑	影视	图形	模型	录音	录像	其他	合计
全国合计	**212 797**	**2 014**	**16 478**	**474**	**246**	**187**	**45**	**1 295 415**	**1 510 914**	**381**	**191 332**	**14 765**	**520**	**28 765**	**6 185**	**35 737**	**3 316 255**
北　京	12 700	0	3 889	48	0	4	0	8 075	976 333	0	1 296	1 413	3	0	0	915	1 004 676
天　津	951	0	61	9	6	1	0	41 543	156 129	1	14 342	371	1	0	0	0	213 415
河　北	4 373	5	255	24	158	13	0	14 767	4 424	12	217	900	36	44	343	396	25 967
山　西	68	0	3	9	0	0	0	1 300	1	0	84	7	0	0	0	24	1 496
内蒙古	708	0	441	11	13	39	0	1 571	491	1	90	19	7	8	21	140	3 560
辽　宁	1 003	0	280	9	0	4	0	7 194	54	0	2 627	10	0	1	887	3	12 072
吉　林	148	0	36	6	0	0	0	10 511	55	0	131	2	0	0	0	230	11 119
黑龙江	489	1	64	0	0	0	0	456	1 002	0	34	11	0	0	0	0	2 057
上　海	27 007	0	1 717	23	1	7	0	183 460	49 483	0	16 014	141	9	20 617	2 097	18 330	318 906
江　苏	55 725	1 550	609	22	10	18	2	186 545	21 097	3	13 569	1 949	3	243	639	0	281 984
浙　江	942	0	192	0	0	0	0	27 816	2 534	0	88	35	0	23	136	824	32 590
安　徽	4 725	0	116	70	27	14	0	16 891	61 264	8	640	403	55	25	0	520	84 758
福　建	3 576	0	150	5	0	2	5	138 092	11 343	11	4 598	347	37	4 020	247	1 353	163 786
江　西	9 448	0	75	2	1	6	0	11 545	1 942	0	143	9	4	24	45	0	23 244
山　东	12 201	211	595	13	8	7	0	41 411	143 500	1	1 752	435	22	0	0	1 025	201 181
河　南	472	0	16	5	0	0	0	732	159	0	89	20	0	0	0	20	1 513
湖　北	5 929	0	94	5	0	0	33	42 789	576	0	488	33	0	40	478	0	50 465
湖　南	666	0	48	0	0	0	0	4 443	1 350	0	1 168	82	3	12	59	276	8 107
广　东	1 579	4	977	13	2	17	0	40 730	12 207	0	770	1 944	0	1 756	119	4 078	64 196
广　西	319	0	62	1	0	1	0	794	39	0	66	415	0	0	54	4	1 755
海　南	37	0	9	7	0	2	0	106	0	0	3	26	0	0	0	2	192
重　庆	2 830	6	323	11	1	1	1	50 433	1 503	13	114 723	590	48	32	86	603	171 204
四　川	42 330	6	2 015	3	7	17	2	62 488	52 461	319	1 452	1 818	114	0	0	46	163 078
贵　州	1 982	9	490	0	0	7	1	126 192	1 955	2	1 768	2 806	118	78	264	600	136 272
云　南	1 965	0	171	0	0	0	0	3 951	2 684	0	1 376	3	49	173	650	107	11 129
西　藏	0	0	0	0	0	0	0	0	0	0	12	0	0	0	0	0	12
陕　西	1 433	0	55	15	0	2	0	8 612	1 782	0	7 760	5	0	441	12	11	20 128
甘　肃	4 278	218	374	80	0	3	1	4 603	5 549	3	146	7	2	4	1	0	15 269
青　海	6	0	29	0	0	0	0	17	0	0	0	0	0	0	0	1	53
宁　夏	44	0	11	0	0	0	0	302	0	0	2	101	0	0	0	0	460
新　疆	237	0	140	0	0	0	0	515	0	0	0	23	0	0	2	1	918
中国版权保护中心	14 626	4	3 181	83	12	22	0	257 531	997	7	5 884	840	9	1 224	45	6 228	290 693

2020 年全国版权合同登记情况统计

单位：份

	合计	图书	期刊	音像制品	电子出版物	软件	电影	电视节目	其他
全国总计	17 811	15 300	36	1 001	169	965		1	339
中国版权保护中心	1 065			967		98			
北　京	7792	7 725	36		30	1			
天　津	438	427				11			
河　北	253	253							
山　西	14	14							
内蒙古									
辽　宁	254	251				3			
吉　林	107	107							
黑龙江	225	225							
上　海	1 376	1 257		34	85				
江　苏	1 451	586			26	839			
浙　江	511	511							
安　徽	35	35							
福　建	81	77				4			
江　西	328	328							
山　东	392	392							
河　南	221	221							
湖　北	265	262			3				
湖　南	249	248							1
广　东	539	179			25				335
广　西	281	280						1	
海　南	156	151				5			
重　庆	240	239				1			
四　川	843	840				3			
贵　州	120	120							
云　南	234	234							
西　藏	5	5							
陕　西	209	206							3
甘　肃	115	115							
青　海									
宁　夏	4	4							
新　疆	8	8							

2020年全国版权执法情况

案件查处情况				收缴盗版品情况			
项目	上年度数量	本年度数量	同比增减(%)	项目	上年度数量	本年度数量	同比增减(%)
行政处罚数量（起）	2 539	2 198	－0.13	合计	7 303 778	5 823 250	－0.20
案件移送数量（件）	186	251	0.35	书刊（册）	5 740 610	4 485 627	－0.22
检查经营单位数量（家）	384 641	243 267	－0.37	软件（张）	221 700	168 872	－0.24
取缔违法经营单位数量（家）	1 224	1 178	－0.04	音像制品（盒、张）	693 861	514 160	－0.26
查获地下窝点数量（个）	152	169	0.11	电子出版物（张）	149 265	127 194	－0.15
其中：地下光盘生产线（条）	1	1	0.00	其他（件）	498 342	527 397	0.06
违法经营网站服务器（个）	330	1 144	2.47	未分类项			
罚款金额（人民币元）	23 995 277	35 946 385	0.50				

2020年全国引进出版物版权汇总表

原版权所在国家或地区名称	合计	图书	录音制品	录像制品	电子出版物
引进出版物版权总数（项）	**14 185**	**13 919**	**79**	**154**	**33**
美　国	3 601	3 588	8	5	
英　国	3 291	3 254		13	24
德　国	935	923	2	10	
法　国	865	847		18	
俄罗斯	116	115		1	
加拿大	115	111		4	
新加坡	279	277	1	1	
日　本	2 111	2 039	15	49	8
韩　国	446	446			
香港地区	267	230	35	2	
澳门地区	8	8			
台湾地区	513	495	18		
其　他	1 638	1 586		51	1

2020 年全国输出出版物版权汇总表

版权购买者所在国家或地区名称	合计	图书	录音制品	录像制品	电子出版物
输出出版物版权总数（项）	**13 895**	**12 915**	**230**	**14**	**736**
美　国	884	711			173
英　国	509	492			17
德　国	420	351			69
法　国	126	120			6
俄罗斯	894	882			12
加拿大	192	191			1
新加坡	838	809			29
日　本	400	387			13
韩　国	568	539	6		23
香港地区	714	504	190	4	16
澳门地区	80	80			
台湾地区	1 070	990	10	10	60
其　他	7 200	6 859	24		317

2020年全国各地区图书出版总量

	图书总计											
	种数（种）			总印数（万册、张）			总印张（千印张）			定价总金额（万元）		
	合计	新版	租型	合计	新版	租型	合计	新版	租型	合计	新版	租型
全国总计	**489 051**	**213 636**	**11 460**	**1 037 305**	**232 150**	**203 270**	**91 890 533**	**24 433 345**	**14 929 151**	**21 853 343**	**8 304 639**	**1 603 028**
中　央	**199 060**	**86 160**	**11**	**276 228**	**82 044**	**34**	**30 562 816**	**10 368 251**	**3 125**	**8 050 157**	**3 595 616**	**243**
地　方	**289 991**	**127 476**	**11 449**	**761 077**	**150 106**	**203 236**	**61 327 717**	**14 065 094**	**14 926 026**	**13 803 186**	**4 709 023**	**1 602 785**
北　京	12 803	6 058	147	23 445	8 050	1 416	2 134 776	797 834	115 407	741 718	341 562	11 032
天　津	7 278	3 973	196	9 485	2 772	1 671	843 166	278 502	102 164	281 803	114 128	12 890
河　北	9 938	3 160	535	34 137	5 181	9 417	2 739 951	462 593	777 280	559 681	121 063	80 181
山　西	3 154	1 885	238	11 033	3 178	4 034	1 137 293	531 584	310 545	195 979	110 532	32 016
内蒙古	3 524	1 317	340	6 322	839	3 231	532 118	108 166	261 039	76 202	24 045	27 092
辽　宁	10 557	4 829	254	15 226	4 127	3 727	1 365 603	366 523	302 332	310 929	119 279	35 183
吉　林	24 577	12 720	694	27 255	7 027	4 494	2 425 050	717 226	390 920	674 413	253 839	41 079
黑龙江	7 638	4 761	437	8 804	1 398	3 419	772 638	136 426	277 220	174 700	52 203	30 139
上　海	28 056	12 779	51	49 509	19 552	721	4 450 776	1 586 818	55 875	1 435 432	672 303	8 550
江　苏	26 983	10 146	412	70 039	14 168	9 784	5 541 053	1 434 623	735 968	1 209 547	414 030	77 241
浙　江	14 477	6 295	387	41 513	11 767	8 069	3 152 468	994 133	551 505	772 869	326 379	62 486
安　徽	10 015	3 210	763	31 793	3 938	12 983	2 489 715	381 777	982 810	510 493	122 505	114 981
福　建	4 405	2 267	216	13 620	2 475	4 580	1 109 429	241 853	331 109	231 094	79 588	34 606
江　西	9 437	4 463	233	27 050	5 290	7 848	1 837 394	384 240	616 004	434 489	138 555	61 967
山　东	15 303	5 230	696	53 288	8 917	16 762	3 814 743	737 895	1 140 991	741 075	213 743	131 807
河　南	8 735	3 902	386	41 154	5 532	16 600	2 930 695	416 521	1 242 565	430 058	118 665	116 312
湖　北	13 209	5 693	407	29 561	6 087	7 568	2 202 692	484 541	554 931	550 554	179 870	63 659
湖　南	10 167	3 715	418	48 269	9 273	11 786	4 048 893	981 290	791 851	830 390	287 876	91 103
广　东	10 970	4 534	131	43 448	5 694	11 399	3 394 245	532 888	834 339	638 128	167 736	83 985
广　西	6 695	2 444	468	31 375	3 878	9 734	2 310 436	327 651	728 701	407 192	105 812	74 052
海　南	4 088	1 500	279	7 021	1 083	1 790	534 126	111 619	115 409	117 866	35 441	12 600
重　庆	5 008	1 567	316	13 475	1 010	4 004	1 008 179	122 072	294 608	203 899	45 521	32 983
四　川	12 891	6 781	490	34 996	6 003	10 036	2 710 960	521 249	706 746	585 371	211 295	73 032
贵　州	1 370	879	542	13 052	766	9 227	880 652	73 502	656 044	156 169	30 193	77 627
云　南	5 879	3 211	323	17 018	2 785	7 046	1 498 471	272 480	546 822	264 605	91 734	51 369
西　藏	676	313	258	1 649	171	956	122 526	21 767	67 520	19 660	5 981	8 467
陕　西	11 569	5 045	524	20 190	3 582	5 935	1 944 340	453 937	423 268	493 445	156 480	41 889
甘　肃	3 587	1 513	254	9 593	1 589	3 695	676 484	137 186	268 741	142 387	42 320	27 948
青　海	586	240	240	1 288	65	927	108 200	9 180	67 715	14 205	3 559	7 487
宁　夏	2 855	1 147	191	7 948	1 476	989	979 891	165 978	74 800	272 759	49 793	9 149
新　疆	3 325	1 692	623	18 467	2 386	9 388	1 624 092	267 220	600 797	322 396	69 485	69 873
兵　团	236	207		54	47		6 662	5 820		3 678	3 508	

2020 年全国各级

	合计					中央及省、自治区、直辖市级				
	种数（种）	平均期印数（万份）	总印数（万份）	总印张（千印张）	总金额（万元）	种数（种）	平均期印数（万份）	总印数（万份）	总印张（千印张）	总金额（万元）
全国总计	**1 810**	**15 692.99**	**2 891 363**	**65 468 787**	**3 664 303**	**932**	**12 324.96**	**1 986 260**	**43 493 819**	**2 553 054**
中　央	**209**	**2 739.33**	**747 841**	**18 761 617**	**945 432**	**209**	**2 739.33**	**747 841**	**18 761 617**	**945 432**
地　方	**1 601**	**12 953.66**	**2 143 522**	**46 707 170**	**2 718 871**	**723**	**9 585.63**	**1 238 419**	**24 732 203**	**1 607 622**
北　京	32	118.14	29 418	919 266	40 389	32	118.14	29 418	919 266	40 389
天　津	16	74.66	19 621	533 138	24 473	16	74.66	19 621	533 138	24 473
河　北	62	409.93	102 409	1 816 843	111 377	25	282.53	66 608	926 893	71 260
山　西	60	2 826.42	213 427	1 954 978	254 811	38	2 749.13	189 746	1 484 778	224 676
内蒙古	55	100.68	24 449	456 710	26 963	20	48.67	10 507	204 665	11 554
辽　宁	66	358.19	57 487	1 477 871	70 831	18	223.69	23 798	399 523	31 731
吉　林	51	827.30	57 398	868 991	94 692	24	725.59	43 365	636 894	75 956
黑龙江	56	200.81	32 898	452 749	47 609	20	57.02	13 812	195 754	15 066
上　海	67	305.90	69 175	2 082 420	87 523	67	305.90	69 175	2 082 420	87 523
江　苏	80	1 091.31	192 499	3 890 799	231 801	30	720.95	104 048	1 798 109	120 348
浙　江	66	650.36	181 008	5 207 065	206 930	19	252.44	59 825	1 135 395	72 746
安　徽	49	241.25	56 092	1 095 682	58 331	17	123.59	27 582	532 995	30 261
福　建	42	363.93	69 515	2 499 573	86 555	20	256.39	32 713	1 310 259	39 202
江　西	37	1 027.50	75 566	879 895	89 865	17	964.60	57 402	593 683	69 939
山　东	82	561.86	155 035	4 590 087	170 185	27	258.99	73 754	2 289 023	76 119
河　南	77	958.09	132 314	2 363 517	203 895	32	766.43	82 166	1 124 103	129 738
湖　北	73	240.12	57 194	1 542 870	76 598	27	114.80	27 604	917 618	37 840
湖　南	45	406.79	72 306	1 628 226	97 984	20	303.96	42 363	1 066 963	67 851
广　东	97	568.01	153 310	5 117 384	261 607	31	264.97	62 591	2 578 933	115 064
广　西	46	170.17	47 814	946 481	56 801	18	87.76	21 068	479 733	26 108
海　南	14	60.20	16 951	405 643	23 567	10	46.02	12 978	311 394	17 796
重　庆	27	85.37	17 614	348 052	21 906	24	80.51	16 260	328 755	20 488
四　川	79	422.15	104 858	2 076 125	136 085	32	243.55	50 396	1 006 123	69 326
贵　州	27	75.90	23 339	513 408	30 356	11	33.07	9 680	247 999	13 372
云　南	40	115.25	31 242	562 343	43 219	16	66.57	16 808	316 845	27 966
西　藏	26	39.88	9 501	131 660	7 763	10	25.12	5 449	91 630	3 933
陕　西	43	182.27	44 348	810 918	54 811	27	118.59	26 593	485 888	32 078
甘　肃	47	196.24	34 347	480 161	36 547	21	140.85	17 592	239 580	23 665
青　海	25	31.49	7 891	196 462	7 478	12	15.21	3 424	84 520	4 468
宁　夏	13	42.80	8 926	190 632	13 741	7	32.89	6 158	137 391	10 354
新　疆	82	171.74	39 814	576 428	37 535	32	66.62	12 219	201 597	12 017
兵　团	19	28.96	5 755	90 794	6 642	3	16.43	3 694	70 337	4 314

报纸出版数量

地、市级					县级				
种数（种）	平均期印数（万份）	总印数（万份）	总印张（千印张）	总金额（万元）	种数（种）	平均期印数（万份）	总印数（万份）	总印张（千印张）	总金额（万元）
859	**3 333.12**	**895 060**	**21 795 607**	**1 101 966**	**19**	**34.91**	**10 043**	**179 360**	**9 283**
859	**3 333.12**	**895 060**	**21 795 607**	**1 101 966**	**19**	**34.91**	**10 043**	**179 360**	**9 283**
36	126.05	35 471	883 335	39 744	1	1.35	331	6 615	374
21	76.99	23 651	469 906	30 082	1	0.30	29	294	54
32	50.72	13 745	250 284	15 242	3	1.30	198	1 761	167
45	132.70	33 380	1 076 802	38 803	3	1.80	309	1 546	298
27	101.70	14 033	232 097	18 736					
36	143.79	19 086	256 995	32 544					
50	370.36	88 451	2 092 690	111 454					
44	377.83	114 067	3 924 901	127 923	3	20.08	7 116	146 769	6 261
32	117.66	28 510	562 687	28 070					
22	107.54	36 803	1 189 314	47 353					
18	59.77	17 670	281 274	19 308	2	3.14	494	4 938	618
55	302.86	81 281	2 301 065	94 066					
45	191.66	50 148	1 239 414	74 157					
43	120.15	28 221	611 565	37 458	3	5.17	1 369	13 687	1 301
25	102.82	29 943	561 263	30 132					
66	303.04	90 719	2 538 450	146 542					
28	82.41	26 746	466 749	30 693					
4	14.18	3 974	94 248	5 771					
3	4.87	1 354	19 297	1 418					
47	178.60	54 462	1 070 002	66 759					
16	42.83	13 659	265 410	16 984					
24	48.68	14 434	245 499	15 252					
16	14.76	4 052	40 030	3 830					
16	63.69	17 755	325 030	22 733					
26	55.39	16 755	240 581	12 882					
11	14.69	4 286	108 279	2 815	2	1.59	181	3 663	195
6	9.91	2 768	53 241	3 387					
49	104.94	27 577	374 745	25 502	1	0.17	17	87	16
16	12.53	2 061	20 457	2 328					

2020 年全国各地区

	合计					综合					哲学、社会科学				
	种数（种）	平均期印数（万册）	总印数（万册）	总印张（千印张）	总金额（万元）	种数（种）	平均期印数（万册）	总印数（万册）	总印张（千印张）	总金额（万元）	种数（种）	平均期印数（万册）	总印数（万册）	总印张（千印张）	总金额（万元）
全国总计	**10 192**	**11 133.24**	**203 524**	**11 639 533**	**2 119 166**	**354**	**597.10**	**12 352**	**701 284**	**123 170**	**2 688**	**6 422.82**	**106 315**	**5 535 650**	**1 024 127**
中　央	**3 108**	**5 013.73**	**72 959**	**5 283 913**	**939 853**	**64**	**77.75**	**1 668**	**114 753**	**24 055**	**936**	**3 814.88**	**55 006**	**3 021 987**	**597 448**
地　方	**7 084**	**6 119.51**	**130 564**	**6 355 621**	**1 179 313**	**290**	**519.34**	**10 683**	**586 532**	**99 115**	**1 752**	**2 607.95**	**51 309**	**2 513 662**	**426 679**
北　京	171	129.22	2 334	150 445	29 355	2	0.13	0.28	65	30	49	53.07	1 044	59 135	11 115
天　津	250	135.75	2 648	125 291	30 151	2	0.25	2	190	20	48	46.99	1 056	46 359	8 580
河　北	226	176.42	3 908	190 800	32 140	10	2.08	22	1 332	439	59	84.78	1 597	77 675	11 659
山　西	202	101.50	1 997	132 248	24 803	3	0.81	26	1 946	643	55	46.09	700	41 205	8 335
内蒙古	151	63.74	1 129	57 669	6 354	3	1.15	13	887	232	50	44.72	757	34 920	3 077
辽　宁	321	349.58	6 372	282 544	47 054	6	3.02	22	1 612	363	73	202.88	4 188	177 905	26 710
吉　林	241	132.76	3 878	186 642	32 876	3	1.37	24	1 688	414	62	43.90	1 200	58 736	8 894
黑龙江	316	141.43	2 487	131 838	22 629	8	1.77	16	1 258	277	74	73.45	1 100	59 748	10 481
上　海	642	419.06	6 214	342 107	71 850	14	6.46	49	3 370	829	147	145.13	2 475	119 001	24 011
江　苏	476	309.05	10 936	474 850	111 576	16	2.60	22	2 149	644	106	123.33	4 551	198 997	45 062
浙　江	236	336.23	6 430	298 580	52 082	21	2.87	21	1 355	412	49	113.81	1 640	94 814	17 042
安　徽	186	185.32	3 485	158 197	30 575	25	2.60	16	1 424	321	34	63.56	1 164	53 704	10 343
福　建	174	133.12	2 017	103 095	19 874	6	0.44	2	179	25	55	89.19	1 348	63 692	11 201
江　西	166	270.07	7 959	228 945	48 907	6	1.80	23	1 544	395	49	79.54	1 903	72 782	13 669
山　东	277	330.59	7 110	322 681	48 508	17	8.17	241	10 871	2 186	78	186.22	2 506	156 981	20 524
河　南	252	266.28	6 799	324 980	51 831	21	2.49	14	1 326	237	68	133.05	3 124	168 457	26 231
湖　北	432	368.64	7 052	382 809	65 897	21	138.40	2 400	122 577	17 195	105	116.02	2 320	108 984	19 679
湖　南	260	407.03	9 549	443 024	86 113	13	1.64	7	894	270	53	113.44	2 236	104 000	16 731
广　东	387	462.73	9 887	492 203	84 719	26	17.80	307	15 099	4 473	100	211.20	4 602	219 891	33 338
广　西	179	146.87	3 499	146 116	27 774	12	2.53	44	2 641	515	46	64.91	1 212	57 488	8 307
海　南	42	25.86	307	21 391	3 976	2	8.20	48	4 872	928	14	7.46	84	4 699	893
重　庆	143	151.40	3 203	174 728	38 027	4	1.90	31	2 947	1 063	33	105.30	1 837	88 845	17 111
四　川	364	273.01	5 131	284 989	60 999	14	21.00	629	25 056	5 789	76	134.57	2 386	130 483	24 418
贵　州	93	55.68	1 436	93 930	14 948	5	0.71	8	633	226	30	40.44	1 147	75 919	11 449
云　南	129	122.53	1 869	87 768	14 945	6	1.51	23	1 841	630	39	86.17	1 111	49 374	7 055
西　藏	40	21.82	246	14 800	2 409	1	0.30	1	132	7	13	11.33	99	4 431	705
陕　西	288	137.07	3 034	176 046	33 982	6	1.37	14	1 301	300	56	63.75	1 537	81 570	13 130
甘　肃	132	359.25	7 971	438 753	69 305	7	280.66	6 630	375 225	59 963	34	60.48	1 093	43 385	6 623
青　海	55	15.67	262	14 363	2 085						21	7.85	149	5 561	872
宁　夏	37	18.43	380	25 092	5 132	1	0.28	3	458	134	14	12.18	294	17 259	3 244
新　疆	199	61.28	917	43 669	7 052	8	5.02	25	1 650	152	56	39.08	777	34 286	5 496
兵　团	17	12.10	120	5 026	1 386	1	0.03	0.10	9	1	6	4.07	73	3 378	695

注：含高校学报、公报、政报、年鉴 1 612 种，平均期印数 290.59 万册，总印数 3 561.04 万册，总印张 1 052 271.37 千印张。

各类期刊出版数量

自然科学、技术					文化、教育					文学、艺术				
种数（种）	平均期印数（万册）	总印数（万册）	总印张（千印张）	总金额（万元）	种数（种）	平均期印数（万册）	总印数（万册）	总印张（千印张）	总金额（万元）	种数（种）	平均期印数（万册）	总印数（万册）	总印张（千印张）	总金额（万元）
5 088	**1 731.79**	**25 354**	**2 567 822**	**395 674**	**1 401**	**1 867.36**	**48 551**	**2 241 331**	**447 544**	**661**	**514.17**	**10 952**	**593 447**	**128 652**
1 605	**645.51**	**8 130**	**1 529 620**	**191 690**	**363**	**365.71**	**6 279**	**485 257**	**94 730**	**140**	**109.87**	**1 876**	**132 296**	**31 930**
3 483	**1 086.28**	**17 223**	**1 038 202**	**203 984**	**1 038**	**1 501.65**	**42 272**	**1 756 073**	**352 814**	**521**	**404.30**	**9 076**	**461 151**	**96 722**
75	22.04	289	22 250	4 921	33	42.03	838	52 326	9 989	12	11.94	162	16 669	3 300
146	39.14	530	32 780	8 338	33	23.97	512	19 526	5 153	21	25.40	548	26 435	8 060
108	40.51	636	46 302	9 017	35	42.03	1 525	56 346	9 551	14	7.01	128	9 145	1 474
92	19.71	239	21 373	3 517	33	24.77	840	57 430	10 067	19	10.12	192	10 294	2 242
51	9.65	225	13 338	1 792	24	3.98	92	5 285	744	23	4.24	42	3 239	509
179	61.30	714	44 465	9 583	45	77.93	1 374	52 890	8 990	18	4.45	75	5 672	1 408
105	14.08	178	15 892	3 659	45	30.18	830	33 077	7 377	26	43.23	1 646	77 249	12 531
163	39.12	852	41 116	6 251	53	17.66	424	24 587	4 662	18	9.43	94	5 130	958
361	110.71	1 260	107 366	21 007	78	76.63	1 048	51 781	13 259	42	80.13	1 382	60 589	12 744
264	92.13	1 868	84 053	18 792	61	64.41	3 741	154 011	36 953	29	26.58	753	35 639	10 124
118	35.51	364	22 818	4 198	31	172.53	4 169	167 713	27 353	17	11.50	235	11 880	3 077
88	36.14	595	35 262	4 688	26	68.77	1 452	52 697	9 806	13	14.26	257	15 110	5 417
71	22.22	206	13 549	3 735	31	17.03	417	22 067	4 249	11	4.24	44	3 607	664
69	14.36	195	10 582	1 770	32	168.02	5 625	135 153	31 142	10	6.36	213	8 886	1 931
135	32.02	362	23 910	4 867	30	74.41	3 148	107 781	16 048	17	29.78	853	23 138	4 882
118	29.58	656	32 420	6 582	24	82.19	2 423	96 865	13 555	21	18.97	581	25 913	5 225
212	52.70	683	56 439	12 172	64	37.40	891	45 066	7 968	30	24.13	758	49 744	8 883
133	65.57	872	43 708	8 393	46	208.51	5 988	268 709	56 465	15	17.87	446	25 712	4 255
182	171.85	3 737	185 979	31 660	47	49.90	1 106	59 821	12 710	32	11.97	135	11 413	2 538
76	30.16	576	27 750	6 005	29	45.99	1 642	56 307	12 634	16	3.28	24	1 930	312
13	2.88	49	2 904	539	10	6.16	116	8 030	1 453	3	1.17	10	885	162
84	17.77	283	24 889	5 515	19	25.71	1 046	57 777	14 281	3	0.73	6	270	58
212	42.30	531	45 865	9 138	45	69.20	1 510	77 742	20 661	17	5.94	75	5 844	993
36	5.77	59	4 635	967	15	7.60	200	10 040	1 866	7	1.16	23	2 703	441
51	12.11	211	11 362	2 525	21	14.84	364	16 723	3 408	12	7.90	158	8 469	1 327
9	2.33	11	582	102	12	7.01	132	9 397	1 562	5	0.85	4	257	33
175	41.37	867	52 890	11 842	37	24.38	492	31 669	6 954	14	6.20	125	8 617	1 756
66	8.75	76	7 121	1 319	20	8.42	167	12 474	1 347	5	0.94	6	547	53
18	1.95	10	658	105	8	3.94	85	6 643	891	8	1.93	17	1 501	217
11	2.62	28	2 310	440	7	2.48	46	4 114	1 222	4	0.87	9	951	92
56	8.80	55	3 305	496	43	3.49	30	2 006	492	36	4.90	30	2 422	415
6	1.13	5	329	49	1	0.06	0.36	19	2	3	6.82	41	1 291	639

2020 年全国各地区电子出版物出版品种、数量及发行数量（按载体形式分类）

单位：种、万盒（张）

	电子出版物					只读光盘（CD-ROM）				高密度只读光盘（DVD-ROM）				交互式光盘（CD-I）				其他载体			
	合计		其中：新版		发行数量	合计		其中：新版		合计		其中：新版		合计		其中：新版		合计		其中：新版	
	种数	数量	种数	数量		种数	数量	种数	数量	种数	数量	种数	数量	种数	数量	种数	数量	种数	数量	种数	数量
全国总计	**7 825**	**25 270.74**	**3 612**	**5 559.12**	**21 243.05**	**5 201**	**22 107.72**	**2 306**	**4 054.89**	**1 962**	**2 873.70**	**726**	**1 407.60**					**662**	**289.32**	**580**	**96.63**
中　央	**3 818**	**19 223.40**	**1 015**	**3 875.80**	**15 312.32**	**2 327**	**16 886.13**	**411**	**2 682.35**	**1 147**	**2 070.55**	**327**	**1 116.78**					**344**	**266.73**	**277**	**76.67**
地　方	**4 007**	**6 047.33**	**2 597**	**1 683.32**	**5 930.73**	**2 874**	**5 221.59**	**1 895**	**1 372.53**	**815**	**803.15**	**399**	**290.82**					**318**	**22.60**	**303**	**19.96**
北　京	40	82.36	20	9.17	82.18	16	37.35	10	0.45	23	44.91	9	8.62					1	0.10	1	0.10
天　津	14	4.90	13	3.90	4.90	8	2.40	8	2.40	6	2.50	5	1.50								
河　北	129	157.30	27	19.63	155.38	113	149.23	18	15.05	16	8.06	9	4.58								
山　西	46	2.49	46	2.49	2.49	44	2.45	44	2.45									2	0.04	2	0.04
内蒙古	100	52.40	69	22.85	52.22	81	32.94	57	11.42	19	19.46	12	11.43								
辽　宁	181	125.69	98	23.28	125.63	167	124.26	88	22.50	12	1.41	8	0.76					2	0.02	2	0.02
吉　林	28	1.69	27	1.67	1.45	10	1.15	10	1.15	12	0.33	12	0.33					6	0.21	5	0.19
黑龙江	22	73.18	22	73.18	73.18	13	72.28	13	72.28									9	0.90	9	0.90
上　海	448	1 031.84	81	137.17	920.67	327	951.87	43	132.67	90	77.34	12	2.49					31	2.63	26	2.02
江　苏	404	2 091.87	56	244.34	2 088.53	244	1 978.45	26	209.40	154	113.39	24	34.91					6	0.03	6	0.03
浙　江	296	705.79	201	492.33	705.79	172	436.00	122	401.58	75	266.79	30	87.75					49	3.00	49	3.00
安　徽	16	2.43	16	2.43	2.37	6	0.20	6	0.20	8	2.10	8	2.10					2	0.14	2	0.14
福　建	20	6.38	12	2.88	6.38	13	4.09	5	0.59	6	2.19	6	2.19					1	0.10	1	0.10
江　西	40	6.77	35	6.29	6.77	13	5.30	13	5.30	17	1.00	12	0.52					10	0.47	10	0.47
山　东	419	90.17	374	53.20	77.05	334	46.71	329	44.43	76	42.89	36	8.21					9	0.56	9	0.56
河　南	208	56.55	208	56.55	56.54	47	39.27	47	39.27	93	13.79	93	13.79					68	3.49	68	3.49

续表

	电子出版物					只读光盘（CD-ROM）				高密度只读光盘（DVD-ROM）				交互式光盘（CD-I）				其他载体			
	合计		其中：新版		发行数量	合计		其中：新版		合计		其中：新版		合计		其中：新版		合计		其中：新版	
	种数	数量	种数	数量		种数	数量	种数	数量	种数	数量	种数	数量	种数	数量	种数	数量	种数	数量	种数	数量
湖　北	113	11.34	108	10.93	10.96	98	8.56	95	8.25	7	2.45	5	2.35					8	0.33	8	0.33
湖　南	82	161.65	17	23.90	162.50	51	108.29	8	23.14	17	50.79	2	0.03					14	2.57	7	0.73
广　东	358	1 195.48	238	429.37	1 193.54	200	1 089.26	99	327.78	80	100.94	63	96.43					78	5.28	76	5.11
广　西	9	0.86	5	0.26	0.86	5	0.65	1	0.05	4	0.21	4	0.21								
海　南	1	0.05	1	0.05	0.05	1	0.05	1	0.05												
重　庆	108	47.71	48	12.17	46.91	19	6.84	4	0.31	85	40.82	40	11.82					4	0.05	4	0.05
四　川	707	107.47	669	40.88	123.80	704	107.23	667	40.74	2	0.20	1	0.10					1	0.04	1	0.04
贵　州	7	2.50	7	2.50	2.50													7	2.50	7	2.50
云　南	42	11.83	34	4.35	11.76	37	9.86	31	4.28	3	1.95	1	0.05					2	0.02	2	0.02
西　藏	30	3.00	30	3.00	3.00	30	3.00	30	3.00												
陕　西	139	13.65	135	4.55	13.33	121	3.90	120	3.80	10	9.62	7	0.62					8	0.13	8	0.13
甘　肃																					
青　海																					
宁　夏																					
新　疆																					
兵　团																					

2020 年全国各地区录音制品出版品种、数量及发行数量（按载体形式分类）

单位：种、万盒（张）

	录音制品					录音带（AT）				激光唱盘（CD）				高密度激光唱盘（DVD-A）				其他载体			
	合计		其中：新版		发行数量	合计		其中：新版		合计		其中：新版		合计		其中：新版		合计		其中：新版	
	种数	数量	种数	数量		种数	数量	种数	数量	种数	数量	种数	数量	种数	数量	种数	数量	种数	数量	种数	数量
全国总计	**5 312**	**12 194.67**	**2 257**	**1 816.50**	**12 046.51**	**702**	**2 629.55**	**137**	**285.30**	**4 020**	**9 440.57**	**1 655**	**1 460.48**	**90**	**41.37**	**71**	**20.08**	**500**	**83.18**	**394**	**50.64**
中　央	**2 059**	**9 512.73**	**669**	**1 023.66**	**9 343.01**	**367**	**2 360.95**	**54**	**252.64**	**1 528**	**7 124.08**	**488**	**753.66**	**15**	**0.26**	**15**	**0.26**	**149**	**27.43**	**112**	**17.10**
地　方	**3 253**	**2 681.94**	**1 588**	**792.84**	**2 703.50**	**335**	**268.59**	**83**	**32.66**	**2 492**	**2 316.49**	**1 167**	**706.83**	**75**	**41.11**	**56**	**19.82**	**351**	**55.75**	**282**	**33.54**
北　京	175	97.00	171	94.65	96.61	1	0.05	1	0.05	129	85.47	125	83.12					45	11.48	45	11.48
天　津	16	2.83	8	0.40	2.83	4	0.73			11	2.05	7	0.35					1	0.05	1	0.05
河　北	45	271.88	8	198.54	270.86	27	4.08			18	267.80	8	198.54								
山　西	56	79.45	56	79.45	79.45					56	79.45	56	79.45								
内蒙古	17	3.55	17	3.55	3.55					12	3.05	12	3.05					5	0.50	5	0.50
辽　宁	158	130.48	57	7.50	129.42					128	119.78	42	4.70	5	2.30	5	2.30	25	8.40	10	0.50
吉　林	86	122.35	12	1.20	118.92	37	67.62			49	54.73	12	1.20								
黑龙江																					
上　海	932	650.12	181	118.51	682.86	92	63.48	30	23.46	769	562.05	123	92.11	20	21.14	3	0.45	51	3.46	25	2.49
江　苏	135	120.91	67	10.31	120.81	42	62.55	28	6.00	69	55.91	15	1.86	19	1.95	19	1.95	5	0.50	5	0.50
浙　江	63	102.22	32	6.29	102.22	17	3.36			30	96.46	16	3.89	15	1.40	15	1.40	1	1.00	1	1.00
安　徽	24	2.98	24	2.98	2.97					13	1.93	13	1.93					11	1.05	11	1.05
福　建	15	1.95	5	0.61	2.46	4	0.24			11	1.71	5	0.61								
江　西	132	201.45	28	4.25	201.45	21	35.26	15	2.25	111	166.19	13	2.00								
山　东	128	26.17	89	6.42	25.11	14	2.21	8	0.80	85	22.94	52	4.59	1	0.01	1	0.01	28	1.02	28	1.02
河　南	7	0.43	7	0.43	0.41					7	0.43	7	0.43								

续表

	录音制品					录音带（AT）				激光唱盘（CD）				高密度激光唱盘（DVD-A）				其他载体			
	合计		其中：新版		发行数量	合计		其中：新版		合计		其中：新版		合计		其中：新版		合计		其中：新版	
	种数	数量	种数	数量		种数	数量	种数	数量	种数	数量	种数	数量	种数	数量	种数	数量	种数	数量	种数	数量
湖　北	33	6.91	29	6.11	6.96					32	6.51	29	6.11	1	0.40						
湖　南	238	230.13	165	132.58	230.13	8	1.30			218	218.41	154	122.67	7	9.51	7	9.51	5	0.91	4	0.41
广　东	709	505.09	495	71.22	501.27	62	27.37	1	0.10	479	450.58	353	56.82					168	27.13	141	14.29
广　西	131	58.32	42	15.44	58.20					130	58.27	41	15.39					1	0.05	1	0.05
海　南	18	1.08	18	1.08	1.08					18	1.08	18	1.08								
重　庆	18	4.52			4.57	4	0.24			14	4.28										
四　川	10	3.31	10	3.31	3.35					6	3.13	6	3.13					4	0.18	4	0.18
贵　州																					
云　南	53	4.72	44	4.21	4.30	2	0.10			48	4.26	41	3.85	2	0.35	2	0.35	1	0.01	1	0.01
西　藏	2	0.80	2	0.80	0.80					2	0.80	2	0.80								
陕　西	32	18.76	11	4.56	18.36					27	14.71	7	0.71	5	4.05	4	3.85				
甘　肃	2	0.20	2	0.20	0.20					2	0.20	2	0.20								
青　海																					
宁　夏	4	0.07	4	0.07	0.07					4	0.07	4	0.07								
新　疆	14	34.25	4	18.16	34.28					14	34.25	4	18.16								
兵　团																					

2020 年全国各地区录像制品出版品种、数量及发行数量（按载体形式分类）

单位：种、万盒（张）

	录像制品					录像带（VT）				数码激光视盘（VCD）				高密度激光视盘（DVD-V）				其他载体			
	合计		其中：新版		发行数量	合计		其中：新版		合计		其中：新版		合计		其中：新版		合计		其中：新版	
	种数	数量	种数	数量		种数	数量	种数	数量	种数	数量	种数	数量	种数	数量	种数	数量	种数	数量	种数	数量
全国总计	**3 299**	**5 320.34**	**2 259**	**1 481.18**	**5 145.37**					**242**	**670.75**	**28**	**80.31**	**2 679**	**4 623.87**	**1 878**	**1 377.71**	**378**	**25.71**	**353**	**23.16**
中　央	**1 452**	**2 930.94**	**831**	**372.12**	**2 767.02**					**88**	**270.79**	**8**	**22.90**	**1 216**	**2 646.99**	**699**	**338.20**	**148**	**13.17**	**124**	**11.02**
地　方	**1 847**	**2 389.39**	**1 428**	**1 109.07**	**2 378.34**					**154**	**399.97**	**20**	**57.42**	**1 463**	**1 976.88**	**1 179**	**1 039.51**	**230**	**12.55**	**229**	**12.15**
北　京	47	5.86	46	5.76	5.75									47	5.86	46	5.76				
天　津	1	0.05	1	0.05	0.05									1	0.05	1	0.05				
河　北	5	0.79	1	0.02	0.79									5	0.79	1	0.02				
山　西	30	5.90	30	5.90	5.85									30	5.90	30	5.90				
内蒙古	10	2.93	10	2.93	2.93									10	2.93	10	2.93				
辽　宁	35	5.79	34	5.59	5.20									35	5.79	34	5.59				
吉　林	170	11.11	165	9.31	8.69									170	11.11	165	9.31				
黑龙江	3	0.08	3	0.08	0.08					1	0.03	1	0.03					2	0.05	2	0.05
上　海	263	1 138.72	123	675.73	1 138.89					23	16.16	1	0.06	232	1 122.03	114	675.14	8	0.53	8	0.53
江　苏	47	3.31	43	2.61	3.19									46	2.91	43	2.61	1	0.40		
浙　江	47	141.48	43	136.67	141.48					1	0.05	1	0.05	46	141.43	42	136.62				
安　徽	22	1.24	22	1.24	1.07									19	1.17	19	1.17	3	0.08	3	0.08
福　建	29	12.55	28	12.52	12.12									28	11.55	27	11.52	1	1.00	1	1.00
江　西	173	514.94	24	59.48	514.94					115	374.22	17	57.28	58	140.72	7	2.20				
山　东	50	11.41	35	6.44	11.70									46	11.28	31	6.31	4	0.13	4	0.13
河　南	39	6.75	39	6.75	6.73									16	6.06	16	6.06	23	0.69	23	0.69

续表

	录像制品					录像带（VT）				数码激光视盘（VCD）				高密度激光视盘（DVD-V）				其他载体			
	合计		其中：新版		发行数量	合计		其中：新版		合计		其中：新版		合计		其中：新版		合计		其中：新版	
	种数	数量	种数	数量		种数	数量	种数	数量	种数	数量	种数	数量	种数	数量	种数	数量	种数	数量	种数	数量
湖　北	24	6.54	23	6.39	6.44									21	6.24	20	6.09	3	0.30	3	0.30
湖　南	111	103.66	70	52.75	102.14					6	1.20			102	102.25	67	52.54	3	0.21	3	0.21
广　东	310	67.59	299	50.40	63.51					2	0.91			286	63.99	277	47.71	22	2.69	22	2.69
广　西	23	3.92	23	3.92	2.82									23	3.92	23	3.92				
海　南	2	0.05	2	0.05	0.05									2	0.05	2	0.05				
重　庆	23	12.85	12	3.30	12.79					4	7.00			19	5.85	12	3.30				
四　川	64	3.02	64	3.02	3.72									21	2.72	21	2.72	43	0.30	43	0.30
贵　州	2	0.12	2	0.12	0.12													2	0.12	2	0.12
云　南	133	9.87	133	9.87	9.70									31	4.86	31	4.86	102	5.01	102	5.01
西　藏	16	13.11	16	13.11	12.91									16	13.11	16	13.11				
陕　西	26	6.06	23	5.36	6.01					2	0.40			24	5.66	23	5.36				
甘　肃	15	1.45	15	1.45	1.45									15	1.45	15	1.45				
青　海	10	1.10	10	1.10	1.10									1	0.20	1	0.20	9	0.90	9	0.90
宁　夏	1	0.20			0.20									1	0.20						
新　疆	116	296.98	89	27.18	295.96									112	296.83	85	27.03	4	0.15	4	0.15
兵　团																					

2020 年全国新华书店系统、出版社自办发行单位出版物发行进、销、存情况

单位：万册（张、份、盒）、万元

	购进		销售		库存	
	数量	金额	数量	金额	数量	金额
全国总计	**2 306 389**	**37 047 468**	**2 299 042**	**36 589 123**	**681 044**	**15 185 913**
中　央	**262 090**	**8 055 571**	**267 451**	**8 029 031**	**146 008**	**5 526 572**
地　方	**2 044 299**	**28 991 897**	**2 031 591**	**28 560 091**	**535 036**	**9 659 341**
北　京	23 440	644 160	24 384	670 636	13 338	496 530
天　津	14 435	310 843	14 372	303 027	6 284	153 581
河　北	92 480	1 244 811	91 629	1 242 237	42 909	183 033
山　西	38 894	506 338	39 409	505 361	14 618	189 362
内蒙古	25 409	280 801	25 559	277 250	2 574	69 814
辽　宁	30 767	509 581	30 937	505 002	10 651	251 775
吉　林	22 982	453 720	22 928	457 086	6 308	154 673
黑龙江	16 761	326 031	17 891	326 031	2 945	86 458
上　海	46 047	1 317 766	44 258	1 232 634	29 546	1 015 218
江　苏	211 917	2 807 772	195 691	2 615 816	110 403	1 433 002
浙　江	138 439	2 462 736	147 455	2 511 778	35 836	1 023 139
安　徽	117 803	1 483 216	118 701	1 474 462	19 674	346 230
福　建	50 375	654 585	50 060	648 787	12 174	187 906
江　西	96 826	1 499 883	99 431	1 530 140	10 301	207 659
山　东	161 576	2 244 320	160 832	2 171 684	20 608	609 588
河　南	181 369	1 542 068	180 831	1 538 863	17 535	242 683
湖　北	61 145	920 853	59 728	856 704	8 289	258 343
湖　南	126 260	1 903 446	124 215	1 875 226	62 442	724 255
广　东	115 039	1 485 562	115 634	1 524 878	29 039	444 210
广　西	89 387	946 596	87 396	934 912	8 480	170 265
海　南	15 444	204 339	15 670	212 745	1 614	22 456
重　庆	42 868	535 818	41 943	515 798	8 070	156 781
四　川	79 985	1 477 162	80 971	1 411 776	20 158	594 918
贵　州	44 218	481 418	43 712	479 384	5 256	63 687
云　南	40 872	599 719	39 610	583 501	6 688	125 135
西　藏	4 579	49 386	4 446	47 584	2 377	24 748
陕　西	70 098	894 120	69 730	889 494	15 793	223 757
甘　肃	30 721	359 727	30 622	355 324	4 096	45 263
青　海	2 666	36 330	2 602	35 602	996	13 238
宁　夏	7 871	111 636	7 906	112 251	697	19 434
新　疆	43 627	697 154	43 036	714 119	5 336	122 200

2020年全国图书、期刊、报纸进出口情况

类别		出口		进口	
		数量（万册、份）	金额（万美元）	数量（万册、份）	金额（万美元）
总计		**928.63**	**3 262.80**	**3 974.18**	**36 216.29**
图书	合计	665.64	2 803.55	3 223.69	23 137.80
	哲学、社会科学	109.39	620.38	146.28	2 463.34
	文化、教育	230.62	513.06	731.84	5 134.48
	文学、艺术	76.18	589.72	581.91	4 491.70
	自然、科学技术	28.15	207.13	149.12	3 317.21
	少儿读物	108.99	112.36	1 000.68	3 315.51
	综合性图书	112.31	760.90	613.86	4 415.56
期刊		248.60	437.80	238.57	12 245.32
报纸		14.39	21.45	511.92	833.17

注：以上数据为全国有出版物进口经营许可证的出版物进出口经营单位数据。

2020年全国音像、电子出版物进出口情况

类别		出口		进口	
		数量（盒、张）	金额（万美元）	数量（盒、张）	金额（万美元）
总计		**6 660**	**171.74**	**200 690**	**43 293.73**
录音	合计			196 817	214.95
	录音带（AT）				
	激光唱片（CD）			196 817	214.95
	数码激光唱盘（DVD-A）				
录像	合计	6 652	14.12	3 873	7.00
	录像带（VT）				
	数码激光视盘（DVD-V）	6 619	14.10	3 873	7.00
	数码激光视盘（VCD）	33	0.02		
电子出版物		8	16.24		
数字出版物			141.38		43 071.78

注：以上数据为全国有出版物进口经营许可证的出版物进出口经营单位数据。

2020 年全国广播电视发展主要指标一览表（一）

	宣传情况				覆盖情况				有线电视发展情况							
	广播节目播出时间 （万小时）	电视节目播出时间 （万小时）	广播节目制作时间 （万小时）	电视节目制作时间 （万小时）	广播综合人口覆盖率 （%）	电视综合人口覆盖率 （%）	无线广播综合人口覆盖率 （%）	无线电视综合人口覆盖率 （%）	有线电视实际用户数 （万户）	有线数字电视实际用户数 （万户）	有线双向数字电视实际用户数 （万户）	有线电视缴费用户数 （万户）	有线数字电视缴费用户数 （万户）	有线双向数字电视缴费用户数 （万户）	有线电视用户占本地区总户数比重 （%）	有线广播电视网络传输干线总长（不含县级前端以下） （万公里）
全国合计	**1 580.72**	**1 988.31**	**821.04**	**328.24**	**99.38**	**99.59**	**97.70**	**97.07**	**20 745.3**	**19 888.74**	**9 551.01**	**12 483.84**	**11 994.37**	**6 433.32**	**46.23**	**227.63**
国家广播电视总局	—	—	0.12	—	—	—	—	—	—	—	—	—	—	—	—	—
中央广播电视总台	18.15	24.18	27.73	21.37	—	—	—	—	—	—	—	—	—	—	—	—
其他部门所属单位	—	4.39	0.00	0.66	—	—	—	—	—	—	—	—	—	—	—	—
北京市	17.45	13.55	11.30	7.63	100.00	100.00	100.00	100.00	606.24	605.08	563.20	414.91	398.47	385.28	109.35	25.74
天津市	14.21	14.62	9.75	1.66	100.00	100.00	62.73	46.35	358.51	353.60	153.02	109.79	105.38	65.31	88.25	0.42
河北省	88.61	98.66	44.59	12.57	99.76	99.83	99.35	98.94	616.30	594.81	228.29	368.53	324.86	151.30	25.56	14.71
山西省	56.16	65.11	26.59	14.27	99.16	99.65	99.12	99.62	412.77	345.01	44.65	180.44	155.26	24.28	31.92	7.67
内蒙古自治区	69.73	68.49	29.93	8.52	99.66	99.68	99.43	98.32	207.02	207.02	114.35	160.76	160.76	76.19	23.42	1.26
辽宁省	68.08	80.71	39.42	14.22	99.44	99.41	99.32	98.42	598.85	575.88	171.54	511.70	499.81	158.48	38.84	3.05
吉林省	59.32	52.52	24.87	8.84	99.42	99.50	99.11	97.15	617.73	617.71	422.74	304.99	304.99	276.00	60.06	1.79
黑龙江省	54.72	61.01	23.40	10.76	99.94	99.86	99.94	99.82	584.95	578.81	188.69	493.13	492.58	172.13	39.42	9.66
上海市	15.14	13.93	15.28	4.65	100.00	100.00	100.00	100.00	751.44	733.19	730.33	385.82	378.22	376.43	135.10	9.08
江苏省	75.36	79.26	56.81	20.09	100.00	100.00	100.00	100.00	1 528.33	1 515.34	665.74	1 102.38	1 092.53	509.92	60.55	4.35
浙江省	77.34	70.69	52.34	16.58	99.77	99.84	99.32	99.07	1 321.4	1 303.48	627.26	1 041.79	1 019.19	514.81	77.09	3.78

续表

	宣传情况				覆盖情况				有线电视发展情况							
	广播节目播出时间（万小时）	电视节目播出时间（万小时）	广播节目制作时间（万小时）	电视节目制作时间（万小时）	广播综合人口覆盖率（%）	电视综合人口覆盖率（%）	无线广播综合人口覆盖率（%）	无线电视综合人口覆盖率（%）	有线电视实际用户数（万户）	有线数字电视实际用户数（万户）	有线双向数字电视实际用户数（万户）	有线电视缴费用户数（万户）	有线数字电视缴费用户数（万户）	有线双向数字电视缴费用户数（万户）	有线电视用户占本地区总户数比重（%）	有线广播电视网络传输干线总长（不含县级前端以下）（万公里）
安徽省	61.13	64.84	26.89	7.60	99.93	99.90	99.92	99.68	795.34	613.03	204.56	353.79	284.05	100.74	36.55	3.47
福建省	52.62	42.35	25.20	5.54	99.82	99.85	99.16	98.32	726.77	723.77	288.35	551.42	551.42	465.58	63.51	21.73
江西省	38.60	65.76	18.10	8.99	99.07	99.51	96.80	99.18	544.81	523.27	214.11	275.84	269.18	111.11	41.68	10.76
山东省	103.01	144.84	59.74	20.83	99.45	99.59	99.34	99.03	1 570.56	1 451.27	490.45	973.91	930.61	363.52	47.89	45.85
河南省	72.73	94.82	31.09	12.62	99.64	99.58	99.64	99.56	748.42	696.07	168.86	354.56	338.53	72.70	22.66	5.33
湖北省	58.52	70.30	22.50	9.27	99.86	99.82	99.71	99.65	1 202.63	1 174.34	679.31	544.22	504.91	277.12	57.29	3.04
湖南省	52.59	78.28	24.15	10.53	99.37	99.74	98.60	98.72	678.51	639.91	217.31	386.23	313.13	142.01	31.66	10.98
广东省	80.11	90.29	66.27	20.67	99.98	99.98	93.78	93.29	1 705.69	1 639.31	714.77	1 510.30	1 452.62	579.20	66.57	23.09
广西壮族自治区	43.62	63.80	21.55	9.40	98.16	99.15	97.20	98.28	734.00	734.00	385.07	351.30	351.30	259.68	45.66	1.23
海南省	14.25	11.21	6.98	1.96	99.20	99.23	99.18	99.20	143.48	133.16	39.06	89.99	86.63	28.29	53.39	0.24
重庆市	21.40	31.10	10.37	16.09	99.42	99.51	94.80	93.57	606.32	548.34	407.02	245.67	244.25	233.34	48.81	0.68
四川省	71.32	116.69	31.54	14.88	98.87	99.33	97.45	96.89	968.87	934.70	551.38	543.51	523.27	380.08	29.92	2.93
贵州省	26.20	51.26	13.86	5.14	95.45	97.51	85.93	75.57	836.90	836.90	540.93	407.54	407.54	352.30	62.27	1.51
云南省	42.59	92.47	19.54	12.75	99.26	99.38	97.18	96.46	416.99	389.21	163.15	245.30	238.32	115.72	29.14	3.20
西藏自治区	15.89	38.19	3.93	2.02	99.07	99.23	97.97	97.39	23.52	18.14	—	12.58	11.17	—	29.08	0.49
陕西省	48.56	61.51	24.45	10.18	99.29	99.62	98.94	99.20	751.02	750.81	272.03	336.03	336.03	124.41	56.47	4.40
甘肃省	38.55	58.42	15.47	6.42	99.31	99.41	96.18	95.72	164.55	126.35	76.22	82.69	76.64	47.66	19.57	1.70
青海省	25.52	32.46	5.01	2.31	99.05	99.11	99.04	98.94	97.69	97.36	68.41	22.66	22.66	3.08	66.87	0.75
宁夏回族自治区	12.82	17.25	5.73	1.92	99.76	99.94	99.68	99.08	110.80	110.23	34.48	34.48	34.48	11.59	47.97	0.51
新疆维吾尔自治区	86.42	115.37	26.56	7.28	98.68	98.85	98.57	98.81	280.62	279.84	125.71	87.28	85.55	55.05	40.12	2.70
新疆生产建设兵团	—	—	—	—	—	—	—	—	34.28	25.82	—	—	—	—	—	1.52

注：主要数据由国家广播电视总局规划财务司提供，计算结果保留小数点后两位。

2020 年全国广播电视发展主要指标一览表（二）

	从业人员（万人）	总收入（亿元）	实际创收收入（亿元）	广告收入（亿元）	广播广告收入（亿元）	电视广告收入（亿元）	网络媒体广告收入（亿元）	有线电视网络收入（亿元）	有线电视收视维护费收入（亿元）	落地费收入（亿元）	有线电视机顶盒广告收入（亿元）	付费数字电视频道收入（亿元）	新媒体业务收入（亿元）	网络视听节目服务收入（亿元）	资产总额（亿元）
全国合计	**101.10**	**9 214.6**	**7 711.76**	**1 940.06**	**95.67**	**693.91**	**889.96**	**756.98**	**298.72**	**37.93**	**2.97**	**34.33**	**2 656.38**	**830.80**	**24 062.48**
国家广播电视总局	0.98	73.92	33.34	1.81	0.01	0.80	0.89	3.34	—	—	—	—	9.95	0.33	315.77
中央广播电视总台	4.06	508.07	491.21	201.36	6.35	191.42	3.45	0.00	—	—	—	—	78.03	0.86	1 906.59
其他部门所属单位	0.54	52.27	34.48	18.16	—	14.21	3.03	0.02	—	—	—	0.02	1.96	1.67	166.24
北京市	10.85	3 225.06	2 910.07	703.13	4.79	76.12	465.46	27.41	9.49	7.54	0.28	0.17	1 699.87	299.40	5 596.97
天津市	0.87	66.60	60.05	7.96	3.00	4.48	0.02	6.36	2.99	0.93	0.04	0.70	5.36	1.89	280.59
河北省	3.52	96.12	57.01	14.96	3.97	8.83	0.27	23.90	7.60	1.01	0.07	0.44	8.30	0.01	270.02
山西省	2.52	61.92	23.29	5.59	1.44	3.76	0.05	7.38	4.67	0.65	0.00	0.45	2.27	0.00	130.39
内蒙古自治区	1.90	47.78	18.29	3.35	1.00	2.29	0.01	10.34	5.85	0.01	0.00	0.50	0.97	—	111.74
辽宁省	2.49	64.38	40.12	12.24	4.02	7.50	0.20	21.83	14.77	0.44	0.11	0.61	1.59	0.15	222.90
吉林省	2.03	53.24	33.51	9.23	1.92	7.07	0.02	18.22	8.01	1.06	0.02	0.34	1.93	0.00	321.41
黑龙江省	2.29	64.20	37.66	7.85	2.40	5.26	0.01	16.67	11.08	0.56	0.12	0.83	2.61	0.00	189.83
上海市	3.58	724.80	625.54	177.03	4.54	47.12	114.52	36.67	12.02	1.87	—	3.56	212.09	132.16	1 967.40
江苏省	6.29	389.65	347.01	72.71	8.86	42.40	9.89	69.10	32.09	1.64	0.20	3.42	27.09	14.14	1 943.14
浙江省	6.19	580.36	500.36	85.96	10.24	51.57	7.27	76.31	25.68	2.75	0.24	3.74	74.52	45.13	2 231.43
安徽省	2.78	121.06	74.51	30.21	2.86	14.11	6.06	14.23	6.40	0.96	0.04	0.50	3.95	0.08	252.84
福建省	3.09	210.50	164.24	44.79	2.13	7.74	28.57	39.97	8.60	1.45	—	2.51	8.65	2.14	353.32
江西省	2.02	67.83	37.44	10.78	1.77	8.10	0.19	16.03	6.51	0.25	0.04	0.30	1.85	0.01	126.84

续表

	从业人员（万人）	总收入（亿元）	实际创收收入（亿元）	广告收入（亿元）	广播广告收入（亿元）	电视广告收入（亿元）	网络媒体广告收入（亿元）	有线电视网络收入（亿元）	有线电视收视维护费收入（亿元）	落地费收入（亿元）	有线电视机顶盒广告收入（亿元）	付费数字电视频道收入（亿元）	新媒体业务收入（亿元）	网络视听节目服务收入（亿元）	资产总额（亿元）
山东省	5.47	174.05	123.11	45.84	7.48	25.08	7.71	44.85	15.96	2.18	0.18	1.73	10.76	0.21	496.13
河南省	4.38	77.04	43.33	11.43	2.69	7.83	0.37	10.44	6.56	1.55	0.11	0.47	9.12	—	240.10
湖北省	3.69	190.95	147.07	19.56	2.96	8.25	7.29	33.32	14.09	2.29	0.17	1.60	78.59	0.12	467.98
湖南省	4.79	347.30	322.34	141.94	4.44	76.40	57.24	22.69	9.04	1.41	0.07	1.37	70.61	43.03	1 019.50
广东省	7.44	963.46	874.07	199.78	6.10	19.24	158.97	87.04	38.98	3.18	0.68	3.33	273.95	251.05	2 664.80
广西壮族自治区	1.78	78.66	52.87	16.72	1.25	15.12	0.15	21.36	7.31	0.77	0.00	0.66	4.83	0.00	193.61
海南省	0.68	69.46	59.81	13.37	0.06	1.22	11.51	4.25	2.08	—	—	0.09	25.44	24.42	98.35
重庆市	1.42	69.32	52.27	7.86	0.91	6.25	0.10	19.45	6.86	1.02	—	0.79	4.32	1.71	156.79
四川省	4.59	241.58	124.38	16.07	3.14	7.62	1.24	43.06	14.45	1.92	0.04	1.18	7.48	0.08	589.77
贵州省	2.07	112.15	94.34	13.00	1.07	9.15	0.46	38.77	7.97	0.38	0.52	3.16	4.73	—	356.03
云南省	2.07	73.89	48.49	11.40	1.06	8.89	0.13	12.71	5.88	0.66	0.01	0.63	1.98	0.03	210.87
西藏自治区	0.48	26.10	8.95	8.45	0.01	1.76	0.00	0.23	0.18	0.01	—	0.00	0.00	—	36.60
陕西省	2.12	89.43	63.30	11.79	2.46	8.45	0.34	18.09	8.42	0.77	—	0.38	3.36	0.22	274.83
甘肃省	1.51	36.12	10.76	3.31	0.63	2.53	0.01	4.29	1.95	0.13	0.01	0.27	0.97	0.00	175.82
青海省	0.43	14.47	3.00	0.94	0.23	0.71	—	1.55	0.64	0.16	—	0.09	0.25	—	23.04
宁夏回族自治区	0.46	14.51	5.54	1.96	0.46	1.02	0.13	2.11	0.77	0.18	—	0.40	0.42	—	53.20
新疆维吾尔自治区	1.71	221.31	187.78	9.23	1.44	1.31	4.40	4.76	1.59	0.24	0.02	0.07	18.56	11.97	617.67
新疆生产建设兵团	—	7.04	2.23	0.29	—	0.29	—	0.25	0.25	—	—	—	0.01	—	—

2020年中国软件产业统计资料

2020年软件和信息技术服务业主要业务指标汇总表（一）

	指标名称	企业数量	软件业务收入合计	其中：（一）软件产品收入	（二）信息技术服务收入	（三）信息安全收入	（四）嵌入式系统软件收入	软件业务出口额
	单位	家	万元	万元	万元	万元	万元	万美元
	软件企业合计	**38 661**	**815 859 102**	**210 450 057**	**525 880 061**	**12 937 782**	**66 591 201**	**6 201 679**
按登记注册类型分列	内资企业	36 482	626 015 642	173 820 708	382 504 496	12 445 268	57 245 169	3 252 987
	中国港、澳、台商投资企业	925	125 118 055	22 834 864	98 081 114	108 510	4 093 568	620 682
	外商投资企业	1 254	64 725 404	13 794 485	45 294 451	384 004	5 252 464	2 328 011
按企业规模分列	大型	3 548	487 039 221	109 740 613	324 302 424	5 926 578	47 069 606	5 108 075
	中型	10 205	209 727 498	60 062 269	132 248 608	4 799 608	12 617 013	824 799
	小型	21 194	102 682 684	36 610 664	58 194 782	1 959 685	5 917 552	227 348
	微型	3 714	16 409 698	4 036 511	11 134 247	251 911	987 029	41 457
按行业分列	软件产品行业	16 742	205 663 293	188 124 781	14 170 569	1 518 688	1 849 254	1 556 730
	信息技术服务行业	18 071	525 276 600	18 884 950	500 120 648	1 447 629	4 823 373	2 427 957
	信息安全行业	784	10 639 544	386 529	288 935	9 919 195	44 884	17 360
	嵌入式系统软件行业	3 064	74 279 665	3 053 797	11 299 909	52 270	59 873 690	2 199 632
按地区分列	东部地区	26 677	646 462 730	161 786 821	420 538 611	9 024 387	55 112 911	5 471 171
	中部地区	4 341	43 437 974	14 945 025	24 478 065	905 864	3 109 020	93 174
	西部地区	5 526	101 864 801	23 440 012	69 196 196	1 521 538	7 707 056	368 089
	东北地区	2 117	24 093 595	10 278 198	11 667 190	1 485 993	662 214	269 246

数据来源：工业和信息化部运行监测协调局。技术支持：工信通（北京）信息技术有限公司。

2020年软件和信息技术服务业年度统计数据是由工业和信息化部根据国家统计局批准的《软件和信息技术服务业统计调查制度》取得的年度统计资料，统计对象包括：一是在我国境内注册（港澳台地区除外），主要从事软件和信息技术服务业务，且主营业务年收入500万元以上，具有独立法人资格的软件企业；二是在我国境内注册，主营业务年收入1 000万元以上，有软件和信息技术服务收入，且该收入占本企业主营业务收入30%以上的独立法人单位；三是在我国境内注册，主要从事集成电路设计的企业或其集成电路设计和测试的收入占本企业主营业务收入60%以上，且主营业务年收入500万元以上的独立法人单位。

2020 年软件和信息技术服务业主要业务指标汇总表（二）

	指标名称	从业人员期末人数	其中：（一）软件研发人员	其中：（二）其他软件技术人员	其中：（一）硕士及以上	其中：（二）大专及大本	从业人员年平均人数
	单位	人	人	人	人	人	人
	软件企业合计	**6 768 950**	**2 719 591**	**988 072**	**876 218**	**4 482 193**	**6 868 213**
按登记注册类型分列	内资企业	5 669 260	2 335 578	809 947	700 819	3 805 372	5 819 650
	中国港、澳、台商投资企业	581 940	220 643	77 973	114 836	381 514	541 756
	外商投资企业	517 750	163 370	100 152	60 563	295 307	506 807
按企业规模分列	大型	3 657 803	1 463 377	520 504	531 459	2 292 264	3 571 423
	中型	1 774 119	681 668	266 615	202 970	1 228 346	1 774 495
	小型	1 187 173	515 995	180 199	131 588	851 690	1 378 141
	微型	149 855	58 551	20 754	10 201	109 893	144 154
按行业分列	软件产品行业	2 435 196	1 082 705	354 595	342 086	1 720 793	2 613 029
	信息技术服务行业	3 696 996	1 284 033	546 604	456 850	2 432 920	3 618 597
	信息安全行业	151 859	67 876	22 534	21 200	116 134	155 186
	嵌入式系统软件行业	484 899	284 977	64 339	56 082	212 346	481 401
按地区分列	东部地区	4 898 180	1 977 354	707 079	678 228	3 276 276	5 017 116
	中部地区	720 170	294 839	91 831	85 043	492 030	738 257
	西部地区	812 222	353 132	125 821	85 457	541 215	781 103
	东北地区	338 378	94 266	63 341	27 490	172 672	331 737

2020 年软件和信息技术服务业主要财务指标汇总表（一）

	指标名称	利润总额	流动资产合计	资产总计	负债总计	固定资产投资额	税金及附加	应交增值税
	单位	万元	万元	万元	万元	万元	万元	万元
	软件企业合计	**116 215 191**	**1 085 849 437**	**1 494 566 573**	**865 619 905**	**29 201 184**	**5 609 396**	**19 518 413**
按登记注册类型分列	内资企业	69 721 326	852 069 957	1 163 557 778	705 116 435	18 186 054	4 695 931	14 623 534
	中国港、澳、台商投资企业	39 859 010	183 408 051	247 440 179	122 678 741	4 600 769	598 315	3 619 250
	外商投资企业	6 634 855	50 371 428	83 568 616	37 824 729	6 414 362	315 150	1 275 629
按企业规模分列	大型	84 621 270	705 937 690	995 512 935	606 872 224	19 004 581	2 575 886	11 771 255
	中型	18 365 765	212 443 469	317 799 634	167 748 065	6 936 098	1 766 416	4 651 667
	小型	11 918 075	149 092 429	155 752 154	77 190 364	2 740 587	1 181 364	2 761 671
	微型	1 310 080	18 375 848	25 501 849	13 809 252	519 919	85 729	333 820
按行业分列	软件产品行业	34 626 688	272 800 465	379 561 757	172 036 588	7 845 735	1 930 569	7 024 867
	信息技术服务行业	73 131 036	731 304 322	996 739 850	633 775 244	19 444 418	3 067 391	9 863 335
	信息安全行业	966 617	16 944 590	24 230 207	9 462 730	508 935	99 270	354 672
	嵌入式系统软件行业	7 490 849	64 800 059	94 034 759	50 345 343	1 402 096	512 165	2 275 538
按地区分列	东部地区	98 916 524	934 260 696	1 257 144 710	750 990 206	20 030 944	4 267 164	15 894 580
	中部地区	4 867 251	56 243 101	80 840 967	37 603 414	3 049 951	322 034	1 210 015
	西部地区	10 217 337	78 645 074	122 192 274	63 511 122	5 787 400	576 606	2 118 638
	东北地区	2 214 079	16 700 566	34 388 622	13 515 163	332 889	443 591	295 179

2020 年软件和信息技术服务业主要财务指标汇总表（二）

	指标名称	享受优惠政策已退税额	研发经费	主营业务成本	应收账款	本年折旧	本年应付职工薪酬
	单位	万元	万元	万元	万元	万元	万元
	软件企业合计	**9 747 754**	**86 501 438**	**659 412 221**	**234 741 163**	**20 568 389**	**134 099 105**
按登记注册类型分列	内资企业	6 298 893	64 333 565	556 135 846	191 245 823	11 997 413	100 066 340
	中国港、澳、台商投资企业	2 633 387	17 252 273	50 139 284	31 520 048	5 229 623	21 366 234
	外商投资企业	815 474	4 915 601	53 137 091	11 975 292	3 341 354	12 666 530
按企业规模分列	大型	6 666 718	54 504 493	353 503 046	120 082 413	14 966 938	76 666 647
	中型	1 800 073	19 503 077	173 070 764	54 789 901	3 382 827	28 352 087
	小型	1 167 142	11 005 999	118 854 517	55 466 797	1 759 034	27 181 500
	微型	113 821	1 487 869	13 983 895	4 402 053	459 590	1 898 871
按行业分列	软件产品行业	3 933 812	28 859 801	200 061 540	90 834 349	3 635 055	45 564 619
	信息技术服务行业	5 057 058	48 868 011	401 973 178	119 693 963	15 213 555	78 809 321
	信息安全行业	255 273	1 750 430	6 789 225	4 031 348	341 578	2 846 566
	嵌入式系统软件行业	501 610	7 023 196	50 588 278	20 181 504	1 378 201	6 878 599
按地区分列	东部地区	8 463 584	73 631 330	505 464 664	190 542 350	14 194 126	112 888 114
	中部地区	499 144	3 866 135	38 472 819	19 925 875	2 716 145	7 034 663
	西部地区	685 680	6 901 151	95 795 567	19 885 970	3 382 266	9 941 297
	东北地区	99 345	2 102 822	19 679 172	4 386 969	275 852	4 235 031

2020 年软件和信息技术服务业分产品完成情况

	指标名称	提供服务（产品）的企业数量	本年收入
	单位	个	万元
软件产品行业（E6501）	1. 软件产品行业合计	22 965	210 450 057
	1.1 基础软件	3 812	29 139 059
	1.2 支撑软件	495	2 502 883
	1.2.1 开发工具	108	648 113
	1.2.2 测试工具软件	157	695 659
	1.2.3 其他支撑软件	230	1 159 110
	1.3 平台软件	1 715	16 558 570
	1.4 应用软件	12 541	117 387 985
	1.4.1 通用应用软件	4 562	28 339 645
	1.4.2 行业应用软件	7 979	89 048 341
	1.4.2.1 通信行业软件	1 133	22 880 807
	1.4.2.2 金融财税软件	466	7 801 515
	1.4.2.3 教育软件	721	3 359 879
	1.4.2.4 交通运输行业软件	577	7 687 363
	1.4.2.5 能源控制软件	423	5 717 770
	1.4.2.6 动漫游戏软件	537	10 445 075
	1.4.2.7 物流管理软件	190	1 657 762
	1.4.2.8 医疗卫生领域软件	601	3 249 649
	1.4.2.9 其他行业应用软件	3 331	26 248 521
	1.5 工业软件	1 388	10 318 502
	1.5.1 产品研发设计类软件	381	1 839 490
	1.5.2 生产控制类软件	718	6 850 084
	1.5.3 业务管理类软件	289	1 628 928
	1.6 嵌入式应用软件	1 584	15 259 991
	1.7 其他软件	1 430	19 283 069
信息技术服务行业（E6502）	2. 信息技术服务行业合计	25 268	525 880 061
	2.1 信息技术咨询设计服务	6 455	67 739 492
	2.1.1 信息化规划	460	5 333 534
	2.1.2 信息系统设计	2 278	22 557 527
	2.1.3 信息技术管理咨询	2 960	35 259 122
	2.1.4 信息系统工程监理	173	2 040 885
	2.1.5 测试评估	191	1 000 459
	2.1.6 信息技术培训	393	1 547 966
	2.2 信息系统集成实施服务	4 543	60 464 878

信息技术服务行业（E6502）	2.3　运行维护服务	4 878	45 824 051
	2.4　数据服务	3 141	66 360 707
	2.4.1　大数据服务	1 634	44 916 980
	2.4.2　数据加工处理服务（非海量）	503	5 399 670
	2.4.3　数字内容处理服务	1 004	16 044 057
	2.5　云服务	1 780	26 845 820
	2.6　平台运营服务	2 461	152 572 560
	2.7　电子商务平台技术服务	1 072	60 084 695
	2.7.1　在线交易平台服务	853	52 047 518
	2.7.2　在线交易支撑服务	219	8 037 177
	2.8　集成电路设计	938	45 987 859
	2.8.1　微控器件	74	1 934 015
	2.8.2　逻辑电路	41	1 058 714
	2.8.3　存储器	69	17 696 692
	2.8.4　模拟电路	74	701 718
	2.8.5　其他电路	75	3 521 874
	2.8.6　智能卡芯片及电子标签芯片	64	4 504 572
	2.8.7　微博单片集成电路	25	160 913
	2.8.8　物联网模组	77	587 533
	2.8.9　其他集成电路产品	439	15 821 827
信息安全行业（E6503）	3. 信息安全行业合计	1 929	12 937 782
	3.1　信息安全产品	919	7 069 702
	3.1.1　基础类安全产品	210	1 372 936
	3.1.2　终端与数字内容安全产品	129	884 160
	3.1.3　网络与边界安全产品	214	2 345 612
	3.1.4　专用安全产品	136	1 335 865
	3.1.5　安全测试评估与服务产品	71	341 698
	3.1.6　安全管理产品	159	789 431
	3.2　云计算安全产品	85	303 838
	3.3　工控安全产品	84	727 305
	3.4　移动安全	193	1158 925
	3.5　安全云服务	45	128 427
	3.6　安全咨询	39	84 617
	3.7　安全集成实施服务	280	2 406 867
	3.8　安全运维服务	255	996 245
	3.9　安全培训	29	61 856
嵌入式系统软件行业（E6504）	4. 嵌入式系统软件行业合计	3 903	66 591 201

版权名录

MING LU

版权主管部门

国家版权局

地　址：北京市西城区宣武门外大街 40 号
邮　编：100052
电　话：010-83138740
传　真：010-83138737
网　址：www.ncac.gov.cn

北京市版权局

地　址：北京市通州区运河东大街 56 号院 1 号楼
邮　编：100743
电　话：010-55569229
传　真：010-55569034

天津市版权局

地　址：天津市河西区宾水道 9 号环渤海发展中心 A 座
邮　编：300202
电　话：022-28209051
传　真：022-28208565

河北省版权局

地　址：河北省石家庄市维明南大街 46 号
邮　编：050052
电　话：0311-87907743
传　真：0311-87907759

山西省版权局

地　址：山西省太原市迎泽大街 369 号
邮　编：030001
电　话：0351-8301532
传　真：0351-8301532
邮　箱：sxsbqj@163.com

内蒙古自治区版权局

地　址：呼和浩特市如意开发区敕勒川大街 1 号
邮　编：010010
电　话：0471-48255542
传　真：0471-48255542
邮　箱：nmgbqjbqc@163.com

辽宁省版权局

地　址：沈阳市和平南大街 45 号
邮　编：110001
电　话：024-23128820
传　真：024-23128820
邮　箱：lnsbqj@163.com

吉林省版权局

地　址：吉林省长春市宽城区新发路 577 号
邮　编：130051
电　话：0431-88792388
传　真：0431-88965400

黑龙江省版权局

地　址：哈尔滨市南岗区花园街 294 号
邮　编：150090
电　话：0451-53605229
传　真：0451-53605229

上海市版权局

地　址：上海市绍兴路 5 号
邮　编：200020
电　话：021-64339268
传　真：021-64339268

江苏省版权局

地　址：南京市鼓楼区北京西路 70 号
邮　编：210013
电　话：025-88802956
传　真：025-88802954

浙江省版权局

地　址：杭州市省府路 8 号
邮　编：310025

电　话：0571-81050763
传　真：0571-81050763

安徽省版权局
地　址：合肥市中山路 1 号
邮　编：230091
电　话：0551-62609343
传　真：0551-62609343
邮　箱：anhuibanquan@126. com

福建省版权局
地　址：福州市晋安区六一北路 233 号新闻大厦
邮　编：350001
电　话：0591-87532711
传　真：0591-87532711

江西省版权局
地　址：南昌市红谷滩新区卧龙路 999 号
邮　编：330038
电　话：0791-88912724
传　真：0791-88912724

山东省版权局
地　址：济南市纬一路 482 号
邮　编：250001
电　话：0531-51775308
传　真：0531-51775308
邮　箱：sdbq8606@126. com

河南省版权局
地　址：郑州市金水区金水路 17 号
邮　编：450003
电　话：0371-65905451
传　真：0371-65905450

湖北省版权局
地　址：武汉市武昌区黄鹂路 39 号
邮　编：430077
电　话：027-68892427
传　真：027-68892427

湖南省版权局
地　址：长沙市韶山北路 1 号
邮　编：410001
电　话：0731-82219530
传　真：0731-82219530
邮　箱：hncopyright@126. com

广东省版权局
地　址：广州市越秀区合群三马路省委大院 4 号楼
邮　编：510080
电　话：020-87197985
传　真：020-87197985

广西壮族自治区版权局
地　址：南宁市民族大道 112 号广西新闻中心 7 楼
邮　编：530028
电　话：0771-2092981
传　真：0771-2093005

海南省版权局
地　址：海口市国兴大道 69 号
邮　编：570203
电　话：0898-65396384
传　真：0898-65336134
邮　箱：wtt. tuyin@hainan. gov. cn

重庆市版权局
地　址：重庆市渝中区中山四路 36 号
邮　编：400015
电　话：023-63897692
传　真：023-63897326

四川省版权局
地　址：成都市红星路二段 119 号
邮　编：610072
电　话：028-86697076
传　真：028-86697076
邮　箱：scbbanquanchu@163. com

贵州省版权局
地　址：贵阳市延安中路 5-9 号
邮　编：550001
电　话：0851-85813428
传　真：0851-85823147

云南省版权局
地　址：昆明市环城西路 609 号新闻出版大楼
邮　编：650034

电　话：0871-64192869
传　真：0871-64192869
邮　箱：xcbbqglc@email. yn. gov. cn

西藏自治区版权局
地　址：拉萨市城关区江苏路 1 号
邮　编：850012
电　话：0891-6329729
传　真：0891-6329729

陕西省版权局
地　址：西安市雁塔路 10 号
邮　编：710061
电　话：029-85223059
传　真：029-85223196
邮　箱：sxbqc@163. com

甘肃省版权局
地　址：兰州市南昌路 1468 号
邮　编：730030
电　话：0931-8928809
传　真：0931-8414715
邮　箱：gsbqj@163. com

青海省版权局
地　址：西宁市城中区七一路 346 号
邮　编：810099
电　话：0971-8484165
传　真：0971-8484165
邮　箱：qhsbqc@163. com

宁夏回族自治区版权局
地　址：银川市金凤区康平路 1 号
邮　编：750066
电　话：0951-6669515
传　真：0951-6669502

新疆维吾尔自治区版权局
地　址：乌鲁木齐市北京南路 591 号
邮　编：830011
电　话：0991-3637543
传　真：0991-3637542

版权公共服务机构

中国版权保护中心
地　址：北京市西城区天桥南大街 1 号天桥艺术大厦 A 座 3 层
邮　编：100050
电　话：010-68003887
网　址：www. ccopyright. com

北京版权保护中心
地　址：北京市东城区朝阳门内大街 55 号新闻出版大厦
邮　编：100010
电　话：010-64081206

北京计算机软件登记中心
地　址：北京市东城区朝阳门内大街 55 号新闻出版大厦
邮　编：100010
电　话：010-64081391

河北省版权保护中心
地　址：石家庄市和平西路新文里 8 号
邮　编：050071
电　话：0311-67561197
传　真：0311-67561112

中国（上海）自由贸易试验区版权服务中心
地　址：上海市浦东新区台中南路 138 号
邮　编：200131
电　话：021-58300613

浙江省版权服务中心
地　址：杭州市拱墅区万通中心 5 幢 303 室
邮　编：310006
电　话：0571-85062879
传　真：0571-85062879
网　址：home. zjbanquan. org

江西省版权保护中心
地　址：江西省南昌市红谷滩区翠林路 339 号
邮　编：330038
电　话：0791-86895220
传　真：0791-86894610
邮　箱：jxcopyright@163. com
网　址：www. jxbq. gov. cn

湖北省版权保护中心
地　址：湖北省武汉市武昌区公正路 9 号
邮　编：430077
电　话：027-87329148
传　真：027-87329148
网　址：www. ccct. net. cn

重庆市版权保护中心
地　址：重庆市渝中区人民路 248 号盛迪亚商务大厦 29 楼
邮　编：400015
电　话：023-67708231
传　真：023-67708231
邮　箱：cpc1604@yahoo. com. cn
网　址：www. cqca. com. cn

山西省版权保护中心
地　址：山西省太原市并州北路 31 号
邮　编：030001
电　话：0351-4088107
传　真：0351-4113046
邮　箱：sxbanquan@163. com

版权协会

中国版权协会
地　址：北京市朝阳区化工路甲 18 号中国北京出版创意产业基地先导区 3 层
邮　编：100023
电　话：010-68003910
传　真：010-68004450
邮　箱：csc@csccn. org. cn
网　址：www. csccn. org. cn

首都版权协会
地　址：北京市东城区朝内大街 55 号新闻出版大厦二期 209 室
邮　编：100010
电　话：010-64081085
邮　箱：bjcopyright@sdbq. org
网　址：www. sdbq. org

天津市版权协会
地　址：天津市南开区长实道 19 号
邮　编：300191
电　话：022-23678898
传　真：022-23678898
邮　箱：tjbqxh@126. com

河北省版权协会
地　址：石家庄市和平西路新文里 8 号
邮　编：050071
电　话：0311-67561090
传　真：0311-67561112
邮　箱：hebeicopyright@126. com

山西省版权协会
地　址：太原市建设南路 21 号希望出版社
邮　编：030012
电　话：0351-4922243
传　真：0351-4922249
邮　箱：3523482@163. com

辽宁省版权保护协会
地　址：沈阳市和平区十一纬路 25 号
邮　编：110003
电　话：024-23284110

吉林省版权保护协会
地　址：长春市卫星路 2066 号广电大厦 18A-13
电　话：0431-85816271
传　真：0431-85816275

黑龙江省版权保护协会
地　址：哈尔滨市道里区田地街106号
邮　编：150010
电　话：0451-84691240
邮　箱：65340255@qq.com

上海版权协会
地　址：上海市张江路69号612
邮　编：201203
电　话：021-50278103
传　真：021-50278103

江苏省版权协会
地　址：南京市鼓楼区高云岭56号
邮　编：210009
电　话：025-83207838
传　真：025-83207838
邮　箱：jssbqxh@163.com

浙江省版权协会
地　址：杭州市拱墅区万通中心5幢303室
邮　编：310006
电　话：0571-88137853
传　真：0571-88137853

安徽省版权保护协会
地　址：合肥市桐城南路355号A座1705室
邮　编：230022
电　话：0551-62609342
传　真：0551-62609342
邮　箱：ahsbqbhxh@163.com

福建省版权协会
地　址：福州市东水路76号
邮　编：350001
电　话：0591-87535956
传　真：0591-87535956
邮　箱：fjsbqxh@163.com

山东省版权协会
地　址：济南市纬一路482号
邮　编：250062
电　话：0531-51775308
传　真：0531-51775308
网　址：sdbq8606@126.com

湖北省版权保护协会
地　址：武汉市武昌区黄鹂路39号
邮　编：430061
电　话：027-68892427
传　真：027-68892427

湖南省版权协会
地　址：湖南省长沙市开福区鸭子铺路马栏山创智园
邮　编：410001
电　话：0731-85045985

广东省版权保护联合会（广东省版权事务所）
地　址：广州市海珠区新港东路1066号国茶荟3楼
邮　编：510320
电　话：020-37667333，37638239
传　真：020-37638192
邮　箱：gdcopyright@gdpg.com.cn

广西版权保护协会
地　址：南宁市望园13号
邮　编：530023
电　话：0771-5346956
传　真：0771-5346956
邮　箱：gxbq123@163.com

海南省版权协会
地　址：海口市海南大学社科联楼708房
邮　编：570100
电　话：0898-66259079
传　真：0898-66259079
邮　箱：18907526181@189.cn

四川省版权保护协会
地　址：成都市大石西路36号9幢3单元4楼5号
邮　编：610072
电　话：028-81700337
传　真：028-81700337

云南省著作权保护协会
地　址：昆明市环城西路609号新闻出版大楼
邮　编：650034
电　话：0871-64110371
传　真：0871-64110371

陕西省版权协会
地　址：西安市碑林区建国五巷社团大厦三楼
邮　编：710054
电　话：029-89131693

新疆维吾尔自治区版权协会
地　址：乌鲁木齐市北京南路 591 号
邮　编：830011
电　话：0991-3637542
传　真：0991-3637542

深圳市版权协会
地　址：深圳市南山区沙河西路深圳湾科技生态园 6 栋 6 楼
邮　编：518057
电　话：0755-86185519
邮　箱：szcopyright@163. com
网　址：www. scs. org. cn

宁波市版权协会
地　址：宁波市江东区兴宁路 53 号
邮　编：315000
电　话：0574-89187806
传　真：0574-89187806
邮　箱：1807614413@qq. com

苏州市版权协会
地　址：苏州市干将路 178 号苏州大学北校区科技园 309（中）
邮　编：215004
电　话：0512-65156801
传　真：0512-65156801

青岛市版权保护协会
地　址：青岛市市北区郑州路 43 号 A 栋 125 室
邮　编：266045
电　话：0532-67773267
邮　箱：gy1@rubbervalley. com
网　址：bqbh. org

大连市版权保护协会
地　址：大连市高新园区软件园路 1A-4，16 楼 6 号
邮　编：116023
电　话：0411-84522067
传　真：0411-84522067
网　址：www. dlcopyright. org. cn

南京市版权保护协会
地　址：南京市中山东路 532-1 号中山坊科技文创园 A 座 103 室
邮　编：210016
电　话：025-84645491
邮　箱：1148694563@qq. com
网　址：www. njbq. org. cn

郑州市版权协会
地　址：郑州市西太康路 19 号郑州购书中心 820 室
邮　编：450018
电　话：0371-66280990
网　址：www. zzbq. org

厦门市版权协会
地　址：厦门市软件园二期望海路 6 号 2 楼
邮　编：361008
电　话：0592-2210461

著作权集体管理组织

中国音乐著作权协会
地　址：北京市东城区东单三条 33 号京纺大厦五层
邮　编：100005
电　话：010-65232656
传　真：010-65232657
网　址：www. mcsc. com. cn

中国音像著作权集体管理协会
地　址：北京市朝阳区东三环北路 38 号院 3 号

楼安联大厦22层2212号
邮　编：100020
电　话：010-66086468
传　真：010-66086475
邮　箱：cavca@cavca.org
网　址：www.cavca.org

中国摄影著作权协会
地　址：北京市东城区东四12条48号
邮　编：100007
电　话：010-65978100
传　真：010-65595720
邮　箱：hyb@icschina.net

中国文字著作权协会
地　址：北京市西城区珠市口西大街太丰惠中大厦1027-1036室
邮　编：100050
电　话：010-65978926
传　真：010-65978926
邮　箱：wenzhuxie@126.com
网　址：www.prccopyright.org.cn

中国电影著作权协会
地　址：北京市西城区北展北街5号楼F座5层
邮　编：100044
电　话：010-62364675
传　真：010-62369799
邮　箱：cfcac2009@163.com
网　址：www.cfca-c.org

版权代理公司

中华版权代理总公司
地　址：北京市西城区天桥南大街一号天桥艺术大厦A座4层
邮　编：100050
电　话：010-68003887，84195154
网　址：www.cpcccac.com

中国图书进出口（集团）总公司版权部
地　址：北京市朝阳区工体东路16号
邮　编：100020
电　话：010-65069500
邮　箱：publishing@cnpiec.com.cn
网　址：www.cnpiec.com.cn

中国出版对外贸易总公司
地　址：北京市朝阳区安定门外安华里504号
邮　编：100011
电　话：010-64210403
传　真：010-64214540
网　址：www.cnpitc.com.cn

中国国际电视总公司
地　址：北京市海淀区羊坊店路9号京门大厦
邮　编：100038
电　话：010-63950016
传　真：010-63955916
邮　箱：office@citvc.com

九洲音像出版公司版权贸易部
地　址：北京市西城区广安大厦12层
邮　编：100032
电　话：010-85286515

北京版权代理有限责任公司
地　址：北京市海淀区知春路23号量子银座1403
邮　编：100191
电　话：010-82915383

重庆市版权代理有限公司
地　址：重庆市渝中区人民路248号盛迪亚商务大厦29楼
邮　编：400015
电　话：023-67708231
传　真：023-67708231

国家级版权交易机构

中国人民大学国家版权贸易基地

地　址：北京市海淀区中关村大街甲 59 号文化大厦
邮　编：100872
电　话：010-62514334
传　真：010-62516959
邮　箱：copyrightyb@126. com

北京国际版权交易中心

地　址：北京市朝阳区团结湖公园南门内西侧独栋
邮　编：100026
电　话：65978017
传　真：010-65978207
邮　箱：kf@e-bq. com
网　址：www. e-bq. com

华中国家版权交易中心

地　址：武汉市武昌区公正路 9 号
邮　编：430060
电　话：027-87329631
邮　箱：hzbq@ccct. net
网　址：www. ccct. net

台儿庄国家版权贸易基地

地　址：枣庄市台儿庄区大衙门街西首台儿庄古城
邮　编：277499
电　话：0632-6679218
邮　箱：tezgc6679218@126. com

青岛国际版权交易中心

地　址：青岛市崂山区文岭路白金广场 B 座四楼
邮　编：266035
电　话：0532-86917666
传　真：0532-68851222
邮　箱：qicec@vip. 163. com
网　址：www. qicec. net

国家海峡版权交易中心

地　址：厦门市软件园二期望海路 6 号 2 层
邮　编：361008
电　话：0592-5953686
传　真：0592-5953687
邮　箱：contact@hxnce. net

广州市越秀区国家版权贸易基地

地　址：广州市越秀区流花路 117 号流花展贸中心 13 号馆
邮　编：510014
电　话：020-83526156
邮　箱：1817698101@qq. com
网　址：www. banquanmaoyi. com

西部国家版权交易中心

地　址：西安市雁塔区雁塔南路陕西文化大厦 B 座 6 楼
邮　编：710061
电　话：029-89131653
传　真：029-89131698
邮　箱：ctvtc@ctvtc. cn
网　址：www. xtce. cn

国家版权贸易基地（上海）

地　址：中国（上海）自由贸易试验区外高桥保税区马吉路 2 号
邮　编：200131
电　话：021-58697777
传　真：021-58698366
邮　箱：renlong@soict. com. cn
网　址：www. soict. com. cn

成都国际版权交易中心

地　址：成都市高新区世纪城南路 599 号天府软件园 D 区 2 栋 1 层
邮　编：610213
电　话：028-61375595
邮　箱：cdbqdj@cdice. com. cn
网　址：www. cdice. com. cn

横琴国际版权交易中心

地　址：广东省珠海市香洲区海洲路 8 号九昌

大厦 6C
邮 编：519015
电 话：0756-3211668
传 真：0756-3210567

北方国家版权交易中心
地 址：辽宁省大连经济技术开发区辽河东路 9 号
邮 编：116602
电 话：0411-39271011
邮 箱：bfbqimd@163. com
网 址：www. nncec. com

保利国家艺术品版权贸易基地
地 址：北京市东城区东直门南大街 14 号保利剧院写字楼 963 室
邮 编：100010
电 话：010-65513130
传 真：010-65513130
邮 箱：linchenbin@polycc. cn

江苏国家版权贸易基地
地 址：南京市秦淮区水西门大街 2 号锦创广场 3 楼
邮 编：210004
电 话：025-87769375
传 真：025-87769375
邮 箱：zhenglg@jsbqfw. com

天津版权交易中心
地 址：天津西青区华苑产业园工华道 1 号智慧山北塔 B 座 5 层
邮 编：300384
电 话：022-58683130

安徽省版权交易中心
地 址：合肥市包河区花园大道 365 号滨湖卓越城 A2 座
邮 编：230071
电 话：0551-63358685
邮 箱：2078597608@qq. com

知识产权教学与研究机构

中国人民大学知识产权学院
地 址：北京市海淀区中关村大街 59 号中国人民大学明德法学楼
邮 编：100872
电 话：010-82500369
传 真：010-62514365
邮 箱：law612@126. com
网 址：www. law. ruc. edu. cn

北京大学知识产权学院
地 址：北京市海淀区颐和园路 5 号北京大学凯原楼
邮 编：100080
电 话：010-62751268
邮 箱：zscq@pku. edu. cn
网 址：www. iplaw. pku. edu. cn

中国社会科学院知识产权中心
地 址：北京市东城区沙滩北街 15 号
邮 编：100720
电 话：010-64054144
邮 箱：ipstudies@163. com
网 址：www. iolaw. org. cn

中国政法大学民商经济法学院知识产权法研究所
地 址：北京市昌平区府学路 27 号
邮 编：102249
电 话：010-58909336
网 址：msjjfxy. cupl. edu. cn

中南财经政法大学知识产权研究中心
地 址：湖北省武汉市东湖高新技术开发区南湖大道 182 号
邮 编：430073
电 话：027-88386157
邮 箱：Justice _ Appraise@iprcn. com
网 址：www. iprcn. com

上海大学知识产权学院
地 址：上海市宝山区上大路 99 号

邮　编：20044
电　话：021-66132597
传　真：021-66133938
网　址：www. ips. shu. edu. cn

华中科技大学法学院科技法与知识产权系

地　址：湖北省武汉市洪山区珞瑜路 1037 号东四楼
邮　编：430074
电　话：027-87545438
传　真：027-87542228
邮　箱：fxyxwzx@hust. edu. cn
网　址：law. hust. edu. cn

复旦大学知识产权研究中心

地　址：上海市淞沪路 2005 号法学楼 410 室
邮　编：200438
电　话：021-51630042
传　真：021-51630112
邮　箱：zhangng@fudan. edu. cn
网　址：www. ipcenter. fudan. edu. cn

华东政法大学知识产权学院

地　址：上海市松江区龙源路 555 号
邮　编：201620
电　话：021-57090083
邮　箱：zsb@ecupl. edu. cn
网　址：ipschool. ecupl. edu. cn

暨南大学知识产权学院

地　址：广东省广州市黄埔大道西 601 号
邮　编：510632
电　话：020-85228561
网　址：law. jnu. edu. cn

上海国际知识产权学院

地　址：上海市四平路 1239 号同济大学综合楼 10-11 楼
邮　编：200092
电　话：021-65983113
邮　箱：sicip@tongji. edu. cn
网　址：sicip. tongji. edu. cn

武汉大学知识产权高级研究中心

地　址：湖北省武汉市武昌区珞珈山街 16 号
邮　编：430072
电　话：027-68752135
邮　箱：cfchen@whu. edu. cn
网　址：www. whu. edu. cn

西安交通大学知识产权研究中心

地　址：陕西省西安市咸宁西路 28 号
邮　编：710049
电　话：029-82668972
邮　箱：xjtuiprc@126. com
网　址：ip. xjtu. edu. cn

中国科学技术大学知识产权研究中心

地　址：安徽省合肥市包河区金寨路 96 号
邮　编：230026
电　话：0551-63602663
邮　箱：wangq@ustc. edu. cn
网　址：pas. ustc. edu. cn

西北大学知识产权学院

地　址：陕西省西安市长安学府大道 1 号
邮　编：710127
电　话：029-88308080
传　真：029-88308079
邮　箱：lawdep@nwu. edu. cn
网　址：fxy. nwu. edu. cn

华南理工大学知识产权学院

地　址：广东省广州市广州大学城华南理工大学 B9
邮　编：510006
电　话：020-39380308
传　真：020-39380308
邮　箱：scutg06@scut. edu. cn
网　址：www2. scut. edu. cn/law

南京理工大学知识产权学院

地　址：江苏省南京市孝陵卫 200 号
邮　编：210094
电　话：025-84303386
传　真：025-84303386
网　址：ip. njust. edu. cn

中山大学知识产权学院

地　址：广东省广州市新港西路 135 号
邮　编：501275

电　话：020-84036761
传　真：020-84037920
网　址：law. sysu. edu. cn

重庆知识产权学院（重庆理工大学知识产权学院）
地　址：重庆市巴南区李家沱红光大道 69 号重庆理工大学花溪校区
邮　编：400054
电　话：023-62563375
传　真：023-62563375
邮　箱：cqip@vip. cqut. edu. cn
网　址：ipschool. cqut. edu. cn

湘潭大学知识产权学院
地　址：湖南省湘潭市雨湖区湘潭大学法学院知识产权学院
邮　编：411105
电　话：0731-58292281
邮　箱：zscqxy@xtu. edu. cn
网　址：ipf. xtu. edu. cn

厦门大学知识产权研究院
地　址：福建省厦门市思明南路 422 号
邮　编：361005
电　话：0592-2182729
传　真：0592-2182729
网　址：www. iprixmu. com

西南政法大学知识产权学院（民商法学院）
地　址：重庆市渝北区宝圣大道 301 号
邮　编：401120
电　话：023-67258430
邮　箱：xsczsb@supsl. cn
网　址：ccls. swupl. edu. cn

深圳大学知识产权学院
地　址：广东省深圳市南山区南海大道 3688 号
邮　编：518060
电　话：0755-26534171
传　真：0755-26535115
网　址：law. szu. edu. cn

中南大学知识产权研究院
地　址：湖南省长沙市麓山南路中南大学法学院
邮　编：410083
电　话：0731-88660219
传　真：0731-88660219
邮　箱：csuips@csu. edu. cn
网　址：law. csu. edu. cn/zscq

山东师范大学法学院（知识产权学院）
地　址：山东省济南市长清区长清大学科技园大学路 1 号
邮　编：250358
电　话：0531-89611070
网　址：www. law. sdnu. edu. cn

南京三江学院法律与知识产权学院
地　址：江苏省南京市雨花台区龙西路 310 号
邮　编：210012
电　话：025-52354934
网　址：www. sju. edu. cn/flyzs

青岛大学法学院
地　址：青岛市宁夏路 308 号
邮　编：266071
电　话：0532-85953085
邮　箱：faxueyuanzp@126. com
网　址：law. qdu. edu. cn

杭州师范大学沈钧儒法学院
地　址：浙江省杭州市余杭区仓前街道余杭塘路 2318 号恕园 17 号楼
邮　编：311121
电　话：0571-28865484
传　真：0571-28865484
网　址：fxy. hznu. edu. cn

中国计量大学法学院（知识产权学院）
地　址：浙江省杭州市下沙高教园区学源街
邮　编：310018
电　话：0571-86835791
邮　箱：cjlufxy@cjlu. edu. cn
网　址：fxy. cjlu. edu. cn

浙江工商大学法学院（知识产权学院）
地　址：浙江省杭州市江干区学正街 18 号
邮　编：310018
电　话：0571-28008182
邮　箱：law@mail. zjgsu. edu. cn

网　址：law. zjgsu. edu. cn

重庆邮电大学网络空间安全与信息法学院

地　址：重庆市南岸区崇文路2号
邮　编：400065
电　话：023-62461824
传　真：023-62471932
网　址：sl. cqupt. edu. cn

温州知识产权学院（浙江工贸职业技术学院）

地　址：浙江省温州市鹿城区府东路717号
邮　编：325002
电　话：0577-88325601，88111397
传　真：0577-88325601，88111397
邮　箱：zscq@mail. zjitc. net
网　址：www. wzipb. com

中原工学院法学院（知识产权学院）

地　址：河南省新郑市双湖经济开发区龙湖镇淮河路一号中原工学院南校区三号组团楼B座
邮　编：451191
电　话：0371-69975763
网　址：fxy. zut. edu. cn

四川轻化工大学法学院（知识产权学院）

地　址：四川省自贡市汇兴路学苑街180号
邮　编：643000
电　话：0813-5364828
网　址：fxy. suse. edu. cn

北京知识产权学院（北京工业大学）

地　址：北京市朝阳区平乐园100号
邮　编：100124
电　话：010-67391505
网　址：bjip. bjut. edu. cn

郑州大学法学院（知识产权学院）

地　址：郑州市高新区科学大道100号
邮　编：450001
电　话：024-62602408
网　址：www5. zzu. edu. cn/newlaw

辽宁大学法学院（辽宁知识产权学院）

地　址：辽宁省沈阳市沈北新区道义南大街58号
邮　编：110136
电　话：024-62602408
网　址：law. lnu. edu. cn

桂林电子科技大学法学院（知识产权学院）

地　址：广西桂林市灵川县灵川乡灵田镇桂林电子科技大学花江校区第一教学楼1318室
邮　编：541004
电　话：0773-2290081
网　址：www. gliet. edu. cn/dept9

中国科学院大学知识产权学院

地　址：北京市石景山区玉泉路19号（甲）
邮　编：100049
电　话：010-88256638
传　真：010-88256553
网　址：ip. ucas. ac. cn

大连理工大学知识产权学院

地　址：辽宁省盘锦市辽东湾新区大工路2号
邮　编：124221
电　话：0427-2631279
网　址：ip. dlut. edu. cn

西华大学知识产权学院

地　址：四川省成都市金牛区金周路999号
邮　编：610039
电　话：028-87387822
网　址：iplaw. xhu. edu. cn

江苏大学知识产权学院

地　址：江苏省镇江市学府路301号
邮　编：212013
电　话：0511-88795397
网　址：zscq. ujs. edu. cn

河南大学法学院（知识产权学院）

地　址：河南省开封市明伦街85号
邮　编：475001
电　话：0371-22866490
网　址：zscqxy. henu. edu. cn

天津工业大学法学院（知识产权学院）

地　址：天津市西青区宾水西道399号

邮　编：300387
电　话：022-83956858
网　址：law. tjpu. edu. cn

西北政法大学经济法学院（知识产权学院）
地　址：陕西省西安市长安区西长安街 558 号
邮　编：710122
电　话：029-88182620
网　址：jjfxy. nwupl. edu. cn

山东科技大学法学院（知识产权学院）
地　址：山东青岛市崂山区松岭路 99 号
邮　编：266061
电　话：0532-86057098
网　址：wenfa. sdust. edu. cn

河南科技大学知识产权学院
地　址：河南省洛阳市开元人道 263 号
邮　编：471003
电　话：0379-65626225
网　址：fx. haust. edu. cn

河南财经政法大学知识产权学院
地　址：河南省郑州市文化路 90 号
邮　编：450046
电　话：0371-86157759
网　址：msjj. huel. edu. cn

江西省知识产权学院（华东交通大学知识产权研究中心）
地　址：江西省南昌市经济技术开发区双港东大街 808 号
邮　编：330013
电　话：0791-87045438
网　址：zqxy. ecjtu. edu. cn

索　引

SUO YIN

版权

索　引

C

D

E

F

G

H